DICCIONARI ESCOLAR
CATALÀ – CASTELLÀ
CASTELLÀ – CATALÀ

FRANCESC DE B. MOLL
NINA MOLL MARQUÈS

DICCIONARI ESCOLAR CATALÀ - CASTELLÀ CASTELLÀ - CATALÀ

9a edició

EDITORIAL MOLL
MALLORCA
2006

1ª edició: octubre, 1984
2ª edició: setembre, 1987
3ª edició: juliol, 1989
4ª edició: juliol, 1991
5ª edició: setembre, 1994
6ª edició: setembre, 1998
7ª edició: desembre, 2000
8ª edició: juny, 2003
9ª edició: setembre, 2006

Dipòsit Legal: PM 2140 - 2006
ISBN: 84-273-0460-9

Imprès a GRÀFIQUES MALLORCA
        Carrer Ferrers, 2
        07300 Inca
        Telèfon. 971 50 14 02

NOTA PRELIMINAR

Aquest diccionari escolar és, fonamentalment, una reducció del "Diccionari català-castellà, castellà-català" de Francesc de B. Moll, publicat primer en dos volums a la col·lecció "Els Treballs i els Dies" de l'Editorial Moll, i més tard en un sol volum enquadernat. L'obra ha tengut molt bona acollida, fins al punt que a ha arribat a la quarta edició; però resultava massa extensa i costosa perquè pogués esser útil als escolars, i en general, a les persones que no senten la necessitat de captar tots els matisos i la varietat de sinònims que aquell diccionari ofereix. Per això hem pensat que seria convenient fer una nova versió que, tot mantenint el nivell de qualitat lexicogràfica, reduís la quantitat d'informació aportada, de manera que, sense perdre la seva utilitat, pogués resultar un volum més petit i de preu més assequible.

A l'hora de fer aquesta reducció ha sorgit un problema fonamental: ¿quines paraules són realment importants i quines podríem considerar com a secundàries? Creim que aquesta distinció és impossible; totes les paraules són igualment importants, ja que cada una serveix per a indicar un objecte o una idea determinada. A la fi ens hem inclinat a seguir les normes següents:

1) Havia de ser un diccionari que inclogués totes les paraules que podem considerar com a llenguatge bàsic i quotidià.

2) Aquelles paraules potser no tan quotidianes però que estan molt documentades en el Diccionari Català Valencià Balear, o sigui que una persona donada a la lectura d'obres literàries trobarà amb freqüència i usades per diferents autors.

3) Com que és un diccionari destinat principalment als estudiants, hi hem inclòs també termes tècnics i científics elementals que consideram que per a ells formen part del llenguatge habitual.

4) Hem tingut un interés especial a mantenir una de les característiques més importants de l'obra originària, que és el seu equilibri entre el lèxic usat a totes les terres de parla catalana. La inclusió d'una paraula no s'ha fet amb un criteri geogràfic, sinó en funció de la seva validesa com a definidora d'un concepte. En el diccionari invers, quan una paraula castellana té diversos mots equivalents en català, hem posat els sinònims més usats a les diverses contrades lingüístiques, de manera que el lector pugui triar la que li sembli més adient a la seva sensibilitat o al treball que està realitzant. D'aquesta manera pretenem que el diccionari sigui igualment útil als estudiosos de Catalunya, com als de València o de les Illes Balears, i al mateix temps, volem contribuir a l'enriquiment de l'idioma comú.

5) No hem considerat necessari incloure els adverbis en -ment a un diccionari d'aquestes característiques, fora dels casos que, per assimilació amb el castellà, la gent de les nostres contrades té tendència a formar-los malament.

6) Dels noms d'animals i plantes hem posat només els més coneguts.

Finalment, hem inclòs en forma d'apèndix una llista d'equivalències dels noms de persona.

Estructura dels articles.

Quan una paraula té diversos significats, els separam dins l'article amb una doble barra inclinada (//); les aplicacions secundàries o especials d'un mateix significat les separam amb una barra inclinada (/).

Darrere el mot d'entrada posam abreviadament la seva categoria gramatical que normalment correspon a tot l'article fora dels casos en què els diferents usos o significats del mot impliquin un canvi de categoria; en aquests casos s'indica cada canvi de categoria immediatament darrere la doble barra corresponent. Partint de la base que tots els adjectius es poden substantivar, a la definició gramatical de molts d'adjectius hem posat simplement m. i f. en els casos en què s'usen més freqüentment com a substantius i tenen la mateixa equivalència com a adjectiu; per exemple: *francès,-esa, defensor, -a,* etc. En canvi en el cas de *moix -a, mitjà, -ana, descendent,* etc. els distingim com a adjectiu i com a substantiu perquè tenen un significat diferent.

Finalment, quan dins un article s'ha de repetir en frases fetes o locucions la paraula inicial, en lloc de repetir-la, generalment posam un guió gros per substituir-la (—); per exemple a l'article "terra", la frase "no tocar de peus a —" s'ha de llegir "no tocar de peus a terra".

Acabam aquesta nota preliminar amb el desig més fervent que pugui servir a la normalització lingüística de les terres de parla catalana, i pregant als usuaris que ens facin arribar qualsevol suggerència que pugui millorar la nostra obra.

Llista d'abreviatures:

adj.	adjectiu	pl.	plural
adv.	adverbi	poèt.	poèticament
conj.	conjunció	pos.	possessiu
f.	femení	prep.	preposició
indef.	indefinit	pron.	pronom
interj.	interjecció	rel.	relatiu
interr.	interrogatiu	rfl.	reflexiu
intr.	intransitiu	tr.	transitiu
m.	masculí	V.	vegeu
num.	numeral	v.	verb
pers.	personal	vg.	vulgarment

A

a prep. *a* (vaig a París) // *en* (visc a Mallorca)

àbac m. *ábaco*

abacial adj. *abacial*

abadessa f. *abadesa*

abadia f. *abadía*

abadiat m. *abadiato*

abaixador m. *tundidor*

abaixar v. *abajar* / *arriar* // *tundir*

abalançar-se v. *abalanzarse*

abalisar v. *abalizar*

abaltir v. *adormecer, amodorrar*

abanderar v. *abanderar*

abandó m. *abandono*

abandonament m. *abandono*

abandonar v. *abandonar*

abans adv. *antes*

abans-d'ahir adv. *anteayer*

abaratiment m. *abaratamiento*

abaratir v. *abaratar*

abarloar v. *abarloar*

abarrotar v. *abarrotar*

abassegador, -a adj. *acaparador, absorbente*

abassegament m. *acaparamiento*

abassegar v. *acaparar, arramblar* // *absorber*

abast m. *alcance* // *abasto, abastecimiento*

1) **abastador, -a** m. i f. *abastecedor*

2) **abastador, -a** adj. *alcanzable*

abastament m. *abastecimiento, abasto*

abastar v. intr. *alcanzar, llegar* // tr. *alcanzar coger* // *abastecer*

abat m. *abad*

abatiment m. *abatimiento*

abatre v. *abatir* // *desanimar* // *quebrar*

abatussar v. *sacudir, apalear*

abatzer m. (V. **esbarzer**)

abdicació f. *abdicación*

abdicar v. *abdicar*

abdomen m. *abdomen*

abdominal adj. *abdominal*

abducció f. *abducción*

abecé m. *abecedario*

abecedari m. *abecedario*

abegot m. *zángano* // *abejorro, abejón*

abell m. *colmena* // *enjambre*

abella f. *abeja*

abellaire m. i f. *colmenero*

abellar m. *colmenar*

abeller, -a m. i f. *colmenero* // m. *enjambre*

abellera f. *colmenar*

abellerol m. (ocell) *abejaruco* // *colmenero*

abellidor, -a adj. *agradable, apetecible*

abelliment m. *agrado, seducción*

abellir v. *agradar, seducir*

abellot m. (V. **abegot**)

aberració f. *aberración*

aberrància f. *aberrancia*

aberrant adj. *aberrante*

aberrugat, -ada adj. *averrugado, verrugoso*

abeurada f. *abrevamiento* // *abrevadero* // *bebedero* // *lechada*

abeurador m. *abrevadero* // *bebedero* // *reguera*

abeuradora f. *bebedero*

abeurar v. *abrevar* // *empapar, embeber*

abeuratge m. *bebida, brebaje* // *comida del cerdo, frangollo*

abillament m. *apresto, aparejamiento* // *atavío*

abillar v. *preparar, aparejar* // *ataviar*

abís m. *abismo*

abismal adj. *abismal*

abismar v. *abismar*

abisme m. *abismo*

abissal adj. *abisal*

abissini, -ínia m. i f. *abisinio*

abjecció f. *abyección*

abjecte, -a adj. *abyecto*

abjuració f. *abjuración*

abjurar v. *abjurar*

ablació f. *ablación*

ablanida f. *ablandamiento* // *paliza*

ablanir v. *ablandar* // *mitigar, calmar* // *zurrar*

ablatiu m. *ablativo*

ablenar v. *enguedejar*

ablució f. *ablución*

abnegació f. *abnegación*

abnegat, -ada adj. *abnegado*

1) **abocador** m. *vertedero, derramadero*

2) **abocador, -a** m. i f. *vertedor, derrama-*

dor, escanciador
abocar v. *echar de bruces // abocar // escanciar, verter //* rfl. *inclinarse, asomarse*
abolició f. *abolición*
abolicionisme m. *abolicionismo*
aboliment m. *abolición*
abolir v. *abolir //* rfl. *desvanecerse, desaparecer*
abombar v. *abombar*
abominable adj. *abominable*
abominació f. *abominación*
abominar v. *abominar*
abonament m. *abono*
abonançar v. *abonanzar*
abonar v. *abonar*
abonaré m. *abonaré*
abonir v. *embonar*
abonyec m. *abolladura*
abonyegadura f. *abolladura*
abonyegar v. *abollar*
aborció f. *aborción, aborto*
abordar v. *abordar // embestir, atacar // azuzar //* rfl. *abalanzarse // agarrarse*
abordatge m. *abordaje*
aborigen adj. *aborigen*
aborrallonat, -ada adj. *aborregado*
aborronar v. (V. **esborronar**)
abotifarrat, -ada adj. *abotagado*
abraçada f. *abrazo*
abraçadora f. *abrazadera*
abraçar v. *abrazar // abarcar*
abrandament m. *conflagración, encendimiento // exaltación*
abrandar v. *inflamar, incendiar, encender // exaltar*
abraonar v. *agarrar //* rfl. *abalanzarse // agarrafarse*
abrasador, -a adj. *abrasador*
abrasar v. *abrasar*
abrasió f. *abrasión*
abre m. (V. **arbre**)
abreujament m. *abreviación, acortamiento*
abreujar v. *abreviar, acortar*
abreviació f. *abreviación*
abreviar v. *abreviar // despedir, expulsar*
abreviatura f. *abreviatura*
abric m. *abrigo*
abrigall m. *manto // mantilla // ropa de cama*
abrigallar v. *abrigar, arropar*
abrigar v. *abrigar*
abril m. *abril*
abrilenc, -a adj. *abrileño*
abrillantar v. *abrillantar*
abrinat, -ada adj. *terso // esbelto // brioso, resuelto, arrojado*
abriüll m. *abrojos*

abriüllar m. *abrojal*
abrivada f. *embestida*
abrivament m. *arrojo, ímpetu, denuedo*
abrivar v. *excitar, enardecer, lanzar //* rfl. *atreverse, osar*
abrivat, -ada adj. *arrojado, denodado, impetuoso*
abrogar v. *abrogar*
abrupte, -a adj. *abrupto*
abrusador, -a adj. *abrasador // destructor, arrasador*
abrusar v. *abrasar // agostar // arrasar, destruir*
abscés m. *absceso*
abscissa f. *abscisa*
absència f. *ausencia*
absent adj. *ausente*
absenta f. *ajenjo*
absentar v. *ausentar*
absentisme m. *absentismo*
àbsida f. *ábside*
absidal adj. *absidal*
absidiola f. *absidiola*
absis m. *ábside*
absoldre v. *absolver*
absolta f. *absolución // responso*
absolució f. *absolución*
absolut, -a adj. *absoluto*
absolutisme m. *absolutismo*
absolutori, -òria adj. *absolutorio*
absorbent adj. *absorbente*
absorbiment m. *absorción*
absorbir v. *absorber*
absorció f. *absorción*
absort, -a adj. *absorto*
abstemi, -èmia adj. *abstemio*
abstenció f. *abstención*
abstencionisme m. *abstencionismo*
abstenir-se v. *abstenerse*
abstergir v. *absterger*
abstinència f. *abstinencia*
abstracció f. *abstracción*
abstracte, -a adj. *abstracto*
abstreure v. *abstraer*
abstrús, -usa adj. *abstruso*
absurd, -a adj. *absurdo*
absurditat f. *absurdidad*
abúlia f. *abulia*
abúlic, -a adj. *abúlico*
abundància f. *abundancia*
abundant adj. *abundante*
abundantment adv. *abundantemente*
abundar v. *abundar*
abundor f. *abundancia*
abundós, -osa adj. *abundante*
aburgesar v. *aburguesar*

abús m. *abuso*
abusar v. *abusar*
abusiu, -iva adj. *abusivo*
acabalar v. *acaudalar // valuar*
acabalat, -ada adj. *acaudalado // acabalado*
acaballes f. pl. *final, postrimerías*
acabament m. *acabamiento, fin, conclusión, remate*
acabar v. *acabar, terminar, concluir, rematar*
acabat, -ada adj. *acabado, terminado // decaído, decrépito //* m. *acabado*
acabdillar v. *acaudillar*
acabussar v. *zambullir // incitar, azuzar // embestir, acometer //* rfl. *abalanzarse*
acàcia f. *acacia*
acadèmia f. *academia*
acadèmic, -a adj. *académico*
academicisme m. *academicismo*
acalar v. *bajar // inclinar //* rfl. *encorvarse, agacharse*
acalorada f. *acaloramiento, sofocón*
acalorament m. *acaloramiento*
acalorar v. *acalorar*
acampada f. *acampada*
acampament m. *acampamiento*
acampanat, -ada adj. *acampanado*
acampar v. *acampar*
acampte, -a adj. *acampto*
acanador, -a m. i f. *medidor, vareador, apeador*
acanalador m. *acanalador*
acanalar v. *acanalar // estriar*
acanar v. *varear // apear*
acanonar v. *encañonar, entubar*
acant m. *acanto*
acantonament m. *acantonamiento*
acantonar v. *acantonar*
acanyament m. *encanijamiento*
acanyar-se v. *encanijarse*
acaparador, -a adj. *acaparador*
acaparament m. *acaparamiento*
acaparar v. *acaparar*
acaptar v. *recoger, colectar*
acapte m. *colecta, recogida*
àcar m. *ácaro*
acarament m. *careo, acaramiento*
acaramullar v. *amontonar, acumular*
acarar v. *encarar // carear // confrontar*
acariciador, -a adj. *acariciador*
acariciar v. *acariciar*
acaricida m. *acaricida*
acàrid m. *acárido*
acarnissament m. *encarnizamiento*
acarnissar v. *encarnizar*
acaronar v. *acariciar*
acarrerar v. *encaminar*

acatament m. *acatamiento*
acatar v. *acatar*
acatarrat, -ada adj. *acatarrado*
acaule adj. *acaule*
acaulescent adj. *acaulescente*
accedir v. *acceder*
acceleració f. *aceleración*
accelerador, -a adj. i m. *acelerador*
accelerar v. *acelerar*
accent m. *acento*
accentuació f. *acentuación*
accentuar v. *acentuar*
accepció f. *acepción*
acceptable adj. *aceptable*
acceptació f. *aceptación*
acceptar v. *aceptar*
accepte, -a adj. *acepto*
accés m. *acceso*
accessible adj. *accesible*
accèssit m. *accésit*
accessori, -òria adj. *accesorio*
accident m. *accidente*
accidental adj. *accidental*
accidentat, -ada adj. *accidentado*
accídia f. *acidia, pereza*
acció f. *acción*
accionar v. *accionar*
accionat m. *ademanes, gestos*
accionista m. i f. *accionista*
acèfal, -a adj. *acéfalo*
acendrar v. *acendrar*
acendrat, -ada adj. *acendrado*
acer m. *acero*
aceràcia f. *acerácea*
acerar v. *acerar*
acerb, -a adj. *acerbo*
acèrrim, -a adj. *acérrimo*
acetat m. *acetato*
acètic, -a adj. *acético*
acetificar v. *acetificar*
acetil m. *acetilo*
acetilè m. *acetileno*
acetol m. *acetol*
acetona f. *acetona*
acetós, -osa adj. *acetoso*
ací adv. *aquí / d'— d'allà de un lado a otro*
aciculat, -ada adj. *aciculado*
àcid, -a adj. i m. *ácido*
acidesa f. *acidez*
acidificar v. *acidificar*
aciforme adj. *aciforme*
acinglerat, -ada adj. *escarpado*
aclamació f. *aclamación*
aclamar v. *aclamar*
aclamídia f. *aclamídea*
aclaparador, -a adj. *aplastante, abrumador*

aclaparament m. *agobio*
aclaparar v. *aplastar, abrumar, chafar*
aclarida f. *aclaración // clareo*
aclaridor, -a adj. *aclarador, esclarecedor //* m. *escarpidor*
aclariment m. *aclaración*
aclarir v. *aclarar, clarificar // alumbrar // despejar, rebajar /* rfl. *aclararse, arreglárselas*
aclimatació f. *aclimatación*
aclimatar v. *aclimatar*
aclocar v. *abollar //* (V. **aclofar-se**)
aclofar-se v. *aclocarse // arrellanarse // hundirse*
aclucalls m pl. *anteojeras*
aclucar v. *cerrar los ojos // tapar los ojos // cegar //* rfl. *cegarse, obcecarse // hacer la vista gorda // derrumbarse*
acne f. *acné*
açò pron. *esto, eso*
acoblar v. *unir // uncir // acoplar*
acòlit m. *acólito*
acollida f. *acogida*
acollidor, -a adj. *acogedor*
acolliment m. *acogida*
acollir v. *acoger*
acolorir v. *colorar, colorir, colorear*
acometre v. *acometer*
acomiadament m. *despedida, despido*
acomiadar v. *despedir*
acomodació f. *acomodación*
acomodador, -a adj. i m. i f. *acomodador*
acomodar v. *acomodar*
acomodatici, -ícia adj. *acomodaticio*
acompanyada f. *acompañamiento*
acompanyament m. *acompañamiento*
acompanyant m. i f. *acompañante*
acompanyar v. *acompañar*
acompassar v. *acompasar*
acompliment m. *cumplimiento*
acomplir v. *cumplir*
acompte m. *anticipo, pago a cuenta*
acondiciar v. *arreglar, asear, limpiar*
acondicionar v. *acondicionar*
acongoixar v. *acongojar*
aconhortar v. *consolar*
aconseguir v. *conseguir, alcanzar, lograr*
aconsellable adj. *aconsejable*
aconsellar v. *aconsejar*
acontentar v. *contentar*
acopar v. *cerrar //* **acopar-li** *marcharse*
acoquinar v. *agobiar, abrumar // acobardar*
acord m. *acuerdo // acorde*
acordar v. *acordar // conceder*
acordió m. *acordeón*
acordonar v. *acordonar*

acorralar v. *acorralar*
acórrer v. *correr // socorrer // acudir*
acostament m. *acercamiento*
acostar v. *acercar, arrimar, aproximar // atracar*
acostumar v. *acostumbrar*
acotació f. *acotación*
1) **acotar** v. *agachar, inclinar, encoger*
2) **acotar** v. *acotar*
acotiledònia f. *acotiledónea*
acotxar v. *agachar // acostar // arropar, arrebujar*
acovardir v. *acobardar*
acràcia f. *acracia*
àcrata adj. *ácrata*
1) **acre** m. *acre*
2) **acre** adj. *acre*
acreditar v. *acreditar*
acréixer v. *acrecer, acrecentar, aumentar*
acriaturat, -ada adj. *aniñado*
acrídids m. pl. *acrídidos*
acridina f. *acridina*
acrílic, -a adj. *acrílico*
acrimònia f. *acrimonia*
acritud f. *acritud*
acrobàcia f. *acrobacia*
acròbata m. i f. *acróbata*
acromatisme m. *acromatismo*
acròpolis f. *acrópolis*
acròstic, -a adj. *acróstico*
acta f. *acta*
acte m. *acto*
actini m. *actinio*
actitud f. *actitud*
actiu, -iva adj. *activo*
activar v. *activar*
activitat f. *actividad*
actor m. *actor*
actriu f. *actriz*
actuació f. *actuación*
actual adj. *actual*
actualitat f. *actualidad*
actualitzar f. *actualizar*
actuar v. *actuar*
acubador, -a adj. *sofocante, asfixiante*
acubament m. *ahogo // desvanecimiento, desmayo*
acubar v. *sofocar //* rfl. *asfixiarse, ahogarse // desmayarse, desvanecerse*
acubat, -ada adj. *sofocado // desmayado // sofocante*
acubó m. *desvanecimiento, vahído*
acudir v. *acudir*
acudit m. *ocurrencia // chiste*
acular v. *acular // abatir, derribar // vencer*
aculeat, -ada adj. *aculeado*

aculeïforme adj. *aculeiforme*
acuminat, -ada adj. *acuminado*
acuminifoliat, -ada adj. *acuminifoliado*
acumulació f. *acumulación*
acumulador, -a adj. *acumulador*
acumular v. *acumular*
acupuntura f. *acupuntura*
acurat, -ada adj. *cuidado, esmerado*
acurçada f. *acortamiento*
acurçament m. *acortamiento*
acurçar v. *acortar*
acusació f. *acusación*
acusador, -a adj. *acusador*
acusar v. *acusar*
acusatiu, -iva adj. *acusativo*
acusatori, -òria adj. *acusatorio*
acústic, -a adj. *acústico*
acústica f. *acústica*
acutangle adj. *acutángulo*
adàctil, -a adj. *adáctilo*
adagi m. *adagio*
adàgio m. *adagio* (en música)
adalil m. *adalid*
adaptació f. *adaptación*
adaptar v. *adaptar*
addició f. *adición*
addicional adj. *adicional*
addicionar v. *adicionar*
addicte, -a adj. *adicto*
additament m. *aditamento*
additiu, -iva adj. *aditivo*
adducció f. *aducción*
adduïble adj. *aducible*
adduir v. *aducir*
adecentar v. *adecentar*
adelerat, -ada adj. *desalado, anhelante, anheloso*
adelitar v. (V. **delitar**)
adepte, -a adj. *adepto*
adequar v. *adecuar*
adequat, -ada adj. *adecuado*
adés adv. *poco ha // dentro de poco //* **ara i —** *de cuando en cuando*
adesar v. *limpiar, hacer limpieza*
adesiara adv. *de vez en cuando, algunas veces*
adéu interj. i m. *adiós*
adéu-siau interj. i m. *adiós*
adherència f. *adherencia*
adherent adj. *adherente*
adherir v. *adherir*
adhesió f. *adhesión*
adhesiu, -iva adj. *adhesivo*
àdhuc adv. *aun, hasta, incluso // aunque, a pesar de*
adient adj. *apropiado, adecuado*

adinàmia f. *adinamia*
adinerat, -ada adj. *adinerado*
adipós, -osa adj. *adiposo*
adípsia f. *adipsia*
adir-se v. *avenirse, concordar, ser apropiado*
adjacent adj. *adyacente*
adjectiu, -iva adj. i m. *adjetivo*
adjectivar v. *adjetivar*
adjudicar v. *adjudicar*
adjunt, -a adj. *adjunto*
adjuntar v. *adjuntar*
adjurar v. *adjurar*
admetre v. *admitir*
administració f. *administración*
administrador, -a m. i f. *administrador*
administrar v. *administrar*
admirable adj. *admirable*
admiració f. *admiración*
admirador, -a m. i f. *admirador*
admirar v. *admirar*
admissió f. *admisión*
admonició f. *admonición*
adob m. *arreglo, remiendo // adobo // abono*
adobar v. *componer, remendar // curtir, adobar // abonar // curar, sanar*
adoberia f. *curtiduría, tenería*
adoctrinar v. *adoctrinar*
adolescència f. *adolescencia*
adolescent m. i f. *adolescente*
adolorir v. *doler, adolorar*
adolorit, -ida adj. *dolorido*
adonar-se v. *percatarse, darse cuenta*
adopció f. *adopción*
adoptar v. *adoptar*
adoptiu, -iva adj. *adoptivo*
adorable adj. *adorable*
adoració f. *adoración*
adorador, -a m. i f. *adorador*
adorar v. *adorar*
adormir v. *dormir, adormecer //* rfl. *dormirse // entumecerse*
adormissar v. *adormilar*
adorn m. *adorno*
adornar v. *adornar*
adossar v. *adosar*
adquirir v. *adquirir*
adquisició f. *adquisición*
adreç m. *aderezo, juego // ajuar*
adreça f. *señas, dirección*
adreçar v. *enderezar // atajar // dirigir //* rfl. *dirigirse*
adroguer m. *droguero // confitero*
adrogueria f. *droguería*
adscripció f. *adscripción*
adscriure v. *adscribir*
adulació f. *adulación*

adulador, -a adj. *adulador*
adular v. *adular*
adult, -a m. i f. *adulto*
adúlter, -a m. i f. *adúltero*
adulteració f. *adulteración*
adulterar v. *adulterar*
adulteri m. *adulterio*
adust, -a adj. *adusto*
adveniment m. *advenimiento*
advenir v. *advenir, llegar*
advent m. *adviento*
adventici, -ícia adj. *adventicio*
adverbi m. *adverbio*
adverbial adj. *adverbial*
advers, -a adj. *adverso*
adversari, ària m. i f. *adversario*
adversatiu, -iva adj. *adversativo*
adversitat f. *adversidad*
advertència f. *advertencia*
advertiment m. *advertencia*
advertir v. *advertir*
advocacia f. *abogacía*
advocació f. *advocación*
advocada f. *abogada*
advocar v. *advocar // abogar*
advocat m. *abogado*
aeració f. *aeración*
aeri, aèria adj. *aéreo*
aerobi, -òbia adj. *aerobio*
aerodinàmic, -a adj. *aerodinámico*
aerodinàmica f. *aerodinámica*
aeròdrom m. *aeródromo*
aerofàgia f. *aerofagia*
aeròfor, -a adj. *aeróforo*
aerografia f. *aerografía*
aeròlit m. *aerolito*
aerologia f. *aerología*
aeròmetre m. *aerómetro*
aerometria f. *aerometría*
aeronau f. *aeronave*
aeronauta m. i f. *aeronauta*
aeronàutic, -a adj. *aeronáutico*
aeronàutica f. *aeronáutica*
aeronaval adj. *aeronaval*
aeroplà m. *aeroplano*
aeroport m. *aeropuerto*
aeroscopi m. *aeroscopio*
aerosfera f. *aerosfera*
aeròstat m. *aeróstato*
aerotècnia f. *aerotecnia*
aerotropisme m. *aerotropismo*
afabilitat f. *afabilidad*
afable adj. *afable*
afait m. *afeite*
afaitar v. *afeitar*
afalac m. *caricia // halago*

afalagar v. *acariciar // halagar*
1) afamat, -ada adj. *afamado*
2) afamat, -ada adj. *hambriento*
afamegat, -ada adj. *hambriento*
afany m. *afán*
afanyar-se v. *afanarse // apresurarse*
afanyós, -osa adj. *afanoso*
afartada f. *atracón, hartazgo*
afartament m. *hartazgo, atracón, panzada*
afartar v. *hartar*
afavorir v. *favorecer*
afeblir v. *debilitar*
afecció f. *afección // afición*
afeccionar v. *aficionar*
afectació f. *afectación*
afectar v. *afectar*
afectat, -ada adj. *afectado // afecto, aficionado*
afecte, -a adj. *afecto*
afectiu, -iva adj. *afectivo*
afectuós, -osa adj. *afectuoso*
afegidura f. *añadidura*
afegir v. *añadir*
afegit m. *añadido, añadidura*
afegitó m. *añadido, añadidura*
afeixugar v. *cargar, agobiar*
afer m. *quehacer // negocio, asunto*
aferent adj. *aferente*
afèresi f. *aféresis*
afermar v. *afirmar, confirmar*
aferrada f. *pelea, discusión, disputa // — pel coll* *abrazo*
aferrar v. *aferrar // pegar // agarrar //* rfl. *asirse, agarrarse // acogerse // venir a las manos //* intr. *arraigar //* tr. *contagiar, contaminar*
aferrissar-se v. *agafarrarse, agarrarse // encarnizarse // obstinarse*
afganès, -esa m. i f. *afgano*
afí adj. *afín*
aficadís, -issa adj. *penetrante // entrometido, pegadizo*
aficar v. *meter // adherir, pegar // clavar*
afició f. *afición*
aficionar v. *aficionar*
aficionat, -ada adj. i m. i f. *aficionado*
afilador m. *afilador*
afilar v. *afilar*
afilerar v. *enfilar, alinear*
afiliació f. *afiliación*
afiliar v. *afiliar*
afillar v. *prohijar // apadrinar*
afil·le, -a adj. *afilo*
afinació f. *afinación*
afinador, -ora m. i f. *afinador*
afinar v. *afinar // contrastar, afielar // descu-*

brir, dar con, averiguar, divisar
afinitat f. *afinidad*
afirmació f. *afirmación*
afirmar v. *afirmar*
afirmatiu, -iva adj. *afirmativo*
afitorar v. *fisgar* // *hurgar, espetar* // *clavar los ojos, la mirada*
afix m. *afijo*
aflacar v. intr. *menguar, decaer* // tr. (V. a-flaquir)
aflamar v. *inflamar, encender* // *agostar*
aflaquir v. *enflaquecer, debilitar*
aflautat, -ada adj. *aflautado*
aflicció f. *aflicción*
aflictiu, -iva adj. *aflictivo*
afligir v. *afligir*
aflorar v. *aflorar*
afluència f. *afluencia*
afluent m. *afluente*
afluir v. *afluir*
afluixar v. *aflojar* // rfl. *aflojarse, ceder* // *abstenerse, renunciar*
aflux m. *aflujo*
afollar v. *estropear* // *lisiar* // rfl. *abortar, malparir* // *malograrse*
afonar v. *hundir*
afonia f. *afonía*
afònic, -a adj. *afónico*
aforament m. *aforo*
afores m. pl. *afueras*
aforisme m. *aforismo*
afortunat, -ada adj. *afortunado*
afrancesat, -ada adj. *afrancesado*
afranquir v. *franquear, librar*
afràsia f. *afrasia*
afrau f. *garganta, hoz* // *andurrial*
africà, -ana m. i f. *africano*
africat, -ada adj. *africado*
afrodisíac, -a adj. *afrodisíaco*
afront m. *afrenta*
afronta f. *afrenta*
afrontar v. *encarar* // *afrontar* // *afrentar* // rfl. *sonrojarse, avergonzarse*
afrontós, -osa adj. *afrentoso*
afuadís, -issa adj. *agresivo*
afuar v. *aguzar* // rfl. *dispararse, lanzarse, precipitarse* // *azuzar, incitar*
afuat, -ada adj. *agudo, puntiagudo* // *disparado, veloz*
afusellament m. *fusilamiento*
afusellar v. *fusilar*
agabellar v. *acaparar* // *agavillar, reunir*
agafada f. *cogida* // *alcanzadura* // *agarradero, asidero*
agafadís, -issa adj. *cogedizo, pegadizo*
agafador m. *asidero, agarradero*

agafar v. *coger* // *tomar* // *abarcar* // intr. *arraigar*
agafatall m. *asidero, agarradero*
agalla f. *agalla*
agallinar v. *acoquinar*
agarbar v. *agavillar*
agarberar v. *hacinar*
agàric, -a adj. *agárico*
agaricàcies f. pl. *agaricáceas*
agarrar v. *agarrar, coger, tomar*
agarrat, -ada adj. *agarrado, avariento, tacaño*
agarrotar v. *agarrotar*
àgata f. *ágata*
agegantat, -ada adj. *agigantado*
agemolir-se v. *encogerse* // *allanarse*
agençar v. *arreglar, componer, asear, atildar*
agència f. *agencia*
agenciar v. *agenciar*
agenda f. *agenda*
agenollar v. *arrodillar*
agent m. *agente*
agermanament m. *hermanamiento*
agermanar v. *hermanar*
agermanat, -ada adj. *hermanado* // m. *agermanado*
àgil adj. *ágil*
agilitat f. *agilidad*
agitació f. *agitación*
agitador, -a m. i f. *agitador*
agitanat, -ada adj. *agitanado*
agitar v. *agitar*
aglà m. o f. (V. **gla**)
aglaner, -a adj. *bellotero* // m. o f. *encina*
aglapir v. *coger, alcanzar*
aglevar-se v. *cuajarse, coagularse*
aglomeració f. *aglomeración*
aglomerar v. *aglomerar*
aglòssia f. *aglosia*
aglutinació f. *aglutinación*
aglutinant adj. i m. *aglutinante*
aglutinar v. *aglutinar*
aglutinina f. *aglutinina*
agnòstic, -a adj. *agnóstico*
agnosticisme m. *agnosticismo*
agombolar v. *amparar* // *abrigar* // *cuidar* // rfl. *hacerse compañía*
agonia f. *agonía*
agònic, -a adj. *agónico*
agonitzant m. i f. *agonizante*
agonitzar v. *agonizar*
àgora f. *ágora*
agosarament m. *osadía*
agosarat, -ada adj. *osado, audaz*
agost m. *agosto*
agraciar v. *agraciar*
agraciat, -ada adj. *agraciado*

agradable adj. *agradable*
agradar v. *agradar*
agradós, -osa adj. *agradable // gracioso*
agraïment m. *agradecimiento*
agrair v. *agradecer*
agrament adv. *agriamente*
agranar v. *barrer // .cebar*
agrari, -ària adj. *agrario*
1) **agre, -a** adj. *agrio // áspero*
2) **agre** m. *agro*
agredir v. *agredir*
agredolç, -a adj. *agridulce*
agregació f. *agregación*
agregar v. *agregar*
agregat, -ada m. i f. *agregado*
agrejar v. intr. *saber a agrio //* tr. *agriar*
agrella f. *acedera, vinagrera*
agrenc, -a adj. *agrillo*
agressió f. *agresión*
agressiu, -iva adj. *agresivo*
agressivitat f. *agresividad*
agressor, -a m. i f. *agresor*
agrest, -a adj. *agreste*
agreujar v. *agravar // agraviar // molestar*
agrícola adj. *agrícola*
agricultor m. *agricultor*
agricultura f. *agricultura*
agrimensor m. *agrimensor*
agrimensura f. *agrimensura*
agrir v. *agriar*
agró m. *garza real*
agrònom m. *agrónomo*
agronomia f. *agronomía*
agropecuari, -ària adj. *agropecuario*
agror f. *agrura // aspereza*
agrumollar v. *agrumar*
agrupació f. *agrupación*
agrupament m. *agrupamiento*
agrupar v. *agrupar*
agrura f. *agrura // aspereza // acidez, agrura de estómago*
aguait m. *acecho, celada, emboscada / a l'— al acecho*
aguaitar v. (V. **guaitar**)
aguant m. *aguante*
aguantar v. *aguantar // sostener // soportar // mantener //* rfl. *aguantarse, reprimirse*
agudesa f. *agudeza*
aguditzar v. *agudizar*
aguerrir v. *aguerrir*
aguiar v. *aparejar, preparar // guisar*
aguiat m. *guisado*
àguila f. *águila / — coronada águila imperial /— peixetera águila pescadora/— daurada águila real*
aguilenc, -a adj. *aguileño*

aguiló m. *aguilucho*
agulla f. *aguja // alfiler // baqueta*
agullada f. *aguijada*
aguller m. *hebra // alfiletero*
agulló m. *aguijón*
agullonar v. *aguijar // aguijonear*
agullonat, -ada adj. *aguzado, puntiagudo*
agusar v. *aguzar*
agustí, -ina m. i f. *agustino, agustiniano*
agut, -uda adj. *agudo*
agutzil m. *alguacil*
ahir adv. *ayer*
ahuc m. *grito, alarido*
ahucar v. *ucar, jalear*
ai! interj. *¡ay! // ¡oh! // estar amb l'ai al cor estar con el alma en un hilo*
aigua f. *agua*
aiguacuit m. *cola de carpintero*
aiguada f. *aguacero // aguada*
aiguader, -a adj. *abstemio, aguado //* m. i f. *aguador*
aiguafort m. *aguafuerte*
aigualiment m. *aguamiento*
aigualir v. *aguar*
aiguamans m. *aguamanos // aguamanil*
aiguamoll m. *marjal, almarjal, ciénaga, pantanal, cenagal*
aiguaneu f. *aguanieve*
aiguardent m. *aguardiente*
aiguarelles f. pl. *aguachirle*
aigua-ros f. *agua de rosas*
aiguarràs m. *aguarrás*
aigua-sal f. *salmuera, aguasal*
aiguat m. *aguacero*
aiguavés m. *vertiente // crujía*
aigüera f. *fregadero*
aïllament m. *aislamiento*
aïllant adj. *aislante*
aïllar v. *aislar*
airar v. *airar, encolerizar, irritar*
aire m. *aire*
airejar v. *airear*
airós, -osa adj. *airoso*
airositat f. *airosidad*
aixa f. *azuela // hacha*
aixabuc m. *sofrenada, embestida*
aixada f. *azada, azadón*
aixadell m. *azadilla, alcamofre, escardillo*
aixafar v. (V. **esclafar**)
aixafaterrossos m. *destripaterrones*
aixamfranar v. *achaflanar*
aixarop m. *jarabe*
aixecament m. *levantamiento*
aixecar v. *levantar, alzar*
aixella f. *sobaco*
aixeta f. *grifo*

així adv. *así*
això pron. *eso, esto*
aixopluc m. *cobijo*
aixoplugar v. *cobijar, guarecer*
ajaçar v. *acostar //* rfl. *encamarse // tenderse, echarse*
ajeure v. *echar, tender // derribar //* rfl. *acostarse // acceder, ceder // dormirse*
ajogassat, -ada adj. *juguetón, retozón*
ajornament m. *aplazamiento*
ajornar v. *aplazar*
ajuda f. *ayuda*
ajudant, -a m. i f. *ayudante*
ajudar v. *ayudar*
ajuntament m. *ayuntamiento*
ajuntar v. *juntar*
ajupir v. *agachar, encorvar*
ajust m. *ajuste // reunión // cortejo*
ajustador, -a m. i f. *ajustador*
ajustar v. *juntar // ajustar // emparejar*
ajusticiar v. *ajusticiar*
ajut m. *ayuda*
ala f. *ala / color d'— de mosca descolorido / ferit d'— tocado, enfermo.*
alà m. *alano*
alabaix, -a adj. *alicaído*
alabança f. *alabanza*
alabar v. *alabar*
alabarda f. *alabarda*
alabarder m. *alabardero*
alabastre m. *alabastro*
alacaigut, -uda adj. *alicaído*
alacantí, -ina m. i f. *alicantino*
alacrà m. *alacrán*
aladern m. *aladierno*
aladroc m. *boquerón*
alaferit, -ida adj. *herido en el ala*
alambí m. *alambique*
alambinar v. *alambicar*
alarma f. *alarma*
alarmant adj. *alarmante*
alarmar v. *alarmar*
alarmista m. i f. *alarmista*
alat, -ada adj. *alado*
alatxa f. *alacha*
alba f. *alba*
albada f. *alba, aurora, alborada*
albanès, -esa m. i f. *albanés*
albarà m. *albarán // pliego*
albarda f. *albarda*
albarrana f. *albarrana*
albat m. *párvulo muerto*
albatros m. *albatros*
albelló m. *albañal // sumidero // desagüe*
àlber m. *álamo*
albercoc m. *albaricoque // mastuerzo, botarate*

albercoquer m. *albaricoquero*
albereda f. *alameda, chopera*
alberg m. *albergue*
albergínia f. *berenjena*
alberginiar m. *berenjenal*
alberginiera f. *berenjena*
albí, -ina adj. *albino*
albigès, -esa adj. *albigense*
albinisme m. *albinismo*
albir m. *arbitrio, albedrío*
albirar v. *pensar // divisar, vislumbrar*
albixeres f. pl. *albricias*
albó m. *gamón, asfodelo*
albufera f. *albufera*
àlbum m. *álbum*
albúmina f. *albúmina*
albuminoide adj. i m. *albuminoide*
alça f. *alza*
alçacoll m. *alzacuello*
alçada f. *alzada, alzamiento, levantamiento // alzado // altura*
alcaid m. *alcaide*
alcaldada f. *alcaldada*
alcalde m. *alcalde*
alcaldessa f. *alcaldesa*
alcaldia f. *alcaldía*
alcalí, -ina adj. *alcalino*
alcaloide m. *alcaloide*
alçaprem m. *alzaprima*
alçar v. *alzar, levantar*
alçària f. *altura*
alcassaba f. *alcazaba*
alcàsser m. *alcázar*
alcatràs m. *alcatraz, pelícano*
alcavot m. *alcahuete*
alcavota f. *alcahueta*
alció m. *alción*
alcista m. i f. *alcista*
alcohol m. *alcohol*
alcohòlic, -a adj. *alcohólico*
alcoholisme m. *alcoholismo*
alcoholitzar v. *alcoholizar*
alcoholòmetre m. *alcoholómetro*
alcova f. *alcoba*
alçurar v. *exaltar, alborotar*
aldarull m. *alboroto*
aldehid m. *aldehido*
alè m. *aliento*
aleatori, -òria adj. *aleatorio*
alegració f. *gratificación, obsequio, propina*
alegrar v. *alegrar*
alegre adj. *alegre*
alegria f. *alegría*
alegriada f. *alegrón*
alegroi, -a adj. *alegrillo, alegre //* m. pl. *alegrías, fiestas*

alei m. *algazara, abucheo*
alejar v. (V. **aletejar**)
alemany, -a m. i f. *alemán*
alena f. *lezna*
alenada f. *resuello // vahada // soplo*
alenar v. *respirar, alentar, resollar*
alentir v. *moderar, disminuir*
aleró m. *alón*
alerta adv. *alerta, con cuidado*
aleshores adv. *entonces*
aleta f. *aleta // fer l'— cernerse / requebrar / camelar*
aleteig m. *aleteo*
aletejar v. *aletear*
alexandrí, -ina adj. *alejandrino*
aifàbega f. *albahaca*
alfabet m. *alfabeto*
alfabètic, -a adj. *alfabético*
alfabetitzar v. *alfabetizar*
alfàbia f. *tinaja*
alfac m. *alfaque, banco de arena*
alfals m. *alfalfa*
alfalsar m. *alfalfar*
alfange m. *alfanje*
alfenic m. *alfeñique*
alferes m. *alférez*
alfil m. *alfil*
alfonsí, -ina adj. *alfonsino*
alforges f. pl. *alforjas*
alga f. *alga*
algaravia f. *algarabía*
àlgebra f. *álgebra*
algebraic, -a adj. *algebraico*
algerí, -ina m. i f. *argelino*
àlgid, -a adj. *álgido*
algú pron. *alguien*
alguerès, -esa m. i f. *alguerés*
algun, -a adj. *alguno, algún*
algutzir m. *alguacil*
alhora adv. *al mismo tiempo*
aliança f. *alianza*
aliar v. *aliar*
aliardo m. *majadero, gaznápiro*
àlias adv. *alias*
aliat, -ada m. i f. *aliado*
aliatge m. *aleación*
alicates f. pl. *alicates*
alicorn m. *unicornio // zoquete, gaznápiro*
aliè, -ena adj. *ajeno*
alienació f. *alienación*
alienar v. *alienar*
àliga m. (V. **àguila**)
aligató m. *aguilucho*
alimara f. *alimara // pl. luminarias*
aliment m. *alimento*
alimentació f. *alimentación*

alimentar v. *alimentar*
alimentari, -ària adj. *alimentario*
alimentós, -osa adj. *alimentoso*
alineació f. *alineación*
alinear v. *alinear*
alíquota f. *alícuota*
alís, -isa adj. *ácimo, cenceño // alicaído, mustio*
alisis m. pl. *alisios*
aljava f. *aljaba, carcaj*
aljub m. *aljibe*
all m. *ajo*
allà adv. *allí, allá // d'aquí d'— de aquí para allá // — deçà o part d'— o — d'— allende, más allá, al otro lado // de d'— andando*
allanguir v. *adelgazar*
allanguit, -ida adj. *cenceño, cimbreño*
allarg m. *alargamiento // largas*
allargament m. *alargamiento*
allargar v. *alargar*
allargassar v. *estirar, prolongar // rfl. tenderse a la larga*
allau f. *alud, argayo // avenida, aluvión*
al·legació f. *alegación*
al·legar v. *alegar*
al·legat m. *alegato*
al·legoria f. *alegoría*
al·legòric, -a adj. *alegórico*
al·legreto m. *alegreto*
al·legro m. *alegro*
al·leluia m. *aleluya*
al·lèrgia f. *alergia*
alletament m. *lactancia, amamantamiento*
alletar v. *lactar, amamantar*
alleugerir v. *aligerar*
alleujament m. *alivio*
alleujar v. *aligerar // aliviar*
allí adv. *allí*
alliberador, -a m. i f. *libertador*
alliberament m. *liberación*
alliberar v. *liberar, libertar*
al·licient m. *aliciente*
alliçonar v. *aleccionar*
al·ligació f. *aligación*
allioli m. *ajiaceite*
allisada f. *alisadura, alisamiento // rapapolvo, reprimenda, trepe // paliza, zurra*
allisador m. *alisador*
allisar v. *alisar*
allistament m. *alistamiento*
allistar v. *alistar*
allitar-se v. *encamarse*
al·literació f. *aliteración*
allò pron. *aquello*
al·locució f. *alocución*

al·lot m. *muchacho*
al·lota f. *muchacha, chica, moza* // *novia*
al·lotada f. *muchachada, chiquillada*
al·lotea f. *muchacherío, chiquillería*
al·lotell m. *muchachuelo*
al·loter, -a adj. *criaturero*
al·loteria f. *chiquillería*
allotjament m. *alojamiento*
allotjar v. *alojar*
al·lotó, -ona m. i f. *chiquillo*
al·lucinació f. *alucinación*
al·lucinar v. *alucinar*
al·ludir v. *aludir*
alluentar v. *abrillantar*
allumenar v. *alumbrar, iluminar*
allunament m. *alunamiento*
allunar v. *alunar*
allunyament m. *alejamiento*
allunyar v. *alejar*
al·lusió f. *alusión*
al·lusiu, -iva adj. *alusivo*
al·luvial adj. *aluvial*
al·luvió m. *aluvión*
almadrava f. *almadraba*
almanac m. *almanaque*
almanco adv. *al menos*
almàssera f. *almazara*
almenys adv. *al menos, cuando menos, por lo menos*
almesc m. *almizcle*
almescar v. *almizclar*
almirall m. *almirante*
almirallat m. *almirantía, almirantazgo*
almívar m. *almíbar*
almivarar v. *almibarar*
almogàver m. *almogávar*
almogaveria f. *almogavaría*
almohade m. *almohade*
almoina f. *limosna*
almoiner, -a m. i f. *limosnero*
almoixerif m. *almojarife*
almoixerifat m. *almojarifazgo*
almoràvit m. *almorávid*
almosta f. *almuerza, almorzada*
almud m. *almud*
aló m. *alón* // *aleta*
àloe m. *áloe, acíbar*
alopècia f. *alopecia*
alosa f. *alondra*
alou m. *alodio*
alpaca f. *alpaca*
alpestre adj. *alpestre*
alpí, -ina adj. *alpino*
alpinisme m. *alpinismo*
alpinista m. i f. *alpinista*
alqueria f. *alquería*

alquímia f. *alquimia*
alsacià, -ana m. i f. *alsaciano*
alt, -a adj. *alto*
alta f. *alta*
altar m. *altar*
altària f. *altura*
altaveu m. *altavoz*
altell m. *altozano*
alterable adj. *alterable*
alteració f. *alteración*
alterar v. *alterar*
altercar v. *altercar*
altercat m. *altercado*
altern, -a adj. *alterno*
alternància f. *alternancia*
alternar v. *alternar*
alternativa f. *alternativa*
alterós, -osa adj. *elevado* // *altivo*
altesa f. *altura* // *alteza*
altímetre m. *altímetro*
altiplà m. *altiplanicie, altiplano, meseta*
altisonant adj. *altisonante*
altitud f. *altitud*
altiu, -iva adj. *altivo*
altivesa f. *altivez*
alto interj. i m. *alto*
altrament adv. *de otro modo* // *de lo contrario* // *por otra parte*
altre, -a adj. *otro*
altri pron. *otro, otra persona* // *d'— ajeno, de otro* // *a ca d'— en casa ajena*
altruisme m. *altruismo*
altura f. *altura*
alum m. *alumbre*
alúmina f. *alúmina*
alumini m. *aluminio*
aluminós, -osa adj. *aluminoso*
alumna f. *alumna*
alumnat m. *alumnado*
alumne m. *alumno*
alvèol m. *alvéolo*
alveolar adj. *alveolar*
alzina f. *encina* // *— surera alcornoque*
alzinall m. *carrasca, chaparro*
alzinar m. *encinar*
ama f. *ama*
amabilitat f. *amabilidad*
amable adj. *amable*
amador, -a m. i f. *amador*
amagar v. *esconder, ocultar*
d'amagat adv. *a escondidas*
amagatall m. *escondrijo*
amagató m. *escondrijo* // *d'amagatons a escondidas*
d'amagatotis adv. *a hurtadillas, a escondidas*
amagrir v. *enflaquecer*

amainar v. *amainar*
amalgama f. *amalgama*
amalgamar v. *amalgamar*
amanerament m. *amaneramiento*
amanerar v. *amanerar*
amanerat, -ada adj. *amanerado*
amanida f. *ensalada*
amaniment m. *preparativo // condimento // especias*
amanir v. *preparar // condimentar // componer*
amanollar v. *amanojar*
amansir v. *amansar*
amant m. i f. *amante*
amanyac m. *arrullo, caricia*
amanyagador, -a adj. *arrullador, acariciador, acariciante*
amanyagar v. *acariciar*
amanyogar v. *manosear, estrujar, ajar*
amar v. *amar*
amarant m. *amaranto*
1) **amarar** v. *empapar*
2) **amarar** v. *amarar*
amaratge m. *amaraje*
amarg, -a adj. *amargo*
amargant adj. *amargo*
amargar v. *amargar*
amargor f. *amargor, amargura*
amargós, -osa adj. *amargoso*
amargura f. *amargura*
amarra f. *amarra*
amarrador m. *amarradero*
amarrar v. *amarrar*
amartellar v. *amartillar*
amassar v. *acopiar, reunir*
amatent adj. *atento, afable // diligente*
amateur m. *amateur, aficionado*
amazona f. *amazona*
amazònic, -a adj. *amazónico*
amb prep. *con*
ambages m. pl. *ambages, rodeos*
ambaixada f. *embajada*
ambaixador, -a m. i f. *embajador*
ambaixadriu f. *embajadora*
ambdós, -ues adj. *ambos*
ambició f. *ambición*
ambicionar v. *ambicionar*
ambiciós, -osa adj. *ambicioso*
ambidextre, -a adj. *ambidextro*
ambient m. *ambiente*
ambigu, -a adj. *ambiguo*
ambigüitat f. *ambigüedad*
àmbit m. *ámbito*
ambivalència f. *ambivalencia*
ambivalent adj. *ambivalente*
ambladura f. *andadura*

ambó m. *ambón*
ambosta f. *almuerza, ambuesta, almorzada*
ambrat, -ada adj. *ambarino*
ambre m. *ámbar*
ambulància f. *ambulancia*
ambulant adj. *ambulante*
ambulatori m. *ambulatorio*
amè, -ena adj. *ameno*
ameba f. *amiba*
amèn interj. *amén // ojalá*
amenaça f. *amenaza*
amenaçador, -a adj. *amenazador*
amenaçar v. *amenazar*
amenitat f. *amenidad*
amenitzar v. *amenizar*
ament m. *amento*
americà, -ana m. i f. *americano*
americana f. *americana*
americanitzar v. *americanizar*
ametista f. *amatista*
ametla o **ametlla** f. *almendra*
ametlat o **ametllat** m. *almendrado*
ametler o **ametller** m. *almendro*
ametlerar o **ametllerar** m. *almendral*
ametló o **ametlló** m. *almendruco*
amfibi m. *anfibio*
amfiteatre m. *anfiteatro*
amfitrió, -ona m. i f. *anfitrión*
àmfora f. *ánfora*
amiant m. *amianto*
amic m. *amigo*
amical adj. *amical, amistoso*
amidar v. *medir*
amidó m. *almidón*
amidonar v. *almidonar*
amiga f. *amiga*
amigable adj. *amigable*
amígdala f. *amígdala*
amistançament m. *concubinato*
amistançar-se v. *amancebarse*
amistat f. *amistad*
amistós, -osa adj. *amistoso*
amit m. *amito*
amitger m. *aparcero*
amitges f. pl. *aparcería*
amnèsia f. *amnesia*
amnistia f. *amnistía*
amnistiar v. *amnistiar*
amo m. *amo, dueño // colono*
amoblar v. *amueblar*
amoïnar v. *molestar // preocupar*
amoïnós, -osa adj. *molesto // preocupante*
amoixar v. *acariciar // halagar*
amollar v. *aflojar // soltar*
amollir v. *ablandar*
amollonar v. *amojonar, mojonar, apear*

amonestació f. *amonestación*
amonestar v. *amonestar*
amoni m. *amonio*
amoníac m. *amoníaco*
amor m. o f. *amor*
amoral adj. *amoral*
amordassar v. *amordazar*
amoreta f. *piropo, requiebro*
amorf, -a adj. *amorfo*
amorós, -osa adj. *amoroso*
amorosir v. *enternecer* // *suavizar* // *acariciar*
amorrar v. *echar de bruces* // *arrimar* // *apoyarse*
amortallar v. *amortajar*
amortidor m. *amortiguador*
amortir v. *amortiguar*
amortització v. *amortización*
amortitzar v. *amortizar*
amotinar v. *amotinar*
amovible adj. *amovible*
amper m. *amperio*
amperímetre m. *amperímetro*
ampit m. *antepecho* // *muro de contención*
amplada f. *anchura*
amplària f. *anchura*
ample, -a adj. *ancho* // *amplio*
ampli, àmplia adj. *amplio*
ampliació f. *ampliación*
ampliar v. *ampliar*
amplificació f. *amplificación*
amplificar v. *amplificar*
amplitud f. *amplitud*
ampolla f. *ampolla* / *bufar i fer ampolles* *coser y cantar*
ampul·lós, -osa adj. *ampuloso*
ampul·lositat f. *ampulosidad*
amputació f. *amputación*
amputar v. *amputar*
amulet m. *amuleto*
amullerar-se v. *casarse*
amunt adv. *arriba*
amuntegar v. *amontonar*
anacolut m. *anacoluto*
anaconda f. *anaconda*
anacoreta m. *anacoreta*
anacrònic, -a adj. *anacrónico*
anacronisme m. *anacronismo*
anada f. *ida*
anadura f. *andadura*
anaerobi m. *anaerobio*
anafrodita m. i f. *anafrodita*
anagrama m. *anagrama*
anal adj. *anal*
anàleg, -oga adj. *análogo*
analfabet, -a m. i f. *analfabeto*
analfabetisme m. *analfabetismo*

analgèsia f. *analgesia*
analgèsic, -a adj. *analgésico*
anàlisi f. *análisis*
analista m. i f. *analista*
analitzar v. *analizar*
analogia f. *analogía*
analogisme m. *analogismo*
ananàs m. *ananás*
anant m. *transeúnte, andante*
anar v. *andar, ir* / anar-se'n *irse* / deixar — *soltar* / fer — *mover, poner en marcha* / no poder — *no poder continuar*
anarquia f. *anarquía*
anarquisme m. *anarquismo*
anarquista m. i f. *anarquista*
anastomosi f. *anastomosis*
anatema m. *anatema*
anatomia f. *anatomía*
anca f. *nalga*
ancestral adj. *ancestral*
ancià, -ana m. i f. *anciano*
ancianitat f. *ancianidad*
àncora f. *áncora, ancla*
ancorar v. *anclar*
ancoratge m. *anclaje*
andalús, -usa m. i f. *andaluz*
andami m. *andamio* // *adarve*
andamiada f. *andamiaje*
andana f. *andana* // *andén* // *acera*
andanada f. *andanada, trepe*
andante f. *andante* (en música)
andantino m. *andantino*
andarec, -ega adj. *andariego, andorrero*
andarivell m. *andarivel* // *conflicto, atolladero*
andes f. pl. *andas*
andoi adj. *corretero, mangorrero*
andoiar v. *mangonear, callejear*
andorrà, -ana m. i f. *andorrano*
androceu m. *androceo*
androgin, -ògina adj. *andrógino*
androna f. *pasadizo, callejón* // *buhardilla*
ànec m. *ánade, pato*
anècdota f. *anécdota*
anell m. *anillo*
anella f. *anilla, argolla* // *eslabón*
anelleta f. *anillita* // *pendiente, arracada*
anèmia f. *anemia*
anèmic, -a adj. *anémico*
anemòmetre m. *anemómetro*
anèmona f. *anémona*
anestèsia f. *anestesia*
anestesiar v. *anestesiar*
anestèsic, -a adj. *anestésico*
anestesista m. i f. *anestesista*
anex, -a adj. *anexo, anejo*

anexió f. *anexión*
anexionar v. *anexionar*
anfós m. *mero*
anfractuós, -osa adj. *anfractuoso*
anfractuositat f. *anfractuosidad*
àngel m. *ángel*
àngela o àngela Maria! interj. *eso mismo, eso es!, justo!, exacto!*
angèlic, -a adj. *angélico*
angelical adj. *angelical*
angina f. *angina*
angle m. *ángulo*
anglès, -esa m. i f. *inglés*
anglicà, -ana adj. *anglicano*
anglicisme m. *anglicismo*
anglòfil, -a adj. *anglófilo*
anglosaxó, -ona m. i f. *anglosajón*
angoixa f. *angustia*
angoixar v. *angustiar, acongojar*
angoixós, -osa adj. *angustioso*
angost, -a adj. *angosto*
anguila f. *anguila*
anguilejar v. *serpentear*
angula f. *angula*
angular adj. *angular*
angulós, -osa adj. *anguloso*
angúnia f. *congoja, angustia*
angunir v. *angustiar*
anguniós, -osa adj. *angustioso // angustiado*
anhel m. *anhelo*
anhelar v. *anhelar*
anhelós, -osa adj. *anheloso*
anhidre, -a adj. *anhidro*
anhídrid m. *anhídrido*
anihilació f. *aniquilación*
anihilar v. *aniquilar*
ànim m. *ánimo*
ànima f. *alma // ánima*
animació f. *animación*
animador, -a adj. *animador*
animadversió f. *animadversión*
animal adj. i m. *animal*
animalada f. *animalada*
animaler, -a adj. *animalero*
animàlia f. *alimaña*
animalitat f. *animalidad*
animalitzar v. *animalizar*
animaló m. *animalito // insecto*
animar v. *animar*
animeta f. *almita // ánima // mariposa*
anímic, -a adj. *anímico*
animós, -osa adj. *animoso*
animositat f. *animosidad*
anion m. *anión*
aniquilar v. (V. **anihilar**)
anís m. *anís*

anisat m. *anisado*
anit· adv. *esta noche // anoche*
anivellar v. *nivelar*
aniversari m. *aniversario*
annals m. pl. *anales*
ànnera f. *ánade, pato*
annerot m. *alocado, loquesco, gamberro*
annerotada f. *locura, gamberrada*
ànode m. *ánodo*
anodí, -ina adj. *anodino*
anòmal, -a adj. *anómalo*
anomalia f. *anomalía*
anomenada f. *fama, nombradía*
anomenar v. *nombrar // llamar por nombre*
anomenat, -ada adj. *famoso, renombrado*
anònim, -a adj. *anónimo*
anormal adj. *anormal*
anorreament m. *aniquilamiento, anonadamiento*
anorrear v. *aniquilar, anonadar*
arrostrar v. *amaestrar, adiestrar*
anotació f. *anotación*
anotar v. *anotar*
anquejar v. *nalguear*
anquilosar v. *anquilosar*
anquilosi f. *anquilosis*
ans adv. *antes //* conj. *antes bien, sino, sino que*
ansa f. *ansa // — del coll nuca*
ànsia f. *ansia, preocupación / passar — temer, estar preocupado // tenir — tener cuidado, cuidar // anhelo*
ansiar v. *ansiar*
ansiejar v. *ansiar*
ansietat f. *ansiedad*
ansiós, -osa adj. *ansioso*
antagonisme m. *antagonismo*
antagonista m. i f. *antagonista*
antany adv. *el año pasado*
antàrtic, -a adj. *antártico*
antecambra f. *antecámara*
antecedent adj. *antecedente*
antecedir v. *anteceder*
antecessor, -a adj. *antecesor*
antediluvià, -ana adj. *antediluviano*
antelació f. *antelación*
antena f. *entena // aspa // antena*
antepenúltim, -a adj. *antepenúltimo*
anteportada f. *anteportada*
anteposar v. *anteponer*
anterior adj. *anterior*
anterioritat f. *anterioridad*
antesala f. *antesala*
antevigília f. *antevigilia, antevíspera*
antiàcid m. *antiácido*
antibiòtic, -a adj. *antibiótico*

antic, -iga adj. *antiguo*
anticicló m. *anticiclón*
anticipació f. *anticipación*
anticipar v. *anticipar*
anticòs m. *anticuerpo*
Anticrist m. *Anticristo*
antídot m. *antídoto*
antiestètic, -a adj. *antiestético*
antífona f. *antífona*
antigalla f. *antigualla*
antigament adv. *antiguamente*
antigor f. *antigüedad*
antigot m. *pared megalítica*
antiguitat f. *antigüedad*
antihigiènic, -a adj. *antihigiénico*
antílop m. *antílope*
antimoni m. *antimonio*
antinòmia f. *antinomia*
antipapa m. *antipapa*
antipatia f. *antipatía*
antipàtic, -a adj. *antipático*
antipirètic, -a adj. *antipirético*
antípoda m. *antípoda*
antiquari, -ària m i f. *anticuario*
antiquat, -ada adj. *anticuado*
antisèpsia f. *antisepsia*
antisèptic, -a adj. *antiséptico*
antisocial adj. *antisocial*
antítesi f. *antítesis*
antitètic, -a adj. *antitético*
antitoxina f. *antitoxina*
antologia f. *antología*
antonomàsia f. *antonomasia*
antorxa f. *antorcha*
antracita f. *antracita*
àntrax m. *ántrax*
antre m. *antro*
antropòfag, -a m. i f. *antropófago*
antropofàgia f. *antropofagia*
antropòleg, -oga m. i f. *antropólogo*
antropologia f. *antropología*
antropomorfisme m. *antropomorfismo*
antull m. *antojo*
d'antuvi o de bell antuvi o de primer antuvi
adv. *de buenas a primeras, por de pronto*
anual adj. *anual*
anualitat f. *anualidad*
anuari m. *anuario*
anuència f. *anuencia*
anular adj. *anular*
anul·lació f. *anulación*
anul·lar v. *anular*
anunci m. *anuncio*
anunciació f. *anunciación*
anunciar v. *anunciar*
anus m. *ano*

anvers m. *anverso*
anxova f. *anchoa*
any m. *año* / l'— **passat** *el año pasado* / l'—
venidor o l'— **vinent** *al año siguiente, el
año que viene* / l'— **que ve** *el año que vie-
ne* / l'altre — *hace dos años* // l'— **u** o
l'— tirurany o l'— de Na Maria Castanya
o l'— de la picor *hace muchos años, el
año de Maricastaña, el año de la nanita* //
l'— xeix o l'— sant o l'— d'En Quinze o
l'— de les tàperes *la semana de los tres
jueves* // anys i panys *largo tiempo, muchí-
simos años*
anyada f. *añada* // *cosecha*
anyal adj. *anual*
anyell m. *cordero*
anyenc, -a adj. *añoso, añejo*
anyil m. *añil*
aombrar v. *sombrear, ensombrecer*
aorist m. *aoristo*
aorta f. *aorta*
apa! interj. *hala!, vamos!, anda!, vaya!*
apadrinar v. *apadrinar*
apagada f. *apagón*
apagador m. *apagador*
apagallums m. *apagaluces* // *sacristán*
apagar v. *apagar*
apaïsat, -ada adj. *apaisado*
apaivagar v. *apaciguar, calmar*
apallissar v. *apalear, zurrar*
apanyar v. *arreglar, componer, remendar* //
rfl. *apañárselas, componérselas*
aparador m. *aparador* // *escaparate*
aparat m. *aparato*
aparatós, -osa adj. *aparatoso*
aparaular v. *apalabrar*
aparcament m. *aparcamiento*
aparcar v. *aparcar*
aparedar v. *emparedar* // *paredar, tapiar*
aparèixer v. *aparecer*
aparell m. *aparejo* // *aparato* // pl. *arreos*
aparellador m. *aparejador*
aparellament· m. *aparejamiento, preparativo*
1) aparellar v. *aparejar, preparar*
2) aparellar v. *aparear*
aparença f. *apariencia*
aparent adj. *aparente*
aparentar v. *aparentar*
aparentment adv. *aparentemente*
apariar v. *preparar, aparejar* // *remendar,
arreglar*
aparició f. *aparición*
aparrussar v. *apañar, remendar* // *zurrar*
apart adv. i m. *aparte*
apartament m. *apartamiento* // *apartamento,
departamento*

apartar v. *apartar*
apassionament m. *apasionamiento*
apassionar v. *apasionar*
àpat m. *comida*
apatia f. *apatía*
apàtic, -a adj. *apático*
apatxe m. *apache*
apedaçar v. *apedazar, remendar // reparar*
apedregar v. *apedrear*
apegalós, -osa adj. *pegajoso, pegadizo*
apel·lació f. *apelación*
apel·lar v. *apelar*
apel·latiu, -iva adj. *apelativo*
apendicitis f. *apendicitis*
apèndix m. *apéndice*
apercebre v. *percibir // rfl. darse cuenta*
aperduar-se v. *echarse a perder // perderse, extraviarse*
aperitiu m. *aperitivo*
apetència f. *apetencia*
apetible adj. *apetecible*
apetir v. *apetecer*
apetit m. *apetito*
apetitós, -osa adj. *apetitoso*
àpex m. *ápice*
api m. *apio*
apiadar-se v. *apiadarse*
apicultor m. *apicultor*
apilar v. *apilar*
apilonar v. *apilar*
apilotar v. *amontonar // apiñar // aterronar, aburujar, agrumar*
apinyar v. *apiñar*
aplacar v. *aplacar*
aplanador m. *aplanadera*
aplanament m. *allanamiento // aplanamiento*
aplanar v. *allanar // aplanar*
aplaudiment m. *aplauso*
aplaudir v. *aplaudir*
aplec m. *grupo // reunión // alijo*
aplegadís, -issa adj. *plegadizo // contagiable, pegadizo*
aplegar v. *plegar // recoger // reunir // colectar // coger, pillar*
aplicació f. *aplicación*
aplicar v. *aplicar*
aplom m. *aplomo*
aplomar v. *aplomar*
àpoca f. *ápoca*
apocalipsi f. *apocalipsis*
apocament m. *apocamiento*
apocar v. *apocar*
apocat, -ada adj. *apocado*
apòcope f. *apócope*
apòcrif, -a adj. *apócrifo*
apoderament m. *apoderamiento*

apoderar v. *apoderar*
apòdosi f. *apódosis*
apòfisi f. *apófisis*
apogeu m. *apogeo*
apòleg m. *apólogo*
apol·lini, -ínia adj. *apolíneo*
apologètic, -ca adj. *apologético*
apologia f. *apología*
apoplèctic, -a adj. *apoplético*
apoplexia f. *apoplejía*
aporrinar v. *denostar*
aportació f. *aportación*
aportar v. *llevar // traer // aportar*
aposentar v. *aposentar*
aposició f. *aposición*
apòsit m. *apósito*
aposta f. *apuesta*
a posta adv. *adrede, a propósito, aposta*
apostar v. *apostar*
apostasia f. *apostasía*
apòstata m. i f. *apóstata*
apostatar v. *apostatar*
apòstol m. *apóstol*
apostolat m. *apostolado*
apostòlic, -a adj. *apostólico*
apòstrof m. *apóstrofo*
apostrofar v. *apostrofar*
apòstrofe m. *apóstrofe*
apotecari, -ària m. i f. *boticario, farmacéutico*
apotecaria f. *botica, farmacia*
apoteosi f. *apoteosis*
apreciable adj. *apreciable*
apreciació f. *apreciación*
apreciar v. *apreciar*
aprendre v. *aprender*
aprenent adj. *listo, aprovechado // m. aprendiz*
aprenentatge m. *aprendizaje*
aprensió f. *aprensión*
aprensiu, -iva adj. *aprensivo*
apressament m. *apresuramiento*
apressant adj. *apremiante*
apressar v. *apresurar // intr. urgir, correr prisa*
apressat, -ada adj. *apresurado, precipitado*
aprest m. *apresto*
aprestar v. *aprestar*
apreuar v. *evaluar, apreciar*
aprimar v. *adelgazar*
aprofitable adj. *aprovechable*
aprofitament m. *aprovechamiento*
aprofitar v. *aprovechar*
aprofundir v. *profundizar*
apropament m. *acercamiento*
apropar v. *acercar*

apropiació f. *apropiación*
apropiar v. *apropiar*
apropiat, -ada adj. *apropiado, adecuado*
aprovació f. *aprobación*
aprovar v. *aprobar*
aprovat m. *aprobado*
aprovisionament m. *aprovisionamiento*
aprovisionar v. *aprovisionar*
aproximació f. *aproximación*
aproximar v. *aproximar*
apte, -a adj. *apto*
àpter, -a adj. *áptero*
aptitud f. *aptitud*
apujar v. *subir, aumentar*
apunt m. *apunte*
apuntació f. *apuntación, apunte*
apuntador, -a m. i f. *apuntador*
apuntalament m. *apuntalamiento*
apuntalar v *apuntalar*
apuntar v. *apuntar*
apunyalar v. *apuñalar*
apunyegar v. *apuñear*
apurar v. *apurar*
aquarel·la f. *acuarela*
aquarel·lista m. *acuarelista*
Aquari m. *Acuario*
aquàrium m. *acuario*
aquarterar v. *acuartelar*
aquàtic, -a adj. *acuático*
aqüeducte m. *acueducto*
aqueferat, -ada adj. *atareado*
aqueix, -a pron. i adj. *ese*
aquell, -a pron. i adj. *aquel*
aquest, -a pron. i adj. *este*
aquí adv. *ahí* // *aquí*
aquiescència f. *aquiescencia*
aquietar v. *aquietar*
aquilí, -ina adj. *aquilino*
aquiló m. *aquilón*
aquissar v. *azuzar*
aquós, -osa adj. *acuoso*
1) **ara** adv. *ahora* / — **i adés** *a menudo* /
   adés i — o — **i adés** *de cuando en cuan-*
   do / — **abans** — *ahora mismo, dentro de*
   poco / **com** — o — **com** — *por ahora, de*
   momento / **ara... ara...** *ora... ora..., ya...*
   ya... / **com és** — *por ejemplo* / — **o suara**
   una vez u otra
2) **ara** f. *ara, altar*
àrab adj. *árabe*
arabesc m. *arabesco*
aràbic, -iga adj. *arábigo*
arabisme m. *arabismo*
aràcia f. *arácea*
aràcnid m. *arácnido*
arada f. *arado*

aragonès, -esa m. i f. *aragonés*
aram m. *cobre*
arameu, -a adj. *arameo*
aranell m. *fosa nasal*
aranja f. *toronja*
aranya f. *araña*
aranyó m. *endrina*
aranzel m. *arancel*
arbitrar v. *arbitrar*
arbitrari, -ària adj. *arbitrario*
arbitrarietat f. *arbitrariedad*
arbitratge m. *arbitraje*
àrbitre m. *árbitro*
arboç m. (planta) *madroño*
arboça f. (fruit) *madroño*
arboradura f. *arboladura*
arborar v. *arbolar* // *enarbolar* // *sulfurar,*
   exaltar
arborescent adj. *arborescente*
arbori, -òria adj. *arbóreo*
arborització f. *arborización*
arbrat m. *arbolado*
arbre m. *árbol* // *palo, mástil*
arbreda f. *arboleda*
arbust m. *arbusto*
arc m. *arco* // — **de Sant Martí** *arco iris*
arç m. *espino*
arca f. *arca*
arcà, -ana adj. *arcano*
arcabús m. *arcabuz*
arcabussada f. *arcabuzazo*
arcabusser m. *arcabucero*
arcada f. *arcada*
arcaic, -a adj. *arcaico*
arcaisme m. *arcaísmo*
arcàngel m. *arcángel*
arcar v. *arquear*
arçar m. *cambronal, zarzamoral*
arcbotant m. *arbotante*
arçó m. *arzón*
ardència f. *ardencia*
ardent adj. *ardiente*
ardentment adj. *ardientemente*
ardiaca m. *arcediano*
ardidesa f. *atrevimiento, osadía* // *viveza,*
   decisión
1) **ardit, -ida** adj. *atrevido, osado* // *vivo,*
   vivaz, decidido
2) **ardit** m. *hazaña* // *ardid*
ardor f. i m. *ardor*
ardorós, -osa adj. *ardoroso*
ardu, àrdua adj. *arduo*
àrea f. *área*
arena f. *arena*
arenga f. *arenga* // *lío, complicación*
arengada f. *arenque*

arengar v. *arengar*
arenós, -osa adj. *arenoso*
areny m. *rambla*
arèola f. *aréola*
areòmetre m. *areómetro*
aresta f. *arista*
argamassa f. *argamasa*
argelaga f. *aliaga, retama espinosa*
argelagar m. *argomal, aliagar*
argent m. *plata* // — **viu** *azogue, mercurio*
argentar v. *argentar, platear*
argenter m. *platero, orfebre*
argenteria f. *platería, orfebrería*
argentí, -ina m. i f. *argentino*
argentífer, -a adj. *argentífero*
argila f. *arcilla*
argilenc, -a adj. *arcilloso*
argilós -osa adj. *arcilloso*
argolla f. *argolla*
argó m. *argo, argón*
argonauta m. *argonauta*
argot m. *argot*
argúcia f. *argucia*
argüir v. *argüir*
argument m. *argumento*
argumentació f. *argumentación*
argumentar v. *argumentar*
ari, ària adj. *ario*
ària f. *aria*
àrid, -a adj. *árido*
aridesa f. *aridez*
Àries m. *Aries*
ariet m. *ariete*
aristocràcia f. *aristocracia*
aristòcrata m. i f. *aristócrata*
aristocràtic, -a adj. *aristocrático*
aritja f. *zarzaparrilla*
aritmètic, -a adj. *aritmético*
aritmètica f. *aritmética*
arlequí m. *arlequín*
arma f. *arma*
armada f. *armada, escuadra*
armador, -a m. i f. *armador*
armadura f. *armadura*
armament m. *armamento*
armar v. *armar*
armari m. *armario*
armella f. *abrazadera* // *armella* // *aldaba*
armeni, -ènia m. i f. *armenio*
armer m. *armero*
armeria f. *armería*
armilla f. *chaleco*
armistici m. *armisticio*
1) **arna** f. *polilla* // *apolilladura*
2) **arna** f. *colmena*
arnadura f. *apolillamiento*

arnar v. *apolillar*
arner m. (ocell) *martín pescador*
arnès m. *arnés*
aroma m. *aroma*
aromàtic, -a adj. *aromático*
aromatitzar v. *aromatizar*
1) **arpa** f. *arpa*
2) **arpa** f. *garra*
arpada f. *arañazo, arpadura* // *manotazo*
arpegi m. *arpegio*
arpella f. (ocell) *alimoche* // (ocell) *milano gris* // *atolondrado, gamberro*
arpellot m. (ocell) *alimoche* // *atolondrado, gamberro*
arpista m. i f. *arpista*
arpó m. *arpón*
arponar v. *arponear*
arponer m. *arponero*
arquebisbat m. *arzobispado*
arquebisbe m. *arzobispo*
arqueig m. *arqueo*
arquejar v. *arquear*
arqueòleg, -oga m. i f. *arqueólogo*
arqueologia f. *arqueología*
arquer m. *arquero*
arqueta f. *arquilla*
arquetípic, -a adj. *arquetípico*
arquetipus m. *arquetipo*
arquitecte m. *arquitecto*
arquitectònic, -a adj. *arquitectónico*
arquitectura f. *arquitectura*
arquitrau m. *arquitrabe*
arquivolta f. *arquivolta*
arrabassar v. *arrancar*
arracada f. *pendiente, arracada*
arraconar v. *arrinconar* // *ahorrar*
arrambar v. *arrimar*
arrambatge m. *medianería* // *embestida, trepe* // **tenir mals arrambatges** *tener malas pulgas*
arran adv. (V. **ran**)
arrancada f. *arranque*
arrancar v. *arrancar*
arranjar v. *arreglar, componer*
arrasador, -a adj. *arrasador*
arrasament m. *arrasamiento*
arrasar v. *rasar* // *allanar, arrasar*
arraulir v. *encoger*
arrauxat, -ada adj. *arrebatado, arrojado, venático*
arraval m. *arrabal* // *afueras, alrededores*
arravatar v. *arrebatar*
arrebossar v. *rebozar* // *revocar*
arrebossat m. *rebozado* // *revoque*
arrecerar v. *abrigar, resguardar*
arredossar v. *resguardar*

arreglament m. *arreglo*
arreglar v. *arreglar*
arrel f. *raíz*
arrelam m. *raigambre*
arrelar v. *arraigar*
arremesa f. *arremetida*
arremetre v. *arremeter*
arremolinar v. *remolinar*
arrencar v. *arrancar*
arrendador, -ora m. i f. *arrendador*
arrendament m. *arrendamiento, arriendo*
arrendar v. *arrendar*
arrendatari, -ària m. i f. *arrendatario*
arrenglerar v. *alinear*
arrepapar-se v. *arrellanarse, repantigarse*
arreplegar v. *recoger, reunir*
arrera adv. *atrás*
arres f. pl. *arras*
arrest m. *arresto*
arrestar v. *detener, arrestar*
1) **arreu** m. *arreo // apero // utensilio // arado*
2) **arreu** adv. *sin excepción // por todas partes*
arreveixinar v. *erizar // enderezar*
arri! interj. *¡arre!*
arrià, -ana m. i f. *arriano*
arrianisme m. *arrianismo*
arriar v. *arriar*
arribar v. *llegar*
arriscar v. *arriesgar // rfl. atreverse, osar*
arriscat, -ada adj. *osado, temerario // arriesgado, peligroso*
arrissar v. *rizar*
arrítmic, -a adj. *arrítmico*
arrodonir v. *redondear*
arrogació f. *arrogación*
arrogància f. *arrogancia*
arrogant adj. *arrogante*
arrogar v. *arrogar*
arromangar v. *arremangar*
arronsament m. *encogimiento*
arronsar v. *encoger // arremangar // arramblar, arrollar // rfl. o intr. ceder*
arronyonar v. *derrengar*
arrop m. *arrope*
arròs m. *arroz*
arrossada f. *gran cantidad de arroz // comilona de arroz*
arrossaire m. i f. *arrocero*
arrossar m. *arrozal*
arrossegada f. *arrastramiento*
arrossegament m. *arrastramiento*
arrossegar v. *arrastrar*
arrosser, -a adj. *arrocero*
arrova f. *arroba*

arruar v. *arrugar*
arrufar v. *encoger*
arruga f. *arruga*
arrugar v. *arrugar*
arruïnar v. *arruinar*
arruix! interj. *¡fuera!, ¡largo!*
arruixar v. *rociar // ahuyentar // regañar, echar un trepe*
arrupir v. *encoger // rfl. agazaparse*
arsenal m. *arsenal*
arsènic m. *arsénico*
art m. o f. *arte*
artanenc, -a m. i f. *artanense*
artefacte m. *artefacto*
arter, -a adj. *artero*
arteria f. *arteria*
artèria f. *arteria*
arterial adj. *arterial*
arteriosclerosi f. *arteriosclerosis*
arterós, -osa adj. *astuto*
artesà, -ana m. i f. *artesano*
artesania f. *artesanía*
artesià adj. m. *artesiano*
àrtic, -a adj. *ártico*
article m. *artículo*
articulació f. *articulación*
1) **articular** v. *articular // parlotear*
2) **articular** adj. *articular*
articulat m. *articulado*
articulista m. i f. *articulista*
artífex m. *artífice*
artifici m. *artificio*
artificial adj. *artificial*
artificiós, -osa adj. *artificioso*
artillar v. *artillar*
artiller, -a adj. *artillero*
artilleria f. *artillería*
artista m. i f. *artista*
artístic, -a adj. *artístico*
artrític, -a adj. *artrítico*
artritis f. *artritis*
artròpode m. *artrópodo*
artrosi f. *artrosis*
arxiduc m. *archiduque*
arxiduquessa f. *archiduquesa*
arxipèlag m. *archipiélago*
arxiprest m. *arcipreste*
arxiu m. *archivo*
arxivar v. *archivar*
arxiver, -a m. i f. *archivero*
as m. *as*
ascàride m. *ascáride*
ascendència f. *ascendencia*
ascendent adj. *ascendente // m. ascendiente*
ascendir v. *ascender*
ascens m. *ascenso*

ascensió f. *ascensión*
ascensor m. *ascensor*
asceta m. *asceta*
ascetisme m. *astecismo*
ase m. *asno, burro*
asèptic, -a adj. *aséptico*
asexual adj. *asexual*
asfalt m. *asfalto*
asfaltar v. *asfaltar*
asfíxia f. *asfixia*
asfixiant adj. *asfixiante*
asfixiar v. *asfixiar*
asfòdel m. *asfódelo*
asiàtic, -a m. i f. *asiático*
asil m. *asilo*
asilar v. *asilar*
asimetria f. *asimetría*
asimètric, -a adj. *asimétrico*
asma m. *asma*
aspa f. *aspa*
aspecte m. *aspecto*
asperges m. pl. *asperges, aspersión // ternos, tacos // fer — ahuyentar*
aspergiar v. *blasfemar*
aspersió f. *aspersión*
aspersori m. *aspersorio*
aspiar v. *aspar*
àspid m. *áspid*
aspiració f. *aspiración*
aspirador m. *aspirador*
aspirant m. i f. *aspirante*
aspirar v. *aspirar*
aspirina f. *aspirina*
asprament adv. *ásperamente*
1) **aspre, -a** adj. *áspero*
2) **aspre** m. *rodrigón*
aspredat f. *aspereza*
aspresa f. *aspereza*
aspriu, -iva adj. *áspero, rudo*
aspror f. *aspereza*
assabentar v. *enterar, informar*
assaborit v. *sazonar // saborear*
assaciament m. *saciedad*
assaciar v. *saciar*
assagetar v. *asaetear*
assagista m. i f. *ensayista*
assaig m. *ensayo*
assajar v. *ensayar, probar*
assalariat, -ada adj. *asalariado*
assalt m. *asalto*
assaltar v. *asaltar*
assaonar v. *sazonar // curtir*
assassí, -ina m. i f. *asesino*
assassinar v. *asesinar*
assassinat m. *asesinato*
assecador m. *secadero*

assecar v. *secar*
assedegat, -ada adj. *sediento*
assegurador, -a adj. *asegurador*
assegurança f. *seguro*
assegurar v. *asegurar*
assegut, -uda adj. *sentado*
assemblar v. *semejar, parecer*
assemblea f. *asamblea*
assentada f. *asentada, entrevista, charla*
assentar v. *asentar, sentar*
assentiment m. *asentimiento*
assentir v. *asentir*
assenyalar v. *señalar*
assenyat, -ada adj. *sensato, juicioso, sesudo*
assequible adj. *asequible*
asserció f. *aserción*
asserenar v. *serenar*
asservir v. *avasallar, sojuzgar, subyugar*
assessor, -a m. i f. *asesor*
assessorar v. *asesorar*
assestar v. *asestar*
assetjament m. *asedio, sitio*
assetjant m. *sitiador*
assetjar v. *asediar, sitiar*
asseure v. *sentar // asentar*
asseveració f. *aseveración*
asseverar v. *aseverar*
assidu, -idua adj. *asiduo*
assiduïtat f. *asiduidad*
assignació f. *asignación*
assignar v. *asignar*
assignatura f. *asignatura*
assimilació f. *asimilación*
assimilar v. *asimilar*
assiri, -íria m. i f. *asirio*
assistència f. *asistencia*
assistent adj. i m. i f. *asistente*
assistir v. *asistir*
associació f. *asociación*
associar v. *asociar*
assolador, -a adj. *asolador*
assolar v. *asolar // rfl. posarse*
assoldar v. *asoldar, asalariar*
assolellada f. *soleamiento*
assolellar v. *solear*
assolir v. *coger // alcanzar // llegar // conseguir*
assonància f. *asonancia*
assonant adj. *asonante*
assortiment m. *surtido*
assortir v. *surtir*
assortit m. *surtido*
assossec m. *sosiego*
assossegar v. *sosegar*
assot m. *azote*
assotament m. *azotamiento*

assotar v. *azotar*
assumir v. *asumir*
assumpció f. *asunción*
assumpte m. *asunto*
assussena f. *azucena*
assus-suaixí adv. *precisamente así // en esto, de pronto*
assus-suaquí adv. *aquí mismo*
assustar v. *asustar*
assutzena f. *azucena*
ast m. *asador*
asta f. *asta*
asteca m. i f. *azteca*
astènia f. *astenia*
asterisc m. *asterisco*
asteroide m. *asteroide*
astigmatisme m. *astigmatismo*
astor m. (ocell) *azor*
astoradís, -issa adj. *azoradizo*
astorador, -a adj. *espantoso*
astorament m. *azoramiento, espanto*
astorar v. *azorar, espantar*
astracan m. *astracán*
astracanada f. *astracanada*
astràgal m. *astrágalo*
astral adj. *astral*
astre m. *astro*
astringent adj. *astringente*
astròleg, -oga m. i f. *astrólogo*
astrologia f. *astrología*
astronau f. *astronave*
astronauta m. i f. *astronauta*
astrònom, -a m. i f. *astrónomo*
astronomia f. *astronomía*
astronòmic, -a adj. *astronómico*
astruc, -uga adj. *afortunado*
astrugància f. *suerte, fortuna, ventura*
astúcia f. *astucia*
asturià, -ana m. i f. *asturiano*
astut, -a adj. *astuto*
atabacar v. *chasquear, fastidiar // echar a perder*
atabalar v. *ensordecer // marear*
atac m. *ataque*
atacant m. i f. *atacante*
atacar v. *apretar // atacar // rfl. atracarse*
ataconador m. *remendón // zurrador*
ataconar v. *remendar*
atalaiar v. *atalayar // rfl. percatarse, darse cuenta*
atallar v. *atajar*
atansament m. *acercamiento*
atansar v. *acercar // rfl. atreverse*
atànyer v. *atañer, pertenecer*
atapeir v. (V. **atapir**)
atapir v. *tupir, apretar // rellenar, atiborrar //*

hartar, atracar
atardar v. *retrasar*
ataronjat, -ada adj. *anaranjado*
atàvic, -a adj. *atávico*
atavisme m. *atavismo*
ateisme m. *ateísmo*
atemorir v. *atemorizar*
atemptar v. *atentar*
atemptat m. *atentado*
atemptatori, -òria adj. *atentatorio*
atenció f. *atención*
atendre v. *atender*
atenès, -esa m. i f. *ateniense*
ateneu m. *ateneo*
atenir-se v. *atenerse*
atent, -a adj. *atento*
atenuant adj. *atenuante*
atenuar v. *atenuar*
atènyer v. *alcanzar // llegar // conseguir*
aterrar v. *derribar // aterrar // aterrizar*
aterratge m. *aterrizaje*
aterridor, -a adj. *aterrorizador, aterrador*
aterrir v. *aterrar, aterrorizar*
atestació f. *atestación*
atestar v. *atestar*
atestat m. *atestado*
ateu, -ea adj. *ateo*
atiar v. *atizar*
àtic, -a adj. i m. *ático*
ationar v. *atizar*
atipar v. *atracar, hartar // cargar, fastidiar*
atiplat, -ada adj. *atiplado*
atlant m. *atlante*
atlàntic, -a adj. *atlántico*
atlas m. *atlas*
atleta m. i f. *atleta*
atletisme m.: *atletismo*
atmosfera f. *atmósfera*
atmosfèric, -a adj. *atmosférico*
àtom m. *átomo*
atòmic, -a adj. *atómico*
atomitzar v. *atomizar*
àton, -a adj. *átono*
atonia f. *atonía*
atònit, -a adj. *atónito*
atordir v. *aturdir*
atorgament m. *otorgamiento*
atorgar v. *otorgar*
atorrollar v. *aturrullar*
atracador, -a m. i f. *atracador // m. atracadero*
atracallar v. *denostar // marear*
atracament m. *acercamiento // atraco*
atracar v. *atracar // acercar*
atracció f. *atracción*
atractiu, -iva adj. *atractivo*

atrafegar v. *atarear*
atraient adj. *atrayente*
atrapar v. *atrapar, coger* // *alcanzar*
atresorar v. *atesorar*
atreure v. *atraer*
atreviment m. *atrevimiento*
atrevir-se v. *atreverse*
atrevit, -ida adj. *atrevido* // *osado* // (vg.)
   saleroso, gracioso
atri m. *atrio*
atribolar v. *atribular*
atribució f. *atribución*
atribuir v. *atribuir*
atribut m. *atributo*
atrició f. *atrición*
atrinxerar v. *atrincherar*
atroç adj. *atroz*
atrocitat f. *atrocidad*
atròfia f. *atrofia*
atrofiar v. *atrofiar*
atrompetat, -ada adj. *atrompetado, abocar-*
   dado
atropellament m. *atropello*
atropellar v. *atropellar*
atrotinar v. *estropear*
atuell m. *cacharro* // *trebejo, herramienta* //
   envase
atuir v. *rendir, abatir, debilitar*
atur m. *paro*
aturall m. *obstáculo* // no tenir — *no tener*
   reposo
aturament m. *detención, atajamiento* // *corte-*
   dad
aturar v. *parar, detener* // rfl. *detenerse* //
   rfl. *guardar para sí, reservarse*
aturat, -ada adj. *parado* // *apocado*
aturonat, -ada adj. *montuoso*
atxa f. *hacha* // endavant les atxes *¡adelante*
   con los faroles!
atxem m. *estornudo*
atxerevit, -ida adj. *vivo, vivaracho*
atzabeja f. *azabache*
atzagaiada f. *disparate*
atzar f. *azar* // *desastre, calamidad*
atzarós, -osa adj. *azaroso*
atzavara f. *pita*
atzerola f. *acerola*
atziac, -aga adj. *aciago*
atzur m. *azul*
au f. *ave*
au! interj. *¡ea!*
auca f. *aleluya*
aucell m. *pájaro, ave*
audaç adj. *audaz*
audàcia f. *audacia*
audible adj. *audible, oíble*
audició f. *audición*

audiència f. *audiencia*
auditiu, -iva adj. *auditivo*
auditor m. *auditor*
auditori m. *auditorio*
auge m. *auge*
augment m. *aumento*
augmentar v. *aumentar*
àugur m. *augur*
augurar v. *augurar*
auguri m. *augurio*
august, -a adj. *augusto*
aula f. *aula*
aulina f. *carrasca*
aura f. *aura*
aurèola f. *aureola*
auri, àuria adj. *áureo*
aurícula f. *aurícula*
auricular m. *auricular*
aurífer, -a adj. *aurífero*
auriga m. *auriga*
aurora f. *aurora*
aürt m. *embestida, arremetida*
auscultar v. *auscultar*
auspici m. *auspicio*
auster, -a adj. *austero*
austeritat f. *austeridad*
austral adj. *austral*
australià, -ana m. i f. *australiano*
austre m. *austro*
austríac, -a m. i f. *austríaco*
autèntic, -a adj. *auténtico*
autenticitat f. *autenticidad*
auto m. *auto*
autobiografia f. *autobiografía*
autobús m. *autobús*
autocar m. *autocar*
autoclau f. *autoclave*
autocràcia f. *autocracia*
autòcrata m. i f. *autócrata*
autocrítica f. *autocrítica*
autòcton, -a adj. *autóctono*
autodidacte, -a adj. *autodidacto*
autòdrom m. *autódromo*
autogen, -ògena adj. *autógeno*
autogènesi f. *autogénesis*
autogir m. *autogiro*
autògraf, -a adj. i m. *autógrafo*
autòmat, -a m. i f. *autómata*
automàtic, -a adj. *automático*
automatisme m. *automatismo*
automòbil adj. i m. *automóvil*
automobilisme m. *automovilismo*
automobilista m. i f. *automovilista*
automotor m. *automotor*
automotriu f. *automotriz*
autònom, -a adj. *autónomo*
autonomia f. *autonomía*

autonòmic, -a adj. *autonómico*
autopista f. *autopista*
autòpsia f. *autopsia*
autor, -a m. i f. *autor*
autoretrat m. *autorretrato*
autoritari, -ària adj. *autoritario*
autoritat f. *autoridad*
autorització f. *autorización*
autoritzar v. *autorizar*
autosuggestió f. *autosugestión*
autumnal adj. *otoñal*
autumne m. *otoño*
auxili m. *auxilio*
1) **auxiliar** adj. *auxiliar*
2) **auxiliar** v. *auxiliar*
aval m. *aval*
avalar v. *avalar*
avall adv. *abajo*
avalot m. *alboroto*
avalotador, -a adj. *alborotador*
avalotar v. *alborotar*
avaluació f. *valuación, evaluación*
avaluar v. *valuar, evaluar*
avanç m. *avance, adelanto*
avançada f. *avance // avanzada*
avançament m. *adelantamiento*
avançar v. *avanzar, adelantar // ahorrar*
avant adv. *adelante*
avantatge m. *ventaja*
avantatjar v. *aventajar*
avantatjós, -osa adj. *ventajoso*
avantbraç m. *antebrazo // avambrazo*
avantcambra f. *antecámara*
avantguarda f. *vanguardia*
avantpassat, -ada m. i f. *antepasado*
avantprojecte m. *anteproyecto*
avantsala f. *antesala*
avar, -a m. i f. *avaro, avariento*
avarada f. *botadura, lanzamiento*
avarar v. *botar, lanzar*
avarca f. *abarca*
avaria f. *avería*
avariar v. *averiar*
avarícia f. *avaricia*
avariciós, -osa adj. *avaricioso*
avassallar v. *avasallar*
avatar m. *avatar*
avellana f. *avellana*
avellanar m. *avellaneda*
avellaneda f. *avellaneda*
avellaner m. *avellano*
avemaria f. *avemaría // ángelus*
avena f. *avena*
avenc m. *sima*
avenir v. *avenir // acordar, concordar // acertar // m. porvenir*
aventura f. *aventura*

aventurar v. *aventurar*
aventurer, -a m. i f. *aventurero*
averany m. *agüero // mal — pájaro de mal agüero*
avergonyir v. *avergonzar*
avern m. *averno*
aversió f. *aversión*
avès m. *hábito, costumbre*
avesar v. *avezar, acostumbrar*
avet m. *abeto*
avetar m. *abetal*
avi m. *abuelo*
àvia f. *abuela*
aviació f. *aviación*
aviada f. *encaminamiento // suelta, lanzamiento*
aviador m. *aviador*
aviat adv. *pronto // deprisa*
aviciadura f. *mimo*
aviciar v. *mimar*
avicultura f. *avicultura*
àvid, -a adj. *ávido*
avidesa f. *avidez*
avinagrat, -ada adj. *avinagrado*
avinença f. *avenencia*
avinent adj. *fácil, a mano, cercano // asequible // fer — advertir, hacer presente*
avinentesa f. *ocasión, oportunidad*
avinguda f. *avenida*
avió m. *avión*
avioneta f. *avioneta*
avior f. *abolengo, ascendencia, antigüedad*
aviram f. *volatería, averío*
avís m. *aviso*
avisador m. *avisador // mandadero // (ocell) zancudo*
avisar v. *avisar*
avitaminosi f. *avitaminosis*
avituallar v. *avituallar*
avivar v. *avivar*
avorriment m. *aborrecimiento // aburrimiento*
avorrir v. *aborrecer // dejar perder // aburrir*
avort m. *aborto*
avortament m. *aborto*
avortar v. *abortar*
avortó m. *abortón*
avui adv. *hoy*
axial adj. *axial*
axil·la f. *axila*
axil·lar adj. *axilar*
axioma m. *axioma*
axiòmetre m. *axiómetro*
axis m. *axis*
azimut m. *acimut*
azoic, -a adj. *azoico*
azot m. *ázoe, nitrógeno*

B

babà m. *babieca*
babal·là m. i f. *tolondrón* // **a la —** o **a la babal·lana** *a tontas y a locas, a topa tolondro*
babaluet m. *tonto, bobalicón*
babarota f. *espantajo* // *pelele*
babau m. *babieca*
babè, -ena adj. *tonto, babieca*
babel f. *babel*
babiloni, -ònia m. i f. *babilonio*
babilònia f. *babel, confusión*
babilònic, -a adj. *babilónico*
babord m. *babor*
babutxa m. *babucha*
bac m. *umbría*
baca f. *baca*
bacallà m. *bacalao*
bacallaner, -a adj. *bacaladero*
bacanal f. *bacanal*
bacant f. *bacante*
baccífer, -a adj. *bacífero*
bacciforme adj. *baciforme*
bací m. *palangana* // *orinal*
bacil m. *bacilo*
bacil·lar adj. *bacilar*
bacil·liforme adj. *baciliforme*
bacil·losi f. *bacilosis*
bacina f. *palangana* // *bacía* // *bacina* // *bacín, orinal*
baciner m. *bacinero*
bacó m. *cerdo* // *cochino, sucio*
bactèria f. *bacteria*
bàcul m. *báculo*
badada f. *descuido, metedura de pata, coladura*
badall m. *bostezo* // *boqueada* // *resquicio*
badallar v. *bostezar* // *dar las últimas boqueadas, morir* // *estar hambriento*
badallera f. *ganas de bostezar*
badana f. *badana*
badar v. *abrir* // *mirar sin fijeza* // *estar en babia* // *descuidarse*
badia f. *bahía*
badoc m. *mirón* // *bobo, babieca*
badocar v. *mirotear*

badoquejar v. *mirotear, estar en babia*
badoqueria f. *mironería* // *embobamiento*
baf m. *aliento* // *vaho* // *tufo, hedor*
bafarada f. *vaharada, vaho*
bafor f. *vaho, tufo*
baga f. *lazada* / **— escorredora** *lazo corredizo*
bagant m. *compuerta*
bagassa f. *ramera, puta*
bagassejar v. *putear*
bagatel·la f. *bagatela*
bagatge m. *bagaje* // *portes, acarreo*
bagueta f. *lazadita* // *presilla*
bagul m. *baúl* // *ataúd*
baguler m. *baulero* // *ataudero*
bai, -a adj. *bayo*
baia f. *baya*
baiard m. *parihuelas*
baieta f. *bayeta*
baioneta f. *bayoneta*
baix, -a adj. *bajo* // adv. *abajo* // **— de** *debajo de* // m. *bajo* // m. pl. *poso, heces*
baixa f. *baja*
baixà m. *bajá*
baixada f. *bajada*
baixador m. *bajada* // *apeadero*
baixamar f. *bajamar* // *orilla del puerto*
baixamel f. *besamela*
baixant m. *bajada, pendiente, declive*
baixar v. *bajar*
baixesa f. *bajeza*
baixest m. *declive, vertiente* // *hondonada*
baixó m. *bajón*
baix-relleu m. *bajorrelieve*
baix-ventre m. *bajo vientre*
bajà, -ana adj. *necio, tontón, bobo*
bajanada f. *sandez, bobería, majadería*
bajoca f. *vaina* // *alubia, judía* // *capullo* // m. i f. *babieca, necio*
bala f. *bala*
balada f. *balada*
baladre m. *adelfa*
baladreig m. *gritería, vocerío*
baladrejar v. *vociferar*
baladrer, -a adj. *vinglero* // *ruidoso*

bàndol

balanç m. *balance*
balança f. *balanza*
balançar v. *balancear*
balanceig m. *balanceo*
balancejar v. *balancear*
balancí m. *mecedora // balancín*
balançó m. *balancín*
balandra f. *balandra*
balandre m. *balandro*
balandreig m. *balanceo, bamboleo*
balandrejar v. *balancearse, bambolearse*
balb, -a adj. *aterido*
balbar-se v. *aterirse*
balbuceig m. *balbuceo*
balbucejar v. *balbucear*
balcànic, -a adj. *balcánico*
balcar v. *aflojar, disminuir, amainar*
balcó m. *balcón*
balconada f. *balcón corrido // balconaje*
balda f. *falleba, pestillo // aldaba*
baldada f. *aldabonazo*
baldadura f. *baldadura*
1) baldament m. *baldadura*
2) baldament conj. *aunque, por más que*
baldaquí m. *baldaquín*
baldar v. *estropear, baldar // reventar, dejar para el arrastre*
baldat, -ada adj. *baldado, tullido // estupefacto*
balder, -a adj. *holgado*
baldó m. *pestillo // taravilla*
baldraga m. *calzonazos*
baldragues m. *vainazas // calzonazos, bragazas*
baldufa f. *peonza*
baldufenc, -a adj. *farfullo*
balear adj. *balear*
baleàric, -a m. i f. *baleárico*
balena f. *ballena*
balener m. *ballenero*
balí m. *balín*
baliga-balaga m. i adj. *mequetrefe, zascandil*
balisa f. *baliza*
balística f. *balística*
ball m. *baile*
ballada f. *danzada*
ballador m. *bailador, danzante // chueca, choquezuela*
balladora f. *bailadora, danzarina*
ballar v. *bailar, danzar // holgar, venir ancho // girar*
ballarí, -ina m. i f. *bailarín*
ballaruga f. *agalla, bugalla // perinola // argadijo, zarandillo*
ballera f. *ganas de bailar*
ballesta f. *ballesta*

ballester, -a m. i f. *ballestero*
ballet m. *bailecito // ballet*
balma f. *gruta, cueva*
balmat, -ada adj. *ahuecado*
balneari m. *balneario*
baló m. *balón*
balquena f. *abundancia // a — en abundancia*
bàlsam m. *bálsamo*
balsàmic, -a adj. *balsámico*
bàltic, -a adj. *báltico*
baluard m. *baluarte // balumba*
baluerna f. *balumba, armatoste*
balum m. *balumba*
balustrada f. *balaustrada*
balustre m. *balaustre*
bamba f. *ampolla // pasta — pasta esponjosa // coca — torta de pasta esponjosa // boba, tonta*
bàmbol, -a adj. *bobo, tonto*
bambolina f. *bambalina*
bambolla f. *burbuja, pompa*
bambollejar v. *burbujear*
bambú m. *bambú*
ban m. *bando // multa*
banal adj. *banal*
banalitat f. *banalidad*
banana f. *plátano, banana*
bananer m. *bananero*
banasta o banastra f. *banasta // adj. papanatas, mastuerzo*
banastell o banastrell m. *banasto*
banaula m. i f. *badulaque, mandria, papanatas*
banc m. *banco*
banca f. *banca*
bancal m. *bancal*
bancari, -ària adj. *bancario*
bancarrota f. *bancarrota*
1) banda f. *banda // costado, lado // parte // sitio // a — i — a ambos lados, a cada lado // de — aparte, de lado // deixar en — abandonar*
2) banda f. *banda*
bandarra m. *ribaldo, vaina, perdis // f. zorra, pelandusca*
bandejar v. *expulsar, desterrar*
bandejat m. *bandido, bandolero*
bandera f. *bandera*
banderer m. *abanderado*
banderí m. *banderín*
banderilla f. *banderilla*
banderiller m. *banderillero*
banderola f. *banderola*
bandit m. *bandido*
bàndol m. *bando // bandería*

bandoler m. *bandolero*
bandolera f. *bandolera*
bandolerisme m. *bandolerismo*
bandúrria f. *bandurria*
banjo m. *banjo*
banquer, -a m. i f. *banquero*
banquet m. *banquillo // banquete*
banqueta f. *banqueta // velador*
banquetejar v. *banquetear*
banús m. *ébano*
bany m. *baño*
banya f. *cuerno // antena, tentáculo // chichón*
1) banyada f. *cornada*
2) banyada f. *baño // remojón*
banyam m. *cornamenta*
banyar v. *bañar // mojar*
banyera f. *bañera*
banyeta f. *cuernecito //* En Banyeta *el demonio*
banyista m. i f. *bañista*
banyut, -uda adj. *cornudo*
baobab m. *baobab*
baptismal adj. *bautismal*
baptisme m. *bautismo*
baptisteri m. *baptisterio*
baqueta f. *baqueta*
bàquic, -a adj. *báquico*
bar m. *bar*
baralla f. *riña // baraja*
baralladís, -issa adj. *pendenciero, camorrista*
barallar-se v. *reñir, pelearse*
barana f. *baranda, barandilla*
barat m. *cambio, trueque //* -a adj. *barato*
baratar v. *cambiar, trocar*
barator f. *baratura*
1) barb m. *(peix) barbo*
2) barb m. *barro, barrillo, espinilla*
barba f. *barba*
barbablanc adj. *barbicano*
barbacana f. *barbacana // aiero*
barbamec adj. *lampiño*
bàrbar, -a adj. *bárbaro*
barbaresc, -a adj. *berberisco*
barbàrie f. *barbarie*
barbarisme m. *barbarismo*
barbaritat f. *barbaridad*
barba-roig adj. *barbirrojo*
barba-ros adj. *barbirrubio*
barba-serrat adj. *barbiespeso*
barbat, -ada adj. *barbado*
barber, -a m. i f. *barbero, peluquero*
barberia f. *barbería, peluquería*
barbeta f. *barbita // barbeta*
barbitúric m. *barbitúrico*
barbó m. *perilla*

barbotejar v. *murmurar, mascullar*
barbut, -uda adj. *barbudo*
barca f. *barca*
barcada f. *barcada // tripulación*
barcarola f. *barcarola*
barcassa f. *barcaza*
barcella f. *barchilla*
barceloní, -ina m. i f. *barcelonés*
bardissa f. *barda // seto*
bardissar m. *bardal*
bari m. *bario*
baricentre m. *baricentro*
barita f. *barita*
baríton m. i adj. *barítono*
barjaula f. *ramera // barragana, manceba*
barlovent m. *barlovento*
barnilla f. *varilla*
barnillatge m. *varillaje*
barnús m. *albornoz*
baró m. *barón // (ant.) varón*
baròmetre m. *barómetro*
baronessa f. *baronesa*
baronet m. *baronet*
baronia f. *baronía*
baronívol, -a adj. *varonil*
barquer, -a m. i f. *barquero*
barra f. *barra // quijada //* pl. *dentadura // barbilla // cara dura*
barrabassada f. *barrabasada*
barraca f. *barraca, cabaña*
barracó m. *barracón*
barracot m. *choza*
barragà m. *barragán*
barragana f. *barragana*
barral m. *barral*
barraló m. *barrilito*
barram m. *quijadas // dentadura // bocazas*
barranc m. *barranco*
barrar v. *barrar // cerrar*
barreig m. *saqueo // mezcla // regaño, trepe*
barreja f. *mezcla*
barrejadís m. *mezcolanza*
barrejadissa f. *mezcolanza, revoltillo, baturrillo*
barrejar v. *saquear // desbaratar, desordenar // mezclar il regañar*
barrera f. *barrera, verja*
barreró m. *barreta, travesaño*
barret m. *gorro, birrete il sombrero*
barretada f. *sombrerada, sombrerazo*
barretaire m. *sombrerero*
barreter, -era m. i f. *sombrerero*
barreteria f. *sombrerería*
barretes f. pl. *trismo // castañeteo de dientes*
barretina f. *barretina*
barri m. *barrio*

barriada f. *barriada*
barricada f. *barricada*
barrija-barreja f. *mezclanza*
barril m. *barril*
barrila f. *jarana, jaleo, jolgorio, farra*
barrilaire adj. *jaranero*
barrina f. *barrena // trato / **fer** — cerrar el trato*
barrinar v. *barrenar // cavilar // joder*
barrisc m. *pancada*
barriscar v. *vender a pancada*
barrobí m. *barrena grande // barreno*
barroc, -a adj. *barroco*
barroer, -a adj. *rudo, zafio, grosero, tosco*
barroeria f. *rudeza, zafiedad, grosería, tosquedad*
barromba f. *esquilón*
barroquisme m. *barroquismo*
barrot m. *barrón, barrote*
barruf m. *alucinación, imaginación*
barrufell m. *visionario*
barrufet m. *demonio*
barruguet m. *duende, duendecillo*
barrumbada f. *aguacero, turbión // crecida de agua*
barrusca f. *escobajo*
barrut, -uda adj. *descarado, caradura // tragón*
basa f. *baza*
basalt m. *basalto*
basàltic, -a adj. *basáltico*
basament m. *basamento*
1) **basar** v. *basar*
2) **basar** m. *bazar*
basarda f. *terror, pánico, pavor*
basardós, -osa adj. *pavoroso*
basc, -a m. i *vasco*
basca f. *congoja, ansia // bochorno // malestar, inquietud // desmayo // náusea*
bascós, -osa adj. *bochornoso*
bàscula f. *báscula*
bascular v. *bascular*
base f. *base // basa*
bàsic, -a adj. *básico*
basificar v. *basificar*
basífug, -a adj. *basífugo*
basilar adj. *basilar*
basílica f. *basílica*
basilical adj. *basilical*
basilisc m. *basilisco*
basqueig m. *bascas, náuseas // afán*
basquejar v. *basquear // preocuparse // ocuparse, procurar // esforzarse, bregar // ganar, procurarse*
bàsquet m. *baloncesto*
bassa f. *balsa, laguna // charco // estercolero*

// letrina, excusado
bassal m. *charco*
bassetger m. *hondero*
bassetja f. *honda*
bassiot m. *charco*
bassol m. *charco*
bassot m. *charca // lodazal*
bast, -a adj. *basto*
basta f. *hilván*
bastaix m. *faquín, mozo de cuerda // burro de carga*
a bastament adv. *bastante, suficientemente*
bastant adj. i adv. *bastante*
bastar v. *bastar // alcanzar, llegar // ser capaz // ser probable*
bastard, -a adj. *bastardo // malo, ruín*
bastardia f. *bastardía*
bastet m. *sillín*
bastida f. *andamio*
bastidor m. *bastidor // marco*
bastiment m. *construcción // andamio // navío, buque // marco, bastidor*
bastimenta f. *armazón // andamio // marco (de puerta) // aparato, impedimenta*
bastimentada f. *andamiaje*
bastió m. *bastión*
bastir v. *edificar // construir, montar*
basto m. *basto*
bastó m. *bastón*
bastonada f. *bastonazo*
bastonejar v. *apalear*
bastoner m. *bastonero*
bat m. *latido // golpe // resistero // **de** — a — de par en par*
bata f. *bata*
batafora f. *botavara*
batall m. *badajo // palabrota, taco*
batalla f. *batalla // altercado*
batallada f. *campanada*
batallar v. *batallar, luchar*
bataller m. *resistero*
batalló m. *batallón*
batanar v. *batanar*
batata f. *batata*
batculada f. *azotaina*
batec m. *latido*
bàtec m. *aguacero*
batedor m. *batidor, azotador // trillador // trillo // batidor // batiente*
batedora f. *trilladora*
bategant adj. *palpitante*
bategar v. *batir // latir, palpitar // rfl. rebullirse*
bategot m. *boqueada // **fer es** — estirar la pata, tener convulsiones*

bateig m. *bautizo, bautismo*
batejar v. *bautizar*
batent m. *batiente*
baterell m. *resistero*
bateria f. *batería*
batí m. *batín*
batiament m. *bautizo*
batiar v. *bautizar*
batibull m. *revoltijo, batiburrillo*
baticor m. *sobresalto, palpitaciones, taqui-cardia // desmayo*
baticul m. *baticola // azotaina*
batidor m. *batidor*
batifuller m. *batihoja*
batiport m. *postigo // cancel // trampa // compuerta*
batisser, -a adj. *pendenciero*
batista f. *batista*
batle o **batlle** m. *alcalde*
batlessa o **batllessa** f. *alcaldesa*
batlet m. *barrilete*
batlia o **batllia** f. *bailía, alcaldía*
batliu o **batlliu** m. *bailío*
batolla f. *vara*
batollar v. *barear, batojar*
batraci m. *batracio*
batre v. *batir // rfl. batirse // trillar // intr. latir // dar, azotar*
batuda f. *trilla // batida // aguacero, chubas-co, chaparrón // parva, batacazo // golpeo, batida // batido*
batussa f. *pelea*
batut m. *latido // batacazo // chaparrón, a-guacero // rasgueo (de guitarra)*
batuta f. *batuta*
batxillejar v. *curiosear*
batxiller m. i f. *bachiller // curioso, entrome-tido*
batxillerat m. *bachillerato*
batxilleria f. *bachillería*
batzac m. *sacudida // batacazo, golpazo, trompada // chaparrón*
batzegada f. *sacudida*
batzegar v. *sacudir*
batzer m. *zarza*
batzerar m. *zarzal*
batzoles f. pl. *matracas, carraca*
baül m. (V. **bagul**)
baula f. *falleba, pestillo // aldaba // eslabón*
baulada f. *aldabazo*
baüler m. *baulero // ataudero*
baume m. *bálsamo, perfume*
bauxa f. *juerga*
bauxita f. *bauxita*
bava f. *baba // adj. babazo, babatel*
bavalles f. pl. *baba // escamochos*

bavallós, -osa adj. *baboso*
bavar v. *babear*
bavarada f. (V. **bavorada**)
bavarès, -esa m. i f. *bávaro*
baveig m. *babeo*
bavejar v. *babear // babosear*
1) **bavera** f. *baba*
2) **bavera** f. *babera, barbote*
baverall m. *babador*
bavor f. *vaho, vapor*
bavorada f. *vaharada*
bavós, -osa adj. *baboso // mocoso*
1) **be** f. *be (letra)*
2) **be** m. *cordero // a be a cosqueretas*
bé adv. i m. *bien / anar per — estar convaleciente, recobrarse / — que si bien, por bien que, aunque / venir a — acceder, asentir / de — a — por las buenas / — de Déu gran abundancia*
beabà m. (V. **beceroles**)
beaces f. pl. *alforjas*
beat, -a adj. *beato*
beateria f. *beatería, gazmoñería*
beatificació f. *beatificación*
beatificar v. *beatificar*
beatitud f. *beatitud*
bebé m. *bebé*
bec m. *pico*
beç m. *abedul*
beca f. *beca // gorra*
becada f. *cebo // picotazo // cabezada / fer una — descabezar un sueño // coladura, distracción, metedura de pata // (ocell) becada, chocha*
becaina f. *cabezada / fer una — dormitar, descabezar un sueño*
becaire m. *becuadro*
becar v. *picotear // asomarse, pender // dormitar // estar en babia, meter la pata*
becari, -ària m. i f. *becario*
becarrada f. *picotazo // cebo // cabezada*
beceroles f. pl. *abecé, abecedario*
becoll m. *pescuezo / a — a hombros, a cosqueretas*
becollada f. *pescozón*
bedoll m. *abedul*
beduí, -ïna m. i f. *beduíno // papanatas*
befa f. *befa*
befar v. *befar*
begònia f. *begonia*
beguda f. *bebida // bebedero // refresco*
begut, -uda adj. *bebido, embriagado*
beia f. (V. **abella**)
beige adj. *beige*
beina adj. *vaina // jareta*
beiot m. *zángano // abejón // avispón*

beisbol m. *béisbol*
bel m. *balido // alarido*
belaberqui m. (V. **filaberquí**)
belar v. *balar // llorar, aullar*
belegar v. *balar*
belga m. i f. *belga*
belitrada f. *bribonada*
belitre m. *bribón, pillo*
belitrejar v. *bribonear*
bell, -a adj. *bello, hermoso // buen // justo, exacto //* **de — nou** *nuevamente, de nuevo //* **de — de dia** *en pleno día*
belladona f. *belladona*
bellament adv. *bellamente, muy bien*
bellesa f. *belleza*
bèl·lic, -a adj. *bélico*
bel·licós, -osa adj. *belicoso*
bel·licositat f. *belicosidad*
bel·ligerància f. *beligerancia*
bel·ligerant adj. *beligerante*
bellor f. *belleza*
bellugadís, -issa adj. *movedizo*
bellugadissa f. *hervidero*
bellugar v. *bullir // pulular // moverse, menear*
bellugor f. *hervidero*
bellugueig m. *hormigueo, meneo*
belluguejar v. *moverse, rebullir*
belluguet m. *argadillo, bullebulle*
belluma f. *sombrajo // centelleo*
bemoll m. *bemol*
bena f. *venda //* **fer benes** *destrozar*
benafecte, -a adj. *afecto, adicto*
benamat, -ada adj. *bienamado*
benanança f. *felicidad*
benanant adj. *feliz, venturoso*
benastruc, -uga adj. *bienhadado*
benaurança f. *dicha, felicidad*
benaurat, -ada adj. *dichoso, feliz*
benaventurança f. *bienaventuranza*
benaventurat, -ada adj. *bienaventurado*
bencarat, -ada adj. *agraciado*
bencreent adj. *dócil, obediente*
bendir v. *bien decir*
benedicció f. *bendición*
benedictí, -ina m. i f. *benedictino*
benefactor, -a adj. *bienhechor*
benèfic, -a adj. *benéfico*
beneficència f. *beneficencia*
benefici m. *beneficio*
beneficiar v. *beneficiar*
beneficiat m. *beneficiado*
beneficiós, -osa adj. *beneficioso*
beneïda f. *bendición*
beneir v. *bendecir*
beneit, -a adj. *bendito // tonto*

beneït, -ïda adj. *bendecido, bendito*
beneitejar v. *bobear, hacer el tonto*
beneitera f. *pila de agua bendita*
beneiteria f. *tontería, bobería*
beneitó, -ona adj. *tontuelo, bobito*
beneitura f. *tontería*
benemèrit, -a adj. *benemérito*
benentès m. *bienentendido*
beneplàcit m. *beneplácito*
benestança f. *bienestar*
benestant adj. *acomodado*
benestar v. *bienestar*
benèvol, -a adj. *benévolo*
benevolència f. *benevolencia*
benevolent adj. *benévolo*
benfactor, -a adj. *bienhechor*
bengala f. *bengala*
benhaja interj. *bienhaya*
benifet m. *beneficio*
benigne, -a adj. *benigno*
benignitat f. *benignidad*
beninoi, -a m. i f. *simple, buenazo, bobalicón*
benjamí m. *benjamín*
benjuí m. *benjuí*
benmereixent adj. *benemérito*
benparlat, -ada adj. *bienhablado*
benpensant adj. *bienpensante*
benveure v. *bien ver*
benvinguda f. *bienvenida*
benvingut, -uda adj. *bienvenido*
benvist, -a adj. *bien visto // bienquisto*
benviure m. *bienvivir*
benvolent adj. *benévolo*
benvoler v. *bienquerer*
benvolgut, -uda adj. *querido, amado*
benzè m. *benceno*
benzil m. *bencil*
benzina f. *bencina, gasolina*
benzinera f. *gasolinera*
benzol m. *benzol*
beoci, beòcia m. i f. *beocio*
bequerada f. *cebo*
bequerut, -uda adj. *picudo*
bequetejar v. *picotear*
berba f. *broma, chanza*
berbena f. (planta) *verbena*
bèrbol m. *empeine*
berena f. *merienda*
berenada f. *merendona // almuerzo abundante*
berenar v. *merendar // desayunar, almorzar // m. merienda // m. desayuno, almuerzo*
bereneta f. *merienda*
bergamoter m. *bergamoto*
bergansí m. *chupador*

bergant m. *bergante, tunante* // *mozo, joven*
berganta f. *moza* // *ramera*
bergantejar v. *·picardear, bribonear* // *haraganear*
bergantell m. *mozo, jovenzuelo*
bergantella f. *mozuela*
berganteria f. *picardía, tunantería* // *pillada, tunantada*
berganti m. *bergantín*
beriberi m. *beriberi*
beril·le m. *berilo*
beril·li m. *berilio*
berlina f. *berlina*
berlinès, -esa m. i f. *berlinés*
berruga f. *verruga* // *oqueruela* // *taravilla* // *nudo*
berrugós, -osa adj. *verrugoso*
bertranada f. *perogrullada*
bes m. *beso*
besaculs m. i f. *adulador, lameculos*
besada f. *beso*
besamans m. *besamanos*
besament m. *beso*
besant m. *besante*
besar v. *besar* // *tocar, rozar*
besavi m. *bisabuelo*
besàvia f. *bisabuela*
bescambra f. *recámara* // *retrete*
bescambrilla f. *brisca*
bescantament m. *difamación*
bescantar v. *difamar*
bescanvi m. *cambio*
bescanviar v. *cambiar*
bescara f. *reverso*
bescoll m. *pescuezo, cogote*
bescollada f. *pescozón*
bescollut, -uda adj. *pescozudo*
bescomptar-se v. *equivocarse en la cuenta*
bescuit m. *bizcocho* // *paliza*
bescuitada f. *bizcochada*
bescuitar v. *bizcochar*
bescunsa f. *sesgo*
bescunsar-se v. *trascordarse*
besllaurar v. *binar*
besllum m. *vislumbre* // *trasluz*
besnét, -a m. i f. *biznieto*
besoteig m. *besuqueo*
besotejar v. *besuquear*
bessa f. *leño*
bessó m. *gemelo, mellizo* // *almendra* // *almendrón* // *meollo, tuétano* // *globo del ojo*
bessona f. *gemela, melliza*
bessonada f. *parto doble o múltiple*
bèstia f. *bestia*
bestial adj. *bestial*
bestialitat f. *bestialidad*

bestiar m. *ganado*
bestiari m. *bestiario*
bestiejar v. *bobear*
bestiesa f. *necedad, tontería*
bestiola f. *animalito*
bestreta f. *anticipo*
bestreure v. *adelantar, anticipar* // *meter baza*
besuc m. *besugo*
besucar v. *besuquear*
besunyar v. *esforzarse*
beta f. *(lletra grega) beta*
betcoll m. *pescuezo*
betcollada f. *pescozón*
bètic, -a adj. *bético*
betlem m. *belén* // *batiburrillo* // *jaleo*
betum m. *betún*
a betzef adv. *en abundancia, a todo pasto*
betzol, -a adj. *tonto, necio, bobalicón*
betzolada f. *necedad, tontería*
beuratge m. *brebaje, bebedizo*
beure v. *beber, sorber* // *tragar* // rfl. *emberse*
beutat f. *beldad*
1) **bevedor, -a** m. i f. *bebedor*
2) **bevedor, -a** adj. *potable, bebible* // m. i f. *bebedero*
bevenda f. *bebida, brebaje*
bevent m. *cejo, embocadura*
biaix m. *sesgo*
bianual adj. *bianual*
bibelot m. *bibelot*
biberó m. *biberón*
bíblia f. *biblia*
bíblic, -a adj. *bíblico*
bibliòfil, -a m. i f. *bibliófilo*
bibliofília f. *bibliofilia*
bibliògraf m. *bibliógrafo*
bibliografia f. *bibliografía*
bibliogràfic, -a adj. *bibliográfico*
bibliologia f. *bibliología*
bibliòman, -a m. i f. *bibliómano*
bibliomania f. *bibliomanía*
biblioteca f. *biblioteca*
bibliotecari, -ària m. i f. *bibliotecario*
bicarbonat m. *bicarbonato*
bicèfal, -a adj. *bicéfalo*
bíceps m. *bíceps*
bicicle m. *biciclo*
bicicleta f. *bicicleta*
bicolor adj. *bicolor*
bicòncau, -ava adj. *bicóncavo*
biconvex, -a adj. *biconvexo*
bidell m. *bedel*
bidet m. *bidé, bidet*
bidó m. *bidón*

biela f. *biela*
biennal adj. *bienal*
bienni m. *bienio*
bif, -a adj. *befo*
bifàsic, -a adj. *bifásico*
bifi, bifia adj. *befo*
bífid, -a adj. *bífido*
bifocal adj. *bifocal*
bifurcació f. *bifurcación*
bifurcar v. *bifurcar*
biga f. *viga*
bigada f. *bovedilla*
bigalot m. *zoquete // botijo // varal // zopenco*
bigam m. *viguería*
bígam adj. m. *bígamo*
bigàmia f. *bigamia*
bigarniu m. *arrapiezo, rapazuelo*
bigarrat, -ada adj. *abigarrado*
bigòrnia f. *bigornia*
bigot m. *bigote*
bigotera f. *bigotera*
bigoti m. *bigote*
bigotut, -uda adj. *bigotudo*
bijuteria f. *bisutería*
bilateral adj. *bilateral*
biliar adj. *biliar*
bilingüe adj. *bilingüe*
bilingüisme m. *bilingüismo*
bilió m. *billón*
biliós, -osa adj. *bilioso*
bilis f. *bilis*
billar m. *billar*
bilobat, -ada adj. *bilobado*
bimà, -ana adj. *bimano*
bimbolla f. *burbuja*
bimbollejar v. *burbujear*
bimensual adj. *bimensual*
binar v. *binar*
binari, -ària adj. *binario*
binocle m. *binóculo // pl. gemelos*
binomi m. *binomio*
biodinàmica f. *biodinámica*
biofísica f. *biofísica*
biogènesi f. *biogénesis*
biògraf, -a m. i f. *biógrafo*
biografia f. *biografía*
biografiar v. *biografiar*
biogràfic, -a adj. *biográfico*
biòleg, -òloga m. i f. *biólogo*
biologia f. *biología*
biològic, -a adj. *biológico*
biòpsia f. *biopsia*
a la biorxa adv. *torcidamente // a la birlonga*
biostàtica f. *biostática*
biòtic, -a adj. *biótico*

bipartició f. *bipartición*
bipartit, -ida adj. *bipartido*
bípede adj. *bípedo*
bipètal, -a adj. *bipétalo*
biplà m. *biplano*
bipolar adj. *bipolar*
birbar v. *escardar*
birimboies f. pl. *garambainas, perifollos*
birrem f. *birreme*
birret m. *birrete*
bírria f. *birria, calamidad*
birriàtic, -a adj. *birrioso*
1) bis m. *bis*
2) bis m. (peix) *caballa*
bisar v. *bisar*
bisbal adj. *episcopal*
bisbat m. *obispado*
bisbe m. *obispo // estómago // obispillo*
biscaí, -ïna m. i f. *vizcaíno*
bisecció f. *bisección*
bisectriu f. *bisectriz*
bisell m. *bisel*
bisellat, -ada adj. *biselado*
bismut m. *bismuto*
bisont m. *bisonte*
bistec m. *bistec, bisté*
bístia f. *bestia*
bisturí m. *bisturí*
bitàcola f. *bitácora*
bitlla f. *bolo*
bitllet m. *billete*
bitllo m. *bolo // hito, guardacantón*
bitllo-bitllo adj. *a tocateja*
bituminós, -osa adj. *bituminoso*
bitzac m. *coz*
bitzega f. *bisagra*
biuló m. *pestillo, tarabilla*
bivac m. *vivac*
bivalència f. *bivalencia*
bivalent adj. *bivalente*
bivalve, -a adj. *bivalvo*
bivaquejar v. *vivaquear*
bixesi adj. *bisiesto*
bizantí, -ina m. i f. *bizantino*
bizantinisme m. *bizantinismo*
bla adj. (V. **blan**)
blader, -a adj. *triguero*
bladeres f. pl. *angarillas*
blai, -a adj. *tonto*
blaiura f. *necedad*
blan, -a adj. *blando*
blanament adv. *blandamente*
blanc, -a adj. *blanco // m. clara (de huevo)*
blancor f. *blancura*
blancúria f. *blancura*
blanquejar v. *blanquear*

blanquer, -a adj. *blanquecino* // *blanquizar* // m. *curtidor*
blanqueria f. *curtiduría*
blanquinós, -osa adj. *blanquecino*
blasfem, -a adj. *blasfemo*
blasfemar v. *blasfemar*
blasfèmia f. *blasfemia*
blasmar v. *vituperar, censurar*
blasme m. *vituperio, censura*
blasó m. *blasón*
blasonar v. *blasonar*
blat m. *trigo* // — **d'Indi** o — **de les Índies** o — **de moro** *maíz*
blatdemorar m. *maizal*
blatera f. *trigal*
blau, -va adj. *azul* // *amoratado* // *estupefacto*· // m. *cardenal* (golpe)
blavenc, -a adj. *azulado*
blavor f. *cualidad de azul*
blavós, -osa adj. *azulado*
ble m. *mecha* // *mechón*
bleda f. (planta) *acelga* // *melindrosa, mimada* // *tontona* // *blandengue* // *castaña, bofetada*
blederia f. *melindre* // *tontería*
blefaritis f. *blefaritis*
blegar v. *doblar, plegar*
bleix m. *jadeo, hálito, aliento*
bleixar v. *jadear, resollar* // *suspirar, susurrar*
blenda f. *blenda*
blindar v. *blindar*
blindatge m. *blindaje*
bloc m. *bloque* // *bloc*
blonda f. *blonda*
bloqueig m. *bloqueo*
bloquejar v. *bloquear*
bluf m. *bluf*
bo, bona adj. *bueno*
boa f. *boa*
bobina f. *bobina*
bobiot m. (**pendre es** —) *marcharse*
bobò m. *golosina*
1) **boc** m. *macho cabrío* // adj. *grosero*
2) **boc** m. *boc*
boca f. *boca*
bocabadat, -ada adj. *boquiabierto*
bocada f. *bocado* // *boqueada* // *bocanada*
bocamànega f. *bocamanga*
bocamoll, -a adj. *boquifresco* // *desdentado* // *boquirroto, boquiflojo*
bocana f. *bocana*
de bocaterrosa adv. *de bruces*
bocí m. *bocado* // *pedazo, trozo*
bocinada f. *bocado*
bocinejar v. *despedazar, desmenuzar*
bocoi m. *bocoy*

boda f. *casamiento, boda*
bodega f. *bodega*
bodegó m. *bodegón*
bodeguer m. *bodeguero*
bòfega f. *ampolla* // *caliche*
bofegar v. *ampollar* // intr. *olivarse*
bòfia f. *ampolla* // *bola*
bogejar v. *loquear*
bogeria f. *locura*
bohemi, -èmia m. i f. *bohemio*
boia f. *boya*
boià, -ana m. i f. *locuelo, atolondrado*
boicot m. *boicot*
boicotejar v. *boicotear*
boiet, -a m. i f. *loco, tarumba* // **dimoni** — *duende*
boig, boja m. i f. *loco* // *tonto*
boina f. *boina*
boira f. *niebla*
boirada f. *niebla espesa*
boirina f. *neblina, bruma* // *llovizna*
boirós, osa adj. *brumoso* // *confuso*
boix m. *boj*
boixeda f. *bojedal*
1) **bol** m. *tazón*
2) **bol** m. *bolo*
bola f. *bola* / — **del món** *esfera terrestre* // *trola, mentira*
bolcada f. *vuelco*
bolcar v. *empañar* // *volcar* // rfl. *revolcarse* // *vencer, ganar*
bolei m. *voleo* // *porrazo, trompazo*
boleiar v. *derribar, voltear* // *sacar a cara o cruz*
bolero m. *bolero* // *fresco, tranquilo*
bolet m. *hongo, seta*
bolic m. *lío, envoltorio*
bòlid m. *bólido*
bolígraf m. *bolígrafo*
bòlit m. *tala* // **anar de** — *andar de cabeza*
bolivià, -ana m. i f. *boliviano*
bolla f. *bola* // *chichón*
bollat, -ada adj. *tocado, chiflado*
bolletí m. (V. **butlletí**)
bolló m. *bolín*
bolquer m. *pañal*
bolquet m. *carretilla*
bolxevic, -a m. i f. *bolchevique*
bolxevisme m. *bolchevismo*
bomba f. *bomba*
bombar v. tr. *abombar* // *dar a la bomba, sacar con la bomba* // intr. *resonar*
bombarda f. *bombarda*
bombardeig m. *bombardeo*
bombardejar v. *bombardear*
bombarder m. *bombardero*

bombardí m. *bombardino*
bombat, -ada adj. *abombado* // m. *abombadura*
bombejar v. *bombardear* // intr. *resonar*
bomber m. *bombero*
bombet m. *bombín*
bombeta f. *lamparilla* // *bombilla*
bombo m. *bombo*
bombò m. *bombón*
bombolla f. (V. **bambolla**)
bombona f. *castaña, damajuana* // *bidón*
bombonera f. *bombonera*
bon adj. *buen* // m. *bono*
bonança f. *bonanza*
bonançar v. *abonanzar*
bonàs, -assa adj. *bonachón, buenazo*
bonaventura f. *buenaventura*
bonda f. *bondad*
bondadós, -osa adj. *bondadoso*
bondat f. *bondad*
de bondeveres adv. *de veras*
bonesa f. *bondad*
bonet m. *bonete*
bonhomia f. *hombría de bien*
bonic, -a adj. *bonito, lindo* // m. pl. *joyas, atavíos*
bonificar v. *bonificar*
bonior f. *zumbido, murmullo*
boniquesa f. *lindeza, hermosura*
bonítol m. (peix) *bonito*
bon-jesús m. *Jesús, Jesucristo*
bony m. *abultamiento, hinchazón*
bonyarrut, -uda adj. *boñonado*
bonyiga f. *boñiga*
bonze m. *bonzo*
boquejar v. *boquear*
bor m. *boro*
borat m. *borato*
bòrax m. *bórax*
borboll m. *borbotón*
borbollar v. *borbotar* // *barbotar* // *embrollar, enredar*
borbollejar v. (V. **borbollar**)
borbolló m. *borbollón, borbotón*
borbònic, -a adj. *borbónico*
1) **bord** m. *borbo* // **a** — *a bordo*
2) **bord -a** adj. *bastardo* // *silvestre* // *falso*
1) **borda** f. *casa de campo*
2) **borda** f. *borda*
bordada f. *bordada* // *tramo*
bordar v. *ladrar*
bordegàs m. *mocetón, muchachote*
1) **bordejar** v. *bordear*
2) **bordejar** v. *bastardear*
bordell m. *lupanar, burdel* // *desbarajuste*
borderia f. *bastardía* // *inclusa*

bordó m. *bordón*
boreal adj. *boreal*
borino m. *abejorro* // *argadillo* // *mosconeo*
borinot m. *abejorro*
borja f. *caseta*
borla f. *borla*
borm m. *muermo*
born m. *torneo* // *borne*
borni, bòrnia m. i f. *tuerto*
bornoi m. *bornol*
borra f. *borra* // *caedura*
borradura f. *sarpullido*
borrall m. *vellón, guedeja* // *copo* // *pizca*
borralló m. *guedeja, vellón*
borràs m. *cañamiza* // *agramazo*
borrasca f. *borrasca, tormenta*
borrascós, -osa adj. *borrascoso*
borratxera f. *borrachera*
borratxo m. *borracho* // *borrón*
borrec m. *borrego*
borrego m. *sequillo*
borrissol m. *borra, flojel*
borró m. *botón, yema*
borrós, -osa adj. *borroso*
borrufa f. *viento de nieve*
borsa f. *bolsa* (de comercio)
borsista m. i f. *bolsista*
bosc m. *bosque*
boscà, -ana adj. *silvestre*
boscatge m. *boscaje, bosque*
boscúria f. *selva, bosque*
bossa f. *bolsa* // *bolso* // *fuelle, boche*
bossot m. *bolsón* // *caudal, talegas* // *zoquete, borrico*
1) **bot** m. *pellejo, cuero, odre* // *señuelo* // *bote*
2) **bot** m. *salto, bote*
bota f. *bota*
bóta f. *bota, cuba, tonel*
botafoc m. *botafuego*
botafora f. *botavara*
botalada f. *botavara*
botam m. *tonelería*
botànic, -a adj. *botánico*
botànica f. *botánica*
botar v. *saltar* // *botar*
botavant m. *pujavante*
botavara f. (V. **botalada**)
botella f. *botella*
boteller m. *botellero*
boter m. *botero, tonelero* // *odrero*
1) **botera** f. *potera*
2) **botera** f. *ganas de saltar*
boterell m. *botarel*
boteria f. *botería*
boterut, -uda adj. *rechoncho*

botí m. *botín*
botifarra f. *butifarra // hidalgo*
botifarró m. *morcilla*
botiga f. *almacén // tienda, comercio // taller*
botiguer, -a m. i f. *tendero*
botija f. *botijo*
botina f. *botín, botina*
1) **botir** v. *saltar*
2) **botir** v. *abultar, hinchar*
botó m. *botón*
botonador m. *abrochador*
botonar v. *echar yemas, echar capullos // abotonar*
botre v. *saltar, botar*
botxí m. *verdugo*
botzina f. *bocina*
botzinada f. *bocinazo*
botzinaire adj. *rezongón*
botzinar v. *rezongar*
bou m. *buey*
bouada f. *boyada // tarascada, desplante*
bouer, -a m. i f. (V. **bover**)
bova f. *enea, espadaña*
bover, -a m. i f. *boyero*
boví, -ina adj. *bovino*
boxa f. *boxeo*
boxador m. *boxeador*
boxar v. *boxear*
boxejador m. (V. **boxador**)
boxejar v. (V. **boxar**)
brac m. *perro perdiguero, braco*
braç m. *brazo*
braça f. *braza*
braçada f. *brazada // brazazo*
braçal m. *brazal // brazalete*
braçalet m. *brazalete*
braçat m. *brazado, brazada*
bracejar v. *bracear*
bracer m. *bracero*
bracet m. *bracito // **anar de** — ir de bracete, ir del brazo*
bràctea f. *bráctea*
bractèola f. *bractéola*
braga f. *braga*
bràguer m. *braguero // ubre // abrazadera*
bragueta f. *bragueta*
brahman m. *bramán*
1) **bram** m. *bramido, rugido, rebuzno // alarido*
2) **bram** m. *raudal*
bramar v. *mugir, rugir, rebuznar // bramar, berrear // llorar*
bramera f. *ganas de llorar*
bramul m. *mugido, bramido, rugido*
bramular v. *mugir, bramar, rugir*
branca f. *rama // jamba*

brancal m. *jamba // montante // umbral // dintel*
brancatge m. *ramaje*
brancut, -uda adj. *ramudo, copudo*
brandada f. *bandazo*
brandament m. *balanceo*
brandar v. *flamear, ondear // blandir // balancearse // oscilar // doblar (las campanas)*
brandir v. *blandir*
brandó m. *blandón // mechero*
brànquies f. pl. *branquias*
branquilló m. *ramita, ramilla*
braó m. *morcillo, muñón // muñeca (de la mano) // babilla // nervio, fuerza*
brasa f. *brasa, ascua*
braser m. *brasero // rescoldo*
brasiler, -a m. i f. *brasileño*
brau, -va adj. *bravo // m. toro*
bravada f. *vaho // tufo, hedor*
bravata f. *bravata*
bravatejar v. *bravuconear*
bravegera f. *bravuconería*
bravejador, -a m. i f. *bravucón, jactancioso*
bravejar v. *alardear, jactarse*
braverol m. *chichón*
bravesa f. *braveza, bravura*
bravura f. *bravata // bravura*
brea f. *brea*
brec m. *pico*
brega f. *brega, riña*
bregar v. *agramar // restregar // bregar, luchar*
brell m. *reclamo // trampa*
bres m. *cuna*
bresca f. *panal*
bressar v. *mecer*
bressol m. *cuna*
bressolar v. *mecer, acunar*
bretó, -ona m. i f. *bretón*
brètol m. *pillo, desvergonzado*
bretolada f. *pillada*
bretxa f. *brecha*
breu adj. *breve, corto*
breument adv. *brevemente*
brevetat f. *brevedad*
breviari m. *breviario*
bri m. *brizna // fibra // hilo // pizca*
bricbarca m. *bricbarca*
bricollaire m. *recovero*
brida f. *brida*
brigada f. *brigada*
brigadier m. *brigadier*
brillant adj. *brillante*
brillantina f. *brillantina*
brillantment adv. *brillantemente*
brillantor f. *brillantez*

búfal

brillar v. *brillar*
brindar v. *brindar* // *ofrecer* // *convidar*
brindis m. *brindis*
brioix m. *brioche*
1) brisa f. *orujo*
2) brisa f. *brisa*
britànic, -a m. i f. *británico*
briu m. *brío*
briva f. *briba, bribonería*
brivall m. *pícaro, bribón* // *rapaz, muchacho*
brivallada f. *canallada* // *chiquillería*
broc m. *pico, gollete* // pl. *cuentos, chismes* / **no estar per brocs** *no estar para cuentos*
broca f. *broca, taladro* // *afilón, eslabón* // *pico*
brocal m. *garrafa* // *brocal*
brocat m. *brocado*
brodadora f. *bordadora*
brodar v. *bordar*
brodat m. *bordado*
bròfec, -ega adj. *áspero, arisco, rudo*
brogir v. *rugir, zumbar*
brogit m. *ruido, fragor*
broix, -a adj. *a secas*
broll m. *chorro* // *brote, pimpollo*
brolla f. *maleza, broza*
brollador m. *surtidor*
brollar v. *brotar*
brom m. *bromo*
broma f. *niebla* // *espuma*
bromejar v. *bromear*
bromera f. *espuma*
bromista m. i f. *bromista*
1) bromós, -osa adj. *brumoso*
2) bromós, -osa adj. *bromoso*
bromur m. *bromuro*
broncopneumònia f. *bronconeumonia*
bronqui m. *bronquio*
bronquial adj. *bronquial*
bronquina f. *bronca, camorra*
bronquinejar v. *camorrear*
bronquitis f. *bronquitis*
bronze m. *bronce*
bronzejar v. *broncear*
bronzí, -ina adj. *broncíneo*
broquet m. *boquilla*
bròquil m. *brócoli*
brossa f. *maleza* // *broza* // *mota*
brossat m. *requesón*
brosta f. *renuevo, vástago* // *ramojo*
brostar v. *brotar*
brostejar v. *despuntar* // *florear*
brot m. *brote, vástago* // *ramo* // **ni un —** *ni pizca* // **no fer-ne —** *no dar golpe*
brotar v. *brotar*
brotó m. *capullo*

brotxa f. *brocha*
brou m. *caldo* // *aguachirle* // *chasco*
bru, -na adj. *moreno*
bruc m. *brezo blanco*
brufar v. *rociar* // *remojar* (bebiendo en una celebración)
bruguera f. *bruguera*
bruixa f. *bruja, hechicera*
bruixeria f. *brujería*
brúixola f. *brújula*
bruixot m. *brujo*
brumari m. *brumario*
brunidissa f. *zumbido*
brunir v. *zumbar*
brunyir v. *bruñir* // *zumbar*
brunzent adj. *zumbador, zumbante*
brunzir v. *zumbar* // *murmurar*
brunzit m. *zumbido*
brusa f. *blusa*
1) brusc m. (planta) *brusco, jusbarba*
2) brusc, -a adj. *brusco*
brusca f. *broza, maleza* // *llovizna* // *manía, chifladura, ventolera*
brusquedat f. *brusquedad*
brusquejar v. *lloviznar*
brusquer, -a adj. *maniático, chiflado*
brusquina f. *llovizna, calabobos*
brut, -a adj. *bruto* // *sucio*
brutal adj. *brutal*
brutalitat f. *brutalidad*
brutejar v. *cochinear*
brutícia f. *inmundicia, porquería*
brutor f. *suciedad, porquería* // *cochinada*
brutorada f. *suciedad, cochambre*
buata f. *boata*
bubó m. *bubón*
bubònic, -a adj. *bubónico*
bubota f. *espantajo* // *fantasmón*
buc m. *casco* // *buque* // *caja*
bucal adj. *bucal*
buccí m. *bucino*
bucòlic, -a adj. *bucólico*
budell m. *tripa, intestino*
budellada f. *tripas*
budellam m. *bandullo, tripas*
budisme m. *budismo*
budista m. i f. *budista*
buf m. *soplo*
bufa f. *vejiga* // *fuelle* // *ventosidad, follón* // *revés, soplamocos* // *mentira, bola* // *borrachera*
bufada f. *soplo* // *racha*
bufador, -a adj. *soplador* // *soplón* // m. *soplete* // *ventorrero* // *sopladero, respiradero*
bufaforats m. *abejorro*
búfal m. *búfalo*

bufanda f. *bufanda*
bufar v. *soplar // bufar // abollarse // ahuecarse // presumir*
bufarell, -a adj. *relleno, gordezuelo // gentil, gallardo*
bufarut m. *ráfaga, remolino de viento*
bufat, -ada adj. *fofo, vano // vanidoso, engreído*
bufec m. *resoplido*
bufera f. *altanería, engreimiento // borrachera*
bufet m. *mesa // bufete*
bufeta f. *vejiga // ampolla*
bufetada f. *bofetón, bofetada*
bufetejar v. *abofetear*
1) **bufó** m. *bufón*
2) **bufó, -ona** adj. *lindo, gracioso*
bugada f. *colada // berenjenal*
bugadejar v. *colar, hacer colada // murmurar, chismorrear*
bugadera f. *lavandera // rabisalsera*
bugaderia f. *lavadero, coladuría // mentidero*
bugat m. *lío, fregado*
bugia f. *bujía*
buidador m. *vaciador // vaciadero*
buidar v. *vaciar // intr. marcharse*
buidor f. *vaciedad, vacío*
buina f. *boñiga*
buirac m. *carcaj, aljaba*
buit, buida adj. *vacío*
bujot m. *espantajo // pelele*
bulb m. *bulbo*
bulbós, -osa adj. *bulboso*
buldog m. *bulldog*
bulevard m. *bulevar*
búlgar, -a m. i f. *búlgaro*
bull m. *hervor // tema, manía*
bulla f. *jolgorio // regocijo*
bul·la f. *bula*
bullanga f. *bullanga // jolgorio, regocijo*
bullangós, -osa adj. *bullanguero*
bullent adj. *hirviente*
bullentor f. *hervor //*
bullícia f. *regocijo // rebullir*
bulliciós, -osa adj. *bullicioso // bullanguero, jaranero*
bullida f. *hervor // cochura*
bullir v. *hervir*
bullit m. *fregado, lío*
bunyol m. *buñuelo*
bunyoler, -a m. i f. *buñolero*
bunyoleria f. *buñolería*
buranya f. *úlcera // lacra*
burballa f. *viruta // tallarines*

burballó m. *tallarines*
burcany m. *ramita*
burell m. *buriel // adj. pardo, ceniciento*
burg m. *burgo, suburbio*
burgès, -esa m. i f. *burgués*
burgesia f. *burguesía*
burgmestre m. *burgomaestre*
burí m. *buril*
1) **burinar** v. *burilar*
2) **burinar** v. *moverse, mover*
burla f. *burla*
burlaner, -a adj. *burlón*
burlar v. *burlar*
burler, -a adj. *burlón*
burlesc, -a adj. *burlesco*
burleta m. i f. *burlón*
burocràcia f. *burocracia*
buròcrata m. i f. *burócrata*
burot m. *borrón, garabato // peonza, ruleta, rolina // argadillo // botarate // mamarracho*
burotada f. *mamarrachada, botaratada*
burra f. *burra*
burrada f. *burrada, asnada / una — una barbaridad, una gran cantidad*
burro m. *burro*
burxa f. *hurgón*
burxada f. *pinchazo // hurgonazo*
burxar v. *pinchar // hurgar*
bus m. *buzo*
busca f. *palillo, pajuela // brizna, casquillo // manecilla, aguja (de reloj) // pequeñajo*
buscagatoses m. *gandul, vago*
buscall m. *tuero // palillo, pajuela*
buscar v. *buscar*
busca-raons m. i f. *buscarruidos, camorrista*
busil·lis m. *busilis*
bussejar v. *bucear*
bust m. *busto*
bústia f. *buzón // cepillo (de limosna)*
butà m. *butano*
butaca f. *butaca*
butlla f. *bula*
butlleta f. *boleto*
butlletí m. *boletín*
butllofa f. *ampolla*
butxaca f. *bolsillo*
butxacó m. *bolsillo de chaleco*
butxaquejar v. *hurgar en los bolsillos*
butza f. *panza // bandullo // pollo, gurripato // arrapiezo*
butzeta f. *barriguita // gurripato // rapazuelo, arrapiezo*

C

1) **ca** m. *perro*
2) **ca** (contracció de *casa*) **ca teva** *tu casa /* **ca la senyora** *casa de la señora*
ca! interj. *¡ca!, ¡quiá!, ¡qué va!*
cabal m. *ganado // capital // caudal //* adj. *cabal, justo // entero //* **quedar cabals** *quedar en paz*
càbala f. *cábala*
cabaler, -a m. i f. *segundón*
cabalós, -osa adj. *acaudalado // opulento // caudaloso*
cabana f. *cabaña*
cabanya f. *cabaña*
cabaret m. *cabaret*
cabàs m. *capazo, esportillo // espuerta*
cabdal adj. *capital, principal*
cabdell m. *ovillo*
cabdellar v. *ovillar*
cabdill m. *caudillo*
cabdillatge m. *caudillaje*
cabeça f. *cabeza, cacumen // testarudo // bulbo, cebolleta // cabeza* (de clavo)
cabeçó m. *cabezada*
cabell m. *cabello*
cabellblanc, -a adj. *canoso*
cabellera f. *cabellera // barbas, cabello*
cabellut, -uda adj. *cabelludo*
cabestre m. *cabestro*
cabestrell m. *cabestro // cabestrillo*
cabilenc, -a adj. *cabileño*
cabina f. *cabina*
cabiró m. *cabrio, asna*
cabirol m. *corzo*
cable m. *cable*
cabòria f. *preocupación, quebradero de cabeza // fantasía*
cabota f. *cabezorro // cabeza //* adj. *tozudo*
cabotatge m. *cabotaje*
cabotejar v. *cabecear*
cabra f. *cabra //* pl. *cabrillas, borregos*
cabrafiga f. *cabrahigo*
cabre v. *caber*
cabrejar v. *cabrillear*
cabrer, -a m. i f. *cabrero, cabrerizo*
cabrestant m. *cabrestante*

càbria f. *cabria*
cabrida f. *cabrita*
cabriola f. *cabriola*
cabriolé m. *cabriolé*
cabrit m. *cabrito*
cabró m. *cabrón, macho cabrío*
cabrum m. *cabrío // gente del montón, purria*
cabuda f. *cabida, capacidad*
cabussejar v. *zambullirse*
cabussó m. *chapuzón, zambullida // voltereta // embestida, acometida*
caca f. *caca*
caça f. *caza*
caçador, -a m. i f. *cazador*
caçar v. *cazar*
cacatua f. *cacatúa*
cacau .m. *cacao*
cacauet m. *cacahuete*
cacera f. *cacería // coto de caza, cazadero*
cacic m. *cacique*
caciquisme m. *caciquismo*
cacofonia f. *cacofonía*
cactus m. *cactus*
cada adj. *cada*
cadaf m. *jarro*
cadafal m. *tablado // cadalso*
cadascú pron. *cada uno, cada cual*
cadascun, -a pron. *cada uno, cada cual*
cadastre m. *catastro*
cadàver m. *cadáver*
cadavèric, -a adj. *cadavérico*
cadell m. *cachorro // acanalador, avivador*
cadellada f. *lechigada, cachillada*
cadena f. *cadena*
cadenat m. *candado*
cadència f. *cadencia*
cadenciós, -osa adj. *cadencioso*
cadeneta f. *cadenilla //* (punt de ganxet) *cadeneta*
cadernera f. *jilguero*
cadet m. *cadete*
cadira f. *silla / —* **de braços** o **—** **de repòs** *sillón, butaca*
cadiraire m. *sillero*
cadiram m. *sillería*

cadirat m. *sillería*
cadiratge m. *sillería*
cadmi m. *cadmio*
caduc, -a adj. *caduco*
caducar v. *caducar* // *chochear*
caduceu m. *caduceo*
caducitat f. *caducidad*
caduf m. *canjilón, arcaduz* // *chochez*
cafè m. *café*
cafeïna f. *cafeína*
cafetar m. *cafetal*
cafetera f. *cafetera*
cafeteria f. *cafetería*
cafre adj. *cafre*
cagacalces m. i f. *miedoso, cobarde*
cagadubtes m. i f. *indeciso, pusilánime*
cagalló m. *cagarruta, cagajón* // *mocosuelo*
caganiu m. *benjamín, tato*
cagar v. *cagar*
cagarada f. *cagada*
cagarel·la f. *cagalera, diarrea*
cagarines f. pl. *diarrea, cagalera*
cagarro m. *mojón* // *cagón*
caguera f. *ganas de cagar*
caguerada f. *cagada*
caguetes f. pl. *diarrea* // *cagón, cobarde, cagandando*
caient m. *caída* // *aire, aspecto* // *carácter*
caiguda f. *caída*
caiman m. *caimán*
cairar v. *cuadrar*
cairat, -ada adj. *cuadrado, cuadrangular* // *vigueta, cuadral*
caire m. *canto, arista* // *aspecto* // **de** — *de canto, de lado* // **mirar de** — *mirar oblicuamente, de reojo*
caixa f. *caja*
caixer, -a m. i f. *cajero* // m. *cauce, lecho* // m. *margen* // m. *caja, ojo*
caixista m. i f. *cajista*
caixó m. *cajón*
cal *casa del*
cala f. *cala, ensenada* // *sentina*
calabós m. *calabozo*
calabruix m. *granizo*
calabruixada f. *granizada*
calada f. *calada* // *zambullida*
calaix m. *cajón*
calaixera f. *cómoda*
calamar m. *calamar*
calamarsa f. *granizo*
calamarsada f. *granizada*
calamarsejar v. *granizar*
calamitat f. *calamidad*
calamitós, -osa adj. *calamitoso*
calàpet m. *sapo*

calar v. *bajar* // *calar* // *poner, meter* // *pegar* // rfl. *zamparse* // rfl. *ponerse, echar*
calat m. *calado*
calavera f. *calavera* // *esqueleto* // m. *calavera*
calaverada f. *calaverada*
calb, -a adj. *calvo*
calba f. *calva*
calc m. *calco*
calç f. *cal*
calça f. *calza, media* // pl. *bragas* / m. *calzonazos, bragazas*
calçada f. *calzada*
calçador m. *calzador*
calcani m. *calcáneo*
calcar v. *calcar*
calçar v. *calzar*
calcari, -ària adj. *calcáreo*
calçasses m. *calzonazos*
calçat m. *calzado*
calcetí m. *calcetín*
calci m. *calcio*
calcificar v. *calcificar*
calcigar v. *pisar, hollar*
calcinar v. *calcinar*
calçó m. *calzón*
calcografia f. *calcografía*
calcomania f. *calcomanía*
calçons m. pl. *calzones* // *pantalones* // — **amb bufes** *bombachos* // — **blancs** *calzoncillos*
calcopirita f. *calcopirita*
calçotets m. pl. *calzoncillos*
càlcul m. *cálculo*
calculador, -a m. i f. *calculador*
calcular v. *calcular*
calda f. *ardor, bochorno* // *caldeo*
caldejar v. *caldear*
calder m. *caldero*
caldera f. *caldera*
calderer, -a m. i f. *calderero*
caldereria f. *calderería*
calderó m. *caldero* // *calderón*
caldeu, -ea m. i f. *caldeo*
caldre v. *ser preciso, ser necesario* // **com cal** *como se debe* // **no cal dir** *inútil decir*
calefacció f. *calefacción*
calendari m. *calendario*
calendes f. pl. *calendas*
calèndula f. *caléndula*
calent, -a adj. *caliente, cálido* // m. *paliza, zurra* // m. *trepe, rapapolvo*
calentor f. *calor*
calessa f. *calesa* // *pendón, vaina*
calfred m. *escalofrío*
calibrar v. *calibrar*

canalització

calibre m. *calibre*
càlid, -a adj. *cálido*
calidesa f. *calidez, calor*
calidoscopi m. *calidoscopio*
califa m. *califa*
califat m. *califato*
californià, -ana m. i f. *californiano*
calitja f. *niebla, bruma*
calitjós, -osa adj. *brumoso, nebuloso*
caliu m. *rescoldo* // *ascua, brasa*
caliuada f. *rescoldo*
call m. *callo* // *palma de la mano*
callar v. *callar*
cal·ligrafia f. *caligrafía*
callista m. i f. *callista*
callós, -osa adj. *calloso*
callositat f. *callosidad*
calm, -a adj. *calmo, calmado*
calma f. *calma, cachaza*
calmant adj. *calmante*
calmar v. *calmar*
calmós, -osa adj. *calmoso, cachazudo*
calor f. *calor*
calorada f. *calorazo*
caloria f. *caloría*
calorífer m. *calorífero*
calorífic, -a adj. *calorífico*
calorós, -osa adj. *caluroso*
calorosament adv. *calurosamente*
calrada f. *bochorno* // *sofocón*
calúmnia f. *calumnia*
calumniar v. *calumniar*
calvari m. *calvario*
calvície f. *calvicie*
calvinisme m. *calvinismo*
calze m. *cáliz*
cama f. *pierna* // *pata* // *pernera* // *caña* // *ristra* // **donar-ho a ses cames** *tomar las de Villadiego* // **— ací — allà** *a horcajadas* // **fer cames** *dar pasos, hacer gestiones* // **cames ajudeu-me!** *¡pies para qué os quiero!*
camada f. *zancada, paso* // *.pernada*
camafeu m. *camafeo*
camaiot m. *pernil*
camal m. *pernera*
camaleó m. *camaleón*
camàlic m. *faquín, mozo de cuerda*
camallarg, -a adj. *zanquilargo*
camalliga f. *liga*
camamil·la o camamilla f. *manzanilla*
camarada m. i f. *camarada, compinche*
camarilla f. *camarilla*
camarlenc m. *camarlengo*
cama-segat, -ada adj. *pernitrabado*
camatort, -a adj. *pernituerto*
camatrencar v. *perniquebrar*

cambra f. *cuarto* / **— de bany** *cuarto de baño* // *cámara* // *granero* // *desván*
cambrer, -a m. i f. *camarero*
cambril m. *camarín*
cambró m. *cuartito, tabuco*
camèlia f. *camelia*
camell m. *camello*
camerino m. *camerino*
càmfora f. *alcanfor*
camforer m. *alcanforero*
camí m. *camino*
camilla f. *camilla*
caminada f. *caminata*
caminador, -a adj. *andador, andariego* // pl. *andadores*
caminal m. *sendero*
caminant m. *caminante* // adj. *andador*
caminar v. *caminar* // *andar*
caminoi m. *sendero*
camió m. *camión*
camioner, -a m. i f. *camionero*
camisa f. *camisa*
camiser, -a m. i f. *camisero*
camiseta f. *camiseta* // *funda*
camp m. *campo*
campal adj. *campal*
campament m. *campamento*
campana f. *campana*
campanada f. *campanada*
campanar m. *campanario* / **— de paret** *espadaña*
campaneig m. *campaneo*
campanejar v. *campanear*
campaner m. *campanero*
campaneta f. *campanita, campanilla* // *úvula, galillo* // (planta) *campánula*
campaniforme adj. *campaniforme*
campànula f. *campánula*
campanya f. *campiña* // *campaña*
campar v. *salvar* // *salvarse* // *vivir*
campejar v. *campear*
camperol, -a adj. *campesino*
campestre adj. *campestre*
càmping m. *cámping*
campió, -ona m. i f. *campeón*
campionat m. *campeonato*
camuflar v. *camuflar*
camús, -ussa adj. *chato, romo*
camussa f. *gamuza*
can *casa de*
cana f. *cana*
canadella f. *vinajera* // *vinagrera*
canadenc, -a m. i f. *canadiense*
canador m. *apeador, agrimensor*
canal m. i f. *canal*
canalització f. *çanalización*

canalitzar v. *canalizar*
canalla f. o m. *canalla* // f. *chiquillería*
canallada f. *canallada*
canaller, -a adj. *niñero*
canaló m. *canalón*
canapè m. *canapé, sofá*
canar v. *varear, medir*
canari m. *canario*
canastra f. *canasta*
canastró m. *canastillo* // *nasa*
cancan m. *cancán*
cancell m. *cancel, cancela*
cancel·lar v. *cancelar*
canceller m. *canciller*
cancelleria f. *cancillería*
càncer m. *cáncer*
cancerós, -osa adj. *canceroso*
cançó f. *canción*
cançoner m. *cancionero* // adj. *remolón, pausado*
cançoneta f. *cancioncilla, copla* // *sonsonete* // *cantilena*
candela f. *candela, vela*
candeler m. *candelero*
candent adj. *candente*
candi, càndia adj. *cándido*
càndid, -a adj. *cándido*
candidat, -a m. i f. *candidato*
candidatura f. *candidatura*
candidesa f. *candidez*
candir v. *almibarar* // rfl. *desmedrar*
candor m. *candor*
candorós, -osa adj. *candoroso*
canelobre m. *candelabro* // *carámbano*
canelons m. *canelones*
canell m. *muñeca* (de la mano)
canella f. *canilla, espinilla* // *grifo* // *canela*
cànem m. *cáñamo*
canemàs m. *cañamazo*
canemuixa f. *cañamiza*
canera f. *perrera* // *odisea, tribulaciones*
cangur m. *canguro*
caní, -ina adj. *canino*
caníbal m. *caníbal*
canibalisme m. *canibalismo*
canície f. *canicie*
canícula f. *canícula*
cànid m. *cánido*
canilla f. *jauría*
canina f. *canino, colmillo*
canó m. *tubo* // *canilla* // *caño* // *cañón*
canoa f. *canoa*
cànon m. *canon*
canonada f. *tubería, cañonazo*
canoneig m. *cañoneo*
canonejar v. *cañonear*

canoner m. *cañonero*
canonera f. *encañadora* // *cañonera*
canonet m. *cañuto, cañutillo* // *tubito*
canonge m. *canónigo*
canongessa f. *canonesa*
canongia f. *canonjía*
canònic, -a adj. *canónico*
canonització f. *canonización*
canonitzar v. *canonizar*
canós, -osa adj. *canoso*
canot m. *perrazo*
cansalada f. *tocino*
cansalader, -a m. i f. *tocinero*
cansaladeria f. *tocinería*
cansament m. *cansancio*
cansar v. *cansar*
cansat, -ada adj. *cansado, fatigado* // *fatigoso*
cant m. *canto*
cantàbric, -a adj. *cantábrico*
cantada f. *canto*
cantaire m. *cantor*
cantant m. i f. *cantante*
cantar v. *cantar*
cantarella f. *canturía* // *canturreo* // *tonillo, sonsonete* // *murmullo*
cantata f. *cantata*
cantatriu m. *cantatriz*
cantell m. *esquina* // *canto*
cantellut, -uda adj. *anguloso, esquinado*
cànter m. *botijo* // *cántaro*
canterano m. *cómoda* // *ajuar*
cantet m. *canto, sonsonete*
càntic m. *cántico*
cantilena f. *cantilena*
cantimplora f. *cantimplora*
cantina f. *cantina*
cantiner, -a m. i f. *cantinero*
càntir m. *botijo*
cantó m. *esquina* // *cantero, pedazo* // *lado, parte* // *trozo* // *cantón* // *sillar*
cantonada f. *esquina*
cantonalisme m. *cantonalismo*
cantonera f. *rinconera* // *esquina* // *cantonera* // *cantera*
cantor, -a m. i f. *cantor*
cantúria f. *cantos, canciones, canturía*
cantusseig m. *canturreo*
cantussejar v. *canturrear*
cànula f. *cánula*
1) canut, -uda adj. *cano, canoso*
2) canut m. *canuto, tubito*
canvi m. *cambio*
canviar v. *cambiar*
canya f. *caña*
canyamel f. *cañamiel*

canyar m. *cañal, cañaveral*
canyella f. (V. **canella**)
canyet m. *cañal, cañaveral* // *depósito* // (planta) *carrizo*
canyís m. *cañizo* // (planta) *carrizo*
canyiula m. i f. *lambrija, fideo, enclenque*
canyó m. *gaznate* // *esófago*
cànyom m. *cáñamo* // *mandil* // *trapo de cocina*
caoba f. *caoba*
caos m. *caos*
caòtic, -a adj. *caótico*
1) **cap** m. *cabeza* / — **per amunt** *cabeza arriba* / — **per avall** *cabeza abajo* / — **de bestiar** *cabeza de ganado* // *cabo* // *término* / — **de setmana** *fin de semana* // — **de cantó** *esquina* // *cabecera* // *jefe* / (ciutat principal) *capital* / — **de casa** *cabeza de familia* / **enginyer en** — *ingeniero jefe* / — **de colla** *capataz* // *cabo, promontorio, punta* // — **roig** (peix) *raño, escarcho* // **tapar el** — a algú *perderle la confianza o el concepto* // **fer un** — **nou** o **fer dos caps** a algú *romperle la crisma* // **pegar-se tocs pel** — o **picar-se'n el** — *arrepentirse desesperadamente* // **posar** a algú **un** — **com una olla** o **com un tabal** o **com una ferrada** o **com uns tres quartans** *cargarle la cabeza, marearle* // **tenir el** — **a les onze** o **a tres quarts de quinze** *tener la cabeza a pájaros* // **al** — **i a la fi** o **al** — **i a l'últim** *al fin y al cabo* // **al** — **darrer** *por fin, al fin, en conclusión* // **no tenir** — **ni centener** *no tener seso*
2) **cap** adj. i pron. (en frases interrogatives, dubitatives o condicionals) *algún, alguno* // (en frases negatives) *ningún, ninguno*
3) **cap** o **cap a** prep. *hacia*
capaç adj. *capaz*
capacitar v. *capacitar*
capacitat f. *capacidad*
capada f. *cabezada* // *cabezazo, testarazo*
cap-alt adj. *altanero, vanidoso* // m. *cabezada* // m. *tejemaneje*
capamunta f. *subida*
capar v. *castrar*
caparró m. *cabecita*
caparrós m. *aceche, caparrosa*
caparrotada f. *testarazo* // *tozudez, terquedad*
caparrudesa f. *tozudez, terquedad*
caparrut, -uda adj. *tozudo, terco*
capatàs m. *capataz*
capavall m. *bajada*
capbaix m. *cabizbajo*
capblanc, -a adj. *canoso*
capbrevació f. *cabrevación*

capbuit m. *cabeza de chorlito, casquivano*
capbuitada f. *travesura*
capbussar v. *zambullir, chapuzar*
capbussó m. *zambullida, chapuzón*
capçal m. *cabezal, almohada* // *cabecera* // *rodete, cabecil*
capçalera f. *cabecera* // *testero*
capçanada f. *testarazo, trompada* // *dislate* // *bola, trola*
capcinejar v. *cabecear*
capciós, -osa adj. *capcioso*
capcurucull m. *cima, cumbre*
capdamunt m. *cabezo, cima, remate* // **al** — *en lo más alto*
capdavall m. *extremo inferior* // **al** — *al fin y al cabo*
capdavant m. *delantera*
capdavanter, -a m. i f. *delantero, caudillo*
1) **capejar** v. *cabecear*
2) **capejar** v. *capear*
capell m. *sombrero*
capella f. *capilla* // *nicho, hornacina*
capellà m. *capellán* // *cura, sacerdote*
capellanada f. *clerigalla*
capeller, -a m. i f. *sombrerero*
capelleria f. *sombrerería*
caperutxa f. *caperuza* // *penitente, nazareno*
capficar v. *zambullir* // *derribar, voltear* // *abatir* // *preocupar* // rfl. *preocuparse, ensimismarse*
capfoguer m. *morillo*
capgirada f. *revolución, subversión*
capgirament m. *revolución, subversión, trastorno*
capgirar v. *trastornar, revolver*
capgirell m. *tumbo, vuelco* // *voltereta*
cap-gros m. *renacuajo* // *tonto*
capguardar-se v. *precaverse, prevenirse*
cap-i-coa m. *capicúa*
cap-i-cua m. *capicúa*
capil·lar adj. *capilar*
capil·laritat f. *capilaridad*
capir v. *comprender, entender, captar*
capirota f. *cabeza, calabaza* // *capucha de penitente* // *nazareno, penitente*
capità m. *capitán*
capitació f. *capitación*
capital adj. *capital* // m. *capital, cabal* // f. (ciutat) *capital*
capitalisme m. *capitalismo*
capitalista m. i f. *capitalista*
capitalitzar v. *capitalizar*
capitanejar v. *capitanear*
capitania f. *capitanía*
capitell m. *capitel* // *banqueta*
capítol m. *capítulo* // *cabildo*

capitoli m. *capitolio*
capitost m. *jefe, caudillo, capitoste*
capitulació f. *capitulación*
1) capitular adj. *capitular*
2) capitular v. *capitular*
capllevar v. *escabullirse // habitar, andar, encontrarse*
capó m. *capón*
capolar v. *triturar, picar // quebrantar, moler*
capoll m. *capullo // cascabillo // as*
caponar v. *capar*
caporal m. *jefe, cabeza // (de l'exèrcit) cabo*
capot m. *capote // gabán*
capota f. *capota*
cappare m. *rama o brote principal // guía // primate*
caprici m. (V. **capritx**).
capriciós, -osa adj. (V. **capritxós**)
Capricorn m. *Capricornio*
caprifoliàcia f. *caprifoliácea*
capritx m. *capricho*
capritxada f. *caprichada, capricho*
capritxós, -osa adj. *caprichoso*
cap-roig m. *raño*
capsa f. *caja // mazorca*
capser m. *cajero*
capsigrany m. (ocell) *alcaudón // tonto, zopenco*
càpsula f. *cápsula*
capsular adj. *capsular*
capta f. *colecta*
captació f. *captación*
captaire m. *mendigo, pordiosero*
captar v. *captar // mendigar // hacer colecta*
capteniment m. *porte, conducta, comportamiento*
captenir-se v. *portarse, comportarse*
captiu, -iva m. i f. *cautivo*
captivar v. *cautivar*
captiveri m. *cautiverio*
captivitat f. *cautividad*
captura f. *captura*
capturar v. *capturar*
capulla f. *capucha*
caputxa f. *capucha // capucho*
caputxí, -ina m. i f. *capuchino*
caputxó m. *capuchita*
capvespre m. *atardecer / tarde / de — por la tarde*
capvuitada f. *octava*
caqui m. *caqui*
1) car, -a adj. *caro*
2) car adv. *porque, pues, ya que, puesto que*
carabassa o carbassa f. *calabaza // torpe // suspenso, calabaza // pl. calabazas*

carabassenc, -a adj. *desaborido // torpe, burro, estúpido*
carabassera o carbassera f. *calabacera*
carabassí o carbassí m. *calabacín*
carabassó o carbassó m. *calabacín*
carabassot o carbassot m. *calabazo // calabaza, testa // testarazo // zoquete, torpe*
carabassotada o carbassotada f. *testarazo, coscorrón // burrada, sandez*
carabina f. (V. **carrabina**)
carabiner m. (V. **carrabiner**)
caràcter m. *carácter*
característic, -a adj. *característico*
característica f. *característica*
caracteritzar v. *caracterizar*
caragirar v. *volver al revés*
caragirat m. *renegado, traidor*
caragol o cargol m. *caracol // caracola*
caragola o cargola f. (mol·lusc) *caracola // (llimac) babosa*
caragolada o cargolada f. *caracolada*
caragolar o cargolar v. *enrollar, enroscar // ensortijar*
caragròs, -ossa adj. *carigordo*
carallarg, -a adj. *carilargo*
carambola f. *carambola*
caramel m. *caramelo*
caramell m. *carámbano, cerrión // estalactita, estalagmita // moco*
caramella f. *caramillo // pipitaña // boquilla*
caramel·lo m. *caramelo*
caramuixa f. (canya) *cañamiza // (planta) gamón*
caramull m. *colmo // montón*
carantoines f. pl. *carantoñas*
caraplè, -ena adj. *carilleno*
cara-rodó, -ona adj. *carirredondo*
carassa f. *careta, máscara // mueca // mascarón // lobada*
carat! interj. *¡caramba!, ¡caracoles!*
caràtula f. *carátula*
caravana f. *caravana*
caravel·la f. *carabela*
carbassa f. (V. **carabassa**)
carbassera f. (V. **carabassera**)
carbassó m. (V. **carabassó**)
carbassot m. (V. **carabassot**)
carbó m. *carbón*
carbonari m. *carbonario*
carbonat m. *carbonato*
carboncle m. *carbúnculo*
carboner, -a m. i f. *carbonero*
carboneria f. *carbonería*
carboni m. *carbono*
carbònic, -a adj. *carbónico*
carbonífer, -a adj. *carbonífero*

carbonissa f. *cisco*
carbonitzar v. *carbonizar*
carbur m. *carburo*
carburador m. *carburador*
carburant m. *carburante*
carburar v. *carburar*
carca adj. *carca*
carcabòs m. *garguero, gañiles*
carcaix m. *carcaj, aljaba*
carcamal m. *carcamal*
carcanada f. *esqueleto, osamenta // caparazón*
carcassa f. *esqueleto // costillaje // vejestorio*
carceller, -a m. i f. *carcelero*
card m. *cardo*
carda f. *carda*
cardar v. *cardar*
cardenal m. *cardenal*
cardenalat m. *cardenalato*
cardenalici, -ícia adj. *cardenalicio*
cardíac, -a adj. *cardíaco*
càrdias m. *cardias*
cardina f. *jilguero*
cardinal adj. *cardinal*
cardiòleg, -oga m. i f. *cardiólogo*
cardiologia f. *cardiología*
carei m. *carey*
carejar v. *barbear // carear*
carena f. *quilla // carena // cresta // caballete // loba, caballón*
carenar v. *carenar*
carència f. *carencia*
carenejar v. *barbear*
carener m. *caballete*
carés m. *cariz*
carestia f. *carestía*
careta f. *carita // máscara, careta*
cargol m. (V. **caragol**)
cargolar v. (V. **caragolar**)
cariar v. *cariar*
cariàtide f. *cariátide*
caricatura f. *caricatura*
caricaturesc, -a adj. *caricaturesco*
caricaturista m. i f. *caricaturista*
caricia f. *caricia*
càries f. *caries*
carilló m. *carillón*
carisma m. *carisma*
carismàtic, -a adj. *carismático*
caritat f. *caridad // limosna*
caritatiu, -iva adj. *caritativo*
carlí, -ina adj. *carlista*
carlinga f. *carlinga*
carlisme m. *carlismo*
carlista m. i f. *carlista*
carmelita m. i f. *carmelita*

carmelità, -ana adj. *carmelitano*
carmesí, -ina adj. *carmesí*
carmí m. *carmín*
carn f. *carne // esser — i ungla ser uña y carne // posar tota la — a la paella o dins l'olla poner toda la carne en el asador // esser un tros de — batejada ser un bobalicón*
carnadura f. *encarnadura*
carnal adj. *carnal*
carnassa f. *carnaza*
carnaval m. *carnaval*
carnavalesc, -a adj. *carnavalesco*
carnestoltes m. *carnaval*
carnet m. *carnet*
carnisser, -a m. i f. *carnicero*
carnisseria f. *carnicería*
carnívor, -a adj. *carnívoro*
carnós, -osa adj. *carnoso*
carnositat f. *carnosidad, bezo*
carnot m. *carnosidad, bezo*
carolingi, -íngia adj. *carolingio*
carota f. *carota // máscara, careta*
caròtida f. *carótida*
carp m. *carpo*
carpa f. *carpa*
carpanell m. *carpanel*
carpel m. *carpelo*
carpeta f. *carpeta*
carpetada f. *carpetazo*
carpó m. *rabadilla*
carquinyol o **carquinyoli** m.. *carquiñoli*
carrabina f. *carabina*
carrabiner m. *carabinero*
carraca f. *carraca // trasto, vejestorio*
càrrec m. *cargo*
càrrega f. *carga*
carregador m. *cargador // cargadero*
carregament m. *cargamento*
carregar v. *cargar*
carregós, -osa adj. *gravoso, molesto, cargante*
carrer m. *calle // paso // línea, renglón*
carrera f. *carrera // — de Sant Jaume Vía Láctea, camino de San Jaime*
carrerada f. *azagador // hilera*
carrerany m. *senderillo, vereda // retahila*
carrereta f. *narria // carretilla de mano*
carreró m. *callejón*
carreta f. *carreta*
carretada f. *carretada*
carretejar v. *carretear, acarrear*
carretel·la f. *carretela*
carreter m. *carretero*
carretera f. *carretera*
carretó m. *carretón // carretilla // trillo*

carreu m. *sillar*
carril m. *ferrocarril // rail // carruaje // andana*
carrincló, -ona adj. *ramplón, adocenado*
carrisquejar v. *crujir, rechinar*
càrritx m. *carrizo*
carritxera f. *carricera*
carro m. *carro*
carroll m. *racimo*
carronya f. *carroña // poltrón // ruín // gruñón // mezquino, tacaño*
carroportal m. *balumba*
carrossa f. *carroza // vejestorio, carcamal // calavera, perdis*
carrosseria f. *carrocería*
carruatge m. *carruaje*
carrutxa f. *polea, garrucha // pl. andadores*
carta f. *carta*
cartabò m. *cartabón*
cartáginès, -esa adj. *cartaginés*
carteig m. *carteo, correspondencia*
cartejar v. *hojear // barajar // rfl. cartearse*
cartell m. *cartel*
carter m. *cartero // baraja*
cartera f. *cartera*
carterista m. i f. *carterista*
cartílag m. *cartílago*
cartilaginós, -osa adj. *cartilaginoso*
cartilla f. *cartilla*
cartipàs m. *cartapacio*
cartó m. *cartón*
cartògraf, -a m. i f. *cartógrafo*
cartografia f. *cartografía*
cartoixa f. *cartuja*
cartoixà m. *cartujano*
cartolina f. *cartulina*
cartomància f. *cartomancia*
cartró m. *cartón*
cartutx m. *cartucho*
cartutxera f. *cartuchera*
carussa f. *visaje*
carxofa f. *alcachofa // casquivana*
carxofera f. *alcachofera*
cas m. *caso*
casa f. *casa, morada, vivienda / — pairal casa solariega // casa, linaje, estirpe // casa, firma // cámara, estancia // escaque, casilla // — franca casa gratis, estancia gratuita*
casaca f. *casaca*
casador, -a adj. *casadero*
casal m. *casal, casona // caserón*
casalici m. *casona*
casalot m. *caserón*
casamata f. *casamata*
casament m. *casamiento*
casar v. *casar*

casa-santa f. *monumento* (del Jueves santo)
casat m. *casado // caserío // casal*
casc m. *casco*
cascada f. *cascada, catarata*
cascadura f. *cascadura, magullamiento*
cascall m. *adormidera*
cascar v. *cascar*
cascavell m. *cascabel*
cascavellejar v. *cascabelear // zangolotearse*
cascú adj. *cada uno*
cascun, -una adj. *cada uno*
caseïna f. *caseína*
casella f. *casilla*
1) **casera** f. *colmena // guarida, escondrijo*
2) **casera** f. *ganas de casarse*
3) **casera** f. *ama // casera, colona*
caseriu m. *caserío*
caserna f. *cuartel*
casimir m. *casimir*
casino m. *casino*
casolà, -ana adj. *casero, familiar, hogareño*
casori m. *casorio*
casot m. *casuca // caserón*
caspa f. *caspa*
casquet m. *casquete // sombrero hongo, bombín*
cassació f. *casación*
casserola f. *cacerola*
cassetó m. *artesón*
cassó m. *cacito, cazo // cucharón*
cassola f. *cazuela*
cassussa f. *cazuza*
cast, -a adj. *casto*
casta f. *casta // clase, especie*
castany, -a adj. *castaño*
castanya f. (fruit) *castaña // trompazo, tortazo // chasco*
castanyer m. *castaño*
castanyera f. *castañera*
castedat f. *castidad*
castell m. *castillo*
castellà, -ana m. i f. *castellano*
castellanada f. *castellanada*
castellanisme m. *castellanismo*
castellonenc, -a m. i f. *castellonense*
càstig m. *castigo*
castigar v. *castigar*
castís, -issa adj. *castizo*
castor m. *castor*
castració f. *castración*
castrar v. *castrar*
castrense adj. *castrense*
casual adj. *casual*
casualitat f. *casualidad*
casuista m. i f. *casuista*
casuístic, -a adj. *casuístico*

celebritat

casulla f. *casulla* // *celdilla*
cataclisme m. *cataclismo*
catacumba f. *catacumba*
català, -ana m. i f. *catalán*
catalanisme m. *catalanismo*
catalanitzar v. *catalanizar*
catàleg m. *catálogo*
catalèpsia f. *catalepsia*
catàlisi f. *catálisis*
catalogar v. *catalogar*
cataplasma m. *cataplasma*
catapulta f. *catapulta*
cataracta f. (de l'ull) *catarata*
catarral adj. *catarral*
catarro m. *catarro*
catàstrofe f. *catástrofe*
catau m. *guarida, escondrijo*
catecisme m. *catecismo*
catecumen m. *catecúmeno*
càtedra f. *cátedra*
catedral f. *catedral*
catedràtic, -a adj. *catedrático*
categoria f. *categoría*
categòric, -a adj. *categórico*
catequesi f. *catequesis*
catequista m. i f. *catequista*
catequitzar v. *catequizar*
caterva f. *caterva*
catet m. *cateto*
catifa f. *alfombra*
càtode m. *cátodo*
catòlic, -a adj. *católico*
catolicisme m. *catolicismo*
catolicitat f. *catolicidad*
catorze adj. *catorce*
catorzè, -ena adj. *catorceno, décimocuarto*
catre m. *catre* // *sillita de tijera*
catúfol m. (V. **caduf**)
catxalot m. *cachalote*
catxassa f. *cachaza* // adj. *cachazudo*
catxassut, -uda adj. *cachazudo*
catxemira f. *cachemira*
catxet m. *cachet*
cau m. *guarida, madriguera, escondrijo*
caucàsic, -a m. i f. *caucásico*
caució f. *caución*
caudal adj. (de la cua) *caudal*
caure v. *caer*
causa f. *causa*
causal adj. *causal*
causalitat f. *causalidad*
causant m. i f. *causante*
causar v. *causar*
càustic, -a adj. *cáustico*
caut, -a adj. *cauto*
cautela f. *cautela*

cautelós, -osa adj. *cauteloso*
cauteri m. *cauterio*
cauteritzar v. *cauterizar*
cautxú m. *caucho*
cava f. *cava*
cavador, -a m. i f. *cavador*
cavalcada f. *cabalgada* // *cabalgata*
cavalcadura f. *cabalgadura*
cavalcar v. *cabalgar, montar*
cavall m. *caballo*
cavaller m. *caballero*
cavalleresc, -a adj. *caballeresco*
cavalleria f. *caballería*
cavallerís m. *caballerizo*
cavallerós, -osa adj. *caballeroso*
cavallet m. *caballito* // *caballete* // *chibalete*
cavallí, -ina adj. *caballar, caballuno*
cavalló m. *caballón, camellón* // *caballete*
cavar v. *cavar*
càvec m. *azadón*
caveguell m. *azadilla*
caverna f. *caverna*
cavernícola m. i f. *cavernícola*
cavernós, -osa adj. *cavernoso*
cavil·lació f. *cavilación*
cavil·lar v. *cavilar*
cavil·lós, -osa adj. *caviloso*
cavitat f. *cavidad*
ceba f. (planta) *cebolla* // *castaña, trompazo* // *chifladura*
cebaiol m. *trompazo, castaña*
ceballot m. *puerro silvestre* // *zoquete, zopenco*
cec, cega adj. *ciego*
cedir v. *ceder*
cedre m. *cedro*
cèdula f. *cédula*
cefàlic, -a adj. *cefálico*
cefalòpode m. *cefalópodo*
cefalotòrax m. *cefalotórax*
cega f. *chocha, becada*
cegallós, -osa adj. *cegajoso*
cegar v. *cegar*
cego, -a adj. *ciego*
ceguera f. *ceguera, ceguedad*
ceguetat f. *ceguera, ceguedad*
cel m. *cielo*
celada f. *celada*
celar v. *celar, ocultar*
celatge m. *celaje*
celebèrrim, -a adj. *celebérrimo*
celebració f. *celebración*
celebrant m. *celebrante*
celebrar v. *celebrar*
cèlebre adj. *célebre*
celebritat f. *celebridad*

celeritat f. *celeridad*
celeste adj. *celeste*
celestial adj. *celestial*
celibat m. *celibato*
celibatari, -ària m. i f. *célibe*
celístia f. *luz de estrellas*
cel·la f. *celda*
cella f. *ceja*
cellajunt, -a adj. *cejijunto*
celler m. *bodega // despensa*
cellerer, -a m. i f. *bodeguero*
cel·lofana m. *celofana*
cèl·lula f. *célula*
cel·lular adj. *celular*
cel·luloide m. *celuloide*
cel·lulosa f. *celulosa*
cellut, -uda adj. *cejudo*
cel-obert m. *patio deslunado*
cel-ras m. *cielo raso*
celta adj. *celta*
celtíber, -a adj. *celtíbero*
celtibèric, -a adj. *celtibérico*
cement m. *cemento*
cementar v. *cementar*
cementeri o **cementiri** m. *cementerio*
cena f. (sant sopar) *cena*
cenacle m. *cenáculo*
cendra f. *ceniza*
cendrer m. *cenicero*
cendrós, -osa adj. *ceniciento*
cenobi m. *cenobio*
cenobita m. *cenobita*
cens m. *censo*
censal m. *censal // quinta // alquiler*
censor, -a m. i f. *censor*
censura f. *censura*
censurar v. *censurar*
cent adj. *ciento, cien*
centaure m. *centauro*
centcames m. *ciempiés*
centè, -ena adj. *centésimo, centeno*
centella f. *centella*
centena f. *centena*
centenar m. *centenar*
centenari, -ària adj. *centenario*
centenni m. *centenio*
centèsim, -a adj. *centésimo*
centesimal adj. *centesimal*
centiàrea f. *centiárea*
centígrad m. *centígrado*
centigram m. *centigramo*
centilitre m. *centilitro*
cèntim m. *céntimo*
centímetre m. *centímetro*
centpeus m. *ciempiés*
central adj. *central*

centralisme m. *centralismo*
centralitzar v. *centralizar*
centrar v. *centrar*
centre m. *centro*
cèntric, -a adj. *céntrico*
centrífug, -a adj. *centrífugo*
centrípet, -a adj. *centrípeto*
centrosfera f. *centrosfera*
centumvir m. *centunviro*
cèntuple, -a adj. *céntuplo*
centuplicar v. *centuplicar*
centúria f. *centuria*
centurió m. *centurión*
cenyir v. *ceñir*
cep m. *cepo // (planta) cepa*
cepa f. *raza, cepa*
cepat, -ada adj. *fornido*
ceptre m. *cetro*
cera f. *cera*
ceràmic, -a adj. *cerámico*
ceramista m. i f. *ceramista*
cerç m. *cierzo*
cerca f. *recorrido // busca*
cercabregues m. i f. *buscarruidos, pendenciero*
cercador, -a adj. *buscador*
cercapous m. *rebañadera*
cercar v. *correr, recorrer // buscar // procurar*
cerca-raons m. i f. *pendenciero*
cercavila f. *pasacalle*
cerciorar v. *cerciorar*
cerclar v. *rodear*
cercle m. *círculo // aro // llanta*
cércol m. *aro // llanta*
cereal m. *cereal*
cerebel m. *cerebelo*
cerebral adj. *cerebral*
cerer, -a m. i f. *cerero*
cereria f. *cerería*
ceri, cèria adj. *céreo*
cerilla f. *cerilla*
cerimònia f. *ceremonia*
cerimonial adj. *ceremonial*
cerimoniós, -osa adj. *ceremonioso*
cerndre v. *cerner*
cero m. *ciervo*
cerra f. *cerda // carraspera, carraspeo*
cert, -a adj. *cierto // adv. ciertamente / no cert! ¡de ninguna manera!*
certamen m. *certamen*
certesa f. *certeza*
certificació f. *certificación*
certificar v. *certificar*
certificat m. *certificado*
certitud f. *certeza*

circumcís

ceruli, -úlia adj. *cerúleo*
cerumen m. *cerumen*
cerval adj. *cerval*
cervantí, -ina adj. *cervantino*
cervantista m. i f. *cervantista*
cervatell m. *cervatillo*
cervell m. *cerebro*
cervellera f. *capacete* // *chichonera*
cerverola f. *agrimoña*
cervesa f. *cerveza*
cerveser, -a adj. *cervecero*
cerveseria f. *cervecería*
cerví, -ina adj. *cervino*
cervical adj. *cervical*
cèrvid m. *cérvido*
cérvol, -a m. i f. *ciervo*
cesari, -ària adj. *cesáreo*
cesarisme m. *cesarismo*
cessació f. *cesación*
cessant adj. *cesante*
cessar v. *cesar*
cessió f. *cesión*
cesta f. (de jugar a pilota) *cesta*
cetaci m. *cetáceo*
cetona f. *cetona*
cianhídric, -a adj. *cianhídrico*
cianur m. *cianuro*
ciàtic, -a adj. *ciático*
cicatrització f. *cicatrización*
cicatritzar v. *cicatrizar*
cicatriu f. *cicatriz*
cicerone m. *cicerone*
ciclamen m. *artanita, ciclamen*
cicle m. *ciclo*
cíclic, -a adj. *cíclico*
ciclisme m. *ciclismo*
ciclista m. i f. *ciclista*
cicló m. *ciclón*
ciclop m. *cíclope*
cicuta f. *cicuta*
ciència f. *ciencia*
científic, -a adj. *científico*
cigala f. (insecte) *cigarra* // (crustaci) *cigala*
cigar m. *cigarro*
cigarrera f. *cigarrera*
cigarret m. *cigarrillo*
cigarro m. *cigarro*
cigne m. *cisne*
cigonya f. *cigüeña*
cigonyal m. *cigüeñal*
cigró m. *garbanzo*
ciliar adj. *ciliar*
cilici m. *cilicio*
cilindre m. *cilindro*
cilíndric, -a adj. *cilíndrico*
cim m. *cima, cumbre*

cima f. *cima* // *rabiza* // *verdugón, cardenal*
cimaci m. *cimacio*
cimada f. *vergajazo, latigazo*
cimal m. *brazo, leño, rama* // *vara* // *rabiza* // *cabo*
cimall m. *cima*
címbal m. *címbalo*
cimbori m. *cimborio* // *lumbrera* // *balumba, armatoste*
cimejar v. *coronar*
ciment m. *cemento*
cimentar v. *junterar*
cimera f. *cimera*
cimerol m. *cima* // *rabiza*
cinabri m. *cinabrio*
cinamom m. *cinamomo*
cinc adj. *cinco*
cinc-cents adj. *quinientos*
cinegètic, -a adj. *cinegético*
cinema m. *cine*
cinemàtica f. *cinemática*
cinematògraf m. *cinematógrafo*
cinematografia f. *cinematografía*
cinerari, -ària adj. *cinerario*
cinètic, -a adj. *cinético*
cingla f. *cincha*
cinglada f. *cinchazo; latigazo* // *palmada*
cinglar v. *cinchar* // *azotar* // *cinglar*
cingle m. *cíngulo* // *vericueto* // *risco*
cínic, -a adj. *cínico*
cinisme m. *cinismo*
cinquagesma f. *pentecostés*
cinquanta adj. *cincuenta*
cinquantè, -ena adj. *cincuenteno, quincuagésimo*
cinquantena f. *cincuentena*
cinquantí, -ina adj. *quincuagenario*
cinquè, -ena adj. *quinto*
cint m. *cinto*
cinta f. *cintura* // *cinturón, cinto* // *cinta*
cintra f. *cintra*
cintura f. *cintura*
cinturó m. *cinturón*
cinyell m. *cinto, ceñidor, cinturón*
ciperàcia f. *ciperácea*
ciprell m. *brezo, bruguera*
ciprer m. *ciprés*
circ m. *circo*
circell m. *zarcillo*
circuir v. *circuir, cercar*
circuit m. *circuito*
circulació f. *circulación*
circular v. i adj. *circular*
circulatori, -òria adj. *circulatorio*
circumcidar v. *circuncidar*
circumcís, -isa adj. *circunciso*

circumcisió f. *circuncisión*
circumdar v. *circundar*
circumferència f. *circunferencia*
circumflex, -a adj. *circunflejo*
circumloqui m. *circunloquio*
circumscripció f. *circunscripción*
circumscriure v. *circunscribir*
circumspecció f. *circunspección*
circumspecte, -a adj. *circunspecto*
circumstància f. *circunstancia*
circumstancial adj. *circunstancial*
circumstant adj. *circunstante*
circumval·lació f. *circunvalación*
cirera f. *cereza*
cirerer m. *cerezo*
ciri m. *cirio*
cirial m. *cirial*
cirineu m. *cirineo*
cirrosi f. *cirrosis*
cirurgia f. *cirugía*
cirurgià m. *cirujano*
cisa f. *sisa*
cisar v. *sisar*
cisell m. *cincel*
cisellar v. *cincelar*
cisma m. *cisma*
cismàtic, -a adj. *cismático*
cissura f. *cisura*
cistàcia f. *cistácea*
cistell m. *cesto // huronera*
cistella f. *cesta, cesto*
cisteller m. *cestero*
cistelleria f. *cestería*
cistercenc, -a adj. *cisterciense*
cisterna f. *cisterna*
cistitis f. *cistitis*
cita f. *cita*
citació f. *citación // cita*
citar v. *citar*
cítara f. *cítara*
citrat m. *citrato*
citrí, -ina adj. *cetrino*
cítric, -a adj. *cítrico*
ciuró m. *garbanzo*
ciutadà, -ana m. i f. *ciudadano*
ciutadania f. *ciudadanía*
ciutadella f. *ciudadela*
ciutat f. *ciudad*
civada f. *avena*
cívic, -a adj. *cívico*
civil adj. *civil // m. guardia civil*
civilitat f. *civilidad*
civilització f. *civilización*
civilitzar v. *civilizar*
civisme m. *civismo*
clac m. *clac*

1) **claca** f. *cháchara, charla*
2) **claca** f. *claque*
clacar v. *chasquear*
clam m. *queja, reclamación // clamor*
clamar v. *clamar*
clàmide f. *clámide*
clamor m. *clamor*
clamoreig m. *clamoreo*
clamorejar v. *clamorear*
clan m. *clan*
clandestí, -ina adj. *clandestino*
clandestinitat f. *clandestinidad*
clap m. *trozo, mancha*
clapa f. *trozo, mancha*
1) **clapar** v. *manchar*
2) **clapar** v. *dormir*
clapejar v. *manchar, salpicar*
claper m. *majano // pedregal // montón, rimero*
clapir v. *latir, gañir // caer, morir*
clapit m. *ladrido, latido, gañido*
clapotejar v. *chapotear*
clar, -a adj. *claro*
clara f. *(d'ou) clara*
claraboia f. *claraboya*
claredat f. *claridad*
clarejar v. *clarear // alborear*
clarí m. *clarín*
clariana f. *rendija // claro // calvero*
clarícia f. *noticia clara // aclaración*
clarificar v. *clarificar, esclarecer*
clarinet m. *clarinete*
clarissa f. *clarisa*
clarividència f. *clarividencia*
clarivident adj. *clarividente*
clarobscur m. *claroscuro*
claror f. *claridad*
classe f. *clase*
clàssic, -a adj. *clásico*
classicisme m. *clasicismo*
classificació f. *clasificación*
classificar v. *clasificar*
classisme m. *clasismo*
classista adj. *clasista*
clastra f. *patio*
clatell m. *pescuezo / **tenir els ulls al —** no saber dónde tiene los ojos*
clatellada f. *pescozón*
clatellera f. *cerviguillo, cerviz*
clatellot m. *pescozón*
1) **clau** m. *clavo // canino, colmillo // **tallar claus** darse a todos los demonios, echar chispas*
2) **clau** f. *llave // clave // cintón*
claudàtor m. *corchete*
claudicació f. *claudicación*

claudicar v. *claudicar*
clauer m. *llavero*
clauganxo m. *escarpia, alcayata*
claustral adj. *claustral*
claustre m. *claustro*
clàusula f. *cláusula*
clausura f. *clausura*
clausurar v. *clausurar*
clavar v. *clavar // dar, arrear, pegar // poner, meter // burlar, chasquear // tragarse, zamparse //* rfl. *echarse, ponerse*
clavecí m. *clavecino*
claveguera f. *cloaca, alcantarilla // clavijera*
clavegueró m. *atarjea*
clavell m. *clavel*
claveller m. *clavel*
clavellina f. *clavel, clavellina*
clavellinera f. *clavel*
clavetejar v. *clavetear*
clàvia f. *clavija, chaveta*
clavicèmbal m. *clavicémbalo*
clavicordi m. *clavicordio*
clavícula f. *clavícula*
clavilla f. *clavija*
clavó m. *llavín*
clàxon m. *cláxon, bocina*
cleda f. *redil // corral // verja, enrejado*
clemàstecs m. pl. *llares*
clemència f. *clemencia*
clement adj. *clemente*
clenxa f. *crencha, raya // peinado*
clenxinar v. *hacer la raya, peinar*
clepsa f. *calva, cráneo*
cleptomania f. *cleptomanía*
clerecia f. *clerecía*
clergue m. *clérigo*
clerical adj. *clerical*
clericat m. *clericato, clerecía*
clero m. *clero*
clespa f. *calva, cráneo*
client, -a m. i f. *cliente*
clientela f. *clientela*
clima m. *clima*
climàtic, -a adj. *climático*
climatologia f. *climatología*
climax m. *clímax*
clin m. o' f. *crin*
clínic, -a adj. *clínico*
clinica f. *clínica*
clip m. *clip*
clissar v. *ver, descubrir, divisar*
clítoris m. *clítoris*
clivella f. *grieta, hendidura*
clivellar v. *hender, rajar //* rfl. *rajarse, resquebrajarse*
clixé m. *cliché*

cloaca f. *cloaca*
cloc-piu adj. *clueco, alicaído*
cloenda f. *conclusión*
clofolla f. *cáscara*
cloïssa f. *almeja*
cloquejar v. *cloquear*
clor m. *cloro*
clorat m. *clorato*
clorhídric, -a adj. *clorhídrico*
clorit m. *clorito*
clorofil·la f. *clorofila*
cloroform m. *cloroformo*
clorur m. *cloruro*
clos, -a adj. *cerrado // compacto // concluido, terminado // m. recinto // m. cercado*
closca f. *concha, caparazón // cáscara // cráneo // caletre, cacumen // torpe, mastuerzo // vaina*
closcada f. *pescozón, testarazo*
clot m. *hoyo*
clota f. *hondonada*
clotada f. *hoya, hondonada*
clotell m. *pescuezo*
clotellada f. *pescozón*
cloure v. *cerrar // terminar, concluir // coger, atrapar*
clovella f. *corteza, cáscara*
club m. *club*
cluc, -a adj. *cerrado // turbio // m. guiño*
clucar v. *cerrar (los ojos)*
ço pron. *esto, eso / per ço por eso / ço és esto es // lo // ço que lo que*
coa f. *cola, rabo* (V. **cua**)
coacció f. *coacción*
coaccionar v. *coaccionar*
coadjutor m. *coadjutor*
coadjuvar v. *coadyuvar*
coàgul m. *coágulo*
coagulació f. *coagulación*
coagular v. *coagular*
coalició f. *coalición*
coartada f. *coartada*
coartar v. *coartar*
cobalt m. *cobalto*
cobdícia f. *codicia*
cobdiciós, -osa adj. *codicioso*
cobejança f. *codicia, apetito, deseo*
cobejar v. *codiciar, desear, anhelar*
cobert m. *cubierto*
coberta f. *cubierta*
cobertís m. *cobertizo*
cobertor m. *cubrecama, cobertor*
cobertora f. *cobertera, tapadera // cobija // encubridor, tapadera*
cobla f. *estrofa, copla // cobla*
cobra f. (serp) *cobra*

cobrador, -a m. i f. *cobrador*
cobrament m. *cobro*
cobrança f. *cobro, cobranza*
cobrar v. *adquirir, obtener // cobrar*
cobrellit m. *colcha, cubrecama*
cobretaula m. *tapete, mantel*
cobri o cobro m. *refugio, cobijo / estar a — estar resguardado*
cobricel m. *cielo, dosel*
cobriment m. *cubrimiento, cubrición // dintel*
cobrir v. *cubrir*
cobrombo m. *pepino, cohombro*
1) coc m. *cocinero*
2) coc m. *cok, coque*
cóc m. *panecillo, bollo*
1) coca f. *torta // emplasto // fer-se una — chafarse*
2) coca f. *(nau medieval) coca*
3) coca f. *(arbust americà) coca*
coça f. *coz, patada*
cocaïna f. *cocaína*
cocaïnòman, -a m. i f. *cocainómano*
cocció f. *cocción*
còccix m. *cóccix*
cocejar v. *cocear*
coco m. *coco*
cocodril m. *cocodrilo*
cocoter m. *cocotero*
còctel m. *cóctel*
coctelera f. *coctelera*
coda f. *coda*
còdex m. *códice*
codi m. *código*
codicil m. *codicilo*
codificació f. *codificación*
codificar v. *codificar*
còdol m. *guijarro, piedra // porrazo // zoquete // tapia*
codolada f. *pedrada, cantalada // (composició en vers) codolada*
codony m. *membrillo*
codonyat m. *membrillado, codoñate*
codonyer m. *membrillero*
coeficient m. *coeficiente*
coejar v. *colear*
coent adj. *picante*
coentor f. *escozor*
coerció f. *coerción*
coercir v. *coercir*
coet m. *cohete*
coetani, -ània adj. *coetáneo*
coexistir v. *coexistir*
cofí m. *serijo, cofín // esportín*
còfia f. *cofia*
cofoi, -a adj. *orondo, ufano*
cofre m. *cofre*

cofurna f. *tabuco*
cognició f. *conocimiento, cognición*
cognom m. *apellido*
cognominar v. *apellidar*
cognoscible adj. *cognoscible*
cogombre m. *cohombro, pepino*
cogullada f. *cogujada*
cohabitar v. *cohabitar*
coherència f. *coherencia*
coherent adj. *coherente*
coherentment adv. *coherentemente*
cohesió f. *cohesión*
cohibició f. *cohibición*
cohibir v. *cohibir*
cohort m. *cohorte*
coincidència f. *coincidencia*
coincident adj. *coincidente*
coincidir v. *coincidir*
coiot m. *coyote*
coïssor f. *escozor, picazón*
coit m. *coito*
coïtja f. *escozor, picazón*
coix, -a adj. *cojo / a peu — a la pata coja // fer cama coixa flaquear, fallar*
coixejar v. *cojear*
coixera f. *cojera*
coixesa f. *cojera*
coixeu-coixeu *cojeando*
coixí m. *almohada // cojín*
coixinera f. *funda de almohada*
coixinet m. *almohadilla // acerico // cojinete*
col f. *col*
cola f. *(matèria apegalosa) cola*
colador m. *colador*
colar v. *colar*
colcada f. *cabalgata*
colcar v. *cabalgar, montar // ir en coche (o en otro vehículo)*
coleòpter m. *coleóptero*
1) còlera m. *(gastroenteritis) cólera*
2) còlera f. *(irritació violenta) cólera*
colèric, -a adj. *colérico*
colflori f. *coliflor*
colgar v. *acostar // soterrar // cubrir*
colibrí m. *colibrí*
còlic m. *cólico*
col-i-flor f. *coliflor*
coliseu m. *coliseo*
colitis f. *colitis*
coll m. *cuello // brocal // colina // garganta, collado*
colla f. *pareja // traílla // cuadrilla, brigada*
col·laboració f. *colaboración*
col·laborador, -a m. i f. *colaborador*
col·laborar v. *colaborar*
col·lació f. *colación*

col·lapsar v. *colapsar*
col·lapse m. *colapso*
1) **collar** m. *collar* // *collera*
2) **collar** v. *atornillar* // *apretar, fijar*
collaret m. *collarín* // *collarino*
col·lateral adj. *colateral*
col·lecció f. *colección*
col·leccionar v. *coleccionar*
col·leccionista m. i f. *coleccionista*
col·lecta f. *colecta*
col·lectiu, -iva adj. *colectivo*
col·lectivisme m. *colectivismo*
col·lectivitat f. *colectividad*
col·lector, -a adj. *colector*
col·lega m. i f. *colega*
col·legi m. *colegio*
col·legial adj. *colegial* // -a m. i. f. *colegial*
col·legiata f. *colegiata*
col·legir v. *inferir, colegir*
collera f. *collera*
1) **collidor, -a** m. i f. *colector, recogedor*
2) **collidor, -a** adj. *cogedero*
col·ligar v. *coligar, unir*
collir v. *coger, recoger*
col·liri m. *colirio*
col·lisió f. *colisión*
collita f. *cosecha*
colló m. *cojón* // *bobo, zoquete*
col·locació f. *colocación*
col·locar v. *colocar*
col·loide m. *coloide*
col·loqui m. *coloquio*
colltort, -a adj. *cuellitorcido*
colobra f. *culebra*
colofó m. *colofón*
colom m. *palomo, paloma* // — **missatger**
paloma mensajera
coloma f. *paloma*
colomar m. *palomar*
colombià, -ana m. i f. *colombiano*
colombòfil, -a adj. *colombófilo*
colombrar v. *columbrar*
colomer m. *palomar*
colomí m. *palomino, pichón*
colon m. *colono*
còlon m. *colon*
colònia f. *colonia*
colonial adj. *colonial*
colonitzar v. *colonizar*
color m. *color*
coloraina f. *colorines*
colorant adj. i m. *colorante*
colorar v. *colorear*
coloret m. *colorcito* // *colorete*
colorir v. *colorir*
colorista m. i f. *colorista*

colorit m. *colorido*
colós m. *coloso*
colossal adj. *colosal*
colpir v. *herir* // *impresionar*
colrar v. *tostar, atezar* // *corlar*
coltell m. *cuchillo, cuchilla*
coltellada f. *cuchillada*
columbari m. *columbario*
columbicultura f. *columbicultura*
columna f. *columna*
columnata f. *columnata*
colzada f. *codazo* // (mesura) *codo*
colze m. *codo* // *recodo* // *codillo*
colzera f. *codera* // *recodo*
com adv. i conj. *como* // *cuando*
1) **coma** m. (estat d'insensibilitat) *coma*
2) **coma** f. (signe de puntuació) *coma*
3) **coma** f. *nava, collado*
comanador, -a m. i f. *encargante* // *comen-*
dador
comanar v. *encomendar, encargar* // *enviar*
recuerdos, saludos // *contagiar*
comanda f. *encardo* // *pedido* // *encomienda*
comandacions f. pl. *recuerdos, saludos* (a un
ausente)
comandament m. *mando* // *comando*
comandant m. *comandante*
comandar v. *mandar*
comandita f. *comandita*
comando m. *comando*
comarca adj. *comarca*
comarcal adj. *comarcal*
comare f. *comadre* // *comadrona*
comareig m. *comadreo*
comarejar v. *comadrear*
comatós, -osa adj. *comatoso*
combat m. *combate*
combatent m. i f. *combatiente*
combatiu, -iva adj. *combativo*
combativitat f. *combatividad*
combatre v. *combatir*
combinació f. *combinación*
combinar v. *combinar*
comboi m. *convoy*
combregador, -a m. i f. *comulgante* // m.
comulgatorio // adj. *viaticable* // adj. *acep-*
table
combregant, -a m. i f. *comulgante*
combregar v. intr. *comulgar* // tr. *viaticar* //
m. *viático*
combustible adj. *combustible*
combustió f. *combustión*
comèdia f. *comedia*
comediant, -a m. i f. *comediante*
comediògraf, -a m. i f. *comediógrafo*
comellar m. *collado, vaguada*

començament m. *comienzo, principio*
començar m. *comenzar, empezar*
comenda f. *encomienda*
comendatari, -ària m. i f. *comendatario*
comensal m. i f. *comensal*
comentar v. *comentar*
comentari m. *comentario*
comentarista m. i f. *comentarista*
comerç m. *comercio*
comercial adj. *comercial*
comerciant m. *comerciante*
comerciar v. *comerciar*
comesa f. *cometido*
comestible adj. *comestible*
cometa f. *cometa*
cometes f. pl. *comillas*
cometre v. *cometer*
comí m. *comino*
comiat m. *licencia* // *despedida* // *despido*
còmic, -a adj. *cómico*
comicis m. pl. *comicios*
comissari m. *comisario*
comissaria f. *comisaría*
comissió f. *comisión*
comissionar v. *comisionar*
comissionista m. i f. *comisionista*
comissura f. *comisura*
comitè m. *comité*
comitiva f. *comitiva*
commemoració f. *conmemoración*
commemorar v. *conmemorar*
commensurable adj. *conmensurable*
comminació f. *conminación*
comminar v. *conminar*
comminatori, -òria adj. *conminatorio*
commiseració f. *conmiseración*
commoció f. *conmoción*
commocionar v. *conmocionar*
commoure v. *conmover*
commovedor, -a m. i f. *conmovedor*
commutador, -a adj. *conmutador*
commutar v. *conmutar*
còmoda f. *cómoda*
còmode, -a adj. *cómodo*
comoditat f. *comodidad*
comodor m. *comodoro*
compacte, -a adj. *compacto*
compadir v. *compadecer*
compaginar v. *compaginar*
companatge m. *condumio*
company, -a m. i f. *compañero* *compinche*
companyia f. *compañía*
companyó, -ona m. i f. *compañero*
companyonia f. *compañerismo*
comparació f. *comparación*
comparança f. *comparación*

comparar v. *comparar*
comparatiu, -iva adj. *comparativo*
compare m. *compadre*
compareixença f. *comparecencia*
comparèixer v. *comparecer*
comparsa f. *comparsa*
compartiment m. *compartimiento*
compartir v. *compartir*
compàs m. *compás*
compassar v. *acompasar*
compassió f. *compasión*
compassiu, -iva adj. *compasivo*
compatibilitat f. *compatibilidad*
compatible adj. *compatible*
compatir v. *compadecer*
compatriota m. i f. *compatriota*
compendi m. *compendio*
compendiar v. *compendiar*
compenetració f. *compenetración*
compenetrar v. *compenetrar*
compensació f. *compensación*
compensar v. *compensar*
competència f. *competencia*
competent adj. *competente*
competentment adv. *competentemente*
competició f. *competición*
competir v. *competir*
compilació f. *compilación*
compilar v. *compilar*
compixar v. *mear*
complaença f. *complacencia*
complaent adj. *complaciente*
complanta f. *plañido, lamentación*
complaure v. *complacer*
complement m. *complemento*
complementar v. *complementar*
complementari, -ària adj. *complementario*
completar v. *completar*
completes f. pl. *completas*
complex, -a adj. *complejo*
complexió f. *complexión*
complicació f. *complicación*
complicar v. *complicar*
còmplice m. i f. *cómplice*
complicitat f. *complicidad*
complidor, -a adj. *cumplidor*
compliment m. *cumplimiento* // *cumplido*
complimentar v. *cumplimentar*
complimentós, -osa adj. *cumplimentero*
complir v. *cumplir*
complot m. *complot*
compondre v. *componer*
componedor, -a m. i f. *componedor*
component adj. *componente*
comporta f. *compuerta*
comportament m. *comportamiento*

comportar v. *comportar // sufrir, tolerar, permitir*
composar v. *componer*
composició f. *composición*
compositor, -a m. i f. *compositor*
compostura f. *compostura*
compota f. *compota*
compra f. *compra*
comprar v. *comprar*
comprendre v. *comprender*
comprenent adj. *entendedor, inteligente*
comprensió f. *comprensión*
comprensiu, -iva adj. *comprensivo*
compresa f. *compresa*
compressió f. *compresión*
compressor, -a adj. *compresor*
comprimir v. *comprimir*
comprimit m. *comprimido*
comprometre v. *comprometer*
compromís m. *compromiso*
compromissari, -ària m. i f. *compromisario*
comprovació f. *comprobación*
comprovant m. *comprobante*
comprovar v. *comprobar*
comptabilitat f. *contabilidad*
comptable m. *contable*
comptador, -a m. i f. *contador*
comptadoria f. *contaduría*
comptagotes m. *cuentagotas*
comptant adj. *contante*
comptar v. (quantitat) *contar*
comptat adj. *contado / al — al contado / — i debatut en resumidas cuentas, después de todo*
compte m. *cuenta / errat de comptes equivocado, trascordado / fer-se comptes figurarse / fer comptes de proponerse, pensar (hacer tal o tal cosa) / anar amb — o parar — ir con cuidado, poner atención / en — de o en comptes de en lugar de, en vez de*
compulsar v. *compulsar*
compulsió f. *compulsión*
compunció f. *compunción*
compungir-se v. *compungirse*
compungit, -ida adj. *compungido*
còmput m. *cómputo*
computar v. *computar*
comtal adj. *condal*
comtat m. *condado*
comte m. *conde*
comtessa f. *condesa*
comú, -una adj. *común*
comuna f. *comuna, municipio // monte comunal, alijar // excusado, retrete*
comunal adj. *comunal*

comunament adv. *comúnmente*
comunicació f. *comunicación*
comunicar v. *comunicar*
comunicatiu, -iva adj. *comunicativo*
comunió f. *comunión*
comunisme m. *comunismo*
comunista m. i f. *comunista*
comunitat f. *comunidad*
con m. *cono*
conat m. *conato*
conca f. *cuenco, lebrillo // cuenca // concavidad*
concagar v. *cagar // rfl. acobardarse*
concatenació f. *concatenación*
còncau, -ava adj. *cóncavo*
concavitat f. *concavidad*
concebible adj. *concebible*
concebre v. *concebir*
concedir v. *conceder*
concentració f. *concentración*
concentrar v. *concentrar*
concèntric, -a adj. *concéntrico*
concepció f. *concepción*
concepte m. *concepto*
conceptuar v. *conceptuar*
concernent adj. *concerniente*
concernir v. *concernir, atañer*
concert m. *concierto // material, caudal*
concertant m. *concertante*
concertar v. *concertar*
concertista m. i f. *concertista*
concessió f. *concesión*
concessionari, -ària m. i f. *concesionario*
concili m. *concilio*
conciliàbul m. *conciliábulo*
conciliació f. *conciliación*
conciliar v. *conciliar*
conciliatori, -òria adj. *conciliatorio*
concís, -isa adj. *conciso*
concisió f. *concisión*
concitar v. *concitar*
conciutadà, -ana m. i f. *conciudadano*
conclave m. *conclave*
concloent adj. *concluyente*
concloure v. *concluir*
conclús, -usa adj. *concluso*
conclusió f. *conclusión*
conclusiu, -iva adj. *conclusivo*
conco m. *tío // solterón*
concomitància f. *concomitancia*
concordança f. *concordancia*
concordar v. *concordar*
concordat m. *concordato*
concòrdia f. *concordia*
concórrer v. *concurrir*
concreció f. *concreción*

concret

concret, -a adj. *concreto*
concretar v. *concretar*
concubina f. *concubina*
concubinat m. *concubinato*
conculcar v. *conculcar*
concupiscència f. *concupiscencia*
concurrència f. *concurrencia*
concurs m. *concurso*
concursar v. *concursar*
condecoració f. *condecoración*
condecorar v. *condecorar*
condeixeble, -a m. i f. *condiscípulo*
condemna f. *condena*
condemnació f. *condenación*
condemnar v. *condenar*
condensació f. *condensación*
condensar v. *condensar*
condescendència f. *condescendencia*
condescendir v. *condescender*
condició f. *condición*
condicionament m. *condicionamiento*
condicionar v. *condicionar*
condiment m. *condimento*
condimentar v. *condimentar*
condol m. *condolencia // pésame*
condoldre's v. *condolerse*
condomini m. *condominio*
condonar v. *condonar // rfl. asemejarse, parecerse*
còndor m. *cóndor*
condormir v. *adormecer*
condret, -a adj. *normal, entero // aderezado, arreglado*
conducció f. *conducción*
conducta f. *conducta // iguala*
conducte m. *conducto*
conductibilitat f. *conductibilidad*
conductor, -a adj. *conductor*
conduent adj. *conducente*
conduir v. *conducir*
conegut, -uda adj. *conocido*
1) coneixedor, -a adj. *conocedor*
2) coneixedor, -a adj. *conocible, conocedero / fer — dejar ver, dar a conocer, descubrir*
coneixement m. *conocimiento*
coneixença f. *conocimiento*
conèixer v. *conocer*
confabulació f. *confabulación*
confabular v. *confabular*
confecció f. *confección*
confeccionar v. *confeccionar*
confederació f. *confederación*
confederar v. *confederar*
confegir v. *juntar // silabear*
conferència f. *conferencia*
conferenciant m. i f. *conferenciante*

conferir v. *conferir // conferenciar, tratar // personarse, acudir*
confés, -essa adj. *confeso // m. confesor*
confessar v. *confesar*
confessió f. *confesión*
confessional adj. *confesional*
confessionari m. *confesonario*
confessor, -a m. i f. *confesor*
confetti m. pl. *confetti*
confí m. *confín*
confiança f. *confianza*
confiar v. *confiar*
confidència f. *confidencia*
confident m. i f. *confidente*
configuració f. *configuración*
configurar v. *configurar*
confinar v. tr. *confinar // intr. colindar*
confirmació f. *confirmación*
confirmar v. *confirmar*
confiscació f. *confiscación*
confiscar v. *confiscar*
confit m. *confite*
confitar v. *confitar*
confiter, -a m. i f. *confitero*
confiteria f. *confitería*
confitura f. *confitura*
conflicte m. *conflicto*
confluència f. *confluencia*
confluir v. *confluir*
confondre v. *confundir*
conformació f. *conformación*
conformar v. *conformar*
conforme adj. *conforme*
conformista m. i f. *conformista*
conformitat f. *conformidad*
confort m. *alivio // confort*
confortable adj. *confortable*
confortar v. *confortar, aliviar*
confrare m. *confrade*
confraria f. *cofradía*
confraternitzar v. *confraternizar*
confrontació f. *confrontación*
confrontar v. tr. *confrontar // intr. colindar*
confús, -usa adj. *confuso*
confusió f. *confusión*
congelar v. *congelar*
congènere adj. *congénere*
congeniar v. *congeniar*
congènit, -a adj. *congénito*
congesta f. *ventisquero*
congestió f. *congestión*
congestionar v. *congestionar*
conglomerar v. *conglomerar*
conglomerat m. *conglomerado*
congolès, -esa m. i f. *congolés*
congost m. *desfiladero*

congraciar-se v. *congraciarse*
congratulació f. *congratulación*
congratular v. *congratular*
congre m. *congrio*
congregació f. *congregación*
congregar v. *congregar*
congrés m. *congreso*
congressista m. i f. *congresista*
congret m. *sequillo, bollo*
congriar v. *formar*
congruència f. *congruencia*
congruent adj. *congruente*
conhort m. *consuelo*
conhortar v. *consolar*
cònic, -a adj. *cónico*
conífera f. *conífera*
conill m. *conejo* // **en** — *en porreta, en pelotas*
conillada f. *camada*
coniller m. *conejar* // *conejero* // *conejera, madriguera*
conillera f. *conejar* // *conejera, madriguera*
conjectura f. *conjetura*
conjecturar v. *conjeturar*
conjugació f. *conjugación*
conjugal adj. *conyugal*
conjugar v. *conjugar*
cònjuge m. i f. *conyuge*
conjuminar v. *arreglar, combinar* // rfl. *conjurarse*
conjunció f. *conjunción*
conjunt, -a adj. *conjunto*
conjuntar v. *conjuntar*
conjuntiu, -iva adj. *conjuntivo*
conjuntivitis f. *conjuntivitis*
conjuntura f. *coyuntura*
conjuntural adj. *coyuntural*
conjur m. *conjuro*
conjuració f. *conjuración*
conjurar v. *conjurar*
connatural adj. *connatural*
connectar v. *conectar*
connex, -a adj. *conexo*
connexió f. *conexión*
connivència f. *connivencia*
connotació f. *connotación*
connotar v. *connotar*
conopial adj. *conopial*
conqueridor, -a adj. *conquistador*
conquerir v. *conquistar*
conquesta f. *conquista*
conquilla f. *concha*
conquista f. *conquista*
conquistador, -a adj. *conquistador*
conquistar v. *conquistar*
conradís, -issa adj. *cultivable* // m. *labrantío*

conrar v. *cultivar*
conrear v. *cultivar*
conreu m. *cultivo*
conró m. *cultivo*
consagració f. *consagración*
consagrar v. *consagrar*
consanguini, -ínia m. i f. *consanguíneo*
consciència f. *conciencia*
conscienciar v. *concienciar*
conscienciós, -osa adj. *concienzudo*
conscient adj. *consciente*
conscientment adv. *conscientemente*
consecució f. *consecución*
consecutiu, -iva adj. *consecutivo*
consegüent adj. *consiguiente*
consegüentment adv. *consiguientemente*
conseguir v. *conseguir*
consell m. *consejo*
conseller, -a m. i f. *consejero*
conselleria f. *consejería*
consemblant adj. *semejante, parecido*
consens m. *consenso*
consentiment m. *consentimiento*
consentir v. *consentir* // *cascar*
conseqüència f. *consecuencia*
conseqüent adj. *consecuente*
conseqüentment adv. *consecuentemente*
conserge m. *conserje*
consergeria f. *conserjería*
conserva f. *conserva*
conservació f. *conservación*
conservador, -a m. i f. *conservador*
conservar v. *conservar*
conservatori m. *conservatorio*
consideració f. *consideración*
considerar v. *considerar*
consigna f. *consigna*
consignació f. *consignación*
consignar v. *consignar*
consiliari m. *consiliario*
consirós, -osa adj. *pensativo, taciturno*
consistència f. *consistencia*
consistent adj. *consistente*
consistir v. *consistir*
consistori m. *consistorio*
consoci, -òcia m. i f. *consocio*
consogre, -a m. i f. *consuegro*
consol m. *consuelo*
cònsol m. *cónsul*
consola f. *consola*
consolació f. *consolación, consuelo*
consolar v. *consolar*
consolat m. *consulado*
consolidar v. *consolidar*
consomé m. *consomé*
consonància f. *consonancia*

consonant adj. i f. *consonante*
consonar v. *consonar*
consorci m. *consorcio*
consort m. i f. *consorte*
conspicu, -ícua adj. *conspicuo*
conspiració f. *conspiración*
conspirar v. *conspirar*
constància f. *constancia*
constant adj. *constante*
constantment adv. *constantemente*
constar v. *constar*
constatar v. *constatar*
constel·lació f. *constelación*
consternació f. *consternación*
consternar v. *consternar*
constipar v. *constipar*
constipat m. *constipado*
constitució f. *constitución*
constitucional adj. *constitucional*
constituent adj. *constituyente*
constituir v. *constituir*
constitutiu, -iva adj. *constitutivo*
constrènyer v. *constreñir*
constricció f. *constricción*
construcció f. *construcción*
constructiu, -iva adj. *constructivo*
construir v. *construir*
consubstancial adj. *consustancial*
consuetud f. *costumbre*
consular adj. *consular*
consulta f. *consulta*
consultar v. *consultar*
consultiu, -iva adj. *consultivo*
consultori m. *consultorio*
consum m. *consumo*
consumació f. *consumación*
consumar v. *consumar*
consumer m. *consumero*
consumició f. *consumición*
consumir v. *consumir*
consumpció f. *consunción*
contacte m. *contacto*
contagi m. *contagio*
contagiar v. *contagiar*
contagiós, -osa adj. *contagioso*
contaminació f. *contaminación*
contaminar v. *contaminar*
contar v. (narrar) *contar*
contarella f. *relato*
conte m. (narració curta) *cuento*
contemperar v. *contemperar*
contemplació f. *contemplación*
contemplar v. *contemplar*
contemporani, -ània adj. *contemporáneo*
contemporitzar v. *contemporizar*
contenció f. *contención*

contenciós, -osa adj. *contencioso*
contendent m. i f. *contendiente*
contendre v. *contender*
contenir v. *contener*
content, -a adj. *contento*
contentar v. *contentar*
contesa f. *contienda, disputa*
contesta f. *contestación, respuesta*
contestació f. *contestación*
contestar v. *contestar*
contestatari, -ària m. i f. *contestatario*
context m. *contexto*
contextura f. *contextura*
contigu, -a adj. *contiguo*
contigüitat f. *contigüidad*
continença f. (actitud, comportament) *continente*
continència f. *continencia*
continent adj. i m. *continente*
continental adj. *continental*
contingència f. *contingencia*
contingent adj. i m. *contingente*
contingut m. *contenido*
continu, -ínua adj. *continuo*
continuació f. *continuación*
continuar v. *continuar*
continuïtat f. *continuidad*
contista m. i f. *cuentista*
contorbació f. *conturbación*
contorbar v. *conturbar*
contorn m. *contorno*
contornejar v. *contornear*
contorsió f. *contorsión*
contra prep. *contra*
contraalmirall m. *contraalmirante*
contraatacar v. *contraatacar*
contrabaix m. *contrabajo*
contraban m. *contrabando*
contrabandista m. i f. *contrabandista*
contracció f. *contracción*
contraclaror f. *trasluz, contraluz* // **a —** *al trasluz*
contracop m. *repercusión, contragolpe*
a contracor adv. *a regañadientes*
contracta f. *contrata*
contractació f. *contratación*
contractar v. *contratar*
1) **contracte** m. *contrato*
2) **contracte, -a** adj. *contracto, contraído*
contràctil adj. *contráctil*
contractista m. i f. *contratista*
contrada f. *cercanías, comarca, región*
contradicció f. *contradicción*
contradictori, -òria adj. *contradictorio*
contradir v. *contradecir*
contraent m. i f. *contrayente*

contraespionatge m. *contraespionaje*
contrafer v. *contrahacer*
contrafet, -a adj. *contrahecho*
contrafort m. *contrafuerte*
contraindicació f. *contraindicación*
contrallum f. *contraluz*
contralt m. i f. *contralto*
contramestre m. *contramaestre*
contrametzina f. *contraveneno*
contramur m. *contramuro*
contramurada f. *contramuralla*
contraorde m. *contraorden*
contraparet f. *contrapared, falsabraga*
contrapartida f. *contrapartida*
contrapassar v. *rebasar // adelantar, aventajar*
a contrapèl adv. *a contrapelo*
contrapès m. *contrapeso*
contrapesar v. *contrapesar*
contrapeu m. *contrapie*
contraporta f. *contrapuerta*
contraposar v. *contraponer*
contraposició f. *contraposición*
contraproduent adj. *contraproducente*
contraprojecte m. *contraproyecto*
contrapunt m. (en música) *contrapunto //* (amor propi) *puntillo*
contrareforma f. *contrarreforma*
contrarèplica f. *contrarréplica*
contrarestar v. *contrarrestar*
contrarevolució f. *contrarrevolución*
contrari, -ària adj. *contrario*
contrariar v. *contrariar*
contrarietat f. *contrariedad*
contrasentit m. *contrasentido*
contrasenya f. *contraseña*
contrast m. *contraste*
contrastar v. *contrastar*
contratemps m. *contratiempo*
contraure v. *contraer*
contravenció f. *contravención*
contravenir v. *contravenir*
contraventor, -a m. i f. *contraventor*
contraverí m. *contraveneno*
contreure v. *contraer*
contribució f. *contribución*
contribuent m. i f. *contribuyente*
contribuir v. *contribuir*
contrició f. *contrición*
contrincant m. i f. *contrincante*
contristar v. *contristar*
contrit, -a adj. *contrito*
control m. *control*
controlar v. *controlar*
controvèrsia f. *controversia*
controvertir v. *controvertir*

contuberni m. *contubernio*
contumaç adj. *contumaz*
contumàcia f. *contumacia*
contundent adj. *contundente*
contús, -usa adj. *contuso*
contusió f. *contusión*
convalescència f. *convalecencia*
convalescent adj. *convaleciente*
convalidar v. *convalidar*
conveí, -ïna m. i f. *convecino*
convèncer v. *convencer*
convenciment m. *convencimiento*
convenció f. *convención*
convencional adj. *convencional*
conveni m. *convenio*
conveniència f. *conveniencia*
convenient adj. *conveniente*
convenientment adv. *convenientemente*
convenir v. *convenir*
convent m. *convento*
convergència f. *convergencia*
convergent adj. *convergente*
convergir v. *converger*
convers, -a m. i f. *converso*
conversa f. *conversación*
conversació f. *conversación*
conversada f. *charla*
conversar v. *conversar // hablar*
conversera f. *parlería, ganas de hablar*
conversió f. *conversión*
convertir v. *convertir*
convex, -a adj. *convexo*
convexitat f. *convexidad*
convicció f. *convicción*
convicte, -a adj. *convicto*
convidada f. *invitación*
convidar v. *convidar, invitar*
convincent adj. *convincente*
convincentment adv. *convincentemente*
convinença f. *convenio, pacto*
convit m. *convite*
conviure v. *convivir*
convivència f. *convivencia*
convocar v. *convocar*
convocatòria f. *convocatoria*
convuls, -a adj. *convulso*
convulsar v. *convulsionar*
convulsió f. *convulsión*
convulsiu, -iva adj. *convulsivo*
1) **conxa** f. (closca) *concha //* (de corsé) *ballena*
2) **conxa** f. (vànova) *colcha*
conxorxa f. *confabulación, conchabamiento*
conyac m. *coñac*
cooperació f. *cooperación*
cooperar v. *cooperar*

coordenada f. *coordenada*
coordinació f. *coordinación*
coordinar v. *coordinar*
cop m. *golpe /* — **de puny** *puñetazo /* **de** —
o **d'un** — *de golpe, a la vez, de una vez /*
de — o **tot de** — o **de** — **i resposta** o —
en sec o **de** — **i volta** *de pronto, de im-
proviso //* — **d'ull** *ojeada, mirada // magu-
lladura, cardenal /* — **blau** *cardenal //* —
d'Estat *golpe de Estado /* **fer** — o **donar
el** — *dar el golpe //* (*vegada*) *vez /* — **i
altre** o — **i recop** *una vez y otra /* **un** — o
un — *que una vez que, en seguida que*
copa f. *copa*
copalta m. *chistera, sombrero de copa*
copar v. *cerrar // copar // atrapar*
coparticipant m. i f. *copartícipe*
de copdescuit *de sopetón, de improviso*
copejar v. *golpear // abollar // magullar*
còpia f. *copia*
copiar v. *copiar*
copinya f. *concha, almeja //* (d'una cúpula)
pechina // (en nàutica) *tambucho //* (de
l'apuntador) *concha*
copiós, -osa adj. *copioso*
copista m. i f. *copista*
copó m. *copón*
copropietari, -ària m. i f. *copropietario*
copsar v. *tomar al vuelo, aparar*
copte, -a adj. *copto*
còpula f. *cópula*
copular v. *copular*
copulatiu, -iva adj. *copulativo*
coqueta f. *coqueta*
coquetejar v. *coquetear*
coqueteria f. *coquetería*
coquí, -ina adj. *cobarde, coquín // avaro, ta-
caño*
1) **cor** m. *corazón /* **fer el** — **fort** *hacer de
tripas corazón /* **veure's amb** — *tener áni-
mo, sentirse con fuerzas* (*para una acción*)
/ **estar amb l'ai al** — *estar en gran temor /*
dir o **saber de** — *saber de memoria*
2) **cor** m. *coro*
corada f. *entrañas, asadura*
coradella f. *entrañas, asadura // calma, flema*
cor-agror m. *acedia*
1) **coral** adj. *cordial* (del corazón)
2) **coral** adj. *coral* (del coro)
3) **coral** m. *coral* (de pólipos submarinos)
coral·lí, -ina adj. *coralino*
coral·lífer, -a adj. *coralífero*
coratge m. *valor, valentía, ánimo*
coratjós, -osa adj. *valeroso, valiente*
1) **corb** m. *cuervo //* — **marí** *cormorán*
2) **corb, -a** adj. *curvo // zambo, patizambo*

corball m. *corvina*
corbar v. *curvar, encorvar*
corbata f. *corbata*
corbatí m. *corbatín*
corbeta f. *corbeta*
corc m. *gusano // carcoma // tueco // caries //*
(sentiment dolorós persistent) *gusano,
roedor*
corcar v. *carcomer, picar, agusanar*
corcó m. *gusano, gorgojo, carcoma // pelma-
zo, pedigüeño //* (sentiment dolorós persis-
tent) *gusano, roedor*
corda f. *cuerda //* **anar fora** — *estar fuera de
sí*
cordada f. *cordonazo // cordaje //* (conjunt
de persones lligades amb una corda) *cuer-
da // bandada*
cordador, -a m. i f. *ensogador*
cordar v. *encordar, ensogar // lañar // abro-
char, abotonar // encordar*
cordellina f. *bramante*
1) **corder, -a** m. i f. *cordelero*
2) **corder** m. (anyell) *cordero*
cordial adj. *cordial*
cordialitat f. *cordialidad*
cordill m. *cordel*
cordillera f. *cordillera*
cordó m. *cordón*
cordoner, -a m. i f. *cordonero*
coreà, -ana m. i f. *coreano*
corejar v. *corear*
corema f. (V. **quaresma**)
coremer m. (V. **quaresmer**)
coreògraf, -a m. i f. *coreógrafo*
coreografia f. *coreografía*
corfa f. *corteza, cáscara*
cor-fondre v. *fundir, transir // rfl. consumir-
se, desvanecerse*
corglaçar v. *espantar, helar de espanto*
coriaci, -àcia adj. *coriáceo*
corifeu m. *corifeo*
corimbe m. *corimbo*
corindó m. *corindón*
corista m. i f. *corista*
cormorà m. *cormorán*
corn m. *cuerno // caracol de mar, caracola //
bocina // sirena*
cornada f. *bocinazo, toque de bocina o de
sirena*
cornalina f. *cornalina*
cornaló m. *esquina, rincón*
cornamenta f. *cornamenta*
cornamusa f. *cornamusa, gaita*
cornar v. *bocinar, sonar el cuerno // sonar
la sirena, pitar*
cornella f. *corneja*

còrner m. *córner*
cornet m. *caracolillo de mar*
corneta f. *corneta*
cornetí m. *cornetín*
corni, còrnia adj. *córneo*
còrnia f. *córnea*
cornisa f. *cornisa*
cornut, -uda adj. *cornudo*
corografia f. *corografía*
coroides f. *coroides*
corol·la f. *corola*
corol·lari m. *corolario*
corona f. *corona* // *rosario*
coronació f. *coronación*
coronament m. *coronamiento, remate*
coronar v. *coronar* // (els arbres) *desmochar*
coronel m. *coronel*
coronella adj. (finestra) *ajimez*
coroneta f. *coronilla*
corpató m. *corvecito, corvato*
còrpora f. *tronco, cuerpo*
corporació f. *corporación*
corporatiu, -iva adj. *corporativo*
corpori, -òria adj. *corpóreo*
corprendre v. *cautivar* // rfl. *prendarse*
corprenedor, -a adj. *cautivador*
corpulència f. *corpulencia*
corpulent, -a adj. *corpulento*
corpus m. *corpus*
corpuscle m. *corpúsculo*
corral m. *corral, patio*
corralina f. *pocilga*
corranda f. *copla* // pl. *cuentos*
correcció f. *corrección*
correcte, -a adj. *correcto*
correctiu, -iva adj. *correctivo*
corrector, -a m. i f. *corrector*
a corre-cuita adj. *a toda prisa, precipitadamente*
corredís, -issa adj. *corredizo, corredero*
corredissa f. *carrera* // *carrerilla* // *cosquilleo* // pl. *idas y venidas*
1) **corredor, -a** adj. *corredor*
2) **corredor** m. *corredor, pasillo*
corredora f. *corredora* // *corredera*
corredoria f. *correduría*
corregidor m. *corregidor*
corregir v. *corregir*
corregnar v. *correinar*
correguda f. *corrida, carrera* // **de —** *de corrido, apresuradamente*
correlació f. *correlación*
correlatiu, -iva adj. *correlativo*
correligionari, -ària m. i f. *correligionario*
corrensos adv. *corriendo*
corrent adj. *corriente* // m. *corriente* / *vertiente*

correntment adv. *corrientemente*
corrents adv. *corriendo, deprisa*
córrer v. *correr*
correspondència f. *correspondencia*
correspondre v. *corresponder*
corresponent adj. *correspondiente*
corresponsal m. i f. *corresponsal*
corretja f. *correa* // *cinturón, correa, ceñidor* // *cinto, tahalí* // *portafusil*
corretjada f. *correazo*
corretjam m. *correaje*
corretjós, -osa adj. *correoso*
correu m. *correo*
corriment m. *corrimiento*
corriol m. *sendero* // *regato, arroyada*
corriola f. *polea*
corró m. *cilindro, rodillo* // *carrete*
corroboració f. *corroboración*
corroborar v. *corroborar*
corrompre v. *corromper*
corrosió f. *corrosión*
corrosiu, -iva adj. *corrosivo*
corroure v. *corroer*
corrua f. *hilera*
corrupció f. *corrupción*
corrupte, -a adj. *corrupto*
corruptela f. *corruptela*
corruptor, -a m. i f. *corruptor*
cors m. (campanya naval) *corso*
corsari, -ària m. i f. *corsario*
corsecar v. *secar, resecar*
corser m. *corcel*
cort f. *corte*
cortal m. *corralada*
cortejar v. *cortejar*
cortès, -esa adj. *cortés*
cortesà, -ana m. i f. *cortesano*
cortesament m. *cortésmente*
cortesia f. *cortesía*
cortical adj. *cortical*
cortina f. *cortina*
cortinatge m. *cortinaje*
còrvid m. *córvido*
corxea f. *corchea*
corxet m. *corchete*
cos m. *cuerpo*
cós m. *curso* // *corrida, carrera* // *jira* // *trecho* // *corso* // *coso* // (forat de l'agulla per a passar-hi el fil) *ojo*
cosa f. *cosa*
cosí, -ina m. i f. *primo* / **— germà** *primo hermano*
1) **cosidor, -a** m. i f. *cosedor, costurero*
2) **cosidor** m. *costurero*
cosingermà, -ana m. i f. *primo hermano*
cosinus m. *coseno*
cosir v. *coser*

cosmètic, -a adj. *cosmético*
còsmic, -a adj. *cósmico*
cosmografia f. *cosmografía*
cosmologia f. *cosmología*
cosmopolita adj. *cosmopolita*
cosmos m. *cosmos*
cossac m. *cosaco*
cosset m. *cuerpecito* // *corpiño* // *chaleco*
cossi m. *tina, cuezo*
cossigolles f. pl. *cosquillas*
cossiol m. *tiesto, maceta* // *tina*
cost m. *coste, costo*
1) **costa** f. *ladera* // *cuesta* // *costa*
2) **costa** f. (cost) *costa*
costaner, -a adj. *costero, costanero*
costar v. *costar*
costa-riqueny, -a m. i f. *costarriqueño*
costat m. *costado* // *lado* // **fer** — *ayudar, apoyar* // — **per** — *uno al lado de otro*
costejar v. *costear*
costella f. *costilla* // *chuleta* // *cuaderna, costilla*
costellada f. *costillaje* // *costalada* // *comilona de chuletas*
costellam m. *costillar, costillaje* // *lomos, costados*
coster -a adj. *costero* // m. *ladera, vertiente*
costerut, -uda adj. *costanero, empinado*
costós, -osa adj. *costoso*
costum m. *costumbre*
costumisme m. *costumbrismo*
costumista m. i f. *costumbrista*
costura f. *costura*
cot, -a adj. *gacho, agachado*
1) **cota** f. *cota, túnica* // *sotana de monaguillo*
2) **cota** f. (altura planimètrica) *cota*
cotejar v. *cotejar*
cotilèdon m. *cotiledón*
cotilla f. *cotilla, corsé*
cotilló m. *refajo* // *cotillón*
cotització f. *cotización*
cotitzar v. *cotizar*
cotna f. *corteza*
cotó m. *algodón*
cotoner, -a m. i f. *algodonero*
cotonós, -osa adj. *algodonoso*
cotorra f. *cotorra*
cotxe m. *coche*
cotxer m. *cochero*
cotxeria f. *cochera*
cotxinilla f. *cochinilla*
1) **coure** m. *cobre* // *esquila*
2) **coure** v. *cocer* // *escocer*
cova f. *cueva*
covar v. *empollar, incubar* // intr. *incubarse*

covard, -a adj. *cobarde*
covardia f. *cobardía*
cove m. *cuévano, cesta* / **fer-ne una com un** — *hacer un pan como unas hostias*
coverbo m. *chascarrillo* // pl. *romances, líos* // pl. *ambages, rodeos*
covo m. *cuévano* (V. **cove**)
coxal adj. *coxal*
crac m. *crac*
cranc m. *cangrejo*
cranca f. *centolla*
crani m. *cráneo*
cranià, -ana adj. *craneano*
cranial adj. *craneal*
cràpula m. i f. *crápula*
cras, -assa adj. *craso*
crassitud f. *crasitud*
crassulàcia f. *crasulácea*
cràter m. *cráter*
creació f. *creación*
creador, -a m. i f. *creador*
crear v. *crear*
credencial adj. *credencial*
credibilitat f. *credibilidad*
crèdit m. *crédito*
creditor, -a m. i f. *acreedor*
credo m. *credo* // **el darrer mot del** — *el último mono*
crèdul, -a adj. *crédulo*
credulitat f. *credulidad*
creença f. *creencia*
creent adj. *creyente* // *obediente*
cregut, -uda adj. *creído* // *obediente* // *engreído*
creïble adj. *creíble*
creixement m. *crecimiento*
creixença f. *crecimiento*
créixens m. pl. *berro*
creixent adj. *creciente*
créixer v. *crecer*
crem adj. (color) *crema*
1) **crema** f. *crema*
2) **crema** f. (acte de cremar) *quema*
cremació f. *cremación*
cremada f. *quemadura* // *quema*
cremadissa f. *quema, hoguera*
1) **cremador, -a** m. i f. *quemador* // adj. *irritante*
2) **cremador** m. *quemadero* // **-a** adj. *que merece ser quemado*
cremall m. *hormiguero* // *tizo*
cremallera f. *cremallera*
cremalló m. *moco, jeta, pabilo*
cremallot m. *pabilo, moco, jeta*
cremar v. tr. *quemar* // intr. *arder, quemar* // *irritar, enfurecer*

crematístic, -a adj. *crematístico*
crematori, -òria adj. *crematorio*
cremor f. *ardor*
cremós, -osa adj. *cremoso*
crepè m. *crepé*
crepitar v. *crepitar*
crepuscle m. *crepúsculo*
crepuscular adj. *crepuscular*
crescuda f. *crecida*
crespar v. *rizar, ondular*
crespell m. *mantecado*
crespó m. *crespón*
cresta f. *cresta*
crestall m. *caballón, entresurco*
cretí, -ina adj. *cretino*
cretona f. *cretona*
creu f. *cruz*
creuament m. *cruce*
creuar v. *cruzar*
creuer m. *crucero*
creuera f. *cruz // cruce, encrucijada // crucero*
creueria f. *crucería*
creure v. *creer // obedecer*
cria f. *cría*
1) **criador, -a** m. i f. *criador*
2) **criador** m. *criadero*
criança f. *crianza*
criar v. *criar*
criat, -ada m. i f. *criado*
criatura f. *criatura*
criaturada f. *chiquillada*
criaturer, -a adj. *niñero*
1) **cric** m. *crujido // cric, gato*
2) **cric, -a** adj. *avaro, tacaño, mezquino*
crida f. *pregón // llamamiento*
cridadissa f. *griterío*
cridaire adj. *gritador, vocinglero*
cridaner, -a adj. *vocinglero // llamativo*
cridar v. *gritar // pregonar // llamar // atraer*
crider m. *grita, griterío*
cridòria f. *griterío, vocerío*
crim m. *crimen*
criminal adj. *criminal*
crin m. o f. *crin*
crina f. *crines, crin*
crinera f. *crines, melena*
crioll, -a m. i f. *criollo*
cripta f. *cripta*
criptògama f. *criptógama*
crisàlide f. *crisálida*
crisantem m. *crisantemo*
crisi f. *crisis*
crisma m. o f. *crisma*
crispació f. *crispación*
crispar v. *crispar*

cristall m. *cristal*
cristalleria f. *cristalería*
cristal·lí, -ina adj. *cristalino*
cristal·lització f. *cristalización*
cristal·litzar v. *cristalizar*
cristal·lografia f. *cristalografía*
cristià, -ana adj. *cristiano*
cristiandat f. *cristiandad*
cristianisme m. *cristianismo*
cristianitzar v. *cristianizar*
crit m. *grito*
criteri m. *criterio*
crític, -a adj. *crítico*
crítica f. *crítica*
criticador, -a m. i f. *criticador, criticón*
criticaire m. i f. *criticón*
criticar v. *criticar*
crivell m. *criba*
crivellar v. *agrietarse // estallar, reventar*
croada f. *cruzada*
croat, -ada adj. i m. *cruzado*
crocant m. *crocante*
crom m. (metall) *cromo*
cromar v. *cromar*
cromàtic, -a adj. *cromático*
cromlec m. *cromlec*
cromo m. *cromo*
cromosoma m. *cromosoma*
crònic, -a adj. *crónico*
crònica f. *crónica*
cronista m. i f. *cronista*
cronologia f. *cronología*
cronometrar v. *cronometrar*
cronòmetre m. *cronómetro*
croquet m. *croquet*
croqueta f. *croqueta*
croquis m. *croquis*
crossa f. *bastón, cayado // báculo // muleta // zanco // horquilla*
crosta f. *costra, corteza*
crostam m. *zulaque, brea*
crostera f. *costra, postilla*
crostó m. *cantero, zoquete // capón, coscorrón*
cru, -a adj. *crudo*
cruament adv. *crudamente*
crucial adj. *crucial*
crucífer, -a adj. *crucífero*
crucificar v. *crucificar*
crucifix m. *crucifijo*
crucifixió f. *crucifixión*
cruciforme adj. *cruciforme*
cruel adj. *cruel*
crueltat f. *crueldad*
cruent, -a adj. *cruento*
cruesa f. *crudeza*

crugia f. *crujía*
crui m. *grieta, fisura*
cruia f. *candileja // pico*
cruiar v. *rajar, resquebrajar*
cruïlla f. *encrucijada*
cruiximent m. *crujido // molimiento, gran fatiga*
cruixir v. *crujir // quebrar, quebrantar // moler, fatigar mucho // rfl. morirse* (de risa, de ganas, de impaciencia, etc.)
cruixit m. *crujido*
cruorina f. *cruorina*
crupier m. *crupier*
cruspir v. *requemar, churruscar // atrapar // engullir, tragar*
crustaci m. *crustáceo*
cua o coa f. *cola, rabo // trenza, cola //* **mirar de — d'ull** *mirar de reojo //* **fer —** *hacer cola //* **dur —** o **portar —** *traer cola*
cuacurt, -a adj. *rabicorto*
cuada f. *coletazo*
cub m. *cubo*
cubà, -ana m. i f. *cubano*
cubell m. *tina*
cubeta f. *cubeta*
cubeter m. *cubitero*
cúbic, -a adj. *cúbico*
cubicar v. *cubicar*
cubisme m. *cubismo*
cúbit m. *cúbito*
cuc m. *gusano, lombriz //* (sentiment dolorós persistent) *gusano, gusanillo //* **matar el —** *matar el gusanillo*
cuca f. *animalejo, bicho // —* **de llum** *luciérnaga*
cucales f. pl. *anteojeras*
cucanya f. *cucaña*
cucavela f. *voltereta*
cuclejar v. *graznar*
cucullada f. *cogujada*
cucurbitàcia f. *cucurbitácea*
cucurulla f. *caperuza, coroza*
cucurutxa f. *caperuza // penitente, caperuza // tos ferina*
cucut m. *cuclillo, cuco*
cuejar v. *colear*
cuetejar v. *colear, coletear*
cuidar v. *pensar // estar a punto de // cuidar*
cuina f. *cocina*
cuinar v. *cocinar, guisar*
cuinat m. *potaje, guiso*
cuiner, -a m. i f. *cocinero*
cuir m. *cuero*
cuirassa f. *coraza*
cuirassat, -ada adj. i m. *acorazado*
cuiro m. *cuero*

cuit, -a adj. *cocido // listo, acabado // cansado, harto*
1) cuita f. *cocción, cochura*
2) cuita f. *prisa // cuita, apuro*
cuita-corrents adv. *a toda prisa*
cuitar v. *apresurar // urgir, apremiar // apresurarse, ir de prisa*
cuixa f. *muslo // montante*
cuixal m. *quijote // pernera // montante*
cul m. *culo*
culata f. *culata*
culatada f. *culatazo*
culbatut, -uda adj. *azotado, zurrado / —* **i cara alegre** *sin plumas y cacareando*
cul-de-sac m. *callejón sin salida*
culinari, -ària adj. *culinario*
culler m. *cucharón*
cullera f. *cuchara*
cullerada f. *cucharada // cucharazo*
cullerot m. *cucharón*
culminació f. *culminación*
culminar v. *culminar*
culpa f. *culpa*
culpabilitat f. *culpabilidad*
culpar v. *culpar*
1) culte m. *culto*
2) culte, -a adj. *culto*
culteranisme m. *culteranismo*
cultisme m. *cultismo*
cultiu m. *cultivo*
cultivar v. *cultivar*
cultura f. *cultura*
cultural adj. *cultural*
cúmul m. *cúmulo*
cúmulus m. *cúmulus*
cuneïforme adj. *cuneiforme*
cuneta f. *cuneta*
cuny m. *cuña // cuño*
cunyat, -ada m. i f. *cuñado*
cup m. *tina // lagar // caz // cubo*
cupè m. *cupé*
cupiditat f. *codicia, deseo*
cupó m. *cupón*
cupressàcia f. *cupresácea*
cuprita f. *cuprita*
cúpula f. *cúpula*
cupuliforme adj. *cupuliforme*
cura f. *cuidado // cura*
curació f. *curación*
curander, -a m. i f. *curandero*
curar v. *cuidar // curar, sanar*
curatiu, -iva adj. *curativo*
cúria f. *curia*
curial adj. *curial*
curiós, -osa adj. *curioso // limpio, aseado*
curiositat f. *curiosidad*

curolla f. *rabanillo, idea fija*
curós, -osa adj. *cuidadoso*
curs m. *curso*
cursa f. *carrera* // *corrida*
cursar v. *cursar*
curset m. *cursillo*
cursetista m. i f. *cursillista*
cursi adj. *cursi*
cursileria f. *cursilería*
cursiu, -iva adj. *cursivo*
curt, -a adj. *corto* // *tonto*
curtedat f. *cortedad*
curtejar v. *venir corto* // *escasear, andar corto*
curtesa f. *cortedad*
curtor f. *brevedad* // *cortedad, simpleza*

curucull m. *cima, copete, cúspide*
curull m. *colmo* // **-a** adj. *colmado, rebosante*
curullar v. *colmar*
curva f. *curva*
curvatura f. *curvatura*
curvilini, -ínia adj. *curvilíneo*
cúspide f. *cúspide*
cussa f. *perra*
cussó m. *perrito, cachorro*
custodi m. *custodio*
custòdia f. *custodia*
custodiar v. *custodiar*
cutani, -ània adj. *cutáneo*
cutícula f. *cutícula*
cutis m. *cutis*

D

dàctil m. *dáctilo*
dactilar adj. *dactilar*
dactilògraf, -a m. i f. *dactilógrafo*
dactilografia f. *dactilografía*
dactiloscòpia f. *dactiloscopia*
dada f. *dato*
dadaisme m. *dadaísmo*
dador, -a m. i f. *dador*
daga f. *daga*
daina f. *gamo*
daixo-daixo adv. *despacito*
daixonar v. *aquellar, quillotrar*
dàlia f. *dalia*
daliera f. *dalia* (planta)
dalla f. *guadaña*
dallar v. *segar*
dàlmata m. i f. *dálmata*
dalmàtica f. *dalmática*
dalt adv. *arriba, encima* // prep. *encima de, sobre* // m. pl. *altos, parte superior*
daltabaix loc. adv. *de arriba abajo* // m. *hundimiento, caída* // *cataclismo* // *trepe, rapapolvo*
daltonisme m. *daltonismo*
dama f. *dama*
dama-joana f. *damajuana*
damasquí, -ina adj. *damasquino*
damisel·la f. *damisela*
damnable adj. *condenable*
damnació f. *condenación*
damnar v. *condenar*
damnificar v. *damnificar*
damunt adv. *encima* // prep. *encima de* // *sobre* // *a eso de* // *cerca de* // m. *parte alta, parte superior* // **damunt damunt** *por encima* // **damunt davall** *boca abajo, patas arriba*
damuntdit, -a adj. *sobredicho*
dandi m. *dandy*
danès, -esa m. i f. *danés*
dansa f. *danza*
dansador, -a m. i f. *danzador, danzante*
dansaire m. i f. *danzante*
dansar v. *danzar*
dant m. (mamífer) *ante, alce*

dantesc, -a adj. *dantesco*
dany m. *daño*
danyar v. *dañar*
danyós, -osa adj. *dañoso*
dar v. *dar*
dard m. *dardo*
dardar v. *flechar, asaetear*
darrer, -a adj. *último* // **al cap —** *al fin, por último* // **fer els darrers** o **les darreres** *estar a las últimas, dar las boqueadas* // **les darreres que tenia** *ni idea, era lo último en que pensaba*
darrera (o **darrere**) adv. *detrás* // prep. *tras, detrás de* // m. *trasero*
darrerament adv. *últimamente*
darreria f. *final, postrimería* // *segundo plato / postres*
darwinisme m. *darvinismo*
data f. *fecha*
datar v. *datar, fechar*
dàtil m. *dátil*
datiler, -a m. i f. *palmera datilera*
datiu m. *dativo*
dau m. *dado, cubo* // *escaque, cuadro*
dauat, -ada adj. *a cuadros* // *ajedrezado*
daurar v. *dorar*
daurat, -ada adj. *dorado* // m. (peix) *dorado, lampuga*
davall adv. *debajo* // prep. *bajo, debajo de* // m. pl. *bajos*
davallada f. *bajada*
davallament m. *bajada, descenso* // *descendimiento*
davallant m. *pendiente, bajada* // **tenir bon —** *tener buenas tragaderas*
davallar v. *bajar*
davant adv. *delante* // prep. *ante, delante de* // m. *delantera* // **al —** *enfrente, al frente* / **posar-se al —** *ponerse al frente, tomar a su cargo*
davantal m. *delantal*
davanter, -a adj. *delantero*
de prep. *de*
dea f. *diosa*
deambular v. *deambular*

deficiència f. *deficiencia*
deficient adj. *deficiente*
deficientment adv. *deficientemente*
dèficit m. *déficit*
deficitari, -ària adj. *deficitario*
definició f. *definición*
definidor, -a adj. *definidor*
definir v. *definir*
definitiu, -iva adj. *definitivo*
deflagració f. *deflagración*
defora adv. *fuera* // *afuera*
deformació f. *deformación*
deformar v. *deformar*
deforme adj. *deforme*
deformitat f. *deformidad*
defraudació f. *defraudación*
defraudar v. *defraudar*
defugir v. *rehuir, eludir*
defunció f. *defunción*
degà m. *decano* // *deán*
deganat m. *decanato* // *deanato*
degeneració f. *degeneración*
degenerar v. *degenerar*
deglució f. *deglución*
deglutir v. *deglutir*
degolla f. *degüello, degollación*
degollació f. *degollación*
degollar v. *degollar*
degotar v. *gotear*
degoter m. *gotera*
degotís m. *gotera* // *estalactita*
degradació f. *degradación*
degradar v. *degradar*
degudament adv. *debidamente*
degustació f. *degustación*
degustar v. *degustar*
dehiscència f. *dehiscencia*
dehiscent adj. *dehiscente*
deïcidi m. *deicidio*
deïficar v. *deificar*
deisme m. *deísmo*
deïtat f. *deidad*
deix m. *dejo*
deixa f. *resto, restos* // *manda, legado*
deixadesa f. *dejadez, abandono* // *flojedad, abulia*
deixalla f. *resto* // pl. *restos, desperdicios, sobras*
deixar v. *dejar*
deixat, -ada adj. *dejado, descuidado, abandonado*
deixatar v. *desleir* // *rebajar*
deixeble, -a m. i f. *discípulo*
deixondir v. *despertar, despabilar*
deixondit, -ida adj. *despierto, despabilado* // *avispado, listo*

dejecció f. *mengua* // *deyección*
dejorn adv. *temprano*
dejú, -una adj. *en ayunas*
dejunar v. *ayunar*
dejuni m. *ayuno*
delació f. *delación*
delatar v. *delatar*
delator, -a m. i f. *delator*
deleble adj. *deleble*
delectable adj. *deleitable*
delectació f. *delectación, deleite*
delectança f. (V. **delectació**)
delectar v. *deleitar*
delegació f. *delegación*
delegar v. *delegar*
delejar v. *anhelar, ansiar*
deler m. *ansia, anhelo*
delerar v. *anhelar, ansiar*
delerós, -osa adj. *anheloso, ansioso*
delfí m. *delfín*
deliberació f. *deliberación*
deliberar v. *deliberar*
delicadesa f. *delicadeza*
delicat, -ada adj. *delicado*
delícia f. *delicia*
deliciós, -osa adj. *delicioso*
delicte m. *delito*
delictiu, -iva adj. *delictivo*
delimitació f. *delimitación*
delimitar v. *delimitar*
delineant m. i f. *delineante*
delinear v. *delinear*
delinqüència f. *delincuencia*
delinqüent m. i f. *delincuente*
delinquir v. *delinquir*
deliqüescent adj. *delicuescente*
delir v. *anhelar* // intr. i rfl. *languidecer, estar anheloso*
delirant adj. *delirante*
delirar v. *delirar*
deliri m. *delirio*
delit m. *deleite* // *ánimo, brío*
delitar v. *deleitar*
delitós, -osa adj. *deleitoso* // *vigoroso, ágil* // *deseoso*
dellà adv. *allende, más allá*
delmar v. *diezmar* // *escamotear, birlar*
delme m. *diezmo*
delta f. (lletra grega) *delta* // m. (d'un riu) *delta*
deltoide adj. *deltoide*
demà adv. *mañana* // — **passat** o **passat** — *pasado mañana*
demacrat, -ada adj. *demacrado*
demagog, -a m. i f. *demagogo*
demagògia f. *demagogia*

depurar

demanda f. *demanda* // *petición*
demanadissa f. *gran demanda*
demanador, -a m. i f. *pedigüeño*
demanaire m. i f. *pedigüeño*
demanar v. *pedir* // *demanar* // *reclamar* // *preguntar* // **no saber**, algú, **què es demana** *no saber lo que se pesca* // **— de noves** *importunar, molestar* // **ficar-se allà on no el demanen** *meterse donde no le llaman*
demanda f. *demanda*
demandar v. *demandar*
demarcació f. *demarcación*
demarcar v. *demarcar*
dematí adv. *por la mañana* // *temprano, de mañana* // m. (vg.) *mañana*
dematinada adv. *de madrugada* // f. *madrugada* // f. *madrugón*
dematiner, -a adj. *madrugador*
demble m. *andadura* // *rumbo* // *temple, talante*
demència f. *demencia*
dement m. i f. *demente*
dementre conj. *mientras*
demèrit m. *demérito*
demesia f. *demasía*
demiürg m. *demiurgo*
democràcia f. *democracia*
demòcrata m. i f. *demócrata*
democràtic, -a adj. *democrático*
democratitzar v. *democratizar*
demografia f. *demografía*
demogràfic, -a adj. *demográfico*
demolició f. *demolición*
demolidor, -a adj. *demoledor*
demolir v. *demoler*
demoníac, -a adj. *demoníaco*
demora f. *demora*
demorar v. *demorar*
demostració f. *demostración*
demostrar v. *demostrar*
demostratiu, -iva adj. *demostrativo*
dempeus adv. *en pie, de pie*
dena f. *decena*
denari, -ària adj. i m. *denario*
dendelet m. *tonto, bobo*
denegació f. *denegación*
denegar v. *denegar*
denejar v. *limpiar, espurgar*
denigrant adj. *denigrante*
denigrar v. *denigrar*
denominació f. *denominación*
denominador, -a m. i f. *denominador*
denominar v. *denominar*
denotar v. *denotar*
1) denou adj. *diecinueve*
2) denou m. *desgracia, accidente*

dens, -a adj. *denso*
densians conj. *desde que*
densitat f. *densidad*
dent f. *diente*
dentada f. *dentellada*
dentadura f. *dentadura*
dental adj. *dental*
dentar v. *endentecer, echar dientes* // *dentar*
dentat m. *dentadura* // **-ada** adj. *dentado*
dentegada f. *dentellada*
dentera f. *dentera*
denteta f. *dientecito* // **fer —** *dar dentera*
dentició f. *dentición*
dentifrici, -ícia adj. *dentífrico*
dentista m. i f. *dentista*
déntol m. *dentón*
dentut, -uda adj. *dentudo*
denudar v. *denudar*
denúncia f. *denuncia*
denunciador, -a adj. *denunciador*
denunciar v. *denunciar*
departament m. *departamento*
departir v. *partir* // *separar, apartar* // *departir*
depauperar v. *depauperar*
dependència f. *dependencia*
dependent adj. *dependiente*
dependre v. *depender*
depilació f. *depilación*
depilar v. *depilar*
depilatori, -òria adj. *depilatorio*
deplorable adj. *deplorable*
deplorar v. *deplorar*
deport m. *diversión, recreo*
deportació f. *deportación*
deportar v. *deportar*
deposar v. *deponer*
deposició f. *deposición*
dipòsit m. *depósito*
depositar v. *depositar*
depositari, -ària m. i f. *depositario*
depositaria f. *depositaría*
depravació f. *depravación*
depravar v. *depravar*
deprecació f. *deprecación*
deprecar v. *deprecar*
depreciació f. *depreciación*
depreciar v. *depreciar*
depredació f. *depredación*
depredar v. *depredar*
depressió f. *depresión*
depressiu, -iva adj. *depresivo*
depriment adj. *deprimente*
deprimir v. *deprimir*
depuració f. *depuración*
depurar v. *depurar*

depuratiu, -iva adj. *depurativo*
en derg adv. *en orden, en buena disposición*
dèria f. *manía, obsesión*
deriva f. *deriva*
derivació f. *derivación*
derivar v. *derivar*
derivatiu, -iva adj. *derivativo*
derma m. *dermis*
dermatitis f. *dermatitis*
dermatologia f. *dermatología*
dèrmic, -a adj. *dérmico*
dermis f. *dermis*
dermitis f. *dermitis*
derogació f. *derogación*
derogar v. *derogar*
derrocar v. *derrocar, derribar*
derrota f. *derrota*
derrotar v. *derrotar*
derruir v. *derruir*
des art. *del, de los*
des de prep. *desde* // **des que** conj. *desde que*
desabillar v. *desataviar*
desabrigar v. *desabrigar*
desacatament m. *desacato*
desacatar v. *desacatar*
desacoblar v. *desparejar, desacoplar*
desaconsellar v. *desaconsejar*
desacord m. *desacuerdo*
desacordar v. *desacordar*
desacostumar v. *desacostumbrar*
desacreditar v. *desacreditar*
desafecció f. *desafección*
desaferrar v. *desasir, despegar*
desafiament m. *desafío*
desafiar v. *desafiar*
desafinació f. *desafinación*
desafinar v. *desafinar*
desaforat, -ada adj. *desaforado* // *desatentado, alocado*
desafortunat, -ada adj. *desafortunado*
desafur m. *desafuero*
desagradable adj. *desagradable*
desagradar v. *desagradar*
desagraïment m. *desagradecimiento*
desagrair v. *desagradecer*
desagregar v. *desagregar*
desagreujar v. *desagraviar*
desaiguament m. *desagüe*
desaiguar v. *desaguar* // *enjuagar, secar*
desaire m. *abandono, infortunio* // *desaire*
desairós, -osa adj. *desairoso*
desalenar-se v. *perder el aliento*
desallotjar v. *desalojar*
desamor f. o m. *desamor*
desamortització f. *desamortización*
desamortitzar v. *desamortizar*

desanament m. *desfallecimiento* (por hambre)
desanar v. *desfallecer, desmayar*
desanat, -ada adj. *desfallecido, desmayado*
desancorar v. *desancorar*
desanimació f. *desanimación*
desanimar v. *desanimar*
desaparèixer v. *desaparecer*
desaparellar v. *desaparejar* // *desparejar* // *descomponer*
desapariar v. *desparejar, desunir*
desaparició f. *desaparición*
desapassionat, -ada adj. *desapasionad*
desapercebut, -uda adj. *inadvertido, desapercibido*
desapiadat, -ada adj. *despiadado*
desaplicat, -ada adj. *desaplicado*
desaprendre v. *desaprender, olvidar*
desaprensió f. *desaprensión*
desaprensiu, -iva adj. *desaprensivo*
desaprofitar v. *desaprovechar*
desapropiar v. *desapropiar*
desaprovació f. *desaprobación*
desaprovar v. *desaprobar*
desar v. *guardar, arrinconar*
desarborar v. *desarbolar*
desarmament m. *desarme*
desarmar v. *desarmar*
desarranjar v. *desarreglar*
desarreglar v. *desarreglar*
desarrelar v. *desarraigar*
desarrendar v. *desarrendar*
desarrissar v. *desrizar*
desarticular v. *desarticular*
desassossec m. *desasosiego*
desassossegar v. *desasosegar*
desastre m. *desastre*
desastrós, -osa adj. *desastroso*
desatenció f. *desatención*
desatendre v. *desatender*
desatent, -a adj. *desatento*
desatesar v. *aflojar*
desatracar v. *desatracar*
desautoritzar v. *desautorizar*
desavanç m. *mengua, retraso, retroceso*
desavançar v. *atrasarse*
desavantatge m. *desventaja*
desavantatjós, -osa adj. *desventajoso*
desavenir-se v. *desavenirse*
desavesar v. *desacostumbrar*
desavinença f. *desavenencia*
desavinent adj. *apartado, desviado*
desavingut, -uda adj. *desavenido*
desballestar v. *desarreglar, estropear* // *desbaratar* // rfl. *desatinar*
desballestat, -ada adj. *estropeado, descom-*

descordar

puesto // *desquiciado*
desbancar v. *desbancar*
desbandada f. *desbandada*
desbarat m. (V. **disbarat**)
desbaratar v. *desordenar, descomponer* // *desbaratar, desconcertar* // *descarriar, extraviar*
desbarrar v. *desbarrar*
desbastar v. *desbastar*
desbastir v. *deshacer, desmontar*
desbloqueig m. *desbloqueo*
desbloquejar v. *desbloquear*
desbocar-se v. *desbocarse*
desbordament m. *desbordamiento*
desbordar v. *desbordar*
desbotonar v. *desabotonar, desabrochar*
desbravar v. *desbravar* // *desahogar*
desbridar v. *desembridar*
desbrocar v. *desgolletar*
desbrossar v. *desbrozar*
desbudellar v. *destripar*
descabdellar v. *desovillar* // *desplegar* // *soltarse, hablar sin pausa*
descabellar v. *desgreñar, despeinarse* // rfl. *desesperarse, darse contra las paredes*
descalabrar v. *descalabrar*
descalç, -a adj. *descalzo*
descalçar v. *descalzar*
descambuixar v. *despeinar* // rfl. *tirarse del moño*
descambuixat, -ada adj. *despeinado, desgreñado*
descaminar v. *descaminar*
descamisat, -ada adj. *descamisado*
descans m. *descanso*
descansar v. *descansar*
descanviar v. *cambiar, trocar*
descapellar-se v. *colgar los hábitos*
descaragolar v. *destornillar* // *desensortijar*
descarat, -ada adj. *descarado*
descarnar v. *descarnar*
descàrrec m. *descargo*
descàrrega f. *descarga*
1) **descarregador, -a** m. i f. *descargador*
2) **descarregador** m. *descargadero*
descarregar v. *descargar*
descarrilament m. *descarrilamiento*
descarrilar v. *descarrilar*
descartar v. *descartar*
descasar v. *descasar*
descastat, -ada adj. *descastado*
descavalcador m. *apeadero*
descavalcar v. *descabalgar* // *apear*
descendència f. *descendencia*
descendent adj. *descendente* // m. i f. *descendiente*

descendiment m. *descendimiento*
descendir v. *descender*
descens m. *descenso*
descentralitzar v. *descentralizar*
descentrar v. *descentrar*
descenyir v. *desceñir*
desclavar v. *desclavar*
desclosa f. *apertura*
descloure v. *abrir*
desclucar v. *abrir* (los ojos)
descoberta f. *descubrimiento* // *descubierta*
descobridor, -a m. i f. *descubridor*
descobriment m. *descubrimiento*
descobrir v. *descubrir*
descolgar v. *desenterrar, descubrir*
descol·locar v. *descolocar*
descolorir v. *descolorir*
descominal adj. *descomunal, enorme*
descomparèixer v. *descomparecer*
descompartir v. *separar*
descompassar v. *desacompasar* // *incomodar, molestar*
descompondre v. *descomponer*
descomposició f. *descomposición*
descomptar v. *descontar*
descompte m. *descuento*
descomunal adj. *descomunal*
desconcert m. *desconcierto*
desconcertar v. *desconcertar*
desconeixement m. *desconocimiento*
desconeixença f. *desconocimiento*
desconèixer v. *desconocer*
desconfiança f. *desconfianza*
desconfiar v. *desconfiar*
desconfortar v. *desconsolar, desalentar*
descongestionar v. *descongestionar*
descongestiu, -iva adj. *descongestivo*
desconhort m. *desconsuelo*
desconhortar v. *desconsolar*
desconjuntar v. *descoyuntar, desunir*
desconnectar v. *desconectar*
desconnexió f. *desconexión*
desconsideració f. *desconsideración*
desconsiderar v. *desconsiderar*
desconsol m. *desconsuelo*
desconsolar v. *desconsolar*
descontent, -a adj. *descontento*
descontentament m. *descontento*
descontentar v. *descontentar*
desconvenir v. *desconvenir, no convenir*
descoratjador, -a adj. *descorazonador*
descoratjament m. *descorazonamiento, desánimo*
descoratjar v. *descorazonar, desanimar*
descordar v. *desatar* // *descordar* // *desabrochar* // rfl. *despacharse, descomponerse*

descórrer v. *descorrer*
descortès, -esa adj. *descortés*
descortesament adv. *descortésmente*
descortesia f. *descortesía*
descosida f. *descosido //* **a la** — *sin freno*
descosir v. *descoser*
descosit m. *descosido, descosedura*
descrèdit m. *descrédito*
descreença f. *descreimiento*
descreent adj. *descreído*
descregut, -uda adj. *descreído*
descreure v. *descreer*
descripció f. *descripción*
descriptiu, -iva adj. *descriptivo*
descristianitzar v. *descristianizar*
descriure v. *describir*
descrostar v. *descrostar, descascarar*
descruar v. *lavar por primera vez //* ar
  muy hondo
descuidar v. *descuidar*
descuit m. *descuido //* **de** — *por descuido //*
  de cop — *por sorpresa*
descurança f. *descuido, abandono*
descurar v. *descuidar*
descurós, -osa adj. *descuidado, negligente*
desdejunar-se v. *desayunar*
desdejuni m. *desayuno*
desdentat, -ada adj. *desdentado*
desdentegat, -ada adj. *desdentado*
desdeny m. *desdén*
desdenyar v. *desdeñar*
desdenyós, -osa adj. *desdeñoso*
desdibuixar v. *desdibujar*
desdir v. *desdecir // ceder, fallar //* **a** — *a*
  porrillo, en abundancia
desdoblar v. *desdoblar, extender, desplegar*
desè, -ena adj. *deceno, décimo*
desedificar v. *desedificar*
deseiximent m. *desafío // maña, trazas*
deseixir-se v. *desprenderse, desposeerse //*
  desafiar // deshacerse, librarse
deseixit, -ida adj. *listo, desembarazado //*
  despreocupado
desembafar v. *desempalagar*
desembainar v. *desenvainar*
desembalar v. *desembalar*
desembaràs m. *desembarazo*
desembarassar v. *desembarazar*
desembarcada f. *desembarco, desembarque*
desembarcador m. *desembarcadero*
desembarcament m. (V. **desembarcada**)
desembarcar v. *desembarcar*
desembargar v. *desembargar*
desembarrancar v. *desembarrancar*
1) **desembastar** v. *deshilvanar*
2) **desembastar** v. *desbastar*

desembeinar v. *desenvainar*
desembenar v. *desvendar*
desemboç m. *desembozo*
desembocadura f. *desembocadura*
desembocar v. *desembocar*
desemboçar v. *desembozar*
desembolicar v. *desenvolver, desenredar*
desembós m. *desembolso*
desembossar v. *desembolsar*
desembotonar v. *desabotonar, desabrochar*
desembragar v. *desembragar*
desembre m. *diciembre*
desembridar v. *desembridar*
desembrollar v. *desembrollar*
desembromar v. *despejar*
desembrossar v. *desbrozar*
desembruixar v. *desembrujar*
desembullar v. *desembrollar, desenredar*
desembús m. *desobstrucción, desbroce*
desembussar v. *desobstruir, destapar, des-*
  brozar
desembutxacar v. *desembolsar*
desemmascarar v. *desenmascarar*
desempallegar-se v. *deshacerse, librarse*
desempantanegar v. *desempantanar*
desempaperar v. *desempapelar*
desempaquetar v. *desempaquetar*
desemparament m. *desamparo*
desemparança f. *desamparo*
desemparar v. *desamparar*
desemparaular v. *desdecir, desapalabrar*
desempatament m. *desempate*
desempatar v. *desempatar*
desempatxar v. *desempachar // desembarazar*
desempedreir v. *desendurecer*
desempenyorament m. *desempeño*
desempenyorar v. *desempeñar*
desempostissar v. *desentablar*
desempotar v. *desenvasar*
desempresonar v. *desencarcelar, desaprisio-*
  nar
desena f. *decena*
desenal adj. *decenal*
desenamorar v. *desenamorar*
desenari, -ària adj. *decenario*
desencaboriar v. *despreocupar*
desencadenar v. *desencadenar*
desencaixar v. *desencajar*
desencallar v. *desencallar, desatascar*
desencaminar v. *descaminar, descarriar*
desencant m. *desencanto*
desencantar v. *desencantar*
desencapotar v. *desencapotar*
desencapritxar v. *desencaprichar*
desencarcarar v. *desenvarar*
desencarregar v. *desencargar*

desencarrilar v. *descarrilar* // *descaminar, descarriar*
desencastar v. *desengastar*
desencatifar v. *desalfombrar*
desencert m. *desacierto*
desencertat, -ada adj. *desacertado*
desencís m. *deshechizo, desencanto*
desencisar v. *deshechizar, desencantar*
desenclavar v. *desclavar, desenclavar*
desencolar v. *desencolar*
desencoratjar v. (V. **descoratjar**)
desencortinar v. *descolgar o quitar las cortinas*
desencreuar v. *descruzar*
desendreçar v. *desenderezar, descaminar* // *desasear, desarreglar*
desener m. *decenero, decurión*
desenfadar v. *desenfadar*
desenfeinat, -ada adj. *ocioso, desocupado*.
desenfilar v. *desenfilar, desenhebrar*
desenfocament m. *desenfoque*
desenfocar v. *desenfocar*
desenfornar v. *deshornar*
desenfrè m. *desenfreno*
desenfrenament m. *desenfreno*
desenfrenar v. *desenfrenar*
desenfundar v. *desenfundar*
desenfuriar v. *desenfurecer*
desengalavernar v. *desenvarar, destrabar*
desengan m. *desengaño*
desenganar v. *desengañar*
desenganxar v. *desenganchar, desenredar* // *despegar*
desengany m. *desengaño*
desenganyar v. *desengañar* // *desahuciar*
desengavatxar v. *desbuchar* // rfl. *desembuchar, desahogarse*
desengolfar v. *desgoznar, desengoznar*
desengomar v. *desengomar, desgomar*
desengramponador m. *destornillador*
desengramponar v. *destornillar*
desengreixar v. *desengrasar* // *desgrasar*
desengrescar v. *desentusiasmar, apagar, desilusionar*
desenguixar v. *desenyesar*
desenllaç m. *desenlace*
desenllaçar v. *desenlazar*
desenllepissar v. *despegar, desprender* // rfl. *deshacerse, desprenderse, librarse, zafarse*
desenrabiar v. *desencolerizar*
desenrajolar v. *desenladrillar, desembaldosar*
desenrampar v. *desentumecer*
desenravenar v. *encoger, aflojar*
desenredar v. *desenredar*
desenrevoltar v. *desenrollar*
desenroc m. *derrumbamiento*

desenrocar v. *derruir, derrumbar* // *desenrocar, desembarrancar*
desenrodillar v. *desplegar*
desenrogallar v. *desenronquecer*
desenroscar v. *desenroscar*
desenrotllament m. *desarrollo*
desenrotllar v. *desarrollar*
desensellar v. *desensillar*
desensenyar v. *desenseñar*
desensenyorir v. *desposeer, desenseñorear*
desensopir v. *desamodorrar*
desentabanar v. *desatontar, desembobar*
desentapissar v. *destapizar*
desentelar v. *desempañar*
desentendre v. *desentender*
desenterramorts m. i f. *desentierramuertos*
desenterrar v. *desenterrar*
desentès, -esa adj. *desentendido* / **fer el —** *hacerse el desentendido*
desentonació f. *desentono*
desentonar v. *desentonar*
desentranyar v. *desentrañar*
desentrenament m. *desentreno*
desentrenar v. *desentrenar*
desentrunyellar v. *destrenzar* // *desenredar*
desentumir v. *desentumecer*
desenutjar v. *desenojar*
desenvelar v. *desenvelejar* // *desentoldar*
desenvernissar v. *desbarnizar*
desenvitricollar v. *desenredar*
desenvolupament m. *desarrollo*
desenvolupar v. *desarrollar*
desenxufar v. *desenchufar*
desequilibrar v. *desequilibrar*
desequilibri m. *desequilibrio*
deserció f. *deserción*
desermar v. *romper, artigar*
desert, -a adj. *desierto*
desertar v. *desertar*
desèrtic, -a adj. *desértico*
desertor, -a m. i f. *desertor*
desesma f. *desaliento* // *falta de tino*
desesmussar v. *desembotar*
desesper m. *despespero*
desesperació f. *desesperación*
desesperança f. *desesperanza*
desesperant adj. *desesperante*
desesperar v. *desesperar*
desestimar v. *desestimar*
desfaedor, -a adj. *deshacedor*
desfalc m. *desfalco*
desfalcament m. *desfalco*
desfalcar v. *desfalcar*
desfasat, -ada adj. *desfasado*
desfavor m. i f. *disfavor*
desfavorir v. *desfavorecer*

desfer v. *deshacer // disolver // desatar //* rfl.
deshacerse, librarse
desfermar v. *desatar*
desferra f. *despojos // desecho*
desferrar v. *desherrar // despegar*
desfet, -a adj. *deshecho // disuelto // desata-
do // decaído, mustio // desencadenado,
furioso*
desfeta f. *derrota, destrucción // desencade-
namiento, furia*
desfici m. *desasosiego*
desficiós, -osa adj. *desasosegado, impaciente*
desfigurar v. *desfigurar*
desfila f. *hilaza // hila*
desfilada f. *desfile*
desfilar v. *deshilachar, deshilar // desenfilar
// intr. desfilar*
desflorar v. *desflorar*
desfogament m. *desfogue, desahogo*
desfogar v. *desfogar, desahogar*
desfrenar v. *desfrenar*
desfrunzir v. *desfruncir*
desfullar v. *deshojar*
desgana f. *desgana*
desganar v. *quitar las ganas //* rfl. *perder el
apetito*
desganat, -ada adj. *desganado, inapetente*
desgargamellar-se v. *desgañitarse*
desgast m. *desgaste*
desgastar v. *desgastar*
desgavell m. *desconcierto, desbarajuste*
desgavellar v. *desbaratar, desconcertar //* rfl.
descomponerse, estropearse
desgel m. *deshielo*
desgelar v. *deshelar*
desglaç m. *deshielo*
desglaçar v. *deshelar*
desglossament m. *desglose*
desglossar v. *desglosar*
desgolfar v. *desgoznar*
desgovern m. *desgobierno*
desgovernar v. *desgobernar*
desgràcia f. *desgracia*
desgraciar v. *desgraciar, estropear*
desgraciat, -ada adj. *desgraciado*
desgranar v. *desgranar*
desgrat m. *desagrado / a — mal de su gra-
do, a disgusto, de mala gana // a — de a
pesar de*
desgravació f. *desgravación*
desgravar v. *desgravar*
desgreixar v. *desgrasar, desengrasar*
desgreuge m. *desagravio*
desguarnir v. *desguarnecer*
desguàs m. *desagüe*
desguassar v. *desaguar*

deshabitar v. *deshabitar*
deshabituar v. *deshabituar*
desheretar v. *desheredar*
deshidratar v. *deshidratar*
deshonest, -a adj. *deshonesto*
deshonestedat f. *deshonestidad*
deshonor m. o f. *deshonor, deshonra*
deshonra f. *deshonra*
deshonrar v. *deshonrar*
deshonrós, -osa adj. *deshonroso*
deshora f. *deshora*
desideràtum m. *desiderátum*
desídia f. *desidia*
desidiós, -osa adj. *desidioso*
desig m. *deseo*
designació f. *designación*
designar v. *designar*
designi m. *designio*
desigual adj. *desigual*
desigualtat f. *desigualdad*
desil·lusió f. *desilusión*
desil·lusionar v. *desilusionar*
desimbolt, -a adj. *desenvuelto*
desimboltura f. *desenvoltura*
desinència f. *desinencia*
desinfecció f. *desinfección*
desinfectant adj. *desinfectante*
desinfectar v. *desinfectar*
desinflamar v. *desinflamar*
desinflamatori, -òria adj. *desinflamatorio*
desinflament m. *deshinchamiento*
desinflar v. *deshinchar*
desinflor f. *deshinchamiento*
desintegració f. *desintegración*
desintegrar v. *desintegrar*
desinterès m. *desinterés*
desinteressar v. *desinteresar*
desinteressat, -ada adj. *desinteresado*
desintoxicar v. *desintoxicar*
desistiment m. *desistimiento*
desistir v. *desistir*
desitjable adj. *deseable*
desitjar v. *desear*
desitjós, -osa adj. *deseoso*
desjuntar v. *desunir, descoyuntar*
desjunyir v. *desuncir*
desllaçar v. *deslazar*
deslleial adj. *desleal*
deslleialtat f. *deslealtad*
desllepissar v. *desasir, desprender*
deslletament m. *destete*
deslletar v. *destetar*
deslligar v. *desligar, desatar*
deslliurament m. *liberación // parto, alum-
bramiento*
deslliurar v. *librar, libertar, liberar // alum-*

brar, parir, dar a luz
deslloar v. *desalabar, censurar, vituperar*
desllogar v. *desalquilar, desarrendar*
desllorigar v. *desencajar, dislocar // descoyuntar, desgoznar // hallar salida*
deslluïment m. *deslucimiento*
deslluir v. *deslucir*
desllustrar v. *deslustrar*
desmai m. *desmayo*
desmaiar v. *desmayar*
desmamar v. *destetar*
desmandar-se v. *desmandarse*
desmanec m. *desorden, desarreglo, confusión*
desmanegar v. *desmangar // desarreglar, descomponer*
desmanegat, -ada adj. *descuidado, desgarbado*
desmantellar v. *desmantelar*
desmanyotat, -ada adj. *desmañado*
desmarxar v. *disolver // estropear*
desmembrar v. *desmembrar*
desmemoriar v. *desmemoriar*
desmenjament m. *desgana, inapetencia*
desmenjar-se v. *perder el apetito*
desmenjat, -ada adj. *inapetente, desganado // fer el — amb talent hacerse el desganado*
desmentiment m. *mentís*
desmentir v. *desmentir*
desmerèixer v. *desmerecer*
desmèrit m. *demérito, desmerecimiento*
desmesura f. *desmesura, exceso*
desmesurat, -ada adj. *desmedido, desmesurado*
desmillorat, -ada adj. *desmejorado*
desmoblar v. *desamueblar*
desmoralitzar v. *desmoralizar*
desmudar v. *desataviar, desvestir*
desmuntar v. *desmontar*
desmuntatge m. *desmontaje*
desnarigat, -ada adj. *desnarigado*
desnaturalitzar v. *desnaturalizar*
desnerit, -ida adj. *desmedrado, enclenque*
desniar v. *desanidar*
desnivell m. *desnivel*
desnivellar v. *desnivelar*
desnodrir v. *desnutrir*
desnonament m. *desdonación // rescisión // despido // desahucio*
desnonar v. *desdonar // rescindir // desdecir // despedir // desahuciar*
desnuar v. *desanudar, desatar*
desobediència f. *desobediencia*
desobedient adj. *desobediente*
desobeir v. *desobedecer*

desobstruir v. *desobstruir*
desocupació f. *desocupación*
desocupar v. *desocupar*
desodorant adj. i m. *desodorante*
desoir v. *desoir*
desolació f. *desolación*
desolador, -a adj. *desolador*
desolar v. *desolar*
desorbitar v. *desorbitar*
desorde m. *desorden*
desordenar v. *desordenar*
desordre m. (V. **desorde**)
desorganització f. *desorganización*
desorganitzar v. *desorganizar*
desori m. *desconcierto, zaragata*
desorientació f. *desorientación*
desorientar v. *desorientar*
desossar v. *deshuesar*
desoxidar v. *desoxidar*
desoxigenar v. *desoxigenar*
desparar v. *desaparejar / — la taula quitar o levantar la mesa // disparar*
desparellar v. *desparejar, desaparear*
desparionar v. (V. **desparellar**)
despassar v. *desenfilar, desenhebrar*
despatx m. *despacho*
despatxar v. *despachar //* intr. *darse prisa*
despectiu, -iva adj.· *despectivo*
despedida f. *despedida*
despedir v. *despedir*
despendre v. *gastar*
despenjar v. *descolgar*
despentinar v. *despeinar*
despenyar v. *despeñar*
desperfecte m. *desperfecto*
despersonalitzar v. *despersonalizar*
despert, -a adj. *despierto*
despertador m. *despertador*
despertar v. *despertar*
despesa f. *gasto, dispendio // pensión, casa de huéspedes*
despeser, -a m. i f. *patrón de pensión*
despietat, -ada adj. *despiadado*
despintar v. *despintar*
despistar v. *despistar*
despit m. *despecho*
despitar v. *despecharse*
despitellat, -ada adj. *despechugado*
despitós, -osa adj. *despechado*
desplaçament m. *deplazamiento*
desplaçar v. *desplazar*
desplaent m. *desagradable*
desplant m. *desplante*
desplaure v. *desplacer, desagradar*
desplegament m. *despliegue*
desplegar v. *desplegar // desarrollar*

1) **desplomar** v. *desplumar*
2) **desplomar** v. intr. o rfl. *desplomar, desplomarse*
despoblació f. *despoblación*
despoblar v. *despoblar*
desponcellar v. *desflorar*
desposori m. *desposorio*
desposseir v. *desposeer*
dèspota m. i f. *déspota*
despòtic, -a adj. *despótico*
despotisme m. *despotismo*
desprendiment m. *desprendimiento*
desprendre v. *desprender*
despreocupació f. *despreocupación*
despreocupat, -ada adj. *despreocupado*
després adv. *después*
desprès, -esa adj. *desprendido*
despresa f. *desprendimiento*
desprestigi m. *desprestigio*
deprestigiar v. *desprestigiar*
desprevingut, -uda adj. *desprevenido*
desproporció f. *desproporción*
desproporcionat, -ada adj. *desproporcionado*
despropòsit m. *despropósito*
desproveir v. *desproveer*
desproveït, -ida adj. *desprovisto*
despull m. *despojo*
despulla f. *despojo*
despuntar v. *despuntar*
despús-ahir adv. *anteayer*
despús-anit adv. *anteanoche*
despús-demà adv. *pasado mañana*
desqualificació f. *descalificación*
desqualificar v. *descalificar*
desraó f. *sinrazón*
desrissar v. *desrizar*
desrovellar v. *desherrumbrar, desoxidar*
desruar v. *desarrugar*
dessabor m. *desabor*
dessaborit, -ida adj. *desabrido*
dessagnar v. *desangrar*
dessalar v. *desalar*
dessecació f. *desecación*
dessecar v. *desecar*
dessegellar v. *desellar*
desset adj. (V. **disset**)
dessetè, -ena adj. (V. **dissetè**)
dessoldar v. *desoldar*
dessota adv. *debajo*
dessoterrar v. *desenterrar*
dessuar v. *desudar*
dessucar v. *desjugar, deszumar, secar*
dessús adv. *encima // arriba*
dessusdit, -a adj. *sobredicho*
dessustar v. *desjugar, resecar*
destacament m. *destacamento*

destacar v. *destacar*
destalonar v. *destalonar*
destapador m. *destapador // sacacorchos*
destapar v. *destapar // descubrir*
destarotament m. *desconcierto*
destarotar v. *desconcertar*
desteixinar-se v. *desvivirse*
desteixir v. *destejer // rfl. desalarse / — de riure desternillarse, troncharse de risa*
destemps m. *destiempo*
destenyir v. *desteñir*
desterrar v. *desterrar*
desterro m. *destierro*
destí m. *destino*
destil·lació f. *destilación*
destil·lar v. *destilar*
destil·leria f. *destilería*
destinació f. *destino*
destinar v. *destinar*
destinatari, -ària m. i f. *destinatario*
destirar-se v. *quitarse, despojarse // soltarse*
destitució f. *destitución*
destituir v. *destituir*
destorb m. *estorbo*
destorbar v. *estorbar // rfl. entretenerse, retrasarse // dislocarse*
destral f. *hacha*
destralada f. *hachazo*
destraler m. *leñador // gastador*
destraló m. *hachuela*
destrament adv. *diestramente*
destravar v. *destrabar*
destre, -a adj. *diestro*
destrempar v. *destemplar*
destrempat, -ada adj. *destemplado*
destresa f. *destreza*
destret m. *estrechez, aprieto // imposición // desmayo, ahogo*
destriar v. *separar // discernir, distinguir // divisar*
destronar v. *destronar*
destrossa f. *destrozo*
destrossar v. *destrozar*
destrucció f. *destrucción*
destructiu, -iva adj. *destructivo*
destructor, -a adj. *destructor*
destruir v. *destruir*
desunió f. *desunión*
desunir v. *desunir*
desús m. *desuso*
desusat, -ada adj. *desusado*
desvagat, -ada adj. *ocioso, desocupado*
desvalgut, -uda adj. *desvalido*
desvalisar v. *desvalijar*
desvaloritzar v. *desvalorizar*
desvari m. *desvarío*

dialectologia

desvariar v. *desvariar*
desvarieig m. *desvarío, delirio*
desvariejar v. *desvariar, delirar*
desvelar v. *desvelar*
desventura f. *desventura*
desventurança f. *desventura*
desventurat, -ada adj. *desventurado*
desvergonya f. *desvergüenza*
desvergonyiment m. *desvergüenza*
desvergonyir-se v. *desvergonzarse*
desvergonyit, -ida adj. *desvergonzado*
desveri m. *desconcierto, zaragata*
desverjar v. *desvirgar // estrenar*
desvestir v. *desnudar, desvestir*
desvetlar v. (V. **desvetllar**)
desvetllament m. *desvelo // insomnio*
desvetllar v. *desvelar*
desviació f. *desviación*
desviar v. *desviar*
desvirgar v. (V. **desverjar**)
desvirtuar v. *desvirtuar*
desviure's v. rfl. *desvivirse*
desxifrar v. *descifrar*
desxuiar v. *descuartizar*
detall m. *detalle*
detallar v. *detallar*
detallista m. i f. *detallista*
detectar v. *detectar*
detectiu m. *detective*
detector m. *detector*
detenció f. *detención*
deteniment m. *detenimiento*
detenir v. *detener*
detentar v. *detentar*
detentor, -a m. i f. *detentor*
detergent m. *detergente*
deterioració f. *deterioración, deterioro*
deteriorar v. *deteriorar*
determinació f. *determinación*
determinant adj. *determinante*
determinar v. *determinar*
determinatiu, -iva adj. *determinativo*
determini m. *determinación, decisión // término, plazo*
determinisme m. *determinismo*
detestable adj. *detestable*
detestar v. *detestar*
detingudament adv. *detenidamente*
detingut, -uda adj. *detenido*
detonació f. *detonación*
detonant adj. *detonante*
detonar v. *detonar*
detracció f. *detracción*
detractar v. *detractar*
detractor, -a m. i f. *detractor*
detriment m. *detrimento*

detritus m. *detrito*
deturar v. *parar, detener*
1) deu adj. num. *diez*
2) deu f. *fuente, manantial*
déu m. *dios /* **Déu me'n guard** *guárdeme Dios /* **esser tot de Déu** *ser un santo varón, ser una santa*
deumilionèsim, -a adj. *diezmillonésimo*
deumil·lèsim, -a adj. *diezmilésimo*
deure v. i m. *deber*
deute m. *deuda*
deuteronomi m. *deuteronomio*
deutor, -a m. i f. *deudor*
devastació f. *devastación*
devastador, -a adj. *devastador*
devastar v. *devastar*
deveres adv. *de veras // de prisa*
devers prep. *hacia // respecto de // cerca de*
devesa f. *dehesa*
devessall m. *aguacero // turbión // borbotón // cúmulo*
devessei m. *aguacero // alboroto, algarabía*
devoció f. *devoción*
devocionari m. *devocionario*
devolució f. *devolución*
devora adv. *cerca //* prep. *cerca, junto a*
devorador, -a adj. *devorador*
devorar v. *devorar*
devot, -a adj. *devoto*
devuit adj. (V. **divuit**)
devuitè, -ena adj. (V. **divuitè**)
dia m. *día*
diabètic, -a adj. *diabético*
diabetis f. *diabetes*
diableria f. *diablería // diablura*
diablessa f. *diablesa*
diablia f. *diablía // diablura, travesura*
diablura f. *diablura*
diabòlic, -a adj. *diabólico*
diaca m. *diácono*
diaconat m. *diaconado*
diaconessa f. *diaconisa*
diada f. *jornada*
diadema f. *diadema*
diàfan, -a adj. *diáfano*
diafragma m. *diafragma*
diagnòstic, -a adj. *diagnóstico*
diagnosticar v. *diagnosticar*
diagonal adj. *diagonal*
diagrama m. *diagrama*
dialectal adj. *dialectal*
dialectalisme m. *dialectalismo*
dialecte m. *dialecto*
dialèctica f. *dialéctica*
dialectòleg, -oga m. i f. *dialectólogo*
dialectologia f. *dialectología*

diàleg m. *diálogo*
diàlisi f. *diálisis*
dialogar v. *dialogar*
diamant m. *diamante*
diamantí, -ina adj. *diamantino*
diametral adj. *diametral*
diàmetre m. *diámetro*
diana f. *diana*
diantre m. *diantre*
diapasó m. *diapasón*
diapositiva f. *diapositiva*
diari, -ària adj. i m. *diario*
diarier, -a m. i f. *vendedor de diarios*
diarrea f. *diarrea*
diàspor m. *diásporo*
diàspora f. *diáspora*
diàstole f. *diástole*
diastre m. *diantre*
diatriba f. *diatriba*
dibuix m. *dibujo*
dibuixant m. i f. *dibujante*
dibuixar v. *dibujar*
dic m. *dique*
dicció f. *dicción*
diccionari m. *diccionario*
dicotiledònia f. *dicotiledónea*
dicotomia f. *dicotomía*
dictador, -a adj. *dictador*
dictadura f. *dictadura*
dictafòn m. *dictáfono*
dictamen m. *dictamen*
dictaminar v. *dictaminar*
dictar v. *dictar*
dictat m. *dictado*
dictatorial adj. *dictatorial*
dicteri m. *dicterio*
dictes f. pl. (vg.) *edicto*
dida f. *nodriza, ama de cría //* — *seca ama seca*
didàctic, -a adj. *didáctico*
didal m. *dedal*
didatge m. *nodrizaje*
didot m. *marido de la nodriza*
diedre m. *diedro*
dièresi f. *diéresis*
diesi m. *sostenido*
dieta f. *dieta*
dietari m. *dietario*
dietètic, -a adj. *dietético*
difamació f. *difamación*
difamar v. *difamar*
diferència f. *diferencia*
diferencial adj. *diferencial*
diferenciar v. *diferenciar*
diferent adj. *diferente*
diferentment adv. *diferentemente*

diferir v. *diferir*
difícil adj. *difícil*
dificultar v. *dificultar*
dificultat f. *dificultad*
dificultós, -osa adj. *dificultoso*
difondre v. *difundir*
diforme adj. (V. **deforme**)
diformitat f. (V. **deformitat**)
difracció f. *difracción*
difringent adj. *difringente*
diftèria f. *difteria*
diftong m. *diptongo*
difuminar v. *difuminar*
difunt, -a m. i f. *difunto*
difús, -usa adj. *difuso*
difusió f. *difusión*
digerible adj. *digerible*
digerir v. *digerir*
digestió f. *digestión*
digestiu, -iva adj. *digestivo*
dígit adj. *dígito*
digital adj. *digital*
digitalina f. *digitalina*
dignar v. *dignar*
dignatari m. *dignatario*
digne, -a adj. *digno*
dignificar v. *dignificar*
dignitat f. *dignidad*
dígraf m. *dígrafo*
digressió f. *digresión*
dijous m. *jueves /* — **gras** o — **llarder** *jueves gordo*
dijú adj. (V. **dejú**)
dijunar v. (V. **dejunar**)
dijuni m. (V. **dejuni**)
dilació f. *dilación*
dilapidar v. *dilapidar*
dilatació f. *dilatación*
dilatar v. *dilatar*
dilatori, -òria adj. *dilatorio*
dilecte, -a adj. *dilecto*
dilema m. *dilema*
diletant m. i f. *diletante*
diletantisme m. *diletantismo*
diligència f. *diligencia*
diligent adj. *diligente*
diligentment adv. *diligentemente*
dilluns m. *lunes*
dilucidar v. *dilucidar*
dilució f. *dilución*
diluir v. *diluir*
diluvi m. *diluvio*
diluvià, -ana adj. *diluviano*
diluviar v. *diluviar*
dimanar v. *dimanar*
dimarts m. *martes*

dimecres m. *miércoles*
dimensió f. *dimensión*
diminut, -a adj. *diminuto*
diminutiu, -iva adj. *diminutivo*
dimissió f. *dimisión*
dimitir v. *dimitir*
dimoni m. *demonio, diablo* / — **boiet** *duende*
dimonió m. *diablillo*
dimorfisme m. *dimorfismo*
dinada f. *comida*
dinàmic, -a adj. *dinámico*
dinamisme m. *dinamismo*
dinamita f. *dinamita*
dinamiter, -a m. i f. *dinamitero*
dinamo f. *dínamo*
dinamòmetre m. *dinamómetro*
dinar v. *comer* // m. *almuerzo, comida*
dinasta m. *dinasta*
dinastia f. *dinastía*
diner m. *dinero*
dineral m. *dineral*
dinosaure m. *dinosaurio*
dinou adj. num. *diecinueve*
dinovè, -ena adj. *décimonono*
dins adv. *dentro* // prep. *dentro de* // m. *interior*
dintre adv. *dentro* // m. *interior*
dinyar-la v. vg. *diñarla*
diocesà, -ana adj. *diocesano*
diòcesi f. *diócesis*
diòptria f. *dioptría*
diorama m. *diorama*
diplodoc m. *diplodoco*
diploma m. *diploma*
diplomàcia f. *diplomacia*
diplomàtic, -a adj. *diplomático*
dipòsit m. *depósito*
dipositar v. *depositar*
dipositari, -ària m. i f. *depositario*
dipsomania f. *dipsomanía*
dípter, -a m. i f. *díptero*
díptic m. *díptico*
diputació f. *diputación*
diputar v. *diputar*
diputat, -ada m. i f. *diputado*
dir v. *decir* // rfl. *llamarse* // **una cosa de no** — *una cosa extraordinaria* // **vol** —? *de veras?, es cierto?*
direcció f. *dirección*
directe, -a adj. *directo*
directiu, -iva adj. *directivo*
director, -a m. i f. *director*
directori m. *directorio*
directriu f. *directriz*
dirigible adj. *dirigible*

dirigir v. *dirigir*
diriment adj. *dirimente*
dirimir v. *dirimir*
disbarat m. *disparate*
disbauxa f. *orgía* // *exceso*
disc m. *disco*
discerniment m. *discernimiento*
discernir v. *dicernir*
disciplina f. *disciplina*
disciplinari, -ària adj. *disciplinario*
discòbol m. *discóbolo*
díscol, -a adj. *díscolo*
disconformitat f. *disconformidad*
discontinu, -ínua adj. *discontinuo*
discontinuïtat f. *discontinuidad*
discordança f. *discordancia*
discordant adj. *discordante*
discordar v. *discordar*
discorde adj. *discorde*
discòrdia f. *discordia*
discórrer v. *discurrir*
discoteca f. *discoteca*
discreció f. *discreción*
discrecional adj. *discrecional*
discrepància f. *discrepancia*
discrepar v. *discrepar*
discret, -a adj. *discreto*
discriminació f. *discriminación*
discriminar v. *discriminar*
disculpa f. *disculpa*
disculpar v. *disculpar*
dircurs m. *discurso*
discursejar v. *discursear*
discursiu, -iva adj. *discursivo*
discussió f. *discusión*
discutible adj. *discutible*
discutidor, -a adj. *discutidor*
discutir v. *discutir*
disenteria f. *disentería*
disforjo, -a adj. *disforme, enorme*
disfrès m. *disfraz*
desfressa f. *disfraz* // *máscara*
disfressar v. *disfrazar*
disgregar v. *disgregar*
disgust m. *disgusto*
disgustar v. *disgustar*
disíl·lab, -a adj. *disílabo*
disil·làbic, -a adj. *disilábico*
disjunció f. *disyunción*
disjuntiu, -iva adj. *disyuntivo*
dislocació f. *dislocación*
dislocar v. *dislocar*
disminució f. *disminución*
disminuir v. *disminuir*
disparador, -a m. i f. *disparador*
disparar v. *disparar*

disparitat f. *disparidad*
dispendi m. *dispendio*
dispendiós, -osa adj. *dispendioso*
dispensa f. *dispensa*
dispensar v. *dispensar*
dispensari m. *dispensario*
dispèpsia f. *dispepsia*
dispersar v. *dispersar*
dispersió f. *dispersión*
dispesa f. *posada, casa de huéspedes*
dispeser, -a m. i f. *posadero, patrón*
displicència f. *displicencia*
displicent adj. *displicente*
dispnea f. *disnea*
dispondre v. *disponer*
disponibilitat f. *disponibilidad*
disponible adj. *disponible*
disposar v. *disponer*
disposició f. *disposición*
dispositiu, -iva adj. *dispositivo*
dispost, -a adj. *dispuesto*
disputa f. *disputa*
disputar v. *disputar*
disquisició f. *disquisición*
dissabte m. *sábado* // *víspera, vigilia* // **fer — ** *hacer limpieza general, baldeo*
dissecar v. *disecar*
dissecció f. *disección*
dissemblant adj. *desemejante*
disseminar v. *diseminar*
dissensió f. *disensión*
dissentiment m. *disentimiento*
dissentir v. *disentir*
disseny m. *diseño*
dissenyar v. *diseñar*
dissertació f. *disertación*
dissertar v. *disertar*
disset adj. num. *diecisiete*
dissetè, -ena adj. *decimoséptimo*
dissidència f. *disidencia*
dissident adj. *disidente*
dissimul m. *disimulo*
dissimular v. *disimular*
dissipació f. *disipación*
dissipar v. *disipar*
dissociació f. *disociación*
dissociar v. *disociar*
dissoldre v. *disolver*
dissolució f. *disolución*
dissolut, -a adj. *disoluto*
dissolvent adj. *disolvente*
dissonància f. *disonancia*
dissonant adj. *disonante*
dissonar v. *disonar*
dissort f. *desgracia, infortunio*
dissortat, -ada adj. *desgraciado, infortunado*

dissuadir v. *disuadir*
dissuasió f. *disuasión*
distància f. *distancia*
distanciar v. *distanciar*
distant adj. *distante*
distar v. *distar*
distendre v. *distender*
distensió f. *distensión*
distinció f. *distinción*
distingir v. *distinguir*
distint, -a adj. *distinto*
distintiu, -iva adj. *distintivo*
distorsió f. *distorsión*
distracció f. *distracción*
distret, -a adj. *distraído*
distreure v. *distraer*
distribució f. *distribución*
distribuidor, -a m. i f. *distribuidor*
distribuir v. *distribuir*
distributiu, -iva adj. *distributivo*
districte m. *distrito*
disturbi m. *disturbio*
dit m. *dedo* / — **gros** o — **polze** *dedo pulgar* / — **índex** o — **senyalador** *dedo índice* / — **del mig** o — **del cor** o — **llarg** *dedo del corazón*/ — **anular** o — **de l'anell** *dedo anular* / — **petit** o — **xic** o — **menuell** *dedo meñique* // **cap del** — *punta del dedo* / **saber una cosa pels caps dels dits** *saber una cosa de corrido*
dita f. *dicho* // *puja, postura*
ditada f. *dedada* // *huella digital*
ditirambe m. *ditirambo*
diumenge m. *domingo*
diumenger, -a adj. *dominguero*
diürètic, -a adj. *diurético*
diürn, -a adj. *diurno*
diva f. *diva*
divagació f. *divagación*
divagar v. *divagar*
divan m. *diván*
divendres m. *viernes*
divergència f. *divergencia*
divergent adj. *divergente*
divergir v. *divergir*
divers, -a adj. *diverso*
diversificar v. *diversificar*
diversió f. *diversión*
diversitat f. *diversidad*
divertiment m. *divertimiento, diversión*
divertir v. *divertir*
diví, -ina adj. *divino*
dividend m. *dividendo*
dividir v. *dividir*
divinal adj. *divinal*
divinitat f. *divinidad*

divinitzar v. *divinizar*
divisa f. *divisa*
divisibilitat f. *divisibilidad*
divisible adj. *divisible*
divisió f. *división*
divisionari, -ària adj. *divisionario*
divisori, -òria adj. *divisorio*
divorci m. *divorcio*
divorciar v. *divorciar*
divuit adj. num. *dieciocho*
divuitè, -ena adj. num. *décimooctavo*
divulgació f. *divulgación*
divulgar v. *divulgar*
1) do m. *don*
2) do m. *do*
dobla f. *dobla* // *doblez, pliegue*
doblar v. *doblar*
doble adj. *doble* // m. *doblez*
doblegadís, -issa adj. *dobladizo*
doblegar v. *doblar* // *doblegar* // *vencer, tumbar*
dobler m. *dinero*
doblerada f. *dineral*
doblerer, -a adj. *tacaño, agarrante*
doblers m. pl. *dinero, riqueza monetaria*
dobleta f. *doblilla*
dobló m. *doblón*
docència f. *docencia*
docent adj. *docente*
dòcil adj. *dócil*
docilitat f. *docilidad*
docte, -a adj. *docto*
doctor, -a m. i f. *doctor*
doctorar v. *doctorar*
doctorat m. *doctorado*
doctrina f. *doctrina*
doctrinal adj. *doctrinal*
doctrinar v. *adoctrinar*
doctrinari, -ària adj. *doctrinario*
document m. *documento*
documentació f. *documentación*
documental adj. *documental*
documentar v. *documentar*
dodecàedre m. *dodecaedro*
dodecàgon m. *dodecágono*
dodecasíl·lab adj. *dodecasílabo*
dofí m. *delfín*
dogal m. *soga, dogal*
dogma m. *dogma*
dogmàtic, -a adj. *dogmático*
dogmatisme m. *dogmatismo*
doi m. *disparate*
en doina adv. *en danza, sin orden ni concierto* // *a punto, en marcha*
doiut, -uda adj. *disparatador* // *disparatado, desatinado*

a dojo adv. *a chorros*
1) dol m. *duelo, dolor* // *luto* // *duelo, acompañamiento*
2) dol m. *dolo*
dòlar m. *dólar*
dolç, -a adj. *dulce*
dolçaina f. *dulzaina*
dolcesa f. *dulzura*
dolçor f. *dulzura*
doldre v. *doler*
dolència f. *dolencia*
dolent, -a adj. *doliente, enfermo* // *dolorido* // *malo*
dolenteria f. *maldad*
dolentia f. *maldad* // *enfermedad, dolencia*
doll m. *botijo* // *chorro* / **a doll** o **a dolls** *en abundancia*
dolmen m. *dolmen*
dolmènic, -a adj. *dolménico*
dolor m. *dolor* // *reuma*
dolorada f. *reuma agudo*
dolorit, -ida adj. *dolorido*
dolorós, -osa adj. *doloroso*
dolós, -osa adj. *doloso*
domador, -a m. i f. *domador*
domar v. *domar*
domàs m. *damasco*
domèstic, -a adj. *doméstico*
domesticar v. *domesticar*
domesticitat f. *domesticidad*
domicili m. *domicilio*
domiciliar v. *domiciliar*
dominació f. *dominación*
dominador, -a m. i f. *dominador*
dominant adj. *dominante*
dominar v. *dominar*
domini m. *dominio*
dominic, -a m. i f. *dominico*
domínica f. *dominica*
dominicà, -ana adj. *dominicano*
dominical adj. *dominical*
dominó m. *dominó (disfraz)*
dòmino m. *dominó (juego)*
dona f. *mujer* // **nostra Dona** *Nuestra Señora* // *— d'aigua ondina, náyade*
donació f. *donación*
donador, -a m. i f. *dador, donante* // *dadivoso*
donant adj. *donante*
donar v. *dar*
donassa f. *mujerona*
donat, -ada m. i f. *donado, mandadero*
donatiu m. *donativo*
doncs conj. *pues* (en sentido ilativo, no causal)
doner adj. m. *mujeriego*

donota f. *mujeraza* // *mujerzuela*
donzell m. *doncel* // *mancebo*
donzella f. *doncella*
dòric, -a adj. *dórico*
dorment adj. *durmiente*
dormida f. *sueño, dormida*
dormidor, -a adj. *dormilón*
dormilec, -ega adj. *dormilón*
dormir v. *dormir*
dormissò m. *narcótico*
dormitori m. *dormitorio*
dors m. *espalda, lomo* // *dorso*
dorsal adj. *dorsal*
dos adj. num. *dos*
dos-cents, dues-centes adj. num. *doscientos*
dosi f. *dosis*
dosificació f. *dosificación*
dosificar v. *dosificar*
dosser m. *dosel*
dosseret m. *doselete*
dot m. *dote*
dotació f. *dotación*
dotar v. *dotar*
dotze adj. num. *doce*
dotzè, -ena adj. num. *doceno, duodécimo*
dotzena f. *docena*
dovella f. *dovela*
drac m. *dragón* // *ogro*
dracma f. *dracma*
draconià, -ana adj. *draconiano*
draga f. *draga*
dragador, -a adj. *dragador*
dragamines m. *dragaminas*
dragant m. *dragante*
1) **dragar** v. *tragar*
2) **dragar** v. *dragar*
drago m. *drago*
dragó m. (drac) *dragón* // (rèptil) *salamanquesa* / **tremolar com un** — *temblar como un azogado*
drama m. *drama*
dramàtic, -a adj. *dramático*
dramatitzar v. *dramatizar*
dramaturg m. *dramaturgo*
drap m. *tela* // *lienzo* // *paño* // *trapo* // pl. *pañales* // *trapío*
drapaire m. *trapero*
draper m. *pañero*
draperia f. *pañería*
drassana f. *atarazana*
dràstic, -a adj. *drástico*
dreçar v. *enderezar, levantar* // *dirigir* // *atajar*
drecera f. *atajo*
drenar v. *drenar*
drenatge m. *drenaje*

1) **dret, -a** adj. *derecho* // *directo* / **tot** — o **cap** — *en derechura, directamente* // *recto, justo* / **a dretes** *a derechas* / **no fer-ne cap de dreta** *no hacer cosa buena* // *en pie, derecho* / **posar-se** — *levantarse, ponerse en pie* / **amb els cabells drets** *con los pelos de punta* // *derecho, diestro* / **a tort i a** — *a diestro y siniestro* // *anverso*
2) **dret** (en justícia) *derecho* // *puntería*
dreta f. *derecha, diestra*
dretà, -ana adj. *derechista*
a dretes adv. *adrede*
dretura f. *derechura, rectitud*
dreturer, -a adj. *derecho, recto, justo*
dríade f. *dríada*
dril m. *dril*
dring m. *tintineo, retintín*
dringar v. *tintinear*
drissa f. *driza*
droga f. *droga*
drogadicte, -a m. i f. *drogadicto*
drogar v. *drogar*
droguer, -a m. i f. *droguero*
drogueria f. *droguería*
dromedari m. *dromedario*
dropejar v. *gandulear, haraganear*
droperia f. *gandulería, holgazanería*
dropo, -a adj. *pícaro* // *haragán, gandul*
druida m. *druida*
drupa f. *drupa*
dual adj. *dual*
dualisme m. *dualismo*
dualitat f. *dualidad*
duana f. *aduana*
duaner, -a m. i f. *aduanero*
dubitació f. *dubitación*
dubitatiu, -iva adj. *dubitativo*
dubtar v. *dudar*
dubte m. *duda*
dubtós, -osa adj. *dudoso*
duc m. *duque*
ducat m. *ducado*
dúctil adj. *dúctil*
ductilitat f. *ductilidad*
duel m. *duelo*
dulcificar v. *dulcificar*
duna f. *duna*
duo m. *dúo*
duodè m. *duodeno*
duodenal adj. *duodenal*
duple, -a adj. *duplo*
duplicar v. *duplicar*
duplicat m. *duplicado*
duplicitat f. *duplicidad*
duquessa f. *duquesa*
1) **dur** v. *llevar* // *traer*

2) **dur, -a** adj. *duro*
durable adj. *duradero*
duració f. *duración*
durada f. *duración*
duramen m. *duramen*
durant prep. *durante*
durar v. *durar*

duresa f. *dureza*
durícia f. *dureza* // *callo*
duro m. *duro*
dutxa f. *ducha*
dutxar v. *duchar*
duumvir m. *duunviro*
dux m. *dux*

E

eben m. *ébano*
ebenista m. *ebanista*
ebenisteria f. *ebanistería*
ebonita f. *ebonita*
ebri, èbria adj. *ebrio*
ebrietat f. *ebriedad, embriaguez*
ebullició f. *ebullición*
eburni, -úrnia adj. *ebúrneo*
eclèctic, -a adj. *ecléctico*
eclecticisme m. *eclecticismo*
eclesiàstic, -a adj. *eclesiástico*
eclipsar v. *eclipsar*
eclipsi m. *eclipse*
eclosió f. *eclosión*
eco m. *eco*
ecologia f. *ecología*
ecològic, -a adj. *ecológico*
ecònom m. *ecónomo*
economat m. *economato*
economia f. *economía*
econòmic, -a adj. *económico*
economista m. i f. *economista*
economitzar v. *economizar*
ecs! interj. *puá!*
ecumènic, -a adj. *ecuménico*
èczema m. *eczema*
edat f. *edad* / — mitjana *edad media*
edema m. *edema*
edèn m. *edén*
edició f. *edición*
edicte m. *edicto*
edificació f. *edificación*
edificant adj. *edificante*
edificar v. *edificar*
edifici m. *edificio*
edil m. *edil*
editar v. *editar*
editor, -a m. i f. *editor*
editorial adj. i m. i f. *editorial*
edredó m. *edredón*
educació f. *educación*
educador, -a adj. *educador*
educand, -a m. i f. *educando*
educar v. *educar*
educatiu, -iva adj. *educativo*

edulcorar v. *edulcorar*
efa f. *efe*
efebus m. *efebo*
efecte m. *efecto*
efectista adj. *efectista*
efectiu, -iva adj. *efectivo*
efectivitat f. *efectividad*
efectuar v. *efectuar*
efemèrides f. pl. *efemérides*
efeminar v. *afeminar*
efeminat, -ada adj. *afeminado*
eferent adj. *eferente*
efervescència f. *efervescencia*
efervescent adj. *efervescente*
eficaç adj. *eficaz*
eficàcia f. *eficacia*
eficient adj. *eficiente*
eficientment adv. *eficientemente*
efígie f. *efigie*
efímer, -a adj. *efímero*
efluent adj. *efluente*
efluir v. *efluir*
efluvi m. *efluvio*
efusió f. *efusión*
efusiu, -iva adj. *efusivo*
efusivitat f. *efusividad*
egeu, -a adj. *egeo*
ègida f. *égida*
egipci, -ípcia m. i f. *egipcio*
egiptologia f. *egiptología*
ègloga f. *égloga*
egocèntric, -a adj. *egocéntrico*
egoisme m. *egoísmo*
egoista adj. *egoísta*
egòlatra m. i f. *ególatra*
egolatria f. *egolatría*
egregi, -ègia adj. *egregio*
egua f. *yegua*
eguada f. *yeguada*
egüer m. *yegüero*
1) eguí, -ina adj. *yeguno*
2) eguí m. *relincho*
eguinar v. *relinchar*
eh? interj. *¿eh?*
ei! interj. *hola!, eh!*

eia! interj. *ea!*

eima f. (V. **esma**)

eina f. *herramienta // utensilio, vasija // pájaro de cuenta, vaina*

eivissenc, -a m. i f. *ibicenco*

1) **eix** m. *eje*

2) **eix, -a** adj. i pron. *ese*

eixabuc m. *chaparrón, chubasco // regaño, trepe // tráfago, trasiego*

eixalar v. *desalar // acortar* (una vela)

eixalbar v. *enlucir, revocar*

eixam m. *enjambre*

eixampla f. *ensanche*

eixamplament m. *ensanchamiento*

eixamplar v. *ensanchar*

eixancar v. *esparrancar, poner a horcajadas*

eixancarrar v. *esparrancar*

eixancarrat, -ada adj. *a horcajadas // extendido, despatarrado*

eixancat, -ada adj. *perniabierto, esparrancado // a horcajadas*

eixarcolar v. *sachar, escardar*

eixarm m. *ensalmo*

eixarmar v. *ensalmar*

eixarreir v. *resecar*

eixarreït, -ida adj. *reseco, enjuto*

eixelebrat, -ada adj. *aturdido, atolondrado*

eixerit, -ida adj. *despejado, vivo, listo*

eixermar v. *podar // desbrozar*

eixida f. *salida // saledizo, alero // galería, patinillo*

eixir v. *salir*

eixorbar v. *cegar*

eixorc, -a adj. *estéril*

eixordador, -a adj. *ensordecedor*

eixordar v. *ensordecer, aturdir*

eixorivir v. *despabilar, animar, avivar*

eixugador, -a adj. *secador, enjugador //* m. *secadero*

eixugamans m. *paño de manos*

eixugaplats m. *albero*

eixugar v. *secar, enjugar // limpiar // agotar*

eixumorar v. *recalar, infiltrar // salpicar //* rfl. *empezar a secarse, rezumar*

eixut, -a adj. *enjuto, seco // a secas //* m. *sequía*

eixutor f. *sequedad*

ejaculació f. *eyaculación*

ejacular v. *eyacular*

ejecció f. *eyección*

el (article masculí) *el //* (article neutre) *lo //* (pronom personal i desmostratiu) *lo, le*

ela f. *ele*

elaboració f. *elaboración*

elaborar v. *elaborar*

elàstic, -a adj. *elástico*

elasticitat f. *elasticidad*

elecció f. *elección*

electe, -a adj. *electo*

electiu, -iva adj. *electivo*

elector, -a m. i f. *elector*

electoral adj. *electoral*

electorat m. *electorado*

electre m. *electro*

elèctric, -a adj. *eléctrico*

electricista m. i f. *electricista*

electricitat f. *electricidad*

electrificar v. *electrificar*

electritzar v. *electrizar*

electró m. *electrón*

electrocutar v. *electrocutar*

elèctrode m. *eléctrodo*

electrodinàmica f. *electrodinámica*

electroimant m. *electroimán*

electròlisi f. *electrólisis*

electròlit m. *electrólito*

electròmetre m. *electrómetro*

electrònic, -a adj. *electrónico*

electroquímic, -a adj. *electroquímico*

electroscopi m. *electroscopio*

electrostàtic, -a adj. *electrostático*

electrotècnia f. *electrotecnia*

electroteràpia f. *electroterapia*

elefant, -a m. i f. *elefante*

elefantíasi f. *elefantíasis*

elegància f. *elegancia*

elegant adj. *elegante*

elegantment adv. *elegantemente*

elegia f. *elegía*

elegíac, -a adj. *elegíaco*

elegir v. *elegir*

element m. *elemento*

elemental adj. *elemental*

elenc m. *elenco*

elevació f. *elevación*

elevar v. *elevar*

elidir v. *elidir*

eli-eli adv. *de capa caída*

eliminació f. *eliminación*

eliminar v. *eliminar*

elisió f. *elisión*

elite f. *elite*

èlitre m. *élitro*

elixir m. *elixir*

ell, -a m. i pron. *él, ella*

el·lipse f. *elipse*

el·lipsi f. *elipsis*

el·líptic, -a adj. *elíptico*

elm m. *yelmo*

elocució f. *elocución*

elogi m. *elogio*

elogiar v. *elogiar*

eloqüència f. *elocuencia*
eloqüent adj. *elocuente*
eloqüentment adv. *elocuentemente*
elucidar v. *elucidar*
elucubració f. *elucubración*
elucubrar v. *elucubrar*
eludir v. *eludir*
elusiu, -iva adj. *elusivo*
em pron. *me*
ema f. *eme*
emaciació f. *emaciación*
emanació f. *emanación*
emanar v. *emanar*
emancipació f. *emancipación*
emancipar v. *emancipar*
embabaiar v. *embabiecar, encantar*
embabaiat, -ada adj. *embabiecado*
embadaliment m. *embeleso*
embadalir v. *embelesar, encantar*
embadocar v. *embobar, embabiecar*
embafador, -a adj. *empalagador*
embafament m. *empalago, empalagamiento*
embafar v. *empalagar*
embafós, -osa adj. *empalagoso*
embalador, -a adj. *embalador*
embalar v. *embalar*
embalatge m. *embalaje*
embalsamament m. *embalsamamiento*
embalsamar v. *embalsamar // perfumar // extasiar*
embalum m. *volumen, bulto, balumba*
embambament m. *embobamiento*
embambar v. *embobar*
embaràs m. *embarazo*
embarassar v. *embarazar*
embaratir v. *abaratar*
embarbussament m. *barboteo, balbuceo*
embarbussar v. *barbotar*
embarc m. (V. **embarcament**)
embarcació f. *embarcación*
embarcada f. *embarque*
embarcador m. *embarcadero*
embarcament m. *embarque*
embarcar v. *embarcar*
embardissar v. *enzarzar, enredar // enmarañar*
embarg m. (V. **embargament**)
embargament m. *embargo*
embargar v. *embargar*
embarrancar v. *embarrancar*
embassada f. *embalse, charca // aglomeración, apelotonamiento*
embassament m. *encharcamiento // rebalsa, embalse*
embassar v. *embalsar // encharcar*
embasta f. *hilván, embaste*

embastar v. *hilvanar*
embat m. *briza, virazón // embate*
embatol m. *brisita*
embebeït, -ida adj. *embobado, atontado*
embegut, -uda adj. *embebido // embebecido*
embeinar v. *envainar*
embellir v. tr. *embellecer //* intr. *dar. gozo*
embenar v. *vendar*
embenat m. *vendaje*
embeneitir v. *atontar*
embetumar v. *embetunar // pintar // encalar // embaucar*
embeure v. *embeber // embebecer*
embiaixar v. *sesgar*
embigada f. *envigado*
embigat m. *envigado*
emblanquinada f. *encalado, enjalbegamiento*
emblanquinar v. *blanquear, emblancar, enjalbegar // embaucar*
emblanquinat m. *encalado*
emblanquir v. *blanquear*
emblavir v. *azular*
emblema m. *emblema*
emboç m. *embozo*
embocadura f. *embocadura*
embocar v. *embocar*
emboçar v. *embozar*
embogir v. *enloquecer*
emboirar v. *nublar*
èmbol m. *émbolo*
embolcall m. *envoltorio*
embolcallar v. *envolver*
embòlia f. *embolia*
embolic m. *lío*
embolicar v. *envolver // enredar, enmarañar, liar*
embornal m. *imbornal*
emborratxar v. *emborrachar*
emboscada f. *emboscada*
emboscar v. *emboscar*
embossar v. *embolsar*
embotellar v. *embotellar*
embotir v. *embutir, rellenar // engastar // apretar // tragar*
embotit m. *embutido*
embotonar v. *abotonar, abrochar // coger, agarrar // embaucar, engatusar*
embotornar v. *hinchar // cargar*
embragar v. *embragar*
embragatge m. *embrague*
embrancar v. *empalmar //* rfl. *enramarse //* rfl. *enredarse*
embranzida f. *impulso, arranque*
embravir v. *embravecer, irritar, enfurecer*
embriac, -aga adj. *ebrio, borracho, embriagado*

embriagar v. *embriagar*
embriaguesa f. *embriaguez*
embridar v. *embridar*
embrió m. *embrión*
embriologia f. *embriología*
embrionari, -ària adj. *embrionario*
embroll m. *embrollo*
embrolla f. *embrollo* // *trampa, enredo* // *embustero, trapacero*
embrollador, -a m. i f. *embrollador, embrollón*
embrollar v. *embrollar* // *engañar*
embromament m. *resfriado, constipado*
embromar v. *nublar* // *embriagar* // *resfriar, constipar* // *embromar*
embruix m. *embrujo*
embruixament m. *embrujo*
embruixar v. *embrujar*
embruscar v. *achispar* // *encaprichar*
embruscat, -ada adj. *achispado* // *malhumorado* // *encaprichado*
embrutar v. *ensuciar*
embrutidor, -a adj. *embrutecedor*
embrutiment m. *embrutecimiento*
embrutir v. *embrutecer* // *ensuciar*
embui m. (V. **embull**)
embuiar v. (V. **embullar**)
embuiós, -osa adj. (V. **embullós**)
embull m. *maraña, embrollo, lío* // *enredo, trampa*
embullar v. *enmarañar, enredar*
embullós, -osa adj. *enredador, tramposo*
embús m. *atasco, obstrucción* // *empacho*
embussament m. *atascamiento, obstrucción*
embussar v. *obstruir, atascar*
embut m. *embudo* // *tartajeo*
embutllofar v. *levantar ampollas*
embutxacar v. *embolsar*
emergència f. *emergencia*
emergir v. *emerger*
emersió f. *emersión*
emètic, -a adj. *emético*
emetre v. *emitir*
èmfasi m. *énfasis*
emfasitzar v. *enfatizar*
emfàtic, -a adj. *enfático*
emfisema m. *enfisema*
emigració f. *emigración*
emigrant m. i f. *emigrante*
emigrar v. *emigrar*
eminència f. *eminencia*
eminent adj. *eminente*
eminentment adv. *eminentemente*
emir m. *emir*
emirat m. *emirato*
emissari m. *emisario*

emissió f. *emisión*
emissor, -a m. i f. *emisor*
emissora f. *emisora*
emmagatzemar v. *almacenar*
emmagatzemament m. *almacenaje*
emmagrir v. *enflaquecer*
emmalaltir v. *enfermar*
emmandrir v. *emperezar*
emmanillar v. *esposar*
emmanllevar v. *pedir prestado, tomar en préstamo*
emmarament m. *enmadramiento*
emmarar-se v. *enmadrarse*
emmarat, -ada adj. *enmadrado*
emmarcar v. *enmarcar*
emmascara f. *tizne*
emmascarar v. *tiznar*
emmelar v. *enmelar*
emmenar v. *llevarse*
emmerdar v. *emporcar, ensuciar*
emmerlat, -ada adj. *almenado*
emmetxar v. *empalmar, enmechar, ensamblar*
emmetzinador, -a m. i f. *envenenador*
emmetzinament m. *envenenamiento*
emmetzinar v. *envenenar, emponzoñar*
emmidonar v. *almidonar*
emmirallar v. *espejar*
emmordassar v. *amordazar*
emmorenir v. *tostar*
emmotllar v. *amoldar* // *moldear*
emmotllurar v. *moldurar*
emmudir v. *enmudecer*
emmular-se v. *enfurruñarse*
emmurallar v. *amurallar*
emmurriar v. *enfurruñar*
emmusteir v. *marchitar, mustiar*
emoció f. *emoción*
emocionant adj. *emocionante*
emocionar v. *emocionar*
emol·lient adj. *emoliente*
emolument m. *emolumento*
emotiu, -iva adj. *emotivo*
emotivitat f. *emotividad*
empadronament m. *empadronamiento*
empadronar v. *empadronar*
empaitar v. *acosar, perseguir*
empalar v. *empalar*
empallar v. *empajar*
empal·lidir v. *palidecer*
empalmar v. *empalmar*
empanada f. *empanada* // *entruchado*
empanar v. *empanar* // *aplastar*
empantanar v. *empantanar, atascar*
empantanegar v. *empantanar, atascar*
empanxar v. *empachar, indigestar*

empaperar v. *empapelar*
empapussament m. *abigarramiento*
empapussar v. *abigarrar, amazacotar // embuchar // tragar, atracarse // atragantar // pringar*
empapussat, -ada adj. *abigarrado, confuso, amazacotado // m. abigarramiento, mazacote*
empaquetar v. *empaquetar*
empara f. *amparo, resguardo // embargo*
emparament m. *embargo*
emparar v. *embargar // apoderarse, tomar // amparar // sostener // aparar, aguantar, coger // evitar, impedir*
emparaular v. *apalabrar*
empardalat, -ada adj. *parado, indeciso*
emparedar v. *emparedar*
emparedat m. *emparedado*
emparentar v. *emparentar*
emparrar v. *emparrar, enroscar // rfl. atascarse*
emparrat m. *emparrado*
empassar v. *engullir, tragar*
empastar v. *empastar*
empastat m. *empaste, empastado*
empastenagar v. *pringar // empantanar, atascar*
empastifar v. *pringar // ensuciar*
empastissar v. (V. **empastifar**)
empatament m. *empate*
empatar v. *empatar*
empatollar v. *inventar, enredar, decir* (cosas falsas o mal dichas)
empatx m. *empacho // embarazo, cortedad*
empatxar v. *empachar // rfl. ocuparse, cuidar, preocuparse*
empedrar v. *empedrar*
empedrat m. *empedrado*
empedreir v. *petrificar, endurecer // rfl. apelmazarse*
empegueidor, -a adj. *vergonzoso, tímido // no tenir — no tener vergüenza*
empegueïment m. *vergüenza, rubor*
empegueir v. *avergonzar, ruborizar*
empelt m. *injerto*
empeltar v. *injertar // — la pigota* vacunar contra la viruela
empenta f. *empuje, empujón // fuerza, brío*
empenya f. *empeine // empella, pala*
empènyer v. *empujar*
empenyorar v. *pignorar, empeñar*
emperador m. *emperador // (peix) pez espada // (ocell) ostrero*
emperadriu f. *emperatriz*
emperesir v. *emperezar*
empernar v. *atornillar, empernar // rfl. atas-*

carse // rfl. *empeñarse, obstinarse*
emperò conj. *pero, empero // m. pero, dificultad / trobar molts emperons encontrar muchos peros*
emperpalar v. *agarrotar, poner tieso*
empès, -esa adj. *empujado // entornado // entrado en años*
empescar v. *forjar, idear*
empestar v. *apestar*
empetitir v. *empequeñecer*
empinar v. *empinar, enderezar, alzar*
empinat, -ada adj. *empinado, tieso // elevado*
empiocar-se v. *enfermar*
empipador, -a adj. *cargante, fastidioso*
empipament m. *fastidio*
empipar v. *cargar, fastidiar*
empiri, -íria adj. *empíreo*
empíric, -a adj. *empírico*
empirisme m. *empirismo*
empirreume m. *lío, estorbo*
empitada f. *repecho*
empitjorar v. *empeorar*
empiulat, -ada adj. *emperifollado // presumido // irritado*
emplaçament m. *emplazamiento*
emplaçar v. *emplazar*
emplastre m. *emplasto*
empleat, -ada m. i f. *empleado*
emplenar v. *llenar*
emplomat, -ada adj. *a plomo*
emplujar-se v. *meterse en lluvia*
emplujat, -ada adj. *lluvioso*
empobriment m. *empobrecimiento*
empobrir v. *empobrecer*
empolainar v. *acicalar, ataviar*
empolsar v. *empolvar*
empolsegar v. *empolvar*
empolvar v. *empolvar*
empolvorar v. *empolvar*
emporcar v. *emporcar, ensuciar*
empordanès, -esa m. i f. *ampurdanés*
empori m. *emporio*
emportar-se v. *llevarse*
emporuguit, -ida adj. *amedrentado*
empostar v. *entablar*
empostissar v. *entablar*
empostissat m. *entablado, tablazón*
empotar v. *envasar en botes*
empotinar v. *ensuciar*
empotrar v. *empotrar*
emprar v. *tomar prestado // prestar // usar, emplear // rfl. servirse (de)*
empremta f. *impronta, sello*
emprendre v. *emprender // abordar // rfl. tomarse libertades*
emprenedor, -a adj. *emprendedor*

empreny m. *fastidio*
emprenyador, -a adj. *fastidioso*
emprenyament m. *preñez, embarazo //* fasti-dio
emprenyar v. *preñar, embarazar //* empre-ñar, cargar, jorobar, fastidiar
empresa f. *empresa*
empresari, -ària m. i f. *empresario*
empresonament m. *prisión, encarcelamiento*
empresonar v. *aprisionar, encarcelar*
empréstec m. *préstamo*
emprèstit m. *empréstito*
empriu m. *uso, empleo*
emproar v. *emproar*
emprovar v. *probar*
empudegar v. *apestar*
empunyadura f. *empuñadura*
empunyar v. *empuñar*
èmul, -a m. i f. *émulo*
emulació f. *emulación*
emular v. *emular*
emulsió f. *emulsión*
1) **en** prep. *en, a //* (davant certs verbs) *de*
2) **en** pron. i adv. *de allí, de ello, de él, de ella* (en frases como "no en tenim", "ara en venim", "en parlarem")
ena f. *ene*
enagos m. pl. *enaguas*
enaltiment m. *enaltecimiento*
enaltir v. *enaltecer*
enamoradís, -issa adj. *enamoradizo //* inci-tante, seductor
enamorament m. *enamoramiento*
enamorar v. *enamorar*
enamorat, -ada adj. *enamorado //* m. *aman-te //* m. *novio*
enamoriscar v. *enamoriscar*
enarborar v. *enarbolar //* alzar, levantar
enardiment m. *enardecimiento*
enardir v. *enardecer*
enastar v. *espetar, ensartar*
ençà adv. *acá, aquende //* **d'ençà** *desde // —* **i enllà** *aquí y allá*
encabir v. *meter, hacer caber*
encaboriar v. *preocupar*
encabotament m. *empeño, emperramiento*
encabotar-se v. *empeñarse, emperrarse*
encabritar-se v. *encabritarse*
encadellar v. *ensamblar //* machihembrar // engastar
encadenament m. *encadenamiento*
encadenar v. *encadenar //* ensartar, engarzar // ligar, eslabonar, encadenar
encaix m. *encaje*
encaixada f. *apretón de manos*
encaixar v. *encajar //* estrechar las manos

encaixonar v. *encajonar*
encalafornar v. *amadrigar, encovar*
encalaixar v. *encajonar*
encalç m. *persecución, alcance //* sofrenada, reprimenda
encalçar v. *perseguir*
encalcinar v. *encalar*
encalentidor m. *calentador*
encalentir v. *calentar*
encalitjar v. *embrumar*
encallador m. *encalladero //* atascadero
encallar v. *encallar*
encallir v. *encallecer*
encalmar v. *encalmar*
encamellar v. intr. *ponerse a horcajadas //* intr. *entrecruzar las piernas //* rfl. *encara-marse, subirse*
encaminar v. *encaminar*
encanonar v. *encañonar //* entubar // encani-llar
1) **encant** m. *encanto*
2) **encant** m. *subasta, almoneda //* pl. *bara-tillo, rastro*
encantador, -a adj. *encantador*
encantament m. *encantamiento, encanto*
1) **encantar** v. *encantar, hechizar //* rfl. *em-belesarse, embebecerse, atontarse*
2) **encantar** v. *subastar*
encanteri m. *encanto, filtro mágico*
encanyar v. *encañar, enrodrigonar*
encanyissada f. *encañado, arriate //* encañi-zada
encanyissat m. *encañado*
encaparrar v. *cargar la cabeza //* marear // rfl. *preocuparse*
encaparrotar-se v. *empeñarse, emperrarse*
encapçalament m. *encabezamiento*
encapçalar v. *encabezar*
encapirronar-se v. *emperrarse*
encapotar v. *encapotar*
encapritxar v. *encaprichar*
encapsar v. *encajar, encajonar, embalar*
encaputxar v. *encapuchar*
encara adv. *aun, todavía //* además // **— que** *aunque, aun cuando*
encaradís, -issa adj. *caprichudo, terco*
encaragolar v. *enroscar, ensortijar*
encaramelat, -ada adj. *encaramelado*
encaramellar-se v. *encaramarse*
encarament m. *antojo, capricho*
encarar v. *encarar //* rfl. *encapricharse, em-peñarse // garantizar*
encarcarament m. *envaramiento, tiesura*
encarcarar v. *envarar*
encarcarat, -ada adj. *tieso, rígido, envarado*
encarida f. *subida (de precios)*

encarir v. *encarecer*
encarnació f. *encarnación*
encarnadura f. *encarnadura*
encarnar v. *encarnar*
encarnat, -ada adj. *encarnado* // — **i blau** *sanquintín, follón, jaleo*
encàrrec m. *encargo*
encarregar v. *encargar*
encarrilar v. *encarrilar*
encartar v. *encartar, escriturar*
encartonar v. *encartonar* // *acartonar* // rfl. *entumirse, entumecerse*
encasellar v. *encasillar*
encasellat m. *encasillado*
encasquetar v. *encasquetar*
encast m. *engaste*
encastar v. *engastar*
encastellar v. *encastillar* // *apilar* // rfl. *encaramarse, encumbrarse*
encaterinar v. *encalabrinar, emperrar*
encaterinat, -ada adj. *preocupado, embebido* // *encaprichado, emperrado*
encatifar v. *alfombrar*
encativar v. *cautivar*
encatxofar v. *encerrar* // rfl. *repantigarse, arrellanarse*
encauar v. *amadrigar, encovar* // rfl. *encerrarse, esconderse, recluirse*
encausar v. *encausar*
encavalcar v. *montar* // *encabalgar* // rfl. *cabalgar, montarse*
encavallar · v. *encabalgar*
enceb m. *cebo*
encebar v. *cebar*
encèfal m. *encéfalo*
encegament m. *cegamiento, obcecación*
encegar v. *cegar* // *ofuscar, obcecar*
encenall m. *encendedor, botafuego* // *fagina, enjuto* // *viruta* // *cachete, castaña*
encendre v. *encender*
encenedor m. *encendedor*
encens m. *incienso*
encensada f. *incensación*
encensar v. *incensar*
encenser m. *incensario*
encerar v. *encerar*
encerclar v. *rodear*
encercolar v. *enarcar, anillar*
encert m. *acierto*
encertar v. *acertar*
encès, -esa adj. *encendido*
encetar v. *encentar* // *empezar* // *escoriar, desollar*
enciam m. *ensalada* // (planta) *lechuga*
enciamada f. *ensalada*
enciamera f. *ensaladera*

encíclica f. *encíclica*
enciclopèdia f. *enciclopedia*
enciclopedisme m. *enciclopedismo*
enciclopedista m. i f. *enciclopedista*
encimbellar v. *encumbrar, encaramar* // *colmar*
encinglerat, -ada adj. *enriscado*
encinta adj. f. *encinta, embarazada*
enciriar v. *entiesar, envarar*
enciriat, -ada adj. *tieso, erguido, envarado*
encís m. *hechizo*
encisador, -a adj. *hechicero, encantador*
encisar v. *hechizar, encantar*
encistellar v. *encistar* // *combinar, tramar*
encitronar v. *acicalar, emperejilar* // *vestir, arreglar* // *empingorotar*
enclaustrar v. *enclaustrar*
enclavar v. *enclavar, clavar*
encletxa f. *rendija*
enclotar v. *hundir, ahoyar* // *ahuecar*
enclotxar v. *meter*
encloure v. *encerrar* // *incluir, contener* // *cerrar* // *coger, atrapar*
enclusa f. *yunque*
encobeir v. *cobijar, tomar con amor* // *preocupar* // **no poder** — *no poder sufrir*
encobridor, -a m. i f. *encubridor*
encobrir v. *encubrir*
encoixinar v. *almohadillar*
encolar v. *encolar*
encolerir v. *encolerizar*
encollir v. *encoger*
encolomar v. *endosar* // *engatusar*
encomanadís, -issa adj. *contagioso, pegadizo*
encomanar v. *encomendar* // *encargar* // *contagiar, pegar*
encomi m. *encomio*
encomiar v. *encomiar*
encomiàstic, -a adj. *encomiástico*
encongiment m. *encogimiento*
encongir v. *encoger*
encontinent adv. *en seguida*
encontorn m. *contorno, alrededores*
encontrada f. *encuentro, choque, derrumbamiento* // *contornos, alrededores* // *región*
encontrar v. *encontrar*
encontrat, -ada adj. *opuesto, encontrado* // *contrahecho, baldado, tullido*
encontre m. *encuentro, choque* // *adversidad, contrariedad*
encoratjar v. *alentar, animar*
encorbar v. *curvar, doblar*
encorregut, -uda adj. *corrido, avergonzado*
encórrer v. *incurrir* // rfl. *avergonzarse*
encortinar v. *encortinar, poner colgaduras*
encreuament m. *cruce*

encreuar v. *cruzar* // *entrecruzar*
encruelir v. *encruelecer*
encruia f. *candileja*
encuny m. *cuño*
encunyar v. *acuñar*
endarrer adv. *deseoso* // **dur fam** (o **son**) — *llevar hambre* (o *sueño*) *atrasada* // **anar** — (d'una cosa) *sentir curiosidad, tener deseo de averiguar* // **tenir un** — o **quedar** — *quedar con deseo*
endarrera o **endarrere** adv. *atrás*
endarreriar-se v. *atrasarse* (en los pagos)
endarreriatges m. pl. *atrasos* (en los pagos)
endarreriment m. *atraso, retraso*
endarrerir v. *atrasar* // rfl. *retrasarse, atrasarse*
endarrerit, -ida adj. *atrasado, retrasado, rezagado*
endavant adv. *adelante* // — **les atxes!** *adelante con los faroles!* / **tenir temps per** — *tener tiempo por delante* / **d'ara** — o **d'avui** — *de hoy en adelante* / **pagar** — o **pagar per** — *pagar por adelantado*
endebades adv. *en vano*
endegar v. *arreglar, ordenar, encauzar*
l'endemà adv. *al día siguiente, al otro día* / — **passat** *dos días después*
endemés adv. *además, a más, por lo demás*
endemesa f. *estropicio* // *fechoría*
endèmia f. *endemia*
endèmic, -a adj. *endémico*
endemisme m. *endemismo*
enderg adv. *en orden, arreglado*
enderiament m. *empeño, capricho*
enderiar-se v. *empeñarse, preocuparse*
enderroc m. *derribo* // *cascote, escombros*
enderrocament m. *derribo, demolición*
enderrocar v. *derrocar, derribar, demoler*
enderrossall m. *desmoronamiento, derrumbamiento*
endeutament m. *deudas, entrampamiento*
endeutar v. *endeudar* // rfl. *empeñarse, entramparse, contraer deudas*
endeví, -ina m. i f. *adivino* / **a l'**— *a tientas, a oscuras*
endevinació f. *adivinación*
endevinador, -a m. i f. *adivino*
endevinaire m. i f. *adivino*
endevinalla f. *adivinanza, acertijo*
endevinar v. *adivinar* // *acertar*
endevineta f. (V. **endevinalla**)
endiablat, -ada adj. *endiablado*
endidalar v. *endedalar* // *pringar* // *embarazar, atrampar*
endimoniat, -ada adj. *endemoniado* // *endiablado*

endins adv. *adentro*
endinsada f. *hueco, cavidad*
endinsar v. *meter, introducir* // rfl. *penetrar, introducirse, adentrarse*
endintre adv. *adentro*
endiumenjar v. *acicalar, endomingar* // *adornar* // *arreglar, componer*
endívia f. *escarola*
endocardi m. *endocardio*
endocarpi m. *endocarpio*
endocrí, -ina adj. *endocrino*
endolar v. *enlutar*
endolcir v. *endulzar* // *suavizar*
endoll m. *enchufe*
endollar v. *enchufar*
endomassada f. *colgaduras*
endomassar v. *cubrir de damasco* // *colgar, poner colgaduras* // intr. *ruborizarse*
endormiscament m. *adormecimiento*
endormiscar v. *adormecer*
endormissat, -ada adj. *adormilado*
endós m. *endoso*
endossar v. *endosar*
endosserar v. *doselar*
endrapar v. *entrapajar* // *tragar, embuchar, devorar*
endreç m. *enderezo, arreglo* // pl. *amaños, bártulos* // **mals endreços** *trastos*
endreça f. *aderezo, disposición* // *cuidado, limpieza,* // *dirección, señas* // *dedicatoria* // *juego, aderezo*
endreçar v. *enderezar, dirigir, encaminar o guiar* // *arreglar, componer, asear*
endreçat, -ada adj. *enderezado, encaminado* // *aseado* // *cuidadoso*
endret, -a adj. *derecho, diestro* // m. *anverso, haz* / **a son** — *a derechas* // prep. — *de enfrente de, frente a*
endropir v. *apoltronar, emperezar*
enduriment m. *endurecimiento*
endurir v. *endurecer*
endur-se v. *llevarse*
enemic, -iga m. i f. *enemigo*
enemistar v. *enemistar*
enemistat f. *enemistad*
energia f. *energía*
enèrgic, -a adj. *enérgico*
energumen m. *energúmeno*
enervament m. *enervamiento*
enervant adj. *enervante*
enervar v. *enervar*
enèsim, -a adj. *enésimo*
enfadar v. *enfadar, enojar*
enfadós, -osa adj. *enfadoso*
enfaixar v. *fajar*
enfangar v. *enfangar, enlodar* // *atascar, encallar*

enfarfec m. *fárrago, hacinamiento*
enfarfegar v. *recargar*
enfarinar v. *enharinar* // *empolvar* // *espolvorear, blanquear*
enfaristolar-se v. *envararse* // *enfadarse, irritarse*
enfebrar v. *enfebrecer, acalenturar*
enfeinat, -ada adj. *atareado*
enfermer, -a m. i f. *enfermero*
enfermeria f. *enfermería*
enfermetat f. *enfermedad*
enfervorir v. *enfervorizar*
enfilada f. *sarta, ristra*
enfiladís, -issa adj. *trepador*
enfilall m. *sarta, ristra, retahíla*
enfilar v. *enhebrar* // *ensartar* // *enfilar* // rfl. *enredarse, trepar* // rfl. *encaramarse* // rfl. *subir* // rfl. *enfadarse, irritarse*
enfit m. *empacho* // *molestia*
enfitada f. *empacho*
enfitament m. *empacho* // *molestia*
enfitar v. *ahitar* // rfl. *empacharse, ahitarse* // *poner mugriento* // *cargar, fastidiar*
enfitós, -osa adj. *molesto, cargante*
enfocar v. *enfocar*
enfollir v. *enloquecer*
enfondir v. *ahondar* // *hundir*
enfonsada f. *hundimiento*
enfonsament m. *hundimiento*
enfonsar v. *hundir*
enfony m. *escondrijo, cavidad, hueco* // *chiribitil, tabuco*
enfonyar v. *hundir* // *meter, entrar*
enfora adv. i prep. *afuera* // *lejos* / **fer-se —** *alejarse* / **d'aquí —** *desde aquí* / **d'una hora —** *desde una hora de distancia*
enforinyar v. *meter* // *hurgar*
enformador m. *formón*
enformar v. *ahormar*
enfornar v. *ahornar, enhornar* // *tragar, engullir* // *espetar, hundir, meter*
enforquillar v. *ensartar*
enfortiment m. *fortalecimiento, endurecimiento*
enfortir v. *fortalecer* // *fortificar* // *endurecer*
enfosqueir v. (V. **enfosquir**)
enfosquiment m. *oscurecimiento*
enfosquir v. *oscurecer*
enfredoriment m. *enfriamiento*
enfredorir v. *enfriolar*
enfront adv. prep. *enfrente* // m. *fachada*
enfrontar v. *enfrentar*
enfundar v. *enfundar*
enfurir v. *enfurecer*
enfurismar v. *enfurecer*
enfurrunyar v. *enfurruñar*

enfustar v. *enmaderar*
engabiar v. *enjaular*
engafetar v. *abrochar* // *encadenar* // *pegar*
engalanar v. *engalanar*
engalavernar v. *envarar, trabar*
engalfonar v. *engoznar*
engalipar v. *embaucar, engatusar*
engallar v. *engallar, levantar* // rfl. *encresparse*
engaltar v. *encajar, encarrillar* // *encarar* // *abofetear* // *espetar* // *encararse*
engalzar v. tr. *ensamblar* // intr. *engastarse, ajustar*
engan m. (V. **engany**)
enganar v. (V. **enganyar**)
engandulir v. *emperezar*
enganxada f. *enganchamiento, cogida*
enganxar v. *enganchar* // *atrapar, coger* // *uncir* // *pillar, pescar* // *pegar, adherir*
enganxós, -osa adj. *enganchadizo* // *pegajoso*
engany m. *engaño*
enganyabadocs m. *engañabobos*
enganyar v. *engañar*
enganyifa f. *engañifa*
enganyós, -osa adj. *engañoso*
engarbar v. *agavillar*
engargussar v. *atragantar* // *obstruir, taponar*
engarjolar v. *enchiquerar, encerrar* // *engullir, tragar*
engatar v. *emborrachar* // *marear* // *engatusar*
engatjar v. *comprometer*
engatussar v. *engatusar* // *encalabrinar*
engavanyar v. *embarazar, engabanar*
engavatxar v. *empachar*
engegada f. *expulsión, despido* // *suelta* // *disparo*
engegar v. *soltar* // *expulsar, despedir* // *lanzar, disparar* // *poner en marcha*
engelosir v. *dar celos, encelar* // rfl. *ponerse celoso*
engendrar v. *engendrar*
enginy m. *ingenio*
enginyar v. *ingeniar*
enginyer m. *ingeniero*
enginyeria f. *ingeniería*
enginyós, -osa adj. *ingenioso*
engiponar v. *arreglar, enjaretar*
englobar v. *englobar*
englotir v. *englutir, engullir, tragar*
engolament m. *engolamiento*
engolar v. *engullir, tragar* // rfl. *engolarse* // *engolar* (la voz)
engolfar v. *engolfar*
engolidor, -a adj. *devorador* // m. *sumidero*
engolir v. *engullir, tragar*

engomar v. *engomar*
engonal m. *ingle*
engortonir v. *emperezar*
engraellat m. *emparrillado // zampeado*
engramponador m. *destornillador*
engramponar v. *atornillar*
engranar v. *engranar*
engranatge m. *engranaje*
engrandiment m. *agrandamiento, ensancha-
   miento*
engrandir v. *agrandar, ensanchar*
engrapar v. *empuñar, agarrar*
engreix m. *engorde*
engreixar v. *engordar*
engreixinar v. *pringar*
engrescador, -a adj. *entusiasmador*
engrescament m. *entusiasmo*
engrescar v. *entusiasmar*
engrillonar v. *engrilletar, esposar*
engroguir v. *amarillecer*
engronsadora f. *columpio // mecedora*
engronsar v. *mecer, columpiar // balancear*
engrony m. *empacho, molestia*
engronyament m. *malhumor, enfado*
engronyar-se v. *enfurruñarse*
a l'engròs *al por mayor*
engrossir v. *engrosar, engordar*
engruna f. *migaja // pizca*
engrunar v. *chafar, aplastar // estrujar // des-
   menuzar*
engrut m. *engrudo // mugre*
enguantat, -ada adj. *enguantado*
enguany adv. *este año, hogaño*
enguixar v. *enyesar, escayolar*
enhorabona f. *enhorabuena, parabién*
enigma m. *enigma*
enigmàtic, -a adj. *enigmático*
enjogassar-se v. *retozar*
enjoiar v. *enjoyar*
enjudiciar v. *enjuiciar*
enlairament m. *elevación*
enlairar v. *elevar, alzar*
enlaire adv. *en alto // en vano, inútilmente*
enllà adv. *allá // allende, más allá // más
   arriba // **ençà i** — aquí y allá*
enllaç m. *enlace*
enllaçar v. *enlazar*
enllagrimar-se v. *enlagrimarse*
enllaminir v. *engolosinar*
enllefiscar v. *empringar, pringar*
enllepolir v. *engolosinar*
enllestir v. *concluir, terminar // aprontar //
   hacer limpieza*
enlletgir y. *afear*
enllitar v. *encamar*
enlloc adv. (en frases interrogatives i condi-

cionals) *en alguna parte, en algún sitio; a
alguna parte, a algún sitio* // (en frases ne-
gatives) *en ninguna parte, en ningún sitio;
a ninguna parte, a ningún sitio*
enllosar v. *enlosar*
enllotar v. *enlodar*
enlluentir v. *abrillantar*
enlluernament m. *deslumbramiento*
enlluernar v. *deslumbrar*
enllumenar v. *iluminar, alumbrar*
enllustrabotes m. *limpiabotas*
enllustrar v. *enlustrar, abrillantar*
enmig adv. i prep. *en medio*
ennegrir v. *ennegrecer*
ennigular-se v. (V. **ennuvolar-se**)
ennoblir v. *ennoblecer*
ennuegar v. *atragantar*
ennuvolar-se v. *nublarse*
enorgullir v. *enorgullecer*
enorme adj. *enorme*
enormitat f. *enormidad*
enquadernació f. *encuadernación*
enquadernador, -a m. i f. *encuadernador*
enquadernar v. *encuadernar*
enquadrar v. *encuadrar*
enquesta f. *encuesta // información*
enquimerar v. *enfadar, irritar // encaprichar*
enquistar v. *enquistar*
enquitranar v. *alquitranar*
enrabiada f. *rabieta, berrinche*
enrabiar v. *irritar // rfl. rabiar, irritarse*
enrajolar v. *enladrillar, embaldosar*
enrajolat m. *piso, suelo, enladrillado*
enramada f. *enramada*
enramar v. *enramar*
enrampar v. *acalambrar // entumecer // rfl.
   enrigidecerse*
enraonador, -a adj. *hablador, charlador*
enraonar v. *razonar, tratar // conversar, ha-
   blar*
enraonat, -ada adj. *razonable*
enraonia f. *conversación // pl. habladurías*
enrarir v. *enrarecer*
enravenar v. *entiesar // intr. levantar // rfl.
   aterirse // rfl. erguirse*
enredaire adj. *enredador*
enredar v. *enredar // entretener // rfl. retar-
   darse // rfl. aterirse*
enregistrar v. *registrar*
enreixar v. *enrejar*
enrenou m. *ruido, estrépito // alboroto, de-
   sorden*
enrere o **enrera** adv. *atrás / **fer-se** — volver-
   se atrás, retroceder / **feina** — trabajo atra-
   sado / **dur fam** — llevar hambre atrasada*
enretirar v. *retirar // rfl. parecerse, tener pa-
   recido*

enrevenxinar v. *erizar, encrespar* // rfl. *enfadarse, irritarse*
enrevés m. *reverso, revés*
enrevessar v. *enrevesar*
enriallar v. (V. **enriolar**)
enriolar v. *alegrar, poner risueño*
enriquir v. *enriquecer*
enrivetar v. *ribetear*
enrobustir v. *robustecer*
enrocar v. *endurecer* // *enrocar* // *enriscar* // *atascar, parar*
enrodillar v. *arrollar, enroscar*
enrogallar v. *enronquecer*
enrogir v. *enrojecer*
enrojolament m. *rubor, sonrojo*
enrojolar v. *enrojecer* // rfl. *ruborizarse, sonrojarse*
enrolar v. *enrolar*
enronquir v. *enronquecer*
enroscar v. *enroscar*
enrossir v. *enrubiar*
enrotllar v. *arrollar, enrollar* // *poner en corro, poner alrededor*
enrunar v. *derrocar, arruinar* // rfl. *derrumbarse*
1) **ens** m. *ente*
2) **ens** pron. *nos*
ensabonada f. *jabonadura*
ensabonar v. *enjabonar* // *dar coba*
ensagnar v. *ensangrentar*
ensaïmada f. *ensaimada*
ensalada f. *ensalada*
ensalivar v. *ensalivar*
ensangonar v. *ensangrentar*
ensarronada f. *engañifa, embaucamiento*
ensarronar v. *enzurronar* // *engañar*
ensellar v. *ensillar*
ensems adv. *juntamente, al mismo tiempo*
ensensat, -ada adj. *insensato* // *embobado, atontado*
ensenya f. *enseña*
ensenyament m. *enseñanza*
ensenyança f. *enseñanza*
ensenyar v. *enseñar*
ensenyorir v. *aseñorar* // rfl. *apoderarse, enseñorearse*
enseuar v. *ensebar, engrasar* // *dar coba*
ensibornar v. *embaucar, engatusar*
ensinistrar v. *adiestrar*
ensivellar v. *enhebillar* // *pegar, dar* (un golpe)
ensofrar v. *azufrar*
ensoldemà adv. (vg.) *al día siguiente*
ensonyar v. *adormilar*
ensonyat, -ada adj. *soñoliento*
ensopec m. *tropiezo*

ensopegada f. *tropiezo, tropezón*
ensopegar v. *tropezar* // *topar, encontrar* // *acertar* // rfl. *acaecer, coincidir*
ensopiment m. *amodorramiento*
ensopir v. *amodorrar*
ensopit, -ida adj. *amodorrado*
ensordir v. *ensordecer*
ensorrar v. *encallar* // *hundir*
ensostrar v. *techar, cubrir*
ensotar v. *hundir*
ensucrar v. *azucarar*
ensulsiar-se v. *derrumbarse*
ensumada f. *husmeo*
ensumar v. *husmear, oler*
ensunya f. *enjundia*
ensuperbir v. *ensoberbecer*
ensurt m. *susto*
entabanador, -a adj. *asfixiante, sofocante*
entabanar v. *asfixiar, marear* // *embaucar, engatusar*
entaforar v. *meter, zampuzar*
entallar v. *entallar, tallar*
entapissar v. *tapizar*
entatxonar v. *embrocar, clarvar*
entaulament m. *entablamiento* // *entablamento*
entaular v. *entablar*
entaular-se v. *sentarse a la mesa*
entebeir v. *entibiar*
enteixinat m. *artesonado*
entelar v. *empañar*
entelèquia f. *entelequia*
entèmer-se v. *percatarse, darse cuenta*
entendre v. *entender*
entendridor, -a adj. *enternecedor*
entendrir v. *enternecer*
entenebrir v. *enternebrecer*
1) **entenedor, -a** adj. *entendedor*
2) **entenedor, -a** adj. *entendible, inteligible*
entenent adj. *inteligente* // **donar** — *dar a entender*
enteniment m. *entendimiento*
entenimentat, -ada adj. *sensato, sesudo*
enter, -a adj. *entero*
enterbolir v. *enturbiar*
enterc, -a adj. *tieso* // *terco, duro, díscolo*
enteresa f. *entereza*
enterrador, -a adj. *enterrador, sepulturero*
enterrament m. *entierro*
enterramorts m. *enterrador, sepulturero*
enterrar v. *enterrar*
enterro m. *entierro*
entès, -esa adj. *entendido*
entesa f. *inteligencia, acuerdo*
entestar v. *entestar* // rfl. *empeñarse*
entitat f. *entidad*

entollar v. *encharcar* // *anegar* // *encenagar*
entomologia f. *entomología*
entonació f. *entonación*
entonar v. *entonar*
entonat, -ada adj. *entonado* // *engreído, presumido*
entorcillar v. *entorcijar*
entorn prep. *en torno, alrededor* // m. *contorno* // m. *zócalo, rodapié* // m. pl. *contornos, alrededores.*
entornar v. *rodear* // rfl. *volverse, irse* // rfl. *contraerse, encogerse*
entornpeu m. *rodapié*
entorpir v. *entorpecer*
entortolligar v. *enroscar*
entorxat m. *entorchado*
entossudir v. *empeñar, obstinar*
entovar v. *enladrillar*
entrada f. *entrada*
entrampar v. *entrampar*
entrant adj. *entrante* // m. *principio* (plato)
entranya f. *entraña*
entranyable adj. *entrañable*
entrar v. *entrar*
entre prep. *entre*
entreacte m. *entreacto*
entrebanc m. *estorbo, traba, tropiezo*
entrebancar v. *entrepernar* // *estorbar* // rfl. *tropezar*
entrecavar v. *entrecavar, escardar*
entrecelles f. pl. *entrecejo*
entreclaror f. *vislumbre*
entrecot m. *entrecot*
entrecreuar v. *entrecruzar*
entrecuix m. *ingle* // *bragadura, entrepiernas*
entredit, -a adj. *entredicho*
entredós m. *calado, entredós*
entreforc m. *horcadura* // *encrucijada* // *callejón, garganta* // *regolfo*
entrefosc, -a adj. *penumbroso*
entregar v. *entregar* // rfl. *presentarse, llegar, comparecer*
entregirar v. *volver a medias*
entrellaçar v. *entrelazar*
entrellat m. *intríngulis* (V. **trellat**)
entrelligar v. *entrelazar*
entrellucar v. *entrever, vislumbrar*
entrellum o **entrelluu** m. *lontananza*
entremaliadura f. *malicia, travesura*
entremaliat, -ada adj. *peliagudo, intrincado* // *travieso, revoltoso*
entremaliejar v. *travesear*
entremès m. *entremés*
entremesclar v. *mezclar*
entremetre v. *interponer* // rfl. *entrometerse* // rfl. *cuidar, ocuparse*

entremig adv. *en medio* // m. *medio, intermedio*
entrenador, -a adj. *entrenador*
entrenament m. *entreno*
entrenar v. *entrenar*
entrenús m. *internodio*
entrenyorar-se v. *dolerse, sentir nostalgia*
entreobrir v. *entreabrir*
entrepà m. *bocadillo*
entreparent, -a m. i f. *pariente lejano*
entresenya f. *señal, enseña* // pl. *señas*
entresol m. *entresuelo*
entresolat m. *altillo*
entresuar v. *trasudar*
entresuor f. *trasudor*
entretall m. *incisión, entretalladura*
entretallar v. *entrecortar* // *entretallar*
entretant adv. *entretanto, mientras tanto*
entreteixir v. *entretejer*
entretela f. *entretela*
entretemps m. *entretiempo*
entreteniment m. *entretenimiento*
entretenir v. *entretener*
entretingut, -uda adj. *entretenido*
entretoc m. *toque* // *insinuación*
entreveure v. *entrever*
entrevia f. *entrevía*
entrevista f. *entrevista*
entrevistar v. *entrevistar*
entristir v. *entristecer*
entroncar v. *entroncar*
entronitzar v. *entronizar*
entropessar v. *tropezar*
entrunyellat m. *maraña* // *lío, fregado*
entumir v. *entumecer*
entusiasmar v. *entusiasmar*
entusiasme m. *entusiasmo*
entusiasta adj. *entusiasta*
enuig m. *enojo*
enumeració f. *enumeración*
enumerar v. *enumerar*
enunciar v. *enunciar*
enunciat m. *enunciado*
enutjar v. *enojar, molestar*
enutjós, -osa adj. *enojoso, molesto*
envair v. *invadir*
envalentir v. *envalentonar*
envaniment m. *envanecimiento*
envanir v. *envanecer*
envant adv. *adelante* // **fer-se** — *acercarse* // — **de** *casi*
envàs m. *envase*
envasar v. *envasar*
enveja f. *envidia*
envejable adj. *envidiable*
envejar v. *envidiar*

envejós, -osa adj. *envidioso*
envelar v. *envelar* // *entoldar* // **envelar-li**
largarse, tomar el portante // *lanzar, arrojar* // *meter poner* // rfl. *ponerse, empezar*
// rfl. *echarse al coleto, zamparse*
envelat m. *entoldado*
envelliment m. *envejecimiento*
envellir v. *envejecer*
enverdir v. *enverdecer*
envergadura f. *envergadura*
envergar v. *envergar* // *pegar* // *arrojar, lanzar* // *meter, poner* // rfl. *zamparse*
enverinar v. *envenenar* // *enconar* // *irritar*
envermellir v. *enrojecer*
envernissar v. *barnizar*
envers prep. *hacia* // *respecto a*
envescar v. *enviscar* // *atrapar* // *pringar*
envestida f. *embestida, acometida* // **prendre**
— *tomar impulso* / **pegar una** — *crecer mucho*
envestir v. *embestir, acometer*
enviar v. *enviar, mandar* // rfl. *tragarse, engullir*
envidriar v. *vidriar* // *acristalar*
enviduar v. *enviudar*
envigorir v. *vigorizar*
envilir v. *envilecer*
envit m. *envite* // *invitación*
envitricollat, -ada adj. *complicado, enrevesado*
enviudar v. *enviudar*
envol m. *despegue*
envolar-se v. *alzar el vuelo, irse volando* // *despegar*
envoltant adj. *envolvente*
envoltar v. *rodear*
enxampar v. *atrapar*
enxampurrar v. *chapurrear*
enxarolar v. *charolar*
enxarxar v. *enredar* // *enzarzar*
enxiquir v. *empequeñecer*
enxufar v. *enchufar*
enxufisme m. *enchufismo*
enyorança f. *nostalgia, añoranza*
enyorar v. *añorar, echar de menos* // rfl. *sentir nostalgia*
enyorós, -osa adj. *nostálgico*
enze m. *señuelo, añagaza* // *bobalicón, bobo* // f. pl. *incitaciones, provocaciones*
enzelar-se v. *encelarse*
enzim m. *enzima*
eocè m. *eoceno*
eòlic, -a adj. *eólico*
eolític, -a adj. *eolítico*
eon m. *eón*
èpic, -a adj. *épico*

epicarpi m. *epicarpio*
epicèn, -ena adj. *epiceno*
epicentre m. *epicentro*
epicuri, -úria adj. *epicúreo*
epidèmia f. *epidemia*
epidèrmic, -a adj. *epidérmico*
epidermis f. *epidermis*
epifania f. *epifanía*
epiglotis f. *epiglotis*
epígraf m. *epígrafe*
epigrama m. *epigrama*
epíleg m. *epílogo*
epilèpsia f. *epilepsia*
epilèptic, -a adj. *epiléptico*
epilogar v. *epilogar*
episcopal adj. *episcopal*
episcopat m. *episcopado*
episodi m. *episodio*
episòdic, -a adj. *episódico*
epistola f. *epístola*
epistolar adj. *epistolar*
epistolari m. *epistolario*
epitafi m. *epitafio*
epiteli m. *epitelio*
epítet m. *epíteto*
epítom m. *epítome*
època f. *época*
epopeia f. *epopeya*
equació f. *ecuación*
equador . m. *ecuador*
equànime adj. *acuánime*
equanimitat f. *ecuanimidad*
equatorià, -ana m. i f. *ecuatoriano*
equatorial adj. *ecuatorial*
eqüestre adj. *ecuestre*
equí, -ina adj. *equino*
equidistant adj. *equidistante*
equidistar v. *equidistar*
equilàter m. *equilátero*
equilibrar v. *equilibrar*
equilibri m. *equilibrio*
equinocci m. *equinoccio*
equinoderm m. *equinodermo*
equip m. *equipo*
equipament m. *equipamiento, equipo*
equipar v. *equipar*
equiparar v. *equiparar*
equipatge m. *equipaje*
equitació f. *equitación*
equitat f. *equidad*
equitatiu, -iva adj. *equitativo*
equivalència f. *equivalencia*
equivalent adj. *equivalente*
equivaler v. *equivaler*
equívoc, -a adj. *equívoco*
equivocació f. *equivocación*

equivocar v. *equivocar*
era f. *era*
erari m. *erario*
erecció f. *erección*
erecte, -a adj. *erecto*
erèctil adj. *eréctil*
eremita m. *eremita*
eremític, -a adj. *eremítico*
eriçar v. *erizar*
eriçó m. *erizo*
erigir v. *erigir*
erisipela f. *erisipela*
erm, -a adj. *yermo*
ermàs m. *baldío, erial*
ermini m. *armiño*
ermita f. *ermita*
ermità, -ana m. i f. *ermitaño*
erosió f. *erosión*
erosionar v. *erosionar*
eròtic, -a adj. *crótico*
1) **erra** f. *yerro*
2) **erra** f. *erre*
errable adj. *errable*
errabund, -a adj. *errabundo*
errada f. *yerro // errata*
erradicar v. *erradicar*
errant adj. *errante // cavaller* — *caballero andante*
errata f. *errata*
erràtic, -a adj. *errático*
erroni, -ònia adj. *erróneo*
erròniament adv. *erróneamente*
error m. *error*
ert, -a adj. *tieso, erguido // yerto*
eructar v. *eructar*
eructe m. *eructo*
erudició f. *erudición*
erudit, -a adj. *erudito*
eruga f. *oruga*
erugar v. *espantar, atemorizar*
erupció f. *erupción*
eruptiu, -iva adj. *eruptivo*
1) **es** pron. *se*
2) **es** art. *el // los*
esbadellar v. *abrir de par en par*
esbalaïdor, -a adj. *asombroso*
esbalaïment m. *pasmo, asombro*
esbalair v. *pasmar, asombrar*
esbaldrec m. *desmoronamiento*
esbaldregada f. *reventón, desmoronamiento*
esbaldregar v. *hundir, reventar // estallar //* rfl. *desmoronarse, derrumbarse*
esbandir v. *esparcir, extender // abrir // despejar // enjuagar, aclarar*
esbardissar v. *deszarzar, desmalezar*
esbargiment m. *esparcimiento, recreo*

esbargir v. *esparcir // disipar // despejar // recrear*
esbarjo m. *espacio, capacidad // recreo, esparcimiento*
esbarjós, -osa adj. *espacioso*
esbarriar v. *esparcir, dispersar // extraviar // ahuyentar, espantar*
esbart m. *bandada // grupo, manada*
esbarzer m. *zarza*
esbarzerar m. *zarzal*
esbatussar v. *sacudir, zamarrear //* rfl. *pelearse, zurrarse*
esberlar v. *abrir, reventar, astillar*
esbiaixar v. *sesgar*
esblaimar v. *desmayar, empalidecer*
esblanqueir v. *emblanquecer, descolorir //* rfl. *palidecer*
esbocinar v. *despedazar, desmenuzar*
esbojarrar v. *alocar, enloquecer*
esbombar v. *descargar // propalar, difundir // hundir*
esborrador, -a adj. *borrador*
esborrall m. *borrón // borrador // pizca, migaja*
esborranc m. *agujero, grieta // desgarrón // garabato*
esborrany m. *garabato // borrador*
esborrar v. *borrar*
esborronador, -a adj. *espeluznante*
esborronar v. *espeluznar, horrorizar*
esbós m. *esbozo*
esbossar v. *esbozar*
esbotifarrar v. *reventar*
esbrancar v. *escamondar // bifurcar*
esbraonament m. *agujetas // extenuación*
esbraonar v. *dar agujetas // extenuar*
esbravament m. *desbravadura // evaporación // desahogo*
esbravar v. *desbravar // evaporar // desahogar*
esbrellar v. *rasgar, quebrantar*
esbrinar v. *deshebrar // deshacer, desmenuzar // desentrañar, descubrir*
esbrocar v. *desportillar*
esbromar v. *espumar // enjuagar*
esbronc m. *bronca, trepe*
esbroncar v. *irrumpir // dar un trepe, armar una bronca*
esbrossar v. *desbrozar*
esbrufar v. *rociar, salpicar*
esbucar v. *derruir, derribar, hundir*
esbudellar v. *destripar // reventar*
esbufec m. *bufido, resoplido*
esbufegar v. *jadear, resollar // resoplar, bufar*
esbullar v. *deshacer, desbaratar // revolver*

esburbat, -ada adj. *atolondrado*
esbutzar v. *despachurrar, destripar* // *reventar* // *desbaratar* // *soltar, espetar*
esca f. *cebo* // *yesca*
escabellar v. *mesar los cabellos* // *despeinar, desgreñar* // *desparramar* // *desbrozar*
escabetx m. *escabeche*
escabetxada f. *escabechina*
escabetxar v. *escabechar*
escabrós, -osa adj. *escabroso*
escac m. pl. *ajedrez* // m. *escaque* // *jaque* / — i mat *jaque mate*
escacat, -ada adj. *escacado, cuadreado*
escadusser, -a adj. *sobrante, suelto*
escafandre m. *escafandra*
escafit, -ida adj. *escatimado, raquítico*
escaient adj. *apropiado, acertado*
escaig m. *retazo* // *pico* (fracción o sobrante)
escainar v. *cacarear* // *gritar*
escaiola f. *escayola* // (planta) *alpiste*
escairar v. *descanterar* // *escuadrar*
escaire m. *escuadra, cartabón*
escairia f. *escuadría, ángulo recto*
escala f. *escala, escalera* // *trasquilón*
escalabrar v. *descalabrar*
escalada f. *escalada*
escalador, -a m. i f. *escalador*
escalafó m. *escalafón*
escalar v. *escalar*
escaldada f. *escaldadura* // *chasco, sofocón*
escaldar v. *escaldar* // *resquemar* // *sahornar, irritar* // *agostar* // *escarmentar*
escaldums m. pl. *pepitoria, gallinejas*
escalè, -ena adj. *escaleno*
escalfador, -a adj. *calentador*
escalfapanxes m. *chimenea, hogar*
escalfar v. *calentar* // *enardecer*
escalfeir v. *recalentar* // rfl. *pasarse, oliscarse*
escalfor f. *calor, calentura*
escalinata f. *escalinata*
escalivar v. *asar* // rfl. *agostarse* // *escarmentar* // *asustar*
escaló m. *escalón, peldaño* // *umbral*
escalonar v. *escalonar*
escalopa m. *escalope*
escalpel m. *escalpelo*
escamarlà m. *camarón*
escambell m. *taburete, banqueta* // *escabel*
escambrí m. *brisca*
escambuixar v. *desgreñar* // *tirarse del moño, pelarse*
escamós, -osa adj. *escamoso*
escamot m. *grupo, pelotón*
escamoteig m. *escamoteo*
escamotejar v. *escamotear*
escampada f. *dispersión, esparcida*

escampadissa f. *desparramamiento, dispersión*
escampall m. *desparramo*
escampar v. *esparcir, desparramar* // *extender* // *difundir, propagar* // *derramar* // *dispersar*
escandalera f. *escandalera*
escandalitzar v. *escandalizar*
escandall m. *escandallo* // *plomada* // *tasa, tarifa* // *escándalo, aspavientos* // *baladrero*
escandalós, -osa adj. *escandaloso*
escandinau, -ava m. i f. *escandinavo*
escàndol m. *escándalo* // *alboroto* // *rapapolvo, trepe*
escantellar v. *descantillar, mellar*
escanyadura f. *afonía, ronquera*
escanyament m. *ahogamiento, estrangulación* // *afonía, ronquera*
escanyapobres m. *usurero, matatías*
escanyar v. *ahogar, estrangular* // rfl. *atragantarse, ahogarse* // rfl. *desgañitarse* // *apretar* // *escatimar*
escanyolit, -ida adj. *raquítico, enclenque*
escapada f. *escapada, escape* // *escapatoria*
escapament m. *escape*
escapar v. *escapar*
escaparata f. *escaparate*
escapatòria f. *escapatoria*
escapçada f. *desmochadura*
escapçar v. *decapitar, descabezar* // *despuntar, desmochar*
escàpol, -a adj. *horro, libre*
escapolar v. *escabullir, librar* // rfl. o intr. *escapar, escabullirse* // *escapular, sortear*
escapolir-se v. *escapar, librarse*
escapollar v. *despezonar* // *descabezar, desmochar* // *escapular*
escapoló m. *retazo*
escàpula f. *escápula*
escapulari m. *escapulario*
escaquer m. *tablero de ajedrez*
escaquista m. i f. *ajedrecista*
1) escar m. *varadero, grada*
2) escar v. *cebar* (el anzuelo)
escara f. *escara*
escarabat m. *escarabajo*
escarada f. *destajo* // *iguala*
escarafallós, -osa adj. *aspaventero*
escarafalls m. pl. *aspavientos, alharacas*
escaramussa f. *escaramuza*
escarapel·la f. *escarapela*
escarat, -ada adj. *igualado*
escardalenc, -a adj. *seco flaco* // *estridente*
escarlata adj. *escarlata*
escarlatina f. *escarlatina*
escarment m. *escarmiento*

escarmentar v. *escarmentar*
escarn m. *escarnio*
escarniment m. *escarnio // remedo, imitación*
escarnir v. *escarnecer // remedar, imitar*
escarola f. *endivia // alpiste*
escarpat, -ada adj. *escarpado*
escàrpera f. (V. **escarpra**)
escarpí m. *escarpín*
escarpir v. *desenredar, carmenar // reprender*
escarpra f. o **escarpre** m. *escoplo, cincel*
escarransit, -ida adj. *desmedrado, raquítico*
escarràs m. *gancho // rancajo // burro de carga // faenazo*
escarrassar-se v. *aperrearse, esforzarse*
escarrinxar v. *arañar, rasguñar*
escarrufament m. *escalofrío, espeluzno*
escarrufar v. *espeluznar*
escarser adj. *escarzano // impar*
escartejar v. *hojear // barajar*
escarxar v. *escarchar*
escàs, -assa adj. *escaso*
escassà, -ana adj. *escarzano*
escassejar v. *escasear*
escassesa f. *escasez*
escassetat f. *escasez*
escata f. *escama // lactumen*
escatainar v. *cacarear*
escataineig m. *cacareo*
escatar v. *escamar // lijar, frotar // limpiar // despachar, dejar listo*
escatimar v. *escatimar*
escatir v. *desbrozar // discutir, dilucidar*
escatologia f. *escatología*
escatós, -osa adj. *escamoso*
escaufar v. (V. **escalfar**)
escaure v. *caer bien, sentar bien // rfl. acertar, acaecer*
escena f. *escena*
escenari m. *escenario*
escenificar v. *escenificar*
escenografia f. *escenografía*
escèptic, -a adj. *escéptico*
esceptisme m. *escepticismo*
escindir v. *escindir*
escissió f. *escisión*
esclafada f. *chafada, aplastón*
esclafar v. *chafar, aplastar*
esclafir v. *estallar, chasquear // reventar // romper* (a reir, a llorar, etc.) *// restallar*
esclafit m. *chasquido // estallido // golpe*
esclarir v. *aclarar, esclarecer*
esclarissar v. *aclarar, esclarecer // despejar, desenredar*
esclat m. *reventón, estallido // batacazo // florecimiento // brillo, esplendor*
esclatar v. *reventar, estallar // romper //*

chafar
esclata-sang m. *mízcalo, seta*
esclau, -ava m. i f. *esclavo*
esclavatge m. *esclavitud*
esclavina f. *esclavina*
esclavitud f. *esclavitud*
esclavitzar v. *esclavizar*
esclerosi f. *esclerosis*
escleròtica f. *esclerótica*
escletxa f. *grieta, hendidura, rendija*
esclop m. *zueco, almadreña*
esclovellar v. *descascarar, descortezar*
escó m. *escaño, banco*
escocès, -esa m. i f. *escocés*
escoda f. *pico, escoda*
escodrinyar v. *escudriñar, escrutar*
escola f. *escuela*
escolà m. *sacristán // monaguillo*
escolania f. *escolanía*
escolapi, -àpia m. i f. *escolapio*
1) escolar adj. *escolar*
2) escolar v. *escurrir, verter // rfl. agotarse // rfl. filtrarse // rfl. deslizarse // rfl. transcurrir*
escolaritat f. *escolaridad*
escolàstic, -a adj. *escolástico*
escollir v. *escoger, elegir*
escolopendra f. *escolopendra*
escolta f. *escucha // m. i f. explorador*
escoltar v. *escuchar*
escoltisme m. *escultismo*
escombra f. *escoba // escombros*
escombrada f. *escombros // escobazo // barrido, barredura*
escombrador, -a m. i f. *barrendero*
escombrar v. *barrer*
escombraries f. pl. *barreduras, basura*
escomesa f. *propuesta // acogida // saludo // embestida, ataque*
escomentent adj. *afable*
escometre v. *dirigir la palabra // saludar // acometer, embestir*
escon m. *escaño, banco*
escopeta f. *escopeta*
escopetada f. *escopetazo*
escopetejar v. *escopetear, tirotear*
escopidor m. *escupidera*
escopina f. *salivazo*
escopinada f. *salivazo*
escopinya f. *concha, almeja*
escopir v. *escupir*
escopit, -ida adj. *clavado, idéntico*
escorar v. *escorar*
escorball m. *corvina*
escorbut m. *escorbuto*
escorç m. *escorzo*

escorça f. *corteza*
escorcollar v. *escudriñar, registrar*
escòria f. *escoria*
escornar v. *descornar*
escórpera f. (V. escórpora)
escorpí m. *escorpión, alacrán*
Escorpió m. *Escorpión*
escórpora f. *escorpina*
escorredís, -issa adj. *escurridizo*
escorredor, -a adj. *corredizo // sumidero //* m. *escurreplatos*
escorreplats m. *escurreplatos*
escórrer v. *escurrir*
escorrialles f. pl. *escurriduras*
escorta f. *escolta*
escortar v. *escoltar*
escorxa f. (V. escorça)
escorxador m. *desolladero // matadero*
escorxar v. *descortezar // desollar // esquilmar // —* es gat *dormir la mona*
escot m. *escote*
escota f. *escota*
escotar v. *escotar*
escotilla f. *escotilla*
escotilló m. *escotillón*
escrancar v. *esparrancar*
escreix m. *creces // arras*
escriba f. *escriba*
escridassar v. *vociferar // regañar, reprender a gritos*
escriptor, -a m. i f. *escritor*
escriptori m. *escritorio*
escriptura f. *escritura*
escrit m. *escrito*
escriure v. *escribir*
escrivà m. *escribano*
escrivania f. *escribanía // mesa escritorio*
escrivent m. *escribiente*
escròfula f. *escrófula*
escrofulós, -osa adj. *escrofuloso*
escrostonar v. *descanterar*
escruixidor, -a adj. *estremecedor*
escruixir v. *estremecer*
escrúpol m. *escrúpulo*
escrupulós, -osa adj. *escrupuloso*
escrupolositat f. *escrupulosidad*
escrutar v. *escrutar*
escrutini m. *escrutino*
escuar v. *desbaratar, rabotear // chasquear*
escudar v. *escudar*
escudella f. *escudilla*
escudellam m. *vajilla*
escudeller m. *alfarero // anaquel // sesera, sesos*
escuder m. *escudero*
escuderia f. *escudería*

escull m. *escollo, arrecife*
escullera f. *escollera*
esculpir v. *esculpir*
escultor, -a m. i f. *escultor*
escultura f. *escultura*
escultural adj. *escultural*
escuma f. *espuma // hez // flor y nata*
escumadora f. *espumadera*
escumar v. *espumar // espumear*
escumejar v. *espumajear*
escumós, -osa adj. *espumoso*
escurabosses m. i f. *rapabolsas*
escurada f. *fregado // vajilla a lavar*
escuradents m. *palillo, mondadientes*
escurador m. *fregadero*
escurar v. *limpiar, mondar // fregar // apurar, escurrir*
escura-xemeneies m. *deshollinador*
escurçar v. *acortar*
escurçó m. *víbora*
escut m. *escudo*
esdentegat, -ada adj. *desdentado*
esdevenidor, -a adj. *venidero, futuro //* m. *porvenir*
esdeveniment m. *acontecimiento, suceso*
esdevenir v. *volverse, pasar a ser // acontecer, suceder*
esdolceït, -ïda adj. *dulzón*
esdrúixol, -a adj. *esdrújulo*
esfera f. *esfera*
esfereïdor, -a adj. *terrible*
esfereïment m. *espanto, terror*
esfereir v. *espantar, aterrorizar*
esfèric, -a adj. *esférico*
esfilagarsar v. *deshilachar*
esfilar v. *deshilar, deshilachar*
esfínter m. *esfínter*
esfinx f. *esfinge*
esflorar v. *desflorar // deshojar // desgranar // desmenuzar //* cap esflorat *cabeza destornillada*
esfondrament m. *hundimiento*
esfondrar v. *desfondar, hundir // derribar // arruinar*
esforç m. *esfuerzo*
esforçar v. *esforzar*
esfullar ·v. *deshojar*
esfumar v. *esfumar, difuminar*
esfumí m. *esfumino*
esgaiar v. *sesgar, cortar en sesgo*
esgargamellar-se v. *desgañitarse*
esgarip m. *alarido*
esgarrapada f. *arañazo, // rasguño*
esgarrapar v. *arañar // rasguñar // rascar // escarbar //* rfl. *mesarse las barbas*
esgarrar v. *desgarrar, rasgar // desjarretar //*

lisiar // *estropear*
esgarriacries m. i f. *estorbacuentos*
esgarriar v. *descaminar, descarriar* // *extraviar* // *esparcir* // *lisar*
esgarrifador, -a adj. *escalofriante, espeluznante*
esgarrifança f. *espeluzno, escalofrío*
esgarrifar v. *espeluznar, estremecer* // *hacer aspavientos*
esgarrifor f. *espeluzno, escalofrío*
esgarrifós, -osa adj. *escalofriante*
esgarrinxada f. *rasguño*
esgarrinxar v. *arañar, rasguñar*
esgavellar v. *descoyuntar*
esglai m. *espanto, susto* // *asombro*
esglaiador, -a adj. *espantoso* // *asombroso*
esglaiar v. *espantar, asustar* // *asombrar*
esglaó m. *peldaño, escalón*
església f. *iglesia*
esgotament m. *agotamiento*
esgotar v. *agotar, apurar*
esgrafiar v. *esgrafiar*
esgranar v. *desgranar*
esgrima f. *esgrima*
esgrimir v. *esgrimir*
esgrogueir-se v. *amarillecer*
esgrogueït, -ïda adj. *amarillento*
esguard m. *mirada* // *aspecto* // *parecido* // *atención, consideración*
esguardar v. *mirar* // *considerar* // *atañer, referirse*
esguerrar v. (V. **esgarrar**)
esguerro m. *yerro, estropicio*
eslau, -ava m. i f. *eslavo*
eslip m. *eslip*
esllanguir v. *adelgazar, languidecer*
esllavissada f. *deslizamiento, desprendimiento* // *alud*
esllavissar v. *desprender* // rfl. *deslizarse, correrse*
esllomar v. *deslomar, derrengar*
eslògan m. *eslogan*
eslora f. *eslora*
esma f. o **esme** m. *juicio* // *tino* / **perdre —** *perder el tino* / **d'esma** o **d'eima** *a tientas* // *sentido, conocimiento* // **tenir —** *tener conocimiento, ser juicioso* // *ánimo* // *amago, esbozo* // *asomo*
esmalt m. *esmalte*
esmaltar v. *esmaltar*
esmaperdut, -uda adj. *desatinado, desconcertado*
esmena f. *enmienda*
esmenar v. *enmendar*
esment m. *cuidado, atención* // *mención* // *mientes, memoria*

esmentar v. *mentar, recordar* // *notar, darse cuenta* // *mencionar, citar*
esmerç m. *gasto, empleo*
esmençar v. *invertir, gastar, emplear*
esmeril m. *esmeril*
esmerilar v. *esmerilar*
esmicolar v. *desmigajar, desmenuzar*
esmitjar v. *partir, demediar*
esmolador m. *afilador*
esmolar f. *afilar*
esmolet m. *afilador*
esmollar v. *desmigajar*
esmolles f. pl. *tenazas*
esmorrell m. *desportilladura*
esmorrellar v. *descantillar, desportillar*
esmorteir v. (V. **esmortir**)
esmortiment m. *amortecimiento, desmayo*
esmortir o **esmorteir** v. *amortecer* // rfl. *desmayarse* // *amortiguar*
esmorzar v. *desayunar, almorzar* // m. *desayuno, almuerzo*
esmotxar v. *desmochar*
esmunyir v. *ordeñar* // *deslizar* // rfl. *deslizarse, escurrirse*
esmús, -ussa adj. *embotado* // *malhumorado, mohíno*
esmussar v. *embotar* // *dar dentera* // *disgustar*
esnob m. *snob*
esòfag m. *esófago*
esotèric, -a adj. *esotérico*
espadanya f. *espadaña*
espadat, -ada adj. *escarpado, abrupto* // m. *acantilado*
espai m. *espacio*
espaiar v. tr. *espaciar* // intr. o rfl. *recrearse, espaciarse* // rfl. *despejarse*
espaiós, -osa adj. *espacioso*
espalmador m. *cepillo* // **— de dents** *cepillo de dientes*
espalmar v. *despalmar*
espant m. *espanto* // pl. *aspavientos*
espantadís, -issa adj. *espantadizo, asustadizo*
espantall m. *espantajo*
espantaocells m. *espantapájaros*
espantar v. *espantar, asustar* // *ahuyentar* // *pasmar* // rfl. *espantarse, asustarse* // rfl. *asombrarse, pasmarse* // rfl. *requemarse*
espantolar v. *espantar*
espantós, -osa adj. *espantoso*
espanyar v. *descerrajar* // *estropear*
espanyol, -a m. i f. *español*
espaordir v. *despavorir, aterrorizar*
esparadrap m. *esparadrapo*
espardenya f. *alpargata*
espandenyer, -a m. i f. *alpargatero*

espàrec m. *espárrago*
espareguera f. *espárrago, esparraguera*
espargir v. *esparcir*
esparpellar-se v. *abrir los ojos* // *despabilarse*
esparpillar v. *despabilar* // *rebuscar* // *revolver, espacir, remover*
esparracar v. *rasgar, desgarrar*
esparrall m. *mojarra*
espàrrec m. (V. **espàrec**)
esparreguera f. (V. **espareguera**)
espart m. *esparto*
espartà, -ana m. i f. *espartano*
esparter, -a m. i f. *espartero*
esparteria f. *espartería*
esparver m. *gavilán*
esparverament m. *espanto, terror*
esparverar v. *espantar, aterrorizar*
espasa f. *espada* // **peix** — *pez espada*
espaser m. *espadero*
espasí m. *espadín*
espasme m. *espasmo* // *pasmo, terror*
espasmòdic, -a adj. *espasmódico*
espassar v. intr. o rfl. *cesar, pasar* // tr. *apagar, calmar*
espat m. *espato*
espatarrant adj. *despatarrante*
espatarrar v. *despatarrar*
espatla f. *hombro*
espatlla f. *hombro*
espatllar v. *estropear* // rfl. *deslomarse*
espatller o espatller m. *respaldo*
espatllera o espatlera f. *hombrera*
espatllut o espatlut, -uda adj. *hombrudo, ancho de hombros*
espàtula f. *espátula*
espavilar v. *despabilar*
espavilat, -ada adj. *despierto, avispado*
espècia f. *especia*
especial adj. *especial*
especialitat f. *especialidad*
especialitzar v. *especializar*
espècie f. *especie*
específic, -a adj. *específico*
especificar v. *especificar*
espècimen m. *espécimen*
espectacle m. *espectáculo*
espectacular adj. *espectacular*
espectador, -a m. i f. *espectador*
espectral adj. *espectral*
espectre m. *espectro*
especulació f. *especulación*
especulador, -a m. i f. *especulador*
especular v. *especular*
especulatiu, -iva adj. *especulativo*
espedaçar v. *despedazar*

espeleòleg, -oga m. i f. *espeleólogo*
espeleologia f. *espeleología*
espellar v. *despellejar* // *estropear*
espelleringat, -ada adj. *andrajoso, harapiento*
espellifat, -ada adj. *desvencijado, andrajoso*
espelma f. *vela, bujía*
espenta f. *empujón*
espenyar v. *despeñar*
espera f. *espera*
esperança f. *esperanza*
esperanto m. *esperanto*
esperar v. *esperar*
esperiment m. *techo*
esperit m. *espíritu*
esperitat, -ada adj. *poseso*
esperitós, -osa adj. *animoso, espiritoso* // *espirituoso*
esperma f. *esperma*
espermatozoide m. *espermatozoide*
espermatozou m. *espermatozoo*
espernegar v. *patalear, pernear*
esperó m. *espuela* // *acicate* // *espolón*
esperonada f. *espolazo, estímulo*
esperonar v. *espolear, estimular*
esperonejada f. *sacudida, pataleo*
esperonejar v. *espolear* // *pernear, patalear* // *forcejear, tronzarse*
espès, -essa adj. *espeso*
espessir v. *espesar*
espessor f. *espesura*
espetarregar v. *crepitar, chisporrotear*
espetec m. *chasquido, estallido* // *resplandor*
espetegar v. *estallar, chasquear*
espí m. *espino* // **porc** — *puerco espín*
espia m. i f. *espía*
espiadimonis m. *libélula, caballito del diablo*
espiar v. *espiar* // *mirar, fijarse, observar*
espicassar v. *picotear*
espícia f. *especia*
espiell m. *mirilla*
espieta m. i f. *soplón, acusón*
espifiada f. *pifiada*
espifiar v. *fallar, pifiar*
espiga f. *espiga* // *panoja*
espigat v. *espigar*
espigat, -ada adj. *espigado*
espigó m. *espiga* // *zuro, tusa* // *almilla* // *timón* // *espigón*
espígol m. *espliego, alhucema*
espigolada f. *espigue*
espigolar v. *espigar* // *rebuscar*
espigot f. *zuro, tuso, espigón*
espill m. *espejo*
espina f. *espina, pua* // *raspa* // *espinazo* // *espinilla* (de la pierna)

espinac m. *espinaca*
espinacal m. *cardo corredor*
espinada f. *espinazo*
espinagada f. *torta de espinacas*
espinal adj. *espinal*
espinós, -osa adj. *espinoso*
espinyar v. *despiñonar* // *chafar* // *arreglárselas*
espinyolar v. tr. *deshuesar* // intr. *gruñir, refunfuñar*
espinzellar v. *acicalar, emperifollar* // *detallar*
espionatge m. *espionaje*
espipellar v. *picotear* // *pellizcar, picar* // *encentar, empezar*
1) **espira** f. *espira*
2) **espira** f. *chispa* // *cernidillo*
espiració f. *espiración*
espiral adj. i f. *espiral*
espirall m. *respiradero*
espirar v. *espirar, respirar* // *exhalar, despedir*
espirejar v. *chisporrotear* // *centellear*
espiritisme m. *espiritismo*
espiritista m. i f. *espiritista*
espiritual adj. *espiritual*
espiritualitat f. *espiritualidad*
espirituós, -osa adj. *espirituoso*
espitjar v. *apretar* // *empujar*
espitllera f. *aspillera*
espitregat, -ada adj. *despechugado*
espitxar-se v. *marcharse*
esplai m. *expansión, diversión, recreo*
esplaiar v. *expansionar, desahogar*
esplanada f. *explanada*
esplanar v. *allanar* // *alisar*
esplèndid, -a adj. *espléndido*
esplendidesa f. *esplendidez*
esplendir v. *resplandecer*
esplendor m. o f. *esplendor*
esplendorós, -osa adj. *esplendoroso*
esplet m. *cosecha* // *producto, fruto* // *montón*
espoleta f. *espoleta*
espoli m. *espolio*
espoliació f. *espoliación, despojo*
espoliar v. *espoliar, despojar*
espollar v. *despiojar* // *desbrozar*
espolsada f. *desempolvadura, sacudida* // *reprimenda*
espolsador m. *quitapolvo*
espolsar v. *desempolvar, quitar el polvo* // *sacudir, agitar* // *golpear* // rfl. *sacudirse* // rfl. *trotar* // *largarse, escabullirse*
esponera f. *ufanía, lozanía* // *hojarasca*
esponerós, -osa adj. *lozano, frondoso*

esponja f. *esponja*
esponjar v. *esponjar*
esponjós, -osa adj. *esponjoso*
espontaneïtat f. *espontaneidad*
espontani, -ània adj. *espontáneo*
espontàniament adv. *espontáneamente*
espora f. *espora*
esporàdic, -a adj. *esporádico*
esporangi m. *esporangio*
esporgada f. *escamonda, limpia*
esporgar v. *limpiar, escamondar* // *expurgar, depurar*
esport m. *deporte*
esportellar v. *desportillar*
esportista m. i f. *deportista*
esportiu, -iva adj. *deportivo*
esportivitat f. *deportividad*
esporuguiment m. *amedrentamiento*
esporuguir v. *amedrentar, atemorizar*
espòs, -osa m. i f. *esposo*
esposalles f. pl. *esponsales*
esposar v. *desposar*
esposori m. *desposorio*
esprémer v. *exprimir*
espremedora f. *exprimidera*
esprimatxat, -ada adj. *delgaducho*
espuçar v. *espulgar*
espuma f. *espuma*
espuri, -úria adj. *espurio*
espurna f. *chispa*
espurnar v. *chispear, chisporrotear*
espurneig m. *centelleo, chisporroteo*
espurnejar v. *chispear, chisporrotear*
esput m. *esputo*
esquadra f. *escuadra*
esquadró m. *escuadrón*
esquàlid, -a adj. *escuálido*
esquarterar v. *descuartizar* // *despedazar*
esqueix m. *quiebra, grieta* // *desgarro, rotura* // *esqueje, acodo*
esqueixar v. *rasgar, desgarrar, romper* // *desgajar*
esquela f. *esquela*
esquelet m. *esqueleto*
esquella f. *esquila, campanita* // *cencerro*
esquellot m. *cencerrón* // pl. *cencerrada*
esquema m. *esquema*
esquemàtic, -a adj. *esquemático*
esquematitzar v. *esquematizar*
esquena f. *espalda, lomo, dorso* / **caure d'—** *caer de espaldas* / **girar l'—** *volver la espalda*
esquenada f. *espaldazo*
esquenadret, -a adj. *gandul, poltrón*
esquer m. *cebo, carnada*
esquerda f. *esquirla, rancajo* // *cascajo* // *grieta, hendidura*

esquerdar v. tr. *cascar, astillar* // intr. o rfl. *estallar, reventar*

esquerp, -a adj. *áspero, abrupto* // *huraño, arisco*

esquerrà, -ana adj. *zurdo* // *izquierdo* // *izquierdista* // *ingrato*

esquerre, -a adj. *izquierdo*

esquí m. *esquí*

esquiador, -a m. i f. *esquiador*

esquiar v. *esquiar*

esquif m. *èsquife*

esquifit, -ida adj. *escatimado, raquítico*

esquilar v. *esquilar, trasquilar* // rfl. *escapar, zafarse*

esquimal m. i f. *esquimal*

esquinç m. *desgarro, esguince*

esquinçar v. *desgarrar, rasgar* // *gastar, romper*

esquirol m. (mamífer) *ardilla* // *argadillo, taravilla* // *esquirol* // *tranchete, estriche*

esquitar v. *salpicar*

esquiterell, -a adj. *quisquilloso*

esquitllar v. intr. o rfl. *resbalar* // *escabullirse* // tr. *rozar*

d'esquitllentes adv. *de soslayo* // *a hurtadillas*

esquitx m. *salpicadura* // *pequeñajo*

esquitxar v. *salpicar, rociar* // *soltar, desembolsar* // rfl. *escaparse, escabullirse*

esquiu, -iva adj. *esquivo, huraño* // *áspero* // *escamado, vivo*

esquivar v. *esquivar* // rfl. *evadirse* // rfl. *rebelarse*

esquivesa f. *esquivez*

esquizofrènia f. *esquizofrenia*

essa f. *ese*

essència f. *esencia*

essencial adj. *esencial*

esser o **ésser** (o **ser**) v. *ser* // *estar* // (com a auxiliar de temps composts) *haber* // m. *ser* / *talante* // **tant m'és** *lo mismo me da* // **no esser-hi tot** *no estar en sus cabales* // **ja hi tornam esser!** *ya volvemos a las andadas*

1) **est** m. *este*

2) **est, -a** adj. *este*

estabilitat f. *estabilidad*

estabilitzar v. *estabilizar*

establa f. o **estable** m. *establo, cuadra*

estable adj. *estable*

establia f. *establo*

establiment m. *establecimiento*

establir v. *establecer*

estabornir v. *atontar*

estaca f. *estaca*

estacada f. *estacazo* // *estacada*

estacar v. *atar* // *clavar* // *atascar, encallar*

estació f. *estación*

estacionar v. *estacionar*

estacionari, -ària adj. *estacionario*

estada f. *estancia* // *habitación*

estadant, -anta m. i f. *morador, inquilino*

estadi m. *estadio*

estadista m. i f. *estadista*

estadístic, -a adj. *estadístico*

estadística f. *estadística*

estafa f. *estafa*

estafada f. *estafada*

estafador, -ora m. i f. *estafador*

estafar v. *estafar*

estafeta f. *estafeta*

estai m. *estay*

estalactita f. *estalactita*

estalagmita f. *estalagmita*

estaló m. *puntal*

1) **estalonar** v. *apuntalar* // *apoyar*

2) **estalonar** v. *pisar los talones*

estalvi m. *ahorro* // pl. *salvamanteles*

estalviador, -ora adj. *ahorrador*

estalviar v. *ahorrar*

estam m. *estambre*

estamenejar v. *sacudir, zarandear*

estament m. *estado, estamento*

estamenya f. *estameña* // *alboroto* // *alharacas, aspavientos* // *paliza*

estampa f. *estampa*

estampació f. *estampación, impresión*

estampar v. *estampar* // *imprimir*

estampat m. *estampado*

estampir v. *apretar* // *abollonar* // *estampir*

estanc m. *estanco*

estança f. *estancia* // *estrofa*

estancament m. *estancamiento*

estancar v. *estancar*

estància f. *estancia, permanencia* // *habitación, aposento*

estanquer, -a m. i f. *estanquero*

estant m. *estante*

estanteria f. *estantería*

estantís, -issa adj. *rancio, pasado*

1) **estany** m. *estanque, laguna*

2) **estany** m. *estaño*

3) **estany, -a** adj. *estanco*

estanyador m. *estañador*

estanyar v. *estañar*

estanyol m. *estanquecillo, lagunita*

estaquirot m. *estaquilla* // *espantapájaros* // *espantajo, estafermo* // *bobalicón*

estar v. *estar*

estarrufar v. *erizar, crispar* // rfl. *esponjarse, hincharse*

estassar v. *tender, derribar* // *desbrozar, talar*

estat m. *estado*
estatal m. *estatal*
estatge m. *estancia, permanencia // residencia, morada*
estàtic, -a adj. *estático*
estatisme m. *estatismo*
estàtua f. *estatua*
estatuari, -ària adj. *estatuario*
estatuir v. *estatuir, establecer*
estatura f. *estatura*
estatut m. *estatuto*
estatutari, -ària adj. *estatutario*
estavellar v. *estrellar, reventar*
estebeig m. *ruido, rumor // pl. aspavientos*
estel m. *estrella, lucero // cometa*
estela f. *estela*
estelada f. *cielo estrellado*
estelat, -ada adj. i m. *estrellado*
estella f. *astilla*
estellar v. *astillar // rfl. partirse, estrellarse, reventar*
estel·lar adj. *estelar*
estellicó m. *astillita, rancajo*
estemordir v. *desmayar // atemorizar*
estenalles o **tenalles** f. pl. *tenazas*
estendard m. *estandarte*
estendre v. *extender*
estenedor m. *tendedero*
estenògraf, -a m. i f. *estenógrafo*
estenografia f. *estenografía*
estentori, -òria adj. *estentóreo*
estentòriament adv. *estentóreamente*
estepa f. *estepa*
estepar m. *jaral*
estepari, -ària adj. *estepario*
esteranyinador m. *deshollinador, escobón*
estaranyinar v. *destelarañar, deshollinar*
estereofònic, -a adj. *estereofónico*
estereotip m. *estereotipo*
estereotipar v. *estereotipar*
estergir v. *estarcir*
estèril adj. *estéril*
esterilitat f. *esterilidad*
esterilitzar v. *esterilizar*
esterlina f. *esterlina*
esternudar v. *estornudar*
estèrnum m. *esternón*
esternut m. *estornudo*
esterrossar v. *desterronar // tragar, devorar*
estertor m. *estertor*
estès, -esa adj. *extendido // tendido*
estesa f. *extensión // tendalera / tendido (de ropa)*
esteta m. i f. *esteta*
estètic, -a adj. *estético*
estetoscopi m. *estetoscopio*

estiba f. *estiba // montón // pipería // capacha*
estibador m. *estibador*
estibar v. *apretar // estibar // atiborrar*
estigma m. *estigma*
estigmatitzar v. *estigmatizar*
estil m. *estilo*
estilar v. *estilar*
estilet m. *estilete*
estilista m. i f. *estilista*
estilita m. i f. *estilita*
estilitzar v. *estilizar*
estilobat m. *estilóbato*
estilogràfic, -a adj. *estilográfico*
estim m. *justiprecio, tasación // dotación*
estima f. *justiprecio, estimación // estima, opinión*
estimació f. *aprecio, justiprecio // estima, estimación // amor, cariño*
estimar v. *justipreciar // evaluar, calcular // juzgar // estimar // amar, querer*
estimat, -ada adj. *querido, amado*
estimball m. *despeñadero*
estimbar v. *despeñar*
estímul m. *estímulo*
estimulant adj. *estimulante*
estimular v. *estimular*
estipendi m. *estipendio*
estípit m. *estípite*
estípula f. *estípula*
estipulació f. *estipulación*
estipular v. *estipular*
estirabot m. *badomía, despropósito*
estiracordetes m. *esbirro, ayudante de verdugo // usurero*
estirada f. *tirón, estirón*
estira-i-amolla m. *tira y afloja*
estira-i-arronsa m. *tira y afloja*
estirament m. *tirón, estiramiento // desperezo // convulsión*
estirar v. *estirar, tirar // rfl. serenarse, despejarse*
estirat, -ada adj. *tenso, tirante // estirado, echado // tendido, extendido // tieso, envarado // peripuesto // hacendoso, limpio // despejado (el cielo) // afinado (el precio)*
estireganyar v. (V. **estiregassar**)
estiregassar v. *estirar, estirajar*
estirp m. *estirpe*
estisores o **tisores** f. pl. *tijeras*
estiu m. *verano, estío*
estiueig m. *veraneo*
estiuejant m. i f. *veraneante*
estiuejar v. *veranear*
estiuenc, -a adj. *veraniego // agostizo*
estiuet m. *veranillo*
estival adj. *estival, veraniego*

estoc m. *estoque*
estocada f. *estocada*
estofa f. *estofa, materia* // *pompa*
estofar v. *estofar*
estofat m. *estofado, rehogado*
estoic, -a adj. *estoico*
estoicisme m. *estoicismo*
estoig m. *estuche*
estojar v. *guardar, reservar*
estol m. *armada, escuadra* // *hueste, ejército* // *bandada, grupo*
estola f. *estola*
estoma m. *estoma*
estómac m. *estómago*
estomacal adj. *estomacal*
estomatòleg, -oga m. i f. *estomatólogo*
estona f. *rato*
estonià, -ana m. i f. *estoniano*
estopa f. *estopa*
estora f. *estera*
estorar v. *esterar*
estordir v. *aturdir*
estorer, -a m. i f. *esterero*
estoreta f. *esterilla*
estormeiar v. *aturdir, atontar*
estormia f. *posadero*
estormiar v. (V. **estormeiar**)
estornell m. (ocell) *estornino* // **-a** m. i f. *pájaro, bergante, picarón*
estossec m. *golpe de tos*
estossegar v. *toser*
estovalles f. pl. (V. **tovalles**)
estovar v. *ablandar, mullir* // rfl. *leudarse, fermentar la masa* // rfl. *pasarse* // *apalear, zurrar* // *engreir, hinchar*
estoviar v. (V. **estalviar**)
estrabisme m. *estrabismo*
estrada f. *estrado*
estrafer v. *remendar* // *desfigurar*
estrafet, -a adj. *contrahecho*
estrafolari, ària adj. *estrafalario* // m. *mequetrefe, tipejo*
estrafolla f. *trampa* // m. i f. *tramposo, estafador*
estragó m. *estragón*
estrai m. (V. **estrall**)
estrall m. *estrago* // *esfuerzo, ejercicio excesivo*
estrambot m. *estrambote*
estrambòtic, -a adj. *estrambótico*
estramoni m. *estramonio*
estranger, -a m. i f. *extranjero*
estrangeria f. *extranjería*
estrangulació f. *estrangulación*
estrangular v. *estrangular*
estrany, -a adj. *extraño* // m. *crisantemo*

estranyar v. *extrañar*
estranyesa f. *extrañeza*
estraperlo m. *estraperlo*
estrassa f. *estraza*
estrat m. *estrato*
estratagema f. *estratagema*
estrateg m. *estratega*
estratègia f. *estrategia*
estratègic, -a adj. *estratégico*
estratificar v. *estratificar*
estratosfera f. *estratosfera*
estratus m. *estrato*
estrebada f. *sacudida, estirón* // *rato*
estrebar v. *apoyarse* // *estribar* // *dar sacudidas, pernear* // *tirar, apretar*
estrella f. *estrella* // **— de mar** *estrella de mar* // *estrella, as, astro*
estrellat, -ada adj. *estrellado*
estremiment m. *estremecimiento*
estremir v. *estremecer*
estrena f. *aguinaldo / albricias / propina* // *estreno*
estrenar v. *estrenar*
estrenyement m. *estreñimiento*
estrènyer v. *estrechar* // *apretar* // *restringir, limitar* // rfl. *escasear* // **estrènyer-li** *largarse, tomar el portante*
estrep m. *estribo* // *estribación*
estrèpit m. *estrépito*
estrepitós, -osa adj. *estrepitoso*
estret, -a adj. *estrecho* // *apretado* // *estreñido* // *mezquino, tacaño* // *escaso* // *severo, riguroso* // m. *estrecho, canal*
estreta f. *apretón* // *acometida*
estretor f. *estrechez*
estrevenir-se v. *ocurrir, acaecer, darse el caso*
estri m. *enser, trebejo, cachivache*
estria f. *estría*
estriar v. *estriar*
estribord m. *estribor*
estricnina f. *estricnina*
estricte, -a adj. *estricto*
estridència f. *estridencia*
estrident adj. *estridente*
estridentment adv. *estridentemente*
estridor f. *estridor, rechinamiento*
estrip m. *desgarrón*
estripar v. *desgarrar, rasgar*
estritllar v. *despejar*
estrofa f. *estrofa*
estroncar v. *cortar, estancar, restañar* // *entrecortar* // *agotar* // rfl. *dejar, abstenerse*
estronci m. *estroncio*
estropellar v. *estropear*
estropici m. *estropicio*

evasiu

estruç m. *avestruz*
estructura f. *estructura*
estructurar v. *estructurar*
estuari m. *estuario*
estuc m. *estuco*
estucar v. *estucar*
estudi m. *estudio // escuela // cuarto, habitación // entresuelo*
estudiant m. i f. *estudiante*
estudiantesc, -a adj. *estudiantil*
estudiar v. *estudiar*
estudiós, -osa adj. *estudioso*
estufa f. *estufa*
estufar v. *mullir, ahuecar, esponjar // rociar, salpicar // rfl. engreirse, ahuecarse, pavonearse // aventar, dar un achuchón // zurrar*
estufat, -ada adj. *hinchado, esponjoso // vanidoso, engreído*
estufera f. *ahuecamiento, hinchamiento // vanidad, engreimiento, pretensiones // greña*
estugós, -osa adj. *remilgoso, nauseoso*
estult, -a adj. *estulto*
estultícia f. *estulticia*
estupefacció f. *estupefacción*
estupefacte, -a adj. *estupefacto*
estupefaent m. *estupefaciente*
estupend, -a adj. *estupendo*
estúpid, -a adj. *estúpido*
estupidesa f. *estupidez*
estupor m. *estupor*
estupre m. *estupro*
esturió m. *esturión*
esvaïment m. *embestida, asalto // desvanecimiento, destrucción // — de casa allanamiento de morada*
esvair v. *asaltar, invadir // deshacer, desbaratar // disipar, extinguir, aniquilar // desbrozar // desmayar, desvanecerse // rfl. exhalarse*
esvalot m. *alboroto*
esvalotador, -a m. i f. *alborotador*
esvalotar v. *alborotar*
esvaniment m. *desvanecimiento*
esvanir v. *desvanecer*
esvelt, -a adj. *esbelto*
esveltesa f. *esbeltez*
esventar v. *aventar // ventear, ventilar // propalar // disiparse, evaporarse*
esventrar v. *destripar // reventar*
esverador, -a adj. *aterrador, espantoso*
esverament m. *espanto, terror*
esverar v. *espantar, aterrar*
esvoranc m. *hueco, desgarro*
et pron. pers. *te*

età m. *etano*
etapa f. *etapa*
etcètera m. *etcétera*
èter m. *éter*
eteri, etèria adj. *etéreo*
etern, -a adj. *eterno*
eternal adj. *eternal*
eternitat f. *eternidad*
eternitzar v. *eternizar*
ètic, -a adj. *ético*
ètica f. *ética*
etil m. *etilo*
etilè m. *etileno*
etílic, -a adj. *etílico*
etimologia f. *etimología*
etimologista m. i f. *etimologista*
etiologia f. *etiología*
etíop m. i f. *etíope*
etiqueta f. *etiqueta*
etiquetar v. *etiquetar*
ètnia f. *etnia*
ètnic, -a adj. *étnico*
etnografia f. *etnografía*
etnologia f. *etnología*
etologia f. *etología*
etrusc, -a adj. *etrusco*
etxerevit, -ida adj. *despejado, vivo, listo*
etzibar v. *lanzar, arrojar // pegar // rfl. zamparse*
eucaliptus m. *eucalipto*
eucaristia f. *eucaristía*
eucarístic, -a adj. *eucarístico*
eufemisme m. *eufemismo*
eufonia f. *eufonía*
eufòria f. *euforia*
euga f. *yegua*
eugassada f. *yeguada*
eugenèsia f. *eugenesia*
eunuc m. *eunuco*
eurítmia f. *euritmia*
europeisme m. *europeísmo*
europeïtzar v. *europeizar*
europeu, -ea m. i f. *europeo*
èuscar, -a adj. *éuscaro*
eutanàsia f. *eutanasia*
evacuació f. *evacuación*
evacuar v. *evacuar*
evadir v. *evadir*
evangeli m. *evangelio*
evangèlic, -a adj. *evangélico*
evangelista m. i f. *evangelista*
evangelitzar v. *evangelizar*
evaporació f. *evaporación*
evaporar v. *evaporar*
evasió f. *evasión*
evasiu, -iva adj. *evasivo*

eventual adj. *eventual*
eventualitat f. *eventualidad*
evidència f. *evidencia*
evidenciar v. *evidenciar*
evident adj. *evidente*
evidentment adv. *evidentemente*
evitar v. *evitar*
evocació f. *evocación*
evocar v. *evocar*
evolució f. *evolución*
evolucionar v. *evolucionar*
evolucionisme m. *evolucionismo*
evolutiu, -iva adj. *evolutivo*
exabrupte m. *exabrupto*
exacció f. *exacción*
exacerbar v. *exacerbar*
exacte, -a adj. *exacto*
exactitud f. *exactitud*
exageració f. *exageración*
exagerar v. *exagerar*
exalçament m. *ensalzamiento*
exalçar v. *ensalzar*
exaltació f. *exaltación*
exaltar v. *exaltar*
examen m. *examen*
examinand, -a m. i f. *examinando*
examinar v. *examinar*
exànime adj. *exánime*
exasperació f. *exasperación*
exasperar v. *exasperar*
excavació f. *excavación*
excavar v. *excavar*
excedència f. *excedencia*
excedent adj. *excedente*
excedir v. *exceder*
excel·lència f. *excelencia*
excel·lent adj. *excelente*
excel·lentment adv. *excelentemente*
excel·lir v. tr. *sobrepujar // intr. sobresalir*
excels, -a adj. *excelso*
excelsitud adj. *excelsitud*
excèntric, -a adj. *excéntrico*
excentricitat f. *excentricidad*
excepció f. *excepción*
excepcional adj. *excepcional*
excepte prep. *excepto*
exceptuar v. *exceptuar*
excés m. *exceso*
excessiu, -iva adj. *excesivo*
excipient adj. i m. *excipiente*
excisió f. *excisión*
excitació f. *excitación*
excitant adj. *excitante*
excitar v. *excitar*
exclamació f. *exclamación*
exclamar v. *exclamar*

exclamatiu, -iva adj. *exclamativo*
exclaustrar v. *exclaustrar*
excloure v. *excluir*
exclusió f. *exclusión*
exclusiu, -iva adj. *exclusivo*
excomunicar v. *excomulgar*
excomunió f. *excomunión*
excrement m. *excremento*
excrescència f. *excrecencia*
excretar v. *excretar*
exculpar v. *exculpar*
excursió f. *excursión*
excursionista m. i f. *excursionista*
excusa f. *excusa*
excusar v. *excusar*
execrable adj. *execrable*
execració f. *execración*
execrar v. *execrar*
execució f. *ejecución*
executar v. *ejecutar*
executiu, -iva adj. *ejecutivo*
executor, -a m. i f. *ejecutor*
exempció f. *exención*
exemplar v. *ejemplar*
exemple m. *ejemplo*
exemplificar v. *ejemplificar*
exempt, -a adj. *exento*
exèquies f. pl. *exequias*
exercici m. *ejercicio*
exercir v. *ejercer*
exèrcit m. *ejército*
exercitar v. *ejercitar*
exfoliació f. *exfoliación*
exfoliar v. *exfoliar*
exhalació f. *exhalación*
exhalar v. *exhalar*
exhauriment m. *agotamiento*
exhaurir v. *agotar*
exhaust, -a adj. *exhausto, agotado*
exhaustiu, -iva adj. *exhaustivo*
exhibició f. *exhibición*
exhibir v. *exhibir*
exhort m. *exhorto*
exhortació f. *exhortación*
exhortar v. *exhortar*
exhumació f. *exhumación*
exhumar v. *exhumar*
exigència f. *exigencia*
exigent adj. *exigente*
exigir v. *exigir*
exigu, -a adj. *exiguo*
exigüitat f. *exigüidad*
exili m. *exilio, destierro*
exiliar v. *desterrar*
eximent adj. *eximente*
eximi, -ímia adj. *eximio*

eximir v. *eximir*
existència f. *existencia*
existencialista m. i f. *existencialista*
existent adj. *existente*
existir v. *existir*
èxit m. *éxito*
ex-libris m. *exlibris*
èxode m. *éxodo*
exonerar v. *exonerar*
exorbitant adj. *exorbitante*
exorbitantment adv. *exorbitantemente*
exorcisme m. *exorcismo*
exorcista m. i f. *exorcista*
exorcitzar v. *exorcizar*
exordi m. *exordio*
exòtic, -a adj. *exótico*
expandir v. *expandir, esparcir*
expansibilitat f. *expansibilidad*
expansió f. *expansión*
expansionar v. *expansionar*
expatriar v. *expatriar*
expectació f. *expectación*
expectar v. *expectar*
expectoració f. *expectoración*
expectorar v. *expectorar*
expedició f. *expedición*
expedicionari, -ària m. i f. *expedicionario*
expedient m. *expediente*
expedientar v. *expedientar*
expedir v. *expedir*
expedit, -a adj. *expedito*
expeditiu, -iva adj. *expeditivo*
expel·lir v. *expeler*
expendre v. *expender*
expenedor, -a m. i f. *expendedor*
expenses f. pl. *expensas*
experiència f. *experiencia*
experiment m. *experimento*
experimentar v. *experimentar*
expert, -a adj. *experto*
expiació f. *expiación*
expiar v. *expiar*
expiatori, -òria adj. *expiatorio*
expiració f. *expiración*
expirar v. *expirar*
explicació f. *explicación*
explicar v. *explicar*
explícit, -a adj. *explícito*
exploració f. *exploración*
explorador, -a m. i f. *explorador*
explorar v. *explorar*
explosió f. *explosión*
explosiu, -iva adj. *explosivo*
explotació f. *explotación*
explotador, -a adj. *explotador*
explotar v. *explotar*

expoliació f. *expoliación*
expoliar v. *expoliar*
exponent m. *exponente*
exportació f. *exportación*
exportar v. *exportar*
exposar v. *exponer*
exposició f. *exposición*
expòsit, -a adj. *expósito*
expositor, -a m. i f. *expositor*
exprés, -essa adj. *expreso*
expressar v. *expresar*
expressió f. *expresión*
expressionista m. i f. *expresionista*
expressiu, -iva adj. *expresivo*
expressivitat f. *expresividad*
exprimir v. *exprimir*
expropiació f. *expropiación*
expropiar v. *expropiar*
expugnar v. *expugnar*
expulsar v. *expulsar*
expulsió f. *expulsión*
expurgació f. *expurgación*
expurgar v. *expurgar*
exquisidesa f. *exquisitez*
exquisit, -ida adj. *exquisito*
exquisitat f. *exquisitez*
exsangüe adj. *exangüe*
exsecallar v. *podar, escamondar*
exsudar v. *exudar*
èxtasi m. *éxtasis*
extasiar v. *extasiar*
extàtic, -a adj. *extático*
extemporani, -ània adj. *extemporáneo*
extemporàniament adv. *extemporáneamente*
extens, -a adj. *extenso*
extensió f. *extensión*
extensiu, -iva adj. *extensivo*
extenuar v. *extenuar*
exterior adj. *exterior*
exterioritzar v. *exteriorizar*
exterminar v. *exterminar*
extermini m. *exterminio*
extern, -a adj. *externo*
externat m. *externado*
extinció f. *extinción*
extingir v. *extinguir*
extint, -a adj. *extinto*
extintor m. *extintor*
extirpació f. *extirpación*
extirpar v. *extirpar*
extorsió f. *extorsión*
extra adj. *extra*
extracció f. *extracción*
extractar v. *extractar*
extracte m. *extracto*
extradició f. *extradición*

extradós m. *extradós*
extralimitar-se v. *extralimitarse*
extramurs adv. *extramuros*
extraordinari, -ària adj. *extraordinario*
extraradi m. *extrarradio*
extraterrestre adj. *extraterrestre*
extravagància m. *extravagancia*
extravagant adj. *extravagante*
extraviar v. *extraviar*
extrem, -a adj. i m. *extremo*
extremar v. *extremar*
extremeny, -a m. i f. *extremeño*
extremer, -a adj. *extremo //* **queixal** *— muela del juicio*

extremisme m. *extremismo*
extremitat f. *extremidad*
extremitud f. *extremidad // convulsión*
extremós, -osa adj. *exagerado*
extremunciar v. *extremaunciar*
extremunció f. *extremaunción*
extret, -a adj. *extraído //* m. *extracto*
extreure v. *extraer*
extrínsec, -a adj. *extrínseco*
exubèrancia f. *exuberancia*
exuberant adj. *exuberante*
exuberantment adv. *exuberantemente*
exultar v. *exultar*
ex-vot m. *exvoto*

F

fa m. *fa*
fabiol m. (V. flabiol)
fàbrica f. *fábrica*
fabricació f. *fabricación*
fabricar v. *fabricar*
fabril adj. *fabril*
fabular v. *fabular*
fabulista m. i f. *fabulista*
fabulós, -osa adj. *fabuloso*
faç f. *faz // haz, cara*
façana f. *fachada*
facció f. *facción*
facciós, -osa adj. *faccioso*
facècia f. *chiste, agudeza // incidente, peripecia*
faceciós, -osa adj. *chistoso*
faceta f. *faceta*
facial adj. *facial*
fàcies f. *facies*
fàcil adj. *fácil*
facilitar v. *facilitar*
facilitat f. *facilidad*
facinerós, -osa adj. *facineroso*
facsímil m. *facsímil*
factible adj. *factible*
factici, -ícia adj. *facticio*
factor m. *factor*
factoria f. *factoría*
factòtum m. *factótum*
factura f. *factura*
facturació f. *facturación*
facturar v. *facturar*
facultar v. *facultar*
facultat f. *facultad*
facultatiu, -iva m. i f. *facultativo*
facund, -a adj. *facundo*
facúndia f. *facundia*
fada f. *hada*
fadar v. *hechizar*
fadesa f. *desabor, insulsez*
fador f. *sosez, insulsez*
fadrí, -ina m. i f. *mozo, mancebo // soltero // m. oficial*
fadristern m. *segundón*
1) faedor, -a adj. *hacedor*

2) faedor, -a adj. *hacedero*
fagàcia f. *fagácea*
fageda f. *hayal*
fagina f. *garduña*
fagòcit m. *fagocito*
fagocitosi f. *fagocitosis*
fagot m. *fagot*
faiçó f. *hechura, forma // pl. facciones*
faig m. *(arbre) haya*
faisà m. *faisán*
faisó f. *guisa, modo, manera*
faixa f. *faja*
faixar v. *fajar*
faixí m. *fajín*
falaguer, -a adj. *halagüeño // halagador, cariñoso // ligero // pronto // ligero de lengua // largo de manos // malucho*
falange f. *falange*
falangista m. i f. *falangista*
falansteri m. *falansterio*
falç f. *hoz*
falca f. *cuña, falca*
falcar v. *acuñar, calzar*
falcillot m. *vencejo*
falcó m. *halcón*
falconada f. *calada // asalto // atraco // pulla*
falconer m. *halconero*
falda f. *falda*
faldar m. *faldones // pañal // campana // falda (de montaña)*
faldejar v. *faldear*
faldellí m. *faldellín*
falder m. *faldero*
faldetes f. pl. *falda, saya // enaguas // m. marica*
faldilla f. *falda, saya*
faldó m. *faldón // falda, saya*
falguera f. *helecho*
1) falla f. *hacho // hoguera*
2) falla f. *falta // falla, pifia*
3) falla f. *falla (en geología)*
fal·laç adj. *falaz*
fal·làcia f. *falacia*
fallar v. *fallar // faltar*
fallença f. *falta, fallo*

fal·lera f. *manía, tema* // *rasquilla*
fal·lible adj. *falible*
fallida f. *falta* // *quiebra*
fallir v. *faltar* // *fallar* // *quebrar*
fal·lus m. *falo*
falòrnia f. *camándula, cuento* // *bagatela*
fals, -a adj. *falso*
falsari, -ària m. i f. *falsario*
falsedat f. *falsedad*
falsejar v. *falsear*
falset m. *falsete*
falsia f. *falsía*
falsificació f. *falsificación*
falsificar v. *falsificar*
falta f. *falta*
faltar v. *faltar*
falua f. *falúa*
falutx m. *falucho*
falzia f. *vencejo*
falzilla f. *vencejo*
falzillot m. *vencejo*
falziot m. *vencejo*
fam f. *hambre*
fama f. *fama*
famejar v. *hambrear*
famèlic, -a adj. *famélico*
família f. *familia*
familiar adj. *familiar*
familiaritat f. *familiaridad*
familiaritzar v. *familiarizar*
famolenc, -a adj. *hambriento*
famós, -osa adj. *famoso*
fàmul, -a m. i f. *fámulo*
fanal m. *farol, linterna* // pl. *faroles, fanfarronadas*
fanaler, -a m. i f. *farolero*
fanàtic, -a adj. *fanático*
fanatisme m. *fanatismo*
fanatitzar v. *fanatizar*
fandango m. *fandango*
faneca f. *fanega*
fanerògama f. *fanerógama*
fanfàrria f. *fanfarria*
fanfarró, -ona adj. *fanfarrón*
fanfarronada f. *fanfarronada*
fang m. *fango, lodo, barro*
fanga f. *laya*
1) **fangar** v. *layar*
2) **fangar** m. *fangal, lodazal*
fangós, -osa adj. *fangoso*
fangueig m. *fangueo*
fanguer m. *barrizal, lodazal*
fantasia f. *fantasía* // *capricho* // *vanidad* // *filigrana*
fantasiar v. *fantasear*
fantasiejar v. *fantasear*

fantasiós, -osa adj. *fantasioso, fantástico* // *vanidoso, arrogante*
fantasma m. *fantasma*
fantasmagoria f. *fantasmagoría*
fantàstic, -a adj. *fantástico*
faquir m. *faquir*
far m. *faro*
farad m. *faradio*
faramalla f. *faramalla, morralla*
faràndula f. *farándula*
faranduler, -a m. i f. *farandulero*
faraó m. *faraón*
farbalà m. *falbalá, volante*
farcell m. *lío, envoltorio*
farciment m. *relleno, embutido*
farcir v. *embutir, rellenar*
farcit, -ida adj. *relleno* // *embutido*
farda f. *carga* // *pesadez* // *chusma, purria*
fardell m. *hato, fardel, paquete*
farfallós, -osa adj. *tartajoso*
farfant m. *bergante, bribón*
farfutalla f. *farfolla* // *purria*
farga f. *fragua* // *poso, heces*
farigola f. *tomillo*
farina f. *harina* // pl. *gachas*
farinaci, -àcia adj. *farináceo*
fariner, -a adj. *harinero* // f. *harinera*
farinetes f. pl. *gachas, puches* // *polvos*
faringe f. *faringe*
faringitis f. *faringitis*
farinós, -osa adj. *harinoso*
fariseisme m. *farisaísmo*
fariseu m. *fariseo*
faristol m. *facistol, atril* // *gaznápiro, espantajo*
fàrmac m. *fármaco*
farmacèutic, -a adj. *farmacéutico*
farmàcia f. *farmacia*
farmaciola f. *botiquín*
farmacologia f. *farmacología*
farnat m. *harinado* // *galimatías, fregado*
farol m. *farol*
farola f. *faro*
faroler, -a adj. *farolero* // m. *torrero de faro*
faronejar v. *farolear*
farramalla f. *purria*
farratge m. *forraje, herrén*
farsa f. *farsa*
farsant m. i f. *farsante*
fart m. *hartazgo, atracón* // **-a** adj. *harto* // m. — **de llenya** *paliza, tunda*
fartada f. *comilona, hartazgo*
fartaner, -a adj. *tragón, comilón*
fartanera f. *hartazgo*
fartar v. *hartar*
fascicle m. *fascículo*

fascinació f. *fascinación*
fascinar v. *fascinar*
fase f. *fase*
fasser m. *palmera*
fast m. *fausto*
fàstic m. *asco hastío* // pl. *injurias, improperios*
fastigós, -osa adj. *asqueroso*
fastiguejar v. *asquear, hastiar*
fastuós, -osa adj. *fastuoso*
fastuositat f. *fastuosidad*
1) **fat** m. *hado*
2) **fat, -ada** adj. *fatuo, bobo* // *soso, insulso*
fatal adj. *fatal*
fatalisme m. *fatalismo*
fatalitat f. *fatalidad*
fatic m. *fatiga*
fatídic, -a adj. *fatídico*
fatiga f *fatiga*
fatigar v. *fatigar*
fatigós, -osa adj. *fatigoso*
fatu, fàtua adj. *fatuo*
fatuïtat f. *fatuidad*
fatxa f. *facha*
fatxada f. (V. **façana**)
fatxenda f. *fachenda*
fatxendejar v. *fachendear*
fatxenderia f. *fachendería*
faula f. *fábula*
fauna f. *fauna*
faune m. *fauno*
faust, -a adj. *fausto*
fautor, -a m. i f. *fautor*
fava f. (llegum) *haba* // *mota* // *roncha* // *balano, glande* // *tonto, bobalicón*
favar m. *habar*
favera f. (planta) *haba*
favó m. *habita* // *habón*
favor m. *favor*
favorable adj. *favorable*
favorir v. (V. **afavorir**)
favorit, -a adj. *favorito*
favoritisme m. *favoritismo*
fe f. *fe*
feble adj. *débil*
feblesa f. *debilidad*
febre f. *fiebre, calentura*
febrer m. *febrero*
febrífug, -a adj. *febrífugo*
febril adj. *febril*
febrós, -osa adj. *febril, calenturiento*
fecal adj. *fecal*
fècula f. *fécula*
feculent, -a adj. *feculento*
fecund, -a adj. *fecundo*
fecundació f. *fecundación*

fecundar v. *fecundar*
fecunditat f. *fecundidad*
federació f. *federación*
federalisme m. *federalismo*
federar v. *federar*
fefaent adj. *fehaciente*
feina f. *trabajo, faena*
feinada f. *gran trabajo, tute*
feinejar v. *entretenerse trabajando*
feiner, -a adj. *laborable* // *trabajador, hacendoso* // *productivo*
feix m. *haz* // *carga, peso* // *montón*
feixa f. *haza*
feixina f. *fagina, fogote* // *ajetreo* // *hato* // *hacina*
feixisme m. *fascismo*
feixista adj. *fascista*
feixuc, -uga adj. *pesado*
feixuguesa f. *pesadez*
fel f. o m. *hiel*
felanitxer, -a m. i f. *felanigense*
feldespat m. *feldespato*
felí, -ina adj. *felino*
feliç adj. *feliz*
felicitació f. *felicitación*
felicitar v. *felicitar*
felicitat f. *felicidad*
fèlid m. *félido*
feligrès, -esa m. i f. *feligrés*
feligresia f. *feligresía*
felló, -ona adj. *airado, enfadado*
feltre m. *fieltro* // *collera* // *maraña*
fem m. *estiércol* // *basura*
femar v. *estercolar, abonar*
femater, -a m. i f. *basurero*
fembra f. *hembra* // *mujer*
femella f. *hembra* // *tuerca*
femellut adj. m. *mujeriego*
femení, -ina adj. *femenino*
femer m. *estercolero* // **un** — *un montón, una gran cantidad*
feminisme m. *feminismo*
feminitat f. *feminidad*
feminitzar v. *feminizar*
femoral adj. *femoral*
fems m. *basura*
femta f. *estiércol, excremento*
fèmur m. *fémur*
fenàs m. *heno*
fendre v. *hender, rajar*
fener, -a adj. (V. **feiner**)
feneria f. *laboriosidad*
fènic, -a adj. *fénico*
fenici, -ícia m. i f. *fenicio*
fenil m. *fenilo*
fènix m. *fénix*

fenol m. *fenol*
fenomen m. *fenómeno*
fenomenal adj. *fenomenal*
fenomenologia f. *fenomenología*
1) **fer** v. *hacer*
2) **fer, -a** adj. *fiero*
fera f. *fiera*
feraç adj. *feraz*
feracitat f. *feracidad*
ferament adv. *fieramente*
feredat f. *horror, miedo, espanto*
feresa f. *fiereza, ferocidad* // *terror, espanto*
ferest, -a adj. *terrible, horroroso*
feréstec, -ega adj. *salvaje* // *adusto* // *terrible*
fèretre m. *féretro*
ferial adj. *ferial*
ferida f. *herida* // *rastro* // *instinto* // *afición*
feridura f. *apoplejía*
ferir v. *topar, dar, tocar* // *herir, golpear, pegar* // rfl. *sufrir un ataque apoplético*
feritlà adv. *suspenso, embobado, pasmado*
ferm, -a adj. *firme* // adv. *mucho*
fermador, -a adj. *atadero* // *loco de atar*
fermall m. *atadura* // *broche*
fermament adv. *firmemente*
fermar v. *atar* // *ligar*
ferment m. *fermento*
fermentació f. *fermentación*
fermentar v. *fermentar*
fermesa f. *firmeza*
feroç adj. *feroz*
ferocitat f. *ferocidad*
ferotge, -ja adj. *feroz, fiero*
ferrada f. *herrada* // *cubo, balde*
ferrador m. *herrador*
ferradura f. *herradura*
ferralla f. *chatarra*
ferramenta f. *herraje* // *herramienta* // *dentadura, dentado*
ferrar v. *herrar* // *aherrojar*
ferrat, -ada adj. *herrado* // **ou —** *huevo estrellado*
ferreny, -a adj. *férreo* // *adusto, severo*
ferrer m. *herrero*
ferreria f. *herrería*
ferreteria f. *ferretería*
ferri, fèrria adj. *férreo*
ferro m. *hierro*
ferrocarril m. *ferrocarril*
ferroviari, -ària adj. *ferroviario*
ferruginós, -osa adj. *ferruginoso*
fèrtil adj. *fértil*
fertilitat f. *fertilidad*
fertilitzar v. *fertilizar*
fèrula f. *férula*
ferum m. *rastro, olor* // *husmo, hedor* // *tufo, perfume*

ferumejar v. *oliscar, husmear*
fervent adj. *ferviente*
ferventment adv. *fervientemente*
fervor m. o f. *fervor*
fervorós, -osa adj. *fervoroso*
fesol m. *judía, alubia, habichuela*
fesomia f. *fisonomía*
festa f. *fiesta*
festeig m. *galanteo, relaciones*
festejador, -a m. i f. *novio, pretendiente* // m. pl. *poyos laterales de una ventana*
festejar v. *festejar* // *agasajar* // *cortejar* // *aspirar, desear*
fester m. *tedero* // *hoguera, fogata*
festí m. *festín*
festiu, -iva adj. *festivo*
festival adj. i m. *festival*
festivitat f. *festividad*
fet m. *hecho*
feta f. *hecho* // **mirar la —** *mirar lo que pasa*
fetal adj. *fetal*
fetge m. *hígado*
fètid, -a adj. *fétido*
fetidesa f. *fetidez*
fetitxe m. *fetiche*
fetitxisme m. *fetichismo*
fetjut, -uda adj. *cachazudo*
fetor f. *hedor*
fetus m. *feto*
feu m. *feudo*
feudal adj. *feudal*
feudalisme m. *feudalismo*
feudatari, -ària m. i f. *feudatario*
1) **fi** f. o m. *fin*
2) **fi, fina** adj. *fino*
1) **fiador, -a** m. i f. *fiador, garante* // m. seguro // m. *fiador*
2) **fiador, -a** adj. *fiable, de confianza*
fiambre adj. i m. *fiambre*
fiambrera f. *fiambrera*
fiança f. *fianza, confianza*
fiar v. *confiar* // *dar fianza* // *fiar, fiarse*
fiasco m. *fiasco*
fiblada f. *aguijonazo, picadura* // *punzada* // *latigazo, azote*
fiblar v. *picar* // *sangrar* // *escocer* // *azotar*
fibló m. *aguijón* // *manga, tromba* // *turbión*
fibra f. *fibra*
fibroma m. *fibroma*
fibrós, -osa adj. *fibroso*
fic m. *verruga*
ficar v. *meter*
ficció f. *ficción*
fictici, -ícia adj. *ficticio*
fidedigne, -a adj. *fidedigno*

fideïcomís m. *fideicomiso*
fidel adj. *fiel*
fidelitat f. *fidelidad*
fideu m. *fideo*
fiduciari, -ària adj. *fiduciario*
figa f. (fruit) *higo* // *pulla, rehilete*
figuera f. *higuera*
figueral m. *higueral*
figueraler, -a m. i f. *higueralero*
figura f. *figura*
figuració f. *figuración*
figurança f. *semejanza, símil*
figurar v. *figurar*
figuratiu, -iva adj. *figurativo*
figurí m. *figurín*
figurista m. i f. *figurista*
fil m. *hilo* / — **d'empalomar** *bramante* /
   — **d'embastar** *hilván* / **a dret** — *en línea
   recta* // *fibra, hebra* // *corte, filo* // *arista* //
   pizca // — **per randa** o — **per agulla** *con
   todo detalle* // **embullar** — *enredar el ovi-
   llo*
fila f. *fila* // *vigueta* // *hijuela* // *pinta, facha*
filaberquí m. *berbiquí*
filada f. *hilada*
filador, -a m. i f. *hiladero*
filagarsa f. *hilacha*
filament m. *filamento*
filàntrop, -a m. i f. *filántropo*
filantropia f. *filantropía*
filar v. *hilar* // *filar* // *discurrir, meditar* //
   descubrir, atisbar // *escabullirse, escapar* //
   obrar, portarse // **enviar a** — *mandar a la
   porra, enviar a freir espárragos*
filassa f. *hilaza*
filat m. *hilado* // *red* // *garlito, trampa*
filatèlia f. *filatelia*
filatura f. *hilatura*
filera f. *fila, hilera* // *terraja*
filet m. *hililllo* // *tomiza* // *meollar* // *zarcillo*
   // *filete*
fileta f. *hila*
filferro m. *alambre*
filharmònic, -a adj. *filarmónico*
filiació f. *filiación*
filial adj. *filial*
filiar v. *filiar*
filibuster m. *filibustero*
filiforme adj. *filiforme*
filigrana f. *filigrana*
filipí, -ina m. i f. *filipino*
filípica f. *filípica*
filisteu, -ea m. i f. *filisteo*
fill, -a m. i f. *hijo*
fillada f. *hijos, prole, descendencia*
fillastre, -a m. i f. *hijastro*

fil·lodi m. *filodio*
fillol, -a m. i f. *ahijado* // m. *vástago, chu-
   pón*
fil·loxera f. *filoxera*
film m. *film*
filmar v. *filmar*
filmografia f. *filmografía*
filó m. *filón*
filoa f. (V. **filosa**)
filòleg, -oga m. i f. *filólogo*
filologia f. *filología*
filosa f. *rueca*
filòsof, -a m. i f. *filósofo*
filosofal adj. *filosofal*
filosofar v. *filosofar*
filosofia f. *filosofía*
filtració f. *filtración*
filtrar v. *filtrar*
filtre m. *filtro*
fimbrar v. *cimbrear*
fímbria f. *fimbria*
fimosi f. *fimosis*
final adj. *final*
finalista m. i f. *finalista*
finalitat f. *finalidad*
finalitzar v. *finalizar*
finança f. *finanza*
finançar v. *financiar*
financer, -a adj. *financiero*
finar v. *acabar*
finat, -ada adj. *finado, difunto*
finca f. *finca*
finès, -esa m. i f. *finés*
finesa f. *fineza*
finestra f. *ventana*
finestral m. *ventanal*
finestró m. *ventanillo* // *postigo*
fingiment m. *fingimiento*
fingir v. *fingir*
finir v. *acabar, terminar*
finit, -a adj. *finito*
finlandès, -esa m. i f. *finlandés*
finor f. *finura*
fins prep. i conj. *hasta* // — **i tot** *incluso*
fiola f. *redoma*
fiord m. *fiordo*
fira f. *feria*
firaire m. i f. *feriante*
firal m. *ferial, real de la feria*
firar v. *mercar*
firma f. *firma*
firmament m. *firmamento*
firmar v. *firmar*
firó m. *día siguiente a la feria*
fisc m. *fisco*
fiscal adj. *fiscal*

fiscalitzar v. *fiscalizar*
físic, -a adj. *físico*
física f. *física*
fisiòleg, -oga m. i f. *fisiólogo*
fisiologia f. *fisiología*
fisonomia f. *fisonomía*
fisonomista m. i f. *fisonomista*
fissura f. *fisura*
fistó m. *festón*
fístula f. *fístula*
fit a fit o **de fit a fit** adv. *de hito en hito*
fita f. *hito, mojón*
fitar v. *amojonar* // *fijar*
fitó m. *blanco* (de tiro)
fitora f. *fisga, tridente*
fitorar v. *fisgar, arponear* // *pinchar, ensartar* // *mirar de hito en hito* // *hurgar*
fitozou m. *fitozoo, fitozoario*
fitxa f. *ficha*
fitxar v. *fichar*
fitxer m. *fichero*
fix, -a adj. *fijo*
fixació f. *fijación*
fixar v. *fijar*
fixesa f. *fijeza*
flabiol m. *caramillo, flauta*
flabioler, -a m. i f. *caramillero, flautista*
flac, -a adj. *flaco, delgado* // *débil, endeble* // *deficiente, malo*
flàccid, -a adj. *fláccido*
flagel m. *flagelo*
flagell m. *azote* // *flagelo*
flagel·lació f. *flagelación*
flagel·lar v. *flagelar*
flagrant adj. *flagrante*
flairar v. *oler*
flaire f. *olor, perfume*
1) **flam** m. *llama*
2) **flam** m. *flan*
flama f. *llama*
flamant adj. *llameante* // *flamante*
flamarada f. *llamarada*
flamejant adj. *llameante*
flamejar v. *llamear* // *flamear, tremolar*
flamenc, -a m. i f. *flamenco*
flanc m. *flanco*
flanquejar v. *flanquear*
flaquejar v. *flaquear*
flaquesa f. *flaqueza* // *debilidad*
flasc, -a adj. *flojo, muelle, endeble*
flascó m. *frasco*
flassada f. *frazada, manta*
flastomar v. *blasfemar* // *maldecir*
flastomia f. *blasfemia* // *maldición*
flat m. *soplo* // *husmo, olor* // *olfato*
flato m. *flato* // *reuma*

flatulència f. *flatulencia*
flauta f. *flauta*
flautí m. *flautín*
flautista m. i f. *flautista*
flebitis f. *flebitis*
flectar v. *doblar*
flectir v. *doblar*
flema f. *flema*
flemàtic, -a adj. *flemático*
flemó m. *flemón*
fletxa f. *flecha*
fleuma f. *salivazo, gargajo* // adj. *pánfilo, melindroso*
flexibilitat f. *flexibilidad*
flexible adj. *flexible*
flexió f. *flexión*
flexor, -a adj. *flexor*
flingantada f. *vergajazo*
flirt m. *flirt*
flirteig m. *flirteo*
flirtejar v. *flirtear*
flòbia f. *copo de nieve* // *tamo* // *pizca* // *bagatela*
1) **floc** m. *copo* // *fleco* // *lazo* // *mechón, guedeja* // *vellón* // pl. *virutas* // *hato, hatajo*
2) **floc** m. *foque*
floca f. *copo, vedija*
flonjo, -a adj. *blando, flojo*
flonjor f. *blandura, flojedad*
flor f. *flor*
flora f. *flora*
floració f. *floración*
floral adj. *floral*
florejar v. *florear* // *aflorar*
florent adj. *florido, floreciente*
florentí, -ina m. i f. *florentino*
florer m. *florero*
florescència f. *florescencia*
florescent adj. *floreciente*
1) **floret** m. *flor*
2) **floret** m. *florete*
floreta f. *florecilla* // *piropo, requiebro*
florí m. *florín*
floricultura f. *floricultura*
florida f. *florecimiento, florescencia*
floridura f. *moho*
florilegi m. *florilegio*
florir v. *florecer* // *enmohecer* // rfl. *pudrirse, consumirse*
florista m. i f. *florista*
florit, -ida adj. *florido* // *sano, rejuvenecido* // *mohoso, enmohecido*
floró m. *florón*
flota f. *muchedumbre, multitud* // *flota, escuadra*

flotació f. *flotación*
flotador m. *flotador*
flotant adj. *flotante*
flotar v. *flotar*
flotilla f. *flotilla*
fluctuació f. *fluctuación*
fluctuar v. *fluctuar*
fluid, -a adj. *fluido*
fluïdesa f. *fluidez*
fluïdificar v. *fluidificar*
fluir v. *fluir*
1) fluix m. *flujo*
2) fluix, -a adj. *flojo* // *blando, tierno* // *débil* // *tonto*
fluixedat f. *flojedad, debilidad*
fluixejar v. *flojear*
fluixenc, -a adj. *flojillo*
fluor m. *flúor*
fluorescència f. *fluorescencia*
fluorescent adj. *fluorescente*
fluorita f. *fluorita*
fluorur m. *fluoruro*
fluvial adj. *fluvial*
fluviòmetre m. *fluviómetro*
flux m. *flujo*
fluxió f. *fluxión*
fòbia f. *fobia*
foc m. *fuego* // *lumbre* // *incendio* // *hogar* // — follet *fuego fatuo* // treure — pels queixals *echar fuego por los ojos* // calar — *pegar fuego*
foca f. *foca*
focatera f. *hoguera*
focus m. *foco*
foganya f. *hogar, fogón* // *hogar, chimenea*
fogar m. *hogar*
fogassa f. *hogaza* // *queso*
fogata f. *hoguera, fogata*
fogatera f. *hoguera*
fogatge m. *hoguera* // (impost) *fogaje*
fogó m. *fogón*
fogoner m. *fogonero*
fogós, -osa adj. *fogoso*
fogositat f. *fogosidad*
fogot m. *fogaje, sofocón* // *haz, fagote*
fogueig m. *fogueo*
foguejar v. *echar fuego*
foguer m. *eslabón* // pedra foguera *pedernal* // -a adj. *fogoso, encendido*
foguera f. *hoguera*
foguerada f. *hoguera, lumbrarada* // *erupción* // *sofocón* // *llamarada*
fogueró m. *hoguera*
foi! interj. *carape!*
folgança f. *goce, recreo* // *holgura*
folgar v. *holgarse* // *bromear*

folgat, -ada adj. *holgado*
foli m. *folio*
foliació f. *foliación*
folíol f. *folíolo*
folklore m. *folklore*
folklòric, -a adj. *folklórico*
foll, -a adj. *loco*
follet m. *duende, trasgo*
follia f. *locura*
fol·licle m. *folículo*
folrar v. *forrar*
folre o folro m. *forro*
foment m. *fomento*
fomentar v. *fomentar*
fona f. *honda* // *vuelo* (de vestido)
fonació f. *fonación*
fonament m. *fundamento*
fonamentar v. *fundamentar*
fonda f. *fonda*
fondal m. *hondonada* // *abismo*
fondalada f. *hondonada*
fondària f. *hondura, profundidad*
fondejar v. *fondear, anclar*
fondista m. i f. *fondista*
fondo, -a adj. *hondo, profundo*
fondre m. *fundir, derretir* // *disolver* // *diluir, deshacer* // *disipar* // *consumir, gastar* // *extenuar, agotar* // rfl. *perderse, eclipsarse*
fonedís, -issa adj. *fundible, derretible* // fer-se — *desaparecer, evaporarse*
fonedor, -a m. i f. *fundidor*
fonema m. *fonema*
foner v. *hondero*
foneria f. *fundición*
fonètic, -a adj. *fonético*
fonètica f. *fonética*
fong m. *hongo*
fònic, -a adj. *fónico*
fonògraf m. *fonógrafo*
fonoll m. *hinojo* // *zopenco, bobalicón*
fonologia f. *fonología*
fonòmetre m. *fonómetro*
fons m. *fondo* / anar a — *sumergirse, irse a pique*
font m. *fuente* // *manantial* // pl. *pila bautismal* / nom de fonts *nombre de pila*
fontana f. *fuente, fontana*
fontanal m. *manantial*
fontaner m. *fontanero*
fontaneria f. *fontanería*
fora adv. i prep. *fuera*
forà, -ana adj. *externo, exterior* // *foráneo* // *forastero*
foradar v. *horadar, agujerear*
foragitar v. *expulsar*
foral adj. *foral*

foraminífer m. *foraminífero*
forana f. *afueras*
forassenyat, -ada adj. *insensato, alocado*
foraster, -a m. i f. *forastero*
forat m. *agujero, orificio*
foraviler, -a m. i f. *campesino*
forca f. *horca*
força f. *fuerza*
forcadura f. *horcajadura*
forcar v. *bifurcar*
forçar v. *forzar*
forçarrut, -uda adj. *forzudo*
forcat, -ada adj. *partido, horcajado* // m. *crucero, encrucijada*
forçat, -ada adj. *forzado* // *forzoso* // adv. *forzosamente*
forcejar v. *forcejear*
fòrceps m. pl. *fórceps*
forçós, -osa adj. *forzoso*
forçut, -uda adj. *forzudo*
forense adj. *forense*
forestal adj. *forestal*
foris! interj. *¡se acabó!*
forja f. *forja*
forjador, -a m. i f. *forjador*
forjar v. *forjar*
forma f. *forma* // *horma*
formació f. *formación*
formal adj. *formal*
formalitat f. *formalidad*
formalitzar v. *formalizar*
formar v. *formar*
format m. *formato*
formatge m. *queso*
formatger, -a m. i f. *quesero*
formatgera f. *quesera*
formatgeria f. *quesería*
formatiu, -iva adj. *formativo*
formatjada f. *empanada, quesadilla*
forment m. *trigo candeal*
formenterenc, -a m. i f. *formenterano*
former m. *hormero* // *formero*
formidable adj. *formidable*
formiga f. *hormiga*
formigó m. *hormigón*
formigor f. *hormigueo*
formigueig m. *hormigueo*
formiguejar v. *hormiguear*
formiguer m. *hormiguero*
formol m. *formol*
formós, -osa adj. *hermoso*
formosor f. *hermosura*
fórmula f. *fórmula*
formular v. *formular*
formulari, -ària adj. *formulario*
formulisme m. *formulismo*

forn m. *horno*
fornada f. *hornada*
fornal f. *fragua*
forner, -a m. i f. *panadero*
fornicació f. *fornicación*
fornicar v. *fornicar*
fornícula f. *hornacina*
forniment m. *provisión, suministro* // *arreos, enseres*
fornir v. *proveer, abastecer* // *suministrar*
forqueta f. *horquilla* // *tenedor*
forrar v. *forrar*
forrellat m. *cerrojo*
forro m. *forro*
fort, -a adj. *fuerte* // *duro* // — **i no et moguis** *erre que erre*
fortalesa f. *fortaleza*
fortí m. *fortín*
fortificació f. *fortificación*
fortificar v. *fortificar*
fortitud f. *fortaleza*
fortor f. *fortaleza* // *cachondez* // *olor fuerte*
fortuït, -a adj. *fortuito*
fortuna f. *fortuna*
fòrum m. *foro*
fosa f. *fundición, derretimiento*
fosc, -a adj. *oscuro*
fosca f. *oscuridad*
foscant adj. *crepúsculo vespertino, anochecer*
foscor f. *oscuridad*
fosfat m. *fosfato*
fosfè m. *fosfeno*
fosfit m. *fosfito*
fòsfor m. *fósforo*
fosforescent adj. *fosforescente*
fosfòric, -a adj. *fosfórico*
fosforita f. *fosforita*
fosfur m. *fosfuro*
fosquejar v. *oscurecer*
fosquet adv. *al oscurecer, a boca de noche* // m. *anochecer, anochecida*
fossa f. *fosa, hoyo*
fossar m. *cementerio*
fossat m. *foso*
fosser m. *sepulturero, enterrador*
fòssil m. *fósil*
fossilitzar v. *fosilizar*
fotesa f. *futesa, bagatela*
fòtil m. *trebejo, trasto* // *bagatela, friolera*
fotimer m. *multitud, enjambre*
fotja f. *focha, foja* // *flojo, perezoso, remolón*
foto f. *foto*
fotocòpia f. *fotocopia*
fotogènic, -a adj. *fotogénico*
fotògraf, -a m. i f. *fotógrafo*

fotografia f. *fotografía*
fotografiar ʾ. *fotografiar*
fotogravat ni. *fotograbado*
fotòmetre ni. *fotómetro*
fotosfera f. *foɩosfera*
fototípia f. *fototipia*
fra m. *fray*
frac m. *frac*
fracàs m. *fracaso*
fracassar v. *fracasar*
fracció f. *fracción*
fraccionar v. *fraccionar*
fraccionari, -ària adj. *fraccionario*
fractura f. *fractura*
fracturar v. *fracturar*
fragància f. *fragancia*
fragant adj. *fragante*
fragata f. *fragata*
fràgil adj. *frágil*
fragilitat f. *fragilidad*
fragment m. *fragmento*
fragmentar v. *fragmentar*
fragor f. o m. *fragor*
fragorós, -osa adj. *fragoroso*
fragositat f. *fragosidad*
franc, -a adj. *franco, libre // gratuito // m.* (moneda) *franco*
francès, -esa m. i f. *francés*
franciscà, -ana adj. *franciscano*
francmaçó m. *francmasón*
francmaçoneria f. *masonería*
francòfil, -a m. i f. *francófilo*
franel·la f. *franela*
franja f. *franja*
franqueig m. *franqueo*
franquejar v. *franquear*
franquesa f. *franqueza // franquicia*
franquícia f. *franquicia*
frare m. *fraile*
frase f. *frase*
fraseig m. *fraseo*
frasejar v. *frasear*
fraseologia f. *fraseología*
fratern, -a adj. *fraterno*
fraternal adj. *fraternal*
fraternitat f. *fraternidad*
fraternitzar v. *fraternizar*
fratricida m. i f. *fratricida*
fratricidi m. *fratricidio*
frau m. *fraude*
fraudulent, -a adj. *fraudulento*
fraula f. *fresa*
fraulera f. *fresera*
fre m. *freno*
frec m. *roce*
fred, -a adj. *frío*

fredejar v. *hacer frío // ser frío*
fredeluc, -uga adj. *friolero*
fredolec, -ega adj. *friolero*
fredolic, -a adj. *friolero*
fredor f. *frialdad // frío*
frega f. *friega*
fregada f. *frotación, roce, rozadura*
fregador m. *almohaza // esterilla // pl. rasquetas*
1) fregadora f. *fregona*
2) fregadora f. *fregadero*
fregall m. *estropajo*
fregament m. *fricción, roce*
fregar v. *rozar // restregar, ʾrotar // fregar*
fregida f. *fritada, frita*
freginat m. *fritada, fritanga*
fregir v. *freir*
fregit m. *frito*
freixe m. *fresno*
freixeneda f. *fresneda*
freixura t. *asaduɩa, bofes*
fremir v. *estremecerse, murmurar*
frenada f. *frenada, frenazo*
frenar v. *frenar*
frenesí m. o frenesia f. *frenesí*
frenètic, -a adj. *frenético*
frenologia f. *frenología*
frenopatia f. *frenopatía*
freqüència f. *frecuencia*
freqüent adj. *frecuente*
freqüentar v. *frecuentar*
freqüentment adv. *frecuentemente, a menudo*
1) fresa f. *fresadora*
2) fresa f. *freza, desove*
1) fresar v. *fresar*
2) fresar v. *frezar, desovar*
fresc, -a adj. *fresco*
fresca f. *fresco*
frescor f. *fresco, frescura*
frescura f. *frescura*
fresquejar v. *hacer fresco*
fressa f. *rastro // ruido // máscara*
fressat, -ada adj. *trillado*
fressós, -osa adj. *ruidoso, bullicioso*
freturar v. *estar falto, carecer // necesitar // ser necesario, ser preciso*
freturós, -osa adj. *falto, necesitado // deseoso // menesteroso*
freu m. *estrecho, freo // desfiladero, garganta*
friable adj. *friable*
fricandó m. *fricandó*
fricatiu, -iva adj. *fricativo*
fricció f. *fricción*
friccionar v. *friccionar*

deambulatori m. *deambulatorio*
debades adv. *en vano, en balde*
debaixar v. *bajar*
debanadores f. pl. *devanaderas*
debanar v. *devanar*
debat m. *debate*
debatre v. *batir* // rfl. *debatirse* // *latir, palpitar* // *debatir, discutir, disputar*
dèbil adj. *débil*
debilitar v. *debilitar*
debilitat f. *debilidad*
dèbit m. *débito, deuda*
de debò adv. *de veras*
debotar v. *saltar*
debut m. *debut*
debutant m. i f. *debutante*
debutar v. *debutar*
deçà adv. *de acá, aquende, hacia acá* // aquí — *a esta parte* // allà — *a la otra parte* // de — *hacia acá*
dècada f. *década*
decadència f. *decadencia*
decadent adj. *decadente*
decàedre m. *decaedro*
decàgon m. *decágono*
decagram m. *decagramo*
decaigut, -uda adj. *decaído*
decaïment m. *decaimiento*
decàleg m. *decálogo*
decalitre m. *decalitro*
decàmer, -a adj. *decámero*
decàmetre m. *decámetro*
decandiment m. *decaimiento, languidez*
decandir-se v. *debilitarse, languidecer*
decantament m. *apartamiento, inclinación*
decantar v. *inclinar, ladear* // *separar, apartar*
decapitació f. *decapitación*
decapitar v. *decapitar*
decàpode m. *decápodo*
decapvespre (V. capvespre)
decasíl·lab, -a adj. *decasílabo*
decaure v. *decaer*
decebre v. *defraudar, decepcionar*
decència f. *decencia*
decenni m. *decenio*
decent adj. *decente*
decentment adv. *decentemente*
decepció f. *decepción*
decepcionar v. *decepcionar*
decés m. *fallecimiento*
decidir v. *decidir*
decigram m. *decigramo*
decilitre m. *decilitro*
dècim, -a adj. *décimo*
dècima adj. *décima*

decimal adj. *decimal*
decímetre m. *decímetro*
decisió f. *decisión*
decisiu, -iva adj. *decisivo*
declamació f. *declamación*
declamar v. *declamar*
declaració f. *declaración*
declarant m. i f. *declarante*
declarar v. *declarar*
declinació f. *declinación*
declinar v. *declinar*
declivi m. *declive*
decocció f. *decocción*
decolorar v. *decolorar*
decomissar v. *decomisar*
de cop-descuit adv. *de improviso, de sopetón*
decor m. *decoro*
decoració f. *decoración*
decorar v. *decorar*
decoratiu, -iva adj. *decorativo*
decorós, -osa adj. *decoroso*
decreixent adj. *decreciente*
decréixer v. *decrecer*
decrèpit, -a adj. *decrépito*
decrepitud f. *decrepitud*
decret m. *decreto*
decretar v. *decretar*
decúbit m. *decúbito*
dècuple, -a adj. *décuplo*
decuplicar v. *decuplicar*
decurs m. *decurso*
dèdal m. *dédalo*
dedicació f. *dedicación*
dedicar v. *dedicar*
dedicatòria f. *dedicatoria*
dedins adv. *dentro*
deducció f. *deducción*
deduïble adj. *deducible*
deduir v. *deducir*
deessa f. *diosa*
defalliment m. *desfallecimiento*
defallir v. *desfallecer*
defecació f. *defecación*
defecar v. *defecar*
defecció f. *defección*
defecte m. *defecto*
defectuós, -osa adj. *defectuoso*
defendre v. *defender*
defenestrar v. *defenestrar*
defensa f. *defensa*
defensar v. *defender*
defensiu, -iva adj. *defensivo*
defensor, -a m. i f. *defensor*
deferència f. *deferencia*
deferent adj. *deferente*
deferir v. *deferir*

frigi, frígia adj. *frigio*
frígid, -a adj. *frígido*
frigidesa f. *frigidez*
frigorífic m. *frigorífico*
fringíl·lid m. *fringílido*
fris m. *friso*
frisança f. *comezón, impaciencia*
frisar v. *concomerse, estar impaciente*
frisó, -ona adj. *frisón*
frisós, -osa adj. *anheloso, impaciente*
frissar v. *tener prisa, concomerse // apresurarse, darse prisa*
frissera f. *prisa*
frissós, -osa adj. *impaciente, apresurado*
frívol, -a adj. *frívolo*
frivolitat f. *frivolidad*
fronda f. *fronda*
frondós, -osa adj. *frondoso*
frondositat f. *frondosidad*
front m. *frente*
frontal adj. *frontal*
fronter, -a adj. *frontero*
frontera f. *frontalera // frontera*
fronterejar v. *confinar, colindar*
fronterer, -a adj. *fronterizo*
frontispici m. *frontispicio*
frontissa f. *bisagra*
frontó m. *frontón*
fructífer, -a adj. *fructífero*
fructificar v. *fructificar*
fructosa f. *fructosa*
frugal adj. *frugal*
frugalitat f. *frugalidad*
frugívor, -a adj. *frugívoro*
fruïció f. *fruición, goce*
fruir v. *gozar, disfrutar*
fruit m. *fruto*
fruita f. *fruta*
fruitar v. *fructificar*
fruiter, -a adj. *frutero // frutal*
fruitera f. *frutera, frutero*
fruiterar m. *frutaleda*
fruiteria f. *frutería*
fruitós, -osa adj. *fructuoso*
frunzir v. *fruncir*
frustració f. *frustración*
frustrar v. *frustrar*
fúcsia f. *fucsia*
fuet m. *látigo // longaniza*
fuetada f. *latigazo*
fueteig m. *azote, latigazos*
fuetejar v. *azotar, zurriagar*
fuga f. *fuga*
fugaç adj. *fugaz*
fugacitat f. *fugacidad*
fugida f. *huída*

fugir v. *huir // escapar, librarse // desvanecerse, escaparse*
fugisser, -a adj. *fugaz, huidizo*
fugitiu, -iva adj. *fugitivo*
fuita f. *fuga, huída*
fulgència f. *fulgencia*
fulgent adj. *fulgente*
fúlgid, -a adj. *fúlgido*
fulgir v. *fulgir*
fulgor m. *fulgor*
fulgurant adj. *fulgurante*
fulgurar v. *fulgurar*
full m. *hoja, pliego // novillos*
fulla f. *hoja*
fullaca f. *hojarasca*
fullam m. *follaje, hojarasca*
fullar v. *hojecer // hacer novillos*
fullaraca f. *hojarasca*
fullat, -ada adj. *hojoso, frondoso*
fullatge m. *follaje*
fullejar v. *hojear*
fullet m. *folleto*
fulletó m. *folletín*
fullola f. *hojuela // chapa*
fullós, -osa adj. *hojoso, frondoso*
fulminant adj. *fulminante*
fulminar v. *fulminar*
fum m. *humo*
fumador, -a m. i f. *fumador // m. fumadero // m. ahumadero*
fumall m. *tizo, humajo*
fumar v. *humear // fumar // ahumar // rfl. picarse*
fumarada f. *humareda*
fumarola f. *fumarola*
fumassa f. *humareda*
fumejant adj. *humeante*
fumejar v. *humear*
fumera f. *humareda // humera // ganas de fumar*
fumeral m. *chimenea, humero*
fumigació f. *fumigación*
fumigar v. *fumigar*
fumós, -osa adj. *humoso*
funàmbul, -a m. i f. *funámbulo*
funció f. *función*
funcional adj. *funcional*
funcionament m. *funcionamiento*
funcionar v. *funcionar*
funcionari, -ària m. i f. *funcionario*
funda f. *funda*
fundació f. *fundación*
fundador, -a m. i f. *fundador*
fundar v. *fundar*
fundició f. *fundición*
fúnebre adj. *fúnebre*

funeral adj. i m. *funeral*
funerari, -ària adj. *funerario*
funest, -a adj. *funesto*
fungiforme adj. *fungiforme*
funicle m. *funículo*
funicular adj. *funicular*
fur m. *fuero*
fura f. *hurón*
furategar v. *hurgar*
furgar v. *hozar, hurgar // hurgonear, escarbar // hocicar*
1) **furgó** m. *furgón*
2) **furgó** m. *hurgón, guincho*
fúria f. *furia*
furiada f. *exaltación, furia*
furibund, -a adj. *furibundo*
furiós, -osa adj. *furioso*
furó m. *hurón*
furonar v. *huronear // hurgar*
furoncol m. *forúnculo*
furor f. o m. *furor*
furt m. *hurto*
furtar v. *hurtar*
furtiu, -iva adj. *furtivo*

fus m. *huso*
1) **fusa** f. *fundición // hierro fundido*
2) **fusa** f. (en música) *fusa*
fusell m. *eje // fusil*
fusellament m. *fusilamiento*
fusellar v. *fusilar*
fuseller m. *fusilero*
fusible adj. *fusible*
fusiforme adj. *fusiforme*
fusió f. *fusión*
fusionar v. *fusionar*
fust m. *madera // fuste // viga*
fusta f. *madera // madero*
fustam m. *maderamen, maderaje*
fuster m. *carpintero*
fusteria f. *carpintería*
fustigar v. *fustigar*
futbol m. *fútbol*
futbolista m. i f. *futbolista*
futesa f. *futesa, bagatela*
fútil adj. *fútil*
futilitat f. *futilidad*
futur, -a adj. *futuro*
futurisme m. *futurismo*

G

gabella f. *gabela* // *estanco, monopolio* // *conjuración* // *contubernio* // *çompañía*
gàbia f. *jaula* // (en nàutica) *gavia*
gabial m. *jaulón, pajarera*
gabier m. *jaulero* // *gaviero*
gabinet m. *gabinete*
gafa f. *pinza, corchete, grapa* // pl. *gajes*
gafet m. *corchete*
gai, -a adj. *alegre, gayo*
gaia f. *nesga, girón*
gaiato m. *cayado, bastón*
gaire adv. i adj. (només usat en frases negatives, interrogatives o condicionals) *mucho, muy*
gairebé adv. *casi*
de gairell adv. *de canto, de lado*
gaita f. *gaita*
gaiter m. *gaitero*
gal, gal·la m. i f. *galo*
gala f. *gala*
galà, -ana adj. *galano*
galàctic, -a adj. *galáctico*
galaic, -a m. i f. *galaico*
galania f. *galanura*
galant adj. *galante*
galanteig m. *galanteo*
galantejar v. *galantear*
galanteria f. *galantería*
galantment adv. *galantemente*
galanxó, -ona adj. *bonito, lindo*
galàpet m. *sapo*
galàxia f. *galaxia*
galdós, -osa adj. *bonito*
galena f. *galena*
galera f. *galera* // *griterío*
galerada f. *galerada*
galeria f. *galería*
galet m. *galillo, campanilla* // *pico, gallete*
galeta f. *galleta* // *sopapo, soplamocos*
galfó m. *gozne*
galga f. *iguala* // *galga*
galifardeu m. *tunante, rufián* // *mocetón*
galileu, -ea adj. *galileo*
galimaties m. *galimatías*
galindaina f. *abalorio, bagatela* // pl. *arrumacos*

galindó m. *juanete* // *arrapiezo, chiquillo*
galiot m. *galeota* // *galeote*
gall m. *gallo* // *veleta* // (pretensiós) *gallito* // — dindi o — de les Índies *pavo*
gallard, -a adj. *gallardo*
gallardet m. *gallardete*
gallardia f. *gallardía*
gallec, -ega m. i f. *gallego*
galleda f. *cubo, balde*
gallejar v. *gallear, pavonearse*
gal·lès, -esa m. i f. *galés*
gallet m. *gallito* // *veleta*
gal·li m. *galio*
gàl·lic, -a adj. *gálico*
gal·licisme m. *galicismo*
gallimarsot m. *marimacho*
gallina f. *gallina*
gallinaci, -àcia adj. *gallináceo*
galliner m. *gallinero*
galó m. *galón*
galop m. *galope*
galopar v. *galopar*
galotxa f. *zueco* // *galocha* // *rehilete*
galta f. *mejilla, carrillo*
galtada f. *bofetada*
galtaplè, -ena adj. *carilleno, carirredondo*
galtejar v. *abofetear*
galtera f. *carrillera* // pl. *paperas*
galtut, -uda adj. *mofletudo*
galvana f. *pereza, galbana*
galvànic, -a adj. *galvánico*
galvanitzar v. *galvanizar*
galze m. *cáliz* // *rebajo, jable*
gamba f. *gamba, camarón*
gambada f. *zancada*
gambal m. *pierna, zanco* // pl. *alcances, entendederas*
gambaner m. *gambarón*
gàmet m. *gameto*
gamma f. *gama* // *gamma*
gana f. *gana* // *apetito*
ganàpia m. *gambalúa, grandullón*
gandul, -a adj. *gandul, haragán* // *travieso, picarón*
gandulejar v. *gandulear*

ganduleria f. *ganduleria*
ganejar v. *hambrear*
ganga f. *ganga*
gangli m. *ganglio*
gangrena f. *gangrena*
gangrenar v. *gangrenar*
gànguil m. *gambero, gánguil* // *gambalúa*
ganivet m. *cuchillo*
ganiveta f. *cuchilla*
ganivetada f. *cuchillada*
ganiveter m. *cuchillero*
ganiveteria f. *cuchillería*
ganso, -a adj. *cachazudo* // *zorro, astuto* // *avaro, mezquino*
gansoner, -a adj. *cachazudo, remolón*
ganxet m. *ganchillo*
ganxo m. *gancho* // *tirabrasas* // *garabatillo* // *garfio* // *horquilla* // *alcayata* // pl. *azada estercolera* // *rastrillo*
ganxut, -uda adj. *ganchudo*
ganya f. *agalla, branquia* // *fauces, agallas* // *mueca*
ganyell m. *papada*
ganyot m. *gañote, garganta* // *mueca*
ganyota f. *mueca, visaje*
gara-gara f. *halago, zalamería*
garameu m. *alimaña, bicharraco*
garantia f. *garantía*
garantir f. *garantir*
garantitzar v. *garantizar*
garanyó m. *endrina*
garapinyar v. *garrapiñar*
garatge m. *garaje*
garba f. *haz* // *manojo*
garballó m. *palmito*
garbell m. *criba*
garbellar v. *cribar, ahechar* // *filtrar* // *tamizar*
garbera f. *hacina* // *montón*
garbí m. *lebeche, garbino*
garbuix o **garbull** m. *garbullo, lío*
gardènia f. *gardenia*
garfi m. *garfio*
gargal m. (V. **gregal**)
gargall m. *gargajo*
gargamella f. *garganta*
gàrgares f. pl. *gárgaras*
gargaritzar v. *gargarizar*
gàrgola f. *gárgola*
gargot m. *garabato* // *mancha, borrón*
gargotejar v. *garrapatear*
garita f. *garita*
garjola f. *garito* // *chirona, cárcel*
garlanda f. *guirnalda*
garlar v. *charlar*
garlopa f. *garlopa*

garnera f. (V. **granera**)
garra f. *garra* // *pierna*
garrafa f. *garrafa*
garriga f. *monte bajo, sarda, soto*
garriguer m. *guardabosque*
garrit, -ida adj. *hermoso, galano*
garró m. *tendón de Aquiles* // *garrón* // *menudillo*
garrofa f. *algarroba*
garrofer m. *algarrobo*
garrot m. *garrote* // *bastón*
garrotada f. *garrotazo*
garrotar v. *agarrotar*
garrova f. *algarroba*
garrover m. *algarrobo*
garrut, -uda adj. *garrudo* // *grandullón*
garsa f. *urraca*
garsesa f. *alabeo, combadura*
gas m. *gas*
gasa f. *gasa*
gascó, -ona adj. *gascón*
gasela f. *gacela*
gaseta f. *gaceta*
gasetilla f. *gacetilla*
gasificar v. *gasificar*
gasiu, -iva adj. *avaro, tacaño*
gasiveria f. *avaricia, tacañería*
gasòfia f. *bazofia*
gasogen m. *gasógeno*
gasolina f. *gasolina*
gasolinera f. *gasolinera*
gasòmetre m. *gasómetro*
gasós, -osa adj. *gaseoso*
gasosa f. *gaseosa*
gaspatxo m. *gazpacho*
gastador, -a adj. *gastador*
gastament m. *aborto*
gastar v. *gastar*
gàstric, -a adj. *gástrico*
gastritis f. *gastritis*
gastronomia f. *gastronomía*
gat, -a m. i f. *gato* // *borracho* // m. *borrachera* // — **salvatge** *gato montés* // — **vell** (home experimentat) *perro viejo, marrajo* // **escorxar el** — *dormir la mona* // **treure's el gat del sac** *salir de dudas*
gatejar v. *disparatar* // *gatear, andar a gatas*
gatera f. *gatera* // (en nàutica) *guía* // *borrachera*
gatzara f. *algazara, alboroto*
a la gatzoneta *en cuclillas*
gaubança f. *júbilo, regocijo*
gaudi m. *goce*
gaudir v. *gozar, disfrutar*
gavadal m. *artesón, gamella* // *montón*
gavardina f. *gabardina*

gavatx m. *buche*
gavella f. *gavilla*
gavellar v. *agavillar*
gaveta f. *dornajo // gaveta, cuezo // hoyo // fosa // gaveta, cajón*
gavilà m. *gavilán //* pl. *bidente*
gavina f. *gaviota*
gebrada f. *escarcha*
gebrar v. *escarchar*
gebre m. o f. *escarcha // hielo*
gec m. *chaqueta*
gegant, -a m. i f. *gigante*
gegantesc, -a adj. *gigantesco*
gegantí, -ina adj. *gigantesco*
gel m. *hielo*
gelada f. *helada, escarcha*
gelar v. *helar*
gelat, -ada adj. i m. *helado*
gelateria f. *heladería*
gelatina f. *gelatina*
gelatinós, -osa adj. *gelatinoso*
gelea f. *jalea*
gelera f. *helero, ventisquero // nevera*
gèlid, -a adj. *gélido*
gelor f. *helor*
gelós, -osa adj. *celoso*
gelosia f. *celos // celosía*
gema f. *yema*
gemat, -ada adj. *lozano, cristalino*
gemec m. *gemido*
gemegar v. *gemir*
gemegós, -osa adj. *gemidor, plañidero*
geminar v. *geminar*
Gèminis m. *Géminis*
gemir v. *gemir*
gemma f. *gema*
genciana f. *genciana*
gendarme m. *gendarme*
gendre m. *yerno*
genealogia f. *genealogía*
gener m. *enero*
generació f. *generación*
generador, -a adj. *generador*
general adj. i m. *general*
generala f. *generala*
generalat m. *generalato*
generalíssim m. *generalísimo*
generalitat f. *generalidad*
generalitzar v. *generalizar*
generar v. *generar*
generatiu, -iva dj. *generativo*
generatriu adj. *generatriz*
gènere m. *género*
genèric, -a adj. *genérico*
generós, -osa adj. *generoso*
generositat f. *generosidad*

gènesi f. i m. *génesis*
genèsic, -a adj. *genésico*
genet m. *jinete // bastardo*
geneta f. *gineta*
geni m. *genio*
geniada f. *genialidad // rabieta*
genial adj. *genial*
genialitat f. *genialidad*
genital adj. *genital*
genitiu m. *genitivo*
genitor, -a m. i f. *genitor*
geniüt, -üda adj. *geniudo*
geniva f. *encía*
genocidi m. *genocidio*
genoll m. *rodilla*
genollera f. *rodillera*
de genollons adv. *de rodillas*
gens pron. i adv. (en frases negatives) *nada* // (en frases interrogatives) *algo*
gent f. *gente*
gentada f. *gentío*
gentalla f. *gentuza*
gentil adj. *gentil*
gentilesa f. *gentileza*
gentilhome m. *gentilhombre*
gentilici, -icia adj. *gentilicio*
gentussa f. *gentuza*
genuflexió f. *genuflexión*
genuí, -ïna adj. *genuino*
geògraf, -a m. i f. *geógrafo*
geografia f. *geografía*
geòleg, -oga m. i f. *geólogo*
geologia f. *geología*
geòmetra m. i f. *geómetra*
geometria f. *geometría*
gep m. *giba, joroba*
gepa f. *giba, joroba*
geperut, -uda adj. *giboso, jorobado*
gerani m. *geranio*
gerd, -a adj. *gresco, tierno, lozano //* m. *frambuesa*
gerència f. *gerencia*
gerent m. i f. *gerente*
germà, -ana m. i f. *hermano //* adj. *igual*
germanastre, -a m. i f. *hermanastro*
germandat f. *hermandad*
germani m. *germanio*
germania f. *hermandad // germanía*
germànic, -a adj. *germánico*
germanívol, -a adj. *fraternal*
germanor f. *hermandad, fraternidad*
germen m. *germen*
germinació f. *germinación*
germinar v. *germinar*
gernació f. *gentío*
gerontologia f. *gerontología*

gerra f. *cántaro* // *tinaja*
gerrer m. *alfarero* // *cantarero*
gerreria f. *alfarería*
gerret m. *caramel*
gerro m. *jarro, jarrón*
gerundi m. *gerundio*
gespa f. *césped*
gessamí m. *jazmín*
gest m. *gesto*
gesta f. *gesta*
gestació f. *gestación*
gestar v. *gestar*
gesticulació f. *gesticulación*
gesticular v. *gesticular*
gestió f. *gestión*
gestionar v. *gestionar*
gestor, -a adj. *gestor*
gestoria f. *gestoría*
gibel·lí, -ina adj. *gibelino*
gimnàs m. *gimnasio*
gimnasta m. i f. *gimnasta*
gimnàstica f. *gimnasia*
gimnosperma f. *gimnosperma*
ginebra f. *ginebra*
ginebre m. *enebro*
ginebró m. *enebro*
gineceu m. *gineceo*
ginecologia f. *ginecología*
ginesta f. *hiniesta, retama*
gingebre m. *gengibre*
gínjol m. *azufaifa*
ginjoler m. *azufaifo*
giny m. *ingenio*
ginyar v. *inducir*
gipó m. *jubón*
gir m. *giro*
gira f. *vuelta*
girada f. *vuelta*
giradora f. *espumadera, rasera*
girafa f. *jirafa*
giragonsa f. *revuelta, recoveco, rodeo*
girar v. *girar, voltear* // *volver* // *dar vuelta* // (la lluna) *hacer el cuarto*
gira-sol m. *girasol* // *tornasol*
giratori, -òria adj. *giratorio*
giravoltar v. *voltear, girar*
gírgola f. *seta*
gironí, -ina m. i f. *gerundense, geronés*
giscar v. *chillar*
gisco m. *chillido*
git o **get** m. *tiro, disparo*
gitanada f. *gitanada*
gitano, -a m. i f. *gitano*
gitar v. *arrojar* // *echar* // *acostar* // *vomitar*
gla f. o m. *bellota*
glaç m. *hielo*

glaçada f. *helada*
glaçar v. *helar* // *paralizar*
glacera f. *glaciar*
glacial adj. *glacial*
glaciar adj. *glaciar*
gladiador m. *gladiador*
gladiol m. *gladiolo*
gland m. *glande*
glàndula f. *glándula*
glatir v. *latir, palpitar* // *hipar, perecerse, consumirse* (de deseo) // *anhelar, codiciar*
glauc, -a adj. *glauco*
gleva f. *terrón, tabón* // *gleba* // *cuajarón* // *orujo* // *caliche* // *papirotazo, capirotazo*
glicerina f. *glicerina*
glicina f. *glicina*
global adj. *global*
glòbul m. *glóbulo*
globular adj. *globular*
globus m. *globo*
glomèrul m. *glomérulo*
glop m. *sorbo*
glopada f. *sorbo, trago* // *bocanada, buche*
glopeig m. *enjuague*
glopejar v. *enjuagarse*
glòria f. *gloria*
gloriar-se v. *gloriarse*
glorieta f. *glorieta*
glorificació f. *glorificación*
glorificar v. *glorificar*
gloriós, -osa adj. *glorioso*
glosa f. *glosa* // *copla*
glosada f. *sarta de coplas o de versos*
glosador, -a m. i f. *juglar popular*
glosar v. *glosar* // *componer coplas, versificar*
glossa f. *glosa*
glossar v. *glosar*
glossari m. *glosario*
glotis f. *glotis*
glucosa f. *glucosa*
gluten m. *gluten*
glutinós, -osa adj. *glutinoso*
gneis m. *gneis*
gnom m. *gnomo*
gnòmon m. *gnomon*
gnosticisme m. *gnosticismo*
gobelet m. *cubilete*
godall m. *cerdito, lechón* // *palabrota, taco*
goig m. *gozo*
gojós, -osa adj. *gozoso*
gol m. *gol*
gola f. *garganta* // *gola* // *boca, embocadura* // *gula*
golafre adj. *glotón*
golafreria f. *glotonería*

goleta f. *goleta* // *gola, talón*
1) **golf** m. (de la mar) *golfo*
2) **golf** m. (joc de pilota) *golf*
golfa f. *desván, buhardilla*
golfo m. *gozne*
goll m. *papera, bocio*
golós, -osa adj. *goloso*
golosia f. *golosía* // *golosina*
golut, -uda adj. *goloso, glotón*
de gom en gom adv. *de bote en bote*
goma f. *goma*
gomós, -osa adj. *gomoso*
góndola f. *góndola*
gondoler m. *gondolero*
gonella f. *saya* // m. *muñeco, pelele*
gong m. *gong*
gorg m. *hoya, olla* // *charco* // *fuente, manantial*
goril·la m. *gorila*
gorja f. *garganta, gaznate* // *garganta, hoz, gola* // *juerga, jarana*
gorra f. *gorra*
gorrer, -a adj. *gorrón*
gorrió m. *gorrión*
gorrista m. i f. *gorrón*
gos m. *perro*
gosadia f. *audacia, osadía*
gosar v. *atreverse, osar* // *apostar*
gossa f. *perra*
gossada f. *perrería, jauría*
gossera f. *perrera* // *holgazanería*
1) **got** m. *vaso* // *jarro* // *cojinete*
2) **got, goda** m. i f. *godo*
gota f. *gota* // *apoplejía*
gotejar v. *gotear*
gotera f. *gotera* // *cenefa* // *sobrepuerta*
gòtic, -a adj. *gótico*
gotim m. *llovizna* // *carpa, grajo* // *redrojo, cencerrón*
gotzo, -a adj. *panzudo, gordinflón*
govern m. *gobierno*
governació f. *gobernación*
governador, -a m. i f. *gobernador*
governall m. *timón, gobernalle*
governamental adj. *gubernamental*
governant m. i f. *gobernante*
governar v. *gobernar*
governatiu, -iva adj. *gubernativo*
gra m. *grano* // (de rosari) *cuenta*
gràcia f. *gracia*
gràcil adj. *grácil*
graciós, -osa adj. *gracioso*
graciositat f. *graciosidad*
grada f. *reja* // *grada*
gradació f. *gradación*
graderia f. *gradería*

graduació f. *graduación*
gradual adj. *gradual*
graduar v. *graduar*
graella f. *parrilla* // *serpentín*
graelles f. pl. *parrilla*
grafia f. *grafía*
gràfic, -a adj. *gráfico*
grafit m. *grafito*
grafologia f. *grafología*
gralla f. *grajo* // *charlatán, cháchara*
grallar v. *graznar*
1) **gram** m. *grama*
2) **gram** m. *gramo*
gramàtic, -a m. i f. *gramático*
gramàtica f. *gramática*
gramatical adj. *gramatical*
gramenera f. *cardador*
gramínia f. *gramínea*
gramòfon m. *gramófono*
grampó m. *tornillo*
gramponador m. *destornillador*
gran adj. *grande, gran* // *maduro, viejo* // *alto*
grana f. *simiente* // *pienso* // *grana*
granada f. *granada*
granader m. *granadero*
granadina f. *granadina*
granalla f. *granalla*
granar v. *granar, madurar*
1) **granat** m. i adj. *granate*
2) **granat, -ada** adj. *granado* // *maduro* // *fuerte, duro* // **de —** *duramente, fuertemente*
grandària f. *magnitud, amplitud*
grandesa f. *grandeza*
grandiloqüència f. *grandilocuencia*
grandiós, -osa adj. *grandioso*
grandiositat f. *grandiosidad*
grandolàs, -assa adj. *grandullón*
1) **granejar** v. *granear* // *desgranar*
2) **granejar** v. *ir en grande, alardear* // *menudear, aumentar*
graner m. *granero*
granera f. *escoba*
granerada f. *escobazo*
granger, -a m. i f. *granjero*
granis m. *granizo*
granissat m. *granizado*
granit m. *granito*
granític, -a adj. *granítico*
granívor, -a adj. *granívoro*
granja f. *granja*
granment adv. *grandemente*
granot m. *rana*
granota f. *rana* // (de vestir) *mono*
grànul m. *gránulo*

granular adj. i v. *granular*
graó m. *grada // peldaño*
grapa f. *zarpa // grapa // maña //* pl. *azada de dientes //* **de grapes** *a gatas*
grapada f. *zarpazo // puñado*
grapar v. *grapar*
grapat m. *zarpazo // puñado //* **un** — *un montón, una serie*
grapejar v. *manosear, sobar // zarpear*
graponejar v. *manotear*
gras, grassa adj. *graso // gordo // grueso*
grassó, -ona adj. *gordezuelo*
grassor f. *gordura*
grat, -a adj. *grato, agradable //* m. *agrado, gusto //* **de** — o **de bon** — *de buen grado, con gusto*
gratacels m. *rascacielos*
gratada f. *rascada, escarbadura*
gratar v. *rascar // escarbar*
gratellós, -osa adj. *rugoso, áspero*
gratificació f. *gratificación*
gratificar v. *gratificar*
gratinar v. *gratinar*
gratis adv. *gratis*
gratitud f. *gratitud*
gratuït, -a adj. *gratuito*
grau m. *grado*
grava f. *grava, casquijo*
gravador, -a m. i f. *grabador*
gravamen m. *gravamen*
1) **gravar** v. *grabar*
2) **gravar** v. *gravar*
gravat m. *grabado //* **-ada** adj. *grabado //* adj. *picado*
gravetat f. *gravedad*
gràvid, -a adj. *grávido*
gravidesa f. *gravidez*
gravitació f. *gravitación*
gravitar v. *gravitar*
gravós, -osa adj. *gravoso*
grec, -ega m. i f. *griego //* m. *gregal, nordeste*
greca f. *greca*
gregal m. *gregal, nordeste*
gregari, -ària adj. *gregario*
gregorià, -ana adj. *gregoriano*
greix m. *grasa // mugre // gordura*
greixatge m. *engrasado, engrase*
greixonera f. *grasera // cazuela*
greixós, -osa adj. *grasiento, grasoso*
greixum m. *gordura // grasa // mugre, pringue*
grell m. *galladura, meaja // gajo // escarzo // padrastro, respigón*
gremi m. *gremio*
grenya f. *greña*

grenyal adj. *cerollo // primerizo*
gres m. *gres*
gresca f. *gresca, algazara // riña, contienda*
gresol m. *crisol // candileja*
greu adj. *grave //* **saber** — *saber mal, disgustar //* **a la** — **manera** *de mala manera*
greuge m. *agravio*
grèvol m. *acebo*
grif m. *(animal fabulós) grifo*
grifó m. *grifo, espita*
grífol m. *retoño // borbotón*
grill m. *grillo*
grilló m. *grillete*
grimpar v. *trepar*
grinyol m. *gañido, aullido // chirrido*
grinyolar v. *gañir, aullar // chirriar, rechinar*
grip m. *gripe, trancazo*
gripau m. *sapo*
gris, -a adj. *gris*
grisenc, -a adj. *grisáceo*
grisor f. *grisura*
grisós, -osa adj. *grisáceo*
grisú m. *grisú*
1) **griu** m. *(animal fabulós) grifo*
2) **griu** m. *grillo //* **tenir el cap ple de grius** *tener la cabeza llena de grillos*
groc, groga adj. *amarillo*
groenlandès, -esa m. i f. *groenlandés*
grog m. *(beguda) grog*
grogor f. *amarillez*
groguejar v. *amarillear*
groguenc, -a adj. *amarillento*
groller, -a adj. *grosero, basto*
grolleria f. *grosería*
gromant m. *bogavante*
gronxador m. *columpio*
gronxar v. *mecer, columpiar // balancear*
grop m. *nudo // paño // resalto // tormenta*
gropa f. *grupa*
gropada f. *nubarrada, tormenta*
gropellut, -uda adj. *nudoso // basto, rudo*
gropera f. *grupera*
gros, grossa adj. *grueso, gordo // grande // grosero, burdo // alto //* **en** — *al por mayor //* **tot en** — *a lo más, como máximo*
grossa f. *gruesa // (de la loteria) gordo*
grossària f. *grueso, grosor // grandeza, magnitud*
grosser, -a adj. *grosero*
grosseria f. *grosería*
grotesc, -a adj. *grotesco*
grua f. *(ocell) grulla // grúa*
gruix m. *grueso, grosor, espesor*
gruixària f. *grueso, grosor*
gruixat, -ada adj. *grueso, gordo*
gruixut, -uda adj. *grueso, gordo*

1) **grum** m. *grumo*
2) **grum** m. *grumete, botones*
grumejar v. *cebar // hacer caratoñas*
grumer m. *cebo // medusa, galera*
grumet m. *grumete*
grumoll m. *grumo, coágulo*
grumollós, -osa adj. *grumoso*
gruny m. *gruñido*
grunyir v. *gruñir // refunfuñar // chirriar, rechinar*
grup m. *grupo*
gruta f. *gruta*
guacamai m. *guacamayo*
guaiaba f. *guayaba*
guaiaber m. *guayabo*
guaita f. *guardia, centinela // ronda // f. o m. vigía, guarda*
guaitar v. *asomarse // estar asomado*
gual m. *vado*
gualdrapa f. *gualdrapa*
guano m. *guano*
guant m. *guante*
guantellet m. *guantelete*
guanter, -a m. i f. *guantero*
guanteria f. *guantería*
guany m. *ganancia*
guanyador, -a adj. *ganador*
guanyar v. *ganar*
guapo, -a adj. *guapo, hermoso*
guarda f. (acció de guardar) *guarda, guardia // f. o m. (persona que guarda) guardia, guarda, guardián // (grup de bestiar) rebaño*
guardaagulles m. *guardaagujas*
guardabarrera m. o f. *guardabarrera*
guardabosc m. *guardabosque*
guardacantó m. *guardacantón*
guardacostes m. *guardacostas*
guardaespatlles (cast.) m. *guardaespaldas*
guardamobles m. *guardamuebles*
guardapits m. *chaleco*
guardapols m. *guardapolvo*
guardar v. *guardar*
guarda-roba m. *guardarropa // guardarropía // ropero*
guarderia f. *guardería*
guàrdia f. *guardia*
guardià, -ana m. i f. *guardián*
guardiola f. *hucha, alcancía*
guardó m. *galardón*
guardonar v. *galardonar*
guaret m. *barbecho*
guarible adj. *curable*
guaridor, -a adj. *curador, curativo*
guariment m. *curación*
guarir v. *curar, sanar*

guarisme m. *guarismo*
guarnició f. *guarnición*
guarniment m. *arreo, guarnición // pl. arreos, correaje*
guarnir v. *guarnecer // arrear, aparejar // fabricar, preparar // apañar, arreglar*
guatemalenc, -a m. i f. *guatemalteco*
guàtlera f. *codorniz*
guatlla f. *codorniz*
gúbia f. *gubia*
guèiser m. *géiser*
güelf, -a adj. *güelfo*
guenyo, -a adj. *bizco, bisojo*
guepard m. *guepardo*
guerra f. *guerra*
guerrejar v. *guerrear*
guerrer, -a adj. *guerrero*
guerrilla f. *guerrilla*
guerriller, -a m. i f. *guerrillero*
guerx o **guerxo, -a** adj. *bizco, bisojo // alabeado, combado*
guerxar v. intr. *bizquear //* tr. *alabear*
guerxesa f. *alabeo*
guerxo, -a adj. (V. **guerx**)
guia f. *guía*
guiador, -a adj. *guiador*
guiar v. *guiar*
guiatge m. *guía // salvoconducto*
guilla f. *zorra*
guilladura f. *chifladura*
guillar v. *escapar, escabullirse*
guillat, -ada adj. *chiflado*
guillot m. *zorro // astuto, zorro*
guillotina f. *guillotina*
guillotinar v. *guillotinar*
guimbar v. *saltar, retozar*
guinda f. *guinda*
guineu m. *zorra, raposa*
guinyol m. *guiñol*
guinyolar v. *gañir, aullar*
guipuscoà, -ana m. i f. *guipuzcoano*
guió m. *guión*
guionista m. i f. *guionista*
guipar v. *ver, divisar, guipar*
guirigall m. *guirigay*
guisa f. *guisa, manera*
guisar v. *guisar, cocinar*
guitar v. *cocear*
guitarra f. *guitarra*
guitarrer, -a m. i f. *guitarrero*
guitarrista m. i f. *guitarrista*
guitza f. *coz // puñeta / fer la — fastidiar hacer la puñeta / enviar a la — o a fer guitzes mandar a la porra*
guix m. *yeso // tiza*
guixa f. *guija, almorta // ombligo // inquieto zozobroso, precipitado*

guixaire m. *yesero*
guixar m. *almortal*
guixer m. *yesero*
guixó m. *judía de careta*
guspira f. *chispa*
guspireig m. *chisporroteo*
guspirejar v. *chisporrotear*

gust m. *gusto*
gustació f. *gustación*
gustar v. *gustar, saborear*
gustatiu, -iva adj. *gustativo*
gustós, -osa adj. *gustoso*
gutaperxa f. *gutapercha*
gutural adj. *gutural*

H

hàbil adj. *hábil*
habilitar v. *habilitar*
1) habilitat f. *habilidad*
2) habilitat, -ada adj. *habilitado*
hàbit m. *hábito*
habitació f. *habitación*
habitant m. i f. *habitante*
habitar v. *habitar*
hàbitat m. *hábitat*
habitual adj. *habitual*
habituar v. *habituar*
habitud f. *habitud, costumbre*
hac f. *hache*
haca f. *jaca* // *mula*
hagiografia f. *hagiografía*
haitià, -ana m. i f. *haitiano*
haixis m. *hachís*
hala! interj. *hala!*
hàlit m. *hálito*
halo m. *halo*
halogen adj. i m. *halógeno*
ham · m. *anzuelo*
hamaca f. *hamaca*
hàmster m. *hámster*
handicap m. *handicap*
hangar m. *hangar*
harem m. *harén*
harmonia f. *armonía*
harmònic, -a adj. *armonico*
harmònica f. *armónica*
harmoniós, -osa adj. *armonioso*
harmonitzar v. *armonizar*
harmònium m. *armónium*
harpia f. *harpía*
havà, -ana m. i f. *habano*
havanera f. *habanera*
haver v. *haber*
hawaià, -ana m. i f. *hawayano*
hebdomadari, -ària adj. *hebdomadario*
hebraic, -a adj. *hebraico*
hebreu, -ea m. i f. *hebreo*
hecatombe f. *hecatombe*
hectàrea f. *hectárea*
hectogram m. *hectogramo*
hectolitre m. *hectolitro*

hectòmetre m. *hectómetro*
hederàcia f. *hederácea*
hedonisme m. *hedonismo*
hegemonia f. *hegemonía*
hègira f. *hégira*
heli m. *helio*
hèlice f. *hélice*
helicòpter m. *helicóptero*
heliogravat m. *heliograbado*
heliotrop m. *heliotropo*
hèlix f. *hélice*
hel·lènic, -a adj. *helénico*
hel·lenisme m. *helenismo*
helmint m. *helminto*
helvètic, -a adj. *helvético*
hematites f. *hematites*
hematoma m. *hematoma*
hemeroteca f. *hemeroteca*
hemicicle m. *hemiciclo*
hemiplexia f. *hemiplejía*
hemípter, -a adj. *hemíptero*
hemisferi m. *hemisferio*
hemistiqui m. *hemistiquio*
hemofília f. *hemofilia*
hemoglobina f. *hemoglobina*
hemorràgia f. *hemorragia*
hendecasíl·lab m. *hendecasílabo*
hepàtic, -a adj. *hepático*
hepatitis f. *hepatitis*
heptàedre m. *heptaedro*
heptàgon m. *heptágono*
heptàmer, -a adj. *heptámero*
heptasíl·lab, -a adj. *heptasílabo*
herald m. *heraldo*
heràldic, -a adj. *heráldico*
heràldica f. *heráldica*
herba f. *hierba*
herbaci, -àcia adj. *herbáceo*
herba-lluïsa f. *hierba-luisa*
herbam m. *herbazal, hierbal*
herbari m. *herbario*
herba-sana f. *hierbabuena*
herbatge m. *prado*
herbei m. *césped*
herbívor, -a adj. *herbívoro*

herbolari m. *herbolario*
herboristeria f. *herboristería*
herbós, -osa adj. *herboso*
herculi, -úlia adj. *hercúleo*
hereditari, -ària adj. *hereditario*
herència f. *herencia*
heresiarca m. *heresiarca*
heretar v. *heredar*
heretat f. *herencia, heredad*
heretge m. i f. *hereje*
heretgia f. *herejía*
herètic, -a adj. *herético*
hereu, -eva m. i f. *heredero*
hermafrodita m. i f. *hermafrodita*
hermètic, -a adj. *hermético*
hermetisme m. *hermetismo*
hèrnia f. *hernia*
heroi m. *héroe*
heroic, -a adj. *heroico*
heroïcitat f. *heroicidad*
heroïna f *heroína*
heroisme m. *heroísmo*
herpes m. *herpes*
heteròclit, -a adj. *heteróclito*
heterodox, -a adj. *heterodoxo*
heterodòxia f. *heterodoxia*
heterogàmia f. *heterogamia*
heterogeneïtat f. *heterogeneidad*
heterogeni, -ènia adj. *heterogéneo*
heteromorf, -a adj. *heteromorfo*
heura f. *hiedra*
heus aquí *he aquí*
hexàedre m. *hexaedro*
hexàgon m. *hexágono*
hexàmetre m. *hexámetro*
hi adv. i pron. (sempre unit immediatament al verb; en certs casos és intraduïble al castellà; en altres pot tenir aquestes equivalències): *a él, a ella, a ello; en él, en ella, en ello; aquí, ahí, allí;* etc. // **hi ha** *hay;* **hi haurà** *habrá;* **haver-hi** *haber*
hiatus m. *hiato*
hibernació f. *hibernación*
híbrid, -a adj. *híbrido*
hidra f. *hidra*
hidrat m. *hidrato*
hidratar v. *hidratar*
hidràulic, -a adj. *hidráulico*
hídria f. *hidria*
hidroavió m. *hidroavión*
hidrocarbur m. *hidrocarburo*
hidroelèctric, -a adj. *hidroeléctrico*
hidròfil, -a adj. *hidrófilo*
hidròfob, -a adj. *hidrófobo*
hidrofòbia f. *hidrofobia*
hidrogen m. *hidrógeno*

hidrografia f. *hidrografía*
hidròlisi f. *hidrólisis*
hidropesia f. *hidropesía*
hidròpic, -a adj. *hidrópico*
hidrosfera f. *hidrosfera*
hidroteràpia f. *hidroterapia*
hidròxid m. *hidróxido*
hiena f. *hiena*
hieràtic, -a adj. *hierático*
higiene f. *higiene*
higiènic, -a adj. *higiénico*
higienitzar v. *higienizar*
higròmetre m. *higrómetro*
higroscopi m. *higroscopio*
hilaritat f. *hilaridad*
himen m. *himen*
himeneu m. *himeneo*
himenòpter m. *himenóptero*
himne m. *himno*
hindú m. i f. *hindú*
hipèrbaton m. *hipérbaton*
hipèrbola f. *hipérbola*
hipèrbole f. *hipérbole*
hipersensible adj. *hipersensible*
hipertens, -a adj. *hipertenso*
hipertensió f. *hipertensión*
hipertròfia f. *hipertrofia*
hípic, -a adj. i f. *hípico*
hipnosi f. *hipnosis*
hipnotisme m. *hipnotismo*
hipnotitzar v. *hipnotizar*
hipocondríac, -a adj. *hipocondríaco*
hipocresia f. *hipocresía*
hipòcrita m. i f. *hipócrita*
hipodèrmic, -a adj. *hipodérmico*
hipòdrom m. *hipódromo*
hipopòtam m. *hipopótamo*
hipòstil, -a adj. *hipóstilo*
hipoteca f. *hipoteca*
hipotecar v. *hipotecar*
hipotenusa f. *hipotenusa*
hipòtesi f. *hipótesis*
hipotètic, -a adj. *hipotético*
hirsut, -a adj. *hirsuto*
hisenda f. *hacienda*
hisendat, -ada m. i f. *hacendado*
hisop m. *hisopo*
hispà, -ana adj. *hispano*
hispànic, -a adj. *hispánico*
hispanista m. i f. *hispanista*
hissar v. *izar*
histèria f. *histeria*
histèric, -a adj. *histérico*
histerisme m. *histerismo*
històlisi f. *histólisis*
histologia f. *histología*

història f. *historia*
historiador, -a m. i f. *historiador*
historial adj. i m. *historial*
historiar v. *historiar*
històric, -a adj. *histórico*
historieta f. *historieta*
histrió m. *histrión*
hivern m. *invierno*
hivernacle m. *invernadero*
hivernal adj. *invernal*
hivernar v. *invernar*
hivernenc, -a adj. *invernizo*
ho pron. *lo*
hola! interj. *hola!*
holandès, -esa m. i f. *holandés*
holocaust m. *holocausto*
hològraf, -a adj. *hológrafo*
hom pron. indet. *uno, se*
home m. *hombre* // (marit) *marido, esposo*
homenada f. *hombrada*
homenàs m. *hombrón*
homenatge m. *.homenaje*
homenatjar v. *homenajear*
homenia f. *hombría* // *hombrada*
homeòpata m. i f. *homeópata*
homeopatia f. *homeopatía*
homèric, -a adj. *homérico*
homicida m. i f. *homicida*
homicidi m. *homicidio*
homilia f. *homilía*
homo m. (V. **home**)
homogeneïtat f. *homogeneidad*
homogeni, -ènia adj. *homogéneo*
homòleg, -oga adj. *homólogo*
homologar v. *homologar*
homònim, -a adj. *homónimo*
homosexual adj. *homosexual*
hondureny, -a m. i f. *hondureño*
honest, -a adj. *honesto* // *oscuro*
honestedat f. *honestidad*
hongarès, -esa m. i f. *húngaro*
honor m. o f. *honor*
honorabilitat f. *honorabilidad*
honorable adj. *honorable*
honorar v. *honrar*
honorari, -ària adj. *honorario*
honorífic, -a adj. *honorífico*
honra f. *honra*
honradesa f. *honradez*
honrar v. *honrar*
honrós, -osa adj. *honroso*
hora f. *hora* // **molt d'—** *muy temprano* // **de l'—** *reciente* // **amb punts i amb hores** *a pequeños ratos*
horabaixa adv. *al anochecer* // *por la tarde* // m. *atardecer, anochecer* // m. *tarde*

horari m. *horario*
horda f. *horda*
horitzó m. *horizonte*
horitzontal adj. *horizontal*
hormona f. *hormona*
horòscop m. *horóscopo*
horrend, -a adj. *horrendo*
horrible adj. *horrible*
hòrrid, -a adj. *hórrido*
horripilant adj. *horripilante*
horripilar v. *horripilar*
horríson, -a adj. *horrísono*
horror f. o m. *horror*
horroritzar v. *horrorizar*
horrorós, -osa adj. *horroroso*
hort m. *huerto*
horta f. *huerta*
hortalissa f. *hortaliza*
hortènsia f. *hortensia*
horticultura f. *horticultura*
hortolà, -ana m. i f. *hortelano*
hospici m. *hospicio*
hospital m. *hospital*
hospitalari, -ària adj. *hospitalario*
hospitalitat f. *hospitalidad*
hospitalitzar v. *hospitalizar*
host m. *hueste*
hostal m. *posada, fonda*
hostaler, -a m. i f. *hostalero, posadero*
hostaleria f. *hostalería*
hostatge m. *hospedaje*
hostatjar v. *hospedar*
hoste, -essa m. i f. *huésped*
hostessa f. *hostalera* // *azafata*
hòstia f. *hostia*
hostil adj. *hostil*
hostilitat f. *hostilidad*
hostilitzar v. *hostilizar*
hotel m. *hotel*
hoteler, -a adj. *hotelero*
hoteleria f. *hotelería*
hotentot m. *hotentóte*
hugonot m. *hugonote*
hule m. *hule*
hulla f. *hulla*
humà, -ana adj. *humano*
humanisme m. *humanismo*
humanista m. i f. *humanista*
humanitari, -ària adj. *humanitario*
humanitat f. *humanidad*
humanitzar v. *humanizar*
húmer m. *húmero*
humeral adj. *humeral*
humil adj. *humilde* // *muelle, bland*
humiliació f. *humillación*
humiliant adj. *humillante*

humiliar v. *humillar*
humilitat f. *humildad*
humilment adv. *humildemente*
humit, -ida adj. *húmedo*
humitat f. *humedad*
humitejar v. *humedecer*
humor m. o f. *humor*
humorada f. *humorada*
humorisme m. *humorismo*

humorista m. i f. *humorista*
humorístic, -a adj. *humorístico*
humus m. *humus*
hunne m. *huno*
huracà m. *huracán*
huracanat, -ada adj. *huracanado*
hurí f. *hurí*
hurra! interj. *hurra!*
hússar m. *húsar*

I

i conj. *y*
iai m. i f. *viejo, anciano //* abuelo
iaio, iaia m. i f. *abuelo*
iambe m. *yambo*
ianqui m. i f. *yanqui*
iarda f. *yarda*
iber, -a m. i f. *ibero*
ibèric, -a adj. *ibérico*
iceberg m. *iceberg*
icona f. *icono*
iconoclasta m. i f. *iconoclasta*
iconografia f. *iconografía*
iconologia f. *iconología*
icosàedre m. *icosaedro*
ics f. *equis*
icterícia f. *ictericia*
ictiologia f. *ictiología*
ictiosaure m. *ictiosauro*
idea f. *idea // ingenio // manía*
idealisme m. *idealismo*
idealista m. i f. *idealista*
idealitzar v. *idealizar*
idear v. *idear*
ideari m. *ideario*
ídem adv. *ídem*
idèntic, -a adj. *idéntico*
identificar v. *identificar*
identitat f. *identidad*
ideòleg, -oga m. i f. *ideólogo*
ideologia f. *ideología*
idil·li m. *idilio*
idíl·lic, -a adj. *idílico*
idioma m. *idioma*
idiomàtic, -a adj. *idiomático*
idiosincràsia f. *idiosincrasia*
idiota adj. *idiota*
idiotesa f. *idiotez*
idiotisme m. *idiotismo*
idò conj. *pues* (V. **doncs**)
ídol m. *ídolo*
idòlatra m. i f. *idólatra*
idolatrar v. *idolatrar*
idolatria f. *idolatría*
idoni, -ònia adj. *idóneo*
idus m. pl. *idus*

ignar, -a adj. *ignaro*
igni, ígnia adj. *ígneo*
ignició f. *ignición*
ignomínia f. *ignominia*
ignominiós, -osa adj. *ignominioso*
ignorància f. *ignorancia*
ignorant adj. *ignorante*
ignorar v. *ignorar*
ignot, -a adj. *ignoto*
igual adj. *igual*
igualar v. *igualar*
igualtat f. *igualdad*
iguana f. *iguana*
íleum m. *íleon*
ilíac, -a adj. *ilíaco*
ílium m. *ilio*
illa f. *isla*
il·lació f. *ilación*
illada f. *ijada, ijar*
il·latiu, -iva adj. *ilativo*
il·legal adj. *ilegal*
il·legalitat f. *ilegalidad*
il·legalitzable adj. *ilegalizable*
il·legible adj. *ilegible*
il·legítim, -a adj. *ilegítimo*
illenc, -a adj. *isleño*
il·lès, -esa adj. *ileso*
illeta f. *islita, islote // (de cases) manzana*
illetrat, -ada adj. *iletrado*
il·lícit, -a adj. *ilícito*
il·limitat, -ada adj. *ilimitado*
il·lògic, -a adj. *ilógico*
illot m. *islote*
il·luminació f. *iluminación*
il·luminar v. *iluminar*
il·lús, -usa adj. *iluso*
il·lusió f. *ilusión*
il·lusionar v. *ilusionar*
il·lusionisme m. *ilusionismo*
il·lusori, -òria adj. *ilusorio*
il·lustració f. *ilustración*
il·lustrar v. *ilustrar*
il·lustre adj. *ilustre*
imaginable adj. *imaginable*
imaginació f. *imaginación*

impetuó**s**

imaginar v. *imaginar*
imaginari, -ària adj. *imaginario*
imant m. *imán*
imantar v. *imantar*
imatge f. *imagen*
imatger m. *imaginero*
imatgeria f. *imaginería*
imbatible adj. *imbatible*
imbècil adj. *imbécil*
imbecil·litat f. *imbecilidad*
imberbe adj. *imberbe*
imbevible adj. *impotable, imbebible*
imbricat, -ada adj. *imbricado*
imbuir v. *imbuir*
imitació f. *imitación*
imitador, -a m. i f. *imitador*
imitar v. *imitar*
immaculat, -ada adj. *inmaculado*
immanent adj. *inmanente*
immarcescible adj. *inmarcesible*
immaterial adj *inmaterial*
immediat, -a adj. *inmediato*
immemorial adj. *inmemorial*
immens, -a adj. *inmenso*
immensitat f. *inmensidad*
immerescut, -uda adj. *inmerecido*
immersió f. *inmersión*
immigració f. *inmigración*
immigrant adj. *inmigrante*
immigrar v. *inmigrar*
immillorable adj. *inmejorable*
imminència f. *inminencia*
imminent adj. *inminente*
imminentment adv. *inminentemente*
immiscir-se v. *inmiscuirse*
immòbil adj. *inmóvil*
immobiliari, -ària adj. *inmobiliario*
immobilitat f. *inmovilidad*
immobilitzar v. *inmovilizar*
immoble adj. *inmueble*
immoderació f. *inmoderación*
immodèstia f. *inmodestia*
immolació f. *inmolación*
immolar v. *inmolar*
immoral adj. *inmoral*
immoralitat f. *inmoralidad*
immortal adj. *inmortal*
immortalitat f. *inmortalidad*
immortalitzar v. *inmortalizar*
immund, -a adj. *inmundo*
immundícia f. *inmundicia*
immune adj. *inmune*
immunitat f. *inmunidad*
immunitzar v. *inmunizar*
immutable adj. *inmutable*
immutar v. *inmutar*

impaciència f. *impaciencia*
impacient adj. *impaciente*
impacientar v. *impacientar*
impacientment adv. *impacientemente*
impacte m. *impacto*
impagable adj. *impagable*
impaïble adj. *indigerible*
impalpable adj. *impalpable*
impar adj. *impar*
imparcial adj. *imparcial*
imparcialitat f. *imparcialidad*
imparell adj. *impar*
imparitat f. *imparidad*
impartir v. *impartir*
impassibilitat f. *impasibilidad*
impassible adj. *impasible*
impàvid, -a adj. *impávido*
impavidesa f. *impavidez*
impecable adj. *impecable*
impediment m. *impedimento*
impedimenta f. *impedimenta*
impedir v. *impedir*
impel·lent adj. *impelente*
impel·lir v. *impeler*
impenetrable adj. *impenetrable*
impenitent adj. *impenitente*
impensable adj. *impensable*
impensat, -ada adj. *impensado*
imperant adj. *imperante*
imperar v. *imperar*
imperatiu, -iva adj. *imperativo*
imperceptible adj. *imperceptible*
imperdible adj. *imperdible*
imperdonable adj. *imperdonable*
imperfecció f. *imperfección*
imperfecte, -a adj. *imperfecto*
imperfet, -a adj. *imperfecto*
imperi m. *imperio*
imperial adj. *imperial*
imperialisme m. *imperialismo*
imperible adj. *imperecedero*
impericia f. *impericia*
imperiós, -osa adj. *imperioso*
impermeabilitat f. *impermeabilidad*
impermeabilitzar v. *impermeabilizar*
impermeable adj. *impermeable*
impersonal adj. *impersonal*
impertèrrit, -a adj. *impertérrito*
impertinència f. *impertinencia* // *molestia,
importunidad*
impertinent adj. *impertinente* // *pesado, mo-
lesto*
impertorbable adj. *imperturbable*
impetrar v. *impetrar*
ímpetu m. *ímpetu*
impetuós, -osa adj. *impetuoso*

impietat f. *impiedad*
impiu, -ia adj. *impío*
implacable adj. *implacable*
implantar v. *implantar*
implicar v. *implicar*
implícit, -a adj. *implícito*
imploració f. *imploración*
implorar v. *implorar*
impol·lut, -a adj. *impoluto*
imponderable adj. *imponderable*
imponent adj. *imponente*
impopular adj. *impopular*
impopularitat f. *impopularidad*
import m. *importe*
importació f. *importación*
importància f. *importancia*
important adj. *importante*
importar v. *importar*
importú, -una adj. *importuno*
importunar v. *importunar*
importunitat f. *importunidad*
imposant adj. *imponente*
imposar v. *imponer*
imposició f. *imposición*
impossibilitzar v. *imposibilitar*
impossible adj. *imposible*
impost m. *impuesto*
impostor, -a m. i f. *impostor*
inpostura f. *impostura*
impotència f. *impotencia*
impotent adj. *impotente*
impracticable adj. *impracticable*
imprecació f. *imprecación*
imprecar v. *imprecar*
imprecís, -isa adj. *impreciso*
imprecisió f. *imprecisión*
impregnar v. *impregnar*
impremeditat, -ada adj. *impremeditado*
impremta f. *imprenta*
imprès, -esa adj. i m. *impreso*
imprescindible adj. *imprescindible*
impresentable adj. *impresentable*
impressió f. *impresión*
impressionar v. *impresionar*
impressionisme m. *impresionismo*
impressor, -a m. i f. *impresor*
imprevisible adj. *imprevisible*
imprevisió f. *imprevisión*
imprevist, -a adj. *imprevisto*
imprimir m. *imprimir*
improbable adj. *improbable*
ímprobe, -a adj. *ímprobo*
improcedent adj. *improcedente*
improductiu, -iva adj. *improductivo*
improperi m. *improperio*
impropi, -òpia adj. *impropio*

impropietat f. *impropiedad*
improvís, -isa adj. *improviso*
improvisació f. *improvisación*
improvisar v. *improvisar*
imprudència f. *imprudencia*
imprudent adj. *imprudente*
imprudentment adv. *imprudentemente*
impúber adj. *impúber*
impublicable adj. *impublicable*
impúdic, -a adj. *impúdico*
impudor m. *impudor*
impugnació f. *impugnación*
impugnar v. *impugnar*
impuls m. *impulso*
impulsar v. *impulsar*
impulsiu, -iva adj. *impulsivo*
impune adj. *impune*
impunitat f. *impunidad*
impur, -a adj. *impuro*
impuresa f. *impureza*
impurificar v. *impurificar*
impntable adj. *imputable*
imputar v. *imputar*
inacabable adj. *inacabable*
inacceptable adj. *inaceptable*
inaccessible adj. *inaccesible*
inactiu, -iva adj. *inactivo*
inactivitat f. *inactividad*
inadaptable adj. *inadaptable*
inadequat, -ada adj. *inadecuado*
inadmissible adj. *inadmisible*
inadvertència f. *inadvertencia*
inadvertit, -ida adj. *inadvertido*
inaguantable adj. *inaguantable*
inalienable adj. *inalienable*
inalterable adj. *inalterable*
inamovible adj. *inamovible*
inanició f. *inanición*
inanimat, -ada adj. *inanimado*
inapel·lable adj. *inapelable*
inapetència f. *inapetencia*
inapetent adj. *inapetente*
inapreciable adj. *inapreciable*
inarticulat, -ada adj. *inarticulado*
inassequible adj. *inasequible*
inaudit, -a adj. *inaudito*
inauguració f. *inauguración*
inaugurar v. *inaugurar*
inca m. i f. *inca*
incalculable adj. *incalculable*
incandescent adj. *incandescente*
incansable adj. *incansable*
incapaç adj. *incapaz*
incapacitar v. *incapacitar*
1) **incapacitat** f. *incapacidad*
2) **incapacitat, -ada** adj. *incapacitado*

incaut, -a adj. *incauto*
incautació f. *incautación*
incautar-se v. *incautarse*
incendi m. *incendio*
incendiar v. *incendiar*
incendiari, -ària adj. *incendiario*
incentiu m. *incentivo*
incert, -a adj. *incierto*
incertesa f. *incertidumbre*
incertitud f. *incertidumbre*
incessant adj. *incesante*
incessantment adv. *incesantemente*
incest m. *incesto*
incestuós, -osa adj. *incestuoso*
incidència f. *incidencia*
incident adj. *incidente*
incidental adj. *incidental*
incidir v. *incidir*
incineració f. *incineración*
incinerar v. *incinerar*
incipient adj. *incipiente*
incís m. *inciso*
incisió f. *incisión*
incisiu, -iva adj. *incisivo*
incisiva f. (dent) *incisivo*
incitar v. *incitar*
incivil adj. *incivil*
incivilitzat, -ada adj. *incivilizado*
inclemència f. *inclemencia*
inclinació f. *inclinación*
inclinar v. *inclinar*
ínclit, -a adj. *ínclito*
incloure v. *incluir*
inclusió f. *inclusión*
inclusiu, -iva adj. *inclusivo*
incoar v. *incoar*
incoercible adj. *incoercible*
incògnit, -a adj. *incógnito*
incoherència f. *incoherencia*
incoherentment adv. *incoherentemente*
incolor, -a adj. *incoloro*
incòlume adj. *incólume*
incombustible adj. *incombustible*
incommensurable adj. *inconmensurable*
incommovible adj. *inconmovible*
incomodar v. *incomodar*
incòmode, -a adj. *incómodo*
incomoditat f. *incomodidad*
incomparable adj. *incomparable*
incompatible adj. *incompatible*
incompetència f. *incompetencia*
incompetentment adv. *incompetentemente*
incomplet, -a adj. *incompleto*
incomplir v. *incumplir*
incomprensible adj. *incomprensible*
incomprensió f. *incomprensión*

incomprès, -esa adj. *incomprendido*
incomptable adj. *incontable*
incomunicació f. *incomunicación*
incomunicar v. *incomunicar*
inconcebible adj. *inconcebible*
inconcús, -ussa adj. *inconcuso*
incondicional adj. *incondicional*
inconegut, -uda adj. *desconocido*
inconfés, -essa adj. *inconfeso*
inconfessable adj. *inconfesable*
inconformista m. i f. *inconformista*
incongruència. f. *incongruencia*
incongruentment adv. *incongruentemente*
inconnex, -a adj. *inconexo*
inconnexió f. *inconexión*
inconquistable adj. *inconquistable*
inconsciència f. *inconsciencia*
inconscient adj. *inconsciente*
inconscientment adv. *inconscientemente*
inconseqüència f. *inconsecuencia*
inconseqüentment adv. *inconsecuentemente*
inconsiderat, -ada adj. *inconsiderado*
inconsistència f. *inconsistencia*
inconsistent adj. *inconsistente*
inconsolable adj. *inconsolable*
inconstància f. *inconstancia*
inconstant adj. *inconstante*
inconstitucional adj. *inconstitucional*
incontestable adj. *incontestable*
incontinència f. *incontinencia*
incontrolable adj. *incontrolable*
incontrovertible adj. *incontrovertible*
inconveniència f. *inconveniencia*
inconvenient adj. *inconveniente*
incoordinació f. *incoordinación*
incorporació f. *incorporación*
incorporar v. *incorporar*
incorpori, -òria adj. *incorpóreo*
incorrecció f. *incorrección*
incorrecte, -a adj. *incorrecto*
incorregible adj. *incorregible*
incorregut, -uda adj. *corrido, avergonzado*
incórrer v. *incurrir*
incorrupció f. *incorrupción*
incorrupte, -a adj. *incorrupto*
incorruptible adj. *incorruptible*
incrèdul, -a adj. *incrédulo*
incredulitat f. *incredulidad*
increïble adj. *increíble*
increment m. *incremento*
incrementar v. *incrementar*
increpar v. *increpar*
incriminar v. *incriminar*
incruent, -a adj. *incruento*
incrustar v. *incrustar*
incubació f. *incubación*

incubadora f. *incubadora*
incubar v. *incubar*
inculcar v. *inculcar*
inculpació f. *inculpación*
inculpar v. *inculpar*
inculte, -a adj. *inculto*
incultura f. *incultura*
incumbir v. *incumbir*
incunable adj. *incunable*
incurable adj. *incurable*
incúria f. *incuria*
incursió f. *incursión*
indagació f. *indagación*
indagar v. *indagar*
indecència f. *indecencia*
indecent adj. *indecente*
indecentment adv. *indecentemente*
indecís, -isa adj. *indeciso*
indecisió f. *indecisión*
indeclinable adj. *indeclinable*
indecorós, -osa adj. *indecoroso*
indefectible adj. *indefectible*
indefens, -a adj. *indefenso*
indefensable adj. *indefendible*
indefinible adj. *indefinible*
indefinit, -ida adj. *indefinido*
indegut, -uda adj. *indebido*
indeleble adj. *indeleble*
indemne adj. *indemne*
indemnització f. *indemnización*
indemnitzar v. *indemnizar*
independència f. *independencia*
independent adj. *independiente*
independentment adv. *independientemente*
indescriptible adj. *indescriptible*
indesitjable adj. *indeseable*
indestructible adj. *indestructible*
indesxifrable adj. *indescifrable*
indeterminació f. *indeterminación*
índex m. *índice*
1) indi m. (metall) *indio*
2) indi, índia m. i f. *indio*
indià, -ana adj. *indio* // *indiano*
indiana f. *indiana*
índic, -a adj. *índico*
indicació f. *indicación*
indicador, -a adj. *indicador*
indicar v. *indicar*
indicatiu, -iva adj. *indicativo*
indici m. *indicio*
indicible adj. *indecible*
indiferència f. *indiferencia*
indiferent adj. *indiferente*
indiferentment adv. *indiferentemente*
indígena adj. *indígena*
indigència f. *indigencia*

indigent adj. *indigente*
indigest, -a adj. *indigesto*
indigestió f. *indigestión*
indignació f. *indignación*
indignar v. *indignar*
indigne, -a adj. *indigno*
indignitat f. *indignidad*
indiot m. *pavo* // *mastuerzo, atolondrado*
indirecte, -a adj. *indirecto*
indisciplina f. *indisciplina*
indisciplinat, -ada adj. *indisciplinado*
indiscreció f. *indiscreción*
indiscret, -a adj. *indiscreto*
indiscriminat, -ada adj. *indiscriminado*
indiscutible adj. *indiscutible*
indispensable adj. *indispensable*
indisposar v. *indisponer*
indisposició f. *indisposición*
indissoluble adj. *indisoluble*
indistint, -a adj. *indistinto*
individu, -ídua m. i f. *individuo*
individual adj. *individual*
individualisme m. *individualismo*
individualitzar v. *individualizar*
indivís, -isa adj. *indiviso*
indivisible adj. *indivisible*
indocte, -a adj. *indocto*
indocumentat, -ada adj. *indocumentado*
indoeuropeu, -ea adj. *indoeuropeo*
índole f. *índole*
indolència f. *indolencia*
indolent adj. *indolente*
indolentment adv. *indolentemente*
indomable adj. *indomable*
indòmit, -a adj. *indómito*
indostànic, -a adj. *indoṣtánico*
indo-xinès, -esa m. i f. *indochino*
indret m. *sitio, lugar*
indubtable adj. *indudable*
inducció f. *inducción*
inductiu, -iva adj. *inductivo*
inductor, -a adj. *inductor*
induir v. *inducir*
indulgència f. *indulgencia*
indulgent adj. *indulgente*
indulgentment adv. *indulgentemente*
indult m. *indulto*
indultar v. *indultar*
indumentària f. *indumentaria*
indústria f. *industria*
industrial adj. i m. *industrial*
industrialitzar v. *industrializar*
industriós, -osa adj. *industrioso*
inèdit, -a adj. *inédito*
ineducat, -ada adj. *ineducado*
inefable adj. *inefable*

ineficaç adj. *ineficaz*
ineficàcia f. *ineficacia*
inelegible adj. *inelegible*
ineludible adj. *ineludible*
inenarrable adj. *inenarrable*
inèpcia f. *inepcia*
inepte, -a adj. *inepto*
inequívoc, -a adj. *inequívoco*
inèrcia f. *inercia*
inerme adj. *inerme*
inert, -a adj. *inerte*
inesborrable adj. *imborrable*
inescrutable adj. *inescrutable*
inesgotable adj. *inagotable*
inesperat, -ada adj. *inesperado*
inestable adj. *inestable*
inestimable adj. *inestimable*
inestroncable adj. *inagotable*
inevitable adj. *inevitable*
inexacte, -a adj. *inexacto*
inexactitud f. *Inexactitud*
inexcusable adj. *inexcusable*
inexistència f. *inexistencia*
inexistent adj. *inexistente*
inexorable adj. *inexorable*
inexperiència f. *inexperiencia*
inexpert, -a adj. *inexperto*
inexplicable adj. *inexplicable*
inexplorat, -ada adj. *inexplorado*
inexpressiu, -iva adj. *inexpresivo*
inexpugnable adj. *inexpugnable*
inextens, -a adj. *inextenso*
inextingible adj. *inextinguible*
inextricable adj. *inextricable*
infal·libilitat f. *infalibilidad*
infal·lible adj. *infalible*
infamació f. *infamación*
infamar v. *infamar*
infame adj. *infame*
infàmia f. *infamia*
infància f. *infancia*
infant m. *infante, niño* // *hijo* // (fill de rei) *infante* // (soldat de peu) *infante*
infanta f. *infanta*
infantament m. *parto, alumbramiento*
infantar v. *parir, dar a luz*
infanteria f. *infantería* // *chiquillería*
infantesa f. *infancia*
infanticidi m. *infanticidio*
infantil adj. *infantil*
infart m. *infarto*
infatigable adj. *infatigable*
infatuar v. *infatuar*
infaust, -a adj. *infausto*
infecció f. *infección*
infecciós, -osa adj. *infeccioso*

infectar v. *infectar*
infecte, -a adj. *infecto*
infecund, -a adj. *infecundo*
infeel adj. *infiel*
infeliç adj. *infeliz*
infelicitat f. *infelicidad*
inferior adj. *inferior*
inferioritat f. *inferioridad*
inferir v. *inferir*
infermer, -a m. i f. *enfermero*
infermeria f. *enfermería*
infern m. *infierno* // *infernillo*
infernal adj. *infernal*
infestar v. *infestar*
infidel adj. *infiel*
infidelitat f. *infidelidad*
infiltració f. *infiltración*
infiltrar v. *infiltrar*
ínfim, -a adj. *ínfimo*
infinit, -a adj. *infinito*
infinitat f. *infinidad*
infinitesimal adj. *infinitesimal*
infinitiu m. *infinitivo*
infirmar v. *infirmar, invalidar*
inflació f. *hinchazón* // *inflación*
inflamable adj. *inflamable*
inflamació f. *inflamación*
inflamar v. *inflamar*
inflamatori, -òria adj. *inflamatorio*
inflament adj. *hinchazón*
inflar v. *hinchar*
inflexible adj. *inflexible*
inflexió f. *inflexión*
infligir v. *infligir*
inflor f. *hinchazón*
inflorescència f. *inflorescencia*
influència f. *influencia*
influenciar v. *influenciar*
influent adj. *influyente*
influir v. *influir*
influx m. *influjo*
infondre v. *infundir*
informació f. *información*
informal adj. *informal*
informalitat f. *informalidad*
informar v. *informar*
informatiu, -iva adj. *informativo*
informe adj. i m. *informe*
infortunat, -ada adj. *infortunado*
infortuni m. *infortunio*
infracció f. *infracción*
infractor, -a adj. *infractor*
infraestructura f. *infraestructura*
infrahumà, -ana adj. *infrahumano*
infranquejable adj. *infranqueable*
infraroig, -oja adj. *infrarrojo*

infrascrit, -a adj. *infrascrito*
infreqüent adj. *infrecuente*
infringir v. *infringir*
infructuós, -osa adj. *infructuoso*
ínfules f. pl. *ínfulas*
infundat, -ada adj. *infundado*
infús, -usa adj. *infuso*
infusió f. *infusión*
infusori m. *infusorio*
ingènit, -a adj. *ingénito*
ingent adj. *ingente*
ingenu, -ènua adj. *ingenuo*
ingenuïtat f. *ingenuidad*
ingerència f. *injerencia*
ingerir v. *ingerir*
ingestió f. *ingestión*
ingovernable adj. *ingobernable*
ingrat, -a adj. *ingrato*
ingratitud f. *ingratitud*
ingràvid, -a adj. *ingrávido*
ingravidesa f. *ingravidez*
ingredient m. *ingrediente*
ingrés m. *ingreso*
ingressar v. *ingresar*
inguarible adj. *incurable*
inguinal adj. *inguinal*
ingurgitar v. *ingurgitar*
inhàbil adj. *inhábil*
inhabilitar v. *inhabilitar*
inhabitat, -ada adj. *inhabitado*
inhalació f. *inhalación*
inhalar v. *inhalar*
inherent adj. *inherente*
inhibició f. *inhibició*
inhibir v. *inhibir*
inhòspit, -a adj. *inhóspito*
inhumà, -ana adj. *inhumano*
inhumació f. *inhumación*
inhumar v. *inhumar*
inic, -iqua adj. *inicuo*
inici m. *inicio*
iniciació f. *iniciación*
inicial adj. *inicial*
iniciar v. *iniciar*
iniciativa f. *iniciativa*
inigualable adj. *inigualable*
inimaginable adj. *inimaginable*
inimitable adj. *inimitable*
ininflamable adj. *ininflamable*
inintel·ligible adj. *ininteligible*
ininterromput, -uda adj. *ininterrumpido*
iniquitat f. *iniquidad*
injecció f. *inyección*
injectable adj. *inyectable*
injectar v. *inyectar*
injúria f. *injuria*
injuriar v. *injuriar*

injust, -a adj. *injusto*
injustícia f. *injusticia*
injustificat, -ada adj. *injustificado*
innat, -a adj. *innato*
innecessari, -ària adj. *innecesario*
innegable adj. *innegable*
innoble adj. *innoble*
innocència f. *inocencia*
innocent adj. *inocente*
innocentada f. *inocentada*
innocentment adv. *inocentemente*
innocu, -òcua adj. *inocuo, inofensivo*
innocuïtat f. *inocuidad*
innombrable adj. *innumerable*
innominat, -ada adj. *innominado*
innovació f. *innovación*
innovar v. *innovar*
innumerable adj. *innumerable*
inoblidable adj. *inolvidable*
inoculació f. *inoculación*
inocular v. *inocular*
inodor, -a adj. *inodoro*
inofensiu, -iva adj. *inofensivo*
inoperància f. *inoperancia*
inoperant adj. *inoperante*
inòpia f. *inopia*
inopinat, -ada adj. *inopinado*
inoportú, -una adj. *inoportuno*
inoportunitat f. *inoportunidad*
inorgànic, -a adj. *inorgánico*
inoxidable adj. *inoxidable*
inqualificable adj. *incalificable*
inqüestionable adj. *incuestionable*
inquiet, -a adj. *inquieto*
inquietar v. *inquietar* // rfl. *enfadarse, irritarse*
inquietud f. *inquietud*
inquilí, -ina m. i f. *inquilino*
inquirir v. *inquirir*
inquisició f. *inquisición*
inquisidor, -a adj. i m. *inquisidor*
inquisitorial adj. *inquisitorial*
a l'inrevés adv. *al revés*
insà, -ana adj. *insano*
insaciable adj. *insaciable*
insadollable adj. *insaciable*
insalivació f. *insalivación*
insalubre adj. *insalubre*
insalvable adj. *insalvable*
insatisfet, -a adj. *insatisfecho*
inscripció f. *inscripción*
inscriure v. *inscribir*
insecte m. *insecto*
insecticida f. *insecticida*
insectívor, -a adj. *insectívoro*
insegur, -a adj. *inseguro*
inseguretat f. *inseguridad*

intercessió

insensat, -a adj. *insensato*
insensatesa f. *insensatez*
insensibilitat f. *insensibilidad*
insensible adj. *insensible*
inseparable adj. *inseparable*
insepult, -a adj. *insepulto*
inserció f. *inserción*
inserir v. *insertar*
inservible adj. *inservible*
insídia f. *insidia*
insidiós, -osa adj. *insidioso*
insigne adj. *insigne*
insígnia f. *insignia*
insignificança f. *insignificancia*
insignificant adj. *insignificante*
insincer, -a adj. *insincero*
insinuació f. *insinuación*
insinuar v. *insinuar*
insípid, -a adj. *insípido*
insipidesa f. *insipidez*
insistència f. *insistencia*
insistent adj. *insistente*
insistentment adv. *insistentemente*
insistir v. *insistir*
insociable adj. *insociable*
insofrible adj. *insufrible*
insolació f. *insolación*
insolència f. *insolencia*
insolent adj. *insolente*
insolentar-se v. *insolentarse*
insolentment adv. *insolentemente*
insolidari, -ària adj. *insolidario*
insòlit, -a adj. *insólito*
insoluble adj. *insoluble*
insolvència f. *insolvencia*
insolvent adj. *insolvente*
insomni m. *insomnio*
insondable adj. *insondable*
insospitat, -ada adj. *insospechado*
inspecció f. *inspección*
inpeccionar v. *inspeccionar*
inspector, -a m. i f. *inspector*
inspiració f. *inspiración*
inspirar v. *inspirar*
instal·lació f. *instalación*
instal·lar v. *instalar*
instància f. *instancia*
instant adj. i m. *instante*
instantani, -ània adj. *instantáneo*
instar v. *instar*
instaurar v. *instaurar*
instigació f. *instigación*
instigar v. *instigar*
instil·lar v. *instilar*
instint m. *instinto*
instintiu, -iva adj. *instintivo*
institució f. *institución*

instituir v. *instituir*
institut m. *instituto*
institutor m. *institutor*
institutriu f. *institutriz*
instrucció f. *instrucción*
instructiu, -iva adj. *instructivo*
instruir v. *instruir*
instrument m. *instrumento*
instrumental adj. *instrumental*
insubordinació f. *insubordinación*
insubordinar v. *insubordinar*
insubornable adj. *insobornable*
insubstancial adj. *insubstancial*
insubstituïble adj. *insustituible*
insuficiència f. *insuficiencia*
insuficient adj. *insuficiente*
insular adj. *insular, isleño*
insulina f. *insulina*
insuls, -a adj. *insulso*
insult m. *insulto*
insultar v. *insultar*
insuperable adj. *insuperable*
insuportable adj. *insoportable*
insurrecció f. *insurrección*
insurrecte, -a m. i f. *insurrecto*
intacte, -a adj. *intacto*
intangible adj. *intangible*
integració f. *integración*
integral adj. *integral*
integrar v. *integrar*
íntegre, -a adj. *íntegro*
integritat f. *integridad*
intel·lecte m. *intelecto*
intel·lectiu, -iva adj. *intelectivo*
intel·lectual adj. *intelectual*
intel·ligència f. *inteligencia*
intel·ligent adj. *inteligente*
intel·ligible adj. *inteligible*
intemperància f. *intemperancia*
intempèrie f. *intemperie*
intempestiu, -iva adj. *intempestivo*
intenció f. *intención*
intencionat, -ada adj. *intencionado*
intendència f. *intendencia*
intendent m. *intendente*
intens, -a adj. *intenso*
intensificar v. *intensificar*
intensitat f. *intensidad*
intensiu, -iva adj. *intensivo*
intent m. *intento*
intentar v. *intentar*
intercalar v. *intercalar*
intercanvi m. *intercambio*
intercanviar v. *intercambiar*
intercedir v. *interceder*
interceptar v. *interceptar*
intercessió v. *intercesión*

intercessor, -a adj. *intercesor*
intercostal adj. *intercostal*
interdicte m. *interdicto*
interdir v. *prohibir, vedar*
interès m. *interés*
interessant adj. *interesante*
interessar v. *interesar*
interfecte, -a m. i f. *interfecto*
interferència f. *interferencia*
interferir v. *interferir*
interí, -ina adj. *interino*
ínterim adv. *ínterin*
interinitat f. *interinidad*
interior adj. i m. *interior*
interioritat f. *interioridad*
interjecció f. *interjección*
interlínia f. *interlínea*
interlocutor, -a m. i f. *interlocutor*
interludi m. *interludio*
intermedi, -èdia adj. *intermedio*
intermediari, -ària adj. *intermediario*
interminable adj. *interminable*
intermissió f. *intermisión*
intermitència f. *intermitencia*
intermitent adj. *intermitente*
intermitentment adv. *intermitentemente*
intern, -a, adj. *interno*
internacional adj. *internacional*
internar v. *internar*
internat m. *internado*
interpel·lació f. *interpelación*
interpel·lar v. *interpelar*
interpolació f. *interpolación*
interposar v. *interponer*
interposició f. *interposición*
intèrpret m. i f. *intérprete*
interpretació f. *interpretación*
interpretar v. *interpretar*
interregne m. *interregno*
interrogació f. *interrogación*
interrogant adj. i m. *interrogante*
interrogar v. *interrogar*
interrogatori m. *interrogatorio*
interrompre v. *interrumpir*
interrupció f. *interrupción*
intersecció f. *intersección*
interstici m. *intersticio*
interval m. *intervalo*
intervenció f. *intervención*
intervenir v. *intervenir*
interventor, -a m. i f. *interventor*
interviu f. *interviu*
interviuar v. *interviuar*
intestat, -ada adj. *intestado*
intestí, -ina adj. i m. *intestino*
intestinal adj. *intestinal*
íntim, -a adj. *íntimo*

intimació f. *intimación*
intimar v. *intimar*
intimidació f. *intimidación*
intimidar v. *intimidar*
intimitat f. *intimidad*
intitular v. *intitular*
intocable adj. *intocable*
intolerable adj. *intolerable*
intolerància f. *intolerancia*
intoxicació f. *intoxicación*
intoxicar v. *intoxicar*
intractable adj. *intratable*
intradós m. *intradós*
intraduïble adj. *intraducible*
intranquil, -il·la adj. *intranquilo*
intranquil·litzar v. *intranquilizar*
intranscendent adj. *intrascendente*
intransferible adj. *intransferible*
intransigent adj. *intransigente*
intransitable adj. *intransitable*
intransitiu, -iva adj. *intransitivo*
intrèpid, -a adj. *intrépido*
intrepidesa f. *intrepidez*
intricat, -ada adj. *intricado, intrincado*
intriga f. *intriga*
intrigar v. *intrigar*
intrínsec, -a adj. *intrínseco*
introducció f. *introducción*
introduir v. *introducir*
introit m. *introito*
intromissió f. *intromisión*
introspecció f. *introspección*
introvertir v. *introvertir*
intrús, -usa adj. *intruso*
intrusió f. *intrusión*
intrusisme m. *intrusismo*
intuïció f. *intuición*
intuir v. *intuir*
inundació f. *inundación*
inundar v. *inundar*
inusitat, -ada adj. *inusitado*
inútil adj. *inútil*
inutilitat f. *inutilidad*
inutilitzar v. *inutilizar*
invadir v. *invadir*
invàlid, -a adj. *inválido*
invalidar v. *invalidar*
invariable adj. *invariable*
invasió f. *invasión*
invasor, -a adj. *invasor*
invectiva f. *invectiva*
invencible adj. *invencible*
invenció f. *invención*
invent m. *invento*
inventar v. *inventar*
inventari m. *inventario*
inventariar v. *inventariar*

inventiu, -iva adj. *inventivo*
inventor, -a m. i f. *inventor*
invers, -a adj. *inverso*
inversemblant adj. *inverosímil*
inversió f. *inversión*
invertebrat, -ada adj. *invertebrado*
invertir v. *invertir*
invertit, -ida m. i f. *invertido*
investidura f. *investidura*
investigació f. *investigación*
investigar v. *investigar*
investir v. *investir*
inveterat, -ada adj. *inveterado*
invicte, -a adj. *invicto*
inviolable adj. *inviolable*
invisible adj. *invisible*
invitació f. *invitación*
invitar v. *invitar*
invocació f. *invocación*
invocar v. *invocar*
involució f. *involución*
involucrar v. *involucrar*
involuntari, -ària adj. *involuntario*
invulnerable adj. *invulnerable*
inxa f. *rencilla*
iode m. *yodo*
iodur m. *yoduro*
ioga m. *yoga*
iogui m. *yogui*
iogurt m. *yogurt*
ion m. *ion*
ionosfera f. *ionosfera*
iot m. *yate*
ira f. *ira*
iracund, -a adj. *iracundo*
iradament adv. *airadamente*
iranià, -ana m. i f. *iraniano*
irascible adj. *irascible*
irat, -ada adj. *airado*
iridàcia f. *iridácea*
iridi m. *iridio*
iris m. *iris*
irisar v. *irisar*
irlandès, -esa m. i f. *irlandés*
ironia f. *ironía*
irònic, -a adj. *irónico*
ironitzar v. *ironizar*
irracional adj. *irracional*
irradiació f. *irradiación*
irradiar v. *irradiar*
irreal adj. *irreal*
irrealitzable adj. *irrealizable*
irrebatible adj. *irrebatible*
irreconciliable adj. *irreconciliable*
irrecuperable adj. *irrecuperable*
irrecusable adj. *irrecusable*

irreductible adj. *irreductible*
irreflexió f. *irreflexión*
irreflexiu, -iva adj. *irreflexivo*
irrefrenable adj. *irrefrenable*
irrefutable adj. *irrefutable*
irregular adj. *irregular*
irregularitat f. *irregularidad*
irreligiós, -osa adj. *irreligioso*
irremediable adj. *irremediable*
irremissible adj. *irremisible*
irreparable adj. *irreparable*
irreprimible adj. *irreprimible*
irreprotxable adj. *irreprochable*
irresistible adj. *irresistible*
irresolut, -a adj. *irresoluto*
irrespectuós, -osa adj. *irrespetuoso*
irrespirable adj. *irrespirable*
irresponsable adj. *irresponsable*
irreverència f. *irreverencia*
irreversible adj. *irreversible*
irrevocable adj. *irrevocable*
irrigació f. *irrigación*
irrigar v. *irrigar*
irrisió f. *irrisión*
irrisori, -òria adj. *irrisorio*
irritació f. *irritación*
irritar v. *irritar*
irrogar v. *irrogar*
irrompible adj. *irrompible*
irrompre v. *irrumpir*
irrupció f. *irrupción*
isabelí, -ina adj. *isabelino*
isard m. *sarrio, gamuza* // -a adj. *arisco*
islam m. *islam*
islamisme m. *islamismo*
islandès, -esa m. i f. *islandés*
isòbara f. *isobara*
isoglossa f. *isoglosa*
isolador, -a adj. *aislador*
isolament m. *aislamiento*
isolar v. *aislar*
isometria f. *isometría*
isomorf, -a adj. *isomorfo*
isòsceles adj. *isósceles*
isòtera f. *isótera*
isoterma f. *isoterma*
israelita m. i f. *israelita*
istme m. *istmo*
italià, -ana m. i f. *italiano*
iteració f. *iteración*
itinerant adj. *itinerante*
itinerari m. *itinerario*
iuca f. *yuca*
iugoslau, -ava m. i f. *yugoslavo*
ivori m. *marfil*
ixent adj. *saliente*

J

ja adv. i conj. *ya*
jaç m. *cama, yacija // lecho*
jacent adj. *yacente*
jaciment m. *yacimiento*
jacint m. *jacinto*
jacobí, -ina adj. *jacobino*
jactància f. *jactancia*
jactar-se v. *jactarse, vanagloriarse*
jaculatòria f. *jaculatoria*
jade m. *jade*
jaguar m. *jaguar*
jai, jaia m. i f. *viejo, anciano*
jaient adj. *yacente, tendido //* m. *durmiente // sesgo*
jaló m. *jalón*
jalonar v. *jalonar*
jamai adv. *jamás*
jansenisme m. *jansenismo*
japonès, -esa m. i f. *japonés*
jaqué m. *chaqué*
jaqueta f. *chaqueta*
jardí m. *jardín*
jardiner, -a m. i f. *jardinero*
jardinera f. *jardinera*
jardineria f. *jardinería*
jas (=hages) *toma*
jaspi m. *jaspe*
jaspiar v. *jaspear*
jàssera f. *viga maestra, jácena*
jau (=hajau) *tomad*

jaure v. (V. **jeure**)
javelina f. *jabalina*
jeia f. *yacija*
jejúnum m. *yeyuno*
jerarca m. *jerarca*
jerarquia f. *jerarquía*
jeràrquic, -a adj. *jerárquico*
jeroglífic m. *jeroglífico*
jersei m. *jersey*
jesuïta m. *jesuíta*
jeure v. *yacer, estar echado, estar tendido/* anar a — *irse a la cama // guardar cama*
jo pron. *yo*
joc m. *juego //* pl. *juegos, bromas // fer jocs* *hacer caricias*

jóc m. *cobijo*
jocós, -osa adj. *jocoso*
jocositat f. *jocosidad*
joglar m. *juglar*
joglaressa f. *juglaresa*
joguina f. *juguete*
joguinejar v. *juguetear*
joia f. *gozo, júbilo // joya // premio // (de loteria) gordo*
joiell m. *joya, alhaja*
joier m. *joyero*
joieria f. *joyería*
joiós, -osa adj. *gozoso, jubiloso*
joliu, -a adj. *bonito*
jonc m. *junco*
jònec, -ega m. i f. *novillo*
joni, jònia m. i f. *jonio*
jònic, -a adj. *jónico*
jonquillo m. *jaramugo*
joquei m. *jokey*
jorn m. *día*
jornada f. *jornada*
jornal m. *jornal // yugada*
jornaler, -a m. i f. *jornalero*
jornalera f. *asistenta*
jota f. *jota*
jou m. *yugo*
jove m. i f. *joven, mozo*
jovenalla f. *mocerío*
jovençà, -ana m. i f. *recién casado // mozo, joven //* adj. *juvenil*
jovencell, -a m. i f. *jovencito, jovenzuelo*
jovenesa f. *juventud*
jovenívol, -a adj. *juvenil*
jovent m. *juventud // mocerío, juventud*
joventut f. *juventud*
jovial adj. *jovial*
jubilació f. *jubilación*
1) **jubilar** v. *jubilar*
2) **jubilar** adj. *jubilar*
jubileu m. *jubileo*
judaic, -a adj. *judaico*
judaisme m. *judaísmo*
judaïtzar v. *judaizar*
judicar v. *juzgar // tasar, justipreciar*

judicatura f. *judicatura*
judici m. *juicio*
judicial adj. *judicial*
jueria f. *judería*
jueu, -eva m. i f. *judío*
juevert m. *perejil*
jugada f. *jugada // jugarreta*
jugador, -a m. i f. *jugador //* m. *jugadero // * m. *articulación*
juganer, -a adj. *juguetón*
jugar v. *jugar*
juguera f. *ganas de jugar*
jugueta f. *juguete //* adj. *juguetón*
jugular f. *yugular*
juli m. *comba*
juliol m. *julio*
julivert m. *perejil*
jull m. *cizaña*
jument m. *jumento*
juncàcia f. *juncácea*
jungla f. *jungla, manigua*
junt, -a adj. *junto*
junta f. *junta // juntura // coyuntura*
juntura f. *juntura // coyunda*
juny m. *junio*
junyir v. *juntar, ligar // uncir // confluir // musgar // justar*
cap jup *cabeza baja*
jupa f. *chupa // chaqueta*

jura f. *jura*
jurament m. *juramento*
juramentar v. *juramentar*
jurar v. *jurar*
juràssic, -a adj. *jurásico*
jurat m. *jurado*
jurídic, -a adj. *jurídico*
jurisconsult m. *jurisconsulto*
jurisdicció f. *jurisdicción*
jurisprudència f. *jurisprudencia*
jurista m. i f. *jurista*
just, -a adj. *justo // exacto //* adv. *justamente, exactamente //* adv. *apenas //* adv. *solamente*
justa f. *justa*
justesa f. *justeza*
justícia f. *justicia*
justicier, -a adj. *justiciero*
justificació f. *justificación*
justificar v. *justificar*
jutge m. *juez*
jutgessa f. *jueza*
jutipiri m. *mueca, visaje, escarnio*
jutjar v. *juzgar*
jutjat m. *juzgado*
juvenil adj. *juvenil*
juxtaposar v. *yuxtaponer*
juxtaposició f. *yuxtaposición*

K

kàiser m. *káiser*
kantisme m. *kantismo*

kirsch m. *kirsch*
krausisme m. *krausismo*

L

l' art. o pron. (contracció de les formes *lo* i *la* seguides de mot començat en vocal) *el, la, lo*

'l pron. (contracció de la forma *el* precedida de verb o de pronom personal acabat en vocal) *lo*

1) **la** art. *la*
2) **la** m. (nota musical) *la*
laberint m. *laberinto*
laberíntic, -a adj. *laberíntico*
labiada f. *labiada*
labial adj. *labial*
labiodental adj. *labiodental*
labor f. *labor*
laborable adj. *laborable*
laborar v. *laborar*
laboratori m. *laboratorio*
laboriós, -osa adj. *laborioso*
laboriositat f. *laboriosidad*
laca f. *laca*
lacar v. *lacar*
lacai m. *lacayo*
lacedemoni, -ònia m. i f. *lacedemonio*
lacerar v. *lacerar*
lacèrtid m. *lacértido*
lacònic, -a adj. *lacónico*
laconisme m. *laconismo*
lacrar v. *lacrar*
lacre m. *lacre*
lacrimal adj. *lacrimal*
lactació f. *lactación*
lactància f. *lactancia*
lactar v. *lactar*
lacti, làctia adj. *lácteo*
làctic, -a adj. *láctico*
lactosa f. *lactosa*
lacustre adj. *lacustre*
laic, -a adj. *laico*
laicisme m. *laicismo*
lama f. *lama*
lamel·la f. *lamela*
lamel·lifer, -a adj. *lamelífero*
lament m. *lamento*
lamentable adj. *lamentable*
lamentació f. *lamentación*

lamentar v. *lamentar*
làmina f. *lámina*
1) **laminar** v. *laminar*
2) **laminar** adj. *laminar*
laminat, -ada adj. *laminado*
lampista m. *lampista*
lanceolat, -ada adj. *lanceolado*
lancinant adj. *lancinante*
landa f. *landa*
landó m. *landó*
lànguid, -a adj. *lánguido*
lanuginós, -osa adj. *lanuginoso*
làpida f. *lápida*
lapidar v. *lapidar, apedrear*
lapidari, -ària adj. *lapidario*
lapislàtzuli m. *lapislázuli*
lapó, -ona m. i f. *lapón*
lapse m. *lapso*
lapsus m. *lapsus*
laringe f. *laringe*
laringi, -íngia adj. *laríngeo*
laringitis f. *laringitis*
larinx f. *laringe*
larva f. *larva*
larvat, -ada adj. *larvado*
las, lassa adj. *cansado // infeliz, pobre / ai* **las!** *pobre de mí!, ay infeliz!*
lasciu, -iva adj. *lascivo*
lascívia f. *lascivia*
lassar v. *cansar, fatigar*
lassitud f. *cansancio, lasitud*
lat, -a adj. *lato, amplio*
latent adj. *latente*
lateral adj. *lateral*
latifundi m. *latifundio*
latitud f. *latitud*
latós, -osa adj. *latoso*
latria f. *latría*
latrina f. *letrina*
laudable adj. *laudable*
làudanum m. *láudano*
laudatori, -òria adj. *laudatorio*
laudes f. pl. *laudes*
lava f. *lava*
lavabo m. *lavabo*

lavar v. *lavar*
lavativa f. *lavativa*
lavatori m. *lavatorio*
lax, -a adj. *laxo, flojo, relajado*
laxació f. *laxación, relajar*
laxant adj. *laxante*
laxar v. *laxar, relajar*
laxitud f. *laxitud*
lectiu, -iva adj. *lectivo*
lector, -a m. i f. *lector*
lectura f. *lectura*
legació f. *legación*
legal adj. *legal*
legalitat f. *legalidad*
legalitzar v. *legalizar*
legat m. *legado*
legió f. *legión*
legionari, -ària adj. *legionario*
legislació f. *legislación*
legislar v. *legislar*
legislatura f. *legislatura*
legítim, -a adj. *legítimo*
legitimar v. *legitimar*
legitimitat f. *legitimidad*
lema m. *lema*
lenitat f. *lenidad*
lenitiu, -iva adj. *lenitivo*
1) **lent** f. *lente*
2) **lent, -a** adj. *lento*
lenticular adj. *lenticular*
lentitud adj. *lentitud*
Leo m. *Leo*
lepidòpter, -a adj. *lepidóptero*
lepra f. *lepra*
leprós, -osa adj. *leproso*
les art. i pron. pl. *las*
les, -a adj. *leso*
lesbianisme m. *lesbianismo*
lesió f. *lesión*
lesionar v. *lesionar*
letal adj. *letal*
letargia f. *letargo*
letàrgic, -a adj. *letárgico*
leucèmia f. *leucemia*
leucòcit m. *leucocito*
levita m. o f. *levita*
èxic, -a adj. *léxico*
exicografia f. *lexicografía*
exicologia f. *lexicología*
i pron. *le*
iana f. *liana*
ibació f. *libación*
ibanès, -esa m. i f. *libanés*
ibar v. *libar*
ibel m. *libelo*
ibèl·lula f. *libélula*

liberal adj. *liberal*
liberalisme m. *liberalismo*
liberalitzar v. *liberalizar*
libi, líbia m. i f. *libio*
libidinós, -osa adj. *libidinoso*
libido f. *libido*
Libra f. *Libra*
liceu m. *liceo*
lícit, -a adj. *lícito*
licitar v. *licitar*
licitud f. *licitud*
licor m. *licor*
líder m. *líder, jefe*
lignit m. *lignito*
lila adj. i f. *lila*
lilà m. (V. **lila**)
liliaci, -àcia adj. *liliáceo*
lil·liputenc, -a adj. *liliputiense*
limbe adj. *limbo*
limfa f. *linfa*
limfàtic, -a adj. *linfático*
limícola adj. *limícola*
liminar adj. *liminar*
límit m. *límite*
limitació f. *limitación*
limitar v. *limitar*
limítrof, -a adj. *limítrofe*
límpid, -a adj. *límpido*
limpidesa f. *limpidez*
linàcia f. *linácea*
lineal adj. *lineal*
linear v. *delinear* // adj. *linear*
lingot m. *lingote*
lingual adj. *lingual*
lingüista m. i f. *lingüista*
lingüístic, -a adj. i m. *lingüístico*
línia f. *línea*
liniment m. *linimento*
linòleum m. *linóleo*
linotípia m. *linotipia*
linotipista m. i f. *linotipista*
linx m. *lince*
linxament m. *linchamiento*
linxar v. *linchar*
lipotímia f. *lipotimia*
liquació f. *licuación*
liquar v. *licuar*
liqüefacció f. *licuefacción*
liquen m. *liquen*
líquid, -a adj. *líquido*
liquidació f. *liquidación*
liquidar v. *liquidar*
lira f. *lira*
líric, -a adj. *lírico*
lirisme m. *lirismo*
liró m. *lirón* // **-ona** adj. *tonto*

lis m. *lis*
lisbonès, -esa m. i f. *lisboeta*
literal adj. *literal*
literari, -ària adj. *literario*
literat, -a m. i f. *literato*
literatura f. *literatura*
liti m. *litio*
litigant m. i f. i adj. *litigante*
litigar v. *litigar*
litigi m. *litigio*
litigiós, -osa adj. *litigioso*
litògraf, -a m. i f. *litógrafo*
litografia f. *litografía*
litoral adj. i m. *litoral*
litosfera f. *litosfera*
litre m. *litro*
lituà, -ana m. i f. *lituano*
litúrgia f. *liturgia*
litúrgic, -a adj. *litúrgico*
livid, -a adj. *lívido*
lividesa f. *lividez*
llac m. *lago*
llaç m. *lazo*
llaçada f. *lazada // lazo*
llacer m. *lacero*
llacera f. *lazo*
llacor f. *savia, jugo*
llacuna f. *laguna*
lladella f. *ladilla*
lladrar v. *ladrar*
lladre, -a m. i f. *ladrón*
lladronici m. *latrocinio*
lladruc m. *ladrido*
llaga f. *llaga*
llagasta f. *garrapata*
llagost m. *saltamontes*
llagosta f. *langosta*
llagostí m. *langostino*
llagotejar v. *halagar, adular // hablar mal, chismorrear*
llagoter, -a m. i f. i adj. *adulador // maldiciente*
llàgrima f. *lágrima // (de rosari) cuenta*
llagrimeig m. *lagrimeo*
llagrimejar v. *lagrimear*
llagrimer m. *lagrimal*
llagrimós, -osa adj. *lagrimoso*
llagut m. *laúd*
llama f. (mamífer) *llama*
llamborda f. *losa, adoquín // rebanada*
llambregada f. *mirada, ojeada*
llambregar v. *mirar, atisbar*
llambrejar v. *brillar, relucir*
llambriner, -a adj. *ligero, listo*
llaminadura f. *golosina*
llaminer, -a adj. *goloso // meloso, untuoso*

llamp m. *rayo*
llampada f. *relampagueo, centelleo*
llampant adj. *reluciente, brillante // vivo, abigarrado //* adj. *claro, claramente /* **clar i —** *hablando en plata, sin rodeos*
llampec m. *relámpago // destello*
llampegar v. *relampaguear // relucir, centellear*
llampúdol m. *aladierno*
llampuga f. *lampuga*
llana f. *lana*
llança f. *lanza*
llançada f. *lanzada*
llançadora f. *lanzadera*
llançament m. *lanzamiento*
llançar v. *lanzar, arrojar*
llancer m. *lancero*
llanceta f. *lanceta*
llanda f. *llanta // hojalata // tostadora // lata, tabarra*
llaner, -a adj. *lanar, lanero //* m. i f. *lanero*
llaneria f. *lanería*
llangardaix m. *lagarto // espingarda*
llangor f. *languidez*
llanguiment m. *languidez*
llanguir v. *languidecer*
llanós, -osa adj. *lanoso*
llanta f. *llanta*
llanterna f. *linterna // lamparón*
llanterner, -a m. i f. *farolero // linternero // hojalatero // lampista, fontanero*
llanternó m. *farolillo, linternita // cupulino, linterna*
llàntia f. *lámpara // lamparón*
llanut, -uda adj. *lanudo*
llanxa f. *lancha*
llaor f. *loor*
llapis m. *lápiz*
llar f. *hogar*
llard m. *lardo, manteca*
llarder, -a adj. *lardero, gordo /* **dijous —** *jueves gordo, jueves lardero*
llardó m. *chicharrón*
llarg, -a adj. *largo*
llargada f. *longitud, largura*
llarguerut o **llargarut, -uda** adj. *larguirucho*
llarguesa f. *abundancia // largueza, liberalidad*
llast m. *lastre*
llàstima f. *lástima*
llastimós, -osa adj. *lastimoso*
llata f. *barra, estaca // cabio*
llatí, -ina adj. *latino // liso, fino //* **no estar —** *estar indispuesto //* m. *latín*
llatinada f. *latinajo // latinada*
llatinista m. i f. *latinista*

llatinitzar v. *latinizar*
llatzeret m. *lazareto*
llauna f. *hojalata* // *grasera* // *lata*
llauner, -a m. i f. *hojalatero*
llauneria f. *hojalatería*
llaurada f. *aradura* // *arada*
llaurador, -a m. i f. *urador, labrador*
llaurar v. *arar, labrar* // *rastrear*
llaüt m. *laúd*
llautó m. *latón*
llavi m. *labio*
llavor f. *semilla, simiente*
llavorar v. *labrar* // *desbastar, corroer* // *laborear, trabajar*
llavors adj. *luego, entonces*
llebeig m. *lebeche, garbino*
llebre f. *liebre*
llebrer, -a m. i f. *lebrel* // *listo, despierto*
llec, llega m. i f. i adj. *lego*
lledó m. *almeza, lodoño, lidón*
lledoner m. *almez, lodoñero*
llefiscós, -osa adj. *pegajoso, mugriento*
lleganya f. *legaña*
lleganyós, -osa adj. *legañoso*
llegar v. *legar*
llegat m. *legado*
llegenda f. *leyenda*
llegendari, -ària adj. *legendario*
llegible adj. *legible*
1) **llegidor, -a** m. i f. *lector, leyente*
2) **llegidor, -a** adj. *leíble, legible*
llegir v. *leer*
llegítima f. *legítima*
llegua f. *legua*
llegum m. *legumbre*
lleguminós, -osa adj. *leguminoso*
llei f. *ley* // *clase, especie* // *apego, afecto*
lleial adj. *leal*
lleialtat f. *lealtad*
lleidatà, -ana adj. *leridano*
lleig, lletja adj. *feo*
lleixa f. *vasar, anaquel, leja*
lleixiu m. *lejía*
llemiscós, -osa adj. *limazoso, viscoso*
llemosí, -ina adj. *lemosín*
llenç m. *lienzo*
llenca f. *lonja* // *tira* // *lista* // *faja*
llenceria f. *lencería*
llençol m. *sábana* // *lienzo, tela*
llendera f. *cordel* // *látigo, leña*
llenegada f. *resbalón*
llenegadís, -issa adj. *resbaladizo*
llenegar v. *resbalar*
llengua f. *lengua*
llenguado m. *lenguado*
llenguadocià, -ana adj. *languedociano*
llenguallarg, -a adj. *lenguáraz, lengüilargo*

llenguatge m. *lenguaje*
llengüeta f. *lengüecita* // *úvula, campanilla* // *lengüeta*
llengut, -uda adj. *lenguaraz, deslenguado*
llentia f. *lenteja* // *peca*
llentilla f. *lenteja* // *peca*
llentrisca f. *lentisco*
llenya f. *leña* // *madera* // *palo, zurra*
llenyataire m. *leñador*
llenyater m. *leñador*
llenyer m. *leñera* // *paliza*
llenyera f. *leñera*
llenyós, -osa adj. *leñoso*
lleó m. *león*
lleona f. *leona*
lleonat, -ada adj. *leonado*
lleonera f. *leonera*
lleonès, -esa m. i f. *leonés*
lleoní, -ina adj. *leonino*
lleopard m. *leopardo*
llepa m. i f. *lameculos*
llepaculs m. i f. *lameculos*
llepada f. *lamedura*
llepaire m. i f. *lamedor, adulón*
llepar v. *lamer* // *adular, halagar, lamer*
llepassa f. *rastro* // *desollón*
llépol, -a adj. *goloso*
llepolia f. *golosina* // *golosía*
llesca f. *rebanada*
llessamí m. *jazmín*
llest, -a adj. *listo* // *rápido, ligero*
llestesa f. *listeza, agilidad, viveza*
llet f. *leche*
lletada f. *lechada*
lletania f. *letanía*
lleter m. *lechero* // adj. *presumido, petimetre*
lletera f. *lechera*
lleteria f. *lechería*
lletgesa f. *fealdad*
lletjor f. *fealdad*
lletó m. *lechecilla, hueva*
lletós, -osa adj. *lechoso*
lletra f. *letra* // *carta* // *letra de cambio*
lletraferit, -ida adj. *letrado, leído*
lletrat, -ada adj. *letrado*
lletrejar v. *deletrear*
lletrera f. *lechetrezna*
lletrut, -uda adj. *leído, letrado*
lletuga f. *lechuga*
lleu adj. *leve, liviano, ligero* // m. *bofes, pulmón*
lleuger, -a adj. *ligero*
lleugeresa f. *ligereza*
lleure v. *ser permitido* // *haber tiempo, ser posible* // m. *tiempo libre, ocio*
lleva f. *leva*

llevadís, -issa adj. *levadizo, de quita y pon*
llevadora f. *comadrona*
llevamà m. *flor de muerto, hierba del podador*
llevant m. *levante*
llevantí, -ina adj. *levantino*
llevar v. *alzar, levantar //* rfl. *levantarse //* rfl. *despejarse // levar* (el ancla) *// apartar, quitar*
llevat m. *levadura*
llevat de prep. *excepto, salvo, fuera de*
llevataps m. *sacacorchos*
lli m. *lino*
llibant m. *maroma, sirga*
lliberal adj. *liberal*
lliberar v. (V. **alliberar**)
llibert, -a adj. *libre*
llibertar v. *libertar*
llibertari, -ària adj. *libertario*
llibertat f. *libertad*
llibertí, -ina adj. *libertino*
llibertinatge m. *libertinaje*
llibre m. *libro*
llibrer, -a adj. *librero*
llibreria f. *librería*
llibret m. *librito // libreto*
llibreta f. *libreta*
llibreter, -a m. i f. *librero*
llibreteria f. *librería*
lliça m. *liza*
llicència f. *licencia*
llicenciar v. *licenciar*
llicenciat, -ada adj. *licenciado*
llicenciatura f. *licenciatura*
llicenciós, -osa adj. *licencioso*
lliçó f. *lección*
lliga f. *liga*
lligabosc m. *madreselva*
lligacama f. *liga*
lligada f. *ligada, ligadura // laña // abrazadera, belorta*
1) **lligador, -a** m. i f. *ligador, atador // lañador*
2) **lligador** m. *tocador*
lligall m. *atadero // legajo / atado, atadijo*
lligam m. *ligadura, atadura, lazo*
lligament m. *ligamiento, ligadura // ligamento*
lligar v. *ligar, atar //* intr. *venir bien, haber tiempo*
llim m. *limo, fango // verdín*
llima f. lima
llimac m. *babosa, limaco // lama, verdín*
llimar v. *limar*
llimbs m. pl. *limbo*
llimona f. *limón*
llimonada f. *limonada*

llimoner m. *limonero*
llimonera f. *limonero*
llimosna f. (V. **almoina**)
llinatge m. *linage, apellido*
llinda f. *dintel*
llindar m. *umbral // dintel // montante*
llinosa f. *linaza*
llinya f. *cordel // sedal // rodada*
lliri m. *lirio*
llis, -a adj. *liso*
lliscar v. *resbalar, deslizarse*
llisor f. *lisura*
llissa f. *liza, mújol*
llissera f. *liza, mújol*
llista f. *franja, lista // dril, mahón // cinta // lista, listón // lista*
llistat, -ada adj. *listado, franjeado*
llistó m. *listón, ripia // reglón // galón*
llit m. *cama, lecho /* **fer —** *guardar cama*
llitera f. *litera*
llitotxa f. *yacija*
lliura f. *libra*
lliurament m. *libramiento, entrega*
lliurar v. *entregar // librar*
lliure adj. *libre*
lliurea f. *librea*
lliurecanvista m. i f. *librecambista*
lloable adj. *loable*
lloança f. *alabanza, loanza, loor*
lloar v. *alabar, loar*
1) **lloba** f. *loba*
2) **lloba** f. *sotana, loba, balandrán*
3) **lloba** f. *falleba*
llobarro m. *lobarro, róbalo*
llobató m. *lobezno, lobato*
llobera f. *lobera*
llobina f. *lubina, róbalo*
llòbrec, -ega adj. *lóbrego // hosco, lúgubre*
lloc m. *lugar // lugar, aldea // predio // sitio, puesto /* **fer —** *hacer sitio / —* **de feina o — de treball** *puesto de trabajo*
lloca f. *clueca*
llocada f. *pollada*
lloctinent m. *lugarteniente*
lloga f. *contrato de trabajo*
llogar v. *alquilar // contratar //* rfl. *emplear*
llogaret m. *lugarejo, aldea // pequeño predio*
llogarret m. *lugarejo, aldea*
llogater, -a m. i f. *arrendatario, inquilino*
lloguer m. *alquiler*
llom m. *lomo*
llombrígol m. *ombligo*
llonganissa f. *longaniza*
llonguet m. *panecillo*

llonza f. *lonja, loncha*
llop m. *lobo*
llor m. *laurel*
llorejar v. *laurear*
llorer m. *laurel*
lloriga f. *loriga, coraza*
lloriguera f. *madriguera, gazapera*
lloro m. *loro*
llos m. *calce, calzo*
llosa f. *losa, laja*
llosana f. *losa*
llosc, -a adj. *lusco, cegato*
llosca f. *colilla // trompazo, castaña*
llossa f. *cucharón // espumadera // colador*
llot m. *lodo // ova de río, ajomate*
llotja f. *galería // lonja // palco*
llotós, -osa adj. *lodoso*
a lloure *en libertad, sin vigilancia*
lluc m. *vástago, retoño // trazas, aspecto // tino, buen ojo, acierto*
lluç m. *merluza*
llucar v. *retoñar // mirar, atisbar // ver, divisar, columbrar // entender*
llúcera f. *bacaladilla, pescadilla*
llúdria f. *nutria*
lludriguera f. (V. **lloriguera**)
lluent, -a adj. *luciente, brillante*
lluentó m. *lentejuela*
lluerna f. *tragaluz, claraboya // (insecte) luciérnaga*
llufa f. *follón, zullón // rabo, virote // trola, bola // lamparón*
lluïment m. *lucimiento*
lluir v. *lucir, brillar*
lluïssor f. *brillo*
lluït, -ida adj. *lucido*
lluita f. *lucha*
lluitador, -a adj. *luchador*
lluitar v. *luchar*
llum f. *luz, lumbre // m. luz*
l'umener m. *candil // tedero*
llumenera f. *velón // candileja // tedero*
llumí m. *cerilla, fósforo*
lluminària f. *luminaria, alumbrado*
lluminós, -osa adj. *luminoso*
lluna f. *luna*
llunàtic, -a adj. *lunático*
lluny adv. i prep. *lejos*
llunyà, -ana adj. *lejano*
llunyania f. *lejanía*
llunyària f. *lejanía*
llúpia f. *lupia, lobanillo*
lluquet m. *pajuela, aluquete // agramiza, cañamiza // guija*
llur adj. i pron. *su, suyo* (de poseedor plural)
llustrar v. *lustrar*

llustre m. *brillo, lustre*
llustrina f. *lustrina, holandilla*
llustrós, -osa adj. *lustroso*
lo pron. complement *ló, le // art. el, lo*
lòbul m. *lóbulo*
lobulat, -ada adj. *lobulado*
local adj. i m. *local*
localitat f. *localidad*
localitzar v. *localizar*
loció f. *loción*
locomoció f. *locomoción*
locomotor, -a adj. *locomotor*
locució f. *locución*
logaritme m. *logaritmo*
lògia f. *logia*
lògic, -a adj. *lógico*
lògica f. *lógica*
lona f. *lona*
londinenc, -a m. i f. *londinense*
longanimitat f. *longanimidad*
longevitat f. *longevidad*
longitud f. *longitud*
longitudinal adj. *longitudinal*
loquaç adj. *locuaz*
loquacitat f. *locuacidad*
lot m. *lote*
loteria f. *lotería*
lotus m. *loto*
lúbric, -a adj. *lúbrico*
lubricar v. *lubricar*
lubrificació f. *lubrificación*
lubrificar v. *lubrificar*
lúcid, -a adj. *lúcido*
lucidesa f. *lucidez*
lucífug, -a adj. *lucífugo*
lucrar v. *lucrar*
lucratiu, -iva adj. *lucrativo*
lucre m. *lucro*
luctuós, -osa adj. *luctuoso*
lúgubre adj. *lúgubre*
lul·lià, -ana adj. *luliano*
lul·lisme m. *lulismo*
lumbago f. *lumbago*
lumbar adj. *lumbar*
lumínic, -a adj. *lumínico*
lunar adj. *lunar*
lupa f. *lupa*
lusità, -ana adj. *lusitano*
lustre m. *lustro*
luterà, -ana adj. *luterano*
luteranisme m. *luteranismo*
luxació f. *luxación*
luxe m. *lujo*
luxemburguès, -esa m. i f. *luxemburgués*
luxós, osa adj. *lujoso*
luxúria f. *lujuria*
luxuriós, -osa adj. *lujurioso*

M

m' pron. *me* (ante verbo que empieza por vocal)
'm pron. *me* (detrás de verbo terminado en vocal)
ma adj. f. *mi*
mà f. *mano* / **venir esquerra** — *venir mal* / — **foradada o mans foradades** *malgastador, dilapidador* / **no tenir prou mans** *no dar el abasto* / **mans plegades o mans fentes** *con los brazos cruzados* // **posar-s'hi la** — *salir muy perjudicado* // **per sota** — o **per davall** — *por bajo mano, a escondidas* // **necessitar** — **de metge** *necesitar arreglo urgente* // **guanyar per** — **a algú** *adelantársele*
mabre m. (peix) *mármol*
mac m. *piedra, guijarro*
maça f. *maza*
macabre, -a adj. *macabro*
macaco m. *macaco*
macada f. *pedregal* // *pedrada*
maçada f. *mazazo*
macadura f. *magulladura*
macar v. *magullar*
1) **macarró** m. *macarrón* // *cazcarria*
2) **macarró** m. *macarrón, chulo, alcahuete*
macarrònic, -a adj. *macarrónico*
macer m. *macero*
maceració f. *maceración*
macerar v. *macerar*
maceta f. *macita, macillo* // *bolillo*
macilent, -a adj. *macilento*
macrocèfal, -a adj. *macrocéfalo*
macròcit m. *macrocito*
macròmetre m. *macrómetro*
macrur m. *macruro*
màcula f. *mancha, mácula*
macular v. *macular*
madeixa f. *madeja*
madona f. *colona* // *ama, dueña*
madrastra f. *madrastra*
madrèpora f. *madrépora*
madrigal m. *madrigal*
madrileny, -a m. i f. *madrileño*
madritxo m. *bizcocho*

maduixa f. *fresa*
maduixera f. *fresera*
maduixot m. *fresón*
madur, -a adj. *maduro*
madurar v. *madurar* // *enconarse* (una lesión)
maduresa f. *madurez*
mag, maga m. i f. *mago*
maganya f. *tara, achaque*
magarrufa f. *visaje* // *carantoña, marrullería* // *trampa, engaño*
magatzem m. *almacén*
magatzemar v. *almacenar*
magatzematge m. *almacenaje*
magenta f. *magenta*
magi m. *magín*
màgia f. *magia*
màgic, -a adj. *mágico* // m. *mago*
magisteri m. *magisterio*
magistral adj. *magistral*
magistrat m. *magistrado*
magistratura f. *magistratura*
magma m. *magma*
magnànim, -a adj. *magnánimo*
magnat m. *magnate*
magne, -a adj. *magno*
magnesi m. *magnesio*
magnèsia f. *magnesia*
magnètic, -a adj. *magnético*
magnetisme m. *magnetismo*
magnetitzar v. *magnetizar*
magnetòfon m. *magnetófono*
magnífic, -a adj. *magnífico*
magnificar v. *magnificar*
magnificència f. *magnificencia*
magnitud f. *magnitud*
magnòlia f. *magnolia*
magrana f. *granada* // *tortazo*
magraner m. *granado*
magraneta f. *panecillo redondo*
magre, -a adj. *flaco, delgado* // *escaso*
magresa f. *flacura, delgadez*
magror f. *flacura, delgadez*
mahometà, -ana adj. *mahometano*
mahometisme m. *mahometismo*

mai adv. (en frases dubitatives o condicionals) *alguna vez* // (en frases negatives) *nunca*
maig m. *mayo*
maimó, -ona adj. *lento, posma, pachón*
mainada f. *familia* // *mesnada* // *chiquillería* // *chiquillo, criatura*
mainader m. *mesnadero* // *niñero*
mainadera f. *niñera*
maionesa f. *mayonesa*
majestat f. *majestad*
majestuós, -osa adj. *majestuoso*
majòlica f. *mayólica*
major adj. *mayor* // m. *abuelo*
majoral, -a m. i f. *mayoral*
majordom m. *mayordomo*
majordona f. *ama de llaves*
majoria f. *mayoría*
majorista m. i f. *mayorista*
majúscul, -a adj. *mayúsculo*
1) **mal** m. *mal* // *daño* // *dolor* // **fer —** (essent el subjecte la persona o cosa causadora del mal) *hacer daño* // **fer —** (essent el subjecte la part del cos on està localitzat el dolor) *doler*
2) **mal, -a** adj. *malo, mal* // **a les males** *por las malas*
3) **mal** adv. *mal* // (interj. seguida de verb en subjuntiu) *ojalá*
malabar adj. *malabar*
malabarisme m. *malabarismo*
malacarós, -osa adj. *malcarado*
malaconsellar v. *malaconsejar*
malacostumar v. *malacostumbrar*
malagradós, -osa adj. *huraño, desabrido* // *descontentadizo*
malagraït, -ïda adj. *desagradecido*
malaguanyat, -ada adj. *malogrado*
malai, -a m. i f. *malayo*
malalt, -a adj. *enfermo*
malaltia f. *enfermedad*
malaltís, -issa adj. *enfermizo*
malapler adv. *intranquilo, a disgusto*
malaquita f. *malaquita*
malària f. *malaria*
malastrugança f. *desgracia, mala suerte*
malaurat, -ada adj. *infeliz, desgraciado*
malaventura f. *desventura*
malaventurat, -ada adj. *desventurado*
malavesar v. *mal acostumbrar*
malavingut, -uda adj. *malavenido*
malbaratar v. *malversar, derrochar*
fer malbé *estropear, echar a perder*
malcarat, -ada adj. *malcarado*
malcontent, -a adj. *descontento*
malcreient adj. *desobediente*

malcriar v. *malcriar*
malcriat, -ada adj. *malcriado* // *perverso, malo*
maldament conj. *aunque* // adv. *no importa*
maldar v. *esforzarse, procurar* // *insistir* // *regañar, reñir*
maldat f. *maldad*
maldecap m. *quebradero de cabeza*
maldient adj. *maldiciente*
maldir v. *difamar, maldecir* // *ir mal, ir por mal camino*
malecó m. *malecón*
maledicció f. *maldición*
maledicència f. *maledicencia*
malèfic, -a adj. *maléfico*
malefici m. *maleficio*
maleficiar v. *maleficiar*
maleir v. *maldecir*
maleit, -a adj. *rabioso, furioso* // *irascible, irritable*
maleït, -ïda adj. *maldito*
malejar v. *malear*
malencert m. *desacierto*
malencertar v. *desacertar*
malenconia f. *melancolía*
malenconiós, -osa adj. *melancólico*
malendreç m. *desaseo, desorden*
malentenent adj. *mal entendedor*
malentès m. *malentendido*
malesa f. *maldad, malicia* // *daño, estropicio* // *maleza*
malestar m. *malestar*
maleta f. *maleta*
maleter m. *maletero*
maletí m. *maletín*
malèvol, -a adj. *malévolo*
malevolència f. *malevolencia*
malfactor, -a m. i f. *malhechor*
malfat m. *mal hado*
malfeneria f. *haraganería*
malferir v. *malherir*
malfiança f. *desconfianza*
malfiar v. *desconfiar*
malforjat, -ada adj. *contrahecho*
malgarbat, -ada adj. *contrahecho* // *desaliñado*
malgastar v. *malgastar*
malgrà m. *carbunclo*
malgrat prep. *a pesar de*
malhaja interj. *malhaya*
malhumorat, -ada adj. *malhumorado*
malícia f. *malicia* // *rabia, irritación* // *ojeriza, tirria*
maliciar v. *maliciar*
maliciós, -osa adj. *malicioso*
malifeta f. *fechoría, mala acción*

mannà

maligne, -a adj. *maligno*
malignitat f. *malignidad*
malintencionat, -ada adj. *malintencionado*
mall m. *mazo*
malla f. *malla*
mal·leabilitat f. *maleabilidad*
mal·leable adj. *maleable*
mallorquí, -ina m. i f. *mallorquín*
mallorquinisme m. *mallorquinismo*
mallot m. *mallot*
malmenar v. *maltratar*
malmès, -esa adj. *estropeado, maltrecho*
malmetre v. *lastimar, deteriorar*
malmirar v. *malmirar, mirar de mal ojo*
malnat, -ada adj. *malnacido*
malnom m. *apodo, mote*
malparar v. *malparar*
malparlar v. *hablar mal*
malparlat, -ada adj. *malhablado, lenguaraz*
malpensar v. *maliciar*
malpensat, -ada adj. *malicioso, malpensado*
malsà, -ana adj. *malsano*
malson m. *pesadilla*
malsonant adj. *malsonante*
maltès, -esa m. i f. *maltés*
maltractar v. *maltratar*
maltracte m. *maltrato*
maluc m. *cía, cuadril // cadera*
malva f. *malva // bonachón, malva // bendito, tontuelo*
malvasia f. *malvasía*
malvat, -ada adj. *malvado*
malvendre v. *malvender*
malversació f. *malversación*
malversar v. *malversar*
malvestat f. *maldad*
malviatge interj. *malhaya*
malvist, -a adj. *malvisto*
malviure v. *malvivir*
malvolença f. *malevolencia*
malvoler v. *malquerer*
1) mama f. *mama, seno, teta*
2) mama f. *mamá*
mamà f. *mamá*
mamador, -a adj. *mamador, mamón*
mamar v. *mamar // chupar*
mamarratxo m. *mamarracho*
mamballeta f. *bofetada, pescozón // pl. aplausos*
mamella f. *mama, pecho, teta*
mameluc m. *mameluco*
mamífer, -a adj. *mamífero*
mampara f. *mampara, biombo // pantalla*
mamut m. *mamut*
manacorí, -ina m. i f. *manacorense*
manament m. *mandamiento*

manar v. *mandar*
manat m. *manojo*
manc, -a adj. *manco*
manca f. *falta*
mancament m. *falta*
mançanilla f. *manzanilla*
mancar v. *faltar // disminuir, amainar // fallar*
manco adv. *menos*
mancomunitat f. *mancomunidad*
mandarí m. *mandarín*
mandarina f. *mandarina*
mandat m. *mandato*
mandatari, -ària m. i f. *mandatario*
mandíbula f. *mandíbula*
mandolina f. *mandolina*
mandonguilla f. *albóndiga*
mandra f. *pereza, galbana // m. perezoso*
mandràgora f. *mandrágora*
mandril m. *mandril*
mandrós, -osa adj. *perezoso*
manduca f. *manduca*
mànec m. *mango // paliza, palos*
manefla m. *entrometido, chismoso*
mànega f. *manga // manguera*
maneguí m. *manguilla, manguito*
maneig m. *manoteo, manejo*
manejable adj. *manejable*
manejar v. *manotear // sobar // manejar*
manera f. *manera*
manes m. pl. *manes*
manescal m. *veterinario*
manganès m. *manganeso*
mania f. *manía*
maniàtic, -a adj. *maniático*
manicomi m. *manicomio*
manicura f. *manicura*
manifassejar v. *mangonear*
manifasser, -a m. i f. i adj. *entrometido, mangoneador // mañoso, ingenioso*
manifest m. *manifiesto*
manifestació f. *manifestación*
manifestar v. *manifestar*
màniga f. *manga*
manilla f. *brazalete // pl. esposas, grilletes*
1) manillar v. *esposar*
2) manillar m. *manillar*
maniobra f. *maniobra*
maniobrar v. *maniobrar*
manipulació f. *manipulación*
manipular v. *manipular*
maniqueu, -ea adj. *maniqueo*
maniquí m. i f. *maniquí*
manllevar v. *pedir prestado*
mannà m. *maná // abundancia*

manobre m. *peón de albañil*
manoll m. *manojo*
manòmetre m. *manómetro*
manotada f. *manotazo // manotada*
manotejar v. *manotear*
manotes m. i f. *chapucero*
mans, -a adj. *manso*
mansió f. *manso*
mansoi, -a adj. *manso*
mansuetud f. *mansedumbre*
manta f. *manta // cobija // mantilla // paliza*
mantega f. *mantequilla*
mantegada f. *mantecada // mantecado*
mantegós, -osa adj. *mantecoso*
manteguera f. *mantequera*
mantejar v. *mantear*
mantell m. *manto*
mantellina f. *mantilla*
mantenidor, -a m. i f. i adj. *mantenedor*
manteniment m. *mantenimiento // manutención, sustento*
mantenir v. *mantener*
manteu m. *manteo*
manto m. *manto*
mantó m. *mantón*
manual adj. *manual*
manubri m. *manubrio*
manufactura f. *manufactura*
manumissió f. *manumisión*
manuscrit m. *manuscrito*
manutenció f. *manutención*
manxa f. *fuelle // bomba, palanca*
manxar v. *soplar, afollar // chistar*
manya f. *maña*
manyà m. *cerrajero // chapucero*
manyac, -aga adj. *manso, suave // m. i f. querido // m. i f. caricia*
manyagueria f. *suavidad // caricia*
manyoc m. *manojo, macolla // grupo, borbotón*
manyopla f. *manopla*
manyós, -osa adj. *mañoso*
manyuclar v. *manosear, sobar // mangonear, manejar*
maó m. *adobe*
maonès, -esa m. i f. *mahonés*
mapa m. *mapa*
mapamundi m. *mapamundi*
maqueta f. *maqueta*
maquiavèlic, -a adj. *maquiavélico*
maquiavelisme m. *maquiavelismo*
maquillar v. *maquillar*
maquillatge m. *maquillaje*
màquina f. *máquina*
maquinació f. *maquinación*

maquinar v. *maquinar*
maquinària f. *maquinaria*
maquinista m. i f. *maquinista*
mar f. o m. *mar*
marabú m. *marabú*
maragda f. *esmeralda*
marasme m. *marasmo*
marassa f. *madraza*
marbre m. *mármol*
marbrista m. i f. *marmolista*
marc m. *marco*
març m. *marzo*
marca f. *marca*
marcar v. *marcar*
marcià, -ana m. i f. *marciano*
marcialitat f. *marcialidad*
marcir v. *marchitar, mustiar*
marduix m. *mejorana, almoraduj*
mare f. *madre*
marea f. *marea*
mareig m. *mareo*
marejada f. *gran mareo*
marejar v. *marear*
maremàgnum m. *maremágnum*
mareperla f. *madreperla*
marès, -esa adj. *marino // m. arenisca // m. sillar*
mare-selva f. *madreselva*
maresma f. o **maresme** m. *marisma*
màrfega f. *jergón*
marfil m. *marfil*
margalida f. *(V. margarida)*
margalló m. *palmito*
margarida f. *margarita*
margarina f. *margarina*
marge m. *margen // ribazo // muro de bancal*
marginació f. *marginación*
marginar v. *marginar*
marí, -ina adj. *marino*
marià, -ana adj. *mariano*
maridar v. *maridar, casar*
maridatge m. *maridaje*
marieta f. *mariquita // m. marica*
marina f. *marina // costa, ribera // monte bajo*
marinada f. *brisa*
mariner, -a adj. i m. i f. *marinero*
marineria f. *marinería*
marisc m. *marisco*
mariscal m. *mariscal*
marista m. *marista*
marit m. *marido*
marital adj. *marital*
marítim, -a adj. *marítimo*
marjada f. *mota, ribazo, bancal*

marmessor ·m. *albacea*
marmessoria f. *albaceazgo*
marmori, -òria adj. *marmóreo*
marmota f. *marmota*
maror f. *marejada* // *tremolina, temporal* //
mareo
marquès m. *marqués*
marquesa f. *marquesa*
marquesat m. *marquesado*
marquesina f. *marquesina*
marqueteria f. *marquetería*
marrada f. *rodeo* // *regate, marro*
marraix m. *marrajo*
marranada f. *marranada*
marraneria f. *halago, caricia* // *tozudez* //
marranería, marranada
marrar v. *dar un rodeo* // *faltar*
marrasquí m. *marrasquino*
marro m. *tres en raya* // *embrollo, enredo*
marró adj. *marrón*
marroquí, -ina m. i f. *marroquí*
marroquineria f. *marroquinería*
Mars m. *Marte*
marsupial adj. *marsupial*
mart m. *marta*
marta f. *marta*
martell m. *martillo*
martellada f. *martillazo*
martelleig m. *martilleo*
martellejar v. *martillear*
martinet m. *martinete* // *pasaaor*
martingala f. *martingala* // *gamarra*
màrtir m. i f. *mártir*
martiri m. *martirio*
martiritzar v. *martirizar*
martirologi m. *martirologio*
marxa f. *marcha*
marxando m. *vendedor, buhonero* // *pícaro*
// *alguacil*
marxant, -a m. i f. *marchante, buhonero*
marxapeu m. *umbral*
marxar v. *marchar*
marxisme m. *marxismo*
marxista adj. *marxista*
mas m. *predio, cortijo*
mascara f. *tizne*
màscara f. *máscara*
mascarada f. *mascarada*
mascarar v. *tiznar*
mascaró m. *mascarón*
mascle m. *macho*
masclot m. *mgchote* // *marimacho, virago*
mascota f. *mascota*
masculí, -ina adj. *masculino*
masculinitzar v. *masculinizar*
masia f. *granja, predio*

masoquisme m. *masoquismo*
masoquista m. i f. *masoquista*
masover, -a m. i f. *colono, masadero*
masoveria f. *granja, cortijo*
massa f. *masa* // adv. i adj. *demasiado* //
fer-ne un gra — *pasarse, excederse*
massapà m. *mazapán*
massatge m. *masaje*
massatgista m. i f. *masajista*
massificació f. *masificación*
massís, -issa adj. *macizo*
massiu, -iva adj. *masivo*
mastegar v. *masticar, mascar* // *arrugar, es-*
trujar // *mascullar*
mastegot m. *sopapo, soplamocos*
masteler m. *mastelero*
mastí m. *mastín*
masticació f. *masticación*
masticar v. *masticar*
mastodont m. *mastodonte*
masturbació f. *masturbación*
masturbar v. *masturbar*
masurcà f. *mazurca*
mat m. *mate*
mata f. *mata, lentisco*
matador, -a m. i f. *matador* // *matarife*
matadura f. *matadura* // *tormento*
matalàs m. *colchón*
matalasser, -a m. i f. *colchonero*
matança f. *matanza*
matancer, -a m. i f. *matancero*
1) matar v. *matar*
2) matar m. *matorral*
mateix, -a adj. *mismo*
matemàtic, -a adj. *matemático*
matèria f. *materia* // *pus*
material adj. i m. *material*
materialisme m. *materialismo*
materialista adj. *materialista*
materialitzar v. *materializar*
matern, -a adj. *materno*
maternal adj. *maternal*
maternitat f. *maternidad*
matí m. *mañana* // de bon — *de mañanita,*
muy de mañana
matinada f. *madrugada* // *madrugón*
matinal adj. *matinal*
matinar v. *madrugar*
matinejar v. *madrugar*
matiner, -a adj. *matinal, mañanero* // *ma-*
drugador
matines f. pl. *maitines*
matís m. *matiz*
matisar v. *matizar*
mató m. *requesón*
matoll m. *matorral*

matollar m. *matorral*
matraca f. *matraca*
matràs m. *matraz* // *pisón* // *pestillo*
matriarcat m. *matriarcado*
matricidi m. *matricidio*
matrícula f. *matrícula*
matricular v. *matricular*
matrimoni m. *matrimonio*
matrimonial adj. *matrimonial*
matriu f. *matriz*
matrona f. *matrona*
matutí, -ina adj. *matutino*
matxet m. *machete*
matxucar v. *ajar, estrujar* // *moler, zurrar* // *fastidiar, reventar*
maula f. *maula, socaliña* // adj. *bellaco*
maurar v. *sobar* // *zurrar*
maurità, -ana m. i f. *mauritano*
màuser m. *máuser*
mausoleu m. *mausoleo*
maxil·lar adj. *maxilar*
màxim, -a adj. *máximo*
maximalista adj. *maximalista*
me pron. *me*
mè m. *cordero* // **ca mè** *perdiguero*
meandre m. *meandro*
mecànic, -a adj. *mecánico*
mecanisme m. *mecanismo*
mecanitzar v. *mecanizar*
mecanògraf, -a m. i f. *mecanógrafo*
mecanografia f. *mecanografía*
mecenatge m. *mecenazgo*
mecenes m. *mecenas*
medalla f. *medalla*
medalló m. *medallón*
mede, -a m. i f. *medo*
medecina f. *medicina, medicamento*
medi m. *medio*
mediació f. *mediación*
mediador, -a m. i f. *mediador*
mediat, -a adj. *mediato*
mediatitzar v. *mediatizar*
mèdic, -a adj. *médico*
medicació f. *medicación*
medicament m. *medicamento*
medicar v. *medicar*
medicina f. *medicina*
medicinal adj. *medicinal*
medieval adj. *medieval*
mediocre adj. *mediocre*
mediocritat f. *mediocridad*
meditabund, -a adj. *meditabundo*
meditació f. *meditación*
meditar v. *meditar*
mediterrani, -ània adj. *mediterráneo*
mèdium m. *médium*

medrar v. *medrar*
medul·la f. *médula*
medul·lar adj. *medular*
medusa f. *medusa*
mefistofèlic, -a adj. *mefistofélico*
megàfon m. *megáfono*
megàlit m. *megalito*
megalític, -a adj. *megalítico*
megalòman, -a adj. *megalómano*
meitat f. *mitad*
mel f. *miel*
melaïna f. *melaína*
melancolia f. (V. **malenconia)**
melangia f. *melancolía*
melangiós, -osa adj. *melancólico*
melanina f. *melanina*
melassa f. *melaza*
melat, -ada adj. *meloso* // *melado*
melic m. *ombligo*
melicotó m. *melocotón*
melindro m. *melindre*
melindrós, -osa adj. *melindroso*
mel·lifer, -a adj. *melífero*
mel·liflu, -iflua adj. *melifluo*
melmelada f. *mermelada*
meló m. *melón*
melodia f. *melodía*
melòdic, -a adj. *melódico*
melodiós, -osa adj. *melodioso*
melodrama m. *melodrama*
melòman, -a m. i f. *melómano*
melonar m. *melonar*
melós, -osa adj. *meloso*
melsa f. *bazo*
membrana f. *membrana*
membre m. *miembro*
membret m. *membrete*
membrut, -uda adj. *membrudo*
memorable adj. *memorable*
memoràndum m. *memorándum*
memòria f. *memoria*
memorial m. *memorial*
memoriós, -osa adj. *memorión*
1) **mena** f. *veta, mina* // *clase, especie*
2) **mena** f. *mentira, trola* // m. i f. *embustero*
menar v. *conducir* // *llevar* // *traer* // *menear, mover*
menció f. *mención*
mencionar v. *mencionar*
mendicant m. i f. *mendicante*
mendicar v. *mendigar*
mendicitat f. *mendicidad*
menester m. *menester* / **esser — ser necesario** / **haver — o haver de — necesitar**
menestral, -a m. i f. *artesano, menestral*

mengívol, -a adj. *gustoso, apetitoso*
menhir m. *menhir*
meninge f. *meninge*
meningitis f. *meningitis*
menisc m. *menisco*
menja f. *manjar, comida* // *cebo*
menjada f. *comida*
1) **menjador, -a** adj. *comedor, tragón*
2) **menjador** m. *comedor* // *comedero*
3) **menjador, -a** adj. *comestible*
menjadora f. *pesebre* // *comedero*
menjar v. *comer* // *desgastar* // *gastar* // m.
    comida // m. *manjar* // m. *pasto, pienso*
menjarot m. *comilona*
menopausa f. *menopausia*
menor adj. *menor*
menorquí, -ina m. i f. *menorquín*
menstruació f. *menstruación*
mensual adj. *mensual*
mensualitat f. *mensualidad*
mènsula f. *ménsula*
ment m. *mente*
menta f. *menta, hierbabuena*
mental adj. *mental*
mentalitat f. *mentalidad*
mentida f. *mentira*
mentider, -a m. i f. *mentiroso*
mentir v. *mentir*
mentó m. *mentón*
mentor m. *mentor*
mentre conj. *mientras*
mentrestant adv. *mientras tanto, entretanto*
menú m. *menú*
menudall m. *salpicón* // *cascajo* // *canastilla*
menudència f. *pequeñez, menudez* // pl.
    menudos
menuell m. *meñique*
menut, -uda adj. *menudo, pequeño* // pl.
    calderilla
menys adv. i adj. *menos*
menyscabar v. *menoscabar*
menyscapte v. *menoscabo*
menyspreable adj. *despreciable*
menysprear v. *menospreciar, despreciar*
menyspreu m. *menosprecio, desprecio*
mer, -a adj. *mero*
meravella f. *maravilla*
meravellar v. *maravillar*
meravellós, -osa adj. *maravilloso*
mercadejar v. *comerciar* // *mercar*
mercader, -a m. i f. *mercader, comerciante*
mercaderia f. *mercadería, mercancía*
mercant adj. *mercante* // *tendero*
mercantil adj. *mercantil*
mercat m. *mercado*
mercè f. *merced*

mercedari, -ària m. i f. *mercedario*
mercenari, -ària m. i f. *mercenario*
merceria f. *mercería*
mercuri m. *mercurio*
merda f. *mierda* // *humos, pretensiones*
merder m. *estercolero* // *leonera, desbarajus-*
    te
merèixer v. *merecer*
merenga f. *merengue*
meretriu f. *meretriz*
meridià, -ana adj. *meridiano*
meridional adj. *meridional*
mèrit m. *mérito*
meritori, -òria adj. *meritorio*
merlet m. *almena* // *punta* // *carrete*
merlot m. *mirlo* // pl. *pasta, talegas*
1) **mes** m. *mes*
2) **mes** conj. *mas, pero*
3) **mes** adj. poss. *mis*
més adv. *más* // *a —, a — a —, de — a —*
    además // *ni — ni menys ni más ni me-*
    nos
mesa f. (d'altar o de presidència) *mesa*
mesada f. *mes* // *mesada, mensualidad*
mescla f. *mezcla* // *argamasa*
mescladissa f. *mescolanza*
mesclar v. *mezclar* // *barajar*
mesenteri m. *mesenterio*
meseta f. *meseta*
mesopotàmic, -a adj. *mesopotámico*
mesquí, -ina adj. *infeliz, desdichado* // *mez-*
    quino
mesquinesa f. *mezquindad*
mesquita f. *mezquita*
messana f. *mesana*
messes f. pl. *mies* // *siega* // *labores*
messiànic, -a adj. *mesiánico*
messianisme m. *mesianismo*
messió f. *gasto, expensas* // *apuesta* // **posar**
    messions *apostar*
mestís, -issa m. i f. *mestizo*
mestra f. *maestra* // (vela) *mayor* // *bornol*
mestral m. *mistral*
mestrança f. *maestría* // *maestranza* // *mez-*
    cla, adulteración
mestrat m. *maestrazgo*
mestratge m. *magisterio, docencia*
mestre m. *maestro* // *maestre* // **— d'obres**
    albañil // **— d'aixa** *carpintero de ribera* //
    adj. *maestro, mayor* / **obra mestra** *obra*
    maestra
mestressa f. *ama, dueña, señora* // *maestra*
    // *querida* // *presumidilla, marisabidilla*
mestria f. *maestría*
mesura f. *medida* // *mesura*
mesurador, -a m. i f. *medidor*

mesurament m. *medición*
mesurar v. *medir*
meta f. *meta*
metà m. *metano*
metabolisme m. *metabolismo*
metacarp m. *metacarpo*
metacentre m. *metacentro*
metafísic, -a adj. *metafísico*
metàfora f. *metáfora*
metafòric, -a adj. *metafórico*
metall m. *metal*
metàl·lic, -a adj. *metálico*
metal·litzar v. *metalizar*
metal·loide m. *metaloide*
metal·lúrgia f. *metalurgia*
metamorfosejar v. *metamorfosear*
metamorfosi f. *metamorfosis*
metatars m. *metatarso*
metempsícosi f. *metempsícosis*
meteor m. *meteoro*
meteòric, -a adj. *meteórico*
meteorit m. *meteorito*
meteorologia f. *meteorología*
metge m. *médico*
metgessa f. *médica, doctora*
meticulós, -osa adj. *meticuloso*
metil f. *metilo*
mètode m. *método*
metòdic, -a adj. *metódico*
metoditzar v. *metodizar*
metodologia f. *metodología*
metol m. *metol*
metopa f. *metopa*
metralla f. *metralla*
metralladora f. *ametralladora*
metrallar v. *ametrallar*
metralleta f. *metralleta*
metre m. *metro*
mètric, -a adj. *métrico*
metro m. (ferrocarril subterrani) *metro*
metrònom m. *metrónomo*
metròpoli f. *metrópoli*
metropolità, -ana adj. *metropolitano*
metxa f. *mecha*
metzina f. *veneno, tóxico*
metzinós, -osa adj. *venenoso*
meu, meva adj. i pron. (no seguit del nom) *mío* // adj. **el meu, la meva** (seguit del nom) *mi*
mèu m. *maullido, miau* // *borrachera*
meuca f. *buho* // *prostituta*
meular v. *maullar*
mexicà, -ana m. i f. *mejicano*
1) **mi** pron. pers. *mí*
2) **mi** m. (nota musical) *mi*
miasma m. *miasma*

1) **mica** f. *mica*
2) **mica** f. *migaja* // *miaja, poco* / **una** — *un poco* // (en frases negatives o dubitatives) *nada, pizca* / **gens ni** — *ni pizca* / **fer miques** *hacer trizas*
micció f. *micción*
mico m. *mico* // *chasco*
micró m. *micrón*
microbi m. *microbio*
microcosmos m. *microcosmos*
microfilm m. *microfilm*
micròfon m. *micrófono*
microorganisme m. *microorganismo*
microscopi m. *microscopio*
microscòpic, -a adj. *microscópico*
mida f. *medida*
mig adj. (*mitja*) adv. i m. *medio* // **en** — *o al* — *en medio* // **mig mig** *así así, ni bien ni mal* // **pel** — *por en medio*
migdia m. *mediodía*
migdiada f. *siesta*
migjorn m. *mediodía* // *Sur*
migració f. *migración*
migranya f. *jaqueca*
migrar v. *migrar*
migrar-se v. *encogerse* // *requemarse, consumirse*
migratori, -òria adj. *migratorio*
migtemps m. *entretiempo*
mil adj. *mil*
milà, -ana m. i f. *milano*
miler m. *millar*
mília adj. *mil* // pl. *miles, millares*
milícia f. *milicia*
milicià, -ana m. i f. *miliciano*
milió m. *millón*
milionada f. *millonada*
milionari, -ària m. i f. *millonario*
milionèsim, -a adj. *millonésimo*
militant m. i f. *militante*
1) **militar** adj. i m. *militar*
2) **militar** v. *militar*
militarista adj. *militarista*
militaritzar v. *militarizar*
milla f. *milla*
mil·lenari, -ària adj. *milenario*
mil·lèsim, -a adj. *milésimo*
mil·ligram m. *miligramo*
mil.lilitre m. *mililitro*
mil·límetre m. *milímetro*
millor adj. i adv. *mejor*
millora f. *mejora* // *mejoría* // *puja, mejora*
millorar v. *mejorar*
milloria f. *mejoría*
miloca f. *milano hembra* // *espantapájaros* // *milocha, birlocha, cometa* // *espantajo, gaznápiro*

mitjan

mim m. *mimo*
mimetisme m. *mimetismo*
mímic, -a adj. *mímico*
mimosa f. *mimosa*
mina f. *mina*
minar v. *minar*
minaret m. *minarete*
miner, -a m. i f. *minero*
mineral adj. *mineral*
mineralitzar v. *mineralizar*
mineralogia f. *mineralogía*
mineria f. *minería*
minestra f. *menestra, potaje // comida, vianda*
mini m. *minio*
miniar v. *miniar*
miniatura f. *miniatura*
miniaturista m. i f. *miniaturista*
mínim, -a adj. *mínimo*
minimitzar v. *minimizar*
ministeri m. *ministerio*
ministerial adj. *ministerial*
ministre m. *ministro*
minorar v. *minorar*
minoria f. *minoría*
minoritari, -ària adj. *minoritario*
minoritat f. *minoridad*
minotaure m. *minotauro*
minso, -a adj. *endeble, desmedrado*
minúcia f. *minucia*
minuciós, -osa adj. *minucioso*
minuciositat f. *minuciosidad*
minuend m. *minuendo*
minuet m. *minueto, minué*
minúscul, -a adj. *minúsculo*
minut m. *minuto*
minuta f. *minuta*
minutera f. *minutero*
minva f. *merma, mengua*
minvant adj. *menguante // m. reflujo, bajamar // m. cuarto menguante*
minvar v. *menguar, disminuir*
minyó m. *chico, muchacho // pl. aleluyas*
minyona f. *muchacha, chica // criada, sirvienta*
miocardi m. *miocardio*
miocè m. *mioceno*
miol m. *maullido*
miolar v. *maullar*
miop adj. *miope*
miopia f. *miopía*
miosotis m. *nomeolvides*
mira f. *mira // reparo*
miracle m. *milagro*
miraculós, -osa adj. *milagroso*
mirada f. *mirada // vista*

mirador m. *mirador*
miraguà m. *miraguano*
mirall m. *espejo*
mirament m. *miramiento, atención*
miranda f. *miranda, mirador*
mirar v. *mirar*
mirat, -ada adj. *mirado, circunspecto*
miratge m. *espejismo*
miríade f. *miríada*
miriàmetre m. *miriámetro*
miriàpode m. *miriápodo*
mirinyac m. *miriñaque*
mirra f. *mirra*
misantrop m. *misántropo*
misantropia f. *misantropía*
miscel·lània f. *miscelánea*
míser, -a adj. *mísero*
miserable adj. *miserable*
misèria f. *miseria*
misericòrdia f. *misericordia*
misericordiós, -osa adj. *misericordioso*
misogin, -ògina adj. *misógino*
missa f. *misa // a misses dites a los postres, muy tarde*
missal m. *misal*
missatge m. *mensaje // recado // mensajero, recadero // gañán, mozo de labranza*
missatger, -a m. i f. *mensajero*
missèr, -era m. i f. *abogado // bachiller, sábelotodo*
missil m. *misil*
missió f. *misión*
missioner, -era m. i f. *misionero*
missiva f. *misiva*
misteri m. *misterio*
misteriós, -osa adj. *misterioso*
místic, -a adj. *místico*
misticisme m. *misticismo*
mistificar v. *mistificar*
misto m. *fósforo, cerilla*
mite m. *mito*
mitena f. *mitón*
mitger, -a adj. *mediano // m. medianero*
mític, -a adj. *mítico*
mitificar v. *mitificar*
mitigar v. *mitigar*
míting m. *mitín*
mitja f. *media*
mitjà, -ana adj. (igualment lluny dels dos extrems) *mediano, medio / edat mitjana edad media / ensenyança mitjana enseñanza media / terme — término medio / per — de por medio de, mediante / pl. recursos // m. pared medianera // m. silla*
mitjacanya f. *mediacaña, troquillo*
mitjan adj. i adv. *medio / a — camí a me*

dio camino, a mitad del camino // a —
gener *a mediados de enero*
mitjana f. *mediana // promedio // mesana*
mitjanada f. *tabique*
mitjançant prep. *mediante*
mitjançar v. *mediar*
mitjancer, -a adj. *mediano //* m. i f. *media-nero, intermediario*
mitjania f. *medianía // mediocridad*
mitjanit f. *medianoche*
mitjó m. *calcetín*
mitologia f. *mitología*
mitra f. *mitra*
mitrat, -ada adj. *mitrado*
miular v. *maullar*
mixt, -a adj. *mixto*
mixtilini, -ínia adj. *mixtilíneo*
mixtió f. *mixtión*
mixtura f. *mixtura*
mnemotècnia f. *mnemotecnia*
mòbil adj. i m. *móvil*
mobiliari m. *mobiliario*
mobilitat f. *movilidad*
mobilitzar v. *movilizar*
moblar v. *amueblar*
moblatge m. *mueblaje, mobiliario*
moble m. *mueble*
moblista m. i f. *mueblista*
moc m. *moco // pábilo*
moca f. *bandullo, mondongo*
1) **mocada** f. *bandullo, tripas*
2) **mocada** f. (del nas) *sonadura //* (del llum) *despabiladura*
mocador m. *pañuelo // mantón //* (del llum) *despabiladera*
mocar v. *sonar //* (un llum) *despabilar // chasquear, burlar*
mocassí m. *mocasín*
moció f. *moción*
mocós, -osa adj. *mocoso*
moda f. *moda*
modal adj. *modal*
modalitat f. *modalidad*
mode m. *modo*
model m. i f. *modelo*
modelar v. *modelar*
modèlic, -a adj. *modélico*
moderació f. *moderación*
moderar v. *moderar*
modern, -a adj. *moderno*
modernisme m. *modernismo*
modernitat f. *modernidad*
modernitzar v. *modernizar*
modest, -a adj. *modesto*
modèstia f. *modestia*
mòdic, -a adj. *módico*
modificació f. *modificación*

modificar v. *modificar*
modisme m. *modismo*
modista m. i f. *modista*
modo m. *modo*
modós, -osa adj. *modoso*
mòdul m. *módulo*
modular v. i adj. *modular*
mofa f. *mofa*.
mofar v. *mofar*
1) **mofeta** f. *mofeta*
2) **mofeta** adj. *burlón*
moix m. *gato // suspenso // curda // -a* adj. *borracho, chispo // cabizbajo, alicaído*
moixa f. *gata // borrachera, curda*
moixaina f. *caricia*
moixeria f. *gaterío*
moixerif m. *almojarife*
moixerifat m. *almojarifazgo*
moixiganga f. *mojiganga*
moixonia f. *caricia*
mola f. *muela // moleta // mole*
molar adj. i m. *molar*
moldre v. *moler*
molècula f. *molécula*
molecular adj. *molecular*
molest, -a adj. *molesto*
molestar v. *molestar*
molèstia f. *molestia*
molí m. *molino*
molinar m. *molinar*
moliner, -a m. i f. *molinero*
molinet m. *molinillo // molinete, cabrestante // berbiquí*
1) **moll** m. *tuétano, meollo*
2) **moll** m. (peix) *salmonete*
3) **moll** m. *muelle // andén*
4) **moll, -a** adj. *blando // muelle // flojo // mojado, húmedo //* m. *humedad*
1) **molla** f. *miga // pulpa, meollo*
2) **molla** f. (peça elàstica) *muelle*
mol.lície f. *molicie*
molls m. pl. *tenazas // tenacillas*
mol.lusc m. *molusco*
molsa f. *musgo // lodo, légamo // pulpa*
molt adj. (-a) i adv. *mucho // muy*
mòlt, -a adj. *molido*
moltó ' m. *carnero*
moment m. *momento*
momentani, -ània adj. *momentáneo*
mòmia f. *momia*
momificar v. *momificar*
mompeller m. *patio deslunado*
mon, ma adj. *mi*
món m. *mundo // quin — de mones!* qué *mundo éste! // prometre el — i la bolla* prometer el oro y el moro *// no esser res de l'altre —* no ser nada del otro jueves

morral

mona f. *mona*
monacal adj. *monacal*
monada f. *monada, monería*
monarca m. *monarca*
monarquia f. *monarquía*
monàrquic, -a adj. *monárquico*
monàstic, -a adj. *monástico*
moneda f. *moneda*
moneder, -a m. i f. *monedero*
monestir m. *monasterio*
monetari, -ària adj. *monetario*
mongeta f. *monjita* // *alubia, judía, habichuela*
mongetera f. *habichuela, alubia*
mongí, -ina adj. *monjil*
mongol m. *mongol*
mongòlic, -a adj. *mongólico*
moniato m. *boniato*
monitor, -a m. i f. *monitor*
monja f. *monja*
monjo m. *monje*
monocle m. *monóculo*
monocordi m. *monocordio*
monocotiledònia f. *monocotiledónea*
monocrom, -a adj. *monocromo*
monògam adj. *monógamo*
monogàmia f. *monogamia*
monografia f. *monografía*
monograma m. *monograma*
monòleg m. *monólogo*
monòlit m. *monolito*
monologar v. *monologar*
monomania f. *monomanía*
monòmetre m. *monómetro*
monomi m. *monomio*
monopètal, -a adj. *monopétalo*
monoplà m. *monoplano*
monopoli m. *monopolio*
monopolitzar v. *monopolizar*
monòpter, -a adj. *monóptero*
monorim, -a adj. *monorrimo*
monosèpal, -a adj. *monosépalo*
monosíl.lab, -a adj. *monosílabo*
monosperm, -a adj. *monospermo*
monoteisme m. *monoteísmo*
monòton, -a adj. *monótono*
monotonia f. *monotonía*
monovalent adj. *monovalente*
monsenyor m. *monseñor*
monsó m. *monzón*
monstre m. *monstruo*
monstruós, -osa adj. *monstruoso*
monstruositat f. *monstruosidad*
mont m. *monte*
monticle m. *montículo*
montuós, -osa adj. *montuoso*

monument m. *monumento*
monumental adj. *monumental*
monyeca f. *muñeca*
monyó m. *muñón*
moquejar v. *moquear*
moqueta f. *moqueta*
móra f. (fruit) *mora* // *zarzamora*
morabetí m. *maravedí*
moradenc, -a adj. *violáceo*
moraduix m. *mejorana, almoraduj*
moral adj. *moral* // *suave* // **moral moral** adv. *suavemente, pausadamente*
moralista m. i f. *moralista*
moralitat f. *moralidad* // *moraleja*
moralitzar v. *moralizar*
morat, -ada adj. *morado* // m. (cop blau) *cardenal*
moratori, -òria adj. *moratorio*
mòrbid, -a adj. *mórbido*
morbidesa f. *morbidez*
morbós, -osa adj. *morboso*
morbositat f. *morbosidad*
mordaç adj. *mordaz*
mordacitat f. *mordacidad*
mordala f. *pinza*
mordassa f. *mordaza* // pl. *tenazas*
mordent m. *mordiente* // (en música) *mordente*
morè, -ena adj. (V. **moreno**)
morenes f. pl. *almorranas*
moreno, -a adj. *moreno*
morenor f. *morenez*
morera f. *moral, morera*
moreria f. *morisma* // *morería*
moresc, -a adj. *morisco, moruno* // m. *maíz*
morfina f. *morfina* ·
morfinòman, -a m. i f. *morfinómano*
morfologia f. *morfología*
morfo-sintaxi f. *morfosintaxis*
morganàtic, -a adj. *morganático*
moribund, -a adj. *moribundo*
moridor, -a adj. *perecedero* // *moribundo*
morigerar v. *morigerar*
morir m. *morir*
morisc, -a adj. *morisco*
morma f. *revés, bofetón*
mormó, -ona m. i f. *mormón*
moro, -a m. i f. *moro* // m. (capfoguer) *morillo* // **afarta'm i digue'm** — *dame pan y dime tonto*
morós, -osa adj. *moroso*
morositat f. *morosidad*
morrada f. *morrada, hocicada* // *soplamocos, trompazo* // *topetazo*
morral m. *bozal* // *morral, cebadera* // *zurrón, alforja*

morralla f. boliche, morralla
morrió m. morral // morrión
morro m. morro, hocico, befo (de caballería), jeta (de cerdo) // labio
morrut, -uda adj. morrudo, belfudo // hosco, mohino
morsa f. morsa
1) **mort** f. muerte
2) **mort, -a** adj. muerto // difunto // m. cadáver
mortadel.la f. mortadela
mortal adj. mortal
mortaldat f. mortandad
mortalitat f. mortalidad
mortalla f. mortaja
morter m. mortero // argamasa
mortífer, -a adj. mortífero
mortificació f. mortificación
mortificar v. mortificar
mortuori, -òria adj. mortuorio
morú, -una adj. moruno
mos m. mordisco // bocado
mos adj. poss. mis
mosaic m. mosaico
mosca f. mosca // (disgust) mosca, enfado
moscard m. mosquito
moscardera f. mosquitero
moscatell m. i adj. moscatel
moscovita adj. moscovita
mosquejar v. mosquear
mosquer m. mosquerío // enjambre // mosquero // mosquitero
mosqueter m. mosquetero
mosquetó m. mosquetón
mosquit m. mosquito
mosquitera m. mosquitero
mossa f. moza, muchacha // aprendiza
mòssa f. muesca, mella // ranura
mossàrab m. i f. mozárabe
mossegada f. mordisco, mordedura
mossegar v. morder
mossèn m. monseñor // reverendo
mosset, -a m. i f. mozuelo // aprendiz
mosso m. mozo, criado // gañán, mozo de labranza // aprendiz
mossó, -ona m. i f. señoritingo
most m. mosto // pringue
mostassa f. mostaza
mostatxo m. bigote, mostacho
mostatxut, -uda adj. bigotudo
mostela f. (mamífer) comadreja // (sangtraït) roncha
mostós, -osa adj. mostoso // viscoso, pegajoso
mostra f. muestra
mostrador m. mostrador // escaparate
mostrar v. mostrar, enseñar
mostrari m. muestrario
mot m. palabra
motejar v. motejar // rfl. rumorearse
motí m. motín
motiu m. motivo // mote, apodo
motivar v. motivar
motlle m. molde
motllura f. moldura
motllurar v. moldear
moto f. moto
motocicleta m. motocicleta
motociclista f. motociclista
motonau f. motonave
motor, -a adj. motor
motoritzar v. motorizar
motriu adj. motriz
motxilla f. mochila
moure v. mover // **fort i no et moguis** erre que erre
movedís, -issa adj. movedizo
movible adj. movible
moviment m. movimiento
moviola f. moviola
mucílag m. mucílago
mucós, -osa adj. mucoso
mucositat f. mucosidad
mucus m. mucus
muda f. muda
mudable adj. mudable
mudada f. mudanza // muda // traje
mudança f. cambio, mudanza
mudar v. mudar, cambiar // ataviar, vestir de fiesta
mudat, -ada adj. bien vestido, ataviado
mudèjar adj. mudéjar
mudesa f. mudez
mugir v. mugir
mugit m. mugido
mugró m. pezón
muguet m. muguete
muiar v. (V. **mullar**)
mul m. mulo // grosero, rudo
mula f. mula
mular adj. mular
mulato, -a adj. mulato
muler m. mulero, muletero
muleta f. muleta
mullada f. mojadura
mullar v. mojar
mullena f. mojadura, humedad
muller f. mujer, esposa
mullerar v. casar
multa f. multa
multar v. multar
multicolor adj. multicolor

mutualitat

multimilionari, -ària m. i f. *multimillonario*
múltiple adj. *múltiple // múltiplo*
multiplicació f. *multiplicación*
multiplicador, -a adj. i m. *multiplicador*
multiplicand m. *multiplicando*
multiplicar v. *multiplicar*
multiplicitat f. *multiplicidad*
multitud f. *multitud*
multitudinari, -ària adj. *multitudinario*
mundà, -ana adj. *mundano*
mundanal adj. *mundanal*
mundanitat f. *mundanidad*
mundial adj. *mundial*
munició f. *munición*
municipal adj. *municipal*
municipalitat f. *municipalidad*
municipi m. *municipio*
munificència f. *munificencia*
munió f. *multitud*
muniquès, -esa m. i f. *muniqués*
munt m. *montón*
muntacàrregues m. *montacargas*
muntada f. *subida*
muntador, -a m. i f. *montador*
muntant m. *montante, larguero*
muntanya f. *montaña*
muntanyenc, -a adj. *montañés*
muntanyès -esa adj. *montañés*
muntanyós, -osa adj. *montañoso*
muntar v. *subir // montar*
muntatge m. *montaje*
munter, -a adj. *montero, montés*
munteria f. *montería*
muntès, -esa adj. *montés*
muntura f. *montura*
munyidora f. *ordeñadero, herrada*
munyir v. *ordeñar // chupar // apoquinar*
mur m. *muro*
murada f. *muralla*
mural adj. *mural*
muralla f. *muralla*
murallar v. *amurallar*
murcià, -ana m. i f. *murciano*

murmuració f. *murmuración*
murmurador, -a m. i f. *murmurador*
murmurar v. *murmurar*
murmuri m. *murmullo*
murri, múrria adj. *pícaro, pillo // huraño*
murrieria f. *picardía*
murta f. *mirto, arrayán*
murtra f. (V. **murta**)
musa f. *musa // mérito, gracia*
musaranya f. *musaraña*
muscle m. *hombro / **posar-hi el** — arrimar el hombro*
musclera f. *hombrera*
musclo m. *mejillón*
múscul m. *músculo*
musculatura f. *musculatura*
musculós, -osa adj. *musculoso*
musell m. *hocico*
museu m. *museo*
músic, -a adj. i m. i f. *músico*
música f. *música // banda, orquesta // lío, enredo*
musical adj. *musical*
musicar v. *musicar*
musicòleg, -oga m. i f. *musicólogo*
mussitar v. *musitar*
mussol m. *mochuelo // buho*
mussola f. (peix) *cazón, mustelo*
mussolina f. *muselina*
mustiar v. *mustiar, marchitar*
místic, -iga adj. *mustio, marchito*
mustii, -ia adj. *mustio, marchito // alicaído*
musulmà, -ana adj. *musulmán*
mut, muda adj. *mudo*
mutabilitat f. *mutabilidad*
mutació f. *mutación*
mutilació f. *mutilación*
mutilar v. *mutilar*
mutis m. *mutis*
mutisme m. *mutismo*
mutu, mútua adj. *mutuo*
mutual adj. *mutuo*
mutualitat f. *mutualidad*

N

nació f. *nación*
nacional adj. *nacional*
nacionalisme m. *nacionalismo*
nacionalitat f. *nacionalidad*
nacionalitzar v. *nacionalizar*
nacionalsocialisme m. *nacionalsocialismo*
nacrat, -ada adj. *nacarado*
nacre m. *nácar*
nadal m. *navidad*
nadala f. *villancico*
nadalenc, -a adj. *navideño*
nadiu, -iva adj. *nativo*
nadó m. *recién nacido*
nafra f. *llaga, herida*
nafrar v. *llagar, herir*
nafta f. *nafta*
nàiade f. *náyade*
naip m. *naipe*
naixement m. *nacimiento*
naixença f. *nacimiento*
naixent adj. *naciente*
nàixer v. *nacer*
nan, -a m. i f. *enano*
1) nansa f. *nasa*
2) nansa f. *asa*
nap m. *nabo*
napalm m. *napalm*
napoleònic, -a adj. *napoleónico*
narcís m. *narciso*
narcissista adj. *narcisista*
narcòtic adj. i m. *narcótico*
narcotitzar v. *narcotizar*
nard m. *nardo*
narguil m. *narguile*
nariu m. *ventana de la nariz*
naronja f. *toronja*
narració f. *narración*
narrar v. *narrar*
nas m. *nariz* / cap del — *punta de la nariz* / arrufar el —, fer nassos *torcer el hocico, poner mala cara* / treure el — *asomarse* / ficar el — *meter las narices* / quedar amb un pam de — *quedarse con un palmo de narices*
nasal adj. *nasal*

nasalitzar v. *nasalizar*
nassut, -uda adj. *narigudo*
nat, nada adj. *nacido*
1) nata f. *nata*
2) nata f. *bofetón, sopapo*
natació f. *natación*
natal adj. *natal*
natalici m. *natalicio*
natalitat f. *natalidad*
natatori, -òria adj. *natatorio*
natgera f. *trasero, posaderas*
natiu, -iva adj. *nativo*
nativitat f. *natividad*
natja f. *nalga*
natjada f. *nalgada*
natura f. *natura, naturaleza*
natural adj. *natural*
naturalesa f. *naturaleza*
naturalista m. i f. *naturalista*
naturalitat f. *naturalidad*
naturalitzar v. *naturalizar*
naturista m. i f. *naturista*
natzarè, -ena m. i f. *nazareno*
nau f. *nave*
nàufrag m. i f. *náufrago*
naufragar v. *naufragar*
naufragi m. *naufragio*
nàusea f. *náusea*
nauseabund, -a adj. *nauseabundo*
nauta m. *nauta*
nàutic, -a adj. *náutico*
naval adj. *naval*
navalla f. *navaja*
navarrès, -esa m. i f. *navarro*
navegable adj. *navegable*
navegació f. *navegación*
navegar v. *navegar*
naveta f. *navecilla* // *naveta*
navili m. *navío*
navilier, -a m. i f. *naviero*
nazi adj. *nazi*
nazisme m. *nazismo*
nebot, -oda m. i f. *sobrino*
nebulós, -osa adj. *nebuloso*
nebulosa f. *nebulosa*

necessari, -ària adj. *necesario*
necesser m. *neceser*
necessitar v. *necesitar*
1) **necessitat** f. *necesidad*
2) **necessitat, -ada** adj. *necesitado*
neci, nècia adj. *necio*
neciesa f. *necedad*
necròfag, -a adj. *necrófago*
necrologia f. *necrologia*
necròpolis f. *necrópolis*
necrosi f. *necrosis*
nèctar m. *néctar*
nedador, -a adj. *nadador*
nedar v. *nadar*
neerlandès, -esa m. i f. *neerlandés*
nefand, -a adj. *nefando*
nefast, -a adj. *nefasto*
nefrític, -a adj. *nefrítico*
nefritis f. *nefritis*
negació f. *negación*
1) **negar** v. *negar*
2) **negar** v. *anegar* // *hundir* // *inundar* //
     rfl. *ahogarse*
negat, -ada adj. *anegado, ahogado* // *perdido* // *falto de entendimiento*
negatiu, -iva adj. i m. *negativo*
negligència f. *negligencia*
negligent adj. *negligente*
negligentment adv. *negligentemente*
negligir v. *descuidar, dejar a un lado*
negoci m. *negocio*
negociant m. i f. *negociante*
negociar v. *negociar*
negociat m. *negociado*
negre, -a adj. *negro*
negrejar v. *negrear*
negrer m. *negrero* // *muchedumbre, hervidero*
negroide m. i f. *negroide*
negror f. *negrura*
negrós, -osa adj. *negruzco*
neguit m. *desazón*
neguitejar v. *desazonar*
neguitós, -osa adj. *desazonado, impaciente*
negus m. *negus*
néixer v. *nacer*
nen, nena m. i f. *niño*
nenúfar m. *nenúfar*
neó m. *neón*
neoclàssic, -a adj. *neoclásico*
neoclassicisme m. *neoclasicismo*
neòfit, -a m. i f. *neófito*
neolític, -a adj. *neolítico*
neologisme m. *neologismo*
nepotisme m. *nepotismo*
nero m. *mero*

nervat, -ada adj. *nervado*
nervi m. *nervio*
nerviós, -osa adj. *nervioso*
nerviosisme m. *nerviosismo*
nerviositat f. *nerviosidad*
nerviüt, -uda adj. *nervudo* // *correoso*
nespla f. *níspola* // *soplamocos, sopapo*
nespler m. (arbre) *níspero*
net, neta m. i f. *limpio* / **fer —** *limpiar*
nét, néta m. i f. *nieto*
netedat f. *limpieza*
neteja f. *limpia, limpieza*
netejar v. *limpiar*
neu f. *nieve* // **l'any de la —** *el año de la
     nanita*
neula f. *niebla* // *oblea, hostia* // *barquillo*
     // adj. *tonto, lila*
neuràlgia f. *neuralgia*
neuràlgic, -a adj. *neurálgico*
neurastènia f. *neurastenia*
neurastènic, -a adj. *neurasténico*
neuritis f. *neuritis*
neurologia f. *neurología*
neurona f. *neurona*
neurosi f. *neurosis*
neuròtic, -a adj. *neurótico*
neutral adj. *neutral*
neutralitat f. *neutralidad*
neutralitzar v. *neutralizar*
neutre, -a adj. *neutro*
neutró m. *neutrón*
nevada f. *nevada*
nevar v. *nevar*
nevera f. *ventisquero* // *nevera*
nevós, -osa adj. *nevoso*
nexe m. *nexo*
ni conj. *ni*
niar v. *anidar*
nicaragüenc, -a m. i f. *nicaragüense*
niciesa f. *necedad*
nicotina f. *nicotina*
nidificar v. *nidificar*
nierada f. *nidada*
nieró m. *ponedero* // *nido*
nigromància f. *nigromancia*
nigul m. *nube*
nihilisme m. *nihilismo*
niló m. *nilón*
nimbar v. *nimbar*
nimbe m. *nimbo*
nimfa f. *ninfa*
nimfomania f. *ninfomanía*
nimi, nímia adj. *nimio*
nimietat f. *nimiedad*
nin m. *niño*
nina f. *niña* // (de l'ull) *pupila* // *muñeca*

nineta f. *ñiña, nena* // (de l'ull) *pupila, niña*

ningú pron. (en frases negatives) *nadie* // (en frases dubitatives o interrogatives) *alguien*

ningun, -a adj. (en frases negatives) *ningún, ninguno* // (en frases dubitatives o interrogatives) *algún, alguno*

ninot m. *muñeco, pelele* // *dibujo, mono* // *caricatura*

nínxol m. *nicho*

nipó, -ona m. i f. *nipón*

níquel m. *níquel*

niquelar v. *niquelar*

nirvi m. *nervio*

nirviós, -osa adj. *nervioso*

nisprer m. (arbre) *níspero*

nispro m. (fruit) *níspero*

nissaga f. *raza, estirpe, casta*

nit f. *noche* / **a la —** *por la noche* / **bona nit!** *buenas noches*

nítid, -a adj. *nítido*

nitidesa f. *nitidez*

nitrat m. *nitrato*

nitre m. *nitro*

nitrogen m. *nitrógeno*

nitroglicerina f. *nitroglicerina*

nitrur m. *nitruro*

niu m. *nido*

niuada f. *nidada*

nivell m. *nivel*

nivellar v. *nivelar*

nivi, nívia adj. *níveo*

no adv. *no*

nobiliari, -ària adj. *nobiliario*

noble adj. *noble*

noblesa f. *nobleza*

noces f. i pl. *bodas*

noció f. *noción*

nociu, -iva adj. *nocivo*

noctàmbul, -a m. i f. *noctámbulo*

nocturn, -a adj. *nocturno*

notriment m. *nutrición, alimentación* // *cría, crianza*

nodrir v. *nutrir, alimentar* // *criar*

nodrissa f. *nodriza*

nodrissó m. *crío* // *lechón*

nòdul m. *nódulo*

nogensmenys adv. *no obstante, sin embargo*

noguer m. *nogal*

noguera f. *nogal*

noi, noia m. i f. *muchacho, chico, mozo*

nom m. *nombre* / **haver — llamarse** / **— de fonts** *nombre de pila* // **fer molt de —** *tener nombradía, ser famoso* // **sortir amb bon —** *tener éxito* // **no tenir —** *ser incalificable*

nòmada m. i f. *nómada*

nombre m. *número*

nombrós, -osa adj. *numeroso*

nomenament m. *nombramiento*

nomenar v. *nombrar*

nomenclàtor m. *nomenclátor*

nomenclatura f. *nomenclatura*

nòmer v. *llamarse*

només adv. *sólo, solamente*

nòmina f. *nómina*

nominal adj. *nominal*

nominatiu, -iva adj. *nominativo*

nona f. *nona*

nonagenari, -ària m. i f. *nonagenario*

nonat, -ada adj. *nonato*

noningú, -una m. i f. *botarate, granuja*

non-non f. *nana*

nora f. *nuera*

noranta adj. *noventa*

norantè, -ena adj. *nonagésimo*

nord m. *norte*

nord-americà, -ana adj. *norteamericano*

nord-est m. *nordeste*

nòrdic, -a adj. *nórdico*

nord-oest m. *noroeste*

no-res m. *nada* (f.)

norma f. *norma*

normal adj. *normal*

normalitat f. *normalidad*

normalitzar v. *normalizar*

normand, -a adj. *normando*

normatiu, -iva adj. *normativo*

noruec, -ega m. i f. *noruego*

nos pron. *nos*

nosa f. *estorbo* // **fer —** *estorbar*

nosaltres pron. *nosotros*

nostàlgia f. *nostalgia*

nostàlgic, -a adj. *nostálgico*

nostre, -a pron. *nuestro*

nota f. *nota*

notabilitat f. *notabilidad*

notable adj. *notable*

notació f. *notación*

notar v. *notar*

notari, -ària m. i f. *notario*

notaria f. *notaría*

notarial adj. *notarial* .

notícia f. *noticia*

noticiari m. *noticiario*

notificació f. *notificación*

notificar v. *notificar*

notori, -òria adj. *notorio*

notorietat f. *notoriedad*

1) **nou** f. (fruit) *nuez* // (del coll) *nuez, bocado de Adán* / **estar fins a la — del coll** *estar con el agua al cuello*

2) **nou** adj. num. *nueve* / **de cada deu —** *la mayor parte, casi todos*

3) **nou, nova** adj. *nuevo //* **de —** *reciente, recién //* **venir de —** *sorprender, extrañar //* **de — o de bell —** *nuevamente, de nuevo*

noucentisme m. *novecentismo*

nou-cents, -entes adj. *novecientos*

nounat, -ada adj. *recién nacido*

nouvingut, -uda adj. *recién llegado*

nova f. *nueva //* **demanar de noves** *pedir noticias* / *saludar, entablar conversación* / *provocar a hablar, a reñir; importunar*

novayorquí, -ina m. i f. *neoyorquino*

novè, -ena adj. *noveno, nono*

novell, -a adj. *nuevo, noval //* *novato*

novel.la f. *novela*

novel.lesc, -a adj. *novelesco*

novel.lista m. i f. *novelista*

novembre m. *noviembre*

novena f. *novena*

novençà, -ana m. i f. *novel, principiante //* *primerizo, tempranero //* *recién casado*

novetat f. *novedad*

novia f. *novia*

novici, -ícia m. i f. *novicio*

noviciat m. *noviciado*

novii m. *novio*

novillada f. *novillada*

noviller m. *novillero*

noviluni m. *novilunio*

'ns pron. *nos*

nu, nua adj. *desnudo*

nuar v. *anudar*

núbil adj. *núbil*

nuca f. *nuca*

nuclear adj. *nuclear*

nucli m. *núcleo*

nuesa f. *desnudez*

nul, nul.la adj. *nulo*

nul.litat f. *nulidad*

numen m. *numen*

numeració f. *numeración*

numerador m. *numerador*

numerar v. *numerar*

numerari, -ària adj. *numerario*

numèric, -a adj. *numérico*

número m. *número*

numismàtic, -a adj. *numismático*

nunci m. *nuncio*

nunciatura f. *nunciatura*

nuós, -osa adj. *nudoso*

nupcial adj. *nupcial*

núpcies f. pl. *nupcias*

nus m. *nudo //* *nudillo //* **fer-se'n un — a la cua** *no hacer ningún caso, no importar un bledo*

nutrici, -ícia adj. *nutricio*

nutrició f. *nutrición*

nutritiu, -iva adj. *nutritivo*

nuvi m. *novio*

núvia f. *novia*

nuviances f. pl. *bodas //* *luna de miel*

núvol m. *nube*

nuvolada f. *nublado, nubarrada*

nuvolat, -ada adj. *nublado //* m. *nube, nubarrón*

nyap m. *birria*

nyeu-nyeu m. i f. *gatamaula*

nyic, -ga adj. *raquítico //* *malhumorado //* *mezquino, avaro*

nyic-i-nyac m. o adv. *zipizape*

nyic-nyic m. o adv. *dale que dale*

nyicris m. i f. *enclenque, raquítico*

nyu m. *ñu*

O

1) **o** conj. *o*
2) **o** f. (lletra) *o*
oasi m. *oasis*
obac, -aga adj. *umbrío*
obcecació f. *obcecación*
obcecar v. *obcecar*
obediència f. *obediencia*
obedientment adv. *obedientemente*
obeir v. *obedecer*
obelisc m. *obelisco*
obert, -a adj. *abierto*
obertura f. *apertura // abertura // obertura*
obès, -esa adj. *obeso*
obesitat f. *obesidad*
òbit m. *óbito*
objecció f. *objeción*
objectar v. *objetar*
objecte m. *objeto*
objectiu, -iva adj. *objetivo*
objectivitat f. *objetividad*
oblació f. *oblación*
oblada f. *oblada*
oblic, obliqua adj. *oblicuo*
oblidadís, -issa adj. *olvidadizo*
oblidar v. *olvidar*
obligació f. *obligación*
obligar v. *obligar*
obligatori, -òria adj. *obligatorio*
obliqüitat f. *oblicuidad*
oblit m. *olvido*
oblong, -a adj. *oblongo*
obnubilació f. *obnubilación*
oboè m. *oboe*
obra f. *obra*
obrador m. *taller*
obrar v. *obrar*
obrellaunes m. *abrelatas*
obrer, -a m. i f. *obrero // albañil*
obrerisme m. *obrerismo*
1) **obridor** m. *abridor*
2) **obridor, -a** adj. *abridero*
obrir v. *abrir*
obscè, -ena adj. *obsceno*
obscenitat f. *obscenidad*
obscur, -a adj. *obscuro*

obscurantisme m. *obscurantismo*
obscurir v. *obscurecer*
obscuritat f. *obscuridad*
obsequi m. *obsequio*
obsequiar v. *obsequiar*
obsequiós, -osa adj. *obsequioso*
observació f. *observación*
observança f. *observancia*
observar v. *observar*
observatori m. *observatorio*
obsés, -essa adj. *obseso*
obsessió f. *obsesión*
obsessionar v. *obsesionar*
obsessiu, -iva adj. *obsesivo*
obsolet, -a adj. *obsoleto, fuera de uso*
obstacle m. *obstáculo*
obstaculitzar v. *obstaculizar*
obstar v. *obstar*
obstinació f. *obstinación*
obstinar-se v. *obstinarse*
obstrucció f. *obstrucción*
obstruir v. *obstruir*
obtenció f. *obtención*
obtenir v. *obtener*
obturació f. *obturación*
obturar v. *obturar*
obtús, -usa adj. *obtuso*
obús m. *obús*
obvi, òbia adj. *obvio*
obviar v. *obviar*
oca f. *oca, ganso*
ocàs m. *ocaso*
ocasió f. *ocasión*
ocasional adj. *ocasional*
ocasionar v. *ocasionar*
occident m. *occidente*
occidental adj. *occidental*
occípit m. *occipucio, nuca*
occipital adj. i m. *occipital*
occir v. *matar*
occità, -ana adj. *occitano*
oceà m. *océano*
oceànic, -a adj. *océanico*
oceanografia f. *oceanografía*
ocell m. *pájaro, ave*

ocellada f. *pajarería*
oceller, -a m. i f. *pajarero*
ocelot m. *ocelote*
oci m. *ocio*
ociós, -osa adj. *ocioso*
ociositat f. *ociosidad*
oclusió f. *oclusión*
ocórrer v. *ocurrir*
ocre m. *ocre*
octàedre m. *octaedro*
octàgon m. *octágono, octógono*
octagonal adj. *octagonal*
octau, -ava adj. *octavo*
octava f. *octava*
octavilla f. *octavilla*
octogenari, -ària adj. *octogenario*
octògon m. *octógono*
octosíl·lab, -a adj. *octosílabo*
octubre m. *octubre*
ocular adj. *ocular*
oculista m. i f. *oculista*
ocult, -a adj. *oculto*
ocultació f. *ocultación*
ocultar v. *ocultar*
ocultisme m. *ocultismo*
ocupació f. *ocupación*
ocupar v. *ocupar*
ocurrència f. *ocurrencia*
ocurrent adj. *ocurrente*
oda f. *oda*
odalisca f. *odalisca*
odi m. *odio*
odiar v. *odiar*
odiós, -osa adj. *odioso*
odissea f. *odisea*
odontòleg, -oga m. i f. *odontólogo*
odontologia f. *odontología*
odorífer, -a adj. *odorífero*
odre m. *odre, pellejo*
oest m. *oeste*
ofec m. *ahogo*
ofegar v. *ahogar // rehogar*
ofegat m. *estofado*
ofegor f. *ahogo*
ofendre v. *ofender*
ofensa f. *ofensa*
ofensiu, -iva adj. *ofensivo*
ofensor, -a m. i f. *ofensor*
oferir v. *ofrecer*
oferta f. *oferta // ofrenda*
ofertori m. *ofertorio*
ofès, -esa adj. *ofendido // decaído*
ofici m. *oficio*
oficial adj. *oficial*
oficialitat m. *oficialidad*
oficiant m. *oficiante*

oficiar v. *oficiar*
oficina f. *oficina*
oficinista m. i f. *oficinista*
oficiós, -osa adj. *oficioso*
oficiositat f. *oficiosidad*
ofidi m. *ofidio*
ofrena f. *ofrenda*
ofrenar v. *ofrendar, ofrecer*
oftalmòleg, -oga m. i f. *oftalmólogo*
oftalmologia f. *oftalmología*
ofuscació f. *ofuscación*
ofuscar v. *ofuscar*
ogiva f. *ojiva*
ogival adj. *ojival*
ogre m. *ogro*
ogressa f. *ogra*
oh! interj. *¡oh!*
oi m. *náuseas, asco*
oi! interj. *¡ay!, ¡uy!*
oi? *¿verdad?, ¿eh?, ¿no es cierto?*
oiat, -ada adj. *asqueado, mareado*
oïble adj. *oíble*
oïda f. *oído*
oïdor, -a adj. *oidor*
oient m. i f. *oyente*
oiós, -osa adj. *asqueroso*
oir v. *oir*
oleaginós, -osa adj. *oleaginoso*
oleoducte m. *oleoducto*
olfacte m. *olfato*
oli m. *aceite // óleo*
oliar v. *aceitar*
òliba f. *lechuza*
olienc, -a adj. *aceitoso*
olier, -a adj. *aceitero // m. almazarero*
oligarquia f. *oligarquía*
oligocè m. *oligoceno*
olimpíada m. *olimpíada*
olímpic, -a adj. *olímpico*
oliós, -osa adj. *oleoso, aceitoso*
oliva f. *aceituna, oliva*
olivaci, -àcia adj. *oliváceo*
olivar m. *olivar*
olivera f. *olivo*
oliverar m. *olivar*
olla f. *olla, puchero // (bullit) cocido, olla, puchero // ensenada*
olor f. *olor*
olorar v. *oler*
olorós, -osa adj. *oloroso*
om m. *olmo*
ombra f. *sombra*
ombrejar v. *sombrear*
ombrel·la f. *sombrilla*
ombriu, -iva adj. *sombrío, umbrío // umbría, sombra*

ombrívol, -a adj. *sombrío, umbrío*
omeda f. *olmedo*
omega f. *omega*
ometre v. *omitir*
ominós, -osa adj. *ominoso*
omís, -issa adj. *omiso*
omissió f. *omisión*
òmnibus m. *ómnibus*
omnímode, -a adj. *omnímodo*
omnipotència f. *omnipotència*
omnipotent adj. *omnipotente*
omnisciència f. *omnisciencia*
omnívor, -a adj. *omnívoro*
omòplat m. *omoplato*
omplir v. *llenar*
on adv. i conj. *donde*
ona f. *ola // onda*
onada f. *ola, oleada*
onagre m. *onagro*
onanisme m. *onanismo*
oncle m. *tío*
onda f. *onda*
ondejar v. *ondear*
ondina f. *ondina*
ondulació f. *ondulación*
ondular v. *ondular*
oneig m. *ondeo*
onejar· v. *ondear*
onerós, -osa adj. *oneroso*
oníric, -a adj. *onírico*
ònix m. *ónix, ónice*
onomàstic, -a adj. *onomástico*
onomatopeia f. *onomatopeya*
onsa f. *osa*
onsevulla adv. *dondequiera*
onso m. *oso*
onze adj. *once*
onzè, -ena adj. *onceno*
oosfera f. *oosfera*
opac, -a adj. *opaco*
opacitat f. *opacidad*
òpal m. *ópalo*
opalí, -ina adj. *opalino*
opció f. *opción*
òpera f. *ópera*
operació f. *operación*
operador, -a m. i f. *operador*
operar v. *operar*
operari, -ària m. i f. *operario*
opercle m. *opérculo*
opereta f. *opereta*
opi m. *opio*
opinable adj. *opinable*
opinar v. *opinar*
opinió f. *opinión*
opípar, -a adj. *opíparo*

oponent m. i f. *oponente*
oportú, -una adj. *oportuno*
oportunisme m. *oportunismo*
oportunista m. i f. *oportunista*
oportunitat f. *oportunidad*
oposar v. *oponer*
oposició f. *oposición*
opositar v. *opositar*
opositor, -a m. i f. *opositor*
opressió f. *opresión*
opressiu, -iva adj. *opresivo*
opressor, -a m. i f. *opresor*
oprimir v. *oprimir*
oprobi m. *oprobio*
optar v. *optar*
òptic, -a adj. *óptico*
òptim, -a adj. *óptimo*
optimisme m. *optimismo*
optimista m. i f. *optimista*
opugnar v. *opugnar*
opulència f. *opulencia*
opulent, -a adj. *opulento*
opuscle m. *opúsculo*
or m. *oro*
oració f. *oración*
oracle m. *oráculo*
orada f. (peix) *dorada*
orador, -a m. i f. *orador*
oradura f. *locura, insensatez*
oral adj. *oral*
orangutan m. *orangután*
orar v. *orar*
orat, -ada adj. *loco, orate // salvaje, indómito // esquivo, arisco*
oratge m. *brisa, aire // tiempo* (atmosférico)
oratori m. *oratorio*
oratòria f. *oratoria*
orb, orba adj. *ciego // añublado // enorme*
orbe m. *orbe*
orbicular adj. *orbicular*
òrbita f. *órbita*
orca f. *orca*
orde m. i f. *orden*
ordenació f. *ordenación*
ordenada f. *ordenada*
ordenador, -a adj. i m. *ordenador*
ordenança f. *ordenanza*
ordenar v. *ordenar*
ordi m. *cebada*
ordidura f. *urdidura // urdimbre*
ordinal adj. *ordinal*
ordinari, -ària adj. *ordinario*
ordinariesa f. *ordinariez*
ordir v. *urdir*
ordit m. *urdido, urdimbre*
ordre m. i f. (V. **orde**)

oreig m. *brisa, oreo*
orejar v. *airear, orear*
orella f. *oreja* // *oído* / **tenir bona** — *tener buen oído* // **anar** — **dreta** *estar atento* // **calent d'**— *achispado*
orellut, -uda adj. *orejudo*
oreneta f. *golondrina*
orenga f. *orégano*
orfandat f. *orfandad*
orfe, òrfena m. i f. *huérfano*
orfebre m. *orfebre*
orfebreria f. *orfebrería*
orfenat m. *orfanato*
orfenesa f. *orfandad*
orfeó m. *orfeón*
orfeonista m. i f. *orfeonista*
òrgan m. *órgano* (fisiológico, mecánico o sociológico)
organdí m. *organdí*
orgànic, -a adj *orgánico*
organisme m. *organismo*
organista m. i f. *organista*
organització f. *organización*
organitzar v. *organizar*
orgasme m. *orgasmo*
orgia f. *orgía*
orgue m. (instrument musical) *órgano* // pl. *acordeón* // pl. *monsergas, cuentos* / **no estar per orgues** *no estar para bromas* / **deixar-se d'orgues** *dejarse de cuentos*
orguener m. *organero*
orguenet m. *organillo*
orgull m. *orgullo*
orgullós, -osa adj. *orgulloso*
orí m. *orina*
orient m. *oriente*
orientació f. *orientación*
oriental adj. *oriental*
orientar v. *orientar*
orifici m. *orificio*
oriflama f. *oriflama*
origen m. *origen*
original adj. *original*
originalitat f. *originalidad*
originar v. *originar*
originari, -ària adj. *originario*
orina f. *orina*
orinal m. *orinal*
orinar v. *orinar*
orins m. pl. *orina*
oripell m. *oropel*
oriünd, -a adj. *oriundo*
orla f. *orla*
ormeig m. *aparejo* // *trebejos* // *pertrechos* // *montura*
ornament m. *ornamento*

ornamentació f. *ornamentación*
ornamentar v. *ornamentar*
ornar v. *ornar*
ornitòleg, -oga m. i f. *ornitólogo*
ornitologia f. *ornitología*
oro m. *oro* (del juego de naipes)
orogènia f. *orogenia*
orografia f. *orografía*
oronella f. *golondrina*
oroneta f. *golondrina*
orquestra f. *orquesta*
orquestrar v. *orquestar*
orquestrina f. *orquestina*
orquídia f. *orquídea*
orsa f. *orza, orzada*
orsar v. *orzar*
ortiga f. *ortiga*
ortodox, -a adj. *ortodoxo*
ortodòxia f. *ortodoxia*
ortografia f. *ortografía*
ortogràfic, -a adj. *ortográfico*
ortopèdia f. *ortopedia*
ortopèdic, -a adj. *ortopédico*
ortòpter m. *ortóptero*
orxata f. *horchata*
orxateria f. *horchatería*
os m. *hueso*
ós m. *oso*
osca f. *muesca, mella*
oscar v. *mellar*
oscil·lació f. *oscilación*
oscil·lar v. *oscilar*
òscul m. *ósculo*
osmòmetre m. *osmómetro*
osmosi f. *osmosis*
óssa f. *osa*
ossada f. *osamenta, esqueleto*
ossera f. *osario*
ossi, òssia adj. *óseo*
ossificar v. *osificar*
ossut, -uda adj. *huesudo*
ostatge m. *rehén*
ostensible adj. *ostensible*
ostentació f. *ostentación*
ostentar v. *ostentar*
ostentós, -osa adj. *ostentoso*
ostra f. *ostra*
ostracisme m. *ostracismo*
otitis f. *otitis*
otologia f. *otología*
otomà, -ana m. i f. *otomano*
otomana f. *otomana*
ou m. *huevo*
ou! interj. *alto!*
ouera f. *huevera*
ovació f. *ovación*

ovacionar v. *ovacionar*
oval adj. *oval*
òval m. *óvalo*
ovalat, -ada adj. *ovalado*
ovari m. *ovario*
ovella f. *oveja*
oví, -ina adj. *ovino*
oviducte m. *oviducto*
ovípar, -a adj. *ovíparo*

ovoide adj. *ovoide*
òvul m. *óvulo*
ovulació f. *ovulación*
òxid m. *óxido*
oxidació f. *oxidación*
oxidar v. *oxidar*
oxigen m. *oxígeno*
oxigenar v. *oxigenar*
ozon m. *ozono*

P

pa m. *pan* // del seu — farà sopes *con su pan se lo coma* // **acabar primer el — que la talent** *comerse los codos de hambre*
pàbul m. *pábulo*
paciència f. *paciencia*
pacient adj. *paciente*
pacientment adv. *pacientemente*
pacífic, -a adj. *pacífico*
pacificació f. *pacificación*
pacificar v. *pacificar*
pacifista m. i f. *pacifista*
pacotilla f. *pacotilla*
pactar v. *pactar*
pacte m. *pacto*
padrastre m. *padrastro*
padrí, -ina m. i f. *padrino* // *abuelo*
padrinatge m. *padrinazgo*
padró m. *padrón*
paella f. *sartén* // *paella*
paga f. *paga*
pagà, -ana adj. *pagano*
1) **pagador, -a** m. i f. *pagador*
2) **pagador, -a** adj. *pagadero*
pagadoria f. *pagaduría*
pagament m. *pago*
paganisme m. *paganismo*
paganitzar v. *paganizar*
pagar v. *pagar*
pagaré m. *pagaré*
pagell m. *pagel*
pagès, -esa adj. *payés, campesino, labrador* // *rústico* // *lugareño*
pagesia f. *payesía* // *campiña, campo*
pàgina f. *página*
pagoda f. *pagoda*
pagre m. *pagro*
paidor m. *estómago*
pair v. *cocer, digerir* // *sufrir, tolerar*
pairal adj. *paterno, solariego*
país m. *país*
paisà, -ana m. i f. *paisano*
paisatge m. *paisaje*
paisatgista m. i f. *paisajista*
paixà m. *pachá*
pal m. *palo, bastón* // *palo, mástil*
pala f. *pala*

palada f. *palazo* // *palada, paletada*
paladar m. *paladar* // *cubierta, techo, bóveda*
paladejar v. *paladear, saborear*
paladí m. *paladín*
palafrè m. *palafrén*
palaia f. *lenguado*
palanca f. *palanca* // *pasarela*
palangana f. *palangana* // *bandeja*
palangre m. *palangre, espinel*
palatal adj. *palatal*
palatalitzar v. *palatalizar*
palatí, -ina adj. *palatino*
palau m. *palacio*
paleografia f. *paleografía*
paleolític, -a adj. *paleolítico*
paleontologia f. *paleontología*
palès, -esa adj. *manifiesto, declarado, público*
palestí, -ina m. i f. *palestino*
palestra f. *palestra*
paleta f. (pala petita) *paleta, paletilla* // (de gorra) *visera* // m. *albañil*
paletada f. *paletazo* // *paletada*
palla f. *paja*
pallassada f. *payasada*
pallasso m. *payaso*
paller m. *almiar* // *pajar*
pal·li m. *palio*
pal·liar v. *paliar*
pal·liatiu, -iva adj. *paliativo*
pàl·lid, -a adj. *pálido*
pal·lidesa f. *palidez*
1) **pallissa** f. *pajar* // *establo, cuadra*
2) **pallissa** f. *paliza, tunda*
pallós, -osa adj. *pajoso* // *pajizo*
pallús m. *pajaza* // *cascabillo, tamo*
palma f. *palmera* // *palma*
palmàcia f. *palmácea*
palmar m. *palmar, palmeral*
palmari, -ària adj. *palmario*
palmat, -ada adj. *palmado*
palmell m. *palma de la mano*
palmera f. *palmera*
palmerar m. *palmar, palmeral*
palmesà, -ana m. i f. *palmesano*

palmeta f. *palmeta*
palmetada f. *palmetazo*
palmípede, -a adj. *palmípedo*
palpa adj. *tardo, remolón*
palpable adj. *palpable*
palpar v. *palpar // tentar, andar a tientas //
remolonear, dormirse, retardarse*
a les palpentes *a tientas*
palpís m. *molledo // (del dit) pulpejo, yema*
palpitació f. *palpitación*
palpitar v. *palpitar*
palúdic, -a adj. *palúdico*
paludisme m. *paludismo*
palustre adj. *palustre*
pam m. *palmo*
pamela f. *pamela*
pàmfil, -a m. i f. *pánfilo*
pamflet m. *panfleto*
pampa f. *pampa*
pàmpol m. *pámpano, pámpana // pantalla
// (pavelló de l'orella) pabellón*
pana f. *pana*
panacea f. *panacea*
panada f. *empanada*
panadís m. *panadizo*
panameny, -a m. i f. *panameño*
pancarta f. *pancarta*
pàncreas m. *páncreas*
pandereta f. *pandereta*
pandero m. *pandero*
panegíric, -a adj. *panegírico*
paner m. *cesta, cesto // trasero // esser fi-
gues d'altre — ser harina de otro costal*
panera f. *cesta //trasero, posaderas // (insec-
te) cucaracha*
panerola f. *cucaracha // cochinilla de hume-
dad*
panet m. *panecillo, bollo*
pànic, -a adj. *pánico*
panificar v. *panificar*
panís m. *panizo // maíz*
panorama m. *panorama*
panotxa f. *panoja, panocha*
pansa f. *pasa*
pansir v. *pasar, secar // mustiar, arrugar //
adelgazar, disminuir*
pantà m. *pantano*
pantagruèlic, -a adj. *pantagruélico*
pantaix m. *jadeo, resuello*
pantaixar v. *jadear, resollar.*
pantalla f. *pantalla*
pantalons m. i f. *pantalones*
pantanós, -osa adj. *pantanoso*
panteisme m. *panteísmo*
panteó m. *panteón*
pantera f. *pantera*

pantocràtor m. *pantocrátor*
pantògraf m. *pantógrafo*
pantomima f. *pantomima*
panxa f. *panza, barriga, vientre // convexi-
dad // — en l'aire o — en glòria o — per
amunt panza arriba // — per avall boca
abajo // anar — prima pasar hambre*
panxacontent, -a adj. *torrezno, panza en
gloria*
panxada f. *panzada // hartazgo // dolor de
vientre, cólico*
panxó m. *hartazgo, panzada // atracón //
paliza*
panxut, -uda adj. *panzudo, barrigudo*
pany m. *(de peça de tela) canto, punta //
(porció de paret) hastial, lienzo de pared
// (tancadura) cerradura // (d'arma de
foc) cerrojo // — de maleta candado //
anys i panys largo tiempo*
paó, -ona m. i f. *pavo real*
paorós, -osa adj. *pavoroso*
pap m. *buche // papera, lamparón // buidar
el — desembuchar*
papa m. *papa // papá*
papà m. *papá*
papada f. *papada // bocio // cogullada*
papadiners m. *papadineros*
papagai m. *papagayo*
papal adj. *papal*
papalló m. *mariposa*
papallona f. *mariposa*
papallonejar v. *mariposear*
papanovia f. *tijereta*
papaorelles f. *tijereta*
paparra f. *garrapata // cochinilla // (persona
importuna, enganxosa) lapa, garrapata //
(cop violent) sopapo, soplamocos*
papat m. *papado*
papaveràcia f. *papaverácea*
paper m. *papel // — de vidre papel de lija
// — segellat papel sellado*
papera f. *papada // paperas*
paperam f. *papelorio*
paperassa f. *papelorio*
paperassa f. *papelorio, papeleo*
paperera f. *papelera*
papereria f. *papelería*
papereta f. *papeleta*
paperina f. *rollo, cucurucho*
paperum m. *papelorio, papelería*
papessa f. *papisa*
papil·la f. *papila*
papirus m. *papiro*
papissotejar v. *cecear*
papista m. i f. *papista*
paquebot m. *paquebote*

paquet m. *paquete*
paquiderm m. *paquidermo*
par m. *par*
paràbola f. *parábola*
parabrisa m. *parabrisas*
paracaigudes m. *paracaídas*
parada f. *parada* // *acecho* // *muestra, puesto de venta* // (aturada del gos de caça) *muestra*
paradigma m. *paradigma*
paradis m. *paraíso*
paradisíac, -a adj. *paradisíaco*
parador m. *cazador al acecho* // *parador, mesón* // *apeadero*
paradora f. *aparador* // *compuerta*
paradoxa f. *paradoja*
paradoxal adj. *paradójico*
parafang m. *parafangos, guardabarros*
parafina f. *parafina*
parafrasejar v. *parafrasear*
paràfrasi f. *paráfrasis*
paràgraf m. *párrafo*
paraguaià, -ana m. i f. *paraguayo*
paraigua m. *paraguas* // *sobradillo*
paraigüer m. *paragüero*
paraire m. *pelaire*
paràlisi f. *parálisis*
paralític, -a adj. *paralítico*
paralitzar v. *paralizar*
parallamps m. *pararrayos*
paral·lel, -a adj. *paralelo*
paral·lelepípede m. *paralelepípedo*
paral·lelisme m. *paralelismo*
paral·lelogram m. *paralelogramo*
parament m. *apresto, tendido* // *ajuar* // *paramento*
paràmetre m. *parámetro*
parangó m. *parangón*
parangonar v. *parangonar*
paranimf m. *paraninfo*
paranoia f. *paranoia*
paranoic, -a adj. *paranoico*
parany m. *armadijo, trampa*
parapet m. *parapeto*
parapetar v. *parapetar*
parar v. *preparar, disponer* // *dejar caer, aguantar* // *parar* // — **atenció** o — **esment** *prestar atención*
paràsit m. *parásito*
para-sol m. *parasol, sombrilla*
paratge m. *paraje*
paraula f. *palabra*
paravent m. *biombo* // *postigo*
para-xocs m. *parachoques*
1) **parc** m. *parque*
2) **parc, -a** adj. *parco*

parca f. *parca*
parcel·la f. *parcela*
parcel·lar v. *parcelar*
parcer, -a m. i f. *aparcero*
parceria f. *aparcería*
parcial adj. *parcial*
parcialitat f. *parcialidad*
pardal m. *gorrión* // *pájaro de cuenta, pillastre*
pare m. *padre*
paredar v. *tapiar*
parèixer v. *parecer*
parell m. *par* // *pareja* // *yunta* // adj. (igual o molt semblant) *par, parejo*
parella f. *pareja* // *yunta*
parenostre m. *padrenuestro*
parènquima m. *parénquima*
parent -a m. i f. *pariente*
parentela f. *parentela*
parèntesi m. *paréntesis*
parentiu m. *parentesco*
parer m. *parecer, opinión*
paret f. *pared*
pària m. i f. *paria*
parietal adj. *parietal*
parió, -ona adj. *parejo*
parir v. *parir*
parisenc, -a m. i f. *parisiense, parisino*
paritari, -ària adj. *paritario*
paritat f. *paridad*
parla f. *habla, lenguaje*
1) **parlador** m. *locutorio*
2) **parlador, -a** adj. *hablador*
parlament m. *parlamento, discurso* // *trato, conversación* // (assemblea) *parlamento*
parlamentar v. *parlamentar*
parlamentari, -ària adj. *parlamentario*
parlar v. *hablar* // m. *habla, lenguaje*
parler, -a adj. *parlero, hablador*
parleria f. *habla, lenguaje* // *habladuría*
parlotejar v. *parlotear, charlar*
parnàs m. *parnaso*
parnassià, -ana adj. *parnasiano*
paròdia f. *parodia*
parodiar v. *parodiar*
paroxisme m. *paroxismo*
parpella f. *párpado*
parpelleig m. *parpadeo*
parpellejar v. *parpadear, pestañear*
parquedat f. *parquedad*
parquet m. *parquet*
parra f. *parra*
parrac m. *harapo* // *pingajoso* // *patán*
parral m. *parral, emparrado*
parricida m. i f. *parricida*
parricidi m. *parricidio*

parròquia f. *parroquia*
parroquià, -ana m. i f. *parroquiano*
parroquial adj. *parroquial*
parrupar v. *arrullar*
parsimònia f. *parsimonia*
1) **part** m. *parto*
2) **part** f. *parte* // **a part** *aparte*
partença f. *partida, marcha*
partera f. *partera*
parterre m. *parterre*
partició f. *partición*
partícip m. i f. i adj. *partícipe*
participació f. *participación*
participar v. *participar*
participi m. *participio*
partícula f. *partícula*
particular adj. *particular*
particularitat f. *particularidad*
particularitzar v. *particularizar*
partida f. *partida*
partidari, -ària m. i f. *partidario*
partidista m. i f. *partidista*
partió f. *partición* // *lindero*
partir v. *partir*
partit m. *partido*
partitiu, -iva adj. *partitivo*
partitura f. *partitura*
pàrvul, -a adj. *párvulo*
parvulari m. *parvulario*
parxís m. *parchís*
pas m. *paso*
pasdoble m. *pasodoble*
pasqua f. *pascua*
pasqual adj. *pascual*
pasquí m. *pasquín*
passa f. *paso* // *racha, epidemia*
passada f. *pasada, paso* // *vuelta* (de punto de media) // **a totes passades** *a todo trance*
passadís m. *pasadizo*
1) **passador** m. *pasador* // *criba*
2) **passador, -a** adj. *pasadero, pasable*
passamà m. *pasamano*
passamaner, -a m. i f. *pasamanero*
passamaneria f. *pasamanería*
passant m. *pasante* // *transeúnte*
passantia f. *pasantía*
passaport m. *pasaporte*
passar v. *pasar*
passarel·la f. *pasarela*
passatemps m. *pasatiempo*
passatge m. *pasaje*
passatger, -a m. i f. i adj. *pasajero*
passeig m. *paseo*
passejada f. *paseo*
passejar v. *pasear*

pàssera f. *roquero solitario*
passerell m. *pardillo*
passió f. *pasión*
passional adj. *pasional*
passiu, -iva adj. *pasivo*
passivitat f. *pasividad*
past m. *pasto* // **esser de bon —** *ser de buena pasta*
pasta f. *pasta* // *masa*
pastador, -a m. i f. *amasador*
pastanaga f. *zanahoria* // *bobalicón*
pastar v. *amasar*
pastat m. *amasado* // *mortero*
pastel m. (llapis i pintura) *pastel*
pastell m. *pastel*
pastera f. *artese, amasadera*
pasterada f. *amasijo, amasado* // *entruchado, empanada* // *pifia*
pasterejar v. *pastelear*
pastetes f. pl. *engrudo*
pasteuritzar v. *pasteurizar*
pastilla f. *pastilla*
pastís m. *pastel*
pastisser, -a m. i f. *pastelero*
pastisseria f. *pastelería*
pastor, -a m. i f. *pastor*
pastoral adj. *pastoral*
pastós, -osa adj. *pastoso*
pastura f. *pasto*
pasturar v. *apacentar* // *pacer* // *pastar* // *pasear, vagar*
pasturatge m. *pasto, apacentamiento*
patac m. *golpe*
patacada f. *porrazo, batacazo* // *aguacero*
patagó, -ona m. i f. *patagón*
patata f. *patata*
patatera f. *patatera*
patena f. *patena*
patent adj. *patente* // f. *patente* // **donar la —** *dar cuentas, rendir cuentas*
patentar v. *patentar*
patentitzar v. *patentizar*
patern, -a, adj. *paterno*
paternal adj. *paternal*
paternitat f. *paternidad*
patètic, -a adj. *patético*
patge m. *paje*
pati m. *patio* // *zaguán*
patí m. *patín*
patíbul m. *patíbulo*
patibulari, -ària adj. *patibulario*
patilla f. *patilla*
patiment m. *padecimiento*
pàtina f. *pátina*
patinada f. *patinazo* // *resbalón*
patinador, -a m. i f. *patinador*

patinar v. *patinar* // *resbalar*
patinet m. *patinete*
patir v. *padecer, sufrir*
patòleg, -oga m. i f. *patólogo*
patologia f. *patología*
patològic, -a adj. *patológico*
patracol m. *papelote* // pl. *perifollos*
patri, pàtria adj. *patrio*
pàtria f. *patria*
patriarca m. *patriarca*
patriarcat m. *patriarcado*
patrici, -ícia m. i f. *patricio*
patrimoni m. *patrimonio*
patriota m. i f. *patriota*
patrioter, -a adj. *patriotero*
patriòtic, -a adj. *patriótico*
patriotisme m. *patriotismo*
patró m. *patrón* // *patrono*
patrocinar v. *patrocinar*
patrocini m. *patrocinio*
patronal adj. *patronal*
patronat m. *patronato*
patronejar v. *patronear*
patronímic, -a adj. *patronímico*
patrulla f. *patrulla*
patrullar v. *patrullar*
patuès m. *jerga, patués*
patufet m. *chiquitín*
patulea f. *chiquillería* // *patulea, canalla*
patum m. *fantoche*
patxoca f. *planta* // **fer** — *hacer buena planta, dar el golpe*
1) pau f. *paz*
2) pau, -la m. i f. *tonto*
paül, -a m. i f. *paúl*
paupa (V. **palpa**)
paupar (V. **palpar**)
paupèrrim, -a adj. *paupérrimo*
paüra f. *pavor*
pausa f. *pausa*
pausat, -ada adj. *pausado*
pauta f. *pauta*
pavana f. *pavana*
pavelló m. *pabellón*
paviment m. *pavimento*
pavimentar v. *pavimentar*
pavó m. *pavo real* // *pavón*
pe f. *pe*
peanya f. *peana*
peatge m. *peaje*
pebre m. *pimienta* // *pimiento* // *pimentón, pimienta* // — **bord** *gengibre*
pebrebò m. *pimentón*
pebrer m. *pimentero*
pebrot m. *pimiento*
peça f. *pieza*

pecador, -a adj. *pecador*
pecaminós, -osa adj. *pecaminoso*
pecar v. *pecar*
pecat m. *pecado*
pecíol m. *pecíolo*
pècora f. *bestia, pécora*
pectoral adj. *pectoral*
pecuari, -ària adj. *pecuario*
peculi m. *peculio*
peculiar adj. *peculiar*
peculiaritat f. *peculiaridad*
pecúnia f. *peculio*
pecuniari, -ària adj. *pecuniario*
pedaç m. *remiendo* // *parche* // *trapo* // (peix) *platija*
pedacer m. *trapero*
pedagog, -a m. i f. *pedagogo*
pedagogia f. *pedagogía*
pedal m. *pedal*
pedalejar v. *pedalear*
pedani, -ània adj. *pedáneo*
pedant adj. *pedante*
pedanteria f. *pedantería*
pederasta m. *pederasta*
pedestal m. *pedestal*
pedestre adj. *pedestre*
pediatre, -a m. i f. *pediatra*
pediatria f. *pediatría*
pedicle m. *pedículo*
pedicur, -a m. i f. *pedicuro*
pedra f. *piedra* // *granizo, pedrisco* // (de ronyó, de vesícula) *cálculo*
pedrada f. *pedrada* // *pedrisco*
pedregada f. *pedrea* // *granizada, pedrisco*
1) pedregar v. *apedrear* // *granizar*
2) pedregar m. *pedregal*
pedregós, -osa adj. *pedregoso* // *granizoso* // *calculoso*
pedrenyal m. *pedernal* // *pedreñal*
pedrenyera f. *pedernal*
pedrer m. *cantero* // *pedregal*
pedrera f. *cantera*
pedreria f. *pedrería*
pedrís m. *poyo* // *umbral* // *alféizar*
peduncle m. *pedúnculo*
pega f. *pez, pega* // — **dolça** *regaliz*
peganya f. vg. (V. **lleganya**)
pegar v. *pegar*
pegat m. *parche* // *pegote*
pegellida f. *lapa*
pegot m. *pegote*
peix m. *pez* // *pescado* // **dormir com un** — *dormir como un lirón* // **no esser ni carn ni** — *no ser ni carne ni pescado* // **dir al pa pa i al** — — *llamar al pan pan y al vino vino*

péixer v. *pacer, pastar* // *apacentar* // *alimentar. . nutrir, cebar*
peixera f. *pecera*
peixeter, -a m. i f. *pescadero*
peixeteria f. *pescadería*
pejoratiu, -iva adj. *peyorativo*
pel *por el* // *para el*
pèl m. pelo // *vello* // — *de cuca sedal* // **en** — *en cueros, en pelota* // **venir d'un** — *estar en un tris*
1) **pela** f. *corteza, mondadura*
2) **pela** f. (vg) *peseta, beata*
pelacanyes m. *pelagatos, pelón*
pelada f. *peladura* // *mondadura* // *rasguño*
peladura f. *peladura* // *rozadura, rasguño* // pl. *mondaduras*
pèlag m. *piélago*
pelar v. *pelar* // *mondar*
pelat, -ada adj. *pelado, pelón*
pelatge m. *pelaje*
pelegrí, -ina m. i f. *peregrino*
pelegrinatge m. *peregrinación*
pelfa f. *felpa*
pelfut, -uda adj. *felpudo*
pelicà m. *pelícano*
pell f. *piel, cuero* // *corteza* // *estar amb la* — *i els ossos estar en los puros huesos* // **anar-hi la** — *ir en ello la vida* // **la** — **ja** *és del llop la suerte está echada*
pel·lagra f. *pelagra*
pellaire m. *pellejero*
pellam m. *pelambre, pellejería* // *pelleja*
pelleringa f. *piltrafa, pellejo* // *perifollo*
pelleringo m. *piltrafa* // *guiñapo, harapo*
pellerofa f. *hollejo* // *piltrafa*
pelleter, -a m. i f. *peletero*
pelleteria f. *peletería*
pel·lícula f. *película*
pellingot m. *harapo, andrajo*
pellisa f. *pelliza, zamarra*
pellisseria f. *peletería*
pellofa f. *cascarilla* // *trola, bola*
pellucar v. *pellizcar, picar* // *rebuscar*
pelós, -osa adj. *peludo, velludo*
peluix m. *peluche*
pelussa f. *plumón, flojel* // *bozo* // *pelusa* // *vello*
pelussera f. *vello*
pelut, -uda adj. *peludo, velludo* // *peliagudo*
pelvis f. *pelvis*
pena f. *pena*
penal adj. *penal*
penalitat f. *penalidad*
penar v. *penar*
penat, -ada m. i f. *penado* // adj. *apenado*
penca f. *penca* // *tajada, rebanada*

pencar v. *apencar* // *guillarse*
pendent adj. i m. o f. *pendiente*
pendís m. *declive*
pendó m. *pendón* // *harapo, pingajo* // *espantajo* // *pelleja, pendanga*
pèndol m. *péndulo*
pèndola f. *péndulo*
penediment m. *arrepentimiento*
penedir-se v. *arrepentirse*
penell m. *veleta*
penelló m. *sabañón*
penetració f. *penetración*
penetrar v. *penetrar*
penic m. *penique*
penicil·lina f. *penicilina*
península f. *península*
peninsular adj. *peninsular*
penis m. *pene*
penitència f. *penitencia*
penitenciari, -ària adj. *penitenciario*
penitenciaria f. *penitenciaría*
penitent adj. *penitente*
penjador m. *colgadero, percha* // *varal, gambalúa*
penjar v. *colgar, pender* // *ahorcar*
penjarella f. *colgajo*
penja-robes m. *percha*
penjaroll m. *colgajo*
penjat, -ada adj. *colgado, pendiente* // *ahorcado* // *bromista, faceto*
penjoll m. *colgajo*
penó m. (bandera) *pendón* // (de vaixell) *verga*
penombra f. *penumbra*
penós, -osa adj. *penoso*
pensa f. *pensamiento*
pensada f. *idea, ocurrencia*
pensador, -a adj. *pensador*
pensament m. *pensamiento*
pensar v. *pensar* // *creer* // **— a** *acordarse de*
pensarós, -osa adj. *pensativo*
pensatiu, -iva adj. *pensativo*
pensió f. *pensión*
pensionat, -ada m. i f. *pensionista* // m. *pensionado*
pentàgon m. *pentágono*
pentagrama m. *pentagrama*
pentateuc m. *pentateuco*
pentecosta f. *pentecostés*
pentinador m. *peinador* // *tocador*
pentinar v. *peinar* // *rastrillar* // *birlar, timar*
pentinat m. *peinado*
penúltim, -a adj. *penúltimo*
penúria f. *penuria*

pernada

penya f. *peña*
penyal m. *peñasco*
penyalar m. *peñascal*
penya-segat m. *acantilado*
penyora f. *prenda*
peó m. *peón*
peoner m. *pionero*
peonia f. *peonía*
pepa f. *muñeca // prostituta*
pequinès, -esa m. i f. *pequinés*
per prep. *por // para*
pera f. *pera*
peralt m. *peralte*
perboc m. *calce // achuchón, ataque // chasco*
percala f. *percal*
percebre v. *percibir*
percentatge m. *porcentaje*
percepció f. *percepción*
perceptible adj. *perceptible*
percudir v. *percutir, sacudir*
percussió f. *percusión*
percussor m. *percutor*
perdedor, -a adj. *perdedor*
perdició f. *perdición*
perdigó m. *perdigón*
perdigonada f. *perdigonada*
perdigot m. *perdigón*
perdiguer, -a adj. *perdiguero*
perdiu f. *perdiz*
perdó m. *perdón*
perdonar v. *perdonar*
perdonavides m. *perdonavidas*
perdre v. *perder*
pèrdua f. *pérdida*
perdulari, ària m. i f. *perdulario*
perdurable adj. *perdurable*
perdurar v. *perdurar*
perdut, -uda adj. *perdido*
peregrí, -ina adj. *peregrino*
peregrinació f. *peregrinación*
peregrinar v. *peregrinar*
peremptori, -òria adj. *perentorio*
perenne adj. *perenne*
perennitat f. *perennidad*
perer m. *peral*
perera f. *peral*
peresa f. *pereza*
peresós, -osa adj. *perezoso*
perfecció f. *perfección*
perfeccionar v. *perfeccionar*
perfecte, -a adj. *perfecto*
pèrfid, -a adj. *pérfido*
perfidia f. *perfidia*
perfil m. *perfil*
perfilar v. *perfilar, delinear*

perforació f. *perforación*
perforar v. *perforar*
perfum m. *sahumerio // aroma, perfume*
perfumar v. *perfumar, aromar*
perfumeria f. *perfumería*
pergamí m. *pergamino*
pèrgola f. *pérgola*
pericardi m. *pericardio*
pericarpi m. *pericarpio*
perícia f. *pericia*
periclitar v. *peligrar, periclitar*
perifèria f. *periferia*
perífrasi f. *perífrasis*
perifràstic, -a adj. *perifrástico*
perill m. *peligro*
perillar v. *peligrar*
perillós, -osa adj. *peligroso*
perímetre m. *perímetro*
període m. *período*
periòdic, -a adj. *periódico*
periodisme m. *periodismo*
periodista m. i f. *periodista*
periosti m. *periostio*
peripècia f. *peripecia*
periple m. *periplo*
periquito m. *periquito*
perir v. *perecer*
periscopi m. *periscopio*
peristàltic, -a adj. *peristáltico*
peristil m. *peristilo*
perit, -a adj. *perito*
peritatge m. *peritaje*
peritoneu m. *peritoneo*
peritonitis f. *peritonitis*
perjudicar v. *perjudicar*
perjudici m. *perjuicio*
perjudicial adj. *perjudicial*
perjur, -a adj. *perjuro*
perjurar v. *perjurar*
perjuri m. *perjurio*
perla f. *perla*
perllongar v. *prolongar, alargar // aplazar, diferir*
permanència f. *permanencia*
permanent adj. *permanente*
permanentment adv. *permanentemente*
permeable adj. *permeable*
permetre v. *permitir*
permís m. *permiso*
permissió f. *permisión*
permòdol m. *modillón, canecillo*
permuta f. *permuta*
permutació f. *permutación*
permutar v. *permutar*
pern m. *tornillo, perno // eje*
pernada f. *coz, patada // pernada*

pernejar v. *pernear, patalear, cocear*
perniciós, -osa adj. *pernicioso*
pernil m. *jamón, pernil*
pernoctar v. *pernoctar*
però conj. i adv. *pero*
perogrullada f. *perogrullada*
perol m. *caldero, perol // cazuela*
peroné m. *peroné*
peroració f. *peroración*
perorar v. *perorar*
perorata f. *perorata*
perpal m. *alzaprima*
perpendicular adj. *perpendicular*
perpetrar v. *perpetrar*
perpetu, -ètua adj. *perpetuo*
perpetuar v. *perpetuar*
perpetuïtat f. *perpetuidad*
perplex, -a adj. *perplejo*
perplexitat f. *perplejidad*
perquè conj. *porque // para que*
per què? conj. interr. *¿por qué? // ¿para qué?*
perquisició f. *perquisición*
perruca f. *peluca*
perruquer, -a m. i f. *peluquero*
perruqueria f. *peluquería*
perruquí m. *peluquín*
persa m. i f. *persa*
persecució f. *persecución*
persecutori, -òria adj. *persecutorio*
perseguidor, -a adj. *perseguidor*
perseguir v. *perseguir*
perseverança f. *perseverancia*
perseverar v. *perseverar*
persiana f. *persiana*
pèrsic, -a adj. *pérsico*
persignar v. *persignar*
persistència f. *persistencia*
persistent adj. *persistente*
persistentment adv. *persistentemente*
persistir v. *persistir*
persona f. *persona*
personal adj. *personal*
personalitat f. *personalidad*
personatge m. *personaje*
personificar v. *personificar*
perspectiva f. *perspectiva*
perspicaç adj. *perspicaz*
perspicàcia f. *perspicacia*
persuadir v. *persuadir*
persuasió f. *persuasión*
persuasiu, -iva adj. *persuasivo*
pertànyer v. *pertenecer // corresponder, atañer*
pertinaç adj. *pertinaz*
pertinença f. *pertenencia*

pertinent adj. *pertinente, perteneciente*
pertinentment adv. *pertinentemente*
pertocar v. intr. *atañer, corresponder //* tr. *difamar*
pertorbació f. *perturbación*
pertorbar v. *perturbar*
pertret m. *pertrechos, material*
peruà, -ana m. i f. *peruano*
pervenir v. *llegar // sobrevenir // provenir //* m. *porvenir*
pervers, -a adj. *perverso*
perversió f. *perversión*
perversitat f. *perversidad*
pervertir v. *pervertir*
perxa f. *percha*
pes m. *peso // pesa*
pesada f. *pesada*
pesadesa f. *pesadez*
pesadura f. *impertinencia, pesadez*
pesantor f. *pesadez*
pesar v. *pesar*
pesarós, -osa adj. *pesaroso, apesadumbrado*
pesat, -ada adj. *pesado*
pesca f. *pesca*
pescada f. *pesca*
pescador, -a m. i f. *pescador*
pescant m. *pescante*
pescar v. *pescar*
pescateria f. *pescadería*
pèsol m. *guisante*
pesquera f. *pesquera, pesquería*
pessebre m. *belén, nacimiento*
pesseta f. *peseta*
pesseter, -a adj. *pesetero*
pessic m. *pellizco*
pessigada f. *pellizco*
pessigar v. *pellizcar*
pessigolleig m. *cosquilleo*
pessigollejar v. *cosquillear*
pessigolles f. pl. *cosquillas*
pèssim, -a adj. *pésimo*
pessimisme m. *pesimismo*
pessimista adj. *pesimista*
pesta f. *peste // hedor*
pestanya f. *pestaña*
pestanyejar v. *pestañear*
pestell m. *pestillo, pasador*
pestífer, -a adj. *pestífero*
pestilència f. *pestilencia*
pestilent adj. *pestilente*
pet m. *pedo // pedorreta // chasquido, estallido // miedo, terror*
petaca f. *petaca*
pètal m. *pétalo*
petaner, -a m. i f. *pedorrero // charlatán // borrachín*

petar v. *peerse // restallar, castañetear // estrellarse // estallar, reventar // diñarla*
petard m. *petardo*
petardejar v. *petardear*
petarrell m. *chiquillo, peque // pucheros*
peteco, -a m. i f. *pequeñajo, pequeñín*
petejar v. *peerse // crepitar, restallar*
petge m. *pie, pata // cepo*
petició f. *petición*
peticionari, -ària m. i f. *peticionario*
petimetre m. *petimetre*
petit, -a adj. *pequeño, chico //* adv. (en veu baixa) *bajo*
petitesa f. *pequeñez*
petitori, -òria adj. *petitorio*
petja f. *huella, pisada*
petjada f. *pisada*
petjapapers m. *pisapapeles*
petjar v. *pisar*
petó m. *beso*
petoneig m. *besuqueo*
petonejar v. *besar, besuquear*
petri, pètria adj. *pétreo*
petrificar v. *petrificar*
petroli m. *petróleo*
petrolier, -a adj. *petrolero*
petulància f. *petulancia*
petulant adj. *petulante*
petúnia f. *diegos de día, petunia*
petxina f. *concha, pechina // hornacina*
peu m. *pie // — de murada talud // no tenir cap ni peus no tener pies ni cabeza // allargar més el — que el llençol alargar más el brazo que la manga // trobar sabata de son — encontrar la horma de su zapato // posar els peus plans andar sobre los estribos // no deixar tocar algú de peus a terra llevarle en palmas // a peus junts a pies juntillas // sortir amb els peus per davant ser llevado a enterrar*
peüc m. *escarpín // peal // calcetín*
peu-gros, -ossa adj. *patón*
peülla f. *pezuña*
1) **pi** m. *pino*
2) **pi** f. (lletra grega) *pi*
piadós, -osa adj. *piadoso*
piafar v. *piafar*
pianista m. i f. *pianista*
piano m. *piano*
piastra f. *piastra*
pic m. *picotazo, picada, picadura // pinchazo // punto, mota // pico // aguijón // vez*
1) **pica** f. *pica*
2) **pica** f. *pila*
picada f. *picotazo // aguijonazo, picadura // punzada // pique, pulla*

picador, m. *picador // picadero*
picadura f. *picadura*
picallós, -osa adj. *puntilloso*
picanovia f. *tijereta*
picant adj. *picante*
picantor f. *picazón*
picapedrer m. *cantero // albañil*
picaplets m. *picapleitos*
picaporta m. *aldaba, llamador*
picar v. *pinchar // picar // picotear // picar, machacar // tocar, llamar // escocer, picar*
picardia f. *picardía*
picaresc, -a adj. *picaresco*
picarol m. *cencerro, esquila // cascabel // lenguaraz, parlanchín*
piconar v. *apisonar*
piconari, -ària adj. *puntilloso, susceptible*
picor f. *picor, picazón, comezón*
picot m. *pico*
picota f. *picota*
picotejar v. *picotear*
pictòric, -a adj. *pictórico*
pidolar v. *mendigar, pedir*
pietat f. *piedad*
pietós, -osa adj. *piadoso*
pífia f. *pifia*
pifre m. *pífano*
piga f. *peca*
pigall m. *lazarillo*
pigallós, -osa adj. *pecoso*
pigment m. *pigmento*
pigmeu, -ea m. i f. *pigmeo*
pignorar v. *pignorar*
pigós, -osa adj. *pecoso*
pigota f. *viruela // — borda varicela*
pijama m. *pijama*
pila f. *pica // pila // montón / una — mucho, muchos, un montón*
pilar m. *pilar*
pilastra f. *pilastra*
pillada f. *pillada*
pillar v. *pillar // coger, tomar // hacer novillos*
pillatge m. *pillaje*
pilleria f. *pillería*
pillet, -a m. i f. *pillete, pillo*
piló m. *zoquete // tajo*
pílor m. *píloro*
pilós, -osa adj. *piloso*
1) **pilot** m. *montón, pelotón*
2) **pilot** m. *piloto*
pilota f. *pelota // ovillo // albóndiga // no tocar — no dar pie con bola*
pilotada f. *pelotazo*
pilotar v. *pilotar*
pilotatge m. *pilotaje*

pinacle m. *pináculo*
pinacoteca f. *pinacoteca*
pinar m. *pinar*
pinassa f. *pinocha, tusa*
pinça f. *pinza*
pinçar v. *pinzar*
píndola f. *píldora*
pineda f. *pinar*
ping-pong m. *ping-pong*
pingüe adj. *pingüe*
pingüí m. *pingüino*
pinsà m. *pinzón*
pinso m. *pienso*
1) **pinta** f. *peine // peineta*
2) **pinta** f. (aspecte) *pinta //* m. (mala persona) *pinta, vaina*
pintada f. *pintada*
pintar v. *pintar*
pintor, -a m. i f. *pintor*
pintoresc, -a adj. *pintoresco*
pintura f. *pintura*
pinxo m. *pincho, chulo // guapo, majo*
pinya f. *piña // panoja // puñetazo, trompazo*
pinyó m. *piñón // almena*
pinyol m. *hueso // orujo*
pinzell m. *pincel //' escobilla*
pinzellada f. *pincelada*
pipa f. *pipa*
pipada f. *fumarada // chupada*
pipar v. *pipar // chupar //* rfl. *zamparse*
pipella f. *párpado // pestaña // ojo, vista*
pipellejar v. *parpadear, pestañear // titilar*
pipí m. *pipí*
piqué m. *piqué*
piquer m. *piquero*
piquet m. *piquete*
pira f. *pira*
piragua f. *piragua*
piramidal adj. *piramidal*
piràmide f. *pirámide*
pirata m. *pirata*
piratejar v. *piratear*
pirateria f. *piratería*
pirenaic, -a adj. *pirenaico*
pirinenc, -a adj. *pirenaico*
pirita f. *pirita*
piròman, -a adj. *pirómano*
piromància f. *piromancia*
piromania f. *piromanía*
piroscopi m. *piroscopio*
pirosfera f. *pirosfera*
pirotècnia f. *pirotecnia*
pirotècnic, -a adj. *pirotécnico*
pirueta f. *pirueta*
pis m. *piso*

piscina f. *piscina*
Piscis m. *Piscis*
pispa m. *ratero*
pispar v. *birlar, soplar*
pissarra f. *pizarra*
pissarrí m. *pizarrín*
pista f. *pista*
pistil m. *pistilo*
pistó m. *pistón*
pistola f. *pistola*
pistoler, -a m. i f. *pistolero*
pistoletada f. *pistoletazo*
pit m. *pecho*
pita f. *pita*
pitagòric, -a adj. *pitagórico*
pitança f. *pitanza*
pitera f. *pechuga // pechera*
pítima f. *pítima*
pitjar v. *apretar // apuntalar*
pitjor adj. i adv. *peor*
pitjoria f. *empeoramiento*
pitó m. *pitón*
pitonissa f. *pitonisa*
pitrera f. *pechuga // pechera*
pit-roig m. *petirrojo*
pitxer m. *jarro // jarrón, búcaro*
piu m. *espiga // pasador*
piuladissa f. *gorjeo*
piular v. *piar // chistar*
piulet m. *pío, chillido*
piulo m. *pío // chillido*
pixaner, -a adj. *meón*
pixar v. *mear // — fora del test* desbarrar *// — alt* tener muchos humos
pixarella f. *aguachirle*
pixatinters m. *chupatintas*
pixera f. *ganas de orinar*
1) **pla, plana** adj. *plano, llano, liso // claro, plano / cantar de — cantar de plano*
2) **pla** m. *plano // llano / llanura // solar, plano // — de la mà* palma de la mano *// primer —* primer plano *// plan*
placa f. *placa*
plaça f. *plaza*
plaçar v. *colocar, situar*
placenta f. *placenta*
plàcid, -a adj. *plácido*
placidesa f. *placidez*
plaent adj. *grato, agradable*
plaentment adv. *agradablemente*
plaer m. *placer, gusto*
plafó m. *plafón*
1) **plaga** f. *plaga*
2) **plaga** m. *guasón, bromista*
plagar v. *plagar*
plagi m. *plagio*

plagiar v. *plagiar*
plana f. *llano, llanura* // *plana, página* // (de fuster) *cepillo* // *aplanadera*
planador m. *planeador*
planar v. *cernerse* // *planear*
plançó m. *vástago, retoño*
planejar v. *cepillar* // *planear* // intr. *cernerse*
planell m. *altonazo*
planer, -a adj. *llano*
planeta m. *planeta* // f. *sino, destino*
planetari, -ària adj. *planetario*
planícia f. *planicie, llanura*
planificació f. *planificación*
planificar v. *planificar*
planimetria f. *planimetría*
planisferi m. *planisferio*
plànol m. *plano*
planta f. *planta*
plantació m. *plantación*
plantar v. *plantar*
plantat, -ada adj. *plantado* // **ben** — *apuesto, gallardo*
plantejament m. *planteo, planteamiento*
plantejar v. *plantear*
planter m. *plantel, semillero*
plantificar v. *plantar*
plantígrad, -a adj. *plantígrado*
plantilla f. *plantilla*
plantofa f. *pantufla*
plantofada f. *pantuflazo* // *trompazo, golpe*
plantós, -osa adj. *apuesto, bizarro*
planura f. *llanura*
planxa f. *plancha*
planxar v. *planchar*
plany m. *lamento*
plànyer v. *dolerse* // *compadecer* // *escatimar*
planyívol, -a adj. *plañidero*
plasma m. *plasma*
plasmació f. *plasmación*
plasmar v. *plasmar*
plàstic, -a adj. *plástico*
plastificar v. *plastificar*
plastró m. *plastrón*
plat m. *plato* // pl. (de música) *platillos*
1) plata f. *fuente, bandeja*
2) plata f. *plata*
plataforma f. *plataforma*
plàtan m. *plátano*
plataner m. *platanero*
platea f. *platea*
platejar v. *platear*
plateresc, -a adj. *plateresco*
plateret m. *platillo*
plateria f. *platería*

platger, -a adj. *playero*
platí m. *platino*
plàtica m. *plática*
platicar v. *platicar*
platja f. *playa*
platònic, -a adj. *platónico*
plaure v. *agradar, gustar* // **si us plau** *por favor* / **si us plau per força** *quieras que no*
plausible adj. *plausible*
ple, plena adj. *lleno* // *pleno*
plebeu, -ea adj. *plebeyo*
plebiscit m. *plebiscito*
plebs f. *plebe*
plec m. *pliegue* // *pliego*
pledejar v. *pleitear*
plegadís, -issa adj. *plegable, plegadizo*
plegadora f. *plegadera*
plegar v. *plegar* // *dejar el trabajo*
plegat, -ada adj. *junto* // **d'un** — *de pronto*
plèiade f. *pléyade*
plenamar f. *pleamar*
plenari, -ària adj. *plenario*
pleniluni m. *plenilunio*
plenipotenciari, -ària adj. *plenipotenciario*
plenitud f. *plenitud*
pleonasme m. *pleonasmo*
pler m. *placer, gusto* // **a** — *a gusto, a placer*
plet m. *pleito*
pleta f. *redil, majada* // *corral* // *grupo*
plètora f. *plétora*
pletòric, -a adj. *pletórico*
pleura f. o m. *pleura*
pleuresia f. *pleuresía*
plint m. *plinto*
pliocè m. *plioceno*
ploguda f. *lluvia*
plom m. *plomo*
ploma f. *pluma*
1) plomada f. (peça de plom) *plomada*
2) plomada f. (cop de ploma) *plumada, plumazo*
plomall m. *plumaje* // *penacho, plumero*
1) plomar v. (posar plom) *plomar*
2) plomar v. *emplumar* // *emplumecer* // *desplumar* // *pelar, mondar* // *birlar*
plomatge m. *plumaje*
plomí m. *plumilla*
plomissol m. *plumón, flojel*
plomós, -osa adj. *plomizo, plomoso*
plor m. *lloro, llanto*
plorador, -a adj. *llorón* // m. i f. *plañidero*
ploraire adj. *llorón*
ploralla f. *llanto, lloro* // *llorona*
ploramiquejar v. *lloriquear*
ploramiques m. i f. *llorón, lloramicos*

ploraner, -a adj. *llorón*
ploranera f. *plañidera*
plorar v. *llorar*
plorera f. *ganas de llorar*
plorinyar v. *lloriquear*
plorós, -osa adj. *lloroso*
ploure v. *llover*
ploviscar v. *lloviznar*
plovisquejar v. *lloviznar*
plugim m. *llovizna*
pluja f. *lluvia*
plujós, -osa adj. *lluvioso*
plumbi, plúmbia adj. *plúmbeo*
plural adj. *plural*
pluralitat f. *pluralidad*
pluralitzar v. *pluralizar*
plus m. *plus*
plusquamperfet m. *pluscuamperfecto*
plus-vàlua f. *plusvalía*
plutocràcia f. *plutocracia*
plutòcrata m. i f. *plutócrata*
plutònic, -a adj. *plutónico*
pluvial adj. *pluvial*
pluviòmetre m. *pluviómetro*
pneumàtic, -a adj. *neumático*
pneumònia f. *neumonía*
poal m. *cubo, pozal, balde*
poar v. *sacar agua // izar // sorber, sacar*
població f. *población*
poblar v. *poblar*
poblat m. *poblado*
poble m. *pueblo*
pobletà, -ana adj. *pueblerino*
pobrament adv. *pobremente*
pobre, -a adj. *pobre*
pobresa f. *pobreza*
pobrissó, -ona adj. *pobrecito*
poc adj. **(-a)** i adv. *poco // a — a — poco a poco, despacio / en voz baja // ni — ni gens nada en absoluto*
poca-solta f. *atolondramiento // m. i f. atolondrado, botarate*
poca-vergonya m. i f. *sinvergüenza*
poció f. *poción*
poda f. *poda*
podadora f. *podadera, podón*
podar v. *podar, escamondar*
poder v. i m. *poder*
poderós, -osa adj. *poderoso*
pòdium m. *podio*
podridura f. *podredumbre*
podriment m. *podredura*
podrir v. *pudrir*
poema m. *poema*
poesia f. *poesía*
poeta m. *poeta*

poetastre m. *poetastro*
poetessa f. *poetisa*
poètic, -a adj. *poético*
poetitzar v. *poetizar*
poi m. (V. **poll** 2)
poiós, -osa adj. (V. **pollós**)
pol m. *polo*
polac, -a m. i f. *polaco*
polaina f. *polaina*
polar adj. *polar*
polaritzar v. *polarizar*
polca f. *polca*
polèmic, -a adj. *polémico*
polemitzar v. *polemizar*
poliàndria f. *poliandria*
policia f. o m. *policía*
policíac, -a adj. *policíaco*
policlínica f. *policlínica*
policrom, -a adj. *polícromo*
policromia f. *policromía*
polidesa f. *pulidez, pulcritud*
poliedre m. i adj. *poliedro*
polifacètic, -a adj. *polifacético*
polifàsic, -a adj. *polifásico*
polifonia f. *polifonía*
polifònic, -a adj. *polifónico*
polígam, -a adj. *polígamo*
poligàmia f. *poligamia*
poliglot, -a adj. *polígloto*
polígon m. *polígono*
poliment m. *pulimento*
polimentar v. *pulimentar*
polimorf, -a adj. *polimorfo*
polinesi, -èsia m. i f. *polinesio*
polinomi m. *polinomio*
pòlip m. *pólipo*
políper m. *polípero*
polipodi m. *polipodio*
polir v. *pulir*
polisíl·lab, -a adj. *polisílabo*
pòlissa f. *póliza // adj. pícaro*
polissó, -ona adj. *pícaro, bribón // m. polizón*
polisson m. *polisón*
polissonada f. *picardía, pillería*
polit, -ida adj. *pulido, fino // aseado, majo // hermoso, bonito // arreglado, apañado*
politècnic, -a adj. *politécnico*
politeisme m. *politeísmo*
polític, -a adj. *político*
política f. *política*
politicastre m. *politicastro*
politja f. *polea, roldana*
polivalent adj. *polivalente*
1) **poll** m. (ocell) *pollo, polluelo*
2) **poll** m. (insecte) *piojo*

3) **poll** m. (arbre) *chopo, álamo negro //* — **blanc** *álamo blanco*
polla f. (gallina jove) *polla //* (dona joveneta) *pollita*
pollancre m. *chopo*
pollastre m. *pollo //* (home astut) *pollastro*
polleguera f. *quicio*
pol·len m. *polen*
pollera f. *pollera // gallinero // andadores, pollera // alambrera*
polleria f. *pollería*
pollí, -ina m. i f. *pollino*
pol·linització f. *polinización*
pollós, -osa adj. *piojoso*
pol·lució f. *polución*
polo m. (joc) *polo*
polonès, -esa m. i f. *polonés, polaco*
polpa v. (V. **popa**)
polpós, -osa adj. *pulposo, carnoso*
1) **pols** m. *pulso*
2) **pols** f. *polvo*
polsada f. *polvareda*
polsar v. *pulsar*
1) **polsera** f. *pulsera, brazalete*
2) **polsera** f. *guardapolvo*
polsim m. *polvillo // polvos // llovizna*
polsós, -osa adj. *polvoriento*
poltre, -a m. i f. *potro*
poltrona f. *poltrona*
pólvora f. *polvos // pólvora*
polvorera f. *polvera*
polvorí m. *polvorín*
polvoritzar v. *pulverizar*
polzada f. *pulgada*
polze m. *pulgar*
pom m. *pomo // contrapeso // ramo*
poma f. *manzana // boba, tonta // melindrosa*
1) **pomada** f. *pomada*
2) **pomada** f. *melindre, remilgo // bobería*
pomell m. *ramo, ramillete // manojo*
pomer m. *manzano*
pomera f. *manzano*
pomerar m. *manzanal*
pompa f. *pompa*
pompós, -osa adj. *pomposo*
pòmul m. *pómulo*
poncella f. *capullo // virgen, doncella*
poncem m. *cidra*
poncemer m. *cidro*
ponderació f. *ponderación*
ponderar v. *ponderar*
ponderat, -ada adj. *ponderado*
pondre v. *poner* (huevos) *// rfl. ponerse* (un astro)
ponedor m. *ponedero, nidal*

ponència f. *ponencia*
ponent m. i f. *ponente //* adj. i m. *poniente*
pont m. *puente // arco*
pontífex m. *pontífice*
pontificar v. *pontificar*
pontificat m. *pontificado*
pontifici, -ícia adj. *pontificio*
pontó m. *pontón*
ponx m. *ponche*
pop m. *pulpo*
1) **popa** f. (d'embarcació) *popa*
2) **popa** f. (d'animal) *carne //* (de fruita) *pulpa //* (la porció més bona) *meollo //* (del dit) *pulpejo, yema*
pope m. *pope*
popular adj. *popular*
popularitat f. *popularidad*
popularitzar v. *popularizar*
populatxo m. *populacho*
populós, -osa adj. *populoso*
poquedat f. *pequeñez, poquedad // miseria, insignificancia*
pòquer m. *póker*
poquesa f. *poquedad, pequeñez*
por f. *miedo // fantasma, coco //* **tenir** — *temer //* **per — de la** — *por si acaso, por si las moscas*
porc m. *cerdo, puerco, cochino //* — **senglar** *jabalí //* — **espí** *puerco espín*
porca f. *cerda, puerca*
porcada f. *piara // cochinada // burrada*
porcell m. *lechón, cochinillo // cochino, puerco, sucio*
porcellana f. *porcelana*
porcí, -ina adj. *porcino*
porció f. *porción*
porfídia f. *porfía*
porfidiar v. *porfiar*
porfidiós, -osa adj. *porfiado, terco*
pòrfir m. *pórfido*
porgadora f. *cribadora*
porgar v. *cribar // limpiar // rfl. posarse*
poriol m. *mariquita, vaquita de San Antón*
pornografia f. *pornografía*
porós, -osa adj. *poroso*
porositat f. *porosidad*
porpra f. *púrpura*
porquejar v. *cochinear, hacer porquerías*
porquer, -a m. i f. *porquerizo // pocilga*
porqueria f. *porquería*
porquí, -ina adj. *porquino, porcuno*
porra f. *porra*
porrada f. *porrazo*
porrer m. *macero*
porro m. *puerro*
porró m. *porrón // jarrito*

1) **port** m. *puerto*
2) **port** m. *porte*
porta f. *puerta*
portaavions m. *portaaviones*
portada f. *portada // portazo*
portador, -a adj. *portador*
portadora f. *aportadera // comporta*
portaestendard m. *portaestandarte*
portal m. *puerta, portal // umbral*
portalada f. *portada, puerta*
portaló m. *portalito, puertecita // portalón*
portamonedes m. *portamonedas*
portanoves m. i f. *correveidile, chismoso*
portantveu m. *portavoz*
portar v. *llevar, traer, portar*
portàtil adj. *portátil*
portaveu m. *portavoz*
portejar v. *golpear* (las puertas)
portell m. *portillo // brecha // desportilladura*
portella f. *puertecilla, portillo // esclusa*
portelló m. *postigo*
portent m. *portento*
portentós, -osa adj. *portentoso*
porter, -a m. i f. *portero*
porteria f. *portería*
pòrtic m. *pórtico*
porticó m. *portillo // postigo*
portolà m. *portulano*
porto-riqueny, -a m. i f. *puertorriqueño*
portuari, -ària adj. *portuario*
portuguès, -esa m. i f. *portugués*
poruc, -uga adj. *miedoso, medroso*
porus m. *poro*
porxada f. *pórtigo, soportal // cobertizo*
porxo m. *pórtico, soportal // desván // tendedero // cobertizo // secadoro*
posada f. *puesta // estada, hospedaje // posada // morada, residencia*
posader, -a m. i f. *posadero*
posar v. *cesar, sosegarse // posar, parar //* rfl. *pararse //* rfl. *calmarse // poner // meter*
posat m. *apostura, continente*
posició f. *posición*
pòsit m. *poso, heces*
positiu, -iva adj. *positivo*
positivisme m. *positivismo*
positura f. *postura*
posologia f. *posología*
posposar v. *posponer*
posseïdor, -a adj. *poseedor*
posseir v. *poseer*
possés, -essa m. i f. *poseso*
possessió f. *posesión, predio*
possessionar v. *posesionar*

possessiu, -iva adj. *posesivo*
possessor, -a m. i f. i adj. *posesor, poseedor*
possibilitar v. *posibilitar*
possibilitat f. *posibilidad*
possible adj. *posible*
1) **post** f. *tabla // — del pit* esternón
2) **post** m. *puesto* (militar)
posta f. *puesta // a posta aposta, a propósito*
postal adj. *postal*
postcomunió f. *poscomunión*
postdata f. *posdata*
postergar v. *postergar*
posterior adj. *posterior*
posteritat f. *posteridad*
postís, -issa adj. *postizo*
postor m. *postor*
postrar v. *postrar*
postrem, -a adj. *postrero*
postres f. o m. pl. *postre*
postulació v. *postulación*
postular v. *postular*
postulat m. *postulado*
pòstum, -a adj. *póstumo*
postura f. *postura*
posturer, -a adj. *posturero*
pot m. *bote, pote, tarro*
pota f. *casco // pata // pie // mostrar la —* o *treure la — enseñar la oreja // ficar la — meter la pata*
potable adj. *potable*
potada f. *patada // pisada // huella*
potassa f. *potasa*
potassi m. *potasio*
potatge m. *potaje*
potejar v. *pisar, patear // pisotear*
potència f. *potencia*
potenciar v. *potenciar*
potent adj. *potente*
potentat, -ada m. i f. *potentado*
potentment adv. *potentemente*
potera f. *potera*
poterna f. *poterna*
potestat f. *potestad*
potestatiu, -iva adj. *potestativo*
potinga o **potingo** f. o m. *potingue*
poti-poti m. *barrizal, porquería // batiburrillo*
potó m. *pezuña // pata*
pòtol m. *perdulario, golfo*
potser adv. *quizá, tal vez, acaso*
pou m. *pozo*
pràctic, -a adj. *práctico*
practicant adj. *practicante*
practicar v. *practicar*
prada f. *prado*
praderia f. *pradera, pradería*

pragmàtic, -a adj. *pragmático*
prat m. *prado*
preàmbul m. *preámbulo*
prear v. *justipreciar, evaluar //* apreciar //
  rfl. *preciarse*
prebenda f. *prebenda*
prebendat m. *prebendado*
prebost m. *preboste*
prec m. *ruego*
precari, -ària adj. *precario*
precaució f. *precaución*
precedent adj. *precedente*
precedir v. *preceder*
precepte m. *precepto*
preceptiu, -iva adj. *preceptivo*
preceptor, -a m. i f. *preceptor*
preceptuar v. *preceptuar*
precessió f. *precesión*
precintar v. *precintar*
precinte m. *precinto*
preciós, -osa adj. *precioso*
preciosisme m. *preciosismo*
preciositat f. *preciosidad*
precipici m. *precipicio*
precipitació f. *precipitación*
precipitar v. *precipitar*
precís, -isa adj. *preciso*
precisar v. *precisar*
precisió f. *precisión*
preclar, -a adj. *preclaro*
precoç adj. *precoz*
precocitat f. *precocidad*
preconitzar v. *preconizar*
precursor, -a m. i f. i adj. *precursor*
predecessor, -a m. i f. *predecesor*
predestinació f. *predestinación*
predestinar v. *predestinar*
predeterminar v. *predeterminar*
predi m. *predio*
prèdica f. *prédica*
predicació f. *predicación*
predicador, -a m. i f. *predicador*
predicament m. *predicamento*
predicar v. *predicar*
predicat m. *predicado*
predicció f. *predicción*
predilecció f. *predilección*
predilecte, -a adj. *predilecto*
predir v. *predecir*
predisposar v. *predisponer*
predisposició f. *predisposición*
predominar v. *predominar*
predomini m. *predominio*
preeminència f. *preeminencia*
preeminent adj. *preeminente*
preestablir v. *preestablecer*

preexistir v. *preexistir*
prefabricat, -ada adj. *prefabricado*
prefaci m. *prefacio*
prefecte m. *prefecto*
prefectura f. *prefectura*
preferència f. *preferencia*
preferent adj. *preferente*
preferentment adv. *preferentemente*
preferible adj. *preferible*
preferir v. *preferir*
prefix m. *prefijo*
prefixar v. *prefijar*
pregadéu m. (insecte) *santateresa*
pregar v. *rogar //* rezar
pregària f. *ruego //* plegaria
pregó m. *pregón*
pregon, -a adj. *profundo*
pregonar v. *pregonar*
pregoner, -a m. i f. *pregonero*
pregonesa f. *profundidad*
pregunta f. *pregunta*
preguntar v. *preguntar*
prehistòria f. *prehistoria*
prehistòric, -a adj. *prehistórico*
prejudici m. *prejuicio*
prejutjar v. *prejuzgar*
prelació f. *prelación*
prelat m. *prelado*
preliminar adj. *preliminar*
preludi m. *preludio*
preludiar v. *preludiar*
prematur, -a adj. *prematuro*
premeditació f. *premeditación*
premeditar v. *premeditar*
prémer v. *apretar, oprimir, prensar //* pujar,
  hacer fuerza // importunar
premi m. *premio*
premiar v. *premiar*
premissa f. *premisa*
premonició f. *premonición*
premonitori, -òria adj. ·*premonitorio*
premsa f. *prensa*
premsar v. *prensar*
premuda f. *apretón, estrujón*
prendre v. *tomar, coger*
prenom m. *prenombre*
prènsil adj. *prensil*
prensió f. *prensión*
prenyar v. *preñar*
prenyat m. *preñez, preñado*
preocupació f. *preocupación*
preocupar v. *preocupar*
preparació f. *preparación*
preparar v. *preparar*
preparatiu, -iva adj. *preparativo*
preparatori, -òria adj. *preparatorio*

preponderància f. *preponderancia*
preponderar v. *preponderar*
preposició f. *preposición*
prepotent adj. *prepotente*
prepuci m. *prepucio*
pre-romà, -ana adj. *prerrc ,ano*
pre-romànic, -a adj. *prerrománico*
prerrogativa f. *prerrogativa*
pres, -a adj. *tomado // preso // coagulado, cuajado*
presa f. *toma // presa, botín // presa*
presagi m. *presagio*
presagiar v. *presagiar*
presbiterat m. *presbiterado*
presbiteri m. *presbiterio*
presbiterià, -ana adj. *presbiteriano*
prescindir v. *prescindir*
prescripció f. *prescripción*
prescriure v. *prescribir*
presència f. *presencia*
presenciar v. *presenciar*
present adj. *presente*
presentació f. *presentación*
presentar v. *presentar*
preservació f. *preservación*
preservar v. *preservar*
preservatiu, -iva adj. *preservativo*
presidència f. *presidencia*
presidencial adj. *presidencial*
president, -a m. i f. *presidente*
presidi m. *presidio*
presidiari, -ària m. i f. i adj. *presidiario*
presidir v. *presidir*
presó f. *prisión, captura // prisión, cárcel*
presoner, -a m. i f. *prisionero*
pressa f. *apretura // prisa // de — deprisa, aprisa*
préssec m. *melocotón*
presseguer m. *melocotonero*
pressentiment m. *presentimiento*
pressentir v. *presentir*
pressió f. *presión*
pressionar v. *presionar*
pressuposar v. *presuponer*
pressupost m. *presupuesto*
pressupostar v. *presupuestar*
1) **prest** adv. *pronto*
2) **prest, -a** adj. *presto, pronto, dispuesto*
prestació f. *prestación*
prestància f. *prestancia*
prestar v. *prestar*
prestatge m. *estante, anaquel // vasar // tablado, andamio*
préstec m. *préstamo*
prestesa f. *presteza, prontitud*
prestidigitació f. *prestidigitación*

prestidigitador, -a m. i f. *prestidigitador*
prestigi m. *prestigio*
prestigiar v. *prestigiar*
prestigiós, -osa adj. *prestigioso*
presumir v. *presumir*
presumpció f. *presunción*
presumpte, -a adj. *presunto*
presumptuós, -osa adj. *presuntuoso*
pretendent, -a m. i f. *pretendiente*
pretendre v. *pretender*
pretensió f. *pretensión*
pretensiós, -osa adj. *pretensioso*
preterició f. *preterición*
preterir v. *preterir*
pretèrit, -a adj. *pretérito*
pretext m. *pretexto*
pretextar v. *pretextar*
pretor m. *pretor*
pretori m. *pretorio*
pretorià, -ana adj. *pretoriano*
preu m. *precio*
preuar v. *apreciar*
prevaler v. *prevalecer*
prevaricació f. *prevaricación*
prevaricar v. *prevaricar*
prevenció f. *prevención*
prevenir v. *prevenir*
preventiu, -iva adj. *preventivo*
prevere m. *presbítero*
preveure v. *prever*
previ, prèvia adj. *previo*
previsió f. *previsión*
previsor, -a adj. *previsor*
prim, -a adj. *primero // delgado // escaso, flojo // agudo // venir — faltar poco // filar — o mirar — hilar delgado // passar-ho — andar escaso*
prima f. *prima*
primacia f. *primacía*
primari, -ària adj. *primario*
primat m. *primate // primado*
primavera f. *primavera*
primaveral adj. *primaveral*
primer, -a adj. *primero // adv. antes, primero*
primerenc, -a adj. *temprano, tempranero, primerizo*
primícia f. *primicia*
primitiu, -iva adj. *primitivo*
primmirat, -ada adj. *remirado, meticuloso*
primogènit, -a adj. *primogénito*
primogenitura f. *primogenitura*
primor f. *delgadez // primor, sutileza*
primordial adj. *primordial*
primorós, -osa adj. *primoroso // remirado*
príncep m. *príncipe*

proliferar

princesa f. *princesa*
principal adj. *principal*
principat m. *principado*
principesc, -a adj. *principesco*
principi m. *principio*
principiant m. i f. *principiante*
principiar v. *principiar*
prior m. *prior*
priora f. *priora*
priorat m. *priorato*
prioressa f. *priora*
prioritat f. *prioridad*
prisar v. *plisar, rizar*
prisma m. *prisma*
prismàtic, -a adj. *prismático*
privació f. *privación*
privadesa f. *privanza*
privar v. *privar*
privat, -ada adj. *privado*
privatiu, -iva adj. *privativo*
privilegi m. *privilegio*
privilegiat, -ada adj. *privilegiado*
pro prep. *pro*
proa f. *proa*
probabilitat f. *probabilidad*
probable adj. *probable*
probitat f. *probidad*
problema m. *problema*
problemàtic, -a adj. *problemático*
proboscidi m. *proboscídeo*
procaç adj. *procaz*
procacitat f. *procacidad*
procedència f. *procedencia*
procedent adj. *procedent*
procediment m. *procedimiento*
procedir v. *proceder*
pròcer adj. *prócer*
procés m. *proceso*
processar v. *procesar*
processional adj. *procesional*
processionària f. *procesionaria*
processó f. *procesión*
proclama f. *proclama*
proclamació f. *proclamación*
proclamar v. *proclamar*
procliu adj. *proclive*
proclivitat f. *proclividad*
procònsol m. *procónsul*
procrear v. *procrear*
procurador, -a m. i f. *procurador*
procurar v. *procurar*
pròdig, -a adj. *pródigo*
prodigalitat f. *prodigalidad*
prodigar v. *prodigar*
prodigi m. *prodigio*
prodigiós, -osa adj. *prodigioso*

producció f. *producción*
producte m. *producto*
productiu, -iva adj. *productivo*
productor, -a adj. *productor*
produir v. *producir*
proemi m. *proemio*
proer m. *proel*
proesa f. *proeza*
profà, -ana adj. *profano*
profanació f. *profanación*
profanar v. *profanar*
profecia f. *profecía*
proferir v. *proferir*
profés, -essa m. i f. *profeso*
professar v. *profesar*
professió f. *profesión*
professional adj. *profesional*
professor, -a m. i f. *profesor*
professorat m. *profesorado*
profeta m. *profeta*
profetessa f. *profetisa*
profètic, -a adj. *profético*
profetitzar v. *profetizar*
profilàctic, -a adj. *profiláctico*
profilaxi f. *profilaxis*
profit m. *provecho*
profitós, osa adj. *provechoso*
pròfug, -a m. i f. *prófugo*
profund, -a adj. *profundo*
profunditat f. *profundidad*
profunditzar v. *profundizar*
profús, -usa adj. *profuso*
profusió f. *profusión*
progènie f. *progenie*
progenitor, -a m. i f. *progenitor*
programa m. *programa*
programar v. *programar*
progrés m. *progreso*
progressar v. *progresar*
progressió f. *progresión*
progressista adj. *progresista*
prohibició f. *prohibición*
prohibir v. *prohibir*
prohibitiu, -iva adj. *prohibitivo*
prohom m. *prohombre // paborde*
pròïsme m. *prójimo*
projecció f. *proyección*
projectar v. *proyectar*
projecte m. *proyecto*
projectil m. *proyectil*
prole f. *prole*
pròleg m. *prólogo*
proletari, -ària adj. *proletario*
proletariat m. *proletariado*
proliferació f. *proliferación*
proliferar v. *proliferar*

prolífic, -a adj. *prolífico*
prolix, -a adj. *prolijo*
prologar v. *prologar*
prolongació f. *prolongación*
prolongar v. *prolongar*
promedi m. *promedio*
promès, -esa adj. *prometido* // m. i f. *novio, prometido*
promesa f. *promesa*
prometatge m. *noviazgo*
prometre v. *prometer*
prominència f. *prominencia*
prominent adj. *prominente*
promiscuïtat f. *promiscuidad*
promissió f. *promisión*
promoció f. *promoción*
promocionar v. *promocionar*
promontori m. *promontorio*
promotor, -a m. i f. *promotor*
promoure v. *promover*
prompte, -a adj. i adv. *pronto*
promptitud f. *prontitud*
promulgació f. *promulgación*
promulgar v. *promulgar*
pronom m. *pronombre*
pronominal adj. *pronominal*
pronòstic m. *pronóstico*
pronosticar v. *pronosticar*
pronunciació f. *pronunciación*
pronunciar v. *pronunciar*
prop adv. i prep. *cerca*
propà m. *propano*
propagació f. *propagación*
propaganda f. *propaganda*
propagar v. *propagar*
propalar v. *propalar*
propendir v. *propender*
propens, -a adj. *propenso*
propensió f. *propensión*
proper, -a adj. *cercano, próximo*
propi, pròpia adj. *propio*
propici, -ícia adj. *propicio*
propiciar v. *propiciar*
propiciatori, -òria adj. *propiciatorio*
propietari, ària m. i f. *propietario*
propietat f. *propiedad*
propina f. *propina*
propinar v. *propinar*
propinc, -inqua adj. *propincuo, próximo*
proponent m. i f. *proponente*
proporció f. *proporción*
proporcionar v. *proporcionar*
proposar v. *proponer*
proposició f. *proposición*
propòsit m. *propósito*
proposta f. *propuesta*

propugnar v. *propugnar*
propulsar v. *propulsar*
propulsor, -a adj. *propulsor*
pròrroga f. *prórroga*
prorrogar v. *prorrogar*
prorrompre v. *prorrumpir*
prosa f. *prosa*
prosaic, -a adj. *prosaico*
prosàpia f. *prosapia*
prosceni m. *proscenio*
proscripció f. *proscripción*
proscrit, -a adj. *proscrito*
proscriure v. *proscribir*
prosèlit m. *prosélito*
proselitisme m. *proselitismo*
prosista m. i f. *prosista*
prosòdia f. *prosodia*
prosòdic, -a adj. *prosódico*
prosopopeia f. *prosopopeya*
prospecte m. *prospecto*
pròsper, -a adj. *próspero*
prosperar v. *prosperar*
prosperitat f. *prosperidad*
prossecució f. *prosecución*
prosseguir v. *proseguir*
pròstata f. *próstata*
prosternar v. *prosternar*
prostitució f. *prostitución*
prostituir v. *prostituir*
prostració f. *postración*
prostrar v. *postrar*
protagonista m. i f. *protagonista*
protagonitzar v. *protagonizar*
protecció f. *protección*
proteccionisme m. *proteccionismo*
protector, -a adj. *protector*
protegir v. *proteger*
proteïna f. *proteína*
pròtesi f. *prótesis*
protesta f. *protesta*
protestant m. i f. adj. *protestante*
protestantisme m. *protestantismo*
protestar v. *protestar*
protó m. *protón*
protocol m. *protocolo*
protocol·lari, -ària adj. *protocolario*
protohistòria f. *protohistoria*
protomàrtir m. i f. *protomártir*
protoplasma m. *protoplasma*
prototipus m. *prototipo*
protozou m. *protozoo*
protuberància f. *protuberancia*
prou adj. i adv. *bastante* // adv. *cierto, bien* // adv. *desde luego* // interj. *basta!*
prova f. *prueba* // *ensayo*
provable adj. *probable*

provar v. *probar* // *ensayar*
proveïdor, -a m. i f. *proveedor*
proveir v. *proveer*
provençal adj. *provenzal*
provenir v. *provenir*
proverbi m. *proverbio*
proverbial adj. *proverbial*
proveta f. *probeta*
providència f. *providencia*
providencial adj. *providencial*
província f. *provincia*
provincià, -ana adj. *provinciano*
provincial adj. *provincial*
provincianisme m. *provincianismo*
provinent adj. *proveniente*
provisió f. *provisión*
provisional adj. *provisional*
provisor, -a m. i f. *provisor*
provocació f. *provocación*
provocar v. *provocar*
provocatiu, -iva adj. *provocativo*
pròxim, -a adj. *próximo* // m. *prójimo*
proximitat f. *proximidad*
prudència f. *prudencia*
prudencial adj. *prudencial*
prudent adj. *prudente*
prudentment adv. *prudentemente*
pruïja f. *prurito, picor*
pruna f. *ciruela* // *castaña, trompazo*
prunera f. *ciruelo*
prurit m. *prurito*
prussià, -ana adj. *prusiano*
pseudònim m. *pseudónimo*
psicoanàlisi f. *psicoanálisis*
psicòleg, -oga m. i f. *psicólogo*
psicologia f. *psicología*
psicològic, -a adj. *psicológico*
psicosi f. *psicosis*
psiquiatre, -a m. i f. *psiquiatra*
psiquiatria f. *psiquiatría*
psíquic, -a adj. *psíquico*
pua f. *púa, pincho* // *peine* // *aguja* (de re-loj) // *huso*
púber adj. *púber*
pubertat f. *pubertad*
pubil, -a m. i f. *hijo único*
pubill, -a m. i f. *heredero*
pubis m. *pubis*
públic, -a adj. *público*
publicà m. *publicano*
publicació f. *publicación*
publicar v. *publicar*
publicista m. i f. *publicista*
publicitat f. *publicidad*
puça f. *pulga*
pudent adj. *hediondo* // *quisquilloso*

pudibund, -a adj. *pudibundo*
púdic, -a adj. *púdico*
pudir v. *heder, oler mal* // *heder, hartar*
1) pudor m. *pudor*
2) pudor f. *hedor, mal olor*
pudorós, -osa adj. *pudoroso*
puericultura f. *puericultura*
pueril adj. *pueril*
puerilitat f. *puerilidad*
puf m. *puf*
púgil m. *púgil*
pugilat m. *pugilato*
pugna f. *pugna*
pugnar v. *pugnar*
pugó m. *pulgón*
puig m. *monte, montaña*
puix adv. i conj. *pues, puesto que, ya que*
puixança f. *pujanza*
puixant adj. *pujante*
puja f. *alza, aumento* // *puja, licitación*
pujada f. *subida*
pujar v. *subir* // *montar*
pujol m. *colina, montículo*
pulcre, -a adj. *pulcro*
pulcritud f. *pulcritud*
pulla f. *pulla*
pul·lular v. *pulular*
pulmó m. *pulmón*
pulmonar adj. *pulmonar*
pulmonia f. *pulmonía*
púlpit m. *púlpito*
pulsació f. *pulsación*
pulverulent, -a adj. *pulverulento*
puma m. *puma*
punció f. *punción*
punible adj. *punible*
púnic, -a adj. *púnico*
punició f. *punición*
punir v. *castigar, punir*
punt m. *punto* // — d'honor *pundonor* // tan bon — *tan pronto como, en seguida que*
punta f. *punta*
puntada f. *puntada* // — de peu *puntapié*
puntal m. *puntal* // *rodrigón*
puntejar v. *puntear*
punter m. *puntero*
puntera f. *puntera*
punteria f. *puntería*
de puntetes adv. *de puntillas*
puntilla f. *puntilla*
puntillisme m. *puntillismo*
puntós, -osa adj. *puntoso, quisquilloso*
puntuació f. *puntuación*
puntual adj. *puntual*
puntualitat f. *puntualidad*

puntualitzar v. *puntualizar*
puntuar v. *puntuar*
punxa f. *punta, pincho // púa*
punxada f. *punzada*
punxant adj. *punzante*
punxar v. *punzar, pinchar*
punxegut, -uda adj. *puntiagudo*
punxida f. *punzada*
punxó m. *punzón*
puny m. *puño*
punyada f. *puñada, puñetazo*
punyal m. *puñal*
punyalada f. *puñalada*
punyent adj. *punzante, penetrante*
punyida f. *punzada, pinchazo*
punyir v. *punzar, pinchar // hurgar // incitar*
pupil, pupil·la m. i f. *pupilo*
pupil·la f. (de l'ull) *pupila*
pupil·latge m. *pupilaje*
pupitre m. *pupitre*
puput m. *abubilla // penacho*
pur, -a adj. *puro // tonto*
puré m. *puré*
puresa f. *pureza*

purga f. *purga*
purgació f. *purgación*
purgant adj. i m. *purgante*
purgar v. *purgar*
purgatori m. *purgatorio*
purificació f. *purificación*
purificar v. *purificar*
purista adj. *purista*
purità, -ana adj. *puritano*
puritanisme m. *puritanismo*
puro m. (cigar) *puro*
púrpura f. *púrpura*
purpuri, -úria adj. *purpúreo*
purpurina f. *purpurina*
púrria f. *gentuza*
purulent, -a adj. *purulento*
1) **pus** m. *pus*
2) **pus** adv. *más*
pusil·lànime adj. *pusilánime*
pusil·lanimitat f. *pusilanimidad*
pústula f. *pústula*
putrefacció f. *putrefacción*
putrefacte, -a adj. *putrefacto*
pútrid, -a adj. *pútrido*
putxinel·li m. *polichinela, títere*

Q

quadern m. *cuaderno*
quaderna f. *cuaderna*
quadra f. *sala, tarbea // salón // vela cuadra*
quadragenari, -ària adj. *cuadragenario*
quadragèsim, -a adj. *cuadragésimo*
quadrangle m. *cuadrángulo*
quadrant m. *cuadrante*
quadrar v. *cuadrar*
quadrat, -ada adj. i m. *cuadrado // m. edredón*
quadratura f. *cuadratura*
quadre m. *cuadro*
quadricular v. *cuadricular*
quadrienni m. *cuadrienio*
quadriga f. *cuadriga*
quadrilàter m. *cuadrilátero*
quadrilla f. *cuadrilla*
quadrimotor m. *cuatrimotor*
quadro m. *cuadro*
quadrumà, -ana adj. *cuadrumano*
quadrúpede m. *cuadrúpedo*
quàdruple adj. *cuádruple // cuádruplo*
quadryplicar v. *cuadruplicar*
qual adj. i pron. *cual // del —, de la —, dels quals cuyo*
qualcú pron. *alguien*
qualcun, -a adj. *alguno*
qualificació f. *calificación*
qualificar v. *calificar*
qualitat f. *calidad // cualidad*
quall m. *cuajo*
quallada f. *cuajada*
quallar v. *cuajar*
qualque adj. *algún*
qualsevol adj. i pron. *cualquiera, cualquier*
qualsevulla adj. i pron. *cualquiera*
quan adv. i conj. *cuando*
quant, -a adj. pron. i adv. *cuanto*
quantia f. *cuantía*
quantitat f. *cantidad*
quantitatiu, -iva adj. *cuantitativo*
quàquer, -a m. i f. *cuáquero*
quaranta adj. *cuarenta*
quarantè, -ena adj. *cuarenteno*
quarentena f. *cuarentena*

quarantí, -ina adj. *cuarentón*
quaresma f. *cuaresma*
quaresmer f. *cuaresmero*
quars m. *cuarzo*
quart, -a adj. i m. *cuarto*
quartejar v. *cuartear*
quarter m. *cuarto // cuartel*
quartera f. *cuartera // granero*
quarterada f. *cuarterada*
quarteró m. *cuarterón*
quartet m. *cuarteto*
quarteta f. *cuarteta*
quartilla f. *cuartilla*
quartó m. *cuarto, cuartón // distrito // hendidura, grieta*
quasi adv. i conj. *casi*
quaternari, -ària adj. *cuaternario*
quatre adj. *cuatro*
quatre-cents adj. *cuatrocientos*
que pron. i conj. *que*
1) què pron. interr. *¿qué?*
2) què pron. rel. *que*
quec, -a adj. *tartamudo*
queda f. *queda*
quedar v. *quedar*
quefer m. *quehacer // multitud*
queixa f. *queja*
queixal m. *muela*
queixalada f. *mordisco, dentellada // bocado // carcajada*
queixaler m. *sacamuelas*
queixar-se v. *quejarse*
queixós, -osa adj. *quejoso // quejumbroso*
quelcom pron. *algo // adv. algo, un poco*
queloni m. *quelonio*
quequejar v. *tartamudear*
queratina f. *queratina*
querella f. *querella*
querellar-se v. *querellarse*
querubí m. *querubín*
qüestió f. *cuestión*
qüestionar v. *cuestionar*
qüestionari m. *cuestionario*
qüestor m. *cuestor*
queviures m. pl. *víveres, comestibles*

qui pron. rel. *quien* // *que* // interr. *¿quien?*
quid m. *quid*
quiet, -a adj. *quieto*
quietud f. *quietud*
quilla f. *quilla*
quilo m. *kilo*
quilogram m. *kilogramo*
quilòmetre m. *kilómetro*
quilovat m. *kilovatio*
quim m. *quimo*
quimera f. *quimera* // *angustia, afán* // *rabia*
quimèric, -a adj. *quimérico*
químic, -a adj. *químico*
química f. *química*
quimono m. *quimono*
quin, -a pron. i adj. *qué, cuál*
quina f. *quina*
quincalla f. *quincalla*
quincalleria f. *quincallería*
quiniela f. *quiniela*
quinina f. *quinina*
quinquagenari, -ària adj. *quincuagenario*
quinqué m. *quinqué*
quinquennal adj. *quinquenal*
quinquenni m. *quinquenio*
quint, -a adj. *quinto*
quinta f. *quinta*
1) quintar m. *quintal*

2) quintar v. *quintar*
quintet m. *quinteto*
quíntuple adj. *quíntuple* // *quíntuplo*
quintuplicar v. *quintuplicar*
quinze adj. *quince*
quinzè, -ena adj. *quinceno* // *quinzavo*
quinzenal adj. *quincenal*
quiosc m. *kiosco*
quirat m. *quilate*
quiratar v. *aquilatar*
quiròfan m. *quirófano*
quiromància f. *quiromancia*
quiromàntic, -a adj. *quiromántico*
quirúrgic, -a adj. *quirúrgico*
quissó m. *gozque, perrito, cachorro*
quist m. *quiste*
quitança f. *finiquito*
quitar v. *pagar, saldar, finiquitar* // *compensar* // *redimir* // *rescatar*
quitina f. *quitina*
quitrà m. *alquitrán*
quitxalla f. *chiquillería*
quixot m. *quijote*
quixotisme m. *quijotismo*
quocient m. *cociente*
quòrum m. *quórum*
quota f. *cuota*
quotidià, -ana adj. *cotidiano, diario*

R

rabadà m. *zagal, rabadán*
rabassa f. *cepa // leño*
rabassut, -uda adj. *repolludo, rechoncho*
rabejar v. *remojar, enjuagar // sacudir //*
    rfl. *cebarse, ensañarse*
rabent adj. *veloz, rápido*
rabí m. *rabino*
ràbia f. *rabia*
rabiós, -osa adj. *rabioso*
rabiüt, -uda adj. *irascible, enconoso*
raboa f. (V. rabosa)
rabosa f. (mamífer) *zorra, raposa // basilis-
    co, cascarrabias*
raça f. *raza*
racial adj. *racial*
ració f. *ración*
raciocini m. *raciocinio*
racional adj. *racional*
racionament m. *racionamiento*
racionar v. *racionar*
racó m. *rincón*
raconada f. *rinconada, rincón*
raconera f. *rinconera*
rada f. *rada*
radar m. *radar*
radi m. *radio*
radiació f. *radiación*
radiador m. *radiador*
radial adj. *radial*
radiant adj. *radiante*
radiar v. *radiar*
radical adj. *radical*
radicar v. *radicar*
radicular adj. *radicular*
ràdio f. *radio*
radioactiu, -iva adj. *radioactivo*
radioactivitat f. *radioactividad*
radiodifusió f. *radiodifusión*
radiofonia f. *radiofonía*
radiofònic, -a adj. *radiofónico*
radiografia f. *radiografía*
radiòleg, -oga m. i f. *radiólogo*
radiologia f. *radiología*
radiooient m. i f. *radioyente*
radioscòpia f. *radioscopia*
radiotècnia f. *radiotecnia*

radioteràpia f. *radioterapia*
1) rafal m. (alqueria) *rafal*
2) rafal m. (cobertís) *cobertizo*
ràfec m. *alero, saledizo*
ràfega f. *ráfaga, racha*
ràfia f. *rafia*
1) rai adj. *bien // pase // ya lo creo! //
    nada // es lo de menos // menos mal*
2) rai m. *almadía*
raig m. (de llum) *rayo //* (de líquid) *chorro*
raïl m. *raíl*
raïm m. *racimo // uva*
raima f. *resma*
rajà m. *rajá*
rajada f. (peix) *raya*
rajar v. *manar, chorrear // brotar*
rajol m. *ladrillo*
rajola f. *ladrillo, baldosa*
rajoler m. *ladrillero*
rajolí m. *chorrito, hilo, hebra*
ral m. *real*
ralinga f. *relinga*
rall m. *parloteo, charla // habladuría*
1) rallar v. *charlar, parlotear // hablar*
2) rallar v. *rallar*
ram m. *rama // ramo*
rama f. *ramaje*
1) ramada f. *ramaje // enramada // ramazo*
2) ramada f. *rebaño // manada*
ramadà m. *ramadán*
ramader, -a adj. *ganadero*
ramaderia f. *ganadería*
ramal m. *ramal // ronzal // soga*
ramat m. *rebaño // manada // montón*
ramatge m. *ramaje*
rambla f. *rambla*
ramejat, -ada adj. *rameado*
ramell m. *ramo // ramillete*
rameller m. *florista // florero, búcaro*
ramificació f. *ramificación*
ramificar v. *ramificar*
ramnàcia f. *ramnácea*
1) rampa f. *calambre, rampa*
2) rampa f. *rampa, cuesta*
rampí m. *rastrillo //* m. i f. *colérico, irrita-
    ble*

ran 196

ran prep. i adv. *junto a, al lado, a la orilla // rozando, a ras // a raíz, a cercén*
ranci, rància adj. *rancio*
ranciesa f. *rancidez, ranciedad*
rancor f. o m. *rencor*
rancorós, -osa adj. *rencoroso*
rancúnia f. *rencor*
randa f. *randa, puntilla // encaje*
ranera f. *ronquera, estertor*
ranuncle m. *ranúnculo*
ranunculàcia f. *ranunculácea*
ranura f. *ranura*
ranxer m. *ranchero*
ranxo m. *grupo, bandada // rancho*
raó f. *razón*
raola f. *croqueta*
raonable adj. *razonable*
raonador, -a, adj. *razonador // chismoso*
raonament m. *razonamiento*
raonar v. *razonar, discurrir // hablar // murmurar*
raor m. *navaja de afeitar // (peix) papagallo*
rap m. *(peix) rape, pejesapo*
rapa f. *raspa, rampojo*
rapaç adj. *rapaz*
rapacitat f. *rapacidad*
rapada f. *arañazo*
rapar v. *rapar, rasurar // rascar // arañar // rfl. mesarse los cabellos*
rapè m. *rapé*
ràpid, -a adj. *rápido // m. rabión, rápido*
rapidesa f. *rapidez*
rapinya f. *rapiña*
rapinyada f. *arañazo*
rapinyar v. *arañar // rascar // rapiñar, robar*
rapsode, -a m. i f. *rapsoda*
rapsòdia f. *rapsodia*
raptar v. *raptar*
rapte m. *rapto*
raptor, -a m. i f. *raptor*
raqueta f. *raqueta*
raquidi, -ídia adj. *raquídeo, raquial*
raquis m. *raquis*
raquític, -a adj. *raquítico*
raquitisme m. *raquitismo*
rar, -a adj. *raro*
raresa f. *rareza*
ras, -a adj. *raso, rasurado // lleno hasta los bordes // raso, liso // m. raso // m. patio*
rasa f. *zanja // desaguadero // regato*
rasadora f. *rasero // rasera*
rasant adj. *rasante*
rasar v. *rasar, allanar*
rascada f. *rascada*

rascador m. *rascador, rascadera*
rascar v. *rascar*
rasclar v. *rastrillar // rascar*
rascle m. *rastra, grada // rastro, rastrillo*
raspa f. *escofina // raspajo, escobajo*
raspador m. *raspador*
raspadura f. *raspadura*
raspall m. *cepillo // raspajo // rastrillo*
raspallada f. *cepilladura*
raspallar v. *cepillar // dar coba, jabonar*
raspar v. *escofinar // raspar // rascar*
raspera f. *carraspera*
raspós, -osa adj. *rasposo, áspero*
rasqueta f. *rasqueta // raedera*
rastell m. *rastrillo*
rastre m. *rastro, pista // reguero*
rastrejar v. *rastrear, ventear // registrar*
rata f. *rata, ratón*
rata-pinyada f. *murciélago*
ratera f. *ratonera*
ratificació f. *ratificación*
ratificar v. *ratificar*
ratlla f. *raya, línea // surco*
ratllar v. *rayar // rallar*
ratolí m. *ratón, ratoncito // (del braç) biceps*
rat-penat m. *murciélago*
ratxa f. *racha*
ràtzia f. *razzia*
rauc, -a adj. *ronco*
raucar v. *croar*
raure v. *raer // rozar, escardar // rasar // anar a — ir a parar*
rauxa f. *arranque, arrebato*
rauxós, -osa adj. *caprichoso, antojadizo*
raval m. *arrabal*
rave m. *rábano // birria*
ravenet m. *rabanito // birria*
ravenissa f. *rabaniza*
1) re m. *(pl. rens) (paparra) rezno*
2) re m. *(nota musical) re*
reabsorbir v. *reabsorber*
reabsorció f. *reabsorción*
reacció f. *reacción*
reaccionar v. *reaccionar*
reaccionari, -ària adj. *reaccionario*
reactiu, -iva adj. *reactivo*
reactivar v. *reactivar*
reactor m. *reactor*
readmetre v. *readmitir*
readmissió f. *readmisión*
reafirmar v. *reafirmar*
1) real adj. *(que existeix) real*
2) real m. *(moneda) real*
realç m. *realce*
realçament m. *realce*
realçar v. *realzar*

realisme m. *realismo*
realista m. i f. *realista*
realitat m. i f. *realidad*
realització f. *realización*
realitzar v. *realizar*
reanimar v. *reanimar*
reaparèixer v. *reaparecer*
rearmament m. *rearme*
rearmar v. *rearmar*
rebaix m. *rebaja*
rebaixa f. *rebaja*
rebaixar v. *rebajar*
rebatre v. *rebatir // remachar // revocar*
rebava f. *rebaba, reborde*
rebé adv. *requetebién*
rebec, -a adj. *terco, tozudo, cascarrabias*
rebedor m. *recibidor, antesala*
rebeinét, -éta m. i f. *tataranieto // biznieto*
rebel adj. *rebelde*
rebel·lar v. *rebelar*
rebel·lia f. *rebeldia*
rebel·lió f. *rebelión*
rebentada f. *reventón // crítica destructiva*
rebentar v. *estallar, reventar*
rebequeria f. *terquedad, tozudez // rabieta*
rebesavi, -àvia m. i f. *tatarabuelo*
rebesnét, -a m. i f. *tataranieto*
reblanir v. *reblandecer, ablandar*
reblar v. *rellenar // remachar*
reble m. *remache // cascajo // piedra, guija-
rro // ripio*
reblir v. *llenar, rellenar*
rebolcada f. *revuelco*
realització f. *realización*
realitzar v. *realizar*
reanimar v. *reanimar*
reaparèixer v. *reaparecer*
rearmament m. *rearme*
rearmar v. *rearmar*
rebaix m. *rebaja*
rebaixa f. *rebaja*
rebaixar v. *rebajar*
rebatre v. *rebatir // remachar // revocar*
rebava f. *rebaba, reborde*
rebé adv. *requetebién*
rebec, -a adj. *terco, tozudo, cascarrabias*
rebedor m. *recibidor, antesala*
rebeinét, -éta m. i f. *tataranieto // biznieto*
rebel adj. *rebelde*
rebel·lar v. *rebelar*
rebel·lia f. *rebeldia*
rebel·lió f. *rebelión*
rebentada f. *reventón // crítica destructiva*
rebentar v. *estallar, reventar*
rebequeria f. *terquedad, tozudez // rabieta*
rebesavi, -àvia m. i f. *tatarabuelo*

rebesnét, -a m. i f. *tataranieto*
reblanir v. *reblandecer, ablandar*
reblar v. *rellenar // remachar*
reble m. *remache // cascajo // piedra, guija-
rro // ripio*
reblir v. *llenar, rellenar*
rebolcada f. *revuelco, revolcón*
rebolcar v. *revolcar*
reboll m. *retoño // mata, arbusto*
rebombori m. *alboroto, zarabanda // revue-
lo*
rebosillo m. *rebocillo*
rebost m. *despensa*
rebostejar v. *husmear, curiosear*
reboster, -a m. i f. *repostero, despensero*
rebosteria f. *repostería*
rebot m. *resalto, rebote*
rebotar v. *rebotar*
rebotiga f. *trastienda, rebotica*
rebotir v. *rebotar // arrojar // embutir //
hincharse*
rebotre v. *rebotar // arrojar*
rebre v. *recibir*
rebrec m. *estrujamiento, sobadura // resto,
residuo // trasto, calamidad*
rebregar v. *ajar, sobar, estrujar*
rebrot m. *pitón, vástago // retoño*
rebrotar v. *retoñar, renovarse*
rebuda f. *recepción, recibimiento // recibo*
rebuf m. *resoplido // rebufo // remoque, ta-
rascada*
rebufar v. *resoplar // (l'emblanquinat) po-
nerse escalfado*
rebuig m. *rechazo // desecho, rezago*
rebull m. *rehervor, hervor // bullicio*
rebullir v. *rehervir // rebullir*
rebut m. *recibo*
rebutjar v. *rehusar, rechazar*
rec m. *reguero, acequia // riego, regadío*
recaiguda f. *recaída*
recalar v. *abajar // bajar, rebajarse // reca-
lar*
recalcar v. *apretar // recalcar // apoyar,
afirmar // rfl. repantigarse*
recalcitrant adj. *recalcitrante*
recamar v. *recamar*
recambra f. *recámara*
recança f. *pesadumbre*
recanvi m. *recambio*
recapacitar v. *recapacitar*
recapitulació f. *recapitulación*
recapitular v. *recapitular*
recapta f. *recaudación*
recaptació f. *recaudación*
recaptador, -a m. *recaudador*
recaptar v. *guardar // alcanzar // recaudar,
percibir // adquirir*

recapte m. *cuidado, recaudo // provisión // vituallas, comida // leña, zurra*
recàrrec m. *recargo*
recarregar v. *recargar*
recaure v. *recaer*
recel m. *recelo*
recelar v. *recelar*
recelós, -osa adj. *receloso*
recensió f. *recensión*
recent adj. *reciente*
recentment adv. *recientemente*
recepció f. *recepción*
recepcionista m. i f. *recepcionista*
recepta f. *receta*
receptacle m. *receptáculo*
receptar v. *recetar*
receptiu, -iva adj. *receptivo*
receptor, -a adj. i m. i f. *receptor*
recer m. *abrigadero, abrigaño // abrigo*
recerar v. *abrigar, guarecer*
recerca f. *rebusca // investigación*
recercar v. *rebuscar // investigar*
recés m. *abrigo, resguardo, abrigaño // retiro*
reciclatge m. *reciclaje*
recinte m. *recinto*
recipient m. *recipiente*
recíproc, -a adj. *recíproco*
reciprocitat f. *reciprocidad*
recisar v. *reducir, disminuir*
recitació f. *recitación*
recital m. *recital*
recitar v. *recitar*
reclam m. *reclamo*
reclamació f. *reclamación*
reclamar v. *reclamar*
reclinar v. *reclinar*
reclinatori m. *reclinatorio*
recloure v. *recluir*
reclús, -usa adj. *recluso*
reclusió f. *reclusión*
recluta m. *recluta*
reclutar v. *reclutar*
recobrament m. *recuperación*
recobrar v. *recobrar*
recobrir v. *recubrir*
recol·lecció f. *recolección*
recol·lectar v. *recolectar*
recol·lecte, -a adj. *recoleto*
recollida f. *recogida*
recolliment m. *recogimiento*
recollir v. *recoger*
recolzament m. *apoyo*
recolzar v. *recodar // reclinar, recostar // apoyar*
recolze m. *recodo*

recomanació f. *recomendación*
recomanar v. *recomendar*
recompensa f. *recompensa*
recompensar v. *recompensar*
recompondre v. *recomponer*
recomptar v. *recontar*
recompte m. *recuento*
reconcentrar v. *reconcentrar*
reconciliació f. *reconciliación*
reconciliar v. *reconciliar*
recòndit, -a adj. *recóndito*
reconeixement m. *reconocimiento*
reconèixer v. *reconocer*
reconfort m. *confortación*
reconfortar v. *reconfortar*
reconquerir v. *reconquistar*
reconquesta f. *reconquista*
reconquista f. *reconquista*
reconquistar v. *reconquistar*
reconsiderar v. *reconsiderar*
reconstituent adj. *reconstituyente*
reconstituir v. *reconstituir*
reconstruir v. *reconstruir*
reconvenció f. *reconvención*
reconvenir v. *reconvenir*
recopilació f. *recopilación*
recopilar v. *recopilar*
record m. *recuerdo*
rècord m. *récord*
recordança f. *recuerdo*
recordar v. *recordar // rfl. acordarse*
recordatori, -òria adj. *recordatorio*
recorregut m. *recorrido*
recórrer v. *recorrer // recurrir*
recoure v. *recocer*
recreació f. *recreación // recreo*
recrear v. *recrear*
recreatiu, -iva adj. *recreativo*
recriminació f. *recriminación*
recriminar v. *recriminar*
recruar v. *recrudecer, agravarse // reavivar / / intr. saber mal*
rectangle m. *rectángulo*
rectangular adj. *rectangular*
recte, -a adj. i m. *recto*
rectificació f. *rectificación*
rectificar v. *rectificar*
rectilini, -ínia adj. *rectilíneo*
rectitud f. *rectitud*
rector, -a m. i f. i adj. *rector*
rectoral adj. *rectoral*
rectorat m. *rectorado*
rectoria f. *rectoría*
rècua f. *recua // cáfila, retahíla*
recuit, -a adj. *recocido // m. requesón*
reculada f. *reculada, reculón*

regadora

recular v. *recular*
de recules adv. *a reculones*
recull m. *recogida // colección*
de reculons adv. *a reculones*
recuperació f. *recuperación*
recuperar v. *recuperar*
recurs m. *recurso*
recusar v. *recusar*
redacció f. *redacción*
redactar v. *redactar*
redactor, -a m. i f. *redactor*
redempció f. *redención*
redemptor, -a adj. *redentor*
redimir v. *redimir*
rèdit m. *rédito*
rediviu, -iva adj. *redivivo*
redoblar v. *redoblar*
redoble m. *redoble*
redol m. *ruedo // andurrial // sitio // grupo*
redòs m. *ubrigadero, abrigaño, abrigo*
redossa f. *abrigaño, abrigo*
redossar v. *resguardar, abrigar*
redreça v. *enderezar // arreglar, recomponer*
reducció f. *reducción*
reducte m. *reducto*
reduir v. *reducir*
redundància f. *redundancia*
redundar v. *redundar*
reedificar v. *reedificar*
reeditar v. *reeditar*
reeducar v. *reeducar*
reeixir v. *salir bien, resultar bien // tener éxito, conseguir*
reelecció f. *reelección*
reelegir v. *reelegir*
reembarcament m. *reembarque*
reembarcar v. *reembarcar*
reembossament m. *reembolso*
reembossar v. *reembolsar*
reemplaçar v. *reemplazar*
reena f. *rehén*
reencarnació f. *reencarnación*
reencarnar v. *reencarnar*
reenganxar v. *reenganchar*
reexpedir v. *reexpedir*
reexportar v. *reexportar*
refectori m. *refectori*
refer v. *rehacer // resarcir // rfl. repensarse*
referència f. *referencia*
referendar v. *refrendar*
referèndum m. *referéndum*
referir v. *referir // revocar*
referit m. *revoque*
refermar v. *reanudar, renovar // reafirmar, afianzar // apoyar // arreciar*
refetor m. *refectorio*

refiar v. *fiarse, confiarse*
refilada f. *gorjeo*
refilar v. *aguzar, afilar // gorjear, trinar*
refilet m. *gorjeo, trino, gorgorito*
refinament m. *refinamiento*
refinar v. *refinar*
refineria f. *refinería*
reflectir v. *reflejar*
reflector, -a adj. *reflector*
reflex, -a adj. *reflejo*
reflexar v. *reflejar*
reflexió f. *reflexión*
reflexionar v. *reflexionar*
reflexiu, -iva adj. *reflexivo*
reflorir v. *reflorecer*
refluir v. *refluir*
reflux m. *reflujo*
refondre v. *refundir*
reforç m. *refuerzo*
reforçar v. *reforzar*
reforma f. *reforma*
reformar v. *reformar*
reformatori, -òria adj. i m. *reformatorio*
reformista adj. *reformista*
refracció f. *refracción*
refractar v. *refractar*
refractari, -ària adj. *refractario*
refrany m. *refrán*
refranyer m. *refranero*
refrec m. *roce*
refredament m. *enfriamiento // resfriado*
refredar v. *enfriar // refrigerar // resfriar*
refredat, -ada adj. i m. *resfriado*
refregada f. *refregón, rozadura*
refregar v. *refregar, rozar*
refregir v. *refreir // atormentar, atosigar*
refrenar v. *refrenar*
refresc m. *refresco*
refrescar v. *refrescar*
refrigeració f. *refrigeración*
refrigerar v. *refrigerar*
refrigeri m. *refrigerio*
refringent adj. *refringente*
refringir v. *refractar*
refrit m. *refrito*
refugi m. *refugio*
refugiar v. *refugiar*
refulgent adj. *refulgente*
refulgir v. *refulgir*
refús m. *rehusamiento, negativa // residuo // despojos*
refusar v. *rehusar // negarse*
refutació f. *refutación*
refutar v. *refutar*
regadiu m. *regadío*
regadora f. *reguera // regato // regadera*

regal m. *regalo*
regala f. *regala*
1) **regalar** v. *regalar* // rfl. *regalarse*
2) **regalar** v. (un líquid) *chorrear*
regalèssia f. *regaliz*
1) **regalim** m. *reguero, hilo*
2) **regalim** m. *regaliz*
regalimar v. *chorrear*
regany m. *grieta* // *regaño*
regar v. *regar*
regata f. *regata* // *ranura, estría*
regateig m. *regateo*
regatejar v. *regatear*
regència f. *regencia*
regeneració f. *regeneración*
regenerar v. *regenerar*
regent adj. *regente*
regentar v. *regentar*
regi, règia adj. *regio*
regicidi m. *regicidio*
regidor, -a m. i f. *regidor* // *concejal*
regidoria f. *concejalía*
règim m. *régimen*
regiment m. *regimiento*
regina f. *reina*
regió f. *región*
regional adj. *regional*
regir v. *regir*
regirar v. *revolver* // *remover* // *trastornar*
registrador, -a adj. *registrador*
registrar v. *registrar*
registre m. *registro*
regla f. *regla*
reglament m. *reglamento*
reglamentar v. *reglamentar*
reglamentari, -ària adj. *reglamentario*
regle m. *regla*
regna f. *rienda*
regnar v. *reinar*
regnat m. *reinado*
regne m. *reino*
regolfar v. *regolfar, remolinar*
regressió f. *regresión*
regruix m. *abultamiento, resalte, relieve*
reguer m. *acequia* // *canalera* // *regato*
reguera f. *acequia, reguera*
regueró m. *reguera, regato* // *canalera* // *cañada* // *reguero*
reguitzell m. *retahila, caterva*
1) **regular** adj. *regular*
2) **regular** v. *regular*
regularitat f. *regularidad*
regularitzar v. *regularizar*
regurgitar v. *regurgitar*
regust m. *resabio*
rehabilitar v. *rehabilitar*

rei m. *rey*
reial adj. *real*
reialesa f. *realeza*
reialme m. *reino*
reimpressió f. *reimpresión*
reimprimir v. *reimprimir*
reina f. *reina*
reïna f. *resina*
reincidència f. *reincidencia*
reincidir v. *reincidir*
reincorporar v. *reincorporar*
reingressar v. *reingresar*
reïnós, -osa adj. *resinoso*
reintegrar v. *reintegrar*
reiterar v. *reiterar*
reivindicació f. *reivindicación*
reivindicar v. *reivindicar*
reixa f. *reja*
reixat m. *enrejado*
rejovenir v. *rejuvenecer*
rel f. *raíz*
relació f. *relación*
relacionar v. *relacionar*
relat m. *relato*
relatar v. *relatar*
relatiu, -iva adj. *relativo*
relativisme m. *relativismo*
relativitat f. *relatividad*
relator, -a m. i f. *relator*
relaxació f. *relajación*
relaxar v. *relajar*
relegar v. *relegar*
religió f. *religión*
religiós, -osa adj. *religioso*
religiositat f. *religiosidad*
relíquia f. *reliquia*
reliquiari m. *relicario*
rellegir v. *releer*
rellent adj. *húmedo, liento* // m. *relente*
relleu m. *relieve* // *relevo* // *reserva* // *relieves, restos*
rellevant adj. *relevante*
rellevar v. *levantar* // *relevar*
relligador, -a m. i f. *encuadernador*
relligadura f. *encuadernación*
relligar v. *reatar* // *religar* // *encuadernar*
relliscada f. *resbalón*
relliscar v. *resbalar*
relliscós, -osa adj. *resbaladizo*
rellogar v. *realquilar, subarrendar*
rellogat, -ada m. i f. *subinquilino, realquilado*
rellotge m. *reloj*
rellotger m. *relojero*
rellotgeria f. *relojería*
relluent adj. *reluciente*

relluir v. *relucir*
rem m. *remo*
remar v. *remar, bogar*
remarcar v. *notar, observar*
rematar v. *rematar*
remei m. *remedio*
remeiar v. *remediar, curar //* *decrecer*
rememorar v. *rememorar*
remenament m. *meneo, movimiento*
remenar v. *menear, mover //* *remover, agitar*
remer m. *remero*
remesa f. *remesa*
remetre v. *remitir //* *arremeter*
remeulo m. *maullido*
reminiscència f. *reminiscencia*
remirat, -ada adj. *remirado, circunspecto*
remís, -issa adj. *remiso*
remissió f. *remisión*
remitent adj. *remitente*
remodelar v. *remodelar*
remoguda f. *remoción, removida*
rèmol m. *rodaballo*
remolatxa f. *remolacha*
remolc m. *remolque*
1) **remolcador** m. *remolcador*
2) **remolcador** m. *revolcadero*
remolcar v. *remolcar //* *revolver //* *revolcar //* *derribar //* *arrastrar*
remolest, -a adj. *brusco, áspero //* *vivo, resuelto*
remolí m. *remolino, molinete //* *torbellino*
remor f. *rumor //* *ruido, alboroto*
rèmora f. *rémora*
remordiment m. *remordimiento*
remordir v. *remorder*
remoreig m. *rumoreo*
remorejar v. *rumorear*
remorós, -osa adj. *rumoroso*
remot, -a adj. *remoto*
remoure v. *remover*
remugament m. *rumia //* *murmullo //* *murmuración*
remugant m. *rumiante*
remugar v. *rumiar //* *bocear //* *rezongar, refunfuñar*
remull adj. *remojado, calado //* m. *remojo*
remullada f. *remojón*
remullar v. *remojar, calar*
remuneració f. *remuneración*
remunerar v. *remunerar*
remuntar v. *remontar*
ren m. *reno*
renà, -ana m. i f. *renano*
renaixement m. *renacimiento*
renaixença f. *renacimiento*

renaixentista adj. *renacentista*
renàixer v. *renacer*
renal adj. *renal*
renda f. *renta //* *alquiler*
rendible adj. *rentable*
rendició f. *rendición*
rendiment m. *rendimiento*
rendir v. *rendir*
rendista m. i f. *rentista*
renec m. *maldición, blasfemia*
renegar v. *renegar //* *apostatar //* *maldecir, blasfemar //* rfl. *negarse, rebelarse, resistirse*
renegat, -ada m. i f. *renegado //* adj. *reacio, rebelde*
renéixer v. *renacer*
rengle m. *fila*
renglera f. *hilera, fila*
renill m. *relincho*
renillar v. *relinchar*
renoi! interj. *¡caramba!*
renom m. *renombre //* *apodo*
renou m. o f. *alboroto //* *ruido //* **en — revuelto, en desorden*
renouer, -a adj. *alborotador, ruidoso*
renovació f. *renovación*
renovar v. *renovar*
renovellar v. *renovar*
rentador m. *lavador //* *lavadero //* *fregadero*
rentadora f. *lavandera //* *lavadora*
rentamans m. *jofaina, palangana*
rentaplats m. *lavaplatos*
rentar v. *lavar*
renúncia f. *renuncia*
renunciament m. *renunciamiento*
renunciar v. *renunciar*
reny m. *regaño, reprensión*
renyada f. *reprimenda*
renyar v. *regañar, refunfuñar //* *reñir, reprender*
renyina f. *riña //* *rencilla*
renyinós, -osa adj. *regañón, pendenciero //* *rencilloso*
renyir v. *reñir*
reobertura f. *reapertura*
reobrir v. *reabrir*
reordenar v. *reordenar*
reorganització f. *reorganización*
reorganitzar v. *reorganizar*
reòstat m. *reóstato*
repapar-se v. *repantigarse*
repapieig m. *chochez*
repapiejar v. *chochear*
reparació f. *reparación*
reparar v. *reparar, restaurar //* *divisar, ver, notar*

repartiment m. *reparto*
repartir v. *repartir*
repàs m. *repaso*
repassada f. *repaso*
repassar v. *repasar*
repratriació f. *repatriación*
repatriar v. *repatriar*
repèl m. *repelo* // *repelón, padrastro*
repel·lent adj. *repelente*
repel·lir v. *repeler*
repeló m. *repelón* // *padrastro, repelón* // *cachito, trocito*
repelós, -osa adj. *repeloso* // *quisquilloso* // *áspero, desabrido*
de repent adv. *de repente*
repentí, -ina adj. *repentino*
repercussió f. *repercusión*
repercutir v. *repercutir*
repertori m. *repertorio*
repetició f. *repetición*
repetir v. *repetir*
repic m. *repique*
repicada f. *repiqueteo*
repicar v. *repicar*
repintar v. *repintar*
repisa f. *repisa*
replà m. *rellano*
replantejar v. *replantear*
replè, -ena adj. *relleno, repleto*
replec m. *repliegue* // *reunión, acopio*
replegar v. *replegar* // *recoger* // *reunir* // *coger* // *pillar, atrapar*
rèplica f. *réplica*
replicar v. *replicar*
repoblar v. *repoblar*
repodrir v. *repudrir*
repolir v. *repulir*
reportar v. *reportar*
reportatge m. *reportaje*
repòrter m. *reportero*
repòs m. *reposo*
reposar v. *reponer* // *reposar, descansar* // rfl. *calmarse, sosegarse*
reposició f. *reposición*
reprendre v. *recobrar* // *reemprender* // *revenir* // *aumentar, crecer* // *reprender*
reprensible adj. *reprensible*
reprensió f. *reprensión, reprimenda*
represa f. *recuperación* // *renovación, refuerzo*
represàlia f. *represalia*
representació f. *representación*
representar v. *representar*
representatiu, -iva adj. *representativo*
repressió f. *represión*
repressiu, -iva adj. *represivo*

reprimenda f. *reprimenda*
reprimir v. *reprimir*
rèprobe, -a m. i f. *réprobo*
reproducció f. *reproducción*
reproductor, -a m. i f. *reproductor*
reproduir v. *reproducir*
reprotxar v. *reprochar*
reprotxe m. *reproche*
reprovació f. *reprobación*
reprovar v. *reprobar*
reptar v. *tachar* // *retar, desafiar* // *reprender, reñir*
repte m. *reprensión* // *arranque, arrebato*
rèptil m. *reptil*
república f. *república*
republicà, -ana adj. *republicano*
repudi m. *repudio*
repudiar v. *repudiar*
repugnància f. *repugnancia*
repugnar v. *repugnar*
repujar v. *repujar*
repulsa f. *repulsa*
repulsiu, -iva adj. *repulsivo*
repunt m. *pespunte*
repuntar v. *pespuntear*
reputació f. *reputación*
reputar v. *reputar*
requeriment m. *requerimiento*
requerir v. *requerir*
rèquiem m. *réquiem*
requincalla f. *quincalla*
requisa f. *requisa*
requisar v. *requisar*
requisit m. *requisito*
requisitori, -òria adj. *requisitorio*
reraguarda f. *retaguardia*
rere adv. i prep. *tras, detrás de*
res pron. (en frases afirmatives, interrogatives o condicionals) *algo* // (en frases negatives) *nada*
rés m. *rezo*
resar v. *rezar*
rescabalar v. *compensar, resarcir* // rfl. *resarcirse, desquitarse*
rescalfar v. *recalentar*
rescat m. *rescate*
rescatar v. *rescatar*
rescindir v. *rescindir*
rescissió f. *rescisión*
resclosa f. *presa, azud*
resclosit, -ida adj. *avahado* // **olor de —** *tufo de estadizo*
reserva f. *reserva*
reservar v. *reservar*
resguard m. *resguardo*
resguardar v. *resguardar*

residència f. *residencia*
resident adj. *residente*
residir v. *residir*
residu m. *residuo*
resignació f. *resignación*
resignar v. *resignar*
resina f. *resina*
resinós, -osa adj. *resinoso*
resistència f. *resistencia*
resistent adj. *resistente*
resistir v. *resistir*
resoldre v. *resolver*
resoluble adj. *resoluble*
resolució f. *resolución*
respatla o respatlla f. *respaldo*
respatller m. *respaldo* // *contrafuerte*
respectable adj. *respetable*
respectar v. *respetar*
respecte m. *respeto* // *respecto* // prep. — **a**
  respecto a, con respecto a
respectiu, -iva adj. *respectivo*
respectuós, -osa adj. *respetuoso*
respir m. *respiro*
respiració f. *respiración*
respirall m. *respiradero*
respirar v. *respirar*
respiratori, -òria adj. *respiratorio*
resplendent adj. *resplandeciente*
resplendir v. *resplandecer* // *reflejarse* // *resonar, repercutir*
resplendor m. *resplandor*
respondre v. *responder*
respons m. *responso*
responsabilitat f. *responsabilidad*
responsable adj. *responsable*
responsori m. *responsorio*
resposta f. *respuesta*
resquícia f. *resto* // *miaja, brizna*
1) **resquill** m. *roce*
2) **resquill** m. *salpicadura* // *migaja*
resquillar v. *resbalar* // *rozar*
ressaca f. *resaca*
1) **ressaga** f. (retrocés de l'aigua de mar) *resaca*
2) **ressaga** f. (cosa que queda endarrere) *rezago*
ressagar-se v. *rezagarse*
ressalt m. *resalte*
ressaltar v. *resaltar*
ressec, -a adj. *reseco*
ressecar v. *resecar*
ressentiment m. *resentimiento*
ressentir v. *resentir*
ressenya f. *reseña*
ressenyar v. *reseñar*
resseure's v. *asentarse*

ressò m. *resón*
ressol m. *resol*
ressonància f. *resonancia*
ressonar v. *resonar*
ressopó m. *cena de medianoche, segunda cena*
ressorgir v. *resurgir*
ressort m. *resorte*
ressortir v. *resalir* // *resaltar, sobresalir* // *resultar, salir*
ressuscitar v. *resucitar*
resta v. *resto* // *resta*
restabliment m. *restablecimiento*
restablir v. *restablecer*
restant adj. *restante*
restar v. *restar* // *quedar*
restauració f. *restauración*
restaurant m. *restaurante*
restaurar v. *restaurar*
restitució f. *restitución*
restituir v. *restituir*
restrènyer v. *estrechar, contraer* // *astringir, restriñir* // *apretar* // *restringir, limitar* // *reprimir, impedir*
restrenyiment m. *estreñimiento*
restret, -a adj. *restringido, estrecho* // *estreñido*
restricció f. *restricción*
restringir v. *restringir*
resultar v. *resultar*
resultat m. *resultado*
resum m. *resumen*
resumir v. *resumir*
resurrecció f. *resurrección*
ret f. *red*
retall m. *recorte, retazo, retal*
retallar v. *recortar, cercenar*
retaló m. *zancajo, calcañar* // *cacho, trozo*
retard m. *retraso, retardo*
retardar v. *retardar, retrasar*
retaule m. *retablo* // *cuadro*
retenció f. *retención*
retenir v. *retener*
retent adj. *fértil, productivo, rentable*
retentiu, -iva adj. *retentivo*
retentiva f. *retentiva*
retgirar v. *asustar, sobresaltar*
retgiró m. *susto, espanto, sobresalto*
reticència f. *reticencia*
reticent adj. *reticente*
reticular adj. *reticular*
retina f. *retina*
retir m. *retiro*
retirada f. *retirada*
retirar v. *retirar* // *parecerse, asemejarse*
retoc m. *retoque*

retocar v. *retocar*
rètol m. *rótulo, letrero*
retolar v. *rotular*
retop m. *rebote, rechazo*
retorçar v. *retorcer*
retòrcer v. *retorcer*
retorciment m. *retorcimiento*
retòric, -a adj. *retórico*
retorn m. *retorno, regreso* // *devolución* // *repetición*
retornar v. *volver, regresar* // *devolver* // intr. *volver en sí* // rfl. *rehacerse, recobrarse* // tr. *volver a la vida, rehacer*
retorta f. *retorta*
retortilló m. *torcedura, retortijón*
retracció f. *retracción*
retractació f. *retractación*
retractar v. *retractar*
retràctil adj. *retráctil*
retraïment m. *retraimiento*
retranca f. *ataharre* // pl. *tirantes*
retrat m. *retrato*
retratar v. *retratar*
retratista m. i f. *retratista*
retre v. *devolver* // *dar, entregar* // *rendir, producir* // *cundir, rendir* // rfl. *rendirse* // *dejar, abandonar*
retret m. *renuevo, retoño* // *cargo, reproche* // **-a** adj. *retraído* // m. *retrete*
retreta f. *retiro* // *retirada* // *retreta*
retreure v. *retraer, retirar* // *nombrar, sacar a relucir* // *echar en cara, reprochar*
retribució f. *retribución*
retribuir v. *retribuir*
retroactiu, -iva adj. *retroactivo*
retrocedir v. *retroceder*
retrocés m. *retroceso*
retrògrad, -a adj. *retrógrado*
retrogradar v. *retrogradar*
retronar v. *retronar, retumbar*
retrospectiu, -iva adj. *retrospectivo*
retrovisor m. *retrovisor*
retruc m. *retruque*
retruny m. *resón, retumbo*
retrunyir v. *resonar, retronar, retumbar*
returar v. *parar, detener* // intr. *tartamudear*
retut, -uda adj. *rendido* // *inútil*
retxa f. *raya, línea* // *renglón* // *reja*
retxar v. *rayar*
retxat m. *reja, rejilla* // *rayado*
retxillera f. *aspillera* // *rendija, hendidura*
reu m. *reo*
de reüll adv. *de reojo*
reuma m. *reuma* // f. *síntoma*
reumatisme m. *reumatismo*
reumatòleg, -oga m. i f. *reumatólogo*

reunió f. *reunión*
reunir v. *reunir*
revàlida f. *reválida*
revalidar v. *revalidar*
revaloritzar v. *revalorizar*
reveixinar v. *encrespar, erizar* // *irritar*
revelació f. *revelación*
revelar v. *revelar*
revellir v. *avejentar*
revenda f. *reventa*
revendre v. *revender*
revenedor, -a m. i f. *revendedor*
revenir v. *volver, regresar* // *reanudarse* // *crecer, aumentar* // *rehacerse, reponerse*
revenja f. *revancha, desquite*
reverberar v. *reverberar*
reverdir v. *reverdecer* // *retoñar* // *renovar*
reverència f. *reverencia*
reverenciar v. *reverenciar*
reverend, -a adj. *reverendo*
reverent adj. *reverente*
reverentment adv. *reverentemente*
revers m. *reverso*
reversible adj. *reversible*
revertir v. *revertir*
revés m. *revés*
revessega f. *retortijón*
revestiment m. *revestimiento*
revestir v. *revestir*
revetla o revetlla f. *velada* // *vigilia (de fiesta), verbena*
reveure v. *rever, volver a ver* // **a —** *hasta luego, hasta la vista*
revifar v. *reavivar, reanimar* // rfl. *revivir, reanimarse*
revinclada f. *retorcida, sacudida*
revingut, -uda adj. *revenido, crecido* // *robusto, recio*
revisar v. *revisar*
reviscolar v. tr. *reavivar* // intr. *revivir, reanimarse*
revisió f. *revisión*
revisor, -a m. i f. *revisor*
revista f. *revista*
revistar v. *revistar*
reviure v. *revivir*
revocació f. *revocación*
revocar v. *revocar*
revolada f. *revuelo* // *sacudida*
revolar v. *revolar, revolotear*
revolt, -a adj. *revuelto* // m. *revuelta* // m. *arcada*
revoltós, -osa adj. *revoltoso*
revolució f. *revolución*
revolucionar v. *revolucionar*
revolucionari, -ària adj. *revolucionario*

revòlver m. *revólver*
revulsiu, -iva adj. *revulsivo*
ria f. *ría*
rialla f. *risa* // *risotada* // adj. *reidor*
riallada f. *risotada*
rialler, -a adj. *risueño*
riba f. *ribera* // *malecón, espigón*
ribell m. *lebrillo*
ribella f. *palangana, jofaina*
ribera f. *orilla, ribera* // *cuenca* // *río*
riberenc, -a adj. *ribereño*
ribot m. *cepillo* (de carpintero)
ribotejar v. *cepillar*
ric, -a adj. *rico*
ricí m. *ricino*
rictus m. *rictus*
ridícul, -a adj. *ridículo*
ridiculesa f. *ridiculez*
ridiculitzar v. *ridiculizar*
riera f. *torrente*
rierada f. *riada* // *retahila*
rierol m. *riachuelo, arroyo*
rifa f. *rifa,*
rifar v. *rifar, sortear* // *burlar, tomar el pelo*
rifle m. *rifle*
rígid, -a adj. *rígido*
rigidesa f. *rigidez*
rigodons m. pl. *ridodón*
rigor f. o m. *rigor*
rigorisme m. *rigorismo*
rigorós, -osa adj. *riguroso*
rima f. *rima*
rimar v. *rimar*
rimmel m. *rímel*
rinitis f. *rinitis*
rinoceront m. *rinoceronte*
rínxol m. *rizo, guedeja*
rioler, -a adj. *risueño*
riota f. *risotada* // *befa*
riquesa f. *riqueza*
ris m. *rizo*
risc m. *riesgo*
risible adj. *risible*
rissar v. *rizar* // *crespar* // *arremangar* // *zurrar*
ritmar v. *ritmar*
ritme m. *ritmo*
rítmic, -a adj. *rítmico*
ritu m. *rito*
ritual adj. *ritual*
riu m. *río*
riuada f. *riada*
riure v. *reír*
rival m. i f. *rival*
rivalitat f. *rivalidad*
rivalitzar v. *rivalizar*

rivet m. *ribete* // *cenefa, orla*
rivetar v. *ribetear*
rizoma m. *rizoma*
roba f. *ropa* // *tela, paño*
robar v. *robar*
robatori m. *latrocinio, robo*
robavellaire m. i f. *ropavejero*
robí m. *rubí*
robot m. *robot*
robust, -a adj. *robusto*
robustesa f. *robustez*
roc m. *piedra*
roca f. *roca*
rocallós, -osa adj. *rocoso*
rococó m. *rococó*
rocós, -osa adj. *rocoso*
roda f. *rueda* // *roda* // *vuelta* // *círculo*
rodalia f. *alrededores, contornos*
rodament m. *rodamiento, giro* // — **de cap** *vahido, vértigo*
rodamón m. i f. *vagabundo, trotamundos*
rodanxa f. *rodaja*
rodanxó, -ona adj. *regordete, rechoncho*
rodapeu m. *rodapié*
rodar v. *rodar* // *girar, voltear* // *rondar, vagar* // *recorrer, correr*
rodatge m. *rodaje*
rodejar v. *rodear*
rodella f. *círculo* // *rodaja* // *rodela* // *blanco* (de tiro)
rodet m. *rodillo* // *carrete*
rodó, -ona adj. *redondo* // *harto, saciado* // **tot lo** — *alrededor*
rododèndron m. *rododendro*
rodolar v. *rodar*
rodolí m. *redondel, rodaja* // *aleluya* // *pareado*
de rodolons adv. *dando tumbos*
rodonesa f. *redondez*
roegar v. (V. **rosegar**)
roent adj. *candente* // *ardiente* // *encendido*
rogallós, -osa adj. *ronco*
rogativa f. *rogativa*
rogenc, -a adj. *rojizo*
rogent adj. *encendido*
roger m. *salmonete*
roi m. *chorro*
roí, -ïna adj. *ruín, mezquino*
roiar v. *chorrear*
roig, roja adj. *rojo* // *pelirrojo*
roïna f. *llovizna*
roïnejar v. *lloviznar*
roïnesa f. *ruindad*
rojor f. *rojez*
rol m. *rol*
1) rom m. *ron*

2) **rom, -a** adj. *romo*
romà, -ana m. i f. *romano*
romanç m. *romance* // pl. *cuentos, canciones*
romança f. *romanza*
romancejar v. *roncear*
romancer m. *romancero* // *romancista* // adj. *remolón, pausado*
romandre v. *quedar* // *pernoctar*
romanent m. *remanente, resto*
romanès, -esa m. i f. *rumano*
romaní m. *romero*
romànic, -a adj. *románico*
romanista m. i f. *romanista*
romàntic, -a adj. *romántico*
romanticisme m. *romanticismo*
rombe m. *rombo*
rombòedre m. *romboedro*
romboide m. *romboide*
romeria f. *romería*
romeu, -eva m. i f. *romero, peregrino*
romiatge m. *romería, peregrinación*
rompent m. o f. *rompiente*
rompiment m. *rompimiento*
rompre v. *romper*
ronc m. *ronquido* // **-a** adj. *ronco*
roncar v. *roncar* // *arrullar* // *chirriar* // *rezongar*
ronda f. *ronda*
rondalla f. *cuento, conseja*
rondar v. *rondar*
rondinaire adj. *refunfuñador*
rondinar v. *refunfuñar, rezongar*
rondineig m. *murmullo, gruñido*
rondó m. *rondó*
rònec, rònega adj. *pelado, seco, escueto*
ronquera f. *ronquera*
a la ronsa *a la ronza* // *a la deriva*
ronsal m. *ronzal*
ronsejar v. *roncear, remolonear*
ronya f. *roña, sarna* // *porquería*
ronyó m. *riñón*
ronyonada f. *riñonada*
ronyós, -osa adj. *roñoso*
roquer adj. *roquero* // m. *roquedal*
roquet m. *roquete*
roquissar m. *roquedal*
ros, rossa adj. *rubio*
rosa f. *rosa* // (malaltia) *sarampión*
rosaci, -àcia adj. *rosáceo*
rosada f. *rocío* // *escarcha*
rosari m. *rosario*
rosassa m. *rosetón*
rosat, -ada adj. *rosado*
rosca f. *rosca*
roscar v. *atarrajar*

rosec m. *roedura* // *bocado* // *resquemor*
rosegada f. *roedura*
rosegador, -a adj. *roedor*
rosegar v. *roer* // *corroer*
rosegó m. *mendrugo*
rosella f. *amapola*
roser m. *rosal*
roserar m. *rosaleda*
rosetó m. *rosetón*
rosquilla f. *rosquilla*
ròssec m. *arrastre* // *dejo, resto* // *atraso, rezago*
rossegall m. *cola, rastra*
rossegar v. *arrastrar*
a rossegons o **de rossegons** *a rastras*
rossellonès, -esa adj. *rosellonés*
rossí m. *rocín*
rossinant m. *rocinante*
rossinyol m. *ruiseñor*
rost, -a adj. *pendiente, escarpado* // m. *escarpa, declive, pendiente*
rostidora f. *fuente para asar*
rostir v. *asar* // *tostar* // *resquemar, curtir*
rostit m. *asado* // **-ida** adj. *tostado* // adj. *duro*
rostoll m. *rastrojo* // *gentuza, purria*
rostollar v. *alzar*
rostral adj. *rostral*
rostre m. *rostro*
rot m. *eructo*
rota f. *barbecho* // *pegujal*
rotació f. *rotación*
rotar v. *eructar* // *rebosar*
rotatiu, -iva adj. *rotativo*
rotatori, -òria adj. *rotatorio*
rotllana f. *roldana, rodaja* // *rodete, rosca* // *círculo, corro*
rotlle m. *ruedo* // *redondel* // *corro* // *círculo* // *rodaja* // (de la lluna) *halo* // **treure a** — *sacar a relucir*
rotlo m. (V. **rotlle**)
rotonda f. *rotonda*
ròtula f. *rótula*
rotund, -a adj. *rotundo*
rou m. *rocío*
roure m. *roble*
roureda f. *robledo, robledal*
rovegar v. vg. (V. **rosegar**)
rovell m. *orín, herrumbre* // (d'ou) *yema* // *meollo* // *moho*
rovellar v. *aherrumbrar, enmohecer, oxidar*
rovelló m. *níscalo*
rovellós, -osa adj. *mohoso, herrumbroso*
rua f. *arruga* // *rúa* // *hilera* // *recua*
ruar v. *arrugar*
rubèola f. *rubéola*

rubicund, -a adj. *rubicundo*
rubidi m. *rubidio*
ruble m. *rublo*
rubor m. i f. *rubor*
ruboritzar v. *ruborizar*
ruborós, -osa adj. *ruboroso*
rúbrica f. *rúbrica*
rubricar v. *rubricar*
ruc, -a m. i f. *pollino // burro // estúpido, torpe*
rucada f. *burrada*
ruda f. *ruda*
rude adj. *rudo*
rudement m. *rudamente*
rudesa f. *rudeza*
rudiment m. *rudimento*
rudimentari, -ària adj. *rudimentario*
ruec, -a adj. *enclenque, raquítico*
rufià m. *rufián*
rúfol, -a adj. *nublado, borrascoso // siniestro*
rugir v. *rugir*
rugit m. *rugido*
rugós, -osa adj. *rugoso*
rugositat f. *rugosidad*
ruibarbre m. *ruibarbo*
ruïna f. *ruína*
ruïnós, -osa adj. *ruinoso*
ruixada f. *chaparrón*
ruixar v. *rociar*
ruixat m. *chaparrón, chubasco*
ruixim m. *llovizna // salpicaduras*

ruleta f. *ruleta*
rull m. *rollo // rizo, bucle //* adj. *crespo, rizado*
rullar v. *rizar, encrespar*
rumb m. *rumbo*
rumba f. *rumba*
rumbós, -osa adj. *rumboso*
rumiar v. *rumiar*
ruminant m. *rumiante*
ruminar v. *rumiar*
rumor f. o m. *rumor*
rum-rum m. o f. *runrún*
runa f. *ruín // escombros, cascote // orujo*
rupestre adj. *rupestre*
rúpia f. *rupia*
ruptura f. *ruptura*
ruqueria f. *burrería // burrada*
rural adj. *rural*
ruralia f. *ruralía*
rus, russa m. i f. *ruso*
rusc m. *colmena*
rústec, rústega adj. (V. **rústic**)
rústic, -a adj. *rústico // zafio // rudo, áspero*
ruta f. *ruta*
rutilant adj. *rutilante*
rutilar v. *rutilar*
rutina f. *rutina*
rutinari, -ària adj. *rutinario*
rutlla f. *rodaja*
rutllar v. *arrollar, rizar // rodar // funcionar, andar bien*

S

1) **sa** art. f. *la*
2) **sa** pron. f. *su*
3) **sa** o **sà, sana** adj. *sano*
saba f. *resabio // savia*
sabadellenc, -a m. i f. *sabadellense*
sabana f. *sabana*
sabata f. *zapato // casco // pezuña // zapata // zoquete*
sabatada f. *zapatazo // desatino, dislate*
sabatejar v. *zapatear // zarandear*
sabater m. *zapatero*
sabateria f. *zapatería*
sabàtic, -a adj. *sabático*
sabatilla f. *zapatilla*
sabedor, -a m. i f. *sabedor*
sabent adj. *rancioso // sabedor // sabio*
saber v. i m. *saber // — de cor saber de memoria // — pels caps dels dits saber al dedillo // no — dos i dos quants fan no saber cuántas son cinco // no — què es pesca o no — quin cap li va davant estar desorientado, no saber lo que se pesca*
saberut, -uda adj. *sabio, sabiondo // curioso, entrometido*
sabó m. *jabón*
saboner, -a adj. *jabonero*
sabonera f. *jabonera // espuma*
sabonós, -osa adj. *jabonoso*
sabor m. i f. *sabor*
saborino m. *gusto, sabor*
saborós, -osa adj. *sabroso*
sabotatge m. *sabotaje*
sabotejar v. *sabotear*
sabrada f. *sablazo*
sabre m. *sable*
sabut, -uda adj. *sabido // sabio, entendido*
sac m. *saco*
saca f. *saca*
sacada f. *saco lleno // batacazo*
sacar v. *sacar*
sacarí, -ina adj. *sacarino*
sacàrid m. *sacárido*
sacarina f. *sacarina*
sacarosa f. *sacarosa*
sacerdoci m. *sacerdocio*

sacerdot m. *sacerdote*
sacerdotal adj. *sacerdotal*
sacerdotessa f. *sacerdotisa*
saciar v. *saciar*
sacietat f. *saciedad*
sacramental adj. *sacramental*
sacre, -a adj. *sacro*
sacrificar v. *sacrificar*
sacrifici m. *sacrificio*
sacríleg, -a adj. *sacrílego*
sacrilegi m. *sacrilegio*
sacristà m. (V. **sagristà**)
sacristia f. (V. **sagristia**)
sacrosant, -a adj. *sacrosanto*
sacsada f. *sacudida, zabuqueo*
sacsar v. *sacudir, traquetear*
sacsejar v. (V. **sacsar**)
sàdic, -a adj. *sádico*
sadisme m. *sadismo*
sadollar v. *saciar, hartar, saturar*
safalcar v. *amanojar // dominar, rendir*
safareig m. *alberca, estanque*
safata f. *bandeja*
sàfic, -a adj. *sáfico*
safir m. *zafiro*
safra f. *bandeja*
safrà m. *azafrán*
1) **saga** f. (part posterior) *zaga*
2) **saga** f. *saga*
sagaç adj. *sagaz*
sagacitat f. *sagacidad*
sagal m. *zagal // mozuelo, muchacho*
sageta f. *saeta // relámpago // veleta // centella*
sagí m. *manteca, enjundia*
sagita f. *sagita*
sagitari m. *sagitario*
sagnar v. *sangrar*
sagnia f. *sangría*
sagnós, -osa adj. *sanguinolento*
sagrament m. *sacramento*
sagramental adj. *sacramental*
sagramentar v. *sacramentar*
sagrari m. *sagrario*
sagrat, -ada adj. *sagrado*

sagristà, -ana m. i f. *sacristán*
sagristia f. *sacristía*
saguer, -a adj. *zaguero*
saharià, -ana m. i f. *sahariano*
saig m. *alguacil, pregonero*
saïm m. *manteca*
sainet m. *sainete*
sajolida f. *ajedrea*
sal f. *sal* // per pa i per — *en gran abundancia*
sala f. *sala* // la Sala *el ayuntamiento*
salabror f. *salsedumbre*
salabrós, -osa adj. *saladillo, salobre*
salacot m. *salacot*
saladina f. *salobre*
saladura f. *saladura, salazón*
salamandra f. *salamandra*
salaó f. *salazón*
salar v. *salar*
salari m. *salario*
salconduit m. *salvoconducto*
saldar v. *saldar*
saldo m. *saldo*
saler m. *salero*
salesià, -ana m. i f. *salesiano*
salfumant m. *ácido clorhídrico*
salí, -ina adj. *salino*
sàlic, -a adj. *sálico*
salicil m. *salicilo*
salinós, -osa adj. *salobre*
salitre m. *salitre*
saliva f. *saliva* // *salivazo*
salivera f. *salivación* // *espumarajos*
salm m. *salmo*
salmó m. *salmón*
salmòdia f. *salmodia*
salmodiar v. *salmodiar*
salmorra f. *salmuera*
salnitre m. *salitre*
saló m. *salón*
salobrar m. *salobral*
salomònic, -a adj. *salomónico*
salpar v. *zarpar, levar anclas* // *pescar, sacar* // *birlar*
salpasser m. *hisopo, aspersorio*
salpebrar v. *salpimentar*
salsa f. *salsa*
salsera f. *salsera* // *orza*
salsir v. *requemar, achicharrar*
salsitxa f. *salchicha*
salt m. *salto* // *asalto* // *soto*
saltador, -a m. i f. *saltador, saltón*
saltar v. *saltar*
saltataulells m. *hortera*
saltejador, -a m. i f. *salteador*
saltejar v. *saltar* // *saltear* // *asaltar*

saltimbanqui m. *saltimbanqui*
saltiri m. *salterio*
saltiró m. *saltito*
saltironar v. *triscar, retozar*
salubre adj. *salubre*
salubritat f. *salubridad*
saludable adj. *saludable*
saludar v. *saludar*
salut f. *salud* // m. *saludo*
salutació f. *salutación, saludo*
salva f. *salva*
salvació f. *salvación*
salvador, -a adj. *salvador*
salvadorenc, -a m. i f. *salvadoreño*
salvaguardar v. *salvaguardar*
salvament m. *salvamento*
salvar v. *salvar*
salvatge m. *salvaje*
salvatgeria f. *salvajería, salvajismo*
salvatgina f. *salvajina*
salvatgisme m. *salvajismo*
salvatjada f. *salvajada*
salvavides m. *salvavidas*
salve f. *salve*
sàlvia f. *salvia*
salze m. *sauce*
salzereda f. *salcedo, saucedal*
samarità, -ana adj. *samaritano*
samarra f. *zamarra, pellico*
samarreta f. *camiseta*
sambenet m. *sambenito*
samfaina f. *chanfaina* // *batiburrillo*
samovar m. *samovar*
samurai m. *samurai*
sanar v. *sanar, curar* // *castrar*
sanatori m. *sanatorio*
sanció f. *sanción*
sancionar v. *sancionar*
sàndal m. *sándalo*
sandàlia f. *sandalia*
sandvitx m. *sandwich*
sanedrí m. *sanedrín*
sanefa f. *cenefa*
sanejament m. *saneamiento*
sanejar v. *sanear*
sang f. *sangre* / fer — *sangrar*
sanglot m. *sollozo* // *hipo*
sanglotar v. *sollozar* // *hipar* // *chapotear*
sangonent, -a adj. *sangrante, sangriento*
sangonera f. *sanguijuela*
sanguina f. *sanguina*
sanguinari, -ària adj. *sanguinario*
sanguini, -ínia adj. *sanguíneo*
sanguinolent adj. *sanguinolento*
sanitari, -ària adj. *sanitario*
sanitat f. *sanidad*

sànscrit m. *sánscrito*
sant, -a adj. *santo*
santedat f. *santidad*
santificació f. *santificación*
santificar v. *santificar*
santoral m. *santoral*
santuari m. *santuario*
saó m. *sazón* // *lluvia favorable*
sapa f. *zapa*
sapador m. *zapador*
sapastre m. *chapucero* // *zopenco, tonto* //
  presumido
sapí m. *pino carrasco*
sapiència f. *sapiencia, sabiduría*
saqueig m. *saqueo*
saquejar v. *saquear*
sarabanda f. *zarabanda*
saragata f. *zaragata*
sarau m. *sarao* // *zaragata*
sarbatana f. *cerbatana*
sarcasme m. *sarcasmo*
sarcàstic, -a adj. *sarcástico*
sarcòfag m. *sarcófago*
sard, -a ·m. i f. *sardo*
sardana f. *sardana*
sardina f. *sardina*
sardinal m. *sardinal*
sardinell m. *sardinel, bordillo* // *umbral*
sardònic, -a adj. *sardónico*
sarg m. (peix) *sargo* // *tuno, astuto*
sargantana f. *lagartija*
sargil m. *sayal*
sargir v. *zurcir*
sargit m. *zurcido*
sarja f. *sarga*
sarment m. i f. *sarmiento*
sarmentós, -osa adj. *sarmentoso*
sarna f. *sarna* // *caspa*
sarnós, -osa adj. *sarnoso*
sarraí, -ïna m. i f. *sarraceno*
sàrria f. *serón* // pl. *cencèrrada*
sarrió m. *serón*
sarró m. *zurrón* // *pellejo* // *morral*
sarsa f. *zarza* // *zarzaparrilla* ·
sarsuela f. *zarzuela*
sarzidura f. *zurcido*
sarzir v. *zurcir*
sastre m. *sastre*
sastreria f. *sastrería*
sastressa f. *sastra*
satànic, -a adj. *satánico*
satanisme m. *satanismo*
satèl·lit m. *satélite*
sàtir m. *sátiro*
sàtira f. *sátira*
satíric, -a adj. *satírico*

satiritzar v. *satirizar*
satisfacció f. *satisfacción*
satisfactori, -òria adj. *satisfactorio*
satisfer v. *satisfacer*
sàtrapa m. *sátrapa*
saturar v. *saturar*
saüc m. *saúco*
sauna f. *sauna*
sauri m. *saurio*
saurí m. *zahorí*
savi, sàvia adj. *sabio* // *cuerdo, sensato*
sàviament adv. *sabiamente*
saviesa f. *sabiduría, sensatez*
savina f. *sabina*
saxífraga f. *saxífraga*
saxó, -ona adj. *sajón*
saxofon m. *saxofón*
se pron. rfl. *se*
sebaci, -àcia adj. *sebáceo*
sebel·lí m. *alcaraván*
seborrea f. *seborrea*
sebre v. (V. **saber**)
sec, -a adj. *seco* // m. *seca* // m. *sequía*
seca f. *bajío* // *seca*
secà, -ana adj. *secano*
secada f. *sequía*
secant m. o f. *secante*
secció f. *sección*
seccionar v. *seccionar*
secessió f. *secesión*
secor f. *sequedad*
secreció f. *secreción*
secret, -a adj. i m. *secreto*
secretari, -ària m. i f. *secretario*
secretaria f. *secretaría*
secretariat m. *secretariado*
secretejar v. *secretear*
secretor, -a adj. *secretor*
secta f. *secta*
sectari, -ària adj. *sectario*
sector m. *sector*
secular adj. *secular*
secularitzar v. *secularizar*
secundar v. *secundar*
secundari, -ària adj. *secundario*
seda f. *seda* // *sabañón*
sedal m. *sedal*
sedalina f. *sedalina*
sedant adj. *sedante*
sedàs m. *cedazo*
sedatiu, -iva adj. *sedativo*
sedentari, -ària adj. *sedentario*
sedeny, -a adj. *sedeño* // m. *sedal* // m.
  soga
sederia f. *sedería*
sedició f. *sedición*

sediciós, -osa adj. *sedicioso*
sediment m. *sedimento*
sedimentar v. *sedimentar*
sedós, -osa adj. *sedoso*
seducció f. *seducción*
seductor, -a m. i f. *seductor*
seduir v. *seducir*
sefardita m. i f. *sefardí*
sega f. *siega*
segada f. *siega, segazón*
segador, -a m. i f. *segador*
segar v. *segar* // rfl. *cortarse, abrirse* // rfl. *embotarse*
segell m. *sello*
segellar v. *sellar*
seglar m. i f. *seglar*
segle m. *siglo*
segment m. *segmento*
segmentar v. *segmentar*
segó m. *salvado*
sègol m. *centeno*
segon, -a adj. *segundo* // m. *segundo*
segons prep. i conj. *según*
segregació f. *segregación*
segregar v. *segregar*
segrest m. *secuestro*
segrestar v. *secuestrar*
seguda f. *sentada*
següent adj. *siguiente*
seguici m. *seguimiento* // *séquito acompañamiento* // *retahíla*
seguida f. *seguimiento* // *seguida, ringlera* // **de** — *en seguida*
seguidilla f. *seguidilla*
seguiment m. *seguimiento*
seguir v. *seguir*
seguit, -ida adj. *seguido* // adv. *continuamente* // **tot** — *en seguida* // — — *continuamente, sin cesar* // m. **un** — *una serie, una retahíla*
segur, -a adj. *seguro*
seguretat f. *seguridad*
seient m. *asiento*
seïsme m. *seísmo*
seixanta adj. *sesenta*
seixantè, -ena adj. *sesenteno, sexagésimo*
seixantí, -ina adj. *sesentón, sexagenario*
selaci m. *selacio*
selecció f. *selección*
seleccionar v. *seleccionar*
selecte, -a adj. *selecto*
selectiu, -iva adj. *selectivo*
selectivitat f. *selectividad*
seleni m. *selenio*
1) **selenita** f. (sulfat) *selenita*
2) **selenita** m. i f. (habitant de la Lluna) *selenita*

sella f. *silla* (de montar) // *concavidad, curvatura*
seller m. *sillero, guarnicionero*
selletó m. *sillín*
selva f. *selva*
selvàtic, -a adj. *selvático*
semàfor m. *semáforo*
semal f. *comporta*
semàntic, -a adj. *semántico*
semblança f. *semejanza* // *imagen* // *semblanza*
semblant adj. *semejante, parecido* // m. *parecer, aspecto, apariencia* // m. *semblante*
semblantment adv. *igualmente, de igual modo*
semblar v. *parecer, semejar*
sembra f. *siembra*
sembrar v. *sembrar* // *plantar*
sembrat m. *sembrado*
semen m. *semen*
semença f. *simiente*
sement f. *simiente, semilla*
semental m. *semental*
sementer m. *sembrado* // *sementera*
semestral adj. *semestral*
semestre m. *semestre*
semicercle m. *semicírculo*
semicircumferència f. *semicircunferencia*
semicorxera f. *semicorchea*
semifinal adj. *semifinal*
semifusa f. *semifusa*
seminació f. *seminación*
seminari m. *seminario*
seminarista m. *seminarista*
semiòtic, -a adj. *semiótico*
semita m. i f. *semita*
semític, -a adj. *semítico*
semitò m. *semitono*
semivocal f. *semivocal*
sémola f. *sémola*
sempenta f. *empujón*
sempentejar v. *empujar, dar empujones*
sempitern, -a adj. *sempiterno*
sempre adv. *siempre*
sempreviva f. *siempreviva*
senador m. *senador*
senadoria f. *senaduría*
senalla f. *espuerta, cenacho*
senar adj. *impar* // **parells i senars** *pares y nones*
senat m. *senado*
senatorial adj. *senatorial*
sencer, -a adj. *entero*
el sendemà *al día siguiente*
sender m. *senda, sendero*
sendera f. *sendero* // *capillo*

senderi m. *seso, sindéresis*
senectut f. *senectud, vejez*
senegalès, -esa m. i f. *senegalés*
a senendret *a derechas*
senequista adj. *senequista*
senglar m. *jabalí*
sengles adj. *sendos*
senil adj. *senil*
senilitat f. *senilidad*
sens prep. *sin*
sensació f. *sensación*
sensacional adj. *sensacional*
sensacionalista m. i f. *sensacionalista*
sensat, -a adj. *sensato*
sensatesa f. *sensatez*
sense prep. *sin*
sensibilitat f. *sensibilidad*
sensibilitzar v. *sensibilizar*
sensible adj. *sensible*
sensibleria f. *sensiblería*
sensitiu, -iva adj. *sensitivo*
sensorial adj. *sensorial*
sensual adj. *sensual*
sensualitat f. *sensualidad*
sentència f. *sentencia*
sentenciar v. *sentenciar*
sentiment m. *sentimiento*
sentimental adj. *sentimental*
sentimentalisme m. *sentimentalismo*
sentina f. *sentina*
sentinel·la f. i m. *centinela*
sentir v. *sentir // oir*
sentit m. *sentido*
sentor f. *aroma, olor*
seny m. *seso, entendimiento, cordura*
senya f. *seña*
senyal m. *señal // lunar, antojo // testículo*
senyalar v. *señalar*
senyaler m. *abanderado*
senyalització f. *señalización*
senyalitzar v. *señalizar*
senyar v. *señalar // asignar // dibujar // santiguar*
senyera f. *bandera, pendón*
senyor, -a m. i f. *señor // dueño // propietario // esposo, marido*
senyora-àvia f. *abuela*
senyor-avi m. *abuelo*
senyorejar v. *señorear*
senyoret, -a m. i f. *señorito*
senyoria f. *señoría // autoridad // señorío*
senyorial adj. *señorial*
senyoriu m. *señorío*
senzill, -a adj. *sencillo // delgado, flaco // flojo, endeble*
senzillesa f. *sencillez*
sèpal m. *sépalo*

separació f. *separación*
separar v. *separar*
separatisme m. *separatismo*
separatista adj. *separatista*
sepeli m. *sepelio*
sèpia f. *sepia*
septenari, -ària adj. *septenario*
septentrió m. *septentrión*
septentrional adj. *septentrional*
sèptic, -a adj. *séptico*
septicèmia f. *septicemia*
sèptim, -a adj. *séptimo*
sèptuple, -a adj. *séptuplo*
sepulcral adj. *sepulcral*
sepulcre m. *sepulcro*
sepultar v. *sepultar*
sepultura f. *sepultura*
sequaç m. i f. *secuaz*
sequedat f. *sequedad*
seqüela f. *secuela*
seqüència f. *secuencia*
sèquia f. *acequia*
sequier m. *acequiero*
ser v. *ser*
serafí m. *serafín*
seràfic -a adj. *seráfico*
serè, -ena adj. *sereno*
serena f. *sereno, relente // remusgo*
serenada f. *serenata*
serenar v. *serenar*
serenitat f. *serenidad*
sereno m. *sereno*
serenor f. *serenidad*
serf, serva m. i f. *siervo*
sergent m. *sargento*
serial adj. i m. *serial*
sericultura f. *sericultura*
sèrie f. *serie*
serietat f. *seriedad*
serigot m. *suero // aguachirle*
sèrio, -a adj. (V. **seriós**)
sermó m. *sermón*
sermonejar v. *sermonear*
serós, -osa adj. *seroso*
serp f. *serpiente, culebra*
serpejar v. *serpentear*
serpent f. *serpiente, culebra*
serpentejar v. *serpentear*
serpentí, -ina adj. *serpentino*
serra f. *sierra // cordillera, sierra*
1) **serrà** m. (peix) *serrano*
2) **serrà, -ana** adj. *serrano*
serradora f. *aserradero*
serradura f. *aserradura // pl. serrín*
serralada f. *cordillera // serranía*
serrar v. *aserrar // (les dents) cerrar*

silvestre

serrat m. *cordillera // cerro, loma // monte, bosque*
serrell m. *fleco, cairel // flequillo*
sèrum m. *suero*
serva f. *serba, sorba // tortazo, castaña*
servar v. *sostener // regir // conservar // guardar*
servei m. *servicio*
servent, -a m. i f. *sirviente, servidor*
server m. *serbal*
servera f. *serbal*
servici m. *servicio*
servicial adj. *servicial*
servidor, -a m. i f. *servidor*
servil adj. *servil*
servilisme m. *servilismo*
serviola f. i m. *serviola*
servir v. *servir*
servitud f. *servidumbre*
sèssil adj. *sésil*
sessió f. *sesión*
sesta f. *siesta*
sestejar v. *sestear*
1) set f. *sed*
2) set adj. num. *siete*
setanta adj. *setenta*
setantè, -ena adj. *setenteno, septuagésimo*
setantí, -ina adj. *septuagenario*
set-cents, -entes adj. *setecientos*
set-ciències m. i f. *sábelotodo*
setè, -ena adj. *séptimo*
setembre m. *septiembre*
setge m. *sitio, asedio*
setí m. *satén*
setial m. *sitial*
setinar v. *satinar*
setmana f. *semana*
setmanal adj. *semanal*
setmanari m. *semanario*
setmesó, -ona m. i f. *sietemesino*
setrí m. (V. **setrill**)
setrill m. *alcuza, aceitera*
setrilleres f. pl. *vinagreras, angarillas*
setze adj. *dieciséis*
setzè, -ena adj. *décimosexto*
1) seu f. *sede // catedral, seo*
2) seu, seva pron. *suyo, su*
sèu m. *sebo, grasa // manteca // paliza*
seure v. *estar sentado // sentarse, asentarse*
sever, -a adj. *severo*
sèver m. *acíbar*
severitat f. *severidad*
sexagenari, -ària m. i f. *sexagenario*
sexe m. *sexo*
sexenni m. *sexenio*
sext, -a adj. *sexto*

sextant m. *sextante*
sextet m. *sexteto*
sèxtuple adj. *séxtuplo*
sexual adj. *sexual*
sexualitat f. *sexualidad*
1) si conj. *si*
2) si pron. pers. *sí // **tornar en si** volver en sí*
3) si m. *seno*
4) si m. (nota musical) *si*
sí adv. d'afirm. *sí*
siamès, -esa adj. *siamés*
sibarita m. i f. *sibarita*
siberià, -ana adj. *siberiano*
sibilant adj. *sibilante*
sibil·la f. *sibila*
sibil·lí, -ina adj. *sibilino*
sicari m. *sicario*
sicilià, -ana m. i f. *siciliano*
sicòmor m. *sicómoro*
sideral adj. *sideral*
siderúrgia f. *siderurgia*
siderúrgic, -a adj. *siderúrgico*
sidra f. *sidra*
sífilis f. *sífilis*
sifó m. *sifón*
sigil m. *sigilo*
sigil·lós, -osa adj. *sigiloso*
sigla f. *sigla*
sigma f. *sigma*
signant m. i f. *firmante*
signar v. *signar, señalar // firmar*
signatari, -ària m. i f. *signatario*
signatura f. *signatura // firma*
signe m. *signo*
significació f. *significación*
significar v. *significar*
significat m. *significado*
significatiu, -iva adj. *significativo*
silenci m. *silencio*
silenciar v. *silenciar*
silenciós, -osa adj. *silencioso*
sílex m. *sílex*
sílfide f. *sílfide*
silicat m. *silicato*
sílice f. *sílice*
silici m. *silicio*
síl·laba f. *sílaba*
sil·labari m. *silabario*
sil·labejar v. *silabear*
sil·làbic, -a adj. *silábico*
sil·logisme m. *silogismo*
silueta f. *silueta*
silur m. *siluro*
silva f. *silva*
silvestre adj. *silvestre*

silvicultura f. *silvicultura*
simbiosi f. *simbiosis*
símbol m. *símbolo*
simbòlic, -a adj. *simbólico*
simbolitzar v. *simbolizar*
simbomba f. *zambomba*
simetria f. *simetría*
simètric, -a adj. *simétrico*
simfonia f. *sinfonía*
simfònic, -a adj. *sinfónico*
simi m. *simio, mono*
simiesc, -a adj. *simiesco*
símil m. *símil*
similar adj. *similar*
similitud f. *similitud*
simonia f. *simonía*
simpatia f. *simpatía*
simpàtic, -a adj. *simpático*
simpatitzar v. *simpatizar*
simple adj. *simple, sencillo*
simplicitat f. *simplicidad*
simplificar v. *simplificar*
simplista adj. *simplista*
simposi m. *simposio*
símptoma m. *síntoma*
simptomàtic, -a adj. *sintomático*
simulació f. *simulación*
simulacre m. *simulacro*
simular v. *simular*
simultaneïtat f. *simultaneidad*
simultani, -ània adj. *simultáneo*
simultàniament adv. *simultáneamente*
simun m. *simún*
sina f. *seno*
sinagoga f. *sinagoga*
sinalefa f. *sinalefa*
sincer, -a adj. *sincero*
sincerar v. *sincerar*
sinceritat f. *sinceridad*
sincopar v. *sincopar*
síncope f. *síncopa // síncope*
sincretisme m. *sincretismo*
sincronia f. *sincronía*
sincronitzar v. *sincronizar*
sindèresi f. *sindéresis*
síndic m. *síndico*
sindical adj. *sindical*
sindicalisme m. *sindicalismo*
sindicar v. *sindicar*
sindicat m. *sindicato*
síndria f. *sandía*
síndrome m. *síndrome*
sinèresi f. *sinéresis*
singladura f. *singladura*
singlar v. *singlar*
1) **singló** m. *gajo*

2) **singló** m. (en nàutica) *singlón*
singlot m. (V. **sanglot**)
singlotar v. (V. **sanglotar**)
singular adj. *singular*
singularitat f. *singularidad*
singularitzar v. *singularizar*
sínia f. *noria*
sinistrament adv. *siniestramente*
sinistre, -a adj. *siniestro*
sinó conj. *sino*
sínode m. *sínodo*
sinònim, -a adj. *sinónimo*
sinonímia f. *sinonimia*
sinopsi f. *sinopsis*
sinòptic, -a adj. *sinóptico*
sintàctic, -a adj. *sintáctico*
sintaxi f. *sintaxis*
síntesi f. *síntesis*
sintètic, -a adj. *sintético*
sintetitzar v. *sintetizar*
sintonia f. *sintonía*
sintonitzar v. *sintonizar*
sinuós, -osa adj. *sinuoso*
sinuositat f. *sinuosidad*
sinus m. (en geometria) *seno*
sinusitis f. *sinusitis*
sionisme m. *sionismo*
sípia f. *jibia*
síquia f. *acequia // zanja // rodada*
siquier m. *acequiero*
sirena f. *sirena*
sirga f. *sirga*
sirgar v. *sirgar // ir bien, marchar*
sirià, -ana m. i f. *sirio*
síriac, -a adj. *siríaco*
sirventès m. *serventesio*
sis adj. *seis*
sis-cents, -entes adj. *seiscientos*
sisè, -ena adj. *sexto*
sisme m. *sismo, seísmo*
sísmic, -a adj. *sísmico*
sismògraf m. *sismógrafo*
sismografia f. *sismografía*
sismòleg, -oga m. i f. *sismólogo*
sismologia f. *sismología*
sismòmetre m. *sismómetro*
sistema m. *sistema*
sistemàtic, -a adj. *sistemático*
sistematitzar v. *sistematizar*
sístole f. *sístole*
siti m. *asiento // sitio, base // sitio, asedio, cerco // lugar // asiento*
sitial m. *sitial // asiento*
sitiar v. *sitiar, asediar*
sitja f. *silo // carbonera*
sitrieres f. pl. (V. **setrilleres**)

situació f. *situación*
situar v. *situar*
siular v. *silbar*
siulell m. *silbato*
siulo m. *silbido*
siurell m. (V. **siulell**)
sivella f. *hebilla*
1) so m. *son, sonido*
2) so art. m. (precedit de "amb") *el*
soberg, -a adj. *soberbio, gallardo // excesivo // pesado, difícil*
sobirà, -ana adj. *soberano*
sobirania f. *soberanía*
sobra f. *sobra*
sobrant adj. *sobrante*
sobrar v. *sobrar*
sobrassada f. *sobrasada*
sobre prep. i adv. *sobre, encima //* m. *sobre*
sobreabundància f. *sobreabundancia*
sobrealimentar v. *sobrealimentar*
sobrecàrrec m. *sobrecargo*
sobrecàrrega f. *sobrecarga*
sobrecarregar v. *sobrecargar* ·
sobrecoberta f. *sobrecubierta*
sobredit, -a adj. *sobredicho, susodicho.*
sobreeixir v. *sobresalir // rebosar, derramarse*
sobreentendre v. *sobreentender*
sobreestimar v. *sobreestimar*
sobreexcitar v. *sobreexcitar*
sobrefalda f. *sobrefalda*
sobrehumà, -ana adj. *sobrehumano*
sobrenatural adj. *sobrenatural*
sobrenedar v. *sobrenadar*
sobrenom m. *sobrenombre*
sobrepassar v. *sobrepasar*
sobrepellís m. *sobrepelliz*
sobreposar v. *sobreponer*
sobrer, -a adj. *sobrante*
sobres f. pl. *exceso // desmán, demasía*
sobresalt m. *sobresalto*
sobresaltar v. *sobresaltar*
sobrescrit m. *sobrescrito*
sobrescriure v. *sobrescribir*
sobreseïment m. *sobreseimiento*
sobreseure v. *sobreseer*
sobresortir v. *sobresalir*
sobresou m. *sobresueldo*
sobrestant m. *sobrestante*
sobretaula m. *cubremesa, tapete //* f. o m. *sobremesa*
sobretot adv. *sobre todo // en fin //* m. *sobretodo, gabán*
sobrevalorar v. *sobrevalorar*
sobrevenir v. *sobrevenir*
sobrevent m. *barlovento, sobreviento*

sobreviure v. *sobrevivir*
sobrevolar v. *sobrevolar*
sobri, sòbria adj. *sobrio*
sobrietat f. *sobriedad*
sobtar v. *sorprender // cortar, interrumpir*
de sobte adv. *súbitamente, de pronto*
soc m. *zueco // cepa, leño // cepo // zoquete // tapia // tozudo*
soca f. *cepa, tocón // tronco // zueco // zoquete*
socaire m. *socaire*
de soca-rel adv. *de cuajo*
socarrar v. *chamuscar, tostar*
socarrim m. *chamusquina, socarrina*
socarrimar v. *chamuscar*
soci, sòcia m. i f. *socio*
sociabilitat f. *sociabilidad*
sociable adj. *sociable*
social adj. *social*
socialisme m. *socialismo*
socialista adj. *socialista*
socialitzar v. *socializar*
societat f. *sociedad*
sociòleg, -oga m. i f. *sociólogo*
sociologia f. *sociología*
sòcol m. *zócalo*
socórrer v. *socorrer*
socors m. *socorro*
socràtic, -a adj. *socrático*
soda f. *soda*
sodi m. *sodio*
sòdic, -a adj. *sódico*
sofà m. *sofá*
sofert, -a adj. *sufrido*
sofisma m. *sofisma*
sofista m. i f. *sofista*
sofisticar v. *sofisticar*
sofraja f. *corva // jarrete, corvejón*
sofre m. *azufre*
sofregir v. *sofreir*
sofregit m. *sofrito*
sofrenar v. *sofrenar*
sofrença f. *sufrimiento*
sofrible adj. *sufrible*
1) sofridor, -a m. i f. *sufridor*
2) sofridor, -a adj. *sufrible, tolerable*
sofriment m. *sufrimiento*
sofrir v. *sufrir*
sofrit m. *sofrito*
soga f. *soga*
sogre, -a m. i f. *suegro*
soia f. *soja*
soiar v. (V. **sollar**)
sojorn m. *reposo // residencia*
sojornar v. *residir, habitar*
1) sol m. *sol*

2) **sol** m. (nota musical) *sol*
3) **sol, -a** adj. *solo / tot* —, *tota sola solo, sola*
sòl m. *suelo // fondo // solera*
sola f. *suela // planta* (del pie)
solaç m. *solaz*
solaçar v. *solazar*
solada f. *poso, heces*
1) **solament** adv. *sólo, solamente*
2) **solament** m. *cimientos, fundamentos // solar*
solana f. *soleada // solano // bancal*
solapa f. *solapa // regala*
1) **solar** m. (de casa) *solar*
2) **solar** adj. (del sol) *solar //* m. *solano*
solatge m. *posos, heces // restos // barreduras*
solc m. *surco*
solcar v. *surcar*
soldà m. (V. **sultà**)
soldada f. *soldada*
soldadesca f. *soldadesca*
soldadura f. *soldadura*
soldar v. *soldar*
soldat m. *soldado*
en soldemà *al día siguiente*
solecisme m. *solecismo*
soledat m. *soledad*
solellada f. *soleada*
solellar v. *solear*
solemne adj. *solemne*
solemnitat f. *solemnidad*
solemnitzar v. *solemnizar*
soler v. *soler*
solera f. *tabicado plano // solera // umbral // dintel*
soleta f. *soleta // regala*
solfa f. *solfa // trepe // flema, pachorra //* pl. *solfas, cuentos*
solfeig m. *solfeo*
solfejar v. *solfear*
sòlid, -a adj. *sólido*
solidari, -ària adj. *solidario*
solidaritat f. *solidaridad*
solidaritzar v. *solidarizar*
solidesa f. *solidez*
solideu m. *solideo*
solidificar v. *solidificar*
soliloqui m. *soliloquio*
solípede m. *solípedo*
solista m. i f. *solista*
sòlit, -a adj. *sólito, acostumbrado*
solitari, -ària adj. *solitario*
solitud f. *soledad*
soll m. *chorreadura, barrizal //* f. *pocilga*
sollar v. *ensuciar*

sollevar v. *levantar // remover, dar náuseas // revolver // sublevar*
sol·lícit, -a adj. *solícito*
sol·licitar v. *solicitar*
sol·licitud f. *solicitud*
solo m. (en música) *solo*
sols adv. *solamente, sólo // — no* o **ni tan** *— ni siquiera // —* **que** *con tal que, mientras*
solstici m. *solsticio*
solt, -a adj. *suelto*
solter, -a adj. *suelto // soltero*
solteria f. *soltería*
soltesa f. *soltura*
soluble adj. *soluble*
solució f. *solución*
solucionar v. *solucionar*
solvència f. *solvencia*
solvent adj. *solvente*
som, -a adj. *somero, superficial*
somada f. *carga*
somàtic, -a adj. *somático*
somer m. *burro*
somera f. *burra, asna*
sometent m. *somatén*
somiador, -a m. i f. *soñador*
somiar v. *soñar*
somiatruites m. i f. *soñador, visionario*
somicar v. *lloriquear, sollozar*
somicó m. *lloriqueo*
somier m. *somier*
sòmines m. *pasmón*
somnàmbul, -a m. i f. *sonámbulo*
somnambulisme m. *sonambulismo*
somni m. *sueño*
somniar v. *soñar*
somnífer, -a adj. *somnífero*
somnolència f. *somnolencia*
somnolent, -a adj. *soñoliento*
somort, -a adj. *mortecino, apagado*
somoure v. *remover // irritar, excitar // sublevar*
somrient adj. *sonriente*
somrís m. *sonrisa*
somriure v. *sonreír*
1) **son** m. (acte de dormir) *sueño //* f. (ganes o necessitat de dormir) *sueño*
2) **son, sa** adj. *su*
sonador, -a m. i f. *tañedor*
sonall m. *sonajero // badajo*
sonar v. *sonar*
sonata f. *sonata*
sonatina f. *sonatina*
sonda f. *sonda*
sondar v. *sondar*
sondeig m. *sondeo*

sondejar v. *sondear*
sonet m. *soneto*
sonor, -a adj. *sonoro*
sonoritat f. *sonoridad*
sonoritzar v. *sonorizar*
sopa f. *sopa*
sopar v. *cenar* // m. *cena*
sopera f. *sopera*
sopluig m. *resguardo, refugio contra la lluvia*
soplujar-se v. *asubiar, resguardarse de la lluvia*
sopor m. o f. *sopor*
soporífer, -a adj. *soporífero*
soprano m. i f. *soprano*
sor f. *sor, hermana*
sord, -a adj. *sordo*
sordejar v. *ser duro de oído*
sordesa f. *sordera*
sòrdid, -a adj. *sórdido*
sòrdidesa f. *sordidez*
sordina f. *sordina*
sord-mut, sorda-muda m. i f. *sordomudo*
sorgir v. *surgir*
sorna f. *sorna* // *flema, cachaza*
sorneguer, -a adj. *calmoso, cachazudo* // *socarrón, irónico*
soroll m. *ruido*
sorollós, -osa adj. *ruidoso*
sorprendre v. *sorprender*
sorprenent adj. *sorprendente*
sorpresa f. *sorpresa*
sorra f. *arena* // *lastre*
sorral m. *arenal*
sorrut, -uda adj. *ceñudo, cazurro*
sort f. *suerte*
sorteig m. *sorteo*
sortejar v. *sortear*
sortida f. *salida*
sortilegi m. *sortilegio*
sortir v. *salir*
sortós, -osa adj. *afortunado, venturoso*
sos adj. poss. pl. *sus*
sosa f. *sosa*
soscavar v. *socavar*
sospesar v. *sopesar, tantear*
sospir v. *suspiro*
sospirar v. *suspirar*
sospita f. *sospecha*
sospitar v. *sospechar*
sospitós, -osa adj. *sospechoso*
sossec m. *sosiego*
sossegar v. *sosegar*
sostenidor, -a adj. *sostenedor* // m. pl. *sostenes*
sosteniment m. *sostenimiento*
sostenir v. *sostener*

sostingut m. *sostenido*
sostracció f. *substracción*
sostre m. *capa, lecho* // *techo* // *pajar* // *desván*
sostremort m. *desván*
sostreure v. *substraer, restar* // *substraer, sonsacar*
sot m. *hoyo* // *hondonada*
1) **sota** f. (del joc de cartes) *sota*
2) **sota** prep. i adv. *debajo, bajo* // **a — o de** — *debajo, abajo*
3) **sota** f. *zambullida, chapuzón* // *acometida* // *caída, batacazo*
sotabarba f. i m. *papada, perigallo*
per sotamà adv. *bajo mano, de trasmano*
sotana f. *sotana*
sotasignat, -ada adv. *infrascrito, abajo firmado*
sotavent m. *sotavento*
a sotaveu adv. *en voz baja*
soterrani, -ània adv. *subterráneo* // m. *sótano*
soterrar v. *enterrar, sepultar* // m. *entierro*
sòtil m. *techo*
sotjar v. *atisbar, acechar.* // *hacer el sueco*
sotmetre v. *someter*
sotrac m. *sacudida*
sotragada f. *sacudida*
sotragar v. *conmover, sacudir, traquetear*
sotragueig m. *traqueteo*
sotraguejar v. *traquetear* // *sacudir*
sots-arrendar v. *subarrendar*
sots-delegat, -ada m. i f. *subdelegado*
sots-diaca m. *subdiácono*
sots-director, -a m. i f. *subdirector*
sots-inspector, -a m. i f. *subinspector*
sotsobrar v. *zozobrar*
sotsobre m. *voltereta* // *zozobra*
sots-oficial m. *suboficial*
sots-prefecte m. *subprefecto*
sots-secretari, -ària m. i f. *subsecretario*
sots-tinent m. *subteniente*
sou m. *sueldo* // pl. *dinero*
soviet m. *soviet*
soviètic, -a adv. *soviético*
sovint adv. *a menudo*
sovinteig m. *frecuencia, menudeo*
sovintejar v. *menudear*
suada f. *sudor*
suar v. *sudar*
suara adv. *ahora mismo, hace poco* // *luego, en seguida*
suat, -ada adj. *sudoroso*
suau adj. *suave*
suaument adv. *suavemente*
suavitat f. *suavidad*
suavitzar v. *suavizar*

subaltern, -a adj. *subalterno*
subconscient adj. *subconsciente*
subcutani, -ània adj. *subcutáneo*
subdelegat, -ada m. i f. *subdelegado*
subdiaca m. *subdiácono*
subdirector, -a m. j f. *subdirector*
súbdit, -a m. i f. *súbdito*
subdividir v. *subdividir*
subdivisió f. *subdivisión*
subestimar v. *subestimar*
subgènere m. *subgénero*
subhasta f. *subasta*
subhastar v. *subastar*
subinspector, -a m. i f. *subinspector*
súbit, -a adj. *súbito*
subjacent adj. *subyacente*
subjecció f. *sujeción*
subjectar v. *sujetar*
subjecte, -a adj. i m. *sujeto*
subjectiu, -iva adj. *subjetivo*
subjugar v. *subyugar*
subjuntiu, -iva adv. *subjuntivo*
sublevació f. *sublevación*
sublevar v. *sublevar*
sublim adj. *sublime*
sublimar v. *sublimar*
sublimat m. *sublimado*
sublimitat f. *sublimidad*
submarí, -ina adj. *submarimo*
submergible adj. *sumergible*
submergir v. *sumergir*
submersió f. *sumersión*
subministrar v. *suministrar*
submís, -issa adj. *sumiso*
submissió f. *sumisión*
submúltiple, -a adj. *submúltiplo*
subnormal m. i f. *subnormal*
suboficial m. *suboficial*
subordinació f. *subordinación*
subordinar v. *subordinar*
suborn m. *soborno*
subornament m. *soborno*
subornar v. *sobornar*
subprefecte m. *subprefecto*
subproducte m. *subproducto*
subratllar v. *subrayar*
subscripció f. *subscripción*
subscriptor, -a m. i f. *subscriptor*
subscriure v. *subscribir*
subsecretari, -ària m. i f. *subsecretario*
subsegüent adj. *subsiguiente*
subsegüentment adv. *subsiguientemente*
subsidi m. *subsidio*
subsidiari, -ària adj. *subsidiario*
subsistència f. *subsistencia*
subsistir v. *subsistir*
subsòl m. *subsuelo*

substància f. *substancia*
substancial adj. *substancial*
substanciar v. *substanciar*
substanciós, -osa adj. *substancioso*
substantiu, -iva adj. i m. *substantivo*
substantivar v. *substantivar*
substitució f. *substitución*
substituir v. *substituir*
substitut, -a m. i f. *substituto*
substracció f. (V. **subtracció**)
substrat m. *sustrato*
subterfugi m. *subterfugio*
subterrani, -ània adj. *subterráneo*
subtil adj. *sutil*
subtilesa f. *sutileza*
subtilitat f. *sutileza*
subtilitzar v. *utilizar*
subtítol m. *subtítulo*
subtinent m. *subteniente*
subtracció f. *substracción*
subtrahend m. *substraendo*
suburbà, -ana adj. *suburbano*
suburbi m. *suburbio*
subvenció f. *subvención*
subvencionar v. *subvencionar*
subvenir v. *subvenir*
subversió f. *subversión*
subversiu, -iva adj. *subversivo*
subvertir v. *subvertir*
suc m. *jugo, zumo // licor // — de cervell seso, entendimiento*
sucar v. *mojar, rebañar // untar // exprimir*
succedani, -ània adj. *sucedáneo*
succeir v. *suceder*
succés m. *suceso*
successió f. *sucesión*
successor, -a m. i f. *sucesor*
succint, -a adj. *sucinto*
succió f. *succión*
sucós, -osa adj. *jugoso*
sucre m. i f. *azúcar*
sucrer, -a adj. *azucarero // m. i f. dulcero, confitero*
sucrera f. *azucarero*
sucresponjat m. *azucarillo*
suculent, -a adj. *suculento*
sucumbir v. *sucumbir*
sucursal adj. *sucursal*
sud m. *sur*
sud-africà, -ana m. i f. *sudafricano*
sud-americà, -ana m. i f. *sudamericano*
sudanès, -esa m. i f. *sudanés*
sudari m. *sudario*
sud-est m. *sudeste*
sud-oest m. *sudoeste*
sudorifer, -a adj. *sudorífero*
sudorífic, -a adj. *sudorífico*

suec, -a m. i f. *sueco*
suèter m. *suéter*
sueu, -eva adj. *suevo*
suficiència f. *suficiencia*
suficient adj. *suficiente*
suficientment adv. *suficientemente*
sufix m. *sufijo*
sufocació f. *sofoco*
sufocant adj. *sofocante*
sufocar v. *sofocar*
sufragar v. *sufragar*
sufragi m. *sufragio*
sufragista m. i f. *sufragista*
suggerència f. *sugerencia*
suggeriment m. *sugerencia*
suggerir v. *sugerir*
suggestió f. *sugestión*
suggestionar v. *sugestionar*
suggestiu, -iva adj. *sugestivo*
suïcida m. i f. *suicida*
suïcidar-se v. *suicidarse*
suïcidi m. *suicidio*
suís, -ïssa m. i f. *suizo*
sulfamida f. *sulfamida*
sulfat m. *sulfato*
sulfur m. *sulfuro*
sulfurar v. *sulfurar*
sulfúric, -a adj. *sulfúrico*
sultà, -ana m. i f. *sultán*
suma f. *suma*
sumand m. *sumando*
sumar v. *sumar*
sumari, -ària adj. *sumario*
sumir v. *sumir*
summament adv. *sumamente*
summe, -a adj. *sumo*
súmmum m. *súmmum*
sumptuari, -ària adj. *suntuario*
sumptuós, -osa adj. *suntuoso*
sumptuositat f. *suntuosidad*
suor f. *sudor*
suós, -osa adj. *sudoroso*
supeditar v. *supeditar*
superació f. *superación*
superar v. *superar*
superàvit m. *superávit*
superb, -a adj. *soberbio*
supèrbia f. *soberbia*
superbiós, -osa adj. *soberbio*
superflu, -èrflua adj. *superfluo*
superfluïtat f. *superfluidad*
superintendent m. *superintendente*
superior adj. *superior*
superiora f. *superiora*
superioritat f. *superioridad*
superlatiu -iva adj. *superlativo*
superposar v. *superponer*

superposició f. *superposición*
superproducció f. *superproducción*
supersònic, -a adj. *supersónico*
superstició f. *superstición*
supersticiós, -osa adj. *supersticioso*
supervivència f. *supervivencia*
supervivent m. i f. *superviviente*
supí, -ina adj. *supino*
suplantació f. *suplantación*
suplantar v. *suplantar*
suplement m. *suplemento*
suplementari, -ària adj. *suplementario*
suplent m. i f. *suplente*
supletori, -òria adj. *supletorio*
súplica f. *súplica*
suplicar v. *suplicar*
suplicatori, -òria adj. *suplicatorio*
suplici m. *suplicio*
suplir v. *suplir*
suport m. *soporte*
suportable adj. *soportable*
suportar v. *soportar*
suposar v. *suponer*
suposició f. *suposición*
supòsit m. *supuesto* // *suposición*
supositori m. *supositorio*
suprarenal adj. *suprarrenal*
supraterrenal adj. *supraterrenal*
suprem, -a adj. *supremo*
supremacia f. *supremacía*
supressió f. *supresión*
suprimir v. *suprimir*
supuració f. *supuración*
supurar v. *supurar*
suquejar v. *destilar, rezumar*
surar v. intr. *flotar* // intr. *medrar* // tr. *sacar a flote*
surer, -a adj. *alcornoqueño* // m. *alcornoque*
suro m. *corcho* // *boya, veleta*
surrealisme m. *surrealismo*
susceptibilitat f. *susceptibilidad*
susceptible adj. *susceptible*
suscitar v. *suscitar*
susdit, -a adj. *susodicho*
suspendre v. *suspender*
suspens, -a adj. *suspenso*
suspensió f. *suspensió*
suspensiu, -iva adj. *suspensivo*
suspicaç adj. *suspicaz*
suspicàcia f. *suspicacia*
sustent m. *sustento*
sustentació f. *sustentación*
sustentar v. *sustentar*
sutja f. *hollín*
sutjós, -osa adj. *hollinoso*
sutura f. *sutura*

T

t' i **'t** pron. *te*
ta adj. f. *tu*
tabac m. *tabaco*
tabacar m. *tabacal*
tabal m. *atabal, timbal*
tabalejar v. *tabalear* // *vociferar*
tabalot m. i f. *atolondrado, cabeza loca*
tabaquer, -a adj. *tabaquero*
tabaquera f. *tabaquera*
tabard m. *tabardo*
tabarra f. *lata* // adj. *latoso*
tabernacle m. *tabernáculo*
tabú m. *tabú*
tac m. (de billar) *taco*
taca f. *mancha*
tacany, -a adj. *tacaño*
tacanyeria f. *tacañería*
tacar v. *manchar*
tàcit, -a adj. *tácito*
taciturn, -a adj. *taciturno*
tacó m. *hartazgo* // *callos* // *paliza* // *tacón*
taconejar v. *taconear*
tacte m. *tacto*
tàctic, -a adj. *táctico*
tàctil adj. *táctil*
tafanejar v. *curiosear*
tafaner, -a adj. *curioso*
tafaneria f. *curiosidad, chismografía*
tafarra f. *ataharre* // *chapuz* // *humos* // m. *presumido*
tafetà m. *tafetán*
tafilet m. *tafilete*
tafona f. *almazara*
tafur m. *tahur*
tailandès, -esa m. i f. *tailandés*
tal adj. i pron. *tal*
tala f. *tala*
talaia f. *atalaya, vigía*
talaiar v. *atalayar, atisbar* //
talaiot m. *torre prehistórica, talayote*
1) **talar** v. *talar*
2) **talar** adj. *talar*
talassocràcia f. *talasocracia*
talc m. *talco*
talec m. *talega, saquito*

taleca f. *talego* // *zurrón* // *zoquete*
tàlem m. *tálamo* // *dosel* // *palio*
talent m. *talento* // f. *gana, apetito, hambre*
talió m. *talión*
talismà m. *talismán*
tall m. *corte, filo* // *talle, talla* // *corte, traza* // *grieta* // *tajada, trozo* // *tajo*
talla f. *estatura* // *talla*
tallada f. *corta, cortada* // *tajada, rebanada*
tallamar m. *tajamar*
tallant m. *cortante, cuchilla*
tallapapers m. *cortapapeles*
tallar v. *cortar* // *tallar*
tallarí m. *tallarín*
tallat, -ada adj. *cortado* // m. *corte* // m. *escarpado, precipicio*
taller m. *taller*
tallista m. i f. *tallista*
talment adv. *de tal manera* // *talmente, exactamente*
1) **taló** m. (del peu) *talón* // (de la sabata) *tacón* // (timó) *coz del timón*
2) **taló** m. *talón, cheque*
talonada f. *talonazo* // *taconazo*
talonari m. *talonario*
talonejar v. *talonear* // *taconear*
talòs m. *zoquete*
talp m. *topo*
talús m. *talud*
tamany adj. *tamaño, tan grande* // m. *tamaño*
tamarell m. *tamarindo*
tamarinde m. *tamarindo*
tamariu m. *tamarindo*
tambalejar v. *tambalear*
també adv. *también*
tambor m. *tambor*
tamboret m. *tamboril* // *taburete*
tamborinejar v. *tamborilear*
tamboriner m. *tamborilero*
tambutxo m. *tambucho*
tamís m. *tamiz*
tamisar v. *tamizar*
tampó m. *tampón*
tampoc adv. *tampoco*

tam-tam m. *tamtam*
tan adv. *tan*
tanc m. *tanque*
tanca f. *cierre // cerca // cercado*
tancador m. *cierre*
tancadura f. *cerradura*
tancament m. *cierre // encerramiento, encierro*
tancar v. *cerrar // encerrar*
tancat m. *cerca // cercado*
tanda f. *tanda, turno // serie*
tàndem m. *tándem*
tangència f. *tangencia*
tangent adj. i f. *tangente*
tangible adj. *tangible*
tango m. *tango*
taní m. *tanino*
tanmateix adv. *realmente, de verdad // desde luego // de todos modos*
tanoca m. i f. *majadero, tonto*
tant, -a adj. pron. i adv. *tanto //* m. (quantitat proporcional) *pagar un —* **cada mes** *pagar una cuota mensual fija //* **fins a — que** *hasta que //* **en — que** *en tanto en cuanto //* **de — en — de** *cuando en cuando //* **a les tantes** *a altas horas, muy tarde //* **per — por lo tanto, por consiguiente**
tàntal m. *tántalo // tantalio*
tantost adv. i conj. *tan pronto // en seguida que, apenas*
tany m. *nudo // vástago, retoño*
tap m. *tapón*
tapa f. *tapa*
tapadora f. *tapadera, cobertera*
tapajuntes m. *tapajuntas*
tapall m. *cobertura, ropa de cama*
tapar v. *tapar //* rfl. *ahogarse*
tàpera f. *alcaparra*
taperera f. *alcaparro*
tàpia f. *tapia*
tapiar v. *tapiar*
tapioca f. *tapioca*
tapís m. *tapiz*
tapisser, -a m. i f. *tapicero*
tapisseria f. *tapicería*
taponar v. *taponar*
taquicàrdia f. *taquicardia*
taquígraf, -a m. i f. *taquígrafo*
taquigrafia f. *taquigrafía*
taquilla f. *taquilla*
taquiller, -a m. i f. *taquillero*
tara f. *tara*
taral·lejar v. *tararear*
taral·lirot m. *botarate*
tarambana m. *tarambana*

tarannà m. *carácter, índole, talante*
taràntula f. *tarántula*
tarar v. *tarar*
tard adj. *tardo //* adv. *tarde //* m. *atardecer, anochecer //* **cap al — al atardecer //** **fer — llegar tarde //** **tenir — ir con retraso // o d'hora, prest o — más pronto o más tarde**
tarda f. *tarde //* **bona — buenas tardes**
tardà, -ana adj. *tardío*
tardança f. *tardanza*
tardaner, -a adj. *tardío, tardador*
tardar v. *tardar*
tardor f. *otoño*
tardorenc, -a adj. *otoñal*
targeta f. *tarjeta*
tarida f. *tarida*
tarifa f. *tarifa*
tarima f. *tarima*
tarja f. *tarja // tarjeta // claraboya*
taronger m. *naranjo*
tarongerar m. *naranjal*
tarongina f. *toronjil // azahar*
taronja f. i adj. *naranja*
taronjada f. *naranjada*
tarragoní, -ina m. i f. *tarragonés, tarraconense*
tars m. *tarso*
tartamudejar v. *tartamudear*
tartamut, -uda adj. *tartamudo*
tartana f. *tartana*
tàrtar m. *tártaro*
tartàric, -a adj. *tartárico*
tarter m. *canchal, cantizal // montón*
tartre, -a m. i f. *tártaro*
tasca f. *tarea*
tascó m. *cuña // tocón // zoquete*
tasconar v. *acuñar*
tassa f. *taza // tazón*
tassó m. *vaso // tazón*
tast m. *cata, prueba // gusto, sabor*
tastador, -a m. i f. *catador, probador*
tastanejar v. *tambalearse*
tastaolletes m. i f. *catacaldos*
tastar v. *catar, probar*
tatuar v. *tatuar*
tatuatge m. *tatuage*
tatxa f. *tachuela, tacha // clavo*
1) **tatxar** v. *calar, probar // clavar*
2) **tatxar** v. *tachar*
tau f. *tau*
taula f. *tabla // mesa //* pl. *tablas //* **taules de la llei** *tablas de la ley //* **— de sumar** *tabla de sumar*
taulada f. *mesa llena*
taulat m. *tablado // entablado*

taulell m. *amasador* // *tablero* // *mostrador* // *mesa de juego, tablero*
tauler m. *tablero*
tauleta f. *mesita* // (comprimit) *tableta*
tauló m. *tablón*
taumaturg, -a m. i f. *taumaturgo*
taure m. *tauro*
taurí, -ina adj. *taurino*
tauró m. *tiburón*
tauromàquia f. *tauromaquia*
Taurus m. *Tauro*
taüt m. *ataúd*
tàvec m. *tábano*
tavella f. *pliegue, doblez*
taverna f. *taberna*
taverner, -a m. i f. *tabernero*
taxa f. *tasa*
taxàcia f. *taxácea*
taxació f. *tasación*
taxar v. *tasar*
taxi m. *taxi*
taxidèrmia f. *taxidermia*
taxímetre m. *taxímetro*
taxista m. i f. *taxista*
taxonomia f. *taxonomía*
1) **te** pron. pers. *te*
2) **te** m. *té* (infusión)
3) **te** f. (nom de lletra) *te*
teatí, -ina m. i f. *teatino*
teatral adj. *teatral*
teatre m. *teatro*
teb, teba adj. *tibio* // *tonto*
tebà, -ana m. i f. *tebano*
tebi, tèbia adj. *tibio*
tebiesa f. *tibieza*
1) **teca** f. *condumio, bucólica* // **bona**
   — *buena comida*
2) **teca** f. *teca*
tecla f. *tecla*
teclat m. *teclado*
teclejar v. *teclear*
tècnic, -a adj. *técnico*
tecnicisme m. *tecnicismo*
tecnocràcia f. *tecnocracia*
tecnologia f. *tecnología*
tedèum m. *tedeum*
tedi m. *tedio*
tediós, -osa adj. *tedioso*
teginat m. *artesonado* // *alfarje*
tegument m. *tegumento*
teia f. *tea* // *rudeza, tosquedad*
teix m. *tejo*
teixidor, -a m. i f. *tejedor*
teixinat m. *artesonado*
teixir v. *tejer*
teixit m. *tejido*

teixó m. *tejón*
tel m. *bizna* // *capa, tela, paño* // *frenillo* // *himen*
tela f. *tela*
telefèric m. *teleférico*
telèfon m. *teléfono*
telefonar v. *telefonear*
telefonia f. *telefonía*
telefonista m. i f. *telefonista*
telègraf m. *telégrafo*
telegrafia f. *telegrafía*
telegrafiar v. *telegrafiar*
telegrafista m. i f. *telegrafista*
telegrama m. *telegrama*
telèmetre m. *telémetro*
teleosti adj. *teleósteo*
telepatia f. *telepatía*
teler m. *telar* // *bastidor*
telescopi m. *telescopio*
televident m. i f. *televidente*
televisar v. *televisar*
televisió f. *televisión*
tell m. *tilo*
tel·lur m. *telurio*
tel·lúric, -a adj. *telúrico*
teló m. *telón*
tem m. *tomillo*
tema m. *tema*
temàtic, -a adj. *temático*
temença f. *temor*
témer v. *temer* // **témer-se** *darse cuenta*
temerari, -ària adj. *temerario*
temeritat f. *temeridad*
temible adj. *temible*
temor f. o m. *temor*
temorec, -ega adj. *miedoso*
temorós, -osa adj. *temoroso*
temperament m. *temperamento*
temperar v. *temperar, templar*
temperatura f. *temperatura*
tempesta f. *tempestad*
tempestat f. *tempestad*
tempestuós, -osa adj. *tempestuoso*
templa f. *sién*
temple m. *templo*
templer m. *templario*
templet m. *templete*
temporada f. *temporada*
temporal adj. *temporal*
temporer, -a adj. *temporero*
temprança f. *templanza*
temps m. *tiempo*
temptació f. *tentación*
temptar v. *tentar*
temptativa f. *tentativa*
tempteig m. *tanteo*

terror

temptejar v. *tantear*
tenaç adj. *tenaz*
tenacitat f. *tenacidad*
tenallar v. *atenazar*
tenalles f. pl. *tenazas*
tenda f. *tienda*
tendal m. *tendal* // pl. *dunas*
tendència f. *tendencia*
tendenciós, -osa adj. *tendencioso*
tender, -a m. i f. *tendero*
tendir v. *tender*
tendó m. *tendón*
tendral adj. *joven, tierno* // m. *mozalbete*
tendre, -a adj. *tierno*
tendresa f. *blandura, flojedad* // *ternura*
tendrum m. *ternilla, cartílago*
tenebra f. *tiniebla*
tenebrós, -osa adj. *tenebroso*
tènia f *tenia*
tenidoria f. *teneduría*
tenir v. *tener*
tenis m. *tenis*
tenista m. i f. *tenista*
tenor m. *tenor*
tenora f. *tenora*
tens, -a adj. *tenso*
tensió f. *tensión*
tensor, -a adj. *tensor*
tentacle m. *tentáculo*
tènue adj. *tenue*
tenyir v. *teñir*
tenyit m. *tinte*
teocràcia f. *teocracia*
teòcrata m. i f. *teócrata*
teodicea f. *teodicea*
teòleg, -oga m. i f. *teólogo*
teologal adj. *teologal*
teologia f. *teología*
teorema m. *teorema*
teoria f. *teoria*
teòric, -a adj. *teórico*
teoritzar v. *teorizar*
teosofia f. *teosofía*
teranyina f. *telaraña*
terapèutic, -a adj. *terapéutico*
teràpia f. *terapia*
tèrbol, -a adj. *turbio*
terbolesa f. *turbiedad*
terbolí m. *torbellino*
terç -a adj. *tercero* // m. *tercio*
tercer, -a adj. *tercero*
tercet m. *terceto*
terciari, -ària m. i f. *terciario*
tereseta f. *momo* // pl. *marionetas, títeres*
teresià, -ana adj. *teresiano*
tergiversació f. *tergiversación*

tergiversar v. *tergiversar*
termal adj. *termal*
terme m. *hito, mojón* // *término* // *extremo* // *fin* // *límite, lindero* // *plazo*
termes f. pl. *termas*
tèrmic, -a adj. *térmico*
terminació f. *terminación*
terminal adj. *terminal*
terminant adj. *terminante*
terminantment adv. *terminantemente*
terminar v. *terminar*
termini m. *plazo, término* // **pagar a termi-**
  nis *pagar a plazos*
terminologia f. *terminología*
termita f. *termita*
tèrmits m. pl. *termites*
termogen, -ògena adj. *termógeno*
termòmetre m. *termómetro*
termonuclear adj. *termonuclear*
termosifó m. *termosifón*
termòstat m. *termostato*
tern m. *terno*
terna f. *terna*
ternari, -ària adj. *ternario*
terra f. *tierra* // **en** — *en el suelo, a tierra*
  // **el** — *el suelo, el pavimento* // **per** —
  por el suelo // **fer els ous en** — *fracasar*
  // **no tocar de peus a** — *estar en el limbo*
terrabastall m. *desván* // *estruendo, zapa-*
  rrazo
terraplè m. *terraplén*
terraplenar v. *terraplenar*
terraqüi, -àqüia adj. *terráqueo*
terrassa f. *terraza, terrado*
terrassà, -ana m. i f. *labrador, campesino*
terrat m. *terrado, azotea*
terratinent m. *terrateniente*
terratrèmol m. *terremoto*
terregada f. *cisco* // *purria, gentuza*
terrejar v. *terrear*
terrenal adj. *terrenal*
terrenc, -a adj. *térreo, terroso*
terreny m. *terreno*
terrer, -a adj. *terreno* // m. *polvareda* // m.
  terrero // m. *terreno* // m. *solar, terruño*
terrestre adj. *terrestre*
terri, tèrria adj. *térreo*
terrible adj. *terrible*
terrícola m. i f. *terrícola*
terrissa f. *barro cocido* // *cerámica, loza*
terrissaire m. i f. *alfarero*
terrisser, -a adj. *alfarero*
terrisseria f. *alfarería*
territori m. *territorio*
territorial adj. *territorial*
terror f. o m. *terror*

terrorífic, -a adj. *terrorífico*
terrorisme m. *terrorismo*
terrorista m. i f. *terrorista*
terrós -osa m. *terroso*

terròs m. *terrón* // *palurdo, paleto*
ters, -a adj. *terso*
tertúlia f. *tertulia*
tertulià, -ana m. i f. *tertuliano, contertulio*
tes, -a adj. *tenso, tieso*
tesi f. *tesis*
tesina f. *tesina*
tessitura f. *tesitura*
1) test m. *tiesto, maceta* // *casco, tejoleta* // *barro, tierra*
2) test m. (prova psicològica) *test*
testa f. *testa*
testador, -a m. i f. *testador*
testaferro m. *testaferro*
testament m. *testamento*
testamentari, -ària adj. *testamentario*
testamentaria f. *testamentaría*
testar v. *testar*
testarrada f. *testarazo, testarada*
testarrut, -uda adj. *testarudo*
testera f. *testero* // *cabio*
testicle m. *testículo*
testificar v. *testificar*
testimoni m. *testimonio* // *testigo*
testimonial adj. *testimonial*
testimoniar v. *testimoniar, testificar*
testimoniatge m. *testificación, testimonio*
tet, -a m. i f. *niñero*
tetànic, -a adj. *tetánico*
tètanus m. *tétanos*
tetera f. *tetera*
tetina f. *tetina*
tetràedre m. *tetraedro*
tetràgon m. *tetrágono*
tetralogia f. *tetralogía*
tetrarca m. *tetrarca*
tetrasíl·lab, -a adj. *tetrasílabo*
tètric, -a adj. *tétrico*
teu, teva adj. i pron. *tuyo, tu*
teula f. *teja*
teulada f. *tejado*
teulader m. *gorrión*
teular v. *tejar*
teulat m. *tejado* // *gorrión*
teuler, -a m. i f. *tejero*
teulera f. *tejar*
teutó, -ona m. i f. *teutón*
teutònic, -a adj. *teutónico*
texà, -ana adj. *tejano*
text m. *texto*
tèxtil adj. *textil*
textual adj. *textual*

textura f. *textura*
tia f. *tía*
tià m. *cazuela*
tiara f. *tiara*
tibant adj. *tenso, tirante*
tibantor f. *tirantez, tensión*
tibar v. *estirar, atiesar*
tiberi m. *tiberio, bullanga* // *comilona*
tíbia f. *tibia*
tic m. *tic*
tic-tac m. *tic-tac*
tifàcia f. *tifácea*
tifó m. *tifón*
tifoide adj. *tifoideo*
tifus m. *tifus*
tigrat, -ada adj. *atigrado*
tigre, -essa m. i f. *tigre*
tija f. *tallo*
til·la f. *tilo* // *tila*
til·ler m. *tilo*
timbal m. *bombo, timbal, atabal*
timbaler m. *timbalero*
tímbola f. *trago*
timbrar v. *timbrar*
timbre m. *timbre*
tímid, -a adj. *tímido*
timidesa f. *timidez*
1) timó m. *timón*
2) timó m. (planta) *tomillo*
timol m. *timol*
timoner, -a m. i f. *timonero, timonel*
timonera f. *timonera* // *limera del timón*
timorat, -a adj. *timorato*
timpà m. *tímpano*
timus m. *timo*
tina f. *tina*
tinell m. *vasar* // *estante* // *escurreplatos* // *ábaco, aparador* // *salón de ceremonias*
tinença f. *tenencia*
tinent m. *teniente*
tint m. *tinte, tintura*
tinta f. *tinta*
tintar v. *tintar* // *entintar* // *teñir*
tintatge m. *tintaje, entintado*
tinter m. *tintero*
tintorer, -a m. i f. *tintorero*
tintorera f. (peix) *tintorera, lija*
tintoreria f. *tintorería*
tintura f. *tintura*
tinya f. *tiña*
tinyós, -osa adj. *tiñoso*
tio m. *tío*
tió m. *tizón, leño*
tip m. *hartazo* // -a adj. *harto*
típic, -a adj. *típico*
tipisme m. *tipismo*

tiple m. o f. *tiple*
tipògraf, -a m. i f. *tipógrafo*
tipografia f. *tipografía*
tipologia f. *tipología*
tipus m. *tipo*
tiquet m. *ticket*
tir m. *tiro*
tira f. *tira* // *fila* // *liño*
tira! interj. *vamos!, hala!, anda!*
tirà, -ana m. i f. *tirano*
tirabuixó m. *sacacorchos* // *bucle*
tirada f. *tirón* // *forcejo, forcejón* // *tirada, querencia* // *demanda* // *parecido*
tirador m. *tirador* // *tiradero*
tiralínies m. *tiralíneas*
tirallonga f. *retahila, hilera*
tirania f. *tiranía*
tirànic, -a adj. *tiránico*
tiranitzar v. *tiranizar*
tirant adj. i m. *tirante*
tirany m. *vereda*
tirar v. *tirar*
tiràs m. *rastra, recogedor* // *tirabrasas* // *atizador* // *rastrillo*
tiratge m. *tirada, tiraje*
tiri, tíria adj. *tirio*
tiroide adj. *tiroides*
tirolès, -esa adj. *tirolés*
tirós, -osa adj. *correoso*
tiroteig m. *tiroteo*
tirotejar v. *tirotear*
tirrè, -ena adj. *tirreno*
túrria f. *tirria*
tirs m. *tirso*
tisana f. *tisana*
tisi f. *tisis*
tísic, -a adj. *tísico*
tisorada f. *tijerazo*
tisores f. pl. *tijeras*
tisoreta f. (insecte) *tijereta* // *zarcillo*
tissú m. *tisú*
tità m. *titán*
titànic, -a adj. *titánico*
titella f. o m. *títere, polichinela, marioneta*
títera f. *títere, polichinela* // *chisgarabís* // *voltereta*
titil·lar v. *titilar*
titlla f. *tilde*
titllar v. *tildar*
títol m. *título*
titubeig m. *titubeo*
titubejar v. *titubear*
1) **titular** adj. *titular*
2) **titular** v. *titular*
to m. *tono*
tobogan m. *tobogán*

toc m. *toque*
toca f. *toca* // *toquilla* // *cinta*
tocacampanes m. *mequetrefe, chisgarabís*
tocada f. *tocata, pieza*
tocadiscos m. *tocadiscos*
tocador m. *tocador* // *palillo* (de tambor)
tocahores m. i f. *mentecato, papanatas*
tocar v. *tocar* // rfl. *chiflarse, chalarse*
toca-son m. i f. *dormilón, marmota*
tocat, -ada adj. *tocado* // — del cap o — del boll o — de l'ala *chalado*
tocòleg, -oga m. i f. *tocólogo*
tocologia f. *tocología*
tofa f. *manta, manojo, copo*
tòfona f. *trufa*
toga f. *toga*
toisó m. *toisón*
toix -a adj. *tocho, tosco, rudo* // m. *barro, mugre* // m. *rudeza, tosquedad*
tolerància f. *tolerancia*
tolerant adj. *tolerante*
tolerar v. *tolerar*
tolir v. *tullir, baldar*
toll m. *tojo, cadozo* // *charco* // *charca, laguna* // *lavadero*
tom m. *tomo*
tomaní m. *cantueso*
tomaquera f. *tomatera*
tomàquet m. *tomate*
1) **tomar** v. *tumbar, derribar*
2) **tomar** v. *aparar, aguantar, coger al vuelo*
tomata f. *tomate*
tomatera f. *tomatera*
tomàtiga f. *tomate* // *curda* // *porrazo* // *boba, casquivana*
tomatiguera f. *tomatera*
tomb m. *vuelta, giro*
tomba f. *tumba* // *ataúd*
tombant m. *vertiente, vuelta*
tombar v. *volver, inclinar* // *tumbar, derribar,* // intr. o rfl. *caerse, volcarse* // *tumbarse, acostarse* // *derribar, vencer* // *doblar, doblegar* // intr. *mudar, cambiar* // *dar una vuelta, pasear*
tombarella f. *tumbo, voltereta*
tómbola f. *tómbola*
toment m. *tomento*
tomisme m. *tomismo*
ton, ta adj. *tu*
tona f. *tonel* // *tonelada*
tonada f. *tonada, melodía*
tonalitat f. *tonalidad*
tonatge m. *tonelaje*
tondre v. *esquilar, trasquilar,* // *tundir*
tonedor m. *trasquilador, esquilador* // *tundidor*

tonell m. *tonel, barril*
tongada f. *capa, tongada // tanda*
tònic, -a adj. *tónico*
tonificar v. *tonificar*
tonsura f. *tonsura*
tonsurar v. *tonsurar*
tonyina v. *atún*
topada f. *topada, choque, encuentro*
topar v. *topetar, topar // chocar // encontrarse // venir bien, resultar // — malament* o **mal** *– tener mala suerte, salir malparado*
topazi m. *topacio*
tòpic, -a adj. *tópico*
topògraf, -a m. i f. *topógrafo*
topografia f. *topografía*
topònim m. *topónimo*
toponímia f. *toponimia*
toquejar v. *manosear*
toqueta f. *toquilla*
toràcic, -a adj. *torácico*
tòrax m. *tórax*
torba f. *turba*
torbació f. *turbación*
torbar v. *turbar // trastornar, desbaratar // estorbar // rfl. entretenerse, tardar*
torbonada f. *turbión, turbonada*
torcaboques m. *servilleta*
torcar v. *limpiar, secar* (frotando)
torçar v. *torcer*
torcedura f. *torcedura*
tòrcer v. *torcer*
torçó m. *retortijón*
torçuda f. *torcedura*
tord m. *tordo, zorzal, malvís*
torejar v. *torear*
torera f. *torera*
torero m. *torero*
toril m. *toril*
torn m. *torno // turno*
tornada f. *retorno, regreso // refrán*
tornado m. *tornado*
tornar v. intr. o rfl. *volver, volverse, regresar / — **arrere** volver atrás, retroceder //* tr. *volver //* tr. *devolver / — **el canvi** dar la vuelta // intr. o rfl. volverse, hacerse // rfl. volverse, revolverse // intr. volver en sí, rehacerse*
tornassol m. *tornasol*
torneig m. *torneo*
tornejar v. *tornear*
torner m. *tornero*
torneria f. *tornería*
torniquet m. *torniquete*
toro m. *toro*
torpede m. *torpedo*

torpedinar v. *torpedear*
torpediner m. *torpedero*
torpor f. *torpor, torpeza*
torrada f. *tostadura, tostada*
torrador m. *tostadero // tostador*
torrapà m. *tostador*
torrar v. *tostar // embriagar*
torrassa f. *torreón*
torrat m. *tostado, tueste // -ada* adj. *tostado // borracho // chafado, estropeado*
torre f. *torre // quinta, chalet*
torrefacció f. *torrefacción*
torrencial adj. *torrencial*
torrent m. *torrente*
torrentada f. *avenida, torrentera*
torrentera f. *torrentera*
tòrrid, -a adj. *tórrido*
torró m. *turrón*
torroner, -a m. i f. *turronero*
tors m. *torso*
torsió f. *torsión*
tort, -a adj. *torcido // tuerto // m. entuerto, injuria // **caure** — sentar mal, disgustar*
tortell m. *rosca*
torticoli m. *torticolis*
tórtora f. *tórtola*
tortosí, -ina m. i f. *tortosino*
tortuga f. *tortuga*
tortuós, -osa adj. *tortuoso*
tortura f. *tortura*
torturar v. *torturar*
torxa f. *antorcha*
1) **tos** f. *tos*
2) **tos, -a** adj. *trasquilado. esquilado*
tosa f. *esquileo*
tosc, -a adj. *tosco*
tosca f. *toba, tosca*
toscà, -ana adj. *toscano*
tosquedat f. *tosquedad*
tossal m. *cerro, loma, colina // monte*
tossir v. *toser*
tossuderia f. *tozudez*
tossut, -uda adj. *tozudo*
tostemps adv. *siempre*
tot, -a adj. *todo // adv.* (no té traducció al castellà) *— **cantant** cantando — **sol** solo // — **de** gran cantidad de // — **sovint** muy a menudo // — **just** apenas // — **amb** — con todo, no obstante // **no tenir-les totes** no tenerlas todas consigo, no estar tranquilo*
totes *no tenerlas todas consigo, no estar tranquilo*
total adj. *total*
totalitari, -ària adj. *totalitario*
totalitat f. *totalidad*

tràgic

tragicomèdia f. *tragicomedia*
traginar v. *trajinar, transportar* // *llevar*
traginer m. *trajinero, arriero*
tragus m. *trago*
traïció f. *traición*
traïdor, -a m. i f. *traidor*
traïdoria f. *traición, traicionería*
trair v. *traicionar* // *delatar, descubrir*
trajecte m. *trayecto*
trajectòria f. *trayectoria*
tralla f. *látigo, zurriago* // *soga*
tram m. *tramo, ramal* // *borneadero*
trama f. *trama*
tramar v. *tramar*
tramesa f. *envío*
trametre v. *enviar, transmitir*
tràmit m. *trámite*
tramitació f. *tramitación*
tramitar v. *tramitar*
tramoia f. *tramoya*
tramoista m. *tramoyista*
trampa f. *trampa*
trampejar v. *trampear*
trampolí m. *trampolín*
trampós, -osa adj. *tramposo*
tramuntana f. *tramontana, norte*
tramvia m. *tranvía*
tramviaire m. *tranviario*
tramviari, -ària adj. *tranviario*
tràngol m. *trapisonda, marullo* // *temporal, conflicto, chaparrón*
tranquil, -il·la adj. *tranquilo*
tranquil·litat f. *tranquilidad*
tranquil·litzar v. *tranquilizar*
transacció f. *transacción*
transatlàntic, -a adj. *transatlántico*
transbord m. *transbordo*
transbordador, -a adj. *transbordador*
transbordar v. *transbordar*
transcendència f. *trascendencia*
transcendental adj. *trascendental*
transcendir v. *trascender*
transcórrer v. *transcurrir*
transcripció f. *transcripción*
transcriure v. *transcribir*
transcurs m. *transcurso*
transepte m. *transepto, crucero*
transeünt m. *transeunte*
transferència f. *transferencia*
transferir v. *transferir*
transfiguració f. *transfiguración*
transfigurar v. *transfigurar*
transformació f. *transformación*
transformar v. *transformar*
trànsfuga m. i f. *tránsfuga*
transfusió f. *transfusión*

totalitzar v. *totalizar*
totd'una adv. *en seguida* // *de pronto*
tòtem m. *tótem*
tothom pron. *todos, todo el mundo*
tothora adv. *siempre*
totpoderós, -osa adv. *todopoderoso*
totxo m. *garrote, palo* // *madero* // *ladrillo* // *porrazo* // *-a* adj. *atontado, bobo*
tou, tova adj. *hueco* // *blando, muelle* // *leudo* // *mollar, tonto* // *hueco, ufano* // *ataviado, acicalado* // *orondo* // *borracho* // *rendido, reventado*
tova f. *adobe*
tovalles f. pl. *mantel*
tovalló m. *servilleta*
tovallola f. *toalla*
tovalloler m. *toallero*
tovar v. *leudarse* // *fermentar*
tòxic, -a adj. *tóxico*
toxicòleg, -oga m. i f. *toxicólogo*
toxina f. *toxina*
trabuc m. *trabuco*
trabucar v. *volcar* // *verter* // *derribar, derrocar* // *revolver, trastornar* // *embrollar, trabucar*
traç m. *trazo*
traca f. *traca*
traça f. *traza*
traçar v. *trazar*
traçat m. *trazado*
tracció f. *tracción*
traci, tràcia adj. *tracio*
tractadista m. i f. *tratadista*
tractament m. *tratamiento*
tractant m. *tratante*
tractar v. *tratar*
tractat m. *tratado*
tracte m. *trato*
tractor m. *tractor*
traçut, -uda adj. *mañoso*
tradició f. *tradición*
tradicionalisme m. *tradicionalismo*
traducció f. *traducción*
traductor, -a m. i f. *traductor*
traduir v. *traducir*
tràfec m. *tráfago, trasiego* // *tráfico* // *trajín*
trafegar v. *trafagar, trajinar* // *traficar*
tràfic m. *tráfico*
trafica f. *manejo, trampa* // m. i f. *embrollón, enredador*
traficant m. i f. *traficante*
traficar v. *traficar*
tragèdia f. *tragedia*
tragella f. *traílla*
tragí m. *trajín, transporte* // *tráfago*
tràgic, -a adj. *trágico*

transgredir v. *transgredir*
transgressió f. *transgresión*
transhumància f. *trashumancia*
transició f. *transición*
transigència f. *transigencia*
transigir v. *transigir*
transistor m. *transistor*
trànsit m. *tránsito*
transitar v. *transitar*
transitiu, -iva adj. *transitivo*
transitori, -òria adj. *transitorio*
translació f. *translación*
translúcid, -a adj. *translúcido*
transmetre v. *transmitir*
transmigrar v. *transmigrar*
transmissió f. *transmisión*
transmissor, -a adj. *transmisor*
transmutar v. *transmutar*
transoceànic, -a adj. *transoceánico*
transparència f. *transparencia*
transparent adj. *transparente*
transparentar v. *transparentar*
transpiració f. *transpiración*
transpirar v. *transpirar*
transpirenenc, -a adj. *transpirenaico*
transport m. *transporte*
transportar v. *transportar*
transposar v. *transponer*
transposició f. *transposición*
transvasar v. *transvasar*
transvers, -a adj. *transverso*
transversal adj. *transversal*
tranuitador, -a adj. *trasnochador*
tranuitar v. *trasnochar*
trapa f. *trampa // lumbrera // gotera*
trapasser, -a m. i f. *trapacero*
trapella m. i f. *trapacero*
trapellejar v. *trapacear*
trapelleria f. *trapacería*
trapenc adj. *trapense*
trapezi m. *trapecio*
trapezoide m. *trapezoide*
tràquea f. *tráquea*
traqueal adj. *traqueal*
traquetejar v. *traquetear*
trasbals v. *trasiego // tráfago, trastorno*
trasbalsar v. *trasegar, trasvasar // traspalar, trasegar // trastornar*
de trascantó adv. *de trascantón // de repente, de improviso*
traslladar v. *trasladar*
trasllat m. *traslado*
traslluir v. intr. o rfl. *traslucirse // tr. traslucir // tr. vislumbrar*
trasmudar v. *transmutar // trasladar, trasegar // mudar, alterar, demudar*

traspaperar v. *traspapelar*
traspàs m. *traspaso // fallecimiento*
traspassar v. *traspasar // trasladar // atravesar // fallecer, morir*
trasplantació f. *trasplante*
trasplantar v. *trasplantar*
traspontí m. *traspuntín*
traspuar v. *rezumar, trascolar // filtrarse // traslucirse*
traspuntar v. *despuntar*
trast m. *traste // tramo, departamento // sitio, puesto, rango // puesto de venta // trozo, terreno // solar // patio*
trasteig m. *trasteo, pasos, pisadas*
trastejar v. *trastear // trajinar // patullar // menearse*
trasto m. *trasto*
trastocar v. *trastocar, trastrocar // trastornar, enloquecer // rfl. trastornarse, perder la cabeza*
trastorn m. *trastorno*
trastornar v. *trastornar*
trau m. *agujero // ojal*
traüll m. *ajetreo*
traüllar v. *afanarse, trajinar // corretear, callejear*
trauma m. *trauma*
traumatisme m. *traumatismo*
traumatòleg, -oga m. i f. *traumatólogo*
trava f. *traba // riostra // perpiaño // llave // adaraja*
travar v. *trabar*
travelar v. *tropezar*
través m. *canto // través // atajo*
travessa f. *encrucijada // traviesa // atajo*
travessar v. *atravesar*
travesser, -a adj. *travesero, transversal // m. traviesa, travesaño // cabio, peinazo // cabezal, travesaño*
travessia f. *travesía // atajo*
traveta f. *trabilla // zancadilla*
treball m. *trabajo*
treballador, -a m. i f. *trabajador*
treballar v. *trabajar*
trebinella f. *barrena*
treginada f. *techo*
trellat m. *razón*
tremebund, -a adj. *tremebundo*
tremend, -a adj. *tremendo*
trement adj. *tembloroso*
trementina f. *trementina*
trèmol m. (arbre) *temblón*
tremolar v. *temblar*
tremolejar v. *temblequear*
tremolenc, -a adj. *tembloroso*
trèmolo m. *trémolo*

triglif

tremolor m. o f. *temblor*
tremolós, -osa adj. *tembloroso*
tremp m. *temple*
trempar v. *templar //* sazonar, condimentar *// rfl. ponerse a tono, arreglarse*
trempat, -ada adj. *templado, moderado // templado, sano // dispuesto // condimentado // m. condimento*
trempó m. *ensalada mallorquina*
tremuja f. *tolva // armazón, cabeza // limera*
trèmul, -a adj. *trémulo*
tren m. *tren*
trena f. *trenza*
trenar v. *trenzar*
trenc m. *quebradura // chirlo, descalabradura // pliegue, arruga // a — d'alba al despuntar el día*
trencaclosques m. *rompecabezas*
trencada f. *rotura // revuelta*
trencadís, -issa adj. *quebradizo*
trencador, -a m. i f. *rompedor // cantero // cascanueces // agramadera*
trencadura f. *rotura // hernia*
trencagels m. *rompehielos*
trencament m. *ruptura, quebrantamiento // — de casa allanamiento de morada*
trencar v. *romper // quebrar // agramar // torcer // cortar // quebrantar // herniar*
trencat m. *rotura, quebradura // (en matemàtiques) quebrado // cortado*
trenta adj. *treinta*
trentè, -ena adj. *treinteno, trigésimo*
trentena f. *treintena*
trepa f. *tropa, gentuza*
trepà m. *trépano*
trepanació f. *trepanación*
trepanar v. *trepanar // horadar, perforar*
trepant m. *broca, taladro // berbiquí // perforador*
trepar v. *horadar, agujerear // calar, acuchillar*
trepidació f. *trepidación*
trepidar v. *trepidar*
trepig m. *pisoteo, pisadas*
trepitjada f. *pisada*
trepitjar v. *pisar // pisotear*
tres adj. *tres*
trescar v. *andar, apeonar // recorrer // ajetrear, atarearse*
tres-cents, -entes adj. *trescientos*
treset m. *(en música) tresillo*
tresillo m. *tresillo*
tresor m. *tesoro*
tresorer, -a m. i f. *tesorero*
tresoreria f. *tesorería*

trespeus m. *trípode // trébedes // salvamanteles*
trespol m. *solería // suelo, pavimento // techo // desván // terrado*
1) tret m. *tiro, disparo // toque // trecho // rasgo*
2) tret prep. *excepto*
treta f. *saca, extracción // producto, rendimiento // ocurrencia*
tretze adj. *trece*
tretzè, -ena adj. *décimotercero*
treure v. *sacar, echar // producir, dar // quitar // apartar // ser apropiado // — del solc o — de polleguera o — de botador sacar de quicio*
treva f. *tregua*
trèvol m. *trébol*
tri, trina adj. *trino*
tria f. *elección, selección*
tríade f. *tríada*
triadella f. *selección*
triangle m. *triángulo*
triangular adj. *triangular*
triar v. *separar, apartar // escoger, elegir // cortar* (la leche)
tribal adj. *tribal*
tribàsic, -a adj. *tribásico*
tribu f. *tribu*
tribú m. *tribuno*
tribulació f. *tribulación*
tribuna f. *tribuna*
tribunal m. *tribunal*
tribut m. *tributo*
tributar v. *tributar*
tributari, -ària adj. *tributario*
tríceps m. *tríceps*
tricicle m. *triciclo*
triclini m. *triclinio*
tricolor adj. *tricolor*
tricorni m. *tricornio*
tricot m. *tricot*
tricromia f. *tricromía*
trident m. *tridente*
tríedre m. *triedro*
triennal adj. *trienal*
trienni m. *trienio*
trifàsic, -a adj. *trifásico*
trifoli m. *trifolio, trébol*
trifori m. *triforio*
triftong m. *triptongo*
trifulga f. *trifulca // zaragata*
triga f. *tardanza*
triganer, -a adj. *tardo, lento, moroso*
trigar v. *tardar*
trigèsim, -a adj. *trigésimo*
triglif m. *triglifo*

trigonometria f. *trigonometría*
trilió m. *trillón*
trilit m. *trilito*
trill m. *trillo*
trillar v. *trillar // traillar*
trilogia f. *trilogía*
trimestre m. *trimestre*
trinar v. *trinar*
trinat m. *trino*
trinca f. *trinca*
trincar v. *trincar*
trineu m. *trineo*
trinitari, -ària adj. *trinitario*
trinitat f. *trinidad*
trinomi m. *trinomio*
trinquet m. *trinquete*
trinxa f. *lonja, tira // pretina*
trinxant m. *trinchador // trinchante*
trinxar v. *trinchar*
trinxera f. *trinchera*
trinxet m. *tranchete // hocino*
trio m. *trío*
triomf m. *triunfo*
triomfal adj. *triunfal*
triomfar v. *triunfar*
tripa f. *tripa*
tripada f. *tripada, callada*
triple adj. *triple*
triplicar v. *triplicar*
trípode m. *trípode*
tríptic m. *tríptico*
tripulació f. *tripulación*
tripulant m. *tripulante*
tripular v. *tripular*
triquina f. *triquina*
triquinosi f. *triquinosis*
trirrem m. *trirreme*
trisíl·lab, -a adj. *trisílabo*
trispol m. (V. **trespol**)
trist, -a adj. *triste*
tristesa f. *tristeza*
tristor f. *tristeza*
tritó m. *tritón*
trituració f. *trituración*
triturar v. *triturar*
triumf m. *triunfo*
triumfalisme m. *triunfalismo*
triumfar v. *triunfar*
triumvir m. *triunviro*
triumvirat m. *triunvirato*
trivalent adj. *trivalente*
trivial adj. *trivial*
trivialitat f. *trivialidad*
tro m. *trueno // estampido // castañetazo*
trobadís, -issa adj. *encontradizo*
trobador m. *encontrador // trovador*

trobadoresc, -a adj. *trovadoresco*
troballa f. *hallazgo*
trobar v. *inventar // trovar // encontrar, hallar // creer, opinar, parecer //* rfl. *encontrarse //* no **trobar-s'hi** *no acostumbrarse*
trobiguera f. *liga*
troca f. *madeja // faja, ceñidor*
trofeu m. *trofeo*
troglodita m. i f. *troglodita*
troià, -ana m. i f. *troyano*
troica f. *troica*
tròlei m. *trole*
tròlei-bus m. *trolebús*
tromba f. *tromba*
trombó m. *trombón*
trombosi f. *trombosis*
trompa f. *trompa // tromba // borrachera, curda*
trompada f. *trompada // trompazo*
trompeta f. *trompeta // trompetilla*
trompetejar v. *trompetear*
trompeter m. *trompetero*
trompeteria f. *trompetería*
tron m. *trono*
trona f. *púlpito // chistera*
tronada f. *tronada*
tronar v. *tronar*
tronc m. *tronco // donar — apalear*
troncada f. *garrotazo, bastonazo*
troncar v. *tronchar, cortar*
tronera f. *tronera*
trono m. *trono*
trontollar v. *oscilar, traquear, traquetear // retemblar // aturdir, marear*
tronxo m. *troncho*
tropa f. *tropa // turba*
tropell m. *tropel, caterva // ataque, accidente*
tropessar v. *tropezar*
tròpic m. *trópico*
tropical adj. *tropical*
tropisme m. *tropismo*
tros m. *trozo, pedazo // campo, heredad, peguial // trecho //* d'un — lluny *desde cierta distancia //* ni de bon — *ni con mucho //* fer trossos *despedazar*
trossada f. *trozo // miembro // picadero*
trossar v. *arremangar // envolver // atar*
trossejar v. *despedazar, trinchar*
trot m. *trote*
trotaire adj. *trotador*
trotar v. *trotar*
truà m. *truhán // bufón*
truaneria f. *truhanería*
1) **truc** m. *golpe // toque // esquilón*
2) **truc** m. *truque*

3) **truc** m. *truco*
trucador m. *aldaba*
1) **trucar** v. *golpear* // *pegar, zurrar* // *tocar* *llamar*
2) **trucar** v. *trucar*
trucatge m. *trucaje*
truculent, -a adj. *truculento*
trufa f. *trufa* // *patata* // *broma, burla*
trufar v. tr. *trufar* // intr. o rfl. *burlar*
trui m. (V. **trull**)
1) **truita** f. (peix) *trucha*
2) **truita** f. *tortilla* // *lío, embrollo*
truja f. *cerda, puerca, marrana*
trull m. *jaraiz, lagar* // *almazara* // *trillo* // *rodillo* // *bullicio, jaleo, ruido*
trullar v. *moler la aceituna* // *ajetrear*
trullós, -osa adj. *bullicioso, ruidoso*
trumfa f. *patata*
trumfo m. *triunfo* // pl. *lío, engorro, aprieto*
truncar v. *truncar*
trunyella f. *trenza* // *tomiza* // *revoltillo*
trunyellat m. *entrelazado*
trust m. *trust*
tsar m. *zar*
tsarevitx m. *zarevich*
tsarina f. *zarina*
tsarisme m. *zarismo*
tu pron. *tú*
tub m. *tubo*
tuba f. *tuba* // *doselete*
tuberàcia f. *tuberácea*
tubercle m. *tubérculo*
tuberculós, -osa adj. *tuberculoso*
tuberculosi f. *tuberculosis*
tuberós, -osa adj. *tuberoso*
tubular adj. *tubular*
tucan m. *tucán*
tudar v. *estropear, echar a perder* // *malgastar*
tudesc, -a adj. *tudesco*
tudó m. *paloma torcaz*
tuf m. *tufo*
tuguri m. *tugurio*
tuia f. (arbre) *tuya*
tul m. *tul*
tulipa f. *tulipa* // *tulipán*
tumbaga f. *tumbaga*
tumbet m. *tumbet*
tumefacte, -a adj. *tumefacto*

tumescència f. *tumescencia*
tumor m. *tumor*
túmul m. *túmulo*
tumult m. *tumulto*
tumultuós, -osa adj. *tumultuoso*
tuna f. *tuna*
tundra f. *tundra*
túnel m. *túnel*
tungstè m. *tungsteno*
túnica f. *túnica*
tunisenc, -a m. i f. *tunecino*
tupada f. *paliza, tunda*
tupar v. *zurrar, azotar*
tupè m. *tupé, copete*
tupí m. *puchero, ollita*
tupina f. *salsera* // *tocino*
tupir v. *apretar, tupir*
turba f. *turba*
turbamulta f. *turbamulta*
turbant m. *turbante*
turbina f. *turbina*
turbot m. *rodaballo*
turbulència f. *turbulencia*
turbulent, -a adj. *turbulento*
turc, -a m. i f. *turco*
turgència f. *turgencia*
turgent adj. *turgente*
turisme m. *turismo*
turista m. i f. *turista*
turmell m. *tobillo*
turment m. *tormento*
turmentar v. *atormentar*
turó m. *colina, altozano* // *pico*
turpitud f. *torpeza, turpitud*
turquesa f. *turquesa*
turquí, -ina adj. *turquí*
tururut m. *tararí* // *mequetrefe* // interj. *sanseacabó!*
tustar v. *golpear* // *tocar, llamar*
tuteig m. *tuteo*
tutejar v. *tutear*
tutela f. *tutela*
1) **tutelar** adj. *tutelar*
2) **tutelar** v. *tutelar*
tuti m. *tute*
tutor, -a m. i f. *tutor*
tutoria f. *tutoría*
txec, -a m. i f. *checo*
txecoslovac, -a m. i f. *checoeslovaco*

U

u pron. *uno* // adj. *primero, uno*
ubèrrim, -a adj. *ubérrimo*
ubicar v. *ubicar*
ubiqüitat f. *ubicuidad*
ucraïnià, -ana m. i f. *ucraniano*
udol m. *aullido, aúllo*
udolar v. *aullar*
uf! interj. *uf!*
ufà, -ana adj. *ufano, soberbio* // *ufanoso, frondoso*
ufana f. *ufanía, boato, arrogancia* // *lozanía* // *ojo de fuente*
ufanejar v. *gallardear*
ufanor f. *ufanía, lozanía*
ufanós, -osa adj. *lozano*
ui m. (V. **ull**)
uixer m. *ujier*
úlcera f. *úlcera*
ulcerar v. *ulcerar*
ull m. *ojo* // **cop d'** — *ojeada* // **tenir bon** — *tener vista, tener buen ojo* // **— de l'escala** *ojo de la escalera* // *botón, yema* // *cogollo* // **a l'**— *o a* — *o a bell* — *a ojo, a bulto* // **de cua d'** — *de reojo* // **fer l'** — **viu** *andar vivo* // **fer els ulls grossos** *hacer la vista gorda* // **fer** — *hundirse, arruinarse*
ullada f. *mirada, ojeada*
ullal m. *colmillo* // *arcada, ojo de puente* // *manantial, ojo*
ullar v. *ojear, observar* // *notar, avistar, divisar* // *pulular, echar yemas*
ullastre m. *acebuche*
ullera f. *ojera* // *anteojo* // pl. *anteojos, gafas* // (de bístia) *anteojeras*
ullerós, -osa adj. *ojeroso*
ullet m. *ojito* // *ojete* // *renuevo* // **fer l'**— *guiñar un ojo, hacer guiños*
ulmàcia f. *ulmácea*
ulterior adj. *ulterior*
últim, -a adj. *último*
ultimar v. *ultimar*
ultimàtum m. *ultimátum*
ultra adv. i prep. *además de*
ultramar m. *ultramar*

ultramarí, -ina adj. *ultramarino*
a ultrança adv. *a ultranza*
ultrapassar v. *sobrepasar*
ultratge m. *ultraje*
ultratjar v. *ultrajar*
ultratomba f. *ultratumba*
ulular v. *ulular*
umbel·la f. *umbela*
umbel·lífera f. *umbelífera*
umbilical adj. *umbilical*
un, una adj., art. i pron. *uno, un*
unànime adj. *unánime*
unanimitat f. *unanimidad*
unça f. *onza*
unció f. *unción*
undècim, -a adj. *undécimo*
ungir v. *ungir*
ungla f. *uña*
unglada f. *uñada, uñarada, arañazo*
unglera f. *uñero*
unglot m. *garra* // *casco* // *pezuña*
ungüent m. *ungüento*
ungulat, -ada adj. *ungulado*
únic, -a adj. *único*
unicel·lular adj. *unicelular*
unicorn m. *unicornio*
unificació f. *unificación*
unificar v. *unificar*
uniformar v. *uniformar*
uniforme adj. *uniforme*
uniformitat f. *uniformidad*
unigènit, -a adj. *unigénito*
unilateral adj. *unilateral*
unió f. *unión*
unir v. *unir*
uníson, -a adj. *unísono*
unitari, -ària adj. *unitario*
unitat f. *unidad*
univalve, -a adj. *univalvo*
univers m. *universo*
universal adj. *universal*
universalitat f. *universalidad*
universitari, -ària adj. *universitario*
universitat f. *universidad*
untar v. *untar*

untuós, -osa adj. *untuoso*
untura f. *untura*
upa! interj. *upa!* // **d'upa** *de aúpa*
uralita f. *uralita*
urani m. *uranio*
urbà, -ana adj. *urbano*
urbanisme m. *urbanismo*
urbanitat f. *urbanidad*
urbanització f. *urbanización*
urbanitzar v. *urbanizar*
urbs f. *urbe*
urc m. *altivez, altanería* // *lozanía*
urçol m. *orzuelo*
urea f. *urea*
urèmia f. *uremia*
urèter m. *uréter*
uretra f. *uretra*
urgència f. *urgencia*
urgent adj. *urgente*
urgentment adv. *urgentemente*
urgir v. *urgir*
úric, -a adj. *úrico*
urinari, -ària adj. *urinario*
urna f. *urna*
uròleg, -oga m. i f. *urólogo*
urologia f. *urología*
urpa f. *garra*
úrsid m. *úrsido*

urticària f. *urticaria*
uruguaià, -ana adj. *uruguayo*
us pron. *os*
ús m. *uso*
usança f. *usanza, uso*
usar v. *usar* // rfl. *acostumbrarse, estar en uso*
usatge m. *uso, usanza*
usdefruit m. *usufructo*
usual adj. *usual*
usuari, -ària adj. *usuario*
usufructe m. *usufructo*
usufructuar v. *usufructuar*
usufructuari, -ària m. i f. *usufructuario*
usura f. *usura*
usurer, -a m. i f. *usurero*
usurpació f. *usurpación*
usurpar v. *usurpar*
utensili m. *utensilio*
úter m. *útero*
útil adj. *útil*
utilitari, -ària adj. *utilitario*
utilitat f. *utilidad*
utilitzar v. *utilizar*
utillatge m. *utillaje*
utopia f. *utopía*
utòpic, -a adj. *utópico*
úvula f. *úvula*

V

va, vana adj. *vano*
vaca f. *vaca* // (peix) *vaca, serrana*
vacació f. *vacación*
vacances f. pl. *vacaciones*
vacant adj. *vacante*
vacar v. *vacar*
vacil·lació f. *vacilación*
vacil·lar v. *vacilar*
vac, vàcua adj. *vacuo*
vacuïtat f. *vacuidad*
vacuna f. *vacuna*
vacunar v. *vacunar*
vademècum m. *vademécum*
vaga f. *inacción* // *huelga*
vagabund, -a adj. *vagabundo*
vagabundejar v. *vagabundear*
vagància f. *vagancia*
vagant adj. *desocupado, ocioso* // *vagante, andante, errante*
vagar v. *vagar* // *tener tiempo, venir bien*
vagarós, -osa adj. *ocioso, vago* // *vago, incierto*
vagina f. *vagina*
vagit m. *vagido*
vago adj. (V. vague)
vagó m. *vagón*
vagoneta f. *vagoneta*
vague, vaga adj. *vago*
vaguejar v. *vacilar* // *vaguear*
vagueria f. *holgazanería*
vaguetat f. *vaguedad*
vaguista m. i f. *huelguista*
vailet m. *mozo, mochil* // *muchacho, chico*
vainilla f. *vainilla*
vaivé m. *vaivén*
vaixell m. *vasija, vaso* // *buque, barco, bajel*
vaixella f. *vajilla*
vaja! interj. *vaya!*
val m. *vale*
valedor, -a m. i f. *valedor* // adj. *valedero*
valencià, -ana m. i f. *valenciano*
valent, -a adj. *valiente, valeroso*
valentia f. *valentía*
valer v. *valer* // **valga que** *gracias que, menos mal que,* // **ja ho val!** *vaya, vaya!*

valerós, -osa adj. *valeroso*
valetudinari, -ària adj. *valetudinario*
valí m. *valí*
vàlid, -a adj. *válido*
validar v. *validar*
validesa f. *validez*
valiment m. *valimiento*
valisa f. *valija, maleta*
1) vall m. *foso*
2) vall f. *valle*
való, -ona adj. *valón*
valoració f. *valoración*
valorar v. *valorar*
valquíria f. *valquiria*
vals m. *vals*
vàlua f. *valor, valía*
valuós, -osa adj. *valioso*
valva f. *valva*
vàlvula f. *válvula*
vampir m. *vampiro*
vampiressa f. *vampiresa*
vanaglòria f. *vanagloria*
vanagloriar-se v. *vanagloriarse*
vanar-se v. *vanagloriarse*
vàndal, -a m. i f. *vándalo*
vandalisme m. *vandalismo*
vanitat f. *vanidad*
vanitós, -osa adj. *vanidoso*
vànova f. *colcha*
vantar-se v. *vanagloriarse*
vapor m. *vapor*
vaporitzador m. *vaporizador*
vaporitzar v. *vaporizar*
vaporós, -osa adj. *vaporoso*
vaquer, -a m. i f. *vaquero*
vaqueria f. *vaquería*
vaquerís, -issa m. i f. *vaquerizo*
vara f. *vara*
varador m. *varadero*
varal m. *varal*
varar v. *botar* // *varar* // *encallar*
vareta f. *varita, varilla*
vari, vària adj. *vario*
variable adj. *variable*
variació f. *variación*

variant f. *variante*
variar v. *variar*
variça f. *variz*
varicel·la f. *varicela*
varicós, -osa adj. *varicoso*
varietat f. *variedad*
vas m. *vaso* // *sepulcro, tumba*
vasa f. *marco* // *baza*
vascular adj. *vascular*
vaselina f. *vaselina*
vasomotor adj. *vasomotor*
vassall m. *vasallo*
vassallatge m. *vasallaje*
vast, -a adj. *vasto*
vastitud f. *vastedad*
1) vat m. *vate*
2) vat m. *vatio*
vaticinar v. *vaticinar*
vaticini m. *vaticinio*
ve f. *uve* // — **doble** *uve doble*
vector, -a adj. *vector*
veda f. *veda, veto, prohibición*
vedar v. *vedar*
vedat m. *vedado*
vedell, -a m. i f. *ternero, becerro*
vega f. *jira campestre, merienda campestre* // **anar de** — *ir de parranda* // *banquete, goce* // **fer una** — *disfrutar mucho*
vegada f. *vez*
vegetació f. *vegetación*
vegetal adj. *vegetal*
vegetar v. *vegetar*
vegetarià, -ana adj. *vegetariano*
vegetatiu, -iva adj. *vegetativo*
veguer m. *corregidor*
vegueria f. *veguería*
vehemència f. *vehemencia*
vehementment adv. *vehementemente*
vehicle m. *vehículo*
veí, -ïna adj. *vecino*
veïnal adj. *vecinal*
veïnat m. *vecindario, vecindad* // *vecino, cercano* // adv. *cerca*
veïtnatge m. *cercanía* // *vecindad* // *vecindario*
veixiga f. *vejiga* // *ampolla*
vel m. *velo*
vela f. *vela* // *toldo*
velacions f. pl. *velaciones*
velam m. *velamen*
1) velar v. *velar*
2) velar adj. *velar*
veler m. *velero*
vell, -a m. i f. *viejo*
vel·leïtat f. *veleidad*
vellesa f. *vejez*

vell marí m. *foca*
velló m. *vellón*
vellós, -osa adj. *velloso, velludo*
vellositat f. *vellosidad*
vellura f. *vejez* // *antigüedad*
vellut m. *terciopelo*
vellutat, -ada adj. *aterciopelado*
veloç adj. *veloz*
velocípede m. *velocípedo*
velocitat f. *velocidad*
velòdrom m. *velódromo*
vena f. *vena* // *veta*
venable m. *venablo* // *palo, garrote*
venal adj. *venal*
venalitat f. *venalidad*
vencedor, -a m. i f. *vencedor*
vèncer v. *vencer*
vencill m. *vencejo*
venciment m. *vencimiento*
venda f. *venta*
vendaval m. *vendaval*
vendible adj. *vendible*
vendre v. *vender*
venecià, -ana adj. *veneciano*
veneçolà, -ana m. i f. *venezolano*
venedor, -a m. i f. *vendedor*
venenós, -osa adj. *venenoso*
venerable adj. *venerable*
veneració f. *veneración*
venerar v. *venerar*
veneri, -èria adj. *venéreo*
vènia f. *venia*
venial adj. *venial*
venidor, -a adj. *venidero*
venir v. *venir* // *ir*
venjador, -a m. i f. *vengador*
venjança f. *venganza*
venjar v. *vengar*
venjatiu, -iva adj. *vengativo*
venós, -osa adj. *venoso*
vent m. *viento* // *lado, dirección* / **anar cadascú pel seu** — *ir cada uno por su lado* / **per cap** — **del món** *de ninguna manera* // **donar a algú el** — **per escampat** *no hacerle caso, dejarlo cantar* // **dur molt de** — **a la flauta** *presumir mucho, tener muchas ínfulas*
ventada f. *vendaval*
ventador, -a m. i f. *aventador* // m. *bieldo* // m. *aventador, soplillo*
ventafocs m. *aventador, soplillo* // f. *cenicienta*
ventall m. *abanico* // *castaña, porrazo*
ventar v. *aventar* // *abanicar* // *mosquear* // *voltear* // *agitar, blandir* // *pegar, sacudir* // *zurrar*

ventejar v. *ventear* // *aventar, abanicar* // *menear, agitar*
ventijol m. *vientecillo*
ventilació f. *ventilación*
ventilador m. *ventilador*
ventilar v. *ventilar*
ventós, -osa adj. *ventoso*
ventosa f. *ventosa*
ventositat f. *ventosidad*
ventrada f. *ventregada*
ventral adj. *ventral*
ventre m. *vientre* // *— de la cama pantorrilla*
ventrell m. *estómago*
ventricle m. *ventrículo*
ventríloc, -qua m. i f. *ventrílocuo*
ventrut, -uda adj. *ventrudo*
ventura f. *ventura*
venturer, -a adj. *ocasional* // *de lance, de ocasión*
venturós, -osa adj. *venturoso*
ver, vera adj. *verdadero*
veraç adj. *veraz*
veracitat f. *veracidad*
veral m. *contorno, andurriales*
verb m. *verbo*
verbal adj. *verbal*
verbigràcia adv. *verbigracia*
verborrea f. *verborrea*
verbositat f. *verbosidad*
verd, -a adj. *verde*
verdanc m. *verdasca, verdugón* // *verdascazo, zurra* // *roncha, verdugón*
verdejar v. *verdear*
verderol m. *verderón*
verdet m. *cardenillo* // *verdín, moho* // *musgo*
verdolaga f. *verdolaga*
verdor f. *verdor*
verdós, -osa adj. *verdoso*
verdum m. *verderón*
verdura f. *verdor* // *verdura*
verdurer, -a m. i f. *verdulero*
veredicte m. *veredicto*
verema f. *vendimia* // *mugre, pringue*
veremada f. *vendimia*
veremador, -a m. i f. *vendimiador*
veremar v. *vendimiar*
verga f. *vara* // *sarmiento* // *bastón, vara*
verge f. i adj. *virgen*
verger m. *vergel*
vergonya f. *vergüenza*
vergonyant adj. *vergonzante*
vergonyós, -osa adj. *vergonzoso*
verí m. *veneno, ponzoña*
verídic, -a adj. *verídico*

verificar v. *verificar*
verinada f. *ponzoña* // *fer la — desahogarse*
verinós, -osa adj. *venenoso*
verisímil adj. *verosímil*
verisimilitud f. *verosimilitud*
verisme m. *verismo*
veritable adj. *verdadero*
veritat f. *verdad*
verjo adj. m. *virgen*
vermar v. (V. **veremar**)
vermell adj. *rojo, encarnado* // m. *— d'ou yema de huevo*
vermellenc, -a adj. *rojizo*
vermelló m. *bermellón*
vermellor f. *rojez*
vermellós, -osa adj. *rojizo*
vermífug, -a adv. *vermífugo*
vermut m. *vermut*
vern m. *aliso*
vernacle, -a adj. *vernáculo*
vernís m. *barniz*
vernissar v. *barnizar*
verola f. *viruela*
verra f. *puerca, cerda* // *contrabajo*
verro m. *verraco* // *puerco, bruto* // *matón* // adj. *cruel, terrible*
1) **vers** m. *verso*
2) **vers** prep. *hacia*
versal f. *versal*
versaleta f. *versalita*
versallesc, -a adj. *versallesco*
versar v. *versar*
versàtil adj. *versátil*
versejar v. *versificar*
versemblança f. *verosimilitud*
versemblant adj. *verosímil*
versicle m. *versículo*
versificació f. *versificación*
versificar v. *versificar*
versió f. *versión*
vertader, -a adj. *verdadero*
vèrtebra f. *vértebra*
vertebrat, -ada adj. *vertebrado*
vertent m. i f. *vertiente*
vèrtex m. *vértice*
vertical adj. *vertical*
verticalitat f. *verticalidad*
verticil m. *verticilo*
vertigen m. *vértigo*
vertiginós, -osa adj. *vertiginoso*
vesc m. *visco*
vescomte m. *vizconde*
vescomtessa f. *vizcondesa*
vesícula f. *vesícula*
vespa f. *avispa*
vesper m. *avispero* // *ántrax*

vinagre

vespertí, -ina adj. *vespertino*
vesprada f. *prima noche, anochecido // tarde*
vespre m. *anochecer // noche / bon — buenas noches*
vesprejar v. *anochecer*
vespres f. pl. *vísperas*
vessa f. *pereza*
vessament m. *derramamiento // rebosamiento*
vessant adj. *rebosante // m. i f. vertiente*
vessar v. *derramarse, verterse // rebosar // rezumar // verter, derramar*
vessut, -uda adj. *perezoso*
vestal f. *vestal*
vestíbul m. *vestíbulo*
vestidor m. *vestuario*
vestidura f. *vestidura*
vestigi m. *vestigio*
vestimenta f. *vestimenta*
vestir v. *vestir*
vestit m. *vestido*
vestuari m. *vestuario*
veta f. *cinta, cordelito // cabo // veta // vena*
vet ací adv. *he aquí*
vet allà adv. *he allí*
vet aquí adv. *he ahí // he aquí*
veterà, -ana m. i f. *veterano*
veterinari, -ària m. i f. *veterinario*
vetlar v. (V. vetllar)
vetlla f. *vela // velada*
vetllada f. *velada*
vetllar v. *velar, vigilar*
vetust, -a adj. *vetusto*
veu f. *voz*
veure v. *ver*
vexació f. *vejación*
vexar v. *vejar*
vexatori, -òria adj. *vejatorio*
vi m. *vino*
via f. *vía // camino // raya, hilera // rosca, tuerca // fer — ir deprisa, apresurarse*
viable adj. *viable*
viaducte m. *viaducto*
vianant m. *caminante, viandante*
vianda f. *vianda, víveres, comida // verduras, frutos // potaje // sopa*
viarany m. *sendero*
viatge m. *viaje*
viatger, -a m. i f. *viajero*
viàtic m. *viático*
viaticar v. *viaticar*
viatjant m. *viajante*
viatjar v. *viajar*
víbra f. *víbora*

vibració f. *vibración*
vibrar v. *vibrar*
vibratori, -òria adj. *vibratorio*
vicari m. *vicario*
vicaria f. *vicaría*
vicària f. *vicaria*
vice-almirall m. *vicealmirante*
vice-cònsol m. *vicecónsul*
vice-president, -a m. i f. *vicepresidente*
vice-rector, -a m. i f. *vicerrector*
vice-secretari, -ària m. i f. *vicesecretario*
viceversa adv. *viceversa*
vici m. *vicio // tara, defecto*
viciar v. *viciar // mimar*
viciós, -osa adj. *vicioso*
vicissitud f. *vicisitud*
víctima f. *víctima*
víctor m. *vítor*
victorejar v. *vitorear*
victòria f. *victoria*
victoriós, -osa adj. *victorioso*
vida f. *vida*
vidassa f. *vida regalona*
vident adj. *vidente*
vidre m. *vidrio // cristal*
vidrier, -a m. i f. *vidriero*
vidriera f. *vidriera*
vidrieria f. *vidriería*
vidriol m. *vitriolo*
vidriós, -osa adj. *vidrioso*
vidu, vídua m. i f. *viudo*
viduïtat f. *viudez*
vienès, -esa m. i f. *vienés*
vigatà, -ana m. i f. *vicense*
vigència f. *vigencia*
vigent adj. *vigente*
vigèsim, -a adj. *vigésimo*
vigilància f. *vigilancia*
vigilar v. *vigilar*
vigília f. *vigilia*
vigir v. *estar en vigor, estar vigente*
vigor m. i f. *vigor*
vigoria f. *vigor*
vigoritzar v. *vigorizar*
vigorós, -osa adj. *vigoroso*
vil adj. *vil*
vila f. *villa*
vilania f. *villanía*
vilatge m. *lugar, aldea*
vilesa f. *vileza*
vilipendi m. *vilipendio*
vilipendiar v. *vilipendiar*
vil·la f. *villa, quinta*
vime m. *mimbre*
vimenera f. *mimbrera*
vinagre m. *vinagre*

vinagrella f. *acedera*
vinagrera f. *vinagrera* // pl. *vinagreras, angarillas*
vinagreta f. *vinagreta* // *acidez*
vinater, -a adj. *vinatero*
vinclar v. *doblegar, encorvar*
vincle m. *vínculo*
vincular v. *vincular*
vindicació f. *vindicación*
vindicar v. *vindicar*
vinent adj. *siguiente, venidero*
vinguda f. *venida*
vinícola m. i f. *vinícola*
vinicultura f. *vinicultura*
vinós, -osa adj. *vinoso*
vint adj. *veinte*
vintè, -ena adj. *veinteno, vigésimo*
vintena f. *veintena*
vinya f. *viña*
vinyater m. *viñador*
vinyeta f. *viñeta*
1) **viola** f. *violeta*
2) **viola** f. *viola, vihuela*
violaci, -àcia adj. *violáceo*
violació f. *violación*
violar v. *violar*
violat, -ada adj. *violado* // (color) *violet*
violència f. *violencia*
violentar v. *violentar*
violer m. *alhelí*
violeta f. *violeta*
violetera f. (planta) *violetero* // *violetera*
violí m. *violín*
violinista m. i f. *violinista*
violó m. *violón, contrabajo*
violoncel m. *violoncelo*
violoncel·lista m. i f. *violoncelista*
viperí, -ina adj. *viperino*
virada f. *virada, vuelta*
virar v. *virar* // *volver*
viratge m. *viraje*
virginal adj. *virginal*
virginitat f. *virginidad*
virgo m. *virgo*
viril adj. *viril*
virilitat f. *virilidad*
virolla f. *anilla* // *abrazadera* // *virola, arandela* // *contera* // m. i f. *zoquete*
virregnat m. *virreinado*
virrei m. *virrey*
virreina f. *virreina*
virtual adj. *virtual*
virtuós, -osa adj. *virtuoso*
virtuosisme m. *virtuosismo*
virtut f. *virtud*
virulència f. *virulencia*

virulent, -a adj. *virulento*
virus m. *virus*
visar v. *visar*
visat m. *visado*
visatge m. *cara, rostro* // *visaje*
visc m. *visco*
visca! interj. *viva!*
víscera f. *víscera*
viscós, -osa adj. *viscoso*
viscositat f. *viscosidad*
visera f. *visera*
visible adj. *visible*
visigot, -oda adj. *visigodo*
visió f. *visión*
visionari, -ària adj. *visionario*
visita f. *visita*
visitar v. *visitar*
visó m. *visón*
visor m. *visor*
vist, -a adj. *visto* // — **i plau** *visto bueno*
vista f. *vista*
vistós, -osa adj. *vistoso*
visual adj. *visual*
vital adj. *vital*
vitalici, -ícia adj. *vitalicio*
vitalitat f. *vitalidad*
vitamina f. *vitamina*
vitel·la f. *vitela*
vitícola adj. *vitícola*
viticultor, -a m. i f. *viticultor*
viticultura f. *viticultura*
vitola f. *vitola*
vitri, vítria adj. *vítreo*
vitrificar v. *vitrificar*
vitrina f. *vitrina*
vitualla f. *vitualla*
vituperar v. *vituperar*
vituperi m. *vituperio*
viu, viva adj. *vivo* // m. (de la roba) *orillo*
viuda f. *viuda*
viudetat f. *viudedad*
viudo m. *viudo*
viure v. *vivir*
vivaç adj. *vivaz*
vivacitat f. *vivacidad*
vivència f. *vivencia*
vivenda f. *vivienda*
vivent adj. *viviente*
viver m. *vivero*
viveró m. *biberón*
vivesa f. *viveza*
vividor, -a adj. *vividor*
vivificar v. *vivificar*
vivípar, -a adj. *vivíparo*
vivor f. *viveza*

vocable m. *vocablo*
vocabulari m. *vocabulario*
vocació f. *vocación*
vocal adj. i f. *vocal*
vocalisme m. *vocalismo*
vocalitzar v. *vocalizar*
vocatiu m. *vocativo*
vociferació f. *vociferación*
vociferar v. *vociferar*
voga f. *boga*
vogamarí m. *erizo de mar*
vogar v. *bogar, remar*
vogo m. (V. **vogamarí**)
vol m. *vuelo*
volada f. *vuelo // bandada // alero // berrinche*
voladís, -issa adj. *volandero // voladizo*
volador, -a adj. *volador //* m. *saledizo*
volander, -a adj. *volandero*
volant m. *volante //* adj. *volandero*
volantí m. *volantín*
volar v. *volar*
volateria f. *volatería*
volàtil adj. *volátil*
volatilitzar v. *volatilizar*
volcà m. *volcán*
volcànic, -a adj. *volcánico*
volea f. *voleo*
voleiar v. *volar, volear // arrojar*
volença f. *voluntad, querencia*
voler v. *querer*
voletejar v. *revolotear*
volfram m. *volframio*
1) **volt** m. *ruedo // vuelta // pl. contornos*
2) **volt** f. *voltio*
volta f. *vuelta // vez // revuelta, rodeo // soportal, pórtico // bóveda*
voltaic, -a adj. *voltaico*
voltant m. *derredor, alrededor // pl. alrededores*
voltar v. *girar, volverse // voltear // volver // tr. rodear*
voltatge m. *voltaje*
voltera f. *rodeo*
volterià, -ana adj. *volteriano*
voltímetre m. *voltímetro*
voltor m. *buitre*
volubilitat f. *volubilidad*
voluble adj. *voluble*

volum m. *volumen*
voluminós, -osa adj. *voluminoso*
voluntari, -ària adj. *voluntario*
voluntat f. *voluntad*
voluptuós, -osa adj. *voluptuoso*
voluptuositat f. *voluptuosidad*
voluta f. *voluta*
vòmit m. *vómito*
vomitar v. *vomitar*
vomitera f. *náuseas*
vomitiu, -iva adj. *vomitivo*
vora f. *borde, orilla, margen //* (de roba) *orilla, orillo // cerca de, junto a*
voraç adj. *voraz*
voracitat f. *voracidad*
voravia f. *acera*
voraviu m. *vivo, orillo // resalte, relieve*
vorejar v. *bordear*
vorera f. *borde, orilla // acera*
voreta f. *dobladillo*
vori m. *marfil*
vòrtex m. *vértice, torbellino*
vos pron. *vos*
vós pron. *vos*
vosaltres pron. *vosotros*
vostè pron. *usted*
vostre, -a adj. i pron. *vuestro*
vot m. *voto*
votació f. *votación*
votar v. *votar*
votiu, -iva adj. *votivo*
vuit adj. *ocho*
vuitada adj. *octava*
vuitanta adj. *ochenta*
vuitantè, -ena adj. *octogésimo*
vuitantí, -ina adj. *octogenario*
vuitcentisme m. *ochocentismo*
vuit-cents, -entes adj. *ochocientos*
vuitè, -ena adj. *octavo*
vulcanisme m. *vulcanismo*
vulcanitzar v. *vulcanizar*
vulgar adj. *vulgar*
vulgaritat f. *vulgaridad*
vulgaritzar v. *vulgarizar*
vulgus m. *vulgo*
vulnerable adj. *vulnerable*
vulnerar v. *vulnerar*
vulva f. *vulva*

W

wagnerià, -ana adj. *wagneriano*
wàter m. *wáter*

water-polo m. *water-polo*
wiski m. *güisqui*

X

xa m. *sha*
xabec m. *jabeque*
xabola f. *chabola*
xacal m. *chacal*
xacolí m. *chacolí*
xacota f. *chacota* // *zalamerías*
xacra f. *achaque*
xacrós, -osa adj. *achacoso*
xafar v. *chafar*
xafardeig m. *chismorreo*
xafardejar v. *chismorrear*
xafarder, -a adj. *chismoso*
xafarderia f. *chisme, chismorreo*
xafarranxo m. *zafarrancho*
xàfec m. *aguacero*
xafogor f. *bochorno*
xafogós, -osa adj. *bochornoso*
xagrí m. *chagrín*
xai m. *cordero*
xal m. *chal*
xalana f. *chalana*
xalar v. *gozar, disfrutar*
xalest, -a adj. *alegre, animado*
xalet m. *chalet, quinta*
xaloc m. *jaloque, siroco*
xalupa f. *chalupa*
xamba f. *chamba*
xamberg m. *chambergo*
xamfrà m. *chaflán*
xamós, -osa adj. *hermoso, lozano*

xampany m. *champán*
xampú m. *champú*
xampurrar v. *chapurrar*
xancle m. *chanclo*
xancleta f. *chancleta*
xanga f. *zanco*
xano-xano adv. *despacito*
xantatge m. *chantaje*
xanxa f. *chanza*
1) **xapa** f. *chapa*
2) **xapa** f. *escardillo*
1) **xapar** v. *chapear*
2) **xapar** v. *partir, cortar*
xapeta f. *escardillo*
xapotejar v. *chapotear*
xapurrar v. *chapurrear*
xarana f. *charada*
xaragall m. *badén, arroyada* // *reguero*
xarampió m. *sarampión*
xaranga f. *charanga*
xarlatà, -ana adj. *charlatán*
xarnego, -a m. i f. *mestizo* // *charnego*
xarol m. *charol*
xarop m. *jarabe*
xarpellera f. *arpillera*
xarretera f. *charretera*
xarrup m. *sorbo*
xarrupar v. *sorber, chupar*
xaruc, -uga adj. *chocho, caduco*
varxa f. *red*

xassis m. *chasis*
xatarra f. *chatarra*
xato, -a adj. *chato*
xavacà -ana adj. *chabacano*
xavacaneria f. *chabacanería*
xaval m. *chaval*
xaveta m. *chaveta*
xavo m. *ochavo*
xec m. *cheque*
xecalina f. *cabriola*
xef m. *jefe*
xeixa f. *trigo candeal*
xemeneia f. *chimenea*
xenofòbia f. *xenofobia*
xera f. *halago, agasajo* // *algazara* // *comilona* // *éxito* // *llama, gozo, alegrón*
xerec, -a adj. *achacoso, enfermizo* // *malo*
xeremia f. *cornamusa, gaita* // *canuto*
xeremier m. *gaitero*
xerès m. *jerez*
xerevel·lo, -a adj. *alegre, despabilado*
xerif m. *cherif*
xerifat m. *cherifazgo*
xeringa f. *jeringa*
xeringar v. *jeringar*
xerinola f. *juerga, farra*
xerrac m. *serrucho*
xerrada f. *charla*
xerrador, -a m. i f. *hablador, parlanchín*
xerraire adj. *hablador, parlanchín* // *picotero, soplón*
xerrameca f. *charla, habladuría*
xerrar v. *charlar* // *contar, ir con el cuento* // *murmurar* // *hablar*
xerrera f. *trápala, charlería*
xerriscar v. *arañar, rasguñar*
xerrotejar v. *parlotear* // (els ocells) *chirriar*
xeviot m. *cheviot*
1) **xic, -a** adj. *chico, pequeño* // m. i f. *muchacho, chico*
2) **xic** adj. *chic*
xicarandana f. *jacaranda*
xicoira f. *achicoria*
xicot, -a m. i f. *chico, muchacho* // *novio*
xicra f. *jícara*
xifra f. *cifra*
xifrar v. *cifrar*
xilè, -ena m. i f. *chileno*
xiling m. *chelín*
xilofon m. *xilófono*
xilografia f. *xilografía*
ximpanzé m. *chimpancé*
ximple adj. *manso* // *simple, tonto*
ximpleria f. *tontería, bobería*
xinel·la f. *chinela*
xinès, -esa m. i f. *chino*

xinesc, -a adj. *chinesco*
xinxa f. *chinche* // *chincheta* // *tachuela*
xinxeta f. *chincheta*
xinxilla f. *chinchilla*
xipollejar v. *chapotear*
xiprer m. *ciprés*
xipriota m. i f. *chipriota*
xiquet, -a adj. *chiquito* // m. i f. *chico, niño*
xiribec m. *chirlo, descalabradura*
xirimoia f. *chirimoya*
xirimoier m. *chirimoyo*
xiripa f. *chiripa*
xirivia f. *chirivía*
xiroi, -a adj. *festivo, alegre*
xiscladissa f. *chillería*
xisclar v. *chillar*
xiscle m. *chillido*
xisclet m. *chillido* // *sopapo, castaña*
xiulada f. *silbada*
xiular v. *silbar*
xiulet m. *silbo, silbido*
xiuxiueig m. *cuchicheo, bisbiseo*
xiuxiuejar v. *cuchichear, bisbisear*
xibarri m. *estruendo, estrépito*
xoc m. *choque*
xocant adj. *chocante* // *gracioso, divertido*
xocar v. *chocar* // *agradar, gustar, hacer gracia*
xocolata f. *chocolate*
xocolater, -a m. i f. *chocolatero*
xocolateria f. *chocolatería*
xofer m. *chófer*
xop, -a adj. *calado, empapado* // m. *mojadura, remojón*
xopar v. *mojar, empapar* // *chapotear*
xoriguer m. *cernícalo*
xorrac m. (V. **xerrac**)
xot, -a m. i f. *choto* // *cordero, borrego*
xotis m. *chotis*
xuclar v. *chupar, sorber* // *sumir*
xueta m. i f. *chueta*
xuetó, -ona m. i f. *chueta*
xufa f. *chufa*
xufla f. *chufa*
xulla f. *tocino* // *torrezno* // *magro* // *chuleta*
xumar v. *recalar, rezumar* // *chupar* // *chumar*
xurreria f. *churrería*
xurriacada f. *latigazo, zurriagazo*
xurriaquejar v. *azotar, zurriagar*
xurrigueresc, -a adj. *churrigueresco*
xurro m. *churro*
xusma f. *chusma*
xut m. *chut*
xutar v. *chutar*

Z

zebra f. *cebra*
zebú m. *cebú*
zèfir m. *céfiro*
zel m. *celo*
zelador, -a adj. *celador*
zelandès, -esa m. i f. *celandés*
zelar v. *celar*
zelós, -osa adj. *celoso*
zenit m. *cenit*
zenital adj. *cenital*
zero m. *cero*
zeta f. *ceta*
zibelina f. *cibelina*
ziga-zaga f. *zigzag*
zigoma m. *zigoma*
zigurat m. *zigurat*
zigzaguejar v. *zigzaguear*
zinc m. *cinc*

zíngar, -a adj. *cíngaro*
zodíac m. *zodíaco*
zodiacal adj. *zodiacal*
zona f. *zona*
zoo m. *zoo*
zoòfag, -a adj. *zoófago*
zoòfit m. *zoófito*
zoòleg, -oga m. i f. *zoólogo*
zoòlit m. *zoolito*
zoologia f. *zoología*
zoològic, -a adj. *zoológico*
zoomorfisme m. *zoomorfismo*
zoòtrop m. *zoótropo*
zulú m. i f. *zulú*
zumzejar v. *zumbar, susurrar // oscilar zarandear*
zum-zum m. *zumbido, murmullo*

CASTELLÀ-CATALÀ

A

a prep. *en*
abacería f. *'adrogueria*
abacero, -a m. y f. *adroguer*
abacial adj. *abadal, abacial*
ábaco m. *àbac*
abad m. *abat*
abadesa f. *abadessa*
abadía f. *abadia*
abajar v. *abaixar, acalar, recalar*
abajo adv. *avall* // *a baix, a sota*
abalanzar v. *abalançar* // rfl *abordar-se, afuar-se*
abanderado m. *banderer, penoner*
abandonar v. *abandonar, deixar* // *retre*
abandono m. *abandonament* // *deixadesa, negligència*
abanicar v. *ventar*
abanico m. *ventall*
abaratar v. *embaratir, abaratir*
abarca f. *avarca, varca*
abarcar v. *agafar, abraçar, abastar*
abarloar v. *abarloar*
abarquillar v. *corbar, donar garsesa*
abarrancar v. *embarrancar, encallar*
abarrotar v. *embarrotar, abarrotar* // *omplir, estibar*
abastecedor, -a m. y f. *abastidor, proveïdor*
abastecer v. *abastir, proveir*
abastecimiento m. *proveïment, abastiment*
abasto m. *abastiment, provisió* / dar el — *donar abast*
abatanar v. *batanar*
abatimiento m. *abatiment*
abatir v. *abatre, tombar* // *abaixar* // *abatre, aclaparar*
abdicación f. *abdicació*
abdicar v. *abdicar*
abdomen m. *abdomen*
abdominal adj. *abdominal*
abducción f. *abducció*
abecé m. *abecé, abecedari, beceroles*
abecedario m. *abecedari, beceroles*
abedul m. *bedoll, beç*
abeja f. *abella*
abejar m. *abellar, banc d'abelles*

abejarrón m. *abegot, abellot*
abejaruco m. *abellerol*
abejero, -a m. y f. *abeller, abellaire, apicultor*
abejón m. *abegot*
abejorro m. *borinot, borino*
aberración f. *aberració*
aberrante adj. *aberrant*
abertura f. *obertura*
abetal m. *avetar*
abeto m. *avet, vet, pi vet*
abierto, -a adj. *obert* // *fes*
abigarrado, a adj. *bigarrat, virolat* // *empapussat*
abigarrar v. *bigarrar* // *empapussar*
abisal adj. *abissal, abismal*
abisinio, -a m. y f. *abissini*
abismal adj. *abismal, abissal*
abismar v. *abisar, abismar*
abismo m. *abís, abisme, avenc, fondal*
abjuración f. *abjuració*
abjurar v. *abjurar*
ablación f. *ablació*
ablandamiento m. *ablaniment, reblaniment*
ablandar v. *ablanir, reblanir*
ablativo m. *ablatiu*
ablución f. *ablució*
abnegación f. *abnegació*
abnegado, -a adj. *abnegat*
abocar v. *amorrar, agafar a mos* // *abocar* // *acostar*
abocetar v. *esbossar, bosquejar*
abochornar v. *avergonyir, empegueir*
abofetear v. *bufetejar, galtejar, plantofejar*
abogacía f. *advocacia, misseratge*
abogado, -a m. y f. *advocat, missèr*
abogar v. *advocar* // *intercedir*
abolengo m. *avior, llinatge*
abolición f. *abolició*
abolicionismo m. *abolicionisme*
abolir v. *abolir*
abolladura f. *bony, abonyegadura* // *estampit*
abollar v. *abonyegar, copejar* // *bufar*
abombado, -a adj. *bombat*

abombar v. *bombar*
abominable adj. *abominable*
abominación f. *abominació*
abominar v. *abominar*
abonanzar v. *abonançar*
abonar v. *abonar // femar, adobar*
abonaré m. *abonaré*
abono m. *abonament // adob, femada*
abordaje m. *abordatge*
abordar v. *abordar, atracar // abordar, envestir, escometre*
aborigen m. y f. y adj. *aborigen*
aborrecer v. *avorrir*
aborrecimiento m. *avorriment*
aborregar v. *amoltonar, arramadar //* rfl. *fer borrallonets, fer cabretes*
abortar v. *avortar, esvortar // esvolvar-se, afollar-se*
abortivo, -a adj. *avortiu*
aborto m. *avortament, esvort, afollament*
abortón m. *avortó, esvortó*
abotagarse v. *embotornar-se*
abotonar v. *embotonar, cordar // borronar*
abovedar v. *cobrir de volta*
abrahonar v. *abraonar*
abrasador, -a adj. *abrasador, abrusador*
abrasar v. *abrasar, abrusar, cremar*
abrasión f. *abrasió*
abrazadera f. *armella, lligada*
abrazar v. *abraçar*
abrazo m. *abraçada, abraç*
ábrego m. *garbí, llebeig*
abrelatas m. *obrellaunes*
abrevadero m. *abeurador, abeurada*
abrevar v. *abeurar // amarar*
abreviación f. *abreviació, abreujament*
abreviar v. *abreviar, abreujar*
abreviatura f. *abreviatura*
abridor m. *obridor*
abrigaño m. *redòs, recer*
abrigar v. *abrigar // arrecerar, redossar // emparar, agombolar*
abrigo m. *abric // redòs, redossa, recés*
abril m. *abril*
abrileño, -a adj. *abrilenc*
abrillantar v. *abrillantar, enllustrar*
abrir v. *obrir // badar, obrir*
abrochar v. *engafetar // embotonar, cordar*
abrogar v. *abrogar*
abrojos m. y pl. *abriülls*
abroncar v. *esbroncar, escridassar*
abrumador, -a adj. *aclaparador*
abrumar v. *aclaparar*
abrupto, -a adj. *abrupte*
absceso m. *abscés*
abscisa f. *abscissa*

absentismo m. *absentisme*
ábside m. o f. *absis*
absidiola f. *absidiola*
absolución f. *absolució*
absolutismo m. *absolutisme*
absoluto, -a adj. *absolut*
absolver v. *absoldre*
absorber v. *absorbir*
absorción f. *absorció*
absorto, -a adj. *absort*
abstemio, -a m. y f. *abstemi*
abstención f. *abstenció*
abstenerse v. *abstenir-se*
abstinencia f. *abstinència*
abstracción f. *abstracció*
abstracto, -a adj. *abstracte*
abstraer v. *abstreure, abstraure*
abstruso adj. *abstrús*
absurdidad f. *absurditat*
absurdo, -a adj. *absurd*
abubilla f. *puput*
abuchear v. *escridassar*
abucheo m. *alei, escridassada*
abuelo, -a m. y f. *avi, senyor-avi, padrí // iaio*
abulia f. *abúlia*
abúlico, -a adj. *abúlic*
abultado, -a adj. *embalumós, voluminós*
abultamiento m. *embalum, bony*
abultar v. *embalumar, fer embalum // inflar*
abundancia f. *abundància, abundor // en —* *abundantment, abundosament, a betzef, a manta, a balquena, a dojo*
abundante adj. *abundant, abundós*
abundantemente adv. *abundantment*
abundar v. *abundar*
aburguesar v. *aburgesar*
aburrido, -a adj. *avorrit*
aburrimiento m. *avorriment*
aburrir v. *avorrir*
abusar v. *abusar*
abuso m. *abús*
abusón, -ona adj. *abusador, aprofitat*
abyección f. *abjecció*
abyecto, -a adj. *abjecte*
acá adv. *ací, aquí, ençà // — y acullá ençà i enllà*
acabado, -a adj. *acabat, llest //* m. *acabat, acabatall*
acabamiento m. *acabament, acabatall*
acabar v. *acabar*
acacia f. *acàcia*
academia f. *acadèmia*
académico, -a adj. *acadèmic*
acaecer v. *succeir, esdevenir*
acaecimiento m. *succés, esdeveniment*

acalambrar v. *enrampar*
acalenturarse v. *enfebrar-se, escalfeir-se*
acaloramiento m. *acalorament*
acalorar v. *acalorar, escalfar*
acallar v. *fer callar* // *apaivagar, assossegar*
acampada f. *acampada*
acampar v. *acampar*
acanalar v. *acanalar* // *galzar*
acantilado m. *espadat, penya-segat*
acanto m. *acant*
acantonar v. *acantonar*
acaparador, -a adj. *abassegador, acaparador*
acaparar v. *abassegar, acaparar*
acaramelar v. *encaramel·lar*
acarar v. *acarar, encarar, carejar*
acariciador, -a adj. *acariciador, acaronador*
acariciar v. *acariciar, acaronar, amanyagar*
acaricida m. *acaricida*
acárido m. *acàrid*
ácaro m. *àcar*
acarrear v. *carrejar, traginar*
acarreo m. *carrejament*
acartonarse v. *acartonar-se*
acaso adv. *per atzar, per casualitat* // *potser, tal vegada, tal volta* // m. *atzar, casualitat* // **si —** *si de cas, si per cas*
acatamiento m. *acatament*
acatar v. *acatar*
acatarrar v. *acatarrar*
acato m. *acatament*
acaudalado, -a adj. *acabalat, adinerat*
acaudalar v. *acabalar*
acaudillar v. *acabdillar*
acaule adj. *acaule*
acceder v. *accedir, consentir*
accesible adj. *accessible* // *admetent*
accésit m. *accèssit*
acceso m. *accés*
accesorio m. *accessori*
accidentado, -a adj. *accidentat*
accidental adj. *accidental*
accidentar v. *accidentar*
accidente m. *accident*
acción f. *acció*
accionar v. *accionar*
accionista m. y f. *accionista*
acebo m. *grèvol*
acebuche m. *ullastre*
acecinar v. *salar i fumar*
acechar v. *aguaitar; sotjar; espiocar*
acecho m. *aguait* // *parada*
acedera f. *agrella, vinagrella*
acéfalo, -a adj. *acèfal*
aceitar v. *oliar*
aceite m. *oli* // **— virgen** *oli verjo*
aceitera f. *setrill, oliera*

aceitero, -a adj. *olier* // m. y f. *olier, oliaire* // m. *oliera*
aceitoso, -a adj. *oliós, olienc*
aceituna f. *oliva*
aceitunado, -a adj. *olivenc, olivós, olivaci*
aceleración f. *acceleració*
acelerador m. *accelerador*
acelerar v. *accelerar*
acelga f. *bleda*
acendrado, -a adj. *acendrat*
acendrar v. *acendrar*
acento m. *accent*
acentuación f. *accentuació*
acentuar v. *accentuar*
acepción f. *accepció*
acepillar v. *planejar, ribotejar* // *espalmar, raspallar*
aceptable adj. *acceptable*
aceptación f. *acceptació*
aceptar v. *acceptar*
acepto, -a adj. *accepte, agradable*
acequia f. *sèquia, síquia*
acequiero m. *sequier, siquier*
acera f. *voravia, vorera, acera, andana*
acerado, -a adj. *acerat*
acerar v. *acerar*
acerbo, -a adj. *acerb, agre*
acerca de prep. *sobre, a propòsit de*
acercamiento m. *acostament, apropament*
acercar v. *acostar, apropar, arrambar*
acería f. *acereria*
acero m. *acer*
acerola f. *atzerola*
acérrimo, -a adj. *acèrrim*
acertar v. *encertar, endevinar* // *escaure's*
acertijo m. *endevinalla, endevineta*
acetato m. *acetat*
acético, -a adj. *acètic*
acetileno m. *acetilè*
acetilo m. *acetil*
acetona f. *acetona*
acetoso, -a adj. *acetós*
aciago, -a adj. *atziac, malastruc, infaust*
acíbar m. *sèver*
acicalar v. *empolainar, encitronar, enllestir, endiumenjar*
acicate m. *esperó*
acidez m. *acidesa*
ácido, -a adj. y m. *àcid*
acierto m. *encert*
acimut m. *azimut*
ación m. *gambal*
aclamación f. *aclamació*
aclamar v. *aclamar*
aclamídea f. *aclamídia*
aclaración f. *aclariment, clarícia*

aclarar v. *aclarir, esclarissar // esbandir, aclarir*
aclaratorio, -a adj. *aclaridor*
aclimatación f. *aclimatació*
aclimatar v. *aclimatar*
acné f. *acne*
acobardar v. *acovardir, acoquinar*
acodar v. *recolzar // colzar // murgonar*
acodo m. *amurgonament // murgó*
acogedor, -a adj. *acollidor*
acoger v. *acollir, admetre // emparar, acobitiar*
acogida f. *acolliment, escomesa // cobiti*
acogotar v. *aclotellar // vèncer, retre*
acolchar v. *encoixinar*
acólito m. *acòlit*
acollar v. *acollar*
acometedor, -a adj. *abordador*
acometer v. *envestir, abordar // emprendre*
acometida f. *envestida, escomesa // presa*
acomodación f. *acomodació*
acomodado, -a adj. *acomodat // oportú, convenient // benestant*
acomodador, -a m. y f. y adj. *acomodador*
acomodar v. *acomodar // aconduir*
acomodaticio, -a adj. *acomodatici*
acomodo m. *conveniència*
acompañamiento m. *acompanyament // seguici, acompanyada*
acompañante m. y f. *acompanyant*
acompañar v. *acompanyar // companejar*
acompasado, -a adj. *acompassat*
acompasar v. *acompassar*
acondicionar v. *acondicionar*
acongojar v. *congoixar, angoixar, anguniejar*
aconsejable adj. *aconsellable*
aconsejar v. *aconsellar*
acontecer v. *succeir, esdevenir-se, ocórrer*
acontecimiento m. *esdeveniment*
acopiar v. *arreplegar, reunir*
acopio m. *replega, aplec*
acoplamiento m. *acoblament*
acoplar v. *acoblar // acollar*
acoquinar v. *acoquinar*
acorazado m. *cuirassat*
acorazar v. *cuirassar*
acorazonado, -a adj. *cordiforme*
acorchar v. *endurir // semar*
acordar v. *acordar, avenir // acordar // rfl. recordar-se / acordarse de (hacer algo) pensar a, recordar-se de*
acorde adj. *acordat // m. acord*
acordeón m. *acordió*
acordonar v. *acordonar, cordonar*
acorralar v. *encorralar*

acorrer v. *acórrer, socórrer*
acortar v. *acurçar, escurçar // eixalar*
acosar v. *acossar, encalçar, empaitar*
acoso m. *acossament, encalç*
acostar v. *ajeure, tombar // allitar, colgar*
acostumbrado, -a adj. *acostumat*
acostumbrar v. *acostumar, avesar / mal — malavesar // rfl. acostumar-se, usar-se*
acotación f. *acotació*
acotar v. *acotar, fitar*
acotiledónea f. *acotiledònia*
acracia f. *acràcia*
ácrata adj. *àcrata*
1) **acre** m. *acre*
2) **acre** adj. *acre, aspre*
acrecentar v. *acréixer, augmentar*
acrecer v. *acréixer*
acreditar v. *acreditar*
acreedor, -a m. y f. *creditor*
acribillar v. *crivellar*
acrídidos m. pl. *acrídids*
acridina f. *acridina*
acrimonia f. *acrimònia*
acrisolar v. *acendrar, depurar*
acritud f. *acritud, agror*
acrobacia f. *acrobàcia*
acróbata m. y f. *acròbata*
acromatismo m. *acromatisme*
acrópolis f. *acròpolis*
acróstico m. *acròstic*
acta f. *acta*
actinio m. *actini*
actitud f. *actitud*
activar v. *activar*
actividad f. *activitat*
activo, -a adj. *actiu*
acto m. *acte*
actor m. *actor*
actriz f. *actriu*
actuación f. *actuació*
actual adj. *actual*
actualidad f. *actualitat*
actualizar v. *actualitzar*
actuar v. *actuar*
acuarela f. *aquarel·la*
acuarelista m. y f. *aquarel·lista*
acuario m. *aquàrium // Aquari*
acuartelar v. *aquarterar*
acuático, -a adj. *aquàtic*
acuciar v. *apressar*
acuchillar v. *acoltellar, ganivetejar*
acudir v. *acudir*
acueducto m. *aqüeducte*
acuerdo m. *acord, entesa // de común — acordadament*
acular v. *acular*

aculeiforme adj. *aculeïforme*
acullá adv. *per enllà*
acuminado, -a adj. *acuminat*
acumulación f. *acumulació*
acumular v. *acumular, acaramullar*
acunar v. *bressar, gronxar, engronsar, bressolar*
acuñar v. *encunyar* // *falcar*
acuoso, -a adj. *aquós*
acupuntura f. *acupuntura*
acurrucarse v. *arraulir-se*
acusación f. *acusació*
acusador, -a m. y f. *acusador*
acusar v. *acusar*
acusativo m. *acusatiu*
acusatorio, -a adj. *acusatori*
acusón, -ona m. y f. *acusaire, acuador*
acústico, -a adj. *acústic*
acutángulo m. *acutangle*
achacar v. *imputar, atribuir*
achacoso, -a adj. *xacrós, xetigós, decaigut*
achaflanar v. *aixamfranar*
achaparrado, -a adj. *rabassut, reblut*
achaque m. *xacra*
acharolado, -a adj. *xarolat*
achatar v. *aplatar*
achicar v. *empetitir* // *acovardir* // *buidar*
achicoria f. *xicoira*
achicharrar v. *rostir, socarrar*
achispado, -a adj. *embruscat, de mitges mosques*
achuchar v. *empentejar, engronar* // *abordar*
achuchón m. *envestida, empenteig*
adáctilo, -a adj. *adàctil*
adagio m. (movimiento musical) *adàgio* // (proverbio) *adagi, refrany*
adalid m. *adalil, capdavanter*
adaptación f. *adaptació*
adaptar v. *adaptar*
adecentar v. *adecentar*
acecuado, -a adj. *adequat*
adecuar v. *adequar*
adefesio m. *estimbori, bunyol*
por adelantado adv. *per endavant*
adelantamiento m. *avançament*
adelantar v. *avançar* // *contrapassar* // *bestreure, anticipar*
adelante adv. *avant, endavant, envant*
adelanto m. *avanç, avançament* // *avanç, bestreta*
adelfa f. *baladre*
adelgazar v. *aprimar* // intr. *aprimar-se, amagrir-se*
ademán m. *gest, acció*
además adv. *a més, endemés, encara* // **— de** *a més de, ultra*

adentrar v. *endinsar* // *profunditzar, aprofundir*
adentro adv. *dins, dintre, endins, endintre* // **para sus adentros** *dins ell mateix, per a si mateix*
adepto, -a adj. *adepte*
aderezar v. *endreçar* // *adobar, arranjar* // *guisar, aguiar* // *amanir, trempar*
aderezo m. *endreç, endreça* // *adreç* // *amaniment, tremp*
adeudar v. *deure* // *debitar, carregar* // rfl. *endeutar-se*
adherencia f. *adherència*
adherente adj. *adherent*
adherir v. *adherir*
adhesión f. *adhesió*
adhesivo, -a adj. *adhesiu*
adición f. *addició*
adicionar v. *addicionar*
adicto, -a adj. *addicte*
adiestramiento m. *ensinistrament, anostrament*
adiestrar v. *ensinistrar, anostrar*
adinamia f. *adinàmia*
adinerado, -a adj. *adinerat, acabalat*
adiós interj. *adéu-siau, adéu* // m. *adéu, valdeú, comiat*
adiposo -a adj. *adipós*
aditamento m. *additament, afegitó*
aditivo m. *additiu*
adivinación f. *endevinació*
adivinanza f. *endevinalla, endevineta*
adivinar v. *endevinar*
adivino, -a m. y f. *endevinaire, endevinador*
adjetivar v. *adjectivar*
adjetivo, -a adj. y m. *adjectiu*
adjudicar v. *adjudicar*
adjuntar v. *adjuntar*
adjunto, -a adj. *adjunt*
adjurar v. *adjurar*
administración f. *administració*
administrador, -a m. y f. *administrador*
administrar v. *administrar*
admirable adj. *admirable*
admiración f. *admiració*
admirador, -a m. y f. *admirador*
admirar v. *admirar*
admisión f. *admissió*
admitir v. *admetre*
admonición f. *admonició*
adobar v. *adobar, apanyar, arreglar,* // *assaonar, adobar*
adobe m. *tova, maó*
adobo m. *adob* // *adoba* // *empesa*
adoctrinar v. *adoctrinar*
adolecer v. *patir*

adolescencia f. *adolescència*
adolescente m. y f. *adolescent*
adonde adv. *on, a on*
adopción f. *adopció*
adoptar v. *adoptar*
adoptivo, -a adj. *adoptiu*
adoquín m. *llamborda, mac*
adoquinado m. *empedrat, emmacat*
adoquinar v. *empedràr, emmacar*
adorable adj. *adorable*
adoración f. *adoració*
adorador, -a m. y f. *adorador*
adorar v. *adorar*
adormecer v. *adormir, adormissar, endormiscar*
adormecimiento m. *endormiscament*
adormidera f. *cascall*
adormilar v. *adormissar, endormiscar*
adornar v. *adornar, ornar, ornamentar*
adorno m. *adorn, ornament, ornat*
adosar v. *adossar*
adquirir v. *adquirir*
adquisición f. *adquisició*
adrede adv. *a posta, a dretes, a dret seny*
adscribir v. *adscriure*
adscripción f. *adscripció*
aduana f. *duana*
aduanero m. *duaner*
aducir v. *adduir*
adueñarse v. *apoderar-se, ensenyorir-se, apropiar-se*
adulación f. *adulació, llagoteria*
adulador, -a adj. *adulador, llagoter*
adular v. *adular, llagotejar*
adulteración f. *adulteració*
adulterar v. *adulterar*
adulterio m. *adulteri*
adúltero, -a m. y f. *adúlter*
adulto, -a adj. *adult*
adusto, -a adj. *adust, esquerp*
advenedizo, -a adj. *venturer, nou vingut*
advenimiento m. *adveniment, vinguda, arribada*
advenir v. *advenir, arribar*
adventicio, -a adj. *adventici*
adverbial adj. *adverbial*
adverbio m. *adverbi*
adversario, -a m. y f. *adversari*
adversativo, -a adj. *adversatiu*
adversidad f. *adversitat*
adverso, -a adj. *advers*
advertencia f. *advertència, advertiment*
advertir v. *advertir // observar, notar // a-donar-se, tèmer-se*
adviento m. *advent*
advocación f. *advocació*

adyacente adj. *adjacent*
aeración f. *aeració*
aéreo, -a adj. *aeri*
aerobio, -a adj. *aerobi*
aerodinámico, -a adj. *aerodinàmic*
aeródromo m. *aeròdrom*
aerofagia f. *aerofàgia*
aeróforo, -a adj. *aeròfor*
aerografía f. *aerografia*
aerolito m. *aeròlit*
aerología f. *aerologia*
aerometría f. *aerometria*
aerómetro m. *aròmetre*
aeronauta m. i f. *aeronauta*
aeronáutico, -a adj. *aeronàutic*
aeronaval adj. *aeronaval*
aeronave f. *aeronau*
aeroplano m. *aeroplà*
aeropuerto m. *aeroport*
aeroscopio m. *aeroscopi*
aerosfera f. *aerosfera*
aeróstato m. *aeròstat*
aerotecnia f. *aerotècnia*
aerotropismo m. *aerotropisme*
afabilidad f. *afabilitat*
afable adj. *afable, admetent, escometent*
afamado, -a adj. *afamat, famós*
afán m. *afany*
afanarse v. *afanyar-se*
afanoso, -a adj. *afanyós*
afear v. *enlletgir // reptar, blasmar, renyar*
afección f. *afecció*
afectación f. *afectació*
afectar v. *afectar*
afectivo, -a adj. *afectiu*
afecto m. *afecte*
afectuoso, -a adj. *afectuós*
afeitar v. *afaitar*
afeite m. *afait, endreç, afaitament*
afeminado, -a adj. *efeminat*
aferente adj. *aferent*
aféresis f. *afèresi*
aferrar v. *aferrar*
afgano, -a m. y f. *afganès*
afianzar v. *afermançar, refermar*
afición f. *afecció, afició*
aficionado, -a adj. *afeccionat, aficionat*
aficionar v. *afeccionar, aficionar*
afijo m. *afix*
afilador m. *esmolador, esmolet*
afilar v. *afilar, refilar, esmolar*
afiliación f. *afiliació*
afiliar v. *afiliar*
afín adj. *afí*
afinación f. *afinació*
afinador, -a m. y f. *afinador*

afinar v. *afinar*
afinidad f. *afinitat*
afirmación f. *afirmació*
afirmar v. *afirmar, afermar* // *recalcar*
afirmativo, -a adj. *afirmatiu*
aflicción f. *aflicció*
aflictivo, -a adj. *aflictiu*
afligir v. *afligir*
aflojar v. *afluixar, amollar* // intr. *balcar, demancar*
aflorar v. *aflorar, florejar*
afluencia f. *afluència*
afluente m. *afluent*
afluir v. *afluir*
aflujo m. *aflux*
afonía f. *afonia, escanyadura*
afónico, -a adj. *afònic, escanyat*
aforismo m. *aforisme*
aforo m. *aforament*
afortunado, -a adj. *afortunat, benastruc, sortós, sortat*
afrancesado, -a adj. *afrancesat*
afrenta f. *afront, afronta*
afrentar v. *afrontar, avergonyir*
afrentoso, -a adj. *afrontós*
africano, -a m. y f. *africà*
afrodisíaco, -a adj. *afrodisíac*
afrontar v. *afrontar*
afuera adv. *fora, defora* // f. pl. *afores* (m), *foranies, part forana*
agachar v. *acalar, acotar, ajupir*
agalla f. *ganya* // *tener agallas tenir coratge*
agaricáceas f. pl. *agaricàcies*
agárico, -a adj. *agàric, cama-seca*
agarrada f. *aferrada, renyina*
agarradero m. *agafada, agafall, agafatall*
agarrado, -a adj. *cric, doblerer, gasiu, avarut*
agarrador, -a adj. *agafador, agarrador* // m. *agafador, agafall*
agarrar v. *arrapar, agarrar, aferrar* // rfl. *abraonar-se, abordar-se, aferrar-se*
agarrotar v. *agarrotar, garrotar* // *engarrotar, emperpalar, engalavernar*
agasajar v. *obsequiar, atendre delicadament*
agasajo m. *obsequi, atenció delicada*
ágata f. *àgata*
agavillar v. *agavellar, feixar*
agazaparse v. *agotzonar-se, aclofar-se*
agencia f. *agència*
agenciar v. *agenciar*
agenda f. *agenda*
agente m. y f. *agent* // *agencier*
agermanado, -a m. y f. *agermanat*
agigantado, -a adj. *agegantat*
ágil adj. *àgil*

agilidad f. *agilitat*
agitación f. *agitació*
agitador, -a m. y f. *agitador*
agitanado, -a adj. *agitanat*
agitar v. *agitar* // *remenar, remoure*
aglomeración f. *aglomeració*
aglomerar v. *aglomerar, amatonar*
aglosia f. *aglòssia*
aglutinación f. *aglutinació*
aglutinante adj. *aglutinant*
aglutinar v. *aglutinar*
aglutinina f. *aglutinina*
agnosticismo m. *agnosticisme*
agnóstico, -a adj. *agnòstic*
agobiante adj. *aclaparador*
agobiar v. *aclaparar, afeixugar, oprimir*
agobio m. *aclaparament* // *opressió*
agolparse v. *acumular-se, aglomerar-se*
agonía f. *agonia*
agónico, -a adj. *agònic*
agonizante m. y f. *agonitzant*
agonizar v. *agonitzar*
ágora f. *àgora*
agorar v. *augurar, predir, pronosticar*
agorero, -a adj. m. y f. *endevinaire, pronosticador*
agosto m. *agost* / **hacer su —** *fer l'Havana*
agotamiento m. *esgotament* // *consumpció, extenuació*
agotar v. *esgotar, exhaurir* // *consumir, extenuar*
agraciado, -a adj. *agraciat, polit*
agraciar v. *agraciar*
agradable adj. *agradable, plaent*
agradar v. *agradar, plaure*
agradecer v. *agrair*
agradecido, -a adj. *agraït*
agradecimiento m. *agraïment*
agrado m. *agradosia* // **con —** *de grat, de bon grat*
agrandar v. *engrandir*
agrario, -a adj. *agrari*
agravar v. *agreujar*
agraviar v. *agreujar, ofendre*
agravio m. *greuge, ofensa*
agredir v. *agredir*
agregación f. *agregació*
agregado, -a m. y f. *agregat*
agregar v. *agregar*
agresión f. *agressió*
agresividad f. *agressivitat*
agresor, -a m. y f. *agressor*
agreste adj. *agrest*
agriamente adv. *agrament*
agriar v. *agrir, agrejar*
agrícola adj. *agrícola*

agricultor, -a m. y f. *agricultor*
agricultura f. *agricultura*
agridulce adj. *agredolç*
agrietar v. *crivellar, esquerdar*
agrimensor, -a m. y f. *agrimensor, canador*
agrimensura f. *agrimensura*
agrio, -a adj. *agre*
agro m. *agre, camp*
agronomía f. *agronomia*
agrónomo, -a m. y f. *agrònom*
agropecuario, -a adj. *agropequari*
agrumar v. *agrumar, agrumollar*
agrupación f. *agrupació*
agrupar v. *agrupar*
agrura f. *agrura, agror*
agua f. *aigua*
aguacero m. *aiguat, aiguada, barrumbada*
aguachirle m. *suquerell, pixarella, serigot, aiguarelles*
aguador m. *aigüer, aiguader*
aguafiestas m. y f. *desbaratafestes*
aguafuerte m. *aiguafort*
aguamanil m. *pitxer, cadaf // pica, ribella // rentamans*
aguamanos m. *aiguamans*
aguamarina f. *beril·le verdós, aiguamarina*
aguanieve f. *aiguaneu*
aguantar v. *aguantar*
aguante m. *aguant*
aguar v. *aigualir, enaiguar*
aguardar v. *esperar*
aguardiente m. *aiguardent*
aguarrás m. *aiguarràs*
aguazal m. *aiguamoll, mullader*
agudeza f. *agudesa*
agudizar v. *aguditzar*
agudo, -a adj. *agut*
agüero m. *averany, presagi, auguri // pájaro de mal — mal averany*
aguijada f. *agullada*
aguerrir v. *aguerrir*
aguijar v. *agullonar // esperonar // apressar*
aguijón m. *agulló*
aguijonazo m. *punxada, picada, fiblada*
aguijonear v. *agullonar, picar // incitar, estimular*
águila f. *àguila, àliga / — calzada àguila calçada / — imperial àguila coronada / — pescadora àguila peixetera / — real àguila daurada*
aguileño, -a adj. *aguilenc, aquilí*
aguilucho m. *aguiló, aligó*
aguinaldo m. *estrenes, diners de nous*
aguja f. *agulla // (de reloj) busca, pua*
agujerear v. *foradar*
agujero m. *forat, trau // enforinyall, enfonv*

agujetas f. pl. *esbraonament*
agustino, -a adj. *agustí*
aguzar v. *agusar, afuar, esmolar, afilar // llossar*
aherrojar v. *ferrar, encadenar, engrillonar*
aherrumbrar v. *rovellar*
ahí adj. *aquí*
ahijado, -a m. y f. *fillol // afillat*
ahijar v. *afillar*
ahinco m. *deler, insistència, vehemència*
ahitar v. *fitar // empatxar, enfitar*
ahito, -a adj. *empatxat, enfitat // m. empatx, enfit*
ahogado, -a adj. *ofegat // ofegós // calinós, acubat*
ahogar v. *ofegar / (apretando el cuello) escanyar / (por inmersión) ofegar, negar*
ahogo m. *ofec, ofegor*
ahondar v. *enfondir // enfonsar*
ahora adv. *ara // — bien ara bé // por — per ara, ara com ara / hasta — fins després, fins més tard*
ahorcar v. *enforcar, penjar*
ahormar v. *enformar*
ahornar v. *enfornar // rfl. rostir-se, torrar-se*
ahorrador, -a adj. *estalviador*
ahorrar v. *estalviar*
ahorro m. *estalvi*
ahuecar v. *buidar // estufar, esponjar // intr. (marcharse) buidar // (la voz) engolar*
ahumar v. *fumar*
ahuyentar v. *fer fugir, arruixar, espantar*
airadamente adv. *iradament*
airar v. *aïrar, irritar, enfurir*
aire m. *aire // oratge, vent // en el — en l'aire, en là*
airear v. *airejar, orejar*
airoso, -a adj. *airós // salir — reeixir, sortir amb bon nom*
aislamiento m. *isolament, aïllament*
aislante adj. *isolant, aïllant*
aislar v. *isolar, aïllar*
ajar v. *rebregar, mustigar, masegar*
ajedrea f. *sajolida*
ajedrecista m. y f. *escaquista*
ajedrez m. *escacs*
ajenjo m. *donzell, absinti, absenta*
ajeno, -a adj. *aliè, d'altri // allunyat, lliure // estrany, impropi*
ajetreo m. *malaveig, trull, traüll*
ajiaceite m. *allioli*
ajironar v. *esqueixar, esparracar, esquinçar, estripar*
ajo m. *all // estar en el — estar al cas, saber la prima*

ajonjolí m. *sèsam*

ajuar m. *adreç, parament // eixovar, caixada*

ajustador, -a m. y f. *ajustador*

ajustar v. *ajustar // encaixar, engalzar*

ajuste m. *ajustament, ajust*

ajusticiar v. *ajusticiar, executar*

ala f. *ala*

alabanza f. *alabança, lloança*

alabar v. *alabar, lloar*

alabarda f. *alabarda*

alabardero m. *alabarder*

alabastro m. *alabastre*

alabear v. *tòrcer, guerxar, enconcar // rfl. fer garsesa, fer panxa, panxejar*

alacena f. *armari de paret*

alacrán m. *escorpí, aliacrà*

alacha f. *alatxa*

aladierno m. *aladern, llampúdol*

alado, -a adj. *alat*

alambicado, -a adj. *alambinat*

alambicar v. *alambinar*

alambique m. *alambí*

alambrada f. *reixat de filferro, filferrada*

alambre m. *filferro, fil de ferro*

alameda f. *albereda, pollancreda // arbreda*

álamo m. *àlber / — **negro** poll, pollanc*

alano, -a adj. *alà // m. (perro) alà, ca de bou*

alarde m. *alardo, revista de tropa // ostentació, jactància*

alardear v. *bravejar, jactar-se, gloriar-se*

alargamiento m. *allargament*

alargar v. *allargar, perllongar*

alarido m. *esgarip, bel, bram, xiscle*

alarma f. *alarma // inquietud, sobresalt, trasquiló*

alarmante adj. *alarmant*

alarmar v. *alarmar, sobresaltar*

alarmista m. y f. *alarmista*

alazán m. *cavall roig*

alba m. *alba, auba, albada // alba, camis*

albacea m. y f. *marmessor*

albahaca f. *alfàbega, alfàbrega*

albanés, -esa m. y f. *albanès*

albañil m. *paleta, mestre de cases, picapedrer*

albañilería f. *picapedreratge // (construcción en piedra) obra*

albarán m. *albarà*

albarda f. *albarda*

albaricoque m. *albercoc*

albaricoquero m. *albercoquer*

albarrana f. *albarrana*

albatros m. *albatros*

albayalde m. *blanc de plom*

albedrío m. *arbitri, albir*

alberca f. *safareig, bassa*

albergar v. *albergar, estatjar, acollir, allotjaⁱ*

albergue m. *alberg, estatge*

albigense adj. *albigès*

albinismo m. *albinisme*

albino, -a adj. *albí*

albo, -a adj. *blanc*

albóndiga f. *pilota, mandonguilla*

albor m. *albor, claror d'alba*

alborada f. *albada*

alborear v. *clarejar*

albornoz m. *barnús*

alborotar v. *avalotar, esvalotar*

alboroto m. *avalot, esvalot, rebombori, aldarull*

alborozar v. *alegrar, engrescar*

alborozo m. *alegrança, gaubança*

albricias f. pl. *albixeres, estrenes*

albufera f. *albufera, llacuna*

álbum m. *àlbum*

albúmina f. *albúmina*

albuminoide m. *albuminoide*

alcachofa f. *(planta) carxofera // (fruto) carxofa*

alcahuete, -a m. y f. *alcavot*

alcaide m. *alcaid // carceller*

alcaidesa f. *alcaidessa*

alcalde m. *alcalde, batle, batlle*

alcaldesa f. *alcaldessa, batlessa*

alcaldía f. *alcaldia, batlia*

alcalino, -a adj. *alcalí*

alcaloide m. *alcaloide*

alcance m. *encalç, empait // assolida, assoliment // abast / **al** — a l'abast // pl. gambals / **corto de alcances** curt de gambals*

alcancía f. *guardiola, lledriola*

alcanfor m. *càmfora*

alcanforero m. *camforer*

alcantarilla f. *claveguera, cloaca*

alcantarillado m. *claveguerat, clavegueram*

alcanzable adj. *assolible, abastable*

alcanzar v. *assolir, aglapir // abastar // arribar // afinar, destriar // copsar, agafar // assolir, aconseguir // bastar, arribar*

alcaparra f. *tàpera*

alcatraz m. *aluda, ruda // alcatràs, pelicà*

alcaudón m. *capsigrany*

alcayata f. *clauganxo*

alcazaba f. *alcassaba*

alcázar m. *alcàsser*

alce m. *dant*

alción m. *alció*

alcista m. y f. *alcista*

alcoba f. *alcova*

alcohol m. *alcohol*

alcohólico, -a adj. *alcohòlic*

alcoholismo m. *alcoholisme*

alcoholizar v. *alcoholitzar*

alcornoque m. *surer, alzina surera*
alcotán m. *falconet*
alcurnia f. *llinatge, prosàpia, estirp*
alcuza f. *setrill*
alcuzcuz m. *cuscús, cuscussó*
aldaba f. *balda, baula*
aldabazo m. *baulada*
aldabilla f. *bauló, biuló, baldelló*
aldea f. *llogaret, vilatge, poblet*
aldeano, -a m. y f. *llogarrenc, llocarroner*
aldehido m. *aldehid*
alderredor adv. *al voltant, a l'entorn*
aleación f. *aliatge*
1) **alear** v. *alejar, aletejar*
2) **alear** v. *aliar*
aleatorio, -a adj. *aleatori*
aleccionar v. *alliçonar*
aledaño, -a adj. *contigu, confinant* // m. pl. *contorns, confins, voltants*
alegación f. *al·legació*
alegar v. *al·legar*
alegato m. *al·legat*
alegoría f. *al·legoria*
alegórico, -a adj. *al·legòric*
alegrar v. *alegrar, enriolar, donar goig*
alegre adj. *alegre, alegroi, joiós, xalest*
alegría f. *alegria, goig, joia*
alegro m. *al·legro*
alegrón m. *alegriada, alegriassa*
alejamiento m. *allunyament*
alejandrino, -a adj. *alexandrí*
alejar v. *allunyar, fer enfora*
alelar v. *embadocar, embeneitir*
aleluya m. *al·leluia* // f. *estampeta* // f. *rodolí* // f. pl. *auca, minyons*
alemán, -ana m. y f. *alemany*
alentada f. *alenada*
alentar v. intr. *alenar, respirar* // tr. *encoratjar, animar*
alergia f. *al·lèrgia*
alero m. *volada, ràfec, barbacana* // *guardafang*
alerón m. *aleró*
alerta adv. y m. *alerta*
alertar v. *alertar*
aleta f. *aleta*
aletargamiento m. *letargia, enxotxament*
aletargar v. *aletargar, enxotxar*
aletear v. *alejar, aletejar, esvoletegar*
aleteo m. *aleteig, esvoletec*
aleve adj. *traïdor*
alevosía f. *traïdoria*
alevoso, -a adj. *traïdor*
alfabético, -a adj. *alfabètic*
alfabetizar v. *alfabetitzar*
alfabeto m. *alfabet, abecé, beceroles*

alfalfa f. *alfals, userda*
alfanje m. *alfange*
alfaque m. *alfac*
alfarería f. *gerreria, terrisseria*
alfarero m. *gerrer, terrissaire, terrisser*
alféizar m. *esplandit*
alfeñique m. *alfenic, ufaní* // *nyicris, mira'm-i-no'm-tocs*
alférez m. *alferes*
alfil m. *alfil*
alfiler m. *agulla de cap*
alfiletero m. *aguller, canonet d'agulles*
alfombra f. *catifa*
alfombrar v. *encatifar*
alfonsino, -a adj. *alfonsí*
alforjas f. pl. *alforges, bonetes* // *beaces*
alga f. *alga*
algarabía f. *algaravia*
algarada f. *algarada, avalot*
algarroba f. *garrova, garrofa*
algarrobo m. *garrover, garrofer*
algazara f. *gatzara, cridòria, gresca*
álgebra f. *àlgebra*
algebraico, -a adj. *algebraic*
álgido, -a adj. *àlgid*
algo pron. *qualque cosa, alguna cosa, quelcom* // (en frases interrogativas, dubitativas o condicionales) *res, gens*
algodón m. *cotó*
algodonal m. *cotonar*
algodonero m. *cotoner*
algodonoso, -a adj. *cotonós*
alguacil m. *algutzir, saig*
alguerés, -esa m. y f. *alguerès*
alguien pron. *algú, qualcú* // (en frases interrogativas, dubitativas o condicionales) *ningú*
algún, -una adj. *algun, qualque* // (en frases interrogativas, dubitativas o condicionales) *cap, ningún*
alguno pron. *algun, qualcum* // (en frases interrogativas, dubitativas o condicionales) *cap, ningu*
alhaja f. *joia, joiell*
alhajar v. *enjoiar, enjoiellar*
alharacas f. pl. *escarafalls, estabetxos*
alhelí m. *violer*
alhucema f. *espígol*
aliado, -a adj. *aliat*
aliaga f. *argelaga, argelaguera* // *gatosa*
aliagar m. *argelagar, gatosar*
alianza f. *aliança*
aliar v. *aliar*
alias adv. *àlias*
alicaído, -a adj. *alacaigut, alabaix, alís, moix, mustii, nial*

alicantino, -a m. y f. *alacantí*
alicates f. pl. *alicates*
aliciente m. *al·licient*
alícuota f. *alíquota*
alienación f. *alienació*
alienado, -a adj. *boig, dement*
alienar v. *alienar*
aliento m. *alè* // *ànim, coratge*
aligación f. *al·ligació*
aligeramiento m. *alleugeriment, alleujament*
aligerar v. *alleugerir, alleujar*
alijar v. *desembarcar, transbordar*
alijo m. *transbord, aplec* (de contraban)
alimaña f. *feram, ferestola, animal carnisser*
alimara f. *alimara*
alimentación f. *alimentació*
alimentar v. *alimentar, nodrir*
alimentario, -a adj. *alimentari*
alimento m. *aliment*
alimoche m. *arpella, arpellot*
al alimón adv. *emparellats*
alineación f. *alineació*
alinear v. *alinear*
aliñar v. *condimentar, amanir, trempar*
aliño m. *condiment, amaniment*
alisador m. *allisador*
alisadura f. *allisament, allisada*
alisar v. *allisar*
alisios m. pl. *alisis*
aliso m. *vern*
alistamiento m. *allistament*
alistar v. *allistar*
aliteración f. *al·literació*
aliviar v. *alleujar*
alivio m. *alleujament*
aljaba f. *buirac, carcaix, aljava*
aljibe m. *aljub*
alma f. *ànima*
almacén m. *magatzem*
almacenaje m. *emmagatzematge*
almacenamiento m. *emmagatzematge*
almacenar v. *emmagatzemar*
almacenista m. y f. *magatzemista*
almadía f. *rai*
almadraba f. *almadrava, madrava*
almanaque m. *almanac*
almazara f. *tafona, almàssera, molí d'oli* // *trull*
almeja f. *enclotxa, clovissa, copinya*
almena f. *merlet, muró*
almenado, -a adj. *emmerletat*
almendra f. *ametla, ametlla*
almendrado m. *ametllat*
almendral m. *ametlerar, ametllerar*
almendro m. *ametler, ametller*
almendrón m. *bessó*

almendruco m. *ametló, ametlló*
almez m. *lledoner*
almeza f. *lledó*
almíbar m. *almívar*
almibarar v. *candir, confitar*
almidón m. *midó, amidó*
almidonar v. *amidonar, emmidonar*
alminar m. *minaret*
almirantazgo m. *almirallat*
almirante m. *almirall*
almizclar v. *almescar, moscar*
almizcle m. *mesc, almesc*
almogávar m. *almogàver*
almogavaría f. *almogaveria*
almohada f. *coixí*
almohade m. *almohade*
almohadilla f. *coixinet*
almohadillar v. *encoixinar*
almohadón m. *coixí*
almojarifazgo m. *almoixerifat*
almojarife m. *almoixerifat*
almoneda f. *encant, subhasta*
almoraduj m. *moraduix, marduix*
almorávid m. *almoràvit*
almorranas f. pl. *morenes, hemorroides*
almorta f. *guixa*
almortal m. *guixar*
almorzada f. *ambosta*
almorzar v. (por la mañana) *berenar, esmorzar* // (al mediodía) *dinar*
almud m. *almud*
almuerza f. *ambosta*
almuerzo m. (por la mañana) *berenar, esmorzar* // (al mediodía) *dinar, dinada*
alocado, -a adj. *esbojarrat, eixelebrat*
alocución f. *al·locució*
alodio m. *alou*
áloe m. *àloe, sèver*
alojamiento m. *allotjament*
alojar v. *allotjar*
alón m. *aló, aleró*
alondra f. *alosa*
alopecia f. *alopècia*
alpaca f. *alpaca*
alpargata f. *espardenya*
alpargatero, -a m. y f. *espardenyer*
alpestre adj. *alpestre*
alpinismo m. *alpinisme*
alpinista m. y f. *alpinista*
alpino, -a adj. *alpí*
alpiste m. *escaiola, escarola*
alquería f. *alqueria, masia, possessió, lloc*
alquilar v. *llogar*
alquiler m. *lloguer, renda, censal*
alquimia f. *alquímia*
alquitrán m. *quitrà*

alquitranar v. *enquitranar*
alrededor adv. *al voltant, al volt, entorn, tot al rodó //* **alrededores** *encontorns, volts, voltants, rodalia, encontrada*
alsaciano, -a m. y f. *alsacià*
alta f. *alta*
altanería f. *altivesa*
altanero, -a adj. *altiu*
altar m. *altar*
altavoz m. *altaveu*
alterable adj. *alterable*
alteración f. *alteració, tramudança*
alterar v. *alterar, tramudar*
altercado m. *altercació*
altercar v. *altercar, disputar*
alternancia f. *alternància*
alternar v. *alternar*
alternativa f. *alternativa*
alterno, -a adj. *altern*
alteza f. *altesa*
altillo m. *turonet //* *entresolat*
altímetro m. *altímetre*
altiplanicie f. *altiplanície*
altisonante adj. *altisonant*
altitud f. *altitud*
altivez f. *altivesa*
altivo, -a adj. *altiu*
1) **alto, -a** adj. *alt //* *alt, gran, gros //* **en —** *enlaire //* **en voz alta** *fort*
2) **alto** m. *alto*
altozano m. *planell, turó, pujol*
altruismo m. *altruisme*
altura f. *alçada, alçària, altària, altura //* *altura, altesa, elevació //* *alt //* *estatura, talla*
alubia f. *mongeta*
alucinación f. *al·lucinació*
alucinar v. *al·lucinar*
alud m. *allau, esllavissada*
aludir v. *al·ludir*
alumbrado m. *llums, enllumenat*
alumbramiento m. *deslliurament, part*
alumbrar v. *enllumenar, il·luminar //* *parir, donar a llum*
alumbre m. *alum*
alúmina f. *alúmina*
aluminio m. *alumini*
aluminoso, -a adj. *aluminós*
alumna f. *alumna*
alumnado m. *alumnat*
alumno m. *alumne*
alusión f. *al·lusió*
alusivo, -a adj. *al·lusiu*
aluvial adj. *al·luvial*
aluvión m. *al·luvió*
alvéolo m. *alvèol, geniva*

alza f. *puja, alça, pujada*
alzacuello m. *alçacoll*
alzada f. *alçada*
alzado m. *alçat //* *alçada*
alzamiento m. *alçament*
alzaprima f. *alçaprem, perpal*
alzar v. *alçar, aixecar //* *enlairar*
allá adv. *allà //* **más —** *dellà, enllà, allà deçà, allà dellà, més enllà*
allanamiento m. *aplanament //* **— de morada** *esvaïment de casa*
allanar v. *aplanar, rasar, replanar //* *esvair //* rfl. *avenir-se, cedir, resignar-se*
allegadizo, -a adj. *aplegadís, arreplegadís*
allegado m. y f. *acostat, parent*
allegar v. *acostar //* *aplegar, arreplegar //* *afegir*
allende adv. *dellà, enllà; allà deçà*
allí adv. *allà, allí*
ama f. *mestressa, senyora, madona //* *majordoma //* *dida /* **— seca** *dida seca*
amabilidad f. *amabilitat*
amable adj. *amable*
amado, -a adj. *estimat, benvolgut*
amador, -a adj. *amador*
amadrinar v. *apadrinar, fer de padrina*
amaestrar v. *anostrar //* *aregar, domtar, adondar*
amago m. *ensigna, esma, principi //* *amenaça //* (de enfermedad) *ram, fum*
amainar v. *amainar, abaixar //* intr. *balcar, mancar //* intr. *afluixar, cedir, amollar*
amalgama f. *amalgama*
amalgamar v. *amalgamar*
amamantamiento m. *alletament, lactació*
amamantar v. *alletar, donar mamar*
amancebarse v. *amistançar-se*
amanecer v. *apuntar l'alba, fer-se de dia, clarejar /* m. *punta d'alba, sortida del sol*
amanerado, -a adj. *amanerat*
amaneramiento m. *amanerament*
amanerar v. *amanerar*
amanojar v. *agavellar, amanollar*
amansar v. *amansir*
amante adj. y m. y f. *amant*
amañar v. *preparar, combinar //* *manegar //* rfl. *manegar-se, enginyar-se*
amaño m. *traça, artifici, combinació*
amapola f. *rosella*
amar v. *estimar, amar*
amaraje m. *amaratge*
amaranto m. *amarant*
amarar v. *amarar*
amargar v. *amargar, amarguejar*
amargo, -a adj. *amarg, amargant, amargós*
amargor m. (V. **amargura**)

amargura f. *amargor, amargura, amarguesa*
amarillear v. *groguejar*
amarillecer v. *esgrogueir-se, engroguir*
amarillento, -a adj. *grogós, groguenc*
amarillez f. *grogor, groguea, esgrogueïment*
amarillo, -a adj. *groc*
amarra f. *amarra*
amarradero m. *amarrador*
amarrar v. *amarrar*
amartillar v. (un arma de fuego) *parar, muntar*
amasadera f. *pastera, pastadora*
amasador m. *pastador, fenyedor*
amasar v. *pastar, pastonar, amaurar*
amasijo m. *pasterada // barrejadís, mesclòrum*
amatista f. *ametista*
amazacotado, -a adj. *feixuc, empapussat, espès*
amazacotar v. *empapussar, afeixugar*
amazona f. *amazona*
ambages m. pl. *ambages, revolteries*
ámbar m. *ambre*
ambarino, -a adj. *ambrí*
ambición f. *ambició*
ambicionar v. *ambicionar*
ambicioso, -a adj. *ambiciós*
ambidextro, -a adj. *ambidextre*
ambiente m. *ambient*
ambigüedad f. *ambigüitat*
ambiguo, -a adj. *ambigu*
ámbito m. *àmbit*
ambón m. *ambó*
ambos pron. *ambdós* (f. *ambdues)*
ambuesta f. *ambosta*
ambulancia f. *ambulància*
ambulante adj. *ambulant*
ambulatorio m. *ambulatori*
amedrentar v. *esporuguir, aporugar, acovardir*
amén interj. *amèn*
amenaza f. *amenaça*
amenazador, -a adj. *amenaçador*
amenazar v. *amenaçar*
amenguar v. *minvar, demancar, disminuir*
amenidad f. *amenitat*
amenizar v. *amenitzar*
ameno, -a adj. *amè, plaent*
amento m. *ament, moc*
americana f. *americana, jac, jaqueta, sau*
americanizar v. *americanitzar*
americano, -a m. y f. *americà*
ametralladora f. *metralladora*
ametrallar v. *metrallar*
amianto m. *amiant*
amiba f. *ameba*

amiga f. *amiga*
amigable adj. *amigable*
amígdala f. *amígdala*
amigo m. *amic*
amilanar v. *acoquinar, acovardir*
aminoácido m. *aminoàcid*
aminorar v. *minorar*
amistad f. *amistat*
amistar v. *amistar, fer amics*
amistoso, -a adj. *amistós*
amito m. *amit*
amnesia f. *amnèsia*
amnistía f. *amnistia*
amnistiar v. *amnistiar*
amo m. *amo*
amoblar v. *moblar*
amodorramiento m. *ensopiment, sopor*
amodorrar v. *ensopir, abaltir*
amojonar v. *fitar, mollonar*
amoladera f. *esmoladora*
amolador m. *esmolador, esmolet*
amolar v. *esmolar*
amoldar v. *amotlar, amotllar, emmotlar*
amonestación f. *amonestació, amonestament*
amonestar v. *amonestar*
amoníaco m. *amoníac*
amonio m. *amoni*
amontonamiento m. *amuntegament, acaramullament*
amontonar v. *amuntegar, acaramullar*
amor m. *amor, estimació*
amoral adj. *amoral*
amoratado, -a adj. *moradenc*
amordazar v. *amordassar*
amorfo, -a adj. *amorf*
amorío m. *enamoriscament, enamorament*
amoroso, -a adj. *amorós*
amortajar v. *amortallar*
amortiguador, -a adj. y m. *amortidor*
amortiguamiento m. *esmorteïment*
amortiguar v. *esmorteir, amortir*
amortización f. *amortització*
amortizar v. *amortitzar*
amoscarse v. *emmoscar-se, enutjar-se, empixonar-se*
amotinar v. *amotinar*
amovible adj. *amovible*
amparar v. *emparar, agombolar*
amparo m. *empara, empar, agombol*
amperímetro m. *amperímetre*
amperio m. *amper*
ampliación f. *ampliació*
ampliar v. *ampliar, eixamplar*
amplificación f. *amplificació*
amplificar v. *amplificar*
amplio, -a adj. *ampli, ample*

amplitud f. *amplitud, amplària, grandària*
ampolla f. *bòfega, bufeta, butllofa // ampolla, botella; bòtil*
ampollar v. *bofegar, embutllofar*
ampulosidad f. *ampul·lositat*
ampuloso, -a adj. *ampul·lós*
ampurdanés, -esa m. y f. *empordanès*
amputación f. *amputació*
amputar v. *amputar*
amueblar v. *moblar*
amuleto m. *amulet*
amurallar v. *emmurallar*
anacoluto m. *anacolut*
anaconda f. *anaconda*
anacoreta m. *anacoreta*
anacrónico, -a adj. *anacrònic*
anacronismo m. *anacronisme*
ánade m. *ànec, àneda, ànnera*
anaerobio, -a adj. *anaerobi*
anafrodita adj. *anafrodita*
anagrama m. *anagrama*
anal adj. *anal*
anales m. pl. *annals*
analfabetismo m. *analfabetisme*
analfabeto, -a adj. *analfabet*
analgesia f. *analgèsia*
analgésico, -a adj. *analgèsic*
análisis m. *anàlisi (f.)*
analista m. y f. *analista*
analizar v. *analitzar*
analogía f. *analogia*
analogismo m. *analogisme*
análogo, -a adj. *anàleg, -oga*
ananás m. *pinya d'Índies*
anaquel m. *lleixa, escudeller*
anaranjado, -a adj. *taronjat*
anarquía f. *anarquia*
anarquismo m. *anarquisme*
anarquista m. y f. *anarquista*
anastomosis f. *anastomosi*
anatema m. *anatema*
anatomía f. *anatomia*
anca f. *anca*
ancianidad f. *ancianitat, vellesa*
anciano, -a adj. *ancià, vell*
ancla f. *àncora*
anclaje m. *ancoratge*
anclar v. *ancorar, fondejar*
áncora f. *àncora*
ancorar v. *ancorar*
ancho, -a adj. *ample // m. amplària, amplada*
anchoa f. *anxova*
anchura f. *amplària, amplada*
andadas f. pl. *petjades // volver a las — tornar-hi esser*

andaderas f. pl. *caminadors*
andador, -a adj. *caminador, caminant // m. pl. caminadors*
andadura f. *demble, marinatge*
andaluz, -a m. y f. *andalús*
andamiaje m. *bastimentada*
andamio m. *bastida, bastiment, bastimenta*
andana f. *andana // (de la vela) carril*
andanada f. *andanada*
andante adj. *errant, vagant // m. (tiempo musical) andante*
andantino m. *andantino*
andar v. *caminar // anar // capllevar, trobar-se // todo se andará tot arribarà, ja hi arribarem, tot vindrà*
andariego, -a adj. *caminador, trescador*
andarín, -ina adj. *caminador*
andarivel m. *andarivell*
andas f. pl. *andes*
andén m. *moll, andana*
andorrano, -a m. y f. *andorrà*
andrajo m. *parrac, pelleringo*
andrajoso, -a adj. *esparracat, pelleringós*
androceo m. *androceu*
andrógino, -a adj. *androgin*
andurriales m. pl. *afraus, redols, rodalies, topants, verals*
anea f. *bova, boga*
anécdota f. *anècdota*
anegar v. *negar, ofegar // inundar, entollar, embassar*
anejo, -a adj. *anex*
anélido m. *anèl·lid*
anemia f. *anèmia*
anémico, -a adj. *anèmic*
anemómetro m. *anemòmetre*
anémona f. *anèmona*
anestesia f. *anestèsia*
anestesiar v. *anestesiar*
anestésico, -a adj. *anestèsic*
anexión f. *anexió*
anexionar v. *anexionar*
anexo, -a adj. *anex*
anfibio, -a m. y f. *anfibi*
anfiteatro m. *amfiteatre*
anfitrión, -ona m. y f. *amfitrió*
ánfora f. *àmfora*
anfractuosidad f. *anfractuositat*
anfractuoso, -a adj. *anfractuós*
angarillas f. pl. *civera, baiard // argues, samugues // setrilleres*
ángel m. *àngel*
angelical adj. *angelical*
angélico, -a adj. *angèlic*
angina f. *angina*
anglicano, -a adj. *anglicà*

antídoto

anglicismo m. *anglicisme*
anglófilo, -a adj. *anglòfil*
anglosajón, -ona adj. *anglosaxó*
angostar v. *estrènyer*
angosto, -a adj. *estret*
angostura f. *estretor*
anguila f. *anguila*
angula f. *anguiló, angula*
angular adj. *angular*
ángulo m. *angle*
anguloso, -a adj. *angulós*
angustia f. *angoixa, angúnia*
angustiar v. *angoixar, anguniar*
angustioso, -a adj. *angoixós, anguniós*
anhelante adj. *anhelant*
anhelar v. *anhelar, delir, delejar, delerar*
anhelo m. *anhel, deler*
anheloso, -a adj. *anhelós, delerós, frisós*
anhídrido m. *anhídrid*
anhidro m. *anhidre*
anidar v. *niar*
anilla f. *anella, virolla*
anillo m. *anell*
ánima f. *ànima*
animación f. *animació*
animador, -a adj. *animador*
animadversión f. *animadversió*
animal m. *animal*
animalada f. *animalada*
animalizar v. *animalitzar*
animar v. *animar // eixerivir, eixoroir //* rfl. *encoratjar-se, animar-se, cobrar coratge*
anímico, -a adj. *anímic*
ánimo m. *ànim // delit // coratge // esma*
animosidad f. *animositat*
animoso, -a adj. *animós // delitós // coratjós // mès, resolt*
aniñado, -a adj. *acriaturat*
anión m. *anion*
aniquilación f. *anihilació, aniquilació*
aniquilar v. *anihilar, aniquilar*
anís m. *anís*
anisado m. *anisat*
aniversario m. *aniversari*
ano m. *anus*
anoche adv. *anit, anit passada, ahir vespre*
anochecer v. *fosquejar, fer-se fosc, vesprejar // m. vespre, foscant*
anodino, -a adj. *anodí*
ánodo m. *ànode*
anomalía f. *anomalia*
anómalo, -a adj. *anòmal*
anonadamiento m. *anorreament*
anonadar v. *anorrear*
anónimo, -a adj. *anònim*
anormal adj. *anormal*

anotación f. *anotació*
anotar v. *anotar*
anquilosar v. *anquilosar*
anquilosis f. *anquilosi*
ánsar m. *oca*
ansia f. *ànsia, basca, angoixa // anhel, deler*
ansiar v. *delerar, anhelar, delejar*
ansiedad f. *ansietat*
ansioso, -a adj. *ansiós, delerós*
antagonismo m. *antagonisme*
antagonista m. y f. *antagonista*
antaño adv. *antany // antigament, altre temps*
antártico, -a adj. *antàrtic*
1) ante m. (mamífero) *dant*
2) ante prep. *davant*
anteanoche adv. *despús-ahir vespre, abans-d'ahir nit, despusanit*
anteayer adv. *despús-ahir, abans-d'ahir, dellà-ahir*
antebrazo m. *avantbraç*
antecámara f. *antecambra*
antecedente adj. *antecedent*
anteceder v. *antecedir, precedir*
antecesor, -a m. y f. *antecessor*
antedicho, -a adj. *avantdit, susdit, dessusdit*
antediluviano, -a adj. *antediluvià*
antelación f. *antelació*
de antemano adv. *per endavant, prèviament*
antena f. *antena*
anteojeras f. pl. *clucales, aclucalls*
anteojo m. *ullera i pl. binocles // clucala*
antepasado, -a m. y f. *avantpassat*
antepecho m. *ampit // pitral // ampitador*
antepenúltimo, -a adj. *antepenúltim*
anteponer v. *anteposar*
anteportada f. *anteportada*
anteposición f. *anteposició*
anteproyecto m. *avantprojecte*
anterior adj. *anterior*
anterioridad f. *anterioritat*
antes adv. *abans //* (en sentido adversativo) *ans // cuanto — com més prest millor*
antesala f. *antesala*
antevíspera f. *antevigília*
antiácido m. *antiàcid*
antibiótico, -a adj. *antibiòtic*
anticiclón m. *anticicló*
anticipación f. *anticipació*
anticipar v. *anticipar*
anticipo m. *anticipació, avenç, bestreta*
anticristo m. *anticrist*
anticuado, -a adj. *antiquat*
anticuario, -a m. y f. *antiquari*
anticuerpo m. *anticòs*
antídoto m. *antídot*

antiestético, -a adj. *antiestètic*
antifaz m. *antifaç, màscara, careta*
antífona f. *antífona*
antigualla f. *antigalla*
antiguamente adv. *antigament*
antigüedad f. *antiguitat, antigor*
antiguo, -a adj. *antic*
antihigiénico, -a adj. *antihigiènic*
antílope m. *antílop*
antimonio m. *antimoni*
antinomia f. *antinòmia*
antipapa m. *antipapa*
antipara f. *mampara // polaina, antipara*
antiparras f. pl. *ulleres*
antipatía f. *antipatia*
antipático, -a adj. *antipàtic*
antipirético, -a adj. *antipirètic*
antípoda m. *antípoda*
antirrevolucionario, -a adj. *antirevolucionari*
antisepsia f. *antisèpsia*
antiséptico, -a adj. *antisèptic*
antisocial adj. *antisocial*
antítesis f. *antítesi*
antitético, -a adj. *antitètic*
antitoxina f. *antitoxina*
antojadizo, -a adj. *capritxós*
antojarse v. rfl. *encapritxar-se, encarar-se // imaginar-se, ficar-se al cap*
antojo m. *antull, capritx, rampell // desig*
antología f. *antologia*
antonomasia f. *antonomàsia*
antorcha f. *torxa, antorxa*
antracita f. *antracita*
ántrax m. *àntrax*
antro m. *antre*
antropofagia f. *antropofàgia*
antropófago, -a m. y f. *antropòfag*
antropología f. *antropologia*
antropólogo, -a m. y f. *antropòleg*
antropomorfismo m. *antropomorfisme*
anual adj. *anual, anyal*
anualidad f. *anualitat*
anuario m. *anuari*
anublar v. *ennuvolar*
anudar v. *nuar*
anuencia f. *anuència*
anulación f. *anul·lació*
1) anular adj. (del anillo) *anular*
2) anular v. (hacer nulo) *anul·lar*
anunciación f. *anunciació*
anunciar v. *anunciar*
anuncio m. *anunci*
anuo, -a adj. *anual*
anverso m. *anvers, endret*
anzuelo m. *ham / morder el — picar*

añadido m. *afegit*
añadidura f. *afegit, afegitó*
añadir v. *afegir*
añagaza f. *munta, reclam // engany, enganalla*
añejo, -a adj. *anyós, vell*
añicos m. pl. *bocins, miques*
añil m. *anyil*
año m. *any, anyada // *este — enguany / el — pasado *antany / — *nuevo *cap d'any, ninou*
añoranza f. *enyorança, enyorament, enyor*
añorar v. *enyorar*
añoso, -a adj. *anyós, vell*
aoristo m. *aorist*
aorta f. *aorta*
aovado, -a adj. *ouat*
apabullar v. *esclafar, aclaparar*
apacentar v. *pasturar, péixer*
apacible adj. *dolç, quiet, plàcid*
apaciguar v. *pacificar, apaivagar*
apache m. y f. *apatxe*
apadrinar v. *afillar, apadrinar // patrocinar*
apagador, -a adj. *apagador*
apagaluces m. *apagallums*
apagar v. *apagar // *(el hambre, la sed) *espassar // *(la cal) *amarar*
apagavelas m. *apagallums, apagador*
apagón m. *apagada*
apaisado, -a adj. *apaïsat*
apalabrar v. *emparaular, aparaular*
apalear v. *apallissar*
apañar v. *endiumenjar, compondre // adobar, apanyar // *rfl. *apanyar-se, arreglar-se*
apaño m. *adob, apanyament // manya, habilitat, traça*
aparador m. *aparador // aparadora, bufet // aparador, mostrador*
aparato m. *aparat // aparell // aparat, pompa*
aparatoso, -a adj. *aparatós*
aparcamiento m. *aparcament*
aparcar v. *aparcar*
aparcería f. *parceria, amitges*
aparcero m. *parcer, amitger*
aparear v. *emparellar, apariar*
aparecer v. *aparèixer*
aparecido m. *fantasma, espectre*
aparejador m. *aparellador*
aparejar v. *aparellar, endergar, enrengar*
aparejo m. *aparell, aparellament // ormeig, avesos*
aparentar v. *aparentar*
aparente adj. *aparent*
aparentemente adv. *aparentment*
aparición f. *aparició*

apariencia f. *aparença, semblant*
apartamento m. *apartament*
apartamiento m. *decantament, apartament*
apartar v. *apartar // separar, decantar // triar*
aparte adv. *a part, de banda, a banda // llevat de, fora de*
apasionamiento m. *apassionament*
apasionar v. *apassionar*
apatía f. *apatia*
apático, -a adj. *apàtic*
apeadero m. *baixador, parador, davallador*
apear v. *descavalcar // rfl. baixar, davallar // destituir, llevar, treure // llevar del cap // apuntalar // canar, fitar*
apechugar v. *carregar-se, apitrar*
apedazar v. *apedaçar*
apedrear v. *apedregar, lapidar*
apegarse v. *aferrar-se, adherir-se*
apego m. *tirada, inclinació, estimació*
apelación f. *apel·lació*
apelar v. *apel·lar*
apelativo, -a adj. *apel·latiu*
apelmazar v. *empedreir, espessir*
apelotonar v. *apilotar*
apellidarse v. rfl. *anomenar-se, dir-se, nòmer*
apellido m. *cognom, llinatge, nom de família*
apenar v. *apenar*
apenas adv. *a penes, tot just, just, amb prou feines*
apéndice m. *apèndix*
apendicitis f. *apendicitis*
apercibir v. *apercebre*
aperitivo, -a adj. *aperitiu*
apertura f. *obertura*
apesadumbrado, -a adj. *apesarat, recançós*
apesadumbrar v. *apesarar, apenar, disgustar*
apestar v. *empestar // pudir, empudegar*
apestoso, -a adj. *empestador // pudent*
apetecer v. *apetir, desitjar*
apetencia f. *apetència*
apetito m. *apetit // gana, talent (f.), mengera, fam, rusca*
apetitoso, -a adj. *apetitós*
apiadar v. *apiadar*
ápice m. *àpex*
apicultor, -a m. y f. *apicultor*
apicultura f. *apicultura*
apilar v. *apilar*
apiñado, -a adj. *apinyat, emmanyocat*
apiñar v. *apinyar, apilotar*
apio m. *api*
apisonar v. *pitjonar, picolar / rutlonar*
apizarrado, -a adj. *pissarrós*

aplacar v. *aplacar, apaivagar, amansir*
aplanadera f. *aplanadora*
aplanamiento m. *aplanament*
aplanar v. *aplanar // esclafar // rfl. esfondrar-se, enderrocar-se*
aplastar v. *esclafar, aixafar*
aplaudir v. *aplaudir*
aplauso m. *aplaudiment*
aplazamiento m. *ajornament, dilació*
aplazar v. *ajornar, diferir, perllongar*
aplicación f. *aplicació*
aplicado, -a adj. *aplicat*
aplicar v. *aplicar*
aplomar v. *aplomar*
aplomo m. *aplom*
apocado, -a adj. *apocat, aturat, recocolit*
apocalipsis m. *apocalipsi*
apocamiento m. *apocament, aturament*
apocar v. *apoquir // rfl. apocar-se, retreure's, recocolir-se*
apócope m. *apocope*
apócrifo, -a adj. *apòcrif*
apodar v. *motejar, dir malnoms*
apoderamiento m. *apoderament*
apoderar v. *apoderar*
apodo m. *sobrenom, malnom*
apódosis f. *apòdosi*
apófisis f. *apòfisi*
apogeo m. *apogeu*
apolilladura f. *arnada, arnament*
apolillar v. *arnar*
apolíneo, -a adj. *apol·lini*
apologético, -a adj. *apologètic*
apología f. *apologia*
apólogo m. *apòleg*
apoltronarse v. *empoltronir-se // encarxofar-se, repapar-se*
apoplejía f. *apoplexia, feridura, gota*
apoplético, -a adj. *apoplètic, gotós*
aporrear v. *bastonejar, garrotejar, tupar // rfl. esfreixurar-se, escarrassar-se*
aportación f. *aportació*
aportadera f. *portadora, semal*
aportar v. *aportar*
aposentar v. *aposentar*
aposento m. *cambra, estància*
aposición f. *aposició*
apósito m. *apòsit*
aposta adv. *a posta, a dret seny, a dreta ciència*
apostar v. *apostar // posar messions, jugar, gosar, apostar*
apostasía f. *apostasia*
apóstata m. y f. *apòstata*
apostatar v. *apostatar*
apostillar v. *postil·lar*

apóstol m. *apòstol*
apostolado m. *apostolat*
apostólico, -a adj. *apostòlic*
apostrofar v. *apostrofar*
apóstrofe m. *apòstrofe*
apóstrofo m. *apòstrof*
apoteosis m. *apoteosi*
apoyar v. *recalcar, recolzar // estantolar, estintolar, estalonar // refermar, fer costat, ajudar, donar suport // rfl. descansar,. estrebar, repenjar-se*
apoyo m. *recolzament, estalonament, refermament, suport, descans / punt de — punt de suport*
apreciable adj. *apreciable*
apreciación f. *apreciació*
apreciar v. *estimar, justipreciar // prear, apreciar // apreciar*
aprecio m. *estim // estima, estimació // apreciació*
aprehender v. *aprehendre*
aprehensión f. *aprehensió*
apremiante adv. *apressant, urgent*
apremiar v. *estrènyer, oprimir // prémer, estrènyer, cuitar // constrènyer // posar recàrrec*
apremio m. *opressió // pressió, cuitament // constricció // recàrrec*
aprender v. *aprendre, apendre*
aprendiz, -a m. y f. *aprenent, mosso*
aprendizaje m. *aprenentatge, mossatge*
aprensión f. *aprensió*
aprensivo, -a adj. *aprensiu*
apresamiento m. *presa, agafada*
apresar v. *prendre, agafar*
aprestar v. *preparar, aparellar // parar, empesar*
apresto m. *preparació, aparellament // parament, empesa*
apresuramiento m. *apressament, acuitament*
apresurar v. *apressar, cuitar // rfl. cuitar, afanyar-se, frissar*
apretado, -a adj. *estret, atapeït, atapit, pitjat*
apretar v. *estrènyer, estampir, pitjar, prémer // acollar, collar, estrènyer // atapeir, atapir, atacar, estibar // restrènyer, reduir // destrènyer, constrènyer, escanyar, ofegar // cuitar, frissar // pitjar, reforçar*
apretón m. *estreta, pitjada, restreta, premuda*
apretujar v. *estrènyer, pitjar*
aprieto m. *estreta, estretor // angoixa, destret*
aprisa adv. *de pressa, aviat, deveres*
aprisionar v. *empresonar // agafar, engronar, encloure*

aprobación f. *aprovació*
aprobado, -a adj. *aprovat*
aprobar v. *aprovar*
apropiación f. *apropiació*
apropiado, -a adj. *apropiat, adequat, escaient*
apropiar v. *apropiar // rfl. apropiar-se, aparroquiar-se*
aprovechado, -a adj. *aprofitat // aprenent*
aprovechamiento m. *aprofitament*
aprovechar v. *aprofitar, espletar*
aprovisionar v. *aprovisionar*
aproximación f. *aproximació, acostament*
aproximar v. *aproximar, acostar, atracar*
áptero, -a adj. *àpter*
aptitud f. *aptitud*
apto, -a adj. *apte*
apuesta f. *juguesca, messions, aposta*
apuesto, -a adj. *gallard, plantós, ben plantat*
apuntación f. *apuntació*
apuntador, -a m. y f. *apuntador, consueta*
apuntalamiento m. *apuntalament*
apuntalar v. *apuntalar, estalonar, estintolar*
apuntar v. *apuntar // apuntar, entreguardar // intr. clarejar, apuntar, farolar*
apunte m. *apunt, apuntació*
apuñalar v. *apunyalar*
apuñear v. *apunyegar*
apurado, -a adj. *apurat*
apurar v. *apurar, depurar, purificar // apurar, buidar, escurar // apurar, amoïnar, anguniejar // rfl. apurar-se, afligir-se, anguniar-se // apressar-se, frissar, anar de pressa*
apuro m. *destret, manca, escassesa // cuita*
aquel, -lla adj. *aquell*
aquende adv. *aquens, deçà*
aquí adv. *ací, aquí / aquí mismo assus-suaquí, aquí mateix, just aquí / he aquí vet ací, vet aquí, heus ací, heus aquí*
aquiescencia f. *aquiescència*
aquietamiento m. *aquietament*
aquietar v. *aquietar*
aquilatar v. *avaluar, apreuar*
aquilino, -a adj. *aquilí*
aquilón m. *aquiló, tramuntana*
ara f. *ara, altar*
árabe adj. *àrab, aràbic*
arabesco, -a adj. *arabesc*
arábigo, -a adj. *aràbic*
arabismo m. *arabisme*
arácnido m. *aràcnid*
arado m. *arada, aladre, llaura*
arador m. *llaurador*
aradura f. *llaurada, llauró*

aragonés, -esa m. y f. *aragonès*
arameo, -a adj. *arameu*
arancel m. *aranzel*
arandela f. *valona, virolla*
araña f. *aranya* // *salamó, llantoner*
arañar v. *arpejar, urpejar, rapinyar, esgarrapar, escarrinxar, xerriscar*
arañazo m. *arpada, urpada, rapinyada, esgarrapada, escarrinxada, xerriscada, unglada*
arar v. *llaurar*
arbitraje m. *arbitratge*
arbitrar v. *arbitrar*
arbitrariedad f. *arbitrarietat*
arbitrio m. *arbitri*
árbitro m. *àrbitre*
árbol m. *arbre*
arbolado, -a adj. *arbrat*
arboladura f. *arboradura*
arbolar v. *arborar*
arboleda f. *arbreda*
arbóreo, -a adj. *arbori*
arborización f. *arborització*
arbotante m. *arcbotant*
arbusto m. *arbust*
arca f. *arca, caixa*
arcabucero m. *arcabusser*
arcabuz m. *arcabús*
arcabuzazo m. *arcabussada*
arcada f. *arc, arcada, volta* // *tragit, ois,* · *vomitera*
arcaico, -a adj. *arcaic*
arcaísmo m. *arcaisme*
arcángel m. *arcàngel*
arcano, -a adj. *arcà, secret, amagat* // m. *arcà, misteri*
arcediano m. *ardiaca*
arcén m. *vora, vorera, riba*
arcilla f. *argila*
arcilloso, -a adj. *argilenc, argilós*
arcipreste m. *arxiprest*
arco m. *arc* // (de violín) *arquet* // — iris *arc de sant Martí*
archiduque m. *arxiduc*
archiduquesa f. *arxiduquessa*
archipiélago m. *arxipèlag*
archivar v. *arxivar*
archivero, -a m. y f. *arxiver*
archivo m. *arxiu*
archivolta f. *arquivolta*
arder v. *cremar*
ardid m. *ardit, enginy*
ardiente adj. *ardent, encès, cremant, roent*
ardientemente adv. *ardentment*
ardilla f. *esquirol*
ardimiento m. *ardidesa, valentia*

ardor m. *ardor, ardència, cremor, escalf*
ardoroso, -a adj. *ardorós, ardent, encès*
arduo, -a adj. *ardu*
área f. *àrea*
arena f. *arena, sorra*
arenal m. *arenal, sorral*
arenga f. *arenga*
arengar v. *arengar*
arenilla f. *areneta* // pl. *arenes*
arenisca f. *marès*
arenisco, -a adj. *arenós, sorrenc*
arenoso, -a adj. *arenós, sorrenc*
arenque m. *arengada*
aréola f. *arèola.*
areómetro m. *areòmetre*
argamasa f. *morter, mescla, argamassa*
argelino, -a m. y f. *algerí*
argentar v. *argentar, platejar*
argénteo, -a adj. *argentí, de plata*
argentífero, -a adj. *argentífer, argentós*
argentino, -a m. y f. *argentí*
argolla f. *anella*
argonauta m. *argonauta*
argot m. *argot*
argucia f. *argúcia*
argüir v. *argüir*
argumentación f. *argumentació*
argumentar v. *argumentar*
argumento m. *argument*
aria f. *ària*
aridez f. *aridesa*
árido, -a adj. *àrid*
Aries m. *Àries*
ariete m. *ariet, bussó*
ario, -a adj. *ari*
arisco, -a adj. *aspre, esquerp*
arista f. *aresta, caire*
aristocracia f. *aristocràcia*
aristócrata m. y f. *aristòcrata*
aristocrático, -a adj. *aristocràtic*
aritmética f. *aritmètica*
aritmético, -a adj. *aritmètic*
arlequín m. *arlequí*
arma f. *arma*
armada f. *esquadra, estol, armada*
armadía f. *rai*
armador, -a adj. *armador*
armadura f. *armadura* // *encavallada*
armamento m. *armament*
armar v. *armar* // *escaure* // *parar*
armario m. *armari*
armatoste m. *baluerna*
armazón m. *armadura* // *corbam* // *tremuja*
armella f. *armella*
armenio, -a m. y f. *armeni*
armería f. *armeria*

armero m. *armer*
armiño m. *ermini*
armisticio m. *armistici*
armonía f. *harmonia*
armónica f. *harmònica*
armónico, -a adj. *harmònic*
armonio m. *harmònium*
armonioso, -a adj. *harmoniós*
armonizar v. *harmonitzar*
arnés m. *arnès // guarniments //* pl. *avesos, corbam, ormeigs*
aro m. *cercle, cércol, riscla*
aroma m. *aroma, perfum, sentor*
aromático, -a adj. *aromàtic*
aromatizar v. *aromatitzar*
arpa f. *arpa*
arpegio m. *arpegi*
arpía f. *harpia*
arpillera f. *xarpellera*
arpista m. y f. *arpista*
arpón m. *arpó*
arponear v. *arponar*
arponero m. *arponer*
arquear v. *arcar, arquejar*
arqueo m. *arqueig*
arqueología f. *arqueologia*
arqueólogo, -oga m. y f. *arqueòleg*
arquero m. *arquer*
arquetipo m. *arquetipus*
arquilla f. *caixeta, escriny, arqueta*
arquitecto m. *arquitecte*
arquitectónico, -a adj. *arquitectònic*
arquitectura f. *arquitectura*
arquitrabe m. *arquitrau*
arquivolta f. *arquivolta*
arrabal m. *arraval, raval, suburbi*
arracada f. *arracada, anelleta*
arraigar v. *arrelar, aferrar //* rfl. *establir-se*
arraigo m. *arrelament*
arrancadera f. *esquellot*
arrancar v. *arrancar, arrabassar*
arranque m. *arrancada, arrabassada // rampell, rauxa // arrancada, embranzida // nient, començament, arrancada*
arrapiezo m. *parrac, pelleringo // bigarniu, butzeta, marrec*
arras f. pl. *arres, caparro, escreix*
arrasar v. *rasar // arrasar, abrusar // omplir al raset*
arrastrado, -a adj. *desastrat, escarrassat // brivó, mala pell*
arrastrar v. *rossegar, arrossegar, remolcar*
arrastre m. *rossec, arrossegament // ròssec // **dejar para el —** baldar, cruixir, deixar fet malbé*
arrayán m. *murta, murtera*

arre! interj. *arri!*
1) **arrear** v. *arriar // entaferrar, arriar // tirar, trotar, estrènyer-li //* **arrea!** *tira!, dali!*
2) **arrear** v. *arrear, guarnir*
arrebañar v. *ramassar, arramassar, arramadar*
arrebatado, -a adj. *arravatat, arrauxat, rauxós*
arrebatamiento m. *arravatament, arrauxament*
arrebatar v. *arrabassar // arrapar, arravatar //* rfl. *arrauxar-se, sobtar-se, exaltar-se*
arrebato m. *arrauxament, rauxa, rampell // arrapament, èxtasi*
arrebujar v. *rebregar, mastegar //* rfl. *acotxarse, aboçar-se, arrebossar-se*
arreciar v. *refermar, reforçar, créixer*
arredrar v. *retreure, tornar arrera // fer por, esporuguir, espantar*
arreglar v. *arreglar // aconduir, agençar, apanyar, arranjar, endreçar // adobar, arreglar, compondre // encitronar, endiumenjar, enllestir, mudar, guarnir //* rfl. *aclarir-se, arreglar-se, manegar-s'ho, arranjar-se*
arreglo m. *aconduïment, agençament, arranjament, adob*
arrellanarse v. *aclofar-se, arrepapar-se, encatxofar-se*
arremangar v. *arromangar, arregussar*
arremeter v. *arremetre, envestir*
arremetida f. *arremesa, envestida*
arremolinar v. *arremolinar*
arrendador, -a adj. *arrendador*
arrendamiento m. *arrendament, lloguer*
arrendar v. *arrendar, llogar*
arrendatario, -a m. y f. *arrendatari, llogater*
arreo m. *guarniment, agençament //* pl. *arreus, forniment, ormeigs //* pl. *guarniments*
arrepentimiento m. *penediment*
arrepentirse v. *penedir-se, repenedir-se*
arrestar v. *arrestar //* rfl. *llançar-se*
arresto m. *arrest, detenció //* pl. *coratge*
arrianismo m. *arrianisme*
arriano, -a m. y f. *arrià*
arriar v. *arriar, calar, abaixar*
arriate m. *pastereta, camada // encanyissada*
arriba adv. *amunt, a dalt, dessús /* **de — abajo** *de dalt a baix*
arribada f. *arribada*
arriendo m. *arrendament*
arriero m. *traginer*
arriesgar v. *arriscar*
arrimadero m. *estaló, agafall, estàntol, puntal*

arrimar v. *acostar, arrambar // estibar // donar, ensivellar, entimar // arraconar, desar // rfl. estintolar-se, estalonar-se, recolzar-se // rfl. acostar-se, agombolar-se*
arrinconar v. *arraconar, desar*
1) **arriscado, -a** adj. *penyalós*
2) **arriscado, -a** adj. *arriscat, agosarat*
arrítmico, -a adj. *arrítmic*
arroba f. *arrova*
arrobamiento m. *arrapament, rapte, embadaliment*
arrobar v. *arrapar, embadalir*
arrocero, -a adj. *arrosser*
arrodillar v. *agenollar*
arrogación f. *arrogació*
arrogancia f. *arrogància, ufana*
arrogante adj. *arrogant // gallard, ufanós*
arrogar v. *arrogar*
arrojadamente adv. *abrivadament*
arrojadizo, -a adj. *llançadís, llancívol*
arrojado, -a adj. *abrivat, ardit, agosarat*
arrojar v. *tirar, llançar, etzibar // engegar, treure // gitar, treure, perbocar // donar, treure // rfl. tirar-se, llançar-se*
arrojo m. *abrivament, ardidesa, gosadia, empenta*
arrollar v. *enrotllar, enrodillar // arregussar, arronsar*
arropar v. *abrigar, enrobar, acotxar*
arrope m. *arrop*
arrostrar v. *plantar cara, resistir, afrontar*
arroyo m. *rieró, rierol // ramblia, calçada*
arroz m. *arròs*
arrozal m. *arrossar*
arruga f. *arruga, rua // mastec, tavella, rua*
arrugar v. *arrugar, ruar, mastegar*
arruinar v. *arruïnar // esfondrar, enderrocar*
arrullar v. *marrucar, marruquejar, parrupar, roncar // dormir, cantar vori-vou, fer el vori-vou // marrucar*
arrullo m. *marrucqueig, parrup, parrupeig, marruc*
arrumacos m. pl. *festes, magarrufes, xera*
1) **arrumbar** v. *arraconar, desar*
2) **arrumbar** v. *arrumbar*
arsenal m. *drassana // arsenal*
arsénico m. *arsènic*
arte m. o f. *art*
artefacto m. *artefacte*
arteria f. *artèria*
artería f. *arteria, astúcia*
arterial adj. *arterial*
arteriosclerosis f. pl. *arteriosclerosi*
artero, -a adj. *arter, astut, arterós*
artesa f. *pastèra*

artesanía f. *menestralia // artesania*
artesano, -a m. y f. *menestral, artesà*
artesiano, -a adj. *artesià*
artesón m. *gavadal, ribell, escurador // cassetó, plafó*
artesonado m. *teginat, enteixinat, cassetonat*
ártico, -a adj. *àrtic*
articulación f. *articulació*
articular v. y adj. *articular*
articulista m. y f. *articulista*
artículo m. *article*
artífice m. y f. *artífex*
artificial adj. *artificial*
artificio m. *artifici*
artificioso, -a adj. *artificiós*
artilugio m. *enginy, ormeig*
artillar v. *artillar*
artillería f. *artilleria*
artillero, -a m. y f. *artiller*
artimaña f. *artimanya, enginy, trampa*
artista m. y f. *artista*
artístico, -a adj. *artístic*
artrítico, -a adj. *artrític*
artritis f. *artritis*
artrópodo m. *artròpode*
artrosis m. *artrosi*
arzobispado m. *arquebisbat*
arzobispo m. *arquebisbe*
arzón m. *arçó*
as m. *as*
asa f. *ansa, nansa*
asado m. *rostit*
asadura f. *corada, freixura*
asaetear v. *dardellar, sagetar*
asalariado, -a m. y f. *assalariat*
asaltar v. *assaltar, saltejar, esvair*
asalto m. *assalt, esvaïment, falconada*
asamblea f. *assemblea*
asar v. *rostir*
asaz adv. *prou, bastant*
ascáride f. *ascàride*
ascendencia f. *ascendència*
ascendente adj. *ascendent*
ascender v. *ascendir, pujar*
ascendiente adj. *ascendent*
ascensión f. *ascensió*
ascenso m. *ascens*
ascensor m. *ascensor*
asceta m. y f. *asceta*
ascetismo m. *ascetisme*
asco m. *fàstic, oi / dar — fer fàstic, fer oi // hacer ascos fer l'estugós*
ascua f. *brasa, caliu*
aseado, -a adj. *net, curiós, endreçat, polit*
asear v. *endreçar, polir, netejar*
asechanza f. *parany, aguait*

asediar v. *assetjar*

asedio m. *setge, assetjament*

asegurar v. *assegurar*

asemejar v. *assemblar, semblar, tenir retirança*

asentaderas f. pl. *anques*

asentado -a adj. *assegut // assentat // assentat, reposat, assenyat*

asentamiento m. *assentament*

asentar v. *assèure // assentar // passar, aplanar, allisar // apuntar, assentar //* rfl. *posar-se //* rfl. *resseure's*

asentimiento m. *assentiment*

asentir v. *assentir*

aseo m. *netedat, condícia, endreç*

aséptico, -a adj. *asèptic*

asequible adj. *assequible*

aserción f. *asserció*

aserradero m. *serradora*

aserrar v. *serrar, xerracar*

aserto m. *assert, asserció*

asesinar v. *assassinar*

asesinato m. *assassinat*

asesino, -a m. y f. *assassí*

asesor, -a adj. *assessor*

asesorar v. *assessorar*

asestar v. *assestar*

aseveración f. *asseveració*

aseverar v. *asseverar*

asexual adj. *asexual*

asfaltar v. *asfaltar*

asfalto m. *asfalt*

asfixia f. *asfíxia*

asfixiante adj. *asfixiant*

asfixiar v. *asfixiar*

asfódelo m. *asfòdel*

así adv. *aixi // así que tot just, totd'una que, tantost, tan bon punt / de manera que*

asiático, -a m. y f. *asiàtic*

asidero m. *agafall, agafatall, aferrall*

asiduidad f. *assiduïtat*

asiduo, -a adj. *assidu*

asiento m. *seient, siti, sítil, sitial // païda, resseguda // apuntació, assentament // baixos, solatge, solada // seny, pes, bon cap, enteniment, senderi*

asignación f. *assignació*

asignar v. *assignar // senyar, seliejar*

asignatura f. *assignatura*

asilar v. *asilar*

asilo m. *asil*

asimetría f. *asimetria*

asimétrico, -a adj. *asimètric*

asimilación f. *assimilació*

asimilar v. *assimilar*

asimismo adv. *aixi mateix, tanmateix //* també, noresmenys

asir v. *agafar // aferrar*

asirio, -a adj. *assiri, assirià*

asistencia f. *assistència*

asistenta f. *assistenta // jornalera*

asistente m. *assistent*

asistir v. *assistir*

asma f. *asma, ofec, ofegó*

asna f. *somera*

asnada f. *asada, asenada*

asnal adj. *asenc, somerí*

asno m. *ase, ruc*

asociación f. *associació*

asociar v. *associar*

asolador, -a adj. *assolador*

asolar v. *assolar*

asoldar v. *assoldar*

asolear v. *assolellar*

asoleo m. *assolellament, solellada*

asomar v. *guaitar, treure el cap // treure, mostrar //* rfl. *guaitar, abocar-se, tatar*

asombrar v. *esglaiar, espantar, esbalair, astorar*

asombro m. *esglai, espant, esbalaïment, astorament*

asombroso, -a adj. *esglaiós, espantós, esbalaïdor, astorador*

asomo m. *guaitada // indici, senyal //* ni por *— de cap manera, ni pensar-hi*

asonancia f. *assonància*

asonante adj. *assonant*

aspa f. *aspa // aspi // antena*

aspar v. *aspiar // aspidar //* rfl. *esclatar-se //* rfl. *escarrassar-se, esfreixurar-se*

aspaviento m. *escarafall*

aspecto m. *aspecte*

aspereza f. *aspror // asprivesa, esquerperia*

asperges m. *asperges*

áspero, -a adj. *aspre // gratellós, raspallós, raspós // esqueixat, esquerdat // aspriu, esquerp, malagradós, repelenc*

aspersión f. *aspersió*

aspersorio m. *aspersori*

áspid m. *àspid*

aspillera f. *espitllera, retxillera*

aspiración f. *aspiració*

aspirador m. *aspirador*

aspirante m. y f. *aspirant*

aspirar v. *aspirar*

aspirina f. *aspirina*

asquear v. *fer oi, fastiguejar*

asquerosidad f. *oi // brutesa, porqueria*

asqueroso, -a adj. *oiós, repugnant, fastigós*

asta f. *asta, pal / a media — a mitjan asta // banya*

astenia f. *astènia*
asterisco m. *asterisc*
asteroide adj. *asteroide*
astigmatismo m. *astigmatisme*
astilla f. *estella, esberla, esquerda // rabassó*
astillar v. *estellar, esberlar, esquerdar*
astillero m. *drassana*
astracán m. *astracan*
astrágalo m. *astràgal*
astral adj. *astral*
astringente adj. *astringent*
astringir v. *restrènyer*
astro m. *astre*
astrología f. *astrologia*
astrólogo, -a m. y f. *astròleg, -oga*
astronauta m. y f. *astronauta*
astronave f. *astronau*
astronomía f. *astronomia*
astronómico, -a adj. *astronòmic*
astrónomo m. *astrònom*
astucia f. *astúcia*
asturiano, -a m. y f. *asturià*
astuto, -a adj. *astut*
asueto m. *assuet, festa*
asumir v. *assumir*
asunción f. *assumpció*
asunto m. *assumpte*
asustadizo, -a adj. *espantadís, retgiradís*
asustar v. *espantar, esverar, retgirar, esglaiar, esfereir*
atacante m. y f. *atacant*
atacar v. *atacar*
atadijo m. *fardell, boliquet*
atadura f. *fermall, lligam*
atajar v. *adreçar, atiranyar, fer drecera // aturar, atallar*
atajo m. *drecera, atall, travessa*
atalaya f. *talaia*
atalayar v. *talaiar, ataiaiar*
atañer v. *atànyer*
ataque m. *atac / tropell, treball*
atar v. *fermar, lligar*
atarantar v. *atarantar, atordir, espantolar*
atarazana f. *drassana*
atardecer v. *fer-se fosc, vesprejar // m. horabaixa, capvespre, capaltard*
atareado, -a adj. *enfeinat, aqueferat, atrafegat*
atarear v. *enfeinar, atrafegar // rfl. trescar, bellugar-se, escarrassar-se*
atarugar v. *tasconar // atracar*
atascamiento m. *encallament, enrocament, embussament*
atascar v. *estopar, atasconar // embussar // enrocar // enfangar // rfl. empantanegar-se, enrocar-se, encallar-se*

atasco m. *embús, enrocament*
ataúd m. *baül, bagul, taüt*
ataviar v. *compondre, enllestir, paramentar*
atávico, -a adj. *atàvic*
atavío m. *adorn, ornament, parament, endiumenjament*
atavismo m. *atavisme*
ateísmo m. *ateisme*
atemorizar v. *esporuguir, atemorir*
atemperar v. *temperar, acomodar*
atenazar v. *atenallar, estenallar*
atención f. *atenció, esment*
atender v. *atendre*
ateneo m. *ateneu*
atenerse v. *atenir-se*
ateniense m. y. f. *atenès*
atentado m. *atemptat*
atentar v. *atemptar*
atentatorio, -a adj. *atemptatori*
atento, -a adj. *atent // amatent*
atenuante adj. *atenuant*
atenuar v. *atenuar*
ateo, -a adj. *ateu*
aterciopelado, -a adj. *vellutat*
aterido, -a adj. *balb, enroderat, enravenat*
aterirse v. *embalbir-se, enroderar-se, enravenar-se*
aterrador, -a adj. *aterridor, esfereïdor, esverador*
1) aterrar v. *enderrocar, aterrar // enterrar, soterrar, colgar // aterrar, atracar, tocar terra*
2) aterrar v. *aterrir, esfereir, esverar*
aterrizaje m. *aterratge, aterrissatge*
aterrizar v. *aterrar, aterritzar*
aterrorizar v. *aterrir, abasardar, esfereir*
atesorar v. *atresorar, tesorejar*
atestación f. *atestació*
1) atestado m. *atestat*
2) atestado, -a adj. *estibat, atapeït*
1) atestar v. *atestar*
2) atestar v. *estibar, omplir, embotir, atapir, atapeir*
atestiguar v. *testimoniar, testificar*
atezar v. *colrar*
atiborrar v. *emborrar, embotir // estibar, atapeir, atapir // atipar, afartar*
ático, -a adj. *àtic*
atiesar v. *tibar, enravenar*
atigrado, -a adj. *tigrat*
atildar v. *agençar, acurar*
atinar v. *encertar, trobar, endevinar*
atiplado, -a adj. *atiplat*
atisbar v. *ullar, sotjar, llucar, talaiar*
atisbo m. *indici, aguait, lluc*
atizar v. *atiar, ationar, burjonar*

atlante m. *atlant*
atlántico, -a adj. *atlàntic*
atlas m. *atlas*
atleta m. *atleta*
atletismo m. *atletisme*
atmósfera f. *atmosfera*
atmosférico, -a adj. *atmosfèric*
atolondrado, -a adj. *esburbat, esbojarrat, arpellot, poc-seny, tabalot, tral·larel*
atolondramiento m. *eixelebrament, esburbament, estrabul·lament, esbojarrament*
atolondrar v. *atordir, esborneiar*
atolladero m. *encallador, andarivell*
atómico, -a adj. *atòmic*
atomizar v. *atomitzar*
átomo m. *àtom*
atonía f. *atonia*
atónito, -a adj. *atònit*
átono, -a adj. *àton*
atontamiento m. *atordiment, estemordiment, esbalaïment, ensensament*
atontar v. *atordir, estemordir, esbalair, ensensar, embeneitir*
atormentar v. *turmentar, botxinar*
atornillar v. *empernar, engramponar, collar, caragolar*
atosigar v. *enverinar, emmetzinar // atabuixar, petxucar, empaitar*
atracadero m. *atracador*
atracador, -a m. y f. *atracador*
atracar v. *atracar // atipar, atapir, ataconar, pastonar, apeixir*
atracción f. *atracció*
atraco m. *atracament, falconada*
atracón m. *atipada, atapida, afartada, fart, panxó, tip*
atractivo, -a adj. *atractiu*
atraer v. *atraure, atreure*
atragantarse v. *ennuegar-se, engargussar-se, ennuar-se, escanyar-se, fer mala via*
atrapar v. *atrapar, agafar, aplegar, enganxar // encloure, engronar*
atrás adv. *arrera, arrere, enrera, enrere, endarrera, endarrere*
atrasado, -a adj. *endarrerit // retardat*
atrasar v. *endarrerir // retardar*
atraso m. *endarreriment // retard // pl. endarreriatges*
atravesar v. *entravessar // travessar, traspassar*
atrayente adj. *atraient*
atreverse v. *atrevir-se, gosar, arriscar-se*
atrevido, -a adj. *atrevit, agosarat, ardit*
atrevimiento m. *atreviment, gosadia, ardidesa*
atribución f. *atribució*

atribuir v. *atribuir*
atribular v. *atribular*
atributo m. *atribut*
atrición f. *atrició*
atril m. *faristol*
atrincherar v. *atrinxerar*
atrio m. *atri*
atrocidad f. *atrocitat*
atrofia f. *atròfia*
atrofiar v. *atrofiar*
atrompetado, -a adj. *atrompetat*
atronador, -a adj. *eixordador, retrunyidor*
atronar v. *eixordar // atordir // retrunyir*
atropellar v. *atropellar*
atropello m. *atropellament*
atroz adj. *atroç*
atuendo m. *aparat, estufera, ostentació // vestimenta*
atún m. *tonyina*
aturdido, -a adj. *eixelebrat, esburbat*
aturdimiento m. *atordiment, eixelebradura, esburbament*
aturdir v. *atordir, estordir // estemordir, estormeir, entobiar*
aturrullar v. *atabalar, enfrascar*
atusar v. *retallar, refilar // allisar // endiumenjar, enllimonar*
audacia f. *audàcia, gosadia*
audaz adj. *audaç, agosarat*
audible adj. *audible, oïble*
audición f. *audició*
audiencia f. *audiència*
auditivo, -a adj. *auditiu*
auditor m. *auditor*
auditorio m. *auditori*
auge m. *auge, apogeu*
augur m. *àugur*
augurar v. *augurar*
augurio m. *auguri*
augusto, -a adj. *august*
aula f. *aula*
aullar v. *udolar, ganyolar, grinyolar, dular, ucar*
aullido m. *udol, ganyol, grinyol, dulada, uc*
aumentar v. *augmentar, créixer, revenir, reprendre // apujar*
aumento m. *augment // justalla, creiximoni, puja, sobrepuig*
aun adv. *encara // àdhuc, fins i tot // **aun cuando** encara que*
aunar v. *ajuntar, unir, reunir*
aunque conj. *encara que, àdhuc, maldament, maqueri*
aupar v. *pujar, remuntar, empènyer*
aura f. *aura*
áureo, -a adj. *auri*

aureola f. *aurèola*
aurícula f. *aurícula*
auricular adj. *auricular*
aurífero, -a adj. *aurífer*
auriga m. *auriga*
aurora f. *aurora, albada, sol-ixent*
auscultar v. *auscultar*
ausencia f. *absència*
ausentar v. *absentar*
ausente adj. *absent*
auspicio m. *auspici*
austeridad f. *austeritat*
austero, -a adj. *auster*
austral adj. *austral*
australiano, -a m. y f. *australià*
austríaco, -a m. y f. *austríac*
austro m. *austre*
autarquía f. *autarquia*
autenticidad f. *autenticitat*
auténtico, -a adj. *autèntic*
auto m. *auto*
autobiografía f. *autobiografia*
autobús m. *autobús*
autocar m. *autocar*
autoclave f. *autoclau*
autocracia f. *autocràcia*
autócrata m. y f. *autòcrata*
autóctono, -a adj. *autòcton*
autodidacto, -a m. y f. *audodidacte*
autódromo m. *autòdrom*
autogénesis f. *autogènesi*
autógeno, -a adj. *autogen*
autogiro m. *autogir*
autógrafo m. *autògraf*
autómata m. *autòmat*
automático, -a adj. *automàtic*
automatismo m. *automatisme*
automotor, -a adj. *automotor*
automotriz adj. *automotriu*
automóvil m. *automòbil*
automovilismo m. *automobilisme*
automovilista m. y f. *automobilista*
autonomía f. *autonomia*
autonómico, -a adj. *autonòmic*
autónomo, -a adj. *autònom*
autopista f. *autopista*
autopsia f. *autòpsia*
autor, -a m. y f. *autor*
autoridad f. *autoritat*
autoritario, -a adj. *autoritari*
autorización f. *autorització*
autorizar v. *autoritzar*
autorretrato m. *autoretrat*
autosugestión f. *autosuggestió*
1) auxiliar v. *auxiliar*
2) auxiliar adj. *auxiliar*

auxilio m. *auxili*
aval m. *aval*
avalancha f. *allau*
avalar v. *avalar*
avambrazo m. *avantbraç*
avance m. *avanç, avenç, avançada // bestreta*
avanzada f. *avançada*
avanzado, -a adj. *avançat*
avanzar v. *avançar, avençar*
avaricia f. *avarícia, gasiveria*
avaricioso, -a adj. (V. **avaro**)
avariento, -a adj. (V. **avaro**)
avaro, -a adj. *avar, avarut, cric, cricuny, gasiva, ferrassa*
avasallar v. *avassallar, dominar*
avatar m. *avatar*
ave f. *au, ocell*
avecinarse v. *acostar-se, atracar-se, atansar-se*
avefría f. *juia, fredeluga*
avejentar v. *revellir*
avejigar v. *bofegar*
avellana f. *avellana*
avellaneda f. *avellanar, avellaneda*
avellano m. *avellaner*
avemaría f. *avemaria*
avena f. *civada*
avenencia f. *avinença*
avenida f. *barrumbada, riuada, torrentada // avinguda, passeig*
avenir v. *avenir*
aventador, -a adj. *ventador*
aventajar v. *avantatjar, passar davant, contrapassar, ultrapassar*
aventar v. *ventar // ventejar, esventar // espargir*
aventura v. *aventura*
aventurar v. *aventurar*
aventurero, -a adj. *aventurer*
avergonzar v. *avergonyir // rfl. avergonyir-se, empegueir-se*
avería f. *avaria*
averiar v. *avariar*
averiguación f. *esbrinament, endardellament*
averiguar v. *esbrinar, endardellar // aclarir, afinar*
averío m. *aviram*
averno m. *avern, infern*
aversión f. *aversió*
avestruz m. *estruç*
avezar v. *avesar, acostumar, adondar*
aviación f. *aviació*
aviador m. y f. *aviador*
aviar v. *aviar*
avicultura f. *avicultura*

avidez f. *avidesa*
ávido, -a adj. *àvid*
avieso, -a adj. *pervers, àvol, rebec*
avinagrado, -a adj. *avinagrat*
avión m. *avió*
avioneta f. *avioneta*
avisado, -a adj. *llest, deixondit*
avisador, -a adj. *avisador*
avisar v. *avisar*
aviso m. *avís* // **estar sobre** — *estar alerta, estar previngut*
avispa f. *vespa*
avispado, -a adj. *deixondit, eixerit, escotorit, espavilat*
avispar v. *espavilar, avivar*
avispero m. *vesper*
avistar v. *avistar, ullar, afinar, aluiar* // rfl. *veure's, trobar-se*
avitaminosis f. pl. *avitaminosi*
avituallar v. *avituallar*
avivar v. *avivar* // *eixerivir*
avizorar v. *aguaitar, vigilar, vetlar*
axila f. *axil·la, aixella*
axilar adj. *axil·lar*
axioma m. *axioma*
axis m. *axis*
ay! interj. *ai!, oi!*
aya f. *guardiana, preceptora, nodrissa*
ayer adv. *ahir*
ayo m. *guardià, preceptor, nodrís*
ayuda f. *ajuda, ajut, adjutori*
ayudante m. y f. *ajudant*
ayudar v. *ajudar, aidar* // *fer costat*
ayunar v. *dejunar*
en ayunas adv. *en dejú*
1) **ayuno, -a** adj. (que no ha comido) *dejú* // (que ignora) *dejú, en dejú*
2) **ayuno** m. (acción de ayunar) *dejuni*
ayuntamiento m. *ajuntament*
azabache m. *atzabeja*
azada f. *aixada, càvec*

azadilla f. *caveguell*
azadón m. *aixada, càvec, rampaina, fés*
azafata f. *cambrera* // *cambrera de l'aire*
azafate m. *safata, safra*
azafrán m. *safrà*
azahar m. *tarongina, flor de taronger*
azar m. *atzar*
azarar v. *atzarar, sobresaltar*
azaroso, -a adj. *atzarós*
ázoe m. *azot, nitrogen*
azor m. *astor*
azoramiento m. *astorament*
azorar v. *astorar, esparverar*
azotaina f. *assotada, batculada, baticul, perxada, tupada*
azotar v. *assotar, tupar, batcular / cinglar, fuetejar / bastonejar / batre, assotar*
azote m. *flagell, assot, coretjades* // *assotada, tupada, batculada*
azotea f. *terrat*
azteca f. *asteca*
azúcar m. *sucre*
azucarar v. *ensucrar*
azucarera f. *sucrera* // *sucreria*
azucarero, -a adj. *sucrer* // m. *sucrera*
azucarillo m. *sucresponjat, dòlsa*
azucena f. *assussena, assutzena, lliri blanc, lliri d'olor*
azuela f. *aixol*
azufaifa f. *gínjol*
azufrar v. *ensofrar*
azufre m. *sofre*
azul adj. *blau* / — **celeste** *blau cel*
azulado, -a adj. *blavenc, blavós, blavís*
azular v. *emblavir, esblaveir*
azulejo m. *rajola*
azulete m. *blavet*
azur adj. *atzur*
azuzar v. *abordar, acabussar, acanyissar, afuar, aquissar*

B

baba f. *bava, bavera*
babear v. *bavar*
babel f. *babilònia, guirigall, desgavell, merder*
babero m. *baverall*
babia (estar en —) *badar, estar embambat, becar*
babieca m. y f. *babau, babè, babuixa, badoc, bajoca*
babilónico, -a adj. *babilònic*
babor m. *babord*
babosa f. *llimac*
babosear v. *bavejar, embavar*
baboso, -a adj. *bavós, bavall*
babucha f. *babutxa*
baca f. *baca*
bacaladero, -a adj. *bacallaner*
bacaladilla f. *llúcera*
bacalao m. *bacallà*
bacanal adj. *bacanal*
bacante f. *bacant*
bacía f. *ribella, bacina*
bacífero, -a adj. *baccífer*
baciforme adj. *bacciforme*
bacilar adj. *bacil·lar*
baciliforme adj. *bacil·liforme*
bacilo m. *bacil*
bacilosis f. *bacil·losi*
bacín m. *moixina // bacina // baina, noningú*
bacteria f. *bactèria*
báculo m. *bàcul*
bache m. *clot, sot*
bachiller m. *batxiller*
bachillerato m. *batxillerat*
bachillería f. *doctoria, misseratge*
badajo m. *batall, sonall*
badana f. *badana*
badén m. *xaragall, sargall // gual*
badulaque m. *banaula, betzol, baliga-balaga*
bagaje m. *bagatge*
bagasa f. *bagassa*
bagatela f. *bagatel·la, galindaina*
bahía f. *badia*
bailador, -a m. y f. *ballador*

bailar v. *ballar*
bailarín, -ina m. y f. *ballarí*
baile m. *ball*
bailotear v. *ballotejar*
baja f. *baixa*
bajá m. *baixà*
bajada f. *baixada, davallada*
bajamar f. *baixamar*
bajar v. *baixar, debaixar, davallar // abaixar, acalar*
bajel m. *vaixell*
bajeza f. *baixesa*
bajío m. *seca, sobalma*
bajo, -a adj. baix // m. pl. *baixos // adv. (en voz baja) baix, petit // prep. davall, sota, baix de*
bajón m. *baixada // baixó*
bajonista m. y f. *baixonista*
bala f. *bala*
balada f. *balada*
baladí adj. *fútil*
balance m. *balanç*
balancear v. *gronxar, engronsar, balancejar, brandar*
balanceo m. *gronxament, engronsament, balanceig, brandament*
balancín m. *balancí, balançó*
balandra f. *balandra*
balandro m. *balandre*
balar v. *belar, esbelegar*
balaustrada f. *balustrada, brendolat*
balaustre m. *balustre, bréndola*
balazo m. *cop o ferida de bala*
balbucear v. *balbucejar, embarbollar*
balbuceo m. *balbuceig, embarbollament*
balcánico, -a adj. *balcànic*
balcón m. *balcó*
balconaje m. *balconada*
baldadura f. *baldadura*
baldaquín m. *baldaquí*
baldar v. *baldar*
1) balde m. *poal, galleda, buiol*
2) balde adv. de — *de franc* // en — *debades, en va, endebades*
baldear v. *poalejar*

baldío, -a adj. *erm, ermàs // va, inútil*
baldón m. *afront, oprobi*
baldonar v. *afrontar, injuriar*
baldosa f. *rajola*
balear adj. *balear*
baleárico, -a adj. *baleàric*
balido m. *bel*
balín m. *balí*
balística f. *balística*
baliza f. *balisa*
balneario m. *balneari*
balompié m. *futbol*
balón m. *pilota, baló*
baloncesto m. *basquetbol*
1) **balsa** f. *bassa*
2) **balsa** f. *rai*
balsámico, -a adj. *balsàmic*
bálsamo m. *bàlsam*
báltico, -a adj. *bàltic*
baluarte m. *baluard*
balumba f. *embalum, balum*
ballena f. *balena*
ballenero, -a m. y f. *balener*
ballesta f. *ballesta*
ballestero m. *ballester*
ballet m. *ballet*
bambalina f. *bambolina*
bambolear v. *balandrejar*
bamboleo m. *balandreig*
bambú m. *bambú*
banana f. *banana*
bananero m. *bananer*
banasta f. *banastra*
banasto m. *banastrell*
banca f. *banqueta // banca*
bancal m. *bancal, marjada, parada*
bancario, -a adj. *bancari*
bancarrota f. *bancarrota, fallida*
banco m. *banc*
banda f. *banda*
bandada f. *esbart, estol*
bandazo m. *brandada*
bandear v. *engronsar, anar a la banda*
bandeja f. *bacina, plata, plàtera, safra, safata*
bandera f. *bandera*
bandería f. *bandositat*
banderilla f. *banderilla*
banderillero m. *banderiller*
banderín m. *banderí*
bandido m. *bandit, bandejat, bandoler*
bando m. *ban // bàndol, bandositat*
bandolera f. *bandolera*
bandolero m. *bandit, bandejat, bandoler*
bandurria f. *bandúrria*
banjo m. *banjo*

banquero m. *banquer*
banqueta f. *banqueta, banquet // escambell*
banquete m. *banquet, tiberi*
banquetear v. *banquetejar*
banquillo m. *banquet*
bañadero m. *banyador*
bañador m. *banyador*
bañar v. *banyar // mullar, remullar*
bañera f. *banyera, banyadora*
bañista m. y f. *banyista*
baño m. *bany*
baobab m. *baobab*
baptisterio m. *baptisteri*
baqueta f. *baqueta, atacador, agulla*
báquico, -a adj. *bàquic*
bar m. *bar*
baraja f. *baralla, joc de cartes*
barajar v. *cartejar, escartejar, mesclar // mesclar, barrejar*
baranda f. *barana, parabanda*
barandilla f. *barana, parabanda*
baratillo m. *encant*
barato, -a adj. *barat, a preu baix, econòmic*
baratura f. *barator, baratura*
barba f. *barra, mentó // barba // barbó // barballera*
barbacana f. *barbacana*
barbado, -a adj. *barbut, barbat*
barbaridad f. *barbaritat*
barbarie f. *barbàrie*
barbarismo m. *barbarisme*
bárbaro, -a adj. *bàrbar // arrauxat, agosarat // barbatxo, animalot // bàrbar, gros de tot, enorme*
barbecho m. *guaret // rota*
barbería f. *barberia*
barbero m. *barber, afaitador*
barbicano, -a adj. *barbablanc*
barbiespeso, -a adj. *barbaclòs, barba-serrat*
barbilampiño adj. *barbamec*
barbilla f. *barra, mentó*
barbirrojo adj. *barba-roig*
barbirrubio adj. *barba-ros*
barbita f. *barbeta*
barbitaheño adj. *barba-roig*
barbitúrico m. *barbitúric*
barbo m. *barb*
barbotar v. *barbotegar, barbotejar, embarbussar*
barbote m. *bavera*
barboteo m. *gargoteig, barboteig, gorgolleig, embarbussament*
barbudo, -a adj. *barbut*
barca f. *barca*
barcada f. *barcada*

barcarola f. *barcarola*
barcaza f. *barcassa*
barcelonés, -esa m. y f. *barceloní*
barco m. *vaixell, nau, navili*
barchilla f. *barcella*
barda f. *bardissa, enrevellat*
baremo m. *barem*
baricentro m. *baricentre*
bario m. *bari*
barita f. *barita*
barítono m. *baríton*
barlovento m. *sobrevent, barlovent*
barniz m. *vernís*
barnizar v. *envernissar*
barómetro m. *baròmetre*
barón m. *baró*
baronesa f. *baronessa*
baronet m. *baronet*
baronía f. *baronia*
barquero m. *barquer*
barquillo m. *neula*
barra f. *barra*
barrabasada f. *barrabassada*
barraca f. *barraca*
barracón m. *barracot*
barranco m. *barranc*
barrena f. *barrina, trebinella, tribe / barrobí // manuella, perpal*
barrenar v. *barrinar, foradar // barrobinar // espanyar, fer malbé*
barrendero m. *agranador, escombrador, escombriaire*
barreno m. *barrobí, barrinada*
barreño m. *ribell, gibrell*
barrer v. *agranar, escombrar*
barrera f. *barrera*
barretina f. *barretina*
barriada f. *barriada*
barrica f. *barril, bóta*
barricada f. *barricada*
barriga f. *panxa*
barrigudo, -a adj. *panxarrut, panxut, ventrut*
barril m. *barril, bóta*
barrilete m. *batlet, bailet, gatet*
barrio m. *barri*
barrizal m. *fanguer, fanquim, fancarrum, fanguisser*
1) barro m. *fang, terrissa, test*
2) barro m. *barb, bart*
barroco, -a adj. *barroc*
barrote m. *barrot*
barruntar v. *preveure, sospitar, ensumar*
barrunto m. *sospita, ensumada*
a la bartola adv. *a l'ampla, a cama alta, panxa enlaire*

bartolear v. *no fer-ne brot, fer la garanja*
bártulos m. pl. *estris, andròmines, ormeigs*
barullo m. *barbull, garbuix, renou*
basa f. *base*
basáltico, -a adj. *basàltic*
basalto m. *basalt*
basamento m. *basament*
basar v. *basar*
basca f. *basca, nàusea*
báscula f. *bàscula*
bascular v. *bascular*
base f. *base*
básico, -a adj. *bàsic*
basificar v. *basificar*
basífugo, -a adj. *basífug*
basilar adj. *basilar*
basílica f. *basílica*
basilical adj. *basilical*
basilisco m. *basilisc*
basquear v. *basquejar*
basta f. *basta, embasta*
basta! interj. *basta!, prou!*
bastante pron. y adv. *bastant, prou, a bastament*
bastar v. *bastar*
bastardía f. *bastardia*
bastardilla f. *itàlica, cursiva*
bastardo, -a adj. *bastard, bord, bordissenc*
bastear v. *embastar*
bastidor m. *bastidor // bastiment // teler // bastimenta*
bastión m. *baluard, bastió*
1) basto, -a adj. *bast, brossenc, groller, barroer*
2) basto m. (de naipes) *basto*
bastón m. *bastó, garrot, gaiato, crossa*
bastonazo m. *bastonada, garrotada*
bastonear v. *bastonejar, garrotejar*
basura f. *fems, escombriaire*
bata f. *bata*
batacazo m. *patacada, esclat, batut*
batalla f. *batalla*
batallador, -a adj. *batallador, bataller*
batallar v. *batallar*
batallón m. *batalló*
batanar v. *batanar, molinar*
batata f. *patata de Màlaga*
batelero m. *boter, baquer*
batería f. *bateria*
batiburrillo m. *batibull, betlem, cabermoni, mescladissa*
batida f. *batuda*
batido m. *batut, debatut*
batidor m. *batedor // adalil, explorador // remenador*
batiente m. *batent, batedor, rebat*

batihoja m. *batifuller*
batimiento m. *batement*
batín m. *batí*
batir v. *batre*
batista f. *batista*
batracio m. *batraci*
batuta f. *batuta*
baúl m. *baül, bagul, cofre*
baulero m. *baüler, baguler*
bautismal adj. *baptismal*
bautismo m. *baptisme, bateig, batiament*
bautizar v. *batejar, batiar*
bautizo m. *bateig, batiament*
bauxita f. *bauxita*
bávaro, -a adj. *bavarès*
baya f. *baia*
bayeta f. *baieta*
bayo, -a adj. *bai*
bayoneta f. *baioneta*
baza f. *basa*
bazar m. *basar*
bazo m. *melsa*
bazofia f. *gasòfia, rebuig, sobrances*
beatería f. *beateria, beatura*
beatificación f. *beatificació*
beatificar v. *beatificar*
beatitud f. *beatitud*
beato, -a adj. *beat, benaurat* // *beato, miot*
bebé m. *bebé, nadó, infantó*
bebedero, -a adj. *bevedor, bevible* // m. *bevedora* // m. *beguda, abeurada, abeurador*
bebedizo, -a adj. *bevedor, potable, bevible* // m. *beuratge, beguda* // m. *malbocí, metzines*
bebedor, -a adj. *bevedor* // *gató, gatarró, beverri*
beber v. *beure* / — **los vientos** *delir-se*
bebida f. *beguda, bevenda*
beca f. *beca*
becada f. *cega, becada*
becario, -a m. y f. *becari, pensionat, estipendiat*
becerra f. *vedella*
becerrada f. *correguda de vedells*
becerro m. *vedell, bravatell*
becuadro m. *bequadre, becaire*
bedel m. *bidell*
beduíno, -a m. y f. *beduí*
befa f. *befa, nyefa, riota*
befar v. *befar*
befo, -a adj. *bifi, bif* // m. *morro*
begonia f. *begònia*
beige adj. *beige*
beldad f. *bellesa, beutat* (poèt.)
belén m. *betlem, pessebre*
belfo, -a adj. *bifi, bif* // m. *morro*

belfudo, -a adj. *morrut*
belga m. y. f. *belga*
bélico, -a adj. *bèl·lic*
belicosidad f. *bel·licositat*
belicoso, -a adj. *bel·licós*
beligerancia f. *bel·ligerància*
beligerante m. y f. *bel·ligerant*
belitre m. *belitre*
bellaco, -a adj. *bergant, maula, estrafolari, brivó*
belladona f. *belladona*
belleza f. *bellesa*
bello, -a adj. *bell*
bellota f. *gla, aglà, bellota*
bellotero m. *aglaner*
bemol m. *bemoll*
benceno m. *benzè*
bencil m. *benzil*
bencina f. *benzina*
bendecir v. *beneir*
bendición f. *benedicció* // *beneïdes* // *salpàs*
bendito, -a adj. *beneit, beneït* // *beneit, beninoi, beneitó, gregoriet*
benedictino, -a adj. *benedictí*
beneficencia f. *beneficència*
beneficiado m. *beneficiat*
beneficiar v. *beneficiar*
beneficio m. *benefici, benifet*
beneficioso, -a adj. *beneficiós*
benéfico, -a adj. *benèfic*
benemérito, -a adj. *benemèrit*
beneplácito m. *beneplàcit*
benevolencia f. *benevolència, benvolença*
benévolo, -a adj. *benèvol, benvolent*
bengala f. *bengala*
benignidad f. *benignitat*
benigno, -a adj. *benigne*
benjamín m. *caganiu, manet, benjamí*
benjuí m. *benjuí*
benzol m. *benzol*
beocio, -a m. y f. *beoci*
beodo, -a m. y f. *begut, embriac, gat*
berberisco, -a adj. *barbaresc*
berbiquí m. *filaberquí, trepant*
bereber m. y f. *bereber*
berenjena f. *alberginiera* // *albergínia*
berenjenal m. *alberginiar* // *embolic, cabermoni*
bergantín m. *bergantí*
beriberi m. *beriberi*
berilio m. *beril·li*
berilo m. *beril·le*
berlina f. *berlina*
berlinés, -esa m. y f. *berlinès*
bermejo, -a adj. *vermell*
bermellón m. *vermelló*

berrear v. *bramar, cornar*
berrido m. *bramul, braol, bruel, brul*
berrinche m. *enrabiada, maliciada, moneia, volada*
berro m. *créixens*
berza f. *col* / — **rizada** *col reülla*
besamanos m. *besamans*
besamela f. *baixamel*
besar v. *besar, donar besades, petonejar, fer petons*
beso m. *bes, besada, petó*
bestezuela f. *bestiola*
bestia f. *bèstia* / (de carga) *bístia*
bestial adj. *bestial, bestienc*
bestialidad f. *bestialitat*
besugo m. *besuc*
besuguete m. *pagell*
besuquear v. *besotejar*
besuqueo m. *besoteig, besim*
bético, -a adj. *bètic*
betún m. *betum*
bibelot m. *bibelot*
biberón m. *biberó, viveró*
biblia f. *bíblia*
bíblico, -a adj. *bíblic*
bibliofilia f. *bibliofília*
bibliófilo, -a m. y f. *bibliòfil*
bibliografía f. *bibliografia*
bibliográfico, -a m. y f. *bibliogràfic*
bibliógrafo, -a m. y f. *bibliògraf*
bibliología f. *bibliologia*
bibliomanía f. *bibliomania*
bibliómano, -a m. y f. *bibliòman*
biblioteca f. *biblioteca*
bibliotecario, -a m. y f. *bibliotecari*
bicarbonato m. *bicarbonat*
bicéfalo, -a adj. *bicèfal*
bíceps m. *bíceps, rata, ratolí, panet*
bicicleta f. *bicicleta*
bicoca f. *bagatel·la, fotesa*
bicolor adj. *bicolor*
bicóncavo, -a adj. *bicòncau*
biconvexo, -a adj. *biconvex*
bicharraco m. *garameu, cuca*
bicho m. *cuca, animaló, papu, titit* // *càgola*
bidé m. *bidet*
bidón m. *bidó, bombona*
biela f. *biela*
bieldo m. *rascle, forca, ventador*
bien adv. *bé* (y *ben* ante adjetivo o verbo) // **bastante bien** *bastant bé, prou bé, benet* // **más bien** *més bé, més tost, més aviat* // m. pl. *béns*
bienal adj. *biennal*
bienandanza f. *benanança, benaurança*
bienaventurado, -a adj. *benaventurat, benaurat*

bienaventuranza f. *benaventurança, benaurança*
bienestar m. *benestar*
bienhablado, -a adj. *benparlat*
bienhechor, -a m. y f. *benefactor*
bienio m. *bienni*
bienpensante adj. *benpensant*
bienquerer v. *benvoler*
bienquisto, -a adj. *benvist, benvolgut*
bienvenida f. *benvinguda*
bienvenido, -a adj. *benvingut, benarribat*
bienvivir m. *benviure*
bifásico, -a adj. *bifàsic*
bífido, -a adj. *bífid*
bifocal adj. *bifocal*
bifurcación f. *bifurcació, entreforc, forcat*
bifurcar v. *bifurcar, forcar, entreforcar*
bigamia f. *bigàmia*
bígamo, -a m. y f. *bígam*
bigote m. *higot, bigoti, mostatxo*
bigotera f. *bigotera, mostatxera*
bigotudo, -a adj. *bigotut, mostatxut*
bilateral adj. *bilateral*
biliar adj. *biliar*
bilingüe adj. *bilingüe*
bilingüismo m. *bilingüisme*
bilioso, -a adj. *biliós*
bilis f. *bilis*
billar m. *billar*
billete m. *bitlet, bitllet*
billón m. *bilió*
bimano, -a adj. *bimà*
bimensual adj. *bimensual*
binar v. *binar, magencar, rapar*
binario, -a adj. *binari*
binóculo, -a m. *binocle*
binomio m. *binomi*
biodinámica f. *biodinàmica*
biofísica f. *biofísica*
biogénesis f. *biogènesi*
biografía f. *biografia*
biográfico, -a adj. *biogràfic*
biógrafo, -a m. y f. *biògraf*
biología f. *biologia*
biológico, -a adj. *biològic*
biólogo, -a m. y f. *biòleg*
biombo m. *mampara, paravent*
bioquímica f. *bioquímica*
bipartición f. *bipartició*
bipartido, -a adj. *bipartit*
bípedo, -a adj. *bípede*
bipétalo, -a adj. *bipètal*
biplano, -a adj. *biplà*
bipolar adj. *bipolar*
birlar v. *delmar, espampolar, pentinar, rampinyar, salpar*

birlibirloque adv. (por arte de —) *per art de màgia, per fatifat*
birlocha f. *miloca*
birreme m. *birrem*
birrete m. *birret*
birria f. *bírria, nyap, nyarro, rave*
bis adv. *bis*
bisabuelo, -a m. y f. *besavi*
bisagra f. *frontissa, blegadissa // bitzega*
bisbiseo m. *xiuxiueig, xep-a-xep*
bisección f. *bisecció*
bisectriz f. *bisectriu*
bisel m. *bisell*
biselar v. *bisellar*
bisiesto m. *bixest*
bisílabo, -a adj. *bisíl·lab*
bismuto m. *bismut*
bisnieto m. (V. **biznieto**)
bisojo, -a adj. *guenyo, guerx, guerxo*
bisonte m. *bisont*
bisoño, -a adj. *quinto, pelut, novell*
bistec m. *bistec*
bisturí m. *bisturí*
bisutería f. *bijuteria*
bitácora f. *bitàcola*
bituminoso, -a adj. *bituminós*
bivalencia f. *bivalència*
bivalvo, -a adj. *bivalve*
bizantino, -a adj. *bizantí*
bizarría f. *gallardia*
bizarro, -a adj. *gallard*
bizco, -a adj. *guenyo, guerx, guerxo*
bizcocho m. *bescuit, dòlsa de bescuit // madritxo, melindro, pa de pessic, congret*
biznieto m. *besnét, renét*
blanco, -a adj. *blanc // m. (de tiro) fitó, rodella / dar en el — endevinar, encertar*
blancor m. *blancor*
blancura f. *blancor*
blancuzco, -a adj. *blanquinós*
blandamente adv. *blanament*
blandear v. *blanejar*
blandengue adj. *blanós, relliu*
blandir v. *brandar, brandir, ventar*
blando, -a adj. *blan, moll, fluix, tou, flonjo*
blandón m. *brandó*
blandura f. *blanor, mollesa, tovor, flongesa, flonjor*
blanquear v. *blanquejar // emblanquir // emblanquinar*
blanquecino, -a adj. *blanquinós, blanquer*
blanqueo m. *blanqueig, emblanquiment, emblanquinada*
blasfemar v. *blasfemar, flastomar, aspergiar, renegar*
blasfemia f. *blasfèmia, flastomia, renec*

blasfemo, -a adj. *blasfem, flastomador, renegaire*
blasón m. *blasó*
blasonar v. *blasonar*
bledo m. *blet // me importa un — no m'importa gens, m'és igual, tant se me'n dóna*
blefaritis f. *blefaritis*
blenda f. *blenda*
blindaje m. *blindatge*
blindar v. *blindar*
blonda f. *blonda, randa*
bloque m. *bloc*
bloquear v. *bloquejar*
bloqueo m. *bloqueig*
blusa f. *brusa*
boa f. *boa*
boata f. *buata*
boato m. *estufera, pompa, ufana*
bobada f. *bajanada, beneitura, ximpleria*
bobalicón, -ona adj. (V. **bobo**)
bobear v. *beneitejar, fer el beneit, ximplejar, bajanejar*
bobería f. *bajanada, beneitura, ximpleria*
bobina f. *bobina*
bobo, -a adj. *babaluet, babè, bajà, bàmbol, betzol, boig, dendelet, enze, fava, panoli, ximple, ximplet*
boca f. *boca // boca, gola // — abajo de bocaterrosa, de bocadents, damunt davall // — arriba cap per amunt, panxa per amunt, de panxa en l'aire*
bocacalle f. *boca de carrer, embocadura de carrer*
bocadillo m. *bocinada, mosset, mossegada, mos // entrepà, emparedat*
bocado m. *mos, mossegada // bocí, bocinada // mos, roec*
bocamanga f. *bocamànega*
bocana f. *bocana*
bocanada f. *glopada, golada*
bocaza f. *bocassa // m. y f. xerraire, paner foradat*
boceto m. *esbós, bosqueig*
bocina f. *botzina, corn*
bocio m. *goll*
bocoy m. *bocoi*
bocudo, -a adj. *bocagran, bocarrut*
bochorno m. *botorn, basca // calda, xafogor // calrada, vergonya, empegueïment*
bochornoso, -a adj. *calinós // xafogós // vergonyós*
boda f. *casament, noces*
bodega f. *celler // bodega*
bodegón m. *fondeta // taverna // botigó // bodegó*
bodeguero, -a adj. *cellerer*

bofetada f. (V. **bofetón**)
bofetón m. *bufetada, galtada, mamballeta*
1) **boga** f. *boga, voga*
2) **boga** f. (**estar en** —) *estar en voga, anar damunt fulla*
bogada f. *remada, vogada*
bogar v. *vogar, remar*
bogavante m. *grimalt, gromant*
bohemio, -a adj. *bohemi*
boicot m. *boicot*
boicotear v. *boicotejar*
boina f. *boina*
boj m. *boix*
bojedal m. *boixeda*
bol m. *bol, escudella, tassa*
bola f. *bola, bolla // bolla, mèrvel*
bolazo m. *bolada, bollada*
bolchevique m. y f. *bolxevic*
bolera f. *bolera*
bolero, -a adj. *bolero*
boletín m. *bolletí, butlletí*
boleto m. *bitllet*
boliche m. *boll*
bólido m. *bòlid*
bolígrafo m. *bolígraf*
bolillo m. *maceta, boixet*
boliviano, -a m. y f. *bolivià*
bolo m. *bitlla, bitlo*
1) **bolsa** f. *bossa*
2) **bolsa** f. *borsa* (de comerç)
bolsillo m. *butxaca*
bolsista m. *borsista*
bolso m. *bossa*
bollo m. *panellet, panet // bony*
bollón m. *bolló*
bomba f. *bomba*
bombacho adj. *bombat / **calzón** — calçons amb bufes*
bombarda f. *bombarda*
bombardear v. *bombardejar, bombejar*
bombardeo m. *bombardeig*
bombardero m. *bombarder*
bombardino m. *bombardí*
bombardón m. *bombardó·*
bombear v. *bombejar*
bombero m. *bomber*
bombilla f. *bombeta, pera*
bombín m. *bombí*
bombo m. *bombo, timbal // bombo // pastera*
bombón m. *bombó*
bombona f. *bombona*
bombonera f. *bombonera*
bonachón, -ona adj. *bonjan, bon pitot*
bonanza f. *bonança*
bondad f. *bondat*

bondadoso, -a adj. *bondadós*
bonete m. *bonet*
boniato m. *moniato, monei, monyaco*
bonificar v. *bonificar*
bonito, -a adj. *bonic, galanxó, joliu, polit / galdós // m.* (pez) *bonítol*
bono m. *bitllet, val, bon*
bonzo m. *bonze*
boñiga f. *buina, figa*
boqueada f. *badall, boquejada / **dar las últimas boqueadas** badallar, fer el darrer badall, fer les darreres, estar a les darreretes, estar a les acaballes*
boquerón· m. *aladroc*
boquete m. *forat, esvoranc*
boquiabierto, -a adj. *bocabadat*
boquilla f. *boquera // broc // broquet*
borato m. *borat*
bórax m. *bòrax*
borbollar v. *boldrejar, xarbotar*
borbollón m. *budoix, xarboteig*
borbónico, -a adj. *borbònic*
borbotar v. *xarbotar, borbollejar*
borbotón m. *budoix, borboll*
borda f. *borda*
bordador, -a adj. *brodador*
bordar v. *brodar*
1) **borde** m. *vora, vorera / **hasta los bordes** ras, al raset*
2) **borde** adj. *bord*
bordear v. *vorejar, ranejar*
bordillo m. *voreta, vora, vorera*
bordo m. *bord*
bordón m. *bordó*
boreal adj. *boreal*
borgoñón, -ona adj. *borgonyó*
bórico, -a adj. *bòric*
borla f. *borla*
borne m. *born*
boro m. *bor*
borra f. *borra // borrissol*
borrachera f. *borratxera, gat, gatera*
borracho, -a adj. *ebri, embriac, gat*
borrador m. *esborrall, esborrany*
borradura f. *esborradura, esborrament*
borraja f. *borratja // **agua de borrajas** foc d'encenalls*
borrar v. *esborrar*
borrasca f. *borrasca, borrascada*
borrascoso, -a adj. *borrascós, rúfol, tempestuós*
borrego m. *be, xot, borrec // xotet de cordeta, infeliçot // pl. cabres, cabretes*
borrica f. *somera*
borrico m. *ase, ruc, arriet*
borrón m. *gargot, burot // taca // esborrall, esborrany // esbós*

borroso, -a adj. *borrós* // *esborradís*
boscaje m. *boscatge, bosquet*
bosque m. *bosc, boscatge*
bosquejar v. *esbossar, croquisar, embastar*
bosquejo m. *esbós, croquis*
bosta f. *femta, fems*
bostezar v. *badallar, fer badalls*
bostezo m. *badall*
1) **bota** f. *bóta*
2) **bota** f. (calzado) *bota*
botadura f. *varada, varament, varadura*
botafuego m. *botafoc*
botánica f. *botànica*
botánico, -a adj. *botànic*
botar v. *llançar, tirar* // *varar* // *botar, botre, botir, saltar*
botavara f. *botalada, botavara, botafora*
1) **bote** m. (salto) *bot, salt*
2) **bote** m. (vasija) *pot*
3) **bote** m. (embarcación) *bot*
4) **de bote en bote** *de gom en gom*
botella f. *botella, ampolla, bòtil*
botellería f. *botellam, botelleria*
botellero m. *boteller*
botería f. *boteria*
botero m. *boter*
botica f. *apotecaria*
boticario, -a m. y f. *apotecari*
botija f. *botilla*
botijo m. *cànter, càntir*
botín m. *botí, presa*
botina f. *botina*
botiquín m. *farmaciola*
botón m. *botó* // *poncella* // *borró, ull, brot, brotó*
botonadura f. *botonada*
botones m. *grum, missatget*
bóveda f. *volta*
bovedilla f. *bigada, corbada, revoltó*
bóvido m. *bòvid*
bovino, -a adj. *boví*
boxeador m. *boxador*
boxear v. *boxar*
boxeo m. *boxa*
boya f. *boia* // *capcer, suro, surada*
boyada f. *bouada, bovim*
boyero m. *bover*
bozal m. *morral, boç*
bozo m. *borrissol, pelussa, pèl moixí, pèl rucà*
bracear v. *bracejar*
bracero, -a adj. *bracer*
bracete m. *bracet*
braco, -a adj. *brac, ca de perdius*
bráctea f. *bràctea*
bractéola f. *bractèola*

braga f. *braga*
bragadura f. *entrecuix*
bragazas m. pl. *calçasses, baldragues*
braguero m. *braguer*
bragueta f. *bragadura, bragueta*
brahmán m. *braman*
bramante m. *llinyol, cordellina*
bramar v. *bramar, bramular, brular*
bramido m. *bram, bramul, brul*
branquias f. pl. *ganyes*
brasa f. *brasa, caliu*
brasero m. *braser*
brasileño, -a m. y f. *brasiler*
bravata f. *bravata, bravejada*
bravear v. *bravejar, bravatejar*
braveza f. (V. **bravura**)
bravío, -a adj. *brau, feroç, salvatge, esquerp, aspriu*
bravo, -a adj. *brau, fér, salvatge* // *valent, ardit* // *bravejador* // *bo, excel·lent* // *irritat, maleit* // *aspriu, esquerp*
bravo! interj. *bravo!*
bravucón, -ona adj. *bravejador, bravejaire*
bravuconería f. *bravegera*
bravura f. *bravura, feresa, salvatgia* // *bravura, valentia* // *bravejada*
braza f. *braça*
brazada f. *braçada*
brazado m. *braçat*
brazal m. *braçal*
brazalete m. *braçal, bracerola, polsera*
brazo m. *braç*
brea f. *brea*
brebaje m. *bevenda, beuratge, xarumbo*
brécol m. *bròquil*
brecha f. *bretxa, portell, esboldrec*
brega f. *brega*
bregar v. *bregar, lluitar* // *escarrassar-se, maldar*
bresca f. *bresca*
brete m. *cep* // **en un —** *apurat, endidalat, estret*
bretón, -ona adj. *bretó*
breve adj. *breu, curt* // **en —** *prest, aviat* // m. *breu, brevet*
brevedad f. *brevetat, curtor*
brevemente adv. *breument*
breviario m. *breviari*
brezo m. *ciprell, petarrell* // **— blanco** *bruc*
bribón, -ona adj. *brivó, farfant, polissó*
bribonada f. *brivonada, farfantada, polissonada*
bricbarca m. *bricbarca*
brida f. *brilla, brida*
brigada f. *brigada* // *coll, colla, brigada*
brigadier m. *brigadier*

brillante m. *brillant*
brillantemente adv. *brillantment*
brillantez f. *brillantor*
brillantina f. *brillantina*
brillar v. *brillar, lluir, llambrejar*
brillo m. *brillantor, lluentor, lluïssor*
brincar v. *botar, saltar*
brinco m. *bot, salt*
brindar v. *brindar*
brindis m. *brindis*
brío m. *delit, empenta, força, remelsa*
brioche m. *brioix*
brioso, -a adj. *abrivat, delitós, abrinat, impetuós*
brisa f. *brisa, oreig, marinada, oratge, embat*
brisca f. *escambrí, brisca, bescambrilla*
brisita f. *embatol*
británico, -a m. y f. *britànic*
brizna f. *bri // busca*
broca f. *broca, trepant*
brocado m. *brocat*
brocal m. *coll // brocal // broquet*
brócoli m. *bròquil*
brocha f. *brotxa, pinzell*
brochazo m. *pinzellada*
broche m. *fermall, gafet // agulleta, agulla*
broma f. *broma, berba*
bromear v. *bromejar, bovejar, anar de berbes*
bromista adj. *bromista*
bromo m. *brom*
bromuro m. *bromur*
brinca f. *brega, enrenou // esbronc, esbroncada*
bronce m. *bronze*
broncear v. *bronzejar*
broncíneo, -a adj. *bronzí, bronzenc*
bronco, -a adj. *aspre*
bronconeumonía f. *broncopneumònia*
bronquedad f. *aspror*
bronquial adj. *bronquial*
bronquio m. *bronqui*
bronquitis f. *bronquitis*
broqueta f. *broqueta*
brotar v. *brotar, guaixar, brostar // brotar, brullar, rebrotar // brollar, rajar*
brote m. *brot*
broza f. *brossa*
de bruces adv. *de bocadents, de bocaterrosa, de copes*
bruja f. *bruixa*
brujería f. *bruixeria*
brujo m. *bruixot*
brújula f. *brúixola*
bruma f. *boirina, calitja*
brumario m. *brumari*

brumoso, -a adj. *calitjós, boirós*
bruñir v. *brunyir*
brusco, -a adj. *brusc*
brusquedad f. *brusquedat*
brutal adj. *brutal*
brutalidad f. *brutalitat*
bruto, -a adj. *brut*
bubón m. *bubó*
bubónico, -a adj. *bubònic*
bucal adj. *bucal*
búcaro m. *pitxer, rameller*
buccino m. *buccí*
bucear v. *bussejar, sotejar, capbussar-se*
bucle m. *bucle, rull, ris*
bucólico, -a adj. *bucòlic*
buche m. *gavatx, pap // ventrell, estómac // pit, pap*
budismo m. *budisme*
budista m. y f. *budista*
buen adj. *bon*
buenaventura f. *bonaventura*
bueno, -a adj. *bo // bueno!* (interj.) *bé! // ser — (moralmente) fer bondat, fer bonda // por las buenas a les bones // de buenas a primeras d'antuvi, de bell antuvi, de totd'una, de cop*
buey m. *bou*
búfalo m. *búfal*
bufanda f. *bufanda*
bufar v. *bufar, esbufegar*
bufete m. *bufet*
bufido m. *esbufec, brúfol, esbruf*
bufo, -a adj. *buf*
bufón, -ona m. y f. *bufó*
bufonada f. *bufonada*
buhardilla f. *mansarda, llucarna // golfes, porxo*
buho m. *mussol*
buhonero m. *marxant, quincallaire*
buitre m. *voltor*
bujía f. *bugia, espelma // bugia*
bula f. *bul·la, butlla*
bulbo m. *bulb, cabeça*
bulboso, -a adj. *bulbós*
búlgaro, -a m. y f. *búlgar*
bulo m. *mentida, bola*
bulto m. *embalum, grossària // bony, regruix // embalum, bala, paquet // relleu, embalum*
bullanga f. *tumult, bullanga, enrenou*
bullanguero, -a adj. *avalotador, renouer*
bulldog m. *buldog*
bullicio m. *bullícia, trull, truller*
bullicioso, -a adj. *bulliciós, trullós*
bullir v. *bullir // bellugar-se*
buñolería f. *bunyoleria*

buñolero, -a adj. *bunyoler*
buñuelo m. *bunyol*
buque m. *buc // vaixell*
burbuja f. *bimbolla, bombolla*
burbujear v. *bimbollejar, bombollejar*
burdel m. *bordell*
burdo, -a adj. *grosser*
burgo m. *burg*
burgomaestre m. *burgmestre*
burgués, -esa adj. *burgès*
burguesía f. *burgesia*
buriel adj. *burell*
buril m. *burí*
burilar v. *burinar*
burla f. *burla, broma, befa*
burlar v. *burlar, rifar, befar // rfl. burlar-se, riure's*
burlesco, -a adj. *burlesc*

burlón, -ona adj. *burleta, mofeta*
burocracia f. *burocràcia*
burócrata m. y f. *buròcrata*
burra f. *somera*
burrada f. *asencda, asada, rucada, ruqueria*
burro m. *ase, ruc // — de carga bastaix, escarràs, ase de feina*
bursátil adj. *borsari, borsístic*
busca f. *cerca / ir en — anar a la cerca*
buscar v. *cercar, buscar*
buscón, -ona adj. *cerca-cerca, aficadís*
busilis m. *busil·lis*
búsqueda f. *cerca*
busto m. *bust*
butaca f. *butaca*
butano m. *butà*
butifarra f. *botifarra*
buzo m. *bus*
buzón m. *albelló // bústia*

C

ca! interj. *ca!*
cabal adj. *cabal*
cábala f. *càbala*
cabalgada f. *cavalcada, qualcada, colcada*
cabalgadura f. *cavalcadura*
cabalgar v. *cavalcar, qualcar, colcar*
cabalgata f. *cavalcada, qualcada, colcada*
caballa f. *bis, verat*
caballar adj. *cavallí*
caballeresco, -a adj. *cavalleresc, cavallerívol*
caballería f. *cavalleria*
caballeriza f. *cavallerissa, establa*
caballero, -a adj. *cavaller*
caballerosidad f. *cavallerositat*
caballete m. *cavallet*
caballista m. y f. *cavallista*
caballo m. *cavall*
caballuno, -a adj. *cavallí*
cabaña f. *cabana, cabanya, barraca*
cabaret m. *cabaret*
cabe prep. *a la vora de, devora*
cabecear v. *capejar, fer capades // becar, pesar figues*
cabeceo m. *capejada // becada*
cabecera f. *capçal, capçalera*
cabecilla m. *capitost, cap de colla*
cabellera f. *cabellera // renclinera*
cabello m. *cabell // cabells*
cabelludo, -a adj. *cabellut*
caber v. *cabre, caber, quebre*
cabestrillo m. *cabestrell*
cabestro m. *cabestre // esqueller*
cabeza f. *cap / dolor de — mal de cap // quebradero de — maldecap // cabota // tremuja*
cabezada f. *capada, caparrada, caparrotada, carabassot // capejada // becada // cabeçades, cabeçó*
cabezal m. *capçal*
cabezazo m. *capada, caparrada, caparrotada, carabassot*
cabezón, -ona adj. *cap-gros // cabeçut, caparrut, testarrut // m. caparrot, caparràs*
cabezota m. y f. (V. cabezón)
cabezudo, -a adj. *caparrot, cabeçut // m. gegantó, cabeçut*

cabida f. *cabuda, capacitat, grandària*
cabildo m. *capítol*
cabileño, -a adj. *cabilenc*
cabina f. *cabina*
cabizbajo, -a adj. *capbaix, capcot, capficat*
cable m. *cable*
cabo m. *cap / de — a rabo de cap a cap, de cap a peus // cabo, caporal // atar cabos lligar caps*
cabotaje m. *cabotatge*
cabra f. *cabra*
cabrerizo m. *cabrer*
cabrero m. *cabrer*
cabrestante m. *cabrestant, molinet*
cabrevación f. *capbrevació*
cabria f. *torn, càbria*
cabrillear v. *cabrejar*
cabrilleo m. *cabreig, cabretes*
cabrio m. *cabiró, quadró*
cabrío m. *cabrum // macho — boc*
cabriola f. *cabriola, xecalina*
cabriolé m. *cabriolé*
cabrita f. *cabrida*
cabrito m. *cabrit*
cabrón m. *boc, cabró*
cabruno, -a adj. *cabrú, cabrum*
caca f. *caca*
cacahuete m. *cacauet*
cacao m. *cacau*
cacarear v. *escainar, escatainar*
cacareo m. *escainada, escataineig*
cacatúa f. *cacatua*
cacería f. *caçada, cacera*
cacerola f. *casserola*
cacique m. *cacic*
caciquismo m. *caciquisme*
caco m. *lladret, lladregot*
cacofonía f. *cacofonia*
cacto m. *cactus*
cacumen m. *cabeça, bon cap, pesquis*
cachalote m. *catxalot*
cacharrería f. *gerreria, terrisseria*
cacharro m. *olla // ormeig, atuell, estri*
cachaza f. *calma, fetgeria, ronseria*
cachazudo, -a adj. *calmós, fetjut, ronser*
cachear v. *escorcollar, regonèixer*

cacheo m. *escorcollament, regoneixement*
cachete m. *cascarro, castanya, morma*
cachiporra f. *porra, garrot*
cachivache m. *andròmina, estri, atuell, ormeig*
cacho m. *tros, bocí, tall, retaló*
cachorro m. *cadell / cus, cusset, cussó, quissó*
cada adj. *cada // — uno cadascú, cadascun, cada u, cada un // uno a — uno un perhom*
cadalso m. *cadafal*
cadáver m. *cadàver*
cadavérico, -a adj. *cadavèric*
cadena f. *cadena // encadenat*
cadencia f. *cadència*
cadencioso, -a adj. *cadenciós*
cadeneta f. *cadeneta*
cadera f. *maluc, costat, ancacostat*
cadete m. *cadet*
cadmio m. *cadmi*
caducar v. *caducar*
caduceo m. *caduceu*
caducidad f. *caducitat*
caduco, -a adj. *caduc, xaruc, decrèpit*
caer v. *caure (aun cuando el verbo castellano sea caerse, en catalán no es pronominal: es siempre caure, no caure's)*
café m. *cafè*
cafeína m. *cafeïna*
cafetal m. *cafetar*
cafetera f. *cafetera*
cafetería f. *cafeteria*
cafeto m. *cafè*
cáfila f. *rècua, faramalla, ardat*
cafre adj. *cafre*
cagada f. *cagarada, merdanada, femerada*
cagar f. *cagar // tr. concagar // ganas de — caguera*
cagarruta f. *cagalló // murtó*
cagón, -ona adj. *caguetes, cagacalces, caguelis*
caída f. *caiguda / daltabaix, sótola, esclat, rebat // tombada, tombant, caient // a la — de la tarde a l'hora baixa, al capvespre*
caimán m. *caiman*
caja f. *caixa // capsa*
cajero, -a m. y f. *capser // caixer*
cajetilla f. *paquet (de tabac)*
cajista m. y f. *caixista*
cajón m. *caixó // calaix / — de sastre calaix de sastre // ser de — esser molt corrent, no tenir res d'excepcional*
cal f. *calç / una de — y otra de arena una de freda i una de calenta*
1) cala f. *cala, calada // tast*

2) cala f. (ensenada) *cala*
calabacera f. *carabassera*
calabacín m. *carabassó*
calabacino m. *carabassot*
calabaza f. *carabassa // carabassot, carabassa, tudossa*
calabazo m. *carabassot*
calabobos m. *brusquina, cama d'aranya*
calabozo m. *calabós*
calada f. *calada // abeurada, impregnació // falconada*
calado m. *entredós // trepat, trepadura // calat // -a adj. remull, xop*
calafatear v. *calafatar*
calamar m. *calamar*
calambre m. *rampa, enrampament*
calamidad f. *calamitat*
calamitoso, -a adj. *calamitós*
calaña f. *mena, índole, casta, nissaga*
calar v. *calar // tastar*
calavera f. *calavera, cap de mort*
calaverada f. *calaverada*
calcáneo m. *calcani*
calcañar m. *retaló*
calcar v. *calcar*
calcáreo, -a adj. *calcari*
calce m. *llanda // aceró, perboc // falca, tascó*
calceta f. *calça, mitja*
calcetín m. *calcetí, mitjó*
calcificar v. *calcificar*
calcinar v. *calcinar*
calcio m. *calci*
calcita f. *calcita*
calco m. *calc*
calcografía f. *calcografia*
calcomanía f. *calcomania*
calcopirita f. *calcopirita*
calculador, -a adj. *calculador*
calcular v. *calcular*
cálculo m. *càlcul*
caldear v. *escalfar, caldejar*
1) caldeo m. *calda, escalfament, caldeig*
2) caldeo, -a adj. (de Caldea) *caldeu*
caldera f. *caldera*
calderería f. *caldereria*
calderero, -a m. y f. *calderer*
calderilla f. *ferro, menuts, xavalla*
caldero m. *calderó*
calderón m. *calderó*
caldo m. *brou, suc*
caldoso, -a adj. *brouós, sucós*
calefacción f. *calefacció*
calendario m. *calendari*
calendas f. pl. *calendes*
caléndula f. *calèndula*

calentador m. *escalfador, encalentidor*
calentamiento m. *escalfament, encalentiment*
calentar v. *escalfar, encalentir*
calentura f. *febre, escalfor*
calenturiento, -a adj. *febrós, febrosenc, escalfeït*
calesa f. *calessa*
caletre m. *seny, senderi, suc de cervell, pesquis*
calibrar v. *calibrar*
calibre m. *calibre, gàlib*
calidad f. *qualitat*
calidez f. *caliditat, calidesa*
cálido, -a adj. *càlid*
calidoscopio m. *calidoscopi*
caliente adj. *calent*
califa m. *califa*
califato m. *califat*
calificación f. *qualificació*
calificar v. *qualificar*
calificativo, -a adj. *qualificatiu*
californiano, -a m. y f. *californià*
caligrafía f. *cal·ligrafia*
cáliz m. *calze*
caliza f. *calissa, calcària*
calma f. *calma*
calmante adj. *calmant*
calmar v. *calmar* // intr. o rfl. *espassar-se, mancar, balcar* // intr. o rfl. *apaivagar-se, espassar, calmar-se*
calmoso, -a adj. *calmós, tranquil*
calor m. *calor, calentor, escalf, escalfor*
calorazo m. *calorada*
caloría f. *caloria*
calorífero, -a adj. *calorífer*
calorífico, -a adj. *calorífic*
calumnia f. *calúmnia*
calumniar v. *calumniar*
calurosamente adv. *calorosament*
caluroso, -a adj. *calorós*
calva f. *cap pelat, clepsa, clespa*
calvario m. *calvari, camí de la creu* // *calvari, cativeri, marimon*
calvicie f. *calvície*
calvinismo m. *calvinisme*
calvo, -a adj. *calb, pelat, cappelat*
calza f. *calça* // *falca, tascó*
calzada f. *calçada*
1) **calzado** m. *calçat*
2) **calzado, -a** adj. *calçat*
calzador m. *calçador*
calzar v. *calçar* // *perbocar, llossar* // *falcar*
calzón m. *calçó*
calzonazos m. *calçasses, gonellot, baldragues*
calzoncillos m. pl. *calçonets, calçotets, calçons blancs, calçons de davall*

callado, -a adj. *callat, silenciós*
callandito adv. *calladament, a les sotges*
callar v. *callar*
calle f. *carrer*
calleja f. *carreró*
callejear v. *andoiar, vagarejar*
callejero, -a adj. *rondador, andoiador, andoi, vaivé* // m. *llista de carrers*
callejón m. *carreró* // *androna* // — **sin salida** *atzucac, cul-de-sac, carreró que no passa*
callista m. y f. *callista*
callo m. *call, duralló, durícia* // pl. *tacó*
callosidad f. *callositat*
calloso, -a adj. *callós*
cama f. *llit*
camada f. *ventrada, llodrigada*
camafeo m. *camafeu*
camaleón m. *camaleó*
cámara f. *cambra* // *màquina fotogràfica* // pl. *cambres, diarrea*
camarada m. y f. *camarada*
camarero, -a m. y f. *cambrer*
camarilla f. *camarilla, cassoleta*
camarín m. *cambril* // *camerino*
camarlengo m. *camarleng*
camarón m. *escamarlà*
camarote m. *camarot, cabina*
camastro m. *llitera, jaç*
cambiar v. *canviar, baratar, mudar* // *descanviar, bescanviar, canviar*
cambio m. *canvi* // *barata, barat*
camelar v. *fer l'aleta, fer la gara-gara* // *entabanar, embetumar, engalipar*
camelia f. *camèlia*
camelo m. *galanteig, festeig* // *llagoteria, entabanament, embetumada, engalipada*
camello m. *camell*
camerino m. *camerino*
camilla f. *baiard, llitera* // *camilla*
camillero m. *portalliteres*
caminador, -a adj. *caminador, caminant*
caminante m. *caminant, vianant*
caminar v. *caminar*
caminata f. *caminada, trescada*
camino m. *camí* // — **de Santiago** *carrera de Sant Jaume*
camión m. *camió, camiona*
camionero, -a m. y f. *camioner*
camisa f. *camisa, camia*
camisería f. *camiseria*
camisero, -a adj. *camiser*
camiseta f. *camiseta, samarreta*
camisón m. *camisa de dormir*
camomila f. *camamil·la*
camorra f. *baralla, brega*

camorrista adj. *breguista, cerca-baralles*
campa f. *campa*
campal adj. *campal*
campamento m. *campament, acampada*
campana f. *campana*
campanada f. *campanada*
campanario m. *campanar*
campanear v. *campanejar*
campaneo m. *campaneig, campaneria*
campanero m. *campaner*
campaniforme adj. *campaniforme*
campanilla f. *campaneta // úvula, gargamelló*
campante adj. *satisfet, trempat, xarpat, gojós*
campánula f. *campànula*
campaña f. *campanya*
campar v. *campar*
campechano, -a adj. *francot, trempat*
campeón m. *campió*
campeonato m. *campionat*
campesino, -a adj. *camperol, pagès, terrassà*
campestre adj. *campestre, camperol*
campiña f. *camp, pagesia*
campo m. *camp / a — traviesa camps a través*
can m. *ca, gos*
1) **cana** f. *cabell blanc*
2) **cana** f. (medida) *cana*
canadiense m. y f. *canadenc*
canal m. o f. *canal*
canalización f. *canalització*
canalizar v. *canalitzar*
canalón m. *canal // canaló // encanalat*
canalla m. o f. *canalla*
canallada f. *canallada*
canana f. *canana*
canapé m. *canapè*
canario m. *canari*
canasta f. *panera, canastra*
canasto m. *canastra, paner*
cancán m. *cancan*
cancel m. *cancell, quinzell, batiport*
cancela f. *barrera, reixa*
cancelar v. *cancel·lar*
cáncer m. *càncer, cranc*
cancerbero m. *cerber*
canceroso, -a adj. *cancerós*
canciller m. *canceller*
cancillería f. *cancelleria*
canción f. *cançó / — de cuna cançó de bressol, vou-verivou*
cancionero m. *cançoner*
cancha f. *triquet, frontó*
candado m. *cadenat, pany de maleta*
cande adj. *candi*

candela f. *candela*
candelabro m. *canelobre*
candelero m. *candeler, canelobre // estar en — dur la doma, anar damunt fulla*
candente adj. *candent, roent*
candidato, -a m. y f. *candidat*
candidatura f. *candidatura*
candidez f. *candidesa*
cándido, -a adj. *càndid*
candil m. *llum d'encruia, llumener*
candileja f. *cruia // pl. bateria, llums del prosceni*
candor m. *candor*
candoroso, -a ad. *candorós*
canela f. *canyella*
canelón m. *canal // caramell // canyeló*
cangilón m. *caduf, catúfol*
cangrejo m. *cranc*
canguelo m. *pet, por*
canguro m. *cangur*
caníbal adj. *caníbal*
canibalismo m. *canibalisme*
canica f. *bolla, bala, mèrvel*
canicie f. *canície*
canícula f. *canícula*
cánido m. *cànid*
canijo, -a adj. *canyiula, nyicris, desnerit, endèria*
canilla f. (de la pierna) *canella, canyella*
canino, -a adj. *caní // clau, ullal*
canje m. *canvi, bescanvi, intercanvi*
canjear v. *canviar, bescanviar, intercanviar*
cano, -a adj. *blanc, canós, canut*
canoa f. *canoa*
canon m. *cànon*
canonesa f. *canongessa*
canónico, -a adj. *canònic*
canónigo m. *canonge*
canonización f. *canonització*
canonizar v. *canonitzar*
canongía f. *canongia*
canoso, -a adj. *canós, canut*
cansado, -a adj. *cansat, fatigat, las // fatigós, cansós, cansat*
cansancio m. *cansament, fatiga*
cansar v. *cansar, fatigar*
cansino, -a adj. *cansat*
cantábrico, -a adj. *cantàbric*
cántabro, -a adj. *càntabre*
cantante m. y f. *cantant*
cantar v. *cantar // m. cançó // ganas de — cantera*
cantarero m. *gerrer, terrisser*
cantarín, -ina adj. *cantador, cantaire*
cántaro m. *gerra / llover a cántaros ploure a bots i barrals, a talabaixons, a cimerols*

cantata f. *cantata*
cantatriz f. *cantatriu*
cantera f. *pedrera, llosera / — de grava gravera / — de mármol marbrera*
cantería f. *pedra picada*
cantero m. *pedrer, pedraire // crostó, cantó, bundrell*
cántico m. *càntic*
cantidad f. *quantitat*
cantilena f. *cantilena, cantarella*
cantimplora f. *cantimplora*
cantina f. *cantina*
cantinela f. (V. **cantilena**)
cantinero, -a m. y f. *cantiner*
1) **canto** m. *cant*
2) **canto** m. *cantell, caire // còdol, pedra, cantal, mac / — **rodado** pedra de torrent, palet de riera // **de** — de caire, de cantell*
cantón m. *cantó*
cantonada f. *cantó, cantonada, cap de cantó*
cantonalismo m. *cantonalisme*
cantonera f. *cantonera*
cantor, -a adj. *cantor, cantador, cantaire*
canturia f. *cantúria, cantarella, cantoria, cantussol*
canturrear v. *cantussar, cantussejar*
canturreo m. *cantusseig, cantussol*
cánula f. *cànula*
caña f. *canya*
cañada f. *congost, estret*
cañal m. *canyar, canyet*
cañamazo m. *canemàs*
cañamiel f. *canyamel, canya de sucre*
cañamiza f. *canemuixa, lluquet*
cáñamo m. *cànem // cànyom*
cañaveral m. *canyar, canyissar*
cañería f. *canonada*
cañizal m. (V. **cañaveral**)
cañizo m. *canyís, canyissa*
caño m. *canó // broc*
cañón m. *canó / fumeral / congost, gorja*
cañonazo m. *canonada*
cañonear v. *canonejar*
cañoneo m. *canoneig*
cañonera f. *canonera*
cañonero, -a adj. *canoner*
cañutillo m. *canonet*
cañuto m. *canó, canonet*
caoba f. *caoba, mòguin*
caos m. *caos*
caótico, -a adj. *caòtic*
capa f. *capa // **ir de** — **caída** anar de baixa, de davallada, eli-eli // **hacer de su** — **un sayo** tirar al dret*
capacidad f. *capacitat*
capacitar v. *capacitar*

capacho m. *cistell, panera // cabàs, senalla d'enclotar // esportí*
capar v. *caponar, capar, sanar*
caparazón m. *coberta // closca // carcassa, carcanada*
caparrosa f. *caparrós, negrina*
capataz m. *capatàs, sobrestant, cap de colla*
capaz adj. *capaç*
capazo m. *cabàs*
capcioso, -a adj. *capciós*
capear v. *capejar*
capellán m. *capellà*
capellanía f. *capellania*
capeo m. *capeig, capejada*
caperuza f. *caperutxa, capulla, caperulla*
capicúa m. *cap-i-cua*
capilar adj. *capil·lar*
capilaridad f. *capil·laritat*
capilla f. *capulla // capella*
capirote m. *caperó, capiró // caperutxa, caperulla, capirota*
capitación f. *capitació*
capital adj. *capital //* f. (ciudad principal) *capital //* m. (caudal en dinero) *capital, cabal*
capitalismo m. *capitalisme*
capitalista adj. *capitalista*
capitalizar v. *capitalitzar*
capitán m. *capità*
capitanear v. *capitanejar, comandar*
capitanía f. *capitania*
capitel m. *capitell*
capitolio m. *capitoli*
capitoste m. *capitost*
capitulación f. *capitulació*
1) **capitular** adj. *capitular*
2) **capitular** v. *capitular*
capítulo m. *capítol*
capolar v. *capolar*
1) **capón** adj. *capó*
2) **capón** m. *cascarro*
capota f. *cabeça de cardot // capota*
capote m. *capot*
Capricornio m. *Capricorn*
capricho m. *capritx, capritxada, rebequeria // encarament, enderiament // capritx, fantasia*
caprichoso, -a adj. *capritxós*
caprifoliácea f. *caprifoliàcia*
cápsula f. *càpsula*
capsular adj. *capsular*
captación f. *captació*
captar v. *captar*
captura f. *captura*
capturar v. *capturar*
capucha f. *caputxa, capulla, cuculla, capirota*

capuchino, -a adj. *caputxí*
capullo m. *ametlló, capell //* poncella
caqui m. *caqui*
cara f. *cara // echar en — retreure //* — *dura barra // dar la — treure la cara, mostrar cara*
carabela f. *caravel·la*
carabina f. *carabina*
carabinero m. *carabiner*
caracol m. *caragol, cargol // — de mar corn*
caracola f. *corn*
caracolada f. *caragolada*
caracolear v. *giravoltar, voltejar*
carácter m. *caràcter*
característica f. *característica*
característico, -a adj. *característic*
caracterizar v. *caracteritzar*
caradura f. *barrut, pocavergonya*
caramba! interj. *caram!*
carámbano m. *caramell*
carambola f. *carambola*
caramelo m. *caramel, caramel·lo*
caramillo m. *caramella, fabiol, flabiol*
carantoña f. *carota //* pl. *magarrufes, manyagueria*
carátula f. *caràtula, carassa*
caravana f. *caravana*
caray! interj. *caram!, carat!*
carbón m. *carbó*
carbonario m. *carbonari*
carbonato m. *carbonat*
carbonera f. *sitja // carbonera*
carbonería f. *carboneria*
carbonero, -a m. y f. *carboner*
carbónico, -a adj. *carbònic*
carbonífero, -a adj. *carbonífer*
carbonilla f. *carbonissa*
carbonizar v. *carbonitzar*
carbono m. *carboni*
carbúnculo m. *carboncle*
carburador m. *carburador*
carburante adj. *carburant*
carburar v. *carburar*
carburo m. *carbur*
carca adj. *aljava, buirac, carcaix*
carcajada f. *riallada*
carcamal m. *vellot, vellesca, carrossa*
cárcel f. *presó, garjola*
carcelero, -a adj. *carceller*
carcoma f. *corc, banyarriquer // corcadura*
carcomer v. *corcar*
carda f. *carda, cardadura*
cardar v. *cardar, escardussar*
cardenal m. *cardenal // copblau*
cardenalato m. *cardenalat*
cardenalicio, -a adj. *cardenalici*

cardenillo m. *verdet*
cárdeno, -a adj. *moradenc*
cardíaco, -a adj. *cardíac*
cardias m. *càrdias*
cardinal adj. *cardinal*
cardiología f. *cardiologia*
cardiólogo m. *cardiòleg*
cardo m. *card*
carear v. *carejar, acarar*
carecer v. *freturar, estar mancat*
carena f. *carena*
carenar v. *carenar*
carencia f. *fretura, manca, falta, carència*
careo m. *careig, acarament, carejament*
carestía f. *carestia*
careta f. *careta*
carey m. *carei*
carga f. *càrrega, carregament*
cargadero m. *carregador*
cargador m. *carregador, estibador*
cargamento m. *carregament, càrrega*
cargante adj. *feixuc, carregós, empipador*
cargar v. *carregar // afeixugar, afartar, empipar*
cargo m. *càrrec // acús, retret*
carguero m. *vaixell de càrrega*
cariacontecido, -a adj. *caratrist, caratrista, mustii*
cariar v. *cariar, corcar*
cariátide f. *cariàtide*
caricatura f. *caricatura*
caricaturesco, -a adj. *caricaturesc*
caricaturista m. y f. *caricaturista*
caricia f. *carícia, afalagadura, manyagueria, moixona, xicotina*
caridad f. *caritat*
caries f. *càries, corcadura*
carigordo, -a adj. *caragròs, caragràs*
carilargo, -a adj. *carallarg*
carilleno, -a adj. *caraplè, galtaplè*
carillón m. *carilló, rodet, rotlo*
cariño m. *amor, estimació, llei // manyagueria, afalagadura // esment, compte*
cariñoso, -a adj. *amorós, manyac*
carirredondo, -a adj. *cara-rodó*
carisma m. *carisma*
carismático, -a adj. *carismàtic*
caritativo, -a adj. *caritatiu*
cariz m. *carés, caratge*
carlinga f. *carlinga*
carlismo m. *carlisme*
carlista adj. *carlista, carlí*
carmelita adj. *carmelita, carmelità*
carmesí adj. *carmesí*
carmín m. *carmí*
carnal adj. *carnal*

carnaval m. *carnaval, carnestoltes*
carnavalesco, -a adj. *carnavalesc*
carnaza f. *carnassa*
carne f. *carn* // *bessó, popa* // **poner toda la — en el asador** *fer un vaitot, fer-ho de tot*
1) **carnero** m. *moltó, xot*
2) **carnero** m. *carner*
carnet m. *carnet*
carnicería f. *carnisseria, carnatge*
carnicero, -a adj. *carnisser*
carnívoro, -a adj. *carnívor*
carnosidad f. *carnositat, carnot*
caro, -a adj. *car*
carolingio, -a adj. *carolingi*
carótida f. *caròtida*
1) **carpa** f. *carpa*
2) **carpa** f. (toldo) *envelat*
carpanta f. *rusca, fam canina*
carpelo m. *carpel*
carpeta f. *carpeta*
carpetazo m. *carpetada*
carpintería f. *fusteria* // *portam* / **— metálica** *portam metàl·lic*
carpintero m. *fuster* / **— de ribera** *mestre d'aixa*
carpo m. *carp*
carraca f. *carraca*
carraspear v. *tenir aresta, gargamellejar, tenir cerra*
carraspeo m. *aresta, cerra, cerreta*
carraspera f. (V. **carraspeo**)
carrera f. *correguda, corredissa* // *carrera*
carreta f. *carro, carreta*
carretada f. *carretada*
carrete m. *rodet, merlet*
carretear v. *carrejar, carretejar*
carretela f. *carretel·la*
carreteo m. *carreteig*
carretera f. *carretera*
carretero m. *carreter* // *fuster de carros*
carretilla f. *carretet, carrereta* // **de — de** *memòria, de cor; de rutina, per costum*
carretón m. *carretó*
carricera f. *carritxera*
carril m. *ginya, rodera, carrilada* // *carril, raïl*
carrillo m. *galta*
carrizo m. *canyet, canyot* // *càrritx, faió*
carro m. *carro*
carrocería f. *carrosseria*
carromato m. *carromato*
carroña f. *carronya*
carroza f. *carrossa*
carruaje m. *carruatge*
carta f. *carta* // **a — cabal** *complidament, sense màcula*

cartabón m. *cartabò, escaire*
cartaginés, -esa adj. *cartaginès*
cartapacio m. *cartipàs*
cartear v. *cartejar*
cartel m. *cartell*
cartelera f. *cartellera*
carteo m. *carteig*
cartera f. *cartera*
carterista m. y f. *carterista*
cartero m. *carter*
cartilaginoso, -a adj. *cartilaginós*
cartílago m. *cartílag, tendrum*
cartilla f. *abecedari, beceroles*
cartografía f. *cartografia*
cartógrafo m. *cartògraf*
cartomancia f. *cartomància*
cartón m. *cartó*
cartuchera f. *cartutxera*
cartucho m. *cartutx*
cartuja f. *cartoixa*
cartujano, -a adj. *cartoixà*
cartujo, -a adj. *cartoixà*
cartulina f. *cartolina*
casa f. *casa* / **— consistorial** *Sala, Ajuntament, Casa de la Vila, Casa de la Ciutat* / **— de huéspedes** *dispesa* // **— solariega** *casa pairal* / **— de Tócame Roque** *can Garlanda, can Seixanta, ca Na Tix*
casaca f. *casaca*
casación f. *cassació*
casadero, -a adj. *casador* // *casadís*
casado, -a adj. *casat*
casal m. *casal, casat*
casalicio m. *casal, casalici*
casamata f. *casamata*
casamiento m. *casament*
casar v. intr. o rfl. *casar-se* // tr. *casar* // **ganas de casarse** *casera*
cascabel m. *cascavell, picarol*
cascabelear v. *cascavellejar, picarolejar*
cascada f. *cascada, sallent, saltant*
cascajo m. *menudall, esquerda, esquerdim, pedralla*
cascanueces m. *trencanous*
cascapiñones m. *trencapinyons*
cascar v. *esquerdar, trencar* // *crullar, consentir* // (quebrar la salud) *esclafar* // (golpear) *tupar, batre, ventar*
cáscara f. *closca, clovella, esclova, clofolla, corfa* // *pellofa, pell* // *escorça*
cascarón m. *closca*
cascarrabias m. y f. *caga-ràbies*
casco m. *elm, casc* // *pota, unglot, peülla* // *buc* // *botella* // *test* // *recinte, clos*
cascote m. *tros de pedreny* // *enderroc, pedreny, reblum, runa*

caseína f. *caseïna*
casería f. *masia, masoveria*
caserío m. *llogaret* // *casat*
casero, -a adj. *casolà* // m. y f. *amo* // *majordom* // *llogater, estadà*
caserón m. *casalot*
caseta f. *caseta*
casi adv. *quasi, casi, gairebé*
casilla f. *caseta, casona* // *casella* // *escac, casella* // **sacar de sus casillas** *treure de polleguera*
casillero m. *encasellat*
casimir m. *casimir*
casino m. *casino*
caso m. *cas*
casona f. *casal, casat, casalici*
casorio m. *casori, casó*
caspa f. *caspa, arna, peladina*
cáspita! interj. *caspi!*
casquete m. *casquet*
casquillo m. *virolla, armella* // *cartutx buit*
casta f. *nissaga* // *casta* // *casta, classe, mena*
castaña f. *castanya*
castañar m. *castanyar, castanyerar*
castañero, -a m. y f. *castanyer*
castañetear v. *castanyolejar, castanyetejar* // *petar*
castañeteo m. *castanyoleig, castanyeteig* // *petament de dents*
1) **castaño** m. (árbol) *castanyer*
2) **castaño, -a** adj. (color) *castany* / **pasar de — oscuro** *passar de mida, esser pitjor que taca d'oli*
castañuela f. *castanyola, castanyeta*
castellanismo m. *castellanisme, castellanada*
castellanizar v. *castellanitzar*
castellano, -a m. y f. *castellà*
castellonense m. y f. *castellonenc*
castidad f. *castedat*
castigar v. *castigar, punir*
castigo m. *càstig, castic, punició*
castillejo m. *castellet* // *caminadors, carrutxes*
castillo m. *castell*
castizo, -a adj. *castís*
casto, -a adj. *cast*
castor m. *castor*
castración f. *castració*
castrar v. *castrar, capar, sanar*
castrense adj. *castrense*
casual adj. *casual*
casualidad f. *casualitat*
casuista m. *casuista*
casuístico, -a adj. *casuístic*
casulla f. *casulla*

cata f. *tast*
catacaldos m. y f. *tastaolletes*
cataclismo m. *cataclisme*
catacumba f. *catacumba*
catador m. *tastador*
catadura f. *tast* // *caratge, galambre*
catafalco m. *cadafal*
catalán, -ana m. y f. *català*
catalanismo m. *catalanisme*
catalanizar v. *catalanitzar*
catalejo m. *ullera, trompa de mirar lluny*
catalepsia f. *catalèpsia*
catálisis f. *catàlisi*
catalogar v. *catalogar*
catálogo m. *catàleg*
cataplasma f. *cataplasma*
catapulta f. *catapulta*
catar v. *tastar, pagellar, sitzellar*
catarata f. *cascada* // (del ojo) *cataracta*
catarral adj. *catarral*
catarro m. *catarro, cadarn*
catastro m. *cadastre*
catástrofe f. *catàstrofe*
catecismo m. *catecisme*
catecúmeno, -a m. y f. *catecumen*
cátedra f. *càtedra*
catedral adj. y f. *catedral*
catedrático, -a m. y f. *catedràtic*
categoría f. *categoria*
categórico, -a m. y f. *categòric*
catequesis f. *catequesi*
catequista m. y f. *catequista*
catequizar v. *catequitzar*
caterva f. *caterva, catefa, tropell*
cateto m. *catet*
cátodo m. *càtode*
catolicidad f. *catolicitat*
catolicismo m. *catolicisme*
católico, -a adj. *catòlic*
catorce adj. *catorze*
catorceno, -a adj. *catorzè*
catre m. *catre*
caucásico, -a m. y f. *caucàsic*
cauce m. *llit, mare de riu, jaç, buc, caixer*
caución f. *caució*
caucho m. *cautxú*
1) **caudal** adj. *cabdal* // m. *correntia, tou d'aigua* // *cabal, capital* // *cabal, balquena*
2) **caudal** adj. (de la cola) *caudal*
caudaloso, -a adj. *cabalós, abundant*
caudillaje m. *cabdillatge, caporalatge*
caudillo m. *capitost, cabdill, caporal*
causa f. *causa*
causal adj. *causal*
causalidad f. *causalitat*
causante adj. *causant*

causar v. *causar*
cáustico, -a adj. *càustic*
cautela f. *cautela*
cauteloso, -a adj. *cautelós*
cauterio m. *cauteri*
cauterizar v. *cauteritzar*
cautivador, -a adj. *captivador*
cautivar v. *captivar, apresonar* // *captivar, encativar, corprendre*
cautiverio m. *captiveri, captivitat*
cautividad f. *captivitat*
cautivo, -a adj. *captiu, catiu*
cauto, -a adj. *caut*
cava f. *celler* // *cava, mina*
cavador, -a m. y f. *cavador*
cavar v. *cavar*
caverna f. *caverna, coval*
cavernoso, -a adj. *cavernós*
caviar m. *caviar*
cavidad f. *cavitat, endinsada, enfony*
cavilación f. *cavil·lació*
cavilar v. *cavil·lar, capfilar, barrumbejar*
caviloso, -a adj. *cavil·lós*
cayado m. *crossa, gaiato, garrot*
caza f. *caça*
cazador, -a m. y f. *caçador*
cazar v. *caçar*
cazo m. *cassa*
cazuela f. *cassola, greixonera, tià*
cazurro, -a adj. *sorrut, murri*
cebada f. *ordi*
cebar v. *péixer, peixir, pastonar, encebar* // *escar* // *grumejar, brumejar* // *alimentar, péixer* // rfl. *rabejar-se, aferrissar-se*
cebo m. *menja, pastura* // *esca, esquer* // *grumeig, brumeig*
cebolla f. *ceba* // *cabeça, bulb*
cebolleta f. *cabeça*
cebollón m. *ceballot*
cebra f. *zebra*
cebrado, -a adj. *zebrat*
cebú m. *zebú*
cecear v. *papissotejar*
cedazo m. *sedàs*
ceder v. *cedir*
cedilla f. *ce trencada*
cedro m. *cedre*
cédula f. *cèdula*
cefálico, -a adj. *cefàlic*
cefalópodo adj. *cefalòpode*
cefalotórax m. *cefalotòrax*
céfiro m. *zèfir*
cegajoso, -a adj. *cegallós, lleganyós*
cegar v. *tornar cec* // *encegar, eixorbar* // *enlluernar* // *tapar* / *paredar, condemnar* // *reblir*

cegato, -a adj. *llosc, curt de vista*
ceguedad f. *ceguetat, ceguera*
ceguera f. *ceguetat, ceguera*
ceja f. *cella*
cejar v. *recular, retrocedir*
cejijunto, -a adj. *cellajunt* // *cellut*
cejudo, -a adj. *cellut*
celada f. *celada* // *aguait, celada*
celador, -a adj. *zelador*
celaje m. *celatge*
1) celar v. *zelar*
2) celar v. *amagar, celar, ocultar*
celda f. *cel·la*
celebérrimo, -a adj. *celebèrrim*
celebración f. *celebració*
celebrante m. *celebrant*
celebrar v. *celebrar*
célebre adj. *cèlebre*
celebridad f. *celebritat*
celemín m. *almud*
celeridad f. *celeritat*
celeste adj. *celeste*
celestial adj. *celestial*
celibato m. *celibat*
célibe adj. *celibatari*
celo m. *zel* // *gelosia*
celofana f. *cel·lofana*
celosía f. *gelosia, ventalla*
celoso, -a adj. (que tiene celo) *zelós* // (que tiene recelo o celos) *gelós*
celta adj. *celta*
celtíbero, -a adj. *celtíber*
célula f. *cèl·lula*
celular adj. *cel·lular*
celuloide m. *cel·luloide*
celulosa f. *cel·lulosa*
cementar v. *cementar*
cementerio m. *cementeri, cementiri, fossar*
cemento m. *ciment*
cena f. *sopada, sopar* / (la última de Jesucristo) *cena, sant sopar*
cenáculo m. *cenacle*
cenacho m. *senalla*
cenagal m. *fangar, fanguer, fanguissar*
cenagoso, -a adj. *fangós, llimós, tarquimós*
cenar v. *sopar*
cencerro m. *picarol, esquella, esquellot*
cenefa f. *sanefa* // *rivet*
cenicero m. *cendrer*
cenicienta f. *cendroseta, ventafocs*
ceniciento, -a adj. *cendrós, cenrosell, burell*
cenit m. *zenit*
cenital adj. *zenital*
ceniza f. *cendra*
cenobio m. *cenobi*
cenobita m. y f. *cenobita*

censo

290

censo m. *cens* // *censal*
censor m. *censor*
censura f. *censura*
censurar v. *censurar*
centauro m. *centaure*
centavo, -a adj. *centau*
centella f. *centella* // *espira, guspira, espurna*
centellear v. *centellejar, espirejar, espurnejar, guspirejar, llampegar*
centelleo m. *centelleig, llambreig, espireig, espurneig, guspireig*
centena f. *centena*
centenar m. *centenar*
centenario, -a adj. *centenari*
1) centeno m. *sègol*
2) centeno, -a adj. *centè, centèsim*
centesimal adj. *centesimal*
centésimo, -a adj. *centèsim*
centiárea f. *centiàrea*
centígrado, -a adj. *centígrad*
centigramo m. *centigram*
centilitro m. *centilitre*
centímetro m. *centímetre*
céntimo m. *cèntim*
centinela m. y f. *sentinel·la, guaita*
centolla f. *cranca*
centón m. *centó*
central adj. *central*
centralismo m. *centralisme*
centralizar v. *centralitzar*
centrar v. *centrar*
céntrico, -a adj. *cèntric*
centrífugo, -a adj. *centrífug*
centrípeto, -a adj. *centrípet*
centro m. *centre*
centrosfera f. *centrosfera*
centunviro m. *centumvir*
centuplicar v. *centuplicar*
céntuplo, -a adj. *cèntuple*
centuria f. *centúria*
centurión m. *centurió*
ceñir v. *cenyir*
ceño m. *celles*
ceñudo, -a adj. *sorrut, que fa celles*
cepa f. *rabassa, rabassó, soc* // *cep* // *nissaga, soca* / **de buena** — *de bona casta, de bona mena*
cepillar v. *planejar, ribotar* // *raspallar, espalmar*
cepillo m. *plana, ribot* // *raspall, espalmador* / *caixonet d'almoines*
cepo m. *soc, socot* // *cep* // *garbellet, cepet*
cequia f. (V. *acequia*)
cera f. *cera*
cerámico, -a adj. *ceràmic*

ceramista m. y f. *ceramista*
cerbatana f. *sarbatana*
1) cerca f. *tanca, tancat, paret*
2) cerca adv. y prep. *prop, a prop, vora, a la vora, devora, veïnat, devers*
cercado m. *tanca, tancat, clos, closa*
cercanía f. *voltant, veïnatge* / pl. *volts, voltants, rodals, foranies*
cercano, -a adj. *proper, pròxim, avinent, veïnat, acostat*
cercar v. *voltar, enrevoltar, circuir* // *assetjar, sitiar*
cercenar v. *tallar en rodó, retallar, escapçar*
cerciorar v. *cerciorar*
cerco m. *anell, cinyell* // *cercle, rotlo, rotllo* // *setge, assetjament*
1) cerda f. *cerra* / **ganado de** — *porquim, bestiar porquí*
2) cerda f. *truja, porcastra*
cerdo m. *porc, bacó*
cereal adj. *cereal*
cerebelo m. *cerebel*
cerebral adj. *cerebral*
cerebro m. *cervell*
ceremonia f. *cerimònia*
ceremonial m. *cerimonial*
ceremonioso, -a adj. *cerimoniós*
céreo adj. *ceri*
cerería f. *cereria*
cerero, -a m. y f. *cerer*
cereza f. *cirera*
cerezo m. *cirerer*
cerilla f. *cerilla, misto, llumí*
cerner v. *cerndre* // rfl. *planar, planejar*
cernícalo m. *xoriguer, xoric, xúric*
cero m. *zero*
cerrado, -a adj. *tancat, clos* // (ojo) *cluc*
cerradura f. *tancament* // *tancadura, pany*
cerrajería f. *serralleria, ferreria*
cerrajero m. *serraller, ferrer, manyà*
cerramiento m. *tancament, closa*
cerrar v. *tancar, cloure* / (los ojos) *clucar* / (las alas) *acopar* / (una abertura) *tapar* / (el paso) *barrar* / (un trato) *cloure, concloure*
cerrazón f. *foscor, negror, nuvolada, serrada*
cerro m. *espinada, esquena, lloms* // *bescoll* // *pujol, serrat, collet, tossal, serral*
cerrojo m. *forrellat, forroll, forrall*
certamen m. *certamen*
certero, -a adj. *encertat*
certeza f. *certesa, certitud*
certificación f. *certificació*
certificar v. *certificar*
cerúleo, -a adj. *ceruli*
cerumen m. *cerumen, cerut*

cíngulo

cerval adj. *cerval*
cervantino, -a adj. *cervantí*
cervantista m. y f. *cervantista*
cervatillo m. *cervatell*
cervecería f. *cerveseria*
cervecero m. *cerveser*
cerveza f. *cervesa*
cervical adj. *cervical*
cérvido adj. *cèrvid*
cervino, -a adj. *cerví*
cerviz f. *clatell, clatellera, bescoll*
cesación f. *cessació, cessament*
cesante adj. *cessant*
cesar v. *cessar / (la lluvia) espassar-se / (el viento) posar-se*
cesáreo, -a adj. *cesari*
cesarismo m. *cesarisme*
cese m. *cessament*
cesión f. *cessió*
césped m. *gespa, herbei*
cesta f. *paner, cistell //* (para jugar a la pelota) *cesta*
cestería f. *cistelleria*
cesto m. *cove, cistella, panistre*
cetáceo m. *cetaci*
cetona f. *cetona*
cetrino, -a adj. *citrí*
cetro m. *ceptre*
cía f. *maluc, amaluç*
cianhídrico, -a adj. *cianhídric*
cianuro m. *cianur*
ciático, -a adj. *ciàtic*
cicatero, -a adj. *cric, ratoner*
cicatriz f. *cicatriu*
cicatrización f. *cicatrització*
cicatrizar v. *cicatritzar*
cicerone m. *cicerone*
cíclico, -a adj. *cíclic*
ciclismo m. *ciclisme*
ciclista m. y f. *ciclista*
ciclo m. *cicle*
ciclón m. *cicló*
cíclope m. *cíclop*
ciclópeo, -a adj. *ciclopi*
cicuta f. *cicuta*
cidra f. *poncem, poncir*
cidro m. *poncemer, poncirer*
cidronela f. *arangí, tarongina*
ciego, -a adj. *cec, cego, orb, orbet*
cielo m. *cel //* (de cama) *cobricel*
ciempiés m. *centpeus, centcames, cinquanta-cames*
cien adj. *cent*
ciénaga f. *aiguamoll*
ciencia f. *ciència*
cieno m. *llim, llot, llotim, tarquim*

científico, -a adj. *científic*
ciento adj. *cent*
cierre m. *tancament //* *tancador, tanca*
cierto adj. *cert //* adv. *ben cert, ben segur, prou, és clar*
ciervo, -a m. y f. *cérvol, cervo, cero*
cierzo m. *cerç, mestral*
cifra f. *xifra*
cifrar v. *xifrar*
cigala f. *cigala*
cigarra f. *cigala*
cigarrera f. *cigarrera*
cigarrillo m. *cigarret, cigarreta*
cigarro m. *cigarro, cigar*
cigarrón m. *llagost, pagantana, pantigana*
cigoma m. *zigoma*
cigomático, -a adj. *zigomàtic*
cigüeña f. *cigonya*
cigüeñal m. *cigonyal*
ciliar adj. *ciliar*
cilicio m. *cilici*
cilíndrico, -a adj. *cilíndric*
cilindro m. *cilindre*
cima f. *cim, cuculla //* *cimal, cimerol //* (inflorescencia) *cima*
cimacio m. *cimaci*
címbalo m. *címbal*
cimborio m. *cimbori*
cimbra f. *cintra, corba, cimbra, cindra*
cimbrear v. *vimejar, verduguejar //* *vinclar, fimbrar*
cimentar v. *fonamentar, posar els fonaments*
cimera f. *cimera*
cimiento m. *fonaments*
cinabrio m. *cinabri*
cinamomo m. *cinamom*
cinc m. *zinc, zenc*
cincel m. *cisell, escarpra*
cincelar v. *cisellar*
cinco adj. *cinc*
cincuenta adj. *cinquanta*
cincuentavo, -a adj. *cinquantè*
cincuentena f. *cinquantena*
cincuentón, -ona adj. *cinquantí*
cincha f. *cingla*
cinchar v. *cinglar, encinglar*
cinchazo m. *cinglada*
cine m. *cinema*
cinegético, -a adj. *cinegètic*
cinemática f. *cinemàtica*
cinematografía f. *cinematografia*
cinematógrafo m. *cinematògraf*
cinerario, -a adj. *cinerari*
cinético, -a adj. *cinètic*
cíngaro, -a m. y f. *gitano, zíngar*
cíngulo m. *cíngol*

cínico, -a adj. *cínic*
cinismo m. *cinisme*
cinta f. *cinta, veta*
cinto m. *cint*
cintra f. *cintra*
cintura f. *cintura, cinta* / **meter en** — *posar a ca seva, posar les peres a quatre*
cinturón m. *cinturó, corretja*
ciprés m. *ciprés, xiprer*
circo m. *circ*
circuir v. *circuir*
circuito m. *circuit*
circulación f. *circulació*
1) circular v. *circular*
2) circular adj. *circular*
circulatorio, -a adj. *circulatori*
círculo m. *cercle*
circuncidar v. *circumcidar*
circuncisión f. *circumcisió*
circunciso adj. *circumcís*
circundar v. *circumdar*
circunferencia f. *circumferència*
circunflejo, -a adj. *circumflex*
circunloquio m. *circumloqui*
circunscribir v. *circumscriure*
circunscripción f. *circumscripció*
circunspección f. *circumspecció*
circunspecto, -a adj. *circumspecte*
circunstancia f. *circumstància*
circunstancial adj. *circumstancial*
circunstante adj. *circumstant*
circunvalación f. *circumval·lació*
cirial m. *cirial*
cirineo, -a adj. *cirineu*
cirio m. *ciri*
cirrosis m. *cirrosi*
ciruela f. *pruna*
ciruelo m. *prunera, pruner*
cirugía f. *cirurgia*
cirujano, -a m. y f. *cirurgià*
cisco m. *carbonissa, molinada, terregada* / **hacer** — *esmicolar, esbocinar*
cisma m. y f. *cisma*
cismático, -a adj. *cismàtic*
cisne m. *cigne*
cistácea f. *cistàcia*
cisterciense adj. *cistercenc*
cisterna f. *cisterna*
cistitis f. *cistitis*
cita f. *cita*
citación f. *citació*
citar v. *citar*
cítara f. *cítara*
citrato m. *citrat*
cítrico, -a adj. *cítric*
ciudad f. *ciutat*

ciudadanía f. *ciutadania*
ciudadano, -a adj. *ciutadà*
ciudadela f. *ciutadella*
cívico, -a adj. *cívic*
civil adj. *civil*
civilidad f. *civilitat*
civilización f. *civilització*
civilizar v. *civilitzar*
civismo m. *civisme*
cizaña f. *jull*
clac m. *clac*
clamar v. *clamar*
clámide f. *clàmide*
clamor m. *clamor, clam*
clamorear v. *clamar, clamorejar*
clamoreo m. *clamoreig*
clan m. *clan*
clandestinidad f. *clandestinitat*
clandestino, -a adj. *clandestí*
claque f. *claca*
clara f. (de huevo) *blanc d'ou, clara*
claraboya f. *claraboia, badalot*
clarear v. *aclarir* // *clarejar*
claridad f. *claredat, claror*
clarificar v. *clarificar*
clarín m. *clarí*
clarinete m. *clarinet*
clarisa adj. *clarissa*
clarividencia f. *clarividència*
clarividente adj. *clarivident*
claro, -a adj. *clar* // m. *clariana* // *clarandera, clariana, clarura* // adv. *clar i llampant, clar i català* // — **está** *és clar* // **a las claras** *a la clara*
claroscuro m. *clarobscur*
clase f. *classe* // **de toda** — *de tota classe, de tota casta, de tota mena*
clasicismo m. *classicisme*
clásico, -a adj. *clàssic*
clasificación f. *classificació*
clasificar v. *classificar*
clasismo m. *classisme*
clasista adj. *classista*
claudia adj. *clàudia*
claudicación f. *claudicació*
claudicar v. *claudicar*
claustral adj. *claustral*
claustro m. *claustre*
cláusula f. *clàusula*
clausura f. *clausura*
clausurar v. *clausurar*
clavar v. *clavar, enclavar, ficar*
1) clave f. *clau*
2) clave m. *clavecí*
clavel m. (planta) *claveller, clavelliner, clavellinera* // (flor) *clavell, clavellina*

clavellina f. *clavellina, clavell*
clavetear v. *clavar, clavetejar // reblar*
clavicémbalo m. *clavicèmbal*
clavicordio m. *clavicordi*
clavícula f. *clavícula*
clavija f. *clavilla*
clavo m. *clau*
claxon m. *clàxon*
clemencia f. *clemència*
clemente adj. *clement*
cleptomanía f. *cleptomania*
clerecía f. *clerecia, clericat, clergat, clerguia, clero*
clerical adj. *clerical*
clericato m. *clericat, clergat*
clérigo m. *clergue*
clero m. (V. **clerecía**)
cliché m. *clixé*
cliente m. y f. *client*
clientela f. *clientela*
clima m. *clima*
climático, -a adj. *climàtic*
climatología f. *climatologia*
clímax m. *clímax*
clínica f. *clínica*
clínico, -a adj. *clínic*
clip m. *clip*
clítoris m. *clítoris*
cloaca f. *claveguera*
cloquear v. *cloquejar*
clorato m. *clorat*
clorhídrico, -a adj. *clorhídric*
cloro m. *clor*
clorofila f. *clorofil·la*
cloroformo m. *cloroform*
cloruro m. *clorur*
club m. *club*
clueca f. *lloca*
coacción f. *coacció*
coaccionar v. *coaccionar*
coadjutor m. y f. *coadjutor*
coadyuvar v. *coadjuvar*
coagulación f. *coagulació*
coagular v. *coagular, quallar, aglevar*
coágulo m. *coàgul, quall, gleva*
coalición f. *coalició*
coartada f. *coartada*
coartar v. *coartar*
coba f. *ensabonada, raspallada / dar — ensabonar, raspallar, fer la barbeta, fer la bona*
cobalto m. *cobalt*
cobarde adj. *covard, coquí*
cobardía f. *covardia*
cobertera f. *cobertora, tapadora*
cobertizo m. *cobert, coberxo, porxada*

cobertor m. *cobertor*
cobijar v. *cobrir, tapar, acotxar // soplujar, aixoplugar // hostatjar // encobeir*
cobijo m. *sopluig, aixopluc, cobri, recer*
cobra f. *cobra*
cobrador, -a adj. *cobrador*
cobranza f. *cobrament, cobrança*
cobrar v. *cobrar*
cobre m. *coure, aram*
cobrizo, -a adj. *courenc, coureny, color d'aram*
cobro m. *cobrament, cobrança*
coca f. *coca*
cocaína f. *cocaïna*
cocción f. *cocció*
cóccix m. *còccix*
coceador, -a adj. *cocejador, guit*
cocear v. *cocejar, guitejar*
cocer v. *coure*
cocido, -a adj. *cuit // m. bullit, olla, carn d'olla*
cociente m. *quocient*
cocimiento m. *cuita, cocció*
cocina f. *cuina*
cocinar v. *cuinar, guisar, aguiar*
cocinero, -a m. y f. *cuiner*
1) **coco** m. *coco*
2) **coco** m. (fantasma) *papu, mamau, por, moraco*
cocodrilo m. *cocodril*
cocotal m. *cocotar*
cocotero m. *cocoter*
cóctel m. *còctel*
coctelera f. *coctelera*
coche m. *cotxe*
cochera f. *cotxeria*
cochero m. *cotxer*
cochina f. *truja, porca*
cochinada f. *porcada, porqueria*
cochinilla f. *cotxinilla // somereta, gallinorba, patrenostrera*
cochinillo m. *porcell, porquet, porcellí, gorrí, garrí*
cochino m. *porc*
coda f. *coda*
codazo m. *colzada*
codear v. *colzejar // rfl. fer-se, tractar-se de tu a tu*
códice m. *còdex*
codicia f. *cobdícia, cobejança, cupiditat*
codiciar v. *cobdiciar, cobejar*
codicilo m. *codicil*
codicioso, -a adj. *cobdiciós, cobejós*
codificación f. *codificació*
codificar v. *codificar*
código m. *codi*

codo m. *colze, colzo //* **empinar el** — *xumar, xarumbar, aixecar el colze //* **hablar por los codos** *parlar* o *xerrar per les butxaques*
codoñate m. *codonyat*
codorniz f. *guatlla, guàtlera*
coeficiente m. *coeficient*
coercer v. *coercir*
coerción f. *coerció*
coetáneo, -a adj. *coetani*
coexistir v. *coexistir*
cofia f. *còfia, barriola*
cofrade m. y f. *confrare*
cofradía f. *confraria*
cofre m. *cofre*
cogedizo, -a adj. *agafadís*
coger v. (frutos o flores) *collir //* *agafar, prendre //* *abastar, aglapir, assolir //* *encloure, engrunar*
cogida f. *agafada, aglapida, enclosa*
cognición f. *cognició*
cognoscitivo, -a adj. *cognoscitiu*
cogollo m. *cabdell, ull //* *esqueix, brot, lluc //* *flor*
cogote m. *clatell, clotell, bescoll*
cogujada f. *cogullada, cucullada*
cohabitar v. *cohabitar*
cohecho m. *suborn, subornament*
coherencia f. *coherència*
coherente f. *coherent*
cohesión f. *cohesió*
cohete m. *coet*
cohibición f. *cohibició*
cohibir v. *cohibir*
cohombro m. *cogombre, cobrombo, alficòs*
cohorte f. *cohort*
coincidencia f. *coincidència*
coincidente adj. *coincident*
coincidir v. *coincidir*
coito m. *coit*
cojal m. *cuixal*
cojear v. *coixejar*
cojera f. *coixera, coixesa*
cojín m. *coixí*
cojinete m. *coixinet //* *coixí, soquet*
cojo, -a adj. *coix, rancallós, ranc*
cojón m. *colló*
cok m. *coc*
col f. *col*
1) **cola** f. *coa, cua //* *traer* — *portar cua, dur coa*
2) **cola** f. (pasta adhesiva) *cola, aiguacuit*
3) **cola** f. (árbol) *cola*
colaboración f. *col·laboració*
colaborador, -a m. y f. *col·laborador*
colaborar v. *col·laborar*

colación f. *col·lació /* **sacar a** — *retreure, mencionar*
colada f. *colada //* *bugada*
colador m. *colador*
coladura f. *coladura, bugada //* *badada, becada, planxa, ficada de peus*
coladuría f. *bugaderia*
colapsar v. *col·lapsar*
colapso m. *col·lapse*
colar v. *colar //* *passar bugada, fer bugada //* rfl. *ficar-se, filtrar-se //* rfl. *badar, becar, ficar els peus a la galleda, ficar el rem, ficar la pota*
colateral adj. *col·lateral*
colcha f. *vànova*
colchar v. *encoixinar*
colchón m. *matalàs, matalaf*
colchonero, -a m. y f. *matalasser*
colchoneta f. *màrfega, matalasset*
colear v. *coejar, cuejar*
colección f. *col·lecció*
coleccionar v. *col·leccionar*
coleccionista m. y f. *col·leccionista*
colecta f. *col·lecta*
colectividad f. *col·lectivitat*
colectivismo m. *col·lectivisme*
colector, -a adj. *col·lector*
colega m. y f. *col·lega*
colegial adj. *col·legial*
colegial, -ala m. y f. *col·legial*
colegiar v. *col·legiar*
colegiata f. *col·legiata*
colegio m. *col·legi*
colegir v. *col·legir*
coleóptero m. *coleòpter*
cólera f. (ira) *còlera //* m. (enfermedad) *còlera*
colérico, -a adj. *colèric*
coletazo m. *coejada, cuejada*
coletilla f. *afegitó*
coleto m. *gec de pell //* *còrpora /* **echarse al** — *empassar-se, entimar-se*
colgadero m. *penjador*
colgadura f. *domassos, endomassada, cortinatge*
colgajo m. *penjarella, penjaroll //* *penjoll //* *pellerenca*
colgar v. *penjar*
colibrí m. *colibrí*
cólico, -a adj. *còlic*
coliflor f. *colflori, col-i-flor*
coligar v. *col·ligar*
colilla f. *llosca, punta, burilla*
colina f. *pujol, collet, tossal, turonell*
colindante adj. *confinant, confrontant*
colindar v. *confinar, confrontar*

comida

colirio m. *col·liri*
coliseo m. *coliseu*
colisión f. *col·lisió*
colitis f. *colitis*
colmado, -a adj. *replè, estibat, caramull, curull* // m. *botiga, adrogueria*
colmar v. *omplir a caramull, curullar*
colmena f. *rusc, buc d'abelles, casera*
colmenar m. *banc d'abelles, abellar*
colmenero, -a m. y f. *abeller, abellaire, abelleroler*
colmillo m. *escàtil, ullal, clau*
colmo m. *caramull* // *súmmum, màxim* / ser el — *no haver-hi més allà*
colocación f. *col·locació*
colocar v. *col·locar*
colofón m. *colofó*
coloide m. *col·loide*
colombiano, -a m. y f. *colombià*
colombófilo, -a adj. *columbòfil*
colon m. *còlon*
colonia f. *colònia*
colonial adj. *colonial*
colonizar v. *colonitzar*
colono m. *colon* // *masover, amo, l'amo*
coloquio m. *col·loqui*
color m. *color*
coloración f. *coloració*
colorado, -a adj. *acolorit* // *vermell* / ponerse — *tornar vermell, envermellir-se, empegueir-se, enrojolar-se*
colorante adj. *colorant*
colorar v. *acolorir, colorar*
colorear v. *acolorir, colorar* // *colorejar* // *vermellejar*
colorete m. *coloret*
colorido m. *colorit*
colorines m. pl. *coloraina*
colorir v. *colorir, acolorir*
colorista adj. *colorista*
colosal adj. *colossal*
coloso m. *colós*
columbario m. *columbari*
columbicultura f. *columbicultura*
columbrar v. *afinar, colombrar, destriar*
columna f. *columna*
columnata f. *columnata*
columpiar v. *engronsar, gronxar*
columpio m. *engronsadora, gronxadora*
collado m. *collet, pujol, tossal* // *coma, comellar*
collar m. *collar*
collarín m. *collaret*
collarino m. *collarí, collaret*
1) coma f. (signo de puntuación) *coma*
2) coma m. (estado de insensibilidad) *coma*

comadre f. *comare*
comadrear v. *comarejar, xafardejar*
comadreja f. *mostel*
comadrona f. *comare, llevadora*
comanche adj. *comanx*
comandante m. *comandant*
comandar v. *comandar, manar*
comandita f. *comandita*
comando m. *comandament* // *comando*
comarca f. *comarca*
comarcal adj. *comarcal*
comatoso, -a adj. *comatós*
comba f. *corbadura, panxa, garsesa* // *juli*
combadura f. *garsesa*
combate m. *combat*
combatiente m. y f. *combatent*
combatir v. *combatre*
combatividad f. *combativitat*
combativo, -a adj. *combatiu*
combinación f. *combinació*
combinar v. *combinar*
combustible adj. *combustible*
combustión f. *combustió*
comedero m. *menjador, menjadora, obi*
comedia f. *comèdia*
comediante, -a adj. *comediant*
comedido, -a adj. *moderat, mesurat*
comedimiento m. *moderació, mesura, contenció*
comediógrafo, -a m. y f. *comediògraf*
comedor, -a adj. y m. *menjador*
comendador, -a m. y f. *comanador*
comendatario m. *comendatari*
comensal m. y f. *comensal*
comentar v. *comentar*
comentario m. *comentari*
comentarista m. y f. *comentarista*
comenzar v. *començar*
comer v. *menjar* // *dinar*
comercial adj. *comercial, mercantil*
comerciante m. y f. *comerciant, mercant*
comerciar v. *comerciar, mercadejar*
comercio m. *comerç*
comestible adj. *comestible, menjador* // m. pl. *comestibles, queviures*
cometa m. (astro) *cometa, estel amb coa* // f. (juguete) *estel, miloca, grua*
cometer v. *cometre*
cometido m. *comesa, comissió, encàrrec*
comezón f. *picor, menjança, pruïja, coïtja* // *deler, frisança, desfici, neguit*
comicios m. pl. *comicis*
cómico, -a adj. *còmic*
comida f. *menjada* // *menjada, àpat* / *dinada, dinar* / *sopada, sopar* // *menja, menjar* / *recapte, teca*

comidilla

comidilla f. *menjaret, fel·lera, delit* // *xerrameca*

comienzo m. *començament, principi*

comilón, -ona adj. *golafre, fartaner*

comilona f. *fartada, panxó, menjarot*

comillas f. pl. *cometes*

comino m. *comí*

comisaría f. *comissaria*

comisario m. *comissari*

comisión f. *comissió*

comisionar v. *comissionar*

comisionista m. y f. *comissionista*

comisura f. *comissura*

comité m. *comitè*

comitiva f. *comitiva*

como adv. y conj. *com* / *com a*

cómoda f. *calaixera, canterano*

comodidad f. *comoditat*

cómodo, -a adj. *còmode*

comodón, -ona adj. *panxacontent*

comodoro m. *comodor*

compacto, -a adj. *compacte, atapeït, clos, espès*

compadecer v. *compatir, compadir, plànyer*

compadre m. *compare*

compaginar v. *compaginar*

compañerismo m. *companyonia*

compañero, -a adj. *company, companyó*

compañía f. *companyia*

comparable adj. *comparable*

comparación f. *comparació, comparança*

comparar v. *comparar*

comparativo, -a adj. *comparatiu*

comparecencia f. *compareixença*

comparecer v. *comparèixer*

comparsa f. *comparsa*

compartimiento m. *compartiment*

compartir v. *compartir*

compás m. *compàs*

compasión f. *compassió*

compasivo, -a adj. *compassiu*

compatibilidad f. *compatibilitat*

compatible adj. *compatible*

compatriota m. y f. *compatriota*

compeler v. *compel·lir*

compendiar v. *compendiar*

compendio m. *compendi*

compenetración f. *compenetració*

compenetrar v. *compenetrar*

compensación f. *compensació*

compensar v. *compensar* // *rescabalar*

competencia f. *competència*

competente adj. *competent*

competentemente adv. *competentment*

competer v. *competir*

competición f. *competició*

competidor, -a adj. *competidor*

competir v. *competir*

compilación f. *compilació*

compilar v. *compilar*

compinche m. y f. *company, camarada*

complacencia f. *complaença*

complacer v. *complaure*

complaciente adj. *complaent, comportívol, amatent*

complejo, -a adj. *complex*

complementar v. *complementar*

complementario, -a adj. *complementari*

complemento m. *complement*

completar v. *completar*

completas f. pl. *completes*

complexión f. *complexió*

complicación f. *complicació*

complicar v. *complicar*

cómplice m. y f. *còmplice*

complicidad f. *complicitat*

complot m. *complot*

componedor, -a adj. y m. y f. *componedor*

componenda f. *arranjament, transacció*

componente adj. *component*

componer adj. *compondre* // *arranjar, arreglar, endreçar* // **componérselas** *apanyar-se, arreglar-se*

comportamiento m. *comportament, capteniment*

comportar v. *comportar* // rfl. *portar-se, captenir-se*

composición f. *composició*

compositor, -a m. y f. *compositor*

compostura f. *compostura*

compota f. *compota*

compra f. *compra*

comprar v. *comprar*

comprender v. *comprendre*

comprensión f. *comprensió*

comprensivo, -a adj. *comprensiu*

compresa f. *compresa*

compresión f. *compressió*

compresor, -a adj. *compressor*

comprimido m. *comprimit*

comprimir v. *comprimir*

combrobación f. *comprovació*

comprobante m. *comprovant*

comprobar v. *comprovar*

comprometedor, -a adj. *comprometedor*

comprometer v. *comprometre*

compromisario, -a adj. *compromissari*

compromiso m. *compromís*

compuerta f. *comporta*

compulsar v. *compulsar*

compulsión f. *compulsió*

compunción f. *compunció*

compungir v. *compungir*
computar v. *computar*
cómputo m. *còmput*
comulgante adj. *combregant, combregador*
comulgar v. *combregar*
comulgatorio m. *combregador*
común adj. *comú* // m. *comú* // **por lo —** *comunament, generalment*
comunal adj. *comunal*
comunicación f. *comunicació*
comunicar v. *comunicar*
comunicativo, -a adj. *comunicatiu*
comunidad f. *comunitat*
comunión f. *comunió*
comunismo m. *comunisme*
comunista adj. *comunista*
comúnmente adv. *comunament*
con prep. *amb* // **— que** (conj. condic. con el verbo en subjuntivo) *amb que, mentre, mentre que* // **— que** (conj. ilativa con el verbo en indicativo) *de manera que*
conato m. *conat*
concatenación f. *concatenació*
concavidad f. *concavitat*
cóncavo, -a adj. *còncau*
concebir v. *concebre*
conceder v. *concedir*
concejal m. *regidor*
concejalía f. *regidoria*
concejo m. *ajuntament, municipi, consistori*
concentración f. *concentració*
concentrar v. *concentrar*
concéntrico, -a adj. *concèntric*
concepción f. *concepció*
concepto m. *concepte*
conceptuar v. *conceptuar*
concerniente adj. *concernent*
concernir v. *concernir*
concertante adj. *concertant*
concertar v. *concertar*
concertista m. y f. *concertista*
concesión f. *concessió*
concesionario m. *concessionari*
conciencia f. *consciència*
concienciar v. *conscienciar*
concienzudo, -a adj. *conscienciós*
concierto m. *concert*
conciliábulo m. *conciliàbul*
conciliación f. *conciliació*
1) conciliar v. *conciliar*
2) conciliar adj. *conciliar*
conciliatorio, -a adj. *conciliatori*
concilio m. *concili*
concisión f. *concisió*
conciso, -a adj. *concís*
concitar v. *concitar*

conciudadano, -a m. y f. *conciutadà*
conclave m. *conclave*
concluir v. *concloure, cloure* // *acabar, enllestir*
conclusión f. *conclusió, cloenda, closa* // *acabament, acabatall*
concluso, -a adj. *conclús*
concluyente adj. *concloent*
concomitancia f. *concomitància*
concordancia f. *concordança*
concordar v. *concordar*
concordato m. *concordat*
concordia f. *concòrdia*
concreción f. *concreció*
concretar v. *concretar*
concreto, -a adj. *concret*
concubina f. *concubina, amistançada*
concubinato m. *concubinat, amistançament*
conculcar v. *conculcar*
concupiscencia f. *concupiscència*
concurrencia f. *concurrència*
concurrir v. *concórrer*
concursar v. *concursar*
concurso m. *concurs*
concha f. *closca, conquilla* // *carculla, copinya, escopinya, petxina, enclotxa* // *conxa* // (del apuntador) *copinya, coverol*
conchabamiento m. *conxorxa*
condado m. *comtat*
condal adj. *comtal*
conde m. *comte*
condecoración f. *condecoració*
condecorar v. *condecorar*
condena f. *condemna*
condenación f. *condemnació, damnació*
condenar v. *condemnar, damnar*
condensación f. *condensació*
condensar v. *condensar*
condesa f. *comtessa*
condescendencia f. *condescendència*
condescender v. *condescendir*
condición f. *condició*
condicionamiento m. *condicionament*
condicionar v. *condicionar*
condimentar v. *condimentar*
condimento m. *condiment*
condiscípulo m. y f. *condeixeble*
condolencia f. *condol, condolença*
condolerse v. *condoldre's*
condominio m. *condomini*
condonar v. *condonar*
cóndor m. *còndor*
conducción f. *conducció*
conducente adj. *conduent*
conducir v. *conduir, menar*
conducta f. *conducta*

conductibilidad f. *conductibilitat*
conducto m. *conducte*
conductor, -a adj. *conductor*
condumio m. *companatge, teca*
conectar v. *connectar*
coneja f. *conilla*
conejar m. *coniller, conillera*
conejera f. *lloriguera, conillera, cau // enfony*
conejo m. *conill*
conexión f. *connexió*
conexo, -a adj. *connex*
confabulación f. *confabulació, conxorxa*
confabular v. *confabular*
confección f. *confecció*
confeccionar v. *confeccionar*
confederación f. *confederació*
confederar v. *confederar*
conferencia f. *conferència*
conferenciante m. y f. *conferenciant*
conferir v. *conferir*
confesar v. *confessar*
confesión f. *confessió*
confeso, -a adj. *confés*
confesonario m. *confessionari*
confetti m. *paperets, paperins, confetti*
confianza f. *confiança*
confiar v. *confiar*
confidencia f. *confidència*
confidente m. y f. *confident*
configuración f. *configuració*
configurar v. *configurar*
confín adj. *terme, confí // límits*
confinar v. *confinar, confrontar, termenejar*
confirmación f. *confirmació*
confirmar v. *confirmar*
confiscación f. *confiscació*
confiscar v. *confiscar*
confitar v. *confitar*
confite m. *confit*
confitería f. *confiteria, sucreria*
confitero, -a m. y f. *confiter, sucrer*
confitura f. *confitura*
conflicto m. *conflicte*
confluencia f. *confluència*
confluir v. *confluir*
conformación f. *conformació*
conformar v. *conformar*
conforme adj. *conforme*
conformidad f. *conformitat, conformança*
conformista adj. *conformista*
confort m. *confort*
confortable adj. *confortable*
confortar v. *confortar*
confraternizar v. *confraternitzar*
confrontación f. *confrontació*

confrontar v. *confrontar*
confundir v. *confondre*
confusión f. *confusió*
confuso, -a adj. *confús*
congelar v. *congelar*
congénere adj. *congènere*
congeniar v. *congeniar*
congénito, -a adj. *congènit*
congestión f. *congestió*
congestionar v. *congestionar*
conglomerado m. *conglomerat*
conglomerar v. *conglomerar*
congoja f. *angoixa, angúnia*
congraciar v. *congraciar*
congratulación f. *congratulació*
congratular v. *congratular*
congregación f. *congregació*
congregar v. *congregar*
congresista m. y f. *congressista*
congreso m. *congrés*
congrio m. *congre*
congruencia f. *congruència*
congruente adj. *congruent*
cónico, -a adj. *cònic*
conífero, -a adj. *conífer*
conjetura f. *conjectura*
conjeturar v. *conjecturar*
conjugación f. *conjugació*
conjugar v. *conjugar*
conjunción f. *conjunció*
conjuntivitis f. *conjuntivitis*
conjuntivo, -a adj. *conjuntiu*
conjunto, -a adj. *conjunt*
conjuración f. *conjuració, conjura*
conjurar v. *conjurar*
conjuro m. *conjur, conjurament*
conllevar v. *comportar, suportar, implicar*
conmemoración f. *commemoració*
conmemorar v. *commemorar*
conmensurable adj. *commensurable*
conmigo pron. *amb mi*
conminación f. *comminació*
conminar v. *comminar*
conminatorio, -a adj. *comminatori*
conmiseración f. *commiseració*
conmoción f. *commoció*
conmocionar v. *commocionar*
conmovedor, -a adj. *commovedor*
conmover v. *commoure*
conmutador, -a adj. *commutador*
conmutar v. *commutar*
connatural adj. *connatural*
connivencia f. *connivència*
connotación f. *connotació*
connotar v. *connotar*
cono m. *con*

contagioso

conocedor, -a adj. *coneixedor, coneixent*
conocer v. *conèixer*
conocido, -a adj. y m. y f. *conegut*
conocimiento m. *coneixement, coneixença*
conopial adj. *conopial*
conque conj. *de manera que, per tant*
conquista f. *conquista, conquesta*
conquistador, -a adj. *conquistador, conqueridor*
conquistar v. *conquistar, conquerir*
consabido, -a adj. *ja sabut*
consagración f. *consagració*
consagrar v. *consagrar*
consanguíneo, -a adj. *consanguini*
consciente adj. *conscient*
conscientemente adv. *conscientment*
consecución f. *consecució*
consecuencia f. *conseqüència*
consecuente adj. *conseqüent*
consecuentemente adv. *conseqüentment*
consecutivo, -a adj. *consecutiu*
conseguir v. *aconseguir, conseguir, atènyer, assolir, reeixir*
consejero, -a m. y f. *conseller*
consejo m. *consell*
consenso m. *consens*
consentimiento m. *consentiment*
consentir v. *consentir*
conserje m. *conserge*
conserjería f. *consergeria*
conserva f. *conserva*
conservación f. *conservació*
conservador, -a adj. *conservador*
conservar v. *conservar, servar*
conservatorio m. *conservatori*
consideración f. *consideració*
considerar v. *considerar*
consigna f. *consigna*
consignación f. *consignació*
consignar v. *consignar*
consignatario, -a adj. *consignatari*
consigo pron. *amb ell (amb ells, amb ella, amb elles), amb si*
consiguiente adj. *conseqüent*
consiliario, -a adj. *consiliari*
consistencia f. *consistència*
consistente adj. *consistent*
consistir v. *consistir*
consistorio m. *consistori*
consocio, -a m. y f. *consoci*
consola f. *consola*
consolación f. *consolació*
consolar v. *consolar*
consolidar v. *consolidar*
consomé m. *consomé*
consonancia f. *consonància*

consonante adj. *consonant*
consonar v. *consonar*
consorcio m. *consorci*
consorte m. y f. *consort*
conspicuo, -a adj. *conspicu*
conspiración f. *conspiració*
conspirar v. *conspirar*
constancia f. *constància*
constante adj. *constant*
constantemente adv. *constantment*
constar v. *constar*
constatar v. *constatar*
constelación f. *constel·lació*
consternación f. *consternació*
consternar v. *consternar*
constipado m. *constipat, refredat*
constipar v. *refredar, constipar*
constitución f. *constitució*
constitucional adj. *constitucional*
constituir v. *constituir*
constitutivo, -a adj. *constitutiu*
constituyente adj. *constituent*
constreñir v. *constrènyer*
constricción f. *constricció*
construcción f. *construcció*
constructivo, -a adj. *constructiu*
construir v. *construir*
consubstancial adj. *consubstancial*
consuegro, -a m. y f. *consogre*
consuelo m. *consol*
cónsul m. *cònsol*
consulado m. *consolat*
consular adj. *consular*
consulta f. *consulta*
consultar v. *consultar*
consultivo, -a adj. *consultiu*
consultorio m. *consultori*
consumación f. *consumació*
consumar v. *consumar*
consumero m. *consumer*
consumición f. *consumició*
consumir v. *consumir // rfl. migrar-se, corfondre's, glatir, corsecar-se*
consumo m. *consum*
consunción f. *consumpció*
de consuno adv. *conjuntament, acordadament*
contabilidad f. *comptabilitat*
contable adj. *comptable*
contacto m. *contacte*
contado, -a adj. *comptat / al — al comptat*
contador, -a adj. *comptador*
contaduría f. *comptadoria*
contagiar v. *contagiar, encomanar, aferrar*
contagio m. *contagi*
contagioso, -a adj. *contagiós*

contaminación f. *contaminació*
contaminar v. *contaminar*
contante adj. *comptant*
contar v. (numerar o calcular) *comptar //* (narrar) *contar*
contemplación f. *contemplació*
contemplar v. *contemplar*
contemporáneo, -a adj. *contemporani*
contemporizar v. *contemporitzar*
contención f. *contenció*
contencioso, -a adj. *contenciós*
contender v. *contendre*
contendiente adj. *contendent*
contener v. *contenir*
contenido m. *contingut*
contentadizo, -a adj. *contentadís*
contentar v. *contentar*
contento, -a adj. *content //* m. *goig, joia, alegria, acontentament*
contestación f. *contesta, contestació, resposta*
contestar v. *contestar, respondre*
contexto m. *context*
contextura f. *contextura*
contienda f. *contesa, baralla, brega*
contigo pron. *amb tu*
contigüidad f. *contigüitat*
contiguo, -a adj. *contigu*
continencia f. *continència*
continental adj. *continental*
continente adj. y m. *continent //* m. (actitud, comportamiento) *posat, continença*
contingencia f. *contingència*
contingente adj. *contingent*
continuación f. *continuació*
continuar v. *continuar*
continuidad f. *continuïtat*
continuo, -a adj. *continu*
contonearse v. *remenar-se, gronxar-se, engronsar-se*
contoneo m. *remenament, engronsament, gronxament*
contornear v. *contornar, contornejar*
contorno m. *contorn //* (afueras) *encontorns, voltants, volts, rodalia*
contorsión f. *contorsió*
contra prep. *contra*
contraalmirante m. *contraalmirall*
contraatacar v. *contraatacar*
contrabajo m. *contrabaix*
contrabandista m. y f. *contrabandista*
contrabando m. *contraban*
contracción f. *contracció*
contráctil adj. *contràctil*
contracto, -a adj. *contracte*
contradecir v. *contradir*

contradicción f. *contradicció*
contradictor, -a adj. *contradictor*
contradictorio, -a adj. *contradictori*
contraer v. *contreure, contraure*
contraespionaje m. *contraespionatge*
contrafuerte m. *contrafort*
contragolpe m. *contracop*
contrahacer v. *contrafer, estrafer*
contrahecho, -a adj. *contrafet, estrafet, malforjat*
contraindicación f. *contraindicació*
contralto m. y f. *contralt*
contraluz f. *contraclaror, contrallum*
contramaestre m. *contramestre*
contramuralla f. *contramuralla, contramurada*
contramuro m. *contramur, contraparet*
contraorden f. *contraorde*
contrapartida f. *contrapartida*
a contrapelo adv. *a contrapèl, a repèl*
contrapesar v. *contrapesar*
contrapeso m. *contrapès*
contrapié m. *contrapeu*
contraponer v. *contraposar*
contraposición f. *contraposició*
contraproducente adj. *contraproduent*
contraproyecto m. *contraprojecte*
contrapuerta f. *contraporta*
contrapunto m. *contrapunt*
contrariar v. *contrariar*
contrariedad f. *contrarietat*
contrario, -a adj. *contrari / al — o por el — al contrari / de lo — altrament, si no*
contrarreforma f. *contrareforma*
contrarréplica f. *contrarèplica*
contrarrestar v. *contrarestar*
contrarrevolución f. *contrarevolució*
contrasentido m. *contrasentit*
contraseña f. *contrasenya*
contrastar v. *contrastar*
contraste m. *contrast, contrastament*
contrata f. *contracta*
contratación f. *contractació*
contratar v. *contractar*
contratiempo m. *contratemps*
contratista m. y f. *contractista*
contrato m. *contracte*
contravención f. *contravenció*
contraveneno m. *contraverí*
contravenir v. *contravenir*
contraventana f. *porticó, portelló, paravent*
contraventor, -a m. y f. *contraventor*
contrayente adj. *contraent*
contribución f. *contribució*
contribuir v. *contribuir*
contribuyente adj. *contribuent*

contrición f. *contrició*
contrincante m. *contrincant*
contristar v. *contristar*
contrito, -a adj. *contrit*
control m. *control*
controlar v. *controlar*
controversia f. *controvèrsia*
controvertir v. *controvertir*
contubernio m. *contuberni*
contumacia f. *contumàcia*
contumaz adj. *contumaç*
contundente adj. *contundent*
conturbación f. *contorbació*
conturbar v. *contorbar*
contusión f. *contusió*
contuso, -a adj. *contús*
convalecencia f. *convalescència*
convalecer v. *refer-se*
convaleciente adj. *convalescent*
convalidar v. *convalidar*
convecino, -a adj. *conveí*
convencer v. *convèncer*
convencimiento m. *convenciment*
convención f. *convenció*
convencional adj. *convencional*
conveniencia f. *conveniència*
conveniente adj. *convenient*
convenientemente adv. *convenientment*
convenio m. *conveni*
convenir v. *convenir*
convento m. *convent*
convergencia f. *convergència*
convergente adj. *convergent*
converger v. *convergir*
conversación f. *conversa, conversació, con-versada*
conversar v. *conversar*
conversión f. *conversió*
converso, -a adj. *convers*
convertir v. *convertir*
convexidad f. *convexitat*
convexo, -a adj. *convex*
convicción f. *convicció*
convicto, -a adj. *convicte*
convidar v. *convidar*
convincente adj. *convincent*
convincentemente adv. *convincentment*
convite m. *convit*
convivencia f. *convivència*
convivir v. *conviure*
convocación f. *convocació*
convocar v. *convocar*
convocatoria f. *convocatòria*
convoy m. *comboi*
convulsión f. *convulsió*
convulsionar v. *convulsar*

convulsivo, -a adj. *convulsiu*
convulso, -a adj. *convuls*
conyugal adj. *conjugal*
cónyuge m. y f. *cònjuge*
coñac m. *conyac*
cooperación f. *cooperació*
cooperar v. *cooperar*
coordenada f. *coordenada*
coordinación f. *coordinació*
coordinar v. *coordinar*
copa f. *copa*
copar v. *copar*
copartícipe m, y f. *coparticipant*
copete m. *renclí, tupè // plomall // cim, cuculla // de alto — d'upa, de qui fa fer, de vara alta, de qui hi ha dalt*
copia f. *còpia*
copiar v. *copiar*
copioso, -a adj. *copiós*
copista m. y f. *copista*
copla f. *cobla, .cançó, glosa*
coplero m. y f. *glosador, coblejador*
1) copo m. *borrall, floc, flòbia, tofa*
2) copo m. *copament*
copón m. *copó, hostier*
copropietario, -a adj. *copropietari*
copto, -a adj. *copte*
cópula f. *còpula*
copular v. *copular*
copulativo, -a adj. *copulatiu*
coque m. *coc*
coqueta f. *coqueta*
coquetear v. *coquetejar*
coquetería f. *coqueteria*
coquetón, -ona adj. *graciós, agradós, fi*
coraje m. *coratge // ràbia, ira*
1) coral m. (pólipo) *corall, coral*
2) coral adj. (del coro) *coral*
coralífero, -a adj. *coral·lífer*
coralino, -a adj. *coral·lí*
coraza f. *cuirassa*
corazón m. *cor*
corazonada f. *corada // pressentiment*
corbata f. *corbata*
corbatín m. *corbatí*
corbeta f. *corbeta*
corcel m. *corser, destrer*
corcova f. *gep*
corcovado, -a adj. *geperut*
corchea f. *corxera*
corchete m. *gafa, gafet // escarabat // clau-dàtor*
corcho m. *suro*
cordal adj. (de guitarra, etc.) *pont*
cordel m. *cordell, cordella, cordill, llendera / llinyol, ginyola*

cordero m. *anyell, mè, be, xai*
cordial adj. *coral, cordial* // m. *cordial*
cordialidad f. *cordialitat*
cordillera f. *serra, serrat, serralada, serralar*
cordón m. *cordó*
cordonero, -a m. y f. *cordoner*
cordura f. *seny*
coreano, -a m. y f. *coreà*
corear v. *corejar, acompanyar*
coreografía f. *coreografia*
coreógrafo, -a m. y f. *coreògraf*
coriáceo, -a adj. *coriaci*
corifeo m. *corifeu*
corimbo m. *corimbe*
corindón m. *corindó*
corista m. y f. *corista*
cormorán m. *corb marí, cormorà*
cornada f. *banyada*
cornalina f. *cornalina*
cornamenta f. *banyam*
cornamusa f. *cornamusa, xerem...*
córnea f. *còrnia*
corneja f. *cucala, cornella* // *mussol, duc petit*
córneo, -a adj. *corni*
córner m. *còrner*
corneta f. *corneta*
cornetín m. *cornetí*
cornisa f. *cornisa*
cornudo, -a adj. *banyut, cornut*
coro m. *cor*
corografía f. *corografia*
coroides m. *coroides*
corola f. *corol·la*
corolario m. *corol·lari*
corona f. *corona*
coronación f. *coronació*
coronamiento m. *coronament*
coronar v. *coronar*
coronel m. *coronel*
coronilla f. *coroneta, coronell* // **andar de —** *ballar de capoll* // **estar hasta la —** *estar fins a la coroneta, fins dalt el cap, fins al capdamunt*
corpachón m. *cossarro, ossada*
corpiño m. *cosset*
corporación f. *corporació*
corporativo, -a adj. *corporatiu*
corpóreo, -a adj. *corpori*
corpulencia f. *corpulència*
corpulento, -a adj. *corpulent*
corpúsculo m. *corpuscle*
corral m. *corral*
correa f. *corretja*
correaje m. *corretjam*
correazo m. *corretjada*

corrección f. *correcció*
correctivo, -a adj. *correctiu*
correcto, -a adj. *correcte*
corrector, -a m. y f. *corrector*
corredera f. *corredora*
corredizo, -a adj. *corredís, escorredor* / **nudo —** *baga escorredora*
1) **corredor, -a** adj. *corredor*
2) **corredor** m. *passadís, corredor*
corregidor, -a adj. *veguer*
corregir v. *corregir*
correinar v. *corregnar*
correlación f. *correlació*
correlativo, -a adj. *correlatiu*
correligionario, -a adj. *correligionari*
correo m. *correu*
correoso, -a adj. *corretjós, estireganyós, tirós, nirviüt*
correr v. *córrer* // tr. *fer empegueir, avergonyir* // rfl. *esllavissar-se* // rfl. *deixar-se anar, fer-se a un costat, o envant o enrere* // rfl. *empegueir-se*
correría f. *correguda, incursió* // *escapada, volta, passada*
correspondencia f. *correspondència*
corresponder v. *correspondre*
correspondiente adj. *corresponent*
corresponsal adj. *corresponsal*
corretear v. *córrer* // *vaiverejar, volandejar, trescar*
corrida f. *correguda*
corrido, -a adj. *acossat, corregut* // *empegueït, encorregut* // **·de —** *de correguda*
1) **corriente** adj. *corrent*
2) **corriente** f. *corrent*
corrillo m. *rotlet, rotlle*
corrimiento m. *fluxió, fluix* // *esllavissament, esllavissada, enterrossall* // *empegueïment*
corro m. *rotlo, rotlle, rodona, rotlada*
corroboración f. *corroboració*
corroborar v. *corroborar*
corroer v. *corroure, corroir, rosegar, roegar, llavorar*
corromper v. *corrompre*
corrosión f. *corrosió*
corrosivo, -a adj. *corrosiu*
corrupción f. *corrupció*
corruptela f. *corruptela*
corrupto, -a adj. *corrupte*
corruptor, -a adj. *corruptor*
corsario, -a m. y f. *corsari, cossari*
corso m. *cors, cós*
cortado, -a adj. *tallat* // m. *trencat, tallat*
cortador, -a adj. *tallador*

cortante adj. y m. *tallant*
cortapapeles m. *tallapapers*
cortapisa f. *condició, requisit // dificultat, entrebanc*
cortar v. *tallar //* rfl. *quedar sense paraula //* rfl. *escaiar-se, triar-se // —* **el bacalao** *fer i desfer // —* **por lo sano** *tirar al dret*
1) **corte** m. *tall, tallada // xap, séc*
2) **corte** f. *cort //* pl. *corts*
cortedad f. *petitesa, curtària, curtesa // curtedat, curtor, aturament*
cortejar v. *fer la cort // festejar, fer gambes, fer l'aleta*
cortejo m. *festeig, festejament // acompanyament, seguici*
cortés adj. *cortès*
cortesano, -a adj. *cortesà*
cortesía f. *cortesia*
cortésmente adv. *cortesament*
corteza f. *escorça, escorxa, pela // crosta, cotna // pell, clovella, corfa*
cortical adj. *cortical*
cortijero, -a m. y f. *masover*
cortijo m. *mas, masia, possessió*
cortina f. *cortina*
cortinaje m. *cortinatge, encortinat*
corto, -a adj. *curt*
corto circuito m. *curt circuit*
corva f. *sofraja*
corvejón m. *sofraja*
córvido m. *còrvid*
corvo, -a adj. *corbat, voltat, tort*
corzo m. *cabirol*
cosa f. *cosa*
cosaco m. *cosac*
coscorrón m. *cascarro, catxo, paparró // carabassot, carabassotada*
cosecha f. *collita, esplet, anyada*
cosechar v. *collir, aplegar*
coseno m. *cosinus*
coser v. *cosir / —* **y cantar** *bufar i fer ampolles*
cosmético, -a adj. *cosmètic*
cósmico, -a adj. *còsmic*
cosmografía f. *cosmografia*
cosmología f. *cosmologia*
cosmopolita adj. *cosmopolita*
cosmos m. *cosmos*
coso m. *cós*
cosquillas f. pl. *pessigolles, cossigolles, còssigues*
cosquillear v. *pessigollejar, fer pessigolles, fer còssigues*
cosquilleo m. *pessigolles, corredissa*
1) **costa** f. *costa, vorera, marina*

2) **costa** f. (cantidad que se paga) *costa*
costado m. *costat, banda, flanc /* pl. *costellam /* **de** *— de costat, de folondres*
costal adj. *costal //* m. *sac, saca /* **ser harina de otro** *— esser figues d'altre paner o d'altre sostre*
costanero, -a adj. *costerut //* *coster, riberenc*
costar v. *costar*
costarriqueño, -a m. y f. *costa-riqueny*
coste m. *cost*
1) **costear** v. *pagar, costejar*
2) **costear** v. *costejar, vorejar, anar costa costa*
costero, -a adj. *coster, riberenc*
costilla f. *costella*
costillaje m. *costellam //* (de buque) *carcassa*
costillar m. *costellam*
costo m. *cost*
costoso, -a adj. *costós*
costra f. *crosta // crostera*
costumbre f. *costum, avès*
costumbrismo m. *costumisme*
costumbrista adj. *costumista*
costura f. *costura, cosidura*
costurera f. *cosidora*
costurero m. *cosidor*
cota f. *cota*
cotarro m. *coster // cau, enfony //* **alborotar el** *— avalotar el galliner*
cotejar v. *cotejar*
cotidiano, -a adj. *quotidià*
cotiledón m. *cotilèdon*
cotilla f. *cotilla*
cotillero, -a m. y f. *cotillaire, cotiller // xafarder*
cotillón m. *cotilló*
cotización f. *cotització*
cotizar v. *cotitzar*
coto m. *devesa, vedat // fita //* **poner** *— aturar, impedir*
cotorra f. *cotorra*
cotorrear v. *garlar, parlotejar, xerrotejar, cotorrejar*
coxal adj. *coxal*
coyote m. *coiot*
coyunda f. *juntura*
coyuntura f. *junta, juntura // conjuntura*
coyuntural adj. *conjuntural*
coz f. *pernada, coça, guitza, potada*
craneal adj. *cranial*
craneano, -a adj. *cranià*
cráneo m. *crani*
crápula f. *cràpula*
crasitud f. *crassitud*
craso, -a adj. *cras*

crasulácea f. *crassulàcia*
cráter m. *cràter*
creación f. *creació*
creador, -a m. y f. *creador*
crear v. *crear*
crecer v. *créixer* // *augmentar*
creces f. pl. *escreix*
crecida f. *crescuda*
crecido, -a adj. *gran, gros, augmentat, afavorit, revingut*
creciente adj. *creixent*
crecimiento m. *creixement, creixença*
credencial adj. *credencial*
credibilidad f. *credibilitat*
crédito m. *crèdit*
credo m. *credo*
credulidad f. *credulitat*
crédulo, -a adj. *crèdul*
creencia f. *creença*
creer v. *creure*
creíble adj. *creïble*
crema f. *crema*
cremación f. *cremació*
cremallera f. *cremallera*
crematístico, -a adj. *crematístic*
crematorio, -a adj. *crematori*
crencha f. *clenxa, ratlla*
crepé m. *crepè*
crepitar v. *crepitar*
crepuscular adj. *crepuscular*
crepúsculo m. *crepuscle*
crespo, -a adj. *reüll, rull, cresp*
crespón m. *crespó*
cresta f. *cresta* // *carena*
cretino, -a adj. *cretí*
cretona f. *cretona*
creyente adj. *creent, creient*
cría f. *cria*
criadero, -a adj. *criador* // m. *planter* // m. *viver* // m. *agre*
criado, -a m. y f. *criat, servent*
criador, -a m. y f. *criador*
crianza f. *criança, nodriment* // *mala — malcriadesa*
criar v. *criar, nodrir*
criatura f. *criatura* // *infant*
criba f. *garbell, porgador, porgadora*
cribar v. *garbellar, porgar*
cric m. *cric*
crimen m. *crim*
criminal adj. *criminal*
crin f. *crin* // pl. *renclins, crinera, renclinera*
crío m. *infant, nodrissó, menut*
criollo, -a m. y f. *crioll*
cripta f. *cripta*

criptógama f. *criptògama*
crisálida f. *crisàlide*
crisantemo m. *crisantem* // *estranys*
crisis f. *crisi*
crisma m. y f. *crisma*
crisol m. *gresol*
crispación f. *crispació*
crispar v. *crispar, estarrufar*
cristal m. *cristall* // *vidre*
cristalería f. *cristalleria*
cristalino, -a adj. *cristal·lí*
cristalización f. *cristal·lització*
cristalizar v. *cristal·litzar*
cristalografía f. *cristal·lografia*
cristiandad f. *cristiandat*
cristianismo m. *cristianisme*
cristianizar v. *cristianitzar*
cristiano, -a adj. *cristià*
criterio m. *criteri*
crítica f. *crítica*
criticar v. *criticar*
crítico, -a adj. *crític*
criticón, -ona adj. *criticador, criticaire*
croar v. *raucar*
cromar v. *cromar*
cromático, -a adj. *cromàtic*
cromlec m. *cromlec*
cromo m. (metal) *crom* // (grabado en colores) *cromo*
cromosoma m. *cromosoma*
crónica f. *crònica*
crónico, -a adj. *crònic*
cronista m. y f. *cronista*
cronología f. *cronologia*
cronometrar v. *cronometrar*
cronómetro m. *cronòmetre*
croquet m. *croquet*
croqueta f. *croqueta, raola*
croquis m. *croquis*
cruce m. *encreuat, creuament, encreuament* // (de caminos) *cruïlla*
crucería f. *encreuaments, creueria*
crucero adj. *creuer*
crucial adj. *crucial*
crucificar v. *crucificar*
crucifijo m. *crucifix, santcrist*
crucifixión f. *crucifixió*
crudamente adv. *cruament*
crudeza f. *cruesa*
crudo, -a adj. *cru*
cruel adj. *cruel*
crueldad f. *crueltat*
cruento, -a adj. *cruent*
crujía f. *cossia, crugia*
crujido m. *cruixit, cruix*
crujir v. *cruixir*

cruorina f. *cruorina*
crustáceo, -a adj. *crustaci*
cruz f. *creu //* *creuera //* *forcall*
cruzada f. *croada*
cruzado, -a adj. *creuat //* m. *croat*
cruzamiento m. *creuament, encreuament*
cruzar v. *encreuar //* *creuar, travessar*
cu f. *cu*
cuaderna f. *quaderna, costella*
cuaderno m. *quadern, qüern*
cuadra f. *quadra, establa*
cuadrado, -a adj. *quadrat*
cuadragésimo, -a adj. *quadragèsim*
cuadrángulo, -a adj. *quadrangle*
cuadrante m. *quadrant*
cuadrar v. *quadrar*
cuadratura f. *quadratura*
cuadricular v. *quadricular*
cuadrienio m. *quadrienni*
cuadriga f. *quadriga*
cuadrilátero, -a adj. *quadrilàter*
cuadrilla f. *colla //* (en tauromaquia) *quadrilla*
cuadro m. *quadro, quadre //* **a quadros** *dauat, a daus*
cuadrumano, -a adj. *quadrumà*
cuadrúpedo, -a adj. *quadrúpede*
cuádruple adj. *quàdruple*
cuadruplicar v. *quadruplicar*
cuádruplo, -a adj. *quàdruple*
cuajada f. *colada*
1) **cuajar** v. *prendre, quallar //* *carregar, farcir //* intr. *arribar a port, reeixir*
2) **cuajar** m. (del estómago de los rumiantes) *quall*
cuajo m. *quall //* **de —** *de soca-rel*
1) **cual** pron. relativo *qual //* adj. *qual //* pron. interrogativo *quin*
2) **cual** conj. *com*
cualesquiera pron. *qualssevol, qualssevulla*
cualidad f. *qualitat*
cualquier adj. *qualsevol //* **— cosa** *quesvulla, quesquesia*
cualquiera pron. *qualsevol //* **un — un** *qualsevol, un poca cosa*
cuan adv. *com*
cuando adv. *quan //* **— menos** *almenys, almanco //* **de — en — o de vez en —** *de tant en tant, adesiara, ara i suara*
cuantía f. *quantia*
cuantitativo, -a adj. *quantitatiu*
cuanto, -a (adj. relativo) *quant, el que //* (adv. relativo de cantidad) *quant, com //* **— más** *quant més, com més //* **en —** (conj. de tiempo) *quan, tot seguit que, totd'una que //* (interrogativo) *quant, com a què, què //* **en —** *quant a, en quant a*

cuáquero m. *quàquer*
cuarenta adj. *quaranta*
cuarentena f. *quarantena*
cuarentón, -ona adj. *quarantí*
cuaresma f. *quaresma, corema*
cuaresmero m. *quaresmer, coremer*
cuarta f. *quarta*
cuartear v. *esquarterar //* rfl. *crullar-se, esquerdar-se*
cuartel m. *quarter*
cuartera f. *quartera*
cuarterón m. *quarteró*
cuarteta f. *quarteta*
cuarteto m. *quartet*
cuartilla f. (medida) *quarta //* (de papel) *quartilla*
cuarto, -a adj. *quart //* m. *quart //* m. *quarter //* m. *cambra, habitació /* **— de baño** *cambra de bany*
cuartón m. *quartó*
cuarzo m. *quars*
cuasi adv. *quasi*
cuaternario, -a adj. *quaternari*
cuatrero m. *lladre de bestiar*
cuatro adj. *quatre*
cuatrocientos adj. *quatre-cents*
cuba f. *bóta*
cubano, -a m. y f. *cubà*
cubero m. *boter*
cubeta f. *cubeta //* *brullola, bujol*
cubicar v. *cubicar*
cúbico, -a adj. *cúbic*
cubierta f. *coberta*
cubierto, -a adj. *cobert*
cubil m. *colgador, cau*
cubilete m. *gobellet*
cubismo m. *cubisme*
cúbito m. *cúbit*
1) **cubo** m. *poal, buiol /* **— de la basura** *poal dels fems*
2) **cubo** m. *cub*
cubrecama m. *cobrellit, cobertor*
cubrimiento m. *cobriment*
cubrir v. *cobrir*
cucaña f. *cucanya*
cucaracha f. *cuca molla, cuca panissera, panera*
en cuclillas adv. *a la gatzoneta, a la gotzó, agotzonat*
cuclillo m. *cucut, cuquello*
cuco m. *cucut, cuquello //* **-a** adj. *polit, graciós //* adj. *pardal, murri, belitre*
cucurbitácea f. *cucurbitàcia*
cucurucho m. *paperina, cucurull*
cuchara f. *cullera*
cucharada f. *cullerada*

cucharilla f. *cullereta*
cucharón m. *cullerot, llossa, partidora*
cuchichear v. *xiuxiuejar, xiuxiuar, fer xep-a-xep*
cuchicheo m. *xiuxiueig, xiu-xiu, xep-a-xep*
cuchilla f. *ganiveta // tallant*
cuchillada f. *ganivetada // tallantada*
cuchillería f. *ganiveteria, coltelleria*
cuchillero m. *ganiveter, colteller*
cuchillo m. *ganivet, coltell*
cuchitril m. *enfony, alberjó*
cuello m. *coll*
cuenca f. *conca*
cuenco m. *conca, vas, escudella*
cuenta f. *compte / **pedir la** — demanar el compte / **ajustar cuentas** passar comptes / **en resumidas cuentas** en conclusió, en resum, en poques paraules / **dar** — donar compte, retre compte / **darse** — (de una cosa) adonar-se, tèmer-se // (de rosario o de collar) gra*
cuentagotas m. *comptagotes*
cuentista adj. *contista, rondaller // xafarder, comediant*
cuento m. *rondalla, conte, contarella // (chisme o enredo) falòrnia, romanços, xirimandangues / **ir con el** — xerrar, anar a contar // **sin** — innombrable, incomptable, sense fi ni compte*
cuerda f. *corda*
cuerdo, -a adj. *assenyat*
cuerna f. *banya // banyam // corn*
cuerno m. *banya // corn // — **de la abundancia** corn de l'abundància // **mandar al** — engegar a dida, enviar a fer trons*
cuero m. *cuiro, cuir, pell // bot, odre // — **cabelludo** pell del crani // **en cueros** nu, nuet, despullat, en pèl*
cuerpo m. *cos // còrpora, ossa*
cuervo m. *corp*
cuesta f. *costa, costera, rampa* / **cuestas** adv. *al coll, a be-coll, damunt l'esquena*
cuestión f. *qüestió*
cuestionar v. *qüestionar*
cuestionario m. *qüestionari*
cuestor m. *qüestor*
cueva f. *cova*
cuévano m. *cove, covo*
cuezo m. *gaveta, gavetó // cossi*
) cuidado m. *atenció, esment, cura // **tener** — (de alguien o de alguna cosa) tenir ànsia, tenir cura, tenir esment / **estar al** — (de alguien) estar atès, estar a cura / **ir con** — anar alerta, mirar-s'hi / ¡**cuidado!** alerta! // ànsia, angúnia, por, recel / **de** — perillós, de tèmer*

2) **cuidado, -a** adj. *acurat, ben atès*
cuidadoso, -a adj. *acurat, curós, endreçat, remirat*
cuidar v. *cuidar, agombolar, tenir cura //* rfl. *cuidar-se, tenir cura*
cuita f. *pena, treball, angoixa*
culata f. *culata*
culatazo m. *culatada*
culebra f. *serp, colobra*
culebrear v. *serpejar, serpentejar*
culinario, -a adj. *culinari*
culminación f. *culminació*
culminar v. *culminar*
culo m. *cul*
culpa f. *culpa*
culpabilidad f. *culpabilitat*
culpar v. *culpar*
culteranismo m. *culteranisme*
cultismo m. *cultisme*
cultivar v. *cultivar, conrear, conrar*
cultivo m. *cultiu, conreu, conró*
1) **culto** m. *culte*
2) **culto, -a** adj. *culte*
cultura f. *cultura*
cultural adj. *cultural*
cumbre f. *cim, capdamunt, capcurucull*
cumpleaños m. *aniversari, natalici*
cumplido, -a adj. *complet // complert // complit, atent //* m. *compliment*
cumplidor, -a adj. *complidor*
cumplimentar v. *complimentar*
cumplimentero, -a adj. *complimentós*
cumplimiento m. *compliment*
cumplir v. *complir*
cúmulo m. *cúmul, munt*
cuna f. *bres, bressol, bressola*
cundir v. *cadellar, flocar // retre*
cuneiforme adj. *cuneiforme*
cuneta f. *cuneta, síquia*
cuña f. *falca, tascó*
cuñado, -a m. y f. *cunyat*
cuño m. *encuny*
cuota f. *quota*
cupé m. *cupè*
cupo m. *part, tant, contingent, quota*
cupón m. *cupó*
cupresácea f. *cupressàcia*
cuprita f. *cuprita*
cúpula f. *cúpula*
1) **cura** f. *cura // guariment, cura*
2) **cura** m. *capellà*
curación f. *guariment, curació, cura*
curandero, -a m. y f. *curander*
curar v. *curar // guarir, curar // adobar, assaonar*
curativo, -a adj. *curatiu, guaridor*

curia f. *cúria*
curial adj. *curial*
curiosear v. *ensumar, tafanejar, rebostejar, furetejar*
curiosidad f. *curiositat, tafaneria*
curioso, -a adj. *curiós, tafaner //* (que despierta interés) *curiós //* (limpio) *net, pulcre, curiós*
cursar v. *cursar*
cursi adj. *cursi*
cursilería f. *cursileria*
cursillo m. *curset*
cursivo, -a adj. *cursiu*
curso m. *curs*
curtido, -a adj. (cuero) *adobat, assaonat // colrat, cremat, rostit*
curtidor m. *assaonador, adobador, blanquer*

curtiduría f. *adoberia, blanqueria*
curtir v. *adobar, assaonar // colrar, cremar // endurir*
curva f. *corba / —* **de nivel** *corba de nivell*
curvar v. *corbar*
curvatura f. *curvatura*
curvilíneo, -a adj. *curvilini*
curvo, -a adj. *corb, corbat*
cúspide f. *cúspide, cim*
custodia f. *custòdia*
custodiar v. *custodiar*
custodio m. *custodi*
cutáneo, -a adj. *cutani*
cutícula f. *cutícula*
cutis m. *cutis*
cuyo, -a pron. *del qual (de la qual, dels quals, de les quals)*

CH

chabacano, -a adj. *xavacà, xaró*
chacal m. *xacal*
chacota f. *gatzara, alulea*
chacotear v. *fer alulea*
chacha v. *teta, mainadera*
cháchara f. *barbolla, xerrameca*
chafar v. *esclafar*
chaflán m. *xamfrà*
chaflanar v. *xamfranar*
chagrín m. *xagrí*
chal m. *xal*
chalado, -a adj. *bollat, guillat, tocat d'ala, tocat d'es boll*
chalana f. *xalana, pastera, tèquina*
chaleco m. *guardapits, armilla*
chalet m. *xalet, torre*
chalina f. *xalina*
chalupa f. *xalupa, faluca*
chamba f. *xamba*
chambelán m. *camarlenc*
chambergo m. *xamberg*
champán m. *xampany*
champú m. *xampú*
chamuscar v. *socarrar, socarrimar*
chamusquina f. *cremadís, socarrim*
chancear v. *bromejar, anar de berbes*
chancleta f. *xoquí / ir en — dur les sabates a retaló*
chanclo m. *xancle*
chanchullo m. *trampa, embull, manifasseria*
chanfaina f. *samfaina*
chantaje m. *xantatge*
chanza f. *berba, broma, burla*
chapa f. *xapa, planxa, fullola*
chapar v. *xapar*
chaparrón m. *ruixat, ruixada*
chapear v. *xapar*
chapitel m. *agulla, xapitell*
chapotear v. *estopejar, xopar // clapotar, clapotejar // xipollejar, xopollejar*
chapucear v. *potinejar, matussejar*
chapucería f. *matusseria, grolleria*
chapucero, -a adj. *matusser, groller, grosser, potiner, manyà, manotes*
chapurrar v. *xampurrar, xampurrejar*

chapuza f. *bunyol, nyap, nyarro, tafarra, patafi*
chapuzar v. *capbussar*
chapuzón m. *capbussó, capbussada*
chaqué m. *jaqué*
chaqueta f. *jac, jaca, gec, jaqueta*
charada f. *xarada*
charanga f. *xaranga*
charca f. *embassada, bassa, toll*
charco m. *bassa, bassiot*
charla f. *xerrada, conversada, parladissa, rall*
charlar v. *parlotejar, rallar, xerrar*
charlatán, -ana adj. *xerraire, llengua-llarg, xarlatà*
charol m. *xarol*
charolar v. *enxarolar, xarolar*
charretera f. *xarretera, espatleta*
chascar v. *espetegar, clacar // petar la llengua, tocar l'ase // engolir, enfornar*
chascarrillo m. *coverbo, facècia, acudit*
chasco m. *brou, perboc*
chasis m. *xassís*
chasquear v. *esclafir, petar // escaldar, donar es brou, donar un perboc, fer la guitza*
chasquido m. *esclafit, espetec*
chatarra f. *ferralla, ferramalla, ferro vell*
chato, -a adj. *camús, xato //* m. *suret*
chaval, -a adj. *al·lotell, bergantell, xicot, bordegàs*
chaveta f. *xaveta, birulet*
checo, -a m. y f. *txec*
checoslovaco, -a m. y f. *txecoslovac*
chelín m. *xíling*
cheque m. *xec*
cherif m. *xerif*
chico, -a adj. *petit, menut //* m. *al·lot, nin, nen, minyó, noi, xiquet, vailet, xicot*
chichón m. *braverol, nyanyo*
chichonera f. *cervellera, gorra de cop*
chifla f. *siulada // siulet*
chiflado, -a adj. *bollat, guillat, sonat*
chifladura f. *bolladura, guilladura*
chiflar v. *siular, xiular // fer befa, fer alei*

chuzo

// rfl. *guillar-se, tocar-se, bollar-se, perdre el nord*
chileno, -a m. y f. *xilè*
chillar v. *xisclar, giscar*
chillería f. *xiscladissa, giscadissa*
chillido m. *xiscle, xisclet, gisco*
chillón, -ona adj. *giscador, xisclador* // *virolat, cridaner*
chimenea f. *fumeral, xemeneia* // *escalfapanxes, xemeneia, llar de foc*
chimpancé m. *ximpanzé*
chinchar v. *molestar, enfitar, empipar*
chinche f. *xinxa*
chincheta f. *xinxa, xinxeta*
chinchilla f. *xinxilla*
chinela f. *xinel·la, tapí*
chinesco, -a adj. *xinesc*
chino, -a m. y f. *xinès*
chipirón m. *calamarí*
chipriota m. y f. *xipriota*
chiquillada f. *criaturada, ninada, al·lotada*
chiquillería f. *mainada, quitxalla, canalla, al·lotea, al·loteria, infanteria, patulea*
chiquillo, -a m. y f. *al·lotó, minyonet, fillet, xicotet*
chiquitín, -ina adj. *petitó, menudet*
chirimía f. *grall, gralla, xeremia*
chirimoya f. *xirimoia*
chirimoyo m. *xirimoier*
chiripa f. *xamba, xeripa, sort*
chirivía f. *xirivia, xerovia*
chirlo m. *trenc, merxa, xiribec*
chirriar v. *grinyolar, xerricar*
chirrido m. *grinyol, xerric*
chisguete m. *raig*
chisme m. *xafarderia, xerroteria* // *fòtil, renoc, endèria*
chismorrear v. *xafardejar, rallar*
chismorreo m. *xafarderia, rall*
chismoso, -a adj. *xafarder, xerrim*
chispa f. *espira, espurna, guspira* // *vivor, enginy* // **echar chispas** *treure foc pels queixals*
chispazo m. *espurneig, espireig, llampec*
chispear v. *espirejar, guspirejar, espurnejar*
chisporrotear v. *espirejar, espurnejar, guspirejar, petarrellejar*
chisporroteo m. *espurnadissa, petarrelleig*
chistar v. *piular, motar*
chiste m. *acudit, facècia*
chistera f. *capell alt, copalta*
chistoso, -a adj. *agut, faceciós, penjat*
chivato m. *segall* // **-a** m. y f. *acuador, acuseta, delator*
chivo m. *segall, cabrit*
chocante adj. *xocant*
chocar v. *topar, xocar* // *xocar, agradar*

chocarrería f. *dita grossera*
chocarrero, -a adj. *grosserot*
chocolate m. *xocolata*
chocolatería f. *xocolateria*
chocolatero, -a adj. *xocolater*
chocha f. *cega, becada*
chochear v. *caducar, fer cadufos, repapiejar*
chochez f. *caduf, cadufada, repapieig*
chocho, -a adj. *xaruc*
chofer m. y f. *xofer*
chopo m. *poll, pollanc, pollancre*
choque m. *topada, encontre, encontrada, envestida, xoc*
chorizo m. *xorís*
chorrear v. *rajar, roiar* // *regalar, regalimar*
chorreo m. *raig, roi, regalim*
chorro m. *raig, roi, broll, doll* / (abundante y con fuerza) *brand* / (delgado y suave) *rajolí, pixarell* // **a chorros** *a dolls, a dojo, a forfollons*
chotis m. *xotis*
choto m. *segall* // *vedell*
choza f. *cabana, barracot*
chubasco m. *batuda, ruixat*
chubasquero m. *impermeable*
chuchería f. *broleria, fotesa, galindaina*
chucho m. *cus, gos, canet, cusset*
chueta m. y f. *xueta, xuetó*
chufa f. *xufla, xufleta, ravenissa dolça*
chulada f. *grosseria* // *bravejada* // *picardia*
chulería f. *desimboltura, picardia, fatxenderia*
chuleta f. *costella, xulla*
chulo, -a adj. *malcriat, grosser* // *lleteret, pinxo, fatxenda*
chumbera f. *figuera de moro, figuera de pala*
chumbo m. *figa de moro, figa de pala*
chunga f. *gresca, broma, fisconada*
chunguearse v. *fisconar-se*
chupa f. *jupa* // **poner como — de dómine** *posar com un pedaç brut*
chupada f. *xuclada*
chupador, -a adj. *xuclador*
chupar v. *xuclar* // *abeurar-se* // rfl. *amagrir-se, fondre's*
chupatintas m. *pixatinters*
chupete m. *xuclador, bergansí*
chupón, -ona adj. *xuclador*
churrería f. *xurreria*
churrigueresco, -a adj. *xurrigueresc*
churro m. *xurro*
chusma f. *xusma, gentussa, púrria*
chut m. *xut*
chutar v. *xutar*
chuzo m. *pica, xuixo*

D

dable adj. *possible, faedor*
daca f. *daça, dóna'm* // **andar al toma y —**
anar estira i arronsa
dactilar adj. *dactilar*
dáctilo m. *dàctil*
dactilografía f. *dactilografia*
dactilógrafo, -a m. y f. *dactilògraf*
dactiloscopia f. *dactiloscòpia*
dadaísmo m. *dadaisme*
dádiva f. *do, regal, present, obsequi*
dadivoso, -a adj. *donador, generós*
1) **dado** m. (pieza cúbica) *dau*
2) **dado que** conj. *posat que*
dador, -a adj. *dador, donador*
daga f. *daga*
dale que dale adv. *dali-dali, daça que daça*
dalia f. *dàlia* (la flor), *daliera* (la planta)
dálmata adj. *dàlmata*
dalmática f. *dalmàtica*
daltonismo m. *daltonisme*
dama f. *dama* // (en el ajedrez) *reina*
damasceno, -a adj. *damasquí*
damasco m. *domàs*
damasquino, -a adj. *damasquí*
damero m. *escaquer*
damisela f. *damisel·la, senyoreta*
damnificar v. *damnificar*
dandy m. *dandi*
danés, -esa m. y f. *danès*
dantesco, -a adj. *dantesc*
danza f. *dansa, ball*
danzante m. y f. *dansador, dansaire, balla-dor*
danzar v. *dansar, ballar*
danzarín, -ina m. y f. *ballador, dansaire, dansador*
dañar v. *danyar, fer mal*
dañino, -a adj. *danyós, nociu*
daño m. *dany, mal*
dar v. *dar, donar* // *donar, retre, treure* // *pegar, ensivellar, donar, entimar* // *dar, donar, entregar, lliurar* // (la hora) *tocar* // (dar pasos, saltos, etc.) *fer* // (chocar) *topar, envestir* // (golpear) *ferir, pegar* // rfl. *retre's, rendir-se* // rfl. (suceder,

existir) *haver-hi, donar-se, ocórrer* // rfl. (dedicarse, aplicarse) *donar-se, lliurar-se*
dardo m. *dard, dardell*
dársena f. *dàrsena*
darvinismo m. *darvinisme*
data f. *data*
datar v. *datar*
dátil m. *dàtil*
datilera f. *datilera*
dativo m. *datiu*
dato m. *dada*
de prep. *de*
dea f. *deessa*
deambular v. *deambular*
deán m. *degà*
deanato m. *deganat*
debajo adv. *davall, sota, dessota* / **por —**
per davall, davall-davall
debate m. *debat*
debatir v. *debatre*
debe m. *deure*
deber v. y m. *deure* // m. *treball, tasca*
debidamente adv. *degudament*
debido, -a adj. *degut* // **— a** *a causa de*
débil adj. *dèbil, feble, fluix*
debilidad f. *debilitat, feblesa, fluixedat*
debilitar v. *debilitar, afeblir*
débito m. *dèbit, deute*
debut m. *debut*
debutante m. y f. *debutant*
debutar v. *debutar*
década f. *dècada*
decadencia f. *decadència*
decadente adj. *decadent*
decaedro m. *decàedre*
decaer v. *decaure, demancar*
decágono m. *decàgon*
decagramo m. *decagram*
decaído, -a adj. *decaigut, decandit*
decaimiento m. *decaïment, decandiment*
decalitro m. *decalitre*
decálogo m. *decàleg*
decámetro m. *decàmetre*
decanato m. *deganat*

decano m. *degà*
decantar v. *decantar*
decapitación f. *decapitació*
decapitar v. *decapitar*
decápodo m. *decàpode*
decasílabo, -a adj. *decasíl·lab*
decena f. *desena*
decenal adj. *desenal*
decenario, -a adj. *desenari*
decencia f. *decència*
decenio m. *decenni*
deceno, -a adj. *desè*
decente adj. *decent*
decentemente adv. *decentment*
decepción f. *decepció*
decepcionar v. *decebre*
decidido, -a adj. *decidit, resolt, xarpat*
decidir v. *decidir*
decidor, -a adj. *conversador, enraonador, xerrador*
decigramo m. *decigram*
decilitro m. *decilitre*
décima f. *dècima* // *delme*
decimal adj. *decimal*
decímetro m. *decímetre*
décimo, -a adj. *desè* // m. (de lotería) *dècim*
decimoctavo, -a adj. *divuitè*
decimocuarto, -a adj. *catorzè*
decimonono, -a adj. *dinovè*
decimoprimero, -a adj. *onzè*
decimoquinto, -a adj. *quinzè*
decimosegundo, -a adj. *dotzè*
decimoséptimo, -a adj. *dissetè*
decimosexto, -a adj. *setzè*
decimotercero, -a adj. *tretzè*
decir v. *dir* // es — *és a dir*
decisión f. *decisió*
decisivo, -a adj. *decisiu*
declamación f. *declamació*
declamar v. *declamar*
declaración f. *declaració*
declarante m. y f. *declarant*
declarar v. *declarar*
declinación f. *declinació*
declinar v. *declinar*
declive m. *declivi, costera, rost*
decocción f. *decocció*
decolorar f. *decolorar*
decomisar v. *decomissar*
decoración f. *decoració*
decorar v. *decorar*
decorativo, -a adj. *decoratiu*
decoro m. *decòrum*
decoroso, -a adj. *decorós*
decrecer v. *decréixer*

decreciente adj. *decreixent*
decrépito, -a adj. *decrèpit, acabat*
decrepitud f. *decrepitud*
decretar v. *decretar*
decreto m. *decret*
decúbito m. *decúbit*
decuplicar v. *decuplicar*
décuplo, -a adj. *dècuple*
decurso m. *decurs*
dechado m. *mostra, exemple, model*
dedada f. *ditada*
dedal m. *didal*
dédalo m. *dèdal, laberint*
dedicación f. *dedicació*
dedicar v. *dedicar*
dedicatoria f. *dedicatòria*
al dedillo adv. *pel cap dels dits*
dedo m. *dit* / — pulgar o — gordo *dit polze, dit gros* / — índice *dit senyalador, dit index* / — del corazón *dit d'enmig, dit llarg* / — anular *dit de l'anell, dit anular* / — meñique *dit petit, menuell, dit xic*
deducción f. *deducció*
deducir v. *deduir*
defecación f. *defecació*
defecar v. *defecar*
defección f. *defecció*
defecto m. *defecte*
defectuoso, -a adj. *defectuós*
defender v. *defensar, defendre*
defenestrar v. *defenestrar*
defensa f. *defensa*
defensivo, -a adj. *defensiu*
defensor, -a adj. *defensor*
deferencia f. *deferència*
deferente adj. *deferent*
deferir v. *deferir*
deficiencia f. *deficiència*
deficiente adj. *deficient*
déficit m. *dèficit*
definición f. *definició*
definidor, -a adj. *definidor*
definir v. *definir*
definitivo, -a adj. *definitiu*
deflagración f. *deflagració*
deformación f. *deformació*
deformar v. *deformar*
deforme adj. *deforme*
deformidad f. *deformitat*
defraudación f. *defraudació*
defraudar v. *defraudar*
defunción f. *defunció*
degeneración f. *degeneració*
degenerar v. *degenerar*
deglución f. *deglució*
deglutir v. *deglutir*

degollación f. *degollació, degolla*
degollar v. *degollar*
degradación f. *degradació*
degradar v. *degradar*
degustación f. *degustació*
degustar v. *degustar*
dehesa f. *devesa, closa*
dehiscencia f. *dehiscència*
dehiscente adj. *dehiscent*
deicidio m. *deïcidi*
deidad f. *deïtat*
deificar v. *deïficar*
deísmo m. *deisme*
dejadez f. *deixadesa*
dejado, -a adj. *deixat*
dejar v. *deixar / — ver fer coneixedor, deixar veure / — de lado deixar de banda*
dejo m. *deix, deixant // regust // bevent*
delación f. *delació*
delantal m. *davantal*
delante adv. *davant / llevarse por — arregussar, arronsar, endur-se'n*
delantera f. *capdavant, davantera*
delantero, -a adj. *davanter, capdavanter*
delatar v. *delatar, acusar*
delator, -a adj. *delator, acusador*
deleble adj. *deleble, esborradís*
delectación f. *delectació*
delegación f. *delegació*
delegado, -a m. y f. *delegat*
delegar v. *delegar*
deleitable adj. *delectable, delitós*
deleitar v. *delectar, delitar*
deleite m. *delectació, delit*
deletrear v. *confegir, lletrejar*
deletreo m. *confegitura, lletreig*
deleznable adj. *trencadís, esmicoladís*
1) **delfín** m. (cetáceo) *dofí*
2) **delfín** m. (hijo mayor del rey de Francia) *delfí*
delgadez f. *magresa, magror, primor*
delgado, -a adj. *prim, allanguit, magre / hilar — filar prim, primfilar, primmirar*
delgaducho, -a adj. *primatxol, esprimatxat*
deliberación f. *deliberació*
deliberar v. *deliberar*
delicadeza f. *delicadesa*
delicia f. *delícia*
delicioso, -a adj. *deliciós*
delictivo, -a adj. *delictiu*
delicuescente adj. *deliqüescent*
delimitación f. *delimitació*
delimitar v. *delimitar*
delincuencia f. *delinqüència*
delincuente m. *delinqüent*
delineante m. *delineant*

delinear v. *delinear*
delinquir v. *delinquir*
delirante adj. *delirant*
delirar v. *delirar, desvariejar*
delirio m. *deliri, desvarieig, desvari*
delito m. *delicte*
delta m. *delta*
deltoides adj. *deltoide*
demacrado, -a adj. *demacrat*
demagogia f. *demagògia*
demagogo, -a m. y f. *demagog*
demanda f. *demanda, requesta*
demandar v. *demandar, demanar*
demarcación f. *demarcació*
demarcar v. *demarcar*
demás adj. (además) *demés // los — els altres // lo — allò altre, les altres coses, la resta // por lo — per altra banda, d'altra banda*
demasía f. *demesia, excés*
demasiado, -a adj. *demesiat, excessiu //* adv. *massa*
demencia f. *demència*
demente adj. *dement*
demérito m. *demèrit*
demiurgo m. *demiürg*
democracia f. *democràcia*
demócrata adj. *demòcrata*
democrático, -a adj. *democràtic*
democratizar v. *democratitzar*
demografia f. *demografia*
demográfico, -a adj. *demogràfic*
demoledor, -a adj. *demolidor*
demoler v. *demolir, enderrocar*
demolición f. *demolició, enderrocament*
demoníaco, -a adj. *demoníac*
demonio m. *dimoni, diable // darse a todos los demonios dagar-se, damnarse, grifar-se*
demontre m. *dimontri, dimeni*
demora f. *demora*
demorar v. *demorar, diferir, retardar*
demostración f. *demostració*
demostrar v. *demostrar*
demostrativo, -a adj. *demostratiu*
demudar v. *esbarrellar, trasmudar*
denario, -a adj. y m. *denari*
denegación f. *denegació*
denegar v. *denegar*
denigrante adj. *denigrant*
denigrar v. *denigrar*
denodado, -a adj. *abrivat*
denominación f. *denominació*
denominador, -a adj. *denominador*
denominar v. *denominar*
denostar v. *injuriar, blasmar, insultar*
denotar v. *denotar*

desacierto

densidad f. *densitat*
denso, -a adj. *dens, espès*
dentado, -a adj. *dentat*
dentadura f. *dentadura, barram*
dental adj. *dental*
dentar v. *dentar*
dentellada f. *queixalada, clavada, mossegada*
dentera f. *esmussament* / **dar —** *esmussar*
dentición f. *dentició, barrament*
dentífrico, -a adj. y m. *dentifrici*
dentista m. y f. *dentista*
dentón m. *déntol*
dentro adv. *dins, a dins, dintre, a dintre*
dentudo, -a adj. *dentut*
denudar v. *denudar*
denuedo m. *ardidesa, coratge, abrivament*
denuesto m. *insult, penjament*
denuncia f. *denúncia*
denunciar v. *denunciar*
deparar v. *subministrar, procurar, oferir, fornir*
departamento m. *departament*
departir v. *departir*
depauperar v. *depauperar*
dependencia f. *dependència*
depender v. *dependre*
dependiente adj. *dependent*
depilación f. *depilació*
depilar v. *depilar*
depilatorio, -a adj. *depilatori*
deplorable adj. *deplorable*
deplorar v. *deplorar*
deponer v. *deposar*
deportación f. *deportació*
deportar v. *deportar*
deporte m. *esport, deport*
deportividad f. *esportivitat*
deportivo, -a adj. *esportiu*
deposición f. *deposició*
depositar v. *depositar*
depositaría f. *depositaria, dipositaria*
depositario, -a adj. *depositari, dipositari*
depósito m. *depòsit, dipòsit*
depravación f. *depravació*
depravar v. *depravar*
deprecación f. *deprecació*
deprecar v. *deprecar*
depreciación f. *depreciació*
depreciar v. *depreciar*
depredación f. *depredació*
depredar v. *depredar*
depresión f. *depressió*
depresivo, -a adj. *depressiu*
deprimente adj. *depriment*
deprimir v. *deprimir*
depuración f. *depuració*

depurar v. *depurar*
depurativo, -a adj. *depuratiu*
derecha f. *dreta* / **a derechas** *així com cal, encertadament, a senendret*
derecho, -a adj. i m. *dret*
derechura f. *dretura*
deriva f. *deriva* / **a la —** *a la deriva, a la ronsa, enjòlit*
derivación f. *derivació*
derivar v. *derivar*
derivativo, -a adj. *derivatiu*
dermatitis f. *dermatitis*
dermatología f. *dermatologia*
dérmico, -a adj. *dèrmic*
dermis f. *dermis, derma*
dermitis f. *dermitis*
derogación f. *derogació*
derogar v. *derogar*
derramamiento m. *escampament, vessament*
derramar v. *escampar, vessar* / rfl. *escampar-se, vessar, sobreeixir*
derrame m. *escampament, vessament*
derredor adv. *voltant* / **en —** *entorn, al voltant, tot al rodó*
derrengar v. *esllomar, arronyonar*
derretimiento m. *fosa, fusa, fusió*
derretir v. *fondre*
derribar v. *enderrocar, esbucar, esfondrar, tomar, tirar a baix* // *aterrar, ajeure, tombar* // *abatre, capficar*
derribo m. *enderrocament, enderroç, demolició, esbucament*
derrocar v. *derrocar, enderrocar, derruir*
derrochar v. *malgastar, malbaratar*
derroche m. *malbarat, malbaratament*
1) **derrota** f. (de una embarcación) *rumb, camí*
2) **derrota** f. (vencimiento) *derrota, desfeta*
derrotar v. *derrotar*
derrotero m. *rumb* // *tresquera, camí*
derruir v. *derruir, esbucar*
derrumbamiento m. *estimbada, enderroc, enderrossall*
derrumbar v. *enderrocar, estimbar* // rfl. *abisar-se, esbaldregar, enderrocar-se, esbucar-se*
desaborido, -a adj. *fat, fadenc*
desabotonar v. *desembotonar*
desabrido, -a adj. *aspriu, esquerp, dessaborit, repelenc*
desabrigar v. *desabrigar*
desabrochar v. *desengafetar, desembotonar, descordar*
desacato m. *desobediència, desacatament*
desacertar v. *errar, desencertar*
desacierto m. *desencert*

desaconsejar v. *desaconsellar*
desacordar v. *desacordar*
desacostumbrar v. *desacostumar, desavesar*
desacreditar v. *desacreditar*
desacuerdo m. *desacord*
desafección f. *desafecció*
desafecto, -a adj. *desafecte*
desafiar v. *desafiar*
desafinación f. *desafinació, desafinament*
desafinar v. *desafinar*
desafío m. *desafiament*
desaforado, -a adj. *desmesurat, desorbitat // contra llei*
desafortunado, -a adj. *desafortunat*
desafuero m. *violència contra llei, desmesura, enormitat*
desagradable adj. *desagradable, desplaent, malplaent*
desagradar v. *desagradar, desplaure*
desagradecer v. *desagrair*
desagradecido, -a adj. *desagraït, malagraït*
desagrado m. *desplaer, descontent, desgrat*
desagraviar v. *desagreujar*
desaguadero m. *escorredor, canalera*
desaguar v. *desaiguar, desguassar, escórrer, eixaugar*
desagüe m. *desaiguament, desguàs, eixauc // albelló, escorredor*
desaguisado m. *disbarat, desencert*
desahogar v. *confortar, alluejar // rfl. desfogar-se // fer la verinada, esbravar-se // esplaiar-se*
desahogo m. *alleujament // esplai, esbarjo // esbravament, desfogament // benestar, comoditat*
desahuciar v. *desenganar, desnonar*
desahucio m. *desengan, desnonament*
desairar v. *desairar, desatendre*
desaire m. *desaire, desatenció*
desalado, -a adj. *frissós, adelerat*
1) **desalar** v. (quitar la sal) *dessalar*
2) **desalar** v. (quitar las alas) *eixalar, aixellar // rfl. desteixir-se, desteixinar-se // rfl. delir-se, grifar-se*
desalentar v. *desalentar // desconfortar, descoratjar, desanimar*
desaliento m. *desconfort, descoratjament*
desaliñado, -a adj. *malforjat, descuidat, desendreçat, descurat*
desaliñar v. *desendreçar, malforjar*
desaliño m. *desendreç, deixadesa, descurança*
desalmado, -a adj. *malànima, cruel*
desalojar v. *desallotjar, buidar*
desalquilar v. *desllogar*
desamoblar v. *desmoblar*

desamor m. *desamor*
desamortización f. *desamortització*
desamortizar v. *desamortitzar*
desamparar v. *desemparar*
desamparo m. *desemparament, desemparança*
desamueblar v. *desmoblar*
desandar v. *tornar arrere, refer camí*
desangrar v. *dessagnar*
desanidar v. *desniar*
desanimación f. *desanimació*
desanimar v. *desanimar, descoratjar*
desánimo m. *desconfort, descoratjament, mortor*
desanudar v. *desnuar*
desapacible adj. *desplaent, enutjós*
desaparear v. *desaparellar*
desaparecer v. *desaparèixer*
desaparejar v. *desguarnir, desaparellar*
desaparición f. *desaparició*
desapasionado, a adj. *desapassionat*
desapegar v. *deslligar, desferrar*
desapego m. *desafecte*
desapercibido, -a adj. (desprovisto) *desproveït // (inadvertido) desapercebut*
desaplicado, -a adj. *desaplicat*
desaprender v. *desaprendre*
desaprensión f. *desaprensió*
desaprensivo, -a adj. *desaprensiu*
desapretar v. *afluixar*
desaprisionar v. *desempresonar*
desaprobación f. *desaprovació*
desaprobar v. *desaprovar*
desapropiar v. *desapropiar*
desaprovechar v. *desaprofitar*
desarbolar v. *desarborar*
desarmar v. *desarmar*
desarme m. *desarmament*
desarraigar v. *desarrelar*
desarraigo m. *desarrelament*
desarrapado, -a adj. *despellissat*
desarreglar v. *desarreglar, descompondre*
desarrendar v. *desarrendar, desllogar*
desarrollar v. *desenrotllar, desenvolupar, desplegar*
desarrollo m. *desenrotllament, desenvolupament, desplegament*
desarrugar v. *desruar, desarrugar*
desarticular v. *desarticular*
desaseado, -a adj. *brut, deixat, malendreçat*
desaseo m. *deixadesa, brutor, malendreç*
desasir v. *desagafar, deslligar, amollar*
desasosegado, -a adj. *desassossegat, desficiós*
desasosegar v. *desassossegar, desficiar*
desasosiego m. *desassossec, desfici*

desastrado, -a adj. *malastruc, desgraciat //*
deixat, esquinçat
desastre m. *desastre, malastrugança, calami-*
tat
desastroso, -a adj. *desastrós*
desatadura f. *deslligament*
desatar v. *desfermar, deslligar*
desatascar v *desembussar*
desataviar v. *desmudar, desenllestir*
desatención f. *desatenció*
desatender v. *desatendre*
desatento, -a adj. *desatent*
desatinado, -a adj. *esmaperdut, desassenyat*
desatinar v. *desballestar, desassenyar //* intr.
dir dois, dir disbarats
desatino m. *disbarat, despropòsit, doi*
desatracar v. *desatracar*
desautorizar v. *desautoritzar*
desavenencia f. *desavinença*
desavenir v. *desavenir*
desayunar v. *desdejunar, berenar, esmorzar*
desayuno m. *desdejuni, berenar, esmorzar*
desazón f. *desfici, neguit*
desazonado, -a adj. *desficiós, neguitós*
desbancar v. *desbancar*
desbandada f. *desbandada*
desbandarse v. *desbandar-se*
desbarajuste m. *bordell, descabdell, desga-*
vell, merder
desbaratar v. *desbaratar, desballestar, des-*
gavellar // esvair, abolir*
desbarrar v. *desbarrar*
desbastar v. *emprimar, refinar, desbastar*
desbloquear v. *desbloquejar*
desbloqueo m. *desbloqueig*
desbocar v. *esbrocar, esmorrellar, esvorellar*
// intr. *desembocar //* rfl. *desbocar-se*
desbordamiento m. *desbordament*
desbordar v. *desbordar*
desbravar v. *aregar, esbravar //* rfl. *esbra-*
var-se
desbridar v. *desbridar, desembridar*
desbrozar v. *eixermar, esbrostar, desbrossar*
desbrozo m. *eixermada, esbrostada, desbros-*
sada
descabalgar v. *descavalcar*
descabellado, -a adj. *esgavellat //* forasse-
nyat, desraonable
descabellar v. *despentinar, escabellar //* (al
toro) *acorar*
descabezar v. *escapçar, decapitar //* escapo-
llar // — **el sueño** *fer una becaina, ador-*
missar-se
descaecer v. *decaure, decandir-se*
descalabradura f. *trenc, xiribec*
descalabrar v. *escalabrar*

descalabro m. *derrota, vençó, contratemps*
descalificación f. *desqualificació*
descalificar v. *desqualificar*
descalzar v. *descalçar*
descalzo, -a adj. *descalç*
descaminar v. *desencaminar, esgarriar*
descamisado, -a adj. *descamisat*
descampado, -a adj. *descobert, obert //* m.
camp obert
descansar v. *descansar, reposar*
descansillo m. *replà, replanell*
descanso m. *descans, repòs*
descantillar v. *escantellar, esmorrellar*
descarado, -a adj. *descarat, barrut*
descararse v. *descarar-se, llevar careta*
descarga f. *descàrrega*
descargadero m. *descarregador*
descargar v. *descarregar*
descargo m. *descàrrec*
descarnar v. *descarnar, desxernir*
descaro m. *desenfreïment, barra, desver-*
gonya
descarriar v. *desencaminar, esgarriar, ex-*
traviar
descarrilamiento m. *descarrilament*
descarrilar v. *descarrilar*
descarrío m. *esgarriament, desencaminament*
descartar v. *descartar*
descarte m. *descart*
descasar v. *descasar*
descascarar v. *esclovellar, descrostar, es-*
crostar
descascarillar v. *esclovellar, escrostar*
descastado, -a adj. *descastat*
descendencia f. *descendència*
descendente adj. *descendent*
descender v. *descendir, davallar, baixar //*
provenir, procedir
descendiente m. y f. *descendent*
descendimiento m. *davallament, davallada,*
baixada / (de la Cruz) *davallament*
descenso m. *descens, davallada, davallament*
descentralizar v. *descentralitzar*
descentrar v. *descentrar*
desceñir v. *descenyir*
descerrajar v. *espanyar*
descifrable adj. *desxifrable*
descifrar v. *desxifrar*
desclavar v. *desclavar, desenclavar*
descocado, -a adj. *desimbolt, descarat, bar-*
rut
descoco m. *desimboltura, barra, desenfreï-*
ment
descolgar v. *despenjar*
descolorar v. *descolorar*
descolorir v. *descolorir, esblanqueir*

descollar v. *sobresortir, excel·lir*
descomponer v. *descompondre // desbaratar, desgavellar*
descomposición f. *descomposició*
descompostura f. *descomposició // desendreç // desimboltura*
descomunal adj. *descomunal, enorme, fora mida*
desconcertante adj. *desconcertant*
desconcertar v. *desconcertar*
desconcierto m. *desconcert, desgavell*
desconchar v. *esvorancar, crostaparar*
desconectar v. *desconnectar*
desconexión f. *desconnexió*
desconfianza f. *desconfiança*
desconfiar v. *desconfiar*
descongestionar v. *descongestionar*
descongestivo, -a adj. *descongestiu*
desconocer v. *desconèixer*
desconocimiento m. *desconeixement, desconeixença*
desconsideración f. *desconsideració*
desconsiderado, -a adj. *desconsiderat*
desconsolar v. *desconsolar, desconhortar*
desconsuelo m. *desconsol, desconhort*
descontar v. *descomptar*
descontentadizo, -a adj. *descontentadís, malagradós*
descontentar v. *descontentar*
descontento, -a adj. *descontent, malcontent, esmús // m. descontentament, esmussament*
desconvenir v. *desconvenir*
descorazonamiento m. *descoratjament*
descorazonar v. *descoratjar*
descorchar v. *destapar*
descordar v. *descordar*
descornar v. *escornar*
descorrer v. *destirar, descórrer*
descortés adj. *descortès*
descortesía f. *descortesia*
descortésmente adv. *descortesament*
descortezar v. *escorxar, esclovellar*
descoser v. *descosir*
descosido m. *descosit, descosida*
descostrar v. *descrostar, escrostar*
descoyuntar v. *desconjuntar, desllorigar*
descrédito m. *descrèdit*
descreer v. *descreure*
descreído, -a adj. *descreent, descregut*
describir v. *descriure*
descripción f. *descripció*
descriptivo, -a adj. *descriptiu*
descrismar v. *rompre la crisma, trencar el cap*
descristianizar v. *descristianitzar*

descruzar v. *desencreuar*
descuadernar v. *descompondre, desfer*
descuartizar v. *esquarterar, desxuiar*
descubierta f. *descoberta*
descubierto, -a adj. *descobert*
descubridor, -a adj. *descobridor*
descubrimiento m. *descobriment, descoberta*
descubrir v. *descobrir*
descuento m. *descompte*
descuidado, -a adj. *descuidat, deixat, descurós*
descuidar v. *descuidar, descurar, negligir*
descuido m. *descuit, descurança, badada*
desde prep. *des de, de / (con complemento de lugar) de... estant, de... enfora // conj. — que (con complemento de tiempo) des que, d'encà que, de... ençà, d'ensians*
desdecir v. *desdir / desnonar, tornar arrere / rfl. desdir-se, destornar-se*
desde luego adv. *és clar, prou, naturalment, ben segur, sens dubte, no cal dir-ho*
desdén m. *desdeny, menyspreu, despit*
desdentado, -a adj. *desdentat, esdentegat*
desdentar v. *desdentar, esdentegar*
desdeñar v. *desdenyar, menysprear*
desdeñoso, -a adj. *desdenyós*
desdibujar v. *desdibuixar*
desdicha f. *desgràcia, dissort*
desdoblar v. *desdoblar, desdoblegar*
desdoro m. *deslluïment, taca, màcula*
deseable adj. *desitjable*
desear v. *desitjar*
desecación f. *dessecació*
desecar v. *dessecar*
desechar v. *rebutjar*
desecho m. *rebuig, desferra*
desedificar v. *desedificar*
desellar v. *dessegellar*
desembalar v. *desembalar*
desembaldosar v. *desenrajolar*
desembarazar v. *desembarassar, alliberar*
desembarazo m. *desembaràs*
desembarcadero m. *desembarcador*
desembarcar v. *desembarcar*
desembarco m. *desembarcament, desembarcada*
desembargar v. *desembargar*
desembarque m. *desembarcament*
desembarrancar v. *desembarrancar, desenrocar*
desembocadura f. *desembocadura*
desembocar v. *desembocar*
desembolsar v. *desembutxacar*
desembolso m. *desembutxacament*
desembozar v. *desemboçar*
desembragar v. *desembragar*

desembridar v. *desembridar*
desembrollar v. *desembullar, desembolicar*
desembuchar v. *desengavatxar*
desemejante adj. *dissemblant, dessemblant*
desempachar v. *desempatxar, desenfitar*
desempalagar v. *desembafar*
desempañar v. *desentelar*
desempapelar v. *desempaperar*
desempaquetar v. *desempaquetar*
desempatar v. *desempatar*
desempate m. *desempatament*
desempeñar v. *desempenyorar // desendeutar // exercir, complir, ministrar*
desempeño m. *desempenyorament // desendeutament // exercici, compliment*
desempolvar v. *desempolsar, espolsar*
desenamorar v. *desenamorar*
desencadenar v. *desencadenar, desfermar*
desencajar v. *desencaixar*
desencallar v. *desencallar*
desencaminar v. *desencaminar*
desencantar v. *desencantar, desfadar, desencisar*
desencanto m. *desencantament, desencant, desencís*
desencapotar v. *desencapotar*
desencaprichar v. *desencapritxar*
desencarcelar v. *desempresonar*
desencargar v. *desencarregar*
desencolar v. *desencolar*
desencolerizar v. *desenfellonir*
desencordar v. *desencordar*
desencuadernar v. *desenquadernar*
desencuadrar v. *desenquadrar*
desenchufar v. *desenxufar, desendollar*
desenfadado, -a adj. *desimbolt, trempat*
desenfadar v. *desenfadar*
desenfado m. *desimboltura, decisió*
desenfilar v. *desenfilar, despassar*
desenfocar v. *desfocar, desenfocar*
desenfrenar v. *desfrenar, desenfrenar*
desenfreno m. *desenfrenament*
desenfundar v. *desenfundar*
desenfurecer v. *desenfurir*
desenganchar v. *desenganxar*
desengañar v. *desenganar, desenganyar*
desengaño m. *desengan, desengany*
desengastar v. *desencastar*
desengomar v. *desengomar*
desengrasar v. *desgreixar*
desenhebrar v. *desenfilar, despassar*
desenhornar v. *desenfornar*
desenjabonar v. *desensabonar*
desenlace m. *desenllaç, acabatall*
desenladrillar v. *desenrajolar*
desenlazar v. *desenllaçar, desfermar // rfl. desenllaçar-se, acabar, resultar*

desenmarañar v. *desembolicar, desembullar*
desenmascarar v. *desenmascarar*
desenmohecer v. *desrovellar*
desenojar v. *desenutjar*
desenredar v. *desembullar, desembolicar*
desenredo m. *desembull, desembolic // desenllaç*
desenrocar v. *desenrocar*
desenrollar v. *desenrotllar, desenrodillar*
desenroscar v. *desenroscar, desengramponar*
desensartar v. *desenfilar*
desenseñar v. *desensenyar*
desensillar v. *desensèllar*
desentenderse v. *desentendre's*
desenterrar v. *desenterrar, descolgar*
desentoldar v. *desenvelar*
desentonar v. *desentonar*
desentono m. *desentonació*
desentrañar v. *desentranyar, esfreixurar // esbrinar, desentreviar*
desentumecer v. *desentumir, desenrampar*
desenvainar v. *desembeinar*
desenvarar v. *desengalavernar, desenravenar*
desenvoltura f. *desimboltura*
desenvolver v. *desembolicar, desplegar*
desenvuelto, -a adj. *desimbolt, deseixit*
desenyesar v. *desenguixar*
desenzarzar v. *desembolicar, desenredar*
deseo m. *desig*
deseoso, -a adj. *desitjós, freturós*
desequilibrar v. *desequilibrar*
desequilibrio m. *desequilibri*
deserción f. *deserció*
desertar v. *desertar*
desértico, -a adj. *desèrtic*
desertor, -a m. y f. *desertor*
desesperación f. *desesperació*
desesperante adj. *desesperant*
desesperanza f. *desesperança*
desesperar v. *desesperar*
desestimar v. *desestimar*
desfachatez f. *desvergonyiment, barra*
desfalcar v. *desfalcar*
desfalco m. *desfalc, desfalcament*
desfallecer v. *defallir, desanar*
desfallecido, -a adj. *defallent, desanat*
desfallecimiento m. *defalliment, desanament*
desfavorecer v. *desfavorir*
desfigurar v. *desfigurar*
desfiladero m. *congost, freu, coll*
desfilar v. *desfilar*
desfile m. *desfilada*
desflorar v. *desflorar*
desfogar v. *desfogar*
desfogue m. *desfogament*
desfrenar v. *desfrenar*

desgajar v. *esqueixar, escuixar*
desgana f. *desgana, desmenjament*
desganado, -a adj. *desganat, desmenjat*
desgañitarse v. *esgargamellar-se, escanyar-se, belar*
desgarbado, -a adj. *malgarbat, malgirbat*
desgarrador, -a adj. *esqueixador // escarrufador, esgarrifós*
desgarrar v. *esqueixar, esquinçar, estripar*
desgarrón m. *esqueixada, esquinçada, esparrac*
desgastar v. *desgastar, gastar*
desgaste m. *desgastament*
desglosar v. *desglossar*
desglose m. *desglossament*
desgobernar v. *desgovernar*
desgobierno m. *desgovern*
desgoznar v. *desllorigar*
desgracia f. *desgràcia, malaurança* // *desgràcia, denou*
desgraciado, -a adj. *desgraciat, malaurat, dissortat*
desgraciar v. *desgraciar, fer malbé // desagradar //* rf. *fer-se malbé, espanyar*
desgranar v. *desgranar, esgranar*
desgrasar v. *desgreixar*
desgravación f. *desgravació*
desgravar v. *desgravar*
desgreñar v. *escabellar, descambuixar*
deshabitar v. *deshabitar*
deshabituar v. *deshabituar*
deshacer v. *desfer //* rfl. *desfer-se, desllepissar-se, desempallegar-se*
desharrapado, -a adj. *espellifat, esparracat, esquinçat*
deshechizar v. *desembruixar, desencisar*
deshechizo m. *desencís*
deshelar v. *desgelar, desglaçar*
desheredar v. *desheretar*
desherrar v. *desferrar*
desherrumbrar v. *desrovellar*
deshidratar v. *deshidratar*
deshielo m. *desgel, desglaç*
deshilachar v. *desfilar, esfilar, esfilarsegar*
deshilar v. *desfilar*
deshilvanar v. *desembastar*
deshinchar v. *desinflar*
deshojar v. *desfullar, esfullar*
deshollinador m. *escuraxemeneies // esteranyinador*
deshollinar v. *escurar xemeneies, llevar la sutja // esteranyinar*
deshonestidad f. *deshonestedat*
deshonesto, -a adj. *deshonest*
deshonor m. *deshonor*
deshonra f. *deshonra*

deshonrar v. *deshonrar*
deshonroso, -a adj. *deshonrós*
deshora f. *deshora*
deshornar v. *desenfornar*
deshuesar v. *(un animal) desossar, desnossar // (un fruto) espinyolar*
desiderátum m. *desideràtum*
desidia f. *desídia*
desidioso, -a adj. *desidiós*
desierto, -a adj. y m. *desert*
designación f. *designació*
designar v. *designar*
designio m. *designi*
desigual adj. *desigual*
desigualdad f. *desigualtat*
desilusión f. *desil·lusió*
desilusionar v. *desil·lusionar*
desinencia f. *desinència*
desinfección f. *desinfecció*
desinfectante adj. *desinfectant*
desinfectar v. *desinfectar*
desinflamar v. *desinflamar*
desinflamatorio, -a adj. *desinflamatori*
desintegración f. *desintegració*
desintegrar v. *desintegrar*
desinterés m. *desinterès*
desinteresarse v. *desinteressar-se*
desistimiento m. *desistiment*
desistir v. *desistir; derrenclir*
desleal adj. *deslleial*
deslealtad f. *deslleialtat*
desleír v. *desfer, deixatar*
deslenguado, -a adj. *llenguerut, llengut, mal-llenguat*
desliar v. *desfer, desembolicar*
desligar v. *deslligar, desfermar, desfer*
deslindar v. *delimitar, fitar // aclarir, destriar*
deslinde m. *delimitació // destriament*
desliz m. *llenegada, relliscada*
deslizadizo, -a adj. *llenegadís, escoladís*
deslizamiento m. *llenegada, llenegament, relliscament // esllavissada, enderrossall*
deslizar v. *llenegar, relliscar //* rfl. *esllavissar, rossolar*
deslomar v. *esllomar, arronyonar*
deslucimiento m. *deslluïment*
deslucir v. *deslluir*
deslumbramiento m. *enlluernament*
deslumbrar v. *enlluernar*
deslustrar v. *desllustrar*
desmadejar v. *refluixar, esclafar*
desmán m. *excés, desorde // desgràcia, dissort*
desmandar v. *desmanar //* rfl. *desfermar-se, rebel·lar-se, propassar-se*

desperdiciar

desmangar v. *desmanegar*
desmantelar v. *desmantellar*
desmañado, -a adj. *maldestre, desmanyotat*
desmayar v. *desmaiar, acubar // esbaltir, es-. blaimar // desanar*
desmayo m. *desmai, acubament // esbalti-ment // desanament*
desmedido, -a adj. *desmesurat, fora mida*
desmedrado, -a adj. *revellit, escarransit*
desmedrar v. *migrar, decandir*
desmejorar v. *desmillorar*
desmembrar v. *desmembrar*
desmemoriado, -a adj. *desmemoriat*
desmemoriarse v. *oblidar-se, no recordar*
desmentida f. *desmentiment*
desmentir v. *desmentir*
desmenuzar v. *esbocinar, esmicolar*
desmerecer v. *desmerèixer*
desmesura f. *desmesura*
desmesurado, -a adj. *desmesurat, fora mida*
desmigajar v. *esmicolar, esmicar*
desmigar v. *esmicolar, esmicar*
desmirriado, -a adj. *escanyolit, escarransit, desnerit*
desmochar v. *esmotxar, escapollar, escapçar*
desmontaje m. *desmuntatge*
desmontar v. *desmuntar*
desmoralizar v. *desmoralitzar*
desmoronamiento m. *esbaldrec, enderrossall, ensorrada*
desmoronar v. *esbaldregar, enderrocar, ensorrar*
desnatar v. *desnatar, llevar el tel*
desnaturalizar v. *desnaturalitzar*
desnivel m. *desnivell*
desnivelar v. *desnivellar*
desnudar v. *despullar, desvestir*
desnudez f. *nuesa, nuditat*
desnudo, -a adj. *nu, despullat, desvestit*
desnutrir v. *desnodrir*
desobedecer v. *desobeir*
desobediencia f. *desobediència*
desobediente adj. *desobedient*
desobstruir v. *desobstruir, desembussar*
desocupación f. *desocupació // desenfeinament*
desocupado, -a adj. *desocupat // desenfeinat, desvagat*
desocupar v. *desocupar*
desodorante adj. y m. *desodorant*
desoir v. *desoir*
desolación f. *desolació*
desolador, -a adj. *desolador*
desolar v. *desolar*
desoldar v. *dessoldar*
desollar v. *escorxar, despellissar*

desorbitar v. *desorbitar*
desorden m. *desorde, desordre / (social) enrenou*
desordenar v. *desordenar*
desorganización f. *desorganització*
desorganizar v. *desorganitzar*
desorientación f. *desorientació*
desorientar v. *desorientar*
desovar v. *pondre, fresar*
desove m. *posta, fresa*
desovillar v. *descabdellar, desdebanar*
desoxidar v. *desoxidar*
desoxigenar v. *desoxigenar*
despabilado, -a adj. *espavilat, deixondit, eixerit*
despabilar v. *deixondir, espavilar, eixerivir*
despacio adv. *a poc a poc*
despachar v. *despatxar*
despacho m. *despatx*
despachurrar v. *esbutzar, esventrar*
despampanante adj. *espatarrant, que tira d'esquena, esglaiador*
despampanar v. *espampolar // esglaiar*
despanzurrar v. *esbutzar, esventrar*
desparejar v. *desaparellar*
desparpajo m. *desimboltura, decisió*
desparramamiento m. *escampadissa*
desparramar v. *escampar, espargir*
despasar v. *despassar*
despatarrar v. *eixancarrar, espatarrar // esglaiar, espatarrar, esbalaiar*
despavorir v. *esparverar, espaordir*
despectivo, -a adj. *despectiu*
despecho m. *despit*
despechugado, -a adj. *espitellat*
despedazar v. *esbocinar, esquarterar, trossejar*
despedida f. *comiat, acomiadament*
despedir v. *tirar, llançar // engegar, acomiadar, esmarxar // acomiadar, donar comiat // rfl. acomiadar-se*
despegar v. *desferrar, desenganxar // intr. (iniciar el vuelo) envolar-se*
despegue m. (de un avión) *envol*
despeinar v. *despentinar, escabellar*
despejado, -a adj. *clar, estirat, espaït*
despejar v. *aclarir // intr. buidar, desocupar, evacuar*
despellejar v. *escorxar, espellar // pelar, esclovellar // (criticar acrement) escorxar, desxuiar*
despensa f. *rebost*
despensero, -a m. y f. *reboster*
despeñadero m. *cingle*
despeñar v. *despenyar, estimbar*
desperdiciar v. *deixar perdre, fer malbé*

desperdicio m. *deixalla, rebussall //* **no tener** — *no tenir tara, no tenir res que desdigui*
desperdigar v. *escampar*
desperezarse v. *desensonyar-se, fer estiraments*
desperezo m. *estirament*
desperfecto m. *dany, desperfecte*
despertador, -a adj. y m. *despertador*
despertar v. *despertar, deixondir*
despiadado, -a adj. *despietat*
despido m. *comiat, engegada*
despierto, -a adj. *despert*
despilfarrar v. *malgastar, malbaratar*
despilfarro m. *malgastament, malbarat*
despintar v. *despintar*
despiojar v. *espollar, esplugar*
despistar v. *despistar*
desplacer v. *desplaure, desagradar //* m. *desplaer*
desplante m. *desplant, mulada, rebuf*
desplazamiento m. *desplaçament*
desplazar v. *desplaçar*
desplegar v. *desplegar*
despliegue m. *desplegament*
desplomarse v. *desplomar-se*
desplome m. *desplom, desplomament*
desplumar v. *plomar, esplomissar*
─despoblación f. *despoblació*
despoblar v. *despoblar*
despojar v. *despullar*
despojo m. *despullament // despulla, refús //* pl. *sobralles, sobrances*
desportillar v. *esportellar, esmorrellar*
desposar v. *esposar*
desposeer v. *desposseir*
desposeimiento m. *desposseïment*
desposorio m. *esposori, esposalles*
déspota m. y f. *dèspota*
despótico, -a adj. *despòtic*
despotismo m. *despotisme*
despotricar v. *destralejar, ballestrejar*
despreciable adj. *menyspreable*
despreciar v. *menysprear*
desprecio m. *menyspreu*
desprender v. *desprendre // desprendre's //* rfl. *esllavissar-se*
desprendido, -a adj. *després, generós*
desprendimiento m. *despreniment, desferrament // esllavissada, enderrossall*
despreocupación f. *despreocupació*
despreocupado, -a adj. *despreocupat*
desprestigiar v. *desprestigiar*
desprestigio m. *desprestigi*
desprevenido, -a adj. *desprevingut*
desproporción f. *desproporció*

desproporcionar v. *desproporcionar*
despropósito m. *despropòsit, disbarat*
desproveer v. *desproveir*
desprovisto, -a adj. *desproveït*
después adv. *després*
despuntar v. *espuntar, despuntar, escapçar // brostejar // trencar l'alba / al — el día* *a trenc d'alba*
desquiciar v. *desllorigar, desencaixar, treure de polleguera*
desquitar v. *rescabalar // revenjar*
desquite m. *revenja, rescabalament*
desrabotar v. *escuar*
desrizar v. *desarrissar*
destacamento m. *destacament*
destacar v. *destacar*
destajo m. *escarada, preu fet, estall*
destapar v. *destapar*
destartalado, -a adj. *desmantellat*
destejer v. *desteixir*
destelarañar v. *esteranyinar*
destellar v. *llambrejar, llampeguejar*
destello m. *llampec, llambrec*
destemplado, -a adj. *destrempat, destemprat*
destemplar v. *destrempar, destemprar*
desteñir v. *destenyir*
desternillarse v. *desteixir-se, trencar-se, rebentar-se*
desterrar v. *bandejar, desterrar*
destetar v. *desmamar, deslletar*
destete m. *desmamada, deslletament*
a destiempo adv. *fora temps*
destierro m. *bandeig, exili, desterrament, desterro*
destilación f. *destil·lació*
destilar v. *destil·lar*
destilería f. *destil·leria*
destinar v. *destinar*
destinatario, -a m. y f. *destinatari*
destino m. *destí, fat, sort // destinació // càrrec, col·locació*
destitución f. *destitució*
destituir v. *destituir*
destornillador m. *engramponador, desengramponador*
destornillar v. *descaragolar, desengramponar*
destrabar v. *destravar*
destral f. *destral*
destreza f. *destresa*
destripar v. *esbutzar, esbudellar, esventrar // esterrossar*
destripaterrones m. *xafaterrossos, pagesarro*
destronar v. *destronar*
destrozar v. *destrossar, fer benes*
destrozo m. *destrossa, trencadissa*
destrucción f. *destrucció*

diagnóstico

destructivo, -a adj. *destructiu*
destructor, -a adj. *destructor*
destruir v. *destruir*
desudar v. *dessuar*
desuello m. *descorxament*
desuncir v. *desjunyir*
desunión f. *desunió*
desunir v. *desunir, desjuntar*
desuso m. *desús*
desvaído, -a adj. *esmorteït*
desvainar v. *esbajocar, esclovellar*
desvalido, -a adj. *desvalgut, desemparat*
desvalijar v. *despullar, robar, desposseir*
desvalimiento m. *desemparament*
desvalorizar v. *desvaloritzar, desvalorar*
desván m. *porxo, golfes*
desvanecer v. *esvair* // rfl. (desaparecer)
esvair-se, descomparèixer, dissipar-se //
rfl. (desmayarse) *esvanir-se, desmaiar-se,
acubar-se*
desvanecimiento m. *acubament, acubó, des-
mai*
desvariar v. *desvariejar, desvariar*
desvarío m. *desvarieig, desvari*
desvelar v. *desvetlar, desvetllar*
desvelo m. *desvetlament, desvetllament* //
ànsia
desvencijado, -a adj. *espellifat*
desventaja f. *desavantatge*
desventajoso, -a adj. *desavantatjós*
desventura f. *desventura, desgràcia*
desventurado, -a adj. *desventurat, malanat,
malaurat*
desvergonzado, -a adj. *desvergonyit*
desvergonzarse v. *desvergonyir-se*
desvergüenza f. *desvergonya, desvergonyi-
ment*
desvestir v. *desvestir, despullar*
desviación f. *desviació*
desviar v. *desviar*
desvío m. *desviació* // *desviament* // *des-
amor, desgrat, fredor*
desvirgar v. *desvirgar*
desvirtuar v. *desvirtuar*
desvivirse v. *desteixinar-se, esfreixurar-se*
detallar v. *detallar*
detalle m. *detall*
detallista m. y f. *detallista*
detectar v. *detectar*
detective m. *detectiu*
detector m. *detector*
detención f. *detenció*
detener v. *detenir*
detentar v. *detentar*
detentor, -a m. y f. *detentor*
detergente adj. *detergent*

deterioración f. *deterioració*
deteriorar v. *deteriorar*
deterioro m. *deterioració*
determinación f. *determinació*
determinante adj. *determinant*
determinar v. *determinar*
determinativo, -a adj. *determinatiu*
determinismo m. *determinisme*
detestable adj. *detestable*
detestar v. *detestar*
detonación f. *detonació*
detonador m. *detonador*
detonante adj. *detonant*
detonar v. *detonar*
detracción f. *detracció*
detractar v. *detractar*
detractor, -a adj. *detractor*
detrás adv. *darrere, darrera*
detrimento m. *detriment*
detrito m. *detritus*
deuda f. *deute* (m.)
deudor, -a adj. *deutor*
deuteronomio m. *deuteronomi*
devanadera f. *debanadores*
devanar v. *debanar*
devaneo m. *desvari, cabòria* // *amoreig*
devastación f. *devastació*
devastar v. *devastar*
devoción f. *devoció*
devocionario m. *devocionari*
devolución f. *devolució*
devolver v. *tornar, retornar* // *gitar, treure*
devorador, -a adj. *devorador, engolidor*
devorar v. *devorar, engolir*
devoto, -a adj. *devot*
deyección f. *dejecció*
día m. *dia* / **en su —** *al seu temps* / **hoy —**
avui en dia / **al — siguiente** *l'endemà, el
sendemà*
diabetes f. *diabetis*
diabético, -a adj. *diabètic*
diablesa f. *diablessa, dimoniessa*
diablía f. *diablia, diablura*
diablillo m. *dimonió, dimoniet*
diablo m. *diable, dimoni*
diablura f. *diablia, diablura*
diabólico, -a adj. *diabòlic*
diaconado m. *diaconat*
diaconato m. *diaconat*
diaconisa f. *diaconessa*
diácono m. *diaca*
diadema f. *diadema*
diáfano, -a adj. *diàfan*
diafragma m. *diafragma*
diagnosticar v. *diagnosticar*
diagnóstico, -a adj. *diagnòstic*

diagonal adj. *diagonal*
diagrama m. *diagrama*
dialectal adj. *dialectal*
dialectalismo m. *dialectalisme*
dialéctica f. *dialèctica*
dialecto m. *dialecte*
dialectología f. *dialectologia*
dialectólogo, -a m. y f. *dialectòleg*
diálisis f. *diàlisi*
dialogar v. *dialogar*
diálogo m. *diàleg*
diamante m. *diamant*
diamantino, -a adj. *diamantí*
diametral adj. *diametral*
diámetro m. *diàmetre*
diana f. *diana*
diantre m. *diantre*
diapasón m. *diapasó*
diapositiva f. *diapositiva*
diario, -a adj. y m. *diari*
diarrea f. *diarrea*
diáspora f. *diàspora*
diásporo m. *diàspor*
diástole f. *diàstole*
diatriba f. *diatriba*
dibujante adj. y m. y f. *dibuixant*
dibujar v. *dibuixar*
dibujo m. *dibuix*
dicción f. *dicció*
diccionario m. *diccionari*
diciembre m. *desembre*
dicotiledónea f. *dicotiledònia*
dicotomía f. *dicotomia*
dictado m. *dictat*
dictador, -a m. y f. *dictador*
dictadura f. *dictadura*
dictáfono m. *dictàfon*
dictamen m. *dictamen*
dictaminar v. *dictaminar*
dictar v. *dictar*
dictatorial adj. *dictatorial*
dicterio m. *dicteri*
dicha f. *felicitat, benaurança*
dicharachero, -a adj. *xerrador, bromista*
dicho m. *dita* // -a adj. *dit, susdit*
dichoso, -a adj. *feliç, benaurat*
didáctico, -a adj. *didàctic*
diecinueve adj. *denou, dinou*
dieciochavo, -a adj. *divuitè*
dieciocho adj. *devuit, divuit*
dieciséis adj. *setze*
diecisiete adj. *desset, disset*
diecisieteavo, -a adj. *dessetè, dissetè*
diedro m. *díedre*
diente m. *dent* (f.) / echar dientes *dentar, treure dents* / castañeteo de dientes *barretes, petar de dents*

diéresis f. *dièresi*
diestra f. *dreta*
diestro, -a adj. *dret* / a — y siniestro *a dreta i esquerra, a tot arreu* // destre, versat, pràctic
dieta f. *dieta*
dietario m. *dietari*
dietético, -a adj. *dietètic*
diez adj. *deu*
diezmar v. *delmar*
diezmilésimo, -a adj. *deumil·lèsim*
diezmillonésimo, -a adj. *deumilionèsim*
diezmo m. *delme, deume*
difamación f. *difamació*
difamar v. *difamar*
diferencia f. *diferència*
diferencial adj. *diferencial*
diferenciar v. *diferenciar*
diferente adj. *diferent*
diferentemente adv. *diferentment*
diferir v. *diferir*
difícil adj. *difícil*
dificultad f. *dificultat*
dificultar v. *dificultar*
dificultoso, -a adj. *dificultós*
difteria f. *diftèria*
difuminar v. *difuminar*
difundir v. *difondre, escampar*
difunto, -a adj. *difunt, finat*
difusión f. *difusió*
difuso, -a adj. *difús*
digerible adj. *digerible*
digerir v. *digerir, pair*
digestión f. *digestió*
digestivo, -a adj. *digestiu*
digital adj. *digital*
digitalina f. *digitalina*
dígito adj. *dígit*
dignarse v. *dignar-se*
dignatario m. y f. *dignatari*
dignidad f. *dignitat*
dignificar v. *dignificar*
digno, -a adj. *digne*
dígrafo m. *dígraf*
digresión f. *digressió*
dije m. *joiell, penjoll*
dilación f. *dilació, perllonga, ajornament*
dilapidar v. *dilapidar, tudar*
dilatación f. *dilatació*
dilatar v. *dilatar*
dilatorio, -a adj. *dilatori*
dilecto, -a adj. *dilecte*
dilema m. *dilema*
diletante adj. *diletant*
diletantismo m. *diletantisme*
diligencia f. *diligència*

disgustar

diligente adj. *diligent*
diligentemente adv. *diligentment*
dilucidar v. *dilucidar*
dilución f. *dilució*
diluir v. *diluir, fondre*
diluviar v. *diluviar*
diluvio m. *diluvi*
dimanar v. *dimanar*
dimensión f. *dimensió*
dimes y diretes adv. *esclips i esclops*
diminutivo, -a adj. *diminutiu*
diminuto, -a adj. *diminut*
dimisión f. *dimissió*
dimitir v. *dimitir*
dimorfismo m. *dimorfisme*
dinámico, -a adj. *dinàmic*
dinamismo m. *dinamisme*
dinamita f. *dinamita*
dinamitero, -a m. y f. *dinamiter*
dínamo f. *dinamo*
dinamómetro m. *dinamòmetre*
dinasta m. *dinasta*
dinastía f. *dinastia*
dineral m. *dineral, doblerada*
dinero m. *diner, dobler* // *diners, doblers*
dinosaurio m. *dinosaure*
dintel m. *llinda*
diñarla v. *dinyar-la, petar, estirar els potons*
diocesano, -a adj. *diocesà*
diócesis f. *diòcesi*
dioptría f. *diòptria*
diorama m. *diorama*
dios m. *déu*
diosa f. *dea, deessa*
diplodoco m. *diplodoc*
diploma m. *diploma*
diplomacia f. *diplomàcia*
diplomático, -a adj. *diplomàtic*
dipsomanía f. *dipsomania*
díptero, -a adj. *dípter*
díptico m. *díptic*
diptongo m. *diftong*
diputación f. *diputació*
diputado, -a m. y f. *diputat*
diputar v. *diputar*
dique m. *dic*
dirección f. *direcció* // (domicilio) *adreça*
directivo, -a adj. *directiu*
directo, -a adj. *directe*
director, -a m. y f. *director*
directorio, -a adj. *directori*
directriz f. *directriu*
dirigente m. y f. *dirigent*
dirigible adj. *dirigible*
dirigir v. *dirigir*
dirimente adj. *diriment*

dirimir v. *dirimir*
discernimiento m. *discerniment*
discernir v. *discernir*
disciplina f. *disciplina*
disciplinar v. *disciplinar*
disciplinario, -a adj. *disciplinari*
discípulo, -a m. y f. *deixeble*
disco m. *disc*
discóbolo m. *discòbol*
díscolo, -a adj. *díscol*
disconformidad f. *disconformitat*
discontinuidad f. *discontinuïtat*
discontinuo, -a adj. *discontinu*
discordancia f. *discordança*
discordante adj. *discordant*
discordar v. *discordar*
discorde adj. *discorde*
discordia f. *discòrdia*
discoteca f. *discoteca*
discreción f. *discreció*
discrecional adj. *discrecional*
discrepancia f. *discrepància*
discrepar v. *discrepar*
discreto, -a adj. *discret*
discriminación f. *discriminació*
discriminar v. *discriminar*
disculpa f. *disculpa*
disculpar v. *disculpar*
discurrir v. *discórrer*
discursear v. *discursejar*
discursivo, -a adj. *discursiu*
discurso m. *discurs*
discusión f. *discussió*
discutible adj. *discutible*
discutidor, -a adj. *discutidor*
discutir v. *discutir*
disecar v. *dissecar*
disección f. *dissecció*
diseminar v. *disseminar*
disensión f. *dissensió*
disentería f. *disenteria*
disentimiento m. *dissentiment*
disentir v. *dissentir*
diseñar v. *dissenyar*
diseño m. *disseny*
disertación f. *dissertació*
disertar v. *dissertar*
disfavor m. *desfavor*
disforme adj. *disforme*
disfraz m. *disfressa*
disfrazar v. *disfressar*
disfrutar v. *gaudir, fruir* // *prendre gust, xalar*
disfrute m. *gaudiment, fruïment*
disgregar v. *disgregar*
disgustar v. *disgustar, desplaure, enutjar*

disgusto m. *disgust, enuig* / **a** — *mal apler*
disidencia f. *dissidència*
disidente adj. *dissident*
disilábico, -a adj. *disil·làbic*
disílabo, -a adj. *disíl·lab*
disimulación f. *dissimulació*
disimular v. *dissimular*
disimulo m. *dissimul*
disipación f. *dissipació*
disipar v. *dissipar*
dislate m. *disbarat*
dislocación f. *dislocació*
dislocar v. *dislocar*
disloque m. *excés, màxim, súmmum*
disminución f. *disminució*
disminuir v. *disminuir*
disnea f. *dispnea*
disociación f. *dissociació*
disociar v. *dissociar*
disolución f. *dissolució*
disoluto, -a adj. *dissolut*
disolvente adj. *dissolvent*
disolver v. *dissoldre*
disonancia f. *dissonància*
disonante adj. *dissonant*
disonar v. *dissonar*
dispar adj. *dispar*
disparador, -a m. y f. *disparador*
disparar v. *disparar, desparar* // *engegar, tirar* // rfl. *afuar-se* // rfl. *desserrar*
disparate m. *disbarat, doi, matracada, batallonada*
disparidad f. *disparitat*
disparo m. *tret, tir*
dispendio m. *dispendi, despesa*
dispendioso, -a adj. *dispendiós*
dispensa f. *dispensa*
dispensar v. *dispensar*
dispensario m. *dispensari*
dispepsia f. *dispèpsia*
dispersar v. *dispersar, escampar, espargir*
dispersión f. *dispersió, escampada*
disperso, -a adj. *dispers, escampat, espargit*
displicencia f. *displicència*
displicente adj. *displicent*
disponer v. *disposar, dispondre*
disponibilidad f. *disponibilitat*
disponible adj. *disponible*
disposición f. *disposició*
dispositivo, -a adj. *dispositiu*
dispuesto, -a adj. *disposat, dispost*
disputa f. *disputa*
disputar v. *disputar*
disquisición f. *disquisició*
distancia f. *distància*
distanciar v. *distanciar*

distante adj. *distant*
distar v. *distar*
distender v. *distendre*
distensión f. *distensió*
distinción f. *distinció*
distinguir v. *distingir*
distintivo, -a adj. *distintiu*
distinto, -a adj. *distint*
distorsión f. *distorsió*
distracción f. *distracció*
distraer v. *distreure, distraure*
distraído, -a adj. *distret*
distribución f. *distribució*
distribuidor, -a adj. *distribuïdor*
distribuir v. *distribuir*
distributivo, -a adj. *distributiu*
distrito m. *districte*
disturbio m. *disturbi*
disuadir v. *dissuadir*
disuasión f. *dissuació*
disuelto, -a adj. *dissolt*
disyunción f. *disjunció*
disyuntivo, -a adj. *disjuntiu*
ditirambo m. *ditirambe*
diurético, -a adj. *diurètic*
diurno, -a adj. *diürn*
diva f. *diva*
divagación f. *divagació*
divagar v. *divagar*
diván m. *otomana*
divergencia f. *divergència*
divergente adj. *divergent*
divergir v. *divergir*
diversidad f. *diversitat*
diversificar v. *diversificar*
diversión f. *diversió, divertiment*
diverso, -a adj. *divers*
divertido, -a adj. *divertit*
divertimiento m. *divertünent*
divertir v. *divertir*
dividendo m. *dividend*
dividir v. *dividir*
divinal adj. *divinal*
divinidad f. *divinitat*
divinizar v. *divinitzar*
divino, -a adj. *diví*
divisa f. *divisa*
divisar v. *destriar, llucar, ullar*
divisibilidad f. *divisibilitat*
divisible adj. *divisible*
división f. *divisió*
divisionario, -a adj. *divisionari*
divisor, -a adj. *divisor*
divisorio, -a adj. *divisori*
divo, -a m. y f. *estrella* / (f.) *diva*
divorciar v. *divorciar*

divorcio m. *divorci*
divulgación f. *divulgació*
divulgar v. *divulgar*
do m. (nota musical) *do, ut*
dobla f. *dobla*
dobladillo m. *voreta*
doblar v. *doblar // doblegar // vinclar, corbar, tòrcer //* (las campanas) *vogar, tocar*
doble adj. *doble*
doblegadizo, -a adj. *doblegadís*
doblegar v. *doblegar, vinclar*
doblez f. *doblec // falsedat*
doblilla f. *dobleta*
doblón m. *dobló*
doce adj. *dotze*
docena f. *dotzena*
docencia f. *docència, ensenyança*
doceno, -a adj. *dotzè*
docente adj. *docent*
dócil adj. *dòcil*
docilidad f. *docilitat*
docto, -a adj. *docte*
doctor, -a m. y f. *doctor*
doctorado m. *doctorat*
doctorar v. *doctorar*
doctrina f. *doctrina*
doctrinal adj. *doctrinal*
doctrinar v. *ensenyar*
doctrinario, -a adj. *doctrinari*
documentación f. *documentació*
documental adj. y m. *documental*
documentar v. *documentar*
documento m. *document*
dodecaedro m. *dodecàedre*
dodecágono m. *dodecàgon*
dodecasílabo, -a adj. *dodecasíl·lab*
dogal m. *dogal*
dogma m. *dogma*
dogmático, -a adj. *dogmàtic*
dogmatismo m. *dogmatisme*
dogo, -a adj. *alà, gran danès*
dólar m. *dòlar*
dolencia f. *malaltia*
doler v. *fer mal // doldre, saber greu, recar // rfl. doldre's, plànyer-se*
dolido, -a adj. *condolgut, queixós, disgustat*
dolmen m. *dolmen*
dolménico, -a adj. *dolmènic*
dolo m. *engany, frau*
dolor m. *mal, dolor // greu, dolor, recança*
dolorido, -a adj. *dolorit, adolorit*
doloroso, -a adj. *dolorós*
doloso, -a adj. *enganyós, fraudulent*
doma f. *domesticació*
domador, -a adj. *domador*
domar v. *domar, domesticar*

domeñar v. *adondar, domtar*
domesticar v. *domesticar, domtar*
domesticidad f. *domesticitat*
doméstico, -a adj. *domèstic*
domiciliar v. *domiciliar*
domicilio m. *domicili*
dominación f. *dominació*
dominador, -a adj. *dominador*
dominante adj. *dominant*
dominar v. *dominar*
domingo m. *diumenge*
dominguero, -a adj. *diumenger*
domínica f. *domínica*
dominical adj. *dominical*
dominicano, -a adj. *dominicà*
dominico, -a adj. *dominic*
dominio m. *domini*
dominó m. (juego) *dòmino //* (disfraz) *dominó*
1) **don** m. (dádiva, donación) *do*
2) **don** m. (título) *don, dony*
donación f. *donació*
donado, -a m. y f. *donat*
donador, -a adj. *donador*
donaire m. *gràcia, graciositat // agradosia*
donante m. y f. *donant, donador*
donar v. *donar, regalar, fer donació*
donativo m. *donatiu*
doncel m. *donzell*
doncella f. *donzella, verge*
donde adv. *on, a on*
dondequiera adv. *onsevulla, per tot, a tot arreu*
donoso, -a adj. *graciós, agradós*
doña f. *senyora, dona*
doquier adv. (V. **dondequiera**)
doquiera adv. (V. **dondequiera**)
dorada f. (pez) *orada*
dorado, -a adj. *daurat*
dorar v. *daurar // rossejar*
dórico, -a adj. *dòric*
dormida f. *dormida*
dormilón, -ona adj. *dormilec, dormidor, dormilega*
dormir v. *dormir //* tr. *adormir //* rfl. *adormir-se*
dormitar v. *becar, estar adormissat*
dormitorio m. *dormitori*
dorsal adj. *dorsal*
dorso m. *dors, esquena*
dos adj. *dos* (f. *dues*)
doscientos, -as adj. *dos-cents* (f. *dues-centes*)
dosel m. *dosser*
doselete m. *dosseret*
dosificación f. *dosificació*
dosificar v. *dosificar*

dosis f. *dosi*
dotación f. *dotació*
dotar v. *dotar*
dote m. y f. *dot*
dovela f. *dovella*
dracma m. *dracma*
draconiano, -a adj. *draconià*
draga f. *draga*
dragado m. *dragat*
dragaminas m. *dragamines*
dragante m. *dragant*
dragar v. *dragar*
drago m. *drago*
dragón m. *drac* // *dragó*
drama m. *drama*
dramático, -a adj. *dramàtic*
dramatizar v. *dramatitzar*
dramaturgo m. *dramaturg*
drástico, -a adj. *dràstic*
drenaje m. *drenatge*
drenar v. *drenar*
dríada f. *dríade*
dril m. *dril, llista*
driza f. *drissa*
droga f. *droga*
drogadicto, -a adj. *drogadicte*
drogar v. *drogar*
droguería f. *drogueria*
droguero, -a m. y f. *droguer*
dromedario m. *dromedari*
druida m. *druida*
drupa f. *drupa*
dual adj. *dual*
dualidad f. *dualitat*
dualismo m. *dualisme*
dubitación f. *dubitació, dubte*
dubitativo, -a adj. *dubitatiu*
ducado m. *ducat*
dúctil adj. *dúctil*
ductilidad f. *ductilitat*

ducha f. *dutxa*
duchar v. *dutxar*
ducho, -a adj. *entès, expert*
duda f. *dubte* (m.)
dudar v. *dubtar*
dudoso, -a adj. *dubtós*
1) duelo m. (combate) *duel*
2) duelo m. (por muerte) *dol*
duende m. *follet, dimoni boiet*
dueña f. *senyora, mestressa, madona*
dulce adj. *dolç* // m. *dolç, llamí, llepolia*
dulcificar v. *dulcificar*
dulzaina f. *dolçaina*
dulzón, -ona adj. *dolçot*
dulzura f. *dolçor, dolcesa, dolçura*
duna f. *duna*
dúo m. *duo*
duodécimo, -a adj. *dotzè*
duodenal adj. *duodenal*
duodeno m. *duodè*
duplicado, -a adj. *duplicat*
duplicar v. *duplicar*
duplicidad f. *duplicitat*
duplo, -a adj. *duple, doble*
duque m. *duc*
duquesa f. *duquessa*
durable adj. *durable, durador*
duración f. *durada, duració*
duradero, -a adj. *durador, durable*
duramen m. *duramen*
durante adj. *durant*
durar v. *durar*
durazno m. (árbol) *presseguer* // (fruto) *préssec*
dureza f. (cualidad de duro) *duresa* // (de la piel) *durícia, durralló*
durmiente adj. *dorment, adormit*
duro, -a adj. *dur* // m. (moneda) *duro*
duunviro m. *duumvir*
dux m. *dux*

E

e conj. *i*
¡ea! interj. *au!, hala!, apa!*
ebanista m. y f. *ebenista, fuster primater*
ebanistería f. *ebenisteria*
ébano m. *banús, eben*
ebonita f. *ebonita*
ebriedad f. *ebrietat, embriaguesa, gatera*
ebrio, -a adj. *ebri, embriac, gat*
ebullición f. *ebullició*
ebúrneo, -a adj *eburni, ivorí*
eclecticismo m. *eclecticisme*
ecléctico, -a adj. *eclèctic*
eclesiástico, -a adj. *eclesiàstic*
eclipsar v. *eclipsar*
eclipse m. *eclipse*
eco m. *eco*
ecológico, -a adj. *ecològic*
economato m. *economat*
economía f. *economia*
económico, -a adj. *econòmic*
economista m. y f. *economista*
economizar v. *economitzar*
ecónomo m. *ecònom*
ecuación f. *equació*
ecuador m. *equador*
ecuánime adj. *equànime*
ecuanimidad f. *equanimitat*
ecuatorial adj. *equatorial*
ecuatoriano, -a m. y f. *equatorià*
ecuestre adj. *eqüestre*
ecuménico, -a adj. *ecumènic*
eczema m. *èczema*
echar v. *tirar, llançar, llençar // treure, engegar // tirar a baix, tombar, tomar // ajeure, ajaçar //* rfl. *estirar-se, ajeure's, ajaçar-se //* **echarse a** (indicando principio de una acción) *posar-se a // —* **a perder** *fer malbé // —* **un bocado** o **un trago** *fer un mos* o *un glop // —* **suertes** *treure busques, treure a cara o creu // —* **de menos** *trobar a mancar, enyorar // —* **de ver** *reparar, notar, observar*
edad f. *edat / —* **media** *edat mitjana*
edema m. *edema*
edén m. *edén, paradís*

edición f. *edició*
edicto m. *edicte, dictes*
edificación f. *edificació*
edificante adj. *edificant*
edificar v. *edificar*
edificio m. *edifici*
edil m. *edil, regidor*
editar v. *editar*
editor, -a m. y f. *editor*
editorial adj. y m. y f. *editorial*
edredón m. *edredó*
educación f. *educació*
educador, -a adj. *educador*
educando, -a adj. *educand*
educar v. *educar*
educativo, -a adj. *educatiu*
edulcorar v. *edulcorar*
efe f. *efa*
efebo m. *efebus*
efectista adj. *efectista*
efectividad f. *efectivitat*
efectivo, -a adj. *efectiu*
efecto m. *efecte /* **llevar a —** *efectuar, realitzar, executar, fer /* **surtir —** *fer efecte, donar resultat*
efectuar v. *efectuar*
efemérides f. pl. *efemèrides*
eferente adj. *eferent*
efervescencia f. *efervescència*
efervescente adj. *efervescent*
eficacia f. *eficàcia*
eficaz adj. *eficaç*
eficiente adj. *eficient*
eficientemente adv. *eficientment*
efigie f. *efígie*
efímero, -a adj. *efímer*
efluente adj. *efluent*
efluvio m. *efluvi*
efusión f. *efusió*
efusivo, -a adj. *efusiu*
egeo, -a adj. *egeu*
égida f. *ègida*
egipcio, -a m. y f. *egipci, egipcià*
egiptología f. *egiptologia*
égloga f. *ègloga*

egocéntrico, -a adj. *egocèntric*
egoísmo m. *egoisme*
egoísta adj. *egoista*
ególatra m. y f. *egòlatra*
egolatría f. *egolatria*
egregio, -a adj. *egregi*
¡eh! interj. *eh!, ei!, uei!, ep!, uep!*
eje m. *eix*
ejecución f. *execució*
ejecutar v. *executar*
ejecutivo, -a adj. *executiu*
ejecutor, -a adj. *executor*
ejemplar adj. y m. *exemplar*
ejemplificar v. *exemplificar*
ejemplo m. *exemple*
ejercer v. *exercir*
ejercicio m. *exercici*
ejercitar v. *exercitar*
ejército m. *exèrcit*
el art. m. *el, es* / (dialectalmente) *lo, so*
(usado sólo detrás de la preposición *amb*)
él pron. m. *ell*
elaboración f. *elaboració*
elaborar v. *elaborar*
elasticidad f. *elasticitat*
elástico, -a adj. *elàstic*
ele f. *ela*
elección f. *elecció*
electivo, -a adj. *electiu*
electo, -a adj. *electe, elet*
elector, -a adj. *elector*
electorado m. *electorat*
electoral adj. *electoral*
electricidad f. *electricitat*
electricista adj. *electricista*
eléctrico, -a adj. *elèctric*
electrificar v. *electrificar*
electrizar v. *electritzar*
electro m. *electre*
electrocutar v. *electrocutar*
electrodinámica f. *electrodinàmica*
electrodo m. *elèctrode*
electrógeno, -a adj. *electrogen*
electroimán m. *electroimant*
electrólisis f. *electròlisi*
electrólito m. *electròlit*
electrómetro m. *electròmetre*
electrón m. *electró*
electrónico, -a adj. *electrònic*
electroquímica f. *electroquímica*
electroscopio m. *electroscopi*
electrostático, -a adj. *electrostàtic*
electrotecnia f. *electrotècnia*
electroterapia f. *electroteràpia*
elefante, -a m. y f. *elefant*
elefantíasis f. *elefantíasi*

elegancia f. *elegància*
elegante adj. *elegant*
elegantemente adv. *elegantment*
elegía f. *elegia*
elegíaco, -a adj. *elegíac*
elegir v. *elegir, escollir, triar*
elemental adj. *elemental*
elemento m. *element*
elenco m. *elenc*
elevación f. *elevació, enlairament*
elevar v. *elevar, enlairar*
elidir v. *elidir*
eliminación f. *eliminació*
eliminar v. *eliminar*
elipse f. *el·lipse*
elipsis f. *el·lipsi*
elíptico, -a adj. *el·líptic*
elisión f. *elisió*
élitro m. *èlitre*
elixir m. *elixir*
elocución f. *elocució*
elocuencia f. *eloqüència*
elocuente adj. *eloqüent*
elocuentemente adv. *eloqüentment*
elogiar v. *elogiar*
elogio m. *elogi*
elucidar v. *elucidar*
elucubración f. *elucubració*
elucubrar v. *elucubrar*
eludir v. *eludir, defugir*
elusivo, -a adj. *elusiu*
ella pron. f. *ella*
elle f. *ella*
ello pron. *això, allò*
ellos pron. pl. *ells*
emanación f. *emanació*
emanar v. *emanar*
emancipación f. *emancipació*
emancipar v. *emancipar*
embadurnar v. *empastifar, embetumar*
embajada f. *ambaixada*
embajador m. *ambaixador*
embajadora f. *ambaixadora, ambaixadriu*
embalador, -a adj. *embalador*
embalaje m. *embalatge*
embalar v. *embalar*
embaldosado m. *enrajolat*
embaldosar v. *enrajolar, caironar*
embalsamamiento m. *embalsamament*
embalsamar v. *embalsamar* // *embaumar,*
   embalsamar
embalsar v. *embassar*
embalse m. *embassament, embassada*
embarazar v. *embarassar*
embarazo m. *nosa, entrebanc* // *embaràs*
embarazoso, -a adj. *embarassós, enutjós*

embarcación f. *embarcació*
embarcadero m. *embarcador*
embarcar v. *embarcar*
embarco m. (V. **embarque**)
embargar v. *embargar*
embargo m. *embargament, empara //* **sin** — *no obstant això, malgrat tot, amb tot i això, nogensmenys*
embarque m. *embarcament, embarcada*
embarrancar v. *embarrancar*
1) **embarrar** v. *enfangar*
2) **embarrar** v. (introducir una barra) *embarrar*
embastar v. *embastar*
embaste m. *embasta*
embate m. *cop de mar //* embat *//* envestida, sobatuda*
embaucador, -a adj. *embullós, entabanador*
embaucamiento m. *entabanament, ensarronada*
embaucar v. *entabanar, ensarronar, embetumar*
embebecer v. *encantar, embadalir*
embeber v. *embeure //* abeurar *//* escafir, rebeure, entornar-se //* rfl. *encantar-se, embadalir-se*
embelesar v. *encantar, embadalir*
embeleso m. *encantament, embadaliment*
embellecer v. *embellir*
embestida f. *envestida, fua //* envestida, arrambatge, aixabuc*
embestir v. *envestir, abordar, //* acabussar, aixabucar*
embetunar v. *embetumar*
emblanquecer v. *esblanqueir*
emblema m. *emblema*
embobamiento m. *embambament, embadocament*
embobar v. *embambar, embadocar*
embocadura f. *embocadura*
embocar v. *embocar*
embodegar v. *embodegar, encellerar*
embolia f. *embòlia*
émbolo m. *èmbol*
embolsar v. *embutxacar*
emborrachar v. *embriagar, engatar, emborratxar*
emboscada f. *emboscada, aguait*
emboscar v. *emboscar //* rfl. *emboscar-se, posar-se a l'aguait*
embotar v. *esmussar //* engalavernar*
embotellar v. *embotellar*
embozar v. *emboçar, aboçar*
embozo m. *emboç //* (de la sábana) *colga, gira*
embragar v. *embragar*

embrague m. *embragament*
embravecer v. *embravir, irritar*
embriagado, -a adj. *embriac*
embriagador, -a adj. *embriagador*
embriagar v. *embriagar, engatar*
embriaguez f. *embriaguesa, gatera*
embridar v. *embridar*
embriología f. *embriologia*
embrión m. *embrió*
embrionario, -a adj. *embrionari*
embrollar v. *embolicar, embrollar*
embrollo m. *embolic, embroll*
embromar v. *embromar*
embrujar v. *embruixar*
embrujo m. *embruixament*
embrutecer v. *embrutir*
embrutecimiento m. *embrutiment*
embudo m. *embut*
embuste m. *mentida, mena*
embustero, -a adj. *mentider*
embutido m. *farciment, embotit*
embutir v. *embotir, farcir*
eme f. *ema*
emergencia f. *emergència*
emerger v. *emergir*
emersión f. *emersió*
emético, -a adj. *emètic*
emigración f. *emigració*
emigrante adj. *emigrant*
emigrar v. *emigrar*
eminencia f. *eminència*
eminente adj. *eminent*
eminentemente adv. *eminentment*
emir m. *emir*
emirato m. *emirat*
emisario, -a m. y f. *emissari*
emisión f. *emissió*
emisor, -a adj. *emissor*
emisora f. *emissora*
emitir v. *emetre*
emoción f. *emoció*
emocionante adj. *emocionant*
emocionar v. *emocionar*
emoliente adj. *emol·lient*
emolumento m. *emolument*
emotividad f. *emotivitat*
emotivo, -a adj. *emotiu*
empachar v. *empatxar //* empanxar, engavatxar*
empacho m. *empatx, engrony, enfit //* empanxament, engavatxament*
empadronamiento m. *empadronament*
empadronar v. *empadronar*
empajar v. *empallar*
empalagador, -a adj. *embafador*
empalagar v. *embafar*

empalago m. *embafament, embafada*
empalagoso, -a adj. *embafós*
empalar v. *empalar*
empalizada f. *estacada, palissada*
empalme m. *empalmament*
empanada f. *panada, flaó, formatjada // pasterada*
empanadilla f. *robiol, cocarroi*
empantanar v. *empantanar // empantanegar*
empañar v. *bolcar, embolcar // entelar, enllorar*
empapar v. *abeurar, amarar, xopar*
empapelar v. *empaperar*
empaque m. *entonament, tibantor*
empaquetar v. *empaquetar, empacar*
emparedado m. *entrepà*
emparedar v. *emparedar*
emparejar v. *encoblar, emparellar*
emparentar v. *emparentar*
emparrado m. *parral, emparrat*
emparrar v. *emparrar*
emparrillado m. *engraellat*
empastar v. *empastar*
empaste m. *empastat*
empatar v. *empatar*
empate m. *empatament*
empedernido, -a adj. *empedreït, reconsagrat*
empedrado m. *empedrat, emmacat*
empedrar v. *empedrar, emmacar*
empeine m. *empena, empenya*
empellón m. *empenta, sempenta*
empeñado, -a adj. *empenyorat // endeutat // entossudit, enderiat*
empeñar v. *empenyorar // rfl. endeutar-se // rfl. entossudir-se, enderiar-se, encaparrotar-se*
empeño m. *empenyorament, penyora // endeutament, deute // enderiament, curolla, dèria*
empeoramiento m. *empitjorament*
empeorar v. *empitjorar*
empequeñecer v. *apoquir, empetitir*
emperador m. *emperador*
emperatriz f. *emperadriu*
emperezar v. *emperesir, emmandrir*
emperifollar v. *encitronar, empiular, endiumenjar, empolainar*
empernar v. *empernar*
empero adj. *però, emperò*
emperramiento m. *entossudiment, encaparrotament*
emperrarse v. *entossudir-se, encaparrotar-se, ficar la banya*
empezar v. *començar*
empinado, -a adj. *empinat*
empinar v. *empinar*

empíreo, -a adj. *empiri*
empírico, -a adj. *empíric*
empirismo m. *empirisme*
emplasto m. *emplastre, coca // empasta // segonada // escotiflat, xerec, calamitat*
emplazamiento m. *citació // emplaçament*
emplazar v. *citar // emplaçar*
empleado, -a m. y f. *empleat*
emplear v. *emprar, esmerçar, usar // ocupar, col·locar*
empleo m. *ús, esmerçament, empriu // ocupació, col·locació*
empobrecer v. *empobrir*
empobrecimiento m. *empobriment*
empolvar v. *empolsar, polsimar, empolvar*
empollar v. *covar // pollar // empollar*
empollón, -ona adj. *empollador, empollaire*
emponzoñar v. *enverinar, emmetzinar*
emporcar v. *embrutar, emmerdar*
emporio m. *empori*
empotrar v. *encastar*
emprendedor, -a adj. *emprenedor*
emprender v. *emprendre*
empresa f. *empresa*
empresario, -a m. y f. *empresari*
empréstito m. *emprèstit, manlleu*
empringar v. *enllefiscar*
emproar v. *emproar*
empujar v. *empènyer, sempentejar, espitjar*
empuje m. *empenta*
empujón m. *empenta, sempenta*
empuñadura f. *mantí, empunyadura*
empuñar v. *empunyar, agafar*
emulación f. *emulació*
emular v. *emular*
émulo, -a adj. *èmul*
emulsión f. *emulsió*
en prep. *en // a*
enaguas f. pl. *enagos*
enajenación f. *alienació*
enajenar v. *alienar*
enaltecer v. *enaltir*
enamoradizo, -a adj. *enamoradís*
enamorado, -a adj. *enamorat*
enamoramiento m. *enamorament*
enamorar v. *enamorar*
enamoricarse v. *enamoriscar-se*
enano, -a adj. *nan*
enarbolar v. *enarborar, arborar*
enarcar v. *arquejar // encercolar*
enardecer v. *enardir, escalfar*
enardecimiento m. *enardiment, escalfament, abrandament*
encabalgar v. *encavalcar, entrequalcar*
encabezamiento m. *registre, enregistrament // encapçalament*

encopetado

encabezar v. *registrar, apuntar // encapçalar*
encabritarse v. *empinar-se, encabritar-se*
encadenamiento m. *encadenament*
encadenar v. *encadenar*
encajar v. *encaixar, encapsar // encatxar, encletxar // encaixar, ajustar*
encaje m. *encaix, encaixament // randa, punta*
encajera f. *randera, puntaire*
encajonar v. *encaixonar*
encalar v *encalcinar // emblancar, emblanquinar*
encalmarse v. *calmar-se, balcar, demancar, amainar*
encallar v. *encallar, varar*
encallecer v. *posar call // empedreir-se, endurir-se*
encamar v. *enllitar // rfl. ajeure's*
encaminar v. *encaminar, encarriar*
encandilar v. *enlluernar*
encanijarse v. *revellir-se, enneulir-se*
encantador, -a adj. *encantador, encisador*
encantamiento m. *encantament, encisament*
encantar v. *encantar, encisar, fadar // embadalir, embabaiar*
encante m. *encant, subhasta*
encanto m. *encant, encantament, encisament // encant, encanteri, encantall*
encañar v. *encanyar, encanyissar*
encañonar v. *encanonar // canonar // apuntar, encanonar*
encapotar v. *encapotar*
encapricharse v. *encapritxar-se*
encapuchar v. *encaputxar, encapullar, encapironar*
encaramar v. *encimbellar / rfl. enfilar-se, encamellar-se, encastellar-se*
encarar v. *encarar, acarar, enfrontar*
encarcelamiento m. *empresonament*
encarcelar v. *empresonar*
encarecer v. *encarir, apùjar // alabar, encarir, posar molt amunt // demanar amb interès, recomanar molt, encarir*
encargado, -a m. y f. *encarregat*
encargar v. *encarregar, comanar, encomanar*
encargo m. *encàrrec, comanda, encomanda*
encariñarse v. *prendre amb amor, posar afecte*
encarnación f. *encarnació*
encarnado, -a adj. *encarnat // vermell*
encarnadura f. *carnadura // encarnament // acarnissament*
encarnar v. *encarnar*
encarnizamiento m. *acarnissament, aferrissament*
encarnizar v. *acarnissar, aferrissar*

encarrilar v. *encarrilar, ensolcar*
encartar v. *encartar*
encartonar v. *encartonar*
encasillado m. *encasellat*
encasillar v. *encasellar*
encasquetar v. *encasquetar*
encasquillarse v. *encasquetar-se*
encastillar v. *encastellar*
encausar v. *encausar*
encauzar v. *encarrilar, aconduir*
encéfalo m. *encèfal*
encelar v. *engelosir*
encendedor m. *encenedor*
encender v. *encendre*
encendido, -a adj. *encès // m. encesa*
encerado, -a adj. *encerat // m. pissarra*
encerar v. *encerar*
encerrar v. *tancar, encloure, embarrar*
encerrona f. *recés, encauament // aguait, parany, ensarronada*
encestar v. *encistellar, encovenar*
encía f. *geniva*
encíclica f. *encíclica*
enciclopedia f. *enciclopèdia*
enciclopedismo m. *enciclopedisme*
enciclopedista adj. *enciclopedista*
encierro m. *tancament // clos, tancat, presó*
encima adv. *damunt, dalt, sobre, dessús /*
  **por — ** *damunt-damunt*
encina f. *alzina, aglaner*
encinar m. *alzinar*
encinta f. *embarassada*
enclaustrar v. *enclaustrar*
enclavar v. *enclavar*
enclenque adj. *desnerit, escarransit, ruec*
encoger v. *encollir, encongir, arrufar*
encogimiento m. *encolliment, encongiment, arrufament*
encolar v. *encolar*
encolerizar v. *encolerir, enfellonir*
encomendar v. *comanar, encomanar*
encomiar v. *alabar, lloar*
encomiástico, -a adj. *encomiàstic*
encomienda f. *comanda, encomanda*
encomio m. *encomi, elogi, lloança*
enconar v. *enfellonir, encolerir, irritar // emmaleir / rfl. madurar // enverinar, emmaleir*
encono m. *rancor, rancúnia, fellonia, irritació*
encontradizo, -a adj. *trobadís, topadís*
encontrar v. *trobar, topar // rfl. topar-se, encontrar-se // rfl. trobar-se*
encontronazo m. *topada, envestida*
encopetado, -a adj. *enfaristolat, entonat, inflat*

encordar v. cordar, encordar
encortinar v. encortinar
encorvar v. acalar, acotar, ajupir // vinclar, corbar, voltar
encovar v. encauar, encovar
encrespar v. encrespar, enraveixinar / rfl. engallar-se, enravenxinar-se, enfurismar-se
encrucijada f. cruïlla, creuera, entreforc
encruelecer v. encruelir
encuadernación f. enquadernació, relligadura
encuadernador, -a m. y f. enquadernador, relligador
encuadernar v. enquadernar, relligar
encuadrar v. enquadrar
encubridor, -a adj. encobridor
encubrimiento m. encobriment
encubrir v. encobrir, tapar
encuentro m. trobada, topada, encontre, encontrada
encuesta f. enquesta
encumbrar v. encimbellar, enlairar, encastellar
encharcar v. embassar, entollar
enchufar v. enxufar, endollar
enchufe m. enxufament, endoll
enchufismo m. enxufisme
por ende adv. per tant, per això
endeble adj. dèbil, feble, flac
endeblez f. debilitat, feblesa, ·flaquesa, fluixedat
endecasílabo, -a adj. hendecasíl·lab
endemia f. endèmia
endémico, -a adj. endèmic
endemismo m. endemisme
endemoniado, -a adj. endimoniat
enderezar v. adreçar, redreçar // adreçar, dirigir, encaminar
endeudar v. endeutar
endiablado, -a adj. endiablat, endimoniat
endiosamiento m. ensuperbiment
endiosar v. deïficar, divinitzar / rfl. ensuperbir-se, inflar-se
endocardio m. endocardi
endocarpio m. endocarpi
endocrino, -a adj. endocrí
endomingar v. endiumenjar
endosar v. endossar
endoso m. endossament, endós
endrina f. aranyó, garanyó
endulzar v. endolcir
endurecer v. endurir
endurecimiento m. enduriment
ene f. ena
enea f. bova, boga
enebro m. ginebre, ginebró

enemigo, -a adj. enemic
enemistad f. enemistat
enemistar v. enemistar
energía f. energia
enérgico, -a adj. enèrgic
energúmeno, -a m. y f. energumen
enero m. gener
enervamiento m. enervament
enervante adj. enervant
enervar v. enervar
enésimo, -a adj. enèsim
enfadar v. enfadar, enutjar
enfado m. enfadament, enuig
enfadoso, -a adj. enfadós, enutjós
enfangar v. enfangar, enllotar
énfasis m. èmfasi
enfático, -a adj. emfàtic
enfatizar v. emfatitzar
enfebrecer v. enfebrar, enfebrosir
enfermar v. emmalaltir // intr. emmalaltir-se, posar-se malalt
enfermedad f. malaltia, malura
enfermería f. infermeria
enfermero, -a m. y f. infermer
enfermizo, -a adj. malaltís, malaltús
enfermo, -a adj. malalt
enfervorizar v. enfervorir
enfilar v. afilerar // enfilar
enfisema m. emfisema
enflaquecimiento m. enflaquiment, emmagriment
enfocar v. enfocar
enfrascarse v. enfrascar-se, embrancar-se
enfrentar v. enfrontar
enfrente adv. enfront, endret de, davant de
enfriamiento m. refredament, enfredoriment // refredat
enfriar v. refredar, enfredorir
enfundar v. enfundar
enfurecer v. enfurir
enfurruñarse v. emmorronyar-se, emmurriar-se, engronyar-se
engalanar v. enflocar, endiumenjar
engallar v. engallar
enganchadizo, -a adj. enganxadís, enganxós
enganchar v. enganxar
engañabobos m. enganyabadocs
engañar v. enganar, enganyar
engañifa f. enganalla
engaño m. engan, engany
engañoso, -a adj. enganós, enganyós, enganador
engarce m. encadenament, embaulament // encastament
engarzar v. encadenar, embaular // encastar
engastar v. engastar

engaste m. *encastament*
engatusar v. *entabanar, engalipar*
engendrar v. *engendrar*
engendro m. *fetus, avort // esguerro, esguerrament, bunyol*
englobar v. *englobar*
englutir v. *englotir, engolir*
engolar v. *engolar*
engolfarse v. *engolfar-se, ennavegar-se, endinsar-se*
engolosinar v. *enllepolir, enllaminir*
engomar v. *engomar*
engordar v. *engreixar*
engorde m. *engreix, engreixament*
engorro m. *embaràs, entrebanc, nosa*
engorroso, -a adj. *embarassós, enutjós*
engranaje m. *engranatge*
engranar v. *engranar*
engrandecer v. *engrandir*
engrandecimiento m. *engrandiment*
engrapar v. *engrapar*
engrasar v. *greixar, enseuar, ensaginar*
engrase m. *greixatge, enseuament*
engreído, -a adj. *entonat, estufat, inflat*
engreimiento m. *entonament, estufera, inflor, bufera*
engreirse v. *estufar-se, inflar-se, entonar-se*
engrilletar v. *engrillonar*
engrosar v. *engrossar, engrossir, engruixir*
engrudo m. *engrut // pastifot // verrim*
enguantar v. *enguantar*
enguatar v. *embuatar*
engullir v. *engolir, enviar-se, empassar-se*
enharinar v. *enfarinar, enfarinoar*
enhebillar v. *ensivellar*
enhebrar v. *enfilar*
enhiesto, -a adj. *dret, alçat, ert*
enhorabuena f. *enhorabona*
enhoramala adv. *en mala hora, malviatge, malhaja*
enhornar v. *enfornar*
enigma m. *enigma*
enigmático, -a adj. *enigmàtic*
enjabonar v. *ensabonar*
enjaezar v. *guarnir*
enjalbegar v. *emblancar, emblanquinar*
enjambre m. *eixam*
enjaular v. *engabiar*
enjoyar v. *enjoiar, enjoiellar*
enjuagar v. *esbandir, rabejar // glopejar*
enjugar v. *eixugar, assecar*
enjuiciar v. *enjudiciar*
enjundia f. *ensunya, sagí*
enjuto, -a adj. *eixut, eixarreït // xuclat, rebegut, magre*
enlace m. *enllaç, enllaçament, lligam // casament*

enladrillar v. *enrajolar*
enlazar v. *enllaçar*
enlodar v. *enllotar, enfangar*
enloquecedor, -a adj. *embogidor, enfollidor*
enloquecer v. *embogir, enfollir*
enlosar v. *enllosar, llosar*
enlucido m. *arrebossat, eixalbat*
enlucir v. *enlluir, eixalbar, arrebossar*
enlustrecer v. *enllustrar*
enlutar v. *endolar*
enmaderar v. *enfustar*
enmarañar v. *embolicar, embullar*
enmascarar v. *emmascarar*
enmelar v. *emmelar*
enmendar v. *esmenar*
enmienda f. *esmena*
enmohecerse v. *florir-se, rovellar-se*
enmudecer v. *emmudir*
ennegrecer v. *ennegrir*
ennoblecer v *ennoblir*
enojar v. *enutjar, enfadar, irritar*
enojo m. *enuig, irritació*
enojoso, -a adj. *enutjós, molestós*
enorgullecer v. *enorgullir*
enorme adj. *enorme*
enormidad f. *enormitat*
enquistarse v. *enquistar-se*
enraizar v. *arrelar*
enramada f. *enramada, brancam*
enramar v. *enramar // brancar*
enranciar v. *enrancir, ranciejar*
enrarecer v. *enrarir*
enrarecimiento m. *enrariment*
enredadera f. *planta enfiladissa*
enredador, -a adj. *enredador, enredaire, embullós*
enredar v. *enxarxar // embolicar, embullar // entremaliejar, trullar // rfl. embolicar-se, encancarrinar-se*
enredo m. *embolic, embull // envitricollament // trama, nus, intriga*
enredoso, -a adj. *envitricollat*
enrejado m. *reixat, enreixat // graellat*
enrejar v. *enreixar*
enrevesado, -a adj. *enrevisclat, envitricollat*
enriquecer v. *enriquir*
enrocar v. *enrocar*
enrojecer v. *envermellir, enrogir // enrojolar-se, tornar vermell*
enrolar v. *enrolar*
enrollar v. *enrotllar, enrodellar*
enronquecer v. *enrogallar, enronquir // intr. escanyonar-se, esgargamellar-se*
enronquecimiento m. *ronquera*
enroscar v. *enroscar, cargolar, engramponar*
enrubiar v. *enrossir, rossejar*

ensaimada f. *ensaïmada*
ensalada f. *ensalada, amanida, enciam //*
barrejadís, mescladissa
ensaladera f. *ensaladera, enciamera*
ensalivar v. *ensalivar*
ensalmo m. *eixarm //* **como por** — *per art*
d'encantament
ensalzamiento m. *exalçament, enaltiment*
ensalzar v. *exalçar, enaltir*
ensambladura f. *encaix, emmetxat, engalza-*
· *ment*
ensamblar v. *emmetxar, encadellar, engalzar*
ensanchamiento m. *eixamplament*
ensanchar v. *eixamplar*
ensanche m. *eixampla* (f.)
ensangrentar v. *ensagnar, ensangonar*
ensañamiento m. *acarnissament*
ensañarse v. *acarnissar-se*
ensartar v. *enfilar, encadenar //* *aspidar,*
enastar, enforcar, enforquillar
ensayar v. *assajar, provar*
ensayista m. y f. *assagista*
ensayo m. *assaig*
ensebar v. *enseuar*
en seguida adv. *de seguida, tot seguit, tot-*
d'una
ensenada f. *cala, calanca*
enseña f. *ensenya, insígnia, divisa*
enseñanza f. *ensenyança, ensenyament*
enseñar v. *ensenyar //* *ensenyar, mostrar*
enseñorearse v. *ensenyorir-se*
enseres m. pl. *estris, ormeigs, atuells*
ensillar v. *ensellar*
ensimismamiento m. *capficament*
ensimismarse v. *capficar-se, abstreure's*
ensoberbecer v. *ensuperbir*
ensombrecer v. *enfosquir, aombrar*
ensordecedor, -a adj. *eixordador*
ensordecer v. (causar sordera) *assordar, en-*
sordir // (trastornar el oído por ruido ex-
cesivo) *assordar, eixordar, atabalar*
ensortijar v. *encaragolar, enrevoltillar, enre-*
vullar
ensuciar v. *embrutar, sollar*
ensueño m. *ensomni, somieig*
entablado m. *empostissat, empostissada*
entablamento m. *entaulament*
entablar v. *empostar, empostissar //* *entau-*
lar
entallar v. *entallar*
entarimado m. *entarimat*
entarimar v. *entarimar, empaquetar*
ente m. *ens, ésser*
enteco, -a adj. *flac, denerit, ruec*
entelequia f. *entelèquia*
entendedor, -a adj. *entenedor, entenent /*
mal — *malentenent*

entender v. *entendre /* — **mal** *malentendre /*
dar a — *donar entenent, donar a entendre*
entendido, -a adj. *entès, sabut*
entendimiento m. *enteniment, esma, senderi,*
suc de cervell / **corto de** — *curt, negat*
entenebrecer v. *entenebrir*
enterar v. *assabentar, fer saber, informar*
entercarse v. *entestar-se, encaparrotar-se*
entereza f. *enteresa, fermesa, integritat*
enternecedor, -a adj. *entendridor*
enternecer v. *entendrir*
entero, -a adj. *enter, sencer, íntegre*
enterrador m. *fosser, enterramorts*
enterramiento m. *enterrament*
enterrar v. *enterrar, colgar //* *enterrar, so-*
terrar
entibiar v. *entebeir, entebionar, estebejar*
entidad f. *entitat*
entierro m. *enterrament*
entintar v. *entintar, tintar*
entoldado m. *envelada, envelat*
entoldar v. *envelar*
entomología f. *entomologia*
entonación f. *entonació*
entonado, -a adj. *entonat*
entonar v. *entonar*
entonces adv. *llavors, llavores, aleshores*
entontecer v. *embeneitir, embambar, emba-*
janir
entorchado m. *entorxat*
entornar v. *empènyer, entretancar //* (los
ojos) *entreclucar*
entorpecer v. *entorpir, entrebancar*
entorpecimiento m. *entorpiment, entreban-*
cament
entrada f. *entrada*
entrambos adj. *ambdós, tots dos*
entrampar v. *entrampar*
entrante m. *entrant*
entraña f. *entranya //* pl. *corada*
entrañable adj. *entranyable*
entrañar v. *entranyar*
entrar v. *entrar*
entre prep. *entre*
entreabrir v. *entreobrir, entrebadar*
entreacto m. *entreacte*
entrecano, -a adj. *grisenc, blanquinós*
entrecavar v. *entrecavar*
entrecejo m. *entrecelles*
entrecortar v. *entretallar, estroncar*
entrecruzar v. *entrecreuar, encreuar*
entredicho m. *entredit*
entredós m. *entredós*
entrega f. *lliurament //* *entrega*
entregar v. *entregar, lliurar //* rfl. *entregar-*
se, lliurar-se, retre's

entrelazar v. *entrellaçar*
entremés m. *entremès*
entremeter v. *entremetre, ficar*
entremetido, -a adj. *ficadís, xafarder*
entremezclar v. *entremesclar, barrejar*
entrenador, -a adj. *entrenador*
entrenar v. *entrenar*
entreno m. *entrenament*
entrepiernas f. pl. *entrecuix*
entresacar v. *treuere, espipellar // triar*
entresuelo m. *entresol, estudi*
entretallar v. *entretallar*
entretanto adv. *entretant, mentrestant*
entretejer v. *entreteixir*
entretela f. *entretela*
entretener v. *entretenir*
entretenido, -a adj. *entretingut*
entretenimiento m. *entreteniment*
entretiempo m. *entretemps, migtemps*
entrever v. *entreveure, entrellucar*
entrevía f. *entrevia*
entrevista f. *entrevista*
entrevistar v. *entrevistar*
entristecer v. *entristir*
entrometerse v. *entremetre's, ficar-se, xafardejar*
entrometido, -a adj. *ficadís, xafarder*
entroncar v. *entroncar*
entronizar v. *entronitzar*
entuerto m. *tort, greuge, malifeta*
entumecer v. *entumir, enrampar*
entumecimiento m. *entumiment, enrampament*
enturbiar v. *enterbolir*
entusiasmar v. *entusiasmar*
entusiasmo m. *entusiasme*
entusiasta adj. *entusiasta*
enumeración f. *enumeració*
enumerar v. *enumerar*
enunciado m. *enunciat*
enunciar v. *enunciar*
envainar v. *embeinar*
envalentonar v. *envalentir, encoratjar*
envanecer v. *envanir*
envanecimiento m. *envaniment*
envarado, -a adj. *encarcarat, enravenat, tibat*
envaramiento m. *encarcarament, enravenament*
envarar v. *encarcarar, enravenar*
envasar v. *envasar*
envase m. *envàs, envasament*
envejecer v. *envellir*
envejecimiento m. *envelliment*
envenenador, -a adj. *enverinador, emmetzinador*

envenenamiento m. *enverinament, emmetzinament*
envenenar v. *enverinar, emmetzinar*
envergadura f. *envergadura*
envergar v. *envergar*
envés m. *revés, dors*
enviado m. *enviat, missatger, missus*
enviar v. *enviar, trametre*
enviciar v. *viciar, malacostumar*
envidia f. *enveja*
envidiable adj. *envejable*
envidiar v. *envejar*
envidioso, -a adj. *envejós*
envilecer v. *envilir*
envilecimiento m. *enviliment*
envío m. *enviament, tramesa, remesa*
envite m. *envit*
enviudar v. *enviudar*
envoltorio m. *bolic, farcell*
envoltura f. *embolcall, coberta*
envolvente adj. *envoltant*
envolver v. *embolicar, cobrir, embolcallar // envoltar, voltar*
enyesar v. *enguixar*
enzarzar v. *embardissar // embarriolar, embrancar*
enzima f. *enzim*
enzurronar v. *ensarronar*
eñe f. *enya*
eoceno m. *eocè*
eólico, -a adj. *eòlic*
eolítico, -a adj. *eolític*
eón m. *eon*
epicarpio m. *epicarpi*
epiceno m. *epicè*
epicentro m. *epicentre*
épico, -a adj. *èpic*
epicúreo, -a adj. *epicuri*
epidemia f. *epidèmia*
epidérmico, -a adj. *epidèrmic*
epidermis f. *epidermis*
epifanía f. *epifania*
epiglotis f. *epiglotis*
epígrafe m. *epígraf*
epigrama m. *epigrama*
epilepsia f. *epilèpsia*
epiléptico, -a adj. *epilèptic*
epilogar v. *epilogar*
epílogo m. *epíleg*
episcopado m. *episcopat, bisbat*
episcopal adj. *episcopal, bisbal*
episódico, -a adj. *episòdic*
episodio m. *episodi*
epístola f. *epístola*
epistolar adj. *epistolar*
epistolario m. *epistolari*

epitafio m. *epitafi*
epitelio m. *epiteli*
epíteto m. *epítet*
epítome m. *epítom*
época f. *època*
epopeya f. *epopeia*
equidad f. *equitat*
equidistante adj. *equidistant*
equidistar v. *equidistar*
équido m. *èquid*
equilátero, -a adj. *equilàter*
equilibrar v. *equilibrar*
equilibrio m. *equilibri*
equino, -a adj. *equí*
equinoccio m. *equinocci*
equinodermo adj. *equinoderm*
equipaje m. *equipatge*
equipamiento m. *equipament*
equipar v. *equipar*
equiparar v. *equiparar*
equipo m. *equip*
equis f. *ics, xeix*
equitación f. *equitació*
equitativo, -a adj. *equitatiu*
equivalencia f. *equivalència*
equivalente adj. *equivalent*
equivaler v. *equivaler*
equivocación f. *equivocació*
equivocar v. *equivocar*
equívoco, -a adj. *equívoc*
era f. *era*
erario m. *erari*
ere f. *erra simple*
erección f. *erecció*
eréctil adj. *erèctil*
erecto, -a adj. *erecte, enravenat, tibat*
eremita m. *eremita*
eremítico, -a adj. *eremític*
erguido, -a adj. *ert, tibat, enravenat*
erguir v. *alçar, redreçar, enravenar, tibar, empinar*
erial adj. *ermàs, erm*
erigir v. *erigir*
erisipela f. *erisipela*
erizar v. *eriçar, estarrufar, arreveixinar*
erizo m. *eriçó //* — **de mar** *eriçó de mar, garota, vogamarí, vogo*
ermita f. *ermita*
ermitaño, -a m. y f. *ermità*
erosión f. *erosió*
erosionar v. *erosionar*
erótico, -a adj. *eròtic*
errabundo, -a adj. *errabund, errant, vagarívol*
erradicar v. *erradicar*
errante adj. *errant, vagant, errívol*

errar v. *errar, vagabundejar // errar, fallar // errar, errar-se, equivocar-se*
errata f. *errada, errata*
errático, -a adj. *erràtic, errabund*
erre f. *erra*
erróneamente adv. *erròniament*
erróneo, -a adj. *erroni*
error m. *error*
eructar v. *eructar, rotar*
eructo m. *eructe, rot*
erudición f. *erudició*
erudito, -a adj. *erudit*
erupción f. *erupció*
eruptivo, -a adj. *eruptiu*
esbeltez f. *esveltesa*
esbelto, -a adj. *esvelt, abrinat*
esbirro m. *algutzir, saig*
esbozar v. *esbossar, engarbullar*
esbozo m. *esbós*
escabechar v. *escabetxar*
escabeche m. *escabetx*
escabechina f. *escabetxina, escabetxada*
escabel m. *escambell*
escabroso, -a adj. *escabrós*
escabullirse v. *escapolir-se, esquitxar-se, esmunyir-se*
escacharrar v. *estellar, fer miques, esbocinar // espatllar, espanyar, fer malbé*
escafandra f. *escafandre* (m.)
escala f. *escala*
escalada f. *escalada*
escalador, -a adj. *escalador*
escalafón m. *escalafó*
escalar v. *escalar*
escaldadura f. *escaldada*
escaldar v. *escaldar*
escaleno adj. *escalè*
escalera f. *escala*
escalinata f. *escalinata, escalonada, graonada*
escalo m. *escalada, escalament*
escalofrío m. *calfred, esgarrifança, escarrufament*
escalón m. *escaló, graó, esglaó*
escalonar v. *escalonar, esglaonar*
escalope m. *escalopa*
escalpelo m. *escalpel*
escama f. *escata, escama*
escamar v. *escatar // escalivar, escamnar, escaldar*
escamondar v. *esporgar, exsecallar, podar*
escamoso, -a adj. *escatós, escamós*
escamotear v. *escamotejar*
escamoteo m. *escamoteig*
escampar v. *desembarassar, aclarir // aclarir-se*

escanciar v. *abocar, servir* (el vi)
escandalizar v. *escandalitzar*
escándalo m. *escàndol*
escandaloso, -a adj. *escandalós*
escandallo m. *escandall*
escandinavo, -a m. y f. *escandinau*
escaño m. *escon, escó, banc*
escapada f. *escapada, fuita*
escapar v. *escapar-se, fugir, escapolir-se* // *alliberar, fer escàpol* // *escapar*
escaparate m. *escaparata, mostrador, aparador*
escapatoria f. *escapada, escapatòria*
escape m. *escapada, fuita, fugida* // (de un fluido) *escapament, sortida* // **a — a corre-cuita, volant, escapat** // **puerta de — porta d'escapada**
escápula f. *escàpula*
escapulario m. *escapulari*
escaque m. *escac, dau*
escaqueado, -a adj. *escacat, dauat*
escara f. *escara*
escarabajo m. *escarabat* // pl. *escarabats, gargots, burots*
escaramuza f. *escaramussa*
escarapela f. *escarapel·la*
escarbar v. *gratar, grapinyar* // *furgar, escurar* // *atiar* // *ensumar, furgar*
escarcha f. *gelada, gebre, gebrada*
escarchar v. *gelar, gebrar*
escarda f. *aixadell, cavaguell, aixartell*
escardar v. *eixarcolar, entrecavar*
escarlata f. *escarlata*
escarlatina f. *escarlatina*
escarmentar v. *escalivar, escarmentar*
escarmiento m. *escarment, escalivament*
escarnecer v. *escarnir*
escarnio m. *escarn, escarniment*
escarola f. *endívia, escarola*
escarpado, -a adj. *espadat, rost, escarpat*
escarpia f. *clau-ganxo*
escarpín m. *escarpí* // *peüc*
escarzano adj. *escassà, escarser*
escasear v. *curtejar, escassejar*
escasez f. *escassesa, poquedat*
escaso, -a adj. *escàs, magre, migrat*
escatimar v. *plànyer, escatimar*
escatología f. *escatologia*
escayola f. *guix de plafó, escaiola* // *estuc*
escayolar v. *enguixar*
escena f. *escena*
escenario m. *escenari*
escenificar v. *escenificar*
escenografía f. *escenografia*
escepticismo m. *escepticisme*
escéptico, -a adj. *escèptic*

escisión f. *escissió*
esclarecer v. *esclarir, aclarir, clarificar*
esclavina f. *esclavina*
esclavitud f. *esclavitud*
esclavizar v. *esclavitzar*
esclavo, -a adj. *esclau*
esclerosis f. *esclerosi*
esclerótica f. *escleròtica*
esclusa f. *resclosa, portella*
escoba f. *granera, escombra*
escobazo m. *granerada, escombrada*
escobilla f. *espalmador, raspall* // *granereta, escombreta*
escobón m. *esteranyinador* // *escombrall*
escocedura f. *coentor, coïtja, coïssor*
escocer v. *coure*
escocés, -esa m. y f. *escocès*
escoda f. *escodà, tallant*
escofina f. *raspa*
escofinar v. *raspar*
escoger v. *escollir, triar*
escogido, -a adj. *escollit, selecte, triat*
escolanía f. *escolania*
escolapio, -a m. y f. *escolapi*
escolar adj. *escolar*
escolaridad f. *escolaritat*
escolástico, -a adj. *escolàstic*
escolopendra f. *escolopendra*
escolta f. *escorta*
escoltar v. *escortar*
escollera f. *escullera, riba*
escollo m. *escull*
escombro m. *runa, enderroc, peltret*
esconder v. *amagar*
a escondidas adv. *d'amagat*
escondite m. *amagatall* // **jugar al — jugar a cuit, a conillets amagar, a conillons**
escondrijo m. *amagatall, enfony*
escopeta f. *escopeta*
escopetazo m. *escopetada*
escopetear v. *escopetejar*
escorbuto m. *escorbut*
escoria f. *escòria*
escorpina f. *escórpera, escorpra, rascla*
escorpión m. *escorpí, aliacrà*
escorzo m. *escorç*
escota f. *escota*
escotar v. *escotar, escollerar, espitregar*
escote m. *escot*
escotilla f. *escotilla*
escotillón m. *trapa, batiport, escotilló*
escozor m. *coïssor, coïtja, coentor*
escriba m. *escriba*
escribanía f. *escrivania*
escribano m. *escrivà*
escribiente m. y f. *escrivent*

escribir v. *escriure*
escrito m. *escrit*
escritor, -a m. y f. *escriptor*
escritorio m. *escriptori*
escritura f. *escriptura*
escrófula f. *escròfula*
escrofuloso, -a adj. *escrofulós*
escrúpulo m. *escrúpol*
escrupulosidad f. *escrupolositat*
escrupuloso, -a adj. *escrupolós*
escrutar v. *escrutar*
escrutinio m. *escrutini*
escuadra f. *esquadra*
escuadrar v. *esquadrar, escairar*
escuadrón m. *esquadró*
escuálido, -a adj. *esquàlid*
escucha f. *escolta*
escuchar v. *escoltar*
escudar v. *escudar*
escudería f. *escuderia*
escudero m. *escuder*
escudilla f. *escudella, bol, tassa gran*
escudo m. *escut*
escudriñar v. *escodrinyar, escorcollar*
escuela f. *escola*
escueto, -a adj. *rònec, broix*
esculpir v. *esculpir*
escultismo m. *escoltisme*
escultor, -a m. y f. *escultor*
escultura f. *escultura*
escultural adj. *escultural*
escupidera f. *escopidor*
escupir v. *escopir*
escurreplatos m. *escorredor, plater*
escurridizo, -a adj. (V. resbaladizo)
escurridor m. *escorredor, escolador*
escurriduras f. pl. *escolim, escorrialles*
escurrir v. *escórrer, escurar, escolar //* rfl. *esmunyir-se*
esdrújulo, -a adj. *esdrúixol*
1) ese, -a adj. y pron. *aqueix, eix*
2) ese f. (letra) *essa*
esencia f. *essència*
esencial adj. *essencial*
esfera f. *esfera*
esférico, -a adj. *esfèric*
esfinge m. y f. *esfinx*
esfínter m. *esfínter*
esforzado, -a adj. *estrenu, coratjós, valent*
esforzar v. *envigorir, enfortir // encoratjar //* rfl. *esforçar-se, maldar*
esfuerzo m. *esforç, estrall // coratge, valentia*
esfumar v. *esfumar*
esfuminar v. *esfuminar, difuminar*
esfumino m. *esfumí*

esgrafiar v. *esgrafiar*
esgrima f. *esgrima*
esgrimir v. *esgrimir*
esguince m. *esquinç, esquinçament*
eslabón m. *baula, anella*
eslavo, -a m. y f. *eslau*
eslora f. *eslora*
esmaltar v. *esmaltar*
esmalte m. *esmalt*
esmerado, -a adj. *acurat // curós, atent*
esmeralda f. *maragda, esmaragda*
esmerar v. *polir //* rfl. *posar esment, remirar-se, parar compte, posar cura*
esmeril m. *esmeril*
esmerilar v. *esmerilar*
esmero m. *esment, cura, remirament*
esmirriado, -a adj. *denerit, flac, xerec*
esnob adj. *esnob*
eso pron. *això, açò // a — de devers, damunt, cap a*
esófago m. *esòfag, canyó, abrer*
esotérico, -a adj. *esotèric*
espacial adj. *espacial*
espaciar v. *espaiar*
espacio m. *espai*
espada f. *espasa / — de dos filos espasa de dos talls // pez — peix espasa, emperador*
espadachín m. *espadatxí*
espadaña f. *espadanya*
espadero m. *espaser*
espadín m. *espasí*
espalda f. *esquena / volver la — girar l'esquena / tener guardadas las espaldas tenir l'esquena guardada / a espaldas per darrere, d'amagat*
espaldarazo m. *cop a l'esquena // dar el — donar entrada, admetre, declarar apte o capaç*
espaldera f. *espatllera*
espantadizo, -a adj. *espantadís, retgiradís, esveradís*
espantajo m. *espantaocells, espantall, bujot // estarot, faristol, estaquirot, mòpia*
espantapájaros m. (V. espantajo)
espantar v. *espantar, esglaiar, esverar, esporuguir*
espanto m. *espant, esglai, esverament, feredat*
espantoso, -a adj. *espantós, esglaiós, esverador, esfereïdor*
español, -a m. y f. *espanyol*
esparadrapo m. *esparadrap*
esparcimiento m. *esplai, esbarjo*
esparcir v. *espargir, escampar*
espárrago m. *espàrec, espàrrec, espàrgol*

esparraguera f. *espareguera, esparreguera, espargolera*
espartano, -a adj. *espartà*
espartería f. *esparteria*
espartero, -a adj. *esparter, sarrier*
esparto m. *espart*
espasmo m. *espasme*
espasmódico, -a adj. *espasmòdic*
espato m. *espat*
espátula f. *espàtula*
especia f. *espècia, espícia*
especial adj. *especial*
especialidad f. *especialitat*
especializar v. *especialitzar*
especie f. *espècie, mena, classe, casta, llei*
especificar v. *especificar*
específico, -a adj. *específic*
espécimen m. *espècimen*
espectacular adj. *espectacular*
espectáculo m. *espectacle*
espectador, -a adj. *espectador*
espectral adj. *espectral*
espectro m. *espectre*
especulación f. *especulació*
especulador, -a adj. *especulador*
especular v. *especular*
especulativo, -a adj. *especulatiu*
espejar v. *emmirallar*
espejismo m. *miratge*
espejo m. *mirall, espill*
espeleología f. *espeleologia*
espeleólogo, -a m. y f. *espeleòleg*
espeluznante adj. *aborronador, esgarrifós, escarrufador*
espeluznar v. *aborronar, esgarrifar, escarrufar*
espeluzno m. *aborronament, esgarrifor, escarrufament*
espera f. *espera*
esperanto m. *esperanto*
esperanza f. *esperança*
esperar v. *esperar*
esperma f. *esperma*
espermatozoide m. *espermatozoide*
espermatozoo m. *espermatozou*
esperpento m. *feristea*
espesar v. *espessir*
espeso, -a adj. *espès*
espesor m. *espessor, gruix*
espesura f. *espessor, gruix // boscúria*
espetar v. *aspidar, ensortillar // entimar, engaltar, etzibar*
espía m. y f. *espia, espieta*
espiar v. *espiar, espiocar, sotoiar*
espiga f. *espiga*
espigado, -a adj. *espigat, esvelt*

espigar v. *espigolar // espigar*
espigón m. *espigot // riba, espigó*
espigueo m. *espigolada*
espina f. *espina // — dorsal espinada*
espinaca f. *espinac*
espinal adj. *espinal*
espinazo m. *espinada, rosari de l'esquena*
espingarda f. *espingarda*
espinilla f. *séc de la cama, os de la cama, canella de la cama // barb*
espinoso, -a adj. *espinós*
espionaje m. *espionatge*
espira f. *espira*
espiración f. *espiració*
espiral f. *espiral, garangola*
espirar v. *espirar*
espiritismo m. *espiritisme*
espiritista adj. *espiritista*
espiritoso, -a adj. *esperitós, espirituós*
espíritu m. *esperit*
espiritual adj. *espiritual*
espiritualidad f. *espiritualitat*
espirituoso, -a adj. *esperitós, espirituós*
espita f. *aixeta, grifó*
esplendidez f. *esplendidesa*
espléndido, -a adj. *esplèndid*
esplendor m. *esplendor*
esplendoroso, -a adj. *esplendorós*
espliego m. *espígol*
espolear v. *esperonar*
espoleta f. *espoleta*
espolón m. *esperó*
espolvorear v. *polsejar, empolsegar*
esponja f. *esponja*
esponjar v. *esponjar, estufar // rfl. estufarse, estarrufar-se*
esponjoso, -a adj. *esponjós*
esponsales m. pl. *esposalles, esposori*
espontáneamente adv. *espontàniament*
espontaneidad f. *espontaneïtat*
espontáneo, -a adj. *espontani*
espora f. *espora*
esporádico, -a adj. *esporàdic*
esporangio m. *esporangi*
esportilla f. *senalleta, senalló*
esposa f. *dona, muller, esposa*
esposar v. *engrillonar, emmanillar*
esposas f. pl. *grillons, manilles*
esposo m. *espòs, marit, home*
espuela f. *esperó*
espuerta f. *senalla, cabàs*
espulgar v. *esplugar, espuçar, espollar*
espuma f. *escuma, bromera, escumera, sabonera*
espumadera f. *llossa, esbromadora, triador, giradora*

espumajear v. *escumejar, fer sabonera, fer salivera*
espumar v. *escumar, esbromar*
espumarajos m. pl. *sabonera, salivera*
espumear v. *escumar, escumejar*
espumoso, -a adj. *escumós, bromerós*
espurio, -a adj. *espuri*
esputo m. *esput*
esqueje m. *esqueix*
esquela f. *esquela*
esqueleto m. *esquelet, carcassa, ossada*
esquema m. *esquema*
esquemático, -a adj. *esquemàtic*
esquematizar v. *esquematitzar*
esquí m. *esquí*
esquiador, -a m. y f. *esquiador*
esquiar v. *esquiar*
esquife m. *esquif // volta de canó*
esquila f. *esquella, picarol*
esquilador, -a adj. *tonedor*
esquilar v. *tondre, xollar, pelar*
esquileo m. *tosa*
esquimal m. y f. *esquimal*
esquina f. *cantell, cantó, cornaló / cantonada, cap de cantó*
esquinado, -a adj. *cantellut // cantoner*
esquirla f. *esquerda*
esquirol m. *esquirol*
esquivar v. *esquivar*
esquivez f. *esquivesa, esquivor*
esquivo, -a adj. *esquiu*
estabilidad f. *estabilitat*
estabilizar v. *estabilitzar*
estable adj. *estable*
establecer v. *establir, estatuir*
establecimiento m. *establiment*
establo m. *establa, establia, boer, boval*
estaca f. *estaca // garrot, bastó*
estacada f. *estacada, palissada / dejar en la — deixar en planconfés, deixar penjat*
estacar v. *estacar, fermar*
estacazo m. *estacada, garrotada, bastonada*
estación f. *estació*
estacionar v. *estacionar*
estacionario, -a adj. *estacionari*
estadio m. *estadi*
estadista m. y f. *estadista*
estadística f. *estadística*
estadístico, -a adj. *estadístic*
estado m. *estat, estament*
estafa f. *estafa, estafada*
estafador, -a adj. *estafador*
estafar v. *estafar*
estafermo m. *estarot, estaquirot*
estafeta f. *estafeta*
estalactita f. *estalactita, caramell, degotís*

estalagmita f. *estalagmita, caramell*
estallar v. *esclatar, esboldregar, rebentar*
estallido m. *esclat, petada, espetec, esclafit*
estambre m. *estam*
estamento m. *estament*
estameña f. *estamenya*
estampa f. *estampa*
estampación f. *estampació*
estampado m. *estampat*
estampar v. *estampar*
estampido m. *tro, espetec*
estancamiento m. *estroncament, aturada*
estancar v. *estroncar, aturar / engorgar // estancar, estanyar*
1) **estancia** f. *estada, sojorn // cambra, habitació, habitatge // possessió, heretat*
2) **estancia** f. (estrofa) *estança*
estanco adj. *estanc, clos //* m. *estanc, estany*
estandarte m. *estendard*
estanque m. *estany, safareig*
estanquero, -a m. y f. *estanquer*
estante m. *prestatge, estant*
estantería f. *prestatgeria, estanteria*
estantigua f. *fantasma // reverteri, espingarda*
estañador m. *estanyador*
estañadura f. *estanyadura*
estañar v. *estanyar*
estaño m. *estany*
estar v. *estar // esser, ser*
estarcir v. *estergir*
estatal adj. *estatal*
estático, -a adj. *estàtic*
estatismo m. *estatisme*
estatua f. *estàtua*
estatuario, -a adj. *estatuari*
estatuir v. *estatuir*
estatura f. *estatura*
estatutario, -a adj. *estatutari*
estatuto m. *estatut*
estay m. *estai*
1) **este** m. *est*
2) **este** pron. dem. *aquest*
estela f. *estela*
estelar adj. *estel·lar*
estenografía f. *estenografia*
estenógrafo, -a m. y f. *estenògraf*
estentóreo, -a adj. *estentori*
estepa f. *estepa*
estepario, -a adj. *estepari*
estera f. *estora*
esterar v. *estorar*
estercolar v. *femar*
estercolero m. *femer, merder*
estereofónico, -a adj. *estereofònic*
estereotipar v. *estereotipar*

estereotipo m. *estereotip*
esterero, -a m. y f. *estorer*
estéril adj. *estèril*
esterilidad f. *esterilitat*
esterilizar v. *esterilitzar*
esterilla f. *estoreta, estori*
esterlina f. *esterlina*
esternón m. *estèrnum*
estertor m. *estertor, ranera*
esteta m. y f. *esteta*
estético, -a adj. *estètic*
estetoscopio m. *estetoscopi*
estiba f. *estiba*
estibador m. *estibador*
estibar v. *estibar*
estiércol m. *fem, fems, fema, femta // femada, emprivada*
estigma m. *estigma*
estigmatizar v. *estigmatitzar*
estilar v. *estilar*
estilete m. *estilet*
estilista m. y f. *estilista*
estilita m. y f. *estilita*
estilizar v. *estilitzar*
estilo m. *estil*
estilóbato m. *estilobat*
estilográfico, -a adj. *estilogràfic*
estima f. *estimació*
estimación f. *estimació*
estimar v. *estimar*
estimulante adj. *estimulant*
estimular v. *estimular*
estímulo m. *estímul*
estío m. *estiu*
estipendio m. *estipendi*
estípite m. *estípit*
estípula f. *estípula*
estipulación f. *estipulació*
estipular v. *estipular*
estirado, -a adj. *estirat, ajagut // allargassat, allargat // tibat, enravenat*
estirajar v. *estiregassar, esllenegar*
estiramiento m. *estirament*
estirar v. *estirar, ajeure // allargar, allargassar // tibar, enravenar // rfl. fer estiraments*
estirón m. *estirada, estiregassada*
estirpe m. *estirp, nissaga*
estival adj. *estival, estiuenc*
esto pron. *açò, això / en — assuixí, assussuaixí, mentrestant*
estocada f. *estocada*
estofa f. *estofa*
estofado m. *ofegat, estofat, solsit*
estofar v. *estofar, solsir*
estoicismo m. *estoïcisme*

estoico, -a adj. *estoic*
estola f. *estola*
estoma m. *estoma*
estomacal adj. *estomacal*
estómago m. *estómac, ventrell*
estomatólogo, -a m. y f. *estomatòleg*
estoniano, -a m. y f. *estonià*
estopa f. *estopa*
estoque m. *estoc*
estoquear v. *estoquejar*
estorbar v. *destorbar, entrebancar, fer nosa*
estorbo m. *destorb, entrebanc, nosa, empirreume*
estornino m. *estornell*
estornudar v. *esternudar, fer un oís, fer un etxem*
estornudo m. *esternut, oís, etxem*
estrabismo m. *estrabisme*
estrado m. *estrada // tarima*
estrafalario, -a adj. *estrafolari*
estragar v. *corrompre, viciar, estrallar*
estrago m. *estrall, matx*
estragón m. *estragó, dragonet*
estrambote m. *estrambot*
estrambótico, -a adj. *estrambòtic*
estramonio m. *estramoni*
estrangulación f. *estrangulació, escanyament*
estrangular v. *estrangular, escanyar*
estraperlo m. *estraperlo*
estratagema f. *estratagema*
estratega m. y f. *estrateg*
estrategia f. *estratègia*
estratégico, -a adj. *estratègic*
estratificar v. *estratificar*
estrato m. *estrat, estratus*
estratosfera f. *estratosfera*
estraza f. *estrassa*
estrechamiento m. *estrenyement, estretor*
estrechar v. *estrènyer*
estrechez f. *estretor*
estrecho, -a adj. *estret // m. estret, freu, canal // m. estret, coll, collada*
estrechura f. *estretor, estretura*
estregar v. *fregar, refregar*
estregón m. *fregada, refrec*
estrella f. *estel, estrella*
estrellado, -a adj. *estelat, estrellat*
estrellar v. *estrellar // rfl. estavellar-se, esclatar-se*
estremecedor, -a adj. *escruixidor, aborronador*
estremecer v. *fer tremolar, escruixir, aborronar / rfl. estremir-se, escruixir-se, fremir-se*
estremecimiento m. *estremiment, aborronament, escruiximent*

estrena f. *estrena*
estrenar v. *estrenar*
estreno m. *estrena*
estreñido, -a adj. *restret*
estreñimiento m. *estrenyement, restrenyement*
estreñir v. *restrènyer*
estrépito m. *estrèpit, terrabastall*
estrepitoso, -a adj. *estrepitós*
estría f. *estria*
estriar v. *estriar*
estribación f. *estrep*
estribar v. *estrebar, recolzar, descansar*
estribillo m. *rescobla, tornada*
estribo m. *estrep* // perder los estribos *desfer-se, desfermar-se, sortir de polleguera*
estribor m. *estribord*
estricnina f. *estricnina*
estricto, -a adj. *estricte, estret*
estridencia f. *estridència*
estridente adj. *estrident*
estridentemente adv. *estridentment*
estridor m. *estridor*
estrofa f. *estrofa, estança*
estroncio m. *estronci*
estropajo m. *fregall*
estropajoso, -a adj. *tirós, nerviüt* // *esparracat, esquinçat, pelleringós* // *baldufenc, farfallós*
estropear v. *afollar, espatllar, espanyar, fer malbé, tudar, esguerrar*
estropicio m. *esguerro, matx, trencadissa*
estructura f. *estructura*
estructurar v. *estructurar*
estruendo m. *estrèpit, terrabastall*
estruendoso, -a adj. *estrepitós, renouer, sorollós*
estrujar v. *prémer, estrènyer* // *engrunar, encloure* // *mastegar, rebregar*
estrujón m. *espremuda, repremuda, engrunada*
estuario m. *estuari*
estucar v. *estucar*
estuco m. *estuc*
estuche m. *estoig*
estudiante m. y f. *estudiant*
estudiantil adj. *estudiantí, estudiantesc*
estudiar v. *estudiar*
estudio m. *estudi*
estudioso, -a adj. *estudiós*
estufa f. *estufa*
estulticia f. *estultícia*
estulto, -a adj. *estult*
estupefacción f. *estupefacció, esglai*
estupefaciente adj. y m. *estupefaent*
estupefacto, -a adj. *estupefacte, esglaiat, esbadalit*

estupendo, -a adj. *estupend, esglaiador*
estupidez f. *estupidesa, estultícia, ruqueria*
estúpido, -a adj. *estúpid, estult, ruc*
estupor m. *estupor, esglai*
estupro m. *estupre*
esturión m. *esturió*
etano m. *età*
etapa f. *etapa*
etcétera m. *etcètera*
éter m. *èter*
etéreo, -a adj. *eteri*
eternal adj. *eternal*
eternidad f. *eternitat*
eternizar v. *eternitzar*
eterno, -a adj. *etern*
ética f. *ètica*
ético, -a adj. *ètic*
etileno m. *etilè*
etílico, -a adj. *etílic*
etilo` m. *etil*
etimología f. *etimologia*
etimologista m. y f. *etimologista*
etiología f. *etiologia*
etíope m. y f. *etíop*
etiqueta f. *etiqueta*
etiquetar v. *etiquetar*
etnia f. *ètnia*
étnico, -a adj. *ètnic*
etnografía f. *etnografia*
etnología f. *etnologia*
etología f. *etologia*
etrusco, -a adj. *etrusc*
eucalipto m. *eucalipte, eucaliptus*
eucaristía f. *eucaristia*
eucarístico, -a adj. *eucarístic*
eufemismo m. *eufemisme*
eufonía f. *eufonia*
euforia f. *eufòria*
eugenesia f. *eugenèsia*
eunuco m. *eunuc*
euritmia f. *eurítmia*
europeísmo m. *europeisme*
europeizar v. *europeïtzar*
europeo, -a m. y f. *europeu*
éuscaro, -a adj. *èuscar*
eutanasia f. *eutanàsia*
evacuación f. *evacuació*
evacuar v. *evacuar*
evadir v. *evadir*
evaluación f. *avaluació*
evaluar v. *avaluar*
evangélico, -a adj. *evangèlic*
evangelio m. *evangeli*
evangelista m. *evangelista*
evangelizar v. *evangelitzar*
evaporación f. *evaporació*

evaporar v. *evaporar*
evasión f. *evasió*
evasivo, -a adj. *evasiu*
eventual adj. *eventual*
eventualidad f. *eventualitat*
evidencia f. *evidència*
evidenciar v. *evidenciar*
evidente adj. *evident*
evidentemente adv. *evidentment*
evitar v. *evitar*
evocación f. *evocació*
evocar v. *evocar*
evolución f. *evolució*
evolucionar v. *evolucionar*
evolucionismo m. *evolucionisme*
evolutivo, -a adj. *evolutiu*
exabrupto m. *exabrupte*
exacción f. *exacció*
exacerbar v. *exacerbar*
exactitud f. *exactitud*
exacto, -a adj. *exacte, just*
exagerado, -a adj. *exagerat // extremós*
exagerar v. *exagerar*
exaltación f. *exaltació*
exaltar v. *exaltar*
examen m. *examen*
examinando, -a m. y f. *examinand*
examinar v. *examinar*
exangüe adj. *exsangüe*
exánime adj. *exànime*
exasperación f. *exasperació*
exasperar v. *exasperar*
excavación f. *excavació*
excavar v. *excavar*
excedencia f. *excedència*
excedente adj. *excedent*
exceder v. *excedir*
excelencia f. *excel·lència*
excelente adj. *excel·lent*
excelentemente adv. *excel·lentment*
excelsitud f. *excelsitud*
excelso, -a adj. *excels*
excentricidad f. *excentricitat*
excéntrico, -a adj. *excèntric*
excepción f. *excepció*
excepcional adj. *excepcional*
excepto adj. *excepte, llevat de, fora, fora de, tret de*
exceptuar v. *exceptuar*
excesivo, -a adj. *excessiu, sobrat*
exceso m. *excés*
excipiente m. *excipient*
excisión f. *excisió*
excitación f. *excitació*
excitante adj. *excitant*
excitar v. *excitar*

exclamación f. *exclamació*
exclamar v. *exclamar*
exclamativo, -a adj. *exclamatiu*
exclaustrar v. *exclaustrar*
excluir v. *excloure*
exclusión f. *exclusió*
exclusivo, -a adj. *exclusiu*
excomulgar v. *excomunicar*
excomunión f. *excomunió*
excrecencia f. *excrescència*
excremento m. *excrement, femta, fema*
excretar v. *excretar*
excursión f. *excursió*
excursionista m. y f. *excursionista*
excusa f. *excusa*
excusar v. *excusar*
execrable adj. *execrable*
execración f. *execració*
execrar v *execrar*
exención f. *exempció*
exento, -a adj. *exempt*
exequias f. pl. *exèquies*
exfoliación f. *exfoliació*
exfoliar v. *exfoliar*
exhalación f. *exhalació*
exhalar v. *exhalar*
exhaustivo, -a adj. *exhaustiu*
exhausto, -a adj. *exhaust*
exhibición f. *exhibició*
exhibir v. *exhibir*
exhortación f. *exhortació*
exhortar v. *exhortar*
exhorto m. *exhort*
exhumación f. *exhumació*
exhumar v. *exhumar*
exigencia f. *exigència*
exigente adj. *exigent*
exigir v. *exigir*
exigüidad f. *exigüitat*
exiguo, -a adj. *exigu*
exilar v. *exiliar*
exilio m. *exili*
eximente adj. *eximent*
eximio, -a adj. *eximi*
eximir v. *eximir*
existencia f. *existència*
existencialista m. y f. *existencialista*
existente adj. *existent*
existir v. *existir*
éxito m. *èxit / tener — reeixir*
ex-libris m. *ex-libris*
éxodo m. *èxode*
exonerar v. *exonerar*
exorbitante adj. *exorbitant*
exorbitantemente adv. *exorbitantment*
exorcismo m. *exorcisme*

exorcista m. y f. *exorcista*
exorcizar v. *exorcitzar*
exordio m. *exordi*
exótico, -a adj. *exòtic*
expandir v. *expandir*
expansibilidad f. *expansibilitat*
expansión f. *expansió*
expansionar v. *expansionar*
expatriar v. *expatriar*
expectación f. *expectació*
expectar v. *expectar*
expectoración f. *expectoració*
expectorar v. *expectorar*
expedición f. *expedició*
· expedicionario, -a adj. *expedicionari*
expedientar v. *expedientar*
expediente m. *expedient*
expedir v. *expedir*
expeditivo, -a adj. *expeditiu*
expedito, -a adj. *expedit*
expeler v. *expel·lir*
expendedor, -a adj. *expenedor*
expender v. *expendre*
expensas f. pl. *despeses, expenses*
experiencia f. *experiència*
experimentar v. *experimentar*
experimento m. *experiment*
experto, -a adj. *expert*
expiación f. *expiació*
expiar v. *expiar*
expiatorio, -a adj. *expiatori*
expiración f. *expiració*
expirar v. *expirar*
explanada f. *esplanada, planada*
explanar v. *esplanar, aplanar // explanar*
explayar v. *eixamplar // rfl. esplaiar-se, esplaiar*
explicación f. *explicació*
explicar v. *explicar*
explícito, -a adj. *explícit*
exploración f. *exploració*
explorador, -a adj. *explorador*
explosión f. *explosió*
explosivo, -a adj. *explosiu*
explotación f. *explotació*
explotador, -a adj. *explotador*
explotar v. *explotar*
expoliación f. *expoliació*
expoliar v. *expoliar*
exponente adj. *exponent*
exponer v. *exposar*
exportación f. *exportació*
exportar v. *exportar*
exposición f. *exposició*
expósito, -a adj. *expòsit*
expositor, -a adj. *expositor*

expresar v. *expressar*
expresión f. *expressió*
expresionista adj. *expressionista*
expresividad f. *expressivitat*
expresivo, -a adj. *expressiu*
expreso, -a adj. *exprés*
exprimir v. *esprémer, sucar, dessucar*
expropiación f. *expropiació*
expropiar v. *expropiar*
expugnar v. *expugnar*
expulsar v. *expulsar, expel·lir, engegar*
expulsión f. *expulsió*
expurgación f. *expurgació*
expurgar v. *expurgar*
exquisitez f. *exquisidesa, exquisitat*
exquisito, -a adj. *exquisit*
exsangüe adj. *exsangüe*
extasiar v. *extasiar*
éxtasis m. *èxtasi*
extático, -a adj. *extàtic*
extemporáneamente adv. *extemporàniament*
extemporáneo, -a adj. *extemporani*
extender v. *estendre*
extensión f. *extensió*
extensivo, -a adj. *extensiu*
extenso, -a adj. *extens*
extenuar v. *extenuar*
exterior adj. *exterior, forà*
exteriorizar v. *exterioritzar*
exterminar v. *exterminar*
exterminio m. *extermini*
externado m. *externat*
externo, -a adj. *extern*
extinción f. *extinció*
extinguir v. *extingir*
extinto, -a adj. *extint*
extintor, -a adj. *extintor*
extirpación f. *extirpació*
extirpar v. *extirpar*
extorsión f. *extorsió*
extra adj. *extra*
extracción f. *extracció*
extractar v. *extractar*
extracto m. *extracte*
extradición f. *extradició*
extradós m. *extradós*
extraer v. *extreure*
extralimitarse v. *extralimitar-se*
extramuros adv. *extramurs*
extranjería f. *estrangeria*
extranjero, -a adj. *estranger*
de extranjis adv. *d'amagat, d'amagatotis*
extrañar v. *desterrar, exiliar // estranyar*
extrañeza f. *estranyesa*
extraño, -a adj. *estrany*
extraordinario, -a adj. *extraordinari*

extrarradio m. *extraradi*
extraterrestre adj. *extraterrestre*
extravagancia f. *extravagància*
extravagante adj. *extravagant*
extraviar v. *extraviar, aperduar, perdre*
extravío m. *pèrdua, extraviament // errada, desorde, desgavell*
extremar v. *extremar*
extremaunciar v. *extremunciar*
extremaunción f. *extremunció*
extremeño, -a m. y f. *extremeny*
extremidad f. *extremitat*
extremismo m. *extremisme*

extremo, -a adj. *extrem //* m. *extrem, cap / de — a — de cap a cap / el — superior el capdamunt / el — inferior el capdavall*
extrínseco, -a adj. *extrínsec*
exuberancia f. *exuberància, esponera*
exuberante adj. *exuberant, esponerós*
exuberantemente adv. *exuberantment*
exudar v. *exudar*
exultar v. *exultar*
exvoto m. *ex-vot*
eyaculación f. *ejaculació*
eyección f. *ejecció*

F

fa m. *fa*
fábrica f. *fàbrica*
fabricación f. *fabricaciu*
fabricar v. *fabricar*
fabril adj. *fabril*
fábula f. *faula*
fabulista m. y f. *fabulista*
fabuloso, -a adj. *fabulós*
faca f. *trinxet // ganivetot*
facción f. *facció*
faccioso, -a adj. *facciós*
faceta f. *faceta*
facial adj. *facial*
fácil adj. *fàcil /* — **de** (+ verbo en infinitivo) *bo* ("*bo de fer*", "*bo de dir*")
facilidad f. *facilitat*
facilitar v. *facilitar*
facineroso, -a adj. *facinerós*
facistol m. *faristol*
facsímil m. *facsímil*
factible adj. *factible*
facticio, -a adj. *factici*
factor m. *factor*
factoría f. *factoria*
factótum m. *factòtum*
factura f. *factura*
facturación f. *facturació*
facturar v. *facturar*
facultad f. *facultat*
facultar v. *facultar*
facultativo, -a adj. *facultatiu*
facundia f. *facúndia*
facundo, -a adj. *facundiós*
facha f. *fatxa, fila, galambre*
fachada f. *façana, fatxada, enfront*
fachenda f. *fatxenda, vanitat, pretensions //* adj. *fatxender, pretensiós*
fachendear v. *fatxendejar, gallejar*
faena f. *feina*
fagácea f. *fagàcia*
fagocito m. *fagòcit*
fagocitosis f. *fagocitosi*
fagot m. *fagot*
faisán m. *faisà*
faja f. *faixa //* (de tierra) *llenca, feixa*

fajar v. *faixar*
fajín m. *faixí*
fajina f. *erada // encenall, feixina*
fajo m. *feix, moixell*
falacia f. *fal·làcia*
falange f. *falange*
falangista m. y f. *falangista*
falansterio m. *falansteri*
falaz adj. *fal·laç*
falbalá m. *farbalà, parfalà*
falda f. *faldar, faldó // falda, faldilla, gonella //* (de montaña) *faldu*
faldear v. *vorejar la muntanya*
faldero, -a adj. *ca nanell*
faldón m. *faldó, faldetes // faldar*
falible adj. *fal·lible*
falo m. *fal·lus*
falsario, -a adj. *falsari*
falsear v. *falsejar*
falsedad f. *falsedat*
falsete m. *falset*
falsía f. *falsia, falsedat*
falsificación f. *falsificació*
falsificar v. *falsificar*
falsilla f. *falsa regla, guia*
falso, -a adj. *fals*
falta f. *falta, manca, fretura // mancament //* (infracción) *falta //* (acción desacertada) *falla, fallida*
faltar v. *faltar, mancar // fallar, fallir*
falto, -a adj. *mancat, faltat, freturós //* **estar** — *freturar*
falúa f. *faluca, falua*
falucho m. *falutx*
falla f. *falla*
1) **fallar** v. *decidir, resoldre, sentenciar*
2) **fallar** v. *fallar // espifiar, fer figa // desdir, mancar, fallar, fallir*
fallecer v. *morir, finar, traspassar*
fallecimiento m. *mort, traspàs, decés, defunció*
1) **fallo** m. *veredicte, sentència, decisió*
2) **fallo** adj. *falla, fallida, mancament*
fama f. *fama / anomenada*
famélico, -a adj. *famèlic*

familia f. *família*
familiar adj. *familiar*
familiaridad f. *familiaritat*
familiarizar v. *familiaritzar*
famoso, -a adj. *famós, anomenat*
fámulo, -a m. y f. *fàmul, criat, servent*
fanático, -a adj. *fanàtic*
fanatismo m. *fanatisme*
fanatizar v. *fanatitzar*
fandango m. *fandango*
fanega f. *faneca*
fanerógama f. *fanerògama*
fanfarria f. *fanfàrria, xaranga, pompa*
fanfarrón, -ona adj. *fanfarró, bravejador*
fanfarronada f. *fanfarronada, bravejada*
fangal m. *fangar, fanguissar, fanguer*
fango m. *fang, llot*
fangoso, -a adj. *fangós, llotós*
fantasear v *fantasiar, fantasiejar*
fantasía f. *fantasia*
fantasioso, -a adj. *fantasiós*
fantasma m. *fantasma*
fantasmagoría f. *fantasmagoria*
fantástico, -a adj. *fantàstic*
fantoche m. *patum, figurota*
faquir m. *faquir*
faradio m. *farad*
faramalla f. *faramalla*
farándula f. *faràndula*
farandulero, -a adj. *faranduler*
faraón m. *faraó*
fardel m. *talec // fardell, farcell*
fardo m. *fardell, fardot*
farfullar v. *embarbollar*
farináceo, -a adj. *farinaci*
faringe f. *faringe*
faringitis f. *faringitis*
farisaico, -a adj. *farisaic*
farisaísmo m. *fariseisme*
fariseo m. *fariseu*
farmacéutico, -a m. y f. *farmacèutic, apotecari*
farmacia f. *farmàcia, apotecaria*
fármaco m. *medicament, medecina*
farmacología f. *farmacologia*
faro m. *far, farola*
farol m. *fanal*
farola f. *fanal gros*
farolear v. *fatxendejar*
farolero, -a adj. *faroler*
farolillo m. *fanalet*
farra f. *xerinola, gresca, tabola*
fárrago m. *enfarfec, brossa, batibull*
farragoso, -a adj. *enfarfegat*
farruco, -a adj. *valent, resolt, fort*
farsa f. *farsa*

farsante, -a adj. *farsant, comediant*
fascículo m. *fascicle*
fascinación f. *fascinació*
fascinar v. *fascinar*
fascismo m. *feixisme*
fascista m. *feixista*
fase f. *fase*
fastidiar v. *fastidiar, fastiguejar, enutjar, empipar*
fastidio m. *fastidi, fastig, enuig, empipament*
fastidioso, -a adj. *fastidiós, enutjós, empipador*
fastuosidad f. *fastuositat*
fastuoso, -a adj. *fastuós*
fatal adj. *fatal*
fatalidad f. *fatalitat*
fatalismo m. *fatalisme*
fatídico, -a adj. *fatídic*
fatiga f. *fatiga, cansament //* pl. *fatics, molèsties, neguits*
fatigar v. *fatigar, lassar, cruixir*
fatigoso, -a adj. *fatigós*
fatuidad f. *fatuïtat*
fatuo, -a adj. *fatu, fat //* **fuego —** *foc follet*
fauces f. pl. *gola, ganya*
fauna f. *fauna*
fauno m. *faune*
1) fausto, -a adj. *faust, feliç*
2) fausto m. *luxe, pompa, sumptuositat*
fautor m. *fautor*
favor m. *favor*
favorable adj. *favorable*
favorecer v. *afavorir*
favoritismo m. *favoritisme*
favorito, -a adj. *favorit*
faz f. *faç, cara, rostre*
fe f. *fe*
fealdad f. *lletjor, lletgesa, lletjura*
febrero m. *febrer*
febrífugo, -a adj. *febrífug*
febril adj. *febril, enfebrat*
fecal adj. *fecal*
fécula f. *fècula*
feculento, -a adj. *feculent*
fecundación f. *fecundació*
fecundar v. *fecundar*
fecundidad f. *fecunditat*
fecundo, -a adj. *fecund*
fecha f. *data*
fechar v. *datar*
fechoría f. *malifeta, andanada, endemesa*
federación f. *federació*
federalismo m. *federalisme*
federar v. *federar*
fehaciente adj. *fefaent*

feldespato m. *feldespat*
felicidad f. *felicitat, benaurança*
felicitación f. *felicitació*
felicitar v. *felicitar*
feligrés, -esa adj. *feligrès*
feligresía f. *feligresia*
felino, -a adj. *felí*
feliz adj. *feliç, benaurat*
felonía f. *traïció, deslleialtat*
felpa f. *pelfa*
felpudo, -a adj. *pelfut, apelfat* // m. *estorí*
femenino, -a adj. *femení*
feminidad f. *feminitat*
feminismo m. *feminisme*
feminizar v. *feminitzar*
femoral adj. *femoral*
fémur m. *fèmur*
fenecer v. *finir, finar*
fenicio, -a adj. *fenici*
fénico, -a adj. *fènic*
fenilo m. *fenil*
fénix m. *fènix*
fenol m. *fenol*
fenomenal adj. *fenomenal*
fenómeno m. *fenomen*
fenomenología f. *fenomenologia*
feo, -a adj. *lleig*
feracidad f. *feracitat*
feraz adj. *feraç*
féretro m. *fèretre, taüt, baül, caixa*
feria f. *fira*
ferial adj. *ferial, firal*
feriante m. y f. *firaire, firetaire*
feriar v. *firar*
fermentación f. *fermentació*
fermentar v. *fermentar*
fermento m. *ferment*
ferocidad f. *ferocitat, ferotgia, feresa*
feroz adj. *feroç, ferotge*
férreo, -a adj. *ferri*
ferretería f. *ferreteria*
ferrocarril m. *ferrocarril*
ferroviario, -a m. *ferroviari*
ferruginoso, -a adj. *ferruginós*
fértil adj. *fèrtil*
fertilidad f. *fertilitat*
fertilizar v. *fertilitzar*
férula f. *canyaferla, fèrlera* // *fèrula*
ferviente adj. *fervent*
fervientemente adv. *ferventment*
fervor m. *fervor*
fervoroso, -a adj. *fervorós*
festejar v. *festivar, celebrar* // *festejar*
festejo m. *festes* // *festeig*
festín m. *festí*

festival m. *festival*
festividad f. *festivitat*
festivo, -a adj. *festiu*
festón m. *fistó*
festonear v. *fistonar, fistonejar*
fetiche m. *fetitxe*
fetichismo m. *fetitxisme*
fetidez f. *fetidesa, fetor*
fétido, -a adj. *fètid, pudent*
feto m. *fetus*
feudal adj. *feudal*
feudalismo m. *feudalisme*
feudatario, -a adj. *feudatari*
feudo m. *feu*
al fiado adv. *a espera*
fiador, -a adj. y m. *fiador*
fiambre m. *carn freda* // *mort*
fiambrera f. *portaviandes*
fianza f. *fiança, fermança*
fiar v. *fiar*
fiasco m. *fracàs*
fibra f. *fibra, bri, fil*
fibroma m. *fibroma*
fibroso, -a adj. *fibrós*
ficción f. *ficció*
ficticio, -a adj. *fictici*
ficha f. *fitxa*
fichar v. *fitxar*
fichero m. *fitxer*
fidedigno, -a adj. *fidedigne*
fideicomiso m. *fideïcomís*
fidelidad f. *fidelitat*
fideo m. *fideu*
fiduciario, -a adj. *fiduciari*
fiebre f. *febre*
fiel adj. *feel, fidel* // m. (aguja de balanza) *fi*
fieltro m. *feltre*
fiera f. *fera*
fiereza f. *feresa, ferotgia, ferocitat*
fiero, -a adj. *fer, ferotge, feroç*
fiesta f. *festa* // pl. *alegrois, alimares, bulla, festes*
figura f. *figura*
figuración f. *figuració*
figurar v. *figurar*
figurativo, -a adj. *figuratiu*
figurín m. *figurí*
figurista m. y f. *figurista*
fijación f. *fixació*
fijar v. *fixar, clavar*
fijeza f. *fixesa*
fijo, -a adj. *fix, fixat, ferm* / **de —** *segurament, certament, sens dubte*
fila f. *fila, filera, tiringa, rengle* / **poner en —** *arrenglerar*

flirteo

filamento m. *filament*
filantropía f. *filantropia*
filántropo m. *filàntrop*
filar v. *filar*
filarmónico, -a adj. *filharmònic*
filatelia f. *filatèlia*
filete m. *filet, fil*
filfa f. *mena, bola, mentida*
filiación f. *filiació*
filial adj. *filial*
filiar v. *filiar*
filibustero m. *filibuster*
filiforme adj. *filiforme*
filigrana f. *filigrana*
filípica f. *filípica*
filipino, -a m. y f. *filipí*
filisteo, -a adj. *filisteu*
film m. *film*
filmar v. *filmar*
filmografía f. *filmografia*
filo m. *tall*
filodio m. *fil·lodi*
filología f. *filologia*
filólogo, -a m. y f. *filòleg*
filón m. *vena, veta*
filosofal adj. *filosofal*
filosofar v. *filosofar*
filosofía f. *filosofia*
filósofo, -a m. y f. *filòsof*
filoxera f. *fil·loxera*
filtración f. *filtració*
filtrar v. *filtrar* // rfl. *traspuar*
filtro m. *filtre*
fimbria f. *fímbria, entornpeu*
fimosis f. *fimosi*
fin m. y f. *fi* / **al** — *a la fi, al cap darrer* / **al** — **y al cabo** *al cap i a la fi, al cap-davall* / **a** — **de** *a fi de* / **a** — **de que** *a fi que*
final adj. *final* // m. *fi, final, acaballes*
finalidad f. *finalitat*
finalista adj. *finalista*
finalizar v. *finalitzar*
financiar v. *finançar*
financiero, -a adj. *financer*
finanzas f. pl. *finances*
finca f. *finca*
finés, -esa m. y f. *finès*
fineza f. *finesa*
fingimiento m. *fingiment*
fingir v. *fingir*
finiquito m. *quitança, saldo*
finito, -a adj. *finit*
finlandés, -esa m. y f. *finlandès*
fino, -a adj. *fi* / *primater, primorós*
finura f. *finor, finura, primor*

fiordo m. *fiord*
firma f. *firma, signatura*
firmamento m. *firmament*
firmar v. *firmar, signar*
firme adj. *ferm* / **de** — *ferm, de valent*
firmeza f. *fermesa*
fiscal adj. *fiscal*
fiscalizar v. *fiscalitzar*
fisco m. *fisc*
fisga f. *fitora* // *burla, broma*
fisgar v. *fitorar* // *ensumar, tafanejar, aficar-se*
física f. *física*
físico, -a adj. *físic*
fisiología f. *fisiologia*
fisiólogo, -a m. y f. *fisiòleg*
fisonomía f. *fisonomia, fesomia*
fisonomista adj. *fisonomista*
fístula f. *fístula*
fisura f. *fissura*
fláccido, -a adj. *flàccid*
flaco, -a adj. *magre, prim, senzill* // *flac, fluix* // m. *flaca*
flagelación f. *flagel·lació*
flagelar v. *flagel·lar, flagellar, assotar*
flagelo m. *flagell, assot*
flagrante adj. *flagrant*
flamante adj. *flamant, llampant*
flamear v. *flamejar*
flamenco, -a m. y f. *flamenc* // m. (ave) *flamenc*
flan m. *flam*
flanco m. *costat, flanc*
flanquear v. *flanquejar, vorejar*
flaquear v. *flaquejar, decaure*
flaqueza f. *flaquesa*
flato m. *flato, flatositat*
flatulencia f. *flatulència*
flauta f. *flauta*
flautín m. *flautí*
flautista m. y f. *flautista*
flebitis f. *flebitis*
fleco m. *floc, serrell* // *mota*
flecha f. *fletxa, sageta*
flechar v. *fletxar, dardellar*
flema f. *flema*
flemático, -a adj. *flemàtic, flemós*
flemón m. *flemó*
flequillo m. *serrell*
flexibilidad f. *flexibilitat*
flexible adj. *flexible*
flexión f. *flexió*
flexor, -a adj. *flexor*
flirt m. *flirt*
flirtear v. *flirtejar*
flirteo m. *flirteig*

flojear v. *fluixejar*
flojedad f. *fluixedat*
flojel m. *borrissol, plomissó*
flojillo, -a adj. *fluixenc*
flojo, -a adj. *fluix, balder // fluix, moll, blan, flonjo*
flor f. *flor*
flora f. *flora*
floración f. *floració*
floral adj. *floral*
florear v. *florejar, brostejar*
florecer v. *florir*
floreciente adj. *florent, florescent*
florecimiento m. *florida*
florentino, -a adj. *florentí*
florero m. *rameller, florer*
florescencia f. *florescència, florida*
florete m. *floret*
floricultura f. *floricultura*
florido, -a adj. *florit, florent*
florilegio m. *florilegi*
florín m. *florí*
florista m. y f. *florista, ramellera*
florón m. *floró, muró, formeret*
flota f. *flota, estol, armada*
flotación f. *flotació*
flotador, -a adj. *flotador, surador*
flotante adj. *flotant*
flotar v. *flotar, surar*
a flote m. *a flor d'aigua, surant / sacar a — surar, fer surar*
flotilla f. *flotilla*
fluctuación f. *fluctuació*
fluctuar v. *fluctuar*
fluidez f. *fluïdesa*
fluido, -a adj. *fluid*
fluir v. *fluir, brollar*
flujo m. *fluix // (ascenso de la marea) plena // — magnético fluix magnètic*
flúor m. *fluor*
fluorescencia f. *fluorescència*
fluorescente adj. *fluorescent*
fluorita f. *fluorita*
fluoruro m. *fluorur*
fluvial adj. *fluvial*
fluxión f. *fluxió*
fobia f. *fòbia*
foca f. *foca, vellmarí*
foco m. *focus*
fofo, -a adj. *fluix, flonjo, blan, tou*
fogata f. *foguera, fogatera, fester*
fogón m. *fogó*
fogonazo m. *fogonada, flamarada*
fogonero m. *fogoner*
fogosidad f. *fogositat*
fogoso, -a adj. *fogós*

foguear v. *foguejar*
fogueo m. *fogueig*
foja f. *fotja*
foliación f. *foliació*
folículo m. *fol·licle*
folio m. *foli*
foliolo m. *folíol*
folklore m. *folklore*
folklórico, -a adj. *folklòric*
follaje m. *fullatge, fullam*
folletín m. *fulletí, fulletó*
folleto m. *opuscle, fullet*
follón, -ona adj. *fluix, farg, pererós // covard // m. llufa, bufa, xilla // m. rembombori, avalot, gresca, xivarri*
fomentar v. *fomentar*
fomento m. *foment*
fonación f. *fonació*
fonda f. *fonda, hostal*
fondeadero m. *ancoratge, fondejador*
fondear v. *fondejar, ancorar*
fondista m. y f. *fondista, hostaler*
fondo m. *fons*
fonema m. *fonema*
fonética f. *fonètica*
fonético, -a adj. *fonètic*
fónico, -a adj. *fònic*
fonógrafo m. *fonògraf*
fonología f. *fonologia*
fonómetro m. *fonòmetre*
fontanería f. *llauneria*
fontanero m. *llanterner, llauner*
foque m. *floc*
forajido, -a adj. *bandit, bandoler, facinerós*
foral adj. *foral*
foraminífero m. *foraminífer*
foráneo, -a adj. *forà*
forastero, -a m. y f. *foraster*
forcejear v. *forcejar, fer força*
fórceps m. *fòrceps*
forense adj. *forense*
forestal adj. *forestal*
forja f. *fornal, forja // ferreria*
forjador m. *forjador, ferretaire*
forjar v. *forjar // empescar, forjar // fabricar*
forma f. *forma*
formación f. *formació*
formal adj. *formal*
formalidad f. *formalitat*
formalizar v. *formalitzar*
formar v. *formar*
formativo, -a adj. *formatiu*
formato m. *format*
formenterano, -a adj. *formenterenc, formenterer, formenterí*

formero m. *former*
formidable adj. *formidable*
formol m. *formol*
formón m. *enformador, puntacorrent*
fórmula f. *fórmula*
formular v. *formular*
formulario m. *formulari*
formulismo m. *formulisme*
fornicación f. *fornicació*
fornicar v. *fornicar*
fornido, -a adj. *cepat, rabassut*
foro m. *fòrum*
forraje m. *farratge*
forrar v. *folrar*
forro m. *folro*
fortalecer v. *enfortir*
fortaleza f. *fortalesa*
fortificación f. *fortificació*
fortificar v. *fortificar*
fortín m. *fortí*
fortuito, -a adj. *fortuït*
fortuna f. *fortuna*
forúnculo m. *furóncol, floronco*
forzado, -a adj. *forçat, constret*
forzar v. *forçar, violentar, obligar*
forzoso, -a adj. *forçós, obligat*
forzudo, -a adj. *forçarrut, esforcegat, forçut*
fosa f. *fossa, fossana, gaveta //* — nasal *nariu, oronell*
fosfato m. *fosfat*
fosfeno m. *fosfè*
fosfito m. *fosfit*
fosforera f. *capsa de mistos o de llumins*
fosforescente adj. *fosforescent*
fosfórico, -a adj. *fosfòric*
fosforita f. *fosforita*
fósforo m. (metaloide) *fòsfor //* (cerilla) *misto, llumí*
fosfuro m. *fosfur*
fósil adj. *fòssil*
fosilizar v. *fossilitzar*
foso m. *vall* (m.), *fossat*
foto f. *foto, fotografia*
fotocopia f. *fotocòpia*
fotogénico, -a adj. *fotogènic*
fotograbado m. *fotogravat*
fotografia f. *fotografia*
fotografiar v. *fotografiar*
fotógrafo, -a m. y f. *fotògraf*
fotómetro m. *fotòmetre*
fotosfera f. *fotosfera*
fototipia f. *fototípia*
frac m. *frac*
fracasar v. *fracassar*
fracaso m. *fracàs*
fracción f. *fracció*

fraccionar v. *fraccionar*
fraccionario, -a adj. *fraccionari*
fractura f. *fractura*
fracturar v. *fracturar*
fragancia f. *fragància, flaire*
fragante adj. *fragant, flairós*
fragata f. *fragata*
frágil adj. *fràgil, trencadís*
fragilidad f. *fragilitat*
fragmentar v. *fragmentar*
fragmento m. *fragment*
fragor m. *fragor, brogit, traüt*
fragoroso, -a adj. *fragorós*
fragosidad f. *fragositat*
fragua f. *fornal, farga*
fraguar v. *forjar //* intr. (el yeso, sal, etc.) *endurir-se*
fraile m. *frare*
frambuesa f. *gerd, gerdó*
francachela f. *tíngera, vega, xeflis*
francés, -esa m. y f. *francès*
franciscano, -a adj. *franciscà //* m. *menoret, framenor*
francmasón m. *francmaçó, maçó*
francmasonería f. *francmaçoneria, maçoneria*
franco, -a adj. *franc*
francófilo, -a adj. *francòfil*
franela f. *franel·la*
franja f. *veta, llista*
franquear v. *afranquir, deixar lliure //* rfl. *franquejar-se //* (poner sellos a un envío) *franquejar*
franqueo m. *franqueig*
franqueza f. *franquesa*
franquicia f. *franquícia, franquesa*
frasco m. *flascó, flasquet*
frase f. *frase*
frasear v. *frasejar*
fraseo m. *fraseig*
fraseología f. *fraseologia*
fraternal adj. *fraternal, germanívol*
fraternidad f. *fraternitat, germanor*
fraternizar v. *fraternitzar*
fraterno, -a adj. *fratern*
fratricida adj. *fratricida*
fratricidio m. *fratricidi*
fraude m. *frau*
fraudulento, -a adj. *fraudulent*
fray m. *fra*
frazada f. *flassada*
frecuencia f. *freqüència*
frecuentar v. *freqüentar*
frecuente adj. *freqüent*
frecuentemente adv. *freqüentment*
fregadero m. *rentador, escurador*

fregado m. *escurada //* bugat, bullit, entru-
nyellat, batibull
fregar v. *fregar*
fregona f. *fregadora, escuradora*
freir v. *fregir*
frenar v. *frenar*
frenazo m. *frenada*
frenesí m. *frenesí, frenesia*
frenético, -a adj. *frenètic*
freno m. *fre, aturador /* **sin** — *sense fre,*
sense aturador
frenología f. *frenologia*
frenopatía f. *frenopatia*
frente f. o m. *front //* — **a** davant, davant
de, endret de // **ponerse al** — posar-se al
davant
freo m. *freu*
1) **fresa** f. (planta y fruto) *fraula, maduixa*
2) **fresa** f. (en herrería) *fresa*
fresadora f. *fresadora*
fresar v. *fresar*
frescales m. y f. *tranquilàs, barrut*
fresco, -a adj. *fresc //* tranquilàs, barrut //
m. *fresca /* **hacer** — *fresquejar, fer fresca*
// m. (pintura en paredes) *fresc*
frescor m. *frescor*
frescura f. *frescor, gerdor //* frescura, barra
fresera f. *fraulera, maduixera*
fresneda f. *freixeneda, freixeda*
fresno m. *freixe*
fresón m. *fraulot, maduixot*
frialdad f. *fredor*
fricandó m. *fricandó*
fricativo, -a adj. *fricatiu*
fricción f. *fricció, fregament*
friccionar v. *friccionar, donar fregues*
friega f. *fregada, frega*
frigidez f. *frigidesa*
frígido, -a adj. *frígid, fred*
frigio, -a adj. *frigi*
frigorífico, -a adj. *frigorífic*
frígol m. *mongeta*
fringílido adj. *fringíl·lid*
frío, -a adj. *fred*
friolero, -a adj. *fredolec, fredolic*
friso m. *fris*
frisón, -ona adj. *frisó*
fritada f. *frita, fritada, fregida*
frito m. *frit, fregit*
fritura f. (V. **fritada**)
frivolidad f. *frivolitat*
frívolo, -a adj. *frívol*
fronda f. *fullatge, fullam, esponera, fronda*
frondosidad f. *frondositat, esponera*
frondoso, -a adj. *frondós, esponerós*
frontal adj. *frontal //* m. *palis, frontal*

frontera f. *frontera*
fronterizo, -a adj. *fronterís, fronterer*
frontero, -a adj. *enfrontat, davant per da-
vant*
frontispicio m. *frontispici*
frontón m. *triquet //* capcer, frontó
frotamiento m. *fregament, refrec*
frotar v. *fregar, refregar*
fructífero, -a adj. *fructífer*
fructificar v. *fructificar, fruitar*
fructosa f. *fructosa*
fructuoso, -a adj. *fructuós, fruitós*
frugal adj. *frugal*
frugalidad f. *frugalitat*
frugívoro, -a adj. *frugívor*
fruición f. *fruïció*
fruir v. *fruir, gaudir*
frunce m. *frunzit, tavellat*
fruncir v. *frunzir, tavellar*
fruslería f. *brolleria, fotesa*
frustración f. *frustració*
frustrar v. *frustrar*
fruta f. *fruita*
frutal adj. *fruital, fruiter*
frutaleda f. *fruiterar*
frutería f. *fruiteria*
frutero, -a adj. *fruiter*
fruto m. *fruit*
fucsia f. *fúcsia*
fuego m. *foc /* — **fatuo** foc follet / **prender**
— *calar foc, pegar foc*
fuelle m. *manxa*
fuente f. *font //* plata, plàtera, safa, safra
a fuer de adv. *com a, en qualitat de, en
concepte de*
fuera adv. *fora, defora //* — **de** (excepto)
fora de, llevat de
fuero m. *fur //* pl. *fums*
fuerte adj. *fort //* m. *fort, fortalesa //* adv.
fort, força, fortament
fuerza f. *força*
fuga f. *fuga*
fugacidad f. *fugacitat*
fugarse v. *fugir, escapar-se*
fugaz adj. *fugaç*
fugitivo, -a adj. *fugitiu*
fulano m. *En Tal*
fulgencia f. *fulgència*
fulgente adj. *fulgent*
fúlgido, -a adj. *fúlgid*
fulgir v. *fulgir*
fulgor m. *fulgor*
fulgurante adj. *fulgurant*
fulgurar v. *fulgurar*
fulminante adj. *fulminant*
fulminar v. *fulminar, llampar*

fumadero m. *fumador*
fumador, -a adj. *fumador*
fumar v. *fumejar, fumar //* (tabaco o drogas) *fumar /* **ganas de —** *fumera*
fumarola f. *fumarola*
fumigación f. *fumigació*
fumigar v. *fumigar*
funámbulo, -a adj. *funàmbul*
función f. *funció*
funcional adj. *funcional*
funcionamiento m. *funcionament*
funcionar v. *funcionar*
funcionario, -a m. y f. *funcionari*
funda f. *funda /* **— de almohada** *coixinera*
fundación f. *fundació*
fundador, -a adj. *fundador*
fundamentar v. *fonamentar*
fundamento m. *fonament*
fundar v. *fundar*
fundición f. *fundició*
fundidor, -a m. y f. *fonedor*
fundir v. *fondre*
fúnebre adj. *fúnebre*
funeral adj. y m. *funeral*
a la funerala adv. *a la funerala // a la torta, a la biorxa*
funerario, -a adj. *funerari*
funesto, -a adj. *funest*
fungiforme adj. *fungiforme*
funicular adj. *funicular*

funículo m. *funicle*
furgón m. *furgó*
furia f. *fúria*
furibundo, -a adj. *furibund*
furioso, -a adj. *furiós*
furor m. *furor //* **hacer —** *fer forrolla*
furtivo, -a adj. *furtiu*
furúnculo m. *furóncol, floronco*
fusa f. *fusa*
fusible adj. *fusible*
fusiforme adj. *fusiforme*
fusil m. *fusell*
fusilamiento m. *afusellament, afusellada, fusellament*
fusilar v. *afusellar, fusellar*
fusilero m. *fuseller*
fusión f. *fusió*
fusionar v. *fusionar*
fusta f. *llenya prima, branquillons // fuet*
fuste m. *fusta, fust*
fustigar v. *fustigar*
fútbol m. *futbol*
futbolista m. y f. *futbolista*
futesa f. *fotesa*
fútil adj. *fútil*
futilidad f. *futilitat*
futurismo m. *futurisme*
futuro, -a adj. *futur //* m. *promès, enamorat //* m. *esdevenidor, avenir*

G

gabacho, -a adj. *gavatx*
gabán m. *abric, capot*
gabardina f. *gavardina*
gabela f. *gabella*
gabinete m. *gabinet*
gacela f. *gasela*
gaceta f. *gaseta*
gacetilla f. *gasetilla*
gacho, -a adj. *acotat, acalat /* **orejas gachas** *orelles baixes*
gafa f. *gafa //* pl. *ulleres*
gafe adj. *malfadat, malsortat*
gaita f. *gaita*
gaitero, -a adj. *gaiter, xeremier, cornamussaire*
gaje m. *gatge, regreix //* pl. *agafes, enganxos*
gajo m. *branca // singló, aixingló, gotim // ramell, penjoll // grell, grill*
gala f. *gala /* **hacer —** *galejar, fer-se gros* (de tal o tal cosa)
galáctico, -a adj. *galàctic*
galafate m. *lladregot, lladre fi*
galaico, -a m. y f. *galaic*
galante adj. *galant*
galantear v. *galantejar, festejar*
galantemente adv. *galantment*
galanteo m. *galanteig, festeig*
galantería f. *galanteria*
galanura f. *galania*
galápago m. *tortuga*
galardón m. *guardó, premi*
galardonar v. *guardonar, premiar*
galaxia f. *galàxia*
galbana f. *peresa, vessa, mandra*
galena f. *galena*
galeote m. *galiot*
galera f. *galera*
galerada f. *galerada*
galería f. *galeria, llotja, eixida*
galga f. *galga*
galgo m. *llebrer*
galicismo m. *gal·licisme*
gálico, -a adj. *gàl·lic*
galileo, -a adj. *galileu*

galimatías m. *galimaties, cocòrum, embolic*
galio m. *gal·li*
galo, -a adj. *gal*
galocha f. *galotxa, esclop, soc*
galón m. *galó*
galopar v. *galopar*
galope m. *galop*
galvánico, -a adj. *galvànic*
galvanizar v. *galvanitzar*
gallardete m. *gallardet*
gallardía f. *gallardia*
gallardo, -a adj. *gallard*
gallear v. *gallejar*
gallego, -a m. y f. *gallec*
galleta f. *galeta //* (bofetada) *galleta, mastegot, galtada, bufa*
gallina f. *gallina // —* **ciega** (juego) *gallinorba, cucorba // gallina, poruc, poregós, popona*
gallináceo, -a adj. *gallinaci*
gallinero m. *galliner*
gallo m. *gall*
gama f. *gamma*
gamba f. *gamba*
gambalúa m. *ganàpia, gànguil*
gambarón m. *gambaner*
gamberrada f. *bretolada, annerotada, aladroga*
gamberro, -a adj. *brètol, annerot, aladroc*
gameto m. *gàmet*
gamma f. *gamma*
gamo m. *daina*
gamón m. *albó, caramuixa, asfòdel*
gamuza f. *isard // camussa*
gana f. *gana //* (de comer) *gana, talent, mengera //* **de buena —** *de bona gana, de bon gust //* **de mala —** *de mala gana, a desgrat*
ganadería f. *ramaderia*
ganadero, -a adj. *ramader*
ganado m. *bestiar / —* **de cerda** *bestiar porquí / —* **lanar** *bestiar de llana / —* **vacuno** *bestiar boví*
ganador. -a adj. *guanyador*

geminar

ganancia f. *guany*
ganar v. *guanyar //* arribar, atènyer
ganchillo m. *ganxet*
gancho m. *ganxo*
ganchudo, -a adj. *ganxut*
gandul, -a adj. *gandul*
gandulear v. *gandulejar*
gandulería f. *ganduleria*
ganga f. *ganga*
ganglio m. *gangli*
gangoso, -a adj. *nasal, ennassat*
gangrena f. *gangrena*
gangrenar v. *gangrenar*
ganguear v. *fer veu de nas*
gánguil m. *gànguil*
gansada f. *annerotada*
ganso m. *oca //* annerot, indiot, aladroc
ganzúa f. *rossinyol*
gañan m. *mosso, missatge*
gañido m. *grinyol, guinyol, ganyol*
gañir v. *grinyolar, ganyolar, guinyolar*
garabatear v. *gargotejar*
garabato m. *garfi, ganxo //* burot, gargot
garage m. *garatge*
garante adj. *fiador*
garantía f. *fermança //* penyora
garantir v. *afermançar, garantir*
garantizar v. *afermançar, garantir*
garbanzo m. *ciuró, cigró*
garbera f. *garbera*
garbo m. *gallardia, bona planta //* gràcia, elegància
garboso, -a adj. *gallard, plantós, airós //* graciós, elegant // generós
gardenia f. *gardènia*
al garete *a la deriva //* en orris
garfio m. *garfi, ganxo*
gargajo m. *gargall*
garganta f. *gargamella, canyó, gola //* afrau, coll, entreforc, engorjat, freu
gargantilla f. *collaret, collarí*
gárgaras f. pl. *gargarismes, caragolins*
gargarizar v. *gargaritzar, fer caragolins*
gárgola f. *canal, gàrgola*
garita f. *garita*
garito m. *casa de joc, timba*
garlar v. *xerrar, garlar, parlotejar*
garlopa f. *garlopa*
garra f. *arpa, urpa //* unglot
garrafa f. *garrafa, brocal*
garrafal adj. *enorme, gros de tot*
garrapata f. *paparra*
garrapatear v. *gargotejar, fer burots*
garrapato m. *burot, gargot //* requincadura, reganyol
garrón m. *esperó*

garrotazo m. *garrotada, troncada, barrada*
garrote m. *garrot, bastó, venable //* (para estrangular) *garrot*
garza f. *garsa*
gas m. *gas*
gasa f. *gasa, glassa, clarina*
gascón, -ona adj. *gascó*
gaseosa f. *gasosa*
gaseoso, -a adj. *gasós*
gasificar v. *gasificar*
gasógeno m. *gasogen*
gasolina f. *gasolina, benzina*
gasolinera f. *gasolinera, benzinera*
gasómetro m. *gasòmetre*
gastar v. *gastar //* gastar, despendre, esmerçar // emprar, tenir
gasto m. *despesa, llait*
gástrico, -a adj. *gàstric*
gastritis f. *gastritis*
gastronomía f. *gastronomia*
gata f. *gata, moixa*
a gatas adv. *de grapes*
gatear v. *enfilar-se //* anar de grapes, grapinyar // rapinyar, esgarrapar, unglejar // furtar, pispar, saupar
gatera f. *gatera, gatonera*
gatillo m. *gallet, gatet*
gato m. *gat, moix / —* montés gat salvatge // cric, gat // dar — por liebre *donar garsa per perdiu*
gaveta f. *calaix //* gaveta
gavial m. *gavial*
gaviero m. *gabier*
gavilán m. *esparver, gavilà*
gavilla f. *gavella*
gaviota f. *gavina*
gayo, -a adj. *gai, joiós*
gazapo m. *conilló, conillet //* badada
gazmoñería f. *beateria, beatura*
gazmoño, -a adj. *beatot, miot*
gaznápiro, -a adj. *alicorn, enze, faristol, mòpia, mussol*
gaznate m. *gola, gorga, canyó, gargamellot*
gazpacho m. *gaspatxo*
gazuza f. *fam, rusca, llebeig*
géiser m. *guèiser*
gelatina f. *gelatina*
gelatinoso, -a adj. *gelatinós*
gélido, -a adj. *gèlid, geliu*
gema f. *gema*
gemelo, -a adj. *bessó //* pl. (juego de botones) *colla, collada //* pl. (anteojos) *binocles*
gemido m. *gemec*
gemidor, -a adj. *gemegador, gemegós*
geminar v. *geminar*

Géminis m. *Gèminis, Bessons*
gemir v. *gemegar, gremolejar*
genciana f. *genciana*
gendarme m. *gendarme*
genealogía f. *genealogia*
generación f. *generació*
generador, -a adj. *generador*
general adj. y m. *general*
generala f. *generala*
generalato m. *generalat*
generalidad f. *generalitat*
generalísimo m. *generalíssim*
generalizar v. *generalitzar*
generar v. *generar*
generativo, -a adj. *generatiu*
generatriz f. *generatriu*
genérico, -a adj. *genèric*
género m. *gènere*
generosidad f. *generositat*
generoso, -a adj. *generós*
genésico, -a adj. *genèsic*
génesis f. *gènesi*
genial adj. *genial*
genialidad f. *genialitat*
genio m. *geni*
genital adj. *genital*
genitivo, -a adj. y m. *genitiu*
genitor m. *genitor*
geniudo, -a adj. *geniós, geniüt*
genocidio m. *genocidi*
genovés, -esa adj. *genovès*
gente f. *gent*
gentil adj. *gentil*
gentileza f. *gentilesa*
gentilhombre m. *gentilhome*
gentilicio, -a adj. *gentilici*
gentío m. *gentada, gernació*
gentuza f. *genteta, gentalla, gentussa*
genuflexión f. *genuflexió*
genuino, -a adj. *genuí*
geografía f. *geografia*
geógrafo, -a m. y f. *geògraf*
geología f. *geologia*
geólogo, -a m. y f. *geòleg*
geómetra m. *geòmetra*
geometría f. *geometria*
geranio m. *gerani*
gerencia f. *gerència*
gerente m. *gerent*
germanía f. *germania*
germánico, -a adj. *germànic*
germanio m. *germani*
germano, -a adj. *germànic*
germen m. *germen, llavor, sement*
germinación f. *germinació*
germinar v. *germinar*

gerontología f. *gerontologia*
gerundense m. y f. *gironí*
gerundio m. *gerundi*
gesta f. *gesta*
gestación f. *gestació*
gestar v. *gestar*
gesticulación f. *gesticulació*
gesticular v. *gesticular*
gestión f. *gestió*
gestionar v. *gestionar*
gesto m. *gest // ensigna, acció // pl. ganyotes, jutipiris // torcer el — arrufar el nas*
gestor, -a adj. *gestor*
gestoría f. *gestoria*
giba f. *gep, gepa*
gibelino, -a adj. *gibel·lí*
giboso, -a adj. *geperut*
gigante m. *gegant*
gigantesco, -a adj. *gegantí*
gimnasia f. *gimnàstica*
gimnasio m. *gimnàs*
gimnasta m. y f. *gimnasta*
gimnosperma f. *gimnosperma*
gimotear v. *gremolejar*
gimoteo m. *gemegueig, gremoleig*
ginebra f. *ginebra*
gineceo m. *gineceu*
ginecología f. *ginecologia*
girar v. *rodar, voltar // girar*
girasol m. *gira-sol*
giratorio, -a adj. *giratori*
giro m. *girada, gir // tomb, tombada*
gitanada f. *gitanada*
gitano, -a m. y f. *gitano*
glacial adj. *glacial*
glaciar m. *gelera, glacera*
gladiador m. *gladiador*
gladiolo m. *gladiol*
glande m. *gland, fava*
glándula f. *glàndula*
glasé m. *glacé*
glauco, -a adj. *glauc, verd clar*
gleba f. *gleva*
glicerina f. *glicerina*
glicina f. *glicina*
global adj. *global*
globo m. *globus*
globular adj. *globular*
glóbulo m. *glòbul*
glomérulo m. *glomèrul*
gloria f. *glòria*
gloriarse v. *gloriar-se, vantar-se*
glorieta f. *glorieta, llotgeta*
glorificación f. *glorificació*
glorificar v. *glorificar*
glorioso, -a adj. *gloriós*

glosa f. *glosa, glossa*
glosar v. *glosar, glossar*
glosario m. *glossari*
glotis f. *glotis*
glotón, -ona adj. *golut, gormand, golafre*
glotonería f. *goluderia, gormanderia, golafreria*
glucosa f. *glucosa*
gluten m. *gluten*
glutinoso, -a adj. *glutinós*
gneis m. *gneis*
gnomo m. *gnom*
gnomon m. *gnòmon*
gnosticismo m. *gnosticisme*
gobernación f. *governació*
gobernador, -a adj. *governador*
gobernalle m. *timó, governall*
gobernante m. y f. *governant*
gobernar v. *governar*
gobierno m. *govern*
goce m. *gaudiment, fruïció*
gol m. *gol*
gola f. *gola, gargamella*
goleta f. *goleta*
golf m. *golf*
golfear v. *pendanguejar*
1) **golfo** m. (de mar) *golf, badia*
2) **golfo** m. (pilluelo, vagabundo) *pendango, nyèbit, trinxeraire, vaiver*
golondrina f. *oronella, oreneta, orenola, orandella, vinjolita*
golosina f. *golosia, llepolia, llaminadura*
golosinear v. *llepolejar, llaminejar*
goloso, -a adj. *golós, golut, llépol, llaminer*
golpe m. *cop, colp / **de** — y **porrazo** de cop i volta / **no dar** — no fer brot de feina, no fer-ne brot*
golpear v. *batre, ferir, tupar /* (cerrarse de golpe una puerta) *batre, portejar*
gollete m. *gargamella // coll, broc*
goma f. *goma*
gomoso, -a adj. *gomós*
góndola f. *góndola*
gondolero m. *gondoler*
gong m. *gong*
gordinflón, -ona adj. *grassot, gotzo*
gordo, -a adj. *gras, gros, gord, gotzo // gruixat, gruixut*
gordura f. *grassesa, grassor, greixor*
gorgorito m. *refilet*
gorila m. *goril·la*
gorjear v. *gorguejar, refilar, piulejar*
gorjeo m. *gorgolleig, refilet, refilada, piuladissa*
gorra f. *gorra, beca*
gorrinería f. *porqueria*

gorrino m. *porcell, godall, marranxó // porc, bacó*
gorrión m. *gorrió, pardal, teulader*
gorro m. *barret, casquet*
gorrón, -ona adj. *gorrer, gorrista*
gota f. *gota*
gotear v. *degotar, gotejar*
gotera f. *gotera, degotís*
gótico, -a adj. *gòtic*
gozar v. *gaudir, fruir // intr. o rfl. xalar*
gozne m. *galfó, golfo*
gozo m. *goig, joia, gaubança*
gozoso, -a adj. *joiós, gojós*
grabado m. *gravat*
grabador, -a m. y f. *gravador*
grabar v. *gravar*
gracejo m. *gràcia*
gracia f. *gràcia // gràcia, agradosia, musa //* pl. *gràcies, mercès / **dar las gracias** donar les gràcies, regraciar / **gracias que** valga que*
grácil adj. *gràcil*
graciosidad f. *graciositat, agradosia*
gracioso, -a adj. *graciós, agradós, escaient // agut, potxós, divertit*
grada f. *graó // grada*
gradación f. *gradació*
gradería f. *escalonada, graonada*
1) **grado** m. *grau*
2) **grado** m. *grat / **de** — o **de buen** — de grat, de bon grat, amb gust / **mal de su** — a contracor, a desgrat*
graduación f. *graduació*
graduado, -a adj. *graduat*
gradual adj. *gradual*
graduar v. *graduar*
grafía f. *grafia*
gráfico, -a adj. *gràfic*
grafito m. *grafit*
grafología f. *grafologia*
gragea f. *gragea*
grajo m. *gralla, cornella de bec blanc*
grama f. *gram, agram*
gramática f. *gramàtica*
gramatical adj. *gramatical*
gramático, -a m. y f. *gramàtic*
gramínea f. *gramínia*
gramo m. *gram*
gramófono m. *gramòfon*
gran adj. *gran*
grana f. *grana*
granada f. (fruto) *magrana //* (proyectil) *granada*
granadero m. *granader*
granadina f. *granadina*
1) **granado** m. *magraner*

2) **granado, -a** adj. *esvelt, espigat* // *granat*
granalla f. *granalla*
granar v. *granar, bessonar*
granate m. *granat*
grande adj. *gran, gros* // **en** — *en rauja, en gros*
grandemente adv. *molt, en gran manera, granment*
grandeza f. *grandesa, grandària, grossària*
grandilocuencia f. *grandiloqüència*
grandiosidad f. *grandiositat*
grandioso, -a adj. *grandiós*
grandullón, -ona adj. *grandolàs, ganàpia, bergantot, garrut*
granear v. *granejar*
a granel adv. *a betzef, a la menuda*
granero m. *graner, pallol, quartera*
granítico, -a adj. *granític*
granito m. *granet* // *granit*
granívoro, -a adj. *granívor*
granizada f. *calabruixada, calamarsada, granellada, pedregada*
granizar v. *fer calabruix, calamarsejar, pedregar*
granizo m. *calabruix, calamarsa, pedra*
granja f. *granja*
granjear v. *guanyar* // rfl. *guanyar-se, aconseguir, obtenir*
granjero, -a m. y f. *granger, masover, amitger*
grano m. *gra*
granoso, -a adj. *granós*
granuja m. *bergant, pòlissa, polissó*
1) **granular** v. *granular*
2) **granular** adj. *granular*
gránulo m. *grànul*
grapa f. *gafa, grampa, grapa*
grasa f. *greix, saïm, sèu* // *greixina, greixum*
grasiento, -a adj. *greixós, llardós*
graso, -a adj. *gras, greixós, saginós*
gratificación f. *gratificació*
gratificar v. *gratificar*
gratinar v. *gratinar*
gratis adv. *gratis, de franc*
gratitud f. *gratitud*
grato, -a adj. *grat, agradable, plaent*
gratuito, -a adj. *gratuït*
grava f. *grava*
gravamen m. *gravamen, càrrega, peita*
gravar v. *carregar*
grave adj. *greu*
gravedad f. *gravetat*
gravidez f. *gravidesa*
grávido, -a adj. *gràvid*
gravitación f. *gravitació*
gravitar v. *gravitar*

gravoso, -a adj. *carregós, feixuc, greujós*
graznar v. *grallar, cuclejar*
graznido m. *cucleig*
greca f. *greca*
gregal m. *gregal, grec*
gregario, -a adj. *gregari*
gregoriano, -a adj. *gregorià*
gremio m. *gremi*
greña f. *estufera, revell, renclins* // **andar a la** — *barallar-se*
greñudo, -a adj. *revellós, renclinós, escabellat*
gres m. *gres*
gresca f. *gresca, xivarri, xera, sarau*
grey f. *ramat*
griego, -a m. y f. *grec*
grieta f. *clivella, crivell, crull*
1) **grifo** m. (animal fabuloso) *grif, griu*
2) **grifo** m. (llave de salida de agua) *aixeta, grifó, canella*
grillete m. *grilló, grillet, manilla*
g.illo m. *grill, gri, griu*
grillos m. pl. *grillons*
grima f. *feredat, horror*
gringo, -a adj. *estranger*
gripe f. *grip*
gris adj. *gris* // (viento frío) *griso, gris, celistre*
grisáceo, -a adj. *grisós, grisenc*
grisú m. *grisú*
grisura f. *grisor*
gritar v. *cridar*
griterío m. *crider, cridòria, galera*
grito m. *crit*
gritón, -ona adj. *cridador, cridaire, cridaner*
groenlandés, -esa m. y f. *groenlandès*
grog m. *grog*
grosella f. *grosella*
grosería f. *grosseria, grolleria*
grosero, -a adj. *grosser, groller, brossenc*
grosor m. *gruix, gruixa, grossària*
grotesco, -a adj. *grotesc*
grúa f. *grua*
grueso, -a adj. *gros, gras* // *gruixat, gruixut* // m. *gruix, gruixa, grossària*
grulla f. *grua*
grumete m. *grumet, al·lot de barca*
grumo m. *grum, grumoll, grumalló*
grumoso, -a adj. *grumós, grumollut, grumallós*
gruñido m. *gruny* // *grunyit, remuc*
gruñir v. *grunyir, remugar*
gruñón, -ona adj. *grunyidor, remugador, remuc*
grupa f. *gropa*
grupo m. *grup, colla, escamot, esbart*

gutural

gruta f. *gruta, cova, balma*
guacamayo m. *guacamai*
guadaña f. *dalla, falcella*
gualdo, -a adj. *groc*
gualdrapa f. *gualdrapa*
guano m. *guano*
guante m. *guant*
guantelete m. *manyopla, guantellet*
guantería f. *guanteria*
guantero, -a adj. *guanter*
guapo, -a adj. *bell, guapo, polit, garrit*
guarda m. y f. *guarda*
guardabarrera m. y f. *guardabarrera*
guardabarros m. *parafang*
guardabosque m. *garriguer, guardabosc*
guardacantón m. *guarda-rodes, bitlo, escopidor*
guardacostas m. *guardacostes*
guardaespaldas m. *guardaespatlles* (cast.)
guardagujas m. *guardaagulles*
guardamuebles m. *guardamobles*
guardapolvo m. *guardapols*
guardar v. *guardar // estojar, desar, guardar*
guardarropa m. *guarda-roba*
guardarropía f. *guarda-roba*
guardería f. *guarderia*
guardia f. *guàrdia*
guardián, -ana adj. *guardià, guarda*
guarecer v. *soplujar, aixoplugar, arrecerar*
guarida f. *cau // amagatall // xibiu*
guarismo m. *xifra, guarisme*
guarnecer v. *guarnir // emparamentar, adornar*
guarnición f. *guarniment // guarnició //* pl. *guarniments*
guarro, -a adj. *porc*
guasa f. *broma, berba, potxa*
guasón, -ona adj. *bromista, potxós*
guata f. *buata*
guatemalteco, -a m. y f. *guatemalenc*
guayaba f. *guaiaba*
guayabo m. *guaiaber*
gubernamental adj. *governamental*
gubernativo, -a adj. *governatiu*
gubia f. *gubia*
guedeja f. *floc, ble*

güelfo, -a adj. *güelf*
guepardo m. *guepard*
guerra f. *guerra*
guerrear v. *guerrejar*
guerrero, -a adj. *guerrer*
guerrilla f. *guerrilla*
guerrillero, -a m. y f. *guerriller*
guía m. y f. *guia*
guiar v. *guiar*
guijarro m. *còdol, mac*
guillotina f. *guillotina*
guillotinar v. *guillotinar*
guinda f. *guinda*
guindilla f. *pebre coent, pebre de banyeta, pebre de cirereta, bitxo*
guiñapo m. *pedaçot, penjaroll, pelleringo, desferra*
guiñar v. *fer l'ullet*
guiño m. *fer l'ullet*
guiñol m. *guinyol*
guión m. *guió*
guipar v. *guipar, afinar, aluiar, llucar*
guipuzcoano, -a m. y f. *guipuscoà*
guirigay m. *guirigai*
guirlache m. *crocant*
guirnalda f. *garlanda*
guisa f. *guisa, manera, faisó*
guisado m. *aguiat, guisat*
guisante m. *pèsol, fesol, estiregassó, xítxero*
guisar v. *guisar, aguiar, cuinar*
güisqui m. *wiski*
guiso m. *guisat, aguiat, cuinat*
guitarra f. *guitarra, guiterra*
guitarrero, -a adj. *guitarrer*
guitarrista m. y f. *guitarrista*
gula f. *gola*
gusano m. *cuc, cuca, corc, llambric, verm*
gustación f. *gustació, degustació*
gustar v. tr. *assaborir //* intr. *agradar, plaure, venir de gust*
gustativo, -a adj. *gustatiu*
gusto m. *gust*
gustoso, -a adj. *gustós*
gutapercha f. *gutaperxa*
gutural adj. *gutural*

H

haba f. *fava*
habanera f. *havanera*
habano m. *havà, puro*
habar m. *favar, faverar*
haber v. tr. *haver, tenir* // tr. *haver, heure* // aux. *haver, esser* // impers. *haver-hi* // aux. (con la prep. *de* seguida de infinitivo) *haver de* // impers. (con la conj. *que* e infinitivo) *caldre, haver-se de* // m. *haver*
habichuela f. *mongeta*
hábil adj. *hàbil*
habilidad f. *habilitat*
habilidoso, -a adj. *hàbil, manyós, traçut*
habilitar v. *habilitar*
habitación f. *habitació, estada, estatge* // *habitatge, estatge* // *habitació, cambra*
habitante m. *habitant*
habitar v. *habitar*
hábitat m. *hàbitat*
hábito m. *hàbit* // *hàbit, costum, avès*
habitual adj. *habitual*
habituar v. *habituar*
habla f. *parla, parladura, parlar* / ponerse al — *entrar en conversa*
hablador, -a adj. *parlador, rallador, xerrador*
habladuría f. *parladissa, rallatòrum, xerratòrum, xerrim*
hablar v. *parlar, conversar, rallar, xerrar, enraonar* / — mal (de alguien o de algo) *malparlar* / ganas de — *parlera, conversera, rallera, xerrera*
hacedero, -a adj. *faedor, fedor, factible*
hacedor, -a adj. *faedor, fedor, creador*
hacendado, -a adj. *hisendat*
hacendoso, -a adj. *diligent, feiner*
hacer v. *fer* / rfl. *fer-se, tornar-se, tornar, esdevenir*
hacia prep. (indicando dirección del movimiento) *cap a, vers* // (indicando dirección de un acto del espíritu, de un sentimiento) *envers* // (indicando tiempo o lugar aproximado) *devers*
hacienda f. *hisenda, riquesa* // *mas, masia, possessió, lloc*

hacina f. *garbera, feixina*
hacinar v. *agarberar* // *amuntegar, acaramullar*
1) hacha f. *atxa, torxa*
2) hacha f. (herramienta) *aixa, destral* // (persona lista) *elet, espasa*
hachazo m. *destralada*
hache f. *hac*
hachís m. *haixix*
hada f. *fada*
hado m. *fat* / mal — *malfat*
hagiografía f. *hagiografia*
haitiano, -a m. y f. *haitià*
hala! interj. *hala!, vénga!, apa!*
halagar v. *afalagar, amoixar, llagotejar*
halago m. *afalac, falagueria, llagoteria*
halar v. *halar*
halcón m. *falcó*
halconero m. *falconer*
halda f. *falda*
hálito m. *hàlit*
halo m. *halo, rotlle, rotllo*
halógeno, -a adj. *halogen*
hallar v. *trobar*
hallazgo m. *trobada, troballa*
hamaca f. *hamaca*
hambre f. *fam, talent, gana*
hambriento, -a adj. *afamegat, afamat, famèlic*
hampa f. *briva, gentalla, gentussa*
handicap m. *handicap*
hangar m. *hangar*
haragán, -ana adj. *malfener, gandul, dropo*
haraganear v. *gandulejar, dropejar*
harapiento, -a adj. *despellissat, espellifat, espelleringat, esquinçat, esparracat*
harapo m. *parrac, pelleringo, esquinçall*
harén m. *harem*
harina f. *farina*
harinero, -a adj. *fariner*
harinoso, -a adj. *farinós*
harpía f. *arpia*
hartar v. *afartar, atipar, sadollar*
hartazo m. *fart, afartada, tip, panxó*
harto, -a adj. *fart, tip, sadoll* // adv. *prou, bastant, molt*

herido

hartura f. *sadollament, afartament, atipament*
hasta prep. *fins a, fins // fins i tot, àdhuc // — luego fins després, fins més tard, a reveure*
hastiar v. *enutjar, fastiguejar, afartar*
hastío m. *fastig, fàstic, enuig*
hatajo m. *colla, partida, seguit, reguit, reguitzell*
hatillo m. *farcell, trossell, fardellet*
hato m. *ormeig, fardell // recapte, aguió // trepa, càfila // feix, manat, colla*
hawaiano, -a m. y f. *hawaià*
haya f. (árbol) *faig*
hayal m. *fageda*
1) **haz** m. *feix, gavell, garbó*
2) **haz** f. *faç // endret, anvers*
hazaña f. *gesta, feta*
hazmerreír m. *riota, befa*
he (aquí, allí, etc.) *vet, heus*
hebdomadario, -a adj. *hebdomadari*
hebilla f. *sivella*
hebra f. *aguller // fil, fibra // veta*
hebraico, -a adj. *hebraic*
hebreo, -a adj. *hebreu*
hecatombe f. *hecatombe*
hectárea f. *hectàrea*
hectogramo m. *hectogram*
hectolitro m. *hectolitre*
hectómetro m. *hectòmetre*
hechicería f. *fetilleria, embruixament, bruixeria*
hechicero, -a m. y f. *fetiller, bruixot // adj. encisador, enciser, encantador*
hechizar v. *fetillar, embruixar, encisar, fadar, encantar*
hechizo m. *fetilleria, embruixament, encisament, encís, fadament, encantament // malbocí, maltevull*
hecho m. *fet // (acción) feta*
hechura f. *factura, faiçó*
heder v. *pudir*
hederácea f. *hederàcia*
hediondo, -a adj. *pudent, fetorós*
hedonismo m. *hedonisme*
hedor m. *fetor, pudor, pudícia, ferum*
hegemonía f. *hegemonia*
hégira f. *hègira*
helada f. *gelada, glaça, glaçada*
helado, -a adj. *gelat, geliu // glaçat, gelat, gebrat // m. gelat*
helar v. *gelar, glaçar, congelar // corgelar, sang-glaçar*
helecho m. *falguera*
helénico, -a adj. *hel·lènic*
helenismo m. *hel·lenisme*

hélice f. *hèlice, hèlix*
helicóptero m. *helicòpter*
helio m. *heli*
heliograbado m. *heliogravat*
heliotropo m. *heliotrop*
helminto m. *helmint*
helo allí *vet-l'allà, heus-el allí*
helo aquí *vet-l'aquí, heus-el aquí*
helor m. *gelor, gelabror, fredorada*
helvético, -a adj. *helvètic*
hematites f. *hematites*
hematoma m. *hematoma*
hembra f. *femella*
hemeroteca f. *hemeroteca*
hemiciclo m. *hemicicle*
hemiplejía f. *hemiplexia*
hemíptero m. *hemípter*
hemisferio m. *hemisferi*
hemistiquio m. *hemistiqui*
hemofilia f. *hemofília*
hemoglobina f. *hemoglobina*
hemorragia f. *hemorràgia*
henchir v. *inflar, omplir*
hender v. *fendre, clivellar, xapar, crullar*
hendidura f. *fesa, fenedura, clivella, encletxa, escletxa, crull, xap, tall*
heno m. *fenc, fe, fenàs, farratge*
hepático, -a adj. *hepàtic*
hepatitis f. *hepatitis*
heptaedro m. *heptàedre*
heptágono m. *heptàgon*
heptámero, -a adj. *heptàmer*
heptasílabo, -a adj. *heptasíl·lab*
heráldica f. *heràldica*
heráldico, -a adj. *heràldic*
heraldo m. *herald*
herbáceo, -a adj. *herbaci*
herbario m. *herbari*
herbazal m. *herbassar*
herbívoro, -a adj. *herbívor*
herbolario, -a m. y f. *herbolari*
herboristería f. *herboristeria*
herboso, -a adj. *herbós*
hercúleo, -a adj. *herculi*
heredad f. *heretat, hereuatge // heretat, possessió, lloc, mas, masia*
heredar v. *heretar*
heredero, -a m. y f. *hereu*
hereditario, -a adj. *hereditari*
hereje m. y f. *heretge*
herejía f. *heretgia*
herencia f. *herència, heretat, hereuatge*
heresiarca m. y f. *heresiarca*
herético, -a adj. *herètic*
herida f. *ferida, nafra*
herido, -a m. y f. *ferit*

herir v. *ferir*
hermafrodita adj. *hermafrodita*
hermanar v. *agermanar*
hermanastro, -a m. y f. *germanastre*
hermandad f. *germandat, germanor*
hermano, -a m. y f. *germà*
hermético, -a adj. *hermètic*
hermetismo m. *hermetisme*
hermosamente adv. *bellament*
hermosear v. *embellir*
hermoso, -a adj. *bell, formós, garrit, polit*
hermosura f. *bellesa, formosor, garridesa, polidesa*
hernia f. *hèrnia*
héroe m. *heroi*
heroicidad f. *heroïcitat*
heroína f. *heroïna*
heroísmo m. *heroisme*
herpes m. *brians, humor salat, herpes*
herradura f. *ferradura*
herraje m. *ferramenta, ferram*
herramienta f. *eina*
herrar v. *ferrar // ferrejar, ferretejar*
herrería f. *ferreria*
herrumbre f. *rovell*
herrumbroso, -a adj. *rovellós, rovellat*
hervidero m. *bull, bullor, bullentor // bellugadissa, bellugor, negrer, xinxer*
hervir v. *bullir*
hervor m. *bull, bullida, bullor, bullentor*
heteróclito, -a adj. *heteròclit*
heterodoxia f. *heterodòxia*
heterodoxo, -a adj. *heterodox*
heterogamia f. *heterogàmia*
heterogeneidad f. *heterogeneïtat*
heterogéneo, -a adj. *heterogeni*
heteromorfo, -a adj. *heteromorf*
hexaedro m. *hexàedre*
hexágono, -a adj. *hexàgon*
hexámetro m. *hexàmetre*
hez o **heces** f. *escolim, solada, pòsit / feces, caca, excrements, femta*
hiato m. *hiatus*
hibernación f. *hivernació, hibernació*
híbrido, -a adj. *híbrid*
hidalgo, -a adj. *noble, botifarra* (a Mallorca)
hidalguía f. *noblesa*
hidra f. *hidra*
hidratar v. *hidratar*
hidrato m. *hidrat*
hidráulico, -a adj. *hidràulic*
hidria f. *hídria*
hidroavión m. *hidroavió*
hidrocarburo m. *hidrocarbur*
hidroeléctrico, -a adj. *hidroelèctric*
hidrófilo, -a adj. *hidròfil*

hidrofobia f. *hidrofòbia*
hidrófobo, -a adj. *hidròfob*
hidrógeno m. *hidrogen*
hidrografía f. *hidrografia*
hidrólisis f. *hidròlisi*
hidropesía f. *hidropesia*
hidrópico, -a adj. *hidròpic*
hidrosfera f. *hidrosfera*
hidroterapia f. *hidroteràpia*
hidróxido m. *hidròxid*
hiedra f. *heura*
hiel f. *fel*
hielo m. *gel*
hiena f. *hiena*
hierático, -a adj. *hieràtic*
hierba f. *herba*
hierbabuena f. *herba-sana, menta*
hierro m. *ferro*
hígado m. *fetge*
higiene f. *higiene*
higiénico, -a adj. *higiènic*
higienizar v. *higienitzar*
higo m. *figa / — chumbo figa de moro*
higrómetro m. *higròmetre*
higroscopio m. *higroscopi*
higuera f. *figuera / — chumba figuera de moro*
hijastro, -a m. y f. *fillastre*
hijo, -a m. y f. *fill*
hila f. *filera, filada // fileta, filàrsega*
hilacha f. *filagarsa, filàrsega*
hilada f. *filera // filada*
hilado m. *filat, filadura*
hilador, -a adj. *filador*
hilandero, -a m. y f. *filador, filaner*
hilar v. *filar / — delgado filar prim*
hilaridad f. *hilaritat*
hilatura f. *filatura*
hilaza f. *filassa*
hilera f. *filera, renglera, teringa*
hilo m. *fil*
hilván m. *basta, embasta*
hilvanar v. *embastar*
himen m. *himen, tel, virgo*
himeneo m. *himeneu, noces*
himenóptero m. *himenòpter*
himno m. *himne*
hacer hincapié *posar peu fiter / insistir, posar-se fort*
hincar v. *ficar, clavar / — el diente clavar les dents, mossegar*
hincha f. *tírria, quimera, malvolença // m. y f. fanàtic*
hinchar v. *inflar // estufar, estarrufar*
hinchazón f. *inflor, inflament, bony // estufera, inflament, inflor*

hindú adj. *hindú*
hiniesta f. *ginesta*
hinojo m. *fonoll*
de hinojos adv. *de genolls, de genollons*
hipar v. *singlotar*
hipérbaton m. *hipèrbaton*
hipérbola f. *hipèrbola*
hipérbole f. *hipèrbole*
hipersensible adj. *hipersensible*
hipertensión f. *hipertensió*
hipertenso, -a adj. *hipertens*
hipertrofia f. *hipertròfia*
hípico, -a adj. *hípic*
hipido m. *singlot*
hipnosis f. *hipnosi*
hipnotismo m. *hipnotisme*
hipnotizar v. *hipnotitzar*
hipo m. *singlot*
hipocondríaco, -a adj. *hipocondríac*
hipocresía f. *hipocresia*
hipócrita adj. *hipòcrita*
hipodérmico, -a adj. *hipodèrmic*
hipódromo m. *hipòdrom*
hipopótamo m. *hipopòtam*
hipóstilo, -a adj. *hipòstil*
hipoteca f. *hipoteca*
hipotecar v. *hipotecar*
hipotenusa f. *hipotenusa*
hipótesis f. *hipòtesi*
hipotético, -a adj. *hipotètic*
hirsuto, -a adj. *hirsut*
hirviente adj. *bullent*
hisopo m. *hisop //* salpasser
hispalense adj. *sevillà*
hispánico, -a adj. *hispànic*
hispanista m. y f. *hispanista*
hispano, -a adj. *hispà*
histeria f. *histèria*
histérico, -a adj. *histèric*
histerismo m. *histerisme*
histólisis f. *històlisi*
histología f. *histologia*
historia f. *història*
historiador, -a m. y f. *historiador*
historial adj. *historial*
historiar v. *historiar*
histórico, -a adj. *històric*
historieta f. *historieta, contarella*
histrión m. *histrió*
hito, -a adj. *fiter //* m. *fita, termenera, bitlo, molló*
hocico m. *morro, musell*
hogaño adv. *enguany*
hogar m. *foganya, llar de foc //* fogar, llar, casa*
hogareño, -a adj. *casolà*

hoguera f. *foguera, fogueró, fogatera*
hoja f. (de vegetal) *fulla //* (de papel o cartón) *full //* (de puerta) *fulla, batent*
hojalata f. *llauna, llanda*
hojalatería f. *llauneria*
hojalatero m. *llauner*
hojaldre m. *pasta de fulls, pasta fullada*
hojarasca f. *fullaraca, fullam, brossa*
hojear v. *fullejar*
hojuela f. *fullola*
¡hola! interj. *ei!, uep! hola!*
holandés, -esa m. y f. *holandès*
holgado, -a adj. *balder, ample, folgat*
holganza f. *folgança // folga, plaer*
holgar v. *folgar, reposar, descansar //* esser sobrer, no caldre, no esser necessari //* rfl. *folgar, xalar*
holgazán, -ana adj. *malfener, malfeiner, putifeina, dropo*
holgazanear v. *gandulejar, dropejar*
holgazanería f. *malfeneria, droperia, gunduleria*
holgura f. *bauxa, folga, xalada, vega //* amplitud, grandària // benestar, abundància, baldor*
holocausto m. *holocaust*
hollar v. *calcigar, trepitjar*
hollín m. *sutja, sutge*
hombrada f. *homenada, homenia*
hombre m. *home, homo*
hombrera f. *espatllera, espatllera, musclera*
hombría f. *homenia / —* **de bien** *homenia de bé, bonhomia, honradesa*
hombro m. *espatla, espatlla, muscle /* **a hombros** *a becoll, a coll-i-be, a be-cameta*
hombrón m. *homenàs*
hombruno, -a adj. *homenenc, masclí*
homenaje m. *homenatge*
homenajear v. *homenatjar*
homeópata m. y f. *homeòpata*
homeopatía f. *homeopatia*
homérico, -a adj. *homèric*
homicida adj. *homicida*
homicidio m. *homicidi*
homilía f. *homilia*
homogeneidad f. *homogeneïtat*
homogéneo, -a adj. *homogeni*
homologar v. *homologar*
homólogo, -a adj. *homòleg*
homónimo, -a adj. *homònim*
homosexual adj. *homosexual*
honda f. *fona, bassetja*
hondero m. *foner, bassetger*
hondo, -a adj. *fondo, profund, pregon*
hondonada f. *baixest, clotada, fondalada*
hondura f. *fondària*

hondureño, -a m. y f. *hondurenc*
honestidad f. *honestedat*
honesto, -a adj. *honest*
hongo m. *fong, bolet* // (clase de sombrero) *bombet, bombí*
honor m. *honor*
honorabilidad f. *honorabilitat*
honorable adj. *honorable*
honorario, -a adj. *honorari*
honorífico, -a adj. *honorífic*
honra f. *honra*
honradez f. *honradesa*
honrar v. *honrar, honorar*
honroso, -a adj. *honrós*
hora f. *hora* / **dar la —** *tocar hores* / **a altas horas** *a alta hora* / **a todas horas** *a tota hora*
horadar v. *foradar*
horario, -a adj. *horari*
horca f. *forca, forques*
horcadura f. *entreforc*
a horcajadas adv. *eixancat, eixancarrat*
horcajado, -a adj. *forcat*
horcajadura f. *entrecuix, forcadura*
horchata f. *orxata*
horchatería f. *orxateria*
horda f. *horda*
horizontal adj. *horitzontal*
horizonte m. *horitzó*
horma f. *forma* / **hallar la — de su zapato** *trobar sabata de son peu*
hormero m. *former*
hormiga f. *formiga*
hormigón m. *formigó*
hormiguear v. *formiguejar*
hormigueo m. *formigueig, formigor* // *bellugueig*
hormiguero m. *formiguer* // *formiguer, negrer*
hormona f. *hormona*
hornacina f. *capelleta, fornícula, nínxol, petxina*
hornada f. *fornada, enfornada* // *fogonada*
hornero, -a m. y f. *forner*
hornillo m. *fornell, fogó*
horno m. *forn*
horóscopo m. *horòscop*
horquilla f. *forca* // *forqueta, agulla de ganxo*
horrendo, -a adj. *horrend*
horrible adj. *horrible*
hórrido, -a adj. *hòrrid*
horripilante adj. *horripilant*
horripilar v. *horripilar*
horrísono, -a adj. *horríson*
horror m. *horror*

horrorizar v. *horroritzar*
horroroso, -a adj. *horrorós, ferest*
hortaliza f. *hortalissa*
hortelano, -a m. y f. *hortolà*
hortensia f. *hortènsia*
horticultura f. *horticultura*
hosco, -a adj. *bru, fosc* // *aspre, morrotós, malagradós, sorrut, sull, repelenc*
hospedaje m. *hostatge, posada, cobiti*
hospedar v. *hostatjar, albergar, acobitiar*
hospicio m. *hospici*
hospital m. *hospital*
hospitalario, -a adj. *hospitalari*
hospitalidad f. *hospitalitat*
hospitalizar v. *hospitalitzar*
hostería f. *hostal*
hostia f. *hòstia*
hostigar v. *fuetejar, fustigar* // *turmentar, atabuixar, donar creu*
hostil adj. *hostil*
hostilidad f. *hostilitat*
hostilizar v. *hostilitzar*
hotel m. *hotel*
hotelería f. *hoteleria*
hotelero, -a adj. *hoteler*
hotentote, -a adj. *hotentot*
hoy adv. *avui, hui* / **— día** *avui en dia* / **— por —** *ara com ara*
hoya f. *clot, clotada* // *fossa, clot*
hoyo m. *clot*
1) **hoz** f. *falç, corbella*
2) **hoz** f. *afrau, congost, coll, estret*
hozar v. *furgar, grufar*
hucha f. *guardiola, lledriola, rodiola, gidriola, vidriola*
hueco, -a adj. *buit* // *esponjós, estufat* // *inflat, presumit* // *ressonant* // m. *badiu, buit* // m. *endinsada, enfony, esvoranc*
huelga f. *lleure, folga* // *vaga* // *recreació, divertiment*
huelguista m. y f. *vaguista*
huella f. *petjada, peuada, potada* // *senya, empremta, traça* // **— digital** *ditada*
huérfano, -a m. y f. *orfe*
huero, -a adj. *buit* / **huevo —** *ou nial, covarot*
huerta f. *horta*
huerto m. *hort*
hueso m. (de animal) *os* // (de fruta) *pinyol* // **estar en los puros huesos** *no tenir més que la pell i els ossos, esser un sac d'ossos*
huésped m. y f. *hoste* / **casa de huéspedes** *dispesa*
hueste f. *host, exèrcit*
huesudo, -a adj. *ossut*

hueva f. *ouera, lletó*
huevera f. *ouera*
huevo m. *ou*
hugonote, -a adj. *hugonot*
huída f. *fuita, fugida*
huidizo, -a adj. *fugisser*
huir v. *fugir*
hule m. *hule*
hulla f. *hulla*
humanal adj. *humanal*
humanidad f. *humanitat*
humanismo m. *humanisme*
humanista m. y f. *humanista*
humanitario, -a adj. *humanitari*
humanizar v. *humanitzar*
humano, -a adj. *humà*
humareda f. *fumera, fumarada, fumassa*
humear v. *fumejar, fumar, fer fum, treure fum*
humedad f. *humitat*
humedecer v. *humitejar*
húmedo, -a adj. *humit, moll*
humera f. *fumera*
humeral m. *humeral*
húmero m. *húmer*
humildad f. *humilitat*
humilde adj. *humil*
humillación f. *humiliació*
humillante adj. *humiliant*
humillar v. *humiliar*
humo m. *fum*
humor m. *humor*
humorada f. *humorada*

humorismo m. *humorisme*
humorista m. y f. *humorista*
humorístico, -a adj. *humorístic*
humoso, -a adj. *fumós*
humus m. *humus*
hundimiento m. *afonament, enfonsada, ensorrada, esfondrament*
hundir v. *enfonsar, afonar // enfonyar // acorar //* rfl. *ensorrar-se, esfondrar-se, esbucarse // enclotar, ensotar*
húngaro, -a m. y f. *hongarès*
huno, -a adj. *hunne*
huracán m. *huracà*
huracanado, -a adj. *huracanat*
huraño, -a adj. *esquerp, esquiu*
hurgar v. *furgar, furonar, burxar, fitorar, punyir*
hurí f. *hurí*
hurón m. *fura, furot*
huronear v. *furonar, furetejar*
huronera f. *furer, canastrell, cistell*
¡hurra! interj. *hurra!*
a hurtadillas adv. *d'amagat, d'amagatotis, d'esquitllentes*
hurtar v. *furtar, robar*
hurto m. *furt, rapisseria*
húsar m. *hússar*
husmear v. *ensumar, rastrejar*
husmo m. *ferum, feruma / tuf, ferum, olor de resclús, resclum, escalfeït*
huso m. *fus*
¡huy! interj. *ui!, oi!*

I

ibérico, -a adj. *ibèric*
ibero, -a adj. *iber*
ibicenco, -a m. y f. *eivissenc*
iceberg m. *iceberg*
icono m. *icona*
iconoclasta adj. *iconoclasta*
iconografía f. *iconografia*
iconología f. *iconologia*
icosaedro m. *icosàedre*
ictericia f. *icterícia*
ictiología f. *ictiologia*
ictiosauro m. *ictiosaure*
idea f. *idea // pensada // — fija curolla, dèria // cambiar de — repensar-se, perpensar-se, mudar d'idea*
idealismo m. *idealisme*
idealista adj. *idealista*
idealizar v. *idealitzar*
idear v. *idear*
ideario m. *ideari*
ídem pron. *ídem*
idéntico, -a adj. *idèntic*
identidad f. *identitat*
identificar v. *identificar*
ideología f. *ideologia*
ideólogo, -a adj. *ideòleg*
idílico, -a adj. *idíl.lic*
idilio m. *idil.li*
idioma m. *idioma*
idiomático, -a adj. *idiomàtic*
idiosincrasia f. *idiosincràsia*
idiota adj. *idiota*
idiotez f. *idiotesa*
idiotismo m. *idiotisme*
idólatra adj. *idòlatra*
idolatrar v. *idolatrar*
idolatría f. *idolatria*
ídolo m. *ídol*
idóneo, -a adj. *idoni*
idus m. pl. *idus*
iglesia f. *església*
ignaro, -a adj. *ignar*
ígneo, -a adj. *igni*
ignición f. *ignició*
ignominia f. *ignomínia*

ignominioso, -a adj. *ignominiós*
ignorancia f. *ignorància*
ignorante adj. *ignorant*
ignorar v. *ignorar*
ignoto, -a adj. *ignot*
igual adj. *igual*
igualar v. *igualar*
igualdad f. *igualtat*
iguana f. *iguana*
ijada f. *illada*
ijar m. *illada*
ilación f. *il·lació*
ilativo, -a adj. *il·latiu*
ilegal adj. *il·legal*
ilegalidad f. *il·legalitat*
ilegalizable adj. *il·legalitzable*
ilegible adj. *il·legible*
ilegítimo, -a adj. *il·legítim*
íleon m. *íleum*
ilerdense m. y f. *lleidatà*
ileso, -a adj. *il·lès*
iletrado, -a adj. *illetrat*
ilíaco, -a adj. *ilíac*
ilícito, -a adj. *il·lícit*
ilimitado, -a adj. *il·limitat*
ilógico, -a adj. *il·lògic*
iluminación f. *il·luminació*
iluminar v. *il·luminar*
ilusión f. *il·lusió*
ilusionar v. *il·lusionar*
ilusionismo m. *il·lusionisme*
iluso, -a adj. *il·lús*
ilusorio, -a adj. *il·lusori*
ilustración f. *il·lustració*
ilustrar v. *il·lustrar*
ilustre adj. *il·lustre*
imagen f. *imatge*
imaginable adj. *imaginable*
imaginación f. *imaginació*
imaginar v. *imaginar*
imaginario, -a adj. *imaginari*
imaginería f. *imatgeria*
imaginero m. *imatger*
imán m. *imant*
imantar v. *imantar*

imbatible adj. *imbatible*
imbebible adj. *imbevible*
imbécil adj. *imbècil*
imbecilidad f. *imbecil·litat*
imberbe adj. *imberbe, barbamec*
imbornal m. *embornal, embó*
imborrable adj. *inesborrable*
imbricado, -a adj. *imbricat*
imbuir v. *imbuir, enconar*
imitación f. *imitació*
imitar v. *imitar*
impaciencia f. *impaciència*
impacientar v. *impacientar*
impaciente adj. *impacient*
impacientemente adv. *impacientment*
impacto m. *impacte*
impagable adj. *impagable*
impalpable adj. *impalpable*
impar adj. *imparell, senar, impar*
imparcial adj. *imparcial*
imparcialidad f. *imparcialitat*
imparidad f. *imparitat*
impartir v. *impartir*
impasibilidad f. *impassibilitat*
impasible adj. *impassible*
impavidez f. *impavidesa*
impávido, -a adj. *impàvid*
impecable adj. *impecable*
impedimenta f. *impedimenta, bastimenta*
impedimento m. *impediment*
impedir v. *impedir*
impelente adj. *impel·lent*
impeler v. *impel·lir*
impenetrable adj. *impenetrable*
impenitente adj. *impenitent*
impensable adj. *impensable*
impensado, -a adj. *impensat*
imperante adj. *imperant*
imperar v. *imperar*
imperativo, -a adj. y m. *imperatiu*
imperceptible adj. *imperceptible*
imperdible adj. *imperdible* // m. *imperdible, agulla imperdible, agulla tancadora*
imperdonable adj. *imperdonable*
imperecedero, -a adj. *no moridor*
imperfección f. *imperfecció*
imperfecto, -a adj. *imperfecte, imperfet*
imperial adj. *imperial*
imperialismo m. *imperialisme*
impericia f. *imperícia*
imperio m. *imperi*
imperioso, -a adj. *imperiós*
impermeabilidad f. *impermeabilitat*
impermeabilizar v. *impermeabilitzar*
impermeable adj. *impermeable*
impersonal adj. *impersonal*

impertérrito, -a adj. *impertèrrit*
impertinencia f. *impertinència*
impertinente adj. *impertinent*
imperturbable adj. *impertorbable*
impetrar v. *impetrar*
ímpetu m. *ímpetu, fua, abrivament*
impetuoso, -a adj. *impetuós*
impiedad f. *impietat*
impio, -a adj. *impiu, impiadós*
implacable adj. *implacable*
implantar v. *implantar*
implicar v. *implicar*
implícito, -a adj. *implícit*
imploración f. *imploració*
implorar v. *implorar*
impoluto, -a adj. *impol·lut*
imponderable adj. *imponderable*
imponente adj. *imponent, imposant*
imponer v. *imposar*
impopular adj. *impopular*
impopularidad f. *impopularitat*
importación f. *importació*
importancia f. *importància*
importante adj. *important*
importar v. *importar* / ¡**no importa!** *és igual!, tant se val!*
importe m. *import*
importunar v. *importunar*
importunidad f. *importunitat*
importuno, -a adj. *importú*
imposibilitar v. *impossibilitar*
imposible adj. *impossible*
imposición f. *imposició*
impostor, -a adj. *impostor*
impostura f. *impostura*
impotencia f. *impotència*
impotente adj. *impotent*
impracticable adj. *impracticable*
imprecación f. *imprecació*
imprecar v. *imprecar*
imprecisión f. *imprecisió*
impreciso, -a adj. *imprecís*
impregnar v. *impregnar*
impremeditado, -a adj. *impremeditat*
imprenta f. *impremta*
imprescindible adj. *imprescindible*
impresentable adj. *impresentable*
impresión f. *impressió*
impresionar v. *impressionar*
impresionismo m. *impressionisme*
impreso, -a adj. *imprès*
impresor, -a m. y f. *impressor*
imprevisible adj. *imprevisible*
imprevisión f. *imprevisió*
imprevisto, -a adj. *imprevist*
imprimir v. *imprimir, estampar*

improbable adj. *improbable*
ímprobo, -a adj. *ímprobe*
improcedente adj. *improcedent*
improductivo, -a adj. *improductiu*
improperio m. *improperi*
impropiedad f. *impropietat*
impropio, -a adj. *impropi*
improvisación f. *improvisació*
improvisar v. *improvisar*
improviso, -a adj. *improvís / de — de sobte, de cop i volta, de cop descuit*
imprudencia f. *imprudència*
imprudente adj. *imprudent*
imprudentemente adv. *imprudentment*
impúber adj. *impúber*
impublicable adj. *impublicable*
impúdico, -a adj. *impúdic*
impudor m. *impudor*
impuesto m. *impost*
impugnación f. *impugnació*
impugnar v. *impugnar*
impulsar v. *impulsar*
impulsivo, -a adj. *impulsiu, rampellut*
impulso m. *impuls, empenta, embranzida*
impune adj. *impune*
impunidad f. *impunitat*
impureza f. *impuresa*
impurificar v. *impurificar*
impuro, -a adj. *impur*
imputable adj. *imputable*
imputar v. *imputar*
inacabable adj. *inacabable*
inaccesible adj. *inaccessible*
inacción f. *inacció*
inaceptable adj. *inacceptable*
inactividad f. *inactivitat*
inactivo, -a adj. *inactiu*
inadaptable adj. *inadaptable*
inadecuado, -a adj. *inadequat*
inadmisible adj. *inadmissible*
inadvertencia f. *inadvertència*
inadvertido, -a adj. *inadvertit, desapercebut*
inagotable adj. *inagotable, inexhaurible, inesgotable*
inaguantable adj. *inaguantable, insostenible, insofrible*
inalienable adj. *inalienable*
inalterable adj. *inalterable*
inamovible adj. *inamovible*
inane adj. *va, buit*
inanición f. *inanició*
inanimado, -a adj. *inanimat*
inapelable adj. *inapel·lable*
inapetencia f. *inapetència, desmenjament, desgana, desganament*
inapetente adj. *inapetent, desmenjat, desganat*

inapreciable adj. *inapreciable*
inarticulado, -a adj. *inarticulat*
inasequible adj. *inassequible*
inatacable adj. *inatacable*
inaudito, -a adj. *inaudit*
inauguración f. *inauguració*
inaugurar v. *inaugurar*
inca m. *inca*
incalculable adj. *incalculable*
incalificable adj. *inqualificable*
incandescente adj. *incandescent*
incansable adj. *incansable*
incapacidad f. *incapacitat*
incapacitar v. *incapacitar*
incapaz adj. *incapaç*
incautación f. *incautació*
incautarse v. *incautar-se*
incauto, -a adj. *incaut*
incendiar v. *incendiar*
incendiario, -a adj. *incendiari*
incendio m. *incendi*
incensar v. *encensar*
incensario m. *encenser*
incentivo, -a adj. *incentiu*
incertidumbre f. *incertesa, incertitud*
incesante adj. *incessant*
incesantemente adv. *incessantment*
incesto m. *incest*
incestuoso, -a adj. *incestuós*
incidencia f. *incidència*
incidental adj. *incidental*
incidente adj. *incident*
incidir v. *incidir*
incienso m. *encens*
incierto, -a adj. *incert*
incineración f. *incineració*
incinerar v. *incinerar*
incipiente adj. *incipient*
incisión f. *incisió*
incisivo, -a adj. *incisiu // m. (diente) incisiva*
inciso, -a adj. *incís*
incitar v. *incitar*
incivil adj. *incivil*
incivilizado, -a adj. *incivilitzat*
inclemencia f. *inclemència*
inclinación f. *inclinació*
inclinar v. *inclinar*
ínclito, -a adj. *ínclit*
incluir v. *incloure*
inclusa f. *borderia*
inclusión f. *inclusió*
inclusivo, -a adj. *inclusiu*
incluso adv. (inclusive) *inclusivament // (hasta) fins i tot, àdhuc, inclusivament*
incoar v. *incoar*

indescriptible

incoercible adj. *incoercible*
incógnito, -a adj. *incògnit, desconegut*
incoherencia f. *incoherència*
incoherentemente adv. *incoherentment*
incoloro, -a adj. *incolor*
incólume adj. *incòlume*
incombustible adj. *incombustible*
incomodar v. *incomodar*
incomodidad f. *incomoditat*
incómodo, -a adj. *incòmode*
incomparable adj. *incomparable*
incompatible adj. *incompatible*
incompetencia f. *incompetència*
incompetente adj. *incompetent*
incompetentemente adv. *incompetentment*
incompleto, -a adj. *incomplet*
incomprendido, -a adj. *incomprès*
incomprensible adj. *incomprensible*
incomprensión f. *incomprensió*
incomunicación f. *incomunicació*
incomunicar v. *incomunicar*
inconcebible adj. *inconcebible*
inconcuso, -a adj. *inconcús*
incondicional adj. *incondicional*
inconexión f. *inconnexió*
inconexo, -a adj. *inconnex*
inconfesable adj. *inconfessable*
inconfeso, -a adj. *inconfés*
incongruencia f. *incongruència*
incongruentemente adv. *incongruentment*
inconmensurable adj. *incommensurable*
inconmovible adj. *incommovible*
inconquistable adj. *inconquistable*
inconsciencia f. *inconsciència*
inconsciente adj. *inconscient*
inconscientemente adv. *inconscientment*
inconsecuencia f. *inconseqüència*
inconsecuentemente adv. *inconseqüentment*
inconsideración f. *inconsideració*
inconsistencia f. *inconsistència*
inconsistente adj. *inconsistent*
inconsolable adj. *inconsolable*
inconstancia f. *inconstància*
inconstante adj. *inconstant*
inconstitucional adj. *inconstitucional*
incontable adj. *incomptable*
incontestable adj. *incontestable*
incontinencia f. *incontinència*
incontrolable adj. *incontrolable*
incontrovertible adj. *incontrovertible*
inconveniencia f. *inconveniència*
inconveniente adj. *inconvenient*
incoordinación f. *incoordinació*
incorporación f. *incorporació*
incorporar v. *incorporar*
incorpóreo, -a adj. *incorpori, incorporal*

incorrección f. *incorrecció*
incorrecto, -a adj. *incorrecte*
incorregible adj. *incorregible*
incorrupción f. *incorrupció*
incorruptible adj. *incorruptible*
incorrupto, -a adj. *incorrupte*
incredulidad f. *incredulitat*
incrédulo, -a adj. *incrèdul*
increíble adj. *increïble*
incrementar v. *incrementar*
incremento m. *increment*
increpar v. *increpar*
incriminar v. *incriminar*
incruento, -a adj. *incruent*
incrustar v. *incrustar*
incubación f. *incubació, covament, covada*
incubadora f. *incubadora, covador*
incubar v. *incubar, covar*
incuestionable adj. *inqüestionable*
inculcar v. *inculcar*
inculpación f. *inculpació*
inculpar v. *inculpar*
inculto, -a adj. *inculte*
incultura f. *incultura*
incumbir v. *incumbir*
incumplir v. *incomplir*
incunable adj. *incunable*
incurable adj. *incurable, inguarible*
incuria f. *incúria, deixadesa*
incurrir v. *incórrer*
incursión f. *incursió*
indagación f. *indagació*
indagar v. *indagar*
indebido, -a adj. *indegut*
indecencia f. *indecència*
indecente adj. *indecent*
indecentemente adv. *indecentment*
indecible adj. *indicible, que no es pot dir*
indecisión f. *indecisió*
indeciso, -a adj. *indecís*
indeclinable adj. *indeclinable*
indecoroso, -a adj. *indecorós*
indefectible adj. *indefectible*
indefendible adj. *indefensable*
indefenso, -a adj. *indefens*
indefinible adj. *indefinible*
indefinido, -a adj. *indefinit*
indeleble adj. *indeleble*
indemne adj. *indemne*
indemnización f. *indemnització*
indemnizar v. *indemnitzar*
independencia f. *independència*
independientemente adv. *independentment*
independiente adj. *independent*
indescifrable adj. *indesxifrable*
indescriptible adj. *indescriptible*

indeseable adj. *indesitjable*
indestructible adj. *indestructible*
indeterminación f. *indeterminació*
indiana f. *indiana*
indiano, -a adj. *indià*
indicación f. *indicació*
indicador, -a adj. *indicador*
indicar v. *indicar*
indicativo, -a adj. *indicatiu*
índice m. *índex*
indicio m. *indici*
índico, -a adj. *índic*
indiferencia f. *indiferència*
indiferente adj. *indiferent*
indiferentemente adv. *indiferentment*
indígena adj. *indígena*
indigencia f. *indigència*
indigente adj. *indigent*
indigestión f. *indigestió, empanxament*
indigesto, -a adj. *indigest*
indignación f. *indignació*
indignar v. *indignar*
indignidad f. *indignitat*
indigno, -a adj. *indigne*
indio, -a adj. *indi*
indirecto, -a adj. *indirecte*
indisciplina f. *indisciplina*
indisciplinado, -a adj. *indisciplinat*
indiscreción f. *indiscreció*
indiscreto, -a adj. *indiscret*
indiscriminado, -a adj. *indiscriminat*
indiscutible adj. *indiscutible*
indisoluble adj. *indissoluble*
indispensable adj. *indispensable*
indisponer v. *indisposar*
indisposición f. *indisposició*
indistinto, -a adj. *indistint*
individual adj. *individual*
individualismo m. *individualisme*
individualizar v. *individualitzar*
individuo m. *individu*
indivisible adj. *indivisible* ¿
indiviso, -a adj. *indivís*
indocto, -a adj. *indocte*
indocumentado, -a adj. *indocumentat*
indochino, -a adj. *indo-xinès*
indoeuropeo, -a adj. *indoeuropeu*
índole f. *índole*
indolencia f. *indolència*
indolente adj. *indolent*
indolentemente adv. *indolentment*
indoloro, -a adj. *indolor*
indomable adj. *indomable*
indómito, -a adj. *indòmit, orat*
indostánico, -a adj. *indostànic*
inducción f. *inducció*

inducir v. *induir, dur, ginyar*
inductivo, -a adj. *inductiu*
inductor, -a adj. *inductor*
indudable adj. *indubtable*
indulgencia f. *indulgència*
indulgente adj. *indulgent*
indulgentemente adv. *indulgentment*
indultar v. *indultar*
indulto m. *indult*
indumentaria f. *indumentària*
industria f. *indústria*
industrial adj. *industrial*
industrializar v. *industrialitzar*
industrioso, -a adj. *industriós*
inédito, -a adj. *inèdit*
ineducado, -a adj. *ineducat*
inefable adj. *inefable*
ineficacia f. *ineficàcia*
ineficaz adj. *ineficaç*
inelegible adj. *inelegible*
ineludible adj. *ineludible*
inenarrable adj. *inenarrable*
inepcia f. *inèpcia*
inepto, -a adj. *inepte*
inequívoco, -a adj. *inequívoc*
inercia f. *inèrcia*
inerme adj. *inerme*
inerte adj. *inert*
inescrutable adj. *inescrutable*
inesperado, -a adj. *inesperat*
inestable adj. *inestable*
inestimable adj. *inestimable*
inevitable adj. *inevitable*
inexactitud f. *inexactitud*
inexacto, -a adj. *inexacte*
inexcusable adj. *inexcusable*
inexistencia f. *inexistència*
inexistente adj. *inexistent*
inexorable adj. *inexorable*
inexperiencia f. *inexperiència*
inexperto, -a adj. *inexpert*
inexplicable adj. *inexplicable*
inexplorado, -a adj. *inexplorat*
inexpresivo, -a adj. *inexpressiu*
inexpugnable adj. *inexpugnable*
inextenso, -a adj. *inextens*
inextinguible adj. *inextinguible*
inextricable adj. *inextricable*
infalibilidad f. *infal·libilitat*
infalible adj. *infal·lible*
infamación f. *infamació*
infamar v. *infamar*
infame adj. *infame*
infamia f. *infàmia*
infancia f. *infància, infantesa, minyonia*
infanta f. *infanta, infantessa*

infante m. *infant*
infantería f. *infanteria*
infanticidio m. *infanticidi*
infantil adj. *infantil, infantívol*
infarto m. *infart*
infatigable adj. *infatigable*
infatuar v. *infatuar*
infausto, -a adj. *infaust*
infección f. *infecció*
infeccioso, -a adj. *infecciós*
infectar v. *infectar*
infecto, -a adj. *infecte*
infecundo, -a adj. *infecund*
infelicidad f. *infelicitat*
infeliz adj. *infeliç, desgraciat*
inferior adj. *inferior*
inferioridad f. *inferioritat*
inferir v. *inferir*
infernal adj. *infernal*
infestar v. *infestar*
infidelidad f. *infidelitat*
infiel adj. *infeel, infidel*
infierno m. *infern*
infiltración f. *infiltració*
infiltrar v. *infiltrar*
ínfimo, -a adj. *ínfim*
infinidad f. *infinitat*
infinitesimal adj. *infinitesimal*
infinitivo m. *infinitiu*
infinito, -a adj. *infinit*
infirmar v. *infirmar*
inflación f. *inflació*
inflamable adj. *inflamable*
inflamación f. *inflamació*
inflamar v. *inflamar*
inflamatorio, -a adj. *inflamatori*
inflexible adj. *inflexible*
inflexión f. *inflexió*
infligir v. *infligir*
inflorescencia f. *inflorescència*
influencia f. *influència*
influenciar v. *influir*
influir v. *influir*
influjo m. *influx, influència*
influyente adj. *influent*
información f. *informació*
informal adj. *informal*
informalidad f. *informalitat*
informar v. *informar*
informativo, -a adj. *informatiu*
informe adj. y m. *informe*
infortunado, -a adj. *infortunat*
infortunio m. *infortuni*
infracción f. *infracció*
infractor, -a adj. *infractor*
infraestructura f. *infraestructura*

infrahumano -a adj. *infrahumà*
infranqueable adj. *infranquejable*
infrarrojo, -a adj. *infraroig*
infrascrito, -a adj. *infrascrit*
infrecuente adj. *infreqüent*
infringir v. *infringir*
infructuoso, -a adj. *infructuós*
ínfulas f. pl. *ínfules*
infundado, -a adj. *infundat*
infundir v. *infondre*
infusión f. *infusió*
infuso, -a adj. *infús*
infusorio m. *infusori*
ingeniar v. *enginyar*
ingeniería f. *enginyeria*
ingeniero m. *enginyer*
ingenio m. *enginy*
ingenioso, -a adj. *enginyós*
ingénito, -a adj. *ingènit*
ingente adj. *ingent*
ingenuidad f. *ingenuïtat*
ingenuo, -a adj. *ingenu*
ingerencia f. *ingerència*
ingerir v. *ingerir*
ingestión f. *ingestió*
ingle f. *engonal*
inglés, -esa m. y f. *anglès*
ingobernable adj. *ingovernable*
ingratitud f. *ingratitud*
ingrato, -a adj. *ingrat*
ingravidez f. *ingravidesa*
ingrávido, -a adj. *ingràvid*
ingrediente m. *ingredient*
ingresar v. *ingressar*
ingreso m. *ingrés*
inguinal adj. *inguinal*
ingurgitar v. *ingurgitar*
inhábil adj. *inhàbil*
inhabilitar v. *inhabilitar*
inhabitado, -a adj. *inhabitat*
inhalación f. *inhalació*
inhalar v. *inhalar*
inherente adj. *inherent*
inhibición f. *inhibició*
inhibir v. *inhibir*
inhóspito, -a adj. *inhòspit*
inhumación f. *inhumació*
inhumano, -a adj. *inhumà*
inhumar v. *inhumar*
iniciación f. *iniciació*
inicial adj. *inicial*
iniciar v. *iniciar*
iniciativa f. *iniciativa*
inicuo, -a adj. *inic (f. *iniqua*)*
inimaginable adj. *inimaginable*
inimitable adj. *inimitable*

ininflamable adj. _ininflamable_
ininteligible adj. _intel·ligible_
ininterrumpido, -a adj. _ininterromput_
iniquidad f. _iniquitat_
injerencia f. _ingerència_
injerir v. _empeltar // inserir, ficar // incloure // rfl. ficar-se, entremetre's_
injertar v. _empeltar_
injerto m. _empelt_
injuria f. _injúria_
injuriar v. _injuriar_
injusticia f. _injustícia_
injustificado, -a adj. _injustificat_
injusto, -a adj. _injust_
inmaculado, -a adj. _immaculat_
inmanente adj. _immanent_
inmarcesible adj. _immarcescible_
inmaterial adj. _immaterial_
inmediato, -a adj. _immediat_
inmejorable adj. _immillorable_
inmemorial adj. _immemorial_
inmensidad f. _immensitat_
inmenso, -a adj. _immens_
inmerecido, -a adj. _immerescut_
inmersión f. _immersió_
inmigración f. _immigració_
inmigrante adj. _immigrant_
inmigrar v. _immigrar_
inminencia f. _imminència_
inminente adj. _imminent_
inminentemente adv. _imminentment_
inmiscuirse v. _immiscir-se_
inmobiliario, -a adj. _immobiliari_
inmoderación f. _immoderació_
inmodestia f. _immodèstia_
inmolación f. _immolació_
inmolar v. _immolar_
inmoral adj. _immoral_
inmoralidad f. _immoralitat_
inmortal adj. _immortal_
inmortalidad f. _immortalitat_
inmortalizar v. _immortalitzar_
inmóvil adj. _immòbil_
inmovilidad f. _immobilitat_
inmovilizar v. _immobilitzar_
inmueble adj. _immoble_
inmundicia f. _immundícia_
inmundo, -a adj. _immund_
inmune adj. _immune_
inmunidad f. _immunitat_
inmunizar v. _immunitzar_
inmutable adj. _immutable_
inmutar v. _immutar_
innato, -a adj. _innat_
innecesario, -a adj. _innecessari_
innegable adj. _innegable_

innoble adj. _innoble_
innominado, -a adj. _innominat_
innovación f. _innovació_
innovar v. _innovar_
innumerable adj. _innumerable, innombrable_
inocencia f. _innocència_
inocentada f. _innocentada_
inocente adj. _innocent_
inocentemente adv. _innocentment_
inocuidad f. _innocuïtat_
inoculación f. _inoculació_
inocular v. _inocular_
inocuo, -a adj. _innocu_
inodoro, -a adj. _inodor_
inofensivo, -a adj. _inofensiu_
inolvidable adj. _inolvidable_
inoperancia f. _inoperància_
inoperante adj. _inoperant_
inopia f. _inòpia_
inopinado, -a adj. _inopinat_
inoportunidad f. _inoportunitat_
inoportuno, -a adj. _inoportú_
inorgánico, -a adj. _inorgànic_
inoxidable adj. _inoxidable_
inquebrantable adj. _infrangible_
inquietar v. _inquietar_
inquieto, -a adj. _inquiet_
inquietud f. _inquietud_
inquilino, -a m. y f. _inquilí, llogater_
inquina f. _tírria, malvolença_
inquirir v. _inquirir_
inquisición f. _inquisició_
inquisidor, -a adj. _inquisidor_
inquisitorial adj. _inquisitorial_
insaciable adj. _insaciable, insadollable_
insalivación f. _insalivació_
insalubre adj. _insalubre_
insalvable adj. _insalvable_
insano, -a adj. _insà, dement, foll_
insatisfecho, -a adj. _insatisfet_
inscribir v. _inscriure_
inscripción f. _inscripció_
insecticida f. _insecticida_
insectívoro, -a adj. _insectívor_
insecto m. _insecte_
inseguridad f. _inseguretat_
inseguro, -a adj. _insegur_
insensatez f. _insensatesa_
insensato, -a adj. _insensat_
insensibilidad f. _insensibilitat_
insensible adj. _insensible_
inseparable adj. _inseparable_
insepulto, -a adj. _insepult_
inserción f. _inserció_
insertar v. _inserir_
inservible adj. _inservible_

insidia f. *insídia*
insidioso, -a adj. *insidiós*
insigne adj. *insigne*
insignia f. *insígnia*
insignificancia f. *insignificància*
insignificante adj. *insignificant*
insincero, -a adj. *insincer*
insinuación f. *insinuació*
insinuar v. *insinuar*
insipidez f. *insipidesa*
insípido, -a adj. *insípid*
insistencia f. *insistència*
insistente adj. *insistent*
insistentemente adj. *insistentment*
insistir v, *insistir*
insobornable adj. *insubornable*
insociable adj. *insociable*
insolación f. *insolació*
insolencia f. *insolència*
insolentar v. *insolentar*
insolente adj. *insolent*
insolentemente adv. *insolentment*
insolidario, -a adj. *insolidari*
insólito, -a adj. *insòlit*
insoluble adj. *insoluble*
insolvencia f. *insolvència*
insolvente adj. *insolvent*
insomnio m. *insomni*
insondable adj. *insondable*
insoportable adj. *insoportable*
insospechado, -a adj. *insospitat*
inspección f. *inspecció*
inspeccionar v. *inspeccionar*
inspector, -a m. y f. *inspector*
inspiración f. *inspiració*
inspirar v. *inspirar*
instalación f. *instal·lació*
instalar v. *instal·lar*
instancia f. *instància*
instantáneo, -a adj. *instantani*
instante adj. *instant*
instar v. *instar*
instaurar v. *instaurar*
instigación f. *instigació*
instigar v. *instigar*
instilar v. *instil·lar*
instintivo, -a adj. *instintiu*
instinto m. *instint*
institución f. *institució*
instituir v. *instituir*
instituto m. *institut*
institutor, -a adj. *institutor*
institutriz f. *institutriu*
instrucción f. *instrucció*
instructivo, -a adj. *instructiu*
instruir v. *instruir*

instrumental adj. *instrumental*
instrumento m. *instrument*
insubordinación f. *insubordinació*
insubordinar v. *insubordinar*
insubstancial adj. *insubstancial*
insubstituible adj. *insubstituïble*
insuficiencia f. *insuficiència*
insuficiente adj. *insuficient*
insufrible adj. *insofrible*
insular adj. *insular*
insulina f. *insulina*
insulso, -a adj. *insuls, fat*
insultar v. *insultar*
insulto m. *insult*
insuperable adj. *insuperable*
insurrección f. *insurrecció*
insurrecto, -a m. y f. *insurrecte*
intacto, -a adj. *intacte*
intachable adj. *irreprotxable*
intangible adj *intangible*
integración f. *integració*
integral adj. *integral*
integrar v. *integrar*
integridad f. *integritat*
íntegro, -a adj. *íntegre, sencer*
intelectivo, -a adj. *intel·lectiu*
intelecto m. *intel·lecte*
intelectual adj. *intel·lectual*
inteligencia f. *intel·ligència*
inteligente adj. *intel·ligent*
inteligible adj. *intel·ligible*
intemperancia f. *intemperància*
intemperie f. *intempèrie*
intempestivo, -a adj. *intempestiu*
intención f. *intenció*
intencionado, -a adj. *intencionat*
intendencia f. *intendència*
intendente adj. *intendent*
intensidad f. *intensitat*
intensificar v. *intensificar*
intensivo, -a adj. *intensiu*
intenso, -a adj. *intens*
intentar v. *intentar*
intento m. *intent*
intentona f. *provatura, intent arrauxat*
intercalar v. *intercalar*
intercambiar v. *intercanviar*
intercambio m. *intercanvi*
interceder v. *intercedir*
interceptar v. *interceptar*
intercesión f. *intercessió*
intercesor, -a adj. *intercessor*
intercostal adj. *intercostal*
interdecir v. *interdir, prohibir*
interdicción f. *interdicció*
interdicto m. *interdicte, entredit*

interés m. *interès*
interesante adj. *interessant*
interesar v. *interessar*
interfecto, -a adj. *interfecte*
interferencia f. *interferència*
interferir v. *interferir*
ínterin m. *ínterim*
interinidad f. *interinitat*
interino, -a adj. *interí*
interior adj. *interior*
interioridad f. *interioritat*
interjección f. *interjecció*
interlínea f. *interlínia*
interlocutor, -a adj. *interlocutor*
interludio m. *interludi*
intermediario, -a adj. *intermediari*
intermedio, -a adj. *intermedi, entremig*
interminable adj. *interminable*
intermisión f. *intermissió*
intermitencia f. *intermitència*
intermitente adj. *intermitent*
intermitentemente adv. *intermitentment*
internacional adj. *internacional*
internado m. *internat*
internar v. *internar*
interno, -a adj. *intern*
interpelación f. *interpel·lació*
interpelar v. *interpel·lar*
interpolación f. *interpolació*
interponer v. *interposar*
interposición f. *interposició*
interpretación f. *interpretació*
interpretar v. *interpretar*
intérprete m. y f. *intèrpret*
interregno m. *interregne*
interrogación f. *interrogació*
interrogante adj. *interrogant*
interrogar v. *interrogar*
interrogatorio m. *interrogatori*
interrumpir v. *interrompre*
interrupción f. *interrupció*
intersección f. *intersecció*
intersticio m. *interstici*
intervalo m. *interval*
intervención f. *intervenció*
intervenir v. *intervenir*
interventor, -a adj. *interventor*
interviu m. *interviu, entrevista*
interviuar v. *interviuar*
intestado, -a adj. *intestat*
intestinal adj. *intestinal*
intestino, -a adj. *intestí* // m. *intestí, budell*
intimación f. *intimació*
intimar v. *intimar*
intimidación f. *intimidació*
intimidad f. *intimitat*
intimidar v. *intimidar*

íntimo, -a adj. *íntim*
intitular v. *intitular*
intocable adj. *intocable*
intolerable adj. *intolerable*
intolerancia f. *intolerància*
intoxicación f. *intoxicació*
intoxicar v. *intoxicar*
intradós m. *intradós, sotavolta*
intraducible adj. *intraduïble*
intranquilizar v. *intranquil·litzar*
intranquilo, -a adj. *intranquil*
intransferible adj. *intransferible*
intransigente adj. *intransigent*
intransitable adj. *intransitable*
intransitivo, -a adj. *intransitiu*
intrascendente adj. *intranscendent*
intratable adj. *intractable*
intrepidez f. *intrepidesa*
intrépido, -a adj. *intrèpid*
intriga f. *intriga*
intrigar v. *intrigar*
intrincado, -a adj. *intrincat, envitricollat, entremaliat*
intríngulis m. *entrellat*
intrínseco, -a adj. *intrínsec*
introducción f. *introducció*
introducir v. *introduir*
introito m. *introit*
intromisión f. *intromissió*
introspección f. *introspecció*
introvertir v. *introvertir*
intrusión f. *intrusió*
intrusismo m. *intrusisme*
intruso, -a adj. *intrús*
intuición f. *intuïció*
intuir v. *intuir*
inundación f. *inundació*
inundar v. *inundar*
inusitado, -a adj. *inusitat*
inútil adj. *inútil*
inutilidad f. *inutilitat*
inutilizar v. *inutilitzar*
invadir v. *invadir, envair*
invalidar v. *invalidar*
inválido, -a adj. *invàlid*
invariable adj. *invariable*
invasión f. *invasió, envaïment*
invasor, -a adj. *invasor*
invectiva f. *invectiva*
invencible adj. *invencible*
invención f. *invenció*
inventar v. *inventar*
inventariar v. *inventariar*
inventario m. *inventari*
inventivo, -a adj. *inventiu*
invento m. *invent*
inventor, -a adj. y m. y f. *inventor*

invernadero m. *hivernador, hivernacle*
invernal adj. *hivernal*
invernar v. *hivernar*
invernizo, -a adj. *hivernenc*
inverosímil adj. *inverisímil, inversemblant*
inversión f. *inversió*
inverso, -a adj. *invers*
invertebrado, -a adj. *invertebrat*
invertido, -a adj. *invertit*
invertir v. *invertir*
investidura f. *investidura*
investigación f. *investigació*
investigar v. *investigar*
investir v. *investir*
inveterado, -a adj. *inveterat*
invicto, -a adj. *invicte*
invierno m. *hivern*
inviolable adj. *inviolable*
invisible adj. *invisible*
invitacion f. *Invitació*
invitar v. *invitar, convidar*
invocación f. *invocació*
invocar v. *invocar*
involución f. *involució*
involucrar v. *involucrar*
involuntario, -a adj. *involuntari*
invulnerable adj. *invulnerable*
inyección f. *injecció*
inyectable adj. *injectable*
inyectar v. *injectar*
ion m. *ion*
ionosfera f. *ionosfera*
ir v. (trasladarse de un lugar a otro; andar de acá para allá) *anar* // (andar para el lugar donde está la persona a quien se dirige la palabra) *venir* // rfl. *anar-se'n*
ira f. *ira*
iracundo, -a adj. *iracund*
iraniano, -a m. y f. *iranià*
irascible adj. *irascible*
iridácea f. *iridàcia*
iridio m. *iridi*
iris m. *iris, arc de Sant Martí* // (del ojo) *iris*
irisar v. *irisar*
irlandés, -esa m. y f. *irlandès*
ironía f. *ironia*
irónico, -a adj. *irònic*
ironizar v. *ironitzar*
irracional adj. *irracional*
irradiación f. *irradiació*
irradiar v. *irradiar*
irrazonable adj. *desraonable*
irreal adj. *irreal*
irrealizable adj. *irrealitzable*
irrebatible adj. *irrebatible*
irreconciliable adj. *irreconciliable*

irrecuperable adj. *irrecuperable*
irrecusable adj. *irrecusable*
irreductible adj. *irreductible*
irreflexión f. *irreflexió*
irreflexivo, -a adj. *irreflexiu*
irrefrenable adj. *irrefrenable*
irrefutable adj. *irrefutable*
irregular adj. *irregular*
irregularidad f. *irregularitat*
irreligioso, -a adj. *irreligiós*
irremediable adj. *irremeiable*
irremisible adj. *irremissible*
irreparable adj. *irreparable*
irreprimible adj. *irreprimible*
irreprochable adj. *irreprotxable*
irresistible adj. *irresistible*
irresoluto, -a adj. *irresolut*
irrespetuoso, -a adj. *irrespectuós*
irrespirable adj. *irrespirable*
irresponsable adj. *irresponsable*
irreverencia f. *irreverència*
irreversible adj. *irreversible*
irrevocable adj. *irrevocable*
irrigación f. *irrigació*
irrigar v. *irrigar*
irrisión f. *irrisió*
irrisorio, -a adj. *irrisori*
irritación f. *irritació*
irritar v. *irritar*
irrogar v. *irrogar*
irrompible adj. *irrompible*
irrumpir v. *irrompre*
irrupción f. *irrupció*
isabelino, -a adj. *isabelí*
isla f. *illa* // (manzana de casas) *illeta*
islam m. *islam*
islamismo m. *islamisme*
islandés, -esa m. y f. *islandès*
isleño, -a adj. *illenc, insular*
islote m. *illot*
isobara f. *isòbara*
isoglosa f. *isoglossa*
isometría f. *isometria*
isomorfo, -a adj. *isomorf*
isósceles adj. *isòsceles*
isótera f. *isòtera*
isoterma f. *isoterma*
israelita m. y f. *israelita*
istmo m. *istme*
italiano, -a m. y f. *italià*
iteración f. *iteració*
itinerante adj. *itinerant*
itinerario m. *itinerari*
izar v. *hissar*
izquierdista adj. *esquerrà*
izquierdo, -a adj. *esquerre*

J

jabalí, -ina m. y f. *porc singlar, senglar*
jabalina f. (dardo) *javelina*
jabato m. *senglar jove*
jabeque m. *xabec*
jable m. *galze*
jabón m. *sabó*
jabonadura f. *ensabonada*
jabonar v. *ensabonar*
jabonero, -a adj. *saboner* // m. y f. *sabonaire, saboner* // m. *sabonera*
jabonoso, -a adj. *sabonenc, sabonós*
jaca f. *haca*
jacaranda f. *xicarandana, xicaranda*
jácena f. *jàssera*
jacinto m. *jacint*
jaco m. *haca, rossí*
jacobino, -a adj. *jacobí*
jactancia f. *jactància, bravejada*
jactarse v. *jactar-se, bravejar*
jaculatoria f. *jaculatòria*
jade m. *jade*
jadear v. *pantaixar, bleixar, esbufegar*
jadeo m. *pantaix, bleix*
jaguar m. *jaguar*
jalea f. *gelea*
jalear v. *ahucar, acanissar* // *animar*
jaleo m. *ahucada* // *bugiot, malaveig, trull, xivarri, gresca, rebombori*
jalón m. *jaló, banderola*
jalonar v. *jalonar*
jamás adv. *mai, jamai*
jamba f. *brancal, rebranca, polsera*
jamelgo m. *ròssa, cavallot*
jamón m. *cuixot, pernil*
jansenismo m. *jansenisme*
japonés, -esa m. y f. *japonès*
jaque m. *escac, sus* // *— mate sus i mat* // *tener en — tenir entre l'espasa i la paret, tenir copat*
jaqueca f. *migranya*
jarabe m. *xarop, aixarop*
jarana f. *bulla, gresca, sarau, tabola*
jaranear v. *anar de bulla*
jaranero, -a adj. *bullós, trullós, tabolaire*
jardín m. *jardí*

jardinera f. *jardinera*
jardinería f. *jardineria*
jardinero, -a m. y f. *jardiner*
jarra f. *gerra*
jarretera f. *jarretera, garrotera, lligacama*
jarro m. *gerro, pitxer, cadaf, setra*
jarrón m. *gerro*
jaspe m. *jaspi*
jaspear v. *jaspiar*
jaula f. *gàbia*
jauría f. *canilla, gossada, gossam*
jazmín m. *gesmí, gesminer, gessamí, llessamí*
jefatura f. *caporalia, comandància, comandament*
jefe m. *cap, capitost, caporal, major*
jenjibre m. *amom, gingebre*
jerarca f. *jerarca*
jerarquía f. *jerarquia*
jerárquico, -a adj. *jeràrquic*
jerez m. *xerès*
jerga f. *argot, gerga, patuès*
jergón m. *màrfega*
jerigonza f. *gerga, patuès*
jeringa f. *xeringa*
jeroglífico m. *jeroglífic*
jersey m. *jersei*
jesuíta m. *jesuïta*
jeta f. *morrot, musell* // *cremalló, cremallot*
jibia f. *sípia, sèpia*
jícara f. *xicra*
jilguero m. *cadernera, cardina, carderola*
jineta f. *geneta*
jinete m. *genet, cavaller, cavallista*
jira f. *vega, pancaritat, fontada*
jirafa f. *girafa*
jirón m. *gaia* // *esqueix, esquinçall, estripall, pelleringo*
jokey m. *joquei*
jocosidad f. *jocositat*
jocoso, -a adj. *jocós, festiu*
jofaina f. *ribella, rentamans, safa*
jolgorio m. *bulla, gresca, tabola*
jónico, -a adj. *jònic*
jonio, -a adj. *joni, jònic*
jornada f. *jornada*

jornal m. *jornal*
jornalero, -a m. y f. *jornaler*
joroba f. *gep, gepa*
jorobado, -a adj. *geperut, geput, corbo*
jorobar v. *empipar, emprenyar, xeringar*
jota f. *jota*
joven adj. *jove*
jovial adj. *jovial*
joya f. *joia, joiell*
joyería f. *joieria*
joyero m. *joier*
juanete m. *galindó*
jubilación f. *jubilació*
1) **jubilar** v. *jubilar*
2) **jubilar** adj. *jubilar*
jubileo m. *jubileu*
júbilo m. *alegria, goig, joia, gaubança*
jubiloso, -a adj. *gojós, joiós*
jubón m. *gipó*
judaico, -a adj. *judaic*
judaísmo m. *judaisme*
judaizar v. *judaïtzar*
judería f. *jueria, call*
judía f. *mongeta*
judicatura f. *judicatura*
judicial adj. *judicial*
judío, -a adj. *jueu*
juego m. *joc*
juerga f. *bauxa, tabola, xerinola, folga*
juerguista m. y f. *tabolaire, xerinolaire, folgós*
jueves m. *dijous* / **no es nada del otro —** *no és res de l'altre món*
juez m. *jutge*
jueza f. *jutgessa*
jugada f. *jugada*
jugador, -a adj. *jugador*
jugar v. *jugar*
jugarreta f. *mala jugada*
juglar m. *joglar* / **— popular** *glosador*
juglaresa f. *joglaressa*

jugo m. *suc, llecor* / **— de fruta** *suc de fruita*
jugoso, -a adj. *sucós, llecorós*
juguete m. *jugueta, joguina, juguet*
juguetón, -ona adj. *ajogassat, enjogassat, juganer, jugueta*
juicio m. *judici, juí //* (seso, cordura) *seny*
juicioso, -a adj. *assenyat*
julio m. *juliol, juriol*
jumento m. *ase, ruc, burro*
junco m. *jonc, jonquera*
jungla f. *jungla*
junio m. *juny*
junta f. *junta*
juntar v. *ajuntar, unir, ajustar*
junto, -a adj. *junt, plegat // —* **a** *vora, devora, suvora, ran de, tocant a*
juntura f. *juntura, junta, junt*
jura f. *jurament*
jurado, -a adj. y m. *jurat*
juramentar v. *juramentar*
juramento m. *jurament*
jurar v. *jurar // malparlar, renegar, flastomar*
jurásico, -a adj. *juràssic*
jurídico, -a adj. *jurídic*
jurisconsulto m. *jurisconsult*
jurisdicción f. *jurisdicció*
jurisprudencia f. *jurisprudència*
jurista m. y f. *jurista*
justa f. *justa, junta*
justeza f. *justesa*
justicia f. *justícia*
justiciero, -a adj. *justicier*
justificación f. *justificació*
justificar v. *justificar*
justo, -a adj. *just*
juvenil adj. *juvenil, jovenívol*
juventud f. *joventut, jovenesa*
juzgado m. *jutjat*
juzgar v. *judicar, jutjar*

K

káiser m. *kàiser*
kantismo m. *kantisme*
kilo m. *quilo*
kilogramo m. *quilogram*
kilómetro m. *quilòmetre*

kilovatio m. *quilovat*
kiosco m. *quiosc*
kirsch m. *kirsch*
krausismo m. *krausisme*

L

1) **la** f. art (ante consonante) *la*, (ante vocal) *l'*
2) **la** (nota musical) *la*
laberíntico, -a adj. *laberíntic*
laberinto m. *laberint*
labiada f. *labiada*
labial adj. *labial*
labio m. *llavi, morro*
labiodental adj. *labiodental*
labor f. *tasca, feina // labor // obratge*
laborable adj. *feiner, fener, laborable*
laborar v. *laborar*
laboratorio m. *laboratori*
laboriosidad f. *laboriositat, feineria, feneria*
laborioso, -a adj. *laboriós*
labrador, -a m. y f. *llaurador // pagès, terrassà, conrador*
labrantío, -a adj. *conradís*
labranza f. *llaurança, llauró, conreu, conror*
labrar v. *obrar, afaiçonar // conrar, conrear, cultivar // llaurar // tallar, tallantar, llavorar // bastir, edificar*
labriego, -a adj. *llaurador, pagès, terrassà, conrador*
laca f. *laca*
lacayo m. *lacai*
lacedemonio, -a m. y f. *lacedemoni*
lacerar v. *lacerar*
lacero m. *llacer*
lacértido m. *lacèrtid*
lacio, -a adj. *flàccid, fluix, pansit, llis*
lacónico, -a adj. *lacònic*
laconismo m. *laconisme*
lacra f. *buranya, xacra, tara // ròssec*
lacrar v. *lacrar*
lacre m. *lacre*
lacrimal adj. *lacrimal*
lactación f. *lactació, lactància*
lactancia f. *lactació, lactància*
lactar v. *lactar, alletar // mamar*
lácteo, -a adj. *lacti, lletós, lactari*
láctico, -a adj. *làctic*
lactosa f. *lactosa*
lacustre adj. *lacustre*
ladear v. *decantar, tòrcer, esbiaixar*

ladeo m. *decantament, biaix*
ladera f. *coster, vessant, galta, galter*
ladilla f. *lladella, gadella, cabra*
ladino, -a adj. *murri, astut, sagaç*
lado m. *costat, banda // a uno y otro — a banda i banda, a cada costat // al — al costat, a la vora, devora // a este — aquí deçà // al otro — allà deçà, allà dellà*
ladrar v. *lladrar*
ladrido m. *lladr, llat, lladruc*
ladrillero, -a adj. *rajoler*
ladrillo m. *rajola, rajol, maó, totxo*
ladrón, -ona adj. *lladre, lladregot, robador*
lagar m. *cup, fonyador // trull, almàssera*
lagartija f. *sargantana*
lagarto, -a m. y f. *llangardaix, lluert, fardatxo*
lago m. *llac*
lágrima f. *llàgrima*
lagrimal adj. *llagrimal // m. llagrimer*
lagrimear v. *llagrimejar*
lagrimeo m. *llagrimeig*
lagrimoso, -a adj. *llagrimós*
laguna f. *llacuna, estany*
laicismo m. *laïcisme*
laico, -a adj. *laic*
1) **lama** f. *llot, llim, llimac*
2) **lama** f. *lama*
lamedor, -a adj. *llepador, llepaire, llepa*
lamedura f. *llepadura, llepada / pl. llepaines, llepalles, llepies*
lamentable adj. *lamentable, llamentable*
lamentación f. *lamentació, llamentació*
lamentar v. *lamentar, llamentar / rfl. llamentar-se, plànyer-se, doldre's*
lamento m. *lament, llament, plany*
lamer v. *llepar*
lámina f. *làmina*
laminado, -a adj. *laminat // m. laminatge*
laminar v. *laminar*
lámpara f. *llum, làmpada, llàntia // pera, bombeta // llàntia, llanterna*
lamparón m. *llantó // llàntia, llanterna, taca*
lampiño, -a adj. *mec, barbamec*
lampista m. y f. *llauner // llanterner*

lampuga f. *llampuga*
lana f. *llana*
lanar adj. *llaner, de llana*
lance m. *tirada, llançament // cala, xarxada // feta, cas // topada, baralla, brega // — de honor duel, desafiament // de — venturer, d'ocasió*
lanceolado, -a adj. *lanceolat*
lancero m. *llancer*
lanceta f. *llanceta*
lancinante adj. *lancinant*
lancha f. *llosa, llivanya // llanxa, llenxa*
landa f. *landa*
landó m. *landó*
lanería f. *llaneria*
lanero, -a adj. *llaner*
langosta f. *llagosta*
langostino m. *llagostí*
languedociano, -a adj. *llenguaocià*
languidecer v. *llanguir, estlanguir-se, decandir-se*
languidez f. *languidesa, llanguiment, llangor, decandiment*
lánguido, -a adj. *lànguid, llangorós, decandit*
lanoso, -a adj. *llanós, llanut*
lanudo, -a adj. *llanut*
lanuginoso, -a adj. *lanuginós*
lanza f. *llança // romper una — prendre les messions*
lanzada f. *llançada*
lanzadera f. *llançadora*
lanzamiento m. *llançament*
lanzar v. *llançar, tirar, engegar // rfl. llançar-se, tirar-se, afuar-se, deixar-se anar*
laña f. *gafa, lligada*
lañar v. *cordar, lligar*
lapa f. *pegellida, patellida*
lapicero m. *llapissera, portallapis*
lápida f. *làpida*
lapidar v. *lapidar, apedregar*
lapidario, -a adj. *lapidari*
lapislázuli m. *lapislàtzuli*
lápiz m. *llapis*
lapón, -ona m. y f. *lapó*
lapso m. *lapse*
lapsus m. *lapsus*
lar m. *llar, fogar // pl. lars*
lardero, -a adj. *llarder*
lardo m. *greix, saïm, sèu, llard*
largar v. *amollar, afluixar // allargar // rfl. anar-se'n, envelar-li, tocar el dos*
largas f. pl. *allargs, allargues*
largo, -a adj. *llarg // m. llargada, llargària // m. (movimiento musical) largo // a lo — al llarg // a la larga a la llarga // — y*

tendido *llargament // ¡largo! arruix!, fora!*
larguero m. *muntant, cuixera*
largueza f. *llarguesa*
larguirucho, -a adj. *llargarut, llaringa, llarguimany*
largura f. *llargada, llargària*
laringe f. *laringe*
laríngeo, -a adj. *laringi*
laringitis f. *laringitis*
larva f. *larva*
larvado, -a adj. *larvat*
las art. y pron. *les*
lasca f. *esquerda, estella, resquill*
lascivia f. *lascívia*
lascivo, -a adj. *lasciu*
lasitud f. *lassitud*
lástima f. *llàstima*
lastimar v. *fer mal, malmetre // doldre's, llamentar-se*
lastimero, -a adj. *planyívol*
lastimoso, -a adj. *llastimós*
lastre m. *llast, sorra*
1) **lata** f. (viga) *llata*
2) **lata** f. (envase) *llauna, llanda*
3) **lata** f. (discurso largo) *lata, llanda, tabarra, llauna, murga*
latente adj. *latent*
lateral adj. *lateral*
latido m. *batec, bat, batut, palpitació*
latifundio m. *latifundi*
latigazo m. *fuetada, cimada, cinglada*
látigo m. *fuet, cinglador, escorretges*
latín m. *llatí*
latinajo m. *llatinada, llatinòrum*
latinista m. y f. *llatinista*
latinizar v. *llatinitzar*
latino, -a adj. *llatí*
latir v. *bategar, batre, palpitar*
latitud f. *latitud*
lato, -a adj. *lat*
latón m. *llautó*
latoso, -a adj. *latós, llaunós, llandós, tabarrut*
latría f. *latria*
latrocinio m. *lladronici, robatòrum, robatori*
laúd m. *llaüt*
laudable adj. *laudable, lloable*
láudano m. *làudanum*
laudatorio, -a adj. *laudatori*
laudes f. pl. *laudes*
laurear v. *llorejar*
laurel m. *llorer, llor*
lauro m. *llorer, premi, glòria del triumf*
lava f. *lava*
lavabo m. *lavabo*
lavadero m. *rentador, bugaderia*

lavamanos m. *pica, lavabo, rentamans*
lavandera f. *rentadora, llavanera, bugadera*
lavándula f. *espígol*
lavaplatos m. *escuraplats, rentaplats*
lavar v. *rentar, fer net*
lavativa f. *lavativa*
lavatorio m. *lavatori*
laxación f. *laxació*
laxante m. *laxant*
laxar v. *laxar*
laxitud f. *laxitud, fluixedat*
laxo, -a adj. *lax, fluix, refluixat*
layar v. *fangar*
lazada f. *baga, llaçada*
lazareto m. *llatzeret*
lazarillo m. *pigall*
lazo m. *floc, llaçada // llaç, lligam, vincle*
leal adj. *lleial*
lealtad f. *lleialtat*
lebeche m. *llebeig, garbí*
lebrel m. *llebrer, coniller*
lección f. *lliçó*
lectivo, -a adj. *lectiu*
lector, -a adj. *lector, llegidor*
lectura f. *lectura, llegida*
lechada f. *lletada, abeurada, lletrerada*
lechal adj. *de llet*
leche f. *llet*
lechera f. *lletera*
lechería f. *lleteria*
lechero, -a adj. *lleter*
lechetrezna f. *lleterola, lletrera*
lechigada f. *ventrada, novellada*
lecho m. *llit, jaç // jaç, sostre // (de río) llit, caixer*
lechón m. *porcell, gorrí*
lechona f. *porcella, garrina*
lechoso, -a adj. *lletós*
lechuga f. *lletuga, enciam*
lechuguino m. *pixaví, presumit*
lechuza f. *òliba, olibassa // xibeca*
leer v. *llegir*
legación f. *legació*
legado m. *deixa, llegat // (persona que representa a otra) legat*
legajo m. *lligall*
legal adj. *legal*
legalidad f. *legalitat*
legalizar v. *legalitzar*
legaña f. *lleganya, peganya*
legañoso, -a adj. *lleganyós, peganyós*
legar v. *llegar, deixar*
legendario, -a adj. *llegendari*
legible adj. *llegible*
legión f. *legió*
legionario m. *legionari*

legislación f. *legislación*
legislar v. *legislar*
legislativo, -a adj. *legislatiu*
legislatura f. *legislatura*
legítima f. *llegítima*
legitimar v. *legitimar*
legitimidad f. *legitimitat*
legítimo, -a adj. *legítim, llegítim*
lego, -a adj. *llec*
legua f. *llegua*
leguleyo m. *advocat, missèr*
legumbre f. *llegum*
leguminoso, -a adj. *lleguminós*
leíble adj. *llegible*
leído, -a adj. *lletrut, lletraferit*
lejanía f. *llunyania, llunyedar*
lejano, -a adj. *llunyà, llunyedà*
lejía f. *lleixiu, lleixivet*
lejos adv. *lluny, enfora / a lo — a la llunyania, allà lluny, allà enfora*
lelo, -a adj. *bajà, beneit, betzol, ximplet*
lema m. *lema*
lemosín, -ina adj. *llemosí*
lencería f. *llenceria*
lengua f. *llengua*
lenguado m. *llenguado, palaia*
lenguaje m. *llenguatge, parla, parlar*
lenguaraz adj. *llenguerut, llenguallarg, malparlat*
lengüeta f. *llengüeta*
lenidad f. *lenitat*
lenitivo, -a adj. *lenitiu*
lente f. *lent // m. pl. ulleres*
lenteja f. *llentilla, llentia*
lentejuela f. *platalló, lluneta*
lenticular adj. *lenticular*
lentilla f. *llentilla*
lentisco m. *llentrisca*
lentitud f. *lentitud*
lento, -a adj. *lent*
leña f. *llenya // llenya, bastó, llendera, ventim, branca*
leñador m. *llenyater, llenyataire*
leñera f. *llenyer, llenyera*
leño m. *tronc, soca // fusta, llenya // lleny, nau, vaixell // toix, talòs, carabassa, ruc,*
leñoso, -a adj. *llenyós*
Leo m. *Lleó, Leo*
león m. *lleó*
leona f. *lleona, lleonessa*
leonado, -a adj. *lleonat*
leonera f. *lleonera // xibiu // merder, lleonera*
leonés, -esa m. y f. *lleonès*
leonino, -a adj. *lleoní, lleonenc*
leopardo m. *lleopard*

lepidóptero, -a adj. *lepidòpter*
lepra f. *lepra, llebrosia*
leproso, -a adj. *leprós, llebrós, llatzerós*
lerdo, -a adj. *feixuc, paupa* // *curt, espès, talòs*
leridano, -a m. y f. *lleidatà*
lesbianismo m. *lesbianisme*
lesión f. *lesió*
lesionar v. *lesionar*
leso, -a adj. *les* / *lesa majestad lesa majestat*
letal adj. *letal*
letanía f. *lletania*
letárgico, -a adj. *letàrgic*
letargo m. *letarg, letargia*
letra f. *lletra*
letrado, -a adj. *lletraferit, lletrut* // m. *advocat, missèr, lletrat*
letrero m. *ròtul, rètol*
letrina f. *latrina*
leucemia f. *leucèmia*
leucocito m. *leucòcit*
leudarse v. *tovar, estovar*
leudo, -a adj. *tou, tovat*
leva f. *lleva*
levadizo, -a adj. *llevadís*
levadura f. *llevat, lleute, rent*
levantamiento m. *aixec, aixecada, aixecament, alçament*
levantar v. *alçar, aixecar* // *adreçar, dreçar* // *bastir, alçar, construir, edificar* // rfl. (salir de la cama) *llevar-se, aixecar-se* // (sublevarse) *alçar-se, aixecar-se*
levante m. *llevant, solixent*
levantino, -a adj. *llevantí*
levantisco, -a adj. *turbulent, indòcil*
levar v. *salpar*
leve adj. *lleu, lleuger*
levita m. y f. *levita*
léxico m. *lèxic*
lexicografía f. *lexicografia*
lexicología f. *lexixologia*
ley f. *llei*
leyenda f. *llegenda*
lezna f. *alena*
liana f. *liana*
liar v. *embolicar* // *embullar, envitricollar*
libación f. *libació*
libanés, -esa m. y f. *libanès*
libar v. *libar*
libelo m. *libel, pamflet*
libélula f. *libèl·lula*
liberación f. *liberació, alliberació, alliberament*
liberal adj. *liberal*
liberalismo m. *liberalisme*

liberalizar v. *liberalitzar*
liberar v. *liberar, alliberar*
libertad f. *llibertat*
libertador, -a adj. *alliberador, llibertador, deslliurador*
libertar v. *alliberar, llibertar, deslliurar*
libertinaje m. *llibertinatge*
libertino, -a adj. *llibertí*
liberto, -a adj. *llibert*
libidinoso, -a adj. *libidinós*
libido f. *libido*
libio, -a m. y f. *libi*
libra f. *lliura*
libramiento m. *lliurament*
librar v. *deslliurar, alliberar* // (expedir) *lliurar* // *parir, deslliurar* // rfl. *alliberar-se, deslliurar-se, desempallegar-se*
libre adj. *lliure, llibert, desllibert*
librea f. *lliurea*
librecambista adj. *lliurecanvista*
librería f. *llibreria, llibreteria*
librero, -a m. y f. *llibreter*
libreta f. *llibreta*
libreto m. *llibret*
librillo m. *llibret*
libro m. *llibre*
licencia f. *llicència*
licenciado, -a adj. *llicenciat*
licenciar v. *llicenciar*
licenciatura f. *llicenciatura*
licencioso, -a adj. *llicenciós*
liceo m. *liceu*
licitar v. *licitar*
lícito, -a adj. *lícit*
licitud f. *licitud*
licor m. *licor*
licuación f. *liquació*
licuar v. *liquar*
licuefacción f. *liqüefacció*
lid f. *lluita*
líder m. *líder*
lidia f. *lluita, brega* / (toreo) *toreig, torejament*
lidiar v. *lluitar, bregar* / *torejar*
liebre f. *llebre*
lienzo m. *llenç, tela, drap* // (de pared) *pany* // (de pintura) *tela*
liga f. *trobiguera* // *lliga, aliança*
ligada f. *lligada*
ligadura f. *lligadura, lligam, lligament, fermall*
ligamento m. *lligament*
ligamiento m. *lligament*
ligar v. *lligar, fermar* // *lligar, aliar*
ligereza f. *lleugeresa*
ligero, -a adj. *lleuger, lleu, falaguer*

lignito m. *lignit*
lila m. (planta) *lila, lilà //* (color) *lila //* adj. (tonto) *beneit, babau, betzol*
liliáceo, -a adj. *liliaci*
liliputiense adj. *lil·liputenc*
1) **lima** f. (fruto) *llima*
2) **lima** f. (herramienta) *llima*
limaco m. *llimac*
limar v. *llimar*
limazoso, -a adj. *llemiscós*
limbo m. *llimbs //* orla, vora
limícola adj. *limícola*
liminar adj. *liminar*
limitación f. *limitació*
limitar v. *limitar*
límite m. *limit, terme*
limítrofe adj. *limítrof, termener*
limo m. *llim*
limón m. *llimona, llimó, llima*
limonada f. *llimonada*
limonero m. *llimoner, llimonera*
limosna f. *almoina, captiri, caritat*
limosnero, -a adj. *almoiner*
limpiabotas m. *enllustrador, enllustrabotes*
limpiar v. *netejar, fer net / adesar / escurar / (frotando) torcar / (el pescado) escatar / espolsar, esterrejar*
limpidez f. *limpidesa*
límpido, -a adj. *límpid*
limpieza f. *netedat // neteja / adesada, dissabte*
limpio, -a adj. *net, curiós /* **sacar en —** *treure en net, treure trellat*
linaje m. *llinatge, nissaga, progènie*
linajudo, -a adj. *de bona nissaga*
linaza f. *llinosa /* **aceite de —** *oli de lli*
lince m. *linx, gat cerval, llop cerver //* espaseta / **ser un —** *esser molt viu*
linchamiento m. *linxament*
linchar v. *linxar*
lindante adj. *fronterís, termener, contigu*
lindar v. *confrontar, termenejar, fer partió*
linde m. o f. *límit, terme, termenal, partió*
lindeza f. *garridesa, polidor, boniquesa, galania*
lindo, -a adj. *garrit, polit, bonic, bufó, xamós, galanxó*
línea f. *línia, ratlla, retxa, carrer*
lineal adj. *lineal*
linear adj. *linear*
linfa f. *limfa*
linfático, -a adj. *limfàtic*
lingote m. *lingot*
lingual adj. *lingual*
lingüista m. y f. *lingüista*
lingüístico, -a adj. *lingüístic*

linimento m. *liniment*
lino m. *lli, llinet*
linóleo m. *linòleum*
linotipia f. *linotípia*
linotipista m. y f. *linotipista*
linterna f. *llanterna, fanal*
lío m. *bolic, embolic, farcell //* bugat, bullit *embull, garbuix, batibull, embolic*
lioso, -a adj. *embolicador, embolicaire, embullós //* embullat, embolicat
lipotimia f. *lipotímia*
liquen m. *liquen*
liquidación f. *liquidació*
liquidar v. *liquidar*
líquido, -a adj. *líquid*
lira f. *lira*
lírico, -a adj. *líric*
lirio m. *lliri*
lirismo m. *lirisme*
lirón m. *liró*
lis m. *lis*
lisboeta m. y f. *lisbonès, lisbonenc*
lisiado, -a adj. *baldat, contrafet, esguerrat, afollat*
liso, -a adj. *llis*
lisonjear v. *llagotejar, afalagar*
lisonjero, -a adj. *llagoter, afalagar*
lista f. *llenca //* llista / **pasar —** *passar llista*
listado, -a adj. *llistat, virat, vionat*
listo, -a adj. *llest, etxerevit, eixerit*
listón m. *llistó*
lisura f. *llisor*
litera f. *llitera*
literal adj. *literal*
literario, -a adj. *literari*
literato, -a m. y f. *literat*
literatura f. *literatura*
litigante adj. *litigant*
litigar v. *litigar*
litigio m. *litigi*
litigioso, -a adj. *litigiós*
litio m. *liti*
litografía f. *litografia*
litografiar v. *litografiar*
litógrafo m. *litògraf*
litoral adj. *litoral*
litosfera f. *litosfera*
litro m. *litre*
lituano, -a m. y f. *lituà*
liturgia f. *litúrgia*
litúrgico, -a adj. *litúrgic*
liviandad f. *lleugeresa*
liviano, -a adj. *lleuger*
lividez f. *lividesa*
lívido, -a adj. *lívid, moradenc*
1) **liza** f. *lliça, reng //* (lid) *lliça*

liza   384

2) **liza** f. (pez) *llissa*
lo (pron. personal masculino) *lo, le* //
  (pron. neutro de tercera persona) *ho* //
  (artículo) *el, lo*
loa f. *llaor, lloança, alabança*
loable adj. *lloable, laudable*
loanza f. *lloança*
loar v. *lloar, alabar*
loba f. *lloba*
lobanillo m. *llúpia*
lobarro m. (pez) *llobarro*
lobato m. *llobet, llobató*
lobezno m. (V. **lobato**)
lobo m. *llop*
lóbrego, -a adj. *llòbrec, fosc*
lobreguez f. *llobreguesa, fosca, fosquedat, foscor*
lobulado, -a adj. *lobulat*
lóbulo m. *lòbul*
local adj. *local*
localidad f. *localitat*
localizar v. *localitzar*
loción f. *loció*
loco, -a adj. *boig, foll, orat* // *boiet, guillat, sonat, tocat del boll* // *fora mida, desme-surat* // *— de atar fermador*
locomoción f. *locomoció*
locomotor, -a adj. *locomotor*
locuacidad f. *loquacitat*
locuaz adj. *loquaç*
locución f. *locució*
locura f. *follia, bogeria, oradura, demència*
locutor, -a m. y f. *locutor*
locutorio m. *locutori*
lodazal m. *fangar, fanguissar, fanguer*
lodo m. *llot, fang, tarquim*
logaritmo m. *logaritme*
logia f. *lògia*
lógica f. *lògica*
logico, -a m. y f. *lògic*
lograr v. *aconseguir, conseguir, assolir*
loma f. *serrat, tossal, turó*
lombarda f. *bombarda* // *col vermella*
lombriz f. *cuc*
lomo m. *lloms, llomada* // *llom*
lona f. *lona*
loncha f. *llonza, llenca, penca*
londinense m. y f. *londinenc*
longanimidad f. *longanimitat*
longaniza f. *llonganissa*
longevidad f. *longevitat*
longevo, -a adj. *ancià, antic de dies*
longitud f. *longitud, llargària*
longitudinal adj. *longitudinal*
1) **lonja** f. *llonza, llenca*
2) **lonja** f. *llotja*

lontananza f. *entrelluu, entrellum, llunye-dar* // **en** *— a la llunyania, allà lluny*
loor m. *llaor, lloança, alabança*
loquear v. *follejar, fer bogeries, capbuitejar*
loquero m. *guardià de boigs*
loriga f. *lloriga, cuirassa*
loro m. *lloro*
los m. pl. (artículo) *els, es, ets* // (pron. personal) *els, los, 'ls*
losa f. *llosa, llosana, llamborda*
lote m. *lot*
lotería f. *loteria*
lotero, -a m. y f. *loter*
loto m. *lotus*
loza f. *terrissa fina, pisa, obra de pisa*
lozanía f. *esponera, ufanor* // *bona planta, gallardia*
lozano, -a adj. *esponerós, ufanós*
lubina f. *llobarro, llop, llobina*
lubricar v. *lubricar*
lúbrico, -a adj. *lúbric*
lubrificación f. *lubrificació*
lubrificar v. *lubrificar*
lucero m. *estrella, estel, astre* / *— de la ma-ñana* o **del alba** *estel del matí, estrella de l'alba*
lucidez f. *lucidesa*
lucido, -a adj. *lluït*
lúcido, -a adj. *lúcid*
luciente adj. *lluent, brillant, resplendent*
luciérnaga f. *lluerna, cuca de llum*
lucífugo, -a adj. *lucífug*
lucimiento m. *lluïment*
lucir v. intr. *lluir, brillar, lluentejar, resplen-dir* // tr. *lluir* // rfl. *lluir-se*
lucrar v. *lucrar, guanyar*
lucrativo, -a adj. *lucratiu*
lucro m. *lucre, guany*
luctuoso, -a adj. *luctuós*
lucha f. *lluita*
luchador, -a adj. *lluitador*
luchar v. *lluitar*
luego adv. *tot seguit, totd'una* // *ilavores, llavors* // *suara* // *doncs, idò, per tant* // **hasta** *— a reveure, fins després* // **desde** *— és clar, prou, naturalment, ben segur, sens dubte, no cal dir-ho*
lugar m. *lloc* // *poblet, vileta, llogaret* // **en** *— de en lloc de, en comptes de, en tost de* // **tener** *— succeir, esdevenir-se, ocór-rer, produir-se, celebrar-se*
lugareño, -a adj. *viletà, vilà, pagès*
lugarteniente m. *lloctinent, portantveus*
lúgubre adj. *lúgubre*
lujo m. *luxe*
lujoso, -a adj. *luxós*

luz

lujuria f. *luxúria*
lujurioso, -a adj. *luxuriós*
luliano, -a adj. *lul·lià*
lulismo m. *lul·lisme*
lumbago m. *lumbago*
lumbar adj. *lumbar*
lumbre f. *llum // foc // lluentor*
lumbrera f. *llumenar, luminar // llumener // lluerna*
luminaria f. *lluminària, encesa /* pl. *alimares*
lumínico, -a adj. *lumínic*
luminoso, -a adj. *lluminós*
luna f. *lluna*
lunar adj. (propio de la luna) *lunar //* m. (mancha de la piel) *senyal, piga*
lunático, -a adj. *llunàtic*
lunes m. *dilluns*

lupa f. *lupa*
lupia f. *llúpia*
lusitano, -a adj. *lusità*
lustrar v. *llustrar*
lustrina f. *llustrina*
lustro m. *lustre*
lustroso, -a adj. *llustrós, lluent*
luteranismo m. *luteranisme*
luterano, -a adj. *luterà*
luto m. *dol*
luxación adj. *luxació*
luxemburgués, -esa m. y f. *luxemburguès*
luz f. (energía óptica) *llum* (f.) // (utensilio o aparato para alumbrar) *llum* (m.) //**dar** — *fer llum //* **dar a** — *donar a llum, infantar. parir //* **a todas luces** *ben clarament, de tota manera, es miri com es miri*

LL

llaga f. *nafra, úlcera*
llagar v. *nafrar*
1) llama f. *flama, flam, flamarada*
2) llama f. (mamífero) *llama*
llamada f. *cridada, crida*
llamamiento m. *cridament, cridada, crida*
llamar v. *cridar // anomenar, dir //* rfl. *anomenar-se, dir-se, nòmer // demanar, cridar // picar, tocar, trucar, tustar*
llamarada f. *flamarada, flamada, foguerada*
llamativo, -a adj. *cridaner // atractiu*
llameante adj. *flamejant*
llamear v. *flamejar*
llaneza f. *senzillesa, simplicitat*
llano, -a adj. *pla // planer //* m. *pla, plana, planura*
llanta f. *llanda, llanta, cércol*
llanto m. *plant, plor, ploralla*
llanura f. *plana, planícia, planura, planúria*
llave f. *clau //* ama de llaves *majordona*
llavero m. *clauer, clavari // clauer, portaclaus*
llavín m. *clauí, clauó*

llegada f. *arribada*
llegar v. *arribar*
llenar v. *òmplir*
lleno, -a adj. *ple*
llenura f. *plenitud*
llevadero, -a adj. *suportable, sofridor, tolerable, passador*
llevar v. *dur, portar // menar // llevar, produir // suportar, sofrir, tolerar //* rfl. *endur-se, emportar-se, emmenar-se*
llorar v. *plorar, bramar, belar /* ganas de — *plorera, bramera*
lloriquear v. *plorinyar, ploramiquejar, somicar*
lloro m. *plor, plant, ploralla*
llorón, -ona adj. *plorador, ploraner*
lloroso, -a adj. *plorós, plorallós, somicós*
llover v. *ploure*
llovizna f. *plugina, brusca*
lloviznar v. *ploviscar, brusquejar*
lluvia f. *pluja, ploguda /* — favorable *saó /* resguardar de la — *soplujar*
lluvioso, -a adj. *plujós, plover, plujà*

M

macabro, -a adj. *macabre*
macaco m. *macaco*
macarrón m. *macarró*
macarrónico, -a adj. *macarrònic*
maceración f. *maceració*
macerar v. *macerar, maurar*
macero m. *macer*
maceta f. *cossiol, test, gerro de flors, pitxer*
macilento, -a adj. *macilent, allanguit, clemis*
macizo, -a adj. *massís* // m. (de jardín) *pastereta, pastera*
macrocéfalo, -a adj. *macrocèfal*
macrocito m. *macrocit*
macrómetro m. *macròmetre*
macruro, -a adj. *macrur*
mácula f. *màcula, taca*
macular v. *macular, tacar*
machacar v. *picar, maçolar, piconar, mallar* // *picar, esmicolar* // *prémer, donar pitja, donar matraca, burxar*
machacón, -ona adj. *enutjós, enfadós, burxeta*
machete m. *matxet, baioneta*
machihembrar v. *encadellar, emboetar*
macho m. *mascle, masclí* // *mul* // — cabrío *boc*
machote m. *masclot*
machucar v. *picar, maçolar, piconar* // *masegar, mastegar*
madeja f. *ram, troca* // *mota de cabells* // *cucamolla, mòpia*
madera f. *fusta, fust, llenya*
maderaje m. *fustam, fustatge*
madero m. *fusta, biga, llenyam* // *capclòs, tutup, tros de banc*
madona f. *madona*
madrastra f. *madrastra*
madraza f. *marassa, maregassa*
madre f. *mare*
madreperla f. *mareperla*
madrépora f. *madrèpora*
madreselva f. *mare-selva, lligabosc, gavarrera, rotaboc, xuclamel*
madrigal m. *madrigal*
madriguera f. *lloriguera, cau*

madrileño, -a m. y f. *madrileny*
madrina f. *padrina*
madrinazgo m. *padrinatge*
madroño m. (arbusto) *arboç, arbocer, arbocera* // (fruto) *arboça, cirera d'arboç*
madrugada f. *matinada*
madrugador, -a adj. *matiner, dematiner, matinejador*
madrugar v. *matinejar, matinar*
madrugón, -ona adj. *matiner, dematiner* // m. *dematinada, matinejada*
madurar v. *madurar, granar*
madurez f. *maduresa*
maduro, -a adj. *madur, granat*
maestranza f. *mestrança*
maestrazgo m. *mestrat*
maestre m. *mestre*
maestría f. *mestria, mestratge, mestrança*
maestro, -a m. y f. *mestre*
magenta f. *magenta*
magia f. *màgia*
mágico, -a adj. *màgic*
magín m. *magí, imaginació*
magisterio m. *magisteri, mestratge*
magistrado m. *magistrat*
magistral adj. *magistral*
magistratura f. *magistratura*
magma m. *magma*
magnánimo, -a adj. *magnànim*
magnate m. *magnat*
magnesia f. *magnèsia*
magnesio m. *magnesi*
magnético, -a adj. *magnètic*
magnetismo m. *magnetisme*
magnetizar v. *magnetitzar*
magnetófono m. *magnetòfon*
magnificar v. *magnificar*
magnificencia f. *magnificència*
magnífico, -a adj. *magnífic*
magnitud f. *magnitud*
magno, -a adj. *magne*
magnolia f. *magnòlia*
mago, -a m. y f. *mag, màgic, magià*
magro, -a adj. *magre*
magulladura f. *macadura, cop*

magullamiento m. *copejament, masegament*
magullar v. *copejar, masegar, macar*
mahometano, -a adj. *mahometà*
mahometismo m. *mahometisme*
mahonés, -esa m. y f. *maonès*
maitines m. pl. *matines*
maíz m. *blat de les Índies, blatdindi, blat de moro, dacsa, moresc, panís*
maizal m. *blatdemorar, dacsar, morescar, panissar*
majadería f. *doi, bestiesa, beneitura, ximpleria, bajanada*
majadero, -a adj. *doiut, betzol, ximple, beneitot*
majestad f. *majestat*
mejestuoso, -a adj. *majestuós*
majo, -a adj. *presumptuós, bravejador //* endiumenjat, empolainat // bell, garrit, polit*
mal (apócope del adj. malo) *mal //* m. *mal //* adv. *mal* (ante el verbo); *malament* (después del verbo) // **menos** — *rai, valga //* **de** — **en peor** *cada vegada pitjor //* — **que bien** *bé o malament*
malabar adj. *malabar*
malabarismo m. *malabarisme*
malaconsejar v. *malaconsellar*
malacostumbrar v. *malacostumar*
malagueño, -a m. y f. *malagueny*
malaquita f. *malaquita*
malaria f. *malària*
malavenido, -a adj. *malavingut*
malaventura f. *malaventura, malaurança*
malaventurado, -a adj. *malaventurat, malaurat*
malayo, -a adj. *malai*
malbaratar v. *malbaratar, dilapidar, dissipar*
malcarado, -a adj. *malcarat, malacarós*
malcriado, -a adj. *malcriat*
malcriar v. *malcriar*
maldad f. *maldat, dolentia, malacriança*
maldecir v. *maleir, flastomar //* maldir, bescantar*
maldiciente adj. *maldient, maleïdor, flastomador*
maldición f. *maledicció, flastomia, renec*
maldito, -a adj. *maleït*
maleabilidad f. *mal·leabilitat*
maleable adj. *mal·leable*
maleante adj. *malobrant*
malear v. *malejar, fer malbé*
malecón m. *riba, muralleta*
maledicencia f. *maledicència, maldiença*
maleficiar v. *maleficiar*
maleficio m. *malefici*
maléfico, -a adj. *malèfic*

malentendido m. *malentès*
malestar m. *malestar*
maleta f. *maleta*
maletero m. *maleter*
maletín m. *maletí*
malevolencia f. *malevolència, malvolença*
malévolo, -a adj. *malèvol, malvolent*
maleza f. *brossa, brusca, sotabosc*
malgastar v. *malgastar, tudar, balafiar*
malhablado, -a adj. *malparlat, mal-llenguat*
malhechor, -a adj. *malfactor, malefactor*
malherir v. *malferir*
malhumorado, -a adj. *malhumorat*
malicia f. *malícia*
maliciar v. *maliciar, malpensar*
malicioso, -a adj. *maliciós, malpensat*
malignidad f. *malignitat*
maligno, -a adj. *maligne*
malintencionado, -a adj. *malintencionat*
malmirar v. *malmirar*
malo, -a adj. *mal* (ante el nombre), *dolent* (detrás del nombre), *xerec*
malogrado, -a adj. *malaguanyat*
malograr v. *afollar, deixar perdre, esbordellar, fer malbé*
malparado, -a adj. *malparat, malaparellat*
malparar v. *maltractar, malmetre*
malpensado, -a adj. *malpensat*
malquerencia f. *malvolença*
malquerer v. *malvoler*
malsano, -a adj. *malsà*
malsonante adj. *malsonant*
maltés, -esa m. y f. *maltès*
maltratar v. *maltractar, malmenar*
maltrato m. *maltracte, malmenament, malmenada*
maltrecho, -a adj. *malmenat, malparat, malaparellat*
malucho, -a adj. *malaltús, xerecó, xerequet*
malva f. *malva, mauva, vauma*
malvado, -a adj. *malvat, malànima*
malvasía f. *malvasia*
malvender v. *malvendre*
malversación f. *malversació*
malversar v. *malversar, malbaratar*
malvivir v. *malviure*
malla f. *malla*
mallorquín, -ina m. y f. *mallorquí*
mallot m. *mallot*
mama f. *mama, mamella, meta*
mamá f. *mamà, mama, mamai, mare*
mamador, -a adj. *mamador*
mamar v. *mamar*
mamarrachada f. *burotada, noningunada*
mamarracho m. *bunyol, burot, birria //* burot, noningú, torrapipes*

mameluco m. *mameluc*
mamífero m. *mamífer*
mamón, -ona adj. *mamador, xuclador //*
　m. *rebrot, rebrotís*
mamotreto m. *patracol*
mampara f. *mampara, batavent, paravent*
mamporro m. *cop, castanya, morma, ventall, nespla, magrana*
mampostería f. *pedra i morter, paredat*
mamut m. *mamut*
maná m. *mannà, manna, maina*
1) **manada** f. *manat*
2) **manada** f. *(de ganado) guarda, ramat*
manantial m. *font, fontanal, dèu, ullal, gorg*
manar v. *rajar, brollar*
manceba f. *xixisbea, barjaula, concubina*
mancebo m. *jovenet, jovencell // fadrí, mosso, macip*
manco, -a adj. *manc*
mancomunidad f. *mancomunitat*
mancha f. *taca / llàntia, llanterna //* (deshonra) *taca, màcula*
manchar v. *tacar, macular*
manda f. *deixa, llegat*
mandado m. *missatge, missatgeria, enviat*
mandamiento m. *manament*
mandar v. *manar // comandar // llegar, deixar // enviar, trametre*
mandarín m. *mandarí*
mandarina f. *mandarina*
mandatario, -a m. y f. *mandatari*
mandato m. *mandat*
mandíbula f. *mandíbula*
mando m. *poder, comandament, autoritat*
mandolina f. *mandolina*
mandón, -ona adj. *comandador, manador, manaire*
mandrágora f. *mandràgora*
mandril m. *mandril*
manejable adj. *manejable, manejadís*
manejar v. *manejar*
manejo m. *maneig // trafica, maniobra*
manera f. *manera / de cualquier — comsevulla, de qualsevol manera / de tal — talment*
manes m. pl. *manes*
manga f. *mànega, màniga*
manganeso m. *manganès*
mango m. *mànec*
mangonear v. *manifassejar, manyuclar*
manguera f. *mànega*
manía f. *mania // dèria, brusca, fal·lera // mania, tírria*
maniatar v. *lligar, fermar de mans, engrillonar, emmanillar*
maniático, -a adj. *maniàtic, maniós*

manicomio m. *manicomi*
manicura f. *manicura*
manido, -a adj. *manejat, manyuclat, rebregat, gastat, passat*
manifestación f. *manifestació*
manifestar v. *manifestar*
manifiesto, -a adj. *manifest*
maniobra f. *maniobra*
maniobrar v. *maniobrar*
manipulación f. *manipulació*
manipular v. *manipular*
maniqueo, -a adj. *maniqueu*
maniquí m. *maniquí*
manir v. *adobar, assaonar*
manirroto, -a adj. *malgastador, mans-foradades*
manivela f. *maneta, manubri*
manjar m. *menjar, menja*
mano f. *mà / a — a mà, avinent, a l'abast / a manos llenas en gran abundància, sense mirar prim / bajo — per sota mà / — sobre — mans fentes, amb les mans plegades / echar una — donar una maneta, donar un cop de mà / echar — recórrer, valer-se de / irse de la — desescar, caure de les mans / meter — agafar / venir a las manos envestir-se, atacar-se*
manojo m. *manoll, manat / pomell, ram, ramell / manyoc, munyoc, manoll, ramell*
manómetro m. *manòmetre*
manopla f. *manyopla*
manosear v. *manyuclar, palpejar, palpar, tocarejar*
manotada f. *manada, manotada, arpada*
manotazo m. (V. **manotada**)
manotear v. *pegar manades // manotejar, fer manades*
a mansalva adv. *a cop segur, sense perill*
mansedumbre f. *mansuetud, mansesa*
mansión f. *estaria, estada // estatge, habitatge, casa*
manso, -a adj. *manso, mansuet, mansoi, ximple*
manta f. *manta, flassada / a — a luf, a betzef / liarse la — a la cabeza tirar al dret, envestir*
mantear v. *mantejar, donar manta*
manteca f. *(de animales) saïm, sagí, llard, sèu //* (de leche) *mantega*
mantecada f. *mantegada*
mantecado m. *mantegat, gelat*
mantecoso, -a adj. *saïmós, saginós, llardós mantegós*
mantel m. *tovalles, estovalles*
mantelería f. *adreç de taula, joc de taula*
mantenedor m. *mantenedor, mantenidor*

mantener v. *mantenir*
mantenimiento m. *manteniment*
1) **manteo** m. (acto de mantear) *mantejament*
2) **manteo** m. (de clérigo) *capa, manteu*
mantequera f. *maneguera*
mantequilla f. *mantega*
mantilla f. *manta, mantellina* // pl. *bolquers, bolquim, menudall* // **estar en mantillas** *estar al començament, esser molt verd*
mantillo m. *femada, fem*
manto m. *mantell*
mantón m. *mocador d'abric, abrigall*
manual adj. *manual*
manubrio m. *manubri, maneta, mànec*
manufactura f. *manufactura*
manufacturar v. *manufacturar*
manumitir v. *manumetre, alliberar, emancipar*
manuscrito, -a adj. *manuscrit*
manutención f. *manutenció, manteniment*
manzana f. *poma, maçana* // (de casas) *illeta*
manzanar m. *pomar, pomerar, pomeral*
manzanilla f. (vino) *mançanilla* // (planta e infusión) *camamil·la, camamilla*
manzano m. *pomera, pomer*
maña f. *manya, traça, tranc*
mañana f. *matí, dematí* / **de** — *de matí* / **por la** — *dematí, al matí* // *demà* / **pasado** — *demà passat, passat demà, despusdemà*
mañero, -a adj. *astut*
maño, -a adj. *aragonès*
mañoso, -a adj. *manyós, trancós, traçut*
mapa m. *mapa*
mapamundi m. *mapamundi*
maqueta f. *maqueta*
maquiavélico, -a adj. *maquiavèlic*
maquiavelismo m. *maquiavelisme*
maquillaje m. *maquillatge*
maquillar v. *maquillar*
máquina f. *màquina*
maquinación f. *maquinació*
maquinar v. *maquinar*
maquinaria f. *maquinària*
maquinista m. y f. *maquinista*
mar m. y f. *mar* // **la** — (gran cantidad) *molt, a betzef, a luf, un fotral*
marabú m. *marabú*
maraña f. *brossa* // *embull, embullim, embolic* // (de cabellos) *revell*
marasmo m. *marasme*
maravedí m. *morabetí*
maravilla f. *meravella* // **a las mil maravillas**

de la millor manera, de primera bona / **de** — *meravellosament*
maravillar v. *meravellar*
maravilloso, -a adj. *meravellós*
marca f. *marca*
marcar v. *marcar*
marcialidad f. *marcialitat*
marciano, -a adj. *marcià*
marco m. (moneda) *marc* // (de cuadro) *marc, vasa* // (de puerta) *bastiment, bastimenta*
marcha f. *marxa* // *partença, partida* // **poner en** — *amollar, engegar* // **ponerse en** — *partir, començar a caminar*
marchante adj. *marxant, traficant*
marchar v. *caminar, anar* // *marxar* // (funcionar, anar, marxar* // rfl. *anar-se'n, partir*
marchitar v. *emmusteir, marcir, pansir*
marchito, -a adj. *emmusteït, musti, marcit, pansit*
marea f. *marea* // *marinada*
marear v. *governar* / **carta de** — *carta de navegar* / **aguja de** — *brúixola* // *marejar* / rfl. *marejar-se*
marejada f. *maror, tràngol, marassa, maregassa*
maremágnum m. *maremàgnum*
mareo m. *mareig, marejada*
marfil m. *vori, ivori, marfil*
marfileño, -a adj. *eburni, ivorí, marfilenc*
margarina f. *margarina*
margarita f. *margalida, margarida*
margen m. y f. *marge, vora, vorera*
marginación f. *marginació*
marginar v. *marginar*
mariano, -a adj. *marià*
marica m. *marieta, doneta, cosó*
maridaje m. *maridatge*
maridar v. *maridar*
marido m. *marit*
marimacho m. *masclot, gallimarsot*
marina f. *marina*
marinería f. *marineria*
marinero, -a adj. *mariner*
marino, -a adj. *marí* // *mariner*
marioneta f. *titella, putxinel·li, tereseta*
mariposa f. *papalló, papallona*
mariposear v. *papallonejar*
mariquita f. *poriol, marieta, gallineta* // *marieta, gonella*
marisabidilla f. *saberuda, setciències*
mariscal m. *mariscal*
marisco m. *marisc*
marisma f. *maresma, mareny*
marista adj. *marista*

matraca

marital adj. *marital*
marítimo, -a adj. *marítim*
marmita f. *olla*
marmitón m. *mosso de cuina*
mármol m. *marbre, pedra-mabre //* (pez) *mabre*
marmolista m. *marbrista*
marmóreo, -a adj. *marmori, marbrenc*
marmota f. (mamífero) *marmota //* dormilec, *dormilega, toca-son*
maroma f. *rest, llibant*
marqués m. *marquès*
marquesa f. *marquesa*
marquesado m. *marquesat*
marquesina f. *marquesina*
marquetería f. *marqueteria*
marrajo, -a adj. *astut, traïdor //* (pez) *marraix, tauró*
marrana f. *truja, porca, bacona, verra*
marranada f. *porcada*
marrano m. *porc //* -a adj. *porc, brut*
marrasquino m. *marrasquí*
marrón adj. *marró*
marroquí m. y f. *marroquí*
marroquinería f. *marroquineria*
marrullería f. *magarrufa, llagot*
marrullero, -a adj. *llagoter*
marsupial adj. *marsupial*
marta f. *mart, marta //* — cibelina *mart gibelí*
Marte m. *Mars*
martes m. *dimarts*
martillar v. *martellejar*
martillazo m. *martellada*
martilleo m. *martelleig*
martillo m. *martell*
martín pescador m. *arner, ~blavet, martinet*
martinete m. *martinet*
martingala f. *martingala*
mártir m. y f. *màrtir*
martirio m. *martiri*
martirizar v. *martiritzar*
martirologio m. *martirologi*
marxismo m. *marxisme*
marxista adj. *marxista*
marzo m. *març*
mas conj. *però, emperò, mes*
más adv. *més /* a lo — o cuando — *tot en gros, a tot estirar /* — bien *més tost, més aviat /* ni — ni menos *ni més ni menys, ni més ni manco, ni més ni pus*
masa f. (de harina) *pasta /* con las manos en la — *amb la fusta a les mans //* (volumen, conjunto, cantidad de materia) *massa*
masaje m. *massatge*

masajista m. y f. *massatgista*
mascar v. *mastegar, rosegar, roegar*
máscara f. *carassa, careta, màscara //* màscara, *disfressa, fressa, disfressat*
mascarada f. *mascarada*
mascarar v. *mascarar*
mascarilla f. *màscara, mascareta*
mascarón m. *mascaró, carassa*
mascota f. *mascota*
masculino, -a adj. *masculí, masclí*
mascullar v. *barbotejar, remugar, mastegar*
masilla f. *pasta de vidre, màstic, massilla*
masificación f. *massificació*
masivo, -a adj. *massiu*
masón m. *maçó, francmaçó*
masonería f. *maçoneria, francmaçoneria*
masoquismo m. *masoquisme*
masoquista adj. *masoquista*
mastelero m. *masteler*
masticación f. *masticació*
masticar v. *masticar, mastegar, rosegar*
mástil m. *arbre, pal*
mastín m. *mastí, ca llopí*
mastodonte m. *mastodont*
masturbación f. *masturbació*
masturbar v. *masturbar*
mata f. *mata //* (de cabello) *mota, tofa, tufera*
matadero m. *escorxador, degollador, acorador*
matador, -a adj. *matador*
matadura f. *esclatada, matadura*
matanza f. *matança /* — del cerdo *matances, porquejades*
matar v. *matar,* (poét.) *occir,* (vg.) *carregar-se, liquidar*
matarife m. *matador, carnisser*
matasanos m. *metjastre, mata-sans*
1) mate adj. (sin brillo) *mat, apagat*
2) mate m. (en ajedrez) *mat*
3) mate m. *carabassot*
matemático, -a adj. *matemàtic*
materia f. *matèria*
material adj. *material*
materialismo m. *materialisme*
materialista adj. *materialista*
materializar v. *materialitzar*
maternal adj. *maternal*
maternidad f. *maternitat*
materno, -a adj. *matern*
matinal adj. *matinal*
matiz m. *matís*
matizar v. *matisar*
matón m. *gall, gallet, perdonavides*
matorral m. *matar, matissar*
matraca f. *maçoles*

matraz m. *matràs*
matriarcado m. *matriarcat*
matricidio m. *matricidi*
matrícula f. *matrícula*
matricular v. *matricular*
matrimonial adj. *matrimonial*
matrimonio *matrimoni, casament*
matriz f. *matriu*
matrona f. *matrona*
matutino, -a adj. *matutí, matinal*
maula f. *fotesa, porro-fulla, endèria // magarrufa // mal pagador // pererós, mandrós*
maullar v. *meular, miular, miolar*
maullido m. *meulo, miulo, miol*
mauritano, -a m. y f. *maurità*
máuser m. *màuser*
mausoleo m. *mausoleu*
maxilar adj. *maxil·lar*
máximo, -a adj. *màxim*
mayo m. *maig*
mayólica f. *majòlica*
mayonesa f. *maionesa*
mayor adj. *major // pl. avis, avantpassats, avior // al por — a l'engròs*
mayoral, -a m. y f. *majoral*
mayorazgo m. *hereuatge, pubillatge // hereu, pubill*
mayordomo m. *majordom*
mayoría f. *majoria*
mayorista adj. *majorista*
mayúsculo, -a adj. *majúscul*
maza f. *maça*
mazapán m. *massapà*
mazmorra f. *masmorra, tàvega*
mazo m. *maça, maçola, mall*
mazorca f. *panolla, panotxa, espiga*
mazurca f. *masurca*
me pron. *me, m', em 'm*
meandro m. *meandre*
mear v. intr. *pixar, orinar // tr. compixar*
mecánico, -a adj. *mecànic*
mecanismo m. *mecanisme*
mecanizar v. *mecanitzar*
mecanografía f. *mecanografia*
mecanógrafo, -a m. y f. *mecanògraf*
mecedora f. *balancí, engronsadora*
mecenas m. *mecenas*
mecenazgo m. *mecenatge*
mecer v. *bressar, bressolar // engronsar, gronxar*
mecha f. *ble // metxa*
mechero m. *encenedor*
mechón m. *floc de cabells, ble*
medalla f. *medalla*
medallón m. *medalló*

media f. *calça, mitja // (promedio) mitjana*
mediacaña f. *mitjacanya*
mediación f. *mediació, mitjanceria*
mediado, -a adj. *mig, mig ple // a mediados de a mitjan*
mediador, -a adj. *mediador, intercessor*
medianería f. *mitgera, arrambatge*
medianero, -a adj. *mitger, mitjaner / pared medianera paret mitgera*
medianía f. *mitjania*
mediano, -a adj. *mitjà, mitjancer*
medianoche f. *mitjanit*
mediante adj. *mitjançant*
mediar v. *mitjançar*
mediatizar v. *mediatitzar*
mediato, -a adj. *mediat*
medicación f. *medicació*
medicamento m. *medicament, medecina*
medicar v. *medicar*
medicina f. (ciencia y arte) *medicina // (medicamento) medecina*
medicinal adj. *medicinal*
medición f. *medició, amidament, mesurament // (de tierras) canada*
médico, -a adj. *mèdic / certificado — certificat mèdic // m. y f. metge / — de cabecera metge de capçalera*
medida f. (lineal o superficial) *mida // (de capacidad) mesura // (cordura, moderación) mesura // a — que a mesura que*
medidor, -a adj. *amidador, mesurador / (de tierras) canador*
medieval adj. *medieval*
medio, -a adj. (igual a la mitad) *mig // (situado entre dos extremos o entre dos objetos) mitjà / clase media classe mitjana / término — terme mitjà // m. (punto o parte central) mig // m. (substancia o conjunto circundante) medi // m. (hecho u objeto apto para la consecución de un fin) mitjà / pl. (bienes o rentas) mitjans*
mediocre adj. *mediocre*
mediocridad f. *mediocritat, mitjania*
mediodía m. *migdia // (punto cardinal) migjorn, migdia*
medir v. (líneas o superficies) *amidar, midar / (capacidad) mesurar / (terrenos) canar / (cualidades) amidar, mesurar*
meditabundo, -a adj. *meditabund, consirós, pensatiu*
meditación f. *meditació*
meditar v. *meditar*
mediterráneo, -a adj. *mediterrani*
médium m. *mèdium, medi*
medo, -a adj. *mede, mèdic*
medrar v. *créixer, surar*

medroso, -a adj. *poruc, temorec* // *temible, espantós*
médula f. *medul·la, mèdula, moll*
medular adj. *medul·lar*
medusa f. *medusa, grumer*
mefistofélico, -a adj. *mefistofèlic*
megáfono m. *megàfon*
megalítico, -a adj. *megalític*
megalito m. *megàlit*
megalómano, -a adj. *megalòman*
mejicano, -a m. y f. *mexicà, megicà*
mejilla f. *galta*
mejillón m. *musclo*
mejor adj. (más bueno) *millor, més bo* // adv. (más bien) *millor, més bé* // **tanto —** *molt millor* / **cuanto antes —** *com més prest millor*
mejora f. *millora*
mejorana f. *moraduix, marduix*
mejorar v. *millorar*
mejoría f. *milloria, millorança*
mejunje m. *potinga, barreja, mescladissa*
melado, -a adj. *melat*
melancolía f. *melancolia, malenconia, melangia*
melancólico, -a adj. *melancòlic, malencònic, malenconiós, melangiós*
melanina f. *melanina*
melaza f. *melassa*
melena f. *cabellera*
melenudo, -a adj. *cabellut, cabellós*
melífero, -a adj. *mel·lífer*
melifluo, -a adj. *mel·liflu, mel·lifluent*
melindre m. *melindro* // *coseta, postura, pomada, blederia, melindro*
melindroso, -a adj. *posturer, melindrós, estugós*
melocotón m. *préssec, melicotó*
melocotonero m. *presseguer, melicotoner*
melodía f. *melodia, tonada*
melódico, -a adj. *melòdic*
melodioso, -a adj. *melodiós*
melodrama m. *melodrama*
melómano, -a adj. *melòman*
melón m. (fruto) *meló* // (vg., cabeza) *carabassa, carabassot, meló*
melonar m. *melonar*
meloso, -a adj. *melós, melat*
mella f. *osca, mòssa* / **hacer —** *fer efecte*
mellar v. *oscar* / *minvar, fer forat*
mellizo, -a adj. *bessó*
membrana f. *membrana*
membrete m. *membret, capçalera*
membrillo m. (fruto) *codony* // (confitura) *codonyat*
membrudo, -a adj. *cepat, membrut*

memo, -a adj. *bajà, betzol, ximple*
memorable adj. *memorable*
memorándum m. *memoràndum*
memoria f. *memòria*
memorial m. *memorial*
memorión, -ona adj. *memoriós*
mena f. (mineral) *mena*
menaje m. *parament, ormeigs*
mención f. *menció, esment*
mencionar v. *mencionar, esmentar*
mendicante adj. *mendicant, captaire*
mendicidad f. *mendicitat*
mendigar v. *captar, pidolar*
mendigo, -a adj. *captador, captaire*
mendrugo m. *rosegó, roegó*
menear v. *remenar, bellugar* // rfl. *moure's, bellugar-se* // **peor es meneallo** *més val no parlar-ne*
meneo m. *remenada, remenament, bellugueig*
menester m. *menester, ofici, feinu* // pl. *ormeigs, eines, utensilis*
menesteroso, -a adj. *mancat, menesterós, freturós, necessitat*
menestra f. *minestra*
menestral m. *menestral*
mengua f. *minva, minvament, mencap*
menguante adj. *minvant, decreixent* // m. (de la luna) *minvant* // m. (de río) *minvada, minva, minvant* // m. (del mar) *buida, minvada*
menguar v. *minvar, mencabar*
menhir m. *menhir*
meninge f. *meninge*
meningitis f. *meningitis*
menisco m. *menisc*
menopausia f. *menopausa*
menor adj. *menor, més petit* // **al por —** *a la menuda*
menorquín, -ina m. y f. *menorquí*
menos adv. *menys, manco, més poc* // **al —** *o* **por lo —** *o* **a lo —** *almenys, almanco, si més no* // **echar de —** *enyorar* // **ni mucho —** *ni de molt, ni de bon tros*
menoscabar v. *mencabar, menyscabar*
menoscabo m. *mencap, menyscabament*
menospreciar v. *menysprear, dejectar*
menosprecio m. *menyspreu*
mensaje m. *missatge, missatgeria*
mensajero, -a adj. *missatger*
menstruación f. *menstruació*
mensual adj. *mensual*
mensualidad f. *mensualitat, mesada*
mínsula f. *mènsula*
menta f. *menta*
mental adj. *mental*

mentalidad f. *mentalitat*
mentar v. *esmentar, mencionar*
mente f. *ment*
mentecato, -a adj. *bajà, betzol, beneitot*
mentidero m. *bugaderia*
mentir v. *mentir, dir mentides*
mentira f. *mentida, mena*
de mentirijillas adv. *de panfonteta, de per riure*
mentiroso, -a adj. *mentider*
mentís m. *desmentida, desmentiment* ·
mentón m. *mentó, barra*
mentor m. *mentor*
menú m. *menú*
menudear v. *sovintejar*
menudencia f. *menudència, menuderia*
menudo, -a adj. *petit, menut // baix //* m. pl. *menuts, menudències, menúncies, averia // a — sovint, espesses vegades*
meñique adj. *dit petit, menovell, menuell*
meollo m. *cervell, cervellera // moll d'os // rovell d'ou, molla, bessó // suc de cervell, seny*
meón, -ona adj. *pixaner, pixolis*
mequetrefe m. *baliga-balaga, torrapipes*
mercader, -a m. y f. *mercader, comerciant*
mercadería f. *mercaderia*
mercado m. *mercat*
mercancía f. *mercaderia*
mercante adj. *mercant*
mercantil adj. *mercantil*
mercar v. *mercadejar, firar*
merced f. *mercè*
mercedario, -a adj. *mercedari*
mercenario, -a adj. *mercenari*
mercería f. *merceria*
mercurio m. *mercuri, argent viu*
merecedor, -a adj. *mereixedor, mereixent*
merecer v. *merèixer*
merecido m. *càstig, paga, correctiu*
merendar v. *berenar, fer sa bereneta*
merendero m. *berenador*
merengue m. *merenga*
meretriz f. *meretriu, prostituta, bagassa*
meridiano, -a adj. y m. *meridià*
meridional adj. *meridional*
merienda f. *berena, berenar, bereneta / — de negros aferra-pilla*
mérito m. *mèrit, mereixement*
meritorio, -a adj. *meritori*
merluza f. *lluç*
merma f. (V. *mengua*)
mermar v. (V. *menguar*)
mermelada f. *melmelada, confitura*
1) **mero, -a** adj. *mer, pur, simple*
2) **mero** m. (pez) *anfós, gerna, reig*

merodear v. *pillardejar, rondejar*
merodeo m. *pillardeig, rondeig*
mes m. *mes, mesada*
mesa f. *taula //* (directiva de asamblea) *mesa // sentarse a la — posarse en taula*
mesana f. *mitjana, messana*
mesar v. *arrabassar / mesarse los cabellos rapar-se*
mescolanza f. *mescladissa, barrejadís*
mesenterio m. *mesenteri*
meseta f. *altiplà, meseta*
mesiánico, -a adj. *messiànic*
mesianismo m. *messianisme*
mesón m. *hostal*
mesonero, -a m. y f. *hostaler*
mesopotámico, -a adj. *mesopotàmic*
mestizo, -a adj. *mestís*
mesura f. *mesura*
meta f. *meta*
metabolismo m. *metabolisme*
metacarpo m. *metacarp*
metacentro m. *metacentre*
metafísico, -a adj. *metafísic*
metáfora f. *metàfora*
metafórico, -a adj. *metafòric*
metal m. *metall*
metálico, -a adj. *metàl·lic*
metalizar v. *metal·litzar*
metaloide m. *metal·loide*
metalurgia f. *metal·lúrgia*
metamorfosear v. *metamorfosejar*
metamorfosis f. *metamorfosi*
metano m. *metà*
metatarso m. *metatars*
metempsícosis f. *metempsícosi*
meteórico, -a adj. *meteòric*
meteorito m. *meteorit*
meteoro m. *meteor*
meteorología f. *meteorologia*
meter v. *ficar, aficar // encabir, encastar // posar /* (vg.) *calar, envergar, entaferrar // rfl.* (hacerse de tal profesión u oficio) *fer-se*
meticuloso, -a adj. *meticulós, primmirat*
metilo m. *metil*
metódico, -a adj. *metòdic*
metodizar v. *metoditzar*
método m. *mètode*
metodología f. *metodologia*
metol m. *metol*
metopa f. *metopa*
metralla f. *metralla*
metralleta f. *metralleta*
métrico, -a adj. *mètric*
1) **metro** m. (medida) *metre*
2) **metro** m. (tren subterráneo) *metro*

metrónomo m. *metrònom*
metrópoli f. *metròpoli*
metropolitano, -a adj. *metropolità*
mezcla f. *mescla, barreja*
mezclar v. *mesclar, barrejar*
mezcolanza f. (V. **mescolanza**)
mezquindad f. (pobreza) *pobresa, misèria, mesquinesa* // (V. **tacañería**)
mezquino, -a adj. *pobre, mesquí* // (V. **tacaño**)
mezquita f. *mesquita*
1) **mi** adj. pos. *el meu, la meva; mon, ma*
2) **mi** m. (nota musical) *mi*
mí pron. pers. *mi, jo*
miasma m. *miasma*
miau m. *mèu, miol, meulo*
mica f. *mica*
micción f. *micció*
mico m *mico*
microbio m. *microbi*
microcosmos m. *microcosmos*
microfilm m. *microfilm*
micrófono m. *micròfon*
micrón m. *micró*
microorganismo m. *microorganisme*
microscópico, -a adj. *microscòpic*
microscopio m. *microscopi*
miedo m. *por, feredat* / **dar** — *fer por* / **entrar** — *agafar por*
miedoso, -a adj. *poruc, poregós, temorec*
miel f. *mel*
miembro m. *membre*
mientes f. pl. *esment, compte* / **parar** — *posar esment, anar amb compte*
mientras adv. *mentre, mentres, dementre* // — **tanto** *mentrestant, entretant*
miércoles m. *dimecres*
mierda f. *merda, caca*
mies f. *messes*
miga f. *mica* // *molla* // *substància*
migaja f. *mica, engruna* // *mica, esborrall, esquit, resquícia*
migración f. *migració*
migraña f. *migranya, mal de cella*
migratorio, -a adj. *migratori*
mil adj. *mil*
milagro m. *miracle*
milagroso, -a adj. *miraculós, miraclós*
milano m. *milà, milana*
milenario, -a adj. *mil·lenari*
milenio m. *mil·lenari*
milésimo, -a adj. *milè, mil·lèsim*
milicia f. *milícia*
miliciano, -a adj. *milicià*
miligramo m. *mil·ligram*
mililitro m. *mil·lilitre*

milímetro m. *mil·límetre*
militante adj. *militant*
1) **militar** v. *militar*
2) **militar** adj. y m. *militar*
militarista adj. *militarista*
militarizar v. *militaritzar*
milocha f. *miloca, milotxa*
milord m. *milord*
milla f. *milla*
millar m. *miler, milenar, mil*
millón m. *milió*
millonada f. *milionada*
millonario, -a adj. *milionari*
millonésimo, -a adj. *milionèsim*
mimar v. *aviciar, veciar*
mimbre m. *vim, vime, vímet*
mimbrera f. *vimera, vimenera, vimetera*
mimetismo m. *mimetisme*
mímico, -a adj. *mímic*
mimo m *mim* // *aviciadura, veciadura, manyagueria*
mimosa f. *mimosa*
mimoso, -a adj. *melindrós*
mina f. *mina, mena*
minar v. *minar*
minarete m. *minaret*
mineral adj. *mineral*
mineralizar v. *mineralitzar*
mineralogía f. *mineralogia*
minería f. *mineria*
minero, -a adj. *miner, minaire*
miniar v. *miniar*
miniatura f. *miniatura*
miniaturista m. y f. *miniaturista*
minimizar v. *minimitzar*
mínimo, -a adj. *mínim*
minino, -a m. y f. *mix, mau, moixet*
minio m. *mini*
ministerial adj. *ministerial*
ministerio m. *ministeri*
ministro m. *ministre*
minorar v. *minorar*
minoría f. *minoria*
minoridad f. *minoritat*
minoritario, -a adj. *minoritari*
minotauro m. *minotaure*
minucia f. *minúcia, menudència*
minuciosidad f. *minuciositat*
minucioso, -a adj. *minuciós*
minué m. *minuet*
minuendo m. *minuend*
minúsculo, -a adj. *minúscul*
minuta f. *minuta*
minutero m. *minutera*
minuto m. *minut*
mío adj. *meu*

miocardio m. *miocardi*
mioceno m. *miocè*
miope adj. *miop*
miopía f. *miopia*
mira f. *mira, entreguard*
mirada f. *mirada, ullada*
mirado, -a adj. *mirat, remirat, tocat i posat*
mirador, -a adj. y m. *mirador*
miraguano m. *miraguà*
miramiento m. *mirament*
miranda f. *miranda, mirador*
mirar v. *mirar* // rfl. *mirar-se, remirar-se*
miríada f. *miríade*
miriámetro m. *miriàmetre*
miriápodo m. *miriàpode*
mirilla f. *espiell, espiera*
miriñaque m. *mirinyac*
mirlo m. *merla, mèrlera*
mirón, -ona adj. *badoc, badaluc*
mirra f. *mirra*
mirto m. *murta, murtra, murtera*
misa f. *missa*
misal m. *missal*
misantropía f. *misantropia*
misántropo m. *misantrop*
miscelánea f. *miscel·lània*
miserable adj. *miserable*
miseria f. *misèria*
misericordia f. *misericòrdia*
misericordioso, -a adj. *misericordiós*
mísero, -a adj. *míser, miserable*
misil m. *missil*
misión f. *missió*
misionero, -a adj. *missioner*
misiva f. *missiva*
mismo, -a adj. *mateix*
misógino, -a adj. *misogin*
misterio m. *misteri*
misterioso, -a adj. *misteriós*
misticismo m. *misticisme*
místico, -a adj. *místic*
mistificar v. *mistificar*
mistral m. *mestral*
mitad f. *meitat, mitat, mig*
mítico, -a adj. *mític*
mitificar v. *mitificar*
mitigar v. *mitigar*
mitin m. *míting*
mito m. *mite*
mitología f. *mitologia*
mitón m. *mitena*
mitra f. *mitra*
mitrado, -a adj. *mitrat*
mixtilíneo, -a adj. *mixtilini*
mixtión f. *mixtió*
mixto, -a adj. *mixt*

mixtura f. *mixtura*
mnemotecnia f. *mnemotècnia*
mobiliario, -a adj. *mobiliari* // m. *mobiliari, moblam, moblatge, parament*
mocasín m. *mocassí*
moción f. *moció*
moco m. *moc* // *caramell* // **no ser — de pavo** *no ser cosa de riure*
mocoso, -a adj. *mocós* // *galifardeu, merdós, espurjalego*
mochila f. *motxilla*
mochuelo m. *mussol* // **cargar con el — carregar-se el mort**
moda f. *moda*
modal adj. *modal*
modalidad f. *modalitat*
modelar v. *modelar*
modélico, -a adj. *modèlic*
modelo m. *model*
moderación f. *moderació*
moderar v. *moderar*
modernidad f. *modernitat*
modernismo m. *modernisme*
modernizar v. *modernitzar*
moderno, -a adj. *modern*
modestia f. *modèstia*
modesto, -a adj. *modest*
módico, -a adj. *mòdic*
modificación f. *modificació*
modificar v. *modificar*
modismo m. *modisme*
modista m. y f. *modista*
modo m. *modo, mode, manera* / **de igual — *d'aquesta manera, igualment* / **de otro — *d'altra manera, altrament*
modorra f. *ensopiment*
modoso, -a adj. *primmirat, remirat, cortès, atent*
modular v. *modular*
módulo m. *mòdul*
mofa f. *mofa, befa, burla, escarni*
mofarse v. *mofar-se, fer befa, burlar-se, fer escarni*
mofeta f. *mofeta*
mofletudo, -a adj. *galtut, galtaplè*
mohín m. (V. **mueca**)
mohíno, -a adj. *enutjat, emmorronyat, morrotós* // *somerí*
moho m. *floridura* // *verdet* // *rovell*
mohoso, -a adj. *florit, rovellós*
mojado, -a adj. *moll, mullat, remull, banyat*
mojadura f. *mullada, mullader, banyadura, xop*
mojar v. *mullar, banyar*
mojiganga f. *moixiganga*
mojigatería f. *beatura falsa*

mojigato, -a adj. *gata maula, gata moixa, colltort, beatul·lo, nyeu-nyeu*
mojón m. *molló, fita, termenera //* cagarro
molar adj. y m. *molar*
molde m. *motle, motlle, motlo*
moldear v. *motllar, emmotllar, emmotlar*
moldura f. *motllura, motlura*
mole f. *mola*
molécula f. *molècula*
molecular adj. *molecular*
moler v. *moldre, capolar // cruixir*
molestar v. *molestar, enutjar, amoïnar*
molestia f. *molèstia, enuig, amoïnament*
molesto, -a adj. *molest, enutjós*
molicie f. *mol·lície, mollesa*
molido, -a adj. *mòlt // cruixit*
molinar m. *molinar*
molinero, -a adj. *moliner*
molinete m. *molinet*
molinillo m. *molinet*
molino m. *molí /* (de aceituna) *trull*
molusco m. *mol·lusc*
molledo m. *palpís, moll, molla*
mollera f. *clepsa, closca // seny, senderi, suc de cervell*
momentáneo, -a adj. *momentani*
momento m. *moment*
momia f. *mòmia*
momificar v. *momificar*
mona f. *mona, moneia // gatera, mèu, moixa, gat, trompa /* **dormir la —** *escorxar el mèu, escorxar es gat*
monacal adj. *monacal*
monada f. *monada, preciositat //* pl. *moneries, xamosies*
monaguillo m. *escolà, escolanet*
monarca m. *monarca*
monarquía f. *monarquia*
monárquico, -a adj. *monàrquic*
monasterio m. *monestir*
monástico, -a adj. *monàstic*
mondadientes m. *escuradents*
mondaduras f. pl. *netegies, esporgadures, peladures, clovelles*
mondar v. *netejar, fer net // podar, esporgar, exsecallar // pelar, esclovellar, esclofollar*
mondo, -a adj. *net, pelat, escarit / —* **y lirondo** *broix, rònec*
mondongo m. *moca, butzes*
moneda f. *moneda*
monedero m. *moneder // portamonedes, moneder*
monería f. *moneria, xamosia*
monetario, -a adj. *monetari*
mongol, -a adj. *mongol*

mongólico, -a adj. *mongòlic*
monigote m. *moneiot, ninot*
monises m. pl. *calés, clopinsos*
monitor, -a m. y f. *monitor*
monja f. *monja*
monje m. *monjo*
monjil adj. *mongil, mongí, mongenc*
mono, -a m. y f. *mona, moneia // ninot, burot //* m. (traje de faena) *granota //* adj. *bonic, polit, galanxó*
monocordio m. *monocord*
monocotiledónea f. *monocotiledònia*
monocromo, -a adj. *monocrom*
monóculo m. *monocle*
monogamia f. *monogàmia*
monógamo, -a adj. *monògam*
monografía f. *monografia*
monograma m. *monograma*
monolito m. *monolit*
monologar v. *monologar*
monólogo m. *monòleg*
monomanía f. *monomania*
monómetro m. *monòmetre*
monomio m. *monomi*
monopétalo, -a adj. *monopètal*
monoplano m. *monoplà*
monopolio m. *monopoli*
monopolizar v. *monopolitzar*
monóptero, -a adj. *monòpter*
monorrimo, -a adj. *monorrim*
monosépalo, -a adj. *monosèpal*
monosílabo, -a adj. *monosíl·lab*
monospermo, -a adj. *monosperm*
monoteísmo m. *monoteïsme*
monotonía f. *monotonia*
monótono, -a adj. *monòton*
monovalente adj. *monovalent*
monseñor m. *monsenyor, missenyor*
monserga f. *galimaties, xarema*
monstruo m. *monstre*
monstruosidad f. *monstruositat*
monstruoso, -a adj. *monstruós*
monta f. *munta, muntada // import, suma // vàlua, valor /* **de mucha —** *de molta importància*
montacargas m. *muntacàrregues*
montador m. *muntador*
montage m. *muntatge*
montante m. *muntant*
montaña f. *muntanya, mont, puig*
montañés, -esa adj. *muntanyenc, muntanyès*
montañoso, -a adj. *muntanyós, montuós*
montar v. *muntar / —* **a caballo** *cavalcar*
montaraz adj. *muntès, salvatge*
monte m. *mont, muntanya, puig // —* **alto** *bosc // —* **bajo** *garriga, garrigar, marina*

montería f. *munteria*
montero m. *munter*
montés adj. *muntès, salvatge*
montículo m. *monticle, pujolet, turó*
montón m. *munt, caramull*
montuoso, -a adj. *montuós, muntanyós*
montura f. *cavalcadura, muntura*
monumental adj. *monumental*
monumento m. *monument*
monzón m. *monsó*
moño m. *moixell, tannara* / **tirarse del —** *escambuixar-se, esgardissar-se, esclenxar-se*
moquear v. *moquejar, tenir moc*
moqueta f. *moqueta*
por mor de *per mor de, per causa de*
mora f. (fruto) *móra*
morada f. *estatge, posada, casa*
morado, -a adj. *morat*
morador, -a adj. *habitador, habitant, resident*
moral adj. *moral*
moraleja f. *moral, moralitat*
moralidad f. *moralitat*
moralista m. y f. *moralista*
moralizar v. *moralitzar*
morar v. *habitar, residir, viure*
moratorio, -a adj. *moratori*
morbidez f. *morbidesa*
mórbido, -a adj. *mòrbid*
morbo m. *malaltia*
morbosidad f. *morbositat*
morboso, -a adj. *morbós*
morcilla f. *botifarró* // *botella*
mordacidad f. *mordacitat*
mordaz adj. *mordaç*
mordaza f. *mordassa*
mordedura f. · *mossegada, mos*
mordente m. *mordent*
morder v. *mossegar*
mordiente m. *mordent*
mordisco m. *mossegada, mos*
moreno, -a adj. *moreno, morè, bru*
morera f. *morera, morer*
morería f. *moreria*
moretón m. *mostela, sangtraït, moradura, morat*
morfina f. *morfina*
morfinómano, -a m. y f. *morfinòman*
morfología f. *morfologia*
morfosintaxis f. *morfosintaxi*
morganático, -a adj. *morganàtic*
moribundo, -a adj. *moribund*
morigerar v. *morigerar*
morillo m. *moret, moretó, capfoguer*
morir v. *morir* / (vg.) *badallar, fer es cuec, petar*

morisco, -a adj. *morisc, moresc*
mormón, -ona m. y f. *mormó*
moro, -a adj. *moro*
morosidad f. *morositat*
moroso, -a adj. *morós*
morrada f. *morrada*
morral m. *morral, civader* // *sarró*
morralla f. *menjó, peixetó* // *faramalla, moralla*
morriña f. *marriment, enyorança*
morrión m. *morrió*
morro m. *morro*
morrocotudo, -a adj. *enorme, formidable, fabulós*
morrudo, -a adj. *morrut*
morsa f. *mòrsa*
mortadela f. *mortadel·la*
mortal adj. *mortal*
mortalidad f. *mortalitat*
mortandad f. *mortaldat*
mortecino, -a adj. *somort, esmorteït*
mortero m. *morter*
mortífero, -a adj. *mortífer*
mortificación f. *mortificació*
mortificar v. *mortificar*
mortuorio, -a adj. *mortuori*
moruno, -a adj. *morú, moresc*
mosaico m. *mosaic*
mosca f. *mosca*
moscatel adj. *moscatell*
moscón m. *mosca vironera* // (persona insistente, importuna) *borino, borinot*
moscovita adj. *moscovita*
mosquear v. *arruixar, mosquejar* // rfl. *picar-se*
mosquerío m. *mosquer*
mosquero m. *mosquer, mosquera*
mosquetero m. *mosqueter*
mosquetón m. *mosquetó*
mosquitera f. *mosquitera, moscardera, mosquer*
mosquito m. *mosquit, moscard*
mostacho m. *mostatxo, bigot, bigoti*
mostaza f. *mostassa, mostarda*
mosto m. *most*
mostoso, -a adj. *mostós*
mostrador, -a adj. *mostrador, indicador* // m. *taulell*
mostrar v. *mostrar*
mostrenco, -a adj. *de ningú, sense amo* // *beneitot, carabassa, talòs*
mota f. *mota, granelló* // *filaió, brossa*
mote m. *malnom, sobrenom*
motear v. *clapar, clapejar, picar*
motejar v. *motejar, blasmar*
motín m. *motí*

murmurador

motivar v. *motivar*
motivo m. *motiu*
moto f. *moto*
motocicleta f. *motocicleta*
motociclista m. y f. *motociclista*
motonave f. *motonau*
motor, -a adj. *motor*
motorizar v. *motoritzar*
motriz adj. *motriu*
movedizo, -a adj. *movedís, bellugadís //*
mudable, variable
mover v. *moure, borinar, bellugar*
movible adj. *movible*
móvil adj. *mòbil*
movilidad f. *mobilitat*
movilizar v. *mobilitzar*
movimiento m. *moviment*
moza f. *al·lota, noia // mossa*
mozalbete m. *al·lotell, xicot, bergant*
mozárabe adj. *mossàrab*
mozo, -a adj. *jove // jovençà, bergant,*
al·lot, xicot / buen — bell jove, ben-plan-
tat // (soltero) fadrí, solter // mosso, ma-
cip, fadrí / — de labranza missatge / —
de cuerda o — de cordel bastaix, camàlic
mucílago m. *mucílag*
mucosidad f. *mucositat*
mucoso, -a adj. *mucós*
mucus m. *mucus, mucositat*
muchacho, -a m. y f. *al·lot, noi, xicot*
muchedumbre f. *multitud, munió*
mucho, -a adj. *molt, gaire, ferm, força,*
amanta, gruixa / ni — menos ni de molt,
ni prop fer-hi, ni de noves / por — que
per bé que, per més que
muda f. *muda, mudada*
mudable adj. *mudable*
mudanza f. *mudança, canvi*
mudar v. *mudar, trasmudar, canviar*
mudéjar adj. *mudèjar*
mudez f. *mudesa*
mudo, -a adj. *mut*
mueblaje m. *moblatge, moblam, moblament*
mueble adj. *moble, movible // m. moble*
mueca f. *ganyota, jutipiri, carussa / mom*
muela f. *mola // queixal / — del juicio*
queixal extremer, queixal del seny
1) muelle adj. *moll, blan, bla, tou // m.*
molla
2) muelle m. *(de puerto) moll // (de esta-*
ción ferroviaria) andana, moll
muérdago m. *visc, vesc*
muermo m. *borm, galamó*
muerte f. *mort*
muerto, -a adj. *mort*
muesca f. *mòssa, osca*

muestra f. *mostra // (del perro) parada, po-*
sada
muestrario m. *mostrari*
mugido m. *mugit, bramul, bruel*
mugir v. *mugir, bramular, bruelar*
mugre f. *brutesa, engrut, greixum, sunya,*
verrim
mugriento, -a adj. *greixós, llefardós, sunyer*
muguete m. *muguet, lliri de maig*
mujer f. *dona // (esposa) dona, muller*
mujeriego, -a adj. *doner, fembrer, femellut*
mujerío m. *femellum*
mula f. *mula*
mular adj. *mular*
mulato, -a adj. *mulato, llor*
mulero m. *muler, mulater*
muleta f. *crossa // (de torero) muleta*
muletero m. *(V. mulero)*
muletilla f. *mot de vici // crossa*
mulo m. *mul*
multa f. *multa*
multar v. *multar*
multicolor adj. *multicolor, virolat*
multimillonario, -a adj. *multimilionari*
múltiple adj. *múltiple*
multiplicación f. *multiplicació*
multiplicador, -a adj. *multiplicador*
multiplicando m. *multiplicand*
multiplicar v. *multiplicar*
multiplicidad f. *multiplicitat*
múltiplo, -a adj. *múltiple*
multitud f. *multitud*
multitudinario, -aria adj. *multitudinari*
mullir v. *esponjar, estufar // ablanir, amo-*
llir, estovar
mundanal adj. *mundanal*
mundanidad f. *mundanitat*
mundano, -a adj. *mundà, mundanal*
mundial adj. *mundial*
mundo m. *món*
munición f. *munició*
municipal adj. *municipal*
municipalidad f. *municipalitat*
municipio m. *municipi*
munificencia f. *munificència*
muñeca f. *canell, monyeca, braó // nina, pe-*
pa
muñeco m. *ninot // gonella*
muñón m. *monyó*
mural adj. *mural*
muralla f. *muralla, murada, mur*
murciano, -a m. y f. *murcià*
murciélago m. *rata-pinyada, rat-penat*
murga f. *murga, xaranga // grémola*
murmullo m. *murmuri*
murmurador, -a adj. *murmurador*

murmurar v. *murmurar*
muro m. *mur, paret // mur, muralla, murada // marge, marjada*
murria f. *marriment, entrenyor, enyorança*
musa f. *musa*
musaraña f. *musaranya*
musculatura f. *musculatura*
músculo m. *múscul*
musculoso, -a adj. *musculós*
muselina f. *mussolina*
museo m. *museu*
musgo m. *molsa, verdet*
música f. *música*
musical adj. *musical*
musicar v. *musicar*
músico, -a adj. *músic*

musicólogo, -a m. y f. *musicòleg*
musitar v. *musitar*
muslo m. *cuixa*
mustiar v. (V. **marchitar**)
mustio, -a adj. (V. **marchito**)
musulmán, -ana adj. *musulmà*
mutación f. *mutació*
mutilación f. *mutilació*
mutilar v. *mutilar*
mutis m. *mutis*
mutismo m. *mutisme*
mutual adj. *mutual*
mutualidad f. *mutualitat*
mutuo, -a adj. *mutu, mutual*
muy adv. *molt*

N

naba f. *nap-i-col, nap rodó*
nabo m. *nap*
nácar m. *nacre*
nacarado, -a adj. *nacrat*
nacer v. *néixer, nàixer*
nacido, -a adj. *nat, nascut /* **recién** — *nou nat, nadó*
naciente adj. *naixent*
nacimiento m. *naixement, naixença //* *betlem, pessebre*
nación f. *nació*
nacional adj. *nacional*
nacionalidad f. *nacionalitat*
nacionalismo m. *nacionalisme*
nacionalizar v. *nacionalitzar*
nacionalsocialismo m. *nacionalsocialisme*
nada pron. y adv. *res, re, gens, mica / f.* **la** — *el no-res /* **de** — *de res, no hi ha de què, no s'ho val*
nadador, -a adj. *nedador*
nadar v. *nedar*
nadería f. *no-res, fotesa*
nadie pron. *ningú*
nafta f. *nafta*
naipe m. *carta, naip*
nalga f. *anca, natja*
nalgada f. *ancada, natjada, culada*
nana f. *vou-verivou, cançó de bressol*
naranja f. *taronja*
naranjada f. *taronjada*
naranjado, -a adj. *ataronjat, taronjós*
naranjal m. *tarongerar*
naranjo m. *taronger*
narcisista adj. *narcissista*
narciso m. *narcís*
narcótico, -a adj. *narcòtic*
narcotizar v. *narcotitzar*
nardo m. *nard*
narguile m. *narguil, narguilé*
narigudo, -a adj. *nassut, nassarrut*
nariz f. *nas //* **hinchársele las narices** *pujar-li la mosca al nas //* **no ver más allá de sus narices** *no veure-hi de la llargària del nas*
narración f. *narració*

narrar v. *narrar*
nasa f. *nansa, canastró*
nasal adj. *nasal*
nasalizar v. *nasalitzar*
nata f. *nata*
natación f. *natació*
natal adj. *natal*
natalicio, -a adj. *natalici*
natalidad f. *natalitat*
natatorio, -a adj. *natatori*
natividad f. *nativitat*
nativo, -a adj. *natiu, nadiu*
nato, -a adj. *nat*
natura f. *natura, naturalesa*
natural adj. *natural*
naturaleza f. *naturalesa*
naturalidad f. *naturalitat*
naturalista adj. *naturalista*
naturalizar v. *naturalitzar*
naturista m. y f. *naturista*
naufragar v. *naufragar*
naufragio m. *naufragi, naufraig*
náufrago, -a adj. *nàufrag*
náusea f. *nàusea, oi, vomitera*
nauseabundo, -a adj. *nauseabund, oiós*
nauta m. *nauta, navegant, mariner*
náutico, -a adj. *nàutic*
nava f. *coma, comalada*
navaja f. *navalla, ganivet /* (de afeitar) *raor*
navajazo m. *ganivetada, raorada*
naval adj. *naval*
navarro, -a adj. *navarrès*
nave f. *nau*
navegable adj. *navegable*
navegación f. *navegació*
navegar v. *navegar*
naveta f. *naveta*
navidad f. *nadal*
navideño, -a adj. *nadalenc*
naviero, -a adj. *navilier*
navío m. *navili, bastiment, vaixell*
náyade f. *nàiade*
nazareno, -a adj. *natzarè*
nazi adj. *nazi*
nazismo m. *nazisme*

neblina

neblina f. *boira, boirada, calitja*
nebulosa f. *nebulosa*
nebuloso, -a adj. *nebulós, boirós, calitjós*
necedad f. *neciesa, blaiura, bestiesa*
necesario, -a adj. *necessari / ser — esser necessari, caldre*
neceser m. *necesser*
necesidad f. *necessitat*
necesitado, -a adj. *necessitat, freturós*
necesitar v. *necessitar, freturar*
necio, -a adj. *neci*
necrófago, -a adj. *necròfag*
necrología f. *necrologia*
necrópolis f. *necròpolis*
necrosis f. *necrosi*
néctar m. *nèctar*
neerlandés, -esa m. y f. *neerlandès*
nefando, -a adj. *nefand*
nefasto, -a adj. *nefast*
nefrítico, -a adj. *nefrític*
nefritis f. *nefritis*
negación f. *negació*
negar v. *negar //* rfl. *negar-se, refusar, renegar-se*
negativo, -a adj. *negatiu*
negligencia f. *negligència*
negligente adj. *negligent*
negligentemente adv. *negligentment*
negociado m. *negociat*
negociante m. *negociant*
negociar v. *negociar*
negocio m. *negoci*
negrear v. *negrejar*
negrero, -a adj. *negrer*
negro, -a adj. *negre*
negroide adj. *negroide*
negrura f. *negror, negrea, negrura*
negruzco, -a adj. *negrós, negrenc*
negus m. *negus*
nena f. *nena, nina, filleta*
nene m. *nen, nin, fillet*
nenúfar m. *nenúfar, nimfea*
neoclasicismo m. *neoclassicisme*
neoclásico, -a adj. *neoclàssic*
neófito, -a adj. *neòfit*
neolítico, -a adj. *neolític*
neologismo m. *neologisme*
neón m. *neó*
neoyorquino, -a adj. *novayorquí*
nepotismo m. *nepotisme*
nervado, -a adj. *nervat*
nervio m. *nervi, nirvi*
nerviosidad f. *nerviositat*
nerviosismo m. *nerviosisme*
nervioso, -a adj. *nerviós, nirviós*
nervudo, -a adj. *nerviüt*

neto, -a adj. *net*
neumático, -a adj. y m. *pneumàtic*
neumonía f. *pneumònia*
neuralgia f. *neuràlgia*
neurálgico, -a adj. *neuràlgic*
neurastenia f. *neurastènia*
neurasténico, -a adj. *neurastènic*
neuritis f. *neuritis*
neurología f. *neurologia*
neurona f. *neurona*
neurosis f. *neurosi*
neurótico, -a adj. *neuròtic*
neutral adj. *neutral*
neutralidad f. *neutralitat*
neutralizar v. *neutralitzar*
neutro, -a adj. *neutre*
neutrón m. *neutró*
nevada f. *nevada*
nevar v. *nevar*
nevera f. *nevera, gelera*
nevoso, -a adj. *nevós*
nexo m. *nexe*
ni conj. *ni*
nicaragüense m. y f. *nicaragüenc*
nicotina f. *nicotina*
nicho m. *capelleta, fornícula // ninxo, nínxol*
nidada f. *nierada, niuada*
nidificar v. *nidificar, niar, fer niu*
nido m. *niu, nieró*
niebla f. *boira, broma, calitja*
nieto, -a m. y f. *nét*
nieve f. *neu*
nigromancia f. *nigromància*
nihilismo m. *nihilisme*
nilón m. *niló*
nimbar v. *nimbar*
nimbo m. *nimbe*
nimiedad f. *nimietat*
nimio, -a adj. *nimi, insignificant*
ninfa f. *nimfa*
ninfomanía f. *nimfomania*
ningún adj. *cap, ningun*
ninguno, -a adj. *cap*
niña f. *nina, nena, filleta //* (pupila del ojo) *nina, nineta*
niñera f. *teta, mainadera*
niñez f. *infantesa, infància, minyonia*
niño, -a m. *nin, nen, infant, fillet, nano*
nipón, -ona m. y f. *nipó, japonès*
níquel m. *níquel*
niquelar v. *niquelar*
níscalo m. *esclata-sang, rovelló*
níspero m. (árbol) *nespler, nesprer //* (fruto) *nispro*
níspola f. *nespla, nespra // nispro*

nudoso

nitidez f. *nitidesa*
nítido, -a adj. *nítid*
nitrato m. *nitrat*
nitro m. *nitre*
nitrógeno m. *nitrogen*
nitroglicerina f. *nitroglicerina*
nitruro m. *nitrur*
nivel m. *nivell, llivell*
nivelación f. *anivellació, llivelació*
nivelar v. *anivellar, llivellar, nivellar*
níveo, -a adj. *nivi*
no adv. *no*
nobiliario, -a adj. *nobiliari*
noble adj. *noble*
nobleza f. *noblesa, noblia*
noción f. *noció*
nocivo, -a adj. *nociu*
noctámbulo, -a adj. *noctàmbul*
nocturno, -a adj. *nocturn, nocturnal*
noche f. *nit / vespre / esta — anit /* **buenas noches** *bona nit, bon vespre*
nodriza f. *dida, nodrissa*
nódulo m. *nòdul*
nogal m. *noguer, noguera*
nómada adj. *nòmada*
nombradía f. *anomenada*
nombramiento m. *nomenament*
nombrar v. (decir el nombre) *anomenar //* (elegir para un cargo) *nomenar*
nombre m. *nom*
nomenclátor m. *nomenclàtor*
nomenclatura f. *nomenclatura*
nomeolvides f. *miosotis*
nómina f. *nòmina*
nominal adj. *nominal*
nominativo, -a adj. *nominatiu*
non adj. (impar) *senar, imparell /* **pares y nones** *parells i senars*
nona f. *nona*
nonagenario, -a adj. *nonagenari, norantí*
nonagésimo, -a adj. *nonagèsim, norantè*
nonato, -a adj. *nonat*
nono, -a adj. *novè*
noramala adv. *en mala hora, malhaja, malany, malviatge*
nordeste m. *nord-est, gregal, grec*
nórdico, -a adj. *nòrdic*
noria f. *sínia, sènia*
norma f. *norma*
normal adj. *normal*
normalidad f. *normalitat*
normalizar v. *normalitzar*
normando, -a adj. *normand*
normativo, -a adj. *normatiu*
noroeste m. *nord-oest, mestral*
norte m. *nord, tramuntana*

norteamericano, -a m. y f. *nord-americà*
noruego, -a m. y f. *noruec*
nos pron. *ens, 'ns, -nos*
nosotros, -as pron. *nosaltres, noltros*
nostalgia f. *nostàlgia, enyorança*
nostálgico, -a adj. *nostàlgic, enyorós*
nota f. *nota*
notabilidad f. *notabilitat*
notable adj. *notable*
notación f. *notació*
notar v. *notar*
notaría f. *notaria*
notarial adj. *notarial*
notario m. *notari*
noticia f. *notícia*
noticiario m. *noticiari*
notificación f. *notificació*
notificar v. *notificar*
notoriedad f. *notorietat*
notorio, -a adj. *notori*
novatada f. *quintada*
novato, -a adj. *novell*
novecientos adj. *nou-cents*
novedad f. *novetat*
novel adj. *novell*
novela f. *novel·la*
novelesco, -a adj. *novel·lesc*
novelista m. y f. *novel·lista*
novena f. *novena*
noveno, -a adj. *novè*
noventa adj. *noranta*
novia f. *novia, nuvia, núvia //* al·lota, promesa, xicota
noviazgo m. *festejament, prometatge*
noviciado m. *noviciat*
novicio, -a m. y f. *novici*
noviembre m. *novembre*
novilunio m. *noviluni, girant*
novillada f. *vedellada, novillada*
novillero m. *noviller*
novillo m. *vedell, bravetell, toret, jònec //* **hacer novillos** *fer campana, fullar*
novio m. *novii, nuvii, nuvi //* festejador, enamorat, promès, xicot
nubarrón m. *nuvolot, niguladot, nuvolat*
nube f. *núvol, nigul, nivolat*
núbil adj. *núbil, casador*
nublar v. *ennuvolar, ennigular, ennivolar*
nuboso, -a adj. *nuvolós, ennuvolat, ennigulat*
nuca f. *nuca, ansa del coll, tòs*
nuclear adj. *nuclear*
núcleo m. *nucli*
nudillo m. *nuu, nus*
nudo m. *nuu, nus*
nudoso, -a adj. *nuós, gropellut*

nuera f. *nora*
nuestro, -a pron. *nostre, nostró*
nueva f. *nova, notícia*
nueve adj. *nou*
nuevo, -a adj. *nou, novell* / **de —** *de nou, de bell nou*
nuez f. *nou, anou* // *nou del coll*
nulidad f. *nul·litat*
nulo, -a adj. *nul* (f. *nul·la*)
numen m. *numen*
numeración f. *numeració*
numerador m. *numerador*
numerar v. *numerar, comptar*
numerario, -a adj. *numerari*

numérico, -a adj. *numèric*
número m. *nombre, número*
numeroso, -a adj. *numerós, nombrós*
numismático, -a adj. *numismàtic*
nunca adv. *mai, jamai*
nunciatura f. *nunciatura*
nuncio m. *nunci*
nupcial adj. *nupcial, nuvial*
nupcias f. pl. *núpcies, noces, casament*
nutria f. *llúdria, llúdriga*
nutricio, -a adj. *nutrici*
nutrición f. *nutrició*
nutrir v. *nodrir*
nutritivo, -a adj. *nutritiu*

Ñ

ñandú m. *nyandú*
ñoñería f. *fador*

ñoño, -a adj. *fat, aturat, ensopit*
ñu m. *nyu*

O

o conj. *o*
oasis m. *oasi*
obcecación f. *obcecació, encegament*
obcecar v. *obcecar, encegar*
obedecer v. *obeir, creure*
obediencia f. *obediència*
obedientemente adv. *obedientment*
obelisco m. *obelisc*
obertura f. *obertura*
obesidad f. *obesitat*
obeso, -a adj. *obès*
óbice m. *obstacle, inconvenient*
obispado m. *bisbat, episcopat*
obispo m. *bisbe*
óbito m. *òbit, defunció, mort*
objeción f. *objecció*
objetar v. *objectar*
objetividad f. *objectivitat*
objetivo, -a adj. *objectiu*
objeto m. *objecte*
oblación f. *oblació*
oblada f. *oblada*
oblicuidad f. *obliqüitat*
oblicuo, -a adj. *oblic* (f. *obliqua*)
obligación f. *obligació*
obligar v. *obligar*
obligatorio, -a adj. *obligatori*
oblongo, -a adj. *oblong*
obnubilación f. *obnubilació*
oboe m. *oboè*
obra f. *obra* // **poner manos a la —** *posar fil a l'agulla*
obrar v. *obrar*
obrerismo m. *obrerisme*
obrero, -a adj. *obrer*
obscenidad f. *obscenitat*
obsceno, -a adj. *obscè*
obscurantismo m. *obscurantisme*
obscurecer v. *obscurir, enfosquir* // intr. *fer-se fosc, fosquejar* / **al —** *a entrada de fosc*
obscuridad f. *obscuritat, fosca, foscor*
obscuro, -a adj. *obscur, fosc* / **a obscuras** *a les fosques*
obsequiar v. *obsequiar*
obsequio m. *obsequi*

obsequioso, -a adj. *obsequiós*
observación f. *observació*
observancia f. *observança*
observar v. *observar*
observatorio m. *observatori*
obsesión f. *obsessió*
obsesionar v. *obsessionar*
obsesivo, -a adj. *obsessiu*
obseso, -a adj. *obsés*
obsoleto, -a adj. *obsolet*
obstaculizar v. *obstacultzar*
obstáculo m. *obstacle*
no obstante adv. *no obstant, malgrat, malgrat això, malgrat tot, tanmateix*
obstar v. *obstar*
obstinación f. *obstinació*
obstinarse v. *obstinar-se*
obstrucción f. *obstrucció*
obstruir v. *obstruir*
obtención f. *obtenció*
obtener v. *obtenir*
obturación f. *obturació*
obturar v. *obturar.*
obtuso, -a adj. *obtús*
obús m. *obús*
obviar v. *obviar*
obvio, -a adj. *obvi*
oca f. *oca*
ocasión f. *ocasió* / **de —** *d'ocasió, venturer*
ocasional adj. *ocasional*
ocasionar v. *ocasionar*
ocaso m. *ocàs, posta*
occidental adj. *occidental, ponentí*
occidente m. *occident, ponent*
occipital adj. *occipital*
occipucio m. *occipuci*
occitano, -a adj. *occità*
oceánico, -a adj. *oceànic*
océano m. *oceà*
oceanografía f. *oceanografia*
ocelote m. *ocelot*
ocio m. *oci, lleure*
ociosidad f. *ociositat*
ocioso, -a adj. *ociós, desenfeinat, desvagat*
oclusión f. *oclusió*

ocre m. *ocre*
octaedro m. *octàedre*
octagonal adj. *octagonal*
octágono, -a adj. *octàgon*
octava f. *octava*
octavilla f. *octavilla*
octavo, -a adj. *octau, vuitè*
octogenario, -a adj. *octogenari, vuitantí*
octogésimo, -a adj. *octogèsim, vuitantè*
octógono, -a adj. *octògon*
octosílabo, -a adj. *octosíl·lab*
octubre m. *octubre*
ocular adj. *ocular*
oculista m. y f. *oculista*
ocultación f. *ocultació*
ocultar v. *ocultar, amagar*
ocultismo m. *ocultisme*
oculto, -a adj. *ocult, amagat*
ocupación f. *ocupació*
ocupar v. *ocupar*
ocurrencia f. *ocurrència / pensada, acudit, treta*
ocurrente adj. *ocurrent*
ocurrir v. *ocórrer*
ochavo m. *xavo*
ochenta adj. *vuitanta*
ocho adj. *vuit*
ochocentismo m. *vuitcentisme*
ochocientos adj. *vuit-cents*
oda f. *oda*
odalisca f. *odalisca*
odiar v. *odiar*
odio m. *odi*
odioso, -a adj. *odiós*
odisea f. *odissea*
odontología f. *odontologia*
odontólogo, -a m. y f. *odontòleg, dentista*
odorífero, -a adj. *odorífer*
odre m. *odre, bot*
oeste m. *oest, ponent*
ofender v. *ofendre*
ofensa f. *ofensa*
ofensivo, -a adj. *ofensiu*
ofensor, -a adj. *ofensor*
oferta f. *oferta*
ofertorio m. *ofertori*
oficial adj. y m. *oficial*
oficiala f. *oficiala*
oficialidad f. *oficialitat*
oficiante m. *oficiant*
oficiar v. *oficiar*
oficina f. *oficina*
oficinista m. y f. *oficinista*
oficio m. *ofici*
oficiosidad f. *oficiositat*
oficioso, -a adj. *oficiós*

ofidio m. *ofidi*
ofrecer v. *oferir*
ofrenda f. *ofrena*
ofrendar v. *ofrenar*
oftalmología f. *oftalmologia*
oftalmólogo, -a m. y f. *oftalmòleg*
ofuscación f. *ofuscació, encegament*
ofuscar v. *ofuscar, encegar, obcecar*
ogro m. *gegant, drac*
oíble adj. *oïble, audible*
oído m. *oïda // orella // tener buen — tenir bona orella / duro de — dur d'orella / hablar al — parlar a cau d'orella, fer un escolt*
oidor, -a adj. *oïdor*
oir v. *sentir, oir / — misa oir missa*
ojal m. *trau*
¡ojalá! interj. *tant de bo!, Déu ho faci!*
ojeada f. *ullada, llambregada*
1) ojear v. *donar ullades, llambregar*
2) ojear v. (la caza) *espantar, esquivar, arruixar*
ojera f. *ullera*
ojeriza f. *malvolença, tírria, quimera*
ojeroso, -a adj. *ullerós*
ojiva f. *ogiva*
ojival adj. *ogival*
ojo m. *ull / — morado ull de vellut / abrir los ojos badar els ulls, obrir els ulls / cerrar los ojos clucar els ulls / a ojos cerrados a ulls clucs / guiñar el — fer l'ullet / echar el — aluiar // (de aguja) cós // (de un puente) boca, arcada // (de río o manantial) ull, ufana // (sutileza de entendimiento) lluc, ull, pipella // — de gallo ull de poll*
ola f. *ona, onada*
¡olé! interj. *molt bé!*
oleada f. *onada*
oleaginoso, -a adj. *oleaginós*
oleaje m. *onatge, ones*
óleo m. *oli*
oleoducto m. *oleoducte*
oler v. *olorar, ensumar, flairar // fer olor / — a chamusquina fer mala olor, fer olor de socarrim*
olfatear v. *ensumar*
olfato m. *olfacte*
oligarquía f. *oligarquia*
oligoceno m. *oligocè*
olimpíada f. *olimpíada*
olímpico, -a adj. *olímpic*
oliscar v. *ensumar // pudir, ferumejar*
oliva f. *oliva*
oliváceo, -a adj. *olivaci, olivenc*
olivar m. *olivar, oliverar*

olivo m. *olivera, oliver*
olmedo m. *omeda, omar*
olmo m. *om*
ológrafo adj. *hològraf*
olor m. *olor, flaire, ferum, sentor*
oloroso, -a adj. *olorós, odorant, flairós*
olvidadizo, -a adj. *oblidadís, oblidós*
olvidar v. *oblidar*
olvido m. *oblit*
olla f. *olla*
ombligo m. *llombrígol, melic*
omega f. *omega*
ominoso, -a adj. *ominós*
omisión f. *omissió*
omiso, -a adj. *omís*
omitir v. *ometre*
ómnibus m. *òmnibus*
omnímodo, -a adj. *omnímode*
omnipotencia f. *omnipotència*
omnipotente adj. *omnipotent*
omnisciencia f. *omnisciència*
omnívoro, -a adj. *omnívor*
omóplato m. *omòplat*
onagro m. *onagre*
onanismo m. *onanisme*
once adj. *onze*
onda f. *ona*
ondear v. *onejar*
ondeo m. *oneig, ondulació*
ondina f. *ondina*
ondulación f. *ondulació*
ondular v. *ondular*
oneroso, -a adj. *onerós*
ónice m. *ònix*
onírico, -a adj. *oníric*
ónix m. *ònix*
onomástico, -a adj. *onomàstic*
onomatopeya f. *onomatopeia*
onza f. *unça*
oosfera f. *oosfera*
opacidad f. *opacitat*
opaco, -a adj. *opac*
opalino, -a adj. *opalí*
ópalo m. *òpal*
opción f. *opció*
ópera f. *òpera*
operación f. *operació*
operador, -a adj. *operador*
operar v. *operar*
operario, -a m. y f. *operari*
opérculo m. *opercle*
opereta f. *opereta*
opinable adj. *opinable*
opinar v. *opinar*
opinión f. *opinió*
opio m. *opi*

opíparo, -a adj. *opípar*
oponente adj. *oponent*
oponer v. *oposar*
oportunidad f. *oportunitat, avinentesa*
oportunismo m. *oportunisme*
oportunista adj. *oportunista*
oportuno, -a adj. *oportú*
oposición f. *oposició*
opositar v. *opositar*
opositor, -a m. y f. *opositor*
opresión f. *opressió*
opresivo, -a adj. *opressiu*
opresor, -a adj. *opressor*
oprimir v. *oprimir*
oprobio m. *oprobi*
optar v. *optar*
óptico, -a adj. *òptic*
optimismo m. *optimisme*
optimista adj. *optimista*
óptimo, -a adj. *òptim*
opuesto, -a adj. *oposat*
opugnar v. *opugnar*
opulencia f. *opulència*
opulento, -a adj. *opulent*
opúsculo m. *opuscle*
oquedad f. *buit, buidor*
ora...ora... adv. *ara...suara..., aixi...aixi...*
oración f. *oració*
oráculo m. *oracle*
orador, -a m. y f. *orador*
oral adj. *oral*
orangután m. *orangutan*
orar v. *orar, pregar, resar*
orate m. y f. *orat, foll*
oratoria f. *oratòria*
oratorio m. *oratori*
orbe m. *orbe, món*
orbicular adj. *orbicular*
órbita f. *òrbita*
orca f. *orca*
de órdago m. *de primera, d'antologia*
orden f. *orde, ordre*
ordenación f. *ordenació*
ordenada f. *ordenada*
ordenador, -a adj. y m. *ordenador*
ordenanza f. *ordenança*
ordenar v. *ordenar*
ordeñar v. *munyir*
ordinal adj. *ordinal*
ordinariez f. *ordinariesa*
ordinario, -a adj. *ordinari*
orear v. *orejar, airejar*
orégano m. *orenga*
oreja f. *orella*
orejudo, -a adj. *orellut*
oreo m. *oreig, airejament*

orfanato m. *orfenat*
orfandad f. *orfenesa, orfandat*
orfebre m. *argenter*
orfebrería f. *argenteria*
orfeón m. *orfeó*
orfeonista m. y f. *orfeonista*
organdí m. *organdí*
organero m. *orguener*
orgánico, -a adj. *orgànic*
organillo m. *orgue de maneta, piano de maneta*
organismo m. *organisme*
organista m. y f. *organista*
organización f. *organització*
organizar v. *organitzar*
órgano m. (instrumento músico) *orgue* // (fisiológico, mecánico o sociológico) *òrgan*
orgasmo m. *orgasme*
orgía f. *orgia, disbauxa*
orgullo m. *orgull*
orgulloso, -a adj. *orgullós*
orientación f. *orientació*
oriental adj. *oriental*
orientar v. *orientar*
oriente m. *orient, llevant, sol-ixent*
orificio m. *orifici, forat*
oriflama f. *oriflama*
origen m. *origen*
original adj. *original*
originalidad f. *originalitat*
oiriginar v. *originar*
originario, -a adj. *originari*
orilla f. *vorera, vora / a la — a la vora, ran, arran*
orillar v. *vorejar* // (una tela o ropa) *voretar, vorellar*
orillo m. *vora, voraviu*
1) **orín** m. (óxido) *rovell*
2) **orín** m. (V. **orina**)
orina f. *orina, orins, pixat*
orinal m. *orinal, bací*
orinar v. *orinar, pixar / ganas de — orinera, pixera*
oriundo, -a adj. *oriünd, procedent*
orla f. *orla, rivet*
ornamentación f. *ornamentació*
ornamentar v. *ornamentar*
ornamento m. *ornament*
ornar v. *ornar, adornar*
ornitología f. *ornitologia*
ornitólogo, -a m. y f. *ornitòleg*
oro m. *or* // (naipe) *oro*
orogenia f. *orogènia*
orografía f. *orografia*
orondo, -a adj. *ample, estufat, cofoi*

oropel m. *oripell*
orquesta f. *orquestra*
orquestar v. *orquestrar*
órquestina f. *orquestrina*
orquídea f. *orquídia*
ortiga f. *ortiga*
orto m. *sortida del sol* (o *d'un altre astre*)
ortodoxia f. *ortodòxia*
ortodoxo, -a adj. *ortodox*
ortografía f. *ortografia*
ortográfico, adj. *ortogràfic*
ortopedia f. *ortopèdia*
ortopédico, -a adj. *ortopèdic*
ortóptero m. *ortòpter*
oruga f. *oruga, eruga*
orujo m. (de uva) *brisa* // (de oliva) *molinada, pinyolada*
orza f. *orsa, orsada*
orzar v. *orsar*
orzuelo m. *urçol, uçol* (y las formas incorrectas *uixol* y *mussol*)
os m. *vos, us*
osa f. *onsa, óssa*
osadía f. *ardidesa, gosadia, atreviment*
osado, -a adj. *ardit, agosarat, atrevit*
osamenta f. *ossada, ossam*
osar v. *gosar, atrevir-se*
osario m. *ossera*
oscilación f. *oscil·lació*
oscilar v. *oscil·lar*
ósculo m. *òscul, bes, besada*
óseo, -a adj. *ossi, ossós*
osificar v. *ossificar*
osmómetro m. *osmòmetre*
ósmosis f. *òsmosi*
oso m. *onso, ós*
ostensible adj. *ostensible*
ostentación f. *ostentació*
ostentar v. *ostentar*
ostentoso, -a adj. *ostentós*
ostra f. *ostra, òstia, ostió*
ostracismo m. *ostracisme*
osudo, -a adj. *ossut*
otear v. *atalaiar, talaiar*
otero m. *turó, pujol, monticle*
otitis f. *otitis*
otología f. *otologia*
otomana f. *otomana*
otomano, -a adj. *otomà, turc*
otoñal adj. *tardoral, tardorenc, autumnal*
otoño m. *tardor, tardorada, primavera d'hivern, autumne*
otorgamiento m. *atorgament*
otorgar v. *atorgar*
otro, -a pron. *altre* / (en sentido indefinido) *altri* / **de —** *d'altri*

otrosí adv. *atresí, a més*
ovación f. *ovació*
ovacionar v. *ovacionar*
oval adj. *oval*
ovalado, -a adj. *ovalat*
óvalo m. *òval*
ovario m. *ovari*
oveja f. *ovella, xota, bena, feda*
ovejuno, -a adj. *ovellenc*
oviducto m. *oviducte*
ovillar v. *cabdellar*
ovillo m. *cabdell // bolic, mató*

ovino, -a adj. *oví*
ovíparo, -a adj. *ovípar*
ovoide adj. *ovoide*
ovulación f. *ovulació*
óvulo m. *òvul*
oxidación f. *oxidació*
oxidar v. *oxidar*
óxido m. *òxid*
oxigenar v. *oxigenar*
oxígeno m. *oxigen*
oyente adj. *oient, escoltador*
ozono m. *ozon*

P

pabellón m. *pavelló*
pábilo m. *ble* // *cremallot, cremalló, moc*
pábulo m. *pàbul, pastura, aliment*
pacer v. *pasturar, péixer*
paciencia f. *paciència*
paciente adj. *pacient*
pacientemente adv. *pacientment*
pacienzudo, -a adj. *pacienciós, sofert*
pacificación f. *pacificació*
pacificar v. *pacificar*
pacífico, -a adj. *pacífic*
pacifista adj. *pacifista*
pacotilla f. *pacotilla*
pactar v. *pactar*
pacto m. *pacte*
pachá m. *paixà*
pachón, -ona adj. *ca mè, perdiguer* // *calmós, pausat*
pachorra f. *calma, flema*
pachucho, -a adj. *estantís* // *alís, alacaigut*
padecer v. *patir*
padecimiento m. *patiment*
padrastro m. *padrastre* // (de los dedos) *padrastre, repeló, grell*
padrazo m. *pare-pedaç*
padre m. *pare*
padrenuestro m. *parenostre*
padrinazgo m. *padrinatge*
padrino m. *padrí*
padrón m. *padró*
paella f. *paella*
paga f. *paga*
pagadero, -a adj. *pagador*
pagador, -a adj. *pagador*
pagaduría f. *pagadoria*
paganismo m. *paganisme*
paganizar v. *paganitzar*
pagano, -a adj. *pagà*
pagar v. *pagar* // *— el pato pagar la festa*
pagaré m. *pagarè*
pagel m. *pagell*
página f. *pàgina*
pago m. *pagament* // *en — per paga*
pagoda f. *pagoda*
pagro m. *pagre, pàgara*

país m. *país*
paisaje m. *paisatge*
paisajista adj. *paisatgista*
paisano, -a adj. *paisà*
paja f. *palla*
pajar m. *paller, pallera, pallissa*
pajarería f. *aucelleria, aucellada, ocellada*
pajarero, -a m. y f. *auceller, oceller*
pajarita f. *ocell de paper* // *corbatí*
pájaro m. *aucell, ocell, moixó, pardal* // (hombre poderoso, o astuto, o peligroso) *estornell, pardal, passerell* / *— de cuenta bona peça, mala peça*
pajaza f. *pallús*
paje m. *patge*
pajizo, -a adj. *pallós*
pala f. *pala*
palabra f. *paraula, mot*
palacio m. *palau*
palada f. *palada*
paladar m. *paladar*
paladear v. *paladejar, assaborir, ensaborir*
paladín m. *paladí*
palafrén m. *palafrè*
palanca f. *palanca*
palangana f. *bacina, ribella, safa, palangana*
palangre m. *palangre*
palatal adj. *palatal*
palatalizar v. *palatalitzar*
palatino, -a adj. *palatí*
palco m. *llotja*
paleografía f. *paleografia*
paleolítico, -a adj. *paleolític*
paleontología f. *paleontologia*
palestino, -a m. y f. *palestí*
palestra f. *palestra*
paleta f. *paleta*
paletada f. *palada, paletada*
paleto m. *pagesot, terròs*
paliar v. *pal·liar*
paliativo, -a adj. *pal·liatiu*
palidecer v. *empal·lidir, esblanqueir-se, esblaimar-se*
palidez f. *pal·lidesa, esblanqueïment, esblaimament*

pálido, -a adj. *pàl·lid, esblanqueït, esblaimat*
palillo m. *escuradents //* (para tocar el tambor) *maça, tocador, maneta, broqueta*
palio m. *pal·li*
palique m. *xerra, xerro, xerrameca*
paliza f. *pallissa, planissada, ablanida, ventim, tupada*
palma f. *palmera, fasser //* (hoja de palmera) *palma, pauma //* (de la mano) *palmell, call de sa mà //* pl. *aplaudiment, mamballetes*
palmada f. *plantofada // picament de mans*
palmar m. *palmur, palmerar, fasserar // palmenc, palmerenc*
palmario, -a adj. *palmari*
pameado, -a adj. *palmat*
palmera f. *palmera, palmer, fasser*
palmeral m. *palmerar, palmar*
palmesano, -a adj. *palmer, ciutadà, palmesà*
palmeta f. *palmeta, fèrula*
palmetazo m. *palmetada*
palmípedo, -a adj. *palmípede*
palmito m. *margalló, garballó, bargalló*
palmo m. *palm, pam*
palmotear v. *fer mamballetes, picar de mans*
palmoteo m. *mamballetes, picament de mans*
palo m. *pal, garrot, bastó // garrotada, bastonada //* (de barco) *pal, arbre / —* **mayor** *arbre mestre / —* **mesana** *arbre de mitjana / —* **trinquete** *arbre de trinquet // fusta, llenya //* (de naipes) *coll*
paloma f. *colom, coloma*
palomar m. *colomar, colomer*
palomo m. *colom*
palote m. (de escritura) *barra*
palpable adj. *palpable*
palpar v. *palpar*
palpitación f. *palpitació, batec, bategament*
palpitar v. *palpitar, bategar, glatir*
palúdico, -a adj. *palúdic*
paludismo m. *paludisme*
palurdo, -a adj. *taujà, terròs*
palustre adj. *palustre*
pamela f. *pamela, pallola*
pampa f. *pampa*
pámpano m. *pàmpol, fulla de pàmpol*
pamplina f. *galindaina, camàndula, falòrnia, rondalla*
pan m. *pa*
pana f. *pana*
panacea f. *panacea*
panadería f. *forn, fleca*
panadero, -a m. y f. *forner, flequer*
panadizo m. *cercadits, panadís*

panal m. *bresca*
panameño, -a m. y f. *panameny*
pancarta f. *pancarta*
páncreas m. *pàncreas*
pandereta f. *pandero, alduf*
pandero m. *pandero, alduf // tocacampanes, torrapipes*
pandilla f. *colla, escamot, tropa*
panecillo m. *panet*
panegírico, -a adj. *panegíric*
panel m. *plafó*
pánfilo, -a adj. *pàmfil, aturat, babau*
panfleto m. *pamflet*
pánico m. *pànic, basarda*
panificar v. *panificar*
panizo m. *panís*
panocha f. (V. **panoja**)
panoja f. *panolla, pinya, espiga*
panoli adj. *pamboli, panoli, babau, betzol, bàmbol*
panorama m. *panorama*
pantagruélico, -a adj. *pantagruèlic*
pantalón m. *pantaló, calçons*
pantalla f. *pantalla, ventalla, mampara*
pantano m. *pantà*
pantanoso, -a adj. *pantanós*
panteísmo m. *panteisme*
panteón m. *panteó*
pantera f. *pantera*
pantocrátor m. *pantocràtor*
pantógrafo m. *pantògraf*
pantomima f. *pantomima*
pantorrilla f. *panxell, tou de la cama, ventre de la cama*
pantufla f. *plantofa, pantonfla*
panza f. *panxa, butza / —* **arriba** *d'esquena, panxa enlaire*
panzada f. *panxada, panxó*
panzudo, -a adj. *panxut, panxarrut, ventrut*
pañales m. pl. *bolquers, draps*
pañero m. *draper, telaire*
paño m. *drap / —* **de manos** *eixugamans //* (lámina de metal) *pany //* (de pared) *pany de paret //* **conocer el —** *saber quin pa donen, conèixer les mates que fan llentrisca*
pañuelo m. *mocador*
1) **papa** m. (pontífice) *papa, Sant Pare*
2) **papa** f. (patata) *patata, trumfa*
papá m. *papà*
papada f. *sotabarba, papada*
papado m. *papat*
papagallo m. *raor*
papagayo m. *papagai*
papal adj. *papal*
papanatas m. *bajoc, bajoca, banastra, bàmbol*

papar v. *menjar, empassar-se, enviar-se*
papaverácea f. *papaveràcia*
papel m. *paper* // — **de lija** *paper de vidre*
papeleo m. *papereig, paperassa*
papelera f. *paperera*
papelería f. *papereria* // *paperassa, paperum*
papeleta f. *cèdula, papereta*
papelorio f. *paperada, paperassa, paperum*
papera f. *pap* // *paperes, galteres, golls*
papila f. *papil·la*
papilla f. *sopetes, farinetes* // **hacer** — *fer bocins, fer miques, esmicolar*
papiro m. *papirus*
papirote m. *gleva, floreta, clinca*
papisa f. *papessa*
papista adj. *papista*
papo m. *gavatx, pap*
paquebote m. *paquebot*
paquete m. *paquet*
paquidermo m. *paquiderm*
par adj. *parell, igual, parió* / **sin** — *sense parió* // *parell* // **a pares o nones** *a parells i senars* // **a pares** *de dos en dos* // m. (título de alta dignidad) *par*
para prep. *per, per a*
parabién m. *enhorabona, felicitació*
parábola f. *paràbola*
parabrisas m. *parabrisa*
paracaídas m. *paracaigudes*
parachoques m. *para-xocs*
parada f. *aturada, parada* / *returada* // (lugar donde se para habitualmente) *parada* // (de tropa) *parada, mostra*
paradero m. *parador* // *fi, final, terme*
paradigma m. *paradigma*
paradisíaco, -a adj. *paradisíac*
parado, -a adj. *aturat*
paradoja f. *paradoxa*
paradójico -a adj. *paradoxal*
parador, -a adj. *aturador* // m. *hostal*
parafangos m. *parafang*
parafina f. *parafina*
parafrasear v. *parafrasejar*
paráfrasis f. *paràfrasi*
paraguas m. *paraigua*
paraguayo, -a m. y f. *paraguaià*
paragüero m. *paraigüer*
paraíso m. *paradís, paraís* // (en el teatro) *cassola, galliner*
paraje m. *paratge, indret*
paralelepípedo m. *paral·lelepípede*
parelelismo m. *paral·lelisme*
paralelo, -a adj. *paral·lel*
paralelogramo m. *paral·lelogram*
parálisis f. *paràlisi*

paralítico, -a adj. *paralític*
paralizar v. *paralitzar*
paramento m. *parament*
parámetro m. *paràmetre*
páramo m. *erm, ermàs, ermot*
parangón m. *comparació, comparança*
parangonar v. *comparar* // *parangonar*
paraninfo m. *paranimf*
paranoia f. *paranoia*
parapetar v. *parapetar*
parapeto m. *parapet*
parar v. *aturar, aturar-se, parar, parar-se,* // **ir a** — *anar a parar, anar a raure*
pararrayos m. *parallamps*
parásito m. *paràsit*
parasol m. *para-sol*
parca f. *parca*
parcela f. *parcel·la*
parcelar v. *parcel·lar, establir*
parcial adj. *parcial*
parcialidad f. *parcialitat*
parco, -a adj. *parc, sobri, moderat*
parche m. *pedaç, pegat*
parchís m. *parxís*
pardiez! interj. *per Déu! viva Déu*
pardillo m. *passerell, llinqueret*
pardo, -a adj. *burell, terrós*
pardusco, -a adj. *terrosenc, burellenc*
pareado m. *rodolí*
parear v. *apariar, acoblar, encollar*
parecer v. *aparèixer* // *parèixer, semblar* // rfl. *assemblar-se, semblar* // m. *parer* / **a mi** — *al meu parer*
parecido, -a adj. *semblant* / **bien** — *ben carat. plantós* // m. *semblança, retirada, tirat*
pared f. *paret*
paredón m. *paretota, tros de paret*
pareja m. *parella* / **correr parejas** *anar igualat*
parejo, -a adj. *igualenc, cabalenc, parió*
parénquima m. *parènquima*
parentela f. *parentela*
parentesco m. *parentiu, parentat, parentesc*
paréntesis m. *parèntesi*
pareo m. *apariament, acoblament*
paria m. y f. *pària*
paridad f. *paritat*
pariente, -a adj. *parent*
parietal adj. *parietal*
parigual adj. *ben igual, clavat*
parihuela f. *civera, baiard*
parir v. *parir, infantar*
parisiense m. y f. *parisenc*
parisino, -a m. y f. *parisenc*
parlamentar v. *parlamentar*

pasteurizar

parlamentario, -a adj. *parlamentari*
parlamento m. *parlament*
parlanchín, -ina adj. *xerrador, xerraire*
parlero, -a adj. *xerraire, xerrim*
parlotear v. *parlotejar, xerrimar*
parloteo m. *rall, xerratòrium, parladissa*
parnasiano, -a adj. *parnassià*
parnaso m. *parnàs*
parné m. *clopinsos, calés*
paro m. *aturament, atur /* — **forzoso** *atur forçós*
parodia f. *paròdia*
parodiar v. *parodiar*
paroxismo m. *paroxisme*
parpadear v. *parpellejar, pipellejar*
parpadeo m. *parpelleig, pipelleig*
párpado m. *parpella, pipella*
parque m. *parc*
parquedad f. *parquedat, moderació*
parra f. *parra*
párrafo m. *paràgraf*
parral m. *parral, emparrat*
parranda f. *borina, gresca, xerinola*
parricida m. y f. *parricida*
parricidio m. *parricidi*
parrilla f. *graelles, esgrelles*
párroco m. *rector, ecònom*
parroquia f. *parròquia*
parroquial adj. *parroquial*
parroquiano, -a adj. *parroquià*
parsimonia f. *parsimònia*
parte f. *part // banda, part, cantó, bandada / por todas (o en todas) partes pertot, pertot arreu / por otra parte altrament, per altra banda, per altra part, per altre costat / a ninguna* — *o en ninguna* — *enlloc, aumon // m. comunicat / dar* — *donar part*
partera f. *comare, llevadora*
parterre m. *parterre, pastera*
partición f. *partició, partió*
participación f. *participació*
participar v. *participar*
partícipe adj. *partícip*
participio m. *participi*
partícula f. *partícula*
particular adj. *particular*
particularidad f. *particularitat*
particularizar v. *particularitzar*
partida f. *partida*
partidario, -a adj. *partidari*
partido, -a adj. y m. *partit*
partir v. *partir / esmitjar, migpartir // fendre, esquerdar // partir, repartir, distribuir // partir, anar-se'n, marxar*
partitivo, -a adj. *partitiu*

partitura f. *partitura*
parto m. *part, infantament / estar de* — *anar de part, parterejar*
parturienta f. *partera*
parvedad f. *poquedat, petitesa // parva*
parvo, -a adj. *petit, menut*
parvulario m. *parvulari*
párvulo, -a adj. *pàrvul, menut*
pasa f. *pansa*
pasacalle m. *cercavila*
pasada f. *passada / de* — *de passada, de rampellada*
pasadero, -a adj. *passador, prenidor*
pasadizo m. *passadís*
pasado, -a adj. *passat*
pasador, -a adj. *passador // m. biuló, pestell*
pasaje m. *passatge*
pasajero, -a adj. *passatger*
pasamanería f. *passamaneria*
pasamanero, -a m. y f. *passamaner*
pasamano m. *passamà // arrambador, barana, passamà*
pasante adj. *passant*
pasantía f. *passantia*
pasaporte m. *passaport*
pasar v. *passar / espassar //* — *a ser tornar, tornar-se, esdevenir //* — *de la raya o de castaño oscuro passar de mida //* rfl. *pansir-se, tornar estantís / (el arroz) estovar-se //* rfl. *fer llarg*
pasarela f. *planxa, passarel·la*
pasatiempo m. *passatemps*
pascua f. *pasqua, pasco*
pascual adj. *pasqual*
pase m. *passi*
pasear v. *passejar*
paseo m. *passeig*
pasillo m. *passadís, corredor*
pasión f. *passió*
pasional adj. *passional*
pasividad f. *passivitat*
pasivo, -a adj. *passiu*
pasmar v. *esbalair, esglaiar, astorar*
pasmo m. *esbalaïment, esglai, astorament*
pasmoso, -a adj. *esglaiador, esbalaïdor, astorador*
paso m. *pas, passa // pas, passada, feta // de* — *de passada*
pasquín m. *pasquí*
pasta m. *pasta*
pastar v. *pasturar, péixer*
pastel m. *pastís*
pastelería f. *pastisseria, confiteria*
pastelero -a m. y f. *pastisser, confiter*
pasteurizar v. *pasteuritzar*

pastilla f. *pastilla*
pasto m. *pastura //* **a todo** — *a balquena, a voler, a la plena*
pastor, -a m. y f. *pastor*
pastoral adj. *pastoral*
pastoso, -a adj. *pastós*
pata f. *pota, cama //* **estirar la** — *fer es bategot, estirar els potons, fer el darrer badall //* **mala** — *mala sort*
patada f. *potada, peuada, coça*
patagón, -ona m. y f. *patagó*
patalear v. *pernejar, camellejar, fer potadetes*
pataleo m. *pernejada, camalleig, potadetes*
pataleta f. *convulsió //* *rabiola, rebequeria*
patán m. *pagesot, taujà*
patata f. *patata*
patatera f. *patatera*
patatús m. *patatús*
patear v. *potejar, peuejar*
patena f. *patena*
patentar v. *patentar*
patente adj. *patent, palès //* f. *patent*
patentizar v. *patentitzar, palesar*
pateo m. *poteig, peueig, potejament*
paternal adj. *paternal*
paternalista adj. *paternalista*
paternidad f. *paternitat*
paterno, -a adj. *patern*
patético, -a adj. *patètic*
patibulario, -a adj. *patibulari*
patíbulo m. *patíbul*
paticojo, -a adj. *coix, camacoix*
patilla f. *patilla*
patín m. *patí*
pátina f. *pàtina*
patinador, -a adj. *patinador*
patinar v. *patinar*
patinazo m. *patinada*
patinete m. *patinet*
patio m. *pati, corral /* — **deslunado** *celobert, mompeller*
patitieso, -a adj. *espatarrat*
patituerto, -a adj. *camatort*
patizambo, -a adj. *corb, sancallós*
pato m. *ànnera, ànec*
patochada f. *disbarat, doi*
patología f. *patologia*
patoso, -a adj. *doiut, desmanyotat*
patraña f. *mena, bola*
patria f. *pàtria*
patriarca m. *patriarca*
patriarcado m. *patriarcat*
patricio, -a adj. *patrici*
patrimonio m. *patrimoni*
patrio, -a adj. *patri*

patriota m. y f. *patriota*
patriotero, -a adj. *patrioter*
patriótico, -a adj. *patriòtic*
patrocinar v. *patrocinar*
patrocinio m. *patrocini*
patrón m. *patró / dispeser*
patrona f. *dispesera*
patronal adj. *patronal*
patronato m. *patronat*
patronear v. *patronejar, governar*
patronímico, -a adj. *patronímic*
patrono m. *patró*
patrulla f. *patrulla*
patrullar v. *patrullar*
patulea f. *patuleia, patulea*
paulatinamente adj. *poc a poc, de mica en mica*
paulatino, -a adj. *lent, gradual*
paupérrimo, -a adj. *paupèrrim*
pausa f. *pausa*
pausado, -a adj. *pausat, lent*
pauta f. *pauta*
pava f. *polla díndia, gallina díndia, indiota*
pavada f. *indiotada*
pavana f. *pavana*
pavimentar v. *pavimentar*
pavimento m. *paviment, trespol*
pavo m. *indiot, endiot, galldindi*
pavonearse v. *estufar-se, gallejar*
pavor m. *paüra, esglai, espant*
pavoroso, -a adj. *paorós, esglaiador, espantós*
payasada f. *pallassada*
payaso m. *pallasso*
payés, -esa adj. *pagès*
payesía f. *pagesia*
paz f. *pau*
pazguato, -a adj. *badoc, ensensat*
peaje m. *peatge*
peana f. *peanya*
peatón m. *peó, vianant*
peca f. *piga*
pecado m. *pecat*
pecador, -a adj. *pecador*
pecaminoso, -a adj. *pecaminós*
pecar v. *pecar*
pecera f. *peixera*
pecíolo m. *pecíol*
pécora f. *pècora*
pecoso, -a adj. *pigat, pigallós*
pectoral adj. *pectoral*
pecuario, -a adj. *pecuari*
peculiar adj. *peculiar*
peculiaridad f. *peculiaritat*
peculio m. *peculi*
pecunia f. *pecúnia*

pendenciero

pecuniario, -a adj. *pecuniari*
pechera f. *pitera // pitral*
pechina f. *copinya, petxina*
pecho m. *pit, pitera // mamella, mama*
pechuga f. *pitera, pitrera*
pedagogía f. *pedagogia*
pedagogo, -a m. y f. *pedagog*
pedal m. *pedal*
pedalear v. *pedalejar*
pedáneo, -a adj. *pedani*
pedante adj. *pedant*
pedantería f. *pedanteria*
pedazo m. *tros, bocí*
pederasta m. *pederasta*
pedernal m. *pedrenyera, pedra foguera*
pedestal m. *pedestal, peanya*
pedestre adj. *pedestre*
pediatra m. y f. *pediatre*
pediculo m. *pedicle*
pedicuro, -a m. y f. *pedicur*
pedido m. *comanda, encàrrec*
pedigüeño, -a adj. *demanador, pidolaire*
pedir v. *demanar / — prestado manllevar
  / pidolar*
pedo m. *pet*
pedorrero, -a adj. *peter, petejador*
pedrada f. *pedrada*
pedrea f. *pedregada*
pedregal m. *pedregar, pedrer*
pedregoso, -a adj. *pedregós*
pedreñal m. *pedrenyal*
pedrera f. *pedrera*
pedrería f. *pedreria*
pedrisco m. *calabruix, calamarsa, pedra*
pedrusco m. *pedrot*
pedúnculo m. *peduncle*
peer v. *petar, petejar*
pega f. *pega // entrebanc*
pegar v. *aferrar, enganxar // encomanar
  (contagiar) // calar (foc) // (caer bien) es-
  caure, caure bé // (dar golpes) pegar
  (intr.), ferir (tr.), ventar (tr.) // (lanzar
  gritos, saltos, etc.) pegar*
pegote m. *pegat*
peinado m. *pentinat*
peinador, -a adj. y m. y f. *pentinador*
peinar v. *pentinar*
peine m. *pinta (f.)*
peineta f. *pinta*
pejesapo m. *rap*
peladilla f. *confit d'ametla // mac de torrent,
  palet de riera*
pelado, -a adj. *pelat*
peladura f. *pelada // peladura*
pelagatos m. *pelat, poca-roba, pelacanyes*
pelagra f. *pel·lagra*

pelaire m. *paraire*
pelaje m. *pelatge*
pelambre m. *pelatge, pelam*
pelambrera f. *pelussera, pelam*
pelandusca f. *bandarra*
pelar v. *pelar*
peldaño m. *graó, escaló, esglaó*
pelea f. *lluita, baralla, combat*
pelear v. *lluitar, barallar-se, combatre*
peletería f. *pelleteria*
peletero m. *pelleter*
peliagudo, -a adj. *entremaliat, embolicat*
pelícano m. *pelicà, alcatràs*
película f. *pel·lícula*
peligrar v. *perillar*
peligro m. *perill*
peligroso, -a adj. *perillós*
pelirrojo, -a adj. *roig, pèl-roig ·*
pelmazo m. *pesat, llandós*
pelo m. *pèl // cabells // al — de primera,
  molt bé // de — en pecho de ronyó clos*
pelón, -ona adj. *pelat, cappelat*
pelota f. *pilota*
pelotari m. y f. *pelotari*
pelotazo m. *pilotada*
pelotera f. *baralla*
pelotilla f. *pilotera / hacer la — fer la bona,
  fer la gara-gara*
pelotillero, -a adj. *adulador, llagoter, llepa*
pelotón m. *escamot*
peluca f. *perruca*
peluche m. *pelfa, peluix*
peludo, -a adj. *pelut*
peluquería f. *perruqueria // barberia*
peluquero, -a m. y f. *perruquer // m. bar-
  ber*
peluquín m. *perruquí*
pelusa f. *pelussa*
pelvis f. *pelvis*
pellejería f. *pelleria*
pellejero m. *pellaire, peller*
pellejo m. *pell // odre, bot*
pelliza f. *pellissa*
pellizcar v. *pessigar // pellucar, espipellar*
pellizco m. *pessic*
pena f. *pena / a duras penas amb prou fei-
  nes, tot just*
penacho m. *plomall*
penado, -a adj. *penat*
penal adj. *penal*
penalidad f. *penalitat*
penar v. *penar*
penca f. *penca*
penco m. *carronya, cavallot*
pendencia f. *baralla, brega*
pendenciero, -a adj. *baralladís, breguista*

pender

pender v. *penjar, estar penjat* // *estar pendent, estar a punt d'enllestir*
pendiente adj. *penjat* // m. *arracada, anelleta* // adj. *pendent* // f. *coster, rost, pendent*
pendón m. *penó* // *clepa, baina*
péndulo m. *pèndol, pèndola* // adj. *pèndul*
pene m. *penis*
penetración f. *penetració*
penetrar v. *penetrar*
penicilina f. *penicil·lina*
península f. *península*
peninsular adj. *peninsular*
penique m. *penic*
penitencia f. *penitència*
penitenciaría f. *penitenciaria*
penitenciario, -a adj. *penitencier*
penitente adj. *penitent*
penoso, -a adj. *penós*
pensador, -a adj. *pensador*
pensamiento m. *pensament*
pensar v. *pensar*
pensativo, -a adj. *pensatiu, pensatívol, consirós*
pensión f. *pensió* / *dispesa*
pensionado m. *pensionat*
pensionista m. y f. *pensionista*
pentágono, -a adj. y m. *pentàgon*
pentagrama m. *pentagrama*
pentateuco m. *pentateuc*
pentecostés m. *pentacosta*
penúltimo, -a adj. *penúltim*
penumbra f. *penombra*
penuria f. *penúria*
peña f. *penya*
peñascal m. *penyatera, penyalar*
peñasco m. *penyal*
peñón m. *penyal*
peón m. *peó* / **— de albañil** *manobre*
peonía f. *peònia, pampalònia*
peonza f. *baldufa, burot*
peor adj. *pitjor*
pepino m. *cobrombo, cobrómbol, cogombre*
pepita f. *pipida, pinyol*
pequeñez f. *petitesa, poquedat, menudència*
pequeño, -a adj. *petit, menut, xic*
pera f. *pera*
peralte m. *peralt*
percal m. *percala*
percalina f. *percalina*
percance m. *percaç, contratemps*
percatarse v. *adonar-se, tèmer-se*
percebe m. *peu de cabrit*
percepción f. *percepció*
perceptible adj. *perceptible*

percibir v. *percebre*
percusión f. *percussió*
percusor m. *percussor*
percutir v. *percudir*
percutor m. *percussor*
percha f. (estaca larga) *perxa* // (para ropa) *penjador, penja-robes*
perchero m. *penjador, penja-robes*
perdedor, -a adj. *perdedor*
perder v. *perdre* / **echar a** **— fer malbé, tudar*
perdición f. *perdició*
pérdida f. *pèrdua*
perdido, -a adj. *perdut*
perdigón m. *perdigó*
perdigonada f. *perdigonada*
perdiguero, -a adj. *perdiguer* / (perro) *ca de perdius*
perdiz f. *perdiu*
perdón m. *perdó*
perdonar v. *perdonar*
perdonavidas m. *gallet, bravejador, perdonavides*
perdulario, -a adj. *perdulari*
perdurable adj. *perdurable*
perdurar v. *perdurar*
perecer v. *morir* // rfl. *glatir, delir-se*
peregrinación f. *peregrinació*
peregrinar v. *peregrinar*
peregrino, -a adj. *peregrí*
perejil m. *julivert, juevert*
perenne adj. *perenne*
perennidad f. *perennitat*
perentorio, -a adj. *peremptori*
pereza f. *peresa, vessa, mandra*
perezoso, -a adj. *peresós, pererós, vessut, mandrós*
perfección f. *perfecció*
perfeccionar v. *perfeccionar*
perfecto, -a adj. *perfecte*
perfidia f. *perfídia*
pérfido, -a adj. *pèrfid*
perfil m. *perfil*
perfilar v. *perfilar*
perforación f. *perforació*
perforar v. *perforar*
perfumar v. *perfumar*
perfume m. *perfum*
perfumería f. *perfumeria*
pergamino m. *pergamí*
pérgola f. *pèrgola*
pericardio m. *pericardi*
pericarpio m. *pericarpi*
pericia f. *perícia*
periclitar v. *periclitar*
periferia f. *perifèria*

perífrasis f. *perífrasi*
perifrástico, -a adj. *perifràstic*
perilla f. *barbó* // *pereta* // de perillas de primera, *molt bé*
perímetro m. *perímetre*
periódico, -a adj. y m. *periòdic*
periodismo m. *periodisme*
periodista m. y f. *periodista*
período m. *període*
periostio m. *periosti*
peripecia f. *peripècia*
periplo m. *periple*
peripuesto, -a adj. *empolainat, endiumenjat*
en un periquete adv. *en un instant, en un tres i no-res*
periquito m. *lloretó*
periscopio m. *periscopi*
peristáltico, -a adj. *peristàltic*
peristilo m. *peristil*
peritaje m. *peritatge*
perito, -a adj. *perit*
peritoneo m. *peritoneu*
peritonitis f. *peritonitis*
perjudicar v. *perjudicar*
perjudicial adj. *perjudicial*
perjuicio m. *perjudici, perjui*
perjurar v. *perjurar*
perjurio m. *perjuri*
perjuro, -a adj. *perjur*
perla f. *perla*
permanecer v. *romandre, quedar*
permanencia f. *permanència*
permanente adj. *permanent*
permanentemente adv. *permanentment*
permeable adj. *permeable*
permisión f. *permissió*
permiso m. *permís*
permitir v. *permetre*
permuta f. *permuta*
permutación f. *permutació*
permutar v. *permutar*
pernada f. *pernada*
pernear v. *pernejar*
pernera f. *camal*
pernicioso, -a adj. *perniciós*
pernil m. *pernil, cuixot, manegot*
perniquebrar v. *camatrencar*
perno m. *pern*
pernoctar v. *pernoctar, romandre*
pero conj. *però, emperò* // m. poner peros *posar emperons*
perogrullada f. *perogullada*
perol m. *perol*
peroné m. *peroné*
peroración f. *peroració*
perorar v. *perorar*

perorata f. *perorata*
perpendicular adj. *perpendicular*
perpetrar v. *perpetrar*
perpetuar v. *perpetuar*
perpetuidad f. *perpetuïtat*
perpetuo, -a adj. *perpetu*
perplejidad f. *perplexitat*
perplejo, -a adj. *perplex*
perquisición f. *perquisició*
perra f. *cussa, gossa* // (moneda) *peça* // (rabieta) *enrabiada, moneia*
perrera f. *canera, gossera*
perrería f. *malifeta, bretolada*
perro m. *ca, gos*
persa m. y f. *persa*
persecución f. *persecució, encalç*
persecutorio, -a adj. *persecutori*
perseguidor, -a adj. *perseguidor, encalçador*
perseguir v. *perseguir, encalçar, empaitar*
perseverancia f. *perseverança*
perseverar v. *perseverar*
persiana f. *persiana*
pérsico, -a adj. *pèrsic*
persignar v. *persignar*
persistencia f. *persistència*
persistente adj. *persistent*
persistentemente adv. *persistentment*
persistir v. *persistir*
persona f. *persona*
personaje m. *personatge*
personal adj. *personal*
personalidad f. *personalitat*
personarse v. *comparèixer, personar-se*
personificar v. *personificar*
perspectiva f. *perspectiva*
perspicacia f. *perspicàcia*
perspicaz adj. *perspicaç*
persuadir v. *persuadir*
persuasión f. *persuasió*
persuasivo, -a adj. *persuasiu*
pertenecer v. *pertànyer*
pertenencia f. *pertinença*
pértiga f. *perxa*
pértigo m. *timó, espigó*
pertinaz adj. *pertinaç*
pertinente adj. *pertinent*
pertinentemente adv. *pertinentment*
pertrechar v. *fornir, proveir*
pertrechos m. pl. *forniment, ormeig, pertret*
perturbación f. *pertorbació*
perturbar v. *pertorbar*
peruano, -a m. y f. *peruà*
perversidad f. *perversitat*
perversión f. *perversió*
perverso, -a adj. *pervers*
pervertir v. *pervertir*

pesa f. *pes*
pesada f. *pesada*
pesadez f. *pesadesa, feixuguesa // pesadura*
pesadilla f. *malson*
pesado, -a adj. *feixuc, pesat // impertinent, malavidós, creuós*
pesadumbre f. *feixuguesa, feixugor // disgust, greu, recança*
pésame m. *condol, condolença*
pesantez f. *feixuguesa, feixugor*
pesar v. *pesar // saber greu, doldre //* m. *greu, disgust, pesar / a — de malgrat, a pesar de, a desgrat de*
pesaroso, -a adj. *dolgut, disgustat*
pesca f. *pesca*
pescadería f. *peixateria*
pescadero, -a m. y f. *peixater*
pescadilla f. *llúcera*
pescado m. *peix*
pescador, -a m. y f. *pescador*
pescante m. *pescant*
pescar v. *pescar*
pescozón m. *clatellada, clotellada*
pescuezo m. *clatell, clotell*
pesebre m. *menjadora, pesebre*
peseta f. *pesseta*
pesetero, -a adj. *pesseter*
pesimismo m. *pessimisme*
pesimista adj. *pessimista*
pésimo, -a adj. *pèssim*
peso m. *pes*
pespuntar v. *repuntar*
pespunte m. *repunt*
pespuntear v. (V. **pespuntar**)
pesquera f. *pesquera*
pesquería f. *pesquera*
pesquis m. *bon cap, seny, senderi*
pestaña f. *pestanya, pipella*
pestañear v. *parpellejar, pipellejar*
peste f. *pesta // pestilència, pudorada, pesta // echar pestes renegar, flastomar*
pestífero, -a adj. *pestífer, pestilent*
pestilencia f. *pestilència*
pestilente adj. *pestilent*
pestillo m. *pestell, balda, biuló*
petaca f. *petaca*
pétalo m. *pètal*
petardear v. *petardejar*
petardo m. *petard*
petate m. *pallet // liar el — agafar els trastets*
petición f. *petició*
peticionario, -a adj. *peticionari*
petimetre m. *lleteret, pixaví, xitxarel·lo*
petirrojo m. *ropit, pit-roig*
petitorio, -a adj. *petitori*

pétreo, -a adj. *petri*
petrificar v. *petrificar*
petróleo m. *petroli*
petrolero, -a adj. *petrolier, petroler*
petulancia f. *petulància*
petulante adj. *petulant*
petunia f. *petúnia*
peyorativo, -a adj. *pejoratiu*
1) **pez** m. *peix*
2) **pez** f. *pega*
pezón m. *mugró*
pezuña f. *potó, peülla, unglot*
piadoso, -a adj. *piadós, pietós*
pi f. (letra griega) *pi*
piafar v. *piafar*
pianista m. y f. *pianista*
piano m. *piano*
piar v. *piular*
piara f. *porcada, ramat de porcs*
piastra f. *piastra*
pica f. *pica*
picadero m. *picador*
picadillo m. *capoladís, trinxat*
picador m. *picador*
picadura f. *pic, picada // (de tabaco) picadura*
picante adj. *coent, picant*
picapedrero m. *picapedrer*
picapleitos m. *picaplets*
picaporte m. *balda, baula, picaporta*
picar v. *picar*
picardía f. *picardia*
picaresco, -a adj. *picaresc*
picaro, -a adj. *picardiós // bergant, murri, polissardo*
picatoste m. *torrada*
picazón f. *picor, coïtja*
pico m. *bec // broc // pic, cuculla, curucull // escoda, pic // escaig, busques // cerrar el — fer moixoni, callar, fer punt en boca*
picor m. *picor*
picota f. *picota*
picotazo m. *picada*
picotear v. *picotejar*
pictórico, -a adj. *pictòric*
picudo, -a adj. *becut, bequerut*
pichón m. *colomí*
pie m. *peu / a — firme a peu fiter / a — juntillas a les ultres, a ulls clucs / de — o en — dret, dempeus / ponerse en — aixecar-se, posar-se dret*
piedad f. *pietat*
piedra f. *pedra*
piel f. *pell*
piélago m. *pèlag*
pienso m. *grana, menjar*

pistilo

pierna f. *cama*
pieza f. *peça*
pífano m. *pifre, pífol*
pifia f. *pífia, falla, espifiada*
pifiar v. *espifiar*
pigmento m. *pigment*
pigmeo, -a adj. *pigmeu*
pignorar v. *pignorar, empenyorar*
pijama m. *pijama*
pila f. *pica / nombre de — nom de fonts //* (montón) *pila, munt //* (eléctrica) *pila*
pilar m. *pilar*
pilastra f. *pilastra*
píldora f. *píndola*
pilón m. *pica // piló, pes*
píloro m. *pílor*
plluso, -a adj. *pilós*
pilotaje m. *pilotatge*
pilotar v. *pilotar*
piloto m. *pilot*
piltrafa f. *pellerenca, pelleringa*
pillada f. *pillada, polissonada*
pillaje m. *pillatge*
pillar v. *pillar // arreplegar, agafar, aplegar*
pillastre m. *pillet, murri*
pillete m. *pillet*
pillo, -a adj. *pillet, polissó, murri*
pimentero m. *pebrer*
pimentón m. *pebre, pebrebò*
pimienta f. *pebre, pebràs*
pimiento m. *pebre, pebrot*
pimpollo m. *pinetell // arbret, plançó // brot // bellesa, galania, rebrot*
pinacoteca f. *pinacoteca*
pináculo m. *pinacle*
pinar m. *pinar, pineda*
pincel m. *pinzell*
pincelada f. *pinzellada*
pinchar v. *picar, fitorar, punxar*
pinchazo m. *pic, fitorada, punxada*
pinche m. *mosso de cuina*
pincho m. *punxa, pua, espina*
pindonguear v. *vaiverejar*
pingajo m. *parrac, pelleringo*
pingo m. *parrac, pelleringo*
ping-pong m. *ping-pong*
pingüe adj. *gras, copiós, abundant*
pingüino m. *pingüí*
1) pino m. *pi*
2) pino, -a adj. *empinat, rost, costerut*
pinocha f. *pinassa*
pinta f. *pinta*
pintada f. *pintada*
pintamonas m. y f. *pintoretxo*
pintar v. *pintar*
pintarrajear v. *empastifar*

pintor, -a m. y f. *pintor*
pintoresco, -a adj. *pintoresc*
pintura f. *pintura*
pinturero, -a adj. *presumit*
pinza f. *pinça // pl. pinces, espinces // mordales*
pinzón m. *pinsà*
piña f. *pinya*
piñón m. *pinyó*
1) pío, -a adj. *piadós*
2) pío m. *piulet, piu, piu-piu*
piojo m. *poll, poi*
piojoso, -a adj. *pollós, poiós*
pipa f. *pipa*
pipí m. *pipí*
pique m. *pic, punt // penya-segat // echar a — afonar, tirar a pic // irse a — anar a pic, anar a fons, afonar-se*
piqué m. *piqué*
piquero m. *piquer*
piqueta f. *picot, pic, picassa*
piquete m. *piquet*
pira f. *pira*
piragua f. *piragua*
piramidal adj. *piramidal*
pirámide f. *piràmide*
pirata m. *pirata*
piratear v. *piratejar*
piratería f. *pirateria*
pirenaico, -a adj. *pirenaic, pirenenc*
pirita f. *pirita*
piromancia f. *piromància*
piromanía f. *piromania*
pirómano, -a adj. *piròman*
piropear v. *galantejar, tirar floretes*
piropo m. *amoreta, floreta, galanteria*
piroscopio m. *piroscopi*
pirosfera f. *pirosfera*
pirotecnia f. *pirotècnia*
pirotécnico, -a adj. *pirotècnic*
pirrarse v. *delir-se*
pirueta f. *cabriola*
pisada f. *petjada, peuada, potada*
pisapapeles m. *petjapapers*
pisar v. *petjar, trepitjar, calcigar*
piscicultura f. *piscicultura*
piscina f. *piscina*
Piscis m. *Piscis*
piscolabis m. *mos, mosset*
piso m. *paviment, trespol, enrajolat // pis // estatge, pis, apartament*
pisotear v. *trepitjar, potejar, calcigar*
pisotón m. *trepitjada, calcigada*
pista f. *pista*
pistacho m. *bistratxo*
pistilo m. *pistil*

pisto m. *brou // xamfaina //* **darse** — *fer-se veure, dar-se importància*
pistola f. *pistola*
pistolero m. *pistoler*
pistoletazo m. *pistoletada*
pistón m. *pistó*
1) **pita** f. *donarda, atzavara, pita*
2) **pita** f. *siulada, pitada*
pitaco m. *espigot*
pitada f. *pitada, siulada*
pitagórico, -a adj. *pitagòric*
pitanza f. *pitança*
pitar v. *pitar, siular, cornar // pitar, marxar, rutllar*
pitido m. *siulet, siulo, pitada*
pitillera f. *portacigarrets*
pitillo m. *cigarret*
pito m. *siulet, xiulet //* **importar un** — *no interessar gens //* **no valer un** — *no valer res*
1) **pitón** m. *banyó // broc // rebrot*
2) **pitón** m. (serpiente) *pitó*
pitonisa f. *pitonissa*
pitorrearse v. *riure's, burlar-se*
pitorreo m. *burla, rifada*
pitorro m. *meremec*
pituso, -a adj. *peteco, petitó, menut*
pizarra f. *pissarra*
pizarrín m. *pissarrí*
pizca f. *bri, brot, mica, pèl*
pizpireta f. *eixerida*
placa f. *placa*
pláceme m. *enhorabona*
placenta f. *placenta*
placer v. *agradar, plaure //* m. *plaer, pler, gaudi, platxeri*
placidez f. *placidesa*
plácido, -a adj. *plàcid, plaent*
plafón m. *plafó*
plaga f. *plaga, flagell*
plagar v. *plagar*
plagiar v. *plagiar*
plagiario, -a adj. *plagiari*
plagio m. *plagi*
plan m. *pla*
plana f. *plana*
plancha f. *planxa*
planchar v. *planxar*
planeador m. *planador*
planear v. *planejar // planar*
planeta m. *planeta*
planetario, -a adj. *planetari*
planicie f. *planícia, planura, plana*
planimetría f. *planimetria*
planisferio m. *planisferi*
plano, -a adj. *pla //* m. *pla, plànol*

planta f. *planta*
plantación f. *plantació*
plantado, -a adj. *plantat //* **dejar** — *deixar en porret*
plantar v. *plantar*
planteamiento m. *plantejament*
plantear v. *plantejar*
plantel m. *planter*
planteo m. *plantejament*
plantificar v. *plantificar*
plantígrado, -a adj. *plantígrad*
plantilla f. *plantilla*
plañidera f. *ploradora, ploramorts*
plañidero, -a adj. *planyívol*
plasma m. *plasma*
plasmación f. *plasmació*
plasmar v. *plasmar*
plástico, -a adj. *plàstic*
plastificar v. *plastificar*
plastrón m. *plastró*
plata f. *plata, argent*
plataforma f. *plataforma*
platanero m. *plataner, plater*
plátano m. *plàtan*
platea f. *platea, pati*
platear v. *platejar, argentar*
plateresco, -a adj. *plateresc*
platería f. *argenteria*
platero m. *argenter*
plática f. *conversa, xerrada // sermonet*
platicar v. *conversar*
platillo m. *platet //* pl. *platets, platerets*
platino m. *platí*
plato m. *plat*
platónico, -a adj. *platònic*
plausible adj. *plausible*
playa f. *platja*
plaza m. *plaça*
plazo m. *terme, termini*
pleamar f. *plenamar, plena*
plebe f. *plebs*
plebeyo, -a adj. *plebeu*
plebiscito m. *plebiscit*
plegable adj. *plegable, plegadís*
plegadera f. *plegadora*
plegar v. *tavellar // plegar //* rfl. *doblegarse, blegar-se*
plegaria f. *pregària, preguera*
pleitear v. *pledejar*
pleito m. *plet*
plenario, -a adj. *plenari*
plenilunio m. *pleniluni*
plenipotenciario, -a adj. *plenipotenciari*
plenitud f. *plenitud*
pleno, -a adj. *ple*
pleonasmo m. *pleonasme*

poltrona

plétora f. *plètora*
pletórico, -a adj. *pletòric*
pleura f. *pleura*
pleuresía f. *pleuresia*
pléyade f. *plèiade*
pliego m. *plec, full*
pliegue m. *doblec, trenc, plec // tavella*
plinto m. *plint*
plioceno m. *pliocè*
plisar v. *prisar, tavellar*
plomada f. *plomada*
plomizo, -a adj. *plomós, plumbós*
plomo m. *plom / a — a plom, emplomat*
pluma f. *ploma*
plumada f. *plomada*
plumaje m. *plomatge // plomall*
plumazo m. *plomada, cop de ploma*
plúmbeo, -a adj. *plumbi, plomós*
plumero m. *plomall*
plumilla f. *plomí*
plumón m. *plomissó, plomissol*
plural adj. *plural*
pluralidad f. *pluralitat*
pluralizar v. *pluralitzar*
plus m. *plus*
pluscuamperfecto m. *plusquamperfet*
plusvalía f. *plus-vàlua*
plutocracia f. *plutocràcia*
plutócrata m. y f. *plutòcrata*
plutónico, -a adj. *plutònic*
pluvial adj. *pluvial*
pluviómetro m. *pluviòmetre*
población f. *població*
poblado m. *poblat*
poblar v. *poblar*
pobre adj. *pobre*
pobrecito, -a adj. *pobret, mesquí*
pobremente adv. *pobrament*
pobreza f. *pobresa, pobretat*
pocilga f. *soll, assoll, porcellera*
pócima f. *bulludira, bevenda, beuratge*
poción f. *poció, bevenda*
poco, -a adj. *poc // — a — a poc a poc, de mica en mica // — más o menos poc més poc menys, poc més poc manco, si fa no fa // a — al cap de poc, poc després*
poda f. *poda*
podadera f. *podadora*
podar v. *podar, esporgar, esllemenar, exsecallar*
podenco, -a adj. *ca de conills, podenc*
poder v. y m. *poder*
poderoso, -a adj. *poderós*
podio m. *pòdium*
podón m. *podadora*

podredumbre f. *podridura*
podredura f. *podridura, podriment*
poema m. *poema*
poesía f. *poesia*
poeta m. *poeta*
poetastro m. *poetastre*
poético, -a adj. *poètic*
poetisa f. *poetessa*
poetizar v. *poetitzar*
póker m. *pòquer*
polaco, -a m. y f. *polonès, polac*
polaina f. *polaina*
polar adj. *polar*
polarizar v. *polaritzar*
polca f. *polca*
polea f. *corriola, politja*
polémico, -a adj. *polèmic*
polemizar v. *polemitzar*
polen m. *pol·len*
poliandria f. *poliàndria*
policía f. *policia*
policíaco, -a adj. *policíac*
policlínica f. *policlinica*
policromía f. *policromia*
policromo, -a adj. *polícrom*
polichinela m. *putxinel·li, titella, tereseta*
poliedro m. *políedre*
polifacético, -a adj. *polifacètic*
polifásico, -a adj. *polifàsic*
polifonía f. *polifonia*
polifónico, -a adj. *polifònic*
poligamia f. *poligàmia*
polígamo, -a adj. *polígam*
polígloto, -a adj. *poliglot*
polígono m. *polígon*
polilla f. *arna, tinya*
polimorfo, -a adj. *polimorf*
polinesio, -a m. y f. *polinesi*
polinización f. *pol·linització*
polinomio m. *polinomi*
polípero m. *políper*
pólipo m. *pòlip*
polipodio m. *polipodi*
polisílabo, -a adj. *polisíl·lab*
polisón m. *polisson*
politécnico, -a adj. *politècnic*
politeísmo m. *politeisme*
política f. *política*
politicastro m. *politicastre*
político, -a adj. *polític*
polivalente adj. *polivalent*
póliza f. *pòlissa*
polizón m. *polissó*
polo m. *pol // (juego) polo*
polonés, -esa m. y f. *polonès, polac*
poltrona f. *poltrona*

polución f. *pol·lució*
polvareda f. *polsada, polsegada, polseguera*
polvera f. *polvorera*
polvillo m. *polsina, polsim*
polvo m. *pols* // pl. *pols, polsim, polsina*
pólvora f. *pólvora*
polvorear v. *empolsar, empolsegar*
polvoriento, -a adj. *polsós, polsegós*
polvorín m. *polvorí*
polvorón m. *mantegada*
polla f. *polla*
pollada f. *pollada, llocada*
pollera f. *pollera, banastra*
pollería f. *polleria, gallineria*
pollino, -a m. y f. *pollí, aset, ruc*
pollita f. *polla, polleta, jovencella*
pollo m. *poll, pollet / pollastre* // *pollastre, pollastrell, jovenot*
polluelo m. *pollet, poll*
pomada f. *pomada*
pomelo m. (V. **toronja**)
pómez f. *pedra tosca*
pomo m. *pom*
pompa f. *pompa, estofa, estufera* // *bambolla, bombolla*
pomposo, -a adj. *pompós*
pómulo m. *pòmul*
ponche m. *ponx*
poncho m. *ponxo*
ponderación f. *ponderació*
ponderado, -a adj. *ponderat*
ponderar v. *ponderar*
ponedero m. *ponedor, covador, nieró*
ponencia f. *ponència*
ponente adj. *ponent*
poner v. *posar* // *pondre* // rfl. (un astro) *pondre's*
poniente m. *ponent, oest*
pontificado m. *pontificat*
pontificar v. *pontificar*
pontífice m. *pontífex*
pontificio, -a adj. *pontifici*
pontón m. *pontó*
ponzoña f. *verí, metzina*
ponzoñoso, -a adj. *verinós, metzinós, venenós*
popa f. *popa*
pope m. *popa* (m.)
populacho m. *plebs, populatxo*
popular adj. *popular*
popularidad f. *popularitat*
popularizar v. *popularitzar*
populoso, -a adj. *populós*
poquedad f. *poquedat, petitesa*
por prep. *per*
porcelana f. *porcellana*

porcentaje m. *percentatge*
porcino, -a adj. *porquí*
porción f. *porció*
porcuno, -a adj. *porquí*
porche m. *porxada, porxo*
pordiosero, -a adj. *captador, captaire*
porfía f. *porfídia*
porfiado, -a adj. *porfidiós, caparrut, tossut*
porfiar v. *porfidiar, encaparrotar-se*
pórfido m. *pòrfir*
pormenor m. *detall*
pornografía f. *pornografia*
poro m. *porus*
porosidad f. *porositat*
poroso, -a adj. *porós*
porque conj. *perquè, car, per tal com, puix que*
porqué m. *perquè*
porquería f. *porqueria, brutor*
porqueriza f. (V. **pocilga**)
porquerizo m. *porquer, porquerol*
porra f. *porra*
porrazo m. *porrada* // *castanya, patacada, ventall*
a porrillo adv. *a betzef, a dojo, a raig fet*
porrón m. *porró*
portaaviones m. *portaavions*
portada f. (de edificio) *portalada* // (de libro) *portada*
portador, -a adj. *portador*
portaestandarte m. *portaestendard*
portal m. *portal*
portalón m. *portaló*
portamonedas m. *portamonedes*
portante m. *portant, ambladura*
portar v. *portar* // rfl. *portar-se, comportar-se*
portátil adj. *portàtil*
portavoz m. *portaveu*
portazo m. *portada*
porte m. *comportament* // *continent, aire, posat* // pl. *ports, tragins*
portento m. *portent*
portentoso, -a adj. *portentós*
portería f. *porteria*
portero, -a m. y f. *porter*
pórtico m. *pòrtic*
portillo m. *portell, portellada* // *portella* // *portelló, porticó*
portón m. *contraporta*
portuario, -a adj. *portuari*
portugués, -esa m. y f. *portuguès*
portulano m. *portolà*
porvenir m. *avenir, esdevenidor*
en pos adv. *darrere*
posada f. *posada, dispesa*

predecir

posaderas f. pl. *anques, natges, darreres*
posadero -a m. y f. *hostaler, dispeser //* m.
estormia
posar v. *posar, parar, allotjar-se //* rfl. *asso-lar-se, cimar-se*
poscomunión f. *postcomunió*
posdata f. *postdata*
poseedor, -a adj. *posseïdor*
poseer v. *posseir*
posesión f. *possessió*
posesionar v. *possessionar*
posesivo, -a adj. *possessiu*
poseso, -a adj. *possés, posseït*
posesor, -a adj. *possessor*
posibilidad f. *possibilitat*
posibilitar v. *possibilitar*
posible adj. *possible*
posición f. *posició*
positivismo m. *positivisme*
positivo, -a adj. *positiu*
poso m. *solada, solatge, escolim, pòsit*
posología f. *posologia*
posponer v. *posposar*
postal adj. y m. *postal*
poste m. *pal*
postergar v. *postergar*
posteridad f. *posteritat*
posterior adj. *posterior*
postigo m. *finestró, porticó, paravent*
postín m. *to, upa /* **darse** — *donar-se to, fer-se veure*
postizo, -a adj. *postís*
postor m. *postor /* **al mejor** — *al més dient*
postrar v. *prostrar /* rfl. *agenollar-se*
postre m. *postres //* **a la** — *a la fi, al final, al cap i a la fi*
postrero, -a adj. *darrer, últim, postrem*
postrimería f. *darreria /* **a las postrimerías** — *a les acaballes, a la darreria*
postulación f. *postulació*
postulado m. *postulat*
postular v. *postular*
póstumo, -a adj. *pòstum*
postura f. *posa, positura //* *posa, postura, messions*
potable adj. *potable*
potaje m. *escudella, cuinat, potatge*
potasa f. *potassa*
potasio m. *potassi*
pote m. *pot*
potencia f. *potència*
potenciar v. *potenciar*
potentado, -a adj. *potentat*
potente adj. *potent*
potentemente adj. *potentment*
potera f. *potera*

poterna f. *poterna*
potestad f. *potestat*
potestativo, -a adj. *potestatiu*
potingue m. *potinga* (f.)
1) potra f. *poltra, potranca*
2) potra f. *trencadura, hèrnia*
potro m. *poltre, poltro*
poyo m. *pedrís*
poza f. *bassa*
pozal m. *poal*
pozo m. *pou*
practicante adj. *practicant*
practicar v. *practicar*
práctico, -a adj. *pràctic*
pradera f. *prada, pradera, praderia*
pradería f. *praderia, prada*
prado m. *prat, prada*
pragmático, -a adj. *pragmàtic*
preámbulo m. *preàmbul*
prebenda f. *prebenda*
prebendado m. *prebendat*
preboste m. *prebost*
precario, -a adj. *precari*
precaución f. *precaució*
precaver v. *precaucionar, preveure //* rfl. *prevenir-se, precaucionar-se*
precedente adj. *precedent*
preceder v. *precedir*
preceptivo, -a adj. *preceptiu*
precepto m. *precepte*
preceptor, -a m. y f. *preceptor*
preceptuar v. *preceptuar*
preces f. pl. *preces, precs*
precesión f. *precessió*
preciar v. *preciar, preuar, prear //* rfl. *gloriar-se, avanar-se*
precintar v. *precintar*
precinto m. *precinte*
precio m. *preu*
preciosidad f. *preciositat*
preciosismo m. *preciosisme*
precioso, -a adj. *preciós*
precipicio m. *precipici*
precipitación f. *precipitació*
precipitar v. *precipitar*
precisar v. *precisar //* *necessitar*
precisión f. *precisió*
preciso, -a adj. *precís //* *necessari /* **ser** — *esser necessari, caldre*
preclaro, -a adj. *preclar*
precocidad f. *precocitat*
preconizar v. *preconitzar*
precoz adj. *precoç*
precursor, -a adj. *precursor*
predecesor, -a m. y f. *predecessor*
predecir v. *predir*

predestinación f. *predestinació*
predestinar v. *predestinar*
predeterminar v. *predeterminar*
prédica f. *prèdica, sermó*
predicación f. *predicació*
predicado m. *predicat*
predicador, -a adj. *predicador*
predicamento m. *predicament*
predicar v. *predicar*
predicción f. *predicció*
predilección f. *predilecció*
predilecto, -a adj. *predilecte*
predio m. *predi, mas, possessió, lloc*
predisponer v. *predisposar*
predisposición f. *predisposició*
predominar v. *predominar*
predominio m. *predomini*
preeminencia f. *preeminència*
preeminente adj. *preeminent*
preestablecer v. *preestablir*
preexistir v. *preexistir*
prefacio m. *prefaci*
prefecto m. *prefecte*
prefectura f. *prefectura*
preferencia f. *preferència*
preferente adj. *preferent*
preferentemente adv. *preferentment*
preferible adj. *preferible*
preferir v. *preferir*
prefijar v. *prefixar*
prefijo m. *prefix*
pregón m. *pregó*
pregonar v. *pregonar*
pregonero, -a adj. y m. *pregoner, cridador, saig*
pregunta f. *pregunta* .
preguntar v. *preguntar, demanar*
prehistoria f.. *prehistòria*
prehistórico, -a adj. *prehistòric*
prejuicio m. *prejudici*
prejuzgar v. *prejutjar*
prelación f. *prelació*
prelado m. *prelat*
preliminar adj. *preliminar*
preludiar v. *preludiar*
preludio m. *preludi*
prematuro, -a adj. *prematur*
premeditación f. *premeditació*
premeditar v. *premeditar*
premiar v. *premiar*
premio m. *premi*
premisa f. *premissa*
premonición f. *premonició*
premonitorio, -a adj. *premonitori*
premura f. *premura, urgència // pressa*
prenda f. *penyora // peça de vestit //* (per-

sona o cosa muy amada) *tresor*
prender v. *agafar, prendre // aferrar*
prenombre m. *prenom*
prensa f. *premsa*
prensar v. *premsar*
prensil adj. *prènsil*
prensión f. *prensió*
preñado m. *prenyat*
preñar v. *prenyar*
preñez f. *prenyat*
preocupación f. *preocupació // cabòria, ànsia, dèria*
preocupar v. *preocupar //* rfl. *passar ànsia, enderiar-se, preocupar-se*
preparación f. *preparació*
preparar v. *preparar, aparellar*
preparativo, -a adj. *preparatiu*
preparatorio, -a adj. *preparatori*
preponderancia f. *preponderància*
preponderar v. *preponderar*
preposición f. *preposició*
prepotente adj. *prepotent*
prepucio m. *prepuci*
prerrogativa f. *prerrogativa*
prerrománico, -a adj. *pre-romànic*
prerromano, -a adj. *pre-romà*
presa f. *presa*
presagiar v. *presagiar*
presagio m. *presagi*
presbiterado m. *presbiterat*
presbiteriano, -a adj. *presbiterià*
presbiterio m. *presbiteri*
presbítero m. *prevere*
prescindir v. *prescindir*
prescribir v. *prescriure*
prescripción f. *prescripció*
presencia f. *presència*
presenciar v. *presenciar*
presentación f. *presentació*
presentar v. *presentar*
presente adj. y m. *present*
presentimiento m. *pressentiment*
presentir v. *pressentir*
preservación f. *preservació*
preservar v. *preservar*
preservativo, -a adj. i m. *preservatiu*
presidencia f. *presidència*
presidencial adj. *presidencial*
presidente m. *president*
presidiario m. *presidiari, presidari*
presidio m. *presidi*
presidir v. *presidir*
presilla f. *bagueta, anseta*
presión f. *pressió*
preso, -a adj. *pres*
prestación f. *prestació*

prestamista m. y f. *prestador*
préstamo m. *préstec, manlleu*
prestancia f. *prestància*
prestar v. *prestar, deixar* // *prestar* (ajuda, atenció, etc.) / *— oídos escoltar, atendre* // **pedir prestado** *manllevar*
presteza f. *prestesa*
prestidigitación f. *prestidigitació*
prestidigitador, -a adj. *prestidigitador*
prestigiar v. *prestigiar*
prestigio m. *prestigi*
prestigioso, -a adj. *prestigiós*
presto, -a adj. *diligent* // *disposat* // adv. *prest, tot seguit*
presumir v. *presumir*
presunción f. *presumpció*
presunto, -a adj. *presumpte*
presuntuoso, -a adj. *presumptuós*
presuponer v. *pressuposar*
presupuestar v. *pressuposta.*
presupuesto m. *pressupost*
pretender v. *pretendre*
pretendiente adj. *pretendent*
pretensión f. *pretensió* // pl. *pretensions, estufera*
pretensioso, -a adj. *pretensiós*
pretterición f. *preterició*
preterir v. *preterir*
pretérito, -a adj. *pretèrit*
pretextar v. *pretextar*
pretexto m. *pretext*
pretil m. *ampit, barana*
pretor m. *pretor*
pretoriano, -a adj. *pretorià*
pretorio m. *pretori*
prevalecer v. *prevaler*
prevaricación f. *prevaricació*
prevaricar v. *prevaricar*
prevención f. *prevenció*
prevenir v. *prevenir*
preventivo, -a adj. *preventiu*
prever v. *preveure*
previo, -a adj. *previ*
previsión f. *previsió*
previsor, -a adj. *previsor*
prez f. *honor, glòria, estima*
prieto, -a adj. *estret, atapit* // *roí, estret*
prima f. *prima*
primacía f. *primacia*
primado m. *primat*
primario, -a adj. *primari*
primate m. *pròcer, cappare* // pl. *primats*
primavera f. *primavera*
primaveral adj. *primaveral*
primer adj. *primer*
primerizo, -a adj. *primerenc, novell*

primero, -a adj. *primer* // **de buenas a primeras** *d'entrada, de totd'una*
primicia f. *primícia*
primitivo, -a adj. *primitiu*
primo, -a adj. *primer* / **materia prima** *primera matèria* / **número primo** *nombre primer* // m. y f. *cosí* / *— hermano cosingermà* // *beneit, babau, tanoca*
primogénito, -a adj. *primogènit*
primogenitura f. *primogenitura*
primor m. *primor*
primordial adj. *primordial*
primoroso, -a adj. *primorós*
princesa f. *princesa*
principado m. *principat*
principal adj. *principal*
príncipe m. *príncep*
principesco, -a adj. *principesc*
principiante m. y f. *principiant*
principiar v. *principiar*
principio m. *principi*
pringar v. *enllefiscar, empastifar*
pringoso, -a adj. *llefiscós, llemiscós, greixós*
pringue m. y f. *llemisc, greixum*
prior m. *prior*
priora f. *priora, prioressa*
priorato m. *priorat*
prioridad f. *prioritat*
prisa f. *pressa* / **a toda** *— a corre-cuita, cuita-corrents, rabent* // *frissera, frissor* / **tener** *— frissar*
prisión f. *presó*
prisionero, -a m. y f. *presoner*
prisma m. *prisma*
prismático, -a adj. *prismàtic*
prístino, -a adj. *pristi, primitiu*
privación f. *privació*
privado, -a adj. *privat*
privanza f. *privadesa, privança*
privar v. *privar*
privativo, -a adj. *privatiu*
privilegiado, -a adj. *privilegiat*
privilegio m. *privilegi*
pro prep. *pro, per, en favor de* // m. *pro, prou* / **hombre de** *— home de bé*
proa f. *proa*
probabilidad f. *probabilitat*
probable adj. *provable* // (verosímil) *probable*
probar v. *provar* // *assajar, emprovar* // *tastar*
probeta f. *proveta*
probidad f. *probitat*
problema m. *problema*
problemático, -a adj. *problemàtic*
proboscídeo m. *proboscidi*

procacidad f. *procacitat*
procaz adj. *procaç*
procedencia f. *procedència*
procedente adj. *procedent*
proceder v. *procedir*
procedimiento m. *procediment*
prócer adj. *pròcer*
procesar v. *processar*
procesional adj. *processional*
procesionaria f. *processionària*
proceso m. *procés*
proclama f. *proclama*
proclamación f. *proclamació*
proclamar v. *proclamar*
proclive adj. *procliu*
proclividad f. *proclivitat*
procónsul m. *procònsol*
procrear v. *procrear*
procurador, -a adj. y m. *procurador*
procurar v. *procurar*
prodigalidad f. *prodigalitat*
prodigar v. *prodigar*
prodigio m. *prodigi*
prodigioso, -a adj. *prodigiós*
pródigo, -a adj. *pròdig*
producción f. *producció*
producir v. *produir*
productivo, -a adj. *productiu*
producto m. *producte*
productor, -a adj. *productor*
proel adj. y m. *proer*
proemio m. *proemi*
proeza f. *proesa*
profanación f. *profanació*
profanar v. *profanar*
profano, -a adj. *profà*
profecía f. *profecia*
proferir v. *proferir*
profesar v. *professar*
profesión f. *professió*
profesional adj. *professional*
profeso, -a adj. *profés*
profesor, -a m. y f. *professor*
profesorado m. *professorat*
profeta m. *profeta*
profético, -a adj. *profètic*
profetisa f. *profetessa*
profetizar v. *profetitzar*
profiláctico, -a adj. *profilàctic*
profilaxis f. *profilaxi*
prófugo, -a adj. *pròfug*
profundidad f. *profunditat, fondària*
profundizar v. *profunditzar, enfondir*
profundo, -a adj. *profund, fondo*
profusión f. *profusió*
profuso, -a adj. *profús*

progenie f. *progènie*
progenitor, -a m. y f. *progenitor*
programa m. *programa*
programar v. *programar*
progresar v. *progressar*
progresión f. *progressió*
progresista adj. *progressista*
progreso m. *progrés*
prohibición f. *prohibició*
prohibir v. *prohibir*
prohibitivo, -a adj. *prohibitiu*
prohijar v. *afillar*
prohombre m. *prohom*
prójimo m. *proïsme*
prole f. *prole*
proletariado m. *proletariat*
proletario, -a adj. *proletari*
proliferación f. *proliferació*
prolífico, -a adj. *prolífic*
prolijo, -a adj. *prolix*
prologar v. *prologar*
prólogo m. *pròleg*
prolongación f. *prolongació*
prolongar v. *prolongar, perllongar*
promedio m. *mitjana, terme mitjà*
promesa f. *promesa*
prometer v. *prometre*
prometido, -a m. y f. *promès*
prominencia f. *prominència*
prominente adj. *prominent*
promiscuidad f. *promiscuïtat*
promisión f. *promissió*
promoción f. *promoció*
promocionar v. *promocionar*
promontorio m. *promontori*
promotor, -a adj. *promotor*
promover v. *promoure*
promulgación f. *promulgació*
promulgar v. *promulgar*
pronombre m. *pronom*
pronominal adj. *pronominal*
pronosticar v. *pronosticar*
pronóstico m. *pronòstic*
prontitud f. *promptitud, prestesa*
pronto, -a adj. *prompte, falaguer* // *prest, prompte, aviat* // **por de** — *d'antuvi, d'entrada, de primer, de moment* // **de** — *de cop, de sobte, assus-suaixí*
pronunciación f. *pronunciació, pronúncia*
pronunciar v. *pronunciar*
propagación f. *propagació*
propaganda f. *propaganda*
propagar v. *propagar*
propalar v. *propalar, esbombar*
propano m. *propà*
propasarse v. *propassar-se, excedir-se*

propender v. *propendir*
propensión f. *propensió*
propenso, -a adj. *propens*
propiciar v. *propiciar*
propiciatorio, -a adj. *propiciatori*
propicio, -a adj. *propici*
propiedad f. *propietat*
propietario, -a adj. y m. y f. *propietari*
propina f. *propina*
propinar v. *propinar*
propincuo, -a adj. *propinc*
propio, -a adj. *propi*
proponente m. y f. *proponent*
proponer v. *proposar*
proporción f. *proporció*
proporcionar v. *proporcionar*
proposición f. *proposició*
propósito m. *propòsit*
propuesta f. *proposta*
propugnar v. *propugnar*
propulsar v. *propulsar, propel·lir*
propulsor, -a adj. *propulsor*
prórroga f. *pròrroga*
prorrogar v. *prorrogar*
prorrumpir v. *prorrompre*
prosa f. *prosa*
prosaico, -a adj. *prosaic*
prosapia f. *prosàpia*
proscenio m. *prosceni*
proscribir v. *proscriure*
proscripción f. *proscripció*
proscrito m. *proscrit*
prosecución f. *prossecució*
proseguir v. *prosseguir*
proselitismo m. *proselitisme*
prosélito m. *prosèlit*
prosista m. y f. *prosista*
prosodia f. *prosòdia*
prosódico, -a adj. *prosòdic*
prosopopeya f. *prosopopeia*
prospecto m. *prospecte*
prosperar v. *prosperar*
prosperidad f. *prosperitat*
próspero, -a adj. *pròsper*
próstata f. *pròstata*
prosternar v. *prosternar*
prostitución f. *prostitució*
prostituir v. *prostituir*
protagonista m. y f. *protagonista*
protagonizar v. *protagonitzar*
protección f. *protecció*
proteccionismo m. *proteccionisme*
protector, -a adj. *protector*
proteger v. *protegir*
proteína f. *proteïna*
prótesis f. *pròtesi*

protesta f. *protesta*
protestante adj. *protestant*
protestantismo m. *protestantisme*
protestar v. *protestar*
protocolario, -a adj. *protocol·lari*
protocolo m. *protocol*
protohistoria f. *protohistòria*
protomártir m. *protomàrtir*
protoplasma m. *protoplasma*
prototipo m. *prototipus*
protozoo m. *protozou*
protuberancia f. *protuberància*
provecho m. *profit*
provechoso, -a adj. *profitós*
proveedor, -a adj. *proveïdor*
proveer v. *proveir*
provenir v. *provenir*
provenzal adj. *provençal*
proverbial adj. *proverbial*
proverbio m. *proverbi*
providencia f. *providència*
providencial adj. *providencial*
provincia f. *província*
provincial adj. *provincial*
provincianismo m. *provincianisme*
provinciano, -a adj. *provincià*
provisión f. *provisió, proveïment, recapte, forniment*
provisional adj. *provisional*
provisor m. *provisor*
provocación f. *provocació*
provocar v. *provocar*
provocativo, -a adj. *provocatiu*
proximidad f. *proximitat*
próximo, -a adj. *pròxim, proper*
proyección f. *projecció*
proyectar v. *projectar*
proyectil m. *projectil*
proyecto m. *projecte*
prudencia f. *prudència*
prudencial adj. *prudencial*
prudente adj. *prudent*
prudentemente adv. *prudentment*
prueba f. *prova*
prurito m. *prurit, pruïja*
prusiano, -a adj. *prussià*
pseudónimo m. *pseudònim*
psicoanálisis m. *psicoanàlisi*
psicología f. *psicologia*
psicológico, -a adj. *psicològic*
psicólogo, -a m. y f. *psicòleg*
psicosis f. *psicosi*
psiquiatra m. y f. *psiquiatre*
psiquiatría f. *psiquiatria*
psíquico, -a adj. *psíquic*
púa f. *pua, punxa, espina*

púber adj. *púber*
pubertad f. *pubertat*
pubis m. *pubis*
publicación f. *publicació*
publicano m. *publicà*
publicar v. *publicar*
publicidad f. *publicitat*
publicista m. y f. *publicista*
público, -a adj. *públic*
puchero m. *olla //* petarrell
puches m. y f. pl. *farinetes*
pudibundo, -a adj. *pudibund*
púdico, -a adj. *púdic*
pudiente adj. *ric, acabalat*
pudor m. *pudor* (m.)
pudoroso, -a adj. *pudorós*
pudrir v. *podrir*
pueblo m. *poble*
puente m. *pont*
puerco m. *porc //* — **espín** *porc espí*
puericultura f. *puericultura*
pueril adj. *pueril*
puerilidad f. *puerilitat*
puerro m. *porro*
puerta f. *porta*
puerto m. *port*
puertorriqueño, -a m. y f. *portoriqueny*
pues conj. (consecutiva) *doncs, idò //* (causal) *puix, car, perquè, ja que, puix que*
puesta f. *posta //* posada / — **en escena** *posada en escena*
puesto m. *lloc //* (militar) *post, establida //* (de venta) *trast, parada*
puesto que conj. *puix, car, perquè, ja que, puix que*
púgil m. *púgil*
pugilato m. *pugilat*
pugna f. *pugna*
pugnar v. *pugnar*
puja f. *puja, millora, licitació*
pujante adj. *puixant*
pujanza f. *puixança*
pulcritud f. *pulcritud, polidesa*
pulcro, -a adj. *pulcre, polit*
pulga f. *puça*
pulgada f. *polzada*
pulgar adj. y m. *polze, dit gros*
pulgón m. *pugó*
pulidez f. *polidesa*
pulido, -a adj. *polit*
pulimento m. *poliment*
pulir v. *polir*
pulmón m. *pulmó, lleu, freixura*
pulmonar adj. *pulmonar*
pulmonía f. *pulmonia*
pulpa f. *popa, molla, molsa*

pulpejo m. *popa, molla, polpís*
púlpito m. *trona, púlpit*
pulpo m. *pop, polp*
pulsación f. *pulsació*
pulsar v. *tocar //* polsar
pulsera f. *polsera*
pulso m. *pols*
pulular v. *pul·lular*
pulverizador m. *polvoritzador, esquitador*
pulverizar v. *polvoritzar*
pulverulento, -a adj. *pulverulent*
pulla f. *fisconada, figa, pulla*
puma m. *puma*
punción f. *punció*
pundonor m. *punt d'honor*
pundonoroso, -a adj. *puntós*
punible adj. *punible*
punición f. *punició*
púnico, -a adj. *púnic*
punir v. *punir, castigar*
punta f. *punta, punxa*
puntada f. *puntada*
puntal m. *puntal, estaló, peu dret*
puntapié m. *puntada de peu*
puntear v. *puntejar*
puntera f. *puntera*
puntería f. *punteria*
puntero, -a adj. *punter*
puntiagudo, -a adj. *punxegut*
puntilla f. *randa, punta //* (en tauromaquia) *puntilla //* **de puntillas** *de puntetes*
puntilloso, -a adj. *puntós, piconari*
punto m. *punt*
puntuación f. *puntuació*
puntual adj. *puntual*
puntualidad f. *puntualitat*
puntualizar v. *puntualitzar*
puntuar v. *puntuar*
punzante adj. *punyent, punxant*
punzar v. (V. **pinchar**)
punzón m. *punxó*
puñada f. (V. **puñetazo**)
puñado m. *punyat, grapat, grapada*
puñal m. *punyal*
puñalada f. *punyalada*
puñetazo m. *punyada, cop de puny*
puño m. *puny*
pupa f. *bua, crostera*
pupila f. *nina, nineta, pupil·la*
pupilaje m. *pupil·latge*
pupilo m. *pupil*
pupitre m. *pupitre*
puré m. *puré*
pureza f. *puresa*
purga f. *purga*
purgación f. *purgació*

purgante adj. *purgant*
purgar v. *purgar*
purgatorio m. *purgatori*
purificación f. *purificació*
purificar v. *purificar*
purista adj. *purista*
puritanismo m. *puritanisme*
puritano, -a adj. *purità*
puro, -a adj. *pur* // m. *puro*
púrpura f. *porpra, púrpura*
purpúreo, -a adj. *purpuri, purpurí, porprat*

purpurina f. *purpurina*
purulento, -a adj. *purulent*
pus m. *pus*
pusilánime adj. *pusil·lànime*
pusilanimidad f. *pusil·lanimitat*
pústula f. *pústula*
puta f. *puta, bagassa*
putrefacción f. *putrefacció*
putrefacto, -a adj. *putrefacte*
pútrido, -a adj. *pútrid*

Q

que conj. *que* // pron. rel. *que, què, qui, el qual*
qué pron. interr. *què, quin*
quebrada f. *congost, estret, coll* // *minva, mencap, pèrdua*
quebradero de cabeza m. *maldecap, trencacaps*
quebradizo, -a adj. *trencadís, rompedís*
quebrado, -a adj. *trencat*
quebraja f. *clivell, crull*
quebrantamiento m. *trencament, rompedura*
quebrantar v. *trencar, rompre* // (la salud) *tupar, cruixir, malmetre* // (transgredir) *trencar, violar*
quebranto m. *trencament, rompedura* // *cruiximent, esclafament* // *trencament, violació* // (de potencia económica) *minva, pèrdua*
quebrar v. *rompre, trencar* // (la salud) *cruixir, esclafar* // (el color) *trencar, temperar* // (en comercio) *fallir, abatre's*
queda f. *queda*
quedamente adv. *en veu baixa, petit*
quedar v. *quedar, romandre, restar*
quehacer m. *quefer, feina*
queja f. *queixa, clam, plant, plany, lamentació*
quejarse v. *queixar-se, plànyer-se, lamentar-se*
quejido m. *plany, gemec*
quejoso, -a adj. *-queixós*
quejumbroso, -a adj. *gemegós, queixós*
quelonio m. *queloni*
quema f. *cremada, cremadissa*
quemador, -a adj. *cremador*
quemadura f. *cremada, cremadura*
quemar v. *cremar*
a quemarropa adv. *a boca de canó*
quemazón f. *coentor, coïssor, coïtja*
queratina f. *queratina*
querella f. *querella*
querellarse v. *querellar-se*
querencia f. *volença, voluntat, estimació* // *tirada, tirat, afecció*

querer v. *voler* // *estimar, amar* // **como quiera que** *essent que, com sia que*
querido, -a adj. *estimat, benvolgut* // *amant*
querubín m. *querubí*
quesera f. *formatgera*
quesería f. *formatgeria*
quesero, -a adj. *formatger*
queso m. *formatge*
quevedos m. pl. *ulleres*
quiá! interj. *ca!*
quicio m. *polleguera, ballador* // **sacar de —** *treure de polleguera, treure del solc*
quid m. *quid*
quiebra f. *trencadura, ruptura, rompedura* // *tall, esquerda, clivella* // (en comercio) *fallida, crac*
quien pron. *qui*
quienquiera pron. *quisvulla*
quieto, -a adj. *quiet* // **a la quieta** *a les sotges*
quietud f. *quietud, quietesa*
quijada f. *barra, mandíbula, barram*
quijote m. *cuixal, cuixera* // *quixot*
quijotismo m. *quixotisme*
quilate m. *quirat*
quilla f. *carena, quilla*
quimera f. *quimera*
quimérico, -a adj. *quimèric*
química f. *química*
químico, -a adj. *químic*
quimo m. *quim*
quimono m. *quimono*
quina f. *quina*
quincalla f. *quincalla*
quincallería f. *quincalleria*
quince adj. *quinze*
quincenal adj. *quinzenal*
quinceno, -a adj. *quinzè*
quinquagenario, -a adj. *cinquantí*
quincuagésimo, -a adj. *cinquantè, quinquagèsim*
quiniela f. *quiniela*
quinientos adj. *cinc-cents*
quinina f. *quinina*

quino m. *cincona*
quinqué m. *quinqué*
quinquenal adj. *quinquennal*
quinquenio m. *quinquenni*
quinta f. *vil·la, xalet, torre* // (de soldados) *quinta, lleva* // (en música) *quinta*
quintaesencia f. *quinta essència*
quintal m. *quintar*
quintar v. *quintar*
quinteto m. *quintet*
quinto, -a adj. *quint, cinquè* // m. (soldado) *quinto, recluta*
quintuplicar v. *quintuplicar*
quíntuplo, -a adj. *quíntuple*
quinzavo, -a adj. *quinzè*
quiosco m. *quiosc*
quirófano m. *quiròfan*

quiromancia f. *quiromància*
quiromántico, -a adj. *quiromàntic*
quirúrgico, -a adj. *quirúrgic*
quisquilloso, -a adj. *llepafils, esquiterell*
quiste m. *quist*
quisto, -a adj. **bien —** *benvist* // **mal —** *malvist*
quitanieves m. y f. *llevaneus*
quitar v. *llevar, treure* // *prendre, pispar*
quite m. *parada* // **estar al —** *estar a punt, estar amatent*
quitina f. *quitina*
quizá adv. *potser, tal vegada, tal volta, per ventura*
quizás adv. (V. **quizá**)
quórum m. *quòrum*

R

rabadán m. *rabadà*
rabadilla f. *carpó, escarpó*
rábano m. *rave*
rabí m. *rabí*
rabia f. *ràbia*
rabiar v. *tenir ràbia // enrabiar-se, estar rabiós, estar furiós, estar maleit*
rabicorto, -a adj. *coacurt, cuacurt*
rabieta f. *rabieta, enrabiada, rebequeria*
rabilargo, -a adj. *coallarg, cuallarg*
rabillo m. *coeta, cueta // — del ojo coa d'ull, cua d'ull / **mirar con el — del ojo** mirar de cua (o de coa) d'ull*
rabino m. *rabí*
rabión m. *rabeig, ràpid*
rabioso, -a adj. *rabiós, rabiüt*
rabiza f. *coarany, cimal*
rabo m. *coa, cua // **de cabo a — de** dalt a baix, de cap a peus*
racial adj. *racial*
racimo m. *raïm, rem*
raciocinio m. *raciocini*
ración f. *ració*
racional adj. *racional*
racionalismo m. *racionalisme*
racionamiento m. *racionament*
racionar v. *racionar*
racha f. *ratxa*
rada f. *rada*
radar m. *radar*
radiación f. *radiació*
radiador m. *radiador*
radial adj. *radial*
radiante adj. *radiant*
radiar v. *radiar*
radical adj. *radical*
radicar v. *radicar*
radícula f. *radícula*
radicular adj. *radicular*
1) **radio** m. *radi*
2) **radio** f. *ràdio*
radioactividad f. *radioactivitat*
radioactivo, -a adj. *radioactiu*
radiodifusión f. *radiodifusió*
radioescucha m. y f. *radiooient*

radiofonía f. *radiofonia, ràdio*
radiografía f. *radiografia*
radiología f. *radiologia*
radiólogo, -a m. y f. *radiòleg*
radioscopia f. *radioscòpia*
radiotecnia f. *radiotècnia*
radioterapia f. *radioteràpia*
radioyente m. y f. *radiooient*
raedera f. *raedora, rasca*
raedura f. *raïssó, rascadura*
raer v. *raure, rascar*
ráfaga f. *ràfega, bufada, ratxa*
rafal m. *rafal*
rafia f. *ràfia*
raído, -a adj. *gastat, pelat, sargaiat, ratat*
raigambre f. *arrelam, relum // nissaga*
rail m. *carril, raïl*
raíz f. *rel, arrel / **de — de** soca-rel // **a — de** a ran de, ran de*
raja f. *estella, esberla // fesa, escletxa, encletxa, retxillera // tall, tallada*
rajá m. *rajà*
rajar v. *fendre, clivellar, crullar, esberlar // rfl. desdir-se, tornar arrere, fer anques enrere*
a rajatabla adv. *a totes passades, sense excuses, rigorosament*
ralea f. *mena, casta, nissaga*
ralo, -a adj. *clar, esclarissat*
rallador m. *rallador, ralladora, ralla, ratllador*
rallar v. *rallar, ratllar*
rallo m. *rallador, ralladora, ralla, ratllador*
rama f. *branca*
ramadán m. *ramadà*
ramaje m. *rama, ramada, brancam, brancatge*
ramal m. *ramal, cabestre // branc, branca, ramal*
rambla f. *rambla, areny*
rameado, -a adj. *ramejat*
ramera f. *puta, bagassa*
ramificación f. *ramificació*
ramificar v. *ramificar*
ramillete m. *ram, ramell, pomell*

ramnácea f. *ramnàcia*
ramo m. *ram, ramell, pomell*
ramoso, -a adj. *brancós, brancallós, ramós*
1) rampa f. *costa, rampa*
2) rampa f. (calambre) *rampa*
ramplón, -ona adj. *grosser, groller, barroer*
rana f. *granota, granot*
rancajo m. *estarranc, escarràs, esquerda*
ranciedad f. *ranciesa, rancior*
rancio, -a adj. *ranci, estantís*
ranchero m. *ranxer*
rancho m. *ranxo*
randa f. *randa*
ranunculácea f. *ranunculàcia*
ranúnculo m. *ranuncle*
ranura f. *regata, entalla*
raño m. *cap-roig*
rapacidad f. *rapacitat*
rapadura f. *rapada*
rapapolvo m. *aixabuc, arrambatge, renyada*
rapar v. *rapar, pelar*
rapaz adj. *rapaç* // m. *al·lotó, xiquet, vailet, nin, marrec*
rapazuelo, -a m. y f. *bigarniu, butzeta, marrec*
1) rape m. *rapada, pelada* / al — *ran*
2) rape m. (pez) *rap, boldroi*
rapé adj. *rapè*
rapidez f. *rapidesa, llestesa*
rápido, -a adj. *ràpid, rabent* / *llest, lleuger* // m. (rabión) *rabeig, ràpid*
rapiña f. *rapinya*
rapiñar v. *rapinyar, rampinyar*
raposa f. *rabosa, guilla, guineu*
rapsoda m. *rapsode*
rapsodia f. *rapsòdia*
raptar v. *raptar*
rapto m. *rapte* // *rapte, arrapament, èxtasi*
raptor, -a adj. *raptor, robador*
raqueta f. *raqueta*
raquídeo, -a adj. *raquidi*
raquis m. *raquis*
raquítico, -a adj. *raquític*
raquitismo m. *raquitisme*
rareza f. *raresa*
raro, -a adj. *rar, estrany*
ras m. *ras, ran*
rasante m. *rasant*
rasar v. *rasar, arrasar* // *fregar, resquillar*
rascacielos m. *gratacel*
rascadera f. *rascador*
rascador m. *rascador, gratador*
rascadura f. *rascada, gratada*
rascar v. *rascar, gratar* // *esgarrapar, rapinyar*
rasero m. *rasadora*

rasgado, -a adj. *esquinçat, esqueixat*
rasgar v. *esquinçar, esqueixar, estripar*
rasgo m. *tret, tirat* // *gest, cop, rauxa, tret*
rasgón m. *esquinç, esqueix, estrip*
rasguear v. *batre*
rasgueo m. *batuda, guitarrada, guitarreig*
rasguñar v. *escarrinxar, esgarrapar, xerriscar*
rasguño m. *rapinyada, pelada, escarrinxada, esgarrapada, xerriscada*
raso, -a adj. *ras*
raspa f. *aresta* // (de pescado) *espina* // (de uva) *rapa*
raspador m. *raspador*
raspadura f. *raspadura*
raspajo m. *rapa*
raspar v. *raspar*
rasqueta f. *rasqueta, fregador*
rastra f. *rascle* // *tiràs* // *ròssec, rossegall* // *ròssec, penjoll* / a la — o a rastras *de rossec, de rossegons, a la rossegueta*
rastrear v. *rastrejar* // *rossegar, arrossegar* // *anar terrús-terrús, volar arran de terra, terrejar*
rastrero, -a adj. *terrejant, arrossegadís* // *baix, vil, menyspreable*
rastrillar v. *rastellar, rasclar*
rastrillo m. *rampí, rascle, rastell*
rastro m. *rampí, rascle, rastell* // *rampins, gavilans* // *rastre, fressa* // *encants*
rastrojo m. *rostoll*
rasurar v. *raure, rasurar, pelar, rapar*
rata f. *rata*
ratería f. *furt, pilloscada* // *ratoneria*
ratero, -a m. y f. *lladret, afaneta, pispa*
ratificación f. *ratificació*
ratificar v. *ratificar*
rato m. *estona*
ratón m. *ratolí*
ratonera f. *ratera*
rauco, -a adj. *ronc, rauc*
raudal m. *doll, roll, brand, devessall*
raudo, -a adj. *ràpid, veloç, rabent*
1) raya f. *ratlla, retxa* / (del cabello) *clenxa*
2) raya f. (pez) *rajada*
rayano, -a adj. *confrontant, fronterer*
rayar v. *ratllar, retxar* // *confrontar, limitar, confinar* // (el alba, el día) *clarejar*
rayo m. *raig* // *llamp, llampec*
raza f. *raça, nissaga*
razón m. *raó*
razonable adj. *raonable, enraonat*
razonador, -a adj. *raonador*
razonamiento m. *raonament*
razonar v. *raonar*
razzia f. *ràtzia*
re m. (nota musical) *re*

reabsorber v. *reabsorbir*
reabsorción f. *reabsorció*
reacción f. *reacció*
reaccionar v. *reaccionar*
reaccionario, -a adj. *reaccionari*
reacio, -a adj. *rebec, repropi, renego*
reactivar v. *reactivar*
reactivo, -a adj. *reactiu*
reactor m. *reactor*
readmisión f. *readmissió*
readmitir v. *readmetre*
reafirmar v. *reafirmar, refermar, confirmar*
1) **real** adj. (que existe verdaderamente) *real*
2) **real** adj. (referente al rey) *reial* // (moneda) *real, ral, quinzet, velló*
realce m. *realç, realçament*
realeza f. *reialesa*
realidad f. *realitat*
realismo m. *realisme*
1) **realista** adj. (propio del realismo) *realista*
2) **realista** adj. (partidario del rey) *reialista*
realización f. *realització*
realizar v. *realitzar*
realquilado, -a adj. *rellogat*
realquilar v. *rellogar*
realzar v. *realçar*
reanimar v. *reanimar, reviscolar*
reanudar v. *renuar, reprendre*
reaparecer v. *reaparèixer*
reapertura f. *reobertura*
rearmar v. *rearmar*
rearme m. *rearmament*
reata f. *rècula*
rebaba f. *rebava*
rebaja f. *rebaixa*
rebajar v. *rebaixar*
rebajo m. *rebaix, galze*
rebalsar v. *embassar, engorgar*
rebanada f. *llesca, tallada*
rebañar v. *arreplegar, arramassar, agabellar*
rebaño m. *ramat, ramada, guarda*
rebasar v. *ultrapassar, contrapassar, passar*
rebatir v. *rebatre*
rebato m. *envestida, escomesa, atac* // *viafora, sometent*
rebelar v. *rebel·lar*
rebelde adj. *rebel, renegat, renego*
rebeldía f. *rebel·lia*
rebelión f. *rebel·lió*
reblandecer v. *reblanir, remollir*
rebolludo, -a adj. *rabassut*
reborde m. *rebava, regruix*
rebosadero m. *sobreeixidor*
rebosar v. *vessar, sobreeixir*

rebotar v. *rebotar, rebotir, rebotre, retopar*
rebote m. *rebot, rebotada, rebotida, retop, retopada*
rebotica f. *rebotiga*
rebozar v. *arrebossar*
rebozo m. (de la capa) *gira* // *simulació, amagató* // **sin** — *sense embuts*
rebufar v. *rebufar, esbufegar*
rebullir v. *bellugar, fressejar, remoure's*
rebusca f. *recerca, escorcoll*
rebuscar v. *recercar, escorcollar* // *espigolar, pellucar*
rebuznar v. *bramar*
rebuzno m. *bram*
recabar v. *recaptar, aconseguir*
recadero, -a m. y f. *missatge, missus, enviat*
recado m. *missatge, comanda, encàrrec*
recaer v. *recaure*
recaída f. *recaiguda*
recalar v. *recalar*
recalcar v. *recalcar*
recalcitrante adj. *recalcitrant*
recalentar v. *escalfeir, rescalfar, recalfar*
recamar v. *recamar*
recámara f. *recambra*
recambio m. *recanvi*
recapacitar v. *recogitar, repensar*
recapitulación f. *recapitulació*
recapitular v. *recapitular*
recargar v. *recarregar*
recargo m. *recàrrec*
recatado, -a adj. *caut, circumspecte, remirat* // *púdic, reservat*
recatar v. *amagar, reservar* / rfl. *amagar-se, reservar-se, retreure's*
recato m. *modèstia, honestedat, pudor* // *cautela, circumspecció*
recaudación f. *recapta, recaptació*
recaudador, -a adj. *recaptador*
recaudar v. *recaptar*
recaudo m. *recapte*
recelar v. *recelar*
recelo m. *recel*
receloso, -a adj. *recelós*
recensión f. *recensió*
recepción f. *recepció*
recepcionista m. y f. *recepcionista*
receptáculo m. *receptacle*
receptivo, -a adj. *receptiu*
receptor, -a adj. *receptor*
receta f. *recepta*
recetar v. *receptar*
recibidero, -a adj. *rebedor, admissible*
recibidor, -a adj. *receptor, rebedor* // m. *rebedor, sala de rebre*
recibimiento m. *rebuda, recepció*

recibir v. *rebre*
recibo m. *rebut*
recidiva f. *recidiva*
reciedumbre f. *vigor, fermesa*
recién adv. *nou / — llegado nouarribant, nouvingut / — nacido nounat, nounascut*
reciente adj. *recent*
recientemente adj. *recentment*
recinto m. *recinte, clos*
recio, -a adj. *ferm, fort, vigorós, revingut*
recipiente m. *recipient*
reciprocidad f. *reciprocitat*
recíproco, -a adj. *recíproc*
recitación f. *recitació*
recitado m. *recitat*
recital m. *recital*
recitar v. *recitar*
reclamación f. *reclamació*
reclamar v. *reclamɑɾ*
reclamo m. *reclam*
reclinar v. *reclinar*
reclinatorio m. *reclinatori*
recluir v. *recloure*
reclusión f. *reclusió*
recluso, -a adj. y m. y f. *reclús*
recluta m. *recluta*
reclutamiento m. *reclutament*
reclutar v. *reclutar*
recobrar v. *recobrar* // rfl. (de una pérdida) *rescabalar-se* // rfl. (la salud) *refer-se, revenir*
recobro m. *recobrament*
recocer v. *recoure* // rfl. *desficiar-se*
recodar v. *colzar* // *recolzar, recolzar-se*
recodo m. *recolze, recolzada, tombant, revògit*
recogedor, -a adj. *recollidor, arreplegador*
recoger v. *recollir, arreplegar / (los frutos) collir* // *recollir, estojar, guardar* // rfl. *retreure's, retirar-se, recollir-se*
recogida f. *recollida, recull, replega*
recogimiento m. *recolliment*
recolección f. *recol·lecció, recull, replegada / (de frutos) collita, aplega*
recolectar v. *recol·lectar, arreplegar*
recoleto, -a adj. *recollit, retirat* // (religioso) *recol·lecte*
recomendación f. *recomanació*
recomendar v. *recomanar*
recompensa f. *recompensa*
recompensar v. *recompensar*
recomponer v. *recompondre*
reconcentrar v. *reconcentrar*
reconciliación f. *reconciliació*
reconciliar v. *reconciliar*
reconcomerse v. *desficiar-se, neguitejar-se*

reconcomio m. *frisança, desfici*
recóndito, -a adj. *recòndit*
reconfortación f. *reconfortació*
reconfortar v. *reconfortar*
reconocer v. *reconèixer*
reconocimiento m. *reconeixença, reconeixement*
reconquista f. *reconquista, reconquesta*
reconquistar v. *reconquerir, reconquistar*
reconsiderar v. *reconsiderar*
reconstituir v. *reconstituir*
reconstituyente adj. *reconstituent*
reconstruir v. *reconstruir*
recontar v. *recomptar*
reconvención f. *reconvenció*
reconvenir v. *reconvenir*
recopilación f. *recopilació*
recopilar v. *recopilar*
récord m. *rècord*
recordar v. *recordar*
recordatorio, -a adj. *recordatori*
recorrer v. *recórrer*
recorrido m. *recorregut, trajecte, camí*
recortar v. *retallar*
recorte m. *retall / pl. retalladures*
recoser v. *recosir*
recostar v. *reclinar, recolzar*
recoveco m. *girada, giragonsa*
recreación f. *recreació*
recrear v. *recrear / rfl. esbargir-se, esplaiar-se*
recreativo, -a adj. *recreatiu*
recreo m. *recreació, esplai*
recriminación f. *recriminació*
recriminar v. *recriminar*
recrudecer v. *recruar*
rectangular adj. *rectangular*
rectángulo, -a adj. *rectangle*
rectificación f. *rectificació*
rectificar v. *rectificar*
rectilíneo, -a adj. *rectilini*
rectitud f. *rectitud, dretura*
recto, -a adj. *recte, dret* // m. *recte*
rector, -a adj. y m. y f. *rector*
rectorado m. *rectorat*
rectoral adj. *rectoral*
rectoría f. *rectoria*
recua f. *rècua, rècula*
recubrir v. *recobrir*
recuento m. *recompte*
recuerdo m. *record, recordança / pl. comandacions*
recular v. *recular*
a reculones adv. *a reculons, de cul arrerɛ*
recuperación f. *recuperació*
recuperar v. *recuperar, recobrar, rescabalar*

recurrir v. *recórrer*
recurso m. *recurs*
recusar v. *recusar*
rechazar v. *rebutjar*
rechazo m. *retop, rebot* / **de** — *de retop, de rebot, de recatxada*
rechinamiento m. *grinyol, xerric*
rechinar v. *grinyolar, xerricar*
rechoncho, -a adj. *rabassut, reblut, rod·nxó*
de rechupete adv. *de primera bona, ·"·llò millor*
red f. *xarxa, xerxa* // (para cazar) *filats, barriola* // (ardid, engaño) *parany*
redacción f. *redacció*
redactar v. *redactar*
redactor, -a m. y f. *redactor*
redada f. *xarxada, agafada*
redaño m. *sagí, saginera*
redecilla f. *ret, barriola*
rededor m. *voltant, entorn, contorn*
redención f. *redempció*
redentor, -a adj. *redemptor*
redil m. *pleta, cleda, corral*
redimir v. *redimir*
rédito m. *rèdit*
redivivo, -a adj. *rediviu, renascut*
redoblar v. *redoblar*
redoble m. *redoblament, redoble*
redoma f. *figa, fiola, garrafó*
redomado, -a adj. *astut, acossat*
redonda f. *rodona* // **a la** — *al voltant*
redondear v. *arrodonir, enrodonir*
redondez f. *rodonesa*
redondilla f. *rodona* // *quarteta*
redondo, -a adj. *rodó, redó*
redrojo m. *bagot, gotim* // *caganiu*
reducción f. *reducció*
reducido, -a adj. *reduït*
reducir v. *reduir*
reductible adj. *reductible*
reducto m. *reducte*
redundancia f. *redundància*
redundar v. *redundar*
reedificar v. *reedificar*
reeditar v. *reeditar*
reeducar v. *reeducar*
reelección f. *reelecció*
reelegir v. *reelegir*
reembarcar v. *reembarcar*
reembarque m. *reembarcament*
reembolsar v. *reembossar*
reembolso m. *reembossament*
reemplazar v. *reemplaçar, substituir*
reemplazo m. *reemplaçament, substitució* // (en el ejército) *lleva, quinta*
reemprender v. *reprendre*

reenganchar v. *reganxar*
reexpedir v. *reexpedir*
reexportar v. *reexportar*
refajo m. *faldetes, faldellí*
refectorio m. *refector, refectori*
referencia f. *referència*
referéndum m. *referèndum*
referir v. *referir*
de refilón adv. *de rampellada, d'esquitllentes*
refinamiento m. *refinament*
refinar v. *refinar*
refinería f. *refineria*
reflector, -a adj. y m. *reflector*
reflejar v. *reflectir*
reflejo m. *reflex*
reflexión f. *reflexió*
reflexionar v. *reflexionar*
reflexivo, -a adj. *reflexiu*
reflorecer v. *reflorir*
refluir v. *refluir*
reflujo m. *reflux, minvant, buida*
refocilar v. *refocil·lar*
reforma f. *reforma*
reformar v. *reformar*
reformatorio, -a adj. y m. *reformatori*
reformista adj. *reformista*
reforzar v. *reforçar*
refracción f. *refracció*
refractar v. *refractar, refringir*
refractario, -a adj. *refractari*
refrán m. *refrany* // *tornada*
refranero m. *refranyer*
refregar v. *refregar*
refregón f. *refregada*
refreir v. *refregir*
refrenar v. *refrenar*
refrendar v. *referendar*
refrescar v. *refrescar*
refresco m. *refresc*
refriega f. *refrega, baralla*
refrigeración f. *refrigeració*
refrigerar v. *refrigerar, refredar*
refrigerio m. *refrigeri*
refringente adj. *refringent*
refrito m. *refrit*
refuerzo m. *reforç*
refugiar v. *refugiar*
refugio m. *refugi*
refulgente adj. *refulgent*
refulgir v. *refulgir*
refundir v. *refondre*
refunfuñar v. *rondinar, remugar*
refutación f. *refutació*
refutar v. *refutar*
regadera f. *regadora*
regadío adj. *regadiu, reguiu*

reloj

regala f. *soleta, regala*
regalado, -a adj. *regalat, delitós*
regalar v. *regalar*
regaliz m. *regalèssia, regalim, trac, pega dol-ça*
regalo m. *regal, obsequi, present* // *delícia*
a regañadientes adv. *a contracor*
regañar v. *grunyir, remugar* // *renyar*
regaño m. *reny, regany*
regañón, -ona adj. *renyador, reganyós*
regar v. *regar*
regata f. *regata*
regate m. *marrada*
regatear v. *regatar, regatejar*
regateo m. *regateig*
regato m. *còrrec, regueró*
regazo m. *falda*
regencia f. *regència*
regeneración f. *regeneració*
regenerar v. *regenerar*
regentar v. *regentar*
regente m. y f. *regent*
regicidio m. *regicidi*
regidor, -a m. y f. *regidor*
régimen m. *règim*
regimiento m. *regiment*
regio, -a adj. *regi, reial*
región f. *regió, contrada*
regional adj. *regional*
regir v. *regir, governar*
registrador, -a adj. *registrador*
registrar v. *registrar, escorcollar* // *enregistrar*
registro m. *registre, escorcoll*
regla f. (pieza para trazar líneas rectas) *regle* (m.) // (en los otros significados) *regla* (f.)
reglamentar v. *reglamentar*
reglamentario, -a adj. *reglamentari*
reglamento m. *reglament*
regocijar v. *alegrar*
regocijo m. *alegria, gaubança*
regodearse v. *adelitar-se, xalar*
regodeo m. *adelitament, xalada, goig*
regolfar v. *regolfar*
regordete, -a adj. *grassó, rodanxó*
regresar v. *tornar, retornar*
regresión f. *regressió*
regreso m. *tornada, retorn*
reguera f. *regueró, reguera*
reguero m. *rec, regueró, regalim*
1) regular adj. *regular*
2) regular v. *regular*
regularidad f. *regularitat*
regularizar v. *regularitzar*
regurgitar v. *regurgitar*

rehabilitar v. *rehabilitar*
rehacer v. *refer* // rfl. *refer-se, revenir*
rehén m. *ostatge, reena*
rehogar v. *estofar, solsir, ofegar*
rehuir v. *defugir*
rehusar v. *refusar, rebutjar*
reidor, -a adj. *rient, rioler*
reimpresión f. *reimpressió*
reimprimir v. *reimprimir*
reinado m. *regnat*
reinar v. *regnar*
reincidencia f. *reincidència*
reincidir v. *reincidir*
reincorporar v. *reincorporar*
reingresar v. *reingressar*
reino m. *regne, reialme*
reintegrar v. *reintegrar*
reir v. *riure*
reiterar v. *reiterar*
reivindicación f. *reivindicació*
reivindicar v. *reivindicar*
reja f. *rella* // *reixa, retxat*
rejilla f. *reixeta, graseta, retxadet*
rejo m. *agulló*
rejuvenecer v. *rejovenir*
relación f. *relació*
relacionar v. *relacionar*
relajación f. *relaxació, relaxament*
relajar v. *relaxar*
relamer v. *rellepar* // rfl. *llepar-se els llavis, llepar-se els dits*
relámpago m. *llamp, llampec, sageta*
relampaguear v. *llampegar*
relatar v. *relatar*
relatividad f. *relativitat*
relativismo m. *relativisme*
relativo, -a adj. *relatiu*
relato m. *relat, narració*
relator, -a adj. *relator*
releer v. *rellegir*
relegar v. *relegar*
relente m. *serena, serení, rellent*
relevante adj. *rellevant*
relevar v. *rellevar*
relevo m. *rellevament, relleu*
relicario m. *reliquiari*
relieve m. *relleu*
religar v. *relligar*
religión f. *religió*
religiosidad f. *religiositat*
religioso, -a adj. *religiós*
relinchar v. *eguinar, renillar*
relincho m. *eguí, renill*
relinga f. *ralinga, nata*
reliquia f. *relíquia*
reloj m. *rellotge*

relojería f. *rellotgeria*
relojero, -a m. y f. *rellotger*
reluciente adj. *llampant, lluent*
relucir v. *lluir, relluir*
relumbrón m. *llampec* / de — *de lluentor falsa, d'oripell*
rellano m. *replà*
rellenar v. *reomplir* // *farcir, embotir* // *atapir, estibar*
relleno, -a adj. *replè* // *farcit, embotit*
remachar v. *reblar, reblonar*
remanente m. *romanent, resta, romanalla*
remanso m. *rabeig, remels, remulla*
remar v. *remar, vogar*
remarcar v. *remarcar*
rematar v. *rematar, acorar* // *acabar, enllestir* // *rematar*
remate m. *extrem, acabament* // *rematada*
remedar v. *imitar, escarnir*
remediar v. *remeiar, posar remei*
remedio m. *remei*
remedo m. *imitació, escarniment*
rememorar v. *rememorar*
remendar v. *adobar, apanyar, apedaçar*
remendón, -ona adj. *ataconador*
remero m. *remer, remador, vogador*
remesa f. *remesa, tramesa*
remiendo m. *adob*
remilgado, -a adj. *posturer, estugós, melindrós*
remilgo m. *postura, melindro*
reminiscencia f. *reminiscència*
remirado, -a adj. *remirat, primmirat*
remisión f. *remissió*
remiso, -a adj. *remís*
remitente adj. *remitent*
remitir v. *remetre* / *cedir, balcar, demancar*
remo m. *rem*
remodelar v. *remodelar*
remojar v. *remullar*
remojo m. *remull*
remojón m. *remullada, xop*
remolacha f. *beta-rave, remolatxa*
remolcador, -a adj. *remolcador*
remolcar v. *remolcar*
remolinar v. *arremolinar-se, remolinar, regolfar*
remolino m. *remolí, terbolina, regolf* // (de pelo) *reveixí* // (grupo compacto) *remolí* // *revolt*
remolón, -ona adj. *cançoner, ronser, romancer*
remolonear v. *cançonejar, ronsejar*
remolque m. *remolc*
remontar v. *remuntar*
rémora f. *rèmora*

remorder v. *remordir, remordre*
remordimiento m. *remordiment, corcó*
remoto, -a adj. *remot*
remover v. *remoure, remenar, somoure* / rfl. *borinejar, malavejar, trullejar*
remozar v. *rejovenir*
remuneración f. *remuneració*
remunerar v. *remunerar*
renacer v. *renéixer, renàixer*
renacimiento m. *renaixement, renaixença*
renacuajo m. *cap-gros, cullereta, cabot*
renal adj. *renal*
renano, -a adj. *renà*
rencilla f. *renyina, inxa*
rencilloso, -a adj. *renyinós*
rencor m. *rancor, rancúnia*
rencoroso, -a adj. *rancorós, rancuniós, piconari*
rendición f. *rendició*
rendija f. *encletxa, escletxa, retxillera*
rendimiento m. *rendiment* // *tupament, esclafament, cansament* // *submissió*
rendir v. *rendir, retre*
renegado, -a adj. *renegat*
renegar v. *renegar*
renglón m. *ratlla, retxa*
reniego m. *renec, flastomia*
reno m. *ren*
renombrado, -a adj. *anomenat, famós*
renombre m. *renom, anomenada, fama*
renovación f. *renovació, renovament*
renovar v. *renovar*
renta f. *renda*
rentable adj. *rendable, rendible, retent*
rentista m. y f. *rentista*
renuevo m. *renovació, renovament* // *rebrot, brosta, tany, ullet*
renuncia f. *renúncia*
renunciamiento m. *renunciament*
renunciar v. *renunciar*
reñir v. intr. *barallar-se, renyir* // *renyar, reganyar, reprendre*
reo m. y f. *reu*
de reojo adv. *de reüll, de coa d'ull*
reordenar v. *reordenar*
reorganización f. *reorganització*
reorganizar v. *reorganitzar*
reóstato m. *reòstat*
repantigarse v. *repapar-se, encatxofar-se*
reparación f. *reparació*
reparador, -a adj. *adobador, arreglador* // *descansador, reforçador, envigoridor*
reparar v. *adobar, arreglar, compondre* // *reparar, notar, adonar-se*
reparo m. *reparament, adob* // *consideració, esment* // *objecció, observació*

repartir v. *repartir*
reparto m. *repartiment*
repasar v. *repassar*
repaso m. *repàs, repassada*
repatriación f. *repatriació*
repatriar v. *repatriar*
repecho m. *empit, empitada*
repelente adj. *repel·lent*
repeler v. *repel·lir*
repelo m. *repèl, reveixí // pruaga, tronya*
repelón m. *estirada de cabells // enganxada // estirada, pessic*
repeloso, -a adj. *repelós, repelenc*
repente m. *sobtada / de — de sobte, sobtadament, de cop i volta*
repentino, -a adj. *repentí, sobtat*
repercusión f. *repercussió, contracop*
repercutir v. *repercutir, resplendir*
repertorio m. *repertori*
repetición f. *repetició*
repetir v. *repetir // refegir // reprendre*
repicar v. *repicar*
repintar v. *repintar*
repique m. *repicada, repicament, repic*
repiquetear v. *repiquetejar, repiquejar*
repiqueteo m. *repiqueig, repiqueteig, repicada*
repisa f. *represa, prestatge, escudeller*
replantear v. *replantejar*
replegar v. *replegar*
repleto, -a adj. *replè*
réplica f. *rèplica, replicació*
replicar v. *replicar / recapitolar, respostejar*
repliegue m. *replec, replegament*
repoblar v. *repoblar*
repollo m. *cabdell, acop, ull // col de cabdell*
repolludo, -a adj. *cabdellat // rabassut*
reponer v. *reposar, tornar posar // rfl. referse, revenir*
reportaje m. *reportatge*
reportar v. *reportar*
reportero m. *repòrter*
reposar v. *reposar, descansar*
reposición f. *reposició*
reposo m. *posa, repòs, descans*
repostería f. *rebosteria*
repostero, -a m. y f. *reboster*
reprender v. *reprendre // renyar, reptar*
reprensible adj. *reprensible*
reprensión f. *reprensió, reny, renyada*
represalia f. *represàlia*
representación f. *representació*
representar v. *representar*
representativo, -a adj. *representatiu*
represión f. *repressió*

represivo, -a adj. *repressiu*
reprimenda f. *reprensió, reprimenda, renyada*
reprimir v. *reprimir / rfl. reprimir-se, aguantar-se*
reprobación f. *reprovació*
reprobar v. *reprovar*
réprobo, -a adj. *rèprobe, condemnat*
reprochar v. *reprovar, retreure, reprotxar*
reproche m. *retret*
reproducción f. *reproducció*
reproducir v. *reproduir*
reproductor, -a adj. *reproductor*
reptar v. *arrossegar-se*
reptil m. *rèptil*
república f. *república*
republicano, -a adj. *republicà*
repudiar v. *repudiar*
repudio m. *repudi*
repudrir v. *repodrir // rfl. grifar-se, migrarse, neguitejar-se*
repuesto, -a adj. *reposat // refet, recuperat // m. reserva / de — de reserva, de recanvi // m. rebost, magatzem*
repugnancia f. *repugnància*
repugnar v. *repugnar*
repujar v. *repujar, repussar*
repulgar v. *vorellar, voretar*
repulgo m. *voreta*
repulir v. *repolir*
repulsa f. *repulsa*
repulsivo, -a adj. *repulsiu*
reputación f. *reputació*
reputar v. *reputar*
requebrar v. *retrencar, tornar rompre // florejar, tirar floretes*
requemar v. *torrar, recremar // coure, picar // (la sangre) cremar, encendre // rfl. migrar-se, cremar-se, damnar-se*
requerimiento m. *requeriment, requesta*
requerir v. *requerir, requestar*
requesón m. *brossat, mató, recuit*
requetebién adv. *rebé, beníssim*
requiebro m. *floreta, flor*
réquiem m. *rèquiem*
requisa f. *requisa*
requisar v. *requisar*
requisito m. *requisit*
requisitorio, -a adj. *requisitori*
res f. *cap de bestiar, bístia*
resabiar v. *donar sabor // aviciar, malacostumar // rfl. enquimerar-se*
resabio m. *saba, regust // vici, malavès, mal-costum*
resaca f. *ressaca, rissaga*
resaltar v. *ressaltar, ressortir*

resalto m. *rebot* / *grop, reclau*
resarcir v. *rescabalar, compensar*
resbaladizo, -a adj. *llenegadís, relliscós*
resbalar v. *llenegar, relliscar, patinar*
resbalón m. *llenegada, relliscada, patinada*
rescatar v. *rescatar*
rescate m. *rescat*
rescindir v. *rescindir*
rescisión f. *rescissió*
rescoldo m. *caliu, caliuada, braserada*
resecar v. *ressecar*
reseco, -a adj. *ressec*
resentimiento m. *ressentiment*
resentir v. *ressentir*
reseña f. *ressenya*
reseñar v. *ressenyar*
reserva f. *reserva*
reservar v. *reservar*
resfriado m. *refredat, refredament, constipat*
resfriar v. *refredar, constipar*
resguardar v. *resguardar, arredossar*
resguardo m. *resguard*
residencia f. *residència*
residente adj. *resident*
residir v. *residir*
residuo m. *residu*
resignación f. *resignació*
resignar v. *resignar*
resina f. *resina, reïna, reina*
resinoso, -a adj. *resinós*
resistencia f. *resistència*
resistente adj. *resistent*
resistir v. *resistir*
resma f. *reima, raima*
resoluble adj. *resoluble*
resolución f. *resolució*
resolver v. *resoldre*
resollar v. *pantaixar, bleixar, esbufegar*
resonancia f. *ressonància*
resonar v. *ressonar, retrunyir, resplendir*
resoplar v. *esbufegar, rebufar*
resoplido m. *rebuf, esbufec, brúfol*
resorte m. *ressort*
respaldar v. *guardar, protegir* // rfl. *recalcar-se*
respaldo m. *respatla, espatler, respatller*
respectivo, -a adj. *respectiu*
respecto m. *respecte* // **al** — *sobre això, referent a això* // — **a** o — **de** o **con** — **a** *en relació a*
respetable adj. *respectable*
respetar v. *respectar*
respeto m. *respecte*
respetuoso, -a adj. *respectuós*
respingo m. *revolada, revalgada* // *reguitnada*

(nariz) respingona f. *nas arromangat*
respiración f. *respiració*
respiradero m. *respirall, espirall*
respirar v. *respirar, alenar*
respiratorio, -a adj. *respiratori*
respiro m. *respir, alè*
resplandecer v. *resplendir*
resplandeciente adj. *resplendent*
resplandor m. *resplendor*
responder v. *respondre*
responsabilidad f. *responsabilitat*
responsable adj. *responsable*
responso m. *absolta, respons*
responsorio m. *responsori*
respuesta f. *resposta*
resquebrajar v. *crullar, clivellar, esberlar*
resquemor m. *coïssor, coïtja* // *rancor*
resquicio m. *badall, retxillera, escletxa*
resta f. *resta*
restablecer v. *restablir*
restablecimiento m. *restabliment*
restallar v. *esclafir, petar*
restante m. *restant, romanent* / **lo** — *la resta* / **los restantes** *els altres*
restañar v. *estroncar*
restar v. *restar*
restauración f. *restauració*
restaurante m. *restaurant*
restaurar v. *restaurar*
restitución f. *restitució*
restituir v. *restituir*
resto m. *resta* // *deixalla, romanalla* / *porgueres, solatges* / **restos mortales** *despulles* // **el** — *la resta, els altres*
restregar v. *fregar, refregar*
restregón m. *fregada, refregada, refrec*
restricción f. *restricció*
restringir v. *restringir, restrènyer*
restriñir v. *restrènyer*
resucitar v. *ressuscitar*
resuello m. *pantaix, esbufec, bleix*
resultado m. *resultat*
resultar v. *resultar*
resumen m. *resum*
resumir v. *resumir*
resurgir v. *ressorgir*
resurrección f. *resurrecció*
retablo m. *retaule*
retaguardia f. *reraguarda, rerassaga*
retahila f. *carrandella, carrerany, rècula, tirallonga*
retal m. *retall, escapoló*
retama f. *ginesta, ginestera borda*
retar v. *desafiar*
retardar v. *retardar*
retardo m. *retard, retardament*

retazo m. *retall, talladura, escaig, escapoló, escapció*
retemblar v. *tremolar, trontollar*
retén m. *equip de reserva*
retención f. *retenció*
retener v. *retenir*
retentiva f. *retentiva*
retentivo, -a adj. *retentiu*
reticencia f. *reticència*
reticente adj. *reticent*
reticular adj. *reticular*
retina f. *retina*
retintín m. *dring // tonet*
retirada f. *retirada*
retirar v. *retirar*
retiro m. *retir, recés*
reto m. *reptament, desafiament*
retocar v. *retocar*
retoñar v. *rebollar, rebrotar, retanyar*
retoño m. *reboll, rebrot, tany, plançó*
retoque m. *retoc*
retorcer v. *retòrcer*
retorcimiento m. *retorcement, retorçament, revinclament*
retórico, -a adj. *retòric*
retornar v. *retornar, tornar*
retorno m. *retorn, tornada*
retorta f. *retorta*
retortijón m. *retorçó, revessega, retortilló*
retozar v. *saltironar // entremaliejar*
retozón, -ona adj. *enjogassat*
retracción f. *retracció*
retractación f. *retractació*
retractar v. *retractar*
retráctil adj. *retràctil*
retraer v. *retreure*
retraimiento m. *retraïment*
retrasar v. *endarrerir, retardar*
retraso m. *endarreriment, retard*
retratar v. *retratar*
retratista m. y f. *retratista*
retrato m. *retrat*
retreta f. *retreta*
retrete m. *excusat, lloc comú, comuna*
retribución f. *retribució*
retribuir v. *retribuir*
retroactivo, -a adj. *retroactiu*
retroceder v. *retrocedir, tornar arrere, recular*
retroceso m. *retrocés, reculada*
retrogradar v. *retrogradar*
retrógrado, -a adj. *retrògrade*
retronar v. *retronar, retrunyir*
retrospectivo, -a adj. *retrospectiu*
retrovisor m. *retrovisor*
retruque m. *retruc*

retumbar v. *retronar, retrunyir*
retumbo m. *retrò, retruny*
reuma m. *reuma*
reumatismo m. *reumatisme*
reumatólogo, -a m. y f. *reumatòleg*
reunión f. *reunió*
reunir v. *reunir, arreplegar*
reválida f. *revàlida*
revalidar v. *revalidar*
revalorizar v. *revaloritzar*
revancha f. *revenja*
revelación f. *revelació*
revelar v. *revelar*
revendedor, -a adj. *revenedor*
revender v. *revendre*
revenir v. *revenir*
reventa f. *revenda*
reventar v. intr. *rebentar, esclatar, petar //* tr. *rebentar, esbutzar, esboldregar //* rfl. *rebentar-se, cruixir-se / a — a esclatabutzes*
reventón m. *rebentada, esclatada*
rever v. *reveure*
reverberar v. *reverberar*
reverdecer v. *reverdir*
reverencia f. *reverència*
reverenciar v. *reverenciar*
reverendo, -a adj. y m. y f. *reverend*
reverente adj. *reverent*
reverentemente adv. *reverentment*
reversible adj. *reversible*
reverso m. *revers, dors*
revertir v. *revertir*
revés m. *revés, esquena / al — al revés, al contrari // bolei, bolet // revés, desgràcia*
revestimiento m. *revestiment*
revestir v. *revestir*
revisar v. *revisar*
revisión f. *revisió*
revisor, -a m. y f. *revisor*
revista f. *revista*
revistar v. *revistar*
revivir v. *reviure, reviscolar*
revocación f. *revocació*
revocar v. (dejar sin efecto) *revocar //* (enlucir paredes) *arrebossar, eixalbar, referir*
revolar v. *revolar*
revolcar v. *rebolcar, remolcar //* rfl. *bolcarse, rabejar-se*
revolcón m. *rebolcada, remolcada*
revolotear v. *revolar, voletejar*
revoloteo m. *voleteig*
revoltijo m. *batibull, bordell, safarnat, barrija-barreja*
revoltoso, -a adj. *revoltós // entremaliat*
revolución f. *revolució*

revolucionar v. *revolucionar*
revolucionario, -a adj. *revolucionari*
revolver v. *regirar, remenar // rastrejar // capgirar, trabucar*
revólver m. *revòlver*
revoque m. *arrebossada, referit*
revuelo m. *revol,- revolada // renou, enrenou, rebombori*
revuelta f. *volta, revolt, giragonsa, revogida // revolt, revolta, girada*
revuelto, -a adj. *revolt, capgirat, regirat*
revulsivo, -a adj. *revulsiu*
rey m. *rei*
reyerta f. (V. **riña**)
rezagado, -a adj. *endarrerit, rerassagat*
rezagar v. *endarrerir, rerassagar*
rezar v. *resar, pregar*
rezno m. *re*
rezo m. *rés*
rezongar v. *rondinar, remugar, grunyir*
rezumar v. *traspuar, saünyar*
ría f. *ria*
riachuelo m. *rierol*
riada f. *riuada, rierada*
ribazo m. *riba, marjada, marge*
ribera m. *riba, ribatge, ribera, costa, vorera* / **carpintero de** — *mestre d'aixa*
ribereño, -a adj. *riberenc, litoral*
ribete m. *rivet, peçol*
ribetear v. *rivetar, voretar, vorellar*
ricino m. *ricí*
rico, -a adj. *ric // bo, gustós, saborós*
rictus m. *rictus*
ridiculez f. *ridiculesa*
ridiculizar v. *ridiculitzar*
ridículo, -a adj. *ridícul*
riego m. *rec, regada*
rienda f. *regna, brilla*
riesgo m. *risc, perill*
rifa f. *rifa*
rifar v. *rifar*
rifle m. *rifle*
rigidez f. *rigidesa*
rígido, -a adj. *rígid, tibat, enravenat, encarcarat*
rigodón m. *rigodons*
rigor m. *rigor*
rigorismo m. *rigorisme*
riguroso, -a adj. *rigorós*
rima f. (concordancia de versos) *rima* // (composición en verso) *rim*
rimar v. *rimar*
rimbombante adj. *ressonant*
rimero m. *munt*
rincón m. *racó*
rinconada f. *raconada*

rinconera f. *raconera*
ringlera f. *rengle, renglera, filera*
rinitis f. *rinitis*
rinoceronte m. *rinoceront*
riña f. *baralla, brega*
riñón m. *ronyó*
riñonada f. *ronyonada*
río m. *riu, riera*
ripio m. *pedaç, reble*
riqueza f. *riquesa*
risa f. *rialla, riure // riota*
risco m. *cingle*
risible adj. *risible*
risotada f. *riallada, xalada*
ristra f. *enfilall*
ristre m. *rest*
risueño, -a adj. *rialler, rioler*
ritmar v. *ritmar*
rítmico, -a adj. *rítmic*
ritmo m. *ritme*
rito m. *ritu*
ritual adj. *ritual*
rival m. y f. *rival*
rivalidad f. *rivalitat*
rivalizar v. *rivalitzar*
riza f. *rostoll // roïssos*
1) **rizado** m. *arrissat, arrissament*
2) **rizado, -a** adj. *arrissat, onat, rull*
rizar v. *rissar, arrissar, rullar, onar*
rizo m. *rull, rínxol, ris, reganyol*
rizoma m. *rizoma*
róbalo m. *llop, llobarro, llobina*
robar v. *robar, rapinyar, rapissar*
roble m. *roure*
robledal m. *roureda*
robo m. *robatori, llatrocini, furt*
robustecer v. *enrobustir*
robustez f. *robustesa*
robusto, -a adj. *robust, revingut*
roca f. *roca*
roce m. *frec, fregada // tracte, contacte // fregada, topada*
rociada f. *ruixada, ruixat, gotellada*
rociar v. *ruixar, esquitxar, esbrufar*
rocín m. *rossí*
rocinante m. *ròssa, rossinant*
rocío m. *rou, rosada, roada // ruixim*
rococó adj. *rococó*
rocoso, -a adj. *rocós, rocallós*
roda f. *roda*
rodaballo m. *rèmol, pedaç, puput, salremo*
rodaja f. *rodanxa, rotlana, rotllana*
rodaje m. *rodatge*
rodamiento m. *rodament, rodolament*
rodapié m. *entornpeu, rodapeu*
rodar v. *rodar, rutllar, voltar*

rodear v. *voltar, enrevoltar, rodejar, encerclar*
rodela f. *rodella*
rodeo m. *volta, voltera, marrada* / **dar un** — *fer una volta, voltar, marrar*
rodete m. *capçana, rotlana* // *rodet*
rodilla f. *genoll*
rodillera f. *genollera*
rodillo m. *rodet, corró*
rododendro m. *rododèndron, gavet*
roedor, -a adj. *rosegador, roegador*
roedura f. *rosegada, roegada*
roer v. *rosegar, roegar* // *ratar*
rogar v. *pregar*
rogativa f. *rogativa, pregària*
rojez f. *rojor, vermellor*
rojizo, -a adj. *rogenc, vermellenc*
rojo, -a adj. *roig, vermell*
rol m. *rol, paper*
roldana f. *rotlana, rotllana*
rollizo, -a adj. *molsut, grassó*
rollo m. *rodet*
romance m. *romanç*
romancero m. *romancer*
románico, -a adj. *romànic*
romanista adj. *romanista*
romano, -a m. y f. *romà*
romanticismo m. *romanticisme*
romántico, -a adj. *romàntic*
romanza f. *romança*
rombo m. *rombe*
romboedro m. *rombòedre*
romboide m. *romboide*
romería f. *romiatge, romeria*
1) romero, -a m. y f. *romeu*
2) romero m. (planta) *romaní*
romo, -a adj. *rom*
rompecabezas m. *trencaclosques, trencacaps*
rompedor, -a adj. *rompedor, trencador*
rompehielos m. *trencagels*
rompeolas m. *escullera*
romper v. *rompre, trencar* / *esqueixar, estripar*
rompiente m. *rompent*
rompimiento m. *rompiment, trencament*
ron m. *rom*
roncar v. *roncar*
roncear v. *cançonejar, ronsejar*
ronco, -a adj. *ronc, rogallós*
roncha f. *fava, mostela, sangtraït* // *tallada, llesca*
ronda f. *ronda*
rondador, -a adj. *rondador, rondaire*
rondar v. *rondar, fer la torniola*
rondó m. *rondó*
ronquera f. *ronquera, rogall, escanyament, ranera*

ronquido m. *ronc, ronquet*
ronronear v. *fer el ronquet*
ronzal m. *ronsal, cabestre*
roña f. *ronya*
roñoso, -a adj. *ronyós*
ropa f. *roba*
ropaje m. *roba, vestidura*
ropavejero m. *robaveller, robavellaire*
ropero m. *guarda-roba* // *rober*
roquedal m. *roquissar, rocam*
roqueño, -a adj. *rocós*
roquero, -a adj. *roquer*
roquete m. *roquet*
rosa f. *rosa*
rosáceo, -a adj. *rosaci, rosenc*
rosado, -a adj. *rosat*
rosal m. *roser*
rosaleda f. *roserar*
rosario m. *rosari*
rosbif m. *rosbif*
rosca f. *rosca* // **hacer la** — *fer la garungola, fer la bona*
rosellonés, esa m. y f. *rossellonès*
roséola f. *rosa*
rosetón m. *rosa, rosetó, rosassa*
rosquilla f. *rosquilla*
rostral adj. *rostral*
rostro m. *rostre, cara, faç*
rota f. *rota*
rotación f. *rotació*
rotativo, -a adj. *rotatiu*
rotatorio, -a adj. *rotatori*
roto, -a adj. *romput, trencat* // *esquinçat, esparracat*
rotonda f. *rotonda*
rótula f. *ròtula*
rotular v. *rotular, retolar*
rótulo m. *rètol*
rotundo, -a adj. *rotund*
rotura f. *ruptura, trencament*
roturar v. *rompre*
rozadura f. *fregada* // *pelada, resquilladura, rascada*
rozar v. *fregar, resquillar* // rfl. *fer-se, tractar-se*
rubéola f. *rubèola*
rubí m. *robí*
rubicundo, -a adj. *rubicund*
rubidio m. *rubidi*
rubio, -a adj. *ros*
rublo m. *ruble*
rubor m. *rubor, vermellor, enrojolament, empegueïment*
ruborizarse v. *ruboritzar-se, enrojolar-se, empegueir-se*
ruboroso, -a adj. *ruborós*

rúbrica f. *rúbrica*
rubricar v. *rubricar*
ruda f. (planta) *ruda*
rudamente adv. *rudement*
rudeza f. *rudesa, tosquedat*
rudimentario, -a adj. *rudimentari*
rudimento m. *rudiment*
rudo, -a adj. *rude*
rueca f. *filosa*
rueda f. *roda*
ruedo m. *rodada, rodament // rodal, redol, volt*
ruego m. *prec*
rufián m. *rufià*
rugby m. *rugby*
rugido m. *bramul, bruel, rugit*
rugir v. *rugir, bramular*
rugosidad f. *rugositat*
rugoso, -a adj. *rugós*
ruibarbo m. *ruibarbre*
ruido m. *renou, soroll*
ruidoso, -a adj. *renouer, sorollós*
ruín adj. *roí, xerec*
ruína f. *ruïna, runa*
ruindad f. *roïnesa, roïndat*
ruinoso, -a adj. *ruïnós*
ruiseñor m. *rossinyol*
ruleta f. *ruleta*

rulo m. *corró, rutló*
rumano, -a m. y f. *romanès*
rumba f. *rumba*
rumbo m. *rumb*
rumboso, -a adj. *rumbós*
rumia f. *remuc, remugament // rumiament, cavil·lació*
rumiante adj. *remugador, remugant, ruminant*
rumiar v. *remugar // rumiar, cavil·lar*
rumor m. (ruido confuso) *remor //* (noticia incierta) *rumor*
rumorear v. *remorejar, sorollar, fer renou // rumorejar-se*
runrún m. *rum-rum, rumor, xerratòrum*
rupestre adj. *rupestre*
rupia f. *rúpia*
ruptura f. *ruptura, trencament*
rural adj. *rural*
ruralía f. *ruralia*
ruso, -a m. y f. *rus*
rústico, -a adj. *rústic, rústec // pagès, terrassà*
ruta f. *ruta*
rutilante adj. *rutilant*
rutilar v. *rutilar*
rutina f. *rutina*
rutinario, -a adj. *rutinari*

S

sabadellense m. y f. *sabadellenc*
sábado m. *dissabte*
sabana f. *sabana*
sábana f. *llençol*
sabandija f. *cuca, virosta*
sabañón m. *penelló, seda*
sabático, -a adj. *sabàtic*
sabedor, -a adj. *sabedor, coneixedor*
sábelotodo m. y f. *set-ciències*
saber v. *saber, sebre* // — mal *saber greu, doldre*
sabido, -a adj. *sabent, sabut, saberut*
sabiduría f. *sapiència, saviesa, sabiduria*
a sabiendas adv. *sabent-ho, a gratcient, a dret seny*
sabihondo, -a adj. *sabut, saberut* // *set-ciències*
sabina f. *savina, sivina*
sabio, -a adj. *savi*
sablazo m. *sabrada*
sable m. *sabre*
sabor m. *sabor, gust*
saborear v. *assaborir, ensaborir*
sabotaje m. *sabotatge*
sabotear v. *sabotejar*
sabroso, -a adj. *saborós, gustós*
sabueso, -a adj. *ca de conills, gos coniller* // *perquisidor, cercador*
1) saca f. *treta, extracció*
2) saca f. *saca*
sacacorchos m. *tirataps, tirabuixó, destapador*
sacadineros m. *enganabeneits, enganyabadocs*
sacamuelas m. *queixaler*
sacar v. *treure, llevar* / — adelante *dur endavant, surar*
sacárido m. *sacàrid*
sacarina f. *sacarina*
sacarino, -a adj. *sacarí*
sacarosa f. *sacarosa*
sacerdocio m. *sacerdoci*
sacerdotal adj. *sacerdotal*
sacerdote m. *sacerdot*
sacerdotisa f. *sacerdotessa*

saciar v. *saciar, assaciar, sadollar, afartar*
saciedad f. *sacietat, assaciament, sadollament*
saco m. *sac*
sacramental adj. *sacramental*
sacramentar v. *sacramentar*
sacramento m. *sagrament*
sacrificar v. *sacrificar*
sacrificio m. *sacrifici*
sacrilegio m. *sacrilegi*
sacrílego, -a adj. *sacríleg*
sacristán, -ana m. y f. *sagristà*
sacristía f. *sagristia*
sacro, -a adj. *sacre*
sacrosanto, -a adj. *sacrosant*
sacudida f. *sotragada, sotrac, sacsada, sacsejada, estrebada*
sacudir v. *sotragrar, sacsar, sacsejar, estamenejar* // *tupar, esbatussar, ventar* // rfl. *espolsar-se, treure's de damunt*
sádico, -a adj. *sàdic*
sadismo m. *sadisme*
saeta f. *sageta, fletxa*
sáfico, -a adj. *sàfic*
saga f. *saga*
sagacidad f. *sagacitat*
sagaz adj. *sagaç*
sagita f. *sagita*
Sagitario m. *Sagitari*
sagrado, -a adj. *sagrat*
sagrario m. *sagrari*
saguntino, -a m. y f. *saguntí*
sahariano, -a adj. *saharià*
sainete m. *sainet*
sajón, -ona adj. *saxó*
sal f. *sal*
sala f. *sala*
salacot m. *salacot*
salado, -a adj. *salat*
saladura f. *saladura, ensalgadura*
salamandra f. *salamandra, salamàndria*
salamanquesa f. *dragó*
salar v. *salar*
salario m. *salari*
salazón f. *saladura, ensalgada, salaó*
salcedo m. *salzereda, salzeda, sauleda*
salchicha f. *salsitxa*

salchichón m. *llonganissa*
saldar v. *saldar, quitar*
saldo m. *saldo*
saledizo, -a adj. *sortint* // m. *eixida, volada*
salero m. *saler* // *gràciós, sal*
saleroso, -a adj. *graciós*
salesiano, -a adj. *salesià*
salicilo m. *salicil*
sálico, -a adj. *sàlic*
salida f. *sortida, eixida*
saliente adj. (que sale) *sortint, sortit, ixent* // m. *sortida, volada*
salino, -a adj. *salí*
salir v. *sortir, eixir* // *assemblar-se, retirar* // rfl. *vessar, sobreeixir* // — bien *sortir bé, reeixir*
salitre m. *salnitre*
saliva f. *saliva*
salivazo m. *salivada, escopinada*
salmo m. *salm*
salmodia f. *salmòdia*
salmodiar v. *salmodiar*
salmón m. *salmó*
salmonete m. *moll, roger*
salmuera f. *salmorra, aigua-sal*
salobral adj. *salobrar, salanca*
salobre adj. *salobre, salabrós*
salobreño, -a adj. *salobrenc, salobrós*
salobridad f. *salobritat*
salomónico, -a adj. *salomònic*
salón m. *saló*
salpicadura f. *esquit, esquitxada* // pl. *ruixim*
salpicar v. *esquitar, esquitxar*
salpimentar v. *salpebrar*
salpullido m. *borradura, gorradura*
salsa f. *salsa*
salsera f. *salsera*
saltador, -a adj. *saltador, botador*
saltamontes m. *llagost, saltamartí*
saltar v. *saltar, botar*
saltarín, -ina adj. *saltador, botador*
salteador, -a m. y f. *saltejador, assaltador*
saltear v. *saltejar, assaltar*
salterio m. *saltiri*
saltimbanqui m. *saltimbanqui*
salto m. *salt, bot*
salubre adj. *salubre*
salubridad f. *salubritat*
salud f. *salut*
saludable adj. *saludable, sanitós*
saludar v. *saludar, escometre*
saludo m. *salut, salutació, escomesa* // pl. *comandacions, expressions*
salutación f. *salutació*
salutífero, -a adj. *salutífer, saludable*

salva f. *salva*
salvación f. *salvació*
salvado m. (del trigo) *segó, breny*
salvador, -a adj. *salvador*
salvadoreño, -a m. y f. *salvadorenc*
salvaguardar v. *salvaguardar*
salvajada f. *salvatjada*
salvaje m. *salvatge, salvatgí*
salvajería f. *salvatgeria*
salvajina f. *salvatgina, feram*
salvajismo m. *salvatgisme, salvatgeria*
salvamanteles m. *estalvis, capçana, rotlo*
salvamento m. *salvament*
salvar v. *salvar* / sálvese quien pueda *campi qui pugui*
salvavidas m. *salvavides*
salve f. *salve*
salvedad f. *excepció, advertiment*
salvia m. *sàlvia*
salvo, -a adj. *salv, salvat* / sano y — *bo i sà* // adv. *fora, llevat de*
salvoconducto m. *salconduit*
samaritano, -a adj. *samarità*
sambenito m. *sambenet* // (difamación) *capell, barret, capçal*
samovar m. *samovar*
samurai m. *samurai*
san adj. *sant*
sanable adj. *curable, guarible*
sanar v. *guarir, curar*
sanatorio m. *sanatori*
sanción f. *sanció*
sancionar v. *sancionar*
sandalia f. *sandàlia*
sándalo m. *sàndal*
sandez f. *bajaneria, bestiesa, ximpleria*
sandía f. *síndria*
sandunga f. *sal, gràcia, agudesa*
sandwich m. *sandvitx*
saneamiento m. *sanejament*
sanear v. *sanejar*
sanedrín m. *sanedrí*
sangrar v. *sagnar*
sangre f. *sang*
sangría f. *sagnia*
sangriento, -a adj. *sangonent, sagnant*
sanguijuela f. *sangonera, sangonella*
sanguina f. *sanguina*
sanguinario, -a adj. *sanguinari*
sanguíneo, -a adj. *sanguini*
sanguinolento, -a adj. *sangonós, sanguinolent, sanguinós*
sanidad f. *sanitat*
sanitario, -a adj. *sanitari*
sano, -a adj. *sà, bo* // *sanitós, saludable, sà* // *sencer*

sánscrito, -a adj. *sànscrit*
sanseacabó m. *s'ha acabat, bona nit si et colgues, tururut*
santateresa f. *pregadéu, cavall de serp*
en un santiamén adv. *en un buf, en un no-res*
santidad f. *santedat*
santificación f. *santificació*
santificar v. *santificar*
santiguar v. *senyar*
santo, -a adj. *sant* // **llegar y besar el —** *arribar i moldre, arribar i empènyer*
santoral m. *santoral*
santuario m. *santuari*
santurrón, -ona adj. *llepaaltars, miot, beat*
saña f. *ràbia, fúria, furor*
sañudo, -a adj. *furiós, rabiós, rabiüt*
sapiencia f. *sapiència*
sapo m. *calàpet, culàpot, gripau*
saponaria f. *herba sabonera*
saque m. *treta*
saqueador, -a adj. *saquejador, barrejador*
saquear v. *saquejar, barrejar*
saqueo m. *saqueig, barreig, barrejada*
sarampión m. *rosa, pallola, xarampió*
sarao m. *sarau*
sarcasmo m. *sarcasme*
sarcástico, -a adj. *sarcàstic*
sarcófago m. *sarcòfag*
sardana f. *sardana*
sardina f. *sardina*
sardinal m. *sardinal*
sardinel m. *sardinell*
sardo, -a m. y f. *sard*
sardónico, -a adj. *sardònic*
sarga f. *sarja*
sargento m. *sergent*
sarmentoso, -a adj. *sarmentós*
sarmiento m. *sarment*
sarna f. *sarna, ronya*
sarnoso, -a adj. *sarnós, ronyós*
sarpullido m. *borradura, gorradura*
sarro m. *tosca, carral*
sarta f. *enfilall*
sartén f. *paella, pella*
sastra f. *sastressa*
sastre m. *sastre*
sastrería f. *sastreria*
satánico, -a adj. *satànic*
satanismo m. *satanisme*
satélite m. *satèl·lit*
satén m. *setí*
satinar v. *setinar*
sátira f. *sàtira*
satírico, -a adj. *satíric*
satirizar v. *satiritzar*

sátiro m. *sàtir*
satisfacción f. *satisfacció*
satisfacer v. *satisfer*
satisfactorio, -a adj. *satisfactori*
sátrapa m. *sàtrapa*
saturar v. *saturar*
sauce m. *salze, saule* // **— llorón** *desmai*
saucedal m. *salzereda*
saúco m. *saüc, saüquer, saüquera*
saurio m. *sauri*
savia f. *saba, llecor*
saxífraga f. *saxífraga*
saxofón m. *saxofó*
saya f. *gonella, faldilles*
sayal m. *sargil*
sayo m. *casaca, jaca, jaqueta*
sayón m. *saig* // *botxí*
sazón f. *saó*
sazonar v. *assaonar, amanir, trempar*
se pron. pers *se, es, s'* // indef. *se, es, s', hom*
sebáceo, -a adj. *sebaci*
sebo m. *sèu*
seborrea f. *seborrea*
seca f. *seca*
secadero, -a adj. *eixugador, assecador*
secador m. *assecador, eixugador*
secano m. *secà*
secansa f. *secança*
1) **secante** adj. (que seca) *assecant*
2) **secante** f. (en geometría) *secant*
secar v. *assecar, eixugar* // rfl. *pansir-se*
a secas adv. *eixut, broix, rònec*
sección f. *secció*
seccionar v. *seccionar*
secesión f. *secessió*
seco, -a adj. *sec, eixut* // *pansit, secalló* // *magre, escardalenc*
secreción f. *secreció*
secretar v. *secretar*
secretaría f. *secretaria*
secretariado m. *secretariat*
secretario, -a m. y f. *secretari*
secretear v. *secretejar*
secreter m. *secreter*
secreto, -a adj. *secret*
secretor, -a adj. *secretor*
secta f. *secta*
sectario, -a adj. *sectari*
sector m. *sector*
secuaz adj. *sequaç*
secuela f. *seqüela*
secuencia f. *seqüència*
secuestrar v. *segrestar*
secuestro m. *segrest*
secular adj. *secular*

secularizar v. *secularitzar*
secundar v. *secundar*
secundario, -a adj. *secundari*
sed f. *set*
seda f. *seda*
sedal m. *llinya, llinyol // sedal, sedeny*
sedalina f. *sedalina*
sedante adj. *sedant*
sedativo, -a adj. *sedatiu*
sede f. *seu*
sedentario, -a adj. *sedentari*
sedería f. *sederia*
sedición f. *sedició*
sedicioso, -a adj. *sediciós*
sediento, -a adj. *assedegat, sedegós*
sedimentar v. *sedimentar*
sedimento m. *sediment*
sedoso, -a adj. *sedós*
seducción f. *seducció*
seducir v. *seduir*
seductor, -a adj. *seductor*
sefardí adj. *sefardita*
segador, -a m. y f. *segador*
segar v. *segar*
seglar adj. *seglar*
segmentar v. *segmentar*
segmento m. *segment*
segregación f. *segregació*
segregar v. *segregar*
seguida f. *seguida, seguit // en — tot seguit, de seguida, totd'una, tantost*
seguidilla f. *seguidilla*
seguido, -a adj. *seguit*
seguimiento m. *seguiment, seguida, seguici*
seguir v. *seguir*
según prep. *segons*
segundo, -a adj. *segon*
segundón m. *cabaler, fadristern*
seguridad f. *seguretat*
seguro, -a adj. *segur // m. assegurança, assegurament // m. (de un arma) fiador*
seis adj. *sis*
seiscientos m. *sis-cents*
seísmo m. *seïsme, sisme, terratrèmol*
selacio m. *selaci*
selección f. *selecció, tria*
seleccionar v. *seleccionar, triar*
selecto, -a adj. *selecte*
selenio m. *seleni*
selenita m. y f. *selenita*
selva f. *selva*
selvático, -a adj. *selvàtic*
sellar v. *segellar*
sello m. *segell*
semáforo m. *semàfor*
semana f. *setmana*

semanal adj. *setmanal*
semanario, -a adj. y m. *setmanari*
semántico, -a adj. *semàntic*
semblante m. *semblant, cara, fesomia*
semblanza f. *semblança*
sembradío m. *conradís*
sembrado m. *sembrat, sementer*
sembrar v. *sembrar*
semejante adj. *semblant*
semejanza f. *semblança, retirada*
semejar v. *semblar*
semen m. *semen*
semental adj. *semental*
sementera f. *sementer, sembradura*
semestral adj. *semestral*
semestre m. *semestre*
semicírculo m. *semicercle*
semicircunferencia f. *semicircumferència*
semicorchea f. *semicorxera*
semifinal adj. *semifinal*
semifusa f. *semifusa*
semilla f. *llavor, sement*
semillero m. *planter, sementera*
seminario m. *seminari*
seminarista m. *seminarista*
semiótico, -a adj. *semiòtic*
semita adj. *semita*
semítico, -a adj. *semític*
semitono m. *semitò*
semivocal f. *semivocal*
sémola f. *sèmola*
sempiterno, -a adj. *sempitern*
senado m. *senat*
senador, -a m. y f. *senador*
senatorial adj. *senatorial*
sencillez f. *senzillesa*
sencillo, -a adj. *senzill*
senda f. *caminoi, viarany, sendera*
sendero m. (V. **senda**)
sendos, -as adj. pl. *sengles, cada un*
senectud f. *senectut*
senegalés, -esa m. y f. *senegalès*
senequista adj. *senequista*
senil adj. *senil*
senilidad f. *senilitat*
seno m. *si // pit, mamella // (en geometría) sinus*
sensación f. *sensació*
sensacional adj. *sensacional*
sensacionalista adj. *sensacionalista*
sensatez f. *sensatesa, seny*
sensato, -a adj. *sensat, assenyat*
sensibilidad f. *sensibilitat*
sensibilizar v. *sensibilitzar*
sensible adj. *sensible*
sensiblería f. *sensibleria*

sesudo

sensitivo, -a adj. *sensitiu*
sensorial adj. *sensorial*
sensual adj. *sensual*
sensualidad f. *sensualitat*
sentado, -a adj. *assegut* / **estar** — *seure* // *assenyat, sensat*
sentar v. *asseure* / rfl. *asseure's, seure* // *caure bé, fer profit*
sentencia f. *sentència*
sentenciar v. *sentenciar*
sentido m. *sentit*
sentimental adj. *sentimental*
sentimentalismo m. *sentimentalisme*
sentimiento m. *sentiment*
sentina f. *sentina*
sentir v. *sentir*
seña f. *senya, senyal* / **por señas** *amb gestos* // pl. *adreça, direcció, entresenyes*
señal f. *senyal*
señalar v. *senyalar, senyar* // *assenyalar, indicar* // rfl. *assenyalar-se*
señero, -a adj. *únic, sense parió, incomparable*
señor, -a m. y f. *senyor*
señorear v. *senyorejar*
señoría f. *senyoria*
señorial adj. *senyorial*
señorío m. *senyoria, senyoriu*
señorito, -a m. y f. *senyoret*
señuelo m. *cimbell, enze, reclam*
seo f. *seu*
sépalo m. *sèpal*
separación f. *separació*
separar v. *separar*
separatismo m. *separatisme*
separatista adj. *separatista*
sepelio m. *enterrament, sepeli*
sepia f. (molusco) *sípia, sèpia* // (color) *sèpia*
septenario, -a adj. *septenari*
septentrión m. *septentrió*
septentrional adj. *septentrional*
septicemia f. *septicèmia*
séptico, -a adj. *sèptic*
septiembre m. *setembre*
séptimo, -a adj. *setè, sèptim*
septuagenario, -a adj. *setantí, septuagenari*
septuagésimo, -a adj. *setantè, septuagèsim*
séptuplo, -a adj. *sèptuple*
sepulcral adj. *sepulcral*
sepulcro m. *sepulcre*
sepultura f. *sepultura*
sepulturero m. *fosser, enterrador, enterramorts*
sequedad f. *sequedat*
sequía f. *secada, sequedat*

séquito m. *seguici, acompanyada*
ser v. y m. *ser, esser, ésser*
seráfico, -a adj. *seràfic*
serafín m. *serafí*
serba f. *serva*
serbal adj. *server, servera*
serenar v. *serenar, asserenar*
serenata f. *serenata, serenada*
serenidad f. *serenitat, serenor*
1) sereno m. (humedad nocturna) *serena*
2) sereno, -a adj. *clar, serè, estirat* // *serè, assossegat, tranquil* // m. (guarda) *sereno*
serial adj. y m. *serial*
sericultura f. *sericultura*
serie f. *sèrie*
seriedad f. *serietat, seriositat*
serigrafía f. *serigrafia*
serio, -a adj. *seriós*
sermón m. *sermó*
sermonear v. *sermonejar, predicar*
serón m. *sàrria*
seroso, -a adj. *serós*
serpear v. *serpejar, serpentejar*
serpentear v. *serpentejar, serpejar*
serpentino, -a adj. *serpentí*
serpiente f. *serp, serpent*
serranía f. *serralada, muntanya*
serrano, -a adj. *serrà, muntanyenc* // (pez) m. *serrà*
serrín m. *serradís, serradures*
serrucho m. *xerrac, xorrac, xerroc*
serventesio m. *sirventès*
servicial adj. *servicial*
servicio m. *servei, servici*
servidor, -a m. y f. *servidor*
servidumbre f. *servitud*
servil adj. *servil*
servilismo m. *servilisme*
servilleta f. *tovalló, torcaboques*
servilletero m. *tovalloner*
serviola f. *serviola*
servir v. *servir*
sésamo m. *sèsam, alegria*
sesenta adj. *seixanta*
sesenteno, -a adj. *seixantè*
sesentón, -ona adj. *seixantí*
sesera f. *cervell* // *cap, testa*
sesgadura f. *gaia, biaix*
sesgar v. *esgaiar, embiaixar, bescunsar*
sesgo m. *biaix, bescunsa* / **al** — *esgaiat, esbiaixat*
sésil adj. *sèssil*
sesión f. *sessió*
seso m. *cervell* // *seny, esma, senderi*
sestear v. *sestar, fer migdiada*
sesudo, -a adj. *sensat, assenyat*

seta f. *bolet / rovelló, esclata-sang, gírgola*
setecientos adj. *set-cents*
setenta adj. *setanta*
setenteno, -a adj. *setantè*
setiembre m. *setembre*
seto m. *bardissa, vorerada*
seudónimo m. *pseudònim*
severidad f. *severitat*
severo, -a adj. *sever*
sevillano, -a m. y f. *sevillà*
sexagenario, -a adj. *sexagenari, seixantí*
sexagésimo, -a adj. *sexagèsim, seixantè*
sexenio m. *sexeni*
sexo m. *sexe*
sextante m. *sextant*
sexteto m. *sextet*
sexto, -a adj. *sisè, sext*
séxtuplo, -a adj. *sèxtuple*
sexual adj. *sexual*
sexualidad f. *sexualitat*
sha m. *xa*
si m. (nota musical) *si*
si conj. *si*
sí adv. afirm. *sí*
sí pron. pers. *si, ell, ella*
siamés, -esa adj. *siamès*
sibarita adj. *sibarita*
siberiano, -a adj. *siberià*
sibila f. *sibil·la*
sibilante adj. *sibil·lant*
sibilino, -a adj. *sibil·lí*
sicario m. *sicari*
sicómoro m. *sicòmor*
sideral adj. *sideral*
siderurgia f. *siderúrgia*
siderúrgico, -a adj. *siderúrgic*
sidra f. *sidra*
siega f. *segada, sega*
siembra f. *sembrada, sembra*
siempre adv. *sempre, tostemps, tothora*
siempreviva f. *sempreviva*
sien f. *pols, templa*
sierra f. *serra*
sierpe f. *serp, serpent*
sierva f. *serva, serventa, sirvienta*
siervo m. *serf, servent, sirvent*
siesta f. *sesta, migdiada*
siete adj. *set //* m. *set, esborrinc, nas de jueu*
sietemesino, -a adj. *setmesó, setmesí*
sífilis f. *sífilis*
sifón m. *sifó*
sigilo m. *sigil*
sigiloso, -a adj. *sigil·lós*
sigla f. *sigla*
siglo m. *segle*

sigma f. *sigma*
signar v. *signar*
signatario, -a adj. *signatari*
signatura f. *signatura*
significación f. *significació*
significado m. *significat*
significar v. *significar*
significativo, -a adj. *significatiu*
signo m. *signe*
siguiente adj. *següent, vinent*
sílaba f. *síl·laba*
silabario m. *sil·labari*
silabear v. *confegir, sil·labejar*
silábico, -a adj. *sil·làbic*
silba f. *siulada, xiulada*
silbar v. *siular, xiular*
silbato m. *siulet, xiulet*
silenciar v. *silenciar*
silencio m. *silenci*
silencioso, -a adj. *silenciós*
sílex m. *sílex*
silfide f. *sílfide*
silicato m. *silicat*
sílice f. *sílice*
silicio m. *silici*
silo m. *sitja, graner*
silogismo m. *sil·logisme*
silueta f. *silueta*
siluro m. *silur*
silva f. *silva*
silvestre adj. *silvestre*
silvicultura f. *silvicultura*
silla f. *cadira //* sella
sillar m. *cantó, mitjà, carreu*
1) sillería f. *cadiram, cadirum // cadiratge, cadirat*
2) sillería f. (en construcción) *pedra picada*
sillero m. *cadirer, cadiraire // seller, selleter*
sillín m. *bastet, selletó*
sillón m. *butaca, cadira de braços*
sima f. *avenc*
simbiosis f. *simbiosi*
simbólico, -a adj. *simbòlic*
simbolizar v. *simbolitzar*
símbolo m. *símbol*
simetría f. *simetria*
simétrico, -a adj. *simètric*
simiente f. *llavor, sement*
simiesco, -a adj. *simiesc*
símil m. *símil*
similar adj. *similar*
similitud f. *similitud*
simio m. *simi*
simonía f. *simonia*
simpatía f. *simpatia*
simpático, -a adj. *simpàtic*

simpatizar v. *simpatitzar*
simple adj. *simple // ximple, mansoi // ximple, beneit, curt*
simpleza f. *ximpleria, curtor, beneitura*
simplicidad f. *simplicitat*
simplificar v. *simplificar*
simplista adj. *simplista*
simplón, -ona adj. *babau, banaula, beneit*
simposio m. *simposi*
simulación f. *simulació*
simulacro m. *simulacre*
simular v. *simular*
simultáneamente adv. *simultàniament*
simultanear v. *simultanejar*
simultaneidad f. *simultaneïtat*
simultáneo, -a adj. *simultani*
simún m. *simun*
sin prep *sense, sens*
sinagoga f. *sinagoga*
sinalefa f. *sinalefa*
sincerar v. *sincerar*
sinceridad f. *sinceritat*
sincero, -a adj. *sincer*
síncopa f. *síncope*
sincopar v. *sincopar*
síncope m. *síncope*
sincretismo m. *sincretisme*
sincronía f. *sincronia*
sincronizar v. *sincronitzar*
sindéresis f. *sindèresi*
sindical adj. *sindical*
sindicalismo m. *sindicalisme*
sindicar v. *sindicar*
sindicato m. *sindicat*
síndico m̩. *síndic*
síndrome m. *síndrome*
sinéresis f. *sinèresi*
sinfin m. *sens fi / un — una mala fi*
sinfonía f. *simfonia*
sinfónico, -a adj. *simfònic*
singladura f. *singladura*
singlar v. *singlar*
singular adj. *singular*
singularidad f. *singularitat*
singularizar v. *singularitzar*
siniestro, -a adj. *sinistre, esquerre / a diestro y — a tort i a dret // m. sinistre*
1) **sino** m. *fat, destí*
2) **sino** conj. *sinó*
sínodo m. *sínode*
sinonimia f. *sinonímia*
sinónimo, -a adj. *sinònim*
sinopsis f. *sinopsi*
sinrazón f. *desraó*
sinsabor m. *fador, insipidesa // pl. penes, treballs, males hores*

sintáctico, -a adj. *sintàctic*
sintaxis f. *sintaxi*
síntesis f. *síntesi*
sintético, -a adj. *sintètic*
sintetizar v. *sintetitzar*
síntoma m. *símptoma*
sintomático, -a adj. *simptomàtic*
sintonía f. *sintonia*
sintonizar v. *sintonitzar*
sinuosidad f. *sinuositat*
sinuoso, -a adj. *sinuós*
sinusitis f. *sinusitis*
sinvergüenza adj. *poca-vergonya, desvergonyit*
sionismo m. *sionisme*
siquiera conj. (aunque) *encara que, baldament, maldament // (al menos) almenys, sols, solament / ni — ni tan sols*
sirena f. *sirena*
sirga f. *sirga*
sirgar v. *sirgar*
siríaco, -a adj. *siríac*
sirio, -a adj. *sirià*
siroco m. *xaloc*
sirvienta f. *criada, minyona, serventa*
sirviente adj. y m. y f. *criat, servent*
sisa f. *cisa*
sisar v. *cisar*
sisear v. *xiuxiuejar, fer xep-a-xep*
siseo m. *xiuxiueig, xep-a-xep*
sísmico, -a adj. *sísmic*
sismo m. *seïsme, terratrèmol*
sismografía f. *sismografia*
sismógrafo m. *sismògraf*
sismólogo, -a m. y f. *sismòleg*
sismómetro m. *sismòmetre*
sistema m. *sistema*
sistemático, -a adj. *sistemàtic*
sistematizar v. *sistematitzar*
sístole f. *sístole*
sistro m. *sistre*
sitiador, -a adj. *assetjador, assetjant*
sitial m. *setial, sitial*
sitiar v. *assetjar, assitiar*
sitio m. *lloc // setge, assetjament, siti*
sito, -a adj. *situat*
situación f. *situació*
situar v. *situar*
slip m. *eslip*
so prep. *sota, baix de*
sobaco m. *aixella*
sobar v. *manyuclar, rebregar, grapejar*
soberanía f. *sobirania*
soberano, -a adj. y m. y f. *sobirà*
soberbia f. *supèrbia*
soberbio, -a adj. *superb, superbiós // superb, magnífic, soberg*

sobornar v. *subornar*
soborno m. *suborn, subornament*
sobra f. *sobra, sobrança //* pl. *sobres, deixalles*
sobrante adj. *sobrant, sobrer //* m. *sobrant*
sobrar v. *sobrar*
sobrasada f. *sobrassada*
sobre prep. *damunt, sobre //* m. *sobre*
sobreabundancia f. *sobreabundància*
sobrealimentar v. *sobrealimentar*
sobrecarga f. *sobrecàrrega*
sobrecargar v. *sobrecarregar*
sobrecargo m. *sobrecàrrec*
sobrecoger v. *sobtar, venir de nou /* rfl. *sorprendre's //* corprendre
sobrecubierta f. *sobrecoberta*
sobreentender v. *sobreentendre*
sobreestimar v. *sobreestimar*
sobreexcitar v. *sobreexcitar*
sobrefalda f. *sobrefalda*
sobrehumano, -a adj. *sobrehumà*
sobrellevar v. *suportar*
sobremesa f. *sobretaula*
sobrenadar v. *sobrenedar*
sobrenatural adj. *sobrenatural*
sobrenombre m. *sobrenom, malnom*
sobrentender v. *sobreentendre*
sobrepasar v. *sobrepassar, contrapassar*
sobrepelliz f. *sobrepellís*
sobreponer v. *sobreposar*
sobresaliente adj. *sobresortint, sobreeixint //* m. (calificación) *excel·lent*
sobresalir v. *sobresortir, ressortir, excel·lir*
sobresaltar v. *sobresaltar, alçurar*
sobresalto m. *sobresalt, alçurament, ensurt*
sobrescribir v. *sobrescriure*
sobrescrito m. *sobrescrit*
sobreseer v. *sobreseure*
sobreseimiento m. *sobreseïment*
sobrestante m. *sobrestant*
sobresueldo m. *sobresou*
sobretodo m. *sobretot, abric*
sobrevalorar v. *sobrevalorar*
sobrevenir v. *sobrevenir*
sobreviento m. *sobrevent*
sobrevivir v. *sobreviure*
sobrevolar v. *sobrevolar*
sobriedad f. *sobrietat*
sobrino, -a m. y f. *nebot*
sobrio, -a adj. *sobri*
socaire m. *redòs, socaire, recer*
socaliña f. *mangarrufa*
socarrar v. *socarrar, socarrimar*
socarrina f. *socarrim*
socarrón, -ona. adj. *sorneguer*
socavar v. *soscavar, borinar*

socavón m. *soscavada, enclotada*
sociabilidad f. *sociabilitat*
sociable adj. *sociable*
social adj. *social*
socialismo m. *socialisme*
socialista adj. *socialista*
socializar v. *socialitzar*
sociedad f. *societat*
socio, -a m. y f. *soci*
sociología f. *sociologia*
sociólogo, -a m. y f. *sociòleg*
socorrer v. *socórrer*
socorro m. *socors, ajut, ajuda*
socrático, -a adj. *socràtic*
soda f. *soda*
sódico, -a adj. *sòdic*
sodio m. *sodi*
soez adj. *baix, groller*
sofá m. *sofà*
sofisma m. *sofisma*
sofista adj. *sofista*
sofisticar v. *sofisticar*
sofocación f. *sufocació*
sofocante adj. *sufocant, acubador, ofegador*
sofocar v. *sufocar, acubar, ofegar*
sofoco m. *foguerada, calrada*
sofocón m. *escaldada*
sofreír v. *sofregir*
sofrenada f. *sofrenada //* aixabuc, acabussada
sofrenar v. *sofrenar //* aixabucar, acabussar
sofrito m. *sofregit, sofrit*
soga f. *corda, soga, dogal*
soja f. *soia*
sojuzgar v. *subjugar, sotmetre*
1) **sol** m. *sol*
2) **sol** m. (nota musical) *sol*
solado m. *enrajolat, trespol*
solador m. *enrajolador*
solana f. *solà*
solapa f. *solapa, gira*
solapado, -a adj. *amagat, disssimulat*
1) **solar** m. *solar, trast, siti //* solar, casa pairal
2) **solar** adj. *solar*
3) **solar** v. *pavimentar, solar*
solariego, -a adj. *pairal*
solaz adj. *solaç, esplai, esbargiment*
solazar v. *solaçar, esbargir, esplaiar*
soldada f. *soldada*
soldadesca f. *soldadesca*
soldado m. *soldat*
soldadura f. *soldadura*
soldar v. *soldar*
solear v. *assolellar, solellar*
soledad f. *soledat, solitud*

soplón

solemne adj. *solemne*
solemnidad f. *solemnitat*
solemnizar v. *solemnitzar*
soler v. *soler, acostumar*
solera f. *solera*
soleta f. *soleta*
solfa f. *solfa*
solfear v. *solfejar*
solfeo m. *solfeig, solfa*
solicitación f. *sol·licitació*
solicitar v. *sol·licitar*
solícito, -a adj. *sol·lícit*
solicitud f. *sol·licitud*
solidaridad f. *solidaritat*
solidario, -a adj. *solidari*
solidarizar v. *solidaritzar*
solideo m. *solideu*
solidez f. *solidesa*
solidificar v. *solidificar*
sólido, -a adj. *sòlid*
soliloquio m. *soliloqui*
solípedo, -a adj. *solípede*
solista m. y f. *solista*
solitario, -a adj. *solitari*
sólito, -a adj. *sòlit*
solo, -a adj. *sol, tot sol* // m. (en música) *solo*
sólo adv. *solament, just, tot just*
solomillo m. *llom*
solsticio m. *solstici*
soltar v. *amollar* // *deixar anar, amollar* // *esclafir, esclatar* // *començar, posar-se a* // *amollar, ensivellar, entimar, enflocar*
soltería f. *fadrinatge, celibat, solteria*
soltero, -a adj. *fadrí, solter, celibatari*
solterón, -ona adj. *fadrinardo, solterot*
soltura f. *soltesa, deseiximent*
soluble adj. *soluble*
solución f. *solució*
solucionar v. *solucionar, resoldre*
solvencia f. *solvència*
solventar v. *solventar*
solvente adj. *solvent*
sollo m. *llobarro*
sollozar v. *sanglotar, plorinyar*
sollozo m. *sanglot*
somatén m. *sometent*
somático, -a adj. *somàtic*
sombra f. *ombra* // *mala — mala sort, mala estrella; poca gràcia*
sombrajo m. *ombradís* // *belluma, pampalluga*
sombrear v. *ombrejar, fer ombra*
sombrerería f. *capelleria, barreteria*
sombrerero, -a m. y f. *capeller, barreter*
sombrero m. *capell, barret*

sombrilla f. *para-sol, ombrel·la*
sombrío, -a adj. *ombriu, ombrívol, obac*
somero, -a adj. *som, superficial, lleuger*
someter v. *sotmetre*
somier m. *somier*
somnífero, -a adj. *somnífer*
somnolencia f. *somnolència*
son m. *so*
sonado, -a adj. *famós, anomenat*
sonajero m. *sonall*
sonambulismo m. *somnambulisme*
sonámbulo, -a adj. *somnàmbul*
sonante adj. *sonant*
sonar v. *sonar* // *mocar*
sonata f. *sonata*
sonatina f. *sonatina*
sonda f. *sonda*
sondar v. *sondar*
sondear v. *sondejar*
sondeo m. *sondeig, sondatge*
soneto m. *sonet*
sonido m. *so*
sonoridad f. *sonoritat*
sonorizar v. *sonoritzar*
sonoro, -a adj. *sonor*
sonreír v. *somriure, fer la mitja*
sonriente adj. *somrient*
sonrisa f. *somrís, somriure, mitja rialla*
sonrojar v. *enrojolar, fer tornar vermell, fer empegueir* / rfl. *tornar vermell, enrojolar-se*
sonrojo m. *enrojolament, empegueïment*
sonsacar v. *sostreure*
sonsonete m. *cantet, cantarella*
soñador, -a adj. *somiador, somniador* // *somiatruites*
soñar v. *somiar, somniar*
soñoliento, -a adj. *somniós, somiós, somnolent*
sopa f. *sopa*
sopapo m. *bufetada, galtada, plantofada*
sopera f. *sopera*
sopesar v. *sospesar*
sopetón m. *castanya, ventall, magrana* // *de — de cop descuit, de sobte, de cop i volta*
soplador, -a adj. *bufador*
soplamocos m. *càbit, mastegot, morma*
soplar v. *bufar* // *manxar* // *pillar, afanar, pispar*
soplete m. *bufador*
soplido m. *bufada*
soplillo m. *ventador, ventall de cuina*
soplo m. *buf, bufada* // *manxada, bufada* // *buf, denúncia, notícia*
soplón, -ona adj. *acusador, espieta, xerraire*

soponcio m. *acubament, desmai*
sopor m. *sopor*
soporífero, -a adj. *soporífer*
soportable adj. *suportable*
soportal m. *porxada, porxo*
soportar v. *suportar*
soporte m. *suport*
soprano m. y f. *soprano*
sor f. *sor*
sorber v. *xuclar, xarrupar*
sorbete m. *sorbet, gelat*
sorbo m. *glop, glopada*
sordera f. *sordesa, sordera*
sordidez f. *sordidesa*
sórdido, -a adj. *sòrdid*
sordina f. *sordina*
sordo, -a adj. *sord*
sordomudo, -a adj. *sord-mut*
sorna f. *sorna, sornegueria*
sorprendente adj. *sorprenent*
sorprender v. *sorprendre, sobtar*
sorpresa f. *sorpresa / **por** — de cop descuit*
sortear v. *sortejar, rifar // defugir, escapolar*
sorteo m. *sorteig, rifa*
sortija f. *anell // sortilla, ensortilla*
sortilegio m. *sortilegi, sortilleria*
sosa f. *sosa*
sosegado, -a adj. *assossegat*
sosegar v. *assossegar, sossegar / rfl. assossegar-se, reposar-se*
sosería f. *fador, fadesa, faderia*
sosiego m. *assossec, sossec*
soslayar v. *esquivar, defugir*
de soslayo adj. *de biaix, de rampellada*
soso, -a adj. *fat, insípid, insuls*
sospecha f. *sospita*
sospechar v. *sospitar*
sospechoso, -a adj. *sospitós*
sostén m. *sosteniment, sustentació // sostenidors*
sostener v. *sostenir, aguantar*
sostenido m. *sostingut, diesi*
sostenimiento m. *sosteniment*
sota f. *sota, baleu*
sotabarba f. *sotabarba*
sotana f. *sotana, cota*
sótano m. *soterrani*
sotavento m. *sotavent*
soto m. *bosquet, boscatge // garriga*
soviet m. *soviet*
soviético, -a adj. *soviètic*
su adj. pos. *son, el seu (f. sa, la seva) / llur (referent a més d'un posseïdor)*
suave adj. *suau*
suavemente adv. *suaument*
suavidad f. *suavitat*

suavizar v. *suavitzar, endolcir*
subalterno, -a adj. *subaltern*
subarrendar v. *rellogar*
subasta f. *subhasta, encant*
subastar v. *subhastar, encantar*
subconsciente adj. *subconscient*
subconscientemente adv. *subconscientment*
subcutáneo, -a adj. *subcutani*
subdelegado, -a m. y f. *subdelegat*
subdiácono m. *subdiaca*
subdirector, -a m. y f. *subdirector*
súbdito, -a adj. *súbdit*
subdividir v. *subdividir*
subdivisión f. *subdivisió*
subestimar v. *subestimar*
subgénero m. *subgènere*
subida f. *pujada // puja, encarida*
subido, -a adj. *pujat, alt*
subinspector, -a m. y f. *subinspector*
subir v. *pujar, muntar / apujar / rfl. empujar-se, enfilar-se*
súbito, -a adj. *súbit, sobtat / **de** — súbitament*
subjetivo, -a adj. *subjectiu*
subjuntivo, -a adj. y m. *subjuntiu*
sublevación f. *sublevació, revolta*
sublevar v. *sublevar, revoltar*
sublimado m. *sublimat*
sublimar v. *sublimar*
sublime adj. *sublim*
sublimidad f. *sublimitat*
submarino, -a adj. *submarí*
submúltiplo, -a adj. *submúltiple*
subnormal adj. *subnormal*
suboficial m. *suboficial*
subordinación f. *subordinació*
subordinar v. *subordinar*
subprefecto m. *subprefecte*
subproducto m. *subproducte*
subrayar v. *subratllar, subretxar*
subsanar v. *esmenar, reparar*
subscribir v. *subscriure*
subscripción f. *subscripció*
subscriptor, -a m. y f. *subscriptor*
subsecretario, -a m. y f. *subsecretari*
subsidiario, -a adj. *subsidiari*
subsidio m. *subsidi*
subsiguiente adj. *subsegüent*
subsiguientemente adv. *subsegüentment*
subsistencia f. *subsistència*
subsistir v. *subsistir*
substancia f. *substància*
substancial adj. *substancial*
substanciar v. *substanciar*
substancioso, -a adj. *substanciós*
substantivar v. *substantivar*

suntuoso

substantivo, -a adj. y m. *substantiu*
substitución f. *substitució*
substituir v. *substituir*
substituto, -a m. y f. *substitut*
substracción f. *subtracció*
substraendo m. *subtraend*
substraer v. *sostreure, sostraure*
substrato m. *substrat*
subsuelo m. *subsòl*
subteniente m. *subtinent*
subterfugio m. *subterfugi*
subterráneo, -a adj. *subterrani*
subtítulo m. *subtítol*
suburbano, -a adj. *suburbà*
suburbio m. *suburbi*
subvención f. *subvenció*
subvencionar v. *subvencionar*
subvenir v. *subvenir*
subversión f. *subversió*
subversivo, -a adj. *subversiu*
subvertir v. *subvertir*
subyacente adj. *subjacent*
subyugar v. *subjugar*
succión f. *succió*
sucedáneo, -a adj. *succedani*
suceder v. *succeir*
sucesión f. *successió*
suceso m. *succés*
sucesor, -a adj. *successor*
suciedad f. *brutesa, brutícia, brutor*
sucinto, -a adj. *succint*
sucio, -a adj. *brut*
suculento, -a adj. *suculent*
sucumbir v. *sucumbir*
sucursal adj. y. f. *sucursal*
sudafricano, -a m. y f. *sud-africà*
sudamericano, -a m. y f. *sud-americà*
sudanés, -esa m. y f. *sudanès*
sudar v. *suar*
sudario m. *sudari, mortalla*
sudeste m. *sud-est, xaloc*
sudoeste m. *sud-oest, llebeig, garbí*
sudor m. *suor*
sudorífero, -a adj. *sudorífer*
sudorífico, -a adj. *sudorífic*
sudoroso, -a adj. *suat, suós*
sueco, -a m. y f. *suec*
suegro, -a m. y f. *sogre*
suela f. *sola*
sueldo m. *sou*
suelo m. *sòl, terra // paviment, trespol*
suelta f. *amollada, engegada, solta*
suelto, -a adj. *amollat // lleuger, ràpid //* (lenguaje) *planer, fluid // solt, solter, escadusser //* (monedas) *canvi, menuts, xavalla*

sueño m. *dormida, so // son // somni, sòmit*
suero m. *sèrum*
suerte f. *sort*
suéter m. *suèter*
suevo, -a adj. *sueu*
suficiencia f. *suficiència*
suficiente adj. *prou, suficient, a bastament*
suficientemente adv. *prou, a bastament, suficientment*
sufijo m. *sufix*
sufragar v. *sufragar*
sufragio m. *sufragi*
sufragista m. y f. *sufragista*
sufrido, -a adj. *sofert, comportívol*
sufrimiento m. *sofriment*
sufrir v. *sofrir, patir // sofrir, comportar, suportar*
sugerencia f. *suggerència*
sugerir v. *suggerir*
sugestión f. *suggestió*
sugestionar v. *suggestionar*
sugestivo, -a adj. *suggestiu*
suicida f. *suïcida*
suicidarse v. *suïcidar-se*
suicidio m. *suïcidi*
suizo, -a m. y f. *suís*
sujeción f. *subjecció*
sujetar v. *subjectar*
sujeto, -a adj. *subjecte*
sulfamida f. *sulfamida*
sulfato m. *sulfat*
sulfurar v. *sulfurar // enfurir, enfurismar, sulfurar*
sulfúrico, -a adj. *sulfúric*
sulfuro m. *sulfur*
sultán m. *sultà, soldà*
sultana f. *sultana*
suma f. *suma*
sumamente adv. *summament*
sumando m. *sumand*
sumar v. *sumar*
sumario, -a adj. y m. *sumari*
sumergible adj. *submergible*
sumergir v. *submergir*
sumersión f. *submersió*
sumidero m. *albelló, clavegueró*
suministrar v. *subministrar*
suministro m. *subministrament*
sumir v. *sumir*
sumisión f. *submissió*
sumiso, -a adj. *submís*
súmmum m. *súmmum*
sumo, -a adj. *summe*
suntuario, -a adj. *sumptuari*
suntuosidad f. *sumptuositat*
suntuoso, -a adj. *sumptuós*

supeditar v. *supeditar*
superación f. *superació*
superar v. *superar*
superávit m. *superàvit*
superchería f. *ficció, engany*
superficial adj. *superficial*
superficie f. *superfície*
superfluidad f. *superfluïtat*
superfluo, -a adj. *superflu*
superintendente m. y f. *superintendent*
superior adj. *superior*
superiora f. *superiora*
superioridad f. *superioritat*
superlativo, -a adj. *superlatiu*
superponer v. *superposar*
superposición f. *superposició*
superproducción f. *superproducció*
supersónico, -a adj. *supersònic*
superstición f. *superstició*
supersticioso, -a adj. *supersticiós*
supervivencia f. *supervivència*
superviviente adj. *supervivent*
supino, -a adj. *supí*
suplantación f. *suplantació*
suplantar v. *suplantar*
suplementario, -a adj. *suplementari*
suplemento m. *suplement*
suplente adj. *suplent*
supletorio, -a adj. *supletori*
súplica f. *súplica*
suplicar v. *suplicar*
suplicatorio m. *suplicatori*
suplicio m. *suplici*
suplir v. *suplir*
suponer v. *suposar*
suposición f. *suposició*
supositorio m. *supositori*
suprarrenal adj. *suprarenal*
supraterrenal adj. *supraterrenal*
supremacía f. *supremacia*
supremo, -a adj. *suprem*
supresión f. *supressió*
suprimir v. *suprimir*

supuesto, -a adj. *suposat* // m. *supòsit* //
por — *naturalment, no cal dir-ho, ben
segur, és clar*
supuración f. *supuració*
supurar v. *supurar*
sur m. *sud, migjorn*
surcar v. *solcar*
surco m. *solc, rega* // *séc, sima*
surgir v. *sorgir*
surrealismo m. *surrealisme*
surtido m. *assortit, assortiment*
surtidor m. *brollador*
surtir v. *assortir* // *brollar*
susceptibilidad f. *susceptibilitat*
susceptible adj. *susceptible*
suscitar v. *suscitar*
suscribir v. *subscriure*
suscripción f. *subscripció*
suscriptor, -a adj. *subscriptor*
susodicho, -a adj. *damuntdit, susdit*
suspender v. *suspendre*
suspensión f. *suspensió*
suspensivo, -a adj. *suspensiu*
suspenso, -a adj. *pendent, penjat, suspens*
// m. *suspens, carabassa, moix*
suspicacia f. *suspicàcia*
suspicaz adj. *suspicaç*
suspirar v. *sospirar*
suspiro m. *sospir*
sustentación f. *sustentació*
sustentar v. *sustentar*
sustento m. *sustent*
sustitución f. *substitució*
sustituir v. *substituir*
susto m. *retgiró, esglai, ensurt*
susurrar v. *xiuxiuejar, murmurar*
susurro m. *xiuxiueig, murmuri*
sutil adj. *subtil*
sutileza f. *subtilesa, subtilitat*
sutilizar v. *subtilitzar*
sutura f. *sutura*
suyo, -a pron. *seu*

T

taba f. *taba*
tabacal m. *tabacar*
tabacalera f. *tabaquera*
tabacalero, -a adj. *tabaquer*
tabaco m. *tabac*
tábano m. *mosca de bou, tavà, tàvec*
tabaquera f. *tabaquera*
tabaquero, -a adj. *tabaquer*
tabardo m. *tabard*
tabarra f. *lata, murga, tabarra*
taberna f. *taverna*
tabernáculo m. *tabernacle*
tabernero, -a m. y f. *taverner*
tabicar v. *tapiar, paredar*
tabique m. *mitjanada, envà*
tabla f. *post* // *taula* // *tavella* // pl. *taules*
tablado m. *taulat, empostissat*
tablazón f. *postada, empostissat*
tablero m. *post, tauler* // *escaquer* // *taulell*
tableta f. *tauleta, pastilla*
tabletear v. *traquetejar*
tablón m. *tauló* // — de anuncios *tauler*
tabú m. *tabú*
taburete m. *tamboret, escambell*
tacañería f. *criquesa, estretor, gasiveria*
tacaño, -a adj. *cric, estret, gasiva*
tácito, -a adj. *tàcit*
taciturno, -a adj. *taciturn, sull*
taco m. *soquet* // *tac* // *embolic, embull* // *flastomia, renec*
tacón m. *tacó, taló*
taconear v. *taconejar, talonejar*
táctica f. *tàctica*
táctico, -a adj. *tàctic*
táctil adj. *tàctil*
tacto m. *tacte*
tacha f. *tatxa*
tachar v. *tatxar* // *esborrar, passar retxa o ratlla* // *titllar, inculpar*
tachón m. *retxa, ratlla* // *tatxa*
tachuela f. *tatxeta, xinxa*
tafetán m. *tafetà*
tafilete m. *tafilet*
tahona f. *molí, forn, fleca*
tahur adj. *tafur*

taifa f. *taifa, bandositat* // *catefa, bordissalla*
tailandés, -esa m. y f. *tailandès*
taimado, -a adj. *murri, astut*
tajada f. *tall, tallada, llesca*
tajamar m. *tallamar*
tajante adj. *tallant*
tajar v. *tallar*
tajo m. *tall* // *penya-segat, espadat* // *tallador, piló*
tal adj. *tal* // con — que *mentre, sempre que*
tala f. *tala*
taladrar v. *foradar, trepar*
taladro m. *broca, trepant*
tálamo m. *tàlem*
talante m. *demble, tarannà* / de buen — *de bona lluna, de bones* / de mal — *de mala lluna*
1) talar adj. *talar*
2) talar v. *tallar, estassar* // *talar, arrasar, esvair*
talasocracia f. *talassocràcia*
talayote m. *talaiot*
talco m. *talc*
talega f. *talec, taleca*
talego m. *talec, queume*
talento m. *talent*
talión m. *talió*
talismán m. *talismà*
talón m. *taló*
talonario, -a adj. y m. *talonari*
talonear v. *talonejar*
talud m. *talús, peu de murada*
talla f. *talla*
tallar v. *tallar*
tallarín m. *veta, burballó*
talle m. *tall* // *cossatge, cintura*
taller m. *taller, obrador, botiga*
tallista m. y f. *tallista*
tallo m. *tija, tany, burcany*
talludo, -a adj. *alt, espigat*
tamaño, -a adj. *tan gran; tan petit; de la mateixa grandària* // m. *grandària, grossària, mida*
tamarindo m. *tamarinde*

tamarisco m. *tamarell, tamariu*
tambalearse v. *trontollar, tambalejar, tastanejar*
también adv. *també*
tambor m. *tambor*
tamboril m. *tamborí*
tamborilear v. *tamborinar, tamborinejar*
tamborilero m. *tamboriner*
tamiz m. *tamís, sedasset*
tamizar v. *tamisar, garbellar*
tampoco adv. *tampoc*
tampón m. *tampó*
tam-tam m. *tam-tam*
tan adv. *tan*
tanda f. *tanda, tongada*
tándem m. *tàndem*
tangencia f. *tangència*
tangente adj. *tangent*
tangible adj. *tangible*
tango m. *tango*
tanino m. *taní*
tanque m. *tanc*
tantalio m. *tàntal*
tántalo m. *tàntal*
tantear v. *tantejar // temptejar*
tanteo m. *tanteig // tempteig, provatura*
tanto adj. y adv. *tant / por lo — per tant // al — alerta, a l'aguait; al corrent, informat // m. tant // m. punt, gol*
tañedor, -a m. y f. *sonador, tocador*
tañer v. *sonar, tocar*
tañido m. *so, toc*
tapa f. *tapa*
tapadera f. *tapadora, cobertora*
de tapadillo adv. *d'amagat*
tapajuntas m. *tapajuntes*
tapar v. *tapar*
tapete m. *cobretaula*
tapia f. *tàpia*
tapiar v. *tapiar, paredar*
tapicería f. *tapisseria*
tapicero, -a m. y f. *tapisser*
tapioca f. *tapioca*
tapiz m. *tapís*
tapizar v. *tapissar, entapissar*
tapón m. *tap*
taponar v. *tapar*
tapujo m. *emboç, tapament // simulació, embuts, amagatons*
taquicardia f. *taquicàrdia*
taquigrafía f. *taquigrafia*
taquígrafo, -a m. y f. *taquígraf*
taquilla f. *taquilla*
taquillero, -a m. y f. *taquiller*
tara f. *tara*
tarabilla f. *cadellet // bauló, baldó // remerol, trebolí*

tarambana adj. *capbuit, eixelebrat*
tarántula f. *taranta*
tararear v. *taral·lejar, cantussejar*
tarareo m. *taral·la, cantusseig*
tardanza f. *tardança, triga, tarda*
tardar v. *tardar, trigar, torbar-se*
1) **tarde** adv. *tard / de — en — de quan en quan, de tant en tant*
2) **tarde** f. *capvespre, horabaixa, tarda / por la — de capvespre, a l'horabaixa, a la tarda*
tardío, -a adj. *tardà, tardaner, triganer*
tardo, -a adj. *sorrer, palpa, lent*
tardón, -ona adj. *tocatardà, tardaner, triganer*
tarea f. *tasca, feina*
tarida f. *tarida*
tarifa f. *tarifa, escandall*
tarima f. *tarima*
tarja f. *tarja*
tarjeta f. *targeta, tarja*
tarquín m. *llim, tarquim*
tarraconense m. y f. *tarragoní, tarragonès*
tarro m. *pot*
tarso m. *tars*
tarta f. *coca farcida, pastís farcit*
tartajear v. *barbotejar, embutejar, fer embuts*
tartajeo m. *embuts, barboteig*
tartamudear v. *tartamudejar, returar*
tartamudo, -a adj. *tartamut*
tartana f. *tartana*
tartárico, -a adj. *tartàric*
1) **tártaro** m. (en química) *tàrtar*
2) **tártaro, -a** adj. *tàrtar, tartre*
tarugo m. *soquet, tric // totxo de fusta*
volver tarumba v. *fer tornar boiet, atabalar*
tasa f. *taxa, escandall*
tasación f. *taxació, estim*
tasar v. *avaluar, taxar, estimar*
tasca f. *taverna*
tatarabuelo, -a m. y f. *rebesavi*
tataranieto, -a m. y f. *rebesnét, rebeinetó*
tatuaje m. *tatuatge*
tatuar v. *tatuar*
tau f. *tau*
taumaturgo m. *taumaturg*
taurino, -a adj. *taurí*
Tauro m. *Taurus, Taure*
tauromaquia f. *tauromàquia*
taxácea f. *taxàcia*
taxi m. *taxi*
taxidermia f. *taxidèrmia*
taxímetro m. *taxímetre*
taxista m. y f. *taxista*
taxonomía f. *taxonomia*

taza f. *tassa, escudella*
tazón m. *tassa*
1) **te** pron. pers. *te, et, t'*
2) **te** f. (nombre de letra) *te*
té m. *te*
tea f. *teia*
teatino, -a adj. *teatí*
teatral adj. *teatral*
teatro m. *teatre*
tebano, -a adj. *tebà*
teca f. *teca*
tecla f. *tecla*
teclado m. *teclat*
teclear v. *teclejar*
técnica f. *tècnica*
tecnicismo m. *tecnicisme*
técnico, -a adj. *tècnic*
tecnocracia f. *tecnocràcia*
tecnología f. *tecnologia*
techar v. *sostrar, ensostrar*
techo m. *sostre, treginada, sòtil*
techumbre f. *sostrada, treginada, sotilada*
tedéum m. *tedèum*
tedio m. *tedi*
tedioso, -a adj. *tediós*
tegumento m. *tegument*
teja f. *teula //* **a toca** — *bitlo-bitlo, al comptat*
tejado m. *teulada, teulat*
tejano, -a adj. *texà*
1) **tejar** m. *teulera, teuleria, bòbila*
2) **tejar** v. *teular, enteular*
tejedor, -a adj. *teixidor*
tejemaneje m. *remenament, remànec, tripijoc*
tejer v. *teixir*
tejero m. *teuler*
tejo m. *teix*
tejón m. *teixó, toixó*
tela f. *tela, roba //* *tel*
telar m. *teler*
telaraña f. *teranyina*
telefonear v. *telefonar*
telefonía f. *telefonia*
telefonista m. y f. *telefonista*
teléfono m. *telèfon*
telegrafía f. *telegrafia*
telegrafiar v. *telegrafiar*
telegrafista m. y f. *telegrafista*
telégrafo m. *telègraf*
telegrama m. *telegrama*
telémetro m. *telèmetre*
teleósteo, -a adj. *teleosti*
telepatía f. *telepatia*
telescopio m. *telescopi*
televidente adj. *televident*

televisar v. *televisar*
televisión f. *televisió*
televisor m. *televisor*
telón m. *teló*
telúrico, -a adj. *tel·lúric*
tema m. *tema*
temático, -a adj. *temàtic*
temblar v. *tremolar*
temblor m. *tremolor, tremolament*
tembloroso, -a adj. *tremolós*
temer v. *tèmer, tenir por*
temerario, -a adj. *temerari*
temeridad f. *temeritat*
temeroso, -a adj. *temerós, temorec*
temible adj. *temible*
temor m. *temor, temença, por*
temperamento m. *temperament*
temperar v. *temperar*
temperatura f. *temperatura*
tempestad f. *tempestat, tempesta, temporal*
templado, -a adj. *temperat //* *teb, tebi*
templanza f. *temprança, temperància*
templar v. *temperar, temprar //* *estebejar //* *assossegar, mitigar //* *trempar*
templario m. *templari, templer*
temple m. *tremp //* *ànim, abrivament*
templete m. *templet*
templo m. *temple*
temporada f. *temporada*
temporal adj. *temporal //* m. *temporal, tempestat, tempesta*
temporero, -a adj. *temporer*
tempranero, -a adj. *primerenc*
temprano, -a adj. *primerenc //* adv. *dematí //* *dejorn, enjorn //* *prest, aviat, d'hora*
tenacidad f. *tenacitat*
tenaz adj. *tenaç*
tenaza f. *tenalla, estenalla //* pl. *esmolles, esmolls, molls //* *mordala*
tendal m. *vela, tendal*
tendalera f. *estesa, escampadissa*
tendedero m. *estenedor, estenall*
tendencia f. *tendència, tirada*
tendencioso, -a adj. *tendenciós*
tender v. *estendre //* *escampar //* *allargar, estirar //* *tendir*
tenderete m. *estesa //* *tauleta, paradeta, tenderol*
tendero, -a m. y f. *botiguer*
tendido, -a adj. *estès, allargat, ajagut*
tendón m. *tendó*
tenebroso, -a adj. *tenebrós*
tenedor m. *tenidor /* — **de libros** *comptable, tenidor de llibres //* *forqueta, forquilla*
teneduría f. *tenidoria*
tenencia f. *tenència, tinença*

tener v. *tenir // aguantar, sostenir, tenir // mantenir // — que haver de // — a bien avenir-se, trobar convenient, complaure's*
tenería f. *adoberia, blanqueria*
tenia f. *tènia, cuc solitari*
teniente adj. y m. *tinent*
tenis m. *tenis*
tenista m. y f. *tenista*
tenor m. *tenor*
tenora f. *tenora*
tensión f. *tensió, tibantor*
tenso, -a adj. *tens, tibat, estirat*
tensor, -a adj. *tensor*
tentación f. *temptació*
tentáculo m. *tentacle*
tentador, -a adj. *temptador*
tentar v. *tocar, palpar // temptar, temptejar, provar*
tentativa f. *temptativa, provatura*
tentempié m. *bocinada, mosset, mos*
tentetieso m. *saltamartí*
tenue adj. *tènue*
teñir v. *tenyir, tintar*
teocracia f. *teocràcia*
teocrático, -a adj. *teocràtic*
teodicea f. *teodicea*
teologal adj. *teologal*
teología f. *teologia*
teólogo, -a m. y f. *teòleg*
teorema m. *teorema*
teoría f. *teoria*
teórico, -a adj. *teòric*
teorizar v. *teoritzar*
terapéutico, -a adj. *terapèutic*
terapia f. *teràpia*
tercero, -a adj. *tercer, terç*
terceto m. *tercet*
tercia f. *tèrcia, terça*
terciar v. *tercejar // (mediar) tercerejar, tercejar // rfl. escaure's, venir bé, estrevenir-se*
terciario, -a adj. *terciari*
tercio, -a adj. *terç, tercer*
terciopelo m. *vellut*
terco, -a adj. *caparrut, tossut, cabeçut, cabota*
tergiversación f. *tergiversació*
tergiversar v. *tergiversar*
termal adj. *termal*
termas f. pl. *termes*
térmico, -a adj. *tèrmic*
terminación f. *terminació*
terminal adj. *terminal*
terminante adj. *terminant*
terminantemente adv. *terminantment*
terminar v. *terminar, acabar, finir*

término m. *terme / — medio terme mitjà*
terminología f. *terminologia*
termita f. *termita*
termógeno, -a adj. *termogen*
termómetro m. *termòmetre*
termonuclear adj. *termonuclear*
termosifón m. *termosifó*
termostato m. *termòstat*
terna f. *terna*
ternario, -a adj. *ternari*
ternera f. *vedella*
ternero m. *vedell*
terneza f. *tendresa*
ternilla f. *tendrum, cartílag*
terno m. *tern*
ternura f. *tendror, tendresa*
terquedad f. *caparrudesa, tossudesa*
terrado m. *terrat, terrada*
terraja f. *plantilla // filera*
terraplén m. *terraplè*
terraplenar v. *terraplenar*
terráqueo, -a adj. *terraqui*
terrateniente m. y f. *terratinent*
terraza f. *terrassa*
terremoto m. *terratrèmol*
terrenal adj. *terrenal*
terreno -a adj. *terrestre // terrenal // m. terreny*
térreo, -a adj. *terri, terrós*
terrero, -a adj. *terrer // m. terregar*
terrestre adj. *terrestre*
terrible adj. *terrible*
terrícola m. y f. *terrícola*
territorial adj. *territorial*
territorio m. *territori*
terrizo, -a adj. *terrenc*
terrón m. *terròs, gleva*
terror m. *terror, feredat*
terrorífico, -a adj. *terrorífic*
terrorismo m. *terrorisme*
terrorista m. y f. *terrorista*
terroso, -a adj. *terrós, terrenc*
terruño m. *terreta, terrer nadiu*
terso, -a adj. *llis, lluent, net*
tersura f. *llisor, netedat, finor*
tertulia f. *tertúlia*
tertuliano, -a adj. *tertulià*
tesar v. *atesar, estirar*
tesina f. *tesina*
tesis f. *tesi*
tesitura f. *tessitura*
tesón m. *tenacitat, constància*
tesorería f. *tresoreria*
tesorero, -a m. y f. *tresorer*
tesoro m. *tresor*
test m. *test*

testa f. *testa, carabassot*
testador, -a m. y f. *testador*
testaferro m. *testaferro, cap de turc*
testamentaría f. *testamentaria*
testamentario, -a adj. *testamentari*
testamento m. *testament*
testar v. *testar*
testarazo m. *caparrotada, carabassot, capçanada*
testarudez f. (V. **terquedad**)
testarudo, -a adj. (V. **terco**)
testera f. *testera*
testero m. *testera*
testículo m. *testicle, senyal*
testificar v. *testificar*
testigo m. y f. *testimoni*
testimonial adj. *testimonial*
testimoniar v. *testimoniar*
testimonio m. *testimoni*
testuz m. *tòs, tossa*
teta f. *mama, mamella, pit*
tetánico, -a adj. *tetànic*
tétanos m. pl. *tètanus*
tetera f. *tetera*
tetilla f. *mamella, mama // tetina*
tetraedro m. *tetràedre*
tetrágono m. *tetràgon*
tetralogia f. *tetralogia*
tetrarca m. *tetrarca*
tetrasílabo, -a adj. *tetrasíl·lab*
tétrico, -a adj. *tètric*
teutón, -ona adj. *teutó*
teutónico, -a adj. *teutònic*
textil adj. *tèxtil*
texto m. *text*
textual adj. *textual*
textura f. *textura*
tez f. *pell*
ti pron. pers. *tu*
tía f. *tia*
tiara f. *tiara*
tiberio m. *tiberi*
tibia f. *tíbia*
tibieza f. *tebiesa, tebior, tebor*
tibio, -a adj. *tebi, teb*
tiburón m. *tauró, ca marí*
tic m. *tic*
ticket m. *tiquet*
tic-tac m. *tic-tac, tec-tec*
tiemblo m. *trèmol*
tiempo m. *temps / — **libre** lleure, lleguda, vagar / **fuera de** — fora temps / **al mismo** — al mateix temps, alhora, ensems*
tienda f. *tenda // envelat // botiga, comerç*
tienta f. *sonda // **a tientas** a les palpentes, a les palpes*

tiento m. *palpament // pols // esment, compte*
tierno, -a adj. *tendre, tendral*
tierra f. *terra // — **firme** terra ferma*
tieso, -a adj. *enravanat, encarcarat // empinat, enciriat, tibat*
tiesto m. *test*
tiesura f. *enravanament, encarcàrament*
tifácea f. *tifàcia*
tifoideo, -a adj. *tifoide, tifoidal*
tifón m. *tifó*
tifus m. *tifus*
tigre m. *tigre*
tigresa f. *tigressa*
tijera f. *tisores, estisores*
tijeretazo m. *estisorada*
tila f. *til·la, til·lo*
tildar v. *titlar, titllar,*
tilde f. *titla, titlla,*
tilín m. *ding-ding / **hacer** — fer goig, fer peça*
tilo m. *tell, til·ler, tillol*
timador, -a m. y f. *estafador*
timar v. *estafar, pentinar*
timba f. *timba*
timbal m. *timbal, tabal*
timbalero m. *timbaler, tabaler*
timbrar v. *timbrar*
timbre m. *timbre*
timidez f. *timidesa*
tímido, -a adj. *tímid*
1) **timo** m. *estafa, estafada*
2) **timo** m. *timus*
timol m. *timol*
timón m. *timó*
timonel m. *timoner*
timonera f. *timonera*
timonero m. *timoner*
timorato, -a adj. *timorat*
tímpano m. *timpà*
tina f. *cubell, cossi*
tinaja f. *alfàbia, tenalla*
tinglado m. *cobert, cobertís // ormeig, tramoia, endiumenjat*
tinieblas f. pl. *tenebres*
tino m. *esma, seny*
tinta f. *tinta*
tintar v. *tenyir, tintar*
tinte m. *tint*
tintero m. *tinter*
tintinear v. *dringar*
tinto, -a adj. *tenyit // **vino** — vi negre*
tintorera f. (pez) *tintorera*
tintorería f. *tintoreria*
tintorero, -a m. y f. *tintorer*
tintura f. *tint, tintura*

tiña f. *tinya*
tiñoso, -a adj. *tinyós*
tío m. *oncle, blonco, conco, tio*
tiovivo m. *cavallets*
tipejo m. *escaravit*
típico, -a adj. *típic*
tipismo m. *tipisme*
tiple m. y f. *tiple*
tipo m. *tipus*
tipografía f. *tipografia*
tipología f. *tipologia*
tiquismiquis m. pl. *escarafalls, escrúpols*
tira f. *tira, llenca, trinxa, fila*
tirabuzón m. *tirabuixó*
tirada f. *tirada*
tirador, -a m. y f. *tirador* // m. *estirador, agafador*
tiralíneas m. *tiralínies*
tiranía f. *tirania*
tiránico, -a adj. *tirànic*
tiranizar v. *tiranitzar*
tirano, -a m. y f. *tirà*
tirante adj. *estirat, atesat, tibant* // m. pl. *tirants, estirants, retranques*
tirantez f. *tensió, tibantor*
tirar v. *tirar* // *estirar* // **ir tirando** *camparse-la, fer la viu viu*
tirio, -a adj. *tiri, tirià*
tiritar v. *tremolar de fred*
tiro m. *tir, tirada* // *tir, tret*
tiroides m. *tiroide*
tirolés, -esa adj. *tirolès*
tirón m. *tirada, estiraba* / **de un** — *d'una tirada*
tirotear v. *tirotejar*
tiroteo m. *tiroteig*
tirria f. *tírria*
tirso m. *tirs*
tisana f. *tisana*
tísico, -a adj. *tísic*
tisis f. *tisi*
tisú m. *tissú*
titán m. *tità*
titánico, -a adj. *titànic*
títere m. *tereseta, titella, putxinel·li*
titilar v. *titil·lar*
titiritero, -a m. y f. *titellaire*
titubear v. *titubejar, vacil·lar*
titubeo m. *titubeig, vacil·lació*
1) **titular** v. *titular*
2) **titular** adj. *titular*
título m. *títol*
tiza f. *guix, xoc*
tiznar v. *mascarar*
tizne m. o f. *mascara, sutja*
tizo m. *cremall, fumall*

tizón m. *tió, cremall, fumall*
toalla f. *tovallola*
toallero m. *tovalloler*
tobillo m. *turmell*
tobogán m. *tobogan*
toca f. *toca*
tocadiscos m. *tocadiscs, tocadiscos*
1) **tocado** m. *lligadura, pentinat*
2) **tocado, -a** adj. *tocat, ferit* // *tocat d'ala, tocat del cap, bollat*
1) **tocador, -a** adj. *tocador / sonador*
2) **tocador** m. *lligador, tocador*
tocante a adv. *tocant a, referent a*
tocar v. *tocar* // *pertocar, correspondre, tocar*
tocata f. *tocada, sonada*
tocayo, -a adj. *homònim*
tocinería f. *carnisseria, cansaladeria*
tocinero m. *carnisser de porc, cansalader*
tocino m. *cansalada, xulla*
tocología f. *tocologia*
tocólogo, -a m. y f. *tocòleg*
todavía adv. *encara*
todo adj. *tot* // **ante** — *abans de tot, primer de tot* // **con** — *malgrat tot, a pesar de tot*
todopoderoso, -a adj. *totpoderós*
toga f. *toga*
toisón m. *toisó*
toldo m. *vela, tendal*
tolerancia f. *tolerància*
tolerante adj. *tolerant*
tolerar v. *tolerar*
toma f. *presa*
tomadura f. *presa* / — **de pelo** *presa de pèl, befa, burla*
tomar v. *prendre* // *agafar*
tomate m. *tomàquet, tomata, tomàtiga*
tomatera f. *tomatiguera, tomaquera*
tómbola f. *tómbola*
tomento m. *toment*
tomillo m. *farigola, frígola, tem*
tomismo m. *tomisme*
tomo m. *tom*
sin ton ni son adv. *sense to ni so*
tonada f. *tonada*
tonadilla f. *cançoneta*
tonalidad f. *tonalitat*
tonel m. *bóta, barril, tona*
tonelada f. *tona*
tonelaje m. *tonatge*
tonelería f. *botam, barrileria*
tonelero, -a adj. *boter, barriler*
tónico, -a adj. *tònic*
tonificar v. *tonificar*
tonillo m. *cantarella, cansueta*

tono m. *to*
tonsura f. *tonsura*
tonsurar v. *tonsurar*
tontada f. *bajanada, beneitura, ximpleria*
tontaina adj. (V. **tonto**)
a tontas y a locas adv. *a la babal·là, a la babal·lana*
tontería f. *bajaneria, beneitura, ximpleria // fotesa, bagatel·la*
tonto, -a adj. *bajà, beneit, betzol, ximple, curt*
topacio m. *topazi*
topar v. *topar, ensopegar*
tope m. *topall // límit, extrem // a — a topar / lleno hasta los topes ple de gom a gom*
topetazo m. *topada, capçanada*
tópico, -a adj. *tòpic*
topo m. *talp*
topografía f. *topografia*
toponimia f. *toponímia*
topónimo m. *topònim*
toque m. *toc // entretoc*
toquetear v. *toquerejar, toquejar*
toquilla f. *toqueta*
torácico, -a adj. *toràcic*
tórax m. *tòrax*
torbellino m. *terbolí, terbolina, remolí // trempallamps, trebolí*
torcaz adj. (**paloma** —) *tudó*
torcedor, -a adj. *torcedor // m. corcó*
torcedura f. *torçuda, torcedura*
torcer v. *tòrcer, torçar*
torcido, -a adj. *tort, torçut, torçat*
torcijón m. *torçó, revessega*
torcimiento m. (V. **torcedura**)
tordo m. *tord*
torear v. *torejar*
toreo m. *toreig*
torera f. *torera*
torero, -a adj. y m. *torero*
toril m. *toril*
tormenta f. *tempestat, temporal, tempesta*
tormento m. *turment*
tormentoso, -a adj. *tempestuós*
torna f. *torna, tornada*
tornadizo, -a adj. *voluble, giracasaques*
tornado m. *tornado*
tornar v. *tornar*
tornasol m. *gira-sol, tornassol*
tornasolado, -a adj. *tornassolat*
tornear v. *tornejar*
torneo m. *torner*
tornería f. *torneria*
tornero m. *torner*
tornillo m. *pern, grampó*

torniquete m. *torniquet*
torno m. *torn / en — al voltant, entorn, a l'entorn*
toro m. *toro, brau*
toronja f. *aranja, naronja*
toronjil m. *tarongina, arangina*
torpe adj. *feixuc, travat // desmanyotat // capclòs, carabassot // deshonest*
torpedear v. *torpedinar*
torpedero adj. *torpediner*
torpedo m. *torpede*
torpeza f. *feixuguesa // poca manya // curtor, curtesa // lascívia*
torpor m. *torpor*
torre f. *torre*
torrefacción f. *torrefacció, torradura*
torrencial adj. *torrencial*
torrente m. *torrent, riera*
torrentera f. *torrentera, torrentada*
torreón m. *torrassu*
torrero m. *talaier // faroler*
torrezno m. *rosta*
tórrido, -a adj. *tòrrid*
torrija f. *rosta dolça*
torsión f. *torsió*
torso m. *tors*
torta f. *coca // mastegot, plantofada, bufetada*
tortada f. *tortada*
tortazo m. *mastegot, castanya, magrana*
tortícolis f. *tortícolis*
tortilla f. *truita*
tórtola f. *tórtora*
tórtolo m. *tortorot // colomí, marrucador*
tortuga f. *tortuga*
tortuoso, -a adj. *tortuós*
tortura f. *tortura*
torturar v. *torturar*
torvo, -a adj. *terrible*
torzal m. *torçal*
tos f. *tos, tossina / — ferina tos mala, cucurutxa // tossida, estossec*
tosca f. *tosca, tur*
toscano, -a adj. *toscà*
tosco, -a adj. *tosc, grosser*
toser v. *tossir, estossegar*
tosquedad f. *tosquedat, grosseria*
tostada f. *torrada*
tostado, -a adj. *torrat*
tostador, -a adj. *torrador*
tostar v. *torrar, rostir, socarrar // colrar, emmorenir, torrar*
tostón m. *torrada // lata, llauna, tabarra*
total adj. *total*
totalidad f. *totalitat*
totalitario, -a adj. *totalitari*

totalizar v. *totalizar*
tótem m. *tòtem*
tóxico, -a adj. *tòxic*
toxicólogo, -a adj. *toxicòleg*
toxina f. *toxina*
tozudez f. *tossudesa, caparrudesa*
tozudo, -a adj. *tossut, caparrut*
traba f. *trava, travó // entrebanc, trava / sin* **trabas** *sense aturall*
trabajador, -a adj. *treballador // feiner, fener, treballador // m. y f. obrer, treballador*
trabajar v. *treballar, fer feina*
trabajo m. *treball, feina // pl. treballs, penes, fatics*
trabajoso, -a adj. *laboriós, treballós*
trabalenguas m. *travallengua*
trabar v. *travar, entrebancar // encetar, entaular, armar*
trabazón f. *lligada, travada*
trabilla f. *traveta*
trabucar v. *trabucar*
trabuco m. *trabuc*
traca f. *traca*
tracción f. *tracció*
tracería f. *traceria*
tractor m. *tractor*
tradición f. *tradició*
tradicionalismo m. *tradicionalisme*
traducción f. *traducció*
traducir v. *traduir*
traductor, -a adj. *traductor*
traer v. *dur, portar, menar // se las trae és de pinyol vermell*
tráfago m. *tràfec, tragí, trull*
trafagón, -ona adj. *trafegador*
traficante adj. *traficant*
traficar v. *traficar*
tráfico m. *tràfic*
tragaderas f. pl. *gola, gargamellot / tener* **buenas** *— tenir bons davallants*
tragadero m. *gola, gargamellot // engolidor, xuclador*
tragaluz m. *lluerna, espirall*
tragaperras m. *menjadiners*
tragar v. *engolir, empassar-se, enviar-se // suportar, sofrir*
tragedia f. *tragèdia*
trágico, -a adj. *tràgic*
tragicomedia f. *tragicomèdia*
1) **trago** m. *glopada, tímbola // mal glop*
2) **trago** m. *(de la oreja) tragus*
tragón, -ona adj. *golafre, menjador*
traición f. *traïció, traïdoria*
traicionar v. *trair*
traidor, -a adj. *traïdor*

traílla f. *colla, coble*
traje m. *vestit, vesta, mudada*
trajear v. *vestir*
trajín m. *tragí, trull, tràfec*
trajinante m. *traginer*
trajinar v. *trafegar, traginar, traüllar*
trajinero m. *traginer*
tralla f. *cordell, cordill // fuet, tralla, xurriaques*
trama f. *trama*
tramar v. *tramar*
tramitación f. *tramitació*
tramitar v. *tramitar*
trámite m. *tràmit*
tramo m. *trast // tram*
tramontana f. *tramuntana*
tramoya f. *tramoia*
tramoyista m. *tramoista*
trampa f. *trampa // batiport, trapa*
trampear v. *trampejar*
trampilla f. *portelló*
trampolín m. *trampolí*
tramposo, -a adj. *trampós, embullós*
tranca f. *barra, garrot // gatera, trompa*
trancar v. *barrar, barrotar*
trancazo m. *barrada, garrotada // grip*
trance m. *punt, trànsit // traspàs, trànsit //* **a todo** *— a totes passades, a ultrança*
tranco m. *gambada, camada // llindar*
tranchete m. *trinxet*
tranquilidad f. *tranquil·litat*
tranquilizar v. *tranquil·litzar*
tranquilo, -a adj. *tranquil*
transacción f. *transacció*
transatlántico, -a adj. *transatlàntic*
transbordador, -a adj. y m. *transbordador*
transbordar v. *transbordar*
transcribir v. *transcriure*
transcripción f. *transcripció*
transcurrir v. *transcórrer*
transcurso m. *transcurs*
transepto m. *transepte, creuer*
transeúnte adj. *transeünt, vianant*
transferencia f. *transferència*
transferir v. *transferir*
transfiguración f. *transfiguració*
transfigurar v. *transfigurar*
transformación f. *transformació*
transformar v. *transformar*
tránsfuga m. y f. *trànsfuga*
transfusión f. *transfusió*
transgredir v. *transgredir*
transgresión f. *transgressió*
transición f. *transició*
transido, -a adj. *anguniat, angoixat*
transigencia f. *transigència*

transigir v. *transigir*
transistor m. *transistor*
transitar v. *transitar, passar*
transitivo, -a adj. *transitiu*
tránsito m. *trànsit, pas*
transitorio, -a adj. *transitori*
translúcido, -a adj. *translúcid*
transmigrar v. *transmigrar*
transmisión f. *transmissió*
transmisor, -a adj. *transmissor*
transmitir v. *transmetre, trametre*
transmutar v. *transmutar, tramudar*
transoceánico, -a adj. *transoceànic*
transparencia f. *transparència*
transparentar v. *transparentar*
transparente adj. *transparent*
transpiración f. *transpiració*
transpirar v. *transpirar*
transpirenaico, -a adj. *transpirenaic*
transponer v. *transposar, traslladar* // rfl.
   condormir-se, endormiscar-se
transportar v. *transportar*
transporte m. *transport*
transposición f. *transposició*
transvasar v. *transvasar*
transversal adj. *transversal*
transverso, -a adj. *transvers*
tranvía m. *tramvia*
tranviario, -a adj. *tramviari, tramviaire*
trapacear v. *trapassejar, trapellejar*
trapacería f. *trapasseria, trapelleria*
trápala f. *enrenou, trull* // *xerraire*
trapecio m. *trapezi*
trapense adj. *trapenc*
trapero m. *drapaire, pedacer*
trapezoide m. *trapezoide*
trapichear v. *bellugar-se, enginyar-se*
trapillo m. *pelacanyes* // **de** — *d'anar per
   dins casa*
trapío m. *velam, drap* // *patxoca, planta*
trapisonda f. *gresca, batibull* // *embull, em-
   bòlic*
trapisondista m. y f. *embullós*
trapo m. *drap, pedaç* // *velam* / **a todo** —
   a tot drap, a tota vela // pl. *roba, vestits*
tráquea f. *tràquea*
traqueal adj. *traqueal*
traquetear v. *sotragar, trontollar*
traqueteo m. *sotragueig, trontolleig*
tras prep. *darrere*
trascendencia f. *transcendència*
trascendental adj. *transcendental*
trascender v. *transcendir*
trascolar v. *colar, traspuar*
trascordarse v. *desmemoriar-se, bescunsar-
   se*

trasegar v. *trasbalsar, trascolar*
trasero, -a adj. *de darrere, posterior* // m.
   darreres, cul, panerot
trasgo m. *follet, dimoni boiet*
trashumancia f. *transhumància*
trasiego m. *trasbals, tràfec*
traslación f. *translació*
trasladar v. *traslladar, transportar*
traslado m. *trasllat, transport*
traslucir v. *traslluir, tralluir* / *traspuar, en-
   treveure's*
trasluz m. *contraclaror*
trasnochado, -a adj. *passat, pansit* // *maci-
   lent, desmillorat*
trasnochador, -a adj. *tranuitador*
trasnochar v. *tranuitar*
traspapelar v. *traspaperar, esbarriar*
traspasar v. *traspassar*
traspaso m. *traspàs, traspassament*
traspié m. *ensopegada, travelada* // *traveta*
   // **dar traspiés** *anar de gambirot, a la
   biorxa*
trasplantar v. *trasplantar*
trasplante m. *trasplantament, trasplantació*
traspuntín m. *trespontí*
trasquilador m. *tonedor*
trasquilar v. *tondre, pelar, esquilar*
trastada f. *trastada, mala passada*
trastazo m. *patacada*
traste m. *trast* / **dar al** — *anar a fons, mal-
   baratar, trabucar*
trastear v. *trastejar*
trasteo m. *trasteig*
trastero m. *traster, cambra dels mals endre-
   ços*
trastienda f. *rebotiga*
trasto m. *trast, trasto, endèria* / pl. *andrò-
   mines, mals endreços*
trastocar v. *trastocar, capgirar* // rfl. *trasto-
   car-se, trabucar-se*
trastornar v. *trastornar, trasbalsar*
trastorno m. *trastorn, trasbals*
trastocar v. *trabucar, capgirar*
trastrueque m. *trabucament, capgirament*
trata f. *tràfic*
tratable adj. *tractable*
tratadista m. y f. *tractadista*
tratado m. *tractat*
tratamiento m. *tractament*
tratante m. *tractant, mercant*
tratar v. *tractar*
trato m. *tracte* / **cerrar** — *cloure tracte, fer
   barrina*
trauma m. *trauma*
traumatismo m. *traumatisme*
traumatólogo, -a m. y f. *traumatòleg*

través m. *través*
travesaño m. *travesser*
travesía f. *travessia, travessa*
travesura f. *entremaliadura, capbuitada, diablura*
traviesa f. *travessa*
travieso, -a adj. *entremaliat, endiastrat*
trayecto m. *trajecte*
trayectoria f. *trajectòria*
traza f. *traça, manya, tranc*
trazado m. *traçat*
trazar v. *traçar*
trazo m. *línia, ratlla, retxo*
trébedes m. pl. *trespeus*
trebejo m. *ormeig, estri*
trébol m. *trèvol*
trece adj. *tretze*
trecho m. *tret, tirada*
tregua f. *treva*
treinta adj. *trenta*
treintavo, -a adj. *trentè*
treintena f. *trentena*
tremebundo, -a adj. *tremebund*
tremendo, -a adj. *tremend*
trementina f. *trementina*
tremolar v. *arborar, alçar*
tremolina f. *ventada // rebombori, xivarri*
trémolo m. *trèmolo*
trémulo, -a *trèmol, tremolós*
tren m. *tren*
trenza f. *trena, trunyella*
trenzado m. *trenat, entrunyellat*
trenzar v. *trenar, entrunyellar*
trepador, -a adj. *enfiladís*
trepanación f. *trepanació*
trepanar v. *trepanar*
trépano m. *trepà, trepant*
1) **trepar** v. *enfilar-se, rampar*
2) **trepar** v. *trepar, perforar*
trepe m. *arrefoll, arrambatge, renyada, esbronc, escàndol*
trepidación f. *trepidació*
trepidar v. *trepidar*
tres adj. *tres*
al tresbolillo adv. *a portell*
trescientos adj. *tres-cents*
tresillo m. *(en música) treset // (juego) tresillo // (sofá y dos butacas) tresillo*
tresnal m. *cavalló*
treta f. *jugada, estratagema*
trezavo, -a adj. *tretzè*
tríada f. *tríade*
triangular adj. *triangular*
triángulo m. *triangle*
triar v. *triar*
tribal adj. *tribal*

tribásico, -a adj. *tribàsic*
tribu f. *tribu*
tribulación f. *tribulació*
tribuna f. *tribuna*
tribunal m. *tribunal*
tribuno m. *tribú*
tributar v. *tributar*
tributario, -a adj. *tributari*
tributo m. *tribut*
tríceps m. *tríceps*
triciclo m. *tricicle*
triclinio m. *triclini*
tricolor adj. *tricolor*
tricornio m. *tricorni*
tricot m. *tricot*
tricromía f. *tricromia*
tridente m. *trident, fitora*
triedro adj. *tríedre*
trienal adj. *triennal*
trienio m. *trienni*
trifásico, -a adj. *trifàsic*
trifolio m. *trifoli, trèvol*
triforio m. *trifori*
trifulca f. *trifulca*
trigal m. *blatera, blatar*
trigésimo, -a adj. *trigèsim*
triglifo m. *triglif*
trigo m. *blat // — candeal xeixa, forment*
trigonometría f. *trigonometria*
trigueño, -a adj. *formentós, ros torrat*
triguero, -a adj. *blater, formenter*
trilito m. *trílit*
trilogía f. *trilogia*
trilla f. *batuda*
trillador, -a adj. *batedor*
trillar v. *batre // fressar, trepitjar*
trillo m. *batedor, trill*
trillón m. *trilió*
trimestre m. *trimestre*
trinar v. *trinar, refilar*
trinca f. *trinca*
trincar f. *trincar*
trinchante m. *trinxant, tallant*
trinchar v. *trinxar, trossejar*
trinchera f. *trinxera*
trineo m. *trineu*
trinidad f. *trinitat*
trinitario, -a adj. *trinitari*
trino, -a adj. *tri // ternari // m. (en música) tri, trino, trinat // m. (de los pájaros) trinat, refilet*
trinomio m. *trinomi*
trinquete m. *trinquet, triquet // cadell*
trío m. *trio, tercet*
tripa f. *budell // budellada, budellam // panxa, butza // hacer de tripas corazón fer el cor fort*

tubérculo ·

tripada f. *panxada, tip, fartada*
triple adj. *triple*
triplicar v. *triplicar*
triplo, -a adj. *triple*
trípode m. *trípode, trespeus*
tríptico m. *tríptic*
triptongo m. *triftong*
tripulación f. *tripulació*
tripulante m. *tripulant*
tripular v. *tripular*
triquina f. *triquina*
triquinosis f. *triquinosi*
triquiñuela f. *mangarrufa*
triquitraque m. *tric-trac // piula*
trirreme m. *trirrem*
tris m. *trec, trinc, crec // bri, brot, pèl / es-*
tar en un — *cuidar, estar a punt de, venir*
prim / **ir de un** — *venir d'un pèl*
trisílabo, -a adj. *trisíl·lab*
triste adj. *trist*
tristeza f. *tristesa, tristor*
tritón m. *tritó*
trituración f. *trituració, capolament*
triturar v. *triturar, capolar*
triunfal adj. *triumfal, triomfal*
triunfar v. *triumfar, triomfar //* (en el jue-
go de cartas) *trumfar*
triunfo m. *triumf, triomf //* (en el juego de
cartas) *trumfo*
triunvirato m. *triumvirat*
triunviro m. *triumvir*
trivalente adj. *trivalent*
trivial adj. *trivial*
trivialidad f. *trivialitat*
triza f. *bocí, trosset*
trocar v. *canviar, baratar*
trocha f. *caminoi, drecera*
a troche y moche adv. *a la babal·là, a tort*
i a dret
trofeo m. *trofeu*
troglodita adj. *troglodita*
troica f. *troica*
trola f. *bola, mena, mentida*
trole m. *tròlei*
trolebús m. *tròlei-bus*
trolero, -a adj. *mentider*
tromba f. *tromba*
trombón m. *trombó*
trombosis f. *trombosi*
trompa f. *trompa*
trompada f. *trompada*
trompazo m. *trompada, patacada, castanya*
trompeta f. *trompeta*
trompetear v. *trompetejar*
trompetería f. *trompeteria*
trompetero m. *trompeter*

trompicar v. *anar de turmellons*
a trompicones adv. *de turmellons, de tom-*
ballons
tronada f. *tronada, tronadissa*
tronado, -a adj. *tronat*
tronador, -a adj. *tronador*
tronar v. *tronar*
tronco m. *tronc, soca // tronc, tors*
tronchar v. *estellar, esmitjar*
troncho m. *caluix, tronxo*
tronera f. *tronera*
trono m. *trono, tron*
tropa f. *tropa*
tropel m. *tropell // mescladissa, batibull*
tropelía f. *tropell, atropellament*
tropezar v. *ensopegar, travelar, tropissar,*
tropessar
tropezón m. (V. **tropiezo**)
tropical adj. *tropical*
tròpico, -a adj. y m. *tròpic*
tropiezo m. *ensopegada, travelada, tropissa-*
da // entrebanc
tropismo m. *tropisme*
troposfera f. *troposfera*
troquel m. *encuny, tallador*
trotador, -a adj. *trotador*
trotamundos m. y f. *rodamón*
trotar v. *trotar*
trote m. *trot, trotada*
trotón, -ona adj. *trotador // m. cavall*
trovador m. *trobador*
trovadoresco, -a adj. *trobadoresc*
trovar v. *trobar, glosar, fer gloses*
troyano, -a adj. *troià*
trozo m. *tros, bocí*
trucar v. *trucar*
truco m. *truc*
truculencia f. *truculència*
truculento, -a adj. *truculent*
trucha f. (pez) *truita*
trueno m. *tro*
trueque m. *barat, canvi, permuta*
trufa f. *tòfona*
trufar v. *tofonar // mentir, embolicar*
truhán, -ana adj. *baina, pocavergonya*
truhanería f. *berganteria, belitreria*
truncado, -a adj. *truncat*
truncamiento m. *truncament*
truncar v. *truncar*
truque m. *truc*
trust m. *trust*
tú pron. pers. *tu*
tu adj. pos. *ton, el teu*
tuba f. *tuba*
tuberácea f. *tuberàcia*
tubérculo m. *tubercle, tubèrcul*

tuberculosis f. *tuberculosi*
tuberculoso, -a adj. *tuberculós*
tubería f. *canonada*
tuberoso, -a adj. *tuberós*
tubo m. *tub, canó*
tubular adj. *tubular*
tucán m. *tucan*
tudesco, -a adj. *tudesc*
tuerca f. *femella*
tuerco, -a adj. *tort, borni* // m. *greuge, in-júria*
tueste m. *torrat*
tuétano m. *medul·la, mèdula, moll d'os*
tufarada f. *bravada*
tufo m. *baf, bravada, ferum, tuf* // pl. *fums, entonament*
tugurio m. *tuguri*
tul m. *tul*
tulipa f. *tulipa*
tulipán m. *tulipa*
tullido, -a adj. *tolit, baldat*
tullir v. *tolir, baldar*
tumba f. *tomba*
tumbaga f. *tumbaga*
tumbar v. *tombar, tomar* / rfl. *tombar-se, ajeure's*
tumbo m. *tomb, capgirell, tombessa* / **dando tumbos** *de rodolons*
tumefacción f. *tumefacció*
tumefacto, -a adj. *tumefacte*
tumescencia f. *tumescència*
tumor m. *tumor*
túmulo m. *túmul*
tumulto m. *tumult, tumulte, avalot*
tumultuoso, -a adj. *tumultuós*
tuna f. *vida vellaca* // *tuna*
tunantada f. *berganteria, brivonada*
tunante m. *bergant, brivó*
tunda f. (V. **paliza**)
tundear v. (V. **apalear**)
tundidor m. *tonedor*
tundir v. *tondre* // *apallissar*
tundra f. *tundra*
tunecino, -a m. y f. *tunisenc*
túnel m. *túnel*

tungsteno m. *tungstè*
túnica f. *túnica*
tuno, -a adj. *astut, viu*
al buen tuntún adv. *a la bona de Déu, a la greu manera*
tupé m. *tupè*
tupido, -a adj. *espès, atapit, atapeït*
tupir v. *atapir, atapeir, tupir*
1) **turba** f. *torba*
2) **turba** f. (multitud) *turba*
turbación f. *torbació*
turbamulta f. *turbamulta*
turbante m. *turbant*
turbar v. *torbar*
turbiedad f. *terbolesa*
turbina f. *turbina*
turbio, -a adj. *tèrbol*
turbión m. *turbonada, burrumbada*
turbonada f. *turbonada*
turbulencia f. *turbulència*
turbulento, -a adj. *turbulent*
turco, -a m. y f. *turc*
turgencia f. *turgència*
turgente adj. *turgent*
turismo m. *turisme*
turista m. y f. *turista*
turnar v. *alternar, anar per torn*
turno m. *torn, tanda*
turquesa f. *turquesa*
turquí adj. *turquí*
turrón m. *torró*
turronero, -a m. y f. *torroner*
turulato, -a adj. *embambat*
tute m. *tuti* // *feinada, tragí*
tutear v. *tutejar*
tutela f. *tutela*
tutelar adj. *tutelar*
tuteo m. *tutejament, tuteig*
a tutiplén adv. *a balquena, a betzef, a manta*
tutor, -a m. y f. *tutor*
tutoría f. *tutoria*
tuya f. *xiprer de ventall, tuia*
tuyo, -a pron. pos. *teu*

U

u f. (letra) *u*
u conj. *o*
ubérrimo, -a adj. *ubèrrim*
ubicación f. *ubicació*
ubicar v. *ubicar*
ubicuidad f. *ubiqüitat*
ubicuo, -a adj. *ubic*
ubre f. *braguer, mamelles*
ucraniano, -a m. y f. *ucrainià*
ufanarse v. *ufanar-se, ufanejar*
ufanía f. *ufania, ufanor*
ufano, -a adj. *ufanós, cofoi*
ujier m. *uixer*
úlcera f. *úlcera, buranya*
ulcerar v. *ulcerar*
ulmácea f. *ulmàcia*
ulterior adj. *ulterior*
ultimar v. *ultimar, enllestir*
ultimátum m. *ultimàtum*
último, -a adj. *darrer, últim*
ultra prep. *ultra*
ultrajar v. *ultratjar*
ultraje m. *ultratge*
ultramar m. *ultramar*
ultramarino, -a adj. *ultramarí*
ultramontano, -a adj. *ultramuntà*
a ultranza adv. *a ultrança*
ultratumba adv. *ultratomba*
ultravioleta adj. *ultraviolat, ultravioleta*
ulular v. *ulular*
umbela f. *umbel·la*
umbelífera f. *umbel·lífera*
umbilical adj. *umbilical*
umbral m. *llindar, marxapeu*
umbría f. *ombradís, obaga*
umbrío, -a adj. *ombrívol, obac*
umbroso, -a adj. *ombrós, ombriu*
un, -a adj. *un*
unánime adj. *unànime*
unanimidad f. *unanimitat*
unción f. *unció*
uncir v. *junyir, acoblar, encollar*
undécimo, -a adj. *onzè*
undoso, -a adj. *onós, undós*
ungir v. *ungir*

ungüento m. *ungüent*
ungulado, -a adj. *ungulat*
unicelular adj. *unicel·lular*
unicidad f. *unicitat*
único, -a adj. *únic*
unicornio m. *unicorni, alicorn*
unidad f. *unitat*
unificación f. *unificació*
unificar v. *unificar*
uniformar v. *uniformar*
uniforme adj. *uniforme*
uniformidad f. *uniformitat*
unigénito, -a adj. *unigènit*
unilateral adj. *unilateral*
unión f. *unió*
unir v. *unir, ajuntar, acoblar*
unísono, -a adj. *uníson, unisonant*
unitario, -a adj. *unitari*
univalvo, -a adj. *univalve*
universal adj. *universal*
universalidad f. *universalitat*
universidad f. *universitat*
universitario, -a adj. *universitari*
universo m. *univers*
uno, -a adj. *un, u* // adj. y pron. indet. *un*
untar v. *untar*
unto m. *greix*
untuoso, -a adj. *untós, untuós*
untura f. *untura, untament*
uña f. *ungla*
uñada f. *unglada*
uñarada f. *unglada*
uñero m. *unglera*
¡upa! interj. *upa!*
uralita f. *uralita*
uranio m. *urani*
urbanidad f. *urbanitat*
urbanismo m. *urbanisme*
urbanización f. *urbanització*
urbanizar v. *urbanitzar*
urbano, -a adj. *urbà*
urbe f. *urbs*
urdimbre f. *ordim, ordit*
urdir v. *ordir*
urea f. *urea*

uremia f. *urèmia*
uréter m. *urèter*
uretra f. *uretra*
urgencia f. *urgència*
urgente adj. *urgent*
urgentemente adj. *urgentment*
urgir v. *urgir*
úrico, -a adj. *úric*
urinario, -a adj. *urinari*
urna f. *urna*
urogallo m. *gall fer, gall salvatge*
urología f. *urologia*
urólogo, -a m. y f. *uròleg*
urraca f. *garsa blanca*
úrsido m. *úrsid*
urticaria f. *urticària*
uruguayo, -a m. y f. *uruguaià*
usanza f. *usança, usatge*
usar v. *usar, emprar*
uso m. *ús, usança* / **hacer —** *emprar, usar*
usted pron. *vostè*
usual adj. *usual*

usuario, -a adj. *usuari*
usufructo m. *usufructe, usdefruit*
usufructuar v. *usufructuar*
usufructuario, -a adj. *usufructuari*
usura f. *usura*
usurero, -a m. y f. *usurer*
usurpación f. *usurpació*
usurpador, -a adj. *usurpador*
usurpar v. *usurpar*
utensilio m. *utensili, estri*
útero m. *úter*
útil adj. *útil*
utilidad f. *utilitat*
utilitario, -a adj. *utilitari*
utilizar v. *utilitzar*
utillaje m. *utillatge*
utopía f. *utopia*
utópico, -a adj. *utòpic*
uva f. *raïm*
uve f. *ve*
úvula f. *úvula, gargamelló*
¡uy! interj. *ui!, oi!, ai!*

V

vaca f. *vaca*
vacación f. *vacació, vacança*
vacante adj. *vacant*
vacar v. *vacar*
vaciadero m. *buidador*
vaciador m. *buidador*
vaciar v. *buidar*
vaciedad v. *buidor, buidesa*
vacilación f. *vacil·lació*
vacilante adj. *vacil·lant*
vacilar v. *vacil·lar*
vacío, -a adj. *buit*
vacuidad f. *vacuïtat, buidor*
vacuna f. *vacuna*
vacunación f. *vacunació*
vacunar v. *vacunar*
vacuno, -a adj. *boví, vacú*
vacuo, -a adj. *vacu, buit*
vadeable adj. *travessable*
vadear v. *travessar, passar a gual*
vademécum m. *vademècum*
vado m. *gual*
vagabundear v. *vagabundejar*
vagabundo, -a adj. *vagabund, rodamón*
vagancia f. *vagància*
1) vagar v. *vagar, vagarejar, rodar*
2) vagar v. *(estar desocupado) vagar* // m. *lleure, lleguda* // m. *repòs, sossec, espai*
vagaroso, -a adj. *vagarós*
vagido m. *vagit*
vagina f. *vagina*
vago, -a adj. *vague, vagarós* // *desenfeinat, malfener, gandul*
vagón m. *vagó*
vagoneta f. *vagoneta*
vaguear v. *vagar, vaguejar*
vaguedad f. *vaguetat, vagarositat*
vaharada f. *bavorada, bravada*
vahido m. *rodament de cap, acubó*
vaho m. *baf, bavor*
vaina f. *beina* // *bajoca* // *baina, bandarra, pinta*
vainica f. *calat*
vainilla f. *vainilla*
vaivén m. *vaivé, brandeig*

vajilla f. *vaixella, escudellam*
vale m. *val*
valedero, -a adj. *valedor, vàlid*
valedor, -a m. y f. *valedor, protector*
valenciano, -a m. y f. *valencià*
valentía f. *valentia, coratge*
valer v. *valer*
valeriana f. *valeriana*
valeroso, -a adj. *valent, coratjós*
valetudinario, -a adj. *valetudinari*
valí m. *valí*
valía f. *vàlua, valor*
validar v. *validar*
validez f. *validesa*
valido, -a m. y f. *favorit, privat*
válido, -a adj. *vàlid, valedor*
valiente adj. *valent, coratjós*
valija f. *valisa*
valimiento m. *valiment*
valioso, -a adj. *valuós*
valón, -ona adj. *való*
valor m. *valor*
valoración f. *valoració*
valorar v. *valorar*
valquiria f. *valquíria*
vals m. *vals*
valuar v. *avaluar*
valva f. *valva*
válvula f. *vàlvula*
valla f. *barrat, estacada, clos* // *barrera*
vallado m. *(V. valla)*
vallar v. *barrar, tancar, embarrerar*
valle m. *vall* (f.)
vampiresa f. *vampiressa*
vampiro m. *vampir*
vanagloria f. *vanaglòria*
vanagloriarse v. *vanar-se, bravejar, vanagloriar-se*
vandalismo m. *vandalisme*
vándalo, -a adj. *vàndal*
vanguardia f. *avantguarda*
vanidad f. *vanitat*
vanidoso, -a adj. *vanitós*
vano, -a adj. *va* // *vanitós, presumit* // m. *obertura* // en — *debades, enlaire, en va*

vapor m. *vapor*
vaporizador m. *vaporitzador*
vaporizar v. *vaporitzar*
vaporoso, -a adj. *vaporós*
vapular v. *vapular, assotar*
vapuleo m. *assotament, flagel·lació*
vaquería f. *vaqueria*
vaquerizo, -a adj. *bover, vaquer*
vaquero, -a m. y f. *vaquer*
vara f. *vara, bastó // cana*
varada f. *varament, treta*
varadero m. *varador, escar*
varal m. *varal // bigal, gànguil*
varar v. *varar*
varazo m. *barrada, garrotada*
variable adj. *variable*
variación f. *variació*
variante adj. *variant*
variar v. *variar*
varicela f. *varicel·la, pigota borda*
varices f. pl. *varices*
varicoso, -a adj. *varicós*
variedad f. *varietat*
varilla f. *vergat // costella*
vario, -a adj. *vari // pl. diversos, alguns, uns quants*
varita f. *vareta, vergueró*
variz f. *variça*
varón m. *mascle, home*
varonil adj. *viril, homenívol*
vasallaje m. *vassallatge*
vasallo m. *vassall*
vasar m. *escudeller, lleixa*
vasco, -a m. y f. *basc*
vascongado, -a adj. *basc*
vascuence m. *basc*
vascular adj. *vascular*
vaselina f. *vaselina*
vasija f. *vas*
vaso m. *vas, got, tassó*
vasomotor, -a adj. *vasomotor*
vástago m. *rebrot, brot, tany, plançó*
vastedad f. *vastitud, amplitud*
vasto, -a adj. *vast, ample, gran*
vate m. *vat, poeta*
vaticinar v. *vaticinar*
vaticinio m. *vaticini*
vatio m. *vat*
¡vaya! interj. *vaja!*
vecinal adj. *veïnal*
vecindad f. *veïnatge, veïnal*
vecindario m. *veïnatge, veïnat*
vecino, -a adj. *veí, veïnat, vesí // pròxim, proper*
vector m. *vector*
veda f. *veda*

vedado, -a adj. *vedat*
vedar v. *vedar*
vega f. *horta*
vegetación f. *vegetació*
vegetal adj. *vegetal*
vegetar v. *vegetar*
vegetariano, -a adj. *vegetarià*
vegetativo, -a adj. *vegetatiu*
veguer m. *veguer*
veguería f. *vegueria*
vehemencia f. *vehemència*
vehemente adj. *vehement*
vehementemente adv. *vehementment*
vehículo m. *vehicle*
veintavo, -a adj. *vintè, vigèsim*
veinte adj. *vint*
veintena f. *vintena*
veinteno, -a adv. *vintè*
vejación f. *vexació*
vejar v. *vexar*
vejatorio, -a adj. *vexatori*
vejestorio m. *vell xaruc, carrossa*
vejez f. *vellesa, vellura, vellúria*
vejiga f. *bufeta, veixiga*
1) **vela** f. (acción de velar) *vetla, vetlla // (bujía) candela, espelma*
2) **vela** f. (de embarcación) *vela*
velaciones f. pl. *velacions*
velada f. *vetlada, vetllada*
velador, -a adj. *vetlador, vetllador*
velamen m. *velam*
1) **velar** v. *vetlar, vetllar*
2) **velar** v. *velar, ocultar*
3) **velar** adj. (del velo del paladar) *velar*
velatorio m. *vetlament de mort*
veleidad f. *vel·leïtat*
veleidoso, -a adj. *vel·leïtós*
velero m. *veler*
veleta f. *penell*
velo m. *vel*
velocidad f. *velocitat*
velocípedo m. *velocípede*
velódromo m. *velòdrom*
velón m. *llumenera*
velorio m. *vetlada, vetllada*
veloz adj. *veloç*
vello m. *pèl, pelussa, borrissol*
vellocino m. *anyins, toís*
vellón m. *borralló, floc*
vellorí m. *vellorí*
vellosidad f. *vellositat*
velloso, -a adj. *vellós, pelut*
velludo, -a adj. *vellós, pelut // m. (terciopelo) vellut*
vena f. *vena*
venablo m. *venable*

vergajo

venado m. *cèrvol, cervo, cero*
venal adj. *venal*
venalidad f. *venalitat*
venatorio, -a adj. *venatori*
vencedor, -a adj. *vencedor*
1) vencejo m. *vencill, vencís*
2) vencejo m. (ave) *falzia, falziot, vinjola, ginjola*
vencer v. *vèncer*
vencimiento m. *venciment*
venda f. *bena*
vendaje m. *embenatge, embenament*
vendar v. *embenar*
vendaval m. *ventada, vendaval*
vendedor, -a m. y f. *venedor*
vender v. *vendre*
vendible adj. *vendible, vendable*
vendimia f. *verema, veremada, vermada*
vendimiador, -a m. y f. *veremadoi, vermador*
vendimiar v. *veremar, vermar*
veneciano, -a m. y f. *venecià*
veneno m. *verí, metzina*
venenoso, -a adj. *verinós, metzinós, venenós*
venerable adj. *venerable*
veneración f. *veneració*
venerar v. *venerar*
venéreo, -a adj. *veneri*
venezolano, -a m. y f. *veneçolà*
vengador, -a adj. *venjador*
venganza f. *venjança*
vengar v. *venjar*
vengativo, -a adj. *venjatiu*
venia f. *vènia*
venial adj. *venial*
venida f. *vinguda, venguda*
venidero, -a adj. *vinent, venidor*
venir v. *venir*
venoso, -a adj. *venós*
venta f. *venda, venuda* // (posada) *hostal*
ventaja f. *avantatge* (m.)
ventajoso, -a adj. *avantatjós*
ventana f. *finestra* // (de la nariz) *nariu, aranell*
ventanal m. *finestral*
ventanilla f. *finestreta, finestrella*
ventanillo m. *finestró, porticó*
ventear v. *ventejar, fer vent* // *esventar, airejar* // *ensumar*
ventero, -a m. y f. *hostaler*
ventilación f. *ventilació*
ventilador m. *ventilador*
ventilar v. *ventilar*
ventisca f. *rufagada, torb*
ventisquero m. *congesta, gelera*
ventolera f. *ventegada, ventada* // *rampell, caprici*

ventolina f. *ventet, oratgí*
ventosa f. *ventosa*
ventosear v. *llufar, xillar, bufar*
ventosidad f. *ventositat*
ventoso, -a adj. *ventós*
ventral adj. *ventral*
ventregada f. *ventrada*
ventrículo m. *ventricle*
ventrílocuo, -a adj. *ventríloc*
ventrudo, -a adj. *ventrut, panxut*
ventura f. *ventura*
venturoso, -a adj. *venturós*
ver v. *veure* / *afinar, guipar* / a — *a veure, veiam, vejam*
a la vera f. *a la vora, devora*
veracidad f. *veracitat*
veraneante m. y f. *estiuejant*
veranear v. *estiuejar*
veraneo m. *estiueig*
veraniego, -a adj. *estiuenc, estival*
veranillo m. *estiuet*
verano m. *estiu*
veras f. pl. *ver, veritat* / de — *de ver, de veres, de debò*
veraz adj. *veraç*
verbal adj. *verbal*
verbena f. (planta) *berbena* // *revetla, revetlla*
verbigracia adv. *verbigràcia*
verbo m. *verb*
verborrea f. *verborrea, verbositat, xàtxara*
verbosidad f. *verbositat*
verdad f. *veritat* / ser — *esser ver* / decir — *dir ver*
verdadero, -a adj. *vertader, ver, veritable*
verdasca f. *verdanc, verduc*
verdascazo m. *verdancada, vergada*
verde adj. *verd*
verdear v. *verdejar*
verdecer v. *enverdir*
verderón m. *verderol, verdum*
verdín m. *verdet, llim*
verdolaga f. *verdolaga*
verdor f. *verdor*
verdoso, -a adj. *verdós*
verdugo m. *verdanc* // *bòfega* // *botxí*
verdugón m. *verdanc* // *bòfega*
verdulería f. *verduleria*
verdulero, -a m. y f. *verdurer*
verdura f. *verdor, verdesca* // (hortaliza) *verdura*
vereda f. *caminoi, senderó* / meter en — *fer anar pel solc*
veredicto m. *veredicte*
verga f. *verga, barra, barrot* // *vergueró*
vergajo m. *verga de bou, vit de bou*

vergel m. *verger*
vergonzante adj. *vergonyant*
vergonzoso, -a adj. *vergonyós*
vergüenza f. *vergonya*
vericueto m. *viarany*
verídico, -a adj. *verídic*
verificar v. *verificar*
verismo m. *verisme*
verja f. *reixat, barrera*
vermífugo, -a adj. *vermífug*
vermut m. *vermut*
vernáculo, -a adj. *vernacle*
verosímil adj. *verisímil, versemblant*
verosimilitud f. *verisimilitud, versemblança*
verraco m. *verro*
verruga f. *berruga, fic*
verrugoso, -a adj. *berrugós, verrucós*
versado, -a adj. *versat*
versal adj. *versal*
versalita f. *versaleta*
versallesco, -a adj. *versallesc*
versar v. *versar*
versátil adj. *versàtil*
versículo m. *versicle*
versificación f. *versificació*
versificar v. *versificar*
versión f. *versió*
verso m. *vers*
vértebra f. *vèrtebra*
vertebrado, -a adj. *vertebrat*
vertedera f. *esclop, orelló, pàmpol*
vertedero m. *abocador, escolador*
verter v. *abocar // vessar // vertir, traduir*
vertical adj. *vertical*
verticalidad f. *verticalitat*
vértice m. *vèrtex*
verticilo m. *verticil*
vertiente f. *coster, vertent // vessant, aigua-vés*
vertiginoso, -a adj. *vertiginós*
vértigo m. *vertigen*
vesícula f. *vesícula*
vespertino, -a adj. *vespertí*
vestal adj. *vestal*
vestíbulo m. *vestíbul*
vestido m. *vestit*
vestidura f. *vestidura, vestimenta*
vestigio m. *vestigi*
vestimenta f. *vestimenta, vestidura*
vestir v. *vestir*
vestuario m. *vestit // vestuari // vestidor, vestuari*
veta f. *veta, via*
veteado, -a adj. *vetós, virat*
veterano, -a adj. *veterà*
veterinario, -a m. y f. *veterinari, manescal*

veto m. *veto, vet*
vetusto, -a adj. *vetust, vell*
vez f. *vegada, volta, pic, cop // a la — d'una vegada, d'un cop, junts, plegats // de — en cuando de tant en tant, adesiara, ara i adés // en — de en lloc de, en tost de, en compte de // toda — que ja que, puix que, essent que*
vía f. *via / — láctea camí (o carrera) de Sant Jaume*
viable adj. *viable*
viaducto m. *viaducte*
viajante adj. *viatjant*
viajar v. *viatjar*
viaje m. *viatge*
viajero, -a adj. *viatger*
vial adj. *vial*
vianda f. *vianda, menjar, recapte*
viandante m. y f. *vianant*
viaticar v. *viaticar, combregar*
viático m. *viàtic*
víbora f. *escurçó, vibra*
vibración f. *vibració*
vibrante adj. *vibrant*
vibrar v. *vibrar*
vibratorio, -a adj. *vibratori*
vicaría f. *vicaria*
vicario, -a m. y f. *vicari*
vicealmirante m. *vice-almirall*
vicecónsul m. *vice-cònsol*
vicense m. y f. *vigatà*
vicepresidente m. *vice-president*
vicerrector m. *vice-rector*
vicesecretario m. *vice-secretari*
viceversa adv. *viceversa*
viciar v. *viciar, aviciar*
vicio m. *vici*
vicioso, -a adj. *viciós*
vicisitud f. *vicissitud*
víctima f. *víctima*
victoria f. *victòria*
victorioso, -a adj. *victoriós*
vid f. *cep*
vida f. *vida*
vidente adj. *vident*
vidriado, -a adj. *vidrat, vidriat*
vidriera f. *vidriera*
vidriería f. *vidrieria*
vidriero m. *vidrier*
vidrio m. *vidre*
vidrioso, -a adj. *vidriós*
viejo, -a adj. *vell // m. y f. vell, jai, iai*
vienés, -esa m. y f. *vienès*
vientecillo m. *ventet, oratgí*
viento m. *vent, aire, oratge*
vientre m. *ventre, panxa / bajo — sotaven-tre*

viernes m. *divendres*
viga f. *biga /* — **maestra** *jàssera*
vigencia f. *vigència*
vigente adj. *vigent /* **estar** — *vigir*
vigésimo, -a adj. *vintè, vigèsim*
vigía m. y f. *vigia, guaita*
vigilancia f. *vigilància*
vigilar v. *vigilar, vetlar, vetllar*
vigilia f. *vigília, vetla, vetlla*
vigor m. *vigor, vigoria, força //* *vigència /*
    estar en — *vigir*
vigorizar v. *vigoritzar*
vigoroso, -a adj. *vigorós*
viguería f. *bigam*
vihuela f. *viola*
vil adj. *vil*
vilano m. *vil·là, angelet, bruixa*
vileza f. *vilesa*
vilipendiar v. *vilipendiar*
vilipendio m. *vilipendi*
en vilo adv. *enlà, enjòlit //* *en trasquiló*
villa f. *vil·la, torre, xalet //* *vila*
tomar las de Villadiego *tocar el dos, fotre*
    el camp, guillar
villancico m. *nadala*
villanía f. *vilania*
villano, -a adj. *plebeu //* *vil, roí*
villorrio m. *llogaret, llocarró*
vinagre m. *vinagre*
vinagrera f. *vinagrera /* pl. *setrilleres //*
    (planta) agrella, vinagrella
vinagreta f. *envinagrat, vinagreta*
vinajera f. *canadella*
vinatería f. *vinateria*
vinatero, -a adj. *vinater*
vincular v. *vincular*
vínculo m. *vincle*
vindicación f. *vindicació*
vindicar v. *vindicar*
vinícola adj. *vinícola*
vinicultura f. *vinicultura*
vino m. *vi /* — **tinto** *vi negre*
vinoso, -a adj. *vinós, viner*
viña f. *vinya*
viñador m. *vinyater //* *vinyòvol*
viñedo m. *vinya, vinyet*
viñeta f. *vinyeta*
viola f. *viola*
violáceo, -a adj. *violaci, moradenc*
violación f. *violació*
violado, -a adj. *violat*
violar v. *violar*
violencia f. *violència*
violentar v. *violentar*
violento, -a adj. *violent*
violeta f. *viola, violeta*

violetera f. *violetera*
violetero m. *violeter*
violín m. *violí*
violinista m. y f. *violinista*
violón m. *violó, contrabaix*
violoncelista m. y f. *violoncel·lista*
violoncelo m. *violoncel*
viperino, -a adj. *viperí*
virada f. *virada*
viraje m. *virada*
virar v. *virar, girar, revogir*
virgen f. *verge*
virginal adj. *virginal*
virginidad f. *virginitat*
Virgo m. *Virgo*
viril adj. *viril, masclí*
virilidad f. *virilitat*
virola f. *virolla*
virreina f. *virreina*
virreinato m *virregnat*
virrey m. *virrei*
virtual adj. *virtual*
virtud f. *virtut*
virtuosismo m. *virtuosisme*
virtuoso, -a adj. *virtuós*
viruela f. *verola, pigota*
virulencia f. *virulència*
virulento, -a adj. *virulent*
virus m. *virus*
viruta f. *encenall, floc, burballa*
visado m. *visat*
visaje m. *ganyota, visatge, carussa*
visar v. *visar*
víscera f. *víscera*
visco m. *visc*
viscosidad f. *viscositat*
viscoso, -a adj. *viscós, llefiscós*
visera f. *visera //* *ventalla*
visibilidad f. *visibilitat*
visible adj. *visible*
visigodo, -a adj. *visigot*
visillo m. *cortineta*
visión f. *visió*
visionario, -a adj. *visionari*
visita f. *visita*
visitar v. *visitar*
vislumbrar v. *albirar, afinar, destriar*
vislumbre f. *besllum, entrellum*
viso m. *(reflejo) aigua //* *aparença, aspecte*
    // lluentor, lluor
visón m. *visó*
visor m. *visor*
víspera f. *vespra, vigília //* pl. *vespres*
vista f. *vista /* **hasta la** — *a reveure /* **hacer**
    la — **gorda** *fer els ulls grossos*
vistazo m. *ullada, cop d'ull*

visto, -a adj. *vist* / — **bueno** *vist i plau*
vistoso, -a adj. *vistós*
visual adj. *visual*
vital adj. *vital*
vitalicio, -a adj. *vitalici*
vitalidad f. *vitalitat*
vitamina f. *vitamina*
vitela f. *vitel·la*
vitícola adj. *vitícola*
viticultor m. *viticultor*
viticultura f. *viticultura*
vitola f. *calibrador*
vítor interj. *víctor, viva, visca*
vitorear v. *victorejar*
vítreo, -a adj. *vitri, vidrienc*
vitrificar v. *vitrificar*
vitrina f. *vitrina*
vitriolo m. *vidriol*
vitualla f. *vitualla, queviures, recapte*
vituperar v. *vituperar, blasmar*
vituperio m. *vituperi, blasme*
viudedad f. *viudetat, viduïtat*
viudez f. *viudesa, viudatge, viduïtat*
viudo, -a m. y f. *viudo, vidu*
¡viva! interj. *viva, visca*
vivac m. *bivac*
vivacidad f. *vivacitat*
vivaquear v. *bivaquejar*
vivaracho, -a adj. *eixerit, atxerevit, xerevello, vivarró*
vivaz adj. *vivaç*
vivencia f. *vivència*
víveres m. pl. *queviures, vitualles*
vivero m. *viver*
viveza f. *vivesa, vivor, llestesa*
vividor, -a adj. *vividor*
vivienda f. *estatge, vivenda*
viviente adj. *vivent*
vivificar v. *vivificar*
vivíparo, -a adj. *vivípar*
vivir v. *viure*
vivo, -a adj. *viu* // m. *voraviu, voreta, viu*
vizcaíno, -a m. y f. *biscaí*
vizconde m. *vescomte*
vizcondesa f. *vescomtessa*
vocablo m. *vocable*
vocabulario m. *vocabulari*
vocación f. *vocació*
vocal adj. y f. *vocal*
vocalismo m. *vocalisme*
vocalizar v. *vocalitzar*
vocativo m. *vocatiu*
vocear v. *cridar*
vocerío m. *crider, cridòria*
vocero m. *portaveu*
vociferación f. *vociferació*

vociferar v. *vociferar, escridassar*
vocinglero, -a adj. *cridaner, cridador*
vodevil m. *vodevil*
vodka m. *vodka*
volada f. *volada*
voladizo, -a adj. *voladís* // m. *sortida, sortint*
volador, -a adj. *volador*
voladura f. *voladura*
en volandas adv. *enlà, enlaire* // *volant, en un moment*
volandera f. *volandera*
volandero, -a adj. *volander, volant, passavolant*
volante adj. y m. *volant*
volantín m. *volantí*
volar v. *volar*
volatería f. *aviram*
volátil adj. *volàtil*
volatilizar v. *volatilitzar*
volcán m. *volcà*
volcánico, -a adj. *volcànic*
volcar v. *bolcar, trabucar-se, tombar*
volear v. *boleiar*
voleo m. *volea, bolei*
volframio m. *volfram*
volquete m. *carro de trabuc*
voltaico, -a adj. *voltaic*
voltaje m. *voltatge*
voltear v. *voltejar, voltar, donar voltes*
voltereta f. *capgirell, cucavela, tombessa, títera*
volteriano, -a adj. *volterià*
voltímetro m. *voltímetre*
voltio m. *volt*
volubilidad f. *volubilitat*
voluble adj. *voluble*
volumen m. *volum*
voluminoso, -a adj. *voluminós*
voluntad f. *voluntat*
voluntario, -a adj. *voluntari*
voluntarioso, -a adj. *volenterós, voluntariós*
voluptuosidad f. *voluptuositat*
voluptuoso, -a adj. *voluptuós*
voluta f. *voluta, garangola*
volver v. *girar* / *voltar, revogir* // *tornar, retornar* // *entornar-se'n* // rfl. *tornar, tornar-se, esdevenir* // — **en sí** *revenir, recobrar-se*
vomitar v. *vomitar, gitar, treure*
vomitivo, -a adj. *vomitiu*
vómito m. *vòmit, gitada*
voracidad f. *voracitat*
vorágine f. *remolí, xuclador, engolidor*
voraz adj. *voraç*
vórtice m. *vòrtex*

vulva

vos pron. *vós*
vosotros, -as pron. *vosaltres, voltros*
votación f. *votació*
votante m. y f. *votant*
votar v. *votar*
votivo, -a adj. *votiu*
voto m. *vot*
voz f. *veu* // (grito) *crit* // **a — en grito** *a crits* // **donde Cristo dió las tres voces** *a la quinta forca*
vozarrón m. *veuarra, veuassa*
vuelco m. *bolcada, trabucada, capgirada*
vuelo m. *vol, volada* // **coger al — copsar, emplomar**
vuelta f. *volta, girada, giravolt* // *tornada,*
retorn // *capgirament, tombada* // *canvi* // *gira, colga* // *volta, passejada* // **poner de — y media** *posar verd, posar blau, posar com un pedaç brut* // **no tener — de hoja** *esser clar com l'aigua*
vuestro, -a pron. *vostre, vostro*
vulcanismo m. *vulcanisme*
vulcanizar v. *vulcanitzar*
vulgar adj. *vulgar*
vulgaridad f. *vulgaritat*
vulgarizar v. *vulgaritzar*
vulgo m. *vulgus, plebs*
vulnerable adj. *vulnerable*
vulnerar v. *vulnerar*
vulva f. *vulva*

W

wagneriano, -a adj. *wagnerià*
water m. *wàter*

water-polo m. *water-pol*

X

xenofobia f. *xenofòbia*
xilófono m. *xilofon*

xilografía f. *xilografia*

Y

y conj. *i*

ya adv. *ja //* — **que** *ja que, puix que, puix, car*

yacente adj. *jacent*

yacer v. *jeure, jaure*

yacija f. *jaç, jaça*

yacimiento m. *jaciment*

yambo m. *iambe*

yanqui m. *ianqui*

yantar m. *menjar, menjua*

yarda f. *iarda*

yate m. *iot*

yedra f. *eura*

yegua f. *egua, euga*

yeguada f. *eguada, eugada*

yeísmo m. *ieisme*

yelmo m. *elm*

yema f. *gema, brot, ull // rovell, vermell d'ou //* (dulce de huevo) *gema //* (del dedo) *palpís, popís*

yentes y vinientes adv. *anants i venints*

yermo, -a adj. *erm, ermot, ermàs*

yerno m. *gendre*

yerro m. *errada, erro*

yerto, -a adj. *ert, enravenat*

yesca f. *esca*

yesero, -a adj. *guixer, guixaire*

yeso m. *guix*

yeyuno m. *jejúnum*

yo pron. *jo*

yodo m. *iode*

yoduro m. *iodur*

yogui m. *iogui*

yogurt m. *iogurt*

yuca f. *iuca*

yugo m. *jou*

yugoslavo, -a m. y f. *iugoslau*

yugular v. *jugular*

yunque m. *enclusa, encruia*

yunta f. *parell, parella, jova*

yute m. *jute*

yuxtaponer v. *juxtaposar*

yuxtaposición f. *juxtaposició*

yuyuba f. *gínjol*

Z

zafar v. *desembarassar, desembussar //* rfl.
    alliberar-se, escapolir-se
zafarrancho m. *xafarranxo*
zafio, -a adj. *grosser, groller, barroer*
zafiro m. *safir*
zafra f. *safra*
zaga f. *saga, rerassaga /* ir a la — *anar a*
    la saga, anar darrere
zagal m. *sagal, rabadà*
zagalejo m *gonelló, faldellí*
zaguán m. *entrada, vestíbul*
zaguero, -a adj. *saguer, darrerenc*
zahareño, -a adj. *esquerp, adust, aspriu*
zaherir v. *ferir de paraula, dir mal*
zahorí m. *saurí*
zaino, -a adj. *traïdor, guitzer*
zalamería f. *afalagadura, xicotina*
zalamero, -a adj. *afalagador*
zalema f. *reverència*
zamarra f. *samarra, pellissa*
zamarrear v. *empentejar, esbatussar*
zambo, -a adj. *sancallós, córb*
zambomba f. *ximbomba, simbomba*
zambombazo m. *patacada, castanya*
zambullida f. *capficada, capbussó*
zambullir v. *capficar, capbussar*
zamparse v. *engolir, empassolar-se, enti-*
    mar-se
zanahoria f. *pastenaga, safannària*
zancada f. *gambada, llongo, camellada*
zancadilla f. *traveta*
zancajear v. *potoiar*
zancajo m. *retaló*
zancarrón m. *canella //* carronya, endèria*
zanco m. *xanga, crossa, garrossa*
zancudo, -a adj. *camallarg*
zanganear v. *andoiar, vaiverejar*
zángano m. *abegot, abellot //* malfener, pu-*
    tifeina, vagarro
zanja f. *síquia, rasa*
zanjar v. *fer síquia //* resoldre, cloure*
zanquilargo, -a adj. *camallarg, camali*
zapa f. *sapa*
zapador m. *sapador*
zapapico m. *pic, bec*

zapatazo m. *sabatada*
zapatear v. *sabatejar*
zapatería f. *sabateria*
zapatero, -a m. y f. *sabater*
zapatilla f. *sabatilla, pantonfla*
zapato m. *sabata*
zar m. *tsar*
zarabanda f. *sarabanda*
zaragata f. *saragata, rebombori, sarau*
zaragozano, -a m. y f. *saragossà*
zarandajas f. pl. *perendengues, flores-fulles*
zarandear v. *garbellar //* sacsar, estamenejar*
zarina f. *tsarina*
zarismo m. *tsarisme*
zarpa f. *arpa, grapa*
zarpar v. *salpar, saupar*
zarpazo m. *arpada, grapada*
zarrapastroso, -a adj. *espelleringat*
zarza f. *batzer, esbarzer*
zarzal m. *batzerar, esbarzerar*
zarzamora f. *romeguer, romeguera*
zarzaparrilla f. *aritja*
zarzo m. *canyís, canyissa*
zarzuela f. *sarsuela*
¡zas! interj. *zas!*
zascandil m. *baliga-balaga*
zenit m. *zenit*
zenital adj. *zenital*
zeta f. *zeta*
zigoma m. *zigoma*
zigurat m. *zigurat*
zigzag m. *ziga-zaga, zic-zac*
zigzaguear v. *ziczaguejar*
zinc m. *zinc, zenc*
zipizape m. *nyic-i-nyac, daltabaix*
zócalo m. *sòcol, repeu*
zoco m. *sóc, mercat moro*
zodiacal adj. *zodiacal*
zodíaco m. *zodíac*
zona f. *zona*
zoo m. *zoo*
zoófago, -a adj. *zoòfag*
zoófito m. *zoòfit*
zoolito m. *zoòlit*
zoología f. *zoologia*

zoológico, -a adj. *zoològic*
zoólogo, -a m. y f. *zoòleg*
zoomorfismo m. *zoomorfisme*
zoótropo m. *zoòtrop*
zopenco, -a adj. *betzol, beneitot, bossot*
zoquete m. *soquet // tascó // capclòs, carabassa, talòs*
zorra f. *rabosa, guilla, guineu // bagassa, barjaula, meuca*
zorro m. *rabosot, guillot, renard // polissó, elet, sarg*
zozobra f. *sotsobre // angoixa, inquietud*
zozobrar v. *sotsobrar, anar a fons*
zueco m. *esclop, soc*
zulaque m. *crostam, sullaca*
zulú adj. *zulú*

zumbar v. *brunir, brunzir, zumzejar // tupar, ventar*
zumbido m. *brunziment, brunidissa // castanya, ventall*
zumbón, -ona adj. *burleta, mofeta*
zumo m. *suc, llecor*
zurcido m. *sarzit, sarzidura*
zurcir v. *sarzir*
zurdo, -a adj. *esquerrà*
zuro m. *espigot*
zurra f. *tupada, allisada, pallissa*
zurrar v. *tupar, apallissar, ventar*
zurriagar v. *fuetejar, xurriaquejar*
zurriagazo m. *fuetada, xurriacada*
zurriago m. *fuet, xurriaques*
zurrón m. *sarró*
zutano m. *En Tal-altre*

ELS NOMS PROPIS PERSONALS
(Nomenclàtor català-castellà)

Aaron *Aarón*
Abdalong *Abdalongo*
Abdies *Abdías*
Abdon *Abdón*
Abel *Abel*
Abelard *Abelardo*
Aberci *Abercio*
Abili *Abilio*
Abraham *Abraham*
Absaló *Absalón*
Abundanci *Abundancio*
Abundància *Abundancia*
Abundi *Abundio*
Acaci *Acacio*
Acari *Acario*
Aciscle *Acisclo*
Acurci *Acurcio*
Ada *Ada*
Adabald *Adabaldo*
Adalberó *Adalberón*
Adalbert *Adalberto*
Adalgot *Adalgot*
Adalric *Adalrico*
Adalsinda *Adalsinda*
Adam *Adán*
Adaucte *Adaucto*
Adela *Adela*
Adelaida *Adelaida*
Adelard *Adelardo*
Adelbert *Adelberto*
Adelf *Adelfo*
Adelí *Adelino*
Adelina *Adelina*
Adelvina *Adelvina*
Adeodat *Adeodato*
Adília *Adilia*
Adiló *Adilón*
Adolf *Adolfo*
Adrià *Adriano, Adrián*
Adulf *Adulfo*
Afra *Afra*
Àfrica *África*
Afrodisi *Afrodisio*
Agabi *Agabio*

Agaci *Agacio*
Àgada *Águeda*
Agape *Agape*
Agapi *Agapio*
Agapit *Agapito*
Agató *Agatón*
Agatocles *Agatocles*
Agatodor *Agatodoro*
Agatònica *Agatónica*
Agatop *Agatopo*
Ageric *Agerico*
Ageu *Ageo*
Agilberta *Agilberta*
Agil *Agilo*
Agileu *Agileo*
Agilulf *Agilulfo*
Agofrè *Agofredo*
Agomar *Agomar*
Agrici *Agricio*
Agrícola *Agrícola*
Agripa *Agripa*
Agripí *Agripino*
Agripina *Agripina*
Agustí *Agustín*
Aibert *Aiberto*
Aicard *Aicardo*
Aida *Aida*
Aigulf *Aigulfo*
Aimar *Aimaro*
Alà *Alano*
Alba *Alba*
Albà *Albano*
Alberic *Alberico*
Alberi *Alberio*
Alberó *Alberón*
Albert *Alberto*
Albí *Albino*
Albina *Albina*
Albó *Albón*
Alcibíades *Alcibíades*
Alcuí *Alcuino*
Alda *Alda*
Aldebert *Aldeberto*
Aldebrand *Aldebrando*

Aldegunda *Aldegunda*
Aldemar *Aldemaro*
Aldetruda *Aldetruda*
Aleix *Alejo*
Alexandra *Alejandra*
Alexandre *Alejandro*
Alfeu *Alfeo*
Alfons *Alfonso, Alonso*
Alfred *Alfredo*
Alfreda *Alfreda*
Alfrid *Alfrido*
Algeri *Algerio*
Alícia *Alicia*
Alipi *Alipio*
Alòdia *Alodia*
Àlvar *Álvaro*
Amadeu *Amadeo*
Amador *Amador*
Amalberta *Amalberta*
Amàlia *Amalia*
Amanci o Amanç *Amancio*
Amand *Amando*
Amanda *Amanda*
Amarant *Amaranto*
Amarí *Amarino*
Amat *Amado*
Ambròs *Ambrosio*
Amèlia *Amelia*
Amfiloqui *Anfiloquio*
Amfió *Anfión*
Amideu *Amideo*
Ammià *Amiano*
Amó *Amón*
Amoni *Amonio*
Amor *Amor*
Amós *Amós*
Anna o Aina *Ana*
Anaclet *Anacleto*
Ananies *Ananías*
Anastasi *Anastasio*
Anastàsia *Anastasia*
Anatoli *Anatolio*
Anatòlia *Anatolia*
Ancil·la *Ancila*
Andèol *Andéolo*
Andoqui *Andoquio*
Andrea *Andrea*
Andreu *Andrés*
Andrònic *Andrónico*
Anecte *Anecto*
Anfós *Alfonso*
Àngel *Ángel*
Àngela *Ángela*
Àngels *Ángeles*
Angelina *Angelina*
Angilbert *Angilberto*

Angoixes *Angustias*
Anià *Aniano*
Anicet *Aniceto*
Anici *Anicio*
Anísia *Anisia*
Anscari *Anscario*
Anselm *Anselmo*
Anseric *Anserico*
Antelm *Antelmo*
Anter *Antero*
Antidi *Antidio*
Antígon *Antígono*
Antígona *Antígona*
Antim *Antimo*
Antíoc *Antíoco*
Antolí *Antolín, Antonino*
Antoni *Antonio*
Antònia *Antonia*
Antusa *Antusa*
Anunciata *Anunciata*
Apel·les *Apeles*
Apià *Apiano*
Apol·linar *Apolinar*
Apol·loni *Apolonio*
Apol·lònia *Apolonia*
Apre *Apro*
Apronià *Aproniano*
Apuleu *Apuleyo*
Àquila *Áquila*
Aquileu *Aquileo*
Aquilí *Aquilino*
Aquilina *Aquilina*
Aquil·les *Aquiles*
Araceli *Araceli*
Arbogast *Arbogasto*
Arcadi *Arcadio*
Arconci *Arconcio*
Argimir *Argimiro*
Ariadna *Ariadna*
Aristarc *Aristarco*
Aristeu *Aristeo*
Arístides *Arístides*
Aristió *Aristión*
Aristó *Aristón*
Aristòbul *Aristóbulo*
Armand *Armando*
Armenter *Armentero*
Arnald o Arnau *Arnaldo*
Arnulf *Arnulfo*
Arquelau *Arquelao*
Arseni *Arsenio*
Artemi *Artemio*
Artur *Arturo*
Ascani *Ascanio*
Asclepíades *Asclepíades*
Aspasi *Aspasio*

Assumpció *Asunción*
Assumpta *Asunción*
Asteri *Asterio*
Atanasi *Atanasio*
Atanàsia *Atanasia*
Atenodor *Atenodor*
Atenògenes *Atenógenes*
Atilà *Atilano*
Audacte *Audacto*
Audomar *Audomaro*
Auguri *Augurio*
August *Augusto*
Aureli *Aurelio*
Aurèlia *Aurelia*
Aurelià *Aureliano*
Auremund *Auremundo*
Auri *Áureo*
Àuria *Áurea*
Aurora *Aurora*
Ausias *Ausias*
Auspici *Auspicio*
Auxenci *Auxencio*
Auxiliadora *Auxiliadora*
Avel·lí *Avelino*
Avel·lina *Avelina*
Avit *Avito*
Azaries *Azarías*

Baccus *Baco*
Bademi *Bademio*
Balbí *Balbino*
Balbina *Balbina*
Baldomer *Baldomero*
Balduí *Balduíno*
Baltasar *Baltasar*
Baptista *Bautista*
Bàrbara *Bárbara*
Barbat *Barbato*
Bard *Bardo*
Baronci *Baroncio*
Bartomeu *Bartolomé*
Basià *Basiano*
Basila *Basila*
Basileu *Basileo*
Basili *Basilio*
Basilià *Basiliano*
Basílides *Basílides*
Basilissa *Basilisa*
Bassa *Basa*
Baudili *Baudilio*
Beat *Beato*
Beata *Beata*
Beatriu *Beatriz*
Begonya *Begoña*
Belisari *Belisario*
Benet *Benito, Benedicto*

Beneta *Benita, Benedicta*
Benigne *Benigno*
Benjamí *Benjamín*
Benvinguda *Bienvenida*
Benvingut *Bienvenido*
Berard *Berardo*
Berenguer *Berengario*
Bermud *Bermudo*
Bernabè, Bernabeu *Bernabé*
Bernada *Bernarda*
Bernadí *Bernardino*
Bernarda *Bernarda*
Bernat *Bernardo*
Berònic *Berónico*
Berta *Berta*
Bertí *Bertino*
Bertila *Bertila*
Bertold *Bertoldo*
Bertran *Beltrán*
Bertulf *Bertulfo*
Besarió *Besarión*
Bibiana *Bibiana*
Blai *Blas*
Blanca *Blanca*
Blandina *Blandina*
Boi (V. Baudili)
Bonanova *Bonanova*
Bonaventura *Buenaventura*
Bonfill *Bonfilio*
Bonifaci *Bonifacio*
Bononi *Bononio*
Bonosi *Bonoso*
Boris *Boris*
Brandan *Brandán*
Brauli *Braulio*
Briç *Bricio*
Brígida *Brígida*
Bru *Bruno*
Bucard *Bucardo*

Cai *Cayo*
Caius *Cayo*
Calixt *Calixto*
Camil *Camilo*
Candelera *Candelaria*
Càndia *Cándida*
Càndid *Cándido*
Càndida *Cándida*
Cantidi *Cantidio*
Cantidià *Cantidiano*
Canut *Canuto*
Caprasi *Caprasio*
Carina *Carina*
Carisi *Carisio*
Caritat *Caridad*
Carles *Carlos*

Carlota *Carlota*
Carme *Carmen*
Carolina *Carolina*
Carpòfor *Carpóforo*
Casi *Casio*
Càsia *Casia*
Casià *Casiano*
Casilda *Casilda*
Casimir *Casimiro*
Cast *Casto*
Castor *Castor*
Castori *Castorio*
Càstul *Cástulo*
Catalina *Catalina*
Caterina *Catalina*
Cebrià *Cipriano*
Cecili *Cecilio*
Cecília *Cecilia*
Ceferí *Ceferino*
Celedoni *Celedonio*
Celestí *Celestino*
Cèlia *Celia*
Celià *Celiano*
Celina *Celina*
Celoni *Celedonio*
Cels *Celso*
Cereal *Cereal*
Cèsar *César*
Cesari *Cesáreo*
Ciara *Ciara*
Cici *Cicio*
Cinta *Cinta*
Ció *Ción*
Ciríac *Ciríaco*
Ciríaca *Ciríaca*
Ciril *Cirilo*
Ciril·la *Cirila*
Cirus *Ciro*
Clara *Clara*
Claudi *Claudio*
Clàudia *Claudia*
Claudià *Claudiano*
Cleofàs *Cleofás*
Cliceri *Clicerio*
Climent *Clemente*
Clodoald *Clodoaldo*
Clodulf *Clodulfo*
Clotilde *Clotilde*
Coloma *Coloma*
Columbà *Columbano*
Concepció *Concepción*
Concordi *Concordio*
Concòrdia *Concordia*
Conrad *Conrado*
Consolació *Consolación, Consuelo*
Constanç *Constancio*

Constança *Constanza*
Constantí *Constantino*
Córdula *Córdula*
Corneli *Cornelio*
Cornèlia *Cornelia*
Cosme *Cosme*
Crescenç *Crescencio*
Crescència *Crescencia*
Crescent *Crescente*
Crisant *Crisanto*
Crisòfor *Crisóforo*
Crisògon *Crisógono*
Crisp *Crispo*
Crispí *Crispín*
Críspul *Críspulo*
Cristeta *Cristeta*
Cristià *Cristián*
Cristina *Cristina*
Cristòfol o **Cristòfor** *Cristóbal*
Cromaci *Cromacio*
Cugat *Cucufate*
Cunegunda *Cunegunda*
Cuniberga *Cuniberga*
Cunibert *Cuniberto*

Daci *Dacio*
Dacià *Daciano*
Dagobert *Dagoberto*
Dalmau *Dalmacio*
Damas *Dámaso*
Damià *Damián, Damiano*
Daniel *Daniel*
Darius *Darío*
Dasi *Dasio*
Datiu *Dativo*
David *David*
Delfí *Delfín*
Delfina *Delfina*
Dèlia *Delia*
Demetri *Demetrio*
Demètria *Demetria*
Demòcrit *Demócrito*
Deogràcies *Deogracias*
Desemparats *Desamparados*
Desideri *Desiderio*
Deusdèdit *Diosdado*
Diana *Diana*
Dictini *Dictinio*
Dídac *Diego*
Didi *Didio*
Dídim *Dídimo*
Diego *Diego*
Digna *Digna*
Dimes *Dimas*
Diocleci *Dioclecio*
Dioclecià *Diocleciano*

Diodor *Diodoro*
Diògenes *Diógenes*
Diomedes *Diomedes*
Dionís *Dionisio*
Dionísia *Dionisia*
Dioscòrides *Dioscórides*
Doda *Doda*
Dolça *Aldonza, Dulce*
Dolors *Dolores*
Domènec *Domingo*
Domici *Domicio*
Domicià *Domiciano*
Domingo *Domingo*
Domitila *Domitila*
Domni *Domnio*
Domní *Domnino*
Dòmnul *Dómnolo*
Donacià *Donaciano*
Donat *Donato*
Donata *Donata*
Donatila *Donatila*
Dora *Dora*
Dorotea *Dorotea*
Doroteu *Doroteo*
Dositeu *Dositeo*
Drus *Druso*
Dubrici *Dubricio*

Edesi *Edesio*
Edilbert *Edilberto*
Edilburga *Edilburga*
Edita *Edita*
Edmond o **Edmund** *Edmundo*
Eduard *Eduardo*
Eduvigis *Eduvigis*
Efebus *Efebo*
Efrem *Efrén*
Egidi *Egidio*
Egist *Egisto*
Eladi *Eladio*
Eleàzar *Eleázaro*
Elena *Elena*
Eleonor *Leonor*
Eleuteri *Eleuterio*
Èlia *Elia*
Elies *Elías*
Eligi *Eligio*
Elionor *Leonor*
Elisa *Elisa*
Elisabet *Isabel*
Elisenda *Elisenda*
Eliseu *Eliseo*
Elm, Telm *Elmo, Telmo*
Eloi *Eloy*
Eloïsa *Eloísa*
Elpidi *Elpidio*

Elsa *Elsa, Isabel*
Elvira *Elvira*
Emerenciana *Emerenciana*
Emeteri o **Medir** *Emeterio*
Emili *Emilio*
Emilia *Emilia*
Emilià *Emiliano*
Empar *Amparo*
Encarnació *Encarnación*
Engelbert *Engelberto*
Engràcia *Engracia*
Enric *Enrique*
Enriqueta *Enriqueta*
Epictet *Epicteto*
Epifani *Epifanio*
Epifania *Epifanía*
Erasme *Erasmo*
Ermengarda *Ermengardis*
Ermengol *Ermengol*
Ermini *Erminio*
Ermínia *Erminia*
Ernest *Ernesto*
Ernestina *Ernestina*
Escolàstica *Escolástica*
Esdres *Esdras*
Esiqui *Esiquio*
Esmeragda *Esmeralda*
Esmaragde *Esmaragdo*
Esperança *Esperanza*
Espiridió *Espiridión*
Estanislau *Estanislao*
Estefania *Estefanía*
Ester *Ester*
Esteve *Esteban*
Estrató *Estratón*
Estrella *Estrella*
Eteri *Eterio*
Etèria *Eteria*
Eucarpi *Eucarpio*
Eudald *Eudaldo*
Eudosi *Eudosio*
Eudòxia *Eudoxia*
Eufèmia *Eufemia*
Eufrasi *Eufrasio*
Eufràsia *Eufrasia*
Eufrosina *Eufrosina*
Eugeni *Eugenio*
Eugènia *Eugenia*
Eulàlia *Eulalia*
Eulogi *Eulogio*
Eunòmia *Eunomia*
Euprepi *Euprepio*
Eusebi *Eusebio*
Eusèbia *Eusebia*
Eustaci *Eustacio*
Eustaqui *Eustaquio*

Eustàquia *Eustaquia*
Eustoqui *Eustoquio*
Eutimi *Eutimio*
Eutiques *Eutiques*
Eutiqui *Eutiquio*
Eutiquià *Eutiquiano*
Eutropi *Eutropio*
Eutròpia *Eutropia*
Eva *Eva*
Evagri *Evagrio*
Evarist *Evaristo*
Evelina *Evelina*
Evenci *Evencio*
Evodi *Evodio*
Expedit *Expedito*
Exuperi *Exuperio*
Exupèria *Exuperia*
Exuperanci *Exuperancio*
Exuperància *Exuperáncia*
Ezequiel *Ezequiel*
Ezequies *Ezequías*

Fabi *Fabio*
Fabià *Fabián*
Fabiola *Fabiola*
Fabrici *Fabricio*
Fabricià *Fabriciano*
Facund *Facundo*
Fàtima *Fátima*
Faust *Fausto*
Fausta *Fausta*
Faustí *Faustino*
Faustina *Faustina*
Fe *Fe*
Febrònia *Febronia*
Feliça *Felicia, Felisa*
Felicià *Feliciano*
Felicíssim *Felicísimo*
Felicitat *Felicidad*
Felícula *Felícula*
Felip *Felipe*
Felipa *Felipa*
Felisa *Felisa*
Fèlix, Feliu *Félix*
Fermí *Fermín*
Ferran *Fernando*
Ferriol *Ferreolo*
Fest *Festo*
Fidel *Fidel*
Fidenci *Fidencio*
Fidència *Fidencia*
Fidencià *Fidenciano*
Filadelf *Filadelfo*
Filemó *Filemón*
Filibert *Filiberto*
Filó *Filón*

Filomè *Filomeno*
Filomena *Filomena*
Filoteu *Filoteo*
Fina *Fina*
Fintà *Fintano*
Firm *Firmo*
Firmat *Firmato*
Flamini *Flaminio*
Flamínia *Flaminia*
Flavi *Flavio*
Flàvia *Flavia*
Flavià *Flaviano*
Flora *Flora*
Florenci *Florencio*
Florència *Florencia*
Florentí *Florentino*
Florentina *Florentina*
Florià *Floriano*
Floribert *Floriberto*
Florinda *Florinda*
Flòscul *Flósculo*
Focas *Focas*
Foci *Focio*
Fortunat *Fortunato*
Fortunata *Fortunata*
Fotí *Fotino*
Fotina *Fotina*
Franc *Franco*
Francesc *Francisco*
Francesca *Francisca*
Francina *Francisca*
Frodobert *Frodoberto*
Froilà *Froilán*
Frontó *Frontón*
Frúctul *Frúctulo*
Fructuós *Fructuoso*
Fructuosa *Fructuosa*
Fruitós *Fructuoso*
Frumenci *Frumencio*
Fulbert *Fulberto*
Fulc *Fulco*
Fulgenci *Fulgencio*
Fúscul *Fúsculo*

Gabí *Gabino*
Gabriel *Gabriel*
Gaietà *Cayetano*
Gaietana *Cayetana*
Gal *Galo*
Galdí *Galdino*
Gal·la *Gala*
Gal·licà *Galicano*
Gamaliel *Gamaliel*
Gandulf *Gandulfo*
Gaspar *Gaspar*
Gastó *Gastón*

Gaudenci *Gaudencio*
Gaudència *Gaudencia*
Gaudiós *Gaudioso*
Gedeó *Gedeón*
Gelasi *Gelasio*
Geminià *Geminiano*
Gemma *Gemma*
Genadi *Genadio*
Gencià *Genciano*
Genar *Genaro*
Generós *Generoso*
Generosa *Generosa*
Genís *Ginés*
Genoveva *Genoveva*
Gentil *Gentil*
Gerard *Gerardo*
Germà *Germán*
Germana *Germana*
Geronci *Geroncio*
Gertrudis *Gertrudis*
Gervasi *Gervasio*
Getuli *Getulio*
Gibert *Giberto*
Gil *Gil*
Gilbert *Gilberto*
Gisela *Gisela*
Gliceri *Glicerio*
Glòria *Gloria*
Gobert *Goberto*
Godofrè *Godofredo*
Gonçaga *Gonzaga*
Gonçal *Gonzalo*
Gordià *Gordiano*
Gorgoni *Gorgonio*
Gorgònia *Gorgonia*
Gotard *Gotardo*
Gràcia *Gracia*
Gracià *Graciano*
Gracilià *Graciliano*
Grat *Grato*
Grata *Grata*
Gregori *Gregorio*
Gratinià *Gratiniano*
Grimoald *Grimoaldo*
Griselda *Griselda*
Guadalupe *Guadalupe*
Gualbert *Gualberto*
Gúdula *Gúdula*
Guerau *Gerardo*
Guibert *Guiberto*
Guifre *Wifredo*
Guillem *Guillermo*
Guim *Guillermo*
Guiu *Guido*
Gumersind *Gumersindo*
Gundelina *Gundelina*

Gustau *Gustavo*

Habacuc *Habacuc*
Hanníbal *Aníbal*
Harold *Haroldo*
Hebe *Hebe*
Hèctor *Héctor*
Helena *Elena*
Heliodor *Heliodoro*
Helpidi *Helpidio*
Henedina *Henedina*
Heracli *Heraclio*
Heràclides *Heráclides*
Herculà *Herculano*
Hèrcules *Hércules*
Heribert *Heriberto*
Hermelinda *Hermelinda*
Hermenegild *Hermenegildo*
Hermetes *Hermetes*
Hermògenes *Hermógenes*
Heró *Herón*
Herundina *Herundina*
Hieró *Hierón*
Higini *Higinio*
Hilari *Hilario*
Hilària *Hilaria*
Hilarió *Hilarión*
Hilda *Hilda*
Hildebert *Hildeberto*
Hildebrand *Hildebrando*
Hildegarda *Hildegarda*
Hildegunda *Hildegunda*
Hiltruda *Hiltruda*
Himeri *Himerio*
Hipaci *Hipacio*
Hipòlit *Hipólito*
Honest *Honesto*
Honorat *Honorato*
Honorata *Honorata*
Honori *Honorio*
Honorina *Honorina*
Horaci *Horacio*
Hortensi *Hortensio*
Hortènsia *Hortensia*
Hubert *Huberto*
Hug *Hugo*
Hugó *Hugón*
Humbert *Umberto*
Humiliana *Humiliana*

Ida *Ida*
Idoberga *Idoberga*
Ifigènia *Ifigenia*
Ignasi *Ignacio*
Ildefons *Ildefonso*
Ilduara *Ilduara*

Il·luminat *Iluminado*
Il·luminata *Iluminada*
Imelda *Imelda*
Indaleci *Indalecio*
Immaculada *Inmaculada*
Innocenci *Inocencio*
Irenarc *Irenarco*
Irene *Irene*
Ireneu *Ireneo*
Isaac *Isaac*
Isabel *Isabel*
Isaci *Isacio*
Isaïes *Isaías*
Isaura *Isaura*
Isaure *Isauro*
Isidor *Isidoro*
Isidre *Isidro*
Ismael *Ismael*
Isolda *Isolda*
Isquirió *Isquirión*
Iu *Ivo*
Ivó *Ivo, Ivón*

Jacint *Jacinto*
Jacob *Jacob, Jacobo*
Jacobina *Jacoba*
Jaume *Jaime, Santiago*
Jasó *Jasón*
Jeremies *Jeremías*
Jeroni *Jerónimo*
Jerònia *Jerónima*
Joan *Juan*
Joaquim *Joaquín*
Joaquima *Joaquina*
Job *Job*
Joel *Joel*
Jofre *Gaufredo*
Jonàs *Jonás*
Jordà *Jordán*
Jordi *Jorge*
Jordina *Georgina*
Josep *José*
Josepa *Josefa*
Josuè *Josué*
Joví *Jovino*
Jovinià *Joviniano*
Jovita *Jovita*
Jucund *Jucundo*
Jucunda *Jucunda*
Jucundià *Jucundiano*
Judas o Judes *Judas*
Judit *Judit*
Juli *Julio*
Júlia *Julia*
Julià *Julián*
Juliana *Juliana*

Julita *Julita*
Just *Justo*
Justa *Justa*
Justí *Justino*
Justina *Justina*
Justinià *Justiniano*
Juvenal *Juvenal*
Juvenci *Juvencio*

Ladislau *Ladislao*
Laerci *Laercio*
Lambert *Lamberto*
Landeberta *Landeberta*
Landelí *Landelino*
Laura *Laura*
Laureà *Laureano*
Laurenci *Laurencio*
Laurentí *Laurentino*
Lea *Lea*
Leandre *Leandro*
Leila *Leila*
Leobard *Leobardo*
Leobí *Leobino*
Leocàdia *Leocadia*
Leocrícia *Leocricia*
Leonci *Leoncio*
Leòncia *Leoncia*
Leònides *Leónidas*
Leonila *Leonila*
Leopold *Leopoldo*
Leovigild *Leovigildo*
Lesmes *Lesmes*
Let *Leto*
Letícia *Leticia*
Leuci *Leucio*
Liberat *Liberato*
Liberata *Liberata*
Libori *Liborio*
Licini *Licinio*
Lídia *Lidia*
Liduvina *Liduvina*
Ligori *Ligorio*
Lila *Lila*
Linus *Lino*
Llàtzer *Lázaro*
Lleïr *Licerio*
Lleó *León*
Lleonard *Leonardo*
Lliberata *Liberata*
Lliberat *Liberato*
Llibert *Liberto*
Libori *Liborio*
Llogaia *Leocadia*
Llogari *Leodegario*
Llongí *Longinos*
Llop *Lope*

Llorenç *Lorenzo*
Lluc *Lucas*
Lluci *Lucio*
Llúcia *Lucía*
Llucià *Luciano*
Lluciana *Luciana*
Lluís *Luis*
Lluïsa *Luisa*
Longí *Longinos*
Loreto *Loreto*
Lotari *Lotario*
Lucrècia *Lucrecia*
Luperc *Luperco*
Lupicí *Lupicino*
Lup *Lupo*
Lutgarda *Lutgarda*

Macabeu *Macabeo*
Macari *Macario*
Macedoni *Macedonio*
Macià *Matías*
Macra *Macra*
Macrina *Macrina*
Macrobi *Macrobio*
Madrona *Matrona*
Mafalda *Mafalda*
Magdalena *Magdalena*
Magí *Magín*
Magina *Magina*
Magne o Magnus *Magno*
Malaquies *Malaquías*
Mamert *Mamerto*
Mamés *Mamés*
Manfrè *Manfredo*
Mansuet *Mansueto*
Manuel o Manel *Manuel*
Marc *Marcos*
Marçal *Marcial*
Marcel *Marcelo*
Marcel·la *Marcela*
Marcel·lí *Marcelino*
Marcel·lià *Marceliano*
Marcel·lina *Marcelina*
Marcià *Marciano*
Marciana *Marciana*
Mardoqueu *Mardoqueo*
Margarida o Margalida *Margarita*
Maria *María*
Marià o Marian *Mariano*
Marianna *Mariana*
Marina *Marina*
Màrius *Mario*
Marta *Marta*
Martí *Martín*
Martina *Martina*
Martinià *Martiniano*

Martirià *Martirián*
Mateu *Mateo*
Maties o Macià *Matías*
Matilde *Matilde*
Maura *Maura*
Maure *Mauro*
Maurici *Mauricio*
Màxim *Máximo*
Màxima *Máxima*
Maximí *Maximino*
Maximià *Maximiano*
Maximilià *Maximiliano*
Maximina *Maximina*
Medard *Medardo*
Medir *Emeterio*
Melani *Melanio*
Melània *Melania*
Melcior *Melchor*
Meleci *Melecio*
Melitina *Melitina*
Melitó *Melitón*
Melquíades *Melquíades*
Melquisedec *Melquisedec*
Menandre *Menandro*
Menedem *Menedemo*
Menelau *Menelao*
Mercè *Mercedes*
Metodi *Metodio*
Miquel *Miguel*
Miracle *Milagros*
Mildreda *Mildreda*
Mireia *María, Mireia*
Miriam *María, Miriam*
Modest *Modesto*
Modesta *Modesta*
Moisès *Moisés*
Mònica *Mónica*
Montserrat *Monserrat*
Muç *Mucio*

Nadal *Natalio*
Napoleó *Napoleón*
Narcís *Narciso*
Narcisa *Narcisa*
Natàlia *Natalia*
Nataniel *Nataniel*
Nativitat *Natividad*
Nazari *Nazario*
Nemesi *Nemesio*
Nemesià *Nemesiano*
Neòfit *Neófito*
Nereu *Nereo*
Néstor *Néstor*
Neus *Nieves*
Nicandre *Nicandro*
Nicanor *Nicanor*

Nicasi *Nicasio*
Nicèfor *Nicéforo*
Nicodem *Nicodemo*
Nicolau *Nicolás*
Nicolaua *Nicolasa*
Nicomedes *Nicomedes*
Nicòstrat *Nicóstrato*
Nil *Nil*
Nimfa *Ninfa*
Nimfodora *Ninfodora*
Non (V. Abdon)
Norbert *Norberto*
Norma *Norma*
Numerià *Numeriano*
Núria *Nuria*

Obdúlia *Obdulia*
Octavi *Octavio*
Octàvia *Octavia*
Octavià *Octaviano*
Odí *Odín*
Odila *Odila*
Odiló *Odilón*
Ofèlia *Ofelia*
Oleguer *Olegario*
Olga *Olga*
Oliba *Oliva*
Olimpi *Olimpio*
Oliva *Oliva*
Oliver *Oliverio*
Oliveri *Oliverio*
Onèsim *Onésimo*
Onofre *Onofre*
Optat *Optato*
Orenç *Orencio*
Orestes *Orestes*
Oriana *Oriana*
Orland *Orlando*
Oronci *Oroncio*
Orosi *Orosio*
Oròsia *Orosia*
Osbert *Osberto*
Òscar *Óscar*
Osees *Oseas*
Osmund *Osmundo*
Osvald *Osvaldo*
Ot o Otó *Odón*
Otília *Otilia*
Otó o Ot *Odón*
Ou *Eudaldo*
Ovidi *Ovidio*

Pacià *Paciano*
Pacífic *Pacífico*
Pacomi *Pacomio*
Pafnuci *Pafnucio*

Palatí *Palatino*
Pal·ladi *Paladio*
Palmira *Palmira*
Pamela *Pamela*
Pàmfil *Pánfilo*
Pancraç *Pancracio*
Pantaleó *Pantaleón*
Papies *Papías*
Papinià *Papiniano*
Parmeni *Parmenio*
Parteni *Partenio*
Pascasi *Pascasio*
Pasqual *Pascual*
Pastor *Pastor*
Patrici *Patricio*
Patrícia *Patricia*
Patrocini *Patrocinio*
Pau (m.) *Pablo, Paulo*
Pau (f.) *Paz*
Paula *Paula*
Paulí *Paulino*
Paulina *Paulina*
Pelagi *Pelagio, Pelayo*
Pelàgia *Pelagia*
Pelegrí *Pelegrín*
Penèlope *Penélope*
Perceval *Parsifal*
Pere *Pedro*
Perfecta *Perfecta*
Perfecte *Perfecto*
Peronella *Petronila*
Perpetu *Perpetuo*
Perpètua *Perpetua*
Perseveranda *Perseveranda*
Petroni *Petronio*
Pia *Pía*
Pilar *Pilar*
Pius *Pío*
Plàcid *Plácido*
Plató *Platón*
Plaute *Plauto*
Plautila *Plautila*
Plutarc *Plutarco*
Policarp *Policarpo*
Policroni *Policronio*
Poüdor *Polidor*
Polixena *Polixena*
Pompeia *Pompeya*
Pompeu *Pompeyo*
Pompili *Pompilio*
Pomponi *Pomponio*
Ponç *Poncio*
Ponça *Poncia*
Poncià *Ponciano*
Pòrcia *Porcia*
Porfiri *Porfirio*

Potami *Potamio*
Praxedis *Práxedes*
Pretextat *Pretextato*
Príam *Príamo*
Prim *Primo*
Primià *Primiano*
Primitiu *Primitivo*
Primitiva *Primitiva*
Prisca *Prisca*
Priscià *Prisciano*
Priscil·la *Priscila*
Priscil·lià *Prisciliano*
Privat *Privado*
Probus *Probo*
Procés *Proceso*
Procle *Proclo*
Procopi *Procopio*
Pròcul *Próculo*
Progrés *Progreso*
Pròsper *Próspero*
Protasi *Protasio*
Protus *Proto*
Prudenci *Prudencio*
Prudència *Prudencia*
Prudenciana *Prudenciana*
Ptolomeu *Tolomeo*
Publi *Publio*
Públia *Publia*
Pulquèria *Pulqueria*
Purificació *Purificació*

Quadrat *Cuadrado*
Quart *Cuarto*
Quilià *Quiliano*
Quim *Joaquín*
Quincià *Quinciano*
Quinidi *Quinidio*
Quint *Quinto*
Quintí *Quintín*
Quintilià *Quintiliano*
Quirí *Quirino*
Quirze *Quírico*
Quitèria *Quiteria*

Radegunda *Radegunda*
Rafel o **Rafael** *Rafael*
Rafela o **Rafaela** *Rafaela*
Raimon *Raimundo*
Ramir *Ramiro*
Ramon *Ramón, Raimundo*
Raquel *Raquel*
Rebeca *Rebeca*
Regina *Regina*
Règul *Régulo*
Reinal *Reinaldo*
Remei *Remedios*

Remigi *Remigio*
Renat *Renato*
Renata *Renata*
Restitut *Restituto*
Restituta *Restituta*
Ricard *Ricardo*
Rigobert *Rigoberto*
Riquilda *Riquilda*
Rita *Rita*
Robert *Roberto*
Robustià *Robustiano*
Robustiana *Robustiana*
Roc *Roque*
Roderic *Rodrigo*
Rodolf *Rodolfo*
Rogacià *Rogaciano*
Rogat *Rogato*
Roger *Rogelio*
Roland *Rolando*
Romà *Romano*
Romana *Romana*
Romuald *Romualdo*
Ròmul *Rómulo*
Ròmula *Rómula*
Rosa *Rosa*
Rosalia *Rosalía* ·
Rosalinda *Rosalinda*
Rosamunda *Rosamunda*
Roser *Rosario*
Rossend *Rosendo*
Rubén *Rubén*
Ruf *Rufo*
Rufí *Rufino*
Rufina *Rufina*
Rupert *Ruperto*
Rut *Rut*
Rutili *Rutilio*

Sabaci *Sabacio*
Sabas *Sabas*
Sabí *Sabino*
Sabina *Sabina*
Sabinià *Sabiniano*
Sadurní *Saturnino*
Sal·lusti *Salustio*
Sal·lustià *Salustiano*
Salomé *Salomé*
Salomó *Salomón*
Salut *Salud*
Salvador *Salvador*
Salvi *Salvio*
Samsó *Sansón*
Samuel *Samuel*
Sanç *Sancho*
Sança *Sancha*
Sants *Santos*

Sara *Sara*
Saturi *Saturio*
Saül *Saúl*
Sebastià *Sebastián*
Sebastiana *Sebastiana*
Secundí *Secundino*
Secundina *Secundina*
Segimon *Segismundo*
Segon *Segundo*
Selesi *Selesio*
Seleuc *Seleuco*
Semproni *Sempronio*
Semproniana *Semproniana*
Senén *Senén*
Senorina *Senorina*
Sèptim *Séptimo*
Serafí *Serafín*
Serafina *Serafina*
Serapi *Serapio*
Seràpia *Serapia*
Sergi *Sergio*
Servand *Servando*
Sever *Severo*
Severa *Severa*
Severià *Severiano*
Severiana *Severiana*
Sext *Sexto*
Sibil·la *Sibila*
Sibil·lina *Sibilina*
Sidoni *Sidonio*
Sifre o Sigfrid *Sigfrido*
Silas *Silas*
Silvà *Silvano*
Silveri *Silverio*
Silvestre *Silvestre*
Silvi *Silvio*
Sílvia *Silvia*
Símac *Símaco*
Simeó *Simeón*
Simforià *Sinforiano*
Simforosa *Sinforosa*
Simó *Simón*
Simona *Simona*
Simplici *Simplicio*
Simplicià *Simpliciano*
Sindulf *Sindulfo*
Sinesi *Sinesio*
Sirici *Siricio*
Siridió *Siridión*
Sisenand *Sisenando*
Sisebut *Sisebuto*
Sísif *Sisifo*
Sisini *Sisinio*
Sixt *Sixto*
Socors *Socorro*
Sòcrates *Sócrates*

Sofia *Sofía*
Sofroni *Sofronio*
Sol *Sol*
Soledat *Soledad*
Sònia *Sonia*
Soter *Sotero*
Sulpici *Sulpicio*
Susanna *Susana*

Tabita *Tabita*
Taciana *Taciana*
Tadeu *Tadeo*
Tancred *Tancredo*
Tarsici *Tarsicio*
Tàrsila *Társila*
Tecla *Tecla*
Telèmac *Telémaco*
Telesfor *Telesforo*
Telm *Telmo*
Teobald *Teobaldo*
Teodolf *Teodolfo*
Teodor *Teodoro*
Teodora *Teodora*
Teodoric *Teodorico*
Teodosi *Teodosio*
Teodòsia *Teodosia*
Teodot *Teodoto*
Teòdul *Teódulo*
Teodulf *Teodulfo*
Teòfanes *Teófanes*
Teòfil *Teófilo*
Teòfila *Teófila*
Teòtim *Teótimo*
Terenci *Terencio*
Terència *Terencia*
Terencià *Terenciano*
Teresa *Teresa*
Tertulià *Tertuliano*
Tiberi *Tiberio*
Tiburci *Tiburcio*
Ticià *Ticiano*
Timoteu *Timoteo*
Tirs *Tirso*
Titus *Tito*
Tobies *Tobías*
Tomàs *Tomás*
Toribi *Toribio*
Torquat *Torcuato*
Trifó *Trifón*
Trinitat *Trinidad*
Tròfim *Trófimo*

Ubald *Ubaldo*
Udalric *Udalrico*
Ulisses *Ulises*
Ulpià *Ulpiano*

Ulric *Ulrico*
Urbà *Urbano*
Ursí *Ursino*
Ursici *Ursicio*
Ursicí *Ursicino*
Úrsicina *Ursicina*
Úrsula *Úrsula*

Valent *Valente*
Valentí *Valentín*
Valentina *Valentina*
Valeri *Valerio*
Valèria *Valeria*
Valerià *Valeriano*
Venanci *Venancio*
Venceslau *Venceslao*
Venerand *Venerando*
Veneranda *Veneranda*
Ventura *Ventura*
Venustià *Venustiano*
Veremund *Veremundo*
Veríssim *Verísimo*
Verònica *Verónica*
Vicenç o **Vicent** *Vicente*
Vicenta *Vicenta*
Víctor *Víctor*
Victorí *Victorino*

Victòria *Victoria*
Victorià *Victoriano*
Vidal *Vidal*
Violant *Violante, Yolanda*
Violeta *Violeta*
Virgili *Virgilio*
Virgínia *Virginia*
Visitació *Visitación*
Vitalià *Vitaliano*
Vit *Vito*

Xantipa *Xantipa*
Xavier *Javier*

Zacaries *Zacarías*
Zaqueu *Zaqueo*
Zeferí *Ceferino*
Zenó *Zenón*
Zenobi *Zenobio*
Zenòbia *Zenobia*
Zita *Zita*
Zoa o **Zoe** *Zoe*
Zoel *Zoelo*
Zoile *Zoilo*
Zòsim *Zósimo*
Zòsima *Zósima*
Zòtic *Zótico*